U0358530

历史与社会学文库

近代中国社会学

（增订本）

杨雅彬 著

Modern Chinese Sociology
(revised and enlarged edition)

上

华东师范大学出版社
·上 海·

图书在版编目（CIP）数据

近代中国社会学 / 杨雅彬著. —增订本. —上海：
华东师范大学出版社，2022
（历史与社会学文库）
ISBN 978-7-5760-3212-3

Ⅰ. ①近… Ⅱ. ①杨… Ⅲ. ①社会学—研究—中国—
近代 Ⅳ. ①C91-092

中国版本图书馆CIP数据核字（2022）第161126号

历史与社会学文库
近代中国社会学
（增订本）

著　　者　杨雅彬
责任编辑　曾　睿
特约编辑　汪　燕
特约审读　陈成江
责任校对　何宇边　时东明
封面设计　金竹林

出版发行　华东师范大学出版社
社　　址　上海市中山北路3663号　邮编 200062
网　　址　www.ecnupress.com.cn
电　　话　021-52713799　行政传真 021-52663760
客服电话　021-52717891　门市（邮购）电话 021-52663760
地　　址　上海市中山北路3663号华东师范大学校内先锋路口
网　　店　http://hdsdcbs.tmall.com

印 刷 者　上海商务联西印刷有限公司
开　　本　710×1000　16开
印　　张　54.75
字　　数　914千字
版　　次　2023年3月第1版
印　　次　2023年3月第1次
书　　号　ISBN 978-7-5760-3212-3
定　　价　198.00 元（上下册）

出 版 人　王　焰

原版前言

自1979年社会学恢复和重建以来，我用了近20年的时间陆续收集和拜读中国各大社会学家的论著及有关的主要书刊，并向同人请教。我也尽可能地拜访了健在的和现已仙逝的老社会学家，向他们请教，并进行了部分实地调查。尽管这类研究很冷门，但越研究越激起我对社会学的热爱，以及对社会学老前辈的敬佩之情。我为他们能将中西学融会贯通，运用社会学的理论和方法，认识中国，解决中国社会发展问题及学科建设的精神与行动所激励，为他们治学的科学态度所鞭策。他们的学识和精神像磁铁般吸引着我。

虽然中国没有建立起社会学的理论体系，但近代中国社会学确实是蕴藏丰富而渊深的知识宝藏。因此，我总觉得有学不完的知识，而且越学越感到这些知识对研究现实是有启示的。虽然我与之接触近20年，但还是惭愧只能看到近代中国社会学的表层，要深入研究还要不遗余力。我多么希望学界能有更多的人潜心参与研究。今天的人总是站在前人肩膀上的，同样，今天的社会学者也是站在前辈社会学家辛勤耕耘而奠定的知识基础上的。因此，我们若想具有纵横驰骋于今天的社会学研究领域的能力，就必须有扎实的理论根基，不但要掌握丰富的国外社会学的知识，还要了解中国文化，掌握中国社会学的发展及其已取得的成就，否则便犹如水上的浮萍，没有根底。

我对近代中国社会学学科发生发展历史的研究，始终贯穿一条线，这就是无论采用何种观点，无论从哪个角度研究社会学，都要紧紧扣着如何认识和改进中国的社会发展这一根本目标。尽管前辈社会学者的观点各有不同，但他们绝大部分都有为国为民，以天下为怀、以苍生为念的境界，并为救国富民，复兴中华民族，就中国社会发展的路向提出了建设性的看法与建议。我希望将他们的理论、方法、治学精神和高尚品格展现出来，以使后人不忘前人之师，能够继往开来。

近代社会学在中国经历了近半个世纪的传入、传播、发展和中国化的过程，其内容之丰富几乎使人有无从下手之感，却又难以割舍。我的第一本《中国社会学史》主要概述了中国社会学发展的社会历史背景[①]，扼要地说明了不同历史时期的特点、主要出版物、组织、机构、事件、人物及活动等，描述了社会学在中国的发展概况。承蒙读者厚爱，坊间已经买不到这本《中国社会学史》了，而前辈社会学者的著作更难寻觅，极少有再版的。有鉴于此，我原打算在这部《近代中国社会学》中更全面地阐述和介绍近现代的中国社会学，但遗憾的是，由于出版篇幅所限，我只能主要集中介绍近代中国社会学各领域大家的主要代表著作及其学术成就，并兼顾社会学各个方向的研究概况，同时结合一些专题的撰写，一切都以能切实反映近代中国社会学在不同历史发展时期的不同特点为旨要。对于有些在近代中国社会学史上比较重要、在当时影响也比较大的著作，或一些我认为对现时的社会学及社会研究有所启示的著作，或其中将会产生影响的部分，我用了较多的篇幅予以系统介绍，以保持其理论的完整性。有的研究比较细致，可作为典范，对这样的研究成果的介绍，在本书中也占较多篇幅。而对于其他的一些作品，本书仅为全面反映历史作些简单的介绍。本书没有单独介绍近代中国社会学发展过程中的方法及方法论问题，但不言而喻，本书对前辈社会学者的研究成果和学术思想的评价，其实已展现了他们在社会学研究方法上的成就与特点。

我没有像西方社会学史作者那样按流派来撰写本书，而不这样写恰恰是符合中国社会学发展的实际情况的。社会学从传入起就一直紧密地与中国的社会相结合，社会学家们一般都是根据研究具体问题的需要来运用有关的理论和方法的。因此，在有的国家，理论研究与应用研究学派林立，泾渭分明；而在中国社会学界，则只有不同的研究倾向而已，甚至为了建立中国社会学体系的需要，还有一种综合研究的趋势。本书对各大家的学术思想基本上未作评论。我认为首要的任务是把各家的学术思想介绍给读者。但这并不等于本书是材料的堆砌，因为本书确定的专题及选材均体现了我的看法，有其内在的发展脉络。同时，我相信读者会理解本书的内容，并有自己的评判。

近代中国社会学从传入、传播到发展及中国化的建设，恰恰与中国近代社会的变迁一同风雨漂泊、相伴而行。我始终认为，社会学的传入是中国社会需要变革的内部原因，社会学的传播与发展也是伴随着中国社会的变迁的。因此，我把对社会学在中国的发展的论述放在中国这个大社会背景中来进行。我

① 杨雅彬：《中国社会学史》，山东人民出版社，1987年。

希望读者在了解社会学这个学科发展的同时，也能了解当时的社会。

我大体上将近代中国社会学分为两大时期，以1930年中国社会学社的建立为标志，此前是社会学的传入与传播阶段，此后是社会学成长与社会学中国化时期。社会学传入和传播阶段又可分两小阶段。19世纪末20世纪初为社会学传入时期，由于中国社会变革的需要，维新人士引进了社会学。这一时期的社会学可称为哲学社会学，也就是涂尔干所谓社会学的主观意识阶段。1919–1930年为社会学在中国传播的时期，1911年辛亥革命后，国内政治动荡，思想活跃，新文化运动蓬勃发展，各种思想流派纷纷传入中国。社会学各流派随着留学生的归来与国际的交流而传播开来。社会学者的队伍基本形成，并设立了社会学的教学与研究机构，开始了小型的社会调查，此时进入实证社会学阶段。1930–1937年是社会学发展的繁荣时期。西方社会学理论在这一时期得到比较系统完整的介绍，对各分支社会学的研究与对社会问题的专门研究也初步形成。这一时期社会学研究从不同角度探讨了中国向何处去的问题，并进行了社会改造的试验。这些研究本身就是社会学中国化的尝试。1937–1949年，由于战争，社会学家云集西南边陲，当时的学界共识是倡导社会学中国化，并以社区研究为实现社会学中国化的途径，同时研究各种不同类型的社区在“现代化”过程中所遇到的问题。这一时期初步形成了社会学与人类学相结合的研究社区的中国学派。同时在理论层次上对社会制度、社会结构进行研究，并开始了社会工作与社会事业的研究。我把1930年以前阶段的社会学发展情况编为第1–5章，1930–1937年编为第6–9章，1937–1949年编为第10–16章，这次（第三次）出版增补了瞿同祖的中国法律与中国社会研究一章。有少许内容与时段分期略有出入，视其影响和叙述的完整性而定。

我能够坚持完成此拙作，要感谢学界的老前辈吴泽霖、梁漱溟、李安宅、李景汉、杨堃、李剑华、雷洁琼、张之毅、张世文、陈定闳、关瑞梧、陈翰笙、冯和法等对我的指导和帮助。我也感谢袁方、王康老师对我的鼓励，感谢陆学艺研究员、许抗生教授、潘乃谷教授对我的支持，感谢关心我的学人、朋友及中国社会科学院社会学研究所的同志对我的一切帮助！谨为纪念社会学恢复20周年奉献拙著，以答师长的教诲和同人的关怀！

杨雅彬

目录
CONTENTS

第一章
启蒙运动与社会学的传入

（19世纪末至20世纪初）

第一节 维新运动与社会学的传入

一、社会学传入中国的社会历史背景

社会学传入中国是与中国当时社会的政治、经济、文化等需要相联系的。在1840年的鸦片战争中，清政府被英国打败，暴露了大清帝国的腐败。自1842年订立《南京条约》起，封闭的中国大门被列强的炮火打开，中国以半殖民地半封建的地位进入世界市场。继第一次鸦片战争之后，帝国主义加紧了对中国的侵略战争，又于1856年发动了第二次鸦片战争。清政府又一次失败，订立了一系列割地赔款、丧权辱国的条约。半殖民地半封建的经济破坏了中国自给自足的自然经济，导致数千年来小农业与家庭手工业相结合的社会经济结构开始瓦解。

清政府在帝国主义列强的逼迫下，加重了对人民的剥削，在繁重的旧捐税上又加上新捐税，以填补对外赔款和鸦片贸易的亏损金额。自鸦片战争后，闭关自守的中国发生了史无前例的剧变，旧的财政、经济、政治、礼教等各种制度愈益成为束缚中国人民的枷锁。在这种形势的逼迫下，爆发了中国人民反对帝国主义和封建主义的革命运动。从1851年的太平军起义到1873年陕甘地区回军的消灭，在这二十余年中，中国的革命和反革命斗争的规模空前巨大。人民

起义虽说先后被镇压下去，但都给了清政府以沉重的打击。与此同时，镇压过太平军的洋务运动派的地位也得到了提高。

自19世纪下半叶起，帝国主义对中国的侵略，也刺激了中国民族资本主义工商业的发展，福州、广东、上海等地先后出现了许多民营工业，初步形成民族资产阶级。他们主要是从地主、官僚和商人转化过来的，既与封建势力有着密切联系，又受"官督商办""官商合办"的限制，尽管如此，其力量仍然非常软弱。在民族危机加深和国内革命形势发展的刺激下，软弱的中国资产阶级也逐步走上了政治改良的道路。尤其是甲午战争中国的战败和洋务运动的破产，给要求发展资本主义的人以机会来反对官办、官督商办的洋务运动，从而在政治上产生了资产阶级改良主义运动。

19世纪70年代，随着中国资本主义的初步发展，从封建统治阶级中逐渐分化出一批初步具有资产阶级观点的知识分子。他们是维新变法改良运动的主力，他们追求西方的资本主义制度和文化。于是，到了19世纪90年代，西方的自然科学和社会政治学说陆续被介绍到中国来。在中国社会动荡时期，西学东渐已成为势不可当的潮流，中国传统文化开始向近代文化转变。

维新派是改良运动的倡导者和启蒙文化的传播者，如康有为、梁启超、谭嗣同、章太炎、严复等代表人物。他们想走日本明治维新变法图强的道路。在帝国主义对中国的侵略步步深入、中华民族面临的危机日益深重的情况下，他们认为，要救国只有维新，而要维新，则只有学外国。当时的改良变法维新思潮，为大多数先进的中国人所接受，他们从郑观应的《盛世危言》到梁启超的《时务报》中受到启蒙。他们读新书，学西学，积极参与变法维新。

维新派的领袖康有为从1888年到1898年先后7次向皇帝上书，力图让皇帝相信："尝考泰西之所以富强，不在炮械军器，而在穷理劝学。"（《上清皇帝第四书》）他所说的"穷理劝学"，就是指西方资产阶级的学术和文化。戊戌变法前，改良派首先把西方资产阶级的社会政治学说引入中国，为改良主义政治运动做舆论准备，从而对民主主义文化的传播产生了很大的作用。

康有为领导的改良运动反映了新兴资产阶级的政治经济要求，但主要还是带有当时从地主官僚转化过来的资产阶级上层的政治倾向，因而对帝国主义和封建势力仍然抱有很大的幻想。他们企图利用清朝皇帝的权力进行资本主义改革，以求得国家的富强。1897年，德国强占胶州湾，康有为上书光绪帝，请求光绪帝“及时发愤，革旧图新，以少存国祚”。上书中列举上中下三策，其上策是“采法俄日以定国是，愿皇上以俄国大彼得之心为心法，以日本明治之政为政法”。又请皇帝读《泰西新史揽要》《列国变通兴盛记》及其自著《日本变政考》《俄罗斯大彼得变政记》。他在《日本变政考》序中说，日本学习欧美，前后花了30年时间始获成功，中国地广人多，如果就近学习日本，10年之内就能成为世界强国。光绪帝迫于国内外的形势，接受了康有为等人的变法主张。这个运动到1898年发展成为“戊戌变法”，光绪帝于1898年6月下诏实行新政。但当时的国际条件绝不能允许中国走“明治维新”的道路，帝国主义通过洋务派与顽固派勾结起来，确立了强大的政治统治，任何改良必然遭到他们的严厉打击；而改良派自身又具有他们的阶级局限，是同广大人民群众相脱离的。他们要维新，又怕人民革命，因此依然幻想着能依靠帝国主义。戊戌变法最终被封建顽固派扼杀了。

戊戌变法虽然以失败告终，但其作为资产阶级启蒙运动的先驱作用和深远影响是巨大的。正是在启蒙运动中传入了社会学。社会学是在中国社会需要改良、人民思想需要启蒙的背景下传入中国的。维新派的主要人物运用历史社会学论证了改良的必要，及如何改造中国的社会和培养人才。

二、维新派与社会学的传入

（一）寻求变法的思想依据

1．维新派在西学东渐中传入社会学

19世纪末，在中国文化思想界产生了变革的要求。要求变革社会的思想贯穿于政治、经济、文化的各个方面。从龚自珍、魏源提倡经世致用，“师夷之长技以制夷”，到冯桂芬主张“采西学”“制洋器”，直到洋务派办“洋务”，都表现了“变”的要求。从早期王韬、郑观应等的改良思想到康有为、梁启超、谭嗣同等的维新变法，都希望当政者能学习西方和日本，自上而下地进行改革。

中国开始向西方学习时，先是学习其坚船利炮，然后是学习自然科学技术，同时企图保持中国的伦理纲常不变。甲午战争中，中国惨败，洋务运动破产，这使中国人认识到，在学习西学时，不但要学习其自然科学，也要学习其社会科学。19世纪末20世纪初，西方的进化论和天赋人权说被介绍到中国，起

了启蒙的作用。维新派以进化论为理论根据，提出要“自强保种”，拯救国家危亡，就必须变法维新。

也正是在19世纪末20世纪初，西方社会学已从创立阶段进入形成阶段。西方社会学，既是资产阶级批判黑暗的中世纪的产物，同时又是新兴资本主义社会处于矛盾丛生之中，需要分析、管理、改良的产物。中国资产阶级虽然尚未成熟，但也需要这样的科学。

社会学创始人、法国实证哲学家孔德把社会学概括为一门研究人类社会的科学，并建立了他的社会学理论体系，其中有关社会秩序诸因素相互作用及维持平衡的思想、社会发展的思想以及认为宗教具有维系社会秩序的作用等思想，都适应了中国维新派的需要。

继孔德之后，英国社会学家斯宾塞把孔德提出的理论完整化，他的社会学思想的两大主题是社会进化论和社会有机体论，这两种理论对中国维新派产生了较大的影响。他的代表著作《社会学研究》（*The Study of Sociology*）和《社会学原理》（*Principles of Sociology*），都被较早地译成了中文。

现代社会学奠基人、法国社会学家涂尔干认为，社会学的研究对象是“社会事实”，并且认为只能从社会及“集体意识”出发研究社会事实。他还重视研究社会结构，研究如何使社会稳定、平衡，如何实现社会整合。

这些社会进化论、有机论、平衡论及从集体意识出发的理论等社会思想，都对中国维新派的变革理论产生了重大的影响。

在中国社会动荡的时期，西学东渐已成势不可当的历史潮流。在这一潮流的推动下，中国传统文化逐渐向近代文化转变。而在这个过程中，为中西学交流架起桥梁的就是以今文学派为代表的维新派人物。他们托古改制，吸收西方的社会科学成就，尤其注重引进社会学。今文学派虽是儒学的一支，但不是儒家的正统，因此思想活泼，比较容易接纳西方的观念。今文学派是新旧混杂、中西融合的学派，它在传统文化中注入了西方的思想内容。今文学派的代表龚自珍、魏源、康有为、梁启超等不但是学者，而且是政治家。他们关心社会，参与政治，鼓吹变法，具有强烈的爱国主义精神。强调创新和“通经致用”，力图把中西结合的思想运用于社会变革，使其成为近代地主资产阶级挽救危亡、主张变法的理论根据。社会学就是在为维新变法寻求理论的西学东渐过程中被引入中国的。

2．西方进化论与中国传统变易思想相结合：历史社会学的形成

维新派在“中国向何处去”的关键时期，以西方进化论和中国传统的变易思想为理论武器，论证变法维新，以求国家的独立、自强和发展。他们融合西方的进化论和中国的变易思想，形成了社会学传入中国初期的中西思想混杂的社会哲学或历史社会学。

中国古代哲学已具有朴素的变易观念，如《易传》说“革去故，鼎取新”；《韩非子》说“古今异俗，新故异备”；《公羊传》提出“三世”变易观；刘安的《淮南子》和张衡的《灵宪》提出宇宙生成论；柳宗元认为，由狉榛而封建，而郡县，是历史变化发展的趋势；王安石说“新故相除者，天也”；王夫之提出“洪荒无揖让之道，唐、虞无吊伐之道，汉、唐无今日之道，则今日无他年之道”的“道”随“器”变的观点。所有这些，都是承认变化发展的哲学观念。这种变易观念虽然还不属进化论的思想范围，但为近代进化论在中国的传播提供了思想前提。

康有为、梁启超、章太炎、谭嗣同、严复等维新派，虽对社会变革的认识有所不同，但在中国社会面临崩溃、国家危亡之时，在阶级与民族矛盾日益深重的形势下，一面总结中国社会的历史，另一面向西方学习，接受了进化论。他们相信和坚持事物发展进化的观点，肯定自然和社会的进化发展，以此作为变法维新的政治主张的理论依据。由于他们所代表的阶级是当时正在转化而又还未独立成熟的资产阶级，因此他们企图走改良主义的政治道路也是历史的必然。而西方社会学的渐进说正好适应了维新派改良的需要。社会学成了一种变法维新理论，成了培养维新人才的社会科学之一。

康有为首先在自然观方面接受了进化论，并在万木草堂向学生们讲授人类进化知识。他创造性地把进化论运用于人类社会，将中西社会学说融合在一起，借公羊三世说的“微言大义”，在其著作《人类公理》（后来改为《大同书》）中，阐述了进化的社会历史观，认为社会是按照“据乱世”“升平世”“太平世”三个阶段循序渐进的。这种社会进化观，从根本上打破了数千年的“天不变，道亦不变”的封建统治思想，为反对封建君主专制和社会变革提供了依据。《大同书》中还比较有系统地阐述了他的社会政治理想和理论，其中包括了重要的社会发展问题、民主制度、国家问题、家庭问题和妇女问题等。但是他只承认“渐变”而反对突变，因而只主张改良，而反对革命的变革。

梁启超发挥了康有为的理论，提出“以群为体，以变为用”的“治天下之道”，（《说群自序》）这里的“群”，指的是人群、社会。他指出“群”是天下之公理，万物之公理，同样“变”也是古今之公理，凡在天地之间者，莫不变。他说“群”的目的在保国保种，方法是提倡联合黄种，君民同治，以孔教为国教，反对专制独裁，反对外国侵略者及买办洋务派；“变”的目的是变政体，方法是废科举，开学校，改官制，实行地方自治。他对社会的存在和社会变革做了高度的理论概括。他还明确指出“群学”即“社会学”，是贯通天人之际的根本之学。他把自然科学、哲学和社会学结合在一起，并应用于论证变法。他所宣传的变法理论和政纲，在戊戌以前对维新运动起了巨大的推动作用。他在文章中多次提到“社会学”与“人群学”，如在《乐利主义泰斗边沁之学说》《格致学沿革考略》《论学术之势力左右世界》三文中，就直接提“社会学”之名，并在《进化论革命者颉德之学说》一文中，将“人群学”与史学、政治学、生计学、宗教学、伦理学等并列。该文还在“社会学”一词下，加注“人群学”，可见“人群学”就是社会学。梁启超十分重视对西方社会学的研究，这也说明社会学是适应中国社会改良的需要而传入的。

维新派中的激进派谭嗣同也积极宣传“日新”的进化观点。他在《仁学》中说：“孔曰：‘革，去故；鼎，取新，’又曰：‘日新之谓盛德。’夫善至于日新而止矣，夫恶亦至于不日新而止矣。天不新，何以生？地不新，何以运行？”他认为“地球之道，自苦向甘”，人类社会沿着“逆三世”“顺三世”的轨道向前进化发展。他在《仁学》中抨击封建伦常名教是“据乱世之法”，指出要维新变法，首先必须变革三纲五常。他在反封建的同时，竭力提倡自由、平等、博爱，鼓吹人道主义。就是在这部启蒙著作的第一篇《仁学界说》中，他提到了社会学。《仁学》是最早采用“社会学”一词的著作，成书于1896年，1899年始刊于《清议报》。《仁学》中说：“凡为仁学者，于佛书当通《华严》及心宗、相宗之书，于西书当通《新约》及算学、格致、社会学之书……”（《谭浏阳全集》第4册《仁学》）谭嗣同认为要研究仁学必须精通社会学，说明他对社会学已有一定的认识。

严复是社会学传入的先驱，1895年在天津《直报》发表了著名论文《原强》等文章，介绍了达尔文《物种起源》一书的进化论观点。1898年又译述了赫胥黎的《天演论》，并在其中加了许多按语，结合中国的实际需要，积极宣传达尔文的进化论。他认为，人类历史是进化发展的，“世道必进，后胜于今”。他主张中国必须改革，走西方国家的道路。

中国近代思想家、社会学的先驱之一章太炎，对斯宾塞的社会有机论和吉丁斯的同类意识论很赞赏。他翻译的日本人岸本能武太的《社会学》就综合了这两家的学说。他在自著的《訄书》中所论及的都为匡时救国而非说不可的问题，内容上涉及的学术领域很广泛，对中国古代各时期、各流派的思想都有所阐述，并对不同社会制度进行了比较，提出了从政治到经济制度的社会改造的设想，并从社会学的角度考察了中国的人口、语言、文学、心理、宗教、风俗等社会问题。章太炎早年在《原人》《原变》《菌说》等文中，也阐述了生物进化的自然观。他一方面强调自然环境对人类社会进化的巨大影响，且认为恶劣的环境会导致人类智力的退化；另一方面，他也十分重视“合群”的作用，认为人们只有团结一致，才有力量同命运抗争，并在竞争中立于不败之地。

尽管这些维新派代表人物有不同的观点，尽管他们从不同的角度宣传启蒙思想，他们都把西方的进化论与中国传统的变易思想相结合，形成了社会学传入中国早期的社会哲学或历史社会学的特点。下面就维新派主要代表人物的思想，逐一加以介绍，以说明社会学传入时期的特点。

3. 康有为的《大同书》及其社会改良思想

（1）社会进化“三世说”

康有为是戊戌维新运动的组织者与领导者。他在传统思想的基础上吸收进化论，论述社会的变化，同时把进化论与中国传统思想中的变易相结合，论证变法。他在清光绪二十一年（1895）闰五月初八上皇帝书中说：“为治之道，在审理势，势本无强弱大小，对较而后分。理难定是非美恶，随时而易义。”他从对比中国与西洋资本主义国家之间的强弱，来证明非变法不可，这是就“势”而言。他在《应诏统筹全局折》中说：“夫物，新则壮，旧则老；新则鲜，旧则腐；新则活，旧则板；新则通，旧则滞，物之理也。”他以这种新事物胜过旧事物的“物之理”证明变法维新是必然而必需的。

康有为认为儒家最重要的经典是《周易》与《春秋》。他在清光绪二十一年（1895）应朝考的卷子上说，《周易》“专明变易之义”，“孔子之道，至此而极矣”。康有为发挥了《周易·系辞》所说“穷则变，变则通，通则久”的思想，他说：“如使天有昼而无夜，有夏而无冬，万物何从而生？故天惟能变通，而后万物成焉。”“故至变者莫如天。夫天久而不弊者，为能变也。”天时常在变，人也常在变。人“自少至老，颜貌万变，自不学而学，心智万变”，“流变之微，无须臾之停”。社会也常在变，“千年一大变，百年一中变，十年一小变”。总之，康有为发挥《周易》的变易思想，论证社会进化和变法的思想。

19世纪后半叶，今文经学的再度兴起，成为维新派知识分子维新改革运动的一个合法依托。康有为就利用今文经学进行托古改制。今文经学的主要经典是《春秋公羊传》，《公羊传》的主要思想是孔丘受天命为主，为汉制法。中国封建社会的政治、社会制度大都是汉朝的儒家所制定的，集中表现在《礼记》中。他们都假托孔丘说话，这就是“托古改制”。中国封建社会巩固以后，不需要改制了，公羊学也就没人提了。但到了19世纪后半期，中国封建社会动摇了，又需要改制了，一些想要改制的人就又抬出了公羊学。康有为所说的“变法”，就是“改制”，而为了说服顽固守旧的人们接受变法，他也要“托古改制”。

《春秋公羊传》中提出的主要思想是“三世说”，即“所见”“所闻”“所传”的所谓“三世”。照董仲舒的理解，春秋历史分三个段落；照东汉何休的理解，“三世说”是指历史发展有三个阶段。而接受了西方进化论的康有为也认为，人类社会进化有三个阶段。他在《论语注》卷二中说：“盖自据乱进为升平，升平进为太平，进化有渐，因革有由，验之万国，莫不同风。”“孔子之为《春秋》，张为三世……盖维进化之理而为之。”这里，康有为虽沿用了何休的术语，但他把这种历史观应用到自己政治主张的各方面，从而使他的“三世说”具有更为丰富的内容，具有近代资产阶级的民主主义要求。他说：“孔子生当据乱之世，今者大地既通，欧美大变，盖进至升平之世矣。异日大地大小远近如一，国土既尽，种类不分，风化齐同，则如一而太平矣。孔子已预知之。”[①]“欧美大变”已至“升平之世”，而中国社会仍是旧制，即还是“据乱世”的制度，理应予以改变。但他也指出，变要因时。他在《中庸注》中说：“孔子之法，务在因时。当草昧乱世，教化未至，而行太平之制，必生大害。当升平世，而仍守据乱，亦生大害也。譬之今当升平之时，应发自立自主之义，公议立宪之事，若不改法，则大乱生。”当然，他所说的

① 康有为：《论语注》卷二。

“变法”也是有限度的，因为“人道渐化，皆有定位”，“进化有渐，因革有由”。他特别注重“渐”变。在他看来，社会只应有渐变，而不应有突变；只应有改良，而不应有革命。这是一种庸俗进化论的思想，它与后来以孙中山为首的旧民主革命把社会进化与革命相联系的主张不同，也与后来接受了历史唯物主义的进化论不同。

康有为不但将“三世说”运用于论证变法，也以“三世说”处理种族问题。他在《春秋笔削大义微言考》卷三中说：“据乱世为爱种族之世，升平世为合种族之世，太平世则一切大同，种族不分，无种族之可言，而义亦不立。”在这里，康有为企图以“合种族”之说来模糊满汉民族界限从而缓和两族之间的斗争。

不仅如此，康有为还企图把董仲舒在《公羊春秋》中提到的孔丘神圣化，建立一个与基督教对抗的宗教组织。这一方面是出于他抵制西方列强侵略的考虑，另一方面也说明他还是以封建正统观念为思想基础的。康有为说，中国本来就有一个教主，那就是孔丘。西方各宗教的教主都是靠迷信起家，而中国的教主孔丘是靠“六经”得到人们的信仰，孔丘才是真正的教主。他还认为，人类世界的文化日益进步，靠迷信起家的教主已逐渐不适宜为文明世界的教主，而以不迷信起家的孔丘才真正是文明世界的教主。这说明，在康有为心目中，以孔丘为教主的宗教，不但适合于中国，而且也适合于未来全球的文明世界。这就是说，康有为在发挥关于社会进步的“三世说”时，预测了中国文化在世界文明发展中的地位。

总之，康有为在《大同书》等著作中提出的“三世说”进化历史观，是给公羊派“三世说”的旧形式注入西方近代自然科学的进化论后，提出的一种新“三世说”史观。这种历史观的基本框架就是，人类社会的历史将从“据乱世”演变为“升平世”，再进入“太平世”。他认为，他那个时代的中国社会正处在“据乱世”，应通过变法进入“升平世”。他的理论从根本上打破了“天不变，道亦不变”的封建教条，为资产阶级变法维新提供了理论依据。该书还比较系统地表述了他的社会政治思想和理论，其中涉及重要的社会发展问题、民主制度问题、国家问题、家庭和妇女问题等。

陈庆坤指出：“康有为的主要贡献，是把进化论思想应用于中国社会。他把进化论思想和中国传统的‘公羊三世说’、《礼运》‘小康大同说’结合起来，创立了‘三世说’历史进化论。他在《大同书》里说：‘神明圣王孔子，早虑之忧之，故立三统三世之法。据乱之后，易以升平、太平，小康之后，进以大同。’发挥他的‘通三统’、‘张三世’的理论。所谓‘通三统’，是说夏、商、周三代不同，当随时因革。所谓‘张三世’，是说中国社会的发展要经历据乱世、升平世、太平世三个阶段愈演愈进步。他认为从君主专制到君主立宪，而后再发展为民主共和，是历史的必然。康有为的‘三世说’历史进化论，不是科学的理论，而且有许多牵强附会的地方。但是他把人类的历史看作是一个发展进化的过程，这就给封建顽固派所崇奉的‘天不变道亦不变’论以沉重打击，为他的变法维新运动提供了理论依据。”①

（2）《大同书》去苦界求大同的民主思想

1884年，中法战争期间，康有为开始酝酿大同理想，光绪十三年（1887）编著《人类公理》，这是《大同书》的前身；1901–1902年写成《大同书》，之后又予以增补，于辛亥革命后发表一小部分，1935年才出版全书。康有为空想的“大同”来自《礼记·礼运篇》，他把《礼运》的“大同”与西方的进化论、资产阶级的民主、平等、博爱思想等糅合在一起，创立了空想的“大同”学说。

冯友兰说，《大同书》的“基本思想是从他的‘三世说’发展出来的。他认为，当时的欧美资本主义国家已经达到‘升平世’的阶段，但是也仅达到这个阶段。比这个阶段更高的还有‘太平世’。他根据《礼运》大同章的理想，加上了他所知道的当时资本主义国家里面的一些社会改良的措施和理想，再加上他自己的主观希望和幻想写成这部著作。这部书的内容充满了民主主义的平等精神，也带有社会主义的空想”。②

康有为在该书中认为，现实社会是不人道的苦境，并设计了一个与之对立的理想的“大同”境界。他把人类诸苦列出六类三十八项之多，即：“（一）人生之苦凡七：一、投胎；二、夭折；三、废疾；四、蛮野；五、边地；六、奴婢；七、妇女（别为篇）。（二）天灾之苦凡八（室屋舟船，亦有关人事，亦有关天灾者，故附焉）：一、水旱饥荒；二、蝗虫；三、火焚；四、水灾；

① 陈庆坤：“进化论”，《中国大百科全书·哲学卷》（Ⅰ），中国大百科全书出版社，1991年，第365页。

② 冯友兰：《中国哲学史新编》（第六册），人民出版社，1989年，第119页。

五、火山（地震山崩附）；六、屋坏；七、船沉（汽车碰撞附）；八、疫疠。（三）人道之苦凡五：一、鳏寡；二、孤独；三、疾病无医；四、贫穷；五、卑贱。（四）人治之苦凡四：一、刑狱；二、苛税；三、兵役；四、有国（别为篇）。（五）人情之苦凡八：一、愚蠢；二、仇怨；三、爱恋；四、牵累；五、劳苦；六、愿欲；七、压制；八、阶级。（六）人所尊尚之苦凡五：一、富人；二、贵者；三、老寿；四、帝王；五、神圣仙佛。”①

康有为认为，在现存社会中，无论什么人都是苦的，而造成人类诸苦的原因是有九种分别。他说：“总诸苦之根源，皆因九界而已。九界者何？一曰国界，分疆土、部落也；二曰级界，分贵贱、清浊也，三曰种界，分黄、白、棕、黑也；四曰形界，分男女也；五曰家界，私父子、夫妇、兄弟之亲也；六曰业界，私农、工、商之产也；七曰乱界，有不平、不通、不同、不公之法也；八曰类界，有人与鸟兽、虫鱼之别也；九曰苦界，以苦生苦，传种无穷无尽，不可思议。”②

既然“界”是一切“诸苦”的根源，那么，要脱离“诸苦”的最根本的办法，就是去“九界”。他说：“何以救苦？知病即药，破除其界，解其缠缚。超然飞度，摩天戾渊，浩然自在，悠然至乐，太平大同，长生永觉。吾救苦之道，即在破除九界而已：第一日去国界，合大地也；第二日去级界，平民族也；第三日去种界，同人类也；第四日去形界，保独立也；第五日去家界，为天民也；第六日去产界，公生产也；第七日去乱界，治太平也；第八日去类界，爱众生也；第九日去苦界，至极乐也。”③

康有为引申了何休的“三世说”。何休认为，春秋的“衰乱世”“内其国而外诸夏”。这就是说，中国的内部各诸侯之间还有界；而在“升平世”中国内部就没界了，但还有中国与外国之界：在“太平世”一切界都没有了，而是“大小远近如一”。康有为认为，去掉了“国界”，军队和监狱都不存在，全地球合成一个公政府，管理公共生产事业和人们的物质文化生活；消灭了“级界”，没有等级之分，也无种族之别，无帝王、君主、世爵、贵族，无主无奴，男女各自独立，全世界人类尽为平等；家也毁灭了，男女婚姻之事不复名

① 中国科学院哲学研究所中国哲学史组编：《大同书》，《中国哲学史资料选辑》（近代之部），中华书局，1959年，第196–197页。

② 同上书，第51–52页。

③ 同上书，第53页。

为夫妇，儿女由公政府抚养，人们生老病死之事“皆政府治之”；农、工、商皆归于公，人人劳动，生产力高度发展，人们过着美好的物质生活；文教也很发达，人人有高度的文化教养和道德修养，社会风气优良。

总之，康有为认为，去掉了九界，人类乃至众生就可以达到美好的“大同”世界。大同世界是一个人人独立、自由平等的世界。国界被取消了，全世界只有一个统一政府；各民族混合，只有一个民族；男女一律平等，家庭界限也没有了；农工商都为社会的公产；“不平、不通、不同、不公”的法律都被废除了；普爱众生，“人与鸟兽虫鱼之别也没有了。在这去众苦至极乐的大同世界中，人浩然自在，悠然至乐，太平大同，长生永觉”。[①]大同的社会原则是“至平、至公、至仁、治之至”的社会。

《大同书》中的社会，从形式上看带有空想社会主义色彩，而其内容实质，则主要是以资产阶级天赋人权、自由、平等、博爱等原则来否定封建君主专制的国家制度、封建家族宗法制度和等级制度，具有鲜明的民主主义性质。康有为所描述的“大同之世”，废除了家庭，是由独立自主的个人的志愿结合的社会。这表明，他是要以个人为社会构成单位和基础的资本主义社会，来代替以家族为单位和基础的中国封建社会。同时，康有为既看到了资本主义制度比封建制度优越的地方，也看到了资本主义的矛盾之处，指出资本主义社会并不是社会发展的最高阶段，而理想的社会还是“大同”社会。

（3）康有为的社会改良思想——富国养民之法

康有为的《大同书》的前提，是以增益人的快乐为大同社会的道德，而他又将人的苦乐归结为脑筋与外物接触时感受的宜与不宜，适与不适。总之，康有为在《大同书》中是以人道的原则和目的去苦求乐的，并且相信只有大同世界才是有乐无苦的世界，即所谓的“极乐世界”。因此，依他的观点，大同世界的实现是人类进化的必然，也是道德原则的当然。

那么，靠什么力量来实现大同世界呢？康有为认为，首先是靠人的“不忍之心”。“不忍之心”人皆有之。他把这种“不忍”与磁力、电力混同起来，称为“爱质”，而人类则要靠这种“不忍”的爱质来实现世界大同。从这里，我们可以窥见康有为的宇宙观、世界观和价值观之一斑。尽管这些观点混淆了物质与精神的界限，但其中也有接近唯物主义的倾向。

① 康有为：《大同书》，中华书局，1959年，第52页。

总之，康有为提出的“大同”世界虽是空想的，但无疑也具有进步意义。其实现大同的办法，是幻想通过发挥人的仁爱精神，通过自上而下的改良，而坚决反对社会的阶级斗争和革命。尽管如此，他的思想还是起了启蒙的作用，为变法维新提供了思想理论的基础。同时，他还为社会改良的实践提出了主张，而他的最大的功绩是组织和领导了戊戌变法运动。

康有为胸怀全局，从1888–1898年，先后7次向皇帝上书，完整地提出了资产阶级改革方案。在政治上，他要求改变封建专制政体，实行资产阶级的君主立宪制，走日本明治维新的道路。他认为，中国如果就近学习日本，十年之内就能成为世界范围内的强国。在军事上，他主张迁都，选将练兵抗敌，反对投降主义。他认为“变法”就是培养自己的实力，以为战争的后盾。在文化上，他要求废除科举，主张办学校，学习西方的自然科学和资产阶级的社会政治学说，并主张建立孔教为国教。在经济上，他要求保护和发展民营工商业，大力推行机器生产，反对官办企业的垄断。

他认为，变法包括两大项内容，第一项是“富国之法”，第二项是“养民之法”。他在《公车上书》中说：“夫富国之法有六：曰钞法，曰铁路，曰机器轮舟，曰开矿，曰铸银，曰邮政。”这里所说的“开矿”“轮舟”是他的产业政策，“钞法”和“铸银”是他试图解决当时社会上的经济问题和政府的财政问题的办法。养民之法有四：“一曰务农，二曰劝工，三曰惠商，四曰恤贫。”其中，他最注重的是“劝工”和“惠商”。他说：“凡一统之世，必以农立国，可靖民心；并争之世，必以商立国，可侔敌利，易之则困敝矣。故管仲以轻重强齐国，马希范以工商立湖南。且夫古之灭国以兵，人皆知之；今之灭国以商，人皆忽之。以兵灭人，国亡而民犹存，以商贾灭人，民亡而国随之。中国之受弊。盖在此也。”他认为，农商孰轻孰重，国家重农还是重商，并不是由于东西之分，而是由于时代的不同。到他那个时代，理应重视工商。他提出的“惠商”的办法是：“一人之力有限，不若合公股，故有大会、大公司，国家助之。”他不主张国家自办商业，国家应鼓励和帮助私人合办公司，而不是代替它们。这些公司为了自己的利益会多开厂多出产品，这样就会以商带工。而后康有为又上了《请励工艺奖创新折》《务陈商务折》，分别说明劝工、惠商的意思，并明确工商的互用关系。总之，他不主张政府直接办工商业，这与曾国藩的“以政带工”“以官代商”的政策根本不同。他认为政府可以做的事是为商业培养人才创造条件。

康有为把西方的社会进化论注入中国传统的变易思想中，由此提出的变革理论具有进步意义。他提出的具体变革措施，也是总结历史的实践经验的产物，在维新变法中起到了启蒙作用。但由于其阶级的局限性，康有为幻想依靠仁爱精神，自上而下实现改良，反对社会阶级革命，最终受到封建顽固派的镇压。不过，在旧民主主义革命时期，康有为是中国向西方寻求真理的代表人物之一，是资产阶级民主主义启蒙运动的先导。

4．谭嗣同抨击封建君主制，宣扬仁学

冯友兰曾经指出："康有为乃是戊戌维新运动的组织者和领导者，他为这个运动提出了一个总纲领，这个纲领的重点是政治上的改革。谭嗣同把改革扩展到道德上、思想上、文化上，并且提出了一个相当完整的哲学体系，作为总的说明，这就把革命的范围扩大了，深度加深了。"[①]

谭嗣同（1865–1898），字复生，号壮飞，湖南浏阳人。他是维新变法运动的激进派，主要著作是《仁学》。《仁学》积极宣扬变法维新，在探求变法的理论依据的背景下，于1896–1897年写成，1899年由梁启超、唐才常分别在日本出版的《清议报》和上海的《亚东时报》上发表。《仁学》集中反映了谭嗣同的政治观点和哲学思想，它吸收了西方近代自然科学和资产阶级经济、政治、社会学说，并结合中国传统的儒、道思想及佛教思想，融成一个庞杂的思想体系。《仁学》第一篇《仁学界说》第25条提到"社会学"（"社会学"的译名，最初采用的是日译法），这是中国最早采用"社会学"一词的文献。

《仁学》一书的思想来源和组成十分混杂，谭嗣同在书中称："凡为仁学者，于佛书当通《华严》及心宗、相宗之书；于西书当通《新约》及算学、格致、社会学之书；于中国书当通《易》《春秋公羊传》《论语》《礼记》《孟子》《庄子》《墨子》《史记》及陶渊明、周茂叔、张横渠、陆子静、王阳明、王船山、黄梨洲之书。"《仁学》全书凡50篇，分两卷。上卷通过阐发"以太"——"仁"——"通"——"平等"的道理，鼓吹"中外通""上下通""男女内外通""人我通"，宣传资产阶级平等、民主、自由思想，竭力提倡博爱，鼓吹人道主义。他把资产阶级的自由、平等、博爱总称为"仁"。下卷通过对封建纲常名教、君主专制主义的深刻揭露和激烈抨击，提出变法维

① 冯友兰：《中国哲学史新编》（第六册），人民出版社，1989年，第126页。

新改造社会的主张。《仁学》实质上是宣传资产阶级人道主义，批判封建主义和推行改良路线的理论著作。

（1）抨击封建君主制及名教

谭嗣同从批判清王朝的残酷统治出发，进一步批判中国几千年来的封建专制政体；从对封建专制主义君权论的批判开始，进而批判维护封建等级制度的纲常名教。

谭嗣同对于中国封建社会的批判，在当时是最激烈的。他认为，当时中国社会处于从“据乱世”向“升平世”过渡的时代，当时的任务是打倒君主统治。他认为，黄宗羲的《明夷待访录》是孔子后最有价值的著作。《明夷待访录》是明清之际黄宗羲的启蒙思想名著。“明夷”是《周易》的一个卦名。该书尖锐地抨击了封建专制制度，指出“天下之害者，君而已矣”。著者坚决反对以君为主，以天下为客，而主张“以天为主，君为客”。这是带有民主倾向的一种国家学说。以此为基础，它用托古改制的手法，提出了一系列有关学术、政治、经济、军事、法律等方面的改革主张，并提倡学以致用，主张实行民主、法治，要求均产、平税。著者还倡导统一货币和工商皆本的反传统思想。该书反映了商品经济发展时代的要求和近代民主启蒙思想的萌芽，所以谭嗣同非常重视它。谭嗣同对君主统治的批判进一步发展了黄宗羲的有关思想。他说：“生民之初，本无所谓君臣，则皆民也。民不能相治，亦不暇治，于是共举一民为君。”[①]既然是民择君，而非君择民，“则因有民而后有君，君末也，民本也”，[②]“则且必可其度之”。他指出：“君也者，为民办事者也；臣也者，助办民事者也。赋税之取之于民，所以为办民事之资也。如此而事犹不办，事不办而是其人，亦天下之通义也。”[③]谭嗣同指出“非君择民，而民择君也”，这种“民本”“君末”的思想，比《明夷待访录》中的《原君》篇更进了一步。

冯友兰曾说道：“封建专制君主之所以统治人民，除了有一套国家机器之外，还有一套思想工具。这套工具的主要部分就是‘名教’。谭嗣同说：‘俗学陋行，动言名教，敬若天命而不敢渝，畏若国宪而不敢议。嗟乎，以名为

① 谭嗣同：《仁学》，《谭嗣同全集》（下册），中华书局，1981年，第339页。

② 同上注。

③ 同上注。

教，则其教已为实之宾，而决非实也。又况名者，由人创造，上以制其下而不能不奉之，则数千年来，三纲五伦之惨祸烈毒，由是酷焉矣。君以名桎臣，官以名轭民，父以名压子，夫以名困妻，兄弟朋友各挟一名以相抗拒，而仁尚有少存焉者得乎。'谭嗣同指出，名教的名的作用在于分别封建等级，都是'上以制其下'的工具。"[①]谭嗣同明确指出，"名教"是专制君主制定出来维护其统治、束缚人民的工具。作为封建统治阶级统治工具的宋明道学，特别宣传名教。所以，谭嗣同对宋明道学进行了最尖锐的批判。他援引当时朝鲜进步思想家的话说："地球上不论何国，但读宋、明腐儒之书，而自命为礼义之邦者，即是人间地狱。"[②]他在《仁学界说》中说："仁之乱也，则于其名。"他指出，纲常名教是和仁相对立的。

谭嗣同特别注重批判"名教"的"名"字，这就击中了名教的要害。名教的要害是只讲名，不讲实。"照名教的说法，臣对于名义上的君必须尽忠，不管实际上的君是什么样的人；子对于名义上的父必须尽孝，不管实际上的父是一个什么样的人。这就是只管名不管实，谭嗣同引'名者实之宾也'那句话就是要说明应该以实为主，不应该以名为主"。[③]

谭嗣同并不限于对封建制度和道德进行思想批判，而且提出了自己的一套社会思想体系。

《仁学》的主要目的是"冲决网罗"。谭嗣同说："网罗重重，与虚空而无极，初当冲决利禄之网罗，次冲决俗学若考据、若词章之网罗，次冲决全球群学之网罗，次冲决君王之网罗，次冲决伦常之网罗，次冲决天之网罗，次冲决全球群教之网罗，终将冲决佛法之网罗。然真能冲决，亦自无网罗；真无网罗，乃可言冲决。故冲决网罗者，即是未尝冲决网罗。循环无端，通道为一，凡诵吾书，皆可于斯二语领之矣。"[④]从此话中不难看出谭嗣同冲破网罗之彻底，当然包括冲破封建社会制度和道德、名教之类。但他所说的"冲决网罗者，即是未尝冲决网罗"，这也未免太笼统了。在冲破封建网罗的同时，谭嗣同在仁学中还论证了变法的必要，他认为，唯有变法可以救国救教，变法则民

① 冯友兰：《中国哲学史新编》（第六册），人民出版社，1989年，第128页。

② 谭嗣同：《仁学》，《谭嗣同全集》（下册），中华书局，1981年，第343页。

③ 冯友兰：《中国哲学史新编》（第六册），人民出版社，1989年，第129页。

④ 谭嗣同：《仁学・自叙》，《谭嗣同全集》（下册），中华书局，1981年，第290页。

智、民富、民强、民生，变法才能争智、争富、争强、争生。

（2）宣扬“仁学”——资产阶级人道主义

变法冲破网罗后，应当建立一个什么样的社会？对此，谭嗣同在《仁学》中作了阐述。那么，什么是“仁学”呢？谭嗣同说：“凡为仁学者，于佛书当通《华严》及心宗、相宗之书；于西书当通《新约》及算学、格致、社会学之书；于中国书当通《易》《春秋公羊传》《论语》《礼记》《孟子》《庄子》《墨子》《史记》及陶渊明、周茂叔、张横渠、陆子静、王阳明、王船山、黄梨洲之书。”可见，谭嗣同的“仁学”实际上是一个企图将中西方文化的各方面兼容并蓄的思想体系，他把这些方面混合在一起，互相比附，形成仁学。这种互相比附，就是所谓“格义”。“这是中西文化在接触比较深入的时期，互相了解所必有的现象，相互比附就是互相了解。谭嗣同的仁学就是这种现象的集中的表现，是表现当时时代精神的样品”。①

谭嗣同把资产阶级鼓吹的自由、平等和博爱总称为“仁”，“仁学”的实质就是资产阶级人道主义。谭嗣同认为仁的主要内容是“通”。他在《仁学》中说：“是故仁不仁之辨，于其通与塞，通塞之本，惟其仁不仁。”而通之所以通是因为有电和以太作为工具。这与康有为的见解基本相同，康有为认为人之所以为人，因为有“不忍之心”，而人之所以有不忍之心，是因为人与人和物之间有电相通。这里谭嗣同在电之外又加上以太，用“以太”代替了中国古典唯物主义学说的“气”。谭嗣同根据他的“以太原理”，证明人我之间的分别是不存在的，这就是通，即没有阻塞和隔阂。因此，他说：“仁以通为第一义。”

他的“仁”即“通”之说有四方面的含义。第一是中外通，就是打破中国和外国的界限，世界各国互相协作，与西方国家通教、通学、通商、通政；第二是上下通，打破上和下的界限，如君民的界限、贵贱的差别，就是取消封建等级的差别；第三是男女内外通，打破男女的界限、宗族的界限，就是取消男尊女卑的封建制度，实现男女平等；第四是人我通，就是取消别人与自己之间的界限，人与人之间相亲相爱。谭嗣同认为，打破这些界限，便实现了自由和平等。他认为，“通”的主要表现就是平等：“通之象为平等”，“有等级者通之而无等级”；“平等者，致一之谓也。一则通矣，通则仁矣”。这样，谭嗣同的“仁学”的逻辑链条就是：仁→通→平等。

① 冯友兰：《中国哲学史新编》（第六册），人民出版社，1989年，第130页。

一方面，谭嗣同以为“以太”是“所以通之具”。《仁学界说》第一条说：“仁以通为第一义。以太也，电也，心力也，皆指出所以通之具。”也就是说“仁”是世界的本体，而“以太”只是体现“仁”的“通”的性质的工具，即“天地间亦仁而已矣”。另一方面，《仁学界说》又说：“遍法界，虚空界，众生界，有至大至精微，无所不胶粘，不贯洽、不管络，而充满之一物焉。……名之曰‘以太’。其显于用也：孔谓之‘仁’……”这似乎表明，谭嗣同又把“以太”看作世界的本体，而“仁”只是“以太”体现出来的一种作用。在谭嗣同看来，任何东西都是有意识的，因为任何东西都是由以太构成的，而“仁”又是贯通于自然界和社会的一个最高原则。他把物理的东西、生理的东西和社会的东西都混为一谈，尤其是混淆了物质现象与精神现象的分别，认为任何形式的物质甚至于以太也发生精神作用，都是有意识的。而且他认为，以太所以发生的作用就是“仁”。他说：“其（以太）显于用也，孔谓之仁，谓之元，谓之性；墨谓之兼爱；佛谓之性海，谓之慈悲；耶谓之灵魂，谓之爱人如己，视敌如友；格致家谓之爱力、吸力，咸是物也。”[①]

总之，“谭嗣同认为‘仁’是出于人的‘本性’，是‘人道’的本质。他认为‘仁’是人类最高的理想，按‘仁’的原则建立起来的社会是人人能自由，既无国界，又无战争；‘彼我亡，平等出’；‘君主废，则贵贱平；公理明，则贫富均’；‘千里万里，一宗一人’……”[②]他把消除了一切差别对立的社会，当作他理想的王国即“大同”世界。但他却依靠“心力”即圣人的“仁”心、宗教的“慈悲”心，去普度众生，以通向大同社会。

谭嗣同不但在《仁学界说》中提倡“日新”“生灭变化”的理论，更重要的是他在其中提出了冲决一切网罗，要求个性解放和与传统思想作斗争的精神。谭嗣同“反对封建社会长幼尊卑的等级制度，对于名教、礼制、死节、柔静、崇奢等皆有论述，充满了向封建的正统观念斗争的精神。他提倡机器和崇奢，表示他对资本主义社会的羡慕”。[③]

① 谭嗣同：《仁学》，《谭嗣同全集》（下册），中华书局，1981年，第293页。

② 北京大学哲学系中国哲学史教研室编写：《中国哲学史》（下册），中华书局，1980年，第309页。

③ 中国科学院哲学研究所中国哲学史组编：《中国哲学史资料选辑》（近代之部），中华书局，1959年，第321-322页。

5．近代维新时期的“格义”

冯友兰在他的《中国哲学史新编》中说：“在东西文化互相接触的时候，中国思想界的领袖人物，为了更好地理解形势，更明智地适应形势，就有时候用过去解释现在，又有时候用现在解释过去。换句话说，他们将西方来的新文化与中国固有的文化联系起来，使西方文化变成中国人可以理解的东西。他们或以中国文化解释西方文化，或以西方文化解释中国文化，有时候以中国文化的眼光批评西方文化，又有时候以西方文化的眼光批评中国文化。这种解释与批评，是东西文化在中国会合的产物，构成当时中国思想的一部分主要内容。”①

康有为的思想就带有时代的特点，这个特点可以被称为“格义”。在东西方两种文化接触的初期，接受外国文化的人们总喜欢把所接受的外国文化的某一方面，比附在中国文化的某一方面上。康有为在提出维新变法的各项主张时，常用“托古改制”的方法，说明他所要做的，并不是采用西方新文化，而是实现孔子的教义。但他并不与外来文化相对抗，而是赞赏西方文化的价值。不过他赞赏的对象只限于合乎孔子“三世说”的东西。他是以旧的解释新的，以中国固有的文化批判西方传来的文化。在近代维新变法时期，在两种文化接触和融合的过程中，出现这种互相解释和批判的现象是必然的。不过，在这一时期，他们不免多用中国的历史去套西方的历史，用中国的理论去套西方的理论，这也可称为“格义”。近代维新时期，思想界的主要倾向是从中国传统文化的观点看西方文化，用中国传统文化的模式去套西方文化，用旧的批评或赞赏新的。康有为、谭嗣同就是这种倾向的代表。这样，当时就形成了以中国传统文化来解释西方的社会学，从而形成了西方社会学传入中国早期的特点，即被中国人吸收的社会学成为历史社会学或哲学社会学，因此缺乏实证性，更注重于社会理论。到了现代革命时期，思想界、文化界和知识界的主要倾向是从西方文化的观点看中国传统文化，用西方文化的模式去套中国传统文化，是用新的批评或赞赏旧的。但维新派中的严复对西方文化的立场和观点与康有为、谭嗣同都不同，而与现代革命时期的“格义”特点相同。因此，我们说严复开了以今释古的先河，同时他也是传入正统社会学的先驱。

为什么知识分子会提出“中学为体，西学为用”的主张？费孝通在《论知

① 冯友兰：《中国哲学史新编》（第六册），人民出版社，1989年，第124页。

识阶级》一文中对此有精辟的分析。他指出，当中国被西洋的经济政治的扩张力量带进现代世界时，工业革命之后所发生的那一套西洋文化是以自然知识和技术为重心的，那恰巧是中国知识分子的外行，而且中国知识分子也瞧不起那一套。因此，“文化的传播是受到社会结构的限制的。我们用了这个自然知识和规范知识分化的格局去和西洋文化相接触时，西洋文化的重心也就无法传播进来。中国具有自然知识、依赖技术为生的人，限于他们的财力和社会地位，不容易和西洋文化相接触。……和西洋文化有机会直接往来，懂他们的文字，能出洋的却多是知识分子。在这阶级里发生了‘中学为体，西学为用’的公式。这公式不过是中国社会结构本身格式的反映。在这公式下，‘在上者’看到西洋技术的效用，但是他们依旧要把这种知识割裂于规范知识，他们要维持社会的形态而强行注入新的技术——一件做不通的事。中国知识分子并不是不能明白西洋也有一套所谓精神文明的。西洋的历、数、哲、理都比我们自己的强。这套东西，在纯粹理论方面，是中国传统知识分子所能接受的。以我个人所熟悉的社会科学说，穆勒、斯宾塞、孟德斯鸠、亚当·斯密等名著很早已有严复的译本。这些理论是工业革命之后西洋现代文明的理论基础，但是当这些理论传进中土，却并没有激起工业革命。这说明了这套理论一定要和现代技术配合了才发生作用”。[①]按照费孝通的分析，正是知识分子不能看重西洋文化的理论或是技术，他们同样不能把握住两者的关系，因为他们的生活所依赖的社会结构是一个把知识分化了的结构，是一种把自然知识与规范知识分开来而产生的社会分化。因此，传统社会里的知识阶级是一个没有技术知识的阶级，可是他们独占着社会规范决定者的权威。中国知识分子由于受这种社会传统的拘束，所以不能在中国现代化的过程中担当领导的责任。

在近代知识分子中，虽然学习工程和技术的人多了，而且他们有机会直接到西洋去学习，但却时常只注意自然知识和技术。他们一转而成为“食于人”、治人的人物，继承着传统知识分子的社会地位。近代的知识阶级有着不加以实用的技术知识，而没有适合于当时社会的规范知识。这种人在社会里是不健全的，而中国的变迁由不健全的人物去领导，又怎能不面临种种危险和挫折呢？所以，费孝通说：“中国知识分子是否还有前途，要看他们是否能改变传统的社会结构，使自然知识、技术知识、规范知识总合成一体，而把他们所

① 费孝通：“论‘知识阶级’”，载《皇权与绅权》，上海观察社，1948年，第20–21页。

有的知识和技术来服务人民。使知识不成为一个社会阶级的独占品。也就是说打破这知识成为阶级的旧形态。”[①]哈佛大学费正清教授也曾说过，现代技术进入民间是中国近代最需要做的事，但是传统的社会结构却一直阻挠此事的发生。总之，在西学东渐中产生“中学为体，西学为用”的理论是有其社会结构方面的原因的。

（二）社会学为培养改革人才提供新思想

维新派提倡废科举、兴学校，努力学习西方。他们认为，要进行这场关系民族存亡的改革，必须一方面培养大批具有新思想的改革人才，另一方面提升“民智”，以使改革为人们所理解和接受。因此他们一面宣传变革思想，一面办学堂，建学会，办报馆，从事宣传与培养人才的活动。梁启超在《论变法不知本原之害》一文中说，要救亡图存、富民强国，就一定要变法，而“变法之本，在育人才；人才之兴，在开学校；学校之立，在变科举，而一切要其大成，在变官制”。维新派认为，兴办学校培养人才，是为了废除科举、改革官制，实现社会变革。

光绪十七年（1891），康有为在广州长兴里万木草堂（号为长兴学舍）开始聚徒讲学。康有为自任总教官、总监督，著《长兴学记》作为学规，以《论语》“志于道，据于德，依于仁，游于艺”四言立教，以所著《新学伪经考》《孔子改制考》为主要讲学内容。他讲学的宗旨是“以孔学、佛学、宋明学（陆王心学）为体，以史学、西学为用”。“每论一学、论一事，必上下古今，以究其沿革得失，又引欧美以比较证明之”。（梁启超：《南海康先生传》）康有为在讲授孔学、佛学、宋明理学的同时，也讲西方哲学、政治学和中外史学等。康有为讲学是为宣传托古改制，变法维新。他办学四年，培养了一批维新派人才，像陈千秋、梁启超、麦孟华、徐勤等人，后来都成为戊戌变法运动的主要人物。

在万木草堂的教学中，社会学被列入教学内容之一。社会学传入中国之初，被称为“群学”或“人群学”。据梁启超所记长兴学舍（万木草堂）的教育大纲，分为学纲、学科、科外学科三类，在学科中又分义理、考据、经世、文章四种，而经世中列有“群学”。长兴学舍教育大纲中的学科科目如下：

① 费孝通：“论‘知识阶级’”，载《皇权与绅权》，上海观察社，1948年，第22页。

- 学科
  - 义理之学
    - 孔　学
    - 佛　学
    - 周秦诸子学
    - 宋明学
    - 泰西哲学
  - 考据之学
    - 中国经学史学
    - 万国史学
    - 地理学
    - 数　学
    - 格致学
  - 经世之学
    - 政治原理学
    - 中国政治沿革得失
    - 万国政治沿革得失
    - 政治实际应用学
    - 群　学
  - 文章之学
    - 中国词章学
    - 外国语言学字学

这一学科科目说明，康有为把“群学”即社会学及社会思想列入教学内容。维新运动前后，像万木草堂这类学堂，到1897年就有近20所。在戊戌维新期间，光绪帝下令鼓励办学之后，全国各地兴起办学热潮，其中除京师大学堂外，影响最大的是谭嗣同、唐才常等在湖南长沙办的时务学堂，严复帮助张元济等在北京办的通艺学堂，等。

在湖南，顽固势力特别强大，新旧斗争也特别激烈，维新派创办学堂，还设有学会，出版《湘学新报》。在时务学堂里，梁启超、谭嗣同、唐才常分别任总教习、教习，有学生四十多人。梁、谭、唐在学堂倡导新学说，尤其是谭嗣同，教育学生发扬民族、民权主义，赞美资产阶级民主政治，其主张已超出君主立宪范围。同时他们也吸收了万木草堂的教学内容，这与谭嗣同所著《仁学》里的内容有相似之处，比如学新学当通格致学和社会学之类的内容。

综上所述，从维新派的社会思想及其办学活动中可以看出，自鸦片战争后，中国社会面临着严重的民族危机和激烈的阶级斗争，具有爱国思想的维新派人士，为救国图强寻求真理。他们在向西方学习、宣传西方科学和培养人才的过程中，将社会学引入了中国。这同时也说明社会学正是适应中国社会改良和培养革新人才的需要而传入中国的。西方社会学说的渐进论与中国固有社会学说相融合，正适应了维新派改良主义的变法需要。这种社会改良的思想，不但成为维新派的理论根据，而且也长期地影响着中国社会学界。

第二节
严复——中国社会学的先驱

严复（1854–1921），幼名体乾，亦名宗光，字又陵，后名复，字几道，晚年自号愈壄老人。严复生于福建侯官（今闽侯县），成名后人称严侯官或侯官严先生。严复是中国旧民主主义革命时期向西方寻求救国救民真理的代表人物之一，是中国近代史上积极宣传西学的重要代表之一。他是资产阶级的启蒙思想家，同时也是传入社会学的先驱者。

1866年，严复考入洋务派所办的福州船政学堂，学习传统的典籍、英文和驾驶技术，及近代自然科学知识，如算数、几何、代数、三角、动静重学、水重学、电磁学、光学、音学、热学、化学、地质学、天文学、航海术等。此时所习得的自然科学知识，为其日后译著西方政治社会论著时，多以自然界的事物作比较研究奠定了基础。严复是船政学堂第一届毕业生。中国从1840年以后被帝国主义国家接连战败，清政府认为这是由于中国军器不及西洋锐利，于是1877年派遣留学生24人到英法学习军事知识。严复即是这批留学生中的一员。他被保送去英国学习海军，入格林尼次海军大学，在校学习了高等算学、格致学、海军战术、海战公法及建筑海军炮堡等课程。严复认为中国之不振，不仅由于军事失修，还因为科学思想的落后。因此，在留学期间，他特别注重研究西方资本主义的社会制度和资产阶级的社会政治学说，深受达尔文和斯宾塞思想的影响，并对东西文化的异同作了比较。

1879年，严复回国，1880–1900年在北洋水师学堂先后任总教习（教务长）和总办（校长）等职。在1894–1895年的甲午战争中，北洋海军覆灭，腐朽的清政府被日本帝国主义打败，订立了丧权辱国的《马关条约》，洋务运动随之彻底破产。严重的民族危机和尖锐的阶级矛盾，刺激和推动着严复积极宣传维新变法。他发表了许多论文，检讨洋务运动失败的原因，主张维新变法。1895年，严复在天津《直报》上发表《原强》《救亡决论》《论世变之亟》《辟韩》等重要政论，对封建制度及其文化进行批判，同时提倡民权，启发民智。1897年，他在天津创办的《国闻报》，成为当时宣传资产阶级新文化的一个重要阵地。1898年，他向清朝皇帝上万言书，提出变法维新纲领。同年，他翻译的赫胥黎《天演论》正式出版，在社会上产生了很大的影响。

1898年戊戌变法失败后，严复埋头译述西方资产阶级思想家的著作。他陆续翻译了多种西方政治、经济、哲学、社会学等方面的著作，用来表达自己的政治主张和社会思想。1898年，他首译《天演论》，之后还译了亚当·斯密的《原富》（1902）、斯宾塞的《群学肄言》（1903）、约翰·穆勒的《群己权界论》（1903）、甄克斯的《社会通诠》（1904）、孟德斯鸠的《法意》（1904–1909）、约翰·穆勒的《名学》（1905）、耶方斯的《名学浅说》（1909）等。自戊戌变法失败后，严复在政治上日趋保守，与旧学妥协。辛亥革命后，他提倡孔孟之道，成为复古主义者，1915年列名筹安会。

严复的著作有两大类，一类是他自己的著作，有《原强》《救亡决论》《上皇帝万言书》《论中国之阻力与离心力》《论中国分党》《评点老子道德经》《庄子评点》《天演论序》《法意按语》《社会通诠序》等。另一类是他的译著。如前所述，他的译著多是意译，而不是直译，他常就原著某一思想或观点，发挥自己的见解，夹译夹议于译述之中，因此其译著在很大程度上也可以看作他自己的著述。他所翻译的著作都是19世纪西方各社会思潮的代表作。当时西方的社会思潮主要有三大派：以达尔文、斯宾塞和赫胥黎为代表的进化论；以孔德、约翰·穆勒为代表的实证论；以边沁、约翰·穆勒为代表的功利主义。严复深受此三派的影响。他还对中国封建社会与西方资本主义社会作了比较研究，并批驳了“中学为体，西学为用”的口号。他指出：“中学有中学之体用，西学有西学之体用，分之则并立，合之则两亡。”（《与外交报主人论教育》）严复总结翻译的经验，首次提出“信、达、雅”的翻译标准。后来他的著作集成《愈壄堂诗集》《严几道诗文钞》，著译编成《侯官严氏丛刊》《严译名著丛刊》。

一、严复开以今释古之先河

严复是中国第一个真正了解西方文化的思想家，同时也是中国社会学的先驱。

谭嗣同企图全面认识西方从宗教到科学的文化，但由于当时条件的局限，他的认识广而不深，甚至难免有误。严复也企图全面认识西方，而且比谭嗣同更深入了一层。他的学问遍及他在英国学习的名著，他的事业中心是翻译那些名著，并在原文中加些按语，以发挥自己的见解，实际上他的翻译工作就是“评介”。

严复对当时西学的了解比谭嗣同深入，虽然他们对于中学和西学都做了一些“格义”，这也是两种文化初遇时互相理解的必然过程。他们所做的工作虽同，但立场和观点各异。康有为、谭嗣同是站在中学的立场上，以中学为主，从中学看西学，对西学做格义。谭嗣同在接触西学时对中学已有根基，他站在中学立场了解西学，例如他说“仁”就是“以太”，用“仁”对“以太”进行格义，用“仁”去了解“以太”。

与康、谭等不同，严复是站在西学立场上，以西学为主，从西学看中学，对中学做“格义”。例如照严复所说，特殊的事物是“显”，一般的规律是“隐”。《周易》讲一般的规律，把它应用到特殊的事物，这是从一般到特殊，从隐至显。《春秋》记载各诸侯国历史中的特殊事情，从中找出规律，作为“春秋大义”，这是从特殊到一般，“推见至隐”。西学中的逻辑学有演绎法和归纳法。演绎法从一般到特殊，照严复的说法，便是《周易》之学。归纳法从特殊到一般，照严复的说法，便是《春秋》之学。这就是严复站在西学立场上，从西学的观点了解中学，并以西学对中学所做的格义。

关于这些出于不同立场、观点的格义，冯友兰解释说：“在中国近代史中，所谓中西之分，实际上是古今之异。以中学为主，对西学进行格义，实际上是以古释今；以西学为主，对中学进行格义，实际上是以今释古。”[①]他认为：“只有以今释古才可以帮助他们了解古代，这才有意义……现在讲中国学问，都必须用以今释古的方法。”[②]严复是第一位真正用西方资产阶级的观点和方法解释中国古代社会思想的，其解释中不免有牵强附会之处，但这是开辟新路时在所难免的。总的说来，严复的以今释古仍然是近代中国思想界的一大进步。

二、严复对当时的中国问题的看法

“严复从资产阶级的观点看当时的中国，所以他对中国的问题有更深刻的

① 冯友兰：《中国哲学史新编》（第六册），人民出版社，1989年，第155页。

② 同上注。

见解”。[①]他于1895年在天津《直报》上连续发表了《论世变之亟》《原强》《辟韩》《救亡决论》四篇文章。第一篇指出中国当时的问题，第二、三篇对这些问题作进一步的说明，第四篇提出解决问题的办法。这四篇文章形成一个完整的体系。其看法如下：

（一）中国当时的问题

严复指出，中国的根本问题是，学术上没有“黜伪而崇真”的精神，政治上没有“屈私以为公”。他说：“苟扼要而谈，不外于学术则黜伪而崇真，于刑政则屈私以为公而已。斯二者，与中国理道初无异也。顾彼行之而常通，吾行之而常病者，则自由不自由异耳。”[②]他认为，中国之所以不能在学术上黜伪崇真，在政治上屈私为公，正是因为不自由。而中国要富强，学术上要黜伪崇真，就必须学习西方的自然科学，培养大批掌握自然科学的人才。他在《救亡决论》里说：“求才、为学二者，皆必以有用为宗。而有用乏效，征之富强。富强之基，本诸格致。不本格致，则无所往而不荒虚，所谓‘蒸砂千载，成饭无期’者也。”可见，严复将学习西方自然科学提到了首要位置。同时，他也指出，西方国家具有高度发达文化的根本原因在于其学术和政治。其学术的精神是“黜伪而崇真”，政治的精神是“屈私以为公而已”，而贯穿于这两种精神之间的是“自由”。这样，严复既指出了“夷之长技”的根本，又指出了向西方学习的道路。

既然自由如此重要，那么西方社会是怎样实现其自由的呢？严复找到了西方社会实现其自由的理论基础，即卢梭的天赋人权论。他在《论世变之亟》中说：“彼西人之言曰：唯天生民，各具赋畀，得自由者乃为全受。”也就是说，人的自由是天赋的，人有了自由，才能发挥天给予人的禀赋，行使天赋的权利。严复还强调指出，人人具有自由，任何人，即使是帝王，也不能侵犯个人的自由。谁要是侵犯了个人自由，就要受到舆论的制裁和法律的惩罚。严复也看到，这种天赋人权的自由与中国传统思想是对立的。而如果中国希望科学发达，刑政公平，则非打破中国圣贤所畏惧的禁条，提倡个人的自由不可。

严复发现，正因为中西社会自由与不自由的不同，中西社会便有了一系列的差别：“则如中国最重三纲，而西人首明平等；中国亲亲，而西人尚贤；中

① 冯友兰：《中国哲学史新编》（第六册），人民出版社，1989年，第156页。

② 严复：“论世变之亟”，载《严复集》（第1册），第2页。

国以孝治天下，而西人以公治天下；中国尊主，而西人隆民”；“其于则用也，中国重节流，而西人重开源”；“其于学术也，中国夸多识，而西人尊新知”，如此等等。[①]这些都是对类型不同的中西文化的对比。严复相信，西方文化是创造的发展的：“西之人力今以胜古”；中国文化是守旧的、停滞的：“中之人好古而忽今”。

（二）《原强》《原富》论自由民主的优越性

严复在《原强》和《原富》中论述了自由和民主的优越性。西方国家“以自由为体，以民主为用”，（《原强》）打破了森严的等级制度，扫除了忌讳的思想隔阂。他说：“西之教平等，故以公治众而贵自由，自由，故贵信果；东之教立纲，故以孝治天下而首尊亲，尊亲，故薄信果。然其流弊之极，至于怀诈相欺，上下相遁，则忠孝之所存，转不若贵信果者之多也。”[②]“人人得其意，申其言，上下之势，不相悬隔，君不甚尊，民不甚贱，而联若一体者，是无法之胜也。”[③]也就是说，人人可以有言论的自由，“君不甚尊，民不甚贱”，上与下的地位差别不过于悬殊，利害容易相通，且重视言行信用，整个社会就比较容易同心协力，这样就能使国家各项事业蒸蒸日上。而中国以纲常为主，上与下的地位差别极为悬殊，只重亲属关系，不重言行信用，结果上下隐瞒，怀诈相欺。

西方实行民主，人人相互竞争和比赛，各自发挥其特长，“此既日异，彼亦月新”，不断发展，取得显著进步。尤其是在国际竞争激烈的形势下，如果人民没有自由，就不可能发挥其才能，在国际竞争中也不能取得国家的自由；如果人民没有权利，国家也就不能动员人民的力量，在国际竞争中取得自主生存的权利。严复批评说，那些反对自由和民主的人，即使是主张变法的，也“不知以无权而不自由之民，何以能孤行其道，以变其夫有所受之法也”。这样的变法也就抽去了最重要的内容。“实际上，压制人民的权利，结果只能使国家的权力被少数野心家、阴谋家窃取滥用，其造成的后果不堪设想，所以他

① 北大哲学系中国哲学教研室编写：《中国哲学史》（下册），中华书局，1980年，第325页。

② 中国科学院哲学研究所中国哲学史组编：“原强”，《中国哲学史资料选辑》（近代之部），中华书局，1959年，第375页。

③ 同上书，第365页。

断言：'毁民权者，天下之至愚也'。”[①]

严复在《原强》中继续指出：“且其为事也，又一一皆本之学术；其为学术也，又一一求之实事实理；层累阶级，以造于至大至精之域，盖寡一事焉可坐论而不可起行者也。推求其故，盖彼以自由为体，以民主为用。一洲之民，散为七八，争雄并长，以相磨淬，始于相忌，终于相成，各殚智虑，此日异而彼月新，故能以法胜矣，而不至受法之弊，此其所以为可畏也。”[②]显然，严复的意思是，西方长处的根本在于政治与学术，而政治又以学术为根本。西方国家互相竞争，而竞争的机理和结果却是相反而又相成。概括地说，西方文化的要点是“以自由为体，以民主为用”。[③]

（三）《辟韩》批判中国封建专制君主制

如果说《原强》指出了西方之所以强，那么，《辟韩》就揭示了中国之所以弱。中国封建社会的突出特点是君主专制，这正是自由民主的反面。

在《辟韩》一文中，严复从自由和民主的思想出发，批判了中国封建专制君权。他说，自秦以来，中国各朝代的政治“虽有宽苛之异”，但都是“以奴虏待吾民”，人民完全没有自由。人民的自由本来是天所赋予的，生而有之，但为专制君主所剥夺，人民毫无独立自主的权利，这就是所谓的“大盗窃国”。专制君主从人民手中窃取权力以后，又怕人民觉醒起来夺取这些权力，于是制定各种欺骗和压制人民的法律，即“坏民之才、散民之力、漓民之德”，以达到长期奴役人民的目的。严复认为，中国的民智、民力、民德水平低，只有在进行教育，提高民智、民力、民德之后，才能取消君主专制，实行民主政治。因此，他在《原强》中说：“是故贫民无富国，弱民无强国，乱民无治国。”

如上所述，严复认为，中国当时的问题是学术上不能黜伪而崇真，政治上不能屈私以为公，而其根源则是不自由。因此，他一方面批判封建君主专制，一方面宣传西方资产阶级的民主、自由、天赋人权论，以此作为他变法维新的思想武器。

---

① 北京大学哲学系中国哲学史教研室编写：《中国哲学史》下册，中华书局，1980年，第326页。

② 严复：“原强”，《严复集》（第1册），中华书局，1986年，第11页。

③ 冯友兰：《中国哲学史新编》（第六册），人民出版社，1989年，第157页。

在《辟韩》一文中，严复借古讽今，批判了中国的封建社会。他说："孟子曰，'民为重，社稷次之，君为轻'。此古今之通义也。而韩子不尔云者，知有一人而不知有亿兆也。老子言曰：'窃钩者诛，窃国者侯。'夫自秦以来，为中国之君者，皆其尤强梗者也，最能欺夺者也。"[①]这里所讨论的是君为民存在，还是民为君存在的问题。严复指出，中国封建社会的君主都是靠武力、欺骗得到政权的，都是老子所说的"大窃"。严复又引西方的政治原则说："是故西洋之言治者曰：'国者，斯民之公产也，王侯将相者，通国之公仆隶也。'而中国之尊王者曰：'天子富有四海、臣妾亿兆。'臣妾者，其文之故训犹奴虏也。夫如是则西洋之民，其尊且贵也，过于王侯将相，而我中国之民，其卑且贱，皆奴产子也。设有战斗之事，彼其民为公产公利自为斗也，而中国则奴为其主斗耳。夫驱奴虏以斗贵人，固何所往而不败？"[②]严复把中国封建社会的君主专制与中国的积弱联系起来，对当时的问题做了一个总的诊断。正如严复在《救亡决论》一文中所指出的："中国问题的根本在于学术。中国的学术一言以蔽之，曰：无实。非果无实也，救死不赡，宏愿长赊。所托愈高，去实滋远，徒多伪道，何裨民生也哉！故由后而言，其高过于西学而无实；由前而言，其事繁于西学而无用。均之无救危亡而已矣。"[③]因此，救危亡必须用西方的学术。

在1899年的《拟上皇帝书》一文中，严复概括了四篇文章的意思，那就是主张变法。他说："臣惟中国之积弱，至于今为已极矣。此其所以然之故，由于内治者十之七，由于外患者十之三耳。"[④]所以要救中国的危亡，必须变法。但他又认为，万世有不变之道，而无百年不变之法，这又反映了他的阶级局限性。实际上，严复所说的"以自由为体，以民主为用"，指的是君主立宪制。

严复一方面论证中国要向西方学习，另一方面他又在《原强》中谈到了物质上发达的西方资本主义社会的种种矛盾。他说："虽然，论国土盛衰强弱之间，亦仅畴其差数而已。夫自今日中国而视西洋，则西洋诚为强且富，顾谓甚至治极盛，则又大谬不然之说也。夫古之所谓至治极盛者，曰家给人足，曰比

① 严复："辟韩"，《严复集》（第1册），中华书局，1986年，第33–34页。

② 同上书，第36页。

③ 严复："救亡决论"，《严复集》（第1册），中华书局，1986年，第44页。

④ 严复："拟上皇帝书"，《严复集》（第1册），中华书局，1986年，第61页。

户可封，曰刑措不用，之数者，皆西洋各国之所不能也。且岂仅不能而已，自彼群学之家言之，且恐相背而驰，去之滋远焉，盖世之所以得致太平者，必其民之无甚富亦无甚贫，无甚贵亦无甚贱；假使贫富贵贱过于相悬，则不平之鸣，争心将作，大乱之故，常由此生。二百年来，西洋自测算格物之学大行，制作之精，实为亘古所未有。民生日用之际，殆无往而不用其机。加以电邮、汽舟、铁路三者，其能事足以收六合之大，归之一二人掌握而有余。此虽有益于民生之交通，而亦大利于奸雄之垄断。垄断既兴，则民贫富贵贱之相悬滋益远矣。尚幸其国政教之施，以平等自由为宗旨，所以强豪虽盛，尚无役使作横之风，而贫富之差，则虽欲平之而终无术矣。”①

（四）崇尚学术救亡图存——引进进化论与社会学

严复在《原强》中借鉴西学，探索和论述了中国富强之道。严复认为，中国要救亡图存，必须向西方国家学习。在西方国家崇尚的学术中，至关重要的是C. R. 达尔文的进化论和H. 斯宾塞的社会学。他致力于翻译、介绍、评议两家的学说。他指出，达尔文的进化论令人“一新耳目，更革心思”，自达尔文之后，西方学术政教发生了巨大变化；斯宾塞的社会学，则是根据进化的理论，“以大阐人伦治化之事”，强调“濬智慧、练体力，厉德行”。严复认为，民力、民智、民德的高下，关系到一个民族是否强盛。而且，他还认为，只有进行教育提高民智、民力、民德之后，才能取消君主专制，实行民主政治。

严复在《原强》中给当时被称作群学的社会学以甚高的评价，认为群学是强民治国的重要学问。他说，斯宾塞的书“则宗天演之术以大阐人伦治化之事，号其学曰‘群学’，犹荀卿言人之贵于禽兽者，以其能群也，故曰‘群学’。凡民之相生相养，易事通功，推以至于刑政礼乐之大，皆自能群之性以生。又用近今格致之理术，以发挥修齐治平之事，精深微妙，繁富奥殚。其论一事，持一说，必根柢物理，徵引人事，推其端于至真之原，究其极于不遁之效而后已。于五洲殊种，由狉榛蛮夷，以至著号开明之国，挥斥旁推，十九罄尽，而于一国盛衰强弱之故，民德醇漓合散之由，则尤三致意焉。殚毕生之精力，五十年而著述之事始蒇。其宗旨尽于第一书，名曰《第一义谛》，通天地

① 中国科学院哲学研究所中国哲学史组编：《中国哲学史资料选辑》（近代之部），中华书局，1959年，第367页。

人禽兽昆虫草木以为言，以求其会通之理，始于一气，演成万物；继乃论生学、心学之理，而要其归于群学焉。夫亦可谓美备也已”。[①]

“斯宾塞尔全书而外，杂著无虑数十篇，而《明民论》《劝学篇》二者为最著。《明民论》者，言教人之术也；《劝学篇》者，勉人治群学之书也。其教人也，以濬智慧、练体力、厉德行三者为之纲。其勉人治群学，意则谓天下沿流讨源，执因责果之事，惟群事为最难，非不素讲者之所得与。……是故欲为群学，必先有事于诸学焉”。[②]“一身之内，形神相资；一群之中，力德相备；身贵自由，国贵自主，生之与群，相似如此。此其故无他，二者皆有官之品而已矣。故学问之事，以群学为要归，唯群学明而后知治乱盛衰之故，而能有修齐治平之功。呜呼！此真大人之学矣”。[③]可见，严复确实是用西学格义中学，来论证社会学对强民治国的重要性。他认为，中国要富国强民，进行社会改良，就得治群学。严复不愧为中国社会学的先驱，他将社会进化论、社会学等西方的学术引进中国，并注入中国的变易思想中，论证变法，为维新变法创造条件。

三、译《天演论》、介绍社会进化论

（一）译《天演论》

严译《天演论》是反映中国近代启蒙思想的重要著作。严复系统介绍达尔文的进化论，以反对封建顽固派“好古而忽今”的形而上学思想，为他提出的“今日不变法则必亡”的政治主张作论证。严复在《译〈天演论〉自序》中说：“斯宾塞尔者，以天演自然言化，著书造论，贯天地人而一理之，此亦晚近之绝作也。”该著作1898年出版。《天演论》是T. H. 赫胥黎宣传达尔文主义的重要著作。而达尔文主义恰好可以作为变法的理论。严复在译述《天演论》时夹述夹译，发表了具有创造性的见解和主张。严复借此一方面宣传了进化论的思想，另一方面也批判了赫胥黎的一些观点。

严复早在《原强》中就介绍了达尔文的《物种探原》（今译为《物种起

① 中国科学院哲学研究所中国哲学史组编：《中国哲学史资料选辑》（近代之部），中华书局，1959年，第358页。

② 同上书，第358–359页。

③ 同上书，第359页。

源》），他说其中特别重要的有两篇："其一篇曰物竞。又其一曰天择。物竞者，物争自存也。天择者，存其宜种也。意谓民物于世，樊然并生，同食天地自然之利矣，然与接为构，民民物物，各争有以自存。其始也种与种争，群与群争，弱者常为强肉，愚者常为智役。及其有以自存而遗种也，则必强忍魁桀，矫捷巧慧，而与其一时之天时、地利、人事最其相宜者也。"[①]正如冯友兰所说："这几句话说出了变法的必要性和紧迫性。"[②]严复认为，"物竞者，物争自存也；天择者，存其宜种也"。这种经过自然淘汰使适者生存的物竞天择规律，适用于整个生物界，动植物如此，人类亦然。他以此论证变法的必然性，为变法提供了理论根据。

《原强》一文发表不久，严复就翻译了英国科学家赫胥黎的著作《天演论》。赫胥黎在著作中认为："自然界是个不断演化的过程，这种演化不限于生物界，而且地球的整个结构、太阳系和在无限空间中经历无限时间的类似星体，都在努力完成它们'进化的预定过程'。他把这种变化叫作'宇宙过程'。而生物界的进化规律是生存斗争，优胜劣败。他说：'在生物界，这种宇宙过程的最大特点之一就是生存斗争，每一物种和其他所有物种的相互竞争，其结果就是选择。存下来的是和生活环境相适应的最适者。'"[③]严复赞成《天演论》中的进化论，并把它作为自己的世界观。

但赫胥黎认为，自然界这种物竞天择的进化原则，不适用于人类社会。严复译《天演与伦理》中的一篇题为《天演论》的主要论文，讨论的主要问题是天演与伦理的矛盾，用严复译文中的名词来说是"天行"和"人智"的矛盾。冯友兰指出，这是一个老问题。中国唐代的诗人哲学家刘禹锡作有《天论》三篇，提出了"天人交相胜"的论点。"刘禹锡说：'天之道在生植，其用在强弱；人之道在法制，其用在是非。'他所说的'交相胜'，就是自然与社会的矛盾，这个矛盾的两个对立面谁也消灭不了谁，但其地位可以互相转化，有时这个对立面居于主导地位，有时那个对立面居于主导地位，这就

① 严复："原强"，《严复诗文集》，第14页。中华书局所编《严复集》中，此两句有异文，未知孰是，此处引文据文选本。

② 冯友兰：《中国哲学史新编》（第六册），人民出版社，1989年，第162页。

③ 陈友坤："天演论"，《中国大百科全书·哲学卷》（Ⅱ），中国大百科全书出版社，1991年，第879页。

是所谓‘交相胜’。”[①]

赫胥黎认为，在人类社会中起作用的是先验的道德准则，人类社会靠一种内在的感情，即同情心或良心相维系。他把这种感情的进化叫作“伦理过程”，而伦理过程本身又是对社会生存斗争的一种抑制，是与“宇宙过程”的对抗。因为在伦理过程中，法律和道德对人类自然发展过程中“自行其是”的倾向不断加以抑制，以使社会更加完善。赫胥黎书中的“天演”相当于刘禹锡所说的“天之道”，“伦理”相当于刘所说的“人之道”。严复则认为，赫胥黎“谓群‘道由人心善相感而立’，则有倒果为因之病，又不可不知也。盖人之由散入群，原为安利……夫既以群为安利，则天演之事，将使能群者存，不群者灭；善群者存，不善群者灭。善群者何？善相感通者是。然则善相感通之德，乃天择以后之事，非其始之即如是也……赫胥黎执其末以齐其本，此其言群理所以不若斯宾塞氏之密也”。[②]也就是说，严复认为，赫胥黎的上述所谓“保群之论”有倒果为因之病。严复在《天演论》译述中说，人类“由散入群”组成社会，原是适应生存斗争的需要，为了自身的“安利”，并不是靠同情心或良心的“善相感通”。虽然赫胥黎也说，进化规律可普遍运用于自然界和社会现象，但赫胥黎讨论人类社会的发展时强调先验道德的作用，认为“天良者，保群之主”。[③]由于先验道德限制了个人的利己意识，社会的群体才能够保持。“理乎之极，治功独用，而天行无权”，[④]即社会愈进步，道德的作用就愈大，天演法则的作用就愈小。

斯宾塞与赫胥黎有所不同。他认为进化论不仅适用于动植物界，也适用于无机界和人类社会。严复对斯宾塞的普遍进化论表示赞许，因此，他译述赫胥黎的《天演论》时，在按语中常用斯宾塞的观点加以补正。严复推崇斯宾塞把天演法则始终贯彻于人类社会现象的做法，他认为，人合群是为了维护个人的生存；社会道德是为了合群的需要而产生的，而不是先验的。天演法则在社会发展的任何阶段都起同样重要的作用。严复尤其欣赏的是，斯宾塞在物竞、天择之外，又加上了一个“体合”原则，正如他在《天演论》按语中说：“然

① 冯友兰：《中国哲学史新编》（第六册），人民出版社，1989年，第163页。

② 严复译：《天演论》，第32页按语。

③ 严复译：《天演论·导言·制私》。

④ 严复译：《天演论·群治》。

于物竞天择二义之外，最重体合，体合者，物自至于宜也。”所谓体合原则的“体合”就是“群”，就是社会组织。冯友兰指出：“所谓体合，就是人在物竞、天择的过程中，‘自至于宜者’。从这个观点看，人治与天行就不是对立的了，这就是天人一贯。由于严复认为斯宾塞尔解决了这个老问题，所以他非常推崇斯宾塞尔，他说：‘斯宾塞尔者，与达同时，亦本天演著《天人会通论》，举天、地、人、形气、心性、动植之事而一贯之，其说尤为精辟宏富。其第一书开宗明义，集格致之大成，以发明天演之旨；第二书以天演言生学；第三书以天演言性灵；第四书以天演言群理，最后第五书，乃考道德之本源，明政教之条贯，而以保种进化之公例要求终焉。呜呼！欧洲自有生民以来，无此作也。’”[①]

不过，严复虽然推崇斯宾塞，他也不赞成斯宾塞在进化论中所宣扬的任天为治、听天由命的观点。严复把个人与群体结合起来，认为：“个人是群体的基础，个人的智、德、力的状况是国家的根本，只有民智、民德、民力三者提高了，社会国家才能上进，从而把社会的进化与发挥个人群体的作用结合起来。他看到赫胥黎的《天演论》讲‘天人互争’，注重人为的作用，旨在‘救斯宾塞任天为治之末流’，因此把它翻译过来，以激发中国人救亡图存的精神。在他看来，只要人们积极奋斗，鼓民力，开民智，新民德，‘与天争胜’，国家和民族可以转弱为强，站立于世界之上。这一思想对鼓舞中国人民参加争取民族解放的斗争，具有积极的意义。但是严复的社会历史进化观是讲和平渐变，反对革命突变，而且，他把自然科学的进化规律直接应用于社会历史领域，是不科学的。”[②]

总之，严复翻译《天演论》的目的，就是唤起中国人民自强保种、与天争胜的意识，强调中华民族只要奋发努力，便可以自立，在民族危难关头免于淘汰。因此，他一方面极力推崇斯宾塞的《综合哲学体系》，宣扬斯宾塞普遍进化的理论，把进化论应用于人类社会，以补救赫胥黎不能将天演法则在人类社会中贯彻始终的缺陷。另一方面严复又以赫胥黎的《进化论与伦理学》来补救斯宾塞“任天为治之末流”，以避免使人产生任其自然淘汰而不去奋斗的观

① 冯友兰：《中国哲学史新编》（第六册），人民出版社，1989年，第165页。

② 陈庆坤：“严复”，《中国大百科全书·哲学卷》（Ⅱ），中国大百科全书出版社，1991年，第1061页。

念，也避免使处于落后状态中的中华民族继续为列强所鱼肉。遗憾的是，严复直接应用进化论解释人类社会历史的做法是不科学的。他与康有为一样，都认为中国社会的进化只能“循序而行，不能躐等”，其原因便是他在《辟韩》中所说：“其时未至，其俗未成，其民不足以自治。”就这一点而论，严复的思想又带有庸俗进化论的性质。

严复译《天演论》，结合了中国的思想和社会，介绍和评议了赫胥黎和斯宾塞的思想。该书最负盛名，轰动了当时的知识界，“天演竞争，优胜劣败”“物竞天择，适者生存”等成为时兴之谈。自此，进化论为中国的许多仁人志士所接受，成为他们进行救亡、维新与革命的思想武器。《天演论》在中国近代启蒙运动中影响深远。

（二）引进进化论

严复通过译著赫胥黎的《天演论》、斯宾塞的《群学肄言》、亚当·斯密的《原富》及其他论著，系统地介绍了达尔文的进化论思想，反对封建顽固派好古而忽今的形而上学思想。他根据当时中国社会和思想界的情况，特别强调三点。第一，宇宙是发展进化的，社会也是发展进化的。他说：“物竞者，物争自存也；天择者，存其宜种也，……动植物如此，民人亦然。”[①]他指出，如果中国自古以来的“天不变，道亦不变”的思想占统治地位，中国依然因循守旧，停滞不前，就不能适应进化的趋势，最终将会被淘汰。他以此论证中国社会要变法，要进步，否则必亡。第二，在人类社会发展的进程中，优胜劣败，适者生存，其中存在着激烈的斗争。严复特别强调“天演”，认为“天演”是任何事物也不能避免的普遍的客观规律，这一规律对于当时的中国也不例外。因此要认识这一规律，不应自甘作劣等民族而坐以待毙；要团结起来，自强、自力、自主、进步，与外物斗争，不再受别人的欺侮、主宰和控制。严复把“物竞天择”的生物进化学说应用于现实社会，实际上宣扬的是西方的社会达尔文主义。对于这种观点，马克思早就批判过，他认为不能简单地把全部历史纳入一个唯一伟大的自然规律，这个规律就是“struggle for life”即“生物竞争”。马克思指出，社会科学中的彻底唯物主义的观点的任务，是要说明在人类社会中，自然科学的一般规律怎样以一种特殊的、为人类社会所特有的形式表现出来。因此，在这里，严复的理论显然是错误的。但严复的目的是

① 严复：“原强”，载《严复诗文集》。

用这一理论来激发中国人民起来实行变法以“自强保种”的，因此这一思想在当时具有进步意义。严复在译著《天演论》中，除了阐明达尔文的进化论思想外，还特别强调了人的主动作用，旨在激发人们争取“自强保种”、奋发图强的精神。他在《原强》中说，只有民力、民智、民德三方面都高强的民族，才能在社会进化的过程中很快适应环境，求得生存，并在竞争中取得胜利，否则就会日趋衰亡。严复在强调进化论的同时，引用了斯宾塞的平衡理论，认为一切运动的开始或终结都趋向平衡。一切有机体都在生存斗争中争取与外部环境取得平衡，以求适应，其中只有适应力最好的、最平衡的有机体，才能生存和遗传。因此，严复特别强调改造和发扬本民族的民力、民智、民德，以争取自强、保种、救亡图存，认为这是变法的根本。第三，民主和自由是适应社会进化竞争的主要内容。严复指出，西方文化是创造的、发展的，西方认为今以胜古，而中国文化是守旧的、停滞的，中国人好古而忽今。中西社会及其文化之所以产生一系列差别，关键在于自由与不自由的差别。西方国家“以自由为体，以民主为用”。[①]“君不甚尊，民不甚贱”，[②]打破了森严的等级制度，上下利益相通，因而比较容易同心协力，使国家各项事业蒸蒸日上。而中国以纲常为主，上下地位悬殊，只重亲属关系，不重言行信用，结果上下隐瞒，怀诈相欺。民主与自由是适应社会生存竞争所需要的，西方实行民主，人人相互竞争，各自发挥其特长，因而使社会不断发展，取得显著进步。尤其是在国际竞争极为激烈的情况下，人民如果不自由就不可能发挥自己的才能，在国际竞争中就不会取得国家的自由；如果人民没有权利，国家也就不能动员人民的力量，在国际竞争中取得国家的自主生存权利。为使中国在国际竞争中生存，民主与自由是变法最重要的内容。

四、严复译《群己权界论》论社会与个人

冯友兰说：“严复最推崇的思想家是斯宾塞尔，他在所译《天演论》中表面上是讲赫胥黎，实际上是讲斯宾塞尔。斯宾塞尔所谓‘群’就是社会，他所讲的群学现在称为社会学。他所注意的一个主要问题是个人和社会的矛盾，更确切一点说，是个人自由和社会制裁的矛盾。他的群学侧重在社会制裁这一方

① 严复：“原强”，载《严复诗文集》。

② 同上注。

面，严复也是这样。穆勒有一个论自由的著作，照严复译书的惯例，应该把这部书的名称译为‘自由论’或‘原自由’，可是他不这样翻，而把它译为《群己权界论》。这说明他所着重的不是个人自由，而是个人自由的界限。”①

严复在《群己权界论》（1903）的翻译凡例中说明了“群己权界”的意思。“自由”本身意味着“凡所欲为，理无不可”，没有界限和限制。“但自人群而后，我自由者人亦自由，使无限制约束，便人强权世界，而相冲突。故曰：人得自由，而必以他人之自由为界。此则《大学》挈矩之道，君之所恃以平天下者也”。②因此，严复又说，真实完全的自由，在形气中本来就是没有的，人道介于天物之间，有自由，也是有束缚的。

正如冯友兰所指出的：“严复翻译《群己权界论》，其中所谓‘群’就是社会，所谓‘己’就是个人。这个书名表示社会和个人都有自己的‘权’，但他们的权又都有其界限。每个人都有权行使他的自由，其界限是不侵犯他人的自由。如果妨碍别人的自由，社会有权制裁他，但其制裁的目的是保护别人的自由，不能超过这个目的，社会的权不能超过这个界限。所以个人和社会都有自己的权，但其界限却是一致的。”③严复按中国文化传统来解释自由的本义，而这个本义对于个人自由和社会制裁的矛盾并没有多少意义。因为自由首先是一种精神境界，在精神境界上，人们可以各行其是，并不相互妨碍，也用不着社会制裁。只有自由表现为行为，才与社会发生关系，只有当自由必须是社会和政治上的自由时，才会发生与社会制裁的矛盾。

在“群己权界”关系中，即在社会与个人的矛盾中，严复与穆勒一样，都侧重于社会这个对立面。他们认为，社会是这对矛盾中的主要方面，个人是次要方面。因此，严复所谓的“以自由为体，以民主为用”中的自由，是有限制的自由。在《天演论》中，严复解决了天行与人治的矛盾的统一，他发挥了斯宾塞的天人一贯论。而在《群己权界论》中，严复解决的是个人自由与社会制裁的矛盾，他发挥了穆勒的“群己权界”论，把这一矛盾统一起来。

五、译《群学肄言》论治群学

严复翻译的《群学肄言》是专门的社会学著作，《群学肄言》系根据斯宾

① 冯友兰：《中国哲学史新编》（第六册），人民出版社，1989年，第166页。

② 同上注。

③ 同上书，第167页。

塞的《社会学研究》一书翻译而成。严复先翻译了《群学肄言》的头两篇《砭愚》与《倡学》，于1898年发表在国闻报社的《国闻汇编》上。当时，天津的《国闻报》和上海的《时务报》在维新派运动中处于分掌南北舆论界的领导地位，影响比较大。1902年，严复将全书译完，1903年《群学肄言》由文明编译局以线装四册出版，这是西方社会学著作直接传入中国之始。

（一）《群学肄言》的内容

1. 解释什么是《群学肄言》

严复在译《群学肄言》序中，首先解释什么是群学，什么是肄言。他说："群学何？用科学之律令，察民群之变端，以明既往、测方来也。肄言何？发专科之旨趣，究功用之所施，而示之以所以治之方也。故肄言科而有之。"就是说，所谓群学，即是用科学的法则来研究人类社会的历史发展，以预测将来。所谓肄言，即是究其功用之所施，提出治理社会的方法。"今夫士之为学，岂徒以弋利禄、钓声誉而已，固将于正德、利用、厚生三者之业有一合焉。群学者，将以明治乱、盛衰之由，而于三者之事操其本耳"。研究群学肄言是为探明治乱及盛衰的道理，以实现"正德、利用、厚生"的目的。

2. 介绍《群学肄言》的主要内容

该书强调以"天演为宗"，用生物学规律研究社会现象，从而论证中国社会变法的合理性与必要性。全书16章。《砭愚》与《倡学》两章阐述社会研究必须有专门的学科，社会学可以成为科学的观点和道理。《喻术》则概括了社会学的主要含义，指出社会是由个人组成的，社会学探求的是个人与社会的关系的规律。社会学的内容在于说明社会的各种现象及其原因。严复认为，社会现象的因果关系，是受天演规律支配的。社会犹如生物有机体，是不断进化的，生物学的规律可以用于社会学。《知难》说明治社会之难，一在物之难，二在心之难，三在心物对待之难。该章是全书的枢纽。《物蔽》以后各章探讨了社会研究中的客观困难与主观困难，认为人的思想观念受"所生之国，所业之流，所受之教"的影响，并提出了治难解惑的有关方法，即修身。

严复在《译余赘语》中强调说明，"《群学肄言》，非群学也"，而是"言所以治群学之涂术而已"，并指出此书的枢纽和各篇的要义及其相互关系。他说："此书枢纽，在《知难》一篇。其前三篇，第一《砭愚》，言治群之不可以无学；第二《倡学》，明此学之必可以成科；第三《喻术》，则檃栝本科大义。”其后的篇章则在于使人明了“治斯学有甚难者，一曰在物之难，次曰在心之难，三曰心物对待之难。故第五《物蔽》，所以著在物之难也。而在心之难，又分两义；有见于理者，故第六称《智絯》；有见于情者，故第七曰《情瞀》。是二者之惑不袪，未见其人之可与论治化也”。然而，“虽然知其难矣，使徒知之，于修己治人考道讲德之功，犹未济也，则亦不足以与于斯学”。因此就要讲究修己治人之道，故有讲究道德的《缮性》篇。至于“群学，则有其尤切者。自民质言之，则生理也；自民彝言之，则心灵也”。所以有《宪生》《述神》两篇。最后有言民生治道的综篇《成章》。将该书各篇的意思概括起来，就是说，不明社会现象因果关系的人是愚盲，要去愚求知就要提倡学习群学。群学是研究社会人群渐进演化规律的专门学问，只有学习群学才能通晓社会现象的因果关系。治群学要克服社会和人群的私利、私心所带来的困难，要加强自身的修养，这样才能治好群学。

3．指出群学与中国固有的儒家思想有相通之处

严复在《译余赘语》中认为，东西方对社会的界说是暗合的。他说：“荀卿曰：‘民生有群。’群也者，人道所不能外也。群有数等，社会者，有法之群也。社会，商工政学莫不有之，而最重之义，极于成国。尝考六书文义，而知古人之说与西学合。何以言之？西学社会之界说曰：‘民聚而有所部勒、祈向者，曰社会。’而字书曰：‘邑，人聚会之称也，从口有区域也，从部有法度也。’西学国之界说曰：‘有土地之区域，而其民任战守者曰国。’而字书曰：‘国，古文或，从一，地也，从口以戈守之。’”由此可知，中西字义有暗合之处，而不同的只是东方社会偏重于国家而已。

严复又明确指出，《群学肄言》与《大学》《中庸》的精义有相通之处。他在《译余赘语》中说：“窃以为其书实兼《大学》《中庸》精义，而出之以翔实，以格致诚正为治平根本矣。每持一义，又必使之无过不及之差，于近世新旧两家学者，尤为对病之药。虽引喻发挥，繁富吊诡，顾按脉寻流，其义未尝晦也。其《缮性》以下三篇，真西学正法眼藏，智育之业，舍此莫由。斯宾塞氏此书，正不仅为群学导先路也。”严复认为，该书在两个基本方面和儒家的《大学》《中庸》有相通之处。第一，斯宾塞认为，社会生活必须用科学方法加以客观研究，这与孔子的“士”必须通过分析问题取得学识，进行修身，而后才适合于统治人民的思想是相近的。因此，严复坚信，中国传统的政治结

构应该保留，只是对士的领导层的培养要加进新的内容，社会学就是对士进行教育的一门基础课。严复把社会学看作旨在理解社会治乱兴衰的原因并提出良政之条规的学科。因此，他主张统治阶级的士要学习社会学。第二，斯宾塞提出变迁是在很长时间里发生的，是日积月累的结果，进化论对突变持怀疑态度，这与中庸观点相近。严复认为，渐进是调和当时中国的改革派与传统派的激烈冲突的最理想的办法。他认为各派人学了社会学，就会认识到他们之间是无谓之争。他特别告诫改革者，对复杂的社会有机结构不要横加干预。以上说明，严复把杰出人物统治论和政治渐进论结合在一起了。这种思想对以后的社会学有很大影响。同时也说明，社会学之所以传入中国，一方面是社会改良的需要，另一方面是因为社会学的思想与中国固有的社会思想有共融之处，所以能根植于中国的土壤里。

4. 阐述如何治群学

作为《群学肄言》枢纽的《知难》篇，就是讲如何治群学的。首先，严复指出，群学既要研究事物，又要研究治事物的人，以及两者相互影响的情状。这是群学独特于其他学科的地方，也是群学的难为之处。

治群学之难在于所治者难。天文学、力学、地质学、生物学、心理学都有其研究的范畴，可以通过实验进行分类，其量可以度别，而群学研究对象的权度就很不容易。群学要综合观察事物的互相联系及其不断地变化，并从中得出规律性的公理，因此，所治者确实难。

治群学之难还在于治学方法难。学者要通过观察和思考来探求社会的事实，并研究出其因果规律，这已不易达到，况且还要去掉自己的成见和利害去客观地分析社会，这就更困难了。

治群学之难还表现在如何对待所治者和治者两者的关系上。治者指的是群学者，所治者指的是群学道理，往往治学者所处的地位不同，其观察的道理也各不相同。其他学科研究对象和研究者是分开的，他们之间没有利害关系。唯独群学研究者处在所研究的对象之中，其利害与自己的成败利害有关，因此不能不动感情，从而影响其观察的道理。治群学者是作为群里的一员，论其全体的进退，观其全体的盛衰，都是与每个治群学者休戚相关的。况且，社会的变化影响着治学者思想的变化。这种情况在其他学科是没有的，因此治群学之难也是其他学科所没有的。人生在世，其种族、国土、风俗都不是人所能选择的，而自己要超脱这一切，不为自己的喜好、利害、欲望所左右，保持客观的立场，观察人群之变化，不为个人感情所驱使，不为自己的利害所牵动，这样才能认识真理。而这是常人难以做到的，即使做到也不会彻底，这就是治群学的困难之所在。

（二）群学的功能及其重要性

对于群学的功能及其重要性，严复在《原强》中说得再明白不过。他认为斯宾塞的《群学肄言》："则宗天演之术，以大阐人伦治化之事，号其学曰'群学'，犹荀卿言人之贵于禽兽者，以其能群也，故曰'群学'。凡民相生相养，易事通功，推以至于刑政礼乐之大，皆自能群之性以生。又用近今格致之理术以发挥修齐治平之事，精深微妙，繁富奥殚。""故学问之事，以群学为要归，惟群学明而后知治乱盛衰之故，而能有修齐治平之功。呜呼！此真大人之学矣"。[①]总之，群学是修身齐国治天下，富国强民之大学问。

六、潘光旦论《群学肄言》

学贯中西的潘光旦于1946年12月14日在《平明日报》上发表《荀子与斯宾塞尔论解蔽》一文，对《群学肄言》的理解深邃而精当。

潘光旦说："无论做学问、做事、做人，第一个大难关是去蔽。蔽，普通也叫做成见；其实成见一词不足以尽蔽字所指的种种。大凡一人心理上一切先存的状态，有如意志与各种情欲，和先入的事物，有如见解、记忆、习惯之类，都足以影响此人对于后来刺激的反应，使失诸过度，或失诸不足，也足以影响他对于后来事物的看法，使不能客观，使得不到最较近情的事物真相——这些都可以叫蔽，初不限于觅解上的先入为主的一端。去蔽的重要，与如何可以去蔽，因此也就成为思想家、学问家与德行家的一个先决的大问题。"[②]

儒家的名著《荀子》和斯宾塞的《群学肄言》都讨论到了"蔽"及"去蔽"的问题。《大学》八目，涉及去蔽的有三目：诚意、正心、修身。在儒家思想体系里，对"去蔽"问题发挥最多的是荀子。《荀子》32篇中，第21篇是

① 中国科学院哲学研究所中国哲学史组编："原强"，《中国哲学史资料选辑》（近代之部），中华书局，1959年，第358–359页。

② 潘光旦："荀子与斯宾塞尔论解蔽"，载《寻求中国人位育之道·潘光旦文选》（下册），潘乃谷、张海峰主编，国际文化出版公司，1997年，第555页。

《解蔽》，全文长至三千余言，分五段。第一段，泛论蔽之由来与蔽之种类。第二段，分叙前代君臣因蔽得祸，因不蔽得福之若干例证。第三段，论春秋后期与战国前期的思想派别各有其蔽，唯有孔子例外。第四段，论解蔽的方法，又分两部分，一是原则认识，有三种：（1）要认识到道的整体性；（2）人心的本质应须培养，使其始终能维持一个所谓“虚”“一”“静”的状态；（3）唯有如此状态的心才能见道之整体，二是方法的推敲，包括两个层次：（1）治心，包括诚意、正心两目；（2）治学，分两部分，一是明理之学，二是致用之学。第五段是结论，虽然短小但意义深长，它专论一点，即认为政治公开或政治领袖的态度宣明，未始不是解蔽的一大条件。在荀子看来，解蔽的条件虽多，求诸环境的只有这一个，其余每一个人都得求诸自我，这一层也很值得指出。

潘光旦指出，荀子的解蔽说比前人进了一步。《大学》的解蔽只限于意志和情绪方面，而荀子发现了两个足以产生偏蔽的外铄境界，一是人在时空两间里的一般际遇或处境，二是见识或学派所构成的门户。荀子之后，过了两千年，才出现可与《解蔽》篇相比拟的文献，这就是斯宾塞的《群学肄言》（*The Study of Sociology*）。潘光旦说书名虽叫《群学肄言》，但在译序及译文中不断用到“群”和“蔽”的字样；在《译余赘语》里一度提到荀子，引用荀子的“民生有群……”的几句话，以此说明何以把“社会学”译成“群学”。而在《群学肄言》中谈到的是群学之难，难在解蔽，群治之难，也难在解蔽，严复切中了《群学肄言》的要点。而且严复译序里说《群学肄言》之作，“所以饬戒学者以诚意正心之不易”，在《译余赘语》里也说：“窃以为其书实兼《大学》《中庸》精义。而出之以翔实，以格致诚正为治平根本矣。”潘光旦认为，这些都是严复在做一些中西新旧的比较之后，说明荀子与斯宾塞在解蔽的见解上完全一致。

潘光旦说，斯宾塞的《群学肄言》分16章，除第1、2、3、5等4章分论社会的需要、社会学成为科学的可能、社会科学的性质与社会学的客观困难外，其余没有一章不与解蔽的题目有关。第6–12章是专论蔽的种类，第13–15章论以修养和学问去觅取解蔽的方法。潘光旦认为，这相当于我们格、致、诚、正的旧说。第4章总论治社会学的困难，第16章是结论，都提到蔽的问题。全书16章中，即有12章和解蔽的题目有关。因此，潘光旦说：“我们如果把《群学肄言》的书名改成‘解蔽通论’，决不会冒文不对题的危险。”[①]

据潘光旦分析，斯宾塞把对蔽的讨论分为四部分。第一部分论主观理智之蔽，包括：（1）拟我或以己度人的倾向；（2）以人性为一成不变或易于变动的两种相反的成见；（3）理智能力过于狭窄，不够笼括；（4）理智能力过于板执，不够活泼，缺乏弹性。第二部分论主观情感之蔽，包括个别的性情与一时的好恶爱憎，包括一般人对军功的过于钦崇，对政治权威或掌权者的过于迷信与顺从等。第三部分论各种处境或际遇之蔽。这一类的蔽事实上也属于主观情感一方面，和第二类有些不同，即患蔽之人不但不知其为蔽，而且为之设辞以示其见地之客观明确。斯宾塞用了5章讨论此类之蔽，包括：（1）传统文教中一部分的矛盾的蔽，诸如友爱的宗教对待仇恨的宗教，即指一面讲泛爱的宗教，一面又有国家、阶级一类的偶像所培养的仇恨心理；（2）种族、国家、乡土一类事物所引起的蔽，也有正负两方面，正面是一味拥护本人所属的种族、乡土，不论是非、曲直，反面是完全抹杀种族乡土观念，侈论大同一类的理想；（3）治者、被治者和其他的阶级分野之蔽，或其反面；（4）属于政治方面的蔽，如政党间彼此相歧视与敌视的蔽，又如人治论与法治论之蔽；（5）宗教、神学、宗派之蔽，或反宗教之蔽。第四部分论救蔽之道。这有两个方面：一是思想习惯的自力修养，即“缮性”，相当于诚意正心一类的功夫；二是广博的学问基础的培植，即“宪生”“述神”，相当于我们的格物致知的功夫。这一学问的基础包括极广：抽象的科学，如数学、逻辑，所以示事物间关系的存在与其重要；半抽象半具体的科学，如物理、化学，所以示事物之间的因果的迹象；具体的科学，如天文、地质，所以示因果关系之连续与复杂；生命的科学，如生物、心理，所示的因果关系更进入了生生不已的境界，与社会的关系最较密切而不可分离，因此，其在广博的学问基础里占重要的地位。

荀子“解蔽”与斯宾塞的《群学肄言》各是针对时代的需要而发的大议论。潘光旦最后概括了他们的著作的价值：“荀子的议论，斯宾塞尔的议论，对战国的后期适用，对19世纪的西洋适用，对今日的中国与国际大势，也未尝不适用；对做人治学适用，对为政与解决大小政治纠纷，也未尝不适用，而在

① 潘光旦：“荀子与斯宾塞尔论解蔽”，载《寻求中国人位育之道·潘光旦文选》（下册），潘乃谷、张海峰主编，国际文化出版公司，1997年，第555页。

目前的局势之下，可能是更适用。”①

七、宣传科学精神，引进科学方法

（一）介绍科学的逻辑方法

严复在宣传资产阶级思想的同时，很重视介绍经验主义的认识论和科学的逻辑方法。严复在《西学通门径功用说》《译〈天演论〉自序》《穆勒名学》《名学浅说》《救亡决论》等文章和译著中指出，西方资本主义国家富强的关键是科学的发达，而科学的发达，又是由于西方的经验主义和科学的方法论起了重要的作用。为了在学术上“黜伪而崇真”，他大力提倡逻辑归纳法与演绎法。他说：“格物穷理之用，其途不过二端，一是内籀，一曰外籀。”他通过翻译《穆勒名学》和《名学浅说》，把西方的逻辑方法介绍到中国。

严复在所译的《穆勒名学》中加了许多按语，第一条照穆勒的意思说明什么是逻辑学，或可以说逻辑学为什么译为名学。严复在《穆勒名学》第2页按语中说：“盖中文惟‘名’字所涵，其奥衍精博与逻各斯字差相若，而学问思辨皆所以求诚、正名之事，不得舍其全而用其偏也。”这正说明逻辑学是用其偏而舍其全。严复在按语中又说：“逻各斯一名兼二义，在心之意，出口之词皆以此名。”所以把逻辑学译为名学。冯友兰替严复发挥了几句，他说：“严复认识到逻辑学是思维之学，是思维就必用名言，名代表概念，即在心之意，言就是在口之言。逻辑学的范围限于‘名言之诚’，逻辑学的对象就是关于名言的规律。任何学问都必须用名言，所以必须遵守名言的规律。逻辑学成为一切学问的形式，所以称为形式逻辑。译逻辑学为名学，可以表达逻辑学的这个意义。”②当然，名学可以追溯到先秦诸子中的名家，名家专讲名不顾实。而现代逻辑学指出，一个名的意义有内涵和外延两个方面。但严复所译逻辑学为名学，是说明他懂形式逻辑，而他用名学译的逻辑学就不能包括归纳法，而只包括演绎法，即所谓不求其全求其偏。因为归纳法不是一种思维的形式，而是一种思维，其对象并不是名言，而是自然界，所以现代逻辑学不讲归纳法。而穆勒和耶方斯所讲的是旧式的逻辑学，严复则继承了旧式逻辑的传统，即逻辑

① 潘光旦：“荀子与斯宾塞尔论解蔽”，《寻求中国人位育之道·潘光旦文选》（下册），潘乃谷、张海峰主编，国际文化出版公司，1997年，第563页。

② 冯友兰：《中国哲学史新编》（第六册），人民出版社，1989年，第169页。

学包括归纳法和演绎法，并且认为归纳法比演绎法更重要。因为归纳法不是一种思维形式而是一种思维。冯友兰指出：“它所讲的这种思维是科学的方法，科学方法是很重要的，特别对于当时的中国人更是如此。”[①]在当时像严复这样系统扼要地介绍西方科学方法的还是很少。

（二）宣传科学精神

关于科学的精神，严复说：“一理之明，一法之立，必验之物物事事而皆然，而后定之为不易。其所验也贵多，故博大；其收效也必恒，故悠久；其究极也必道通为一，左右逢源，故高明。方其治之也，成见必不可居，饰词必不可用，不敢丝毫主张，不得稍行武断，必勤，必耐，必公，必虚，而后有以造其至精之域，践其至实之途。”[②]严复指出这种科学精神是对人的思想的一种训练，他说：“且西士有言：凡学之事，不仅求知未知，求能不能已也。……其绝大妙用，在于有以练智虑而操心思，使习于沉者不至为浮，习于诚者不能为妄。是故一理来前，当机立剖，昭昭白黑，莫使听荧。凡夫恫疑虚猲，荒渺浮夸，举无所施其技焉者，得此道也。”[③]严复所说的“荒渺浮夸”等正是封建知识分子最严重的学风，而严复所宣传的科学精神则在当时起了很大的进步作用。

（三）引进科学方法

关于科学的方法，严复大致分三层。第一是考订，聚列同类事物而各著其实。第二是贯通，类异观同，道通为一。他指出，在聚列同类事物时，有些事物如日星之行、风俗代变之类，非人力所能变换，对这类事物只能用“观察”的方法。而有些事物是人力可以驾驭移易的，对于这类事物可以用“演验”的方法。他又指出，考订和贯通二层科学方法是中古时代常用的科学方法，但这二层方法不能保证大法公例没有错误，近世格致家采用试验方法以救其不足。严复在《西学门径功用》中说：“于是近世格致家乃救之以第三层，谓之试验。试验愈周，理愈靠实矣。”[④]

严复指出，这样的科学方法用逻辑的理论说，便是内导与外导，也就是归

① 冯友兰：《中国哲学史新编》（第六册），人民出版社，1989年，第170页。

② 同上注。

③ 同上注。

④ 严复：《严复集》（第1册），中华书局，1986年，第93页。

纳和演绎两种方法。他说：“内导者，合异事而观其同而得其公例。”这就是说内导包括考订和贯通两层。严复又指出，外导的方法是用已有的公例去推断，如果推断合乎事实，这就证明公例是正确的。所以外导就是“试验印证之事”。“印证愈多，理愈见坚确也”。[①]外导实是科学方法的第三层。严复强调指出，研究科学“第一要知读无字之书”，读第二手书常有误，况且照书本亦步亦趋也不可能超过前人而有所创造和前进。严复所说的“无字之书”，就是自然和社会本身。这一点实在是中西学术的根本分歧点。

严复很重视认识论和逻辑方法，大力提倡逻辑归纳法与演绎法。他通过翻译《穆勒名学》和《名学浅说》，把这些方法介绍到中国。严复对F·培根的经验归纳法尤为重视，称其为“实测内籀之学”，他所说的“实测”，即从实际经验出发，“验之物物事事”。所谓“内籀”，即归纳法，“观化察变，见其会通，立为公例者也”。意即从实际经验中归纳出规律性的东西来。然而严复由于受穆勒、赫胥黎等人的影响，过分强调感觉经验，因此其经验论中又含有不可知论的成分。

冯友兰将严复系统介绍的科学方法概括为：“他们说的三层科学方法用现在的话说，第一层就是调查研究，搜集第一手的材料，第二层就是于其中找出规律性的东西，第三层就是在实践或科学实验中检查那些对于规律性的认识是否正确。第二层是旧逻辑学的归纳法的应用，第三层是旧逻辑学演绎法的应用。”[②]

严复的经验论认识方法，对西方科学方法论的系统介绍及宣传科学精神，在当时的中国还是独树一帜的。他介绍的方法也是当时社会学的主要方法，为中国社会学从历史社会学走向20世纪二三十年代的实证社会学创造了条件，开辟了道路。

八、严复的社会变法思想

严复在著作和译著中，尤其是在《法意》《社会通诠》《原富》《天演论》和《群学肄言》中，不但介绍了西方社会学说，而且阐明了自己的社会思想。

---

① 冯友兰：《中国哲学史新编》（第六册），人民出版社，1989年，第172页。

② 同上注。

（一）论中西社会的不同

严复认为世界上的社会方式有三种：图腾社会、宗法社会和军国社会。由于进化的快慢不同，因此中西社会方式也不同。中国是宗法社会，而西方是军国社会。中西社会方式不同的原因有，第一，天时地利人和的不同；第二，政教附丽的不同，宗法社会中政教二权附丽密切，宗教神权有力量，阻碍了社会的进化。中国的孔教就是如此，它维护宗法，维护君主权力，阻碍了中国社会的进化。而欧洲军国社会却是政治与宗教附丽不密切；第三，社会进化观念的不同。“中之人好古而忽今，西之人力今以胜古；中之人以一治一乱、一盛一衰，为天行人事之自然，西之人以日进无疆，既盛不可复衰，既治不可复乱，为学术政化之极则”。[①]中国一治一乱的规律是孔教所创立的，一治一乱循环不已，不可能进步，是违反进化原则的。

正由于社会发展阶段的不同，严复认为中西社会的组织、根本思想、法制及政治原理也不同。中国是宗法制社会，其社会组织是以宗族主义为中心，而西方社会则是以个人主义为中心。中国社会的根本思想是以宗族主义为出发点，最重三纲五常，以孝治天下，尊主委天数，尊亲明等差，而西方社会贵自由，重平等，重民，尊新知。中西法制也不同，中国以一家之礼教而治天下，下对上讲忠孝，上对下讲义慈，礼法混杂，而西方公私二律分明；中国由君立法，而西方以自由为体，以民主为用，人民自治的能力强，人人皆能以法自绳。中西政治原理亦不同，中国以家法治天下，尊君主之权，权操于君，而西方尊重个人的自由平等，从政者是人民的公仆，权操于民。总之，严复认为，中国是以宗法家族为基础的一个封建专制的社会，西方是以个人主义为基础的自由民主的社会，从而宣扬了西方资产阶级的民主和自由的社会政治思想。

（二）抨击封建君主专制社会

在《辟韩》中，严复对中国的封建君主专制主义进行了猛烈的抨击，他说：“秦以来之君，正所谓大盗窃国者耳。国谁窃？转相窃之于民而已。”其目的是“坏民之才，散民之力，漓民之德”，以图“长保所窃而永世”。他认为，“斯民也，固斯天下之真主也”，人民应是天下的主人，而君主只是人民“择其公且贤者，立而为之君”，君主应保卫人民的权利，而当人民进化到能

① 严复：“论世变之亟”，《严几道诗文钞》（卷一），第1页。

自治之时，主权应还给人民，实行资产阶级的民主制。他在抨击封建君主专制制度的同时，还指出了中国在军事、外交、经济及社会等方面所存在的问题。他指出，中国在军事方面，自唐宋以来就重文轻武，将帅庸劣，兵制陈旧，士兵无战术；在外交方面，清朝开始采取排外政策，而屡屡战败后则又割地、赔款，丧权辱国，使得国家处于危亡的境地，这是中国外交的失败；至于中国的经济问题则更为严重，首先是财政问题，中国不知理财，财政窘迫，币制混乱，度量衡纷乱，税制紊乱，官吏贪污，外人操我税权，以致中国人民生活十分贫困。中国经济之所以不发达，严复认为，乃是礼教统治的结果，历来的统治者唯重视文士而视工农商贾各业为下流，职业选择的不平等，不能分工合作也是原因之一。他还指出，中国以农立国，但科学技术落后，工业也不发达，耕种无机器，致使农业生产量十分低。最后，严复认为中国社会问题的症结是贫穷，贫穷的原因是人口“过庶”，人口“过庶”则是妇女早婚的结果，而人多经济不发达又必使犯罪丛生。因此，如国家循旧为治而不变法，这样下去就无法解决社会问题。

（三）指出中国要变法图强及变法的条件

严复对比中西社会，指出中国社会存在的问题，据此提出中国要变法图强的思想。他积极参加维新变法运动，批判传统的唯心论和“天不变，道亦不变”的形而上学观点。他翻译《天演论》，宣传达尔文的生物进化论，以论证变易进化是客观世界发展的必然趋势。他认为，事实是天变、地变，人类社会的“治道”也在变。他在《上皇帝万言书》中说，法是可变的，只要法有弊就要变，变法勃然富强，守旧旦夕危亡。他认为，当时的中国面临亡国灭种的威胁，从社会意识形态到政治、经济、教育、军事制度都必须变革，才能挽救危亡，“自强保种”。严复还在《原强》中引用梁启超的话说：“万国蒸蒸，日趋于上，大势相迫，非可阏制，变亦变，不变亦变。变而变者，变之权操诸己；……不变而变者，变之权让诸人。”

他在《拟上皇帝书》中指出，要为变法创造的条件是：“未变法之前，陛下之所亟宜行者三，……一曰联各国之欢……二曰结百姓之心……三曰破把持之局。……盖不联各国之欢，则侮夺之事，纷至沓来，陛下虽变法而不暇；不结百姓之心，则民情离涣，士气衰靡，无以为御侮之资；虽联各国之欢，亦不可恃；而不破把持之局，则摇手不得，虽欲变法而不能也。一其事在各国，二其事在万民，而三则在陛下之一心。陛下果采臣议而次第行之，则为旷古之盛节，机关阖开，而数千年之治运转矣，然后因势利导。所谓既变法所宜先者，臣请竭其愚陋，继今而言之。”①在严复所说的三件事中，第一件事是说要在国际上使西方列强对于中国的竞争保持均势，不致联合一起瓜分中国，从而使中国在国际关系上以和平的姿态，维护独立和主权；第二件事是要使朝廷和人民的关系维持和平；第三事是要使全国人特别是社会上层的思想都统一到变法上来。严复提出变法之前要做这三件事，目的是为变法创造条件。严复以西方资产阶级的观点来看中国的问题，也企图用西方资产阶级的方法解决当时的中国问题。在这一点上他与康、梁志同而道不合，亦即他们的立场和中西学的出发点不同。

同时，严复也指出，变法是艰难的。首先，他在译斯宾塞的《群学肄言》中说：“使旧有干局，既坚甚完，其改制沮力，亦以愈大。而革故鼎新皆难，其物乃入于老死，此不易之公例也。”即中国教化数千年，根深蒂固，更其一制，必全局皆变，因此变法是不容易的。其次，变法人才难得，变法需要一些先知先觉的人才，因缘际会才能办成功，否则将一事无成。再次，变法还要破旧党把持之局面，警惕乘变法之机向上钻营的人掌权，等等。

（四）指出变法中应注意的问题及变法的步骤

鉴于变法之难，严复提出，变法应注意以下几点。一是中国要统一变法，即变法当以全国为目标，不当轻其一方，而重其一方，要从全局出发进行改革。二是改革要有理论指导，不要盲从行事，否则其害“且烈于不变”。三是变法宜缓不可急。要变法就要开民智，而中国亲亲贵贵之治，用之者数千年，已深入民心，非有大力之震撼与甚久之渐靡才能改变。因此，严复主张渐进式的变法，而反对革命式变法。四是治标治本相结合，鉴于中国积弱的原因“由于内治者十之七”，“由于外患者十之三”，因此变法必须治标治本相结合。严复说：“标者，在夫理财、经武、择交、善邻之间；本者，存夫立政、养才、风俗、人心之际。事急，则不能不先事其标，势缓，则可以深维其本。”②在变法的前期可着重治标，此后随着变法的逐步深入求治其本。所谓本，主要是指民德、民智、民力，治本就是要隆民德、高民智、壮民力，使国

① 严复：《严复集》（第1册），中华书局，1986年，第69–77页。

② 严复：“上皇帝万言书”，《严几道诗文钞》卷6。

家富强。他在《原强》中论证国富民强的关系时说："夫如是，则一种之所以强，一群之所以立，本斯而谈，断可识矣。盖生民之大要三，而强弱存亡莫不视此：一曰血气体力之强，二曰聪明智虑之强，三曰德行仁义之强。是以西洋观化言治之家，莫不以民力、民智、民德三者断民种之高下，未有三者备而民生不忧，亦未有三者备而国威不奋者也，反是而观……小则虏辱，大则灭亡。此不必干戈而杀伐行也，磨灭溃败，出于自然。"由此，他提出治本的四个方面。一鼓民力。国家的富强以民力强壮为基础，人民有强健的身体和智慧的头脑，能耐苦战，国家就能富强。二开民智。民智为富强之原，要开民智，就要办教育。然而，在中国受教育历来都是豪富贵族所享有的权利，且这种教育并非实际之学，教育制度又多弊端，因此必须改革。严复认为，要开民智，当求西学，讲实学，废除八股，并且认为，只有中西教育相辅，发达文化，昌明学术，国家才能富强。三新民德。民德是国家盛衰的象征，要进行德育，使人民懂得自由平等，全国上下皆知自重，讲求公德爱国。四实行地方自治。只有人民的德、智、力提高了，而后才能实行地方自治，地方自治则是国家富强的根本之一。

（五）提出变法的目的在于实现自由、民主和三保

严复认为，中国如能变法，国不但不亡，并且有可能成为强族大国。变法的目的在于实现自由、民主、三保（保种、保教、保国），使国家富强。一是实现自由。即指国家要独立自由，人民的言论也要有自由。严复说："言论自由，只是平实地说实话，求真理，一不为古人所欺，二不为权势所屈而已。使理真事实，虽出之仇敌，不可废也，使理谬事诬，虽以君父，不可从也。"[①]二是实现民主平等。自由与平等是分不开的，无自由的人民也绝无平等可言。中国所需要的平等包括三重内容：第一，民业不分贵贱，全国通力合作，使国家富强；第二，满汉两族要平等，不得有亲亲贵贵的等差不一，只有这样，国家才能富强；第三，中外人民要平等。严复指出，清政府被外国打败后，"重外人而贱其民，欲民心豫附而爱国者，特欺人语耳"。[②]倚重外人而轻贱人民，必定会损害中国人民的爱国心，因而是不利于国家的。在这里，严复所主张的自由、民主与平等思想，显然是资产阶级的自由、平等思想，但在当时

① 严复：《群己权界论》译凡例。

② 严复：《法意》第22卷，按语第3页。

反封建专制主义的斗争中是有进步意义的。三是三保，即保种、保教、保国。严复指出，中国一要努力保种，为此要禁早婚，禁缠足，戒鸦片，满汉要团结以抵御外人之侮；二要保教，宗教在一个国家里势力甚大，影响着一切政刑教化、风俗习惯："一群之人，政刑之大，起居之细，乃无一事不依此空理而行……此空理则教宗是矣。"[①]因此，要统一国人的行动，就要保护中国的宗教；三要保国，保国莫过于爱人才，变法要有人才，而旧官吏不知政治，贪污成风，不可能成为变法所需要的人才。因此，要废除旧官吏，提拔新人才，但又要注意不让自命的"救国之士"祸国害民。

综上所述，严复认为，法是可变的，变法才能富强，然而变法非易，往往变而不得其力，其为害将比不变法更严重，因此法要渐变。他提出变法当以民权为准，实现民主、自由与平等，变法的目的，则在求保种、保教、保国。他并且将变法分为治标治本二途，治标者为一时之应付，而治本者恒以进民德、民智、民力为目的。严复及维新派都主张，经济改革、教育改革要与政治改革相结合，这样才能达到治标又治本的目的。

严复把自己的一生献给了译著和教育事业。他是近代中国向西方寻找真理的代表人物之一，是第一个将资产阶级古典政治经济学说和自然科学、哲学理论介绍到中国来的人，对广大的中国人民特别是对爱国的青年起到了启蒙和教育作用。他将资产阶级世界观介绍给中国人民，从根本上突破了封建主义的意识形态，他的影响和作用是空前广泛和深远的。同时，他也是正式将西方社会学传入中国的第一人。

① 严复：《保教余义》，《严几道诗文钞》卷2，第8页。

第三节
社会学的传入及特点

一、社会学间接从日本传入中国

社会学适应中国维新变法的需要，除从西方直接传入中国外还通过留日学生及日文社会学教科书、专著的中译本，间接从日本传入中国。

（一）向日本派出留学生

自1840年鸦片战争到1894-1895年甲午战争起，帝国主义加紧了对中国的侵略，再加上1868年开始的日本明治维新的成功，每个具有爱国之心的中国人都受到了巨大的刺激，促使先进的中国人向西方寻找真理，以改变中国的命运。他们认为，只有西方资本主义国家是进步的，它们成功地建设了资产阶级的现代国家。同时，日本人向西方学习有成效，所以中国人也想向日本人学。在这种形势下，中国向日本、英国、美国、法国、德国派遣留学生的数量之多，达到了惊人的程度。其中尤以派往日本的留学生最多，因为客观条件有利，日本距离中国最近，而且两国文字相通。1896年，中国向日本派出第一批留学生13人，1900年在日留学生100人左右，1902年留日生500人左右，1904年留日生1500人左右，1905年留日生8000人左右，到1906年留日生13000人左右。1905年以后，每年留日生竟达13000-13500人，留学生中有60岁的老人和十几岁的少年，还有青年妇女，有公费留学生，也有自费留学生。据光绪三十三年（1907）十一月三十日学部奏定日本官立高等学堂收容中国学生名额折所云："……在日本留学人数虽已逾万，而习速成者居百分之六十，习普通者居百分之三十，中途退学辗转无成者居百分之五六，入高等及高等专门者居百分之三四，入大学者仅百分之一。"折内所谓的速成科，是指专为华人设置的速成学校或速成班，课程大致分师范与法政两种，学习半年到三年肄业。普通科就是日本的中学和小学。进入高等专科和大学的都具有中学以上的水平，他们所进的专科大多是法政和经济类学校。

在日本，据李剑华说："东京大学社会学讲义或讲读，始于明治十三年（1880），外山正一博士是社会学教授之第一人。东京帝国大学社会学科隶属于文学部，明治十三年已有社会学讲义。"[①]19世纪90年代末，日本的一般学校已普遍设立社会学课，在法政学校和师范学校里更为普遍。因此，即使在速成生中也有不少人是学过社会学课程的，只不过是不把它当作重要科目而只是当作次要科目学的。这些留学生后来就成为在中国传播社会学的先导。我国第一位自授社会学的教授康心孚，就是学法政的留日生。

（二）翻译日文社会学教科书及专著

大多数留日生怀着救国的志愿，刻苦地学习，只要有西方的新道理，什么书都看，为了把新道理介绍到中国来，他们进行了大量的翻译工作，翻译了大量社会科学书籍，尤其是法政科的讲义，从而把社会学传入中国。例如，1907年翻译的《政法述义》出书30余册，内有社会学约80页，这些翻译著作颇受欢迎，畅销于市。当时，中国法政学校的讲义，实际上也是从日文译过来的。或许社会学最初是由法政学校讲授的。1906年在《奏定京师法政学堂章程》中，正科政治门第一学年课程表内，就有社会学两小时。根据1910年改订《法政学堂章程》，在政治门、经济门的课程表中，第一学年均有社会学两小时，第三学年均有工业政策及社会政策四小时。从日本回国的留学生，在维新运动的影响下，建学堂、办报馆、立书局，大量翻译介绍西方资产阶级的思想著作，这些都有助于社会学的传入。

社会学从日本传入中国，除通过留日学生外，还通过日文社会学译著的出版。1902年，章太炎译出岸本能武太的《社会学》一书，并由广智书局出版。该书是岸本能武太综合斯宾塞和季廷史的理论而写成的，它是成本社会学书籍从日本传入中国的开始。同年，上海广智书局出版了日人有贺长雄原著《族制进化论》的译本，该书是根据斯宾塞的《社会学原理》并以摩尔根的《古代社会》为补充写成的。1903年作为《教育志丛》（丛书名）的第四编出版了吴建常译自日本人市川源三译本的《社会学提纲》，此书原是市川源三根据美国人季廷史的《社会进化论》译成的，这是美国社会学传入中国的第一本书。还有一本从日文译过来的《社会学》，未署名。1911年欧阳钧根据远藤隆吉的《社

① 见《社会学界》，1927年第1卷。

会学》讲义编译的《社会学》出版，该书属心理学派，所持理论与季廷史的相近。书中讲到的研究方法有经验观察、单位研究、网罗无遗、抽象研究与综合等15个方面，并且认为研究社会学的利益有四：一曰发生爱国心，二曰匡正学术，三曰改良政事，四曰完备教育。此书特别重视教育，可看出译者之苦心。

从以上译著看，辛亥革命前，除严复直接介绍西方社会学外，其他的社会学书籍都译自日文本，而其内容则是西方社会学的理论。资产阶级社会学在法国和英国创建后，在美国发展起来，又经过日本传入中国。但以往对社会学从日本传入之事谈得不多，这一方面是因为从日本传入的，基本上是西方社会学的内容；另一方面，在中国社会学界，美国社会学占优势，而忽视了日本在社会学传入中所起的作用；还有一个原因是当日本将社会学传入中国之时，也将社会主义传入了中国。

20世纪初期，中国留学生通过日文和英文书接触了马克思主义，并译为中文介绍到国内。在中国，最早的介绍马克思和恩格斯的书籍是英国社会学家企德著的《大同书》，1895年在中国出版。1899年在《万国公报》121卷上有李提摩太节译蔡尔康撰文的《大同学》。梁启超在1902年第18号《新民丛报》刊载的《进化论革命者颉德之学说》，将马克思译作“麦喀士”，并称他为“社会主义之泰斗”。1905年，朱执信（笔名蛰伸）在《民报》（1905年第2号）刊登《德意志社会革命家小传》，首次较为系统地介绍马克思主义。像梁启超等维新派，为了向西方学习，向中国介绍了社会学和社会主义。20世纪初，尤其是从日本，不但传进了社会学也传进了社会主义。1902年商务印书馆出版了幸德秋水的《社会主义长广舌》。1903年广智书局出版了福井准造撰、赵必振译的《近世社会主义》；西川光次郎著、周子高译的《社会党》；村井知至著、罗大雄译的《社会主义》；文明书局出版的村井知至著、侯太绾译的《社会主义神髓》。同年《新世界学报》连载了久松义典著、杜士珍译撰的《近世社会主义评论》。这些最早介绍社会主义学说的专著从日本传到了中国。其中《社会主义神髓》在中国的知识界影响很大。这些马克思主义学说给正在寻求救国真理的志士以启示，对早期的中国马克思主义者如李大钊等影响较大。社会学和社会主义同时从日本传入中国，可见在日文的社会学书籍中也常常带有社会主义思想。

二、早期社会学的移植

（一）设立社会学课程及派出留学生

帝国主义对中国采取以华治华的侵略方针后，加强了对中国的经济、文化侵略，于是西方教会也积极地活跃在中国的土地上。教会为了提高传播基督教教义的效率，开始研究中国的社会并进行社会调查；并且，为了使基督教在中国建立巩固的根基，教会开设学校，吸收中国青年教徒。在教会办的学校里最早开设社会学课，由外国人任教，使用外国教材，并逐渐在这些学校里创立了社会学系。教会学校成为最早向中国移植社会学的重要场所。从此美国的社会学直接输入中国。

有据可查的是，光绪三十一年（1905），上海圣约翰学院已开设社会学课，由美国人孟嘉德教士（Arthur Monn）任教，采用的课本是白芝浩（W. Bagehot）的《物理与政治》。还有另一种说法，据许仕廉说："1905年（光绪三十一年）有门阿瑟先生在圣约翰大学开社会学课。"[①]1913年，在上海私立沪江大学，美国教授葛学博（Daniel Kulpll）创立社会学系，由葛学博、白克令（H. S. Bucklin）、狄莱（J. Q. Dealey）等勃朗大学教授短期来华任教。该校社会学系于1917年由葛学博主持创立了"沪东公社"。"沪东公社"在上海杨树浦一带工人区做社会服务工作，办有工人子弟学校和补习学校等，成为后来沪江大学学生社会行政实习场所。清华学校于1917年开设社会学课，由美国人狄特莫（O. C. Dittmer）任教。一方面外国教会学校向中国移植社会学，另一方面中国学生到外国学习社会学，为社会学培养了人才。

大批中国学生去美国留学，是在1909年设立庚款奖学金之后才开始的。1908年，美国国会通过一项法案，决定退回清政府1901年（庚子）为八国联军赔款的余额。民国政府将"退款"作为派遣去美留学生的学杂费。1909年派出第一批庚款留学生47人，其中不少人后来成为中国科技界颇有建树的专家。第二批派出70人，另有70人进入清华学校留美预备班。1910–1911年是清政府大批保送留学生的一年。1911年留美生800多人，留欧学生有400人左右。1924年美国国会二度通过同样法案，乃有第二次退款，于是民国政府又成立了"中华教育文化基金会"，该基金会对中国派出赴美留学生（其中包括社会学留学

① 许仕廉："中国社会学运动的目标经过和范围"，《社会学刊》第2卷第2期。

生）起了很大的作用。随之英、法也都设立了庚款奖学金。留学生中有专学社会学的，也有学其他学科而回国从事社会学教学和研究的，许多人后来成为社会学界的主要骨干。中国留学生中主修社会学最早者当推朱友渔。朱友渔于宣统三年（1911）在哥伦比亚大学社会学系获得哲学博士学位，其博士论文为《中国慈善事业》，回国后曾在上海圣约翰大学任社会学教授。中国早期著名社会学家陶孟和是英国留学生。陶孟和（1887–1960）原名履恭，他去英国前在日本东京师范学院学习，到英国后，与梁宇皋都在伦敦经济学院学习，同在霍布豪斯和韦斯脱马克门下学习社会学，并于1915年合著《中国乡村与城市生活》，对中国社会进行了社会学分析。回国后，陶孟和在北京师范学院讲授社会学，后又在国立北京大学当教授。1929年北平社会调查所成立，由陶孟和主持。1934年调查所与当时的中央研究院社会科学所合并，陶孟和任所长。陶孟和开创了对中国家庭和生活标准的研究，著作甚多，在社会学界影响较大。

当时，中国的国立大学设社会学科及社会学系都比教会学校晚。1906年奏定京师法政学堂及1910年京师大学堂的课程表里方有社会学课。1912年京师大学堂改为国立北京大学，在其文科的中国哲学门和西洋哲学门中，设有社会学课。直到1916年才开设社会学班，由康心孚教授任教，他是中国自授社会学课的第一人。康心孚字宝忠，号宭，陕西城固人，是国学大师章太炎的门生，曾留学日本学习法政。他是我国社会学的先导，回国后在北京大学讲授社会学、伦理学和中国法制史，讲课详明透彻，深受学生欢迎。他所讲授的社会学课的教材是自编的，其讲义文笔典雅、含义湛深。中国第一代社会学家孙本文在北京大学上学时，曾选修康心孚的课，当时孙本文是文科哲学门的学生，康心孚可说是孙本文研习社会学的启蒙老师。

在私立大学中，尤其是在北京和上海的私立大学中，如上海南方大学等，在根基未稳的情况下，为了吸引学生，也开设了社会学课程。根基比较稳的大学，如复旦大学、大同大学，为了迎合潮流，也在政治系或经济系里设立了一二门社会学课程，教学工作由政治或经济教师兼任。

（二）开始社会调查

在社会学移植的过程中，中国的社会调查开始起步。促成中国社会调查起步的因素有两个，一是外国人希望通过社会调查来研究和认识中国社会，二是受欧美社会调查研究范式影响的中国学人同样希望通过社会调查来认识自己的社会。从时间上看，中国的实地社会调查始于民国初年。最初的调查主要由教会学校的外国教授主持，他们指导学生进行小规模的调查，并采用外国搜集事实的技术来研究中国的社会现象。可以说，是外国教授首先把西方社会学中的社会调查方法引入中国的。

最早的调查是1914–1915年由北京社会实进会进行的对302个洋车夫生活情况的调查。1917年，清华学校教授狄特莫指导学生在北京西郊成府村对195家居民的生活费用进行了调查。在这195家中，有100家是汉人，95家是满人。他们的职业有农民、工人、军人、车夫、木匠、理发匠、少数学者，大半靠赚钱谋生。从广义来说，他们可以算是劳工阶级家庭，只有满人向来靠领粮为生，无所事事的很多。调查的内容包括家庭预算、生活情形等。1918年狄特莫又指导该校学生调查该校校役93人，调查内容还是生活费。1918–1919年，北平私立燕京大学步济时（J. S. Burqess）与北京美籍教士甘博（S. D. Gamble）等，仿照美国1914年由茹素斯之基金会进行的春田社会调查，调查了北京社会状况，调查内容包括历史、地理、政府、人口、健康、经济、娱乐、娼妓、贫穷、救济、宗教等项，调查结果于1921年用英文出版，书名叫《北京——一种社会调查》。这是中国城市社会调查的开端。该书不仅表明了如何用统计的方法搜集整理材料，同时也暴露出当时中国各机关缺乏统计资料（即使有也不可靠）的问题。遗憾的是，早期的社会调查成果都是用英文写就的。

最早开始国人调查的北京社会实进会，也是最早传播社会学的团体（成立于1913年11月），瞿秋白、陈长衡、陶孟和等是其主要成员或负责人。该会宗旨是："考察旧社会的坏处，以和平的、实践的方法，从事于改造的运动，以期实现德莫克拉西的新社会。"[①]该会会刊《新社会》围绕社会改造登载提倡社会服务、讨论社会学说、研究平民教育、记载社会事件、批评社会缺点、反映社会实况的文章。特别突出的是大量讨论了社会问题，如知识分子、妇女、婚姻、劳工、自杀等问题。

（三）早期社会学著作

1911–1919年，中国的社会思想变得活跃起来，但社会学的研习者甚少。辛亥革命只是政体革命，由帝制改为共和，其余一切如故，人民生活依然如旧，儒家思想仍然束缚着中国人民。民国初年的期刊，除章士钊编辑的《独立

① 《新社会》1919年，第1号。

周报》、梁启超编辑的《庸言》、康有为编辑的《不忍》、国民党刊印的《国民》等稍有些政论文外，极少有学术论文，学术界毫无生气。但从1915年9月发行第一期《新青年》（月刊）以后，尤其是1919年五四运动前后，中国思想界十分活跃，涌现出许多较有影响的杂志，有《星期评论》《每周评论》《解放与改造》《新潮》等。这些刊物介绍了各种社会思想。当时有一种潮流，认为凡是有新思想就是好的，因此不管哪个学派的思想都被介绍进来。与此同时，该时期的报刊提倡讨论社会问题，这种讨论无疑推动了社会思想的发展。

但在此期间研习社会学的学者甚少，中国学者所撰写的社会学著作就更少了。早在1889年，美国一位神学博士司密斯（A. H. Smith）曾写过一本题为《中国乡村生活》的书，书中研究了中国乡村和乡村家庭生活，其中有一章的标题为“基督教可以为中国做些什么？”这说明了该书的目的和动机。此书标明是社会学研究著作，也是用社会学观点研究中国社会的第一本书。在最早由中国人写的社会学著作中，值得一提的是1915年陶孟和与梁宇皋合著的英文本《中国乡村与城市生活》及1918年陈长蘅著《中国人口论》。《中国乡村与城市生活》一书被当作英国伦敦经济政治学院《经济政治研究丛书》中的《社会学专刊》第四种出版，它是中国人用社会学观点研究中国社会生活最早的一部著作。陈长蘅的《中国人口论》，是中国人论及中国人口问题最早的一部书。陈长蘅是中国著名经济学家，他在哈佛留学时对社会学就有较深研究，书中引用了许多社会学家如季廷史、华特、斯宾塞、霍布豪斯等人的言论。他认为，人口问题关系中国的生计问题。他在自序中说：“今日我国生计问题之应解决者多矣，而人口问题，乃为根本之一。是书之作，欲与国人商榷人口滋生之道，必婚姻以时，养育有度，然后全国人民有衣有食，有养有教，室家富厚，文化长兴，全群嬗进，弗替弗衰。”他主张采取“自然节育法”节制生育。在书的最后一章，他列举了世界进化的四种趋势：（1）国家主义之流行；（2）强种方法之讲求；（3）养成伦理的室家；（4）发达个人的能力。同时指出这四点就是中国图强的指针。该书是用统计图表讨论社会问题的第一本书。统计表能使人一目了然。蔡元培先生在序中说：“多列各种比较表及各国婚姻律也，吾国号为文章国，读书者恒斤斤于文辞之工拙，而理论之精确与否，转非所注意。今如所列各表，各国生率之比较，生率与死亡率之比例等，均使人一览了然而悟过庶之不足恃。且观于各国婚姻率之大同，而悟极端放任之流弊矣。”该书是早期研究人口问题的重要著作。

初期介绍到中国来的社会学，大都重视社会进化的理论，这与中国社会需要变革有关，也是因为受了严复介绍斯宾塞和季廷史学说的影响。

1915年，商务印书馆印行闽侯萨端译述的《社会进化论》，这是日本人贺长雄所著《社会进化论》的译本。该书对什么是社会学和社会学的研究对象有明确的论述：“解释社会进化之理学，是谓社会学。”“今日所谓社会学者，人间社会之现象也。一般人类，相聚而成部落，进而为国民，皆可指为人间社会。人间社会之现象，有真理存其中。剖析真理而穷之，此所以有社会学也。”还对社会进化的过程做了系统的说明：“欲明社会普遍之现象，须先察社会未发之初，其情状如何？由小社会进而为大社会，其趋势如何？大社会既立，则有政体、宗教、仪式、亲族、殖产、交易等事。而政体之中，有王侯、官吏、议员、地方制度、司法裁判、武备、财产、赋税之制；……国家内部之编制，既如是之备，而时势之盛衰又日变不穷；部落时代，一变为君主专制之世，一变为战国扰乱之世，一变为教权一统之世，一变为革命时代，一变为法律统一时代，及其结局，遂进为道理一统之世。夫社会发生之后，苟中途消灭，斯亦已矣。如其不然，则变迁之顺序，势必如上所云，其变迁之全体，是谓社会之进化，此研究社会学者所为从事解释也。”

1917年，严恩椿根据欧美著作编纂而成的《家庭进化论》一书出版。这是一部很好的社会学著作，书中论述了中国家庭的优点和缺点。如中国家庭的优点是：“即以孝一端而论，已可为凡百道德信条之根据。盖孝不特尽礼于父母，以之事君则忠，以之立身则敬，以之接物则诚，以之待人则爱，尊贤养老，爱国仁民，悉肇原于亲亲，故为百善之首也。”“不宁惟是，我国祭祀则有宗祐，公产则有义庄，设家谱以辨别亲疏，置家法以惩治不肖，上自翁婆伯叔，下至妯娌姑嫂，凡事皆遵礼节，故牵一支则全族动摇，损一人则全家被累，虽时隔百年，地去万里，而族人仍有血系之可寻，其制度之完备，阶级之分明，万非欧西所可比拟。”中国家庭的缺点如祭祖、同居、早婚、婚姻不自主、立长与重后系、守节等，归纳为三：“一曰不适于今日之时势也，二曰束缚家人之自由也，三曰阻止社会之进步也。”严恩椿羡慕西方的家庭，他认为新的家庭组织的要点有三：（1）分居，新家庭限于夫妇子女之二代；（2）婚制，婚姻成立于男女之情爱，两方面均有自由选择之权；（3）财产，新家庭之中，财产属诸家庭。该书反映了五四运动前后中国人的婚姻家庭观的变化。

三、传入时期的特点

如前所述，社会学传入中国主要是适应了中国社会本身的需要。在帝国主义入侵、封建统治腐败、国家危亡的形势下，中国社会需要更新，中国社会思想需要更新。在西学东渐的过程中，中国知识界从西方社会学中吸取养料，吸收了社会进化论、社会有机论、平衡论以及同类意识等学术观点，为中国维新运动提供了理论依据，在中国传统思想向近代文化转变时期注入了西方社会学思想的新内容，形成了初期的历史社会学或哲学社会学。

第二章 实证社会学的调查研究

（20世纪20年代）

第一节 社会学传播时期概况

1919年爆发的五四运动，对中国社会产生了巨大的影响，也有力地推动了社会学在中国的传播。这个传播时期为1919年至1929年。

一、主要教学机构

20世纪20年代末中国留学生陆续回国，国内许多大学利用这一条件，纷纷成立社会学系，扩充社会学课程，培养中国的社会学人才。据社会学家许仕廉统计，1927年60所大学中开设社会学课程308种，多设社会理论、社会问题等课程。1921年厦门大学设立历史社会学系，由徐声金主持，是国人办系之始。1922年燕京大学设社会学系，由美国学者步济时（J. S. Burgess）任系主任，1926年中国社会学家许仕廉接任。1917年清华学校开设社会学课，1925年成立社会学系，由陈达任系主任。1921年复旦大学开设社会学课，1925年设社会学系。1927年中央大学设社会学系，1929年由孙本文任系主任，等等。值得注意的是，20世纪20年代末社会学课程和社会学系的工作主要由中国学者主持，中国教师肩负起了培养新一代社会学人才的责任。

二、重要学术团体与刊物

中国最早的社会学学术团体是1922年由余天休发起成立的“中国社会学会”，会刊为《社会学杂志》。1927年，燕京大学社会学系主任许仕廉主持创办《社会学界》。1928年为联络东南的社会学者，由孙本文、吴泽霖、吴景超等发起成立“东南社会学会”，并出版《社会学刊》。

三、社会调查的兴起

20世纪20年代初，社会学者在中国开始进行小规模的社会调查，如沪江大学对广东凤凰村的调查及对沈家行的实况调查，李景汉对北京人力车夫生活费的调查等。初期的调查多侧重于对农民、工人生活费用的调查。

随着社会学教学科研队伍的形成，全国性的调查研究机构逐步成立，大规模的社会调查相继展开。主要的调查研究机构有社会调查所及中央研究院社会科学研究所。

社会调查所的前身是1926年成立的中华教育文化基金董事会社会调查部，1929年更名为社会调查所，所长为陶孟和。该所做了大量的调查研究，尤其注重调查农业经济、劳动问题和人口问题，从手工工业到现代工厂，都在调查范围内。该所调查研究成果颇多，其中篇幅最大、材料较丰富的是《中国劳动年鉴》，研究方法上贡献较大的是李景汉的《北平郊外之乡村家庭》、陶孟和的《北平生活费之分析》、杨西孟的《北平生活费指数》。中央研究院社会科学研究所社会学组由陈翰笙、王际昌主持，对农村和都市的工厂进行了调查。陈翰笙于1929–1934年对江苏、河南、山东、安徽、广东等省进行了3次大规模的农村调查。

这一时期的调查注重经济因素，侧重了解工农阶级的生活，以及由于社会的变迁而出现的社会问题。与前期不同的是，社会调查研究有专门的机构，调查由中国社会学工作者主持，规模和范围也比较大，强调实地调查与统计相结合，并以认识中国社会状况为目的。

四、传播时期的特点

在20世纪20年代，中国社会学的教学和科研队伍逐步形成，成立了独立的教学科研机构和学术团体，为社会学的学科建设和人才培养奠定了基础，社会学在中国逐步传播开来。同时，中国社会学者将社会学的理论和方法与中国的社会实际结合起来，对中国社会进行了调查研究，社会学向实证研究的方向发展。

第二节
陶孟和、李景汉、杨开道等人的实地调查

一、陶孟和的《北平生活费之分析》（1928）

《北平生活费之分析》是陶孟和于1926年到1927年间，采用家庭记账法，对北京48家手工业工人的家庭生活费进行了6个月的调查，对12家小学教员的家庭生活费进行了1个月的调查后写成的。采用日用账簿法进行调查在当时还是个创举，此书是在国内采用记账法，调查工人家庭生活费的第一本书。之后在各地对生活费的调查，大都采用此方法，因此其在方法上有所贡献。

陶孟和在书的序言中说明了调查的目的："当民国十五年（1926）七月，社会调查部初成立时，所进行之研究为北平手工业家庭。后以此项研究系用访问法，深恐所询问之生活情形，未能深切，乃选家庭若干试用记账法，以求获得关于手工业家庭生活程度精确之知识。"该书内容包括：绪论，调查之范围与步骤，名词解释，工人家庭之普通情形，收入与支出，食品消费，住宅、家具与衣服，人力车夫，小学教员。下面就其调查中的几个问题做些分析。

（一）调查反映了北平大部分人家的生活状况

陶孟和调查的60个家庭有一定的代表性。按民国十五年（1926）十二月前北京警察厅的调查，北京住户按贫富可分为五类，如表2.1所示：

表2.1　北京贫富家庭分布

种类	城内	城外	总数
极贫户	24037	18946	42983
次贫户	9730	13890	23620
下户	92394	28043	120437

（续表）

种类	城内	城外	总数
中户	37559	19433	56992
上户	6618	3732	10350
总数	170338	84044	254382

其中所谓极贫户，指毫无生活之资者；次贫户，指收入极少、不赖赈济则不足以维持最低生活者；下户，指收入仅足以维持每日生活者。陶孟和对48户家庭手工业家庭进行调查的结果是，收支相抵而有盈余者27家，入不敷出者21家，有五分之三的家庭居次贫户之上，也就是说有20–28家属于下户一类，其余皆属次贫户一类。故48家的生活状况，实可以代表北京近乎贫穷的工人阶级的生活，其经济状况随环境而变迁，有时仅能维持最低生活，有时则须依赖各种赈济。此类贫民实际占北京住户的大部分，不仅包括半技能与无技能的工人，如手艺工人、小贩、人力车夫，亦包括下级警察、仆役和小店铺伙计。这48家中，有汉人25家，满人12家，回民11家，可见不论其属何种民族，其生活状况大致相同。因此，这48家生活状况调查，实可反映出北京贫穷的工人阶级生活之一斑。

对12家小学教员家庭的调查，不仅可以反映一部分小学教员的情况，亦可反映广大的小职员如书记、录事、警官、银行公司的职员等的情况，他们每月的收入与小学教员相差无几，平均约合40元，就经济收入而言，他们可属同一阶级。对于工资较高的工人，如汽车司机、机械工人及电气工人等，也可认为同属此一阶级。因此小学教员的生活状况，是足以反映北京一部分下户及大部分中户家庭的生活状况的。

（二）手工业工人家庭结构

陶孟和的48户手工业家庭调查的内容包括家庭结构、年龄、性别比例、家庭职业、收支情况与衣、食、住情况。48户家中有四五口者为最多，约占总户数的五分之三，家庭人口在7人以上者仅两家，家庭的成员多为夫妻二人及其子女。工人家庭与现代小家庭结构相符，新式小家庭常见于城市及贫民阶级。陶孟和认为，中国旧式家庭制度已渐见崩析，并因社会及经济状况之变化而加速崩溃，完全消灭已为时不远。

在家庭各种职业中，男子以从事人力车夫者最多，计占男子工人半数以上。女子则有五分之四从事缝袜口、做假花、纺毛线及做衣服等。北京家庭工业的工作多由女工担任，其报酬极微，很难供给一家的最低生活费。因此男子要养家糊口必另寻职业，而最易谋得的职业唯有拉车，既不需资本，又不要练习，因此多操此业。据估计，民国十六年（1927）一月时，北京共有人力车夫4.5万人。民国十六年十一月，陶孟和的调查表明北京有泥瓦匠2万人，木匠1.2万人。在工人中人力车夫为最多，人力车夫是北京劳工的代表。据陶孟和调查，人力车夫在6个月内的工作日为172–181天，因为生活所迫，他们几乎无休息日。

（三）手工业工人家庭消费构成

48户手工业家庭的收入每月平均17元，其中90%为工资收入，在工资收入中以丈夫的收入居多，妻子的工资仅占家庭收入的一小部分。48家支出情况表明，他们的生活异常困苦，日常生活的必需品如食品、衣服、房屋及燃料、灯水等费，约占总支出的97%，而食品费一项，则占70%以上。除供给最低生活需要外，已无余资，更谈不上教育、娱乐、社交等。陶孟和把北京手工业工人的生活费与英国、法国、美国、德国、比利时等国同类手工业工人的生活费相对比，结果表明前者远远低于后者。

食品是家庭费用中最主要的一项，陶孟和将食品费分两项研究：（1）各项食品之消费量与费用；（2）食品的营养价值。中国人的饮食分米、面、肉、蔬菜及调料四类。在48户手工业家庭中，米面类消费最多的是玉米面、小米面、荞麦及高粱，蔬菜中多购白菜、菠菜、豆腐、腌萝卜及葱蒜、辣椒等刺激性的食品。调味品中的食盐，由于重税也成为贫民家庭的奢侈品。肉价昂贵，贫民家消费甚少，水果、糕点更是偶见。从家庭食品消费的构成可以看出工人生活的贫困：（1）饮食费用于米面类最多，占全部费用的80%，蔬菜占9%，调味品占6%–7%，鱼肉及其他禽类食品仅占3. 3%；（2）由于肉食等精制品极少，只可以咸辣等富有刺激性食物为佐食之资；（3）食水果甚少；（4）无享受牛奶及其副产品的能力。北京工人家庭的食品消费，就其营养价值而言，有下列几个特点：（1）碳水化合物的数量较标准膳食所需要的多；（2）蛋白质及脂肪皆较标准膳食所需要的少，尤其脂肪质更少；（3）少量的蛋白质来源，多为米面类食品；（4）每个成年人平均每日从食品中所得的热量，亦比公认标准3000卡路里低。

房租为北京家庭重要费用之一。在48户中除两家有特殊情况外，每家只住一间平均约20平方米的房间，其中有37家房顶破漏，有41家房屋无顶棚。在当时的上海、天津等大都市里，住房的情况比北京还恶劣。

在48家的人口中，约有半数人有单衣3件、夹衣1件、棉衣2件，其他半数人所有衣服少于此数。这说明：（1）各家衣服少得可怜，仅有四分之一的人有富余单衣可供换洗；（2）一般人都无夹衣，他们是脱了单衣穿棉衣；（3）穿棉衣时，多无衬衣。

（四）工人家庭与小学教员家庭之比较

12户小学教员中，有4口之家的占三分之一，多与父母同住。教员家每月平均收入56. 39元。教员家庭的妇女除料理家务外均无职业，因此教员的收入即全家的收入。小学教员家庭的食品消费中，米面占总收入的61. 2%，蔬菜占11. 1%，调料占9.9%，肉类占11. 9%，零食占6%。与工人家庭相比，教员家庭的食品有三点不同：（1）教员家庭的佐膳食品比工人家庭多；（2）教员家庭以白面大米为主要食品，工人家庭则以玉米面、小米面为生；（3）教员的膳食中有较大量的鱼肉食品；教员平均每家有3间住房。这些皆较工人家庭优越。

在《北平生活费之分析》一书中，陶孟和只是客观地反映调查结果，而没作什么理论分析，其结论更是含混而矛盾的。他说："中国膳食为数千年来中华民族适应环境之结果，历代人民均赖以生存，似不可认为绝对不敷用。中国人民多有患营养不足者，吾人诚不能否认。但吾人敢信简单之菜蔬膳食，已足供中国人体质上之需要。中国人之食品问题，实为一经济问题。夫以中国之贫穷，购买力之薄弱，膳食中必须有牛乳肉类，不仅为贫民所难，即中产阶级亦认为奢侈品也。""我中国人民，感物质之贫乏，陷于贫困之生活。今欲脱离此困难之环境，惟有努力获得近代西洋人之物质文明，徐图改进耳。"

尽管如此，陶孟和的《北平生活费之分析》还是有贡献的。首先，正如该书序言所说，"试用记账法，以求获得关于手工业家庭生活程度精确之知识"。调查利用工人家庭之日用账簿确属创举，能使调查精确和科学化，之后，在各地进行的生活费调查，大都采用此方法，这是在调查方法上的贡献。其次，对手工业家庭和小学教员的生活调查是有代表性的，调查客观精确地反映出当时工人生活的贫穷程度和中等阶级的生活状况，反映了当时社会中占大多数的两个阶层的生活状况。再次，调查采取了对比的方法，将贫穷的工人和中等阶层的生活作比较，并与国外工人的生活作比较，从而更清楚地反映出当时社会的生活状况。最后，提供了调查的经验。该书绪论指出：中国的记账习惯，普遍仅限于收支钱数之多寡，而不及购买物品之数量，若生活费之调查，为精确起见，则当二者兼重；调查员每日至各家调查，不但须坚韧持久，而且须机敏谨慎，详细记录各家各项收支；在获有得力调查员与适用的账簿之后，如想使调查进展得更为顺利，还需被调查的家庭愿意招待调查员。而调查员如欲获得被调查家庭的信任，则必须详细解释调查的性质，使其了解调查的意义；调查员的选择，不仅需注意个人的能力如何，还需看工作性质如何。不同性别的调查员，往往适合于性质不同的工作。至于大规模的生计调查，唯有中央或地方政府机关才能承担，而非研究机关所能独立担任。陶孟和所谈的这些调查经验，至今仍有借鉴意义。

二、李景汉的《北平郊外之乡村家庭》调查

李景汉（1894–1986），中国著名社会学家，北京通州人。1917年留学美国主修社会学，先后获珀玛拿大学学士学位和加利福尼亚大学硕士学位，并在哥伦比亚大学从事研究工作。1924年回国。1926年任中华教育文化基金董事会社会调查部主任，并任燕京大学社会学系课程。1928年到定县，任中华平民教育促进会定县实验区社会调查部主任、河北省县政建设研究院调查部主任，主持定县实验区的社会调查工作。1944年任清华大学社会学系教授、西南联大教授及清华大学国情普查研究所调查组主任等职。1944–1947年清华派他到美国国情普查局进修，并参加人口研究活动。1947–1949年在联合国粮农组织统计专家室工作，兼任东南亚数国农业普查顾问。1949年任辅仁大学社会学系主任，并在北京大学兼课。他对中国社会实地调查、生计调查及农村社会学、人口研究颇有贡献。主要著作有：《北平郊外之乡村家庭》（1929）、《定县社会概况调查》（1933）、《实地社会调查方法》（1933）、《定县土地调查》（1936）、《社会调查》（1944）、《中国农村问题》（1937）等。

下面主要介绍他的北平郊外乡村家庭调查。社会调查所成立前后，除派员实地调查社会情况外，亦与其他从事社会研究的机关合作，协力倡导社会调查，并指导大学高年级学生对社会状况进行调查研究。1926年，燕京大学社

会学系增设社会调查方法课，请当时在中华教育文化基金董事会社会调查部工作的李景汉授课，该班有学生15人。李景汉先是指导学生对燕京大学附近的人力车夫作调查练习。全班对实地调查很热心，又进行了规模稍大的黑山扈村调查。黑山扈村21户的调查成果甚佳。1927年，燕京大学社会学系增设社会研究方法一门，仍请李景汉授课，并选择学校附近的挂甲屯作为实地调查点，从3月到5月的三个月中，在挂甲屯共调查了100个家庭。同时，李景汉还指导燕京大学社会学系研究生1人对黑山扈调查进行复查，并对黑山扈村附近的马连洼村30家与东村15家进行调查，到6月底共调查了45家。参加调查的学生有严景耀、张世文等11人。陶孟和对调查随时予以指导，陈文进、李如山、林颂河、杨锡茂、王树勋、金玉矗等人也给予了帮助。李景汉将调查结果写成《北平郊外之乡村家庭》一书，于1929年由商务印书馆印行。

《北平郊外之乡村家庭》按调查村庄的性质分为两部分。第一部分是对挂甲屯100家的社会经济调查。挂甲屯村距京较近，该村人的生活与北京城关居民的生活差不多。村里人的职业为各种工匠、车夫、仆役及政府机关的差事，有少数以种地为生。第二部分是对黑山扈村、马连洼村和东村64家的社会经济调查。这3个村靠近西山，村里人主要以种地为生，或在山间打石为生，过的是农村生活。两部分调查的主要内容基本相似，但又略有不同。黑山扈村调查的内容主要有四个方面，一是人口与家庭，包括住户的来源、种族的分布、家庭的大小与亲属关系、人口的年龄与性别以及结婚的年龄；二是家庭的收入，包括工资及营业收入、其他收入、借贷与当物；三是家庭的生活状况与支出，包括食品、住房、衣服、燃料、杂项；四是村民其他状况，包括健康与卫生、教育与知识、风俗与习惯。第二部分调查的内容，一是人口与家庭，如居民的种族与来源、家庭的大小与亲属关系、人口的年龄与性别、结婚的年龄、教育与知识等；二是家庭的产业与收入，包括田户、房屋、其他产业、职业与收入、借贷与典当等；三是家庭的生活状况与支出，包括食品、住房、衣服与燃料、杂费等。全书附有调查表100个。

李景汉指导学生在4个村内共计调查了160多个家庭，向每个家庭提出问题约100个。李景汉还将调查结果与国内其他有关农村调查或国外调查的结果作了比较研究。在当时中国对群众生活实情缺乏调查的情况下，该书是有参考价值的。该书是我国最早关于家庭调查的报告，它成为以后人们进行家庭调查的蓝本，在方法上贡献很大。

三、清河镇实验区

值得一提的是，1928年，在农村社会学家杨开道和许仕廉主持下，燕京大学社会学系组织学生在清河镇进行的调查。为了试验乡村建设和组织学生实习，他们于1930年在清河镇正式建立“实验区”，“实验区”由张鸿钧负责。在燕大师生对清河镇的人口动态、家庭、集市、村镇组织等进行调查的基础上，1930年，该校社会学系出版了许仕廉写的英文本《清河镇社会调查》（“Ching Ho: A Sociological Analysis”，有的译作《清河：一个社会学的分析》）。此书是我国的第一部市镇调查报告，此后还写出了其他一系列清河镇调查报告。

北方的调查，还有晏阳初、李景汉主持的定县中华平民教育促进会调查部与多人协力的定县调查，李景汉根据调查编写了《定县社会概况调查》。同时，南方各地也开展了一些社会调查，对此，后文在讨论陈翰笙的调查成就时将加以描述。

第三章 20世纪20年代唯物史观社会学

第一节 李大钊与社会学

李大钊，字守常（1889–1927），河北省乐亭县大黑坨村人。1907年入天津北洋法政专门学校。1913年就读于东京早稻田大学，参加留日学生总会的爱国斗争，开始接触社会主义思想和马克思主义学说。1916年回国后，积极参与正在兴起的新文化运动。1917年俄国十月社会主义革命的胜利，使他逐步明确站到马克思主义立场上，成为中国最早的马克思主义者和共产主义者，热情宣传俄国革命和马克思主义。1918年任北京大学图书馆主任，后兼任经济学教授，加入《新青年》编辑部。该年年底与陈独秀创办《每周评论》，次年主编《晨报副刊》。1919年领导了反帝反封建的五四爱国运动。1920年发起组织马克思学说研究会和共产主义小组。1921年代表中国共产党中央指导北方的工作。历任党的二、三、四大中央委员。他为国共两党合作作出了贡献，为党培养输送了大批干部，领导了工人运动和农民运动。1927年英勇牺牲。

李大钊是位思想家、政治家、哲学家，同时也是社会学家。他把马克思主义与社会学的理论有机地结合在一起，用以认识中国社会、社会问题，从而提出改造中国社会的方法。他最早指出唯物史观法则与阶级竞争法则对社会学的贡献。他的有关社会学的文章有：《动的生活与静的生活》（1917）、《调和之法则》（1918）、《东西文明根本之异点》（1918）、《阶级竞争与互助》（1919）、《再论问题与主义》（1919）、《少年中国的“少年运动"》(1919)、《我的马克思主义观》(1919)、《物质变动与道德变动》(1919)、《由经济上解释中国近代思想变动的原因》(1920)、《由纵的组织向横的组织》(1920)、《史观》(1920)、《马克思的历史哲学与理恺尔的历史哲学》(1920)、《唯物史观在现代史学上的价值》(1920)、《唯物史观在现代社会学上的价值》(1920)、《社会主义与社会运动》(1920)、《自由与秩序》(1921)、《论自杀》(1922)、《社会问题与政治》(1922)、《史学要论》(1924)等。

一、李大钊的文明观

李大钊学识渊博,精通中外社会哲学思想、政治、历史、文学、宗教等,并密切关注和研究中外的社会现实问题。同时,在20世纪初中国新文化运动中,他提出了自成一体的文明观。他的文明观体系为如何对待中国传统文明和西方文明指出了正确的方向。他对东方文明既不是全盘否定,对西方文明也不是全盘照搬。他指出,中国要在东西文明调和的基础上产生出一种新的文明。重温他的文明观对我们现今如何正确对待中国传统文化和西方文化是会大有启迪的;他运用当时的社会学理论分析东西方的文明,尽管有其不完善之处,但对我们思考现时的世界文明文化融合仍然大有助益。

(一)东西方文明的差异

李大钊明确指出,东西方文明的完全不同的特质是动的与静的差异:东方文明的特质全是静的,西方文明的特质全为动的。文明与生活是互为因果关系的,唯有动的文明,才会有动的生活;唯有静的生活,所以有静的文明。东方的生活为静的生活,西方的生活为动的生活。文明贯穿于生活的一切方面。

李大钊认为,东西方文明与生活的差异的成因很复杂,其中最重要的成因是东西方民族的祖先生活的条件不同,而生活条件的不同又基于自然的影响。东方得太阳恩惠多,受自然的赐予厚,因此其文明是与自然和解、与同类和解的文明。西方得太阳的恩惠少,受自然的赐予少,因此,西方的文明是与自然奋斗、与同类奋斗的文明,这样就形成了东西方文明的差异:一为自然的,一为人为的;一为安息的,一为战争的;一为消极的,一为积极的;一为依赖的,一为独立的;一为苟安的,一为突进的;一为因袭的,一为创造的;一为保守的,一为进步的;一为直觉的,一为理智的;一为空想的,一为体验的;

一为艺术的，一为科学的；一为精神的，一为物质的；一为灵的，一为肉的；一为向天的，一为立地的；一为自然支配人间的，一为人间征服自然的。

由于自然物产丰富，东方民族的生计以农业为主。务农有利于固定。由于居处的固定以及血缘家族的繁衍，东方民族家族主义盛行。又由于生活固定，女子比男子多，形成了一夫多妻和尊男贱女的习俗。以农业为主的民族善于培育种植植物，因此东方人的食物以吃粮和蔬菜为主，以肉为辅。东方人的衣服宽幅博袖，他们脚上穿的是缎鞋木屐，出行乘的是帆船、骡车、人力车，写字用毛笔砚台，在柔纸上写的是直行正楷。东方人讲卫生，在屋内静坐。总之，东方人的日常生活以静为本位，以动为例外。西方人的日常生活以动为本位，以静为例外。西方民族的生计以工商业为主。营商利于流通，由于移住多处，故其家族简单，因此产生了个人主义。流转则男多于女，故西方实行一夫一妻制，并且尊重女性。西方民族以商业为主，好畜养动物，故西方人的食物以肉为主，以粮食蔬菜为辅。西方人衣服短幅窄袖，鞋则皮鞋，乘轮船、马车、自行车、火车、电车、摩托车。西方人写字用铅笔或钢笔，横行草书于硬纸上。西方人讲究体育，在旷野运动。总之，东西方生活的不同表现在许多方面，乃至饮食、居处、车马、衣服等无不具动静之别。

李大钊说，自然条件和经济生活的不同，使东西方的思想也形成了静与动的差异。东方人持厌世主义，以为无论何物都无竞争的价值，个性的存在不甚重要。正因为相信个性的存在不甚重要，所以事事听天由命，形成定命主义。东方的哲学是求凉的哲学，求凉者必静。东方的圣人是跳出生活，是由人间走向实在，而要化人间为实在者，即是从人间走向理想世界。东方的宗教是解脱的宗教，东方教主告诫众生从生活解脱，其教义以清净寂灭为人生的真谛，寺院中的偶像，神龛前的柳树，池中的水，都沉沉无声，是寂灭的象征。而西方人则凡事持乐天主义精神，通过追求利益而向上进化发展，确信人道能有进步，把前进奋斗当作首要任务。正因为确信人道能有进步，西方人凡事本着自力去创造，从而形成创化主义。西方哲学求温，求温者必动。西方的圣人是杀向生活，是由实在走向人间，要化实在为人间者，即是要从理想世界走向现实人间。西方的宗教是生活的宗教，其教主在生活中具有活泼的生命，他在众生中央，启示人们发现新生命、创造新生命；其教义以永生在天、灵魂不灭为人生的真谛，教堂中的福音和祈祷，都是帮助人奋斗的。

再看东西方的政治。东方人向往英雄，其结果是趋于专制政治，天子是世袭的，百姓要对君忠顺，一个人的意思遏制众人的愿望，政治显得毫无生机。东方人求治，在政治上是静止的，维持现状，形成一种死秩序，稍有活动则认为是捣乱。东方制定的宪法，多取刚性，给偶像以权威，并希望是一成不变的。而西方以国民为重，倾向于自由，其结果为民主政治，国家元首随民意更迭。西方人求治，在政治上是活泼的，形成一种活秩序，稍有沉滞则摧之以革命。西方制定宪法多取柔性，留有调和的余地，使法度可随时合乎理性。东方社会重视等级，西方社会则以平等为贵。

东西方的文化也不同。东方民族与自然融合，人听天命，形成宿命观，并以遵从天命为道德，视自然为强权。东方人通过使精神的要求服从自然来寻求其安心的境地，因此，对自然不加解剖，不加分析，而只是观察其本体而已。李大钊指出，在东方人的思想中，慈、仁、爱是一切道德之首。儒家修养的最终目标是符合天命、天理，佛教的最终目的是达到涅槃境界，这些都是要成就大我、无我的哲学。东方打破个人主义与人间本位的价值哲学，老庄荆楚学派更为彻底。正因为得大自在的哲学使人不为现实生活的成败而烦恼，所以东方人安于现状，甚至产生了老庄解脱哲学。

希腊受地理的影响，信奉极端个人主义，以智慧、勇气、正义、节制为四德。希腊人的这种个人主义，再加上希腊教灵魂不灭的教义，形成了保存个性价值的哲学。因此，为求精神的自由，西方的文化追求全力利用自然和征服自然，把自然看作自我发展的凭基，而不是产生自我的嫡母。他们认为，通过分析自然构成的要素与各要素结合的法则，人类可以再建自然。科学文明就是在这种主张自我克服自然的文化中产生的。在与自然奋战的过程中，西方人养成一种强烈的生活意志，养成自我观念。以人为中心的思想，构成了一种价值哲学，即以利于自己为标准估量一切价值。不仅现世以自己为中心，即使对来世，也主张保存个性价值。西方人埋头于制伏自然，而缺乏对人的内心世界的反省，产生精神生活的空虚。

（二）东西方文明融合的必要性

李大钊认为，宇宙间的高尚品性和美满境遇，都是由异样殊态相调和相配因而产生的。人人喜欢的美味之所以成为美味，就因为它们是苦辛酸甜咸调和而成的东西。人人爱听的优美音乐之所以动听，就因为它们是由宫商角徵羽各种声乐调和而出。美丽的色彩人们都乐意观看，但美丽的色彩之所以美，同样因为它们皆是由青黄赤白黑调和后显示出来的。美满的姻缘是人们所追求的，然而要知道，最美满的姻缘，是由男女两性协调成就的。饮食、男女如此，宇宙现象一切都是如此。李大钊概括地说道，美是调和之子，而调和是美之母，因此，爱美者当先爱调和。

李大钊认为，不但在宇宙间如此，在生物界和无生物界也如此。如人体一切重要器官的功能，都有两种相反的神经交相作用。例如心脏既有加速的神经纤维以促使其运动，又有抑制的神经纤维以推迟其运动，这两种神经交互作用以适应体质的需要，使其有规律地活动。又如两肱肌一张一弛交互作用产生运动。全身的肌肉也是如此，有一种肌肉导向左边，就有一种肌肉导向右边，以使其保持平衡。生理如此，心理也是如此，有苦就有乐，有本分就有欲望。无生物界大至星球天体，小到一粒微尘，都有吸引力和抗拒力交互作用，以保持其存在的位置。

李大钊认为，人类社会也有两种倾向，由相反而实相成的力量推进。以年龄论有青年与老年，以精神论有进步与保守，以思想论有社会主义则有个人主义，有传袭主义即有实验主义。社会的演进是二力鼓荡的结果，二力同时活动，使社会有秩序地进步。

李大钊确信，东西文明的关系也是这样，东西文明既有差异又要融合，只有静动融合才能实现世界的大进步。

他说，东西民族因文明的不同，往往夹杂着种族的偏见，平心而论，东西文明互有长短。人类社会的大变化，全赖有二种之世界观鼓驭而前，即静的与动的，保守的与进步的。东西文明实为世界进步的二大机轴，缺一不可。而这两大文明又必须时时调和，时时融合，以创造新生命，这样，世界进化就会没有止境。总之，欧罗巴的文化与亚细亚的文化相互补救乃至融合都是有必要的。为了自己的精神自由，人类一方面要努力制伏和改造环境，另一方面也要注意，征服与改造环境要有一定的限制，要努力提升自己精神的修养。如果单是改造制伏自然，而不努力于自己的精神修养，人类就会成为一种劳动的机器；而仅仅努力于自己的精神修养，不努力制伏改造自然，则也不能自立于生存竞争的战场。必须两者融合，真正的人间生活才能生辉。

李大钊指出，东方文明既衰退于静止之中，而西洋文明又疲命于物质之下，为救世界的危机，非有第三种新的文明崛起不可，否则不能度此危机。这种新的文明必须在东西文明调和的基础上产生。东西文明的真正调和，必须以两种文明本身的觉醒为前提，否则不会成功。而其本身的觉醒就是，东方文明要竭力打破其静的世界观，以容纳西方的动的世界观，西方文明则要适当抑制其物质的生活，以容纳东方的精神生活。

李大钊看到，今日西方的动的生活已侵入东方静的生活，东方的静的文明、精神的生活已处于屈败之势。然而，西方的动的文明，物质的生活，虽就其自身的重累而言，也有趋于自杀的倾向，须要东方文明救济，但仍然居于优越之势。西方文明对东方文明的摧拉之势，动的文明和物质的生活的潮流，殆不可遏。东方刚刚开始醒悟到以逸待劳的失策，以静制动的不可能，因此而谋求变法维新，不惜抛弃其从来的一切静的文明，迎接西方的一切动的文明。但要一下子就革除数千年习惯自然的静的生活，这是不可能的事。于是矛盾的生活现象随处即是，在空间、时间、精神与物质等方面，均有气竭声嘶、目不暇接之势。其原因就是，西方人的生活以动为原则，以静为例外，西方人适应动的生活的能力绰绰有余；而东方以静为原则，以动为例外，对于动的文明和物质的生活不适应，而感到应接不暇，因此发生许多扞格不入的社会现象。

李大钊看到，如何对待东西文明冲突所产生的矛盾，是东西文明融合过程中必须解决的问题。产生矛盾是不可避免的，但不能因碰到矛盾，就不将静止的精神根本扫荡，或将物质的生活一概屏绝，否则，长期拖延，在矛盾现象中生活，其结果必等于自杀。但也不能以守静的态度、观念来驾驭动的生活，否则，从人身到国家与制度都将归于毁灭，而世间最恐怖的事则莫过于此。要解决这些矛盾，万不能把物质的生活屏绝不用，相反，必须以彻底的觉悟，将从来的静止的观念、怠惰的态度根本扫荡，而与西方的动的世界观相接近，与物质生活相适应。对于“东方静的世界观，若不加以最大之努力，使之与动的世界观接近，则其采用种种动的新制度、新服器，必至怪象百出，不见其利，只见其害。然此非可轻易能奏功效者，亦属事实”。[①]当然，在动的生活中，改易一新观念、创造一新生活比较容易；而在静的生活中，要根本改变其世界观，适应于动的生活，难度很大，因此要以坚强的毅力去努力，使东西方文明

① 李大钊：“东西文明根本之异点”（1918），载《李大钊文集》（上），人民出版社，1984年，第567页。

相融合。李大钊认为，达到调和当然是宝贵和可爱的，但实现调和之道则是不易得的。而且，调和之说的初旨本来是很可贵的，但如果思之不慎，辨之不明，则误解相承，十之八九会形成毫厘之谬、相去日遥的局面，结果是真正合理的调和没有取得显著的成功，而虚伪敷衍的调和却已肆行其祸，从而使调和完全失去其真正的本质，得到的是相反的结果。所以古人最恨以紫夺朱，以莠害苗，以郑声乱雅乐。

（三）调和的法则

李大钊指出，要达到东西文明真正合理的调和，就要遵守调和的法则。李大钊认为，调和的法则主要有四个。

第一，真正调和的目的，虽然开始时是两让，最终实际上是确保两方共存。但一般人一说调和，就要损害、禁止竞争，而一说竞争，就要妨碍调和。这样做将使社会进化的机能和活泼的组织全部丧失，而沦于颓废并养成腐化性。斯宾塞的天演论说明调和是人事演进的现象，是歧力相剂的结果。只有弱腐的民族才避难就易，习惯于以往的安定常态。对于东西方来说，其生活的不同，文明的各异，使其传统的道德亦相悬殊。西方生活的自然法则，在于保存自我；而东方生活的自然法则，则在于牺牲自我，东西方调和的目的，是他我两存。对于西方人来说，调和既为自我而努力，同时也不牺牲他人；对于东方人来说，调和既不牺牲他人，也要先谋保存其自我。如果误解调和之义，则既牺牲他人，而又暗合牺牲自我的心理，结果就会帮助强有力者对权利、人格、财产、生命、真理、正义的信仰的控制。如果没有不可以牺牲的，就会助长强者对上述一切的控制，形成专制势力。这是伪调和之说。李大钊所说的调和，是两存的调和，是排斥自毁的调和。他说，我们肯定的是竞立的调和，否认的是牺牲的调和。东西文明的调和是两存的，而不是一毁的调和，更不是两毁的调和。

第二，东西文明有差异，但这种新与旧的差异，就其性质而言本非截然不同。所谓的新旧差异的本源在于对秩序与进步的看法的不同。但世界上没有谁要进步而不顾及秩序与安固，也没有谁只要秩序和固定而不要进步。进步体现于秩序与安固之中，秩序与安固也只有通过进步才能保持。因此，对政治或社会而言，既不能单纯追求秩序，也不能单纯追求进步，而必须两者并举。进步与秩序之所需，在性质上是相同的，只不过在量上有所不同而已，即进步的需要在数量上比秩序的需要多。在世人所说的新与旧中，所谓新者，也就是对进步追求较多的人，而所谓旧者，则是追求秩序安固较多的人。因此，进步与秩序或新与旧在西方与东方的文明中只有量的不同，而无本质的绝异，因此，两种文明可以互补相剂。

第三，调和要求各派势力中的各个成员具备调和之德。这里所说的调和涉及思想与思想的关系，而不是指个人与个人的关系。个人与个人的意见、感情有分歧，第三者可以调停，而思想与思想有冲突，则非诸思想自相调和不可。即使是同一个人的思想，也有新旧交战的时候。然而若要两种思想相安而不相排斥，相容而不相攻讦，则完全有赖于在新旧思想接触的时候，个人要有宽容之性，节制之德，不要坚持己见而排他，也不要狭隘地求同存异。这样，新旧思想便能在个人的头脑里各得其所而相安无事，在社会中能成为势力，而获相当之分以自处，也可以避免冲突和分裂。凡是成功实现的调和，都成功于双方的自律，第三者调停是不起作用的。所谓自律，就是能确实遵守调和之理，而深知自我抑制，并能涵纳其他的势力。而如果某种势力，发现与其对峙的势力不可能予以消灭，反倒足以与自己相持，而不得不走调和之路，这样的调和便是虚伪的、不真实的、枝节的调和，而非根本的调和，且绝无成功的希望。

第四，要求调和者不要超然于局外，而是属于一方。在新旧二者中，可以选择一方，若为新者，能容旧的存在，若为旧者，也能容新的存在。若自别于新，又别于旧，自立于超然的地位，使双方都猜嫌，这种做法不是为自保，就是谋自身势力的巩固，以便操纵双方。这样的调和，则不接近于投机，也会接近于挑拨，而这正是调和最忌之事。也可以在选择一方之前，自审双方势力的强弱，以将其力加之较弱方，以起平衡的作用。

（四）创造一种新文明

同时，李大钊指出，东西方文明调和的目的是创造一种新的文明，而这样一种重任，将由青年来承担。李大钊认为，世界之所以进步，是由于有东西文明两大机轴。他说："宇宙大化之进行，全赖有二种之世界观，鼓驭而前，即静的与动的，保守与进步是也。东洋文明与西洋文明，实为世界进步之二大机轴，正如车之两轮、鸟之双翼，缺一不可。"[①]但这两种文明本身各有弱点，

① 李大钊："东西文明根本之异点"（1918），载《李大钊文集》（上），人民出版社，1984年，第560页。

要使世界演进无疆，必须在两种文明调和的基础上，产生一种新的文明："此二大精神之自身，又必须时时调和、时时融会，以创造新生命，而演进于无疆。由今言之，东洋文明既衰颓于静止之中，而西洋文明又疲命于物质之下，为救世界之危机，非有第三新文明之崛起，不足以渡此危崖。"①

李大钊之所以倡导东西方文明调和的观点，是因为在俄国十月革命的影响下，他认为东西方文明都不能挽救当前世界的危机，只有调和东西文明的第三种文明才能担当此重任。他说："俄罗斯之文明，诚足以当媒介东西之任。"②当时李大钊还没有认识到，十月革命的胜利，确实在东方的封建文明和西方的资本主义文明之外产生了崭新的第三种文明，亦即无产阶级的社会主义文明。他只是从地理位置来解释十月革命。他说："由地理之位置言之，俄国位于欧亚接壤之交，故其文明之要素，实兼欧亚之特质而兼有之。"③"世界中将来能创造一兼东西文明特质，欧亚民族天才之世界的新文明者，盖舍俄罗斯人莫属。"④李大钊单从俄国地理位置可以兼容东西文明，而把创造第三种文明的希望寄托于十月革命后的俄国，当然不是十分正确的。但他也朦胧地看到，十月革命后的俄国是第三种文明的先驱，是挽救世界危机的希望，这种认识则高出时人一筹。当时正是新文化运动时期，中外学者言东西文化调和者甚多，但像李大钊这样认为只有调和东西文明的第三种文明才能挽救世界危机的却不多。这也是使他在众多革命民主主义者中首先转向马克思主义的重要因素之一。

更可贵的是，李大钊对中华民族的复兴及中华民族对世界文明的贡献充满了信心。他说："对于东西文明之调和，吾人实负有至重之责任，当虚怀若谷以迎受彼动的文明，使之变形易质于静的文明之中，而别创一生面。"⑤同时他深信："顾吾人深信吾民族可以复活，可以于世界文明为第二次之大贡

---

① 李大钊："东西文明根本之异点"（1918），载《李大钊文集》（上），人民出版社，1984年，第560页。

② 同上注。

③ 李大钊："法俄革命之比较观"，载《李大钊文集》（下），人民出版社，1984年，第574页。

④ 同上书，第575页。

⑤ 李大钊："东西文明根本之异点"，载《李大钊文集》（上），人民出版社，1984年，第561页。

献……即在竭力以受西洋文明之特长，以济吾静止文明之穷，而立东西文明调和之基础。”[①]他认为中国要负担起这一重任：“但愚确信东西文明调和之大业，必至二种文明本身各有彻底之觉悟，而以异派之所长补本身之所短，世界新文明始有焕扬光彩、发育完成之一日。即介绍疏通之责，亦断断非一二专事模仿之民族所能尽。愚惟希望为亚洲文化中心之吾民族，对于此等世界的责任，有所觉悟，有所努力而已。”[②]

二、李大钊的唯物史观社会学

李大钊把社会学的理论与马克思主义唯物史观融合在一起，自然而有机地运用于对中国社会的认识与社会改造。李大钊在中国为社会学与马克思主义架起了一座桥梁，将历史唯物主义用于指导中国社会学的研究。他熟悉中国社会。又研究了当时世界各流派的社会学思想，如孔德、涂尔干、斯宾塞等，并将其理论用于中国社会的实际。李大钊在中国不但是传播马克思主义的先驱，也是传播唯物史观社会学的先驱。他发表了一系列有关社会学的理论研究及中国社会问题研究的文章。尽管在他成长为一个成熟的马克思主义者的过程中，存在着矛盾的观点，但总的来说，李大钊不愧为唯物史观社会学在中国的先驱。现将其主要观点归纳如下。

（一）社会学研究的对象

李大钊说，以社会为对象的社会学的概念因人而异，大体分两类，一种概念把人类结合的形式当作社会学的对象，另一种概念把人类结合的内容当作社会学的研究对象。即使在以人类结合的形式为社会学对象的人这里，社会的概念也有两种，一种概念视社会为一种自然，另一种则视社会为一种文化。把社会视为一种自然的人，认为社会学是研究规律的自然科学；而把社会视为文化的人，则认为社会学是有组织地研究现在事实的文化科学。也有人说，社会学与心理学相类，都是研究心的作用的学问。“心理学是研究心作用其物的一般的法则的。社会学是研究心作用的结合其物的一般的法则的”。[③]心理学和社

① 李大钊：“东西文明根本之异点”，载《李大钊文集》（上），人民出版社，1984年，第562页。

② 同上书，第571页。

③ 李大钊：“马克思的历史哲学与理恺尔的历史哲学”，载《李大钊文集》（下），人民出版社，1984年，第356页。

会学都可以是自然科学，但社会学研究的是社会结合上的价值内容，所以也可称为社会科学。李大钊指出，马克思并未把社会分为自然与文化两方面来考察，他往往用社会这一术语指涉经济社会。

至于社会学研究的对象，李大钊的观点是："社会学是一种科学，研究社会上各种现象及其原则与一切社会制度的学问，且用科学方法，考究社会是何物，发明一种法则，以支配人间的行动，所以社会主义是社会学中应当研究的一部分，并非社会主义即社会学。"[①]同时，他指出社会学与史学有密切的关系，但二者又有不同："不错，社会学所研究的对象是社会，历史学所研究的对象亦是社会；社会学的起源，实亦起于历史上理论的考察，是由欲于历史寻出理法的动机自然发生出来的东西。桑西门是寻求理法于历史的一人，所以他又是一个社会学先驱者；孔德是寻求理法于历史的一人，所以他亦是一个社会学先驱者；韦柯亦然，但吾人不能以此而遂不认其间有相异的性质。历史学的目的，在考察人类社会生活的经历及其变革；而社会学乃在人类社会生活的结合及其组织。历史学是就人及人群的生活经历为理论的研究，以寻其理法者；社会学是就人群的共同生存的一切社会现象，为理论的研究，以寻其理法者。简明地说，历史学是把人类社会的生活纵起来研究的学问，社会学是把人类社会的生活横起来研究的学问。吾人若欲把人事现象充分的施行科学的研究，二者悉所必要。自其学问的性质上说，二者有相资相倚的关系，自不待言。"[②]

李大钊推论说，马克思的历史观，关联着历史和社会。其纵观人间的过去者便是历史，横观人间的现在者便是社会，所以可以对照地讨论历史和历史学与社会和社会学。马克思的历史观一般称为唯物史观。马克思在《〈政治经济学批判〉导言》里对历史与社会进行对照思考。他虽然没有用历史这个词，但他所用的社会一语，似乎表示两种概念：纵向看社会变迁便是历史，而横向看人类就是社会。"社会亦有基址（Basis）与上层（Uberbau）。基址是经济的构造，即经济关系，马氏称之为物质的或人类的社会的存在。上层是法制、政治、宗教、艺术、哲学等，马氏称之为观念的形态，或人类的意识。从来的历史家欲单从上层上说明社会的变革即历史而不顾基址，那样的方法，不能真

① 李大钊："社会主义与社会运动"，载《李大钊文集》（下），人民出版社，1984年，第373–374页。

② 李大钊："史学要论"，载《李大钊文集》（下），人民出版社，1984年，第761页。

正理解历史。上层的变革，全靠经济基础的变动，故历史非从经济关系上说明不可。这是马氏历史观的大体，要约起来说，他以经济为中心纵着考察社会的历史学，对于历史学而横着考察社会的，推马氏的意思，那是经济学，同时亦是社会学”。[①]所以李大钊说，人赖以生存的社会，纵向看就是历史，横向看就是社会。横观则收之于现在，纵观则放之于往古。孔德、马克思等“皆以努力以求历史法则之发见为己任而终能有成，跻后起的历史学、社会学于科学之列，竟造成学术界一大伟业”。[②]因为，李大钊认为，“历史观本身有其历史……由神权的历史观进而为人生的历史观，由精神的历史观进而为物质的历史观，由个人的历史观进而为社会的历史观，由退落的或循环的历史观进而为进步的历史观”。[③]于是，唯物史观指导社会学便成为必然。

（二）唯物史观在社会学上的贡献——经济结构、阶级竞争

1．唯物史观

“‘唯物史观’是社会学上的一种法则”。[④]这一法则有四种名称，李大钊认为，比较起来，还是称马克思所说的“经济的历史观”妥当些。塞利格曼曾有此主张，李大钊也认为是合理的。李大钊分析说，唯物史观是在下述情况下产生的：很久以来，科学界过分重视分类，结果，几乎忘却它们只是一个全体的部分，而表现出轻视它们相互的关系的弊象。然后，思想界出现一种新倾向：“研究各种科学，与其重在区分，毋宁重在关系；说明形成各种科学基础的社会制度，与其为解析的观察，不如为综合的观察。这种方法，可以应用于现在的事实，亦可以同样应用于过去的纪录。唯物史观，就是应这种新倾向而发生的。”[⑤]在这种新倾向看来，人类的社会生活是种种互有关联、互相影响的活动，所以人类的历史应该包括一切社会生活现象，包括人们的各种活动。在这种互有关联、互相影响的社会生活里，社会发展的根本原因是什么？人类

① 李大钊：“马克思的历史哲学与理恺尔的历史哲学”，载《李大钊文集》（下），人民出版社，1984年，第346页。

② 李大钊：“史观”，载《李大钊文集》（下），人民出版社，1984年，第265页。

③ 同上书，第266页。

④ 李大钊：“唯物史观在现代史学上的价值”，载《李大钊文集》（下），人民出版社，1984年，第360页。

⑤ 李大钊：“马克思的历史哲学与理恺尔的历史哲学”，载《李大钊文集》（下），人民出版社，1984年，第357-358页。

思想和人类生活大变动的理由是什么？唯物史观认为，人类的生活是社会的生活，经济的生活是一切生活的根本条件，故个人的生存总在社会的构造组织内进行，要受经济的限制。在社会构造内，限制社会阶级和社会生活的各种表现的变化的最后原因，实际上是经济的。

李大钊明确地说："马氏认社会的构造是个整个的东西，有其基址，亦有其上层；经济关系是其基址，观念的形态是其上层；上层与基址相合而成此构造。马氏虽认上层的变动随着基址的变动而变动，但绝不是把社会构造的整个全体，裂为零碎的东西，而以基址概全构造，以经济史概全文化史，概全历史学。我们承认历史学是各个特殊的历史学的总合，同时亦当承认经济关系在社会全构造中是其基址，承认经济在整个的文化生活中是比较重要的部分。"①

李大钊不仅认为经济构造是社会的基础，而且认为整个社会的表面构造都依着这个基础变化而变化："唯物史观在社会学上曾经并且正在表现一种理想的运动……这种运动，既经指出那内部最深的构造比外部明显的建造如何重要；唯物史观就起来反抗那些历史家与历史哲学家，把他们多年所推崇为非常重要的外部的社会构造，都列于第二的次序，而那久经历史家蔑视认为卑微暧昧的现象的，历史的唯物论者却认为于研究这很复杂的社会生活全部的构造与进化有莫大的价值，历史的唯物论者观察社会现象，以经济现象为最重要；因为历史上质的要件中变化发达最甚的，算是经济现象，故经济的要件是历史上惟一的物质的要件。自己不能变化的，也不能使别的现象变化。其他一切非经济的物质的要件，如人种的要件，地理的要件，等等，本来变化很少，因之及于社会现象的影响也很小，但于它那最少的变化范围内，多少也能予人类社会的行程以影响。"②

李大钊指出，"唯物史观的要领，在认经济的构造对于其他社会学上的现象，是最重要的；更认经济现象的进路，是有不可抗性的。经济现象，虽用它自己的模型，制定形成全社会的表面构造（如法律、政治、伦理，及种种理想上、精神上的现象都是），但这些的构造中的哪一个，也不能影响它一点……

① 李大钊："马克思的历史哲学与理恺尔的历史哲学"，载《李大钊文集》（下），人民出版社，1984年，第357–358页。

② 李大钊："唯物史观在现代社会学上的价值"，载《李大钊文集》（下），人民出版社，1984年，第366页。

换言之，就是经济现象，只能由它一面予其他社会现象以影响，而不能与其他社会现象发生相互的影响，或单受别的社会现象的影响”。[①]经济构造不但是社会的基础构造，全社会的表面构造也都随着这一基础而迁移变化。在不同的进化阶段，经济构造本身又为其最高动因的连续体式所决定。这一最高动因依其性质必定不断地变化，并且必然给社会的经济的进化以诱导。马克思认为，“物质的生产力”是最高动因，即认为社会的变化是由生产力的变动所决定的，而经济的构造则依其内部的力量而自我进化，逐渐在适应的状态中变更全社会的表面构造，这种表面构造无论如何也不能影响基础构造，即便是表面构造中最重要的规律，也不能对经济基础有丝毫影响。

李大钊高度评价唯物史观对社会学的贡献：“社会学得到这样一个重要的法则，使研究斯学的人有所依据，俾得循此以考察复杂变动的社会现象，而易得比较真实的效果。这是唯物史观对于社会学上的绝大贡献，全与对于史学上的贡献一样伟大。”[②]

2．阶级竞争法则

在阐明唯物史观时，李大钊一方面强调经济基础的决定作用，另一方面也肯定了人的作用。他说，虽然历史的唯物解释方法不求其原因于心的力量，而求之于物的力量，因为心的变动常常受物的环境支配，但与此同时，唯物史观的目的，是为得到全部的真实及其对人类精神的影响。“这不是一种供权势阶级愚民的器具，乃是一种社会进化的研究。而社会一语，包含着全体人民，帮他们获得生活的利便，与他们的制度和理想”。[③]因此，要紧的是全体人民。因为“生长与活动，只能在人民本身的性质中去寻，……要寻出那个民族的人依以为生的方法，因为所有别的进步，都靠着那个民族生产衣食方法的进步与变动。斯时人才看出他所生存的境遇，是基于能时时变动而且时时变动的原因；斯时人才看出那些变动，都是新知识施于实用的结果，就是由像他自己一样的普通人所创造的新发明新发见的结果，这种观念给了很多的希望与勇气在他的身上；斯时人才看出一切进步只能由联合以图进步的人民造成，他于是才

① 载《李大钊文集》（下），人民出版社，1984年，第367–368页。

② 李大钊：“唯物史观在现代社会学上的价值”，同上书，第369–370页。

③ 同上书，第363页。

自觉他自己的权威，他自己在社会上的位置，而取一种新态度”。[①]李大钊明确地说，社会上的一切活动与变迁全是人力造成的。因为社会的进步，是为了满足构成人类感情的需要。感情的意识与满足感情需要的方法，只是同一历史链条上的不同环节而已。李大钊指出：“有些人误解了唯物史观，以为社会的进步只靠物质上自然的变动，勿须人类的活动，而坐待新境遇的到来，……这都是大错特错的。”[②]因此，李大钊号召：“现在已是我们世界的平民时代了，我们应该自觉我们的势力，赶快联合起来，应我们生活上的需要，创造一种世界的平民的新历史。”[③]这就需要阶级竞争来实现。

李大钊说明了阶级竞争之重要。他说：“马氏社会主义的理论，可大致分为三部：一为关于过去的理论，就是他的历史论，也称社会组织进化论；二为关于现在的理论，就是他的经济论，也称资本主义的经济论；三为关于将来的理论，就是他的政策论，也称社会主义运动……他这三部理论，都有不可分的关系，而阶级竞争说恰如一条金线，把这三大原理从根本上联络起来。所以他的唯物史观说：‘既往的历史都是阶级竞争的历史。’”[④]

李大钊阐述了社会学上的竞争法则在阶级竞争上的表现及与经济的关系。他说：“历史的唯物论者，既把种种社会现象不同的原因，总约为经济的原因，更依社会学上竞争的法则，认许多组成历史明显的社会事实，只是那直接、间接、或多、或少，各殊异阶级间团体竞争所表现的结果。他们所以牵入这竞争中的缘故，全由于他们自己特殊经济上的动机。”[⑤]他进而指出：“就这阶级竞争的现象，我们可以晓得，这经济上有共同利害自觉的社会团体，都有毁损别的社会团体以增加自己团体利益的倾向。这个倾向，斯宾塞谓是本于个人的利己心。他在《社会学研究》中说：个人的利己心引出由他们作成的阶级的利己心，于分别的努力以外，还要发生一种协同的努力，去从那社会活动的总收入中，取些过度的领分。这种综合的倾向，在每阶级中这样发展，必须

① 李大钊：“唯物史观在现代社会学上的价值”，载《李大钊文集》（下），人民出版社，1984年，第363页。

② 同上书，第364页。

③ 同上书，第365页。

④ 李大钊：“我的马克思主义观”，载《李大钊文集》（下），人民出版社，1984年，第50页。

⑤ 同上书，第60页。

由其他诸阶级类似的综合的倾向来维持其平衡，由此以观，这阶级竞争在社会的有机体中。恰与Wilhelm Roux所发见的各不同的部分官能组织细胞间的竞争，在各有机体中进行不已的原则相当。宇宙间一切生命都向‘自己发展’（self-expansion）活动不已。‘自己发展’是生物学上、社会学上一切有机的进化全体根本的动机，是生物界普遍无敌的倾向。阶级竞争是这种倾向的无量表现与结果中的一个。”[①]而引发这种阶级竞争的原因，在马克思看来，就是经济上利害相反的阶级，有了阶级的自觉，阶级间就发生了竞争。起初只是经济的竞争，争经济上的利益，后来更发展为政治的竞争，争政治上的权力，直至那个以阶级对立为特征的经济构造因自身进化而发生了一种新的变化为止。李大钊说，这样看来，马克思并不认为阶级竞争是与人类历史相终始的。与其说马克思的阶级竞争说是他的唯物史观的要素，不如说是唯物史观对于过去历史的一个应用。

李大钊发现：“马氏实把阶级的活动归在经济行程自然的变化以内。但虽是如此说法，终觉有些牵强矛盾的地方。”[②]“但是他那唯物史观，纵有这个夸张过大的地方，于社会学上的进步，究有很大很重要的贡献。他能造出一种有一定排列的组织，能把那从前各自发展不相为谋的三个学科，就是经济、法律、历史，连为一体，使他现在真值得起那社会学的名称。因为他发见那阶级竞争的根本法则；因为他指出那从前全被误解或蔑视的经济现象，在社会学的现象中是顶重要的；因为他把于决定法律现象有力的部分归于经济现象，因而知道用法律现象去决定经济现象是逆势的行为；因为他借助于这些根本的原则，努力以图说明过去现在全体社会学上的现象。就是这个，已足以认他在人类思想有效果的概念中，占优尚的位置，于学术界思想界有相当的影响。小小的瑕疵，不能掩了他那莫大的功绩。”[③]李大钊在高度赞扬唯物史观的阶级竞争的根本法则的同时，还联系劳工阶级竞争的实际说道：“马氏与昂格思合布《共产党宣言》，大声疾呼，檄告举世的劳工阶级，促他们联合起来，推倒资本主义，大家才知道社会主义的实现，离开人民本身，是万万作不到的，这是

① 李大钊：“我的马克思主义观”，载《李大钊文集》（下），人民出版社，1984年，第62–63页。

② 同上书，第64页。

③ 同上注。

马克思主义一个绝大的功绩。”[①]

（三）对中国大家族制度变迁的分析

李大钊运用唯物史观分析中国的社会结构及大家族制度。他认为，中国以农业立国，所以大家族制度在中国特别发达。原来的家族团体，一面是血统的结合，另一面又是经济的结合。中国的大家族制度，就是中国的农业经济组织，就是中国社会两千年来的基础构造。并且在李大钊看来，“中国现在的社会，万恶之源，都在家族制度”。[②]两千年来支配中国人精神的孔门伦理，所谓纲常，所谓名教，所谓道德，所谓礼义，哪一样不是损卑下以奉尊长？哪一样不是牺牲被统治者的个性以事统治者？哪一样不是本着大家族制下子弟对于亲长的精神？所以孔子的政治哲学，修身齐家治国平天下的所谓理想，“一以贯之”，全是“以修身为本”；而孔子所谓修身，并不是使人完善他的个性，而是使人牺牲他的个性。牺牲个性的第一步就是尽“孝”，君臣关系中的“忠”完全是父子关系中的“孝”的放大，因为君主专制制度完全是父权中心的大家族制度的发达体。孔门的道德，是予统治者以绝对权力而责被统治者以片面义务的道德。孔子的学说之所以能支配中国人心两千余年，就因为它是适应中国两千年来未曾变动的农业经济组织的观念产物，因为它是中国大家族制度上的表层构造，因为它有经济上的基础。

李大钊在其《由经济上解释中国近代思想变动的原因》一文中说，当西洋的动的文明打进来时，当西洋的工业经济来压迫东洋的农业经济时，孔门伦理的基础就根本动摇了。中国的农业经济挡不住西洋工业经济的压力，中国的家庭产业挡不住西洋的工厂产业的压力，中国的手工产业挡不住西洋的机械产业的压迫，全体国民渐渐因此变成世界的无产阶级。中国的农业经济，既因受了重大的压迫而生动摇，那么首先崩颓粉碎的，就是大家族制度，而孔子主义也不能不跟着崩颓粉碎了。在李大钊看来，今日种种思潮运动、解放运动，哪一样不是打破大家族制度的运动呢？哪一样不是打破孔子主义的运动？第一，政治上的民主主义运动，乃是推翻父权的君主专制政治的运动，也就是推翻孔子的忠君主义的运动。发动这种运动的原因在于中国在经济上受了外来的压迫，

① 李大钊：“我的马克思主义观”，载《李大钊文集》（下），人民出版社，1984年，第64页。

② 李大钊：“万恶之原”，载《李大钊文集》（下），人民出版社，1984年，第28页。

国民对生活极感不安，因而归咎于政治的不良和政治当局的无能，从而力谋改造政治。第二，社会上的种种解放运动，是打破大家族制度的运动，是打破父权（家长）专制的运动，是打破夫权（家长）专制的运动，是打破男子专制社会的运动，也就是推翻孔子的孝父主义、顺夫主义、贱女主义的运动。原来的中国社会只是一群家族的集团，个人的个性、权利、自由都被束缚禁锢在家族之中，断不许有表现的机会。所以从前的中国，可以说是没有国家、没有个人而只有家族的社会。随着新经济势力而输入的自由主义、个性主义、又复冲入家庭的领土，因而家族主义的崩颓破灭也是不能逃避的命运。第三，中国的劳工运动，也是打破孔子阶级主义的运动，“劳工神圣”的新伦理，也是新经济组织所必然产生的结果。

关于中国近代思想的变动对中国社会的影响，李大钊做出了如下总结。首先，孔子主义不是永恒不变的真理，他的学说之所以在中国行了两千余年，全是因为中国的农业经济没有很大的变动。现在经济发生了变动，他的学说的根本就被动摇了。其次，中国的纲常、名教、伦理道德都是建立在大家族制上的东西。中国思想的变动，就是家族制度崩坏的征候。再次，在世界经济格局中，当时的中国实际上处于世界无产阶级的地位。有鉴于此，我们应该研究如何使世界的生产手段和生产机构与中国劳工相联系。

（四）社会问题的研究

李大钊运用唯物史观研究社会和社会问题，包括政治问题、社会运动、工人问题、青年问题、婚姻家庭问题、自杀问题等。他对不同的社会问题进行不同的分析，并分别指出解决的途径。限于篇幅，这里只讨论李大钊对政治性社会问题和自杀问题的研究，以见其相关研究之一斑。

1．与政治有关的社会问题研究

李大钊认为，社会与政治是互为因果的，不可偏重一面。那么什么是社会问题呢？他说社会问题“就是，凡社会呈了不安的现象，而图解决之的方法都是。比如：劳工问题，妇女问题，人力车夫问题，鸦片，缠足等等问题，都是社会问题”。[①]这些问题大半是因经济的不均与不安而发生的。至于大的问题，想要解决它，非靠政治的力量不可。这里讲的不是广泛的社会问题，而是

① 李大钊：“社会问题与政治”，载《李大钊文集》（下），人民出版社，1984年，第585页。

和政治最有关系的问题，如经济的不平等问题等。围绕着如何解决这些问题的方式与途径，形成了两个不同的派别。一是社会改良派，因政治组织不良，拟徐图改善之；二是社会革命派，因政治组织不良，拟根本推翻之。

社会上还有两大问题，即妇女参政问题与劳工问题。李大钊认为，这两个问题产生于经济上的不平等，因而都牵涉政治问题，因而“要想解决这两个繁重的问题，决非简单的平民团体所能办到；非组织强有力的政治团体去解决它不可！有了强有力的政治团体，则能握到政权。先得到了政权，则可以徐图解决自身问题”。[①]经济能力薄弱的人，受经济能力富强的人支配，所以欲根本解决问题，无产阶级非打破有产阶级的支配地位不可。所以无产阶级应当和衷共济，组织平民团体，在得到政治力量以后，再据以解决社会问题。李大钊还认为，中国现在虽然不能希望根本改革，但是点点滴滴的改革也非靠政治的力量不可：“欲改良社会，非靠政治的力量不可；因为政治的力量，可以改革一切的社会问题。”[②]

李大钊也看到，社会问题的解决要靠社会运动：“‘问题’与‘主义’，有不能十分分离的关系。因为一个社会问题的解决，必须靠着社会上多数人共同的运动。”[③]应该使社会上可以共同解决这个那个社会问题的多数人，先有一个共同的理想、主义，作为他们检验自身生活是否令人满意的尺度，有鉴于此，“我们的社会运动，一方面固然要研究实际的问题，一方面也要宣传理想的主义，这是交互为用的，这是并行不悖的”。[④]大凡一个主义，都有理想和实用两方面，因而应该一面宣传主义，一面就种种问题研究实用的方法，以便根据主义从事实际的运动。

说明了解决政治性社会问题的原则后，李大钊进而分析了各种社会政治问题的关系与解决问题的方法。他说：“依马克思的唯物史观，社会上法律、政治、伦理等精神的构造，都是表面的构造。它的下面，有经济的构造作它们一切的基础。经济组织一有变动，它们都跟着变动。换一句话说，就是经济问题的解决，是根本解决，经济问题一旦解决，什么政治问题、法律问题、家

① 李大钊：“社会问题与政治”，载《李大钊文集》（下），人民出版社，1984年，第586页。
② 同上书，第587页。
③ 李大钊：“再论问题主义”，载《李大钊文集》（下），人民出版社，1984年，第32页。
④ 同上注。

族制度问题、女子解放问题、工人解放问题，都可以解决。可是专取这唯物史观（又称历史的唯物主义）的第一说，只信这经济的变动是必然的，是不能免的，而于他的第二说，就是阶级竞争说，了不注意，丝毫不去用这个学理作工具，为工人联合的实际运动，那经济的革命，恐怕永远不能实现，就能实现，也不知迟了多少时期。”①

2. 自杀问题的分析与解决

李大钊对不同的社会问题进行不同的分析，提出不同的解决方法。自杀既与社会制度有关，又与其他多方面社会问题有关。本着具体社会问题进行具体分析的原则，李大钊对该问题的分析与他对政治性社会问题的分析有所不同。

在李大钊看来，自杀是一种社会现象，这种行为不但使他们自己痛苦，有时还可能使他人感到苦痛。但如加以自制，这种苦痛是可以避免的。他认为，自杀是任意的死，同时又不是自然的行为，必定有有力的原因驱人去自杀。这个原因愈是有力，则自杀愈不是出于自杀者的本心，愈是失去了任意的性质。他说：“我以为自杀是一个社会的事实，是一种必须以他种现象解释的现象。如环绕这自杀者的物理的、人种的、社会的、心理的种种影响，都是必须就这些影响加以考察，才可以研究自杀是任意的，或非任意的行为。”②因此自杀绝不是完全任意的行为。但李大钊认为，我们仍须承认自杀多少有几分任意性，所以无论是从社会方面改造环境，还是从个人方面抑制冲动，都可以使自杀的狂热趋于减少甚至归于沉静。根据以上的基本观点，李大钊对自杀进行了全面的分析。

自杀的时代性。李大钊认为，自杀的增加与文明的进步成正比例。因为愈是文明进步的人，欲望愈大；欲望若得不到实现，则与其苟生毋宁去死。随着文明的进步，人类的知识也在进步，这使人的神经系统愈益精致而脆弱，愈益容易出现精神的失常，这或者是我们应该为我们的文明付出的一部分代价。文明社会征服自然的力量，远在野蛮社会之上。所以在文明社会里，为全社会的生存而进行的竞争并不剧烈，但个人间的生存竞争则愈演愈烈。结果是许多为生存竞争所驱使而又失望的人，竟至蹈于自杀。

① 李大钊：“再论问题与主义”，载《李大钊文集》（下），人民出版社，1984年，第37–38页。

② 李大钊：“论自杀”，载《李大钊文集》（下），人民出版社，1984年，第517页。

另外，文明进步的另一个结果是产生了人口集中的都市生活。都市生活给人以刺激与烦忧，并成为移植罪恶及荒淫的渊薮，所以更使自杀增多。李大钊认为，上述情况意味着，“文明愈进步而自杀愈增的文明，必有缺陷的地方”。[①]

自杀与生理和年龄的关系。李大钊说，自杀在欧美都是男多于女，因为与女性相比，男性的责任更重，忧虑更多，野心也更大，而且多数不甘心于失败，易沉溺于荒亡怠惰的行为，同时也多一些勇敢的禀性。女子对气压的变动比较敏感，所以春天自杀增加，女子比男子多。都市中自杀增加，男子比女子多。自杀的比例还随着年龄而增长。男子自杀的增加率在20–25岁最为显著，这是少年情欲发动而易堕落的时期，在50–60岁时达到最高比例。女子自杀比例的最高水平比男性迟10年。但是在英国，女子青年期自杀的比例比男子大，在这里，15–20岁的女子自杀倾向大。

自然对自杀的影响。李大钊说，关于风土和地理位置对于自杀的影响，没有明显的规律。有两个著名的地方，自杀率总是很高，这就是巴黎和撒克逊尼王国。离这两个中心点越远，自杀率也越低。日本日光山中的华宕泷是一个著名的自杀场所。华宕泷表现出一种大自然的姿态，足以使人产生一种心理，情愿投入大自然的怀抱。来到这里的人倘若对人生问题有疑惑，或因他种缘故而怀有隐痛，不用说是很易受这种大自然姿态诱惑的。这是自然的魅惑力，故自然有时可以发生诱惑人自杀的影响。气候与季节也影响自杀。自杀的倾向在盛夏的时候为最甚，这是因为温度的变动影响人的精神，拨动他的感情，扰乱他心中的宁静，使他容易对生活失望，容易产生怀疑，容易驱使他走上绝路，这也是自然的诱惑。因此，可以称由初春至盛夏间这几个月为“自杀季节”。对中国人来说，年关是生活艰难者最艰难的时刻，因而也是一个生死关头，但这是由于人事的缘故，而与气候无关。欧洲男子的自杀倾向在冬夏两季没有什么差别，而女子夏季容易入水自杀，冬季自杀者较少。出国军人在炎热地自杀的比寒冷地自杀的多。每周内星期一和星期二自杀的人也多，其原因往往与上个周末把金钱用尽而后感到生活艰难有关，而与自然无关。

人种对于自杀的影响。李大钊以为，人种的气质不同，其自杀的倾向也不同，而且这种趋势比较明显。条顿民族的血统多含悲愁的气质，同时也有理想

① 李大钊：“论自杀”，载《李大钊文集》（下），人民出版社，1984年，第519页。

的气质，所以易起感慨，以至自戕。罗马语系的民族，心地很开阔，对于生活不易产生厌弃的念头，所以自杀率低。

婚姻对于自杀的影响。李大钊认为，独身者自杀的比结婚者的多，尤其是失偶者和离婚者自杀的比例更大。结婚固可抑制自杀。有小孩对于抑制自杀也有很好的作用。

自杀的经济、社会、文化原因。李大钊说，经济萧条、战争和商业危机使自杀增加；自杀在都市比在乡村流行，因为都市中有罪恶及荒淫的移植，都市生活既给人刺激也使人烦忧；宗教信仰不同，自杀多寡也不同，在欧洲，自杀在新教中比旧教中更流行；自杀在囚犯中比在常人中更流行，但容许囚犯自杀的机会很少；职业对自杀影响也很大，如，自杀在军队中比民间流行，在下级军官中最流行；教育与文化亦对自杀有影响，文化较高教育较普及的国家自杀率也较高。随着精神的发展，精神失常的危险也日益增加，人们对于精神的物质的苦痛感觉愈加敏锐；最后，示范与模仿也与自杀的增加有关。

自杀的动机、方法及场所。李大钊认为，自杀的动机不易明了，自杀者的遗言离其自杀的真实原因相距甚远。他认为，因精神失常而自杀的趋势很普遍；情欲、恶习、生活疲倦比较不重要；生理苦痛相当重要。自杀的动机分布，有国别的差异也有性别的不同。关于自杀的方法，李大钊说，被用得最多的是自缢，其次是投水和开枪自杀。自杀的妇女不选择暴烈的方法，而以投水居多，自杀的男子则以枪击居多。大都市里开枪自杀的比农村多，乡村自缢的比都市多。自杀方法与场地亦受示范与模仿的影响。

关于自杀的是非观各不相同。李大钊指出，基督教戒自杀，伊斯兰教视自杀为逆神的命令，佛教认为罪孽在死后也不能解脱，儒教则认为不能毁父母给的身体。各种流派有各自的说法。而根据李大钊的介绍，中国当时关于自杀的几种主要观点是：（1）自杀风掀起社会颓废之气；（2）厌世人生观的错误；（3）自杀是示弱，是一个大罪恶，杀了社会上一个好人，有用之人。

李大钊认为，自杀实际上是自然的社会的种种影响的结果。由于自杀者所处的境遇、所具的精神状态不同，故不能一概论定一切自杀的是非。倘使自杀者的自杀给人以烦累，而其自杀又有几分属于自由意志的选择，那就不能不对社会负几分伦理的责任，但在法律上终究不能说自杀者是犯罪。而且人在不给他人造成迷惑与烦累的范围内，应该有他处分自己生命的自由。以国家的法律去禁止他、惩罚他、许可他、奖励他，都是不对的。

从自杀的原因来分析，李太钊说道："由自杀者的个人方面看，他们是生活上的弱者、失败者、落伍者，是看见生存竞争的潮流过烈，而无路可寻的人。他们劣败的原因，虽有时由于个人的，这里亦有由于遗传的缺点的，——而大部分则由社会的缺陷。我们对于他们的境遇，不能不予以同情。"[①]由社会方面看，自杀是社会的不幸，减损了社会的一分子。自杀在经济上亦是一大损失，丧失了自杀者将来的生产力，并丧失了扶养他成人所用的经济上的价值。

至于救济的方法，李大钊认为，我们对于自杀者个人，要以满腔的同情，对于自杀增加的社会，应细心考察自杀的社会原因，寻求那个社会背景的缺陷，以谋求改造的方法，以此作为对自杀的救济。对于社会婚姻制度方面的缺陷，社会经济组织方面的缺陷，风俗方面的缺陷，社会教育制度方面的缺陷，等等，都要谋求改革。他认为，自杀实有救济的必要，一方面要寻出这种社会灾患的原因并予以消除，另一方面要加强个人品性的培养。救济厌世的人生观，是救济一切自杀的根本方法。对于人生的根本怀疑有了解答，才可以谈改良生活、反抗社会；同时还要建立一个"新人生观"以强健个人品性，与大家一起来改造这个有缺陷的社会。李大钊在介绍涂尔干的《自杀论》的同时，也深受其影响，并产生了自己独到的见解。

（五）个人与社会的关系

李大钊在1921年写的《自由与秩序》一文中，比较清楚地讨论了个人与社会的关系。李大钊说："社会的学说的用处，就在解决个人与社会间的权限问题。凡不能就此问题为圆满的解决者，不足称为社会的学说。"[②]他说，个人与社会，不是不能相容的两个事实，而是同一事实的两个方面，一是社会，即指由个人集成的群合；一是个人，即指在群合中的分子。离开个人，无所谓社会；离开社会，亦无所谓个人。故个人与社会并不冲突，而个人主义与社会主义亦绝非矛盾。试想，个人自一出生就离开社会环境，便绝没有一点自由可以选择，只有孤立是他唯一的生活途径。这种个人，还有什么个人的意义呢？试想，一个社会如果完全抹杀个性的发展，那么这个社会必定呈现出死气沉沉的

① 李大钊："论自杀"，载《李大钊文集》（下），人民出版社，1984年，第534页。

② 李大钊："自由与秩序"，载《李大钊文集》（下），人民出版社，1984年，第437页。

气象。该社会的成员既一一地失去其活动之用而日就枯亡与陈腐，又怎能有所谓秩序呢？

因此，李大钊说："由此看来，真正合理的个人主义，没有不顾社会秩序的；真正合理的社会主义，没有不顾个人自由的。个人是群合的原素，社会是众异的组织。真实的自由，不是扫除一切的关系，是在种种不同的安排整列中保有宽裕的选择机会；不是完成的终极境界，是进展的向上行程。真实的秩序，不是压服一切个性的活动，而是包蓄种种不同的机会使其中的各个分子可以自由选择的安排；不是死的状态，是活的机体。"

"我们所要求的自由，是秩序中的自由；我们所顾全的秩序，是自由间的秩序。只有从秩序中得来的是自由，只有在自由上建设的是秩序。个人与社会、自由与秩序，原是不可分的东西。"①

（六）改造社会的观点——社会主义改造社会、经济组织，人道主义改造人类精神

李大钊认为："协合与友谊，就是人类社会生活的普遍法则。我们要晓得人间社会的生活，永远受这个普遍法则的支配，就可以发见出来社会主义者共同一致认定的基础，何时何处，都有它潜在。不论它是梦想的，或是科学的，都随着它的知识与能力，把它的概念建立在这个基础上。"这基础就是协合、友谊、互助、博爱的精神。就是把家族的精神推及于四海，推及于人类全体的生活的精神。"②

李大钊所要建立的人类社会生活，是人类进化的结果，"是由个人主义向协合与平等的方面走的一个长路程。人类应该相爱互助，可能依互助而生存，而进化，不可依战争而生存，不能依战争而进化。这是我们确信不疑的道理。依人类最高的努力，从物心两方面改造世界、改造人类，必能创造出来一个互助生存的世界。我信这是必然的事实"。③

要建立一个互助生存的世界，就要对社会的组织和人的精神进行改造，即从物心两方面改造世界，改造人类。"社会组织的改造，必须假手于其社会内的多数人。而为改造运动的基础势力，又必发源于现在的社会组织下立于不利

① 李大钊："自由与秩序"，载《李大钊文集》（下），人民出版社，1984年，第438页。
② 李大钊："阶级竞争与互助"，载《李大钊文集》（下），人民出版社，1984年，第16页。
③ 同上书，第16 –17页。

地位的阶级。那些居于有利地位的阶级，除去少数有志的人，必都反对改造。一阶级运动改造，一阶级反对改造，遂以造成阶级竞争的形势”。[①]到了生产力非常发展的时候，现存的社会组织不能与之相适应，最后的阶级争斗，就成了改造社会、消泯阶级的最后手段。“这最后的阶级竞争，是改造社会组织的手段。这互助的原理，是改造人类精神的信条。我们主张物心两面的改造，灵肉一致的改造。总结一句话：我信人类不是争斗着、掠夺着生活的，总应该是互助着、友爱着生活的”。[②]

在李大钊看来，从前的社会组织是纵的组织，现在所要求的社会组织是横的组织。在纵的组织中，被压服在下级地位的个人，都为自居于上级地位者所束缚、践踏、屈抑、凌虐，下级的个性完全成为上级的牺牲品，有了横的组织以后，下级的个性才得以依靠互助的精神而形成一大势力，以反抗纵的组织中的有力阶级，恢复他们个性的权威。由此看来，中国人的解放运动就是打破纵的组织的运动，中国的改造运动就是建立横的组织的运动，“纵的组织的基础在力，横的组织的基础在爱。我们的至高理想在使人间一切美系都脱去力的关系，而纯为爱的关系，使人间一切生活全不是争的生活，而纯是爱的生活”。[③]

在论证应对社会组织进行改造的同时，李大钊还提出要对人的精神进行改造。他说：“马氏所谓真正历史，就是互助的历史，没有阶级竞争的历史。近来哲学上有一种新理想主义出现，可以修正马氏的唯物论，而救其偏蔽。各国社会主义者，也都有注重于伦理的运动、人道的运动的倾向，这也未必不是社会改造的曙光，人类真正历史的前兆。我们于此可以断定，在这经济构造建立于阶级对立的时期，这互助的理想、伦理的观念，也未曾有过一日消灭，不过因它常为经济构造所毁灭，终至不能实现。这是马氏学说中所含的真理。”[④]李大钊认为，到了经济构造建立于人类互助基础的时期，那种伦理观念便不致

① 李大钊：“阶级竞争与互助”，载《李大钊文集》（下），人民出版社，1984年，第17页。

② 同上书，第18－19页。

③ 李大钊：“由纵的组织向横的组织”，载《李大钊文集》（下），人民出版社，1984年，第203页。

④ 李大钊：“我的马克思主义观”，载《李大钊文集》（下），人民出版社，1984年，第67–68页。

像从前那样为经济构造所毁灭。可是在这过渡时代，伦理的感化和人道主义的运动都应倍加努力，以图铲除人类在前史中所受的恶习染，所养的恶性质，不可单靠物质的变更。马克思的学说正是在这里存在不足之处，应加以纠正。“我们主张以人道主义改造人类精神，同时以社会主义改造经济组织，不改造经济组织，单求改造人类精神，必致没有效果。不改造人类精神，单求改造经济组织，也怕不能成功，我们主张物心两面的改造，灵肉一致的改造”。[①]

人类要抵抗环境，适应环境，维持生存，都不能不靠多数的协力合作，依靠群合的互助去征服自然。这种协力互助的精神，这种道德心，这种社会本能，是能够使人类进步的，而且随着人类的进步，其内容也日益发达。因为人类的道德心，从最古的人类生活时代起，就是一种强烈的社会本能，在人们心中发出一种有权威的声音。因此，李大钊认为：“由今以后的新生活新社会，应是一种内容扩大的生活和社会——就是人类一体的生活，世界一家的社会。我们所要求的新道德，就是适应人类一体的生活、世界一家的社会之道德。……我们今日所需要的道德，不是神的道德、宗教的道德、古典的道德、阶级的道德、私营的道德、占据的道德；乃是人的道德、美化的道德、实用的道德、大同的道德、互助的道德、创造的道德！”[②]这就需要精神改造的运动，亦即要本着人道主义的精神，宣传“互助”“博爱”的道理，改造现代堕落的人心，使人人都以“人”的面目对待他的同胞；要把占据的冲动变为创造的冲动，把残杀的生活变为友爱的生活，把侵夺的习惯变为共同劳动的习惯，把私营的心理变为公善的心理。这种精神改造，实际上应与物质的改造一致地进行，而且在物质改造开始的时期，精神的改造更是要紧。因为人类在马克思所谓“前史”的期间，习染的恶性很深，物质的改造即便成功，人心内部的恶，若不铲除尽净，那么，在新社会新生活里依然还要复萌，而被改造的社会组织，最终还会受它的害，而保持不住。同时，李大钊也指出，没有物质改造运动，精神改造运动也难以成功。他说：“物质改造的运动，就是本着勤工主义的精神，创造一种‘劳工神圣’的组织，改造现代游惰本位、掠夺主义的经济

① 李大钊：“我的马克思主义观”，载《李大钊文集》（下），人民出版社，1984年，第68页。

② 李大钊：“物质变动与道德变动”，载《李大钊文集》（下），人民出版社，1984年，第152页。

制度，把那劳工的生活，从这种制度下解放出来，使人人都须作工，作工的人都能吃饭。因为经济组织没有改变；精神的改造很难成功。在从前的经济组织里，何尝没有人讲过'博爱''互助'的道理，不过这表面构造（就是一切文化的构造）的力量，到底比不上基础构造（就是经济构造）的力量大。"[①]因此，"应该把这两种文化运动，当作车的两轮，鸟的双翼，用全生涯的努力鼓舞着向前进行，向前飞跃"。[②]

李大钊对中国社会及社会问题的认识，他所提出的解决问题的方法及其对社会改造的论证和追求，包含着丰富而深刻的思想。这里只介绍了其中的一部分，但从中可以看出李大钊在认识和解决这些问题时，是把唯物史观与社会学理论有机结合在一起的。李大钊不愧为中国唯物史观社会学的先驱。

第二节 瞿秋白与社会学

一、瞿秋白简历

瞿秋白（1899–1935）是中国无产阶级革命家，中国共产党早期领导人之一，马克思主义思想家，一名霜，江苏常州人。1917年考入北京俄文专修馆学习。1919年参加五四运动，并与郑振铎等创办北京社会实进会的刊物《新社会》（旬刊）。他的文章是激进的，对当时的劳工、妇女、婚姻、自杀等社会问题及社会运动等进行了分析，倡言要全社会的人去改革现存社会一切组织，形成社会运动。1920年参加李大钊组织的马克思学说研究会，同年以《晨报》记者身份访问苏俄，他是年轻的苏维埃共和国从国内战争转入建设性劳动这一历史性事件的见证人，他听过列宁的演讲，并与列宁谈过话。他1922年加入中国共产党，并代表中国共产党出席共产国际第四次大会。1923年回国后，当选为中国共产党中央委员，在上海党中央机关做理论宣传工作，进行了多方面的革命和学术活动。他将马列著作译成中文，撰写有关哲学和社会方面的理论性

① 李大钊："'少年中国'的'少年运动'"，载《李大钊文集》（下），人民出版社，1984年，第43页。

② 同上注。

著作，主编或编辑《新青年》《向导》《前锋》等刊物，并在上海大学任社会学系主任。1924年发表了《社会科学概论》讲演稿。这个讲演稿以辩证唯物主义和历史唯物主义为指导研究社会学，论证了社会发展的必然结果是实现共产主义。他是我国宣传社会学的先驱者之一。第一次国内革命战争时期，他宣传马克思主义，同形形色色的反马克思主义思想观点进行了坚决的斗争，批判了东方文化派、胡适的实验主义和戴季陶主义等。1927年他主持召开“八七会议”，并在这次会上当选为临时中央政治局书记。会议纠正和结束了以陈独秀为代表的右倾机会主义在党内的统治，确定了土地革命和武装反抗国民党反动统治的总方针。1927年冬至1928年4月，他在主持党中央工作期间犯了“左”倾盲动主义错误。1928年6月在党的第六次全国代表大会上当选为中央委员，中央政治局委员。随后出席共产国际第六次代表大会，当选为执行委员和主席团委员，并任中共驻共产国际代表团团长。1930年回国，在上海主持召开中国共产党六届三中全会，全会停止了危害党的“左”倾冒险主义路线的执行。1931年至1933年在上海同鲁迅一起领导左翼文化运动，粉碎了国民党反动派的文化“围剿”，是无产阶级革命文学的主要奠基人之一，编写了中国第一部俄罗斯文学史。1933年在中央革命根据地江西任中央工农民主政府执行委员，人民教育委员。1935年被捕，同年6月18日在福建长汀县英勇就义。遗著被编为《瞿秋白文集》。

二、瞿秋白办上海大学社会学系

1923年，经李大钊介绍，瞿秋白到上海大学任社会学系主任。上海大学是党在1922年开办的。张太雷、蔡和森、邓中夏、任弼时、恽代英和萧楚女等在该校任教，他们对学生进行系统的马克思主义教育，许多革命知识分子接受了马克思主义世界观。当时上海大学社会科学院设六个系，即社会学系、经济学系、政治学系、法律学系、哲学系、历史系。社会学系是上海大学三个重点系之一（社会学系、文学系、艺术系）。该系的主修课是社会学、社会进化史、社会学史、社会问题、社会运动史、社会思想史、经济学原理、经济学史、政治学大纲、政治学史、法学通论、法制史、政治史、生物哲学、人类学及人种学、历史哲学、心理学及社会心理学、二门外语等，选修课程有现代政治、国法学概论及其他各国宪法略史、民刑法通论、财政学通论、统计学通论、银行论、货币论、政党论、社会政策及经济政策专论、哲学概论、哲学史大纲、中国哲学史大纲等。上海大学的文学系也将社会学列为必修课。

瞿秋白指出，在当时社会上的各大学中，社会学是一种很时髦的学科，但除了少数大学和少数切实研究的学生外，竟有不少社会学系学生说，他们每天至多读几十页高贵的英文社会学而已。他们的老师多半是外国人，他们所用的书，全是原文本。不能说他们没有研究社会学，但他们实在不过研究了那种适合于外国的社会学而已。而上海大学的社会学教授中，没有那些对于中国社会情形隔膜的外国人，并且非不得已不用不合乎中国社会的社会学教本。“上海大学中的社会学教授，都是社会学研究者。他们将自己编的讲义授给学生，这比较那些用外国人教英文本的社会学，毕竟谁切实啊？‘我们研究我们的社会学知识，参考外国的社会学学说，预备实用于中国社会’”。[①]

同时，瞿秋白明确指出，学校应“切实进行社会科学的研究及形成新文艺的系统——这两件事便是当时的‘上海大学’之职任”。[②]其办学的目的是认识社会、改造社会，因此，上海大学应当具有时代性、革命性，才能担负时代所赋予的使命和革命的责任。瞿秋白亲自给社会学系开《现代社会学》和《社会哲学概论》课。他讲的课很受学生欢迎，除本系学生外，其他系的学生、甚至其他大学的先进青年都来听课。他不仅在课堂上宣传革命思想，并且利用一切机会对学生进行共产主义教育。瞿秋白认为：“以前的社会学，（如中国前数年的旧译本）因为‘历史’（社会学之材料）本缺于原始社会的研究，所以往往偏于叙述的、描写的——其实即是社会学之预备时期而已，社会学之系统，当定于其能抽象研究一切人类社会现象公律之时，我们现在当然已不偏于那叙述的社会学，亦并不遗忘它（社会进化史及社会学史），然而必以一有系统的为基础，方能为真正的各方面之比较研究。研究之最后期，并当以此社会学的方法整理中国史料（所谓‘乙部’的国故——直至于志书等），以期切于实际。”[③]

① 瞿秋白：“现代中国所当有的‘上海大学’”，载《上海大学史料》，复旦大学出版社，1984年，第17页。

② 同上书，第2页。

③ 瞿秋白：“现代中国所当有的‘上海大学’”，《民国日报》1923年8月2、3日。

三、现代社会学研究

瞿秋白在1924年著的《社会科学讲义》中谈到现代社会学，讨论了社会学的对象及与其他科学的关系、社会科学之原因论与目的论、有定论与无定论、社会现象的互辩律（辩证法——著者）等。现就社会学的对象及与其他科学的关系，社会现象的互辩律，介绍瞿秋白对于社会学与社会现象的一系列观点和方法。

（一）社会学的对象

瞿秋白认为，“从孔德以来，社会学跟着近世人类发展而起，它是现代社会（资本主义的）的产儿。人类共同生活的形式及内容已经非常复杂，于是就发生研究它的需要：社会中之问题，一天一天地难解决起来，所以不能单用头痛医头、脚痛医脚的方法，非有一纪律完整的科学从根本上研究不可”。[①]于是“现代社会学”才渐渐形成。

关于“现代社会学”的定义及其范围，瞿秋白说：“第一，社会学若是科学，它必定研究宇宙间各种现象中某一部分；第二，要证明这一部分现象的确应该有一特别的科学来研究它；第三，要确定社会学对于其他科学的关系——各种社会科学当然亦在其内。”[②]也就是说，社会学所研究的对象，必定是其他学科所不能研究的，否则社会学便没有自己的领土。其次，即使其他学科也在研究社会学所研究的对象，但它们决包含不了社会学的对象。瞿秋白认为：

> 社会学所研究的究竟是什么呢？社会学应当答复的问题是：什么是社会？社会的发展或衰灭之根本原因在哪里？各种社会现象相互的关系如何？此等现象的发展之原因在哪里？等等。最应当注意的就是社会学所研究的乃是整个的社会及一切社会现象；其次，就是社会学所研究的乃是人类的社会。所以社会学的定义当是：
>
> “社会学乃是研究人类社会及其一切现象，并研究社会形式的变迁，各种社会现象相互间的关系，及其变迁之公律的科学。”[③]

① 瞿秋白：《现代社会学》，原载《社会科学讲义》，上海书店1924年，转引自《上海大学史料》，复旦大学出版社，1984年，第327页。

② 同上书，第328页。

③ 瞿秋白：“现代社会学”，载《上海大学史料》，复旦大学出版社，1984年，第328页。

可见，瞿秋白所说的社会学不是侧重研究某一种社会现象，而是研究整个人类社会及一切现象的科学。

（二）社会学存在的根据

首先，瞿秋白阐明了社会学的存在在实用及理论上的重要性。他说："社会现象就是人与人之间相互关系，及其相互行动，当然是非常之重要。人类当然要想知道此等现象的因果，首先就是实用方面有迫切的需要，近代社会问题式或社会政策式的社会学之发现便是'物证'。科学是生存竞争的工具，而社会学正是适用于人类相互行动方面的工具。因此，社会学的实用上的重要是无可疑的。"①

至于理论方面的重要性，瞿秋白说："假使'人类之相互行动'确是自成其为一种的现象，有其他'相互行动'所无的特征，那么，社会学之成立已经有充分的理由，若再发现这一种现象是其他科学所不能研究的，那就社会学的存在有确实的根据了。"②

（三）社会学与其他一切科学的关系

1．社会学与理化科学

瞿秋白首先分析了社会学与理化科学的关系。瞿秋白说，虽然现时社会学中往往有应用物理化学公律的尝试，但尝试的成绩很有限。他说，人不但是物理学上的"体"，而且还是生物；人不但是生物，而且还有思想心理意识，而且还能自动地做共同的工作，经营不同生活。物体与物体的关系及其"力"的变更趋向等，可以用物理学公律来归纳，而人却除此类公律以外，还有一部分的变化及关系，不是物理公律所包含的。因此，社会现象与物理学所研究的现象截然不同，社会学不应当与物理学、生物学相混，而是独立的社会科学。

2．社会学与生物学

关于社会学与生物学的关系，瞿秋白指出，第一，人类互动的现象还没有能归入纯粹的生物学的过程；第二，即使归入，也仍旧是"自成其为一种的"现象；第三，因此研究此等现象应当有一特别科学；第四，生物学并非这种科学；第五，这种科学便是社会学，或所谓人类社会学。他认为："社会学家可

① 瞿秋白："现代社会学"，载《上海大学史料》，复旦大学出版社，1984年，第329页。

② 同上书，第330页。

以并且应当在自然科学方面建筑其基础于生物学上，然而若要在动植物社会学与人类社会学之间划一个等号，却就大错特错。”①

3．社会学与心理学

一般将心理学分为个人心理学与群众心理学。就个人心理学与社会学的关系来说，瞿秋白认为，社会学的对象显然与心理学不同。心理学不研究“人际的”现象，而只研究个体（人）的心理或意识之过程、结构、组织等。社会现象并不尽是心理的，甚至于心理的现象还待社会学来帮着研究。“可见：一，社会学是研究人与人之间的关系和互动，心理学却不然；二，社会学所研究的对象不尽是心理学可以说明的；三，社会学反而可以研究社会关系的结果贡献于心理学，——社会关系足以规定心理，而并非心理足以包括社会现象。”②

关于集体心理学与社会学的关系，瞿秋白说，一般也把集体心理学叫作社会心理学或称为民众心理学。他认为，无论认为集体心理学是研究无组织的偶然群众现象的群众心理学，还是研究有组织的群众间的现象的社会心理学，这“两种集体心理学都不能夺社会学的地位。集体心理学若是偶然的群众之心理学，那就只能做社会学的一章。集体心理学若是稳固的团体（民族或国家）之心理学，那更是在社会学中分属于家庭、国家、民族、政党的各章里的一节……至于以集体心理学代理社会学的学说，根本不能成立，——因为不但社会现象不全属于心理的，而且社会心理现象有时是某一社会关系的结果。科学是研究现象的因果律的，当然不能以倒因为果的算科学，所以亦不能照爱德华的说法，认社会心理是社会学的主要先行科学”。③

4．社会学与其他社会科学

关于社会学与其他社会科学的关系，有好几种学说。瞿秋白对此作了概括和评论。第一种观点认为社会学是一切社会科学的总体，这种见解，无异乎给社会学以虚名，而在实际上取消它。第二种观点认为社会学是研究一种特别的社会现象的科学，其他社会科学不研究这种现象。瞿秋白认为，实际上这种见解使社会学不成其为综合的科学。第三种意见以为社会学是综合其他社会科学而研究社会全体总现象的科学。科学愈分工，类别划分愈严格，愈要有一综合

① 瞿秋白：“现代社会学”，载《上海大学史料》，复旦大学出版社，1984年，第333页。

② 同上书，第334页。

③ 同上书，第335-336页。

的科学去连贯它们。

瞿秋白同意的是第三种意见，他说："社会科学之中却有两种科学，并不是仅仅研究社会现象的某一部分，却是研究社会总体的一切现象；此种科学不以社会间某一类的现象为目标（或经济，或法律，或宗教），而以社会生活之全体为目标，而且研究各种现象之关系。这种科学：第一便是历史，第二便是社会学。……历史的职任是研究并叙述某一时代某一地域的社会怎样经过的。……社会学的职任，却在于综合的问题：什么是社会？社会的发展和崩坏的原因何在？各种社会现象（经济、法律、科学等）之间的关系如何？社会学是社会科学中最综合（抽象）的科学。"[①]瞿秋白注意到，俄国学者19世纪时往往称社会学为"历史哲学"，可见历史和社会学的密切关系。瞿秋白认为，因为社会学能解释人类发展的规律，所以它可以用作研究历史的方法，而社会学的一切结论又要有历史的事实证明，所以瞿秋白的结论是："历史便是社会学的材料，社会学是历史的方法。"[②]

瞿秋白概括地指出："现在我们已经将社会学对其他一切科学——理化、生物、心理、社会以及历史等——的关系和区别说明了。没有一种科学足以代社会学研究总体的社会现象，亦没有一种科学足以直接运用自己的原理来解释社会现象，——因此，可以断定必须有一种科学来特别研究那解释社会现象的原理，并且综合一切分论法的社会科学所研究的对象间之关系，——就是社会学。"[③]瞿秋白不但阐明了什么是社会学及其与其他社会科学的关系，同时也指出了研究社会及社会现象的根本方法——互辩的唯物主义（辩证唯物主义——著者）。

（四）社会现象之互辩律

1．社会学里的唯物派观点

作为研究社会和一切社会现象的科学的社会学，首先碰着的是心物问题。瞿秋白说："物质生于精神，还是精神生于物质？这一问题虽是哲学范围里的，然而社会学里有许多问题与它很有关系。心物问题是社会科学里的先决问题。"[④]瞿秋白指出，唯物论是以物质为宇宙的根本，它认为精神是物质的产

① 瞿秋白："现代社会学"，载《上海大学史料》，复旦大学出版社，1984年，第337页。

② 同上书，第338页。

③ 同上注。

④ 同上书，第339页。

物。而唯心论却以精神为宇宙的根本，认为物质是精神的产物。瞿秋白的观点是："物质先于精神，精神是特种组织的物质之特别性质——物质当然是宇宙间一切现象之根本。"[①]他认为人的意志并不是自由的，要受人生外界环境的规定，社会的意志也是如此。

社会科学里的唯物主义观点认为："社会是自然界的产物，人类亦是如此。社会只能存在于自然界之中，只能采取自然界里对于自己有益的东西以求生存。它采取的方法便是经济的生产。社会的经营生产并非有意识的。只有有组织的社会里一切都有预定的规划，那时的经营生产方才是有意识的。"[②]也就是说，那物质的生产及其资料（物质的生产力）是人类社会生存的根据。没有这些物质关系，无论什么"社会意识""精神文明"都不能有，而且社会物质的发展会促进"精神文化"的发展。"换句话说，就是社会的精神生活，受物质生产的实际状况及其发展的程度之束缚。人类社会的生产力的发展程度，大足以规定其精神生活。以社会学的术语来说，便是：精神生活是生产力的功能"。[③]瞿秋白认为，社会不过是"劳动的组织"，或者说是"生产的机体"。这是社会学里唯物派的观点。瞿秋白同时也指出，唯物派并不否认思想是有所作为的。假使一种理论，能为群众所接受，它便能成为一种社会力量。然而唯物派在研究社会现象的时候，不能满足于"当时人是这样想的"，而还要问，为什么这一时代的人会这样想。对这些，我们只能在人类社会的物质生活里去找解释。所以唯物论能解释社会的精神生活的现象，而唯心论却不能。

瞿秋白指出，马克思的《经济学批评》（1859）是唯物论应用于社会科学的最早的尝试。同年达尔文的《种源论》出版。达尔文的学说，证明了动植物界的变化是受物质生活条件影响而发生的，但是不能完全把达尔文的规律，从生物学里毫无变更地移入社会学。瞿秋白认为："自然科学和社会科学有共同的公律，可是应用到社会学里的时候，应当有特别的'人的社会'的方式。不能将一切历史都归入那自然律的。'生存竞争'，所谓'Struggle for life'在社会之中另是一种意义。'社会的人'行生存竞争的时候，他首先便觉得自己的阶级地位，其次便觉得与相斗者处于一定的经济关系及同一的经济机体之内；

① 瞿秋白："现代社会学"，载《上海大学史料》，复旦大学出版社，1984年，第341页。

② 同上书，第344页。

③ 同上书，第345页。

所以他的斗争是阶级的。"[①]

2．一切现象间的关系的动力观

瞿秋白认为，宇宙间一切都是运动的，全宇宙是"动的物质"。因此，凡是在研究一种现象时，必须观察它的发生、发展及消灭，即研究事物之动象。"决不可以只看见事物的静的方面。'静'是我们主观的想象而已。这种动力观叫作'互辩法'或'互变律'（Dialectique）"。[②]而且，他认为，因为宇宙永远都在运动，所以在研究一切现象时，还应当看到它们之间的联系，"尤其人类的一举一动都能影响到自然界及社会"。[③]因此，瞿秋白指出："互辩法的考察一切现象，第一要看现象之间的不断的联系，第二要看它们的动象。"[④]

3．社会科学中的历史主义

瞿秋白说："宇宙间的一切现象，既然是永久动的，互相联系着的，社会现象当然亦是如此。所以社会科学中的根本方法就是互辩的唯物主义。"[⑤]

瞿秋白认为，在人类社会中，此等动象不仅存在于社会的经济结构里，社会生活的各方面无不在永久变动之中。社会生活和自然界一样在不断地变更，人类社会经过无数的变化阶段。因此，第一，应当研究每一种形式的社会的个别"自性"，而不可以一概地、笼统地推想一切时代，一切社会。也就是说，每一个历史时代都各有自己的公律。"社会学是社会科学里最综合的——综合的研究社会，不专就社会的某一形式或某一方面去研究，所以——它尤其要确定这一界说，去作别种社会科学的方法"。[⑥]第二，应当研究每种社会的内部变动历程。第三，应当研究每一种社会的发生及其必然的消灭，——研究其与其他社会的联系。

4．矛盾观与历史的矛盾性

瞿秋白说："宇宙的均势都是一时的，所谓'现象'就是不断地各种均势之破坏过程。平时的所谓'静'仅仅是真正的'斗争'暂时不能觉察而已。相

① 瞿秋白："现代社会学"，载《上海大学史料》，复旦大学出版社1984年，第346页。
② 同上书，第347页。
③ 同上书，第348页。
④ 同上注。
⑤ 同上书，第348页。
⑥ 同上书，第350页。

持的各种力量里，有一种力量内部变化渐显，便足以破坏均势；随即成立新的犄角相持的形势——各种力量变了一种‘相持’的局面，——又是一新均势。所以‘斗争’与‘矛盾’（趋向不同的各种力量之相对抗），——足以规定变动的历程。因此，可以略见此种‘功’的过程的形式：一、均势状态；二、此均势之破坏；三、均势之恢复。而成新的局面，总起来说，动的历程，便是内部矛盾的发展。”①

瞿秋白指出，“一、原始均势——‘正题’（Thesis），二、均势之破坏——‘反题’（Antithesis），三、均势之恢复——‘合题’（Synthesis）。这种‘三题式’就是所谓的‘互辩律’，一切动象都含有这种性质”。

对于互辩律的应用有两种不同的根本观点。一种是唯心派，唯心主义以为人的思想是这样，所以物质世界的变易亦是这样，这种观点的代表人物是黑格尔。另一种是唯物论派，唯物主义认为，物质世界的变易是这样，所以人的思想也是这样，这一派的代表人物则是马克思。唯物论认为，凡是一个“物”（个体）必定自成“系统”，个体之中又有个体，而“物”之外必定有环境，所以总体之外又有总体。人之于社会，社会之于自然界，都是这样一种关系。环境与个体之间必定有经常的联系；环境影响个体，个体亦影响环境。在这种相互影响里便能看到互辩律的作用。

环境与个体之间的关系有如下几种形式。一是稳定的均势。环境与个体之间的互动若是不能变更现状，或是均势虽时有破坏而仍能完全恢复旧状，那么此时的状态便是稳定的均势。二是积极变易的均势（个体之发展）。个体与环境的互相影响是时时变更的，绝不可能永久保持原状；个体的力量与环境的力量的消长，绝不会适如其分地两相抵消，而必定有畸重畸轻的形势。假使个体的适应力变小，那它便要渐渐归于消灭；假使个体的势力较大，那它便能渐渐发达。个体与环境之间的均势，经过一次破坏，到再恢复过来的时候，已经另是一种新的均势了。人类社会亦是如此，假使社会里的生产力逐渐发展，而社会里的耗费并不加大，或者还在减少，那么社会便在发达。三是消极变易的均势（个体的破坏）。假使人类社会里的生产力增加得太慢，或者日益退步，以至于灭亡，这样的变化意味着，社会与自然界之间的均势，在不断地变易之

① 瞿秋白：“现代社会学”，载《上海大学史料》，复旦大学出版社，1984年，第352–353页。

中，每次破坏之后所恢复过来的新局面，总比前一次坏。这也是一种非稳定的变易的均势，不过是消极的而已。个体与环境之间的矛盾，因此而不断地变更其形式，形成种种不同的均势。

瞿秋白说，每一个体的内部自成其为系统。每一社会也是由许多人所组成的，所以除了对外的矛盾之外，还有内部的矛盾。个体内各构成分子之间亦有种种矛盾、冲突。个体与环境之间没有绝对的均势，个体内部分子之间也没有绝对的均势。而且，“每一个体内部的结构（内部的均势）之变易，应当跟着这一个体对环境的关系（外部的均势）而定”。①

5．社会科学中的突变论与渐变论

瞿秋白认为，均势的破坏与恢复是不断变易的过程。瞿秋白分析了变易过程的两种特性：“一、数量变易到一定的程度，便能发生质量上的变易。二、数量变成质量时，是一种突然跳跃的现象，——渐进的过程里显露出划分两截的界线。”②变易的这两种性质之间的关系“其实是质量上的突变要数量上的渐变做预备”。③瞿秋白认为，社会里的革命类似于自然界里的突变。突变并不是无因而致的现象。社会里的革命是社会结构的改造，当社会发展的需要与社会的结构相冲突时，便不能不引发出革命式的突变。因此：

> 第一，社会里与自然界里都有突变。
>
> 第二，社会里与自然界里的一切渐变都必行向突变，——一切进化（Evolution）必行向革命（Revolution）。
>
> 第三，社会里与自然界，每次必须经过一种突变，才能开始一种新方向的渐变，——往往必须经过一次改造（Reconstruction）才能开始一种新方向的改良（Reform）。
>
> 普列哈诺夫说④：“跳跃在陆续的变之前，陆续的变又行向跳跃。这是一种过程里的两种要素（突变与渐变）。”⑤

① 瞿秋白：“现代社会学”，载《上海大学史料》，复旦大学出版社，1984年，第356页。

② 同上书，第357页。

③ 同上注。

④ 即普列汉诺夫。——著者

⑤ 瞿秋白：“现代社会学”，载《上海大学史料》，复旦大学出版社，1984年，第358页。

四、《社会科学概论》内容简介

瞿秋白对社会学作了较为系统的研究，他认为社会学应答复：什么是社会？社会发展或衰灭之根本原因在哪里？各种社会现象的相互关系如何？以及这些现象发展原因在哪里等问题，他认为社会学是“研究人类社会一切现象并研究社会形式的变迁、各种社会现象的相互变迁之公律的科学”。[①]1924年夏，上海大学联合复旦、东吴等大学举办夏令讲学会，瞿秋白在讲学会上发表了《社会科学概论》的讲演，全面地回答和论述了上述几个理论问题。

瞿秋白的《社会科学概论》是一部重要的社会学著作，在当时产生了重要的影响，在中国社会学史上占有重要的地位。下面简单地介绍一下该书的内容。

第一，该书阐明了什么是社会。他说：“经济是社会的基础，此外有：政治、法律、道德、宗教、风俗、艺术、哲学、科学。社会便是这种种社会现象及其联系之总和。研究这社会现象之总和——是社会学。”[②]

同时，他论述了社会形成的过程，讨论了以下几个问题。

（1）人类与自然界的关系。人类本着自身生物性的生活需要与自然界接触，进行生存竞争，力求战胜自然。人类战胜自然的方法，本在于结合互助。这种结合使个人的劳动同时又是社会劳动，在生存竞争的经验里发现种种分工协作的方法，从而增加人类社会的生产量。于是，人类除生物的需要外，渐渐发生繁复的需要，人类要应付自己的日渐变易的天性，便逐渐以人力改变自然界的产物，不仅采用现成的东西，而且开始制造，从而生产方法日益复杂起来。

（2）劳动与知识。人类既然能改变自然界，以求适应自己日趋繁复的需要，就必定要运用自己的体力——劳动。在劳动的过程里，人类积累了许多经验，渐渐能改变劳动的方法，这就需要一种特殊工具来记忆这些经验，这种特殊工具便是知识。然后人类才从动物的浑噩心理（感觉）里，分析出个别的概念来，那时才开始思想，人类的劳动经验才能渐次得到整理。总之，人类因求生而劳动，即使用其体力的一部分以采取或制作自然界的物质——取得生活资

① 瞿秋白：《社会科学讲义》，上海书店，1924年，第10页。

② 瞿秋白：《社会科学概论》，联合出版社，1949年，第4页。

料，这一部分的体力便是所谓工力。又因使用工力，必定有某种方法及工具，这种方法及工具便是技术。而技术的进步，从根本上说，是随着劳动过程中出现语言、思想和知识而产生的，所以人类改变自然界的工具，虽说有劳动及知识二者，其实只有劳动是人与自然界相接触的焦点。

（3）经济行为与经济。人类使用工力、通过技术来改造自然，以此经常满足自己的需要，即取得生活资料——这种行为叫作经济行为。经济行为必定是创造经济价值的行为。最主要的经济行为便是生产。生产必须有工力、生产工具（包括技术）和生产资料，这三部分组成生产力。人类创造经济价值以适应自己的需要——从事经济活动，必须经常使用并储蓄这些生产力，因此人类便有所谓经济——一切经济行为合成整个的生产过程的总和。

（4）社会性的人类生存竞争。人类既有经济，那么，他经营经济的方法便是共同生活。这种共同生活性是人类社会的根本意义所在。人的共同生活性，也是“天赋”的生存竞争工具。经济协作是人类社会与禽兽社会有差异的出发点，人类的生存竞争的方法与禽兽不同，禽兽只能去适应自然，而人类却能使自然适应自己。

（5）人类社会的协作与分工。人类适应环境既然是积极的，那么，社会内部分工协作的方式便很容易变化。凡是劳动，必定有所生产。可是劳动的生产量却随劳动工具的性质而变化。人与人之间的关系，必定随着人类与自然的关系的变化而变化。人类与自然的关系是劳动方法及其生产量（技术）之间的关系，而人与人的关系便是社会内协作及分工的方式。社会的劳动方法及生产量如果有变动，那么，社会内协作及分工的方式，也就直接或间接地发生改动，亦即工具的性质变了，劳动的生产量也会随之而改变；工具及生产量改变了，占有及分配方式也会改变，社会内“人的结构”当然要相应改变。

（6）社会阶级及阶级斗争。人类社会是一种经济协作的组织——劳动结合，协作的形式随着生产方式而变。当技术程度（劳动工具）发展到一定的时期，社会上将产生两种人，一种是占有生产资料及工具的人，一种是丧失生产资料及工具的人，前者得以购买后者的工力，后者的劳动生产品之一部分为前者所夺——那时，这两种人以及他们之间的种种过渡者，才成“社会阶级”。从全社会看，各阶级的分工虽然仍旧成就全社会的经济协作，可是从受剥削阶级看，这种协作已经不是自愿的，而是迫于威权或受经济的政治的强制。各阶级虽处于同一社会内，但目的和利益各不相同，于是不免要发生阶级斗争。必须到全社会整个地实现拥有工具的人与使用工具的人的统一，阶级才能被消灭，阶级斗争才能终结。

（7）阶级斗争与“社会的工具”。人类共同生活在社会里，因与自然竞争而经营经济：分工协作生产全社会的生活资料。因要生产生活资料以满足日益繁复的需要，所以劳动的方法日益发展，工具的形式日益复杂，从最简单的工具进步到较复杂或完美的工具；从物质的工具进步到精神的工具：言语、知识、艺术、习惯都是组织劳动的方法，辅助共同劳动的手段。精神的工具不但是个人劳动时所需要的一种手段，而且必定是团体劳动或社会劳动的产物——同时也是维持当时社会共同生活和分工协作所必需的方法，所以精神的劳动工具必定是社会性的。在阶级社会里，这些“社会的工具”便成了统治阶级剥削被统治阶级的种种手段，于是产生宗教、政治、法律、道德等现象。知识、艺术、风俗、习惯也成了统治阶级压迫被统治阶级的工具。统治阶级不但以经济力量剥削被统治阶级，并且用政治、法律、宗教、道德、风俗、艺术、科学、哲学来辅助他的剥削行为。

瞿秋白不但论述了社会的形成，剖析了社会的构成及其发展，而且还给社会下了一个定义：“社会者能制造工具的人类之劳动结合也。此劳动结合——经济体之演化，乃生政治、法律、道德、宗教、哲学、风俗、艺术、科学等现象，以应组织劳动之需。”①

然后，瞿秋白对构成社会的各组成部分所处的地位、各自的发展规律及其相互之间的关系，进行了唯物辩证的分析。

第二，经济。他认为经济是社会的基础。人类社会既然是劳动的结合，那么，社会的基础一定是它的物质生产力水平，社会变易的根本原因也必定是生产力的发展。生产力的状态是人与自然关系的标准，社会内人与人的关系要依人与自然的关系而定，所以社会内人与人的关系，从根本上讲是经济关系。生产力是人类从事经济行为的物质基础，所以生产力的状态变了，经济关系也就变了。社会制度是表现经济关系的形式。原始共产制、宗法社会制、奴隶或农奴制（封建制度）、资本主义及共产主义社会，有五种经济关系，就有五种社会制度。经济关系变更了，社会制度也会随之而变更。社会必须经过一种突变

① 瞿秋白：《社会科学概论》，联合出版社，1949年，第17页。

即革命的突变才能更替。生产力是社会发展的原动力，可是三项生产力之中，自然界的作用与技术及工力的作用，在生产发展的过程中成反比，而社会制度的形式上的差异程度和生产的发达程度成正比。瞿秋白结合当时的世界革命和中国革命着重指出："凡是资本主义较弱的地方容易开始社会革命，而胜利后难于社会主义之实行，凡是资本主义较强的地方难于开始社会革命，而胜利后容易实行社会主义。——这是应用唯物史观时：综观全社会（世界）种种复合的经济关系及全历史种种过渡的社会制度之原则。"[①]这些论断不但可以指导人们正确对待当时的苏联革命，而且对我们正确认识今天的社会主义建设事业的艰巨性仍有很大作用。

第三，政治。他认为政治是社会的上层建筑。经济关系是社会基础，在社会基础之上，应那些经济关系的需要，自然要产生种种"建筑"——最先当然便是社会制度。社会制度里有政治制度。在阶级社会里，一部分人占有生产资料和生产工具，强迫另一部分人为他们做工作并占有其劳动生产的一部分，这样便产生强制机关即政府。政治出现后才有所谓的国家。政治的基础是阶级，所以阶级消灭之后，国家也就归于消灭。政治是阶级斗争的最重要的工具，政治与阶级不能相离，有阶级即有政治，政治是阶级社会的标志，一切阶级斗争，都会反映到政治上来。从根本上说，阶级斗争是争政权的斗争，目的总在于取得政权以后改造经济关系。政治制度是社会内阶级关系的表现，政治制度的变更是和社会的阶级关系相适应的，而阶级结构又是经济关系及生产力的发展和变更之结果。因此生产力及经济关系的变易，使社会里各阶级在社会生产中的作用及优势互相更迭，于是发生革命而政治制度变易——统治阶级相更迭。只有到了共产主义，那时所治的是"物"而不是"人"，阶级消灭了，国家也就会消亡，再也没有什么政治了。瞿秋白特别指出，社会变更的动因——根本动力，在于从物质生产的发展中产生出来的新阶级，而资产阶级学者却以为政治制度自成系统，与经济基础没有联系，即使承认政治制度的变革有动因，也是到"政治理想"和"社会心理"中去找，提出"教育程度对于民主制度是必需的，教育可能转变社会"，"民主制度会生流弊的，所以要想出种种防弊的制度"。他们没有看见政治变革的"动因"，而只见政治变革的"助缘"。

① 瞿秋白：《社会科学概论》，联合出版社，1949年，第26页。

第四，法律。他认为法律是政治的附庸。没有政治绝不会有法律，法律是不平等的产物，社会里阶级之间的经济关系和政治关系若要巩固，就必须有法律。法律不过是组织劳动、维系不平等的经济的工具而已。经济关系变迁，法律也随之变革；统治阶级更换，法律的根本概念也自然更换。如从无法而有“礼”，“礼”成为组织社会的一种工具，渐成习惯法、民法，资产阶级的法律就是商品经济社会秩序的维持法。资产阶级的法律有一总原则：拥护私产。而无产阶级的法律总原则却是“消灭阶级”。无产阶级国家的法律是适应其经济改造政策的法律，等阶级完全消灭，那时私产既无，各得所需，文化极高，应用科学方法组织经济，进行教育，群众受社会生活的熏陶，心理上生理上的病状尚且日益减少，人人能以自力调节自己的欲望，罪恶绝难存在，法律当然消灭。

第五，道德。他认为道德是社会心理的一个方面，它暗示民众以“行为的标准”，因而也是组织劳动的一种工具。社会心理中，一部分直接受经济关系的规定，另一部分受生长于经济关系上的社会政治制度的规定，社会心理同时又是物质生产的“精神工具”。在无产阶级社会里，社会心理是共同组织劳动时的副产品，也是组织劳动的手段；在阶级社会里，社会心理是统治阶级指挥被统治阶级的催眠术，或者是被统治阶级反抗统治阶级的兴奋剂。各种社会思想都是这些社会心理的反映，是综合社会心理而形成的较有系统的观念体系。社会心理是指每一时代普通民众所认为当然的及美好的种种观念，社会思想是指每一时代普通民众的思想方法以及他们对于宇宙现象及社会现象的解释。道德是社会心理的一方面。在阶级社会里，统治阶级的道德占优势。道德总是阶级的，而在无阶级社会里道德才是社会的。道德的根据在经济，经济—社会的协作及分工的方式随着生产力发展而变更，组织劳动的方法当然亦在变更——道德因此流变不止。到阶级消灭、政治消灭、一切约束消灭、科技充分发达、教育及文化程度提高、社会分配达到各取所需时，道德才是社会的而非阶级的，它自身也就消灭了。

第六，宗教。瞿秋白相信宗教是社会适应自然的工具，具有传授经验、整齐情绪、练习共同劳动（仪式）的作用。而在阶级产生之后，随着技术水平的提高，宗教的传授经验、练习共同劳动的作用渐失，整齐情绪的作用增大，统治阶级借用宗教恐吓被统治阶级，驯服震慑他们的情志，以供驱使。随着社会的发展，宗教从万物有灵论，发展到图腾崇拜、祖先崇拜，从多神教到一神教，从人造的人形的神到为“仁”“慈”“爱”等抽象观念所代替。在资本主义社会里，资产阶级用宗教信念及教会宣传去蒙蔽民众，消磨他们的革命意志。而无产阶级则根据科学的人生观去鼓励民众的情绪，坚定自己的意志，从事阶级斗争及改造世界的事业。人类社会改造之后，一切剥削制度及阶级斗争消灭了，宗教也就没有存在的余地了。

第七，风俗。社会既是共同劳动、共同生活的组织，那么，个人的行为应当与社会的需要相适合，所以，社会进化之每一阶段里，必定要造作种种道德律，维系当有的社会秩序，以为个人的行为标准。人与人之间的经济关系影响到个人行为上去的，除道德外，还有风俗。每一时代的统治阶级习俗，往往凌驾于其他阶级之上，使被统治阶级忘记自己的阶级地位，从而销蚀他们反抗和团结的精神，这是统治阶级的经济和政治优势在风俗上的反映。而被统治阶级要改造社会，就必须破除旧习俗，创造新习俗，这也是阶级斗争的一个方面。到了社会成为共同生产、共同消费的无阶级社会时，人类共同生活的习惯极为自然活泼，互相友爱成风，个性充分自由，行动都合理性，风俗就可以代替道德。

第八，艺术。社会的生产过程自然造成人类的种种情意，而且引导着情意的发展：整齐它、变更它，又以为组织劳动之用。艺术既是当代发生于经济关系的社会情绪的表现，又是调节情绪以适应当时劳动组织方式的工具。艺术的产生在于劳动，而智力与体力分工后，由于寄生阶级的存在，才出现作为消闲工具的艺术，而间接与生产过程及社会制度有关。每一时代都必定有所谓的“民众艺术”，而“民众艺术”与生产技术密切相关。随着资产阶级的发展，出现了浪漫主义、现实派、颓废派。随着无产阶级的兴起，出现了新现实派，艺术能舒畅无产阶级刻苦斗争的精神，增长群众的协作习惯及能力，振作创造的情绪，以达到改造的目的。共产主义实现之后，真美的综合艺术观将广泛至无涯。

第九，科学与哲学。整个社会及社会的各部分的发展都是有规律的，这样形成了科学和哲学。劳动是人类征服自然的过程，然而征服自然之际，就渐次认识了自然。因为在征服自然的过程中，人类社会的分工协作形式日益繁复，于是处理社会关系的工作又使人类渐次认识社会。对于自然及社会的认识，当然增进人类的知识。而对于宇宙及社会的解释，便形成为种种思想方式，以确定当时的人对自然及社会的态度。整理某种知识而成一系统的是科学，整理思想及方法的是哲学。瞿秋白指出：“无产阶级的斗争经验及对于资本主义的精密考察，必然归纳而成综贯的、统一的、因果的、明了物质世界之流变公律，并且探悉心理助缘之影响程度的宇宙观及人生观——互辩律的唯物论，做他的革命斗争的指针。”[①]无产阶级要改造社会，方能解放他自己，所以他的革命运动及改造社会的事业，必须有极正确的社会科学和自然科学，以便正确认识社会及自然。

在瞿秋白那个时代的知识分子特别是社会学界知识分子中，存在着一种论调，认为学者和思想家是中立的，是代表正义的，态度是公平的，他们试图用教育的方法和改良进化的手段解决社会问题。瞿秋白对这种论调进行了分析和批判。他认为，知识阶级在现代已经不是一种社会阶级，因为他没有独立的经济地位，只有职业上的特殊性。在劳资的政治斗争和经济斗争里，只能依他的思想的倾向，决定他是资产阶级的工具，还是无产阶级的工具。他认为，不剥夺资产阶级的政权，而仅仅给贫困者提供一些帮助，这种设想只能缓和革命潮流，仍不免为资产阶级所用。

尽管该书中有些观点还欠成熟，值得进一步研究。但全书以辩证唯物主义为指导，在分析社会的大系统和各子系统及其相互关系时，贯穿了这样一条认识论主线：生产力的状态是社会的最后根底；社会和社会的各部分都以经济发展为基础，并处在不断的发展变化中；社会发展的最终走向是实现共产主义。

总之，瞿秋白在该书中系统地论述了社会、政治、经济、法律、道德、宗教、风俗等社会现象的本质及其相互间的关系，论述了生产力与生产关系、经济基础与上层建筑的关系，为指导人们坚持以历史唯物主义和辩证唯物主义研究社会学奠定了基础。他还指出，社会革命乃是社会发展的必然产物，从根本上说，阶级斗争是争政权的斗争，目的总在于取得政权以改造经济关系，因为经济发展到一定程度后，新阶级便非取得政权不可，否则不能往下发展。这就是说，改变经济制度的斗争，必然要集中地表现为夺取政权的斗争。无产阶级要实现社会制度的根本变革，必须首先打碎旧的国家机器，推翻地主资产阶级的反动统治。同时他也指出，只对社会问题进行点滴改良是行不通的。

① 瞿秋白：《社会科学概论》，联合出版社，1949年，第68页。

第四章
普通社会学研究

20世纪20年代，美国社会学无论是从人数还是从影响来说，在中国的社会学界都占优势。留美生中人才多，尤以哥伦比亚大学和芝加哥大学出身的为多。毕业于哥伦比亚的有陈达、黄凌霜（黄文山）、徐声金、高廷梓、吴文藻等，出身于芝加哥大学的有吴景超、王际昌、游嘉德等。在当时的中国社会学界有相当地位的有留美学者孙本文、许仕廉、应成一、杨开道、吴泽霖、钱振亚、刘强等。留英学者有陶孟和等，留德学者有俞颂华等，留法、比的有叶法无、许德珩、胡鉴民等，留日的有李剑华、李达、何畏等。美国在中国开办的教会学校培养的学生也较多。当时，普通社会学不但有大量的译著，还有中国人自己的著作，但自著者大多取材于美国人的作品，独出心裁、自成体系者属少数。孙本文主编的《社会学丛书》，便是当时的普通社会学研究的代表作。

孙本文为了当时教学的需要，邀请著名的专家吴景超、游嘉德、黄凌霜、杨开道、寿勉成、李剑华、潘菽、黄国璋、吴泽霖共同编写《社会学丛书》，1929年到1930年由世界书局陆续出版。孙本文在《社会学丛书序》中阐明了社会学的重要性及出版丛书的意义。他说：

> 社会学是晚近发展的一种极重要的科学，大概已为世界学者所公认，它的重要可从三方面来说明：
>
> （一）从科学地位方面说，社会学是一切社会科学的基本科学；它是研究社会科学中共通的原理原则；所以研究任何社会科学的人，不能不首先研究社会学。

（二）从个人生活方面说，社会学是研究人类社会行为的科学；它供给人类如何适应社会环境的知识。因为任何人不能不适应于社会环境，所以任何人不能不明白社会学。

（三）从社会改进方面说，社会学是研究人类共同生活的原理原则；它是告诉人类，如何可以兴利除弊，如何可以增进幸福。所以谋社会改进的人，不能不首先了解社会学。

接着，孙本文说明了出版丛书的意义：

社会学既然是这样重要，所以近年来欧美各国，研究实验，不遗余力；学者既多，出版物自日见增加。近视我国，则研究社会学的兴趣，尚不如欧美之浓厚，所以对于社会学的理论和实际，尤少有系统的介绍。有志学者，虽欲一窥堂奥，而辄无从取材；结果，往往借径于西籍，这当然不是长久之计。

以中国目前社会科学的幼稚，和社会建设的急切而言，正需要一种有系统的社会学书籍，供给一切关于社会行为的知识，以备研究社会科学者和策划社会建设者，以及一般人研究参考之用。

本丛书的编辑，或者正可以供给我国目前这种急切的需要。丛书内容，务求切实；学理应用，双方兼顾。各书陈述，虽不必有独创之见；但执笔者均系国内专攻社会科学之人，对于所任各书，尤擅专长，差堪自信。希望丛书之出，足为我国社会学发展的导线和今后社会建设的指针，方始不负本丛书编辑的一点微意。

该丛书包括了普通社会学的各方面，共有15种：第1种《社会学的领域》，孙本文著；第2种《社会的文化基础》，孙本文著；第3种《社会的心理基础》，潘菽著；第4种《社会的经济基础》，寿勉成著；第5种《社会的生物基础》，吴景超著；第6种《社会的地理基础》，黄国璋著；第7种《社会组织》，吴景超著；第8种《社会变迁》，孙本文著；第9种《社会进化》，黄凌霜著；第10种《社会约制》，吴泽霖著；第11种《农村社会学》，杨开道著；第12种《都市社会学》，吴景超著；第13种《社会学史纲》，李剑华著；第14种《社会研究法》，杨开道著；第15种《人类起源》，游嘉德著。丛书的基本内容是：阐明社会学的性质及范围，系统介绍欧美社会学的各种新学理及方法；介绍社会学各派学说的历史和发展，及其在各国的现状；介绍在社会建设上所必需的基本知识。丛书的每一种都是自成一体的社会学专著，后来为了大学讲授方便，由孙本文合编成《社会学大纲》，1931年由世界书局出版。此丛书较全面系统地介绍了社会学这个学科的基本理论和知识，同时也说明中国出现了社会学的专家，并有联合研究的趋势。

第一节
杨开道的农村社会学研究

农村社会学在世界社会学史上是比较后起的一个分支学科，但在中国社会学史上还不算是后起。最早出现的是1924年顾复的《农村社会学》，其后农村社会学理论研究方面的著作有：杨开道的《农村社会学》（1929）、言心哲的《农村社会学概论》（1934）、《农村社会学导言》（1937）、孙本文的《现代中国农村问题》（1943）、乔启明的《中国农村社会经济学》（1945）等，还有很多农村实地调查研究专著。由于中国是个农业社会，所以研究农村社会学的颇多，而且其理论和社会的实际结合尤为紧密。社会学学者不但著书立说，而且还进行农村社会改造的实验。

由于研究农村社会学的人相当多，而且观点也各有不同。所以现在我们以杨开道博士为代表，以他所著《农村社会学》与孙本文撰写的《现代中国农村问题》作参考，来论述当时的中国农村社会学理论研究。关于农村社会实际的调查研究与改造，将在陈翰笙等的农村社会调查与研究、乡村建设运动以及农村手工业研究时加以叙述。

杨开道（1899–1981），号导之，湖南省新化县人，1924年毕业于南京高等师范农科。同年赴美留学，先后在艾奥瓦农工学院和密歇根农业大学攻读农业经济和农村社会学，获硕士和博士学位。1927年回国，历任大夏大学、复旦大学、中央大学农学院、燕京大学社会学系教授，兼任燕京大学社会学系主任、法学院院长之职。1928年，组织燕京大学社会学系清河镇调查，1930年在清河镇建立实验区，同年组织发起成立中国社会学社，历任理事及副理事。1933年任乡村建设学会理事。1936年发起成立华北农村建设协进会，同时参加“中国农村经济研究会”和合作经济研究社。1949年后，任武汉大学农学院院长、华中农学院院长、湖北省图书馆馆长、研究员等职。他一生致力于农村社会学的教学和研究，“强调理论研究和实地调查相结合，主张用科学的方法去研究中国的农村，使专家服务于农民，农民依靠专家，达到改良农村组织，增进农人生活的目的”。[①]主要著作有：《农村社会学》（1929）、《社会学研究法》（1930）、《社会学研究法》（1930）、《社会学大纲》（1931）、《农场管理》（1933）、《农场管理学》（1933）、《农业教育》（1934）、《农村问题》（1937）、《中国乡约制度》（1937）、《农村社会》（1948）等。

孙本文在杨开道所著《农村社会学》（世界书局1929年版）序中，对农村社会研究作了如下概括：“通常研究农村社会，有两种观点：第一种视农村社会为一种整个社会生活的表现，从种种方面去分析农村社会的起源、发展、组织与控制，以发现农村生活的原理原则；这是一种纯理的研究。第二种视农村社会为种种问题的内容，去了解问题发生的原因，与其解决的方法；因以促进农村生活的改善；这是一种实用的研究。纯理的研究，常为实用研究的基础；而实用的研究，常为纯理研究的目标。二者虽有相互关系，而纯理的研究，尤为根本；盖理论未能贯通，则实用鲜得其当。”

当时中国农村社会生活应当改进，但怎样去改进？要解决这个问题，就要洞明农村生活的特征及其种种变迁发展的轨迹，发现其原理原则，以决定改进的计划，从而就需要农村社会学的研究，这种研究实为中国当时改进农村生活的必要步骤。关于农村社会的理论研究，杨开道的《农村社会学》可以被视为代表作。该书注重理论的探讨，对于农村社会的特征与农村生活的基本原理，均加以简明扼要分析。

这里把杨开道的农村社会学研究当作当时侧重于农村社会学理论研究的代表著作，主要是因为该书具有权威性和一般代表性，而并不表示杨开道不从事农村社会学的应用研究。现将其农村社会学观点介绍如下。

① 罗东山：“杨开道”，载《中国大百科全书·社会学卷》，中国大百科全书出版社，1991年，第453页。

一、农村社会学研究的对象

在20世纪20年代，中国的“乡村自治”“农民运动”“乡村生活运动”声势很大，其目的就是：改良农民生活。如不充分了解农村社会本身和农村社会生活的基本原理，就一定不能达到改进农民生活的目的。为了给农民生活运动打下一个稳固的基础，有必要解剖中国农村社会，阐明农村社会生活的普遍原理。

杨开道在美国艾奥瓦州立大学师从霍桑（H. B. Hawthorn）教授，又转密歇根州立大学，得以经常聆听白德菲校长的教导，开始研究农村社会学。回国后，杨开道一直从事农村社会学研究。

关于农村社会学的研究对象，可谓众说纷纭。当时，美国非常有名的吉勒特（J. M. Gillette）曾在一部农村社会学教材中说：“农村社会学是用科学方法去研究农村社会的。”[①]其全书包括农村社会、农村经济、农村政治、农村妇女及家庭、农村学校及教育、农村教堂、农村卫生等部分。他承认，农村社会学是应用各种知识去改造农村社会的应用科学。

20年代美国农村社会学界的后起之秀何桑认为，吉勒特的农村社会学的含义太泛。他认为，唯有农村生活社会化的研究，才是农村社会学的真正职志。农村社会学的主要工作，就是把个人化的农村生活变为社会化的农村生活。他发表的农村社会学著作干脆就叫《农村生活社会学》（*Sociology of Rural Life*）。该书完全是关于农村生活社会化包括社会化的因子、社会化的方法等论题的著作，把农村社会学完全看成一种使农村生活社会化的应用科学。桑得逊（P. Sanderson）对农村社会学对象的看法更狭窄，他说，世界上只有农村社会组织，而没有农村社会学，因此，他把他们主持的美国康奈尔大学农村社会学系称作农村社会组织系，他任主任。

还有许多人把农村社会学与农村社会问题混为一谈，如泰勒（C. C. Taylor）。其实，农村社会问题所研究的现象，只是农村生活变态的一部分；农村社会学所研究的现象，才是农村生活的整体，是农村生活的常态。

杨开道认为，农村社会学只是一种特殊的纯粹社会科学，它所研究的是农村社会的整体，农村社会的常态，农村社会的基本现象。农村社会问题，是研

① 杨开道：《农村社会学》，世界书局，1929年，第2页。

究农村社会的变态，农村社会的局部的，是一种应用科学，不是一种纯粹科学。“广义的农村社会学，可以包含农村社会问题和纯粹农村社会学。因为农村社会学所研究的，是农村社会现象。农村社会现象，自然有它的常态和变态两面的。其实普通的社会现象，都是变态，常态不过是许多变态中推出来的同点”。[①]“广义的农村社会学，是一种特殊的纯粹社会学，同时也是一种应用社会学”。[②]应用研究可以放在农村社会学里，也可以不放在农村社会学里，没有它也无妨碍。唯有基本的研究，是农村社会学的主要部分，没有它便不成其为农村社会学了。

在杨开道看来，农村社会学应包括如下几项内容：（1）农村社会性质和特征；（2）农村社会种类；（3）农村社会起源；（4）农村社会进化；（5）农村社会人口；（6）农村社会环境；（7）农村社会生活；（8）农村社会组织。

二、农村社会的定义、特征和分类

杨开道将农村社会定义为一种以农业为主要职业的地方共同社会，其中有四种要素，第一是人民，第二是共同生活，第三是同一区域，第四是以农业为主要职业。一个地方共同社会有了这四个条件，便成为农村社会。

杨开道认为，农村社会的特征既是各个农村社会的共同点，也是农村社会与城市社会的不同点。这两种社会的不同之处有：（1）农村社会的主要职业是农业，城市社会的主要职业却是工商业；（2）因为农村社会以农业为主要职业，而农业又受天时地利的支配，所以天时地利对农村社会各方面都有很大的影响；（3）农村社会因农业工作的性质，占地宽，人口少，所以农村人口密度较城市社会小；（4）因农村土地辽阔，变通不便，又因农作太忙，而且农作时人们彼此分开，所以社会接触甚少；（5）因为社会接触很少，所以农村社会人民的家庭生活十分发达，不知家外的社会与国家；（6）因为农村社会人口密度小，交通不便、经济不富裕，家庭思想过于发达，所以社会组织非常少。有许多农村社会，除了家族组织以外，简直没有别的社会组织，即使有几个团体，其组织也非常不完备。

---

① 杨开道：《农村社会学》，世界书局，1929年，第5页。

② 同上注。

农村社会的分类，就是用分类方法，用分析的眼光，找出各个农村社会的不同点。农村社会的共同点，可以作为农村社会学的普遍原理的根据。而农村社会的不同点，在农村社会学上，有比证的价值；在农村社会问题里，可作为改良某一农村社会的根据。

分类一定要以一个性质作根基。由于可作根基的性质很多，所以也有好几种分类法：（1）以住宅聚散的情形为标准，可分出两种，一种住宅是聚在村心的，一种住宅是分散在村野的，欧亚的农村近于前者，美国的农村近于后者。前者便于社会合作，后者便于个人工作。（2）以历史的久暂作标准，可分出新村和旧村，新村是新近开辟的世界，旧村是已有的农村。旧村的习俗和成训的势力非常大；新村的习俗和成训，差不多没有一点势力。旧村的人口多半是同质的，新村的人口多半是异质的。所以旧村易于合作，新村便于改革。（3）以家族的派别作标准，也可把农村社会分为两种，一种是单姓的农村社会，一种是多姓的农村社会。单姓的农村社会是由一个家族组织而成的，即使有一两户外姓人家，也受大姓的支配。多姓农村社会是由两个以上的小单姓组成的。在单姓或两姓的农村社会里，家族的团结很强，势力很大。但在多姓农村社会里，家族的势力便消失了，像城市社会一样，这是研究农村社会学时特别要注意的。（4）农村社会的主要农事也可作分类的标准，这只不过是用一种主要的农事来加以分别，如农户的农村、园艺的农村、畜牧的农村、林村、渔村等。（5）依农村社会所在的地方，可分为山村、水村、平地村等；依农村社会的大小，可分为大村、小村等；依人口的稠密，可分为密村、稀村等。

三、农村社会的起源与进化

（一）农业的起源与农村社会的起源

在没有农业以前，是没有农村社会的，人类的集合体是家庭，他们的生活多半是家庭生活。一直到农业发达了，他们才有一定的住所，永久的关系，才从家庭生活进化到社会生活。

杨开道认为，有了农业以后，才有农村社会的起源。关于农业的起源，有三种不同的说法。第一种是中国人的说法，这种说法是领袖创造的。我们相信中国农业的起源，是在神农时代，上古时期，神农看见人民游牧迁徙，生活非常痛苦，于是亲尝各种野草，把谷类分别出来，作为人民的粮食。他又因为看到自然生长的谷类收入不可靠，设法造了几种农具，用人力去耕种，这就是中国最初的农业。第二种观点说，农业是妇女偶然发明的。外国学者有一部分承认农业的起源，是妇女在无意中发明的。她们从无意坠落的谷种的复生，到模仿自然，有意下种收获谷类，就是农业的起源，这种事情多半发生在亚洲西部一带。第三种学说认为，农业起源与宗教仪式有关系。上古时代，亲属死了，以宗教仪式埋葬，为了让死者充饥而在坟墓里放置许多谷子，结果人没复活，谷子复活了，从而人们知道谷子可以放在地上栽培，并且会生出更多的谷子。这三种有关农业起源的说法，都有一定道理，但无实据。

有了农业的起源，才有农村社会。按杨开道的概括，农村社会的起源有三种，一是自然的起源，二是组合的起源，三是建设的起源。有的农村社会先于城市社会出现，有的农村社会后于城市社会出现，有的农村社会与城市社会同时出现。

1. 农村社会自然的起源。有的农村社会是由一个农业家族循着天然进化的过程扩大而成的。在游牧时代，人类生活的单位多半是家庭。因为农业发明后，生产力大了，一块地能供多人的衣食，几个人或几十个人的家族便扩充为几百个人的家族，形成一个单姓的农村社会，家庭就这样自然地演化为家族社会。家族的团结非常牢固，势力非常强大，以致社会里的人都受家族支配，可以说社会就是家族，家族就是社会。村里所有的土地多半是公有的，人口多半聚居于村落，各种社会事业都在村中举行。这样自然起源的人口共同体多半是一种村落社会。

2. 农村社会组合的起源。有的农村社会是由许多独立的农家联合组合成的，这些家庭不是一个祖宗传下来的，因此没有血统上的联系。他们起初过着家庭生活，而许多家庭的生活联合的结果，便成为社会生活。在这样组成的农村社会里，个人的思想非常发达，社会势力却十分弱小，家族势力更是丝毫没有。人们的行为是自由的、独立的，不受任何拘束。在这种农村社会里，土地是私有的，经济生活是绝对自由竞争的，所以很容易发生贫富不均的现象，以及因经济而发生的其他许多社会问题。他们的社会生活很简单，因为个人思想过于发达，而不知社会幸福就是个人幸福，社会如果发达，个人自然也有很多的利益。这是因为他们还没有完全社会化，还没有完全了解社会生活的优点。这样由个人组成的农村社会，在循自然进化的中国以及欧亚的其他古国，是不常见的，而在美国和加拿大的中部和西部，农村社会差不多都是这种类型的。

3. 农村社会建设的起源。有的农村社会是靠人为的力量建设出来的。新农村的建设，一定要有很多的人，先有一定的组织和计划，然后按照计划在一块空地上建造一个新的农村社会。建设新农村的动机很多，有出于宗教上的考虑的，有为了实现某种主义的，有出于商业利益考虑的，如此等等。新村的建设，一定要有预定的完善计划，才能够产生一个有“满意生活”的新农村社会。

（二）农村社会的进化

杨开道认为，农村社会是经常变动的，变动的原因不外乎人口的变动和环境的变动。尽管社会变动的原因与程度不同，但多数农村都在向着一个相同的方向演变，这种方向相同的变化，就是农村社会进化的历程。最初，农村社会的组织是很简单的。人们的社会生活差不多都是在一个村落里进行的。这种原始的农村社会叫作村落社会。在村落社会里，村落周围的土地是属村民全体的，土地的使用与管理都有一定的法则。村落附近的土地分三部分，第一部分是村落所在地，这里的土地和上面的房屋被永久分配给村民，村民可以自由使用；第二部分土地紧邻村落，被划分成许多小块，按男丁多少平均分配给村民，但农民没有自由支配这种土地的权利。土地的耕作方法和耕种时间，受由家长组成的村落会议控制。第三部分土地在村最外面，由村里人共同使用。村落社会有两大特点，一是社会分权，二是私产和公产的分别。村落社会的社会势力分散于许多家庭，而社会的威权则集中于家长一人身上。

在历史上，封建社会紧接着村落社会而出现。杨开道认为，与村落社会相比较，封建社会可以说是一种退步，因为村落社会是活的，自由行动的，而封建社会却是死的，高度压抑的。从人权方面看，封建社会是一种退步，村落社会虽受家长会议支配，但村落社会成员因为家庭的关系，多少享受了一点“人”的生活。而在封建制度下的人民，完全是农奴，没有一点自由，没有一点“人”的生活。封建社会里的人有三种：领主（Lord）、自由民（Free Temants）和农奴（Serves）。而土地权在封建社会是属于“王”一人的，经过若干年的改变，才改为地主的地权。各国封建社会存在的时间长短不同，封建制度的被革除也有种种原因，如自由农民的增加，领主为享受离开城堡进城而逐渐变成地主，租金的收入比以前缴纳产品和服役价值大，由于都市的发达而使劳动力供不应求，等等，这些原因使封建制度渐被废除，租佃制度代之而起。

在租佃制度下的农村社会里，佃户与地主的关系是契约关系。佃户与地主订立一个条约，地主把农地租给佃户，佃户每年缴纳一定租金给地主。除租金外，佃户自身可以完全自由行动，不受地主任何的制约。佃户的社会生活比封建社会强多了，他们可以自由集会，从事种种社会事业。不过，佃户对于社会事业还不十分热心。租佃制度是杨开道所谓的农民经济阶梯（Economic Lodder of Farmers）的中段。在这种经济阶梯中，农奴上升为佃户，佃户上升为独立农民，这是农村社会进化的一种路程。

封建制度被废除以后，经过一个重要的变动，才演变到现代农村社会时代。这个重要的变动就是农业革命，是农村社会进化中最重要的一个时期。农业革命是紧随着工业革命而发生的。由于工业革命的影响，传统农业差不多破产，于是采用许多革新的方法，俾能与新式的工商业平衡发展。工业革命有三个主要的现象：一是机械的革新，二是工厂制度，三是公司组织。机械革新是用机械的力量去代替人力，省下来的人力，去管理机械。机械价值高，为了筹集资本购买机械，产生了公司组织。机械成了工业的重心，人们围绕机械工作。机械与人工聚集的地方，便是工厂。

工业革命以后，资本和人工都聚集在交通便利的城市里，城市社会发达起来，而农村社会的资本、人工则被城市吸去一大半，农村工业被挤倒，农村社会一天天退后，从而逼使农业改革。从前的自足农现在成了营业农，进入市场经济，他们要出卖农产品，以便能进城购买日用品。在这种营业农制度下，不但农业要与工商业竞争资本和人工，各营业农相互还要竞争土地、资本和人工以及农产品市场。剧烈的竞争迫使他们提高效率，其方法有两个，一是改良农业工作，一是改良农业经营。农业工作的改良又有两个方法，一是用机械代替人工，二是用科学方法栽培。农业经营的改良方式包括专业农作、资本、土地、人工配合的农场组织改良，农产品销售方法的改良等。农业革命是农业与工商业的调剂，经过这种变化，农村社会进入现代社会。

现代农村社会是最高最新的一种农村社会。农业革命使农民得到经济上的解放，教育的普及使农民得到知识上的解放，民有民治使农民得到政治上的解放。过去农民受种种压迫，社会生活非常枯燥，不能向上发展，现在他们离开了肚皮经济，去讲社会经济，又离开社会经济，去讨论根本的生活问题。近代农村生活运动，就是农民解放后的重大要求。他们的口号不是“面包”，也不是“洋钱”，而是“生活、多生活，更多生活”。

杨开道认为，现代农村社会的出现，是农民解放和农民运动的一个结果。从前的农村社会是自然地进化的，而现代农村社会则依照人们的指导而进化。社会中的社会、经济、政治、教育等各种生活，都是按照社会学理，预先拟订方针和计划，然后依照方针和计划去实施的。从前的农村社会，不是感情用事，便是为习俗所拘，而在现代的农村社会里，人们完全用理智去指导行动。从前的农村社会不是家族制裁个人，便是个人自由放任。而现代农村社会对于个人和社会两大势力，都有适当的调剂，绝不偏重一方。现代农村社会是一个完全民治的社会，是农民全体管辖的社会，是为全体农民谋幸福的社会。从前的农村社会，用普通经验去耕种农地，管理农场。而现代的农村社会，却利用农业科学与农业经济的最新发明来耕种农地和管理农场。从前，农村社会生活标准和生活水平很低，现代农村社会生活标准和生活水平被提高不少，可以使农民有很高的生产效率和社会效率。现代农村社会还有一大特点，就是社会生活非常丰富多样，社会生活的各方面都有相应的组织去谋求、促进其发展，使全体农民都能得到满足的社会生活。

当然，在这里，应当指出，杨开道强调了人口和环境的变化，而忽视了生产力的发展是农村社会进化的根本动因。

四、农村社会人口

杨开道把对农村社会人口的研究分为数量研究、品质研究、人口分布、人口迁徙四部分。数量研究的内容包括农村社会人口的总数、农村社会人口和城市人口的比例、人口增加率、人口生产率、人口死亡率等。品质研究只顾及平均品质、品质分布等。人口分布研究的内容包括年龄分布、国籍分布、种族分布等。人口迁徙研究的主要内容是两种最重要的运动，一是向城市运动，二是向殖民地运动，

（一）农村社会人口的数量

在农村社会人口数量研究中，最重要的不是绝对数量，而是相对数量，即农村社会人口占全体人口的比例，因为从相对数量可以看出农村社会人口比重

的重要，从而显示出其在一个国家中的位置。杨开道估计，中国农村社会人口占全体人口的85% –90%。关于当时中国农村人口占全国总人口的比重，另外还有几种不同的估计。孙本文曾根据当时一般人的推测提出，农村人口占全国总人口的比例在80%以上。而据民国二十一年（1932）实业部估计，农村人口约占户口总数的79%，民国二十六年（1937）国民党政府中央土地委员会发表的21省909县调查结果显示，当时农村户口约占全国户口总数的75%。农村人口占总人口的比例不管是75%还是90%，总之都表明，在中国，农村社会是占很重要的比重和位置的，农村社会没有改善，其他方面虽有进步，大部分中国也不会好。当然，也不否认，随着工业化的推进，农村社会人口所占比例是会下降的。

（二）农村社会人口的增加

杨开道认为，导致社会人口增加的因素一般有四个，一是生产率（生育率），二是死亡率，三是向内迁徙，四是向外迁徙。据此，杨开道提出了一个计算人口增加的公式：（生产+向内迁徙）–（死亡+向外迁徙）= ± 人口增加。但他指出，农村社会有两个影响人口增长的因素，是一般社会所没有的，一是农村跃为城市，二是城市退为农村，因此农村社会人口增加的公式应是：（生产+向内迁徙+化为农村的城市）–（死亡+向外迁徙+化为城市的农村）= ± 农村社会人口的增加。

人口的增加有正负两个方面，加减又分绝对和比较两种。如农村人口总数增加了，城市人口总数增加得更多，那就可以说是绝对的增加，但是有比较的减少。因为城市人口增加得比农村快，所以农村人口所占比例减少了。因为现代城市社会总是比农村社会发展得快，所以农村人口在比例上总是减少的。

孙本文提供的当时农村人口增加的状况为：据中央农业实验所估计，60年来（1873–1933），农村人口计增30%，每年约增4. 4%。据陈长衡估计，民国元年至十八年（1912–1929）间，农村人口增长率为7. 8%。另据《中国经济年鉴》，在河北等11省，自清宣统年间至民国十七年（1928），农村人口的自然增长率为7.3%。又据9次农村调查中的人口出生与死亡状况统计的综合结果，中国农村人口的年均增长率为7. 9%。总之，中国农村的人口在增加。

在分析农村社会人口增加的原因之前，杨开道先说明了生产（育）率与死亡率的概念，生产率是指每千人口中每年生产小孩数；死亡率是每千人中每年死亡的人口数。农村社会生产率之所以普遍比城市高，杨开道认为，其原因如下：（1）农村社会的儿童不像城市儿童累人，他们的生活水平低、教育花费也不大，所以容易养育；（2）农村儿童可以帮助家庭干农活；（3）农村妇女不偷安，承担了育儿重任；（4）农村妇女身体强健，容易受孕；（5）农村生活比较卫生，健康的人自然有较高的生产（育）率；（6）农村人对于节育运动没有反应，他们不知道节育的利益与方法，只是依自然的趋势去生育。

杨开道发现，当时农村社会的死亡率却比城市社会低，其原因有：（1）农村环境比较卫生，太阳、空气、食物都十分充足；（2）农民时时工作，这可以使他们的身体得到锻炼，从而显得身体强健；（3）农村交通不便，比较易隔离，因此，因传染病而致死的人，不像城市那么多；（4）农村生活和农事作业比较平安，不像城市那样多意外危险。但杨开道相信农村社会人口的生育率和死亡率都会随着城市社会的发展而向下递减，因为这是现代农村社会的自然趋势。

（三）农村社会人口的分布

据华洋义赈会对240个村落的调查报告，农村男子比女子多，这与美国男子比女子多的情况相似。农村社会人口的年龄分布情况是：老年人和儿童比较多，中年人比较少，因为青年人大多进城了。在这方面，中美两国的情况差不多。关于国籍种族的分布，与美国农村社会由许多不同国籍或种族的人口组成的情况不同，在中国，除东三省有一部分日本人，其余农村社会虽有56个民族，但都是同国同胞，因此，在中国，大家很容易通力合作，来改良农村社会生活。

但中国农村人口密度甚高，平均每方英里795人，比人口密度高的欧洲还要高，如英国是平均每方英里742人，比利时每平方英里699人等。中国农村家庭人数，以3-7口者为多，平均每户人数，民国元年（1912）为5.38人，民国十七年（1928）为5.28人，民国二十七年（1938）为5.38人。

（四）农村社会人口的品质

杨开道从三个方面来研究农村社会人口的品质，一是研究平均品质，二是研究最优品质，三是研究最劣品质。判断平均品质的根据是心理测验，领袖代表最优品质，神经弱病者则代表最劣品质。美国征兵时的测验表明，农村社会人口的平均品质要低于城市，但这种心理测验只能测后天的发展，而无法测验先天的品质。后天心理是环境影响的结果，城市环境比较适宜心理发展，所以测验的成绩较好。

农村社会优秀的分子——领袖，据沃德（Ward）的推论，比城市社会少。但斯皮尔曼（W. J. Spillman）的研究结果说明，美国的大人物多半出自农村，其原因是城市空气太恶劣，一些人只知金钱和安乐，不管国家社会的事情。农村人身体强健，能耐劳苦，所以容易作出大事业。农村社会的低劣分子——神经衰弱者，比城市要多一点，因为农村社会生活竞争不剧烈，不像城里那样素质差的人被天然淘汰。

（五）农村社会人口的迁徙

农村社会人口的迁徙，有两种最重要的形式，一种是向城市迁徙，另一种是向新地迁徙。除此之外还有一种是村与村之间的迁移，但数量不大。工业革命以后，由于城市工商业发达的影响，农村人口向城市迁徙的速度增加了许多倍。农业革命以后，农民的生产效率增加，剩下的人在农村社会无事可做，自然到处谋生。农业是以土地为重心的，效率增加而土地不增加，所以需用的人工少。工商业是以资本为重心的，效率增加，伴随着资本的更大增加，所以需用人工更多。人工迁移的自然趋势，是从需用少的地方向需用多的地方流动。还有许多人认为，从农村向城市迁移的多是农村的优秀分子，而剩下来的则是平常分子和低劣分子。普通到城里去的人，多是较能干的有志气的青年，他们是农村社会的精华，他们跑了，农村社会就会缺乏适当的人才，缺少领袖，无论哪一方面的工作都不易办，农村生活的各方面都受到很大影响。所以有人提出归农运动。但人口向城市迁移是一种劳动力供求相调的自然现象，用人为的力量去抵制是没有用的。

向新地迁徙即殖民运动，在杨开道看来，也是一种自然的现象，是旧农村与新农村之间的调剂，这样新旧农村都可得到相应的发展。

在中国，农民离开自己的村落，社会人口迁移往来，原为极自然的现象。孙本文指出，社会安定与否，交通便利与否，生活困难与否等因素，都影响着人口迁移的数量。据当时的中央农业实验所民国二十四年（1935）对22省1001县的调查，全家离村的占全部离村外迁者的4. 8%，有青年离村的农家占8.9%。离村之人，到城市作工者占27. 7%，到城市谋事者占20. 2%，求学者占17.5%，到别村受雇者占22. 6%，到垦区的占5.9%，其他占6.2%。据金陵大学调查，原有职业以农业为多，离村后以非农业为多。但与欧美国家不同的是，农村的迁徙不是因工商业的发达而产生的离村运动。

五、农村社会的环境

杨开道把农村社会的环境分为四大类，即天然环境、生物环境、经济环境和社会环境，并对这些环境因素进行了描述和分析。

（一）天然环境与生物环境

天然环境在杨开道这里是指天时和地利。天时包括温度、湿度、风量、风向、雨量、雪量、雷电、地震、火山等，地利是指土壤、地形、距离、面积、山川、矿产、高度、经纬度等。天然的环境，在古代是很重要的，差不多可以控制一切。随着知识的增长，人类逐渐地征服一部分天然环境。但天然环境的影响力尽管减弱，终究还是不能被消除的，在农村社会里影响尤其巨大而不可消除。假如天然环境不好，农产品收获受损，农民收入不多，其生活也将随之产生恐慌。天然环境的影响最明显地表现在农作物的地理分布上。农民总是靠天吃饭，科学也不能完全替天行道，完全控制农作物的生长。但农业科学是一种反抗天然影响的科学，其方法一方面是对天然环境制约的积极反抗；另一方面是消极的侧面的反抗。天然环境的影响力，不但触及农民的经济生活，而且深入他们的心理，由于天然力量的伟大而不易抵抗，所以常常发生对天然现象的崇拜。农民的心理总是偏于消极的方面，而不像科学那样敢于对天然力量宣战。

生物环境是指未经人工改良的动植物体。未经改良的生物界，是农作物和家畜的来源，自然生物，除了供给经济生物的原料外，还有其他的影响，如细菌对人体的重大影响等。

（二）经济环境

经济环境的涵盖面非常广，大约可分为有形的经济环境与无形的经济环境两种。大凡经人工改造的天然环境和生物环境，都是有形的经济环境，如房屋、道路、乳牛、家禽等。而无形的经济环境，则是指经济制度或组织，像货币制度、公司组织方法等。它们对近代社会生活影响非常大，有形的经济环境，依其来源又可分为两种，一种环境根源于天生的天然物体，另一种环境则根源于生物，简单地说，就是经济物体和经济生物。经济物体如人筑的路，便是天然物体的改造。经济生物包括农作物和家畜等。这两种经济环境的混合造成第三种有形经济环境，如一所房子，里面有自然物体变成的砖瓦，也有生物变成的木质板壁，而且，经济物体所占比例往往比经济生物所占比例大。

但在农村社会里，经济生物占有特殊的地位。因为经济生物是农民的发动机——如牛、马之类，又是他们的制造机，为他们制造出各种农产品，如牛乳、羊毛之类；还是他们的产品，所以他们的职业和生活与经济生物结下了不解之缘。无形的经济环境，像货币制度和度量衡制度等，都在社会生活中占很重要的位置。在农村社会里，又有几种经济制度特别重要。如农业合作的制度就特别重要，因为农村缺乏大资本，唯有联手合作，才能与大规模的工商业竞争。又如农村地权制度以及农场的大小、组织和管理等，都是农村社会所特有的经济制度。这些无形的经济环境影响巨大，必须了解和制伏它们。

（三）社会环境

社会环境多半是无形的，如社会思想、社会习俗、社会组织、社会知识等都是社会环境。社会环境自身是无形的，但人们可以用种种符号来代表它，如用文字语言来代表社会的思想和知识，这种符号式的社会环境，是人类所独有的，也是人类文化的根据。最高级的符号便是科学。科学是一种最简要、最精确、最有系统的符号，是社会环境和一切环境的顶点。

可以把社会的环境分为两种，一种是团体组织，一种是文化。团体组织是指农村社会内外的各种组织，如里面的小学及外面的政府等。文化环境是指风俗、成训、社会制度、社会标准、社会学术等。它们是精神性的、无形的，可以用种种符号来表现，文字和图画，便是最好的符号，最能代表文化的社会环境。不同社会环境对农村社会的影响，与城市相比，有的比较厉害，有的比较弱小，有的差不多。如组织对城市的影响比对农村的影响大，而家族势力对农村社会的影响大，对城市的影响小。风俗和成训在农村的影响比在城市大，因为农民重于保守，知识闭塞，所以他们愿意依照前人的成规行动，而不愿有所改革。

（四）农村社会的两种特殊环境

有两种特殊的环境，对农村社会影响异常大，一是农业作业亦即农民的工作状况，二是距离和交通。

中国的农业可以说是肌肉的农业，或者说是血汗的农业。农民过劳的结果是身体疲劳，这对他们的生理和心理会造成种种不良的影响。而且由于过分劳累，农民没有工夫去管理农村社会的事情，农村社会生活可能也因此了无生机。农民工作繁多，他们不仅要掌握各种农业技术，还要有农业经济知识，懂得如何组织管理农田，这些知识和技术学起来并不容易。农忙时让未成年子女帮忙、让儿童干农活是普遍现象，这种状况对儿童的教育和身体都会产生不良影响。

在农村社会，距离的影响有两种，一是内部的影响，即农村社会各部分之间的距离对农村社会生活的影响。二是外部的影响，即一个农村社会与其他农村社会或是城市社会之间的距离对该农村社会的影响。农村社会中的农民，全凭面对面的交通来交流，交通不便将使他们彼此之间难以了解，所以合作机会也很少。农村社会生活时常因为距离的阻碍而发生隔离的现象。农民的生活都集中在家里，而没有一个完善的农村社会组织。但是随着交通日渐便利，农民能够更多地互相往来，距离对农村社会的影响就会减少。

外部的影响可以分成社会影响和经济影响两个层面。从社会方面看，因为一个农村社会与别的农村社会或城市社会距离很远，其间的交通很不便利，所以两处居民直接接触的机会比较少，报刊在这种偏远地方的发行更少。城市的影响力虽然大，但是这种影响力及于农村社会的部分却很小。从经济方面看，别的农村社会对该农村社会的影响小，而城市社会对该农村社会的影响很大。如与城市的距离对农村社会的农业制度的影响就很大，靠近城市的农村社会，以生产贵重农产品为主；离城市较远的农村社会则总是种些廉价作物。再拿地价来说，在靠近城市的农村社会，地价总是高一些；而离城市较远的农村社会的地价则总是低些。这样，农村社会与城市的距离，成为影响农村社会的一个很重要的因子。

六、农村社会生活及其改善方法

杨开道特别说明了什么是生活，什么是社会生活。广义的生活包括一切的生活，而狭义的生活则专指一切经济生活，即人们常说的“生计”。生计就是经济生活、物质生活。杜威曾经说过，生活是包含一切的经验，无论其是个人的，还是种族的。杨开道则说，生活是包含一切的动作，无论它是活动的，还是静止的。

杨开道把生活分为物质生活和精神生活两种。在他看来，物质生活也可以说就是经济生活，而精神生活则可以说是社会生活。物质生活包含着为人类生存所必需的动作，如穿衣、吃饭、住房、作工。这方面的生活的目的，是为了肉体的维持和发达。精神生活包括艺术生活、游戏生活、社交生活、宗教生活、教育生活、家庭生活等。精神生活的目的，是为了获得精神上的安慰。杨开道认为，纯粹物质的生活是没有意思的，是动物性的生活，而精神生活则是有意思的，是人性的生活。他认为，没有精神生活的生活，就不能说是人的生活。但是物质生活也是必不可少的，因为我们的人性，是以我们的动物性为基础的，我们有三分是人，七分还是动物。

杨开道特别强调社会生活。他认为，人们的生活虽然都以个人为单位，但广义地说，人的生活都是社会生活。我们只有社会生活，没有个人生活。个人的思想行动，无不受社会的影响和管辖。个人离开社会不能生活，所以只能在社会里与他人共同生活。他对社会尽一份义务，同时也取得一份权利。他是社会里的一个部分，构造的单位是社会全体，生活的单位，也是社会全体。根据上述关于社会生活的一般观点，杨开道阐述了他对农村社会生活的认识。

（一）农村生活标准与生活程度

1．生活标准

杨开道指出，生活标准是一个理想的标准，是用来测量对生活感到满足的程度的；这个生活标准起初专用货币作为单位，后来又采用物价指数作为指标。杨开道正确地指出，除了金钱以外，我们每天还耗费精力和时间。所耗精力无法测量，但时间则是很容易测量的。因此生活标准应当好好地利用时间这个指标，不只是对工作时间，也不只是对闲暇时间，还要对所有时间进行通盘筹算。杨开道特别指出，在研究生活标准时，人们多半只注意衣、食、住、杂用这几项，而忽略了其他精神生活，这是应该予以纠正的一点。我们不唯要注意到生活的全部，并且对于生活的每一部分所使用的东西，它们的数量、品质和分布、比例都要十分注意，使它们成为衡量的指标并考虑到其合理性。不能对阔人是一个标准，对穷人是另一个标准，对中等社会的人又用第三个标准。

2．农村生活程度

杨开道指出，生活标准是一件事，生活程度又是一件事。生活程度是指实际的生活状况，生活标准是指理想的生活状况。对生活程度的度量要以实地调查结果为根据，所用的单位就是时间和金钱。如果调查结果表明实际生活程度与理想中的生活标准差不多，就可以说实际的生活是让人感到满足的生活；而如果两者相差太远，我们便知道实际生活可能很不令人满意。

杨开道发现，当时中国农民的物质生活程度，不过是维持生存而已。生活程度如果再低一点，农民的身体便会产生疾病，甚至会导致死亡。在精神生活方面，农民仅有一点家庭生活与社会生活，教育生活是很少的，且不可能自动地改进。他们的宗教生活，则是一种迷信生活，而不是真正的宗教生活。至于其他的游戏生活和艺术生活，可以说一点儿都没有。总之，当时的中国农村生活程度，无论在数量上、品质上还是在分配上，都是十分不合理的，因而有改良的必要。

3. 农村生活不发达的原因

杨开道认为，当时中国农村生活不发达的原因主要有以下几个方面。第一是教育不良。一个人如果在知识上不发达，在经济上没有高效率，在社会事业上不知怎样去合作，那么他就不是一个良好的公民。第二是经济困难。农民入不敷出，生存难以维持（这也和教育有连带关系）。农民所耕面积太少，耕地不满10亩的农家占1/3强。据孙本文提供的材料，在当时的中国，自己无田而租地耕种的农民很多，南方佃农所占比重高达46%，而自耕农所占比重则少至26%，基本趋势是，越往南佃农越多。佃农要把半数产品交给田主做租金，之所以如此，就是因为土地分配不合理。据民国二十三年（1934）行政院农村复兴委员会对江、浙、陕、豫等省的调查，在农户构成中，地主占2. 3%，富农占4%，中农占18. 6%，贫农占64. 7%，其他占9.5%。而在土地占有方面，占全部被调查农户92. 8%的中农以下农户，仅占所有田亩总数的52. 8%，贫农户均土地在1亩以下。据华洋义赈会民国十一年（1922）及十二年（1923）对冀、皖、苏、浙一带农村的调查，农家每年收入不足50元的达28.2%，收入在90元以下的占49. 4%，可见农家经济之入不敷出。第三是劳作太忙，农民们拼命劳作，把精神生活给抛弃了。第四是农村社会相互间距离太远，交通不便，结果农民只有家庭生活，没有社会生活，也没有充分的人力和财力，去组织社会事业。第五是农民毫无组织。农村是散漫的社会，农民不知组织的好处和方法，他们与有组织的工商社会竞争，是要失败的。因此，杨开道认为，农村社会生活一定要改善。

（二）农村社会生活的改善

1. 农村生活运动

农村社会的状况需要改善，这是不言而喻的。农村生活运动就是谋求改善农村生活的运动。美国农村生活运动进行了好几十年，可以将其视为中国农村生活运动的参照，以免重蹈覆辙。美国的农村社会因为受工业革命和城市发达的影响，发生了剧烈的变化，农村外迁人口非常多，整个农村社会的状况受到干扰，农村社会生活变得沉闷。对此，一些农民领袖和思想家提出种种解救方法。首先，是农业科学化，这种办法确实增加了生产，但因农产品价格低，农民的收入并未相应增加，反而引起一个很重大的问题——剩余问题。其次，是用经济的手段解决农村生活问题，就是限制生产，限定价格，推行合作，活动金融，改良农场组织和管理。推行这种办法的结果，是逐渐改善了农民的经济状况，农民的经济收入也逐渐增加了。不过，农民的生活问题并未因此而得到彻底解决。再次，是贝力教授（L. H. Bailey）、白德斐校长（Preg. K. L. Buller Field）和加尔宾教授（Prof. Charles J. Galpin）等提出的社会学方法。他们的目的，是让农民生活，多生活，更多生活（Life，More Life, Still More Life）。他们最初只是宣传这种主张，后来农村社会学发达起来，他们才用科学方法去研究农村社会生活，谋求农村社会生活的根本改善。

杨开道认为，中国的农村生活运动，要是按自然的顺序进行，就会耗去许多精力和时间，而如果按照原理和成例的教训去计划中国的农村生活运动，则可以省掉许多精力和时间，成绩也许更好。杨开道在总结国外的经验基础上提出，第一个政策是要在技术、经济和社会生活三面并进。因为这三方面是互为因果的，缺少其中一个方面，农村生活问题就不能得到完全彻底的解决。所以爱尔兰农村生活运动的领袖蒲兰格爵士（Sir Horace Plunkett）提出了“好农业、好经营、好生活”（Better Farming，Better Business，Better Living）的口号。杨开道认为，中国的农村生活运动也得用这个口号。第二个政策，是要以科学方法为主，宣传方法为辅。宣传方法是为唤醒农民，传授知识，但是没有科学方法去研究农村生活原理，去计划改良的方法，宣传就没有材料，因而是无效的。杨开道希望，热心于社会事业的人士和团体能够与农村社会学者以及农村社会领袖通力合作，先进行科学的研究，然后再尽力宣传，实行改革计划。

2．农村生活改善方法

杨开道指出，农村生活不发达的原因有许多，所以，改善农村生活的方法，也应从诸多方面入手。杨开道认为以下几个改善方法最重要。

（1）提高农民的知识水平。知识不发达，是农村生活不发达的根本原因。而在知识水平提高后，农民自然会慢慢改善他们的生活。提高他们的知识水平的唯一方法是教育。教育的目的，一方面是使他们有充分的农业技术，能够做一个高效率的生产者；另一方面是使他们有相当的公民知识和足够的训练，能够做一个尽职的公民。

（2）改良农事。因为农业是农村社会的主要职业，改良农业如改良栽培方法。改良种子、改良农具，驱除病虫害，建设排灌排水设施等，是改进农民的生活的重要途径。而这种农事改良的责任则是全社会的责任，所以学术机关、农民团体、农村社会领袖和其他热心社会事业的人，都应极力督促农业科学家和其他负责机关认真研究改良农事的方法。

（3）注意农村经济。杨开道对农业经济与农村经济稍加区分，认为农业经济是农场经济，是个人或个体农户的经济，而农村经济是指农村社会的经济。有些农村经济问题，如农村地权问题、农村劳工问题等，都无法与农村社会问题分开。注意农村经济的第一个目的，便是提高农民的经济收入；第二个目的，是改良因经济而发生的社会关系。例如，农场组织和农场管理的改良，金融的救济，经济合作的设立，贩卖问题的解决，都可以增加农民收入。地权的平均、租佃制度的改革、劳工调剂，都与社会幸福有莫大关系。

（4）便利交通。农村社会之所以交通不便，一个原因是农村面积大、距离远，另一个原因是经济困难，无法配置交通工具，因此，农村的社会生活很少。应该设法增加农村社会之间的直接接触，为此，一方面要改良物质条件，如汽车、道路等，另一方面要增加集会的机会，如演讲、展览会等，使农民常能相互接触，彼此了解、信任、谅解，从而走向通力合作，实现他们共同生活的改良。

（5）扩大农村范围。最好是以村落中央为中心，联络全村各邻落和其他散户，把他们共同有的人才向经济集中起来，解决他们的共同生活问题，从而加强团结，使共同生活能够格外发达。

（6）提倡农民组织。有组织便有力量，对内可以为共同目标工作，彼此之间的关系形成一定的秩序，减少误会与冲突。这样，就可以一方面谋求农民自身生活问题的解决，另一方面抵抗其他组织的压迫。农民的组织有三，一是全国或全省性的组织，二是全村性的组织，三是事业性的组织。

（7）培养农村领袖。农村社会最困难的一件事，就是异常缺乏领袖人才，这也是农村社会生活不发达的一个原因。负责培育人才的机关，像农科大学、农业中学、农村师范等，应该在造就农村技术人才的同时造就农村社会领袖人才。他们除了要学习农业科学外，还应注意农村社会的经济和生活。农村领袖的待遇，也应当特别予以改善，使他们能安心任事。此外，还要提倡、鼓吹农村社会服务，使农村领袖能够了解其使命和职责的重大，抱着牺牲的精神和吃苦的决心去工作。

（8）提倡社会服务。人们一般只顾权利而不愿尽义务，所以社会容易产生冲突而难以合作。在杨开道看来，要想社会共同生活发达，就必须抛开权利思想，专门注意自己的职责和义务。因为社会公正的原理，是以义务去换取权利。专门享受权利而不尽义务，是不平等不公平的。在农村社会里，这种服务精神尤其重要，因为农村社会义务多而权利少。如果专门注意权利，就会没有人去农村工作和服务。其实，改造农村社会生活，是一个很重大的职责。农村领袖虽然没有物质权利可享，但他们的牺牲精神一定能得到社会的热烈赞美和农民诚恳的感激。

（9）生活社会化。社会化本是指个人被社会同化，成为社会的一分子。作为社会一分子，个人自然应与别的社会成员合作，共同谋求全体的幸福。在农村社会里，农民的家庭生活十分发达，他们并不觉得自己是农村社会的一部分。所以，在改善农民生活时，也应当减弱这种家庭思想，把社会思想放在家庭之上，先社会而后家庭，再后个人，使社会、家庭、个人三方面都能得到相当的发展。

（10）提倡游戏生活。农民只觉得工作的苦恼，而不知人生的乐趣。游戏生活不仅能增加人生乐趣，而且能训练农民的活动力，使他们能随机应变，适应环境。尤其是团体游戏，更使农民有机会互相接触，互相友好。

（11）生活艺术化。艺术生活和游戏生活同样能增进人生的兴趣。艺术生活是对人造的或自然的美的欣赏，它的意义比较深远。农民对于自然美接触得非常多，所以农村生活容易被艺术化。

七、农村社会组织

（一）农村社会组织的必要

杨开道对社会组织的定义是：组织是许多专门部分和谐的结合，去谋共同目的的成功的。一般而言，为什么要有组织呢？因为组织可以使组织成员实现共存，并且，在生存竞争时代，他们容易战胜没有组织的竞争者。在社会生活中，组织的力量尤其大，因为社会范围广大，内容复杂，如果没有组织，便不但不能同别的社会竞争，社会内部也会因为产生冲突、分裂而失败。社会的势力是组织的势力，没有组织作后盾，金钱、武力和政治都是没有用的。本来，组织是社会进化到最高阶段的一种程序，但因为它的力量非常大，对竞争的贡献也很多，所以人们把组织的方法用作社会竞争的武器。于是便有了人为的组织的产生。杨开道认为，当时社会上的组织差不多都是人为的组织。

农村社会特别需要组织，之所以如此，这有几个重要的原因。

1．为谋求农村社会里的家庭和个人的共同生存

农村社会是一种家庭社会，农村生活也只是一种家庭生活，所以，农村社会是一种没有共同生活的社会。农民虽然在农村社会里没有多少直接竞争，但在市场上的竞争却很激烈。效率高的农民可以得到较多的收入，生活得也较好，而效率低的农民便落在后面，存在于这两种农民之间的是竞争，而不是共存。要想免除农村社会成员之间的竞争和内部分裂，便非用人为的组织方法不可。用组织的方法，可以使农村的家庭联合起来成为一个大的社会，一个整体的社会。他们可以集合他们全部的人才，按照他们的特性和训练，分别承担社会生活各方面的责任。只用他们的长处，不用他们的短处，结果便能形成最大的合力，实现最佳的效率。他们还可以集中他们的财力，按照社会生活各方面的轻重缓急，加以配置。只有在这样的组织里，人们才能互相了解其地位和关系，而不至于发生误解、冲突和内部分裂。他们可以按同一方针向同一目标前进。

2．为了保障全体农村社会势力的发展和利益

从整个农村社会来看，农村也非有组织不可。城市里的工人和商人，到了20世纪，已经有了强固结合的完备组织，且其势力与日俱增。而农民的数目虽然仍占多数，但他们的力量却不如工人和商人。所以，农民要想发展他们的力

量，保障他们的利益，并与工商组织竞争，便非有组织不可。他们在人数上远占多数，假使有了组织，他们的力量自然可以超过人口较少的工商社会。

3．为了谋求全体的平均发展

就全国来看，农村社会也有组织的必要。对于一国的共同事务，全国的农民应该有一个组织，负责与工人组织、商人组织等通力合作，以谋求全体的平均发展。

（二）农村社会组织原理及种类

1．农村社会组织原理

如上所述，杨开道认为，组织农村社会的目的，当然是加强全体人民的结合，改善全体人民的共同生活。他在这里所讲的共同生活是整体的生活，而不是片面的局部的生活。所以，在组织农村社会时，第一要认清的是，农村社会组织的目的，为的是全体村民的共同生活，所以农村社会组织的工作，是全体村民的共同工作；农村社会组织的责任，是全体村民的共同责任，因此，对于共同的社会事业，全体村民都应尽量提供物质或精神的帮助。

既然组织农民如此重要如此有价值，那么用什么方法使农民结合起来呢?

第一，村民要认识到本村有组织起来的必要，他们的生活有改善的必要。杨开道把这称作“自知必须”的原则，认为这是很重要的原理。在未组织前，组织发起人应聘请社会调查专家把本村的弱点与应改良之处都研究出来，然后向大家宣传改良的必要。

第二，团结村民的办法，是运用吉丁斯所主张的同类意识学说，使一村的农民都觉得他们同属农民这一类，并且是同一农村的农民。他们有了这样的意识，相互间自然会产生同情心和感情，并想办法结合起来。

第三，改良一个农村，是一个农村里面人民的责任，他们应当根据他们所有的人力和财力来计划他们的事业，而不应当依靠外面的财力来帮他们发展。外面的财力，虽然可以提供一时的帮助，但人家的帮助是服务性而不是责任性的，万不能维持长久。一村要想永久发达，还是以依靠本村的人力和财力为妥当，否则便会成为一个寄生的社会，而没有独立生活的精神。

第四，杨开道认为，对组织农村而言，人的方面的问题是培养领袖的问题，而不是人才缺乏的问题。应当培养出出色的农村领袖，并且优待他们，使他们安心在农村服务。财力方面也应当特别予以注意。因为社会事业虽然是一种精神事业，但是没有相当的经济也不能发展。在经济方面，应当做到十分节省，办事者除了几个重要的、专任的以外，最好都是义务性质，可以给予精神或名誉的奖励。其余各种设备，都应从简。

第五，有了相当的人力和财力后，要改良农村社会生活，还必须要有一定的方针，一定的计划，要按照当地的情形和当时的局势，逐步进行。可以运用社会生活的普遍原理，确定将来的前进方针和进行步骤，以便实现理想的农村生活。

在确定方针和步骤时，必须运用科学的方法，研究一村的人力财力以及其他一切社会情形。亦即要以社会调查结果为依据，来制定方针和步骤，并且这样的方针和步骤还须经过周密讨论，得到专家指导，方可正式确定下来。

这样的方针和步骤，可以由村民代表或领袖会商并组织专家论证，但是必须详细地向村民公布，使他们对方针和步骤有充分的了解，因为将来付诸实施时是需要全体村民合作的。而且以后各种事业的进展，都应当予以详细公布，财政收支和事业成绩两者尤其要予以公布。财政公开和成绩报告最能得到民众的信任，使他们对全村的事业和将来产生无限的希望和兴趣。

第六，应当注意发展全村精神，摒弃派别偏见，使全体村民通力合作，以谋求全村事业的发展和全村人民的幸福。

2. 农村社会组织的种类

如上所述，杨开道所关注的农村社会组织主要有三种。一种是全村组织。农村地方社会组织不是农村社会组织。农村社会组织可以包括农村的一切社会组织，像学校、教堂等，也包括农村地方社会组织在内。农村地方社会组织不是一种事业的组织，而是一切事业的组织，是一种普遍的组织。它与高级的组织也不同，高级组织不仅是一种组织，而且是一种组织的组织，如联合银行。农村地方社会组织的职责，是振作全村人民，使他们通力合作，治理他们的共同事业。也可以把它叫作农村自治组织。

一种是专门组织。在农村，除全村组织外，必定还有许多局部的组织。对于农村的组织来说，一方面要有许多专门的组织，去承担各方面事业，另一方面也要限制同种类的组织，使它们不至于重复与冲突。

还有一种是全国组织，应该由全国各地农村举出代表来组织。它的目的，是谋求一国农村社会的全体改良。因此，杨开道认为，研究农村社会学的人，对全国农民组织要予以相当的注意。

（三）农村社会组织的困难

杨开道看到，农村社会要组织也相当不容易，因为存在着种种困难，其中最主要的困难有以下六种。

1. 农村社会内部散漫

农村社会内部是散漫的。一个村落社会往往有几百个独立自足的农户，在这种家庭社会发达的地方，要把农村社会组织起来是很不容易的。如果以家族为基础来组织农村社会，固然可以暂时收效，但家族是一种保守的组织，与进步的社会不相适应。家族组织对于社会进步很少有什么贡献，甚至有时起反作用，造成农村社会的分裂。

2. 农村社会教育不发达

农民知识太少，所以农民不知道有组织的必要，不觉得有组织的必要。他们不知道组织的种种利益，如可以改良他们的生活，可以增强他们的势力。即使感觉到有组织的必要，了解组织的利益，但由于知识不够，他们也不知道组织的原理和方法，所以勉强去组织农村各种事业也不见得会很成功，有时甚至会失败。

3. 农村社会缺少领袖

农村领袖人才向外发展得多，而外边的人因农村报酬少，活动范围小，也不愿来农村服务，即使有愿意来农村服务的，又面临人地生疏的问题。有的农村领袖也很少知道最新的组织原理和方法。总之，在杨开道看来，缺少领袖是农村组织不发达的原因之一。

4. 农民收入太少，经济困难

一方面，社会组织需要农民经济上和时间上的赞助，社会事业的实施也要有充分的经费，而另一方面农民收入太少，不能充分支持农村社会事业，同时，为了增加家庭收入，他们也无暇从事农村社会事业。

5. 农村地域辽阔，交通工具不良

一方面，农村各家相距较远，难以经常接触，不便联络，另一方面，农民又因经济困难而无力使用交通工具，这就使得农民之间的接触机会很少，无法相互充分了解和充分信任。

6．地主乡绅把持

地主、乡绅依靠家族的势力与经济的势力，压迫个体的农民，维持他们特有的权力。有时农村教师、旅外学生或其他关心农民痛苦的人想出来讲几句话，做一点事，他们也总是多方破坏。因为他们的地位是不平等的，他们的利益有一半多是从农民手里夺过来的，假使农民组织起来，他们的地位就会被动摇，他们的利益也会减少。所以他们无论如何要想法子破坏农民组织、压迫农民领袖。

杨开道简明扼要地阐明了农村社会学的理论，并结合当时中国农村社会的实际，提出了改进中国农村社会的办法，并指出了所面临的困难。这一切对我们今天的农村社会改造仍具启发价值。

第二节 吴景超的都市社会学研究

吴景超（1901–1968），生于安徽徽州（歙县）。是中国著名的经济社会学家和都市社会学家，1925年毕业于美国明尼苏达大学社会学系，获学士学位，同年进入芝加哥大学社会学系，师从R. E. 帕克、E. W. 伯吉斯等主修社会学，用三年时间获得硕士及博士学位。1928年回国，在南京金陵大学任教授兼系主任，讲授社会学原理及都市社会学等课程。1931年返回清华母校任教，除讲金陵大学原有的课外，又添加了犯罪学、社会学研究方法等课。1935年到国民政府行政院工作。1937年任国民政府经济部长翁文灏的秘书，并主编《新经济周刊》。1947年返回清华大学社会学系任教授，与钱昌照等人发起成立中国社会经济研究会，出版《新路周刊》。1952年后长期执教于中国人民大学经济系。主要著作有：《社会组织》（1929）、《都市社会学》（1929）、《社会的生物基础》（1931）、《第四种国家的出路》（1936）、《劫后灾黎》（1947）等。本节主要介绍吴景超的《都市社会学》。

中国都市社会学的研究落后于农村社会学。最早研究都市社会学的是吴景超。他的《都市社会学》一书作为孙本文主编的《社会学丛书》之一，于1929年由世界书局出版。该书简明扼要地指出了都市社会学的研究范围和内容，介绍了西方都市社会学的研究方法。

一、都市社会学研究的特长

孙本文在序言中说，《都市社会学》一书有两个特点：

> 第一，注重社会学的观点。他开宗明义，就说明都市区域的概念，以及都市与附庸沟通的现象，使学者了解都市的存在与发展，不在其本身，而在其本身与其附庸区域交相作用的结果。又其讨论都市内部的生活，时时注意到环境与行为的关系。第二，注意研究方法。他以为研究都市，不是空谈，必须从实际研究下手。所以他举出地图记载，与发展史的调查，为研究都市必不可少的工具。欲使学者了解都市问题的解决，与理想的都市的实现，须从切实研究下手。
>
> 联合这两种特长，再加以统计材料的新颖，文笔的流畅，本书就可称是一部很好的都市社会学……吴先生此书，就是中国第一部的都市社会学。以后中国都市研究的发展，都是靠吴先生开创之功与提倡之力。①

在《都市社会学》中，吴景超论述了都市的经济，都市的人口、都市的区域和都市的控制。这四部分论述贯穿了上面所概括的两种特长和对理想都市等问题的探讨。

二、都市的经济

吴景超首先阐明了都市社会学研究的区域，以及都市与其附庸的关系。他明确界定了“都市区域”与“都市的区域”两个概念的不同，认为都市区域不但包括都市本身，还包括都市以外的附庸，而都市的区域主要指都市本身所在区域。同时，他指出，都市离不开它的附庸。他说：“我们现在谈都市，第一就要把眼光放大一点，不要只看到都市，还应该要看到都市以外的附庸。研究都市经济的人所用的单位，不是都市，乃是都市区域。”②“都市区域，并不是政治区域，乃是一种经济区域。在这个区域之内的人民，分工合作，以其所有，易其所无。他们交易的中心点，便是都市。”③他认为，在讨论都市与附

① 吴景超：《都市社会学》，世界书局，1929年，第1页。

② 同上书，第1–2页。

③ 同上书，第2页。

庸的关系时，最好把都市、市镇、乡村三者相提并论来说明它们的不同点。都市比市镇大，市镇中有店，而乡村中则只有集会。市镇中的商店，只有零售，没有批发，都市不但有零售的商店，而且还有各种批发商。都市的作用，便是在它的附庸中把剩余货物收集起来，然后再分发到需要这种货物的地方去卖，在本都市区域中没有出产，都市的商人也可以从别处贩来，转卖给本区域中的人民。都市中的商业与附庸的出产的关系是如此密切，都市中的工业也与附庸的产品有密切的关系。

都市与附庸如何界定？一个最浅近的算法，便是以距离的远近来衡量。但吴景超认为，实际上，在确定一个都市的附庸时，并不看它与某地的远近，而是看它与某地的交通状况。交通是沟通都市与其附庸的唯一妙法。吴景超强调，都市中的居民应当养成一种自觉的都市观念，应当研究如何发展他们的都市，如何保有他们的附庸，如何把他们的商业势力扩展到其他都市的附庸中去。都市与都市之间，不但争国际贸易，有时还要争附庸，在沟通都市与附庸以及都市间的互助与竞争中，要特别注意交通这一点。

吴景超根据英美的都市研究，阐述了都市发展的四个方面，一是组织市场，二是兴办工业，三是发展交通，四是整顿金融，这四个方面是互为因果的，因此要同步进行。同时，吴景超认为，发展都市可以救济农村："发展中国实业，创造中国的都市，使附庸中可怜的农民，以及一切游手好闲的人，到都市中去寻生活，乃是救济中国人口过剩问题的一个好方法。"①

吴景超总括起来说：

> 一个发达成功的城市，至少要有下列的条件。它要有零售商场，满足都市中住民物质上的需要。它要有批发市场，有货栈，以便把附庸中及其他都市内的剩余货物，收集进来再分散出去。它要有工业的市镇包围着，以便原料收来之后，便可改为用品。它要有铁路轮船邮政电报，以便与各地易货物，通消息。最后，它要有大银行，以及其他具有银行作用的信托公司、保险公司，等等，以流通金融，并且供给开发各种实业的资本。一个商埠如能把以上各方面都发展满意，便不愧为一个大都市，一个经济生活的中心了。②

① 吴景超：《都市社会学》，世界书局，1929年，第46页。

② 同上书，第23页。

三、都市的人口

在研究都市的人口时，吴景超主要讨论了都市人口增长的方法，都市人口的质量和都市膨胀与中国人口问题等三个方面。

（一）都市人口增长的方法

吴景超指出，都市人口增长的方式主要有三种。一是都市自身人口的自然增长，二是客民入境，他们将来也不一定都在城市终其天年，因为一个正处于发展期的都市会需要很多劳动力，专靠当地的劳力一定是不够的，所以都市中每年入境的人口，常比当地人出境的多，因此，这是都市人口增加的一个重要因素。三是扩充市区，增加都市的人口。

（二）都市人口的质量

除上述增加人口的第三种方式与都市人口的质量不发生重大关系外，其余两种方式都影响都市人口的质量。尽管从十七八世纪以来许多哲学家主张人类平等，但吴景超认为，根据普遍的观察以及智力测验的结果，人类智慧的不平等是很显然的事实。既然“人类的智慧，是先天的，后天的教育，只能加增人民的知识，不能提高他们的智慧。无论什么人，只能在他的智慧的可能之下，加增他们的知识。他们承受知识的能力，是有范围的”。[①]正因为人的智慧是不平等的，而且这种不平等的现象又每每会遗传下去，所以有人提倡所谓优生学：“希望一国中的优秀，多生子女；而下流社会中人，最好节制生育；……事实竟与他们的希望相违背。受过高等教育的人，以及在上等职业中服务的人，平均所生的子女，总比工人所生的子女少。”[②]对于这种生育率及遗传的影响，社会学者与优生学者意见却有很不相同之处：“优生学者把遗传看作万分重要，好像文化的命运只有遗传的势力可以左右之；社会学者固不否认遗传，但相信环境的影响，尤为重要。所以社会学者对于上流社会中人生产率之降低，固然触目惊心；同时他们看见都市中不良的环境，使多少青年堕落，多少可以有为的青年，不得机会发展，也是痛心疾首的。”[③]

都市中各阶级的生育率差异是有其原因的。吴景超认为，上流社会的生育率降低，有两个大原因，一是他们结婚的时间太迟，所生子女自然减少，这是

① 吴景超：《都市社会学》，世界书局，1929年，第23页。

② 同上书，第24页。

③ 同上书，第34-35页。

必然的趋势；而且他们原本就生得不多，但还要节制生育，这是第二个原因。上流社会中的人，不肯降低他们的生活程度，同时也不愿他们的子女将来所享受的生活程度比他们低，所以“他们抱定一种主义：与其生下子女来，不能充分的教养，不如不生。他们既有这种信仰，同时又有方法得到生育制裁的知识，所以他们子女的数目，便减少了。这种现象，在各国都一致的”。①

都市人口质量还与客民迁入都市有关。吴景超认为，如果人口完全受自然规律支配，男女的数目总会趋于相等的，有差异也不会很大。但一个都市的人口，并不完全受自然规律的支配，同时也受移民的支配，所以其男女的数目便不能一致。中国与美国恰好相反，中国的都市，无论南北，都有男多于女的现象。吴景超用中国文化来解释这一现象。他说，中国的旧式女子，服三从之教，其实出嫁从夫不如说是从公婆，这是她们的责任。因此，中国的男子到都市中去寻生活，而把妻儿留在家中，这被视为当然。此外，中国人的生活程度定得太低，以孤身在外为当然，而以带家室之乐为例外。再者，收入微薄的他们也无法把妻儿带入都市生活。

都市中人口的年龄分布，也受移民的影响。吴景超指出，如果人口完全受自然规律支配，则年龄堆积起来的模型是金字塔，而都市受移民影响的人口的年龄则构成一个葫芦。“因为都市中需要年富力强的人，所以都市中壮年人的成分，较之乡村中壮年人的成分为多。都市中所以呈活泼之象，都市中人所以喜欢进取，喜欢冒险，喜欢创造，与人口的年龄成分大有关系”。②

“客民迁徙入都市，直接或间接地，便供给都市许多大人物。我们都知道，大人物对于一国文化的发展，是极重要的。大人物的数目，都市较乡村中为多”。③都市之所以吸引大人物的缘故，便是都市中百业发达，大人物有用武之地。同时，吴景超也指出，都市中的大奸巨猾也不是在乡村所能遇到的。“至于都市中的坏人，有时坏得令人心惊胆战，莫名其妙。都市中的坏人，何以如此之多。他们是因为坏，才到都市中来藏身呢？还是移入都市以后，受了恶环境的逼迫，才走入邪途呢？这是一个有趣味的问题，值得我们考

① 吴景超：《都市社会学》，世界书局，1929年，第36页。
② 同上书，第39页。
③ 同上注。

虑的”。[1]

（三）都市膨胀与中国之人口问题

吴景超说，中国的人口，据中外人士之观察，75%以上是以农为业的。他说，我们得到的教训，“就是中国今日人口之大病，病在大多数的人民，皆集中耕种之一业”。[2]他提出的解决办法是：“莫如提高中国的工业，以及与工业有关的矿业、商业、交通业。换句话说，发展中国实业，创造中国的都市，使附庸中可怜的农民，以及一切游手好闲的人，到都市中去寻生活，乃是救济中国人口过剩问题的一个好方法。”[3]

四、都市的区域

作为都市，应有哪些区域呢？吴景超首先区分了都市区域与都市的区域。按照他的界定，都市区域的面积是很大的，不但包括都市本身，还包括都市以外的附庸；但如说到都市的区域，则只涉及都市本身的情形。在一个大都市中，大的区域至少有三个，一是商业区域，二是住宅区域，三是工业区域。各种区域在都市中都有其相应的位置。如芝加哥从中心点往外延伸，共有五道圈，第一道圈是商业区域，第二道圈是工业区域与贫民住宅区域之混合，第三、四道圈是住宅区域；第五道圈是工业区域。

同时，吴景超指出，完善而理想的都市设计应包括以下几点：（1）区域要予规定；（2）街道当予改良；（3）市内交通工具，须能满足市民的需要；（4）民以食为天，所以都市应开发并保障民食的来源；（5）都市中应有完备的公用组织，如自来水公司、电灯公司、煤气公司等；（6）都市中人民生命财产要有保障，除了要配备警察机关外，还应有救火机关、红十字会、传染病医院等；（7）应有娱乐事业的设备；（8）应建设文化事业。只有这几点都得到实现的都市，才是文明人居住的优美的都市。

五、都市的控制

吴景超指出，要实现理想的都市，须从研究都市入手。他认为，都市病态

---

① 吴景超：《都市社会学》，世界书局，1929年，第42页。

② 同上书，第45页。

③ 同上书，第45-46页。

多，这是都市控制薄弱所造成的，而这些病态现象，正是社会学研究的对象。社会学研究的是人与社会的关系。人们的行为，除受舆论的影响外，还受所谓良心的制裁。良心不是别的东西，而是人们平日所受的道德教育。由于各人所受的道德教育不同，所以良心的表现也不一致。在大都市，舆论及良心是约束人类行为的最重要的工具。宗教也是一种约束工具，但其力量随着科学的发达而减弱。除宗教之外，约束人类的工具，还有法律。在都市中，由于社会控制减弱，所以社会病态格外显著。要想改良都市，改良都市中的人品，解决都市中的问题，就必须找出一切社会现象的原因。因此非作实地调查研究不可，一个都市中的政府，必须有研究都市的机关。

吴景超特别强调，在研究都市问题与都市区域时，投影地图的记载是一种必不可少的工具，同时还要有都市各区域的发展史调查，以便进行比较研究。调查都市时，除了运用统计方法外，还要用个案法和自传法，以补其不足。

吴景超介绍了西方都市社会学及其研究方法，尤其介绍了芝加哥派的观点，引起了中国一些学者对研究都市社会学的兴趣。同时，他所阐明的都市与附庸的关系，所提出的发展都市、建设都市区域及实现理想都市的方法等，对今天的都市建设也有一定的参考价值。

在20世纪三四十年代，中国学者研究都市社会学的著作，除了吴景超的《都市社会学》外，还有由邱致中编辑、有志书屋1934年出版的《都市社会学丛书》，丛书共8册，其中最基本的是《都市社会学原理》一书。邱致中给都市社会学下的定义是："都市社会学是研究都市社会之起源、分类、进化、环境、构造、问题、政策，以及未来预想的科学。"邱致中1944年在《重庆市政月刊》上发表的都市社会学研究专辑中，对社会学的研究对象作了详细的论述。

随着应用社会学的出现，美国产生了农村社会学与都市社会学，中国也兴起了农村社会学与都市社会学的研究。应用社会学不注重理论，而专门从事对现实社会问题的调查和社会救济。当时的研究者认为社会学是一种实用的科学，而农村社会学正是为了实用而出现的。虽然人们对农村社会学的内容有不同的见解，但他们的共同点是仅注意农民的生活、娱乐、健康、贫困的救济，而不能从社会制度及农村与都市的关系中，来认识农村问题发生的原因，更不能从农村与社会制度的关系中，找出农民贫困的原因。出于同样的原因，他们还机械地将都市社会学视为与理论对立的应用科学。当然，他们同样也找不出都市社会问题的真正社会根源。

第三节
吴泽霖的社会约制研究

吴泽霖（1898–1990），中国社会学家、民族学家、人类学家。1898年生于江苏常熟。1922年毕业于北京清华学堂，随即赴美国威斯康星大学、密苏里大学主修社会学。1927年获俄亥俄州立大学博士学位。曾赴英、法、德、意诸国考察当地社会。1927年任江苏扬州中学教师。1928年后历任上海大夏大学社会历史系教授、系主任，文学院院长；1929–1937年兼任上海光华大学社会学教授；1935–1937年先后兼任上海暨南大学海外文化事业部主任及教务长。曾任复旦大夏联合大学、西南联合大学教授。1941–1953年为清华大学社会学教授，并先后兼任教务长及人类学系主任。1953–1958年任成都西南民族学院教授兼民族文物馆馆长。1960–1965年任中央民族学院教授。1978–1982年恢复中央民族学院原职，并兼中国社会科学院民族研究所研究员。1982年起任中南民族学院教授。

吴泽霖把社会学、民族学与人类学等科学联系起来，对社会现象作跨学科的研究。回国初期，主要介绍西方社会学理论，并对中国人口、贫穷、妇女、犯罪等社会问题进行探究，积极宣传中国人口过剩的危机，呼吁当局重视优生节育工作。抗战期间，他的兴趣和注意力转移到民族学与民族调查上。主要著作有：《社会约制》（1930）、《现代种族》（1932）、《炉山黑苗的生活》（1940）、《贵州惠水县乡土教材调查报告》（1947）、《清水江流域部分地区苗族的婚姻》（1953）、《犹太民族历史画卷的一幅重要画面》（1983）等。

吴泽霖的《社会约制》是中国最早专论社会控制问题的社会学著作。他强调社会控制的相关性，认为必须使全社会发挥这种控制的作用，才能保障社会的正常运转。他的见解的独到之处在于明确区分了社会控制的工具与方法。在吴泽霖之前，美国洛司（E. A. Ross）教授于1901年出版的《社会控制》一书，被学者公认为创造性的著作，之后，伦姆雷（LamLey）又著《社会控制的工具》，把社会控制的概念推广到人们相互间的制约。吴泽霖的《社会约制》一书，虽然在出发点上与伦姆雷的著作相同，但吴泽霖把工具与方法分开讨论，并把方法分成几类，这是他与伦姆雷的一个不同之处；同时，吴泽霖对社会控制组织的见解也与洛司的见解略有出入。再者，吴泽霖将“社会制裁”或“社会控制”改为“社会约制”，因为他认为，“制裁”“控制”两个术语带有以上临下的意思，而广义的Social Control并不是单方面的，而是相互的，所以“约制”二字似较为妥当。这是吴泽霖在国内外社会学界中的一个创见。不过，由于约定俗成之故，吴泽霖的“社会约制”并未能替代“社会控制”概念，今天，社会学界所使用的仍然是“社会控制”而不是“社会约制”。下面将扼要介绍吴泽霖关于社会约制的理论研究。

一、社会约制的意义

吴泽霖说，人类在万物争雄、优胜劣败的宇宙中，非但没为他种禽兽所吞灭，并且还能消灭它们、利用它们，就是因为人类有智力，人类一方面能够控制自然，一方面能够约制同类，人类的文化史完全是这两种控制的历史。宇宙是残酷而神秘的。禽兽只会改变本身的肌体去适应环境，而人类虽受到种种束缚和限制，但并不甘于受各种环境的束缚限制，而是运用其智力与自然斗争，努力利用自然界来谋取人类的幸福。吴泽霖认为，人类现在至少已控制了自然的一大部分，将来科学日渐发达，驾驭自然的程度，一定是日高一日。

同时，吴泽霖认为，人类自己相互约制的成绩，倒不像人类控制自然界那么出色。初民的生活并不是紊乱无序的，后来耕种及家畜被发明后，人口数目逐渐增加，人们相互接触的事特别繁多，野蛮时代未曾有过的激烈竞争也逐渐出现。大规模的抢掠，有组织的战争，多种社会病态的产生，个人间的冲突，团体间的争执，比比皆是。吴泽霖认为，其缘故实在于人类不善相处，很少注意相互约制问题，更少有人审慎地研究这个问题。因此，随着社会的发展，人类越来越需要社会约制。

吴泽霖阐明了狭义的社会约制和广义的社会约制。就狭义的社会约制而言，远自老庄近至洛克（Locke）、卢梭（Rousseau）、克鲁泡特金（Kropotkin），都主张人类是相互友爱互助的，在专制横暴的时代，这种主张是无据之论。但实际上，即使野蛮人也并不是放任自由的，也受风俗的限制，他们的人际关系受铁链似的制度束制，都有相当的社会组织及严密的社会制度。在初民社会，当社会分化、秩序破坏以至妨碍行动的安危时，人类为了获得平安的生活，便需要社会约制。

吴泽霖认为，人性虽无多少差异，但现在各民族是不相同的，此乃各民族的环境及文化不同所使然，所以社会环境实在是形成人格及特性的唯一要素。吴泽霖所说的社会环境，指的是家庭、学校、政府、风俗、传说以及一般常相接触的人。这种组织，这些人物，都有束缚我们的能力，并且处处都在约制我们。所以社会环境也可以说就是社会约制的途径。“为了保障这种愉快的生活，社会上不得不想出各种标准，定出各种限制，积极方面使一般的人都能团体化，社会化；消极方面限制他们的行为，使不至妨碍社会，陨越团体。这种积极消极两方面的总和，就是社会约制”。①吴泽霖在这里特别说明了“社会”二字：“从狭义方面看起来，专指社会上负责的人或机关而言。他们的管理别人，约制别人，不是出于自己的心愿，也不是为了本人的利益。他们是代表团体，代表社会，因此常与本人的意志发生冲突……总而言之，凡是代表社会团体而施行的约制，就是狭义的社会约制，或可称为社会的约制（Social Control）。”②

关于广义的社会约制，吴泽霖首先指出，社会二字带有相互的意思，约制二字从狭义方面看，带有以上临下的意思，而从广义看，约制是相互的，没有地位性，没有阶级性。因此，在人类历史上，广义的社会约制比狭义的社会约制发达得早一些。“狭义的社会约制是，总要在比较复杂的社会里，曾经受过不少团体经验，有了比较详细的分工制度及较为固定的社会组织时，才可以发达。社会的范围愈广，社会组织愈复杂，同时反社会的力量也愈强，所以需要狭义的社会约制也愈大”。③从历史上看，狭义的社会约制产生较晚，而广义的社会约制则与人类历史一样久远。

吴泽霖还指出了社会约制的困难。他说，用心理原则去解释社会约制很简单。我们的一切行为，都由适当的刺激和反应形成。我们要约制人家，就应当产生一种适当的刺激，适当的环境，使被约制的人丢弃他本来的行为，而产生

① 吴泽霖：《社会约制》，世界书局，1930年，第6–7页。

② 同上书，第7–8页。

③ 同上书，第10页。

一种新的反应。但这对人类来说没那么简单，因为人类行为的产生，有三种限制，一是刺激的性质，二是人类身体的构造和遗传，三是个人的经验。因此，很难预测社会约制的结果。

二、社会约制的需要

据吴泽霖分析，对社会约制的需要主要有以下几个方面。

（一）生物方面的需要

无论是在男多于女或女多于男的社会，还是在男女相等的社会，性的调剂，总是很大的问题。所以，为了调剂男女的自然冲突的趋势，不得不有社会的约制。再一方面，就是老幼的分布。年龄在社会学和教育学上，都是一个极大的问题。无论何人都有建功立业或淫逸堕落的可能，他们走上何种道路，全视社会约制的情形而定，所以教育问题，实在就是青年的约制问题。无论在何种人民里，年龄的分布都是尖的三角形，青年的分布好像三角形的底一样，数目比较多。这一部分人口，假使不受社会约制的熏陶，那就无从变成社会化的人，现在的文化也无从继续下去。

（二）心理方面对社会约制的需要

首先，由于气质不同，一般人的品格性情各不相同。气质不同的人很难融洽相处，不是互相争执，就是彼此躲避。假如我们不妥善安置这些人，社会上一定会产生不少问题，引起许多纠纷。要实现这种安置，就需要社会约制。

其次，遗传的不平等。个人身体方面的遗传不同是显而易见的，就是智力方面也各有差别，有上智与下愚、先觉与不觉之分。智力高的人如约制不得当也一样可以破坏社会秩序，也许会破坏得更为厉害。知识阶级的犯罪，因为多为有计划的，而且规模巨大，所以关系极大，情形极为复杂，其为害程度及形式极为残酷，尤其是对于血气方盛的青年影响极为可怕。至于下愚的问题更不用说，犯罪大部分是遗传不良所致。从遗传与社会秩序之间的这种重要关系可知，约制遗传实在是很大的社会责任，社会约制尤为重要。

（三）社会方面对社会约制的需要

首先，机会是不平等的。在一个复杂的社会里，遗传和机会既不平等，贫富阶级自然就会产生。一有阶级制度，富贵的人享受的权利多而尽的义务少，贫贱的人享受的权利少而尽的义务多，这种畸形的社会状态，在君主专制国家或封建制度时代，还不致发生太大的问题。而到了民治政体的国家，到了教育和工商业很发达的社会，这种不公平的阶级状态，当然会产生不满，引起许多争端，而且有愈演愈烈之势。机会一天不平等，社会的秩序一天不能安宁，社会约制也就一天不能缺少。

其次，文化是不同的，而民族自大心理却是最普遍的现象。吴泽霖的主张是，种族间没有优劣的区别，但我们却不能否认现代各民族间文化程度的不齐而产生的冲突，若使社会约制使用有方，这种冲突或能减少。尤其是自从交通工具日益进步以来，大规模的移民增多，若移入文化不同的国家或民族思想发达的人民中，他们的行为常不能与当地人相融洽。对移民的同化也就是社会约制。种族间国家间文化程度的不齐，可引起社会的纠纷。在同一种族内，同一国家中，也有这种的趋向。因此，社会约制的需要更加难免。

（四）其他方面对社会约制的需要

为了维持社会秩序，不得不有社会约制。在社会上，由于职业不同、志趣不同、地位不同，人们之间的直接或间接的冲突是不可避免的，经济上的竞争，信仰上的争执，政治信仰上的冲突，都非有适当的社会约制不可。

吴泽霖指出，对社会约制的上述需要还是狭义的需要。若从广义上看，对社会约制的需要更显得格外地大。他把非常复杂的人类行为分成四大类，一是个人的行为，二是家庭的行为，三是职业行为，四是公共行为。这四类行为所需要的约制，在性质和范围上各不相同。在个人行为方面，幼童时代的七八年是最要紧的，因为这个时间的儿童处处需要约制，且约制者与被约制者关系非常密切，所以父母对于约制子女的责任非常重大。但对个人行为的约制不限于童年，我们的习惯、思想、态度、观念，无时不受他人的影响而迁移变更。家庭行为与个人行为有许多地方是分不开的。凡是直接或间接地组织、发展及维持家庭的行为都是家庭行为。这种约制的性质完全是相互的。一个社会有了好的家庭制度和稳固的家庭组织，就有了发展的可能。所以，家庭约制不仅与家庭有密切的关系，对于社会全体也有重要的影响。至于职业行为，一个人到了成人以后，就要自己谋生度日，假使谋生的机会比谋生的人数少，那么，竞争一定很激烈，在这时社会约制的需要就格外大。至于公共行为，到了文化发达后，一个人除了他自己的事业以外，还有工夫去做些公共事业，为社会服务。因为做公共事业时，甚易发生冲突，所以不得不有相当的社会约制来维持秩序。

三、社会约制的工具

（一）工具与方法的区别

社会约制的工具和方法是不同的：这一点是吴泽霖的独到见解。吴泽霖认为，工具与方法的不同在于它们的性质不同。

首先，吴泽霖认为，“工具是一样东西，我们可以利用它，借以达到我们做事的目的或满足我们的欲望。不过工具又可以分做两种：一种是具体的，一种是无形的。凡是我们觉官所能感觉到的东西，都是具体的。凡是我们觉官不能直接感觉到的，就是无形的，或抽象的。抽象的东西，我们固然看不见，摸不到，但是一样可以做我们的工具”。[①]例如，好胜心之类就是这样的工具。

其次，工具的性质是静的，而方法是一种行动的程序，所以它的性质是动的。因此，吴泽霖特别强调，方法不是一样“东西”，乃是一种“过程”“行动”。他认为，有许多社会学家混淆了社会约制的工具与方法。

（二）工具的种类

吴泽霖指出：“社会是由人类组合而成的。人类行为相互关系的总和，就是社会。所谓社会约制，就是约制这各种行为的相互关系。各种行为既为心理的现象，所以谈到社会约制，就逃不了心理学的范围；要谈社会约制的工具，也应当在心理方面下手。”[②]人类有四种比较普遍的心理，即保守心、好新心、求显心和社交心。这四种心理是人类一切行为的原动力：“我们无论做的什么事情，都是其中一种或几种的普遍性潜力所生的结果。我以为社会约制的工具，也就是在于这四种普遍性。”[③]

那么，这四种普遍性怎样可以做我们的工具呢？对此，吴泽霖作了如下的分析。

1. 保守心。大多数的人无论做什么事，都不肯太冒险，都不愿意让他们自己的身体、自己的属物、自己的工作受外界的摧毁。因此，利用保守心理来做社会约制的工具是很平常的。无论是一个政府、一种机关还是社会上的一般人，都可以把保守心理用作社会约制的工具。因为，我们的害怕心理，也就是保守心的表示，所以害怕就是消极方面的保守心。害怕可以限制我们的行为，

① 吴泽霖：《社会约制》，世界书局，1930年，第29页。

② 同上书，第30页。

③ 同上书，第30–31页。

也可以变更我们的许多行为。我们以己度人，所以也时常把他人的工具当作社会约制的工具加以运用。

保守心固属大家共有，但是也有强弱分。社会上守旧稳重的人，一般也是保守心较强的人。当然，事情也不都是这样。因为世界上没有绝对稳重的人，也没有绝对激进的人。在应用社会约制时应当注意这一点，以便收到好的效果。再者，一个人的保守心常因年龄的变更而变化，大凡青年人的保守心远不及老年人的强盛。因此，社会约制所用的工具，对不同年龄的人会有不同的效力。

2. 好新心。好新心与保守心相反，但也是一种非常普遍的心理现象。好新心的性质是动的，经常变化。所以在利用别人的好新心来做社会约制时，第一应当注意工具的性质。要收到功效，非使被约制者常常觉得在新的路上走不可，否则一定不会有新的成绩。

好新心的强弱各人不同，年轻的人总比老年人要重些。稍有年纪的人就不然，因为一不小心，就会引起生活上家庭上职业上的种种危险，因此许多新事业、新经验，往往不能引起年长老者的注意；对于他们的社会约制，如专以好新心为工具，必定不能得到好的结果。

3. 求显心。我们在社会上，总要求别人知道我们，知道我们的特长、财富、地位等，还希望人家给我们以相当的注意。这种普遍心理对男女老少都是相同的。实际上，求显心的根源在于自大心。自尊自大之心人皆有之，即使是最谦恭下让的人也免不了有这种心理，因此，并非位高望重有才有学的人才有求显心，庸碌无才、体格不全或职位卑下的人一样有这种心理。应用求显心做社会约制工具的做法到处可见，效力也非常大。

4. 社交心。人类是群居的，有了群才有文化；如没有群的生活，一切文化都不会产生，人既生存在文化里，也就不能离开社会而生活。一般人有了喜欢的事总想与人同乐，有了忧愁的事则希望得到同情与慰藉。男女追求异性配偶与寻求知己的行为，就是社交心的表现。爱情也是社交心的一部分，一些人为了爱情可以牺牲一切。除了男女之爱外，还有父母之爱。这些都可以用作社会约制的工具。

吴泽霖明确指出，他对社会控制工具的看法与前人不同。前人谈到社会约制的工具，总不外乎讲些法律、宗教、教育、舆论，风俗、信仰、人格、礼节、美术等。这种分类实在有些不妥。一则因为以前的人，把“社会约制”范围，缩得太小。他们所谈的社会约制，是狭义的，等于他所谓“社会的约制”。假使我们把约制的范围扩大到个人间相互的约制，他们所讲的工具，就不够用了。并且法律、宗教、教育等本身，不能够约制别人。它们是一些很复杂的社会结构，而不是一种单纯的工具。它们所以能够有约制力量，实在因为这种结构中有许多方面可以引起我们的保守心、好新心、自大心或社交心，所以，只有这四种心理现象，才可以算是真的社会约制。[①]

四、社会约制的方法

吴泽霖认为，社会约制方法很重要。因为我们无时不受他人约制，同时也无时不在约制他人，但是彼此的约制未必都能成功，其原因就是所用的方法未必得当，由此，方法的重要可想而知。

吴泽霖将社会约制的方法分成两大类，一类是武力的方法，另一类是会意的方法。

（一）武力的方法

吴泽霖所说的武力的方法，就是指用体力来达到约制目的的方法。武力的方法常常可以取得很大的成功，有时各种方法都不能见效，而用武力则可以直接爽快地得到所希望的结果。所以，武力的方法对救急来说是非常有用的。但这种方法是不彻底不经济的，而且往往是表面的，不能持久。

（二）会意的方法

吴泽霖认为，在人类有了言语以后，社会约制的方法便大半都用言语表示出来。言语是人类共同的标准，可以传达意思，不必再用体力去表示我们的需要。这种会意的方法，不但可以节省时间，节省精力，并且还可以减少许多表面上的冲突，从而能有空闲来建设文化。

吴泽霖把会意的方法分为两类，一类是直接的，一类是间接的。

1. 直接的会意方法

在吴泽霖这里，所谓直接的方法是指明言直示的约制。约制者或用言语，或用文字，明白地指示、鼓励或禁止他人的行为。被约制者也知道约制者的手段和目的。这种方法的用处最广并能奏效。吴泽霖所列举的直接会意方法有惩

① 吴泽霖：《社会约制》，世界书局，1930年，第42–43页。

罚、酬报、理喻和命令等四种。

（1）惩罚。吴泽霖认为，惩罚是一个很复杂的问题。从法律方面看，惩罚就是违反法令后由当局所施的苦痛或损失，但是惩罚不只限于法律方面。广义地说，凡是约制者所施的最后手段，使被约制者遭受相当的痛苦或损失的，都是惩罚。惩罚的方法就是指示我们行为的一条路径，在消极方面，它指示我们，不能做某种行为；在积极方面，它指示我们，某种事情非做不可，并做到何种程度。惩罚的效力也表现在这种明显的限制上。

惩罚方法的特点，一是较为经济，二是所得的效果效率很高，三是对于一部分社会化不深的人，非赖惩罚几乎无从约制他们。同时，惩罚方法的缺点也很多，最重要的就是它的强制性不适合于各种特殊情形。并且惩罚的根据脱离不了武力，在表面上或能得到约制的结果，但是仍不能根本地改革被约制者的恶劣心性，所以不能算是彻底的方法。

（2）酬报。吴泽霖认为，人除非在危急的时候，否则是不愿尽十分的心力去做事的。而各种酬报则可使被制约者加倍努力，把事情做好，所以酬报的方法是积极的，富有刺激性的。

酬报的材料有两种，一是物质的，二是非物质的。吴泽霖提醒人们："给予酬报时的方法也应当格外小心。使用得法，固然可以获得良好效果，要是使用不得法，那非但徒劳无功，也许反为引起纠纷。"[①]具体地说，约制者应注意以下几点。一是酬报的来源。一般人势利心很重，愿接受比自己尊贵的人的酬报。因此，社会上各种奖励往往借重于位高望重的人，或大众信任的团体，借以增加酬报的价值。二是酬报的时机。发给酬报时的情形与约制的效力极有关系，时机合适，便可以增强约制的力量，所以一切奖励要在公众中举行。三是酬报品的选择。约制者应当先调查被约制者的实际情形，而后给予适当的酬报品，否则会减少约制的效力。

吴泽霖指出，酬报法有利也有弊。其好处有四个。第一，酬报方法可以激发人们蕴蓄的力量。第二，酬报方法可以使被约制者集中注意于一事一业，因为被约制者既受酬报驱使，就会为达到目的而全力以赴，自然也会精益求精，而发明创作自属意中之事。第三，酬报方法能引起和平的竞争。第四，奖励可以刺激我们的将来及旁观者。酬报的流弊主要也有两个方面，一是酬报不容易

① 吴泽霖：《社会约制》，世界书局，1930年，第51页。

绝对公平，适当者固属不少，不应得者也处处都是。而酬报不公容易使人生怨，侥幸得到奖赏者会受到轻视，奖励者会失去尊严。二是酬报的方法是昂贵的，酬报多，约制固然会有效力，但消耗很大。

（3）理喻。吴泽霖认为，理喻是社会约制中最高的一种方法。理喻的前提是，被约制者是有理智的人。理喻的方法如能成功，就可以代替别种方法，社会也可安宁无事。吴泽霖指出，使用理喻方法时，应注意以下几点。第一，约制者自己应当胸有成竹，使被约制者受其指导。第二，约制者常应利用问答体裁，系统说明有关重要问题的思想，使被约制者容易受到感化。第三，理喻过程不宜过急，要善于理喻人，起初可以表示与对方完全一致，到关系融洽时便逐渐趁风转篷，这样才能得到结果。第四，理喻虽属理智的行为，但欲求其成功，仍不能不借重于感情。第五，公众约制在理论上也应当多利用理喻方法，采用演讲、讨论会、辩论会等办法，讨论会、辩论会的效力尤其大。吴泽霖相信："如果一切政策都能够采取这种方法来做取舍的标准，那民治程度可算达到极点了。"①

理喻方法也有利有弊。这种方法的最显明的优点是：①理喻在约制方法中最为彻底。因为被约制者唯有受了理喻以后，才能衷心悦服地接受约制，这样的结果，才是长久的。②理喻的方法有教育的价值。"民可使由之，不可使知之"是一种愚民政策。如果能够采用大规模的理喻方法，那么非但可使民"由之"，并且还可使"知之"。但理喻方法也有许多限制。一者，理喻是假定对方一定是可以理喻的，但是，一般的人并不都那么有理性，都能被晓谕，对于不可理喻的人，理喻之法就无从用起。还有一种成见很深、顽固自用的人，也是非常难受理喻的，纵使能成功地使他们受到理喻，这也绝不是一种经济的方法。再者，凡是善于辞令的人，往往能够把极无理的事说得天花乱坠，一般的人则任其愚弄，受其约制。

（4）命令。如上所述，在吴泽霖看来，理喻是彻底的方法，但所费时间较长，结果难以预料，在危险万分、千钧一发之际，理喻万万用不得。此时，最好的方法还是命令。命令的定义很难得当，吴泽霖说："简言之，可以说是一种威权的表示，用简单的言辞，坚决的态度，明明白白地去禁止或吩咐一种

① 吴泽霖：《社会约制》，世界书局，1930年，第58页。

举动。”[①]吴泽霖也指出，我们首先应当注意的，就是命令是由上而下的，有权威的人才可以命令他人，所以这一类的约制不是相互的。

命令可分成二类，一是督促，二是喝禁。命令一发，不外有三种结果：（1）诚意的服从；（2）表面的服从，但是心中依旧反抗；（3）不接受命令。因此，使用命令的方法，应当十分慎重，要注意以下几点：（1）口传的命令应当简单，言辞宜清楚，不致引起对方误解；（2）口传的命令，应用响亮的声音，庄严的态度，明白的姿势，才有效力；（3）命令发出后，当然希望别人遵守，所以对于服从命令的可能性，应当详加考虑，因为与人类本性或根深蒂固的习俗相抵触的各种命令是很难得到服从的；（4）命令者的人格也极重要。发出命令要有威权势力为后盾，使被约制者不得不服从。威权的种类有数目的威权、年龄的威权、毅勇的威权、神圣的威权、神感的威权、地位的威权、财富的威权、思想的威权、学问的威权等。如任何威权都没有则命令不易生效；（5）不但命令者的人格应当予以注意，就是被约制者的人格也应当予以注意。被约制者的性情、地位、组织，都应加以精密的观察，否则命令可能难以被接受，从而造成僵局。

命令方法有优点也有缺点，其优点是，命令可以提倡秩序、服从、忠心等美德；约束的效力也非常迅速；危急时命令的方法尤能维持社会的秩序。而其缺点则有：约制者的命令通常不易清楚明白，甚至可能有矛盾，这又经常使被约制者难以从命；又如命令来得猝然，被约制者毫无预备，势必无可服从；还有一个缺点，就是命令常是武断的、专制的，被约制者没有选择的余地，服从命令而不知所以然。因此，命令法也不能算为最妥善的方法。

2．间接的方法

吴泽霖指出，间接的方法与直接的方法不同，约制者要用许多方法，使被约制者不得不去做，做了以后自己也不知是受了别人的约制。这种方法不如直接方法容易，但效力并不小，有时直接方法已经失败，间接方法倒可以收到相当的效验。间接方法的种类非常多，吴泽霖举出了几种方法，并做了系统的阐释。

（1）讥讽。讥讽产生于对个人、机关、思想或事业的不满，既不敢或不愿明言直说，却又不肯完全不加理会，于是就采取一种较为隐匿的方法——讥

① 吴泽霖：《社会约制》，世界书局，1930年，第58页。

讽。如当局者明，接受讥讽中的可取之处，那么约制者的目的也就达到了；而如当局者迷，讥讽者倘不走极端，也不会受何种惩罚，所以讥讽的方法较为和平。

讥讽可以用言语、文字和艺术的形式来表示。以言语的表达最为普遍，讥讽者言语间使被讥讽者接受批评而自省，或借第三方言语转达自己的讥讽，对方虚心接受，这种方法捷便，收效快，且没有危险；但遇到顽固而意气用事的人时，讥讽不但无益，反而会引起反感。所以，不是善于辞令的人，不应滥用言语上的讥讽。

文字上的讥讽较为难能，非对文辞研究有素、写得入体者不能奏效。讥讽文字在文学上是一种最高的体裁，大致分三大类，一类是浪漫的，一类是写实的，一类是抵消的。

用艺术来表示的方法，一部分可以包括在文字上，其中戏剧所包含的讥讽尤为多。戏剧动人的力量最大，所以讥讽在戏剧中应占有重要的地位，用艺术来表示讥讽的最有力方法，要推报章上的插画。吴泽霖说，当时各国报纸都利用这种方法来做讽刺当局的利器，插画家的社会地位也日渐重要。

（2）谄谀。吴泽霖注意到，我们自己的身份，自己的价值，都是相对的，但是我们自己看不出自己的价值所在，唯有他人才能看到。而且一般人都有自大心理，因此谄谀献媚总可博得欢心。所以社会约制者利用这种方法，最易得到被约制者的信任，不知不觉中就可完全操纵他。不过，吴泽霖提醒说，谄谀虽然是约制方法中很易收效的一种，但须使用得法方可生效，如运用不当，非但不会取悦于人，反而会被当作讥讽。吴泽霖说，至于谄谀夺身在伦理上的地位如何，社会学不必过问，而只是把它当作一种普遍的方法加以讨论。吴泽霖认为，要使谄谀方法生效，须注意以下几点。

①如欲把谄谀当作为一种约制方法来运用，第一个条件就是要使被约制者心旷神怡，对约制者产生好感，所以最好预先知道被约制者的特性或缺点，然后再去对他表示同情。谄谀者对于这点应最为注意。

②大凡地位较高的人，总不愿意受卑下的人的劝告，所以谄谀者如能对被约制者表示一种敬仰的态度，最能使被约制者觉得称心满意，而谄谀者则常由此而得以施行自己的计划。

③谦恭的态度表现于外表者，最能使人喜悦。

④模仿效法，也是谄谀中很有效的方法。因为谄谀者能够使被约制者知道在模仿他，被约制者一定觉得非常满意，或因此而易受谄谀者的约制。

⑤谄谀当然也有限度。首先，如果谄谀过分，则反足使人生厌，约制的力量立刻就会消失。其次，刻板的谄谀，也不能引起多少反应。

吴泽霖仅仅举了这几种社会约制的方法，但他认为这些也已足以让人们明了社会约制的真相。

五、社会约制的组织

吴泽霖指出，个人虽无时无地不处在相互约制中，但这种约制是相当有限的。要达到一定的目的，个人的力量是不够的，还必须充实以团体和组织的力量。因为一有组织就会有各种规则条例，对内可以限制团体的各分子，对外也能靠团体的力量，去约制其他的势力。吴泽霖将有组织的社会约制分成二类："一、具体的组织；二、非具体的组织。具体的组织，如家庭、学校、政府、教会、职业组织等，它们都有一定的形式、分子、统系，普通可称为机关。非具体的组织如风俗、舆论、礼节、信仰等，它们不是机关，它们没有社群的形式，但是由多数人集合后所产生的结果，它们束缚人类社会行为的力量，也是非常的大。"[①]

（一）具体的组织

1．家庭

家庭的功能有三，一是种族的保存，二是文化的遗传，三是个人的社会化。其中对社会约制至关重要的是个人的社会化。在原始社会，家庭的社会约制力非常大，一个人的思想习惯，几乎完全得自家庭。到了复杂的社会，家庭渐渐失去它的重要地位。自工业革命后，个人主义日益膨胀，交通的便利加速了人民的流动，促进了都市的发达，于是家庭的约制力格外衰落。妻子经济独立，为夫为父的约制力减退，婚姻太自由，儿童被大规模寄养及童工制的出现，都足以减少家庭的社会约制力，家庭既失去了约制的机能，社会化的教育就格外不易。吴泽霖认为，这实在是一个很大的社会问题。而且他还认为，子女社会化的不同与家庭约制的不同相关。

① 吴泽霖：《社会约制》，世界书局，1930年，第73-74页。

2. 学校

吴泽霖说，原始社会分工制度不甚发达，一般人的知识手艺不相上下，父兄即可教导子弟。后来，社会生活逐渐发达而复杂，分工制度日见扩充，文明日益进步，文化的内容日益深奥，非专家学府不易学习。因此学校的宗旨，不仅是灌输学识，还要成为一个社会化的机关。在个人社会化的程序上，学校几乎与家庭同样重要。有许多经验，尤其是共同生活的经验，即使在良好的家庭里，也不容易得到，而只有在学校里才能充分获得，如遵守纪律的意识，竞争的精神，合作的实验等。学生生活大部分在20岁以下，在这个时期，个人的思想习惯最易养成。

3. 政府

政府之所以约制一般人，就在于政府是民众公认有权力来强制执行社会事业的机关。吴泽霖说："这种组织，一方面是代表第三者秉公处置一切争执；一方面代表社会全体防范一切妨害社会安宁的举动。"[①]吴泽霖还对不同时期的不同政府的约制作了具体的分析。他说："政府不是常常公正无私的，在君主专制、贵族政体或殖民统治之下，政府所做的事往往为一人、一党或统治之帝国着想，一般人民的幸福，置之不顾。在这种时候，政府与人民间的隔膜，一定很深，彼此既站在对立的地位，政府方面非得严密防范，使人民无法可以反抗。"[②]但吴泽霖又指出："但是政府并不是不应该约制人民，只要是为了人民的幸福而去约制他们，决不会发生重大问题。"[③]他认为，暴君专制与民治政府约制的不同在于："因为专制的政府的约制，是自私，无定，不根据法律的，所以人民就没有保障。民治政府的约制，是以人民为主体，以社会安宁为目标，权力虽广，可是处处都根据法律，人民都有保障，这就是根本不同之点。法律的约制，为一般人所公认。其实法律的约制，就是政府的约制。"[④]

4. 教会

宗教信仰几乎与人类历史同样久远。教会的事业可分为两大类，一类与灵魂或精神有关，一类与服务社会有关。教会虽有逐渐走向服务社会的趋势，但

① 吴泽霖：《社会约制》，世界书局，1930年，第82页。

② 同上书，第82页。

③ 同上书，第84页。

④ 同上注。

对于灵魂精神仍极注意。追求精神上的愉快及来生的幸福，正是教会的约制力所在。

社会的所有其他组织都有一种约制力，一般人总脱不了团体生活，因此处处受各种组织的约制，所以世界上没有绝对自由的人。

（二）不具体的约制

1．舆论

吴泽霖说："舆论就是公众对于某人某事所表示的态度。所谓公众并不是指全社会，不过指一般具有见解的人而言。这种人没有组织来做他们的后盾或工具。"[①]但舆论也不是各个人判断的总和，而是互相影响及交流合作的结果，也可将其称为不具体的组织。

吴泽霖认为，把舆论用作社会约制的手段好处很多，其中最显著的好处有六个，一是它很灵活，不像法律那样机械化；二是它注意到感情方面，不像法律那样铁面无情；三是它带有一种预防性，不像法律专在事后惩罚；四是它的约制较为经济，而结果则一样好；五是它的制约比法律见效快；六是它的强制力不甚严厉，不致引起剧烈的反抗。

舆论的缺点也不少，第一，舆论长久正确，被约制者无从捉摸它的趋向与势力；第二，舆论的力量历时甚短，常有今日受人排斥，明日即被崇仰的现象；第三，舆论决不能有完全一致的赞成或反对，取舍有时非常困难；第四，舆论并非到处有效，在专制政体下，或在革命时期，就没有舆论的立足之地。

2．风化

吴泽霖看到，中国人在国内的一切起居饮食、行事和娱乐，都有一种模式，遵循这种模式，人们的行为就不会相差多少。这就是风俗的作用。我们从生到死，处处受风俗的包围和约制。吴泽霖把风俗分成三部分，即民型、风俗与传说。"其中要推民型最为普遍，最为简单，一般人于不知不觉中所公共遵守的。风俗由民型所演成，凡民型经过一番评估以后，社会上认为有道德价值者，即成风俗。一切的礼节及生活的准则，都归入此类"。[②]民型及风俗为行为的准绳，而传说为思想的模型，日常的分歧意见就是受传说的支配所致。

风化在社会约制上的地位极为重要。它的优点，首先在于它的普遍性，所

① 吴泽霖：《社会约制》，世界书局，1930年，第88页。

② 同上书，第90页。

有的人都受它约制，没有一个人能真正超越风化而独立生活；其次，风化是一种很经济的社会约制，但限制人类行为的影响却非常大；再次，风化可成为法律的试验。风化的短处也不少，一是它具有凝滞性，常常成为革新运动的阻力；二是它常常限制天才和优秀人物，使他们不能自由地发展其个性；三是风化没有一定的标准，人间不少冲突常由风化引起。

3．信仰

不具体的组织，除了舆论风化以外，尚有各种信仰。信仰是社会的产物；其创始者虽或为少数领袖，但一定要经过许多人的参与讨论及试验，才能成立，才能产生约制的潜力。它们不一定要有机关来传播，但在理论及事实方面，均借书籍、杂志或口述散布。不仅目前的社会，就是将来的世界也要受它们的影响。而人类所有的信仰，几乎完全靠着前人遗下的文字及书籍而传承至今；现在的各种信仰，当然也可以左右将来人的行为。

关于信仰的约制力，吴泽霖认为，“吾人在采取某种信仰之前，常常经过一番的审虑。在取舍的时候，理智的力量较为重要。但是信仰已定以后，理智就退居次要地位，情感遂大露头角，于是个人的行为，完全受信仰所支配，不能再有客观的眼光。世界上不知多少流血，都为了信仰冲突所致。历史上的革命家、探险家、科学家、忠实教徒，为了贯彻他们的信仰，视死如归，毫不畏缩，可知它约制力量的伟大了”。[1]

① 吴泽霖：《社会约制》，世界书局，1930年，第92页。

第五章
20世纪20年代社会问题研究

在半殖民地半封建的旧中国社会，阶级矛盾和民族矛盾交织在一起，造成了大量的社会问题。当时，社会学界也开展了对社会问题的研究。在二三十年代，社会问题研究大有进展，前期对家庭家族问题研究较多，并偏重于介绍国外研究的情况，而后开展了对中国人口、劳工、农村等问题的研究。

其中注重于人口问题研究的尤其多，社会学家们试图从人口问题入手，理解和认识中国的社会问题。这方面的代表作有孙本文的《人口论ABC》（1928）、文公直的《中国人口问题》（1929）、许仕廉的《中国人口问题》（1930）、孙本文主编的《中国人口问题》（1932）、陈达的《人口问题》（1934）、柯象峰的《现代人口问题》（1934）等。文公直在分析中国的贫困与人口的关系时指出，中国的贫困主要不是人口增加而富源不足所造成的，而是由于没有用科学方法开发富源、国内受封建势力摧残、国外受帝国主义剥削所造成的。许仕廉强调，要讨论中国的一切经济、社会及政治问题，必须从人口问题入手，并特别强调，在弱肉强食的时代，种族品质对社会有重大影响。陈达提出了生存竞争与成绩竞争的理论，在人口研究中注重人口的数量和质量问题。柯象峰认为，历来研究人口论者，往往将问题的重心放在人口与食物的调剂上，而他则主张，人口问题的重心在文化而不在人口与食物，应当改进文化环境，使死亡率降低；应当发展科学、改良农业，使食物增加等。

本章介绍当时的学者对犯罪问题和人口问题的研究，至于他们对劳工问题、农村问题等社会问题的研究，则留待其他章节论述。

第一节
严景耀的中国犯罪问题研究

在研究犯罪问题的社会学者中，首屈一指的当属严景耀。

严景耀（1905–1976），浙江省余姚人，1924年在北京大学主修社会学，1928年毕业，留校做研究生兼助教，讲授犯罪学。1930年任中央研究院社会研究所助理，曾代表中国参加在捷克斯洛伐克举行的国际监狱会议，顺道访问了苏联、法国和英国。后在美国纽约社会服务学院和芝加哥大学进修。1934年获博士学位。回国途中，曾在英国伦敦经济和社会科学院学习半年，并访问苏联，被苏联外国语学校聘任为英文教员，同时从事中国问题研究。1935年回国，在燕京大学社会学系任教，同时积极参加“华北文化界抗日救国会”的活动。1936年任上海工务局西牢的助理典狱长，专管儿童犯。他一面研究儿童犯的家庭和社会背景、犯罪原因和释放后的出路，一面在东吴大学兼任社会学教授，讲授犯罪学，期间积极参加抗日救亡活动，参加“复社”的活动。抗日战争胜利后，严景耀又积极参加民主运动，在马叙伦的倡议下参与成立中国民主促进会，进行反内战、反独裁、争取和平与民主的反蒋运动。1947年，回北平燕京大学社会学系，用历史唯物主义观点讲授《社会学概论》《社会变迁》《犯罪学》等课程。1949年后任燕京大学政治系主任和代理法学院院长，讲授政治课，兼任北京大学法律系教授。1952年与钱端升一起筹办北京政法学院，任国家法教研室主任。1973年，调北京大学国际政治系，研究国际关系问题。曾出席政协第一次全体会议，1954年后当选为全国人民代表大会一、二、三届代表。[①]他是中国促进会创始人之一，历任中央常务理事、常委。

严景耀研究犯罪问题的工作，从1927年在燕京大学学习期间就开始了。当时，社会动乱不安，犯罪问题严重，在有关犯罪学著作与资料十分缺乏的情况下，为了搜集研究犯罪学的资料，他亲自去监狱进行实地调查。之后又率领学生对20所城市监狱中的犯人进行调查，收集有关各种犯罪类型的个案资料三百余件，并从12个省的监狱记录中抄编了一些统计资料。他通过访谈和与犯人共同生活、个别谈话和交往，“了解了犯人的个人历史、家庭和社会背景以及如

① 参见雷洁琼为严景耀所著《中国的犯罪问题与社会变迁的关系》所作序，北京大学出版社，1986年。

何走上犯罪道路的过程，同时从看守和警察方面了解监狱的情况，发现监狱的黑暗内幕。根据调查收集的资料，严景耀在《社会学界》杂志发表论文多篇：《北京犯罪之社会分析》、《中国监狱问题》、《北平监狱教诲与教育》、'*A Study of Crime in Beping*'，并发表一篇中英文的详细犯罪学书目。"[①]还有1934年的博士论文《中国的犯罪问题与社会变迁的关系》（英文），此文1986年由吴桢译成中文出版。1995年又出版《严景耀论文集》，其中搜集了严景耀新中国成立前所写有关犯罪学论文6篇：《北京犯罪之社会分析》（1928）、《原始社会中的犯罪与刑罚》（1936）、《中国监狱问题》（1929）、《北平监狱教诲与教育》（1930）、《刑罚概论》（1931）和《犯罪概论》（1931）。

在严景耀的犯罪学研究成果中，资料非常丰富，不仅有助于我们了解当时的社会，还显示了社会发展的趋向。同时，他对待犯罪研究的严正态度和进步的观点以及他分析犯罪原因的科学方法，对犯罪学和社会学都很有价值。严景耀用进步的、科学的社会学、人类学和犯罪学的观点分析犯罪原因，形成了他的"犯罪与社会变迁的关系"的理论。他把犯罪问题与中国的社会问题和文化环境联系起来的做法，更显示出他在理论上的远见卓识。

一、犯罪及犯罪与社会、文化的关系

（一）犯罪

对于犯罪，严景耀从法学和社会学两方面来界定和分析。他认为，从法律角度看，犯罪的定义是："破坏法律就是犯罪"，其中有两种含义，一是犯了法律所禁止的事情，二是不尽法律上应尽的义务。严景耀认为，犯罪是扰乱社会安宁、阻碍社会进步的行为，所以，对于犯罪问题，不能仅仅停留在法律的层面上，而丢开社会的观点。因为，法律本身不过是社会生活的一种状态，也就是社会上有了组织的威权，法庭才能约束行为，所以犯罪不仅是法律上的事，同时大部分是社会上的事。犯罪行为是反社会的行为。

严景耀从社会学的角度将犯罪定义为："犯罪是一个团体的人群信以为对于社会有害的行为，而且该团体有能力去实行所信的而制裁之。这个定义包含两个要点：一、对于一种行为以为于社会有害的；二、一个团体有权以惩罚的

① 严景耀：《中国的犯罪同题与社会变迁的关系》，雷洁琼序，北京大学出版社，1986年，第3–4页。

方法去实行其所信的，因为人群觉得某种举动有害于社会，于是制了法律而制裁之。所以制法治人，是应人群的需要，保障人群的安全而发生的，并不是为少数人的利益和安全。”[①]

因为社会的存在必须确保相当的团结、互助和共同意志。家庭、部族、国家都是社会的缩影，社会的组成是为了行动，社会是由于人们需要共同行动而组成的。因此，社会结构是人们共同行动的体现，个人生活在社会中，是社会的一分子，他的利益要服从集体的更远大的目标。这也就是说，社会对组成社会的个人是有所制约的。正如托马斯说：“法律、风俗、常规以这样或那样的方式‘规定’了每个构成社会的人的行动模式。”[②]这就是文化的一致性，亦即每一个集团都有的相当程度的团结一致，这种团结一致需要它的成员承担义务。违背习俗、道德规范的行为都被看作对团结的削弱，而社会为了维护团结一致，会对此类行动采取坚决措施，并以法律制裁的形式加强社会成员的社会义务。犯罪，一般被看成是“病态的”和行为反常的现象，它是对风俗和习惯的背离，是对社会一致性的破坏。严景耀认为，对反常和越轨行为的研究，不仅对犯罪人是重要的，而且对正常的传统、习惯和道德观念的认识和充分理解也有很大的帮助。

（二）犯罪与文化

严景耀说，社会学者不仅要知道当前存在的事物与过去存在的事物，并且还要知道它们在人们的文化生活中的意义。对于犯罪的研究，我们要知道在什么情况下发生犯罪，犯罪者本身和他们的受害者的感受和态度怎样，一个人犯罪后社会和人们怎样对待他等问题。同样的犯罪在不同的文化中有不同的意义，在“相同”文化的不同时期也有不同的意义。我们必须了解发生犯罪的文化，反之，犯罪的研究又可以帮助我们了解文化及其问题。犯罪是文化的一个侧面，并且是因文化的变化而发生的异变。如果不懂得犯罪发生的文化背景，我们也不会懂得犯罪，犯罪问题只能用文化来加以充分解释。“所谓文化，就是包括知识、信仰、艺术、道德、法律、习俗和一个人生活在某一集体内所必具的能力，以及区别于其他集体的特性等在内的整体。文化，从其功能的角度来观察，不仅是活跃的，而且是有机的整体。功能是指在整个文化系统中扮演

① 严景耀：《严景耀论文集》，开明出版社，1995年，第1–2页。

② 严景耀：《中国的犯罪问题与社会变迁的关系》，北京大学出版社，1986年，第1页。

任何角色所具有的过程。”①

（三）犯罪与社会

严景耀以社会观点研究犯罪形成的过程，通过对罪犯的调查，观察他们的社会关系以及社会对他们的行为的影响和关心，来研究中国的犯罪问题。严景耀特别强调，他是把犯罪者当作一个人来看待的。既然是人，便有身份，身份意味着人的社会地位。在集体中，每个人的地位是由他与其他人的关系来决定的。罪犯既被看作是一个人，他的犯罪便不过是他的行为的一个方面。行为是一个人的自觉的个人行为，但我们的行为又都是社会决定的，这里几乎毫无个人选择的自由，人类的活动自由是受现存制度严格制约的。因此，对于犯罪的研究也就是对个人之间的社会相互作用结果的研究，亦即对作为一个活的整体的情况的研究。“从文化的角度来研究犯罪问题的目的是透过犯罪的表面现象，探索犯罪者的冲动同环境的有效刺激之间的内在联系，并揭示犯罪者因社会条件的改变而产生的行为变化。……对于犯罪者的研究不仅揭示了他们所生活的社会文化的各个方面，并且也揭示了他们遇到的文化问题。他的犯罪活动不过是他整个行为模式的一个很小的部分，但是他的社会却因为他与其他的行动略有不同而立即将他排斥在外”。②

社会之所以试图把犯罪者划出集体以外，是为了推卸社会应负的责任，用将做错了事的人定罪的方法来拯救其犯罪的良心。严景耀对当时社会之不承认社会对犯错误的人应负有责任提出异议。他认为：“为了深入理解犯罪行为的意义，我们必须了解社会条件是如何使这些人的原来的行动成为某种特定的和被人注意的行动的。如果一个人的行动只要考虑到发生行动的社会的文化传统就可以得到理解和解释的原则，那么，再进一步探索一个人的个人经验，同样可以寻找到我们文化的来源和意义的原则。假使以上概念是正确的，中国的犯罪只能以中国文化来解释，另一方面，中国犯罪问题的研究将对中国文化的理解有很大帮助。”③

（四）犯罪在不同的文化中有不同的意义

因为对于犯罪的理解只能从产生犯罪的文化传统来考虑才能得到解释，所

① 严景耀：《中国的犯罪问题与社会变迁的关系》，北京大学出版社，1986年，第3页。

② 同上书，第4页。

③ 同上书，第5页。

以同样的犯罪行为在不同的文化中就有不同的意义。某些行为在某个社会中被视为犯罪，主要是因为这类犯罪被认为对该集体的特殊的一致性有所损害。一般地说，习俗是从属于集体内各个人间的亲密关系的，因为习俗可以减少摩擦与仇恨，使人们为了一个共同目标而互相合作与帮助。“技术的形式、结构的类型和经济、政治的制度及公正的概念都显示出整个文化历史中各个人之间的亲密关系。文化的各个不同阶段和类型都是一贯的连续的，各有它自己的哲学和精神，它们由于不同的道德观、不同的观点立场、不同的方式和不同的概念而有所区别，但都是有利于社会组织的。以上各项因素都影响到把哪些行动定为犯罪”。[①]

（五）不同的社会文化阶段对犯罪有不同的概念

虽然在任何地区，任何时间，任何文化的各阶段都一致认为，必须予以惩罚的犯罪行为是“叛逆”，它的危害性使集体和统治者必须对犯罪的个人采取严厉行动，但另一方面，按不同的文化标准或在不同的历史阶段上，人们对犯罪有不同的概念。诸如，在有文字前的社会里，在其原始的阶段中，对犯罪者的惩罚与巫术和宗教有关。他们所犯罪行经常是妖巫、乱伦和亵渎等，都是首先威胁了宗教的尊严，这是在有文字以前的社会生活中最重要的方面，也是社会生活与其他方面的关系中最为严肃的方面。而从现代文化观点来看，这些亵渎罪就几乎不存在了，这是因为现代社会的团结主要不在于宗教。反之，在现代社会被认为是犯罪行为的凶杀、通奸和盗窃罪等，在有文字以前的社会都不被当作犯罪。现代社会认为，这些行为对公众福利和社会都是更大的危害，以致最终视之为犯罪。又如，在现代社会，杀死自己的子女、自己的年老双亲并且把他们吃掉的行为，不仅是法律所不允许的，将受到极刑惩处，并被视为极严重的道德败坏。但在有文字前的社会里，这种“非人道的”行动却是为了适应人类的需要。

犯罪的概念不仅在文字前的社会和现代社会之间有差异，而且在现代国家之间甚至在一国之内，在文化的发展进程中也在不断发生变化。这是因为，犯人是不能适应现存的社会环境的人，他不能依照社会公认的标准行动。而其缘故则往往在于现在社会制度与组织的变更，使人不能适应，也在于犯人有时有心理和生理上的缺点，以致与人发生冲突。所以，社会与法律，对于犯罪

① 严景耀：《中国的犯罪问题与社会变迁的关系》，北京大学出版社，1986年，第6页。

的观念，也因时因地而变。总之，犯罪现象，中外不同，古今各异，不能一概而论。

同时，在一个多变的复杂社会里，习俗是不一致的，也是不稳定的：它们因集体和阶级的不同而各异。严景耀发现，人们对已有的一致公认的刑事法律，会因为犯法者地位不同而有不同的甚至是相反的理解。

> 林赛曾在纽约国际大厦中演说道，当一个穷人犯了法，为了社会福利把他送进监狱。但当一个富翁犯了一件更为严重的罪，假如用扣压工资、增加工时来危害福利时，他却被送进国会来统治社会。当一个富翁和一个贫民犯同样的罪行时，富翁需要的是医生和精神病专家。但是于那个穷人却因为维护“公正”和“和平”被警察带上镣铐。[①]

一般说来，当人民的道德观和觉悟跟不上法律时，犯罪是不可避免的。另一方面，当旧的事物跟不上新形势的步伐时，新的法律就会被制定出来。上述表明，犯罪是一种相对概念。对它的解释有赖于它所发生的文化背景。人一方面创造他所生存的环境，另一方面，文化又使人分辨什么事物是错误的、残酷的、低劣的、不公正的，认识什么事物是有意义的。社会上任何必须遵守的规则，“都是为了社会集体生活的融洽，成为一种社会的约制力。文化产生了福利哲学，设置了禁区，迫使人们不去作这种哲学认为是有害的事，确立了准则，叫人去做它认为是有益的事。所谓‘不道德的’‘反社会的’或‘犯罪’等概念，不过是指那些不适合某时、某地或不能迎合统治者权威者愿望的事而已。所以还没有一个永久的、普遍的标准可以用来明确指明哪些事是正确的、正直的、并用以比较和批判那些不同的习俗。只有经验才能作出对某些有益的习俗的判断”。[②]总之，对于犯罪，一方面要从文化来解释，另一方面要看到犯罪与社会、文化变迁的关系。

（六）犯罪研究的社会意义

严景耀指出：“犯罪的研究有很大的社会意义。社会与个人的关系，对其兴趣之冲突，都能借此显明，刑罚是社会的一个最有力量的社会统治工具。犯

① 严景耀：《中国的犯罪问题与社会变迁的关系》，北京大学出版社，1986年，第13页。

② 同上书，第14–15页。

罪学根本就是对社会统治的研究。犯罪本身也是社会病理的一个现象，是社会生活的一个变态，研究变态不独可明白变态本身，且常态亦因之益显，倘若不能将变态各个方面看清楚，要想了解常态是不可能的，所以研究犯人的行动，更能明白常态的人类行为。”[①]

二、中国的犯罪统计——犯罪的一般概况

严景耀引用托马斯的话指出，统计不过是些不知原因的符号而已，它的作用仅仅是指出问题的所在和今后调整的方向。严景耀的经验和经历表明，中国在这方面的主要问题是没有统计，即使有，统计数字也很不可靠。北京政府司法部及南京政府公布的所谓“犯罪统计”都是官方文件，主要是为了向外国人显示中国政府在这方面的工作可与西方国家媲美，如果作为研究的根据，则毫无价值。因此，从1928年到1930年，严景耀两次在12个省的视察中亲自搜集统计数字。他的统计反映了当时中国犯罪的一般概况。

（一）犯罪的范围

当时各省的犯罪统计表明，北京、上海（租界除外）和山东济南三个城市的犯罪率有明显增加的趋势。由于警方经常欠薪，北京的办案效率低。还有一个值得注意的现象是，在男女犯人的增长方面，男性犯人的增加率很高，而且经济犯罪迅速增加。犯人中男犯占92. 7%，女犯占7.3%。女子犯罪率之所以比男人低，是因为在中国女子的生活经常依靠男人来维持，女子参加中国的社会生活的机会少，因而犯罪的机会也少；女子的身体结构使她们无力去强夺别人，她们的社会地位又不高，因而犯渎职罪的机会同样不多；在法律面前妇女的地位比较有利，她们比较容易被判缓刑；妇女犯罪比较复杂、隐蔽，因此她们被逮捕归案的概率也比男子小。

（二）犯罪的类型

严景耀指出，在中国，犯罪的类型值得注意。在12个省的20个城市中，在某个年度内，总计有犯人94138人，其中35645人犯偷窃罪，为数最多，约占总数的38%；其次为吸鸦片、有吗啡嗜好者以及其他毒品的贩运或吸用者，共18915人，占总数的20%。两者合计约占58%。在其中的15个城市里，最主要的犯罪是偷窃。在4个城市里，最多的是犯贩吸鸦片和其他毒品罪，这四个城

① 严景耀：《严景耀论文集》，开明出版社，1995年，第126–127页。

市是安庆、芜湖、营口和太原。在南昌，杀人或伤人是主要犯罪。在各种犯罪中，经济犯罪是一切犯罪中为数最大的一宗。严景耀据个人经验认为，政治犯的数字也是较高的。

在20个城市的某个年度里，女犯为共计7415人，其中鸦片烟犯为数最多，有2163人，占犯罪总人数的29. 2%。人数次多的是犯绑架及拐骗罪的，计有2124人，占总数的28. 6%。这两类罪犯合计占犯罪总数的57. 8%。在所考察的城市中，9个城市的主要犯罪是贩卖鸦片和吸毒，8个城市的主要犯罪是绑架和拐骗。上海以性道德败坏罪和重婚罪为最多，在南昌和安东，凶杀罪和伤害罪最多。女犯中最主要的犯罪也是经济性的。总之，经济犯罪是很普遍的，也是为数最多的。

（三）犯罪与年龄的关系

严景耀发现，不同年龄的犯人犯不同的罪行。一般地说，16–25岁的男犯数字增加最快，到29岁逐步下降，此后迅速下降，男犯中年龄在20–29岁的占40%。女犯的数字截然不同，犯罪数字逐年增加，44岁是犯法者中最多的年龄组别。44岁以上犯罪人数逐渐减少。年龄分布曲线的变化完全是渐缓的。35–44岁虽然是犯罪的最高峰，但这个年龄之间的犯罪百分比仅为28%。

严景耀还从犯罪年龄差别的统计中看到，在男犯中，不同类型罪犯的年龄分布比较显著，20–24岁之间以偷窃和诈骗犯为最多，25 –29岁之间以违法行为、抢劫及暴行犯为最多。从25岁到44岁的每一年龄组里，绑架犯的人数一直是不相上下的。类似绑架一类的罪行，常常是成年人犯，因力犯这类罪行需要精心策划和专门的经验。

在女犯中，差别非常显著。将近95%的性行为罪是34岁左右女性所犯的，犯绑架罪的女性占女犯总数的15. 9%，犯诱拐罪的占15. 3%。70%犯拐卖罪的妇女的年龄在50岁以上，而且其中60%还在这个年龄之上，她们中只有1/5是已婚的同龄犯。很明显，犯经济罪的女犯年龄较大，这是因为中国的习俗蔑视寡妇再婚，而经济上又不给她们以谋生之路，所以这些妇女中的大多数被迫犯罪以谋取生活资料。

从地区犯罪年龄分布看，太原犯人犯罪时的年龄比北平犯人犯罪时的年龄大得多，两者的高峰年龄相差10岁。又对照美国较大工商业城市的青少年犯罪人数很多的特点，严景耀指出，城市愈大，犯罪的年龄愈轻。但在当时的中国城市中，青少年犯罪还不成为重要的问题，只有上海例外。

（四）犯罪的地区分析

中国当时的农村几乎没有犯人。这是因为家族的共产主义、家族制度在中国人的生活中根深蒂固，一个人从家庭或家族中拿东西不算犯罪，只是受到家族传统的教训。如果在族外偷窃、斗殴伤害人，一般也都是私了。

随着城市生活的发展，人们开始把犯罪看作社会问题。在北平，有几个犯罪比较集中的地区，例如前门外、天桥市场、东四牌楼和东单牌楼等地。这些最热闹的地区也是大多数小偷活动的地区。北平四分之一以上的案件发生在前门外或天桥。严景耀发现，这些犯人中多数住在城内人口最集中的地区。40%以上的犯人住在城内，37%的犯人住城外，其余17%无家可归，到处流浪。住在城里的犯人中，60%是住在外城，住在天桥贫民窟和朝阳门外。

（五）犯罪的季节因素

性犯罪和暴行罪在夏季有所增长，冬季有所减少。拐骗罪中看不到季节的影响。经济犯罪则冬季有所增长，夏季有所减少。

三、各类犯罪与社会的关系

严景耀说明了所调查的各种案例类型与社会的各种关系中比较隐蔽的方面。

（一）破坏家庭、侵犯财产罪

在中国文化中，家庭关系是最基本最巩固的关系，自西风东渐以来，中国大家庭制度崩溃，这在城市尤为显著，因为西方工业化商业化的城市生活与中国人的生活方式格格不入。严景耀认为，犯罪就是文化失调在家庭关系与其他社会关系上的一种表现，诸如绑架、拐骗、诱奸罪、性道德败坏、重婚、纳妾、娼妓等犯罪，便是如此。在侵犯财产的犯罪中，青少年偷窃、偶然偷窃、职业偷窃、盗匪、强盗、诈骗犯等，都具有几个明显的特点。

（1）这类犯罪行为是在新的社会情况下失去适应能力者解决问题的自然办法，也可以把它们看作犯罪者在旧的传统生活方式被破坏的新环境中，为了满足他们在新生活方式中的最基本需要以求得生存的最好出路。因为，在中国，家族是社会的主要核心组织，是人们的行为和传统的根本和依据。在家族制度下，人们的行为基本上是为传统模式所限定了的。他们的这种行为规范在他们进入城市后不能与新的社会环境相适应，从而妨害了他们自己：一方面，他们失去了旧习惯的支持；另一方面，他们又不能应付新环境、新危机所提出的要求。随着大家庭规范的丧失和旧道德的控制力的丧失，由于社会危机或者由于个人危机，他们除了违法犯罪，找不到其他足以自存的方式。犯罪是城市生活与农村生活矛盾的结果，是犯罪人不能适应城市化迅速发展的象征。因此，许多种不同的犯罪的形成过程是相同的，同时，对于相同的危机也可能作出不同的反应，但在法律上的差别并不很大。总之，犯罪人是因社会情况迅速转变而失去适应能力的受害者。

（2）同时，犯罪与整个社会结构有关，而且与其他社会问题也有关联。犯罪反映出社会危机的暴露，如内战、饥荒等，这些主要的社会危机破坏了社会的正常结构，导致了许多个人危机。社会环境迅速改变，人们的生活失去平衡，个人危机同时出现，在这种时候，如果社会不能提供足够的援助来帮助那些缺少适应能力并陷入危机之中的个人，犯罪就会发生。

（3）有些犯罪是传统与法律矛盾的结果。

（4）有些犯罪看上去是反社会的，但它又是社会功能的产物，不仅犯人和受害者是现存制度的必然产物，而且有些犯罪是因社会的需要而存在的。例如，如果没有需求，就没有妓女，没有妓女就没有拐骗。

（5）犯罪者多为处于经济底层的人们，以及其生活无法达到正常标准的人们。他们往往是社会、个人危机的最先且最严重的受害者，同时他们往往缺乏法律知识。

（二）政治犯罪

严景耀指出："一般说来，凡是反对现政府的思想或社会秩序的都是犯罪行为，凡是犯有这类罪行的人就是政治犯人。但是如果这种行为越来越为群众所接受，它就成为社会的正常行为，不再是犯罪。它成为新社会的新思想新秩序时，如果有人保留旧思想维护旧秩序，他就会成为反政府的罪犯。"[①]他还认为，政治犯罪与一般犯罪有明显的区别。"一般犯罪是由于他们个人的生活方式不能适应社会要求而形成的暂时的危机需要，他们以违犯法律的手段来解决，犯法者可能仇视社会，他以他个人的方式寻找他的出路。政治犯罪是与现存的政府、现存的国家的法律有矛盾而谋求另一个政府或国家的利益的。一

① 严景耀：《中国的犯罪问题与社会变迁的关系》，北京大学出版社，1986年，第114页。

般犯罪对于社会制约的反应是被动的，而政治犯对社会制度的反应却是主动的和有主张的”。[①]犯政治罪的原因多是为了集体利益着想，而普通犯罪多是为自己的利益着想。但他们同是环境的产物，他们都必须接受社会环境的重新考验，重新适应社会环境。

严景耀认为，政治犯有两种。一种政治犯罪力谋恢复已失去的社会秩序及政权，这是一种反动的政治犯罪。人们因为习惯于旧有的生活方式，经常不愿接受新的观念，而且，他们接受的旧传统行为愈多愈难改变，因为只要行为的一方面有所改变，必然导致全面的改变。他们不愿花气力改变他们的生活，尤其当这些人的个人利益受到威胁时更是这样。严景耀指出，中国当时的经济与社会制度如此顽固，当其被迫改革时必然会引起骚乱和流血斗争。另一种政治犯力求建立新社会秩序和新政权，是进步的，也是社会上的激进派别。保守主义者维护的是现存秩序，他们与法律没有矛盾，但激进派是未来社会秩序的先驱者。当第二类政治犯的伟大革命成功时，保守者就成为新秩序的第一类犯罪。在新社会秩序成熟时，这类犯罪及影响都会减少。

从政治犯罪的过程可以看出，反对政府和现存社会秩序的犯罪的威胁力越是强大，则现政府的镇压越是残酷，越是表明政府处境危险。而且当反政府的行为形成群众运动时，就说明它与群众利益关系密切。当革命成功时，原来为建立新秩序而反抗政府的犯罪分子就不再是罪犯了。他们的成功不仅说明革命力量的增长，也说明旧社会秩序的衰败。他们建立新社会秩序的犯罪目的主要还是经济的，是为了改善、提高在旧的经济条件下无法生活的贫苦工农群众的生活水平，革命是这种状况的自然产物。

严景耀指出，政治犯并不完全是经济地位低下者。复辟旧政权、旧社会秩序的政治犯一般是原统治阶级中的统治阶层人物，他们的目的是恢复他们失去的高位和维护他们的享乐生活永远不变。而在谋求建立新秩序的政治犯中有的也是富有的人，他们因为看到和感觉到群众生活如此不堪忍受，因而想为改变这种现状而革命。于是，他们改变自己的地位而与社会上被压迫的阶级结合在一起，拥护公共舆论，表示他们的愤懑不平。谋求建立新秩序的政治犯是社会不稳定和不安宁的气温表，是对顽固的社会秩序的叛逆。它说明旧制度的压力已到了不可容忍的地步。通过对政治犯罪的研究，严景耀指出，革命是自然发

① 严景耀：《中国的犯罪问题与社会变迁的关系》，北京大学出版社，1986年，第116页。

生的，而不是哪一个人发动的。革命造成革命家，而革命家并不能制造革命的规律。严景耀同时颂扬了中国的共产主义运动。

（三）杀人犯、吸鸦片犯

严景耀认为，与对其他犯罪一样，在不同的环境、不同的信仰和风俗影响下，法律对杀人犯罪的判断也是不同的。杀人犯罪与其他犯罪问题一样，深深地与其他文化问题联系在一起。它是社会变迁过程中受到不稳定因素影响的一部分。从犯罪过程看，第一，在旧中国社会里，杀人作案往往是摆脱困难的社会情况的悲剧结果，这种情况包括有权有势的个人影响，或者是某些社会情况使犯罪者得不到公正的对待的结果。他非得除掉那些拦路人或仇人不可，否则别无出路。因为他们的习惯生活是稳定的、保守的和有规矩的，所以他们采取这样非常的举动，必定有很强烈的动机。第二，人们的社会接触愈广泛，犯杀人罪的范围也愈广。在当时的农村中，谋杀不相识的人的案件很少见。但在城市中杀死陌生人在杀人犯罪中是常有的事。第三，有的杀人犯罪是由于中国的道德与新法律的矛盾而产生的。第四，杀人案的发生与流行，反映出一个地方的文化所产生的特殊问题。第五，当然，也有些杀人犯原本是可以不犯杀人罪的，因为如果别人处在相同的情况下，往往就会用不同的方式来处理，而不会也不需要杀人。

吸用鸦片犯罪十分广泛，与中国文化的关系十分显著。要对此种罪行有充分了解，必须从认识中国文化入手。虽然许多国家均以吸用鸦片为犯罪，但这种犯罪在中国却既有其相同之处，也有其不同特点。即使在中国犯鸦片罪与其他人在其他方面的犯罪情况有相似之处，但鸦片及吸毒等犯罪问题在中国文化中有其特殊的功用。许多案例说明，多吸鸦片或吸用他种麻醉药品的人原来都有某种疾病，他们起初用毒品是为了治病，毒品被当作药品。在当时的中国，特别是在农村，普遍缺医少药. 交通又不便，所以人们用吸鸦片来治疗临时的病痛，况且，鸦片价格也比较低，有些人所吸的鸦片还是别人免费给的。因为有这些便利，中国人很易沾染上鸦片。例如，山西人之所以吸鸦片，就有两个原因，第一，山西的买卖人多吸鸦片，而且诱使子女吸鸦片，为的是使其不因在外嫖赌而把家产败尽。第二，山西妇女大都营养不足，生病或生产以后羸弱无力，吸鸦片可以快速恢复体力和健康。但是长期吸用鸦片以后，往往不见效用而反受其害，因为吸毒成瘾很难戒掉，结果是耗资甚多。富人吸用，有钱有保护，他们是不想戒的，而穷人要想戒烟就万分困难了，一是戒不起，二是戒不了。

吸运鸦片罪行往往是习惯与法律相矛盾的结果。当时，鸦片对于土匪是一种财源，对士兵也如此。另一方面，兵士是公开的鸦片贩运者，他们用枪杆子破坏法律。

严景耀发现，犯此种罪行者涉及中国各阶层以及外籍人，而被捕受处分者多是贫苦老百姓。例如山西省省长宋某说："山西省有三种人走私鸦片及其他毒品：第一种人是'权势人物'，他们有权有势，并有武装保卫，谁也不敢过问他们在干什么。第二种人是洋人。他们以伪装外国商品进行走私贩运，中国法律也无可奈何。第三种人是烟匪。他们走私鸦片时组织严密，武装精良。警方在他们面前束手无策，军队也来不及追捕他们，因为他们常是来去迅猛，猝不及防。他们也是法外之民。只有那些老老实实的下层社会的老百姓吸毒才会依法捕捉起来。"[①]山西如此，全国也差不多。事实上，在东北的日本租界，到处都可以吸用鸦片，饭馆里卖鸦片，妓院的顾客吸鸦片，每一个大的日本药房都卖鸦片、吗啡、其他麻醉药品、枪支和弹药。严景耀还发现，在东北，海洛因、鸦片和吗啡有三个不同来路，海洛因（白面）是从德国汉堡和瑞士来的，日本人垄断这一路交易。鸦片从热河来，这条路为中国邮局职员和铁路上的俄国人所控制，当时的热河省主席唐某与贩运鸦片也有极密切的关系。吗啡是从奥赛港（Port Author）运来的，日本人控制着东北的吗啡馆。

四、犯罪者的文化

严景耀通过研究犯罪者的文化，研究了犯罪者的社会组织及其某些方面的生活，并研究了犯罪者的生活与正常人的生活的区别。

严景耀通过对犯罪组织的研究，得出了几个重要的结论。

（1）犯罪组织的存在和发展随当时中国的社会情况及犯罪组织产生的时间和地点的不同而变化，并与现存的文化密切相关。这种地下组织存在的原因，主要是内乱、改朝换代、灾荒等引起的社会不安。许多人被迫离家，无处安居，也没有谋生之路；有的在家乡作了案；有的因反对遵守原地集体的传统道德、改变风习失败而不得不离家出走。对于这些人，地下组织是唯一的出

① 严景耀：《中国的犯罪问题与社会变迁的关系》，北京大学出版社，1986年，第176页。

路。还有一些失去权势的官员，隐居深山老林、招兵买马，企图一朝复辟。在旧中国，有两条路逃避社会制约，一条是到寺院出家为僧，另一条是参加地下组织。这两者都与合法社会不相容。

（2）严景耀认为，与文化有关的是犯罪者的技能。技术系统也是整个文化的一个方面，当文化发展时，技术也随之发展，二者之间是不断地相互适应的。犯罪的技能也是技术系统的一个部分，它随着文化的变迁而变迁，而且永远与环境相适应。因此，犯罪的技能不过是中国文化技术系统的一个部分而已，只能以文化来解释技能。技能的变化和发展与环境情况的变化相适应。例如，有的罪犯利用迷信方法，后来用来福枪和手枪的现代化技术装备，越狱靠开汽车等。

（3）严景耀通过对犯罪组织的精心研究发现，职业犯罪者有他们自己的语言、思想、行为准则和仪礼。职业土匪（强盗）结成大帮，从许多方面可以看出他们专门与上层社会、为富不仁者和政府为敌。他们从来不想剥削和坑害穷苦的老百姓。相反地，他们还为百姓做好事，老百姓一般对他们并无恶感。犯罪者在他们的无法无天的集体中却是很守纪律的。他们不但在他们中间讲公正讲道理，而且对外界讲公正讲道理。

（4）更为特别的是，严景耀发现，犯罪问题表明，上层社会与下层社会是文化的两个方面，缺少一方面，另一方面就解释不清楚。它们之间的界线是表面的，也是不准确的，从表面上看，下层社会与上层社会之间的界线是很明确的。如果从两种角度看，就可看出一个事物的两个方面，两者是不可分割的，各自都不是单独存在的。上层社会在某种程度上总是想划清这条界线，这样，他们就可以对下层社会的所作所为不负任何责任。当上层社会要求对下层社会分子予以惩罚，以便给他们教训，帮他们改过时，犯罪者不是得到教育，不是悔改，而是认为他犯法的本领不够高强，需要向狱内狱外的伙伴多学点本领。当人家告诉犯罪者他干的是肮脏的勾当时，他却认为，从整体上看，许多人干的都是肮脏的事，都是不诚实的事，不过有些人是假借合法名义弄钱和征税来抢夺财物而已。在犯法人的眼中，法律根本不是保护人民的，它不过是有钱有势的人手中的工具，是保护他们剥削掠夺财物的。

上层社会认为下层社会分子是“反社会的”，他们应该受到教训，变得社会化些。下层社会的人们在他们自己中间是很“社会化”的，他们之间互通有无，上层社会越恨一个下层社会的人，他在下层社会就越有威望。因为这两个世界是对立的，相互有矛盾和仇恨的，所以，上层社会加给下层社会的压力越大，下层社会的团结就越牢固、组织就越严密。在这个意义上，上层社会帮助了下层社会的形成和巩固。因此，严景耀说："上层社会与下层社会之间并无不可逾越的分界线。他们之间的关系密切，缺掉一方面，另一方面就解释不清楚，因为他们都是中国文化的一部分。"①

五、犯罪的原因及其责任

严景耀说："我们反对这种不问犯罪的原因，只计犯罪的轻重，而采用'一报还一报'的复仇主义，来处置犯人的办法，所以我们应当首先深究犯罪原因，然后共同商榷那根本医病——处置犯人的方法。"②严景耀从社会变迁与文化冲突中寻找犯罪的原因。他看到，当时中国连年屡遭水旱灾害，农民逃荒，失业增加，物价上涨，贫民自然走上犯罪的道路；农民生活贫苦，缺医无药，所以一些人便由于吸鸦片而犯经济罪；政治纷乱、连年战争，物价飞涨，政府又无救济，犯罪是他们暂维生命的唯一路途；而搜查犯罪的警察，对于不能维持生活的公务，当然不能用全副精神，来尽他们应尽的责任，再加上搜查犯罪的新式专门方法的训练和设备非常缺乏，所以就使桀黠之辈，一方面在为自己饥寒所迫之时，另一方面乘警察疏懈之际犯罪，以济目前之急。尤其在人口稠密、生存竞争剧烈的城市，乡间初来的人，过于朴实，不适应城市的欺诈生活，生活既很艰难，引诱的刺激又到处都是，在这种浮浪社会中，他们容易交上不良的朋友，从而也容易犯罪。家庭生活遭到了破坏，家教的缺乏，职业教育的缺乏，不能适应社会的需要，中国社会制裁力非常薄弱，这些因素也使犯罪增加。此外，监狱处置不当，实在也是习惯犯与职业犯增加的重大原因之一。

除了上述种种导致犯罪增加的外部因素外，严景耀认为，其实犯人的个人性格，也是犯罪的重大原因。犯罪者没有很强的自信心，缺少勇往直前、百折不回的精神，一遇艰难，自然很易流入歧途。而宗教又与他们的生活丝毫不发生关系，教育则或者缺乏或者实施不当，使得各人性格任意发展，而一些人则走上犯罪道路。

① 严景耀：《中国的犯罪问题与社会变迁的关系》，北京大学出版社，1986年，第200页。

② 严景耀：《严景耀论文集》，开明出版社，1995年，第127页。

在分析了犯罪的种种原因后，严景耀把中国当时的犯罪问题归结为："（1）社会变迁引起新、旧法律观点与道德规范的矛盾。多少人由于在急剧的社会变化中失去方向，不辨是非，不谙法律而犯法；（2）犯法成为谋生存在惟一出路；（3）社会制约失效和社会解体所引起的必然结果。"[①]严景耀认为，在辛亥革命以前的旧中国，大家庭、家族制度和传统的道德观起着重要的社会制约作用，1911年的革命推翻了数千年的帝制，带来了急剧的社会变迁。1928年国民政府第二次北伐成功，结束了军阀混战局面，但随之而来的是国民党清党剿共，进行反革命的镇压和屠杀，此后又加上日本帝国主义对中国的侵略和掠夺，把亿万中国人民置于无法生存的血泊之中。多少善良的工农大众在大动荡的社会变迁中失去适应能力，最终被迫铤而走险，陷进了国民党布下的法网，这是他们犯罪的根本原因。

至于犯罪的责任，严景耀认为，中国犯人的智力，本来与普通人民相差无几，犯罪不完全是个人生理或心理缺陷或变态的结果，而是社会环境的产物。严景耀一方面分析了犯罪的物质环境原因，另一方面也不否认犯人个人性格上的原因，但他认为，社会要为他们犯罪负相当大的责任。因此，严景耀严正指出："为保护社会安宁和利益起见，非用相当方法，处置他们不可，不过用铁面无私的专治平民的，只管目前事实不顾事前成因的法律去惩罚这种变态社会中的牺牲者，以为制裁犯罪的方法，是否公平？而将这种'犯人'——社会恶毒的结晶品——视为社会'败类'而幽禁起来，一方面让发生犯罪的渊源的社会因循如旧，不加改良，是否是根本方法？这实是很值得注意和讨论的问题。"[②]严景耀把犯罪问题与社会制度及社会变迁联系起来所提出的问题，确实引人深思。

六、刑罚理论

"刑罚是对于破坏法律者的强制的制裁"。[③]诸如死刑、自由刑、财产刑、名誉刑、非刑、法外之刑等，都是如此。在有组织的社会里，为了团体的生存与发展，社会制裁是决不可少的工具。一般人认为，刑罚有很大的价值。

① 严景耀：《中国的犯罪问题与社会变迁的关系》，北京大学出版社，1986年，第9页。

② 严景耀：《严景耀论文集》，开明出版社，1995年，第39页。

③ 同上书，第104页。

严景耀结合实际，对一般人的普遍看法进行深入的分析。首先，在心理方面，这种看法的最大目的或许是给犯罪者以相当的报复。但社会常以制裁为目的，而不以制裁为达到目的的方法，因而常有过分的制裁，这样引起被制裁者的反感，而拒绝社会的处置，或者进行更进一步反社会的行为。其次，一般人相信，加给犯罪者的刑罚，可以威吓其他有犯罪可能性的人，使其恐惧而不敢轻易犯罪。再次，刑罚表现出社会对犯人的仇恨，而社会的团结力与尊重法律的观念，便可借此发展起来，同时也可以作为发展守法者的理想与态度。

严景耀认为，一般人民相信刑罚具有价值，但刑罚能否确实收到“感化”“威吓”及“团结”的效果，还是很大的疑问。刑罚往往使犯人怨恨社会，因为他受社会的排斥，他的人格便往往因此不能完善，而且他因为难以在社会上恢复其相当的地位，于是流落而与惯犯为伍，犯罪的知识因此而增加，道德观念薄弱，是非标准便完全与普通社会不同了。而且有许多态度恶化的犯人，在同辈中以反抗社会的制裁为能事，并得到同辈的尊敬和颂扬。另外，一般社会所惩罚的人，多是没有经验的犯人，至于经验丰富的罪犯，会利用第三者达到犯罪目的，而不会受到社会为他们所预备的刑罚。因此，严景耀认为：

> 刑罚是消极的，用刑罚防免犯罪的行为，不能有积极的建设的效果。刑罚可使恐惧，但是改变人们的性情与人格的要件，决不在于恐惧。改化的意义，不独变更性格，并且要有组织或重新组织性格的建设程序，而刑罚专在禁止方面，却不能供给鼓励暗示理想等要件。不独不能供给建设要件，且有阻碍积极建设能力的危险；特别对于犯罪的严重的刑罚，使受刑者不独怨恨社会，且感觉到自己前途命运因之决定，决难有再造的希望了。就是受普通刑罚的人们，便常发生反感而不尊重法律，失却爱国观念，不愿为社会牺牲，缺乏前进自新的思想，而变成不易改化的性格。社会处置犯罪真正的成效，不但要遏止违犯法律的行为，并且要使个人与社会的密切的关系毫不损失，使个人积极的建设的观念和力量，不致淡薄与虚疲，现在刑罚决不能保全这种要关。[①]

① 严景耀：《严景耀论文集》，开明出版社，1995年，第106页。

严景耀对当时刑罚的消极面做了深刻的揭示，他的看法与众不同。在一般的法律上，在公众的心目中，每一个人的行为，都完全应当由他自己负责。而严景耀则提出了犯人是否应当完全负犯罪责任的问题。基于对犯罪原因的分析，严景耀认为，犯人应对因故意所为、心理冲动以及自己意志中的行为负责，但就大体讲，国家和社会须负大部分的责任，不但要对自己和人民负责任，即使对于犯人，也应当负相应的责任。虽然犯人要对他们自己的行为负相当的责任，但是，社会的现实情形不能不使人感到，他们是社会环境的牺牲者。因此，严景耀说："我们应当首先了解犯人及其犯罪的社会情形，而用目前所知道的方法控制而处理之。这种完全要用科学的手续，决不能掺杂仇恨的情感在里面，当极我们的智慧用各种生理、心理、社会等方法尽量了解犯人。然后用种种改化的方法去养成他们为社会有用的人才。"[①]因为智慧、性格与社会环境人各不同，虽然犯的罪行相同，但其原因也可能绝对不同；同样地，所犯的罪可能不同，但其原因则可能相似。故此，犯罪的责任因情况而异，处置犯罪的方法也应随之而各别。因此，严景耀提出，要"以了解犯人与社会情形的个别处置的方法，代替刑罚的方法，首先要说服社会，使之了解科学的方法，乃是真正解决犯罪的方法，决不能用划一的刑罚去寻求完美的效果。倘若能逐渐将目前社会一般人民，对于刑罚的旧思想打破以后，则采用科学的个别处置方法，便可免去根本困难，否则在中国以刑罚为主的社会里决难实行"。[②]

七、救济与预防的方法

在对犯罪现象进行实地调查并对犯罪原因进行客观分析的基础上，严景耀提出了救济与预防犯罪的方法。救济是为救济已犯罪者，使之不致流为习惯犯与职业犯；预防则是杜绝犯罪的办法，是使社会可以永远安宁的方法。

（一）救济的方法

1. 监内处理

犯罪是社会的疾病，犯人是社会的病者，而监狱是社会的医院。犯人入狱后，用个案的方法对其犯罪原因、个性、社会环境进行研究，通过对其家庭、

① 严景耀：《严景耀论文集》，开明出版社，1995年，第107–108页。

② 同上书，第108页。

朋友、营业住处等的访问，作出诊断，最后按诊断处理。这种工作需要个案专家及教师合作，用极大的忍耐功夫，竭尽全力，才能见效。至于犯人的在监生活，切不可使其变态，当使他养成作为公民最不可少的精神，如自立、自治、互助、快乐等。培植坚强健康的人格，使他有高尚的理想、坚忍不拔的志趣、自制的能力和勤勉的习惯，这样，他在出狱后才可自新。因为犯人在监狱里常会感到被社会忽略的痛苦，感到社会给他的待遇不公平，由此而心生怨恨，倘若不在监禁的时候将他改化过来，那么，他出狱时的态度一定比入狱时更恶劣，他的犯罪经验在得到同辈的指导后一定更为丰富，假如他的态度不能社会化，那么他对于社会人民的财产和生命会有更大的威胁，所以社会应当注意，监狱究竟应如何处置犯人。正确处置是很重要的。要让犯人读书、进行职业训练、宗教训练等；要教化他的德性，即重修他的精神；要启发他的理性，即训练他的智能。

2. 出狱后的保护

犯人出狱后，多遭社会的轻视与反感，因此谋事非常困难。若任其在旧环境中沉浮，则他必然重蹈覆辙。所以，要专设机关，注意保护与指导，按其所长为他们介绍工作，从而帮助他们改变以前的恶劣环境。出狱者既已在监内受到相当训练，培养了个人性格，出狱后又受到正当保护，那么他们沦为习惯犯、职业犯的机会必定会大大减少。这需要监内监外的工作相互联合。从事这种工作的人，不但要有专门的学识，还必须具有深厚的热忱。

3. 施行不定期刑

刑罚的目的在于“感化与防卫”，而实施刑罚的轻重则应以犯人恶性的深浅为标准。但犯人是否被完全“感化”，这是不可预测的，因此，应把刑期的长短伸缩权交给监狱，由监狱酌量处置。

（二）预防的方法

如何预防犯罪？严景耀提出的方法如下：

> 一、发达实业，开辟富源，同时使失业贫民多有谋生之路。二、设职业介绍所，及贫民借本处，为日暮途穷无处投奔者设法。三、利用科学方法，发展农业，并借以避免水旱之灾。四、改良救贫事业，培植社会服务专家，且须组织精密，于适当时机，给贫民以必要之援

助，排除以慈善为名的滥施衣食杜绝养成惰民的机会。五、设立乡村信用合作社，提倡合作运动。六、发展平民教育，公民教育，及职业教育，使人民有专门技能，易于适应环境。七、提倡医病储金，灾害保险，老废救护及贫儿保护。八、改良政治，停止战争，促进和平，减少苛税及发展交通。九、提倡卫生，改良贫民生活，减少疾病。十、加高工价，使与物价并增。十一、提倡宗教生活，使人人得精神上的修养，具高尚的理想，坚毅的信仰，深厚的热忱，及百折不回的勇气。一方面不致完全被恶劣环境支配而淘汰，使绝望而灰心；一方面借以制约恶劣个性，培养坚健人格。十二、发展儿童的社会化的人格，使心身发达，适应一生环境，而为有用的国民。十三、组织精良警察，使充满忠诚的观念，富于自己牺牲的精神，能奋不顾身，搜查犯罪，且须有科学的专门训练，而无欠薪积弊，则人民虽有犯罪动机，亦不敢轻易尝试。十四、养成民众健全的法律观念，使有尊重正义、除恶务尽的精神，不独使自知尊重国家法纪，即他人有干犯的，亦认为社会的痛苦，与己身有密切关系，立刻告诉告发，以迅速的手段，辅警察的不及，则不但犯人不敢在正义面前任意犯禁，并且使之无寸隙可乘，故其效力较警察及审判机关更大。然此种为公的精神，亦我国国民性中特别缺乏的一点。[①]

最后，严景耀概括地指出："失业——贫穷——水旱灾——人口稠密——战争——疾病——失德——犯罪——等等，都是互为因果的。要制止犯罪的恶毒，几乎完全要靠其他社会恶毒的防免；非由全社会人民共同的合作，及长时间的奋斗，在相当程度内，去操纵社会环境及人类性质，决不能使社会永远不离常态而有稳步的进步。"[②]

八、研究国内犯罪问题的建议

通过对中国犯罪问题的调查，严景耀认为以后还要深入研究该问题，并提出以下建议。

（1）个案调查应更为深入细致，数量也应更多，这样可以收集到各种各

① 严景耀：《严景耀论文集》，开明出版社，1995年，第43–44页。

② 同上书，第44页。

样的案主的详细而多样的经历，从而反映他们所处的社会环境。这样的研究有助于人们对犯罪与文化变迁两者的了解。

（2）需要更多的统计资料，以说明犯罪的趋势和地区分布。

（3）对整个社区进行调查，以说明为什么在同样情况下有些人犯罪，而有些人不犯罪，这样对犯罪者与非犯罪者进行比较研究，更有助于对犯罪问题的了解。

（4）不仅对犯罪者应予全面的调查研究，对被害者、社区、亲友、邻居、局外人和第三方面的人都应进行调查，以更清楚地揭露问题，认清问题的最重要方面。

（5）对不同城市的犯罪应做比较研究。这种比较研究首先可以回答如何、为什么同样性质的城市有不同的犯罪性质和不同的犯罪率。其次对不同城市犯罪问题的比较研究，可以有助于对中国犯罪史的了解。目前的研究只说明当前社会变迁与犯罪的关系，并未说明在迅速的社会变化前的犯罪与今后的犯罪的问题。对不同城市的犯罪的研究，可以说明中国犯罪与目前社会变化的关系。

（6）另一种比较研究的方法，是对同一城市在不同时期的犯罪的性质与范围进行比较研究，以弄清该城市中的犯罪是如何随时间而变化的。

（7）确定犯罪研究的最佳时期。严景耀看到，“在中国，最近二十年的变化较之前一个世纪的变化异常显著。一个国家，长期在生活的所有的各个方面都受着传统的统治，突然在工业化、商业化的过程中急剧地失去了它的社会控制力”。[①]在旧中国，约束行为的形式在一切社会集团中基本上是一致的。中国人在受到各种互相矛盾的行为规范和准则的影响时，因为习惯的矛盾，他的人格品德的概念也混乱了。另一方面，在短时间内，要顺利和谐地建立新秩序以控制新局面，是很困难的。然而，不稳定的时期正是研究犯罪问题的最佳时期。

（8）进行中外犯罪的比较研究。研究中国犯罪问题所得的结论，应与在同等情况下研究外国犯罪问题所得的结论相比较，从比较中找出差异和共同点，从广泛和专门的结论中，形成犯罪的自然历史，从而建立一门犯罪学。

---

① 严景耀：《中国的犯罪问题与社会变迁的关系》，北京大学出版社，1986年，第213页。

九、研究犯罪的社会意义及科学应用

严景耀指出："犯罪之研究有很大的社会意义。社会与个人的关系，对其兴趣之冲突，都能借此显明刑罚是社会一个最有力量的社会统治工具。犯罪学根本就是对社会统治的研究。"[①]同时，犯罪本身也是社会病理的一个现象，是社会生活的一个变态，研究犯人的行为，更能明白常态的人类行为。

关于犯罪研究的科学应用，严景耀认为："犯罪学并非一种根本科学，乃是各种科学相合而成的。动物学、人类学、历史学、社会学可对于犯罪之描写、起源及演化有所贡献。气象学、人口学及其他社会科学如社会、经济、政治等，对于分析犯罪之环境成因有所贡献。解剖学、生理学、心理学及精神病学用以研究犯人个人的特点及其形象，法律学、社会学、生理学、心理学等可助研究刑罚制度及犯罪与犯人的处置，所以研究犯罪须用各种科学方法。"[②]

严景耀进一步指出，要运用动物学、人类学及历史的方法研究从动物的格式到文明社会的犯罪演化。气象学可以研究气候及气象与犯人的行为关系，因为物质环境与人类行为的关系非常密切。人口学可以研究人口的密度、分布增减及其对犯罪的影响。社会学可以分析造成犯罪的社会原因，如经济的、政治的、宗教的、道德的、教育的原因等。统计学可以帮助调查犯罪。解剖学可以发现身体上的特点与结构上的畸形与犯人行为的关系，因为这种特点与畸形能影响到许多特殊而反社会的行为，同时，可以调查神经系统组织，以便了解人的心理特点。运用生理学研究，发现各种因身体上的有机体功能失常而导致犯罪的事实。心理学可以研究心智的特点与作用，据以知道何种心境会有犯罪行为，这对犯罪的分类很有帮助。运用精神病学分析犯罪的变态行为对心理学的方法也有帮助。

严景耀对犯罪问题的研究在理论上是深刻的，在分析方法上是客观与科学的，对当今犯罪问题的研究和解决大有启示。

① 严景耀：《严景耀论文集》，开明出版社，1995年，第126页。

② 同上书，第127–128页。

第二节 许仕廉的人口理论与人口迁徙研究

许仕廉（1896–?），湖南湘潭人，早年留学美国，获艾奥瓦大学哲学博士学位。1924年回国，先后任国立武昌师范大学教授、燕京大学社会学系教授，1926年任燕京大学社会学系主任，1927年创办《社会学界》年刊，1928年主持创办了清河实验区，1930年参与筹建中国社会学社，1931年赴美讲学，任芝加哥大学社会学系研究导师，1933年兼任伦敦社会学会及意大利人口问题研究委员会驻华通讯员。抗日战争爆发前夕，赴美定居。

主要著作有：《文化与政治》《一个市镇调查的尝试》（英文，1930）、《社会教育与社会理论》《中国人口问题》（1930）、《人口论纲要》（1934）等。"许仕廉认为，要讨论中国一切经济、社会与政治问题，必须从人口问题入手。人口、土地、生活程度及社会文明是社会的四要素，人们可通过人口的状况去衡量其他三项的状况。他特别强调种族品质对于社会的重大关系，认为一个民族要取得竞争的胜利，关键在于提高人口素质。他还极力提倡发展本国的社会学，提出中国社会学教学的宗旨在于为本国培养专门的社会学理论家、研究家和高等的社会服务专门人才。社会学的课程设置与教材要结合本国的实际，使学生广泛掌握社会学的基本知识和基本理论，并提倡多用'国货'，少用'洋货'；要进行社会实地调查，使学生明了中国现实社会的情况，掌握搜集资料的科学方法等。这些见解对当时中国各大学社会学的教学产生了一定的影响。"①

本节主要介绍许仕廉的代表作之一《中国人口问题》一书的主要思想。《中国人口问题》于1930年由商务印书馆出版。该书就人口理论、中国人口密度问题，生育率与死亡率、中国人口性比例及年龄分配、中国人口的婚姻状况及职业分配、中国人口之迁徙、中国境内的外国侨民、中国人口的品质问题、解决中国人口问题的方法等，进行了全面的论述，并与国外的人口问题作比较。本节主要介绍其中的人口学理论以及许仕廉对中国人口迁徙与中国境内的外国侨民问题的研究。书中的其他内容留待后文有关章节讨论。

① 付愫冬："许仕廉"，《中国大百科全书·社会学卷》，中国大百科全书出版社，1991版，第448页。

一、人口问题的重要性

关于人口问题研究的重要性，许仕廉在该书序言中说："人口是社会与国家的原料，是文化与财富的生产者，所以要研究各种社会问题，经济问题，政治问题，教育文化问题，必从人口入手。"他认为，中国人口占世界总数的四分之一，中国人口的变迁与世界大势有很大的关系，所以中国人口问题不仅是中国的问题，而且是世界的问题，因此，他希望有关的学界和政府能加强研究。

《中国人口问题》一书的内容是许仕廉在北京燕京大学讲《中国社会问题》课程的讲义的一部分。他所讲的中国社会问题分人口、种族、贫穷、工业与劳工、家庭、犯罪及恶习、乡村、社会不宁、社会运动及社会改造思想等十个部分。他相信，人口问题是中国一切社会问题的根本问题。

二、中国人口论调与人口公例

（一）评马尔萨斯人口论——人口问题，也是财富与优生问题

许仕廉认为，关于中国人口问题，大概有两种意见。第一种主张从速增加中国人口，以抵御列强的人口压力。第二种主张从速实行生育节制，根本解决现在国内由于人口压力而产生的种种社会经济痛苦。第一种意见属于民族主义派，以孙中山先生为代表。第二种意见，受马尔萨斯的人口公例影响，[①]认为中国人口过剩了，并且"以为中国社会所发生一切罪恶痛苦……极贫、疾病、高死亡率、内乱、革命、盗匪、犯罪、饥荒、水灾、旱灾、低生活程度……都是内地人口过稠食物不足的自然结果。要根本解除这些痛苦，必从生产节制做起。这派人注意于人口增加与人生幸福的关系，而民族主义派注意于人口增加与民族生存竞争的关系"。[②]

许仕廉认为，要找到解决中国人口问题的方法是很难的。他认为，应先讨论人口公例，再详细研究中国情形。人口公例是18世纪末马尔萨斯（Robert Malthus）所倡。在马氏之前，重商主义盛行，人们常常认为人口密度为国家富庶与否的标志；其后重农学者及亚当·斯密（Adam Smith）以广土众民为富强的根本。1798年，马尔萨斯发表了著名的人口论《人口律及其对于将来改进

① 许仕廉译为"马尔塞斯"。这里除引用许仕廉的原话外，一律改为"马尔萨斯"。

② 许仕廉：《中国人口问题》，商务印书馆，1930年，第2–3页。

社会之影响》[①]，“谓人口问题，是一切社会问题的根本问题；依天然的人口趋势，其增加较之赖以生存之物质之增加为速，盖人口之增加为几何律，而食物之增加，仅数学律。因此人口对于食物之压迫，将日甚一日；若各国不设预防方法以自制其人口之过多，其社会将发生种种天然的或积极的阻遏，使人口之数与物质之量复归于平衡，其所谓预防方法（即人为方法）分为两种，第一为道德的及理性的生产节制，如迟婚及节欲的，第二为不道德的避孕。积极方法（即天然方法）包括一切天灾人祸、罪恶痛苦，如战争、疾病、灾荒、刑犯，等等。马氏又谓如人类实行预防方法，则可免自然方法的痛苦”。[②]

许仕廉评价了马尔萨斯的人口论，他说，马尔萨斯的人口公例以两个假定为论据，一是食物为人类生存的必须，二是男女性欲将永无变更。由此得到第三个论据，即人口滋生的能力，远比土地生产食物的能力大。许仕廉认为，食物并不限于按马尔萨斯所说的算术级数增长。因为土地可以新开拓，科学技术新方法的应用可以提高产量。同时人口也未必以几何级数增长。在马尔萨斯时代，就有两种与马尔萨斯人口论不同的学说，一是生物学上的理论，说是人类愈复杂愈文明，其生殖力必愈低。社会学家斯宾塞说：“生物愈低下，生育愈多；愈高等，生育愈少。是故人类之生育，远少于下等动物之生育；文明人之生育，复少于野蛮人之生育。其间颇有至理。……惟人类生育少，而寿命长，故有余力以肇起人文，创造世界。反之，人类愈演进，事业愈繁赜，用脑愈多，生育亦自然减少。”[③]二是经济上的理论，认为由于种种社会和经济上的原因，家口的大小往往与财富成反比例。极贫阶级常把儿童视为将来赚取生活的人，不仅指望子女成为自己的助手，而且指望将来依靠子女养老，因此常欲多生子女。上层社会则因教育的需要与维持社会地位的必要，往往不肯盲目结婚，其结果就防止了多子多孙现象的出现。在富庶之国，人民生活复杂，往往不愿有子孙众多之累，而宁愿少生子女，抚育较少的孩子，而不欲草率多生以抚育众多子女，因此这个阶级的子女数会减少。欧美各大城市的生育率不及乡村的高，就证明了这一点。

许仕廉虽不完全同意马尔萨斯的理论，但他指出，马尔萨斯人口论中最值

① 今译为《人口原理》。

② 许仕廉：《中国人口问题》，商务印书馆，1930年，第4–5页。

③ 同上书，第5–6页。

得注意的是，人口的增加是否快于食物的增加。他认为，虽然农业可以不断改良，但土地终究必定受报酬递减规律支配。他还认为，即使实行社会主义或共产主义，改变财富的分配，也解决不了人口问题，因为生产有限，人口增加，没有充分可分之物。

许仕廉看到，在他那个时代，人口的生育由于种种新原因而有所减少："第一为新女性运动的提倡，缩小家庭，提高婚姻年龄，女子主张经济独立。第二为社会文化发达，经济欲望加高，使许多人不愿有子女；第三生产节制的人为方法，已渐普及；第四优生运动之提倡，使社会渐注重于人口的品质。"①这些变化都是马尔萨斯所未料到的。但许仕廉认为，"总之人口问题之全体，非仅为人口多寡之问题，凡人口之品质，经济之效率，与分配之平均，皆在其中。换言之，非独人数之问题，盖亦财富与优生之问题也"。②同时，他认为，"人为最重要之劳动力，'设诸事相当'，人口愈众，其国力必愈强。'若诸事不相当'，则将适得其反。盖人口少而财富之分配得法，社会组织完善，实优于人口多、分配不得法，社会组织不完善的国家，故民族主义派与马尔塞斯派，所持意见，表面上虽直接冲突，实则互相表里"。③许仕廉指出，"中国人为抵制外患、保全自己生命起见，恐将寡不敌众，不得不主张加多人口。但若'诸事不相当'，人口多亦无用，众反不能敌寡。民族主义派注重团体实力，马尔塞斯派注重个人价值。苟个人价值低微，团体实力必不充足。团体实力不充足，个人亦不能图存。所以谋社会建设，二派学说，不可不融会贯通"。④

（二）人口、土地与社会的关系——人口、生活程度与文明之关系

许仕廉假定土地是固定的，在固定的土地内，人口的多少按下述法则产生种种影响：（1）如果土地与人口比例适当，人口的生活程度会提高，而社会文化也一定充分发达；（2）在人口过多或人口过少的情况下，社会文明及生活程度会降低；（3）在人口过剩情形下，必定发生马尔萨斯所称的社会罪恶及痛苦，社会罪恶及痛苦与过剩人口的增减成正比；（4）生活程度高则社

① 许仕廉：《中国人口问题》，商务印书馆，1930年，第7页。

② 同上注。

③ 同上注。

④ 同上注。

会文化高。同样，如果社会文化优良，生活程度也必定很高，两者增减成正比例；（5）在人口过稀的情形下，必定发生文明停滞现象。因人口少，缺乏劳力，财富不能开发，文化无人创造。故生活程度低下，社会文明不发展。人口过稀与文化的停滞成正比例，而与生活程度及社会文化的下降成反比例。

三、中国人口之迁徙

（一）国际的迁徙

许仕廉指出，人口的迁徙通常分国内迁徙及国际迁徙两种。国际迁徙又分迁出或移入两种。人民迁出母国本土而迁入其殖民地，一是为占领殖民地，充作过剩人口居住之地，二是为开采殖民地的资源，为母国提供原材料，并把殖民地当作母国过剩产品的销售地。如果是一个独立国家的人移入另一个独立国，则其情形与殖民地不同，独立国移入的人必受新国的统制。从母国本土移入殖民地的人，不仅仍受本国统治，且时常在政治经济上统治殖民地的土人。许仕廉说，当时的中国虽然在名义上是独立国家，可是在华有治外法权的条约国的侨民，却不受中国法律的统制，而受其本国法律的统制。其居留中国的目的，大半是为利用中国廉价的劳工及原料，利用中国的吸收大宗制造品的市场潜力而营利。中国已成为一个公共营利的殖民地。

（二）中国人的国内的迁徙

在20世纪二三十年代，中国人迁徙的方向，在国内是从北方各省如山东直隶等省移入满蒙，在国际上是从广东福建两省移入南洋群岛及其他各国。据许仕廉的分析，中国人移民的最重要的原因就是人口过剩的压力，迫于饥荒的压力而外出的人特别多。此外，喜欢冒险，希望获得新知识、新环境和新经验，也是人口迁移的一个重要原因。

满族入关以前，对汉人入境严加排斥，道光时开放满洲，准许汉人在东北购买土地，于是直隶、山东人北迁的日渐增多。1923–1924年，每年迁移到满洲的约有40万人，1926年约有60万人，1927年约有100万人。1928年，由于兵灾和天灾，移出往满洲的人可达200万。而且移民回家的人数大减，其原因有二，一是移民大都开垦新地，服务路矿或从事其他职业，工作性质较为稳定；二是国内战争激烈，人们尽室远去，以谋生计，而无意返乡。

（三）中国人的海外移民

许仕廉把中国人移民海外的历史划分为三大时期。第一个时期在7世纪时，大量福建和广东人移居澎湖及台湾诸岛。第二个时期在15世纪，明成祖时太监郑和遍历“西洋”，从此中国人开始移民南洋群岛，络绎不绝。第三个时期的移民运动，自19世纪中叶起。当时欧洲国家主义盛行，西班牙、葡萄牙、荷兰、英国及其他强国竞相到海外夺取殖民地，开发富源，以增加其经济力量及政治力量。但要开发富源就得有劳工。而列强人口有限，各殖民地土人又未开化，不易供用，中国则人力无限，中国工人不但勤俭耐苦，且工价低廉，善于耕种，所以列强在各殖民地极力鼓励华工入境，最初采取私人合同办法，后更与中国政府订立条约，由中国政府大批输送。

那么，中国的政府是如何对待向海外移民的呢？政府的政策是变化的。中国政府向来视本国人民向外国迁移为一种国耻，不仅不鼓励向海外移民，而且认为移民是叛国，对于海外华侨简直视同顽民而不加保护。列强谋求招募华工开垦其殖民地，中国政府最初曾严加禁止。鸦片战争后，清政府改变闭关政策，到19世纪中叶，在各国本土及属地设立领事保护华侨。同时，法律明确规定，准许华侨返国，并予以相应保护。

许仕廉分析了海外移民的性质及华侨的人数。他所搜集的材料显示，中国的海外移民多来自福建广东二省，而且多系个人移民。因为是个人移民，所以迁移者必定不会久居新地。其原因有三，一是列强虽需借用华工，但并不愿华工久居，怕有被华人吞并新土的危险；二是新生活与中国生活有时绝对不同，不能适应新生活的人不能久留新地；三是华工故乡观念太重。但许仕廉又指出，当时的闽粤人也越来越主张全家移民，以便多赚些钱。至于海外华侨总数，许仕廉说，各方估计数目相差甚大，大致有900万人。

关于移民对于本国社会的影响，许仕廉的看法如下：

> 中国海外华侨虽不及本国人口总数百分之二，而影响却不小。第一，海外的中国侨民每年以力役之所得汇归本国的款项在一亿万元以上。吾国国际贸易，输入超过输出。现金不断外溢，以至成为漏卮者，赖有此款为之填补。第二，国民目睹外国的政治及经济进步，痛恨事业不能振兴，救国热心，从此膨胀。所以南方革命党的活动，必

依靠华侨的经济帮助，因此中国政治，每每南方人喜进取，北方人喜守旧，南北战争延长十余年。第三，侨民因能在海外自谋衣食，遂渐之脱离旧家庭的势力而独立。设使在外国娶一外国夫人时（此事颇多），便因之打破旧迷信及旧思想而输入新思想及新式生活。第四，中国人口的性比例，已如上述，男子超过女子数，比各国高；移殖及当兵，可以减少男子过剩的压力。因中国侨民多不带家室也。此外有一坏处：迁出人民，大率为身心强健，善事工作，且勇往奋发之壮丁。一旦迁出，使本国人口老弱之比例增加。在短期内必致减少本国生产。并有时引入种退化。不过中国移出之民为数甚少，在人口全部，社会上及生理上，不致大受影响。①

至于华侨在国外的地位，许仕廉指出，海外华侨在国外的社会及经济地位，因地方不同而不同。在日本本土，有华侨万余。日本政府禁止华工入境，但准许其强占的各殖民地（如中国台湾）华人入籍。在朝鲜等地的华人多系富商，在经济上占优势地位。在英属各殖民地内，新华侨约140万人；在南洋各地，因为英国当局欢迎华人入境，华人在社会及经济上极占优势。在加拿大、新西兰、澳大利亚等地，因白种工人竞争激烈，不准华工入境，而华人社会地位因受排斥，故不甚高。在美国也如此，美国西部未开发以前，开矿、拓地及筑铁路均需华工，故欢迎华人入境。华工赴美年以万计。而后西部发展，白种工人迁来日多一日，1875–1885年间遂有排斥华人的种种暴行。美国政府对于此种暴行不加干涉；对华人的生命财产也不肯予以保护。1882–1904年，美国联邦议会两次通过禁止华人入境的法律。1904年通过的法律规定，凡华人除学生官吏及商人外不许入境。在檀香山的华侨，经济地位很高，但美国当局也不遗余力地加以排斥，致使檀香山的中国人口日少一日，檀香山许多工业也因此而退化。菲律宾群岛的经济资源，几乎有一半操于华人之手，华人的经济及社会势力极大。美国当局也极力排斥限制在菲律宾的华人，使华人大感不便。

许仕廉总结道："总之，关于海外华侨的社会地位及经济努力，有两个结果：（一）在白种人的国家，与白种工人的经济竞争激烈，白种国政府，实行排斥华工以保全白工的权利，结果，华人社会地位低，经济势力亦不发展，

① 许仕廉：《中国人口问题》，商务印书馆，1930年，第104–105页。

（二）在非白人的土地内，虽多系欧美各国的殖民地，土人游惰，经济能力薄弱，故土人与华人竞争不激烈；华人社会地位高，经济势力发达。各该地华人势力，有时亦非欧美人所能抗衡。”①

四、中国境内的外国侨民

（一）居华外侨的缘起

许仕廉指出，来华外侨从7世纪就有，当时阿拉伯人在广东设厂，派来商务经理。唐朝时期，阿拉伯人和波斯人在浙江口岸经营大宗贸易，同时，外国人在中国传教的事业也很发达，景教就在此时传入中国。元朝时来华的西洋人日多，著名的马可·波罗等就是这个时候来到中国的。明初又通使西洋。至明孝宗时（1488–1506），葡萄牙人发现印度航路，葡王设印度总督，以掌贸易拓殖事务；置僧正，以综理东洋布教之事。葡人来华日众，在广东、澳门、宁波、泉州等地经商、居留。明思宗时（1627–1644），葡萄牙人在澳门建官置吏，视之为属地。同时，天主教徒在北京深得明政府信用，充任各种重要职务。意大利天主教的利玛窦1583年长居广东，并至北京建筑天主教堂，中国人奉教者达千人。思宗及永历帝的母后均受洗为教徒。西洋教徒来华非只传教，还带来各种科学，足裨时用，故当时的朝廷利用他们，而他们的传教活动也因此而没有什么阻力。继葡萄牙来中国通商的有西班牙、荷兰、英吉利等国。不久，其他国来华贸易人数日增，至清代，先后与俄、英、法、美等国订立商约，让这些国家在中国开辟商埠，外国人不但可进行对华贸易，也可以在商埠内居住营业。

（二）优待外侨的政策

许仕廉认为，中国政府本儒家学说，虽极力阻止本国人民迁移出国，认为人民出国是政治不良的表现；但却十分欢迎外国人迁入中国，归化为中国百姓，因为外人归化是政治昌明的结果。“从十七世纪末叶至鸦片战争，中国政府，不独有排外性质，且对在华外侨，极力优待。甚至为外侨建立礼拜堂，修理贸易所，以利祈祷及通商”。②

同时，许仕廉也分析了中国人排外的原因。他说：“政府之政策如此，但

① 许仕廉：《中国人口问题》，商务印书馆，1930年，第107页。

② 同上书，第109页。

排外风潮，时常发生。大致有两种原因：第一，一般平民，无国际观念，对于外侨，言语隔阂，习俗不同，不免时生误会。第二，外侨来华，不明中国习惯礼俗，又因待遇过优，渐生骄态，对于中国长官的命令及地方习俗，不肯服从；有时且受本国政府指挥，谋政治上及经济上的侵略，故不能为中国人民所容。”①

在华外侨从光绪到民国逐年增加，当时有30余万人，约占中国人口总数的万分之七，而且还在迅速增加。其中，旅华的日本人占外侨总数64. 8%，俄罗斯人占23. 7%，英国人占4.5%，美国人占2. 9%，葡萄牙人占1.1%，德国人占0.9%，法国人占0. 7%，其他国籍人占总数的1.4%。外国人来华的最初目的在于经商，他们所设商铺大都在通商口岸，经营进出口货物。清光绪二十四年（1898），中国境内共有外人开设商行773家。其中最多者为英国商行约占50%，次为日商、德商、再次为美、法、葡、俄、比商等。民国初年（1912）以来，外国商行日增，1912年为2327家，到1921年最多达9511家，1925年有7743家。到1925年日本商行约占60%，俄商占12%，英商占9%，美商占6%，德商占4%，法商及葡商各占2%和3%，其他各国商行共占4.4%。除经商外，旅华外侨的职务主要是为传教，此外，中国的海关、盐务、邮政、电政以及其他政府机关、教育机关，均任用外人甚多。仅海关一项计用外人达1145名，约占海关人员总数的11%②。

① 许仕廉：《中国人口问题》，商务印书馆，1930年，第109页。

② 同上注。

第六章
20世纪30年代不同社会改造路向研究

第一节
20世纪30年代社会学概况及社会背景

一、30年代社会学概况

20世纪30年代是社会学在中国的成长时期。从1927年第一次国共合作全面破裂，大革命失败，到1937年抗日战争爆发，随着国内的阶级矛盾和民族矛盾的尖锐化，经济的萧条尤其是农村经济的崩溃，出现了许多社会问题。具有民族意识和爱国心的社会学者，对认识中国、改造中国社会进行了不同程度、不同角度的研究。20年代末去国外留学的社会学者陆续回国，并形成了一支科研和教学队伍，于1930年由孙本文、吴景超、陶孟和、吴泽霖、陈达、许仕廉等发起组织成立了全国性的中国社会学社。中国的社会学者肩负起社会学的教学和科研工作，改变了以往由外国人用外国教材教学和指导社会调查的局面。

30年代，中国社会学调查研究的重点转移到了农村经济方面。“九·一八”事变前后数年，正是新兴社会科学在中国学术界快速传扬的时期，苏联和日本学者对中国经济和中国社会性质的研究，有益于中外学术研究机关和社会事业机关。陈翰笙主持的中央研究院社会科学研究所，陶孟和主持的北平社会调查所、金陵大学、清华大学、燕京大学、沪江大学、南开大学、华洋义赈会，晏阳初主持的中华平民教育促进会等学术机构所进行的种种农村经济调查，有助于把研究推向深入。随后有李景汉的《实地社会调查方法》等社会调查及方法专著问世。这些调查为社会学进一步研究中国社会准备了条件。学者们试图通过调查认识中国农村社会，以寻找改造中国的方法。

随着社会调查的深入，应用社会学得到了发展，出现了分支和部门社会学专著。例如农村社会学的研究，纯理论的研究，常常成为实用研究的基础，而实用的研究也常常成为纯理论研究的目标，学者通常认为，纯理论的研究尤为根本。他们努力去认识农村社会，寻找发展现代农村社会的理论。研究都市的学者则企图以都市的现代化来解救农村的危机。当时，著名的农村社会学家有杨开道、李景汉、言心哲、乔启明等，都市社会学家有吴景超、邱致中等。随着社会的变迁，社会学界开展了大量的社会问题研究，包括对中国的人口、婚姻家庭、劳工、农村、犯罪、贫穷等社会问题的研究。其中研究人口的非常多，重要的学者有孙本文、陈达、柯象峰、许仕廉、文公直等。他们试图从解决人口问题入手，解决中国的社会问题。研究劳工问题的有骆传华、何德明、李剑华、陈达等，他们都有系统的理论。研究犯罪问题的有严景耀等。30年代社会问题研究成果之丰硕，是前所未有的。

30年代，全国社会学学者为建设中国社会学而努力，多数学者兼长几门研究，有综合研究的趋向，但只是由于各人在国外留学时各有专长，回国后又各有研究重心，故未形成学派，仅呈现出有所侧重研究的趋向而已。有注重社会整体研究的，如朱亦松、孙本文、吴文藻、高达观、柯象峰、龙冠海、蒋旨昂、简贯三等。他们的观点综合起来主要有三。首先，社会学是研究各种社会现象的共同特征的；其次，社会学注重一般的社会幸福，从改良社会入手，而以增进全体社会成员的幸福为目的；再次，形成社会行为的重要因素可分为五大类，即地理的、生物的、心理的、文化的和社会的因素，其中社会的及文化的因素尤其重要。社会现象要得到彻底完整的说明，就必须从各方面去研究它们。这些学者认为，社会学是一种概括的综合的科学，是其他社会科学的基础。孙本文把社会学的整体观点概括为社会整体的观点、社会结合的观点、社会有机的观点与社会演进的观点。他们的目的在于建立社会学的体系。持这种观点的著作以孙本文的《社会学原理》为代表。还有注重经济因素的，如吴景超、乔启明等；有注重社会生物因素的潘光旦；有注重文化因素的孙本文、黄文山（黄凌霜）、陈序经、吴文藻、胡鉴民等；有注重心理因素的吴文藻、胡鉴民、孙本文等；有注重社会问题及实地研究的陈达、吴景超、陶孟和、许仕廉、柯象峰、吴文藻、吴泽霖、乔启明、杨开道、言心哲、李景汉、严景耀、雷洁琼等。中国社会学中的各种研究倾向都是与欧美社会学各流派相通的，因此，在中国有综合社会学派、特殊社会学派、社会心理学派、地理环境学派、社会生物学派等。曾盛行美国心理学的社会学说，第一次世界大战前后，这种学说又为文化学派的理论所代替，中国也随之出现了文化人类学派。

与这些学派并存的还有唯物史观社会学。在20世纪20年代，以李大钊、瞿秋白等为代表的马克思唯物史观社会学者，主要论述了社会学的基本理论，并对社会问题进行了研究。到了30年代，陈翰笙、李达、许德珩、李剑华、严景耀、冯和法等从生产关系的角度重新认识中国社会及社会问题，并论证了改造中国的道路。但在30年代的中国社会学学界，无论从人数来看，还是从其研究成果的影响来看，西方主流的社会学仍占主导地位。在中国具有代表性的理论权威是孙本文，他的具体理论留待下一章详述。

总之，30年代，社会学在中国蓬勃发展起来了，无论是社会调查规模的广度、时间的长度，还是问题研究的深度，都是前所未有的。该期对专门社会学及社会问题的研究之广，以及社会学全国性组织之活跃，都达到了新中国成立前发展的高峰。

二、社会背景——中国社会性质论战

同时，30年代的社会学也正面临着中国向何处去的问题。当时，由于日本的侵略及各帝国殖民主义的掠夺，中国的民族工商业受到摧残，农村经济全面崩溃。自五四运动以来，中国思想界就完全失去了传统的平衡，处于震荡不定的状态。

就在这国家民族危亡的关头，20年代末30年代初，中国发生了三次论战。首先是中国社会性质问题论战。当时，关于中国社会的性质，有三种观点，一种观点认为，当时的中国已经是资本主义社会，这是以陈独秀为首的取消派和以任曙、严灵峰为代表的“动力派”所持的观点。一种观点认为，中国仍然是封建社会，这是以陶希圣为代表的“新生命”派的观点。还有一种观点则认为，当时的中国是半殖民地半封建社会，以潘东周、王学文为代表的持马克思主义观点的“新思潮社”率先提出了这一观点。他们指出：“帝国主义是与农村封建地主、商业资本，互相勾结，使农民在旧的生产方法与生产关系下，接受更残酷的榨取和剥削，仍保留着封建的社会关系。因此，中国社会既非全部的资本主义经济，也非全部的封建经济，乃是‘混合着封建经济和资本主义经济的过渡形式’，即半殖民地半封建经济，半殖民地半封建性质的社会。”①所谓半殖民地，是指没有自主的政治权力，也没有自主的经济政策。所谓半封建社会，既不是一种自然经济，也不是资本主义经济，虽然商品经济已普遍流行全国，城市新兴的工业也不少，但民族工业不发达，特别是农民仍停留在半封建的自然状态中。这三种观点争论的关键是对帝国主义、民族资本主义和封建残余三种社会势力的相互关系的了解。因为明确了中国社会的性质，也就明确了中国革命的性质和任务。参加中国社会性质问题论战的前后有百余人，在50多种刊物上发表了200多篇重要论文，出版了30多部论著。

几乎与中国社会性质问题论战差不多同时，又掀起了中国社会史的论战。这是因为，讨论当时的社会性质，必定牵涉中国的封建社会的历史分期问题。以郭沫若为代表的马克思主义史学家与以《读书杂志》为中心的李季、陶希圣、王礼锡、胡秋原等展开了论战。

第三次论战是关于中国农村社会性质的论战，这次论战也可被看作中国社会性质论战的补课和深入。论战发生在1934年，这是因为，在1934年前后的几年内，中国农村备受帝国主义的经济侵略之苦，加上连年的水旱灾害，农村经济被摧毁。农村资金缺乏，而城市资金却找不到出路，于是复兴农村救济农村的口号声浪甚高。参加论战的分为两个阵营，一个阵营以《中国经济》杂志为基础，其代表人为王宜昌、张志澄、王毓铨、王景波、张志敏等人，另一个阵营以“中国农村经济研究会”的《中国农村》为基础，参加论战的有钱俊瑞、陶直夫、薛暮桥、孙冶方等人。论战的第一个中心问题是，在解决中国农村经济问题时，究竟是先解决生产力即解决生产技术问题，还是先解决生产关系的问题。第二个问题是最终目的，即认清中国农村社会的性质的问题。“中国经济”派认为，首先要研究如何发展生产力即技术问题，他们持“技术”高于一切的片面论点。而“中国农村经济研究会”则认为，实际上生产力绝不限于技术，还有劳动对象和劳动力等要素，只有生产力要素结合后，才能有实在的生产力。但这个结合是受具体的、历史的和现实条件制约的，当生产关系严重阻碍生产力发展时，不先解决生产关系的问题，生产力就失去其社会发展的基

① 韩明谟：《中国社会学史》，天津人民出版社，1987年，第84–85页。

础动力作用。当然，生产关系变革重要，并不违背适应生产力发展这一基本原则。经过半年多的论战，关于第二个问题，一种观点认为，中国农村已经完全资本主义化了，当时农业的问题就是资本主义问题，而不是土地问题。一种观点认为，中国的农村社会虽然是在国际资本支配之下，但这种支配是通过中国买办资本和封建残余势力的结合实现的，而且这种半封建性很少有可能转变为资本主义。后一种观点与中国革命的道路和形式是相呼应的。在国民党统治区的中国农村经济研究会的成员，一方面做了大量的农村社会调查，另一方面参加了关于中国农村社会性质的论战。同时，还有一派人主张，在保留现存的社会关系下，用和平的方法，实现国民经济的改革和社会的改良。

这三次论战的焦点是认识中国的社会性质，从而回答用什么方法解决中国的问题，也就是中国将如何发展和向何处去的问题。虽然社会学界直接参加论战的人不多，但参与对中国向何处去的研究和讨论的却大有人在。本章将分别介绍乡村建设运动、发展城市救济农村、全盘西化、优生民族自救及农村经济调查等，扼要地说明当时学界关于中国的发展路向及解决中国社会问题的方法的观点。

第二节
晏阳初主持的中华平民教育促进会定县平民教育实验区

一、乡村建设运动概况

关于农村改良运动，可以追溯到清末的“村治”及五四运动后的“新村”与“平民教育”。北伐时期，农民运动兴起，而改良运动也渐多，到抗战前，搞乡村建设的有70多处。这些乡村建设运动的时间有长有短，范围有大有小，工作有繁有简，动机也不相同，但都试图在不变更现存的社会生产关系的前提下，从事农业生产、流通及金融的改良。在乡村建设运动中，有的试图先有改进农村的理想和计划，而后找一个合适的农村区域，作为实验的场所。如山东乡村建设研究院主办的邹平、菏泽乡村实验区，中华平民教育促进会主办的定县平民教育实验区，燕京大学主办的清河实验区，四川省立教育学院和第三区专员公署主办的十县乡村建设实验乡，中华职业教育社主办的徐公桥乡村改进会等。还有的在一区域里进行某项农村改进事宜，如乌江的农业推广事业，北碚峡防务团等。

山东乡村建设研究院邹平实验区和平民教育促进会定县平民教育实验区留待下文介绍，现将其他几个重要区域的乡村建设简介如下。

（一）清河实验区

这是北平燕京大学社会学系为了试验乡村建设的办法和组织学生实习，而于1930年建立的。该系想从中国固有的民俗民仪与实地环境中寻找改进农村社会工作的途径。全镇工作分农村经济、农村卫生、农村社会与教育、调查研究等四部分。他们特别提倡开办家庭工艺、毛织工厂，养猪、养鸡，医院、补习学校、图书馆办得也很认真，并开展了儿童福利、职业训练、公共卫生、公共娱乐、体育活动等社会事业，组织了信用合作社、消费合作社和小本借贷等。主持实验区的社会学系师生，从社会学的立场出发，研究中国农村生活，从事农村建设实验。他们对该区农村生活的调查和研究及农村民众教育尽力尤多。系内教师在对该区调查研究的基础上写出的报告有：1930年杨开道、许仕廉、步济时、张鸿钧、余万合著的《清河：一个社会学的分析》（英文本），1936年王贺宸写的《燕大在清河的乡建试验工作》，1938年黄迪写的《清河村镇社区》，赵承信写的《写在报告之后》等。

（二）徐公桥乡村改进会

1926年，中华职业教育社联合中华教育改进社、中华平民教育促进会与东南大学农科三个教育机关，为谋求农村改进联合组成董事会，选定昆山徐公桥为试验区。1928年改由中华职业教育社独办，并联合当地绅士组织乡村改进会，决定试办七年，期满后交地方自办。该试验区主要进行了改良农业、办教育、保治安等几项工作。它的一切事业以教育为中心，而以协助解决生计问题为手段，遇事以农民为主体，设法引导他们自觉自动，从旁加以辅导。

（三）黄墟农村改进区

1929年，由江苏实验厅创办，由冷御秋主持，受中华职业教育社协助。该实验区包括38个村，1300多户，以黄墟为中心。该实验区以农民生活为中心，以富、教、政三位一体为口号，以增加生产为致富的手段，以普及教育为施教主题，以组织团体为训政的办法，目的就是改进整个农村生活。

（四）四川十县实验乡

这是由四川省第三区专员公署与省立教育学院合设，由乡村建设设计指导委员会主持办理的。1938年开始筹备。该实验区采取政教合一的办法，以教育改善政治设施，以政治力量发挥教育效能，从而达到自治自卫自给的目的。

以上几个试验区的目的都是要改进整个农村，但都注重教育事业的农村建设。这些实验区与社会学界的关系最大。其他实验区，还有注重农业推广的，如乌江实验区、丁桥农村服务社等；有注重合作事业的，如河北农村合作事业、浙江第一农村合作实验区、黄沙坞信用兼营合作社等；有注重生产事业的，如嘉陵江三峡乡村建设实验区、广西垦殖水利试办区等；有注重地方农村自治建设的，如镇平、萧山东乡的自治事业；有注重农村一般设施建设的，如定番乡政学院等。抗战期间，晏阳初在重庆歇马场设立乡村建设学院，培养了大批教育人才。除四川、贵州的乡村建设实验区外，其他实验区自抗战以后，已陷于停顿。

在乡村建设运动中，规模最大，时间最长，投入人力最多，并进行综合性改良的，首推梁漱溟在山东搞的乡村建设研究院邹平实验县和中华平民教育促进会晏阳初、李景汉主持的河北定县实验县。其次是无锡江苏省立教育学院，该院特别注重人才的培养。邹平和定县乡村建设的实验对全国的影响较大。乡村建设运动形成了一个自由组织，叫作乡村工作讨论会，该会从1933年到1935年分别在邹平、定县和无锡召开了三次会议，讨论全国的乡村工作。

乡村建设运动者们企图用改良的办法解决中国农村的问题，这是行不通的；但其中改进中国农村经济的一些具体措施在今天仍有参考价值。

在乡村建设运动中，有人把依赖“国际”物质和人力帮助的叫新派。在新派农村运动中，规模最大、历史较久的，要算定县平民教育促进会，它每年要用30万-40万元的经费，有一二百人办事，以整个定县为实验的“表征”。其他还有中华职业教育社所办的乡村改进区、山东齐鲁大学龙山镇农村服务社、金陵大学农学院、燕京大学农村建设科、中央大学农学院办的育种改良及培养农业人才事宜等。新派的特点，是受西洋文化的影响较深，大半是从办教育或农村救济起家，没有统一的理论和一致的步骤，只有平教会（中华平民教育促进会）算是形成了一套理论体系。

二、中华平民教育促进会及其理论

晏阳初（1893–1990[①]），教育家、社会学家，四川巴中人。1918年耶鲁大学毕业，赴法国参加北美基督教青年会主持的为华工服务的工作，任青年会战地服务干事。1919年入普林斯顿大学研究院，获历史硕士学位。1920年回国，主持上海基督教青年会全国协会智育部平民教育工作。1923年与陶行知、朱其慧、蔡元培等在北平发起成立中华平民教育促进会，任总干事。1926年在河北定县以翟城村为试点开展平民教育与乡村改造实验。三四十年代，先后开展了定县实验县、衡山实验县、新都实验县和华西实验区的平民教育工作。1940年平教总会迁往四川重庆歇马场，在此创办了乡村建设育才院（后改名"乡村建设学院"），任院长。1943年，在纽约"哥白尼逝世四百周年纪念大会"上，他被选为"世界上为社会贡献最大、影响最广的十大名人"之一。之后被三所美国大学授予博士学位。1950年移居美国。50年代后，协助菲律宾、泰国、危地马拉、哥伦比亚及加纳等国建立乡村改造促进会。60年代在菲律宾创办国际乡村改造学院，任院长。主要著作有：《平民教育论》（1928）、《农村运动的使命》（1935）、《十年来的中国》（1937）等。

晏阳初毕生从事平民教育和社会改造工作。他提出以"除文盲、做新民"为教育宗旨，深入民间。通过广泛深入的实证调查研究，他认为，愚、贫、弱、私是造成中国贫穷落后的四大病根，据此他提出以文艺教育医愚，以生计教育医穷，以卫生教育医弱，以公民教育医私的主张，并强调这四大教育必通过社会式、学校式、家庭式三种方式连环进行，以培养农民的知识力、生产力、强健力和团结力。主张在农村实现政治、教育、经济、自卫、卫生和礼俗"六大整体建设"，以此达到强国救国的目的。他通过长期的努力，将定县实验的经验推广到有关国家，被誉为"国际平民教育之父。"[②]

作为中华平民教育促进会（简称平教会）创始人的晏阳初，在第一次世界大战期间，由美国到法国为华工办教育。他认为国内文盲多，是关系到国家民族前途的大事，所以回国后兴办平民教育。1920年，晏阳初在上海青年协会主

① 一说晏阳初出生于1890年。参见《中国大百科全书·社会学卷》，中国大百科全书出版社，1991年。

② 参见张海英"晏阳初"，《中国大百科全书·社会学卷》，中国大百科全书出版社，1991年，第452页。

持平民教育科的事务，后来在长沙、烟台、嘉兴、杭州等地搞平教试验，1923年在北平成立中华平民教育促进会总会。晏阳初最初在城市里推行平民教育，但在工作实践中他认识到，中国的文盲大部分不是在都市里，而是在广大的农村，因此应到农村办平民教育。他将全国划为华南、华北、华东、华西、华中、西北、东北七个大平教区域，后来为集中使用人力和财力，把一切工作都集中到定县实验区。

定县之所以称为模范县，是因为教育发达，清光绪二十八年（1902）就兴办了学堂，开始提倡新学。定县的农村建设始于清末叶翟城村的村治。1924年中华平民教育促进总会到定县提倡平民教育，各村就陆续开办平民学校。1926年，中华平民教育促进会选定翟城村为平民教育实验区，1930年将翟城村的计划推广到全县，全县成为实验区。经过1926–1930年的准备时期，定县从起初注重平民教育而转向注重整个农村的建设计划，1930年以后为实验时期。

平教会认为，中国当时的重要问题不是别的，就是民族衰老、民族堕落、民族涣散，其根本是“人”的问题。由于农村人口占了4亿人的80%，因此要特别注意农村的人的问题。在农村又要特别注意全部青年男女。在全国4亿人中，农村青年至少有8000万，只要把这8000万农村青年改造出来，无论什么国耻都雪得掉，一切建设也有了巩固的根基。因此平教会提出“除文盲，作新民”的口号。而且，他们认为近80年来，从太平天国到国民革命军北伐，发生过五次自救运动，现在的农村实验运动已是第六次自救运动。这次运动不但继承了前五次运动，而且还补足了前五次运动的缺陷。这个缺陷就是“大多数人们的教育问题”，因此，他们推行平民教育。在平民教育中，他们发现了中国的“基本缺点”，就是“愚”“穷”“弱”“私”四种。这四种缺点是有因果关系的，即愈愚愈穷，愈弱愈私。针对中国社会的这四种大病，提出四大教育：以“文艺教育”培养知识力，以救农民之“愚”，以“生计教育”培养生产力，以救农民之“穷”；以“卫生教育”培植强健力，以救农民之“弱”；以“公民教育”培植团结力，以救农民之“私”。这四种教育，包括了平民生活的一切，他们相信，如果这四种教育办得好，社会便有了基础，即实现了他们在定县提出的“除文盲，作新民”的目标。他们所谓的除文盲，就是要使全县人民都能识字。以《千字文》为课本，凡是对《千字文》中的文字能读、能写、能作的，就是非文盲；至于作新民的标准，则是要养成科学的头脑、合作的习惯、坚强的体魄、平与仁的精神。他们相信，通过对农民的教育和农村建设就能实现以上目标。为了推行“四大教育”，又提出了“学校的”“社会的”“家庭的”三种方式连环进行的设想，力图实现政治、教育、经济、自卫、卫生、礼俗六大整体建设，以增进农民的“知识力、生产力、强健力和团结力”。

平教会的工作分五个步骤，第一是调查，第二是研究，第三是实验，第四是表演，第五是推行。整个平民教育实验的内容，是一个完整的工作系统（见图6.1）。

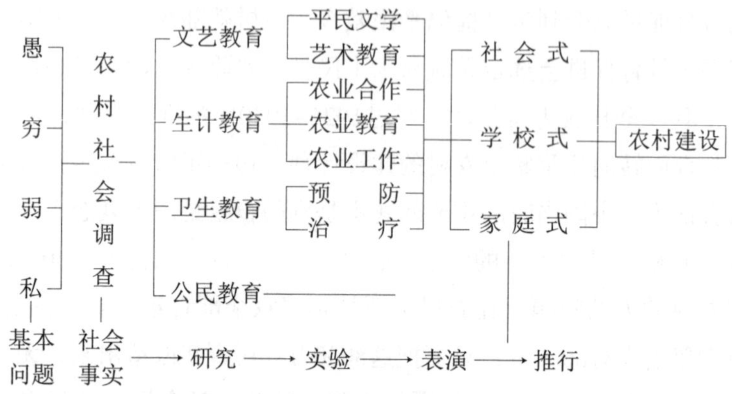

图6.1 平教会的工作系统

三、定县平民教育实验区

中华平民教育促进会的最后目标是建设农村，定县只是他们实验的中心区，他们想将定县研究所得的一套套制度，推广到全省以至全国，使农村复兴有其具体方案，创造一条国家基本建设的新路。定县的实验从1930年开始时，定了十年计划，准备前三年完成全县的文艺教育，次三年完成全县的生计教育，后四年完成全县公民教育，在各期中都普遍施行卫生教育。但到1932年，他们放弃了十年计划，改为六年计划，即从1932年到1938年，实际上，到1937年即因抗战而停顿。平教会将这六年作为定县研究实验期，准备在完成六年计划后，进入所谓的“表证训练期”，将实验的结果推广到全国。他们在六年计划中进行研究实验的原则是：研究实验工作，由村到区，由区再到县；从农民生活里找问题；连锁进行“四大教育”，求得问题的解决；各方面的设施不能消极地适应，还应予以积极的改造；计划工作应以设计为主，运用并联系“四大教育”来进行。

平教会在定县的十年里，由于集中了许多优秀的知识分子，并花费了巨款，还是取得了一定的成绩。文艺教育成绩最好，平民学校、实验小学、导生传习处、文艺读物、戏剧等办得有声有色，将小学教育和平民教育打成了一片。1933年，“民校”的高初两级毕业生达7644人，自1927年以来，毕业人数不下10万人（全县1930年人口普查共有38.4万人），使得该县减少文盲的工作在全国1900多个县中首屈一指。其次在生计教育方面，如在兴办农场果园，引进和推广粮、棉、禽畜良种，成立消费合作社，改良猪种、鸡种、棉花及表证农家方面，都取得了成绩。再次，在卫生保健工作方面，全县设立保健员网，建立农村保健站，开办保健院，建立巡回医疗，推行节制生育，在县城设立广播站，将无线电收音机输入农村，在集市前一日预报物价。

虽然实验取得了一些成绩，但是在定县社会经济的根本组织上，仍保留着原有的生产关系，定县最大多数民众的经济生活，并没有发生根本的变革。农村经济随着国民经济的破产深化而日益衰落，其原因是没有也不可能解决农村经济的根本问题——土地问题。李景汉1936年刊登在清华出版的《社会科学》第1卷第2期和第3期上的《定县土地调查》报告中已谈及此一问题。李景汉虽发现了问题，但他不可能解决。李景汉在该文绪言中说：农村问题的中心是农村经济问题，而农村经济问题的核心是土地问题，土地问题足以撼动农村社会的基础。土地问题得不到适当解决，则农村一切问题无从谈起。他认为，土地问题在当时的中国尤为严重而急切，因为中国尚在农业经济时代，若土地问题不得到解决，农业经济就会发生危机，整个社会经济亦将陷于崩溃。

李景汉主持了定县的实验，1931年对全县土地进行了一次调查，调查包括土地分配与农作物种类等项。关于土地分配的形态，该调查从三方面来加以考察：一从田权类别方面，二从田产大小方面，三从耕田大小方面。例如，李景汉在453村耕田大小差异程度的调查中发现耕田分配不均，如表6.1所示。

表6.1　1931年定县农村耕地分配状况

耕田大小组	家数	百分比	亩数	百分比
不耕田	2273	3.35	—	—

（续表）

耕田大小组	家数	百分比	亩数	百分比
25亩以下	45. 645	67. 26	535.052	37. 91
25–49. 9	14. 815	21. 83	476. 598	33. 76
50–99.9	4. 277	6. 30	284.167	20. 13
100–299.9	840	1. 24	109. 758	7. 78
300及以上	15	0. 02	5. 946	0. 42
总计	67. 865	100.00	1411. 5 21	100. 00

453村共有67865家，其中不耕田者计2273家，耕地面积在25亩以下的计45645家，占总家数的67%，其耕地面积约占总亩数的38%。耕地面积在25至49亩的较大农家约占22%，其耕地亩数所占百分比较高，约为34%。50至99亩的大农家数所占百分比约为6%，而其耕地亩数所占百分比高至20%。100至299亩的较大农家数所占百分比为1. 2%，而其耕地亩数所占百分比达7. 8%之高。300亩以上的特别大农家只有15家，其所占比例小至万分之二，而其耕地亩数所占比例却高至千分之四。从调查中李景汉看到，不但田产的分配大小不均，即便农家耕地面积大小的差别也很大。大多数小农家经营少数耕地，而少数的农家经营多数的耕地，耕地不均的现象亦甚显著。李景汉在报告的结语里说："总之，我们不能不承认土地问题是农村问题的重心；而土地制度即生产关系，又是土地问题的中心；其次才是生产技术及其他种种的问题，若不在土地私有制度上想解决的办法，则一切其他的努力终归无效；或有效，也是很微的一时的治标的。一个政府是不是一个革命的政府，一个政党是不是一个革命的政党，和一个人是不是一个革命的人，很可以从其对于土地制度的主张来决定。"①

诚如李景汉所说，定县实验区"若不在土地私有制度上想解决的办法，则一切其他的努力终归无效"。事实上，在平教会开展实验后，定县依然继续贫困，全县欠债之家数占总户数的67%，因借债破产的家数从1931年的50家左右，增加到1933年的2000多家。无法生活到外地谋生的从1924年的400多人，增加到1933年的7800多人。乞丐也在增加。全县吃不上盐的人口占20%。可见，平教会的实验工作丝毫不能挽救定县农村经济破产的危机。

① 李景汉："定县土地调查"，《社会科学》，1936年第1卷第3期。

晏阳初也感到平教运动的困难及前途渺茫。他在乡村工作讨论会第二次年会上报告中华平民教育促进会的实验区工作时说："定县的全部实验工作，起始于民国十九年（1930），经过五年，其成功究竟到了什么程度，实难断言。因为第一是人才问题。这种改造全生活的实验，关系的方面太多，无处供给所需要的各种人才。第二是经费问题。在这民穷财尽的时候，很难筹措这百年大计的实验费。第三是社会环境的问题，现在全国方在一个天灾人祸、内忧外患的环境中，困难如此严重，大家容易误认这种工作为不急之务。第四是时间问题，这种改造民族生活的大计划，决不会一刹那间就能成功。有此四种困难，平教运动的前途，殊可慄慄危惧。"①可见晏阳初自己对于定县多年的建设工作，也不相信会有何成绩。

四、定县调查研究的经验与意义

人们说定县的实验是科学的，一方面这个实验集中了许多学科的知识分子搞四大教育，另一方面该县的调查是用科学的方法进行的。李景汉写的《实地社会调查方法》和《定县社会概况调查》（均于1933年分别由北平星云堂书店、北平中华平民教育促进会出版），就是该县调查的结果。李景汉把统计学应用到社会调查中，取得了精确的数据。其调查使用了个案调查、抽样调查、随机抽样、间隔选样、特殊选样、分层选样等方法，尽量从实际需要出发，采取简便适用的方法，调查表设计得也简明扼要。该县的调查对社会学上的调查方法的贡献较大。尽管他们的理想在当时是难以实现的，但其调查材料、经验和方法还是可贵的，其精神也很可嘉。

陈翰笙在为《定县社会概况调查》所作的序中指出此调查的价值时说："它的调查自然可以提供中国北部农业区域的研究资料，""虽然调查方面很多，可是完全是从实地调查而得，和地方志的多凭考据编成决不相同。李先生既具多年的调查经验，又一向抱着一腔的热诚，他的报告更富有准确的性质。凡是为实用或为研究而作的调查，和那些为调查而调查所得的材料不是相同的。李先生等在定县所作的调查是为了要解决实际问题而进行的。它的价值当然不只是准确两字所能表示出来的。""从定县的概况调查并不难看出中国社会一般的愚和穷和弱和私的病象……定县社会概况调查可算对于这些病象做了

① 孙本文：《现代中国社会问题》第3册，商务印书馆，1943年，第91页。

一个切实的诊断。”何廉为在为该书作序时说：“在今日研究社会情况，较昔时重要远甚……全国农民经济已达破产时期，整个社会亦极呈临危不安之象。民困已深，调查尤为急务……调查社会实况，实为今后一切建设之根本要图。”

晏阳初在该书的序中概要地总结了调查的经验和意义。关于调查经验，他说：“第一点，从事农村调查的工作人员，必须有到民间去的认识与决心。在与农民共同生活之下，才能了解农民生活的真相，才能得到正确数字，才能亲切地了解数字背后所含有的意义，才能作规划实际建设的方案。第二，调查既是为谋整个农村社会建设之人手的工作，单独地进行，是不会顺利的。必须通盘筹划，由多方面施以互相为用的工作，然后才能造成可以深入的环境，调查方为可能。定县实验在各方面的工作，增加了若干调查上的便利。第三，调查的目的，既是为了解事实，但事实的了解不是工作的终了，而是工作的开始。所以调查工作不是为调查而调查，必须要着眼于社会的实际的改造。要根据建设的需要，调查事实。第四，从事调查的人，必须了解现代社会调查的科学理论以及方法与技术，必须要顾到中国的民间生活状况而规定出适合中国情形的方法及技术来。即如拟一表格，就特别注意与农民心理、风俗、习惯、生活相应合，而又要顾到：（一）所问须使他们能回答，（二）他们所能回答的又是我们所需要的。换言之，社会学术机关所进行的社会调查在它的进行中，便须以整个社会改造为目标，从多方努力，随时研究如何先建设起来中国的社会调查之整套的学术。而调查人才所应具的修养、训练与经验，更是使调查成功的重要条件。”关于社会调查的意义，他说：“一为教育的意义。本会社会调查，非为调查而调查，为的是要知道农村生活的究竟，寻出生活上的问题，进而解决此项问题。即整个工作要以社会调查为指南针，先求知道生活的依归，然后再事规定教育的实施方案。”“二为社会科学的意义。社会科学和自然科学不同，……必须先知道中国社会是什么样，然后始能着手于科学的系统之建设。因此，我们希望本会的社会调查对于中国的社会科学之研究有其贡献，以中国的社会事实一般的学理原则，促立中国化的社会科学。”晏阳初指出，社会调查的意义，既是为了改造社会现实，又是为了建设中国化的社会科学。虽然定县实验之路在当时是行不通的，但定县的调查和经验是值得总结和借鉴的。

第三节
梁漱溟的乡村建设理论与实践

一、梁漱溟简介[①]

梁漱溟（1893–1988），中国著名学者，社会活动家。原名焕鼎，字寿铭。祖籍广西桂林。生于北京。1911年加入同盟会京津支部，任该会机关报《民国报》编辑兼记者。1916年任南北统一内阁司法总长秘书。1917–1924年，应蔡元培之聘，任北京大学印度哲学讲席。1929年任河南村治学院教务长，并接办北平《村治》月刊。1931年与梁仲华等人在邹平创办山东乡村建设研究院。抗日战争爆发后，先后任最高国防参议会参议员、国民参政会参政员。1939年为促进团结抗日，参与发起组织“统一建国同志会”。1941年该会改组为“中国民主政团同盟”，梁漱溟任中央常务兼同盟机关刊物《光明报》社长。1946年任该同盟秘书长。1950–1980年任中国人民政治协商会议全国委员会委员。此后任全国政协常委及宪法修改委员会委员、中国孔子研究会顾问、中国文化书院院务委员会主席等职。主要著作有《东西文化及其哲学》（1921）、《中国民族自救运动之最后觉悟》（1931）、《乡村建设理论》（1936）、《中国文化要义》（1949）、《人心与人生》（1980）等。

梁漱溟一生主要研究两个问题，一个是人生问题，一个是社会问题。他认为，人类生活有三大问题，即人对物、人对人和人对自身生命的问题。同时，人类生活有三种根本态度，即意欲向前要求、意欲调和持中与意欲反身向后要求。近代“西洋文化”以第一种态度解决第一个问题，中国文化与印度文化分别以第二、三种态度解决第二、三个问题，于是人类文化演变为三大系。由于三大问题深浅不等，其出现时期应有先后。他认为，以近代“西洋文化”为代表的人类第一期文化尚未完成，而中国人不待走完第一期就直接进入了第二期。中国文化是人类文化的早熟，于是出现了短绌的一面，即幼稚、衰老、不落实。所以，“落于无发展前途的消极”。但人类文化终归要进入第二期，

① 参见梁培宽、杨雅彬：“梁漱溟”，《中国大百科全书·社会学卷》，中国大百科全书出版社，1991年，第164页。

那时中国的人生态度必将取代第一种。因此，未来的人类文化将是中国文化的复兴。

梁漱溟从文化的角度来分析中国的社会组织结构，认为在不同类型的文化中，社会构造各不相同。由于"西洋"人重集团生活，中国人重家庭生活，于是中国由家庭生活推演出伦理本位，同时走向职业分途，形成了由家族伦理关系构成的社会。而"西洋"却从集团生活演为阶级对立，因此"西洋"可被称为阶级对立的社会，而中国便是职业分途的社会。近代中国虽不能称为平等无阶级的社会，但尚未构成阶级，这是中国社会的特殊性。"西洋文化"涌入中国之后，使沿袭数千年的中国社会组织构造崩溃了，而新的社会组织构造又未确立，形成文化失调，这就是近百年来中国失败的根本原因。梁漱溟认为，中国的自救之路，在于建设一个新的社会组织构造。它是中国固有精神与"西洋文化"的长处二者的沟通调和，也就是要学习"西洋"的团体组织和科学技术，以此来培养发展中国的固有精神即伦理情谊、人生向上的精神。为此，他倡导乡村建设，先后在河南、山东等地从事社会改造的实践。他一生致力于中国传统文化和儒家学说的研究，以寻求中华民族自救之路。

二、梁漱溟的乡村建设理论

梁漱溟说："我的问题虽多，但归纳言之，不外人生问题与社会问题两类，……所谓中国社会问题是以中国政治问题为中心，我今日所提倡并实地从事之乡村建设运动，即是我对于中国政治问题的一种烦闷而得来之最后答案或结论。"[①]

（一）中国乡村建设运动的由来

乡村建设运动由何而起呢？梁漱溟说，是起于救济乡村运动。中国农村经济日趋崩溃。他把破坏农村的力量分为国内与国际两方面，国际列强的经济侵略，对农村经济崩溃的影响尤其深远。他用三分法把破坏力分为：（1）政治属性的破坏力——兵祸匪乱、苛捐杂税；（2）经济属性的破坏力——外国经济侵略为主，洋行买办等为破坏乡村的助手；（3）文化属性的破坏力——礼俗制度学术思想的改变所带来的种种破坏力。从时间来说，近百年前半期是近代都市文明的路，学西方破坏了中国农村，后半期是反都市文明的路，学西

① 梁漱溟：《乡村建设论文集》，邹平乡村书店，1936年，第14页。

方破坏了中国乡村。总而言之，他认为中国旧社会结构的崩溃是因为中国文化的失败，“近百年来以世界交通，使中国与西洋对面，只见他（它）引起我们的变化，诱发我们的崩溃，而不见我们影响到他（它）有何等变化发生，这无疑的是中国文化的失败”。他总括地说，“中国之失败，就在其社会散漫、消极、和平、无力”。[①]

在他的《东西文化及其哲学》中，梁漱溟把西方文化、中国文化和印度文化列成人类文化顺次发展的三条路向：第一条路向——西方文化，是以意欲向前发展为其根本精神的；第二条路向——中国文化，是以意欲自为调和持中为其根本精神的；第三条路向——印度文化，是以意欲反身向后要求为其根本精神的。在第一条路向中，西洋人的意欲是向前看的，即是“向外用力”的，即向自然界争取物质，向社会争权夺利。因为这样地去“争”，所以西洋人能够征服自然，发展科学和民主。但是到了现在，西洋人走的第一条路向，已经到了尽头，必然要走到第二条路向来，中国人最初没有走完第一条路向，从两千多年前以来，一直走在第二条路向上。中国人“向里用力”，即不向自然界争取什么，也不向社会争取什么，“一切安分知足，寡欲，摄生”，随遇而安，自己的意欲发生矛盾，就能自为调和。因为“不争”“向里用力”，所以科学和民主都不发达。这是孔家生活的最宝贵的路向。在这第二条路向中，物质文明虽不发达，而精神生活却优越于西洋人。第三条路向的印度文化，是意欲向后看。印度人不谈现世的人生问题，而是要超脱人生问题，这是佛家生活的路向。印度不待走完第一和第二两条路向，早就进入了第三条路向，所以印度文化比较中国文化更为早熟，中国文化没有走完第一条道路，就过早地走到第二条道路上来，所以“不合时宜”，受了很大的“病痛”，即由于文化的失败而引起现时社会组织的崩溃。

（二）中国应该走乡村建设的道路

梁漱溟认为，中国建设不能走发展工商业之路。据他分析，中国未能如日本那样走上近代工商业之路的原因是：一方面国内情势不同，日本岛皇室万世一系，尊王为新空气，而中国皇室则为外族，排满是旧仇怨，在中国社会无复可以起维系作用的政治中心。且日本维新与复古同时，借旧精神吸收新文化，借新朝气维系旧系统。中国则政治无办法，走入破坏之路，无建设可能。另一

① 梁漱溟：《乡村建设理论》，重庆乡村书店，1939年，第50页。

方面国际情势也不同。日本维新正值欧洲国家侵略澳、非等洲，还未集中力量进攻东亚，故所受外力压迫较松缓，当时的科学技术不像今日进步，因而受威胁也较小，追步西洋亦易。正在日本追西洋之际，恰适欧战爆发，给日本以发达工商业的最好机缘。凡此比较好的情势，中国都已错过。中国将永久不能如日本走近代工商业之路，其原因是：（1）近代工商业路今已过时，人类历史已走入资本主义阶段；（2）近代工商业路为私人各自营谋而相顾的，不合现在国家统制经济计划经济的趋势，在今日国际盛行倾销政策下威胁太大，亦无发展余地；（3）近代工商业道路所需要的政治条件（政府能安定秩序，并保护奖励），中国亦不具有。因此近代发展工商业之路不可学。

梁漱溟认为，中国也不能走苏联的路，只能走乡村建设运动之路。他认为，技术进步、产业开发不出两条路向，一是个人营利、自由竞争的路向，近代西洋社会即走此路，而为日本模仿成功，这条路中国不可能走。另一路向是社会本位统治计划的路向，即苏联之路。他认为苏联的路向所需政治条件更高，必须有一强有力的政府，运用国家权力，总持经济建设之事，而中国的社会恰好不允许有这样的政治。在各不同国度内，经济建设之所取径，将视其政治条件为转移，中国政治所从出之途适与苏俄相反，而成为肇始于救济乡村的乡村自救运动所构成的特殊形态的政治。因而中国的经济建设必然是乡村建设，"必走乡村建设之路者，即谓必走振兴农业以引发工业之路，换言之，即必从复兴农村入手"。[①]他认为，这是中国自己的路子，他说："我们如果要在政治问题上找出路的话，那决不能离开自己的固有文化，即使去找经济的出路，其条件亦必须适合其文化，否则必无法找寻得出，因为这是我们自家的路，不是旁人的路。"[②]

同时，梁漱溟还采取排斥印度文化的态度，认为对它"丝毫不能容留"，而对于西洋文化则是主张全盘接受，并加以根本改造，也就是要改变它的态度。梁漱溟主张，第二条路向的中国文化，要保持孔家生活的态度不变，在孔家生活的态度的基础上，"全盘接受"西方文化，把第一种态度含融在第二种态度的人生里面。就是说，中国的精神生活是孔家生活，现在很合时宜，因为西洋人快要走到孔家生活路上来了；中国的物质生活落后于西洋人，受了很多

① 梁漱溟：《乡村建设论文集》，邹平乡村书店，1938年，第86页。

② 同上书，第32页。

痛苦，现在要在孔家生活的基础上，“全盘接受”西方物质文化，加以改造，防止它的弊病。那么，这种在孔家的人生态度中含融西洋的人生态度的工作由谁来做呢？即由像梁漱溟一样的“刚者”——知识分子来做。走什么道路能实现呢？即由他所主张的乡村建设运动来实现。

（三）如何建立中国新的社会组织

旧的社会组织崩溃了，就要建立新的社会组织。那么，梁漱溟要建立的社会组织是什么样？他说：“中国如果有一个团体组织出现，那就是一个中西具体事实的融合，可以说是以中国固有精神为主而吸收了西洋人的长处。……这个团体组织是一个伦理情谊的组织，而以人生向上为前进的目标（这两项很要紧，西洋人亦将转变到这里来）。整个组织即是一个中国精神的团体组织，所以说是以中国固有精神为主而吸收了西洋人的长处。”①梁漱溟对新社会组织的构想，发源于他的《东西文化及其哲学》中的理论。梁漱溟自己说：“《东西文化及其哲学》一书实开发出一副窍门也。我的许多实际而具体的主张，无一不本诸我的理论，而我的理论又根由于我对于社会之观察，以及对于历史之推论分析等等。在观察社会与推论分析历史时又无不有关于东西文化之分析研究也。”②“我一方面很快慰地认清过去对于东西文化所研究，一方面更成熟了我今日乡治的主张。此项主张之成立，过去对于东西文化之研究，启发实在很多。”③他的《乡村建设理论》（一名《中国民族之前途》）及1931年出版的《中国民族自救运动之最后觉悟》等乡村建设理论著作，就是《东西文化及其哲学》的理论的具体化。

梁漱溟认为，实现建立新社会组织的道路，要靠乡村建设运动。因为在中国，农村占广大幅员，农村建立了新的社会组织，全国新的社会组织就会建立起来。

1．何谓建设乡村运动

梁漱溟指出了三点：（1）这一建设工作或解决中国问题的工作，必须从乡村入手；（2）这一建设工作或解决中国问题的工作，必须以乡村人自身的力量为主；（3）完成这一建设工作或解决中国问题的工作的关键，在于使政

① 梁漱溟：《乡村建设理论》，邹平乡村书店，1936年，第175页。

② 梁漱溟：《乡村建设论文集》，邹平乡村书店，1936年，第29页。

③ 梁漱溟：《乡村建设理论》，邹平乡村书店，1936年，第30页。

治重心经济重心都植在乡村的一个全新组织构造的社会。他认为，要辟造正常形态的人类文明，就要使经济上的“富”和政治上的“权”综操于社会，分操于人人。乡村是个小单位社会，经济组织和政治组织皆天然要造端于此，所以乡村建设要走“合作”的路，那是以“人”为本的经济组织，由此而政治亦自形成民主的政治。所谓富与权操于人人，也就能得到确立。如何遵照这一原则培养起乡村经济力量和乡村政治力量？这培养乡村力量的工夫，就是乡村建设。所谓培养乡村力量中的力量，一在人的知能，二在物质，而作用显现则在于组织。凡所以启发知能、增殖物质、促进组织者，都是乡村建设之事。他说：“我所主张之乡村建设，乃是想解决中国的整个问题，非是仅止于乡村问题而已。建设什么？乃是中国社会之新的组织结构（政治经济与其他一切均包括在内），因为中国社会的组织结构已完全崩溃解体，舍重新建立外，实无其他办法。”[①]

2．为什么要从乡村入手

建立中国的新组织构造，为什么要从乡村入手呢？他认为中国是集家而成乡、集乡而成国的社会，在乡村中从理性求组织有许多合适之处。他说，中国人的理性主义是平静、通晓而有情的。那么，为什么从乡村入手特别适合于理性呢？第一，农民的宽舒自然的性情，很适于理性的开发；第二，农民所对付的是生物，此即因其有活趣，可以引发出一种自然活泼的温情；第三，农民行动从容不迫，他们种植的五谷与自然的节候非常有关系，急忙不得，所以养成一种从容不迫的神气，从他的从容，就可以对他所接触的一切印象咀嚼领略而产生一种有艺术味道的文化、有艺术味道的人生；第四，农业最适宜于家庭的经营，而家庭又最能安慰培养人的性情，这与情谊化的组织很有关系。以上四层都与从理性求组织有关；第五，这是更重要的一层，即乡村人很有一种乡土观念，比较能引起地方公共观念，所以正好借乡村人对于街坊邻里亲切的风气来进行我们的组织；第六，中国固有的社会是一种伦理的社会、情谊的社会，这种风气，这种意味，在乡村里还有一点；第七，我们是在追求正常形态的人类文明，而从乡村起手组织，自下而上，由散而集，正合乎常态，合乎人类的正常文明，当然，讲从乡村入手，并不是不要都市，我们是要将社会的重心放在乡村；第八，培养新的政治习惯，要从小范围——乡村着手，这样可以建成

① 梁漱溟：《乡村建设论文集》，邹平乡村书店，1936年，第32页。

一个伦理本位的社会。

3．中国经济发展的道路和新的社会组织的原则

梁漱溟主张，不要直接办工业，而要从农业生产、农民消费两方面来刺激工业发展，要先制造出工业的需要来。“从农业引发工业，更从工业推进农业，农业工业叠为推行，产业乃日进无疆，同时亦就是从生产力抬头而增进购买力，从购买力增进而更使生产力抬头；生产力购买力辗转递增，社会富力乃日进无疆。这是真的自力更生”。[①]那么工业怎样建立呢？梁漱溟说，农村的复活全靠合作，一面有了工业的需要，一面布置了合作的根底，抓住需要不予放过，而以合作方式经营之，工业就于此建立。有的工业置于农民合作自营之下，有些工业可不由合作社经营而由地方团体经营，有的可以国营。在合作运动相当成功之后，地方自治体一定会健全起来；地方自治成功，国家政治机构亦必健全。

梁漱溟构想出的新社会组织是什么样呢？他说：“一句话就是：这个新组织即中国古人所谓‘乡约’的补充改造。”[②]中国未来的团体生活将不但管众人之事，而且富有人生向上互相勉励之义——就是政教合一。即把众人生存的要求，与向上的要求合二为一。具体地说，《吕氏乡约》就是从此意出发的。他的乡约组织，是种很好的团体生活，种种事情均进行合作，但大家相勉向上则居第一义。他认为乡约共有四条：（1）德业相劝，（2）过失相规，（3）礼俗相交，（4）患难相恤。这是一种乡村组织。梁漱溟想通过地方自治来建立的新社会组织大概就是这个样子。

梁漱溟进而指出，如想促成地方自治，有四点必须予以注意。第一，新习惯新能力的养成，必须合乎中国固有的精神。中国的旧精神是崇尚情义的，社会的组织构造是伦理本位的。欲使中国社会有团结组织，欲使中国人民过团体生活，就必须发挥中国固有的情义精神，用礼俗维持推动，往前合作。礼有“谦”义“敬”义，人在团体生活中，“谦”以处己，“敬”以待人，互相感召，情义弥笃，则团结合作之路，在中国社会尚有一线可通可行的曙光。第二，欲促成地方自治，应注意政治与经济的天然合一。要想地方自治成功，须赖经济进步，经济进步则人无法闭门生活，在经济上必定发生连带关系，由连

① 梁漱溟：《乡村建设理论》，邹平乡村书店，1936年，第389页。

② 同上书，第187页。

带关系而有连带意识，连带意识一发生，地方自治基础即获树立。中国社会今后果欲进于团体组织，亦必须公私合一，始可成功。而公私合一的最有效最妥当的办法是经济上走“合作”的路，由经济问题引入政治问题，政治与经济合一，则地方自治当然可以完成。第三，中国将来无论地方或国家都要政教天然合一，无论是经济合作，还是地方自治，都必须经过教育的工夫才有办法。中国人缺乏组织能力、纪律习惯、科学知识，我们须作启发训练培养的工夫，这些工夫就是教育。如不经过教育工夫，则政治与经济均无办法。中国地方自治要想成功，必须从礼俗出发，进行组织。而礼俗的地方自治组织亦就是情谊的、伦理的与教学的地方自治组织——政治与经济，统属于教学的组织之中，而教学居于首位。这就是政治、经济与教化三者合一的地方自治组织。第四，中国的地方自治，不是普通的地方自治，而是特别的地方自救。在中国，对农村破坏最大的是政治力量，所以乡村无法再靠政权，只有乡村自救。梁漱溟的乡村建设运动，就是想从乡村自救运动、社会文化运动入手，来慢慢建设一个新的国家。依照他的理论，地方自治健全了，新的社会组织也就建成了。

总之，梁漱溟所说新的社会组织就是：“中国如果有一个团体组织出现，那就是一个中西具体事实的融合，可以说以中国固有精神为主而吸收了西洋人的长处。为什么呢？因为照我们刚才所讲的团体组织，其组织原理就是根据中国的伦理意思而来的。仿佛是君臣、父子、兄弟、夫妇、朋友这五伦之外，又添了团体对分子、分子对团体一伦而已。这一个团体组织是一个伦理情谊的组织，而以人生向上为前进的目标。（这两项很要紧，西洋人亦将转变到这里来。）整个组织即是一个中国精神的团体组织，所以说是以中国固有精神为主而吸收了西洋人的长处。”①

梁漱溟设计的解决中国问题的方案靠谁来实现呢？他说：“中国问题之解决，其发动主动以至于完成，全在其社会中知识分子与乡村居民，打并一起所构成之一力量。解决中国问题的动力，要在知识分子和乡下人身上求，已是无疑，不必再说。要研究的是他们以如何方式构合成一力量。那自然就是我们乡村运动这一条道了。”②

梁漱溟带着他整套的乡村建设理论，全力在山东邹平搞乡村建设实验，因

① 梁漱溟：《乡村建设理论》，邹平乡村书店，1936年版，第175页。

② 同上书，第344页。

此有人说邹平的乡村建设，是哲学的邹平。

三、梁漱溟的乡村建设运动

（一）梁漱溟的乡村建设活动

梁漱溟的乡村建设活动，是他的乡村建设理论的具体实施。梁漱溟致力于乡村运动的动机，据他说，在他刚十几岁时就形成了，当时正当清朝末年，举国上下，一方面是广大的社会，一方面是清朝政府，都在搞立宪运动，在这潮流下，他希望国家成为宪政国家。清帝退位后，孙中山先生把总统位让给袁世凯，但袁世凯不满足于当总统而要做皇帝，而广大民众，主要是广大的农民，则对袁世凯的帝制运动漠不关心。农民处于散漫自生自灭的状态。梁漱溟和要求宪政反对袁世凯的人们有个觉悟，即宪政要以地方自治为基础，从基层入手，要把散漫的自生自灭的不关心国事的农民组织起来，使他们觉悟起来。他就是本着这个目的下乡的。

他的下乡可以说有三个阶段。第一阶段，李济深在广东掌权，欢迎梁漱溟去广东，梁漱溟到广东准备开办乡治讲习所，先准备十个小题目在青年中讲习，并准备在广东乡下搞乡治。但因蒋介石扣留了李济深而未办成，梁漱溟于是从广东回到北方。第二阶段，梁漱溟的朋友在北方搞村治运动，在河南成立河南村治学院，同时在北平出版定期刊物《村治月刊》，他们欢迎梁漱溟参加这个工作，并主编《村治月刊》。此时，河南村治学院已筹备得差不多，梁漱溟任教务长，写了《河南村治学院旨趣书》，并对学院内部进行了规划，河南村治学院是培养村治人才的学校，重点是搞农村自卫，1929年开学，院址在辉县泉家。河南村治学院院长是彭禹廷，副院长是梁仲华，梁漱溟、王怡柯被聘为院教务长，经费由河南省教育款产处供给。第三阶段，韩复榘当山东省政府主席，他欢迎河南村治学院的一班人到山东搞乡村建设，梁漱溟等1931年办起山东乡村建设研究院，地址在邹平。梁漱溟在广东用“乡治”，到河南沿用河南已有的“村治”，到山东则综合了前二者的名称叫“乡村建设”，之所以选址邹平，是因该县靠近胶济铁路，离济南又不远，县本身既不大也不小，乡村建设易于进行。

（二）山东乡村建设研究院

乡村建设研究院分三部分，第一部分叫乡村建设研究部，由梁漱溟任研究部主任。该部招考大学毕业生或大专毕业生40名，两年毕业，共训练了两期。主要教材是《中国民族自救之最后觉悟》和《乡村建设理论》。毕业后大部分分配到实验县任科长和辅导员等职务。第二部分是乡村服务人员训练部，负责训练到乡村服务的人才，这一部分的工作由山东人担任，部主任是陈亚三（山东曹州人，北京大学哲学系毕业）。该部共办训练班四五期，每期一年结业，招考对象是初中毕业生或同等学力者，主要课程有乡村建设理论、农业知识、农村自卫、精神陶练、武术等科目。学员由每县招考10–20名，全省分三批训练完，结业生各回原县，担任各县乡村建设的骨干工作。第三部分叫乡村建设实验区，在邹平县进行实验。实验区有县长、县政府，县政府隶属研究院之下，县长由研究院提名，省政府任命。邹平原来叫乡村建设实验区，1932年南京政府内政部召开第二次内政会议，议决县政改革方案，令各省设立县政建设研究院，并设实验县。山东乡村建设研究院乃增设菏泽、济宁为实验县，大致均以邹平为模范，并且邹平由乡村建设实验区改为县政建设实验县。乡建研究院1935年还成立一个乡村建设师范，地址在研究部内，前任校长张俶知、继任校长齐鸿照，其中梁漱溟曾任校长半年。后来又在菏泽成立分校。乡村建设师范分乡师和特师两部，部设主任。特师招考初中毕业生共六班约300人，乡师招考高小毕业生三班约150人，特师三年毕业，乡师四年毕业。课程除乡村建设理论、乡村教育和精神陶练外，其他与普通师范课程相同。

乡村建设研究院院务组织有：教务处、庶务处、图书馆、乡村书店、招待所、农场、梁邹美棉运销合作社、庄仓合作社、卫生院、凿井队。其中农场和梁邹美棉运销合作社十分活跃，农场主任是于鲁溪（金陵大学农科毕业）。农场养有波支猪（波兰与中国猪混交种）、荷兰牛，有鸡场、鸭场，另设美棉托里斯种子田。农场领导养蜂、养蚕。那时邹平是全省蚕业县之一。另外提倡领导植树造林，成立林业公会十来处。梁邹美棉运销合作社将农场的托里斯棉推广至全县，棉区农民通过合作社将棉花运往上海、青岛。当时经上海检验所验定，该县棉花丝长、质软，被评为全国优良棉种。

（三）邹平实验县

邹平初任县长是梁秉诚、朱桂山，继任县长是王怡珂，其后是徐树人。县政府有15间大办公室，实行合署办公。县长直辖一室五科：（1）秘书室；（2）一科，科长田慕周（研究部学生）掌管全县民政工作；（3）二科，科长窦学岩（研究部学生），掌管全县武装，下设青年农民训练所、直辖警卫队，队长范镜吾（保定军校毕业），有军事教官数人。青年农民训练所负责培训各乡乡学的乡队长和乡副队长，共计训练40人，他们的课程有农村自卫、军事训练、农业知识和文化课。再有警察队队长谢绍周，负责维持地方治安；（4）三科，科长郝宝书，掌管全县财政；（5）四科，科长钱子范（研究部学生），掌管全县公路、水利事业、电话和度量衡工作；（6）五科，科长杨效春是从南京晓庄师范请来的，还有李守文、宋乐言，均是研究部学生，负责全县教育工作。县政府还设有户籍室、政审室、公报处、民众问事处、金融流通处、合作金库、乡村饭店、农民自新习艺所、国术馆等。全县行政区划为14乡。

邹平县的整个行政系统实行教育机关化，以教育力量代替行政力量，实验计划即是集中力量推进于社会。县以下设乡学，几个村或十个村有一乡学，乡学就是"政教合一"的机构，乡学下设村学，设置乡学村学的目的是培养新政治习惯，训练乡下人对团体生活及公共事务的注意力与活动力。他们取消乡镇公所的自治组织，而变为乡学村学，并不是不要自治组织，而是要培养训练乡村自治组织的能力。梁漱溟说："我们乡学村学的组织，如能发生作用，乡村真正活起来，则对于中国地方自治问题的解决，不啻发明了一把锁钥，找着了它的诀窍，岂不是一件很伟大的事业吗！……我们山东乡村建设研究院在邹平作乡村建设实验，什么时候才算成功呢？直截了当地说，就是乡学村学真正发生组织作用，乡村多数人的注意力与活动力均行启发，新政治习惯培养成功而完成县自治，研究院实验县的大功就算告成。"①

他特别强调，乡学村学在培养新政治习惯时，应符合中国的旧伦理精神。中国伦理是从情谊出发，以对方为重，人与人间的关系可以做到连锁密切融合无间的地步。中国从前有五伦之说，现在再添一伦，就是团体对个人，个人对团体，彼此互相尊重，互有义务。梁漱溟通过编定的《村学乡学须知》指明，大家各有应尽的义务，它近乎一种道德上的勉励，因为中国义务观念的实质是礼，中国人只能走伦理情谊的路。今日乡村组织必须是一教学组织，最根本的是要提振乡下人学好振作向上的志气，即"求进步"必须放在"向上学好"的心理之下去做。梁漱溟废掉乡镇公所而成立乡学村学，用意即在此处。

乡学上受县政府的领导，旁有辅导员协助监督，既是行政机关，又是教育

① 梁漱溟：《乡村建设论文集》，邹平乡村书店，1936年，第207页。

机构。全乡组织董事会，推出乡中德高望重、有文化、年龄较高的人当学长，学长由县政府下聘书，实际大都是地方乡绅学者名流担任。学长居于众人之上，监督调和众人。为了保持学长的尊严而处于超然的地位，乡里的行政事务由乡理事处理，学长对理事起监督作用。乡学里还有教导主任一人，负责管理教育工作。再有研究院直接派来的辅导员一人（大都是研究部的学生），负责指导协助乡理事和教导主任，在各项工作中贯彻乡村建设理论思想。乡学里设以下组织：乡队部、户籍室、卫生室。各村的村学组织与乡学差不多。乡学村学里的成员，包括全乡全村的农民，称之为学众。乡学教育的指导思想和教学方法，大都是从晓庄师范学来的，除一般教材外还设有乡土教材。

梁漱溟在乡村建设运动中做了些什么？他自己说，当时有两句话八个字，即"团体组织，科学技术"。把各自谋生的农民组织起来，叫"团体组织"。团体组织主要是组织合作社，当时主要是组织生产合作社，如前述梁邹美棉运销合作社，从改良棉种入手。科学技术即是改良棉种等。还组织了一个金融流通处，是银行性质的，可以存款、贷款，贷款是有条件的，不贷给个人，只贷给组织起来的合作社，奖励组织起来的农民生产合作社。梁漱溟等在邹平提出"大家齐心向上，学好求进步"的口号，就是"团体组织，科学技术"这个八字精神的具体体现。"大家齐心向上"是团体组织，"向上"包括道德礼俗，"求进步"包括生产技术和礼俗道德。乡村有些鄙风陋俗，如求神、拜佛等，还有更坏的是毒品流行，再有就是女孩缠足、男孩早婚，这些都是严重的问题，乡学村学教育要纠正这些陋习。

梁漱溟提出的"大家齐心向上，学好求进步"的口号，简明通俗地表述了他以哲学思想为基础构想出的新的社会组织的特点，其内涵就是整个组织以中国固有的精神为主，吸收西洋人的长处，即大众化了的"团体组织，科学技术"。

梁漱溟明确指出：邹平的乡村建设，不单是为了乡村，而是从乡村建设入手，把国家搞好，是建国运动。

梁先生等在邹平乡建中的工作主要有三方面①：

1. 农村农业方面

（1）引进科学技术：生活生产上引进科学技术，有实验农场，推广良种

① 这三方面的工作参考了梁培宽先生2005年的讲座内容。

农畜，农具改革，卫生普及，推广卫生知识，防治沙眼，新法接生等。

（2）培养团体生产习惯：培养民主政治习惯，改村、乡政府为村学、乡学。其培养的做法不是用政治的手段，而是用宣传教育的手段。称村人为学众，为不同年龄的人办各种班，造成学校的气氛环境，来培养团体生活的习惯。

（3）大力推广合作社：从经济合作引进政治的地方自治。从对农民生产生活有帮助的开始，组织合作社就要选举，经讨论协商作决定，这样就学到了政治活动所具备的生活习惯。邹平先后成立了300多个合作组织，有虫业、机织、棉业、运销等合作社。参加合作社的可以得良种、贷款，产品不经中间商直接由合作社卖出，以免受中间商盘剥。邹平棉业合作社受益最多，棉花是农民自己种，由合作社直接卖给纱厂。在这些合作活动中，农民既学习了科学推广的技术，同时又培养了团体生活的习惯。

合作化使农民从分散到集中，梁先生参考了苏联合作化的经验，使经济生活社会化，同时个人和集体相结合。但他认为不能统得太死，否则也有问题。合作社一般不雇人，否则会有剥削，小合作社不雇人，大的雇少数人，大部分都是兼职。成立合作社的目的是从经济组织引入政治组织。乡村建设研究院成立两个合作事业指导处去了解情况，进行业务指导，并有计划有组织于全国农村推广。

（4）成立金融流通处。农民需要贷款存款，农民在私人办的银号贷款利息高存款无保障，为减轻农民的负担，取消了银号成立了金融流通处。

（5）治安问题。进行县里的治安整顿。原保安团、税官等整顿，剩三十几个警察，训练村民义务巡视，给予补贴，做到夜不闭户，土匪就到邻县去了。邹平户口管理好，有户籍员，每天向县（电话）报告情况。

2. 工业问题

虽然从农村农业入手，但进步的社会必须有进步的组织，进步的工业。工业也要统筹建设，资本主义竞争方式有弊端，必须由国家统一管理，不能以农业的牺牲建设工业，而工农业应相结合。大生产的企业经营不要落入个人之手，应是非营利性的。如何工业化，当时国外投资不来，国内没有存款，因此，要以农业引发工业，农民生活消费引发工业。当时资金困难，只有以农业发展和消费来引发和促进工业发展。工农业相互推进社会的发展，希望不走资本主义剥夺农民这条路。

3. 知识分子的作用

乡村建设知识分子是不可缺少的，从开始到完成全在知识分子与农民结合在一起。这并不是说知识分子是主力，主力是农民，但知识分子不能少，必须要有知识有眼光的知识分子与农民相结合。农民接受知识的机会少，对新事物、新观念、新技术的了解少，必须与知识分子相结合。

在土豪劣绅军阀混战中，有一批知识分子在农村。中国要实现现代化，需要有大批知识分子，有新的知识、新观察、新技术，还要有牺牲的精神。

（四）邹平乡村建设的结果

梁漱溟在邹平推行的乡村建设的结果如何呢？他于1935年10月25日在研究院讲演中谈到了这个问题。他说，在乡村建设中有两大难处，第一点是高谈社会改造而依附政府，第二点是号称乡村运动而乡村不动。他自己就说，高谈社会改造而依附政府，这是一个矛盾。说是要社会大改造，那就不应当接近政权，现在既作社会改造运动，则明明是你看它（现政权）改造不了，它既改造不了，你就应当否认它，你就应当夺取政权来完成社会改造，你既不否认它，而顺随地在它底下活动，那么，你本身就失掉了革命性，又怎么能完成社会改造？你不但在它底下活动，而且依附于它，这怎么能完成社会改造呢？政府最代表那个惰性、不进步性；而大凡新的潮流、新的运动、新的创造，都是从社会发生的。像长江一带搞的“政教合一”，一面借行政上强制的力量办教育，尤其是办民众教育；一面拿教育的方法、教育的工夫，来推行政府所要推行的各项新政，乡村工作变成地方下级行政，那还有什么社会改造可谈？“号称乡村运动而乡村不动”的表现是，在无锡、定县召开的乡村工作讨论会上，乡村农民的代表差不多没有，最多的还是教育界的人，政府的人也很不少，而乡村来的农民代表真是凤毛麟角，由此可见乡村之不动。仿佛乡村工作讨论会和乡村没多大关系，乡下人漠不关心。

> 我们试以乡村工作的几个重要的地方说：头一个定县平教会，定县人并不欢迎，本来最理想的乡村运动，是乡下人动，我们帮他呐喊。退一步说，也应当是他想动，而我们领着他动。现在完全不是这样。现在是我们动，他们不动；他们不惟不动，甚至因为我们动，反

来和他们闹得很不合适，几乎让我们作不下去。此足见我们未能代表乡村的要求！我们自以为我们的工作对乡村有好处，然而乡村并不欢迎；至少是彼此两回事，没有打成一片。即如我们邹平，假定提出这么一个问题，来征求乡下人的意见——乡村建设研究院要搬家了，你们愿意不愿意？投票的结果如何，我亦不敢担保。自然也有一些人觉得研究院多少还没有劣迹，仿佛在这里也还不错，县长也很不坏，不走也好。顶多如此。或者他简直不表示，仿佛无成见，走也不留，不走也可以。真正的老乡，恐怕就是这个态度的。这个就足见你运动你的，与他无关，他并没动。此种现象可以反证出我们是未能与乡村打成一片；让他知道我们是为他，而造成一种不可分离的形势。……我们乡村运动天然要以农民作基础力量，而向前开展；如果我们动而乡村不动，那有什么前途呢？不能代表乡村的要求，不能发动乡村的力量，那怎么能行呢？[①]

从梁漱溟的自述中可以看到，就连他自己也承认，乡村建设运动没达到他的目的，可以说是失败的，这种情况直至1937年抗战爆发，研究院撤走为止。

1938年1月，梁漱溟访问延安，毛泽东同志接见了他。梁漱溟将《乡村建设理论》一书送给毛泽东同志。毛泽东同志看过书后指给他说：这个话（指附录上的两点难处）说得还好，还很老实，说出自己的缺点不足之处。缺点不足之处就是说，自己承认自己走的路子是很勉强，很曲折，没有跟乡村农民打成一片，还是借助省政府县政权，这是一种改良，不彻底。毛泽东同志特别指出，他们不能解决土地问题，梁漱溟承认这一点。他说：我们没有像毛主席走革命的道路，否定现政权，我们走的是改良的路。

四、对乡村建设运动的评价

新中国成立前，甚至在30年代的当时，对乡村建设运动就有评价。

（一）社会学界对乡村建设运动的评价

社会学家吴景超当时就指出，搞乡村建设运动解决不了中国农民的问题。他说：“中国今日的农村普遍破产，于是有一些志士仁人，出来提倡农村运

① 梁漱溟：《乡村建设理论》，邹平乡村书店，1936年，附录第3–4页。

动。现在各地的农村运动风起云涌，数得出来的，总在数十以上。他们的目标，自然不专为改进农民经济状况，但无论如何，救穷总是他们主要目标之一。经过许多人在各地的努力，对于农民的生计问题，不能说是全无影响。在现在这种农民运动已经成为一种时髦的时候，我愿意诚恳地指出，就是中国农民的生计问题，不是现在各地的农村运动所能解决的。假如现在还有人迷信农村运动，可以解决中国农民的生计问题，将来一定会失望，会悲观。理由是很简单的，中国的农民，占全人口百分之八十左右，农村运动的力量所能达到的农民，在全体农民中，不过九牛之一毛，即使这些农民得救，对于大局还是无补。这一点还不算重要。最重要的，就是这个问题的性质，太过于复杂、牵涉的方面太多，不是几个私人团体所能解决。”①

社会学家陈序经也毫不客气地批评乡村建设运动。他说，乡村建设是一种实际工作，然而十多年的乡村建设工作，还未超出空谈计划与形式组织的范围，实际工作寥寥无几，就是做了，也多是空而无用。好多人都认为，各处的乡村建设实验区，宣传工作多于实际工作，如果实际工作有了成绩，是不容人们否认的，但也不需要自己宣传。而且认真地从所谓乡村建设工作的四方面即教育、卫生、政治、农业来检讨，难免会使人失望。陈序经更激烈地批评说，乡村建设的目标是救济乡村农民，然而结果却变为救济工作人员，今后会养出一个吃乡建饭的新阶级，为了维持工作人员而保存乡建机关，而另一方面对农民精神方面建树少，物质方面也更少有改造。

社会学家孙本文首先对乡村建设运动作了充分的肯定，他说：“我国近年农村建设实验工作，虽尚无若何具体的优良成绩可见，但平心而论，亦确有值得称述之点：第一，他们认定农村为我国社会的基本，欲从改进农村下手，以改进整个社会。此种立场，虽未必完全正确，但就我国目前状况言，农村人民占全国人口百分之七十五以上，农业为国民的主要职业，而农产不振，农民生活困苦足为整个社会进步的障碍。故改进农村，至少可为整个社会进步的张本。第二，他们确实在农村中不畏艰苦为农民谋福利。各地农村工作计划虽有优有劣，有完有缺，其效果有大有小，而工作人员确脚踏实地在改进农村的总目标下努力工作。其艰苦耐劳的精神，殊足令人起敬。”②

---

① 吴景超：《第四种国家的出路》，商务印书馆，1937年，第21–22页。

② 孙本文：《现代中国社会问题》（第3册），商务印书馆，1943年，第93页。

然后孙本文又婉转地批评了乡村建设工作。他说，不可把农村建设看作轻而易举的事，要想建立一个现代化的农村社会，搞任何实验都要先根据当地社会的实际情形，审慎地订出可能实现的计划，计划定下来就要克服困难百折不回地去实现。未完成计划前只宜报告实验的经过，而不可夸示其如何如何的成绩，以免蹈袭宣传多于实际之讥评。计划未完成前应该谢绝外来人参观以免分心，以集中力量于建设事业。更不要把农村建设看作一时风行的事，农村建设原是整个社会改进的一方面，应该是脚踏实地的事情，必须有适当的人才、计划与经费，而后才可开始实验。不要把农村建设的责任集中在一二人的身上，全部建设实验工作推进的责任应渐渐由一二领导人才移向中下级工作人员，继以由全体农民自动担负，这样农民才能继续推进各种建设事业，以完成整个社会改进的使命。确实，邹平也好，定县也好，乡建工作人员一走，事业皆无。孙本文批评了乡村建设工作，并提出了自己对农村建设的主要问题的看法及其应走的途径的建议：第一，应把农村建设看作是整个农村社会生活的建设，因此，农村经济问题、农民教育问题、农村组织问题、农村卫生问题，要同时推进并解决；第二，应采用科学化、机械化、组织化即用现代文化来谋求农村社会的建设；第三，应利用政治力量来推进农村的建设。显然，孙本文所指出的农村建设途径，仍是乡村建设的老路。

以上几位社会学家的评价，都没有指出乡村建设运动所存在的实质性问题，但其所指出的乡村建设中存在的一些具体经验和教训，也值得我们在农村建设工作中加以注意和吸取。

（二）中国农村经济研究会对乡村建设运动的评价

在20世纪30年代，能够客观地切中要害地评价乡村建设运动的，是中国农村经济研究会。他们从中国社会政治历史的发展出发，分析了产生改良主义运动的背景，并指出乡村建设运动是企图在现存的制度下，用和平的方法来达到国民经济改革的理想。因此，所谓的“农村复兴”“乡村建设”“合作运动”和“土地村公有”等，虽然采取了各种簇新的姿态，以各种不同的名词而出现，但是它的内容，它的本质，仍是重蹈了过去一再失败过的覆辙。农村经济研究会同时回答了乡村建设运动发展过程中所提出的问题，实质上是批判了乡村建设运动的理论和实践的错误。他们指出：第一，中国的国民经济，无论在其与各国的关系上，还是在其自身的结构上，无疑都已是世界经济之一环节，特别是在整个民族陷入沦亡危机的时候，中国经济的解放更与政治的解放形成不可分开的一个事实的两个方面。因此，中国的乡村建设是不能离开民族解放运动而单独解决的；第二，中国的问题和恐慌，是整个的国民经济问题，想由“农业以引发工业”，或由农村复兴救济都市，都是不能真正解决中国问题的；第三，乡村建设在进行无原则的建设的情况下，势必使帝国主义的势力同时获得长足的进展，会成为殖民地的清道夫；第四，农业或农村经济问题的主要内容，实际上包含有生产手段的分配、生产物的分配、农业经营和农村金融诸问题。而乡村建设者抹杀或忽视生产手段和生产物分配的问题，特别是土地分配的问题，仅在农业技术、农产运销和流通金融等枝节问题上兜圈子，是不能解除中国农民的痛苦的；第五，乡村建设的理想，虽在于所谓促进农业经济的“现代化”，但是实际上许多地方都着重在恢复手工业经济以至宗法社会的礼教，这是开倒车。

中国农村经济研究会尤其正确地评价和批判了乡村建设运动中有代表性的定县和邹平的实验及其乡村建设的理论。李紫翔等人在批判平教会的“定县主义”时指出：第一，平教会的人认为，中国今日的生死问题不是别的，根本是人的问题，平教会的理论基础，是建筑在抽象的“人”的问题上，他们所看到的“人”并不是具体的社会关系中的特定的“人”，这与邹平伦理本位的家庭的“人”，基本上是一致的；第二，他们从抽象的人出发，对中国社会的整个认识是错误的，他们以为中国社会的根本病根是占85%以上的农民之愚、穷、弱、私，所以要救中国必须针对这四个字着手，进行“四大教育”，他们只看到中国社会病态的表现，而不能追究产生愚、穷、弱、私的真实原因。中国之所以产生这些病态，是由于帝国主义的经济侵略、封建关系的存在和天灾的袭击。要根本铲除制造“穷”的诸社会条件，必须推翻帝国主义在华的统治，消减封建残余。这正是平教会的人们不敢提、不愿提且避免提的。因为平教会的倡导者多出身于小资产知识阶级，他们大多数受了欧美教育的熏陶，相信教育万能、教育救国的理论，他们的社会意识和社会关系不许他们走上革命的道路；第三，定县社会经济的根本组织，或更浅近些说，定县最大多数农民的经济生活，决不会因平教会教育工作而发生根本的变革，定县的社会经济仍旧随着国民经济破产的深刻化而日趋衰落，李景汉有关定县的一些调查和文章已证明了这种趋势；第四，平教会不是把在定县的工作单看成一种教育制度的实验，而是以定县为训练表征的中心，使农村复兴得到具体施行的方案，使国家得到一条基本建设的新路，使中华民族能于建设工作之中创造出一个新生命，即是要解决中国的根本问题。但平教会的工作本身就包含着一个不能解决的矛盾：他们不想谈中国社会政治的、经济的根本问题，而他们所要解决的却正是这些根本问题；他们不敢正视促使中国国民经济破产、农村破产的真正原因，而他们要解救的却正是这些原因所造成的国民经济破产与农村破产。

至于邹平的乡村建设，中国农村经济研究会给予了公正的评价和批判，认为梁漱溟认识到帝国主义与军阀是促使中国农村破产的主要原因，而且明白了农民的自动组织（乡学与村学）是乡村建设的基本动力，认清了农民必须有组织才会有力量，才能抵抗帝国主义的侵略与军阀的剥削。但是由于他不了解农村的阶级关系，由于他把乡村看成是抽象的整体，而不把它看成是由各种利害不同的地主农民所组成的，所以他只看到了乡村的外部矛盾，而看不见乡村的内在矛盾，所以他根本不想改变乡村之内的生产关系。这样，梁漱溟的“乡学”与“村学”，不过是旧日的豪绅政权的变相，乡学村学不能代表农民们的利益，农民也就不会拥护它。梁漱溟把邹平乡村建设的基础，完全寄托在《吕氏乡约》社学之类的乡学、村学上，但在这样的基础上建立的“新社会组织”，只不过是“伦理本位和职业分立的社会”的再建，不同的是穿上了西洋文化的外衣。

（三）中国农村经济研究会对中国农村出路所持的观点

中国农村经济研究会在批判乡村建设运动的同时，对农村的出路提出了自己的观点。他们指出，要解决中国农村问题，就要组织农民。第一，这种组织必须能代表最大多数农民的利益，如果承认中国农民有阶级分化的话，那么，这最大多数农民当绝不是地主与富农，而是贫农雇农及一部分中农。第二，这种组织必须是自下而上的，如果承认中国的政权，尤其是地方政权，还掌握在代表豪绅地主利益的人们的手里的话，那么，这种组织是决不能希望他们来领导与发动的。它必须是一个自发的组织，而不是由上而下的，由政府机关通令成立的组织。第三，这种组织必须是适应世界潮流的。现在的世界已经不是孤立的闭关自守的世界，中国应该走哪条路已摆得非常明显。倒行逆施的“开倒车”运动固然行不通，自作聪明独创一格也为时势所不许。我们不是向左便是向右，中间是没有第三条路的。因此，乡村建设只有暂时的阶段性的意义，它将不可避免地没落而让渡给另一阶段的乡村工作。第四，这种组织必须以反帝国主义与反封建残余为其主要任务。因为假如承认破坏中国农村的主要因素是帝国主义者与封建残余，则肃清这两者自然就成为农村建设的第一步工作。中国农村经济研究会在环境不容许作明显表示的情况下提出了一种暗示，但大家自然能明白，他们所指的路就是中国共产党领导全国人民所走的民主革命之路。

最后，还是以1938年毛泽东接见梁漱溟时谈话的精神，作为对乡村建设运动评价的结束。乡村建设运动是改良主义运动，一方面它依靠的是现政权，另一方面不能发动起广大的农民群众。他们不可能了解中国革命的对象、中国革命的依靠力量和应走的正确道路。运动的发起者组织者们不承认农村的阶级关系，不能彻底改变农村的生产关系，尤其是土地私有制，因而不能代表广大农民的利益，更不能发动农民运动。这种改良运动不但不能解决中国的根本问题，而且在半殖民地半封建的社会是必然要失败的。

第四节
中国农村工业研究

早在20世纪20年代，中国的社会学者即对工人及农民的生计进行过调查。30年代出现的民族危机激发了社会学者的爱国热忱，为振兴民族经济，对农村工业进行了深入细致的调查研究。

30年代的中国受资本主义与帝国主义的侵略压迫，大工业无从发展，民生日益穷困。外国与本国大工厂的廉价产品充斥着市场，给农村原有的手工业以沉重的打击。乡村家庭手工业由于制造技艺落后及生产者毫无组织而渐趋衰败。然而，中国农村工业在整个国民经济中又占据着重要的地位，它是民族经济的主要构成部分。农村工业一方面满足了人民不可缺少的需要，另一方面占总人口85%的农民的日常生活要靠它的收入来补充，农村工业的前途如何，确实对民族经济是至关重要的问题。

一、张世文的《定县农村工业调查》[①]

中华平民教育促进会的张世文等人于1931–1933年对河北定县农村工业进

① 张世文：《定县农村工业调查》，四川民族出版社，1991年。

行了调查。其目的是通过实地调查研究，对如何改进与发展手工业这一问题作出回答，并提出可行的具体方案，从而提高人们的民族经济意识及生产救国的觉悟与责任感。

定县的农村工业调查分为家庭工业调查与作坊工业调查二种。家庭工业是农民于农闲时自行操作的一种副业。定县的453个村庄约有家庭工业120种，分为纺织工业、编织工业、食品工业、化学工业、铁工业、杂工业等6大类。每村从事三种家庭工业者最多。定县453村总户数为66205户，其中从事各种家庭工业的约43000户；总人口385500人，其中从事各种家庭工业者有80800多人，平均从事家庭工业的赢利约占全年收入的8. 4%。作坊工业多属整年经营的一种工业，并渐渐摆脱土地与家庭的束缚关系，具有雇佣的性质。定县城关及6区的作坊有5大类，包括化学工业、食品工业、木工业、五金业、杂工业，共有作坊1782家，从业人员有19912人。

定县农村工业的调查，有概况与详细之分。在家庭工业调查中，概况调查以村为单位，包括定县453村的状况，详细调查以家为单位，包括几种家庭工业集中的村庄。在作坊工业调查中，包括定县城关及453村，城关作坊工业的调查以家为单位，453村的作坊工业调查以村为单位。调查所采用的方法有两种：（1）有的材料采用问题表搜集，有村概况与以家为单位的家庭工业问题表两种，以及村概况与以家为单位的作坊工业问题表两种；（2）有的材料不能用问题表去搜集，就根据问题的性质，拟成详细的纲目，分别去调查。如对于各种工业的历史与沿革，各种工业制度的演进，工业品制造工序与方法，所用机械的种类与构造，与工业有关系的各种商业组织，学徒制度的内容，包装运销的方法，经济税佣的情形，工业品输出的状况等，均采用调查提纲的方法。无论采用问题表方式还是调查提纲的方式，调查均是在定县实地观察中进行的。整个调查包括了农村各种工业的历史与分布、原料、劳工、制造方法、工业制度、运销及捐税等方面的情况。

张世文用了三四年时间，在翔实的调查研究的基础上，对当时的中国乡村家庭工业的前途、中国工业制度的问题、发展建设与改造中国工业的原则、建设中国工业的步骤与办法等问题，提出自己的看法和建议。张世文等人认为，当时的中国乡村家庭手工业的前途已陷入危机。中国家庭手工业在当时的存在是有理由的，一是农村有家庭手工业制品的原料，二是农家可以利用农闲从事家庭手工业，三是乡村家庭工业产品的运输和销售都十分便利，四是从事家庭工业不但可补助家庭进款，而且多能得到副产物的收入。但是，一方面家庭手工业由于技术落后，生产者无组织，无法与外国和本国的大工厂的廉价商品竞争；另一方面，由于工商业渐渐发达，乡村人口大量流入城市，与家庭手工业争原料、争市场；再者乡村建设、合作运动及政府对乡村工业的现代化改造，必然影响家庭手工业，致使家庭手工业衰败。

因此，张世文提出，中国的工业制度应集中与分散两者并重。集中的工业应是国防工业、交通工业、机器工业及其他国营的工业，如矿产、动力的供给等国家的命脉工业，这样便于统一集中管理，严密保护和集中运用。关于人民日常生产需要的种种工业，除了非大规模经营不可的，应尽量分散在各地乡村，根据人口的多少、原料的生产、教育的状况、生活的水平、农业的经营、人民的副业、习俗的不同，以及全国整个经济产业发展的计划去分配，去建设。人民日常生活需要的工业分散在乡村有许多好处：（一）节省原料品与制造品的运输费用，从而减少消费者的负担；（二）可以吸收农村剩余的劳动力，以避免大量流入都市而产生的许多问题；（三）可以增加农村的财富；（四）自然吸引城市金融流入农乡；（五）战时免于敌人整个摧毁工业；（六）尤其是在外有帝国主义的经济侵略，内有农村经济破产的情况下，大工业无从发展，而分散在民间的工业，则可以利用当地与附近的廉价的原料与劳工，供给当地与附近的需求，如再利用合作统制的组织，则可以与外国资本竞争与抗衡，使我们的民族工业能够建树起来，解决民族生计问题，冲出民族经济的生死关头。

至于发展、建设与改造中国的工业，应把工业建设作为全国整个经济计划里的一部分，并着眼于民族生存的基本需要，能够达到民族经济的自给自足就行，如要向外开拓市场，应发展以农产品为基础的工业品制造。中国工业建设应当根据三个中心去发展：一是以国防为中心，发展军事与交通工业；二是应当以富源为中心去发展地带工业；三是应以人民需要为中心，去发展县域工业。中国工业的建设还要与教育中的培养现代生产技能的内容和有计划地训练培养人才相结合。

张世文根据调查研究的结果提出了中国工业的理论、步骤与办法：要把中国的工业整个地、有计划地建设起来，首先要进行全国规模的调查与研究，在调查研究的基础上，提出建设国家工业、省工业与县工业的建设方案，私人经营的工业也应与政府的工业计划连接起来，受政府的统制。他尤其指出，县域建设的问题比较复杂，必须先作实验然后推广。

晏阳初在其为《定县农村工业调查》所作的序言中表述了自己的观点："中国以往未曾——以后也将无由走入工业资本主义之路，则农村仍未尝不可以保持经济自足的局面。如果应用合作的原则，把分散的原始式的小手工业组织联合起来，作共同之经营，又加以技术方面的研究改良，则农村经济之复兴方可有望。"

当时，对发展农村工业也有许多不同的观点，李景汉在《定县农村工业调查》序中说："有人以为……分散的与小规模的农村工业亦可以以合作的原则联合起来，俾能得到大规模工业的一切利益，而尽力免除资本家的操纵与剥削。还有人以为农村手工业，根本没有维持的可能，机械工业迟早是要打倒手工业的。也有人以为若要保存农村工业，非使现在的农村工业从速现代化不可。也有人主张轻便的小工业是应该分散于农村，不应该使工业都集中于都市。此外，对于农村工业尚有许多不同的见解。"总之，张世文、李景汉认为，以中国农民之众，农闲之多，与人力之贱，发展合宜有利的农村副业，与农村经济大有关系。若仍任其自然变化，而不加以指导与统制，则中国农村工业的没落必更甚于当时，结果是不堪设想的。要想对中国农村工作得出有把握的结论与提出解决的办法，一方面自然是要看清世界经济的趋势，一方面也须明了本国农村工业的事实。张世文的详细周密的调查就是本着此意进行的，该调查具有一般的代表性，不但对认识当时农村工业的现状有实际的用处，而且也是一部中国农村工业的重要史料。

二、费孝通对江村改革蚕丝业的调查

社会学家不但对农村工业实况进行调查，而且对如何改革农村工业也进行了调查和研究。1936年费孝通在江村经济调查中，对蚕丝业的改革进行了观察。在靠近发达大城市的江村，蚕丝业是居民收入的第二个主要来源，蚕丝业的衰落深深地影响了农村人民的生活，因此江苏女子蚕业学校在江村开展了改革蚕丝业的实验。费孝通对这样一个有意识地进行的经济改革过程中所遇到的各种可能性和困难进行了具有特殊意义的观察。

通过调查与研究，费孝通概括出了影响农村工业发展的两种力量，即促使变化的外界力量和承受变化的传统力量，这两种力量的互相作用导致了情况的变化。20世纪30年代，世界经济在衰退，而蚕丝业在世界范围内向采用科学生产方法的工厂企业发展。西方国家纺织工业技术的发展对生丝生产提出了新的精确的标准。大批出口生丝的江村，用传统手工缫丝是不能满足这种需要的，因此，生丝需求量下降，价格下跌，家庭蚕丝业衰退，农村经济发展遇到了前所未有的困难。为了与西方国家纺织技术的发展相适应，必须把科学方法引进村里。但是如果没有社会组织的相应变革，技术变革是不可能的，所以必须引起一种从家庭个体劳动到工厂集体劳动的变革。在这样一个集体系统下，生产资料和劳动之间的关系也变得更加复杂，因此，在组织新工业中选择的社会原则应与人民的利益相关，即新工业组织的原则应是“合作”。

科学方法的引进，机器的使用，是增添人类幸福，而不是相反。改革是寻找一种正当的办法使用机器，即人不应当成为机器的奴隶，而人应拥有作为生产资料的机器。只有坚持合作的原则，从技术改革所得到的利益才能属于参加生产的人们。费孝通认为，改革的蚕丝工业应该继续是一种乡村工业，而且中国工业的发展不应以牺牲穷苦农民的利益为代价。

当时，为了使进步的技术为人们所接受，并为学生找到职业，村庄的工业改革便成为作为变革力量的江苏女子蚕业学校迫切需要解决的问题。技术学校成立了推广部门，负责向农村地区传播新的技术知识。为了使新的技术知识为农民群众所掌握，在当地领导人和执行委员会的领导下，按入股合作原则组织了工厂，工厂属于合作社的社员所有，遵照改革者和蚕业学校的意见行事。费孝通的姐姐费达生等人于1929年开办小规模的实验工厂，并于1935年装备了新机器，出口了最佳产品。

江村缫丝工厂的实验遇到了种种困难，一是改革者无法控制市场的价格；二是资金短缺；三是农民缺乏受教育的机会，不熟悉投股制度以及行使投票的权利来管理工厂，只关心以利润形式分给他们的实际利益，对工厂的其他工作不了解，无法成为真正的主人；四是机器的使用所引起的失业人口增加产生了较大反响；五是城市工业的发展引起农村青年人口向城市的流动，造成农村劳动力素质下降。

费孝通对江村蚕丝业改革的观察，及费达生对改革蚕丝业的实验，有一个共同的目的，就是要通过引进科学的生产技术，组织以合作为原则的新工业，来复兴乡村经济。江村经济的调查是费孝通乡村工业研究的开始，也是其对农村现代化道路的探索的开端。

三、张之毅的《易村手工业》[①]

抗战期间，燕京大学与云南大学合办社会学研究室，由费孝通领导。费孝通、张之毅等对不同社区进行调查，研究了各种社区所遇到的现代化问题。张之毅于1939年对云南省易门县一个以手工业著称的农村（简称易村）进行了实地调查。

张之毅很仔细地解剖了远离城市的典型内地的易村的经济结构，阐明了乡村工业在整个结构中所占的位置。易村人多地少而贫，全村有23家共33人从事篾器编织，占全村户数的42. 6%。在这23家中，22家都是田地的收获不够全家人食用，其中11家连食米都不够，编织篾器的家庭手工业在易村经济中占据着十分重要的地位，这种家庭手工业是在农闲时用来解决生计困难的工业活动。这种地域性专门工业的发展，并不一定引起工业和农业的分离，因为这类工业分散在许多农家，在家庭经济上，农业和工业互相依赖的程度反而更密切。中国的传统工业，都是这样分散在乡村中的。

中国乡村工业是农村经济的必要部分。人多地少是中国农村的普遍现象，单靠农业不能维持生活，农民因生活所迫，不能不乞助于工业，而乡村工业恰好帮助农业来维持中国这样庞大的人口的生计。农村之所以维持着这样庞大的人口，一方面是因为在都市工业不发达的社区，人民除了乡村没有更好的去处，没有出卖劳动力的机会，而农村手工业又利益不高，农民不能离开土地而单独靠工业谋生。另一方面是因为农业技术的低下，非拖住大批人口在乡下不可，因为农业是季节性的劳动，所以得养着劳力以备农忙之用。这样，农村一方面要拖住大批的人口，一方面这些人又不能在农业里充分利用他们的劳力，再一方面农业的收入又不足以养活他们，因此就在农闲基础上发展出了用于解决生计困难的乡村工业。

在易村手工业调查中，张之毅将农村工业分为两种，一种是家庭手工业，在易村主要是篾器编织，另一种是作坊工业，在易村是造土纸的作坊，这是

① 张之毅：《易村手工业》，商务印书馆，1943年。

传统工业中的一个重要形式。家庭手工业在人多地少的农村是利用过剩劳力的方式，而易村的作坊工业，则发生在土地贫瘠的乡村，它是利用过剩的资本并有专门工作场所的工业。易村土纸坊的投资利息高至六分，比农业利息高五倍，而得利高的是工具的所有者，并不是劳动者。尽管雇主与雇工大多有亲戚关系，但还是具有剥削的性质。作坊工业如果算是传统经济中的资本主义的萌芽，那么这种萌芽在运输困难和市场狭小的阻碍下被遏制了。从易村的土纸作坊的经营中可以找到中国资本主义萌芽难以取得发展的原因。由于作坊工业的资金不能在工业里发展再生产，最后又把“魔掌”伸向土地，使土地集中在少数人的手里。张之毅在这里说明了家庭手工业和作坊工业对于农民生活的不同影响，家庭手工业是救济他们的力量，补助其生活之不足，而作坊工业更促成了乡村中的贫富对立。

张之毅的易村调查正值抗战期间，此时乡村经济崩溃，手工业衰落，乡村工业受到破坏。费孝通在自己原有的调查和张之毅调查的基础上，对乡村工业的复兴和前途提出了看法。他在《易村手工业》一书的序言中说：“我们现在所要注意的是都市工业兴起后对于乡村经济的影响。这些影响若是有害于民的，我们得用什么方法来补救，这是第一层。乡村工业本身是否必须以手工业为基础的？我们能不能改变乡村工业的性质使它可以和都市工业并存？这是第二层。从乡村工业到都市工业是世界经济史上的普遍现象。可是在中国却另外还有一种新的意义，因为中国本国的都市工业，在西洋先进工业的压力下无法发展。”因此，他提出将一部分可以不集中的工业分散到农村，这样，一方面可以在不降低广大乡村里农民的生活水平的前提下，来发展新工业，另一方面又不至于使都市与乡村在发展工业上产生尖锐冲突。费孝通特别强调，乡村工业要生存，要立足于战后的新世界里，必须在技术上和在组织上发生质变。

乡村工业质变的第一步是引用机器，使乡村工业不完全等于手工业，把比较精制的部分交给机器生产，把那些不必使用机器的部分留给手工业，借以利用乡村里的多余劳力。乡村工业部分机器化，就是将家庭手工业和作坊工业在技术上加以联系构成相辅的生产部分。家庭手工业和作坊工业单有技术上的联系，对农村的经济贡献还不会很大，因为这种新式乡村工业的发展反而会引起乡村贫富的悬殊。因此，还要使家庭手工业和作坊工业在组织上有联系，要采取合作的方式。这样可以不使生产工具的所有权集中到少数有资本人的手里，而是分散到所有参加生产的农民手上。用合作的方式组织乡村工业，可以避免张之毅所说的作坊工业成为集中土地权的魔手从而导致农村贫富悬殊的结局。

四、确立民族工业，走乡村工业之路

费孝通经过三四十年代对不同社区的调查及对比研究，进入理论研究阶段。在1948年出版的《乡土重建》中，他明确提出，要确立中国的民族工业阵地，在策略上要走乡村工业的路子。

乡村工业主要从事的是轻工业、日用品制造业、作为工业原料的农产品加工业。在重工业里，大规模的制造单位是技术上所必需的，但是在很多的轻工业中，制造单位一向并不很大，如果建立在乡村里，比集中在城市，对于乡村人民经济上的帮助一定是更可观的。况且手工业和机器工业是可以配合的，事实上即使是在高度机械化的制造工业里，手艺仍有重要的地位，在普通的轻工业中手工的成分也常占很大部分。在乡土工业里，手工部分尽可保留在家庭里，而把机器的部分集中在小型工厂里，手工和机器配合起来，这样可以说是工厂社区化，整个乡村可说是一个工厂，小型工厂是个核心，核心的规模可依技术的需要来确定。

再者，乡土工业在经济上有都市工业所不易得到的优势，最主要的是，乡村工业中的工资较低。要维持同样的生活水平，乡村中所需的费用较都市里便宜，何况乡间生活水平比都市低，因之乡间居民维持生活的费用也低。当然，最终城乡生活是要拉平的，但在竞争中，在技术、组织、经营各方面，乡土工业在初期必处劣势，所以可能设法减低成本的主要因素在于工资一项。费孝通特别强调，以便宜劳力来减少成本并不是指资本主义工业组织中的剥削方式，而是在劳动者自有或公有生产工具的组织中出现的方式。尤其是在我们的技术、组织、经营方式一时难以赶上西方的情况下，即使是取消了剥削，我们还得在较低的生活水平上去和西方工业竞争才有希望。他指出："在已经成熟的西洋侵略性的工业经济的滩头，要确立我们民族工业阵地，在策略上，大概不能避免走上复兴乡土工业的路子。""如果我们民族工业的建立，必然要经过一段艰难的过程，这艰难的过程中不允许担负很高的工资的话，乡土工业是最能适应这过程中的条件的。"[①]

① 费孝通：《乡土重建》，上海观察社，1948年，第114–115页。

费孝通认为，他所说的乡土工业必须有新形式。一方面，要在技术上求改进，技术的改进是提高生产力所必需的条件，一个社会的生活水平最后也决定于生产力发展水平。但是单就技术上求改进却不一定能提高社会上大多数人的生活水平，因为这里面还包含着一个分配问题，所以要使乡土工业成为增进农家收入的生产事业，单在技术上求改进是不够的，另一方面还要建立乡村工业的合作组织。他认为，中国传统工业大体上可以分成三种类型，一是皇家的独占工业，二是民间的作坊工业，三是家庭工业。皇家工业是官方所独占的。民间工业中的家庭工业，是在农闲基础上用来解决生计困难的工业，是以农业剩余劳力为基础的；而乡村的作坊工业则不然，它的基础是农业里累积下的资本，它需要特殊设备，雇用技术工人，这种作坊工业可以被看作资本主义经济的起点。这种工业因为原料、运销的限制，企业不易扩大，资本如不能被吸收到工业的再生产上，反而会成为集中土地的魔手。因此，在传统作坊工业中单引入新技术，将会加速土地集中，形成更悬殊的贫富鸿沟。因此，要复兴乡土工业，在组织上不能不运用新的形式，这就是工业的所有权属于参加工业的农民，这种工业的组织应当是合作性质的。只有生产者是整个生产过程的主体的合作方式，才能保证生产者获得全部利益的权利，取消剥削成分。

中国的民族工业要发展，就必须以先进的科学技术服务于人民群众。费孝通通过对女蚕校推广部在江村办丝厂的实验的观察指出："数千年来没有受教育机会的农民和现代技术之间必须有一个桥梁，这桥梁不能被利用来谋少数人的利益，而必须是服务性的。技术专门学校可能是最适当的桥梁。"[①]因此，在有技术的需要的情况下，可以在合作基础上成立服务工厂，把那一部分不宜分散在农家的集中到村单位的小型工厂里，再把不宜分散在村子里的，集中到中心村里，为一个区域中的原料生产者服务。

中国的经济复兴资本从哪里来？费孝通指出，乡土是复兴的基地。假如土地问题解决了，农村中的财富平均分配了，把农民生活水准提高到不饥不寒的程度是可以做到的。在此水准上要开始节约，为了长期打算，为了征服贫穷，只能把当前的享受延迟下去。延迟享受有两条路，一条是强迫，一条是自愿。费孝通的观点偏重于自愿。因为在中国乡土社会中，最有力的动机是"创立家业"，一个勤俭持家的农户经常需要几代人不懈地努力。客观地讲，这种乡土

① 费孝通：《乡土重建》，上海观察社，1948年，第122页。

意识有很多方面已不合现代要求，但是我们不能不承认这是客观存在的事实，我们要自力更生积累资本，要求广大人民抛弃享受的欲望勤俭节约，还得通过传统的意识，来完成这艰巨的任务。因此，费孝通认为，中国积累资本的能力还在乡土的基层，只要土地制度改了，就可从传统勤俭的美德下手，在所得归所有者支配的奖励下，表现出这美德的实际利益。只有在乡土基层上着手积聚资本，充实生产，中国的经济现代化才有着落。

费孝通的这些理论，在1979年以后得以实现，并对推进中国农村的改革发挥了重大的指导作用。

第五节
吴景超的发展都市救济农村之路

在20世纪30年代，除梁漱溟倡导的乡村建设运动外，还有一种改良的观点，就是主张中国走发展都市工业救济乡村之路，其代表人物是吴景超，他的代表作是《第四种国家的出路》（1937）。

吴景超注重社会经济因素研究，他提倡工业化运动，认为唯有工业化才可以提高人民的生活。他在《第四种国家的出路》一书中，阐明了中国应当走发展都市救济农村的道路。

一、中国是第四种国家

吴景超说，国家分类的方法很多，他自己根据人口密度及职业两点分类，将世界上的国家分为四种。这四种国家的特点是：第一种国家，人口密度颇高，在农业中谋生的人占百分比比较低；第二种国家，人口密度颇低，在农业中谋生的人所占百分比也比较低；第三种国家，人口密度颇低，在农业中谋生的人所占百分比比较高。第四种国家，人口密度颇高，在农业中谋生的人所占百分比也比较高。第一种国家以英德为代表，第二种国家以美国、加拿大为代表，第三种国家以俄国为代表。中国则属于第四种国家。

第四种国家的特点有二，一是人口密度比较高，每一平方公里在50人以上；二是人民的谋生方法，以农业为主体，农业人口要占70%以上，印度、中国都属于第四种国家。这些国家的人口，有一共同之点，便是贫穷。他们的主要谋生方法既然是农业，但因国内人口繁密的缘故，所以每家分得的土地，平均便不很大，他们的收入不多，所以除衣食住的消费之外，便没有别种享受可言。中国各地人民的生活水平不一，但大多数的农工阶级，全年金钱消耗在食品上面的，要占60%以上，高的要达80%以上。这种悲惨的现象，一方面表示这些国家里人口过多的压迫，一方面也表示人力的未尽，不知在农业以外，去开生财之源。为提高这些国家中的人民生活程度起见，吴景超认为，这些国家的人口密度与职业分派两点都需要改良，所以中国人的问题最为艰难，而中国人对于改良的工作，也应特别努力。

二、第四种国家的出路

既然中国属于第四种国家，其特点是贫穷，那么如何提高这许多人的生活呢？吴景超认为，应从影响生活程度的几个方面着手。在吴景超看来，影响生活程度的方面有四个：第一，影响一国人民生活程度的最重要因素，自然是一国的富源。中国人对于本国的富源，没有充分利用，中国的可耕地只利用了不到一半。第二，影响生活程度的第二种因素，便是生产的技术。中国人在这一方面落后，而且都市与工业太幼稚了，以致大家都挤在乡下。为改变这种现象，应当欢迎有志人士来创造新工业，创造新都市，为乡下的过剩农民另辟一条生路。所以关于改良技术这一点，不但农业技术要改良，别种实业的技术也要改良。各方面的生产技术都有进步，然后中国各界人民的生活，才可普遍提高。第三，影响生活程度的第三种因素，便是分配的方式。现在各国的分配方式，大多数是不公平的，中国也不例外。如果改良一下分配的方式，使有钱的人，少享受一点，而贫穷的人，多享受一点，那么全国人民的生活水平，一定可以平均地提高。我们不提倡平均的分配，但要鼓吹公平的分配；公平的分配承认各人的收入可以有差异，但差异不能太大。而当时的中国，有衣食无着的穷民，也有在银行中存款几百万或几千万元的富翁，这便是公平分配没有实现的表示，应该提倡用政府的力量，来实现公平的分配。政府应当实行各种税制，如所得税、遗产税之类，使富翁的一部分财富，可以转移到政府的手中。政府再用收来的钱，兴办各种社会事业，人民的生活程度可以提高。第四，影响生活程度的第四种因素，便是人口的数量。减少人口压迫的方法，消极的有移民，积极的有节育。总括起来，提高中国人民的生活，第一要充分利用国内的富源，第二要改良生产的技术，第三要实行公平的分配，第四要节制人口的数量。

三、中国农村的出路

吴景超分析，中国农民生计困难的原因主要有五个，第一，农民的农场太小；第二，生产方法落后；第三，交通不便；第四，副业衰落；再就是在农民的四周，还有许多剥削他们的人及机关，如地主、高利贷者、各种苛捐杂税、土匪与劣兵等，这些剥削势力使农民的生活更加困难。他认为，以上几种原因造成了中国农村的普遍破产。他还提出，不能单独解决农民的生计问题，因为农村的问题是整个经济建设的一部分。他认为，中国最急切的是要解决统一的问题，农民的生计问题应当是经济建设这个大问题的一部分，它不能被单独地解决，只能与工业、矿业、运输业、交通业、商业等问题一同解决。应当把农村问题放在经济建设的大问题之下，同时再把经济建设这个大问题，看作最近的将来中国政治活动的一个主要目标。我们只能靠政治的力量，集中全国的人才，集中全国的力量，定下一个经济建设的远大计划来，然后大家都朝这个方面去努力，中国各界的生计问题，才可得到一个根本的解决，那时候，农民的生计问题，自然也连带地解决了。

吴景超看到，农民生活问题的中心是土地问题。如何解决土地问题呢？他提出，佃户是乡村中的被压迫阶级，为他们谋福利，就应当设法使他们成为自耕农。中国的佃户，如无外力的帮助，很难改变他们的身份，因此政府应用减租的方法，使地主肯将土地出售。政府以公平的方法，规定土地的价格，农民购买土地所需之款，应由政府全部借给。

四、发展都市救济农村

吴景超在《第四种国家的出路》一书中说："农村破产，在中国已经成为有目共睹的事实，社会上已有许多热心的人士，在那儿做救济农村的工作，有的从政治入手，有的从教育入手，有的从自卫入手，还有许多走别的途径去帮助农民的。可是在这种救济农村的潮流之下，很少有人从发展都市着眼，去救济农村的。不但如此，社会上还有许多人，误认都市为农村的仇敌。他们以为都市对于农村，不但没有贡献，反可使农村的破产加深，这种误解，是应当矫正的。"①他指出，发展都市救济农村的意义是，发展都市的第一种事业，便

① 吴景超：《第四种国家的出路》，商务印书馆，1937年，第116页。

是兴办工业，那么一部分的农民迁入都市，就可以有立足之地，留在乡下的农民，因争食者减少，生活也可略为舒适一点；发展都市的第二种事业，便是发展交通。这样乡村农民的货物往都市中流去，比较可以得到善价，奸商对他们的剥削便渐渐减少了；发展都市的第三种事业，便是扩充金融机关，一方面可以吸收内地的现金来做生产的事业，一方面又可放款于内地，使农民减轻利息上的负担；再者如果都市中的领袖，都有都市意识（工商业的领袖晓得，哪些地方是他的都市的势力范围，因而出全力去经营这些地方，使这些地方与他的都市共存共荣，这就是都市意识），然后根据这种意识去努力，那么中国现在虽然经济萧条、农村破产，将来总有繁荣的一日。他批驳反对走工业化道路的观点说："总之，生存在今日之世界中，我们只有努力走上工业化的路，才可以图存，我们只有一条路是活路，虽然这条活路上的困难是很多的。大家不要再在歧路上徘徊了。"[①]

吴景超虽然煞费苦心地提出走工业化的道路，以发展都市救济农村，但他的设想本身仍重蹈了改良运动的覆辙。他所说的发展经济、解决农村的土地问题，都要依靠政府的政权。然而，当时的国民政府是怎样的政权？怎么会办此种事业？他提倡发展工业，走工业化道路，这在半殖民地半封建的旧中国是行不通的，因为帝国主义是不会允许中国民族工业发展起来的。吴景超脱离了中国现实的社会政治条件，因而他设想出来的中国经济发展道路在当时只能是空想。

第六节
陈序经的文化社会学与全盘西化观

中国的文化社会学虽未形成学派，但受美国文化社会学的影响甚大，研究者颇多，首屈一指的当属孙本文。他发表的《美国社会学现状及其趋势》《社会学上之文化论》《社会变迁》《文化与社会》《社会的文化基础》《文化失调与中国社会问题》《中国文化区域研究》《文化与优生》《再论文化与优生学》《中国文化研究刍议》《中国文化在世界上之地位》《中国文化建设之初步研究》等论著和文章，一方面介绍了美国文化学派的几个重要学说，尤其是

① 吴景超：《第四种国家的出路》，商务印书馆，1937年，第150页。

文化学派的开创者奥格本（W. F. Ogburn）的学说，另一方面发挥了文化社会学的理论。孙本文认为，“文化社会学家采用人类学家研究初民社会之方法及其所得之结论，以分析现代社会文化，盖取纯粹客观的科学态度以探究社会现象，与但凭主观臆想者有别”。[①]因此，文化学派的社会学家以研究文化为社会学的主要问题。因为文化为人类社会普遍的要素，无文化即无社会，以个人的单独活动及人与人间的交互活动言，亦无非受文化陶冶以后，在文化范围内所表现的文化活动而已，故文化实为社会成立的基本要素。他还认为，社会的变迁也不过是文化的变迁而已。当然，孙本文在重视文化的同时，也注意心理因素、地理环境及生物因素。

除了孙本文外，当时研究文化社会学的还有黄文山、陈序经、吴文藻、胡鉴民等。黄文山发表的《文化学方法论》《文化体系与社会体系》《文化体系的类型》等文，提出了文化的研究脱离社会学而独立成一个学科的观点。其理由是文化体系的构成与社会体系的构成不同：文化体系是内容，社会体系是形式；社会体系是文化体系的持续者，而不是其创造者；作为文化体系的秉持者之社会体系的类型区分，从功能上分为两种类型，第一种类型是文化价值的特殊种类的秉持者，如宗教集团等，第二种类型是文化价值的兼容并包式的秉持者，如家庭或国家等。社会体系与文化体系的性质不是同一的或契合的，文化体系是价值体系，而社会体系却是由人类交互作用与交互依存的关系所产生的体系，社会体系在组织上多受法理或伦理的文化体系所决定。

吴文藻在《社会学丛刊·总序》中提出了功能学派文化论。他的公式是：“现代社区的核心为文化，文化的单位为制度，制度的运用为功能。我们就是要本着功能的眼光及制度的入手法，来考察现代社区及现代文化。因此，也可以说，社会学便是社区的比较研究，文化的比较研究，或制度的比较研究。”[②]吴文藻认为，社区、文化、制度三个概念是名异实同的。社会学专门研究社区，亦即研究文化或制度。同时，各种特殊社会学的任务是专门考察文化每一部门所呈现的种种关系，而普通社会学研究的最终目的在于决定社会事实与文化全体间的关系。

此外，还有偏重于研究民族学而重视文化的研究者，诸如卫惠林、徐益

① 孙本文：《社会学上之文化论》，北京朴社，1927年，第1页。

② 费孝通译：《文化论》总序，商务印书馆，1944年，第2页。

棠、凌纯声、芮逸夫、何联全等。

在诸多文化论者中，陈序经的文化理论及对中国社会出路的研究，颇有独见，本节将详细讨论他的这些理论与研究。

陈序经（1903–1967），广东文昌（今海南省）人，1925年于上海复旦大学毕业，1928年获美国伊利诺伊大学博士学位。回国后先后任岭南大学、南开大学、西南联合大学等大学教授，及南开大学经济研究所所长、教务长，岭南大学校长、中山大学副校长、暨南大学校长、南开大学副校长等职。主要著作有：《中国文化的出路》（1934）、《沙南疍民调查报告》（1934）、《中国文化史略》（1935）、《乡村建设运动》（1946）、《文化学概观》（1947）等。

陈序经一生从事教学和研究工作，主要研究领域为文化学，并对疍民和南亚各国华侨及其历史颇有研究。他认为，在从东西文化研究中寻求救国方略的人中，有三种主张，一是折中，二是复返中国固有的文化，三是全盘西化。他研究的结果是，折中派和复古派都没有出路，只有全盘西化才有出路。

一、现象的分类及文化的意义

陈序经把现象分为五类，即无机现象、有机现象、心理现象、社会现象和文化现象。有机现象、心理现象、社会现象各以其前面的现象为基础，因此，文化现象又以社会现象、心理现象、有机现象与无机现象为基础。所谓心理现象、社会现象以至文化现象，虽各有其基础，但又各自成一个格式，各有一个范围。文化学这个词的使用历史很长，而把现象归纳起来分为自然与文化两大类则比较晚。李凯尔特（H. Rickert） 1899年出版的《文化科学与自然科学》以及1902年出版的《自然科学的教育观念的范围》则支持这种分类。陈序经则根据以上现象的分类，将科学分为三大类，一是纯粹的自然科学，二是自然与文化科学，三是纯粹的文化科学。自然与文化科学又可分为人类、心理、社会、历史、地理等。纯粹的文化科学又可分为经济、政治、法律、宗教、伦理等。在文化现象中，各方面都有密切的关系，同时，自成一个格式，自有一个范围。

在给现象分类后，陈序经说明了文化的意义。正如萨皮尔（E. Sapir）1925年在《美国社会学》杂志上发表的《文化：真与假》一文中所指出的，文化有三种意义，第一是照传统的用法，指一个社会或团体的文化的物质与精神两方面；第二是文化的一种价值的概念，在估量文化的价值的等级上，代表了一种确定的文化水平线；第三是以为文化的目的是包括在一个名词之下的关于生活的各种普遍的态度与观点，以及文明的特殊表征，而给予某种人民在世界上一个显明的地位。此外，假如这种文化是能够整个地表示这个民族的才能的话，则这种文化就是文明。陈序经认为，以上所述含有文化的三个方面，即静的方面、动的方面与整体方面，若综合起来也不外是一个东西的两个方面。同时，在构成的方面，又有物质与精神的分别，在发展的方面，也有变化与累积的阶段。其实这些分别与概念只是为了研究的方便，因为文化本身并没有这样的区别，而是一个整体。物质文化与精神文化如果不同时进步，必然产生许多社会问题，所以怎样使这种失调的文化能够呈现和谐平衡的状态，是一般人所认为的文化问题中一个最根本与最重要的问题。文化的各个方面不仅有密切的关系，不仅是变化的，而且是累积的。前一代的文化，不只是有不少的成分传递到后一代，而且往往成为后一代的文化基础。文化变化愈剧烈，其弹性也必愈增加，其所包含的成分也必愈益繁多复杂。同时，其成分的关系也必愈为密切，愈易于互相影响。这种累积的增加，可以说是内容的丰富、范围的扩大，这样势必使其所受的地理、生物、心理与社会等各种因素的影响有所减少。陈序经认为，这就使文化“能超越地理、生物、心理与社会的各种自然的现象，而自成为一种格式，自成为一个范围，自成为一种对象，自成为一种题材，而使文化学有成立的可能性”。[①]在这里，陈序经并没有否认自然现象是文化的基础，而是说明，文化是人类为适应这些自然现象或自然环境而努力利用这些自然现象或自然环境的结果。陈序经认为，文明可以说是文化的较高阶段，文明的意义比文化的意义狭窄，若就其应用的趋向来看，文化的意义也可以说比文明的意义要广。

陈序经指出，近代对文化研究贡献最大的，要算人类学与社会学者。

二、社会文化学派

陈序经说：“所谓文化学派的社会学。这一派的人们，有的不仅以为社会的动作或行为，是以文化为基础，而且以为文化就是社会学的对象。因为他们以文化为社会的基础，以至以文化为社会学的对象……社会学上的……文

① 陈序经：《文化学概观》（第1册），商务印书馆，1947年，第37页。

化学派既占了很重要的地位，那么在文化研究上的贡献，也必占了很重要的地位。”①

文化社会学派的先驱是美国的华德（L. F. Ward），华德可以说是美国社会学的鼻祖。陈序经以为，孔德、斯宾塞与华德是建立社会学的最大功臣。从研究社会现象的方法来看，孔德注重于物理学的方法，斯宾塞注重于生物学的方法，而华德则注重于心理学的方法。在陈序经的眼里，华德不仅以心理的要素去解释社会与文化，而且认为文化是社会的题材；他不只是这两个学派的中间人物，而且是这两个学派的先锋。1903年，华德出版《纯粹社会学》一书，视欲望为社会与文化的主要动力，认为人类的一切成就都是人类欲望的结果，而所谓的人类成绩，也就是人类的文化。而且，华德所着重的，不是文化的机构，而是文化的功能，正像生理学所注重的是功能一样，华德认为社会学家应注重文化的功能，亦即要注意所谓的社会生理学。因为我们所要研究的是机构做什么，机构只是工具，而功能是目的。华德没有区分社会与文化，所以在他看来，社会的功能也可以说是文化的功能。因此，陈序经说，华德是文化功能学派的先驱。

华德认为，社会学所要研究的是人类怎样创造各种成绩。这种成绩一经创造，就变为永久的东西而不会丧失。这些东西慢慢地改变而至于完备的程度，然而它们同时又成为新的成绩的基础。这种绵延不断的人类成绩，是区别人类社会与动物社会的要点。人类生活的特点，就是人为改变天然。所谓人为，就是成绩，就是文化。文化的进步，是从无意识的历程走向有意识的历程的表示，是从欲望的冲动走向理性的发展的表示。文化愈理性化，社会不但愈进步，而且愈趋于有目的的进步。华德所说的人类成绩，包括物质与非物质两个方面，但他偏重于非物质的成绩。

陈序经指出，牟勒来埃尔也有意要建立一种文化学。在他心目中，社会学与文化学没有分别，他所谓的文化学的全体，就是孔德所谓社会学的全部。他明确地注意到，社会组织的发展跟不上技术与经济生活的发展，结果是物质的资源虽因此而充裕，可贫穷无产阶级却处处存在。所以他主张生产要能完全集中，要有完备组织，使其与消费相平衡，认为这是社会进步的目的。然而，要达到这个目的，就要先用社会学的眼光来研究文化的发展。

① 陈序经：《文化学概观》（第1册），商务印书馆，1947年，第74页。

陈序经把韦伯（A. Weber）的文化社会学叫作历史社会学。他认为，韦伯用多元的世界历史的文化来解释世界历史的统一性，其目的就是要建立一种普通的历史事实的构成的理论，从而找出文化的性质的体态，以及其所以形成的各种元素与其发展的法则。这种普通的历史事实构成的理论，是韦伯的文化社会学的基础。因此，韦伯认为，社会学的目的，是要在社会的实体里研究与探求这个社会在历史上的文化。这种文化虽有其各种不同的构成与命运，然而却有重复的形态与发展的程序。不仅社会是文化的传递者，而且文化的发展与社会发展的普遍原理是相关的，所以社会构成的内部变动，往往会引起文化的变迁。在社会的发展中可以找出两种东西的发展，这就是文明的历程与文化的历程。文明的历程是发展的过程，文化的历史是创造的过程。文化是人类用以达到的某种目的的东西，文化是让人类自我满足的东西。文明可以从一个地方传到别的地方而不失其原有的意义与形式，文化有其自足的范围，而不能与其民族的精神分离。

陈序经还介绍了奥格本从文化的立场解释社会变迁的理论。奥格本认为，超有机现象、社会遗产与文化三个名词可以交互替用，所以文化的变迁也就是社会的变迁。在文化的变迁中，物质文化的变迁是社会变迁的主要原因，而物质文化的变迁又是由于发明而发生的。文化的发展发明，虽然依赖于智力，但同时也依赖于已有的文化，因为每种文化都有其悠久的历史与连续性。而且，奥格本还有一个独特的观点，他认为，在社会尖锐失调的状态中，与其去改变人性，不如改变文化。因为假使改变人性，使人的本能受到抑制，则必定会引起更多的社会问题。他指出，文化的生长与变迁给予我们的暗示是，社会的进化不能加以计划与控制。不过，我们并不需要改变文化的全部，只要将文化中某一小部分加以改变，也就可以得到较好的适应与和谐。

陈序经指出，美国的麦多克（G. P. Murdock）1932年就提出，人类学和社会学并不是两种不同的科学，可以将两者合而为一来研究，其不同之处至多只可以说是观点上的不同，其实两者有共同的研究题材，这就是人类的文化行为。文化是人类独有的现象，离开生物或心理的定律独立存在，成为社会科学正当的题材。这也是人类学与社会学所公认的事实，大家都承认文化的行为是受社会要素决定的，而较少受生物定律的支配。其次，因为文化是超个人的，所以超出心理学的范围之外，而只有人类才有文化。

社会学中的文化学派代表人物很多，陈序经介绍了他们的主要观点，并把这些观点批判地吸收到他对中国文化的分析上。

三、文化的社会基础

陈序经首先批评了文化社会学派认为社会学与文化学没有区别的观点。他认为，社会未必就是文化，而文化也未必就是社会。一方面，与文化相比，社会不只是范围较大，因为所谓的社会，不只是文化的社会，还有自然的社会，而且历史更长；另一方面，文化的范围却比社会的范围大，从文化的观点来看，社会可以说是文化的一方面，而文化中除了有社会的要素之外，还有物质的文化与精神的文化。

同时，陈序经指出，文化是人与人共同生活的产物，所以文化的发生，固然要依赖于社会的生活，而文化的发展，更要依赖社会的遗传。文化不但受社会范围和社会性质的影响，而且也随着社会范围的改变而改变。这是文化的社会基础的一些普通原则。

陈序经进一步从主要的社会组织方面阐述社会对文化的各方面的影响。他以家庭与国家为例来说明文化的这种影响。

家庭是社会的基本单位，是社会的基础，家庭也是文化的基础。人类在基本生活方面所必需的一切东西，都依赖于家庭的供给。例如，中国的家庭就不只像我们常说的那样是国家之本，它其实也是中国文化的基础。我们的社会是农业社会，而家又为农业社会的基础。因此家庭既是我们经济生活的单位，又是我们政治生活的基础，常言道，家齐而后国治。国家的范围虽比家庭大，可是治国的原则与治家的原则是一样的。家庭不只是经济政治的基础，也是法律的基础。中国从来是重德治重家教的。家庭成员犯了法或做了坏事，很少由官吏去惩罚，往往由父兄兼行法官的职责。同样，教育也可以说是家庭的主要功能。所谓诗书传家的正常教育，以至家传秘法的各种技术，都以家为单位。又如，中国宗教以拜祖宗为最普遍最重要，然而拜祖宗的宗教，也可以说是以家庭为基础的宗教。此外，一个家庭对于其家人的道德、思想、习惯以及其他的种种，都有很大的影响。一般的教育家之所以注重于家庭教育，并不是说要家庭变成学校，而是要在广义上创造一个很好的家庭环境，使小孩于认字识书之外，有良好的体格，良好的人格，良好的习惯，良好的生活，使孩子成为良好的国民，在社会上成为优秀的分子，从而对国家与社会的文化有所建树，有所贡献。家庭是世界的普遍的组织，直接或间接地与文化有关。

陈序经认为，除了家庭之外；在各种社会组织之中，对文化影响最大的是国家。他所说的国家主要是民族国家。从民族的立场来看，人们之所以有共同的文化，是因为有了共同的民族。一个民族因为血统上的关系，或是因为有了共同的祖宗，而住在一个地方，因而不只有共同的语言，而且有共同的信仰、共同的政治意识、共同的历史发展以及相同的风俗与习惯。换言之，民族是文化的基础，有共同的民族，然后产生或发展共同的文化。当然，陈序经并不否认，不同的民族也可能有相同的文化。文化不一定成为民族的基础，而民族却往往成为文化的基础。陈序经认为，近代民族国家不只是因民族的相同而有了相同的文化，而且往往进一步运用国家的力量或是政治的力量，去强调与发展其相同的文化。他尤其指出，“近代的国家的统治民族，往往是文化较为优越或是处于同等的民族，若再加以政治上的权力，则往往用了政治的权力去强迫其被治的民族，采纳其自己的文化，强迫学习其语言，强迫信仰其宗教，以至强迫进入其学校，以至强迫跟从其风俗习惯，目的不外是欲使其整个国内的文化，能够趋于一致”。[①]在陈序经看来，发展整个文化，或发展文化的各方面，理应是国家的重要任务。一个国家的物质文化的发展，精神文化的发展，人民的知识水平的提高，爱国心的增强，民族意识的养成，都在一定程度上得到了国家的政治力量的推动，可见，文化的各个方面都是得力于国家的政治力量而发展的。

总之，陈序经认为，无论哪种社会，对于文化的各方面或某一方面的发生与发展都有影响。在各种社会中，家庭与国家对于文化的影响是最大的。家庭对于文化的影响，代表着一种自然而然与不知不觉的力量的影响；而国家对文化的影响，则代表着一种有意识有权力介入的影响。

四、文化的性质、重心与文化进步的历程

陈序经通过解释文化的普遍性质来说明文化的基础与环境的重要性。他认为，文化固然是环境所形成的东西，然而，环境，尤其是自然环境，对文化的影响是有限的，文化发展的程度愈高，则自然环境对文化的影响的程度愈低。

① 陈序经：《文化学概观》（第二册），商务印书馆，1947年，第145页。

这并不是说自然环境对文化没有作用，因为假使没有地理、生物的环境，文化便不只是缺乏基础，而且缺乏材料。同样，没有心理环境、社会环境，文化便不只没有了基础，也没有了弹性。在这里，陈序经强调的是文化有其自己的环境。他说，文化是人类的创造品，然而，同时也可以说，文化是人类所创造的文化的基础。有了人类就有了文化，人一出生便生活在文化里，直到他死时为止。所以一个人在一生中，用不着自己去发明这种生活的方式，只要模仿已有的种种生活的方式就够了。“他们在不知不觉中，受了家庭与社会的流行与遗传的文化的传染，有意的或无意的，做前人所已做的东西，行前人所已行的方法，遵社会所已有的风俗、传说与信仰”。[①]

陈序经同时指出，文化既有弹性又有惰性。文化的弹性往往可以增加文化的积累，可以加速文化的进步。而文化的惰性则往往使文化陷入停滞甚至走向退步。无论哪一种文化，都有弹性和惰性，但绝对的弹性和惰性是没有的。文化能否进步，要看其弹性的力量如何。这并不是否认文化的遗存，只不过文化在发展的过程中改变了其功能而已。

陈序经还着重研究了文化的重心与文化发展的关系。首先，陈序经指出，文化的重心和文化的中心是两个不同的概念。文化中心不仅是文化集中且水平很高的地方，而且是文化向外发展的地方。凡是离开这个区域或系统的文化中心而与别的区域或系统接近的文化，多为一种混合的文化，可以叫作边缘文化。所以，文化中心这个概念偏重于地理方面，是文化空间的概念，是文化的集中点。而文化重心则是一个有关文化内容的概念，所表现的是一个具体的文化在内容上的侧重面。虽然文化中心与文化重心有不同之处，但也并非完全没有关系，因为有好多文化中心都有其文化重心。陈序经之所以要分析文化重心，为的是了解文化的真谛。他认为，明白了文化重心，便不但可以明白某个地方或某个社会的文化的特色，而且可以了解某个时代的文化的特点，明白文化发展的程序与趋向，并将其当作改造文化的张本。

陈序经特别强调，文化是变化的，文化的重心也是变化的。从空间上看，各种区域或系统的文化的重心固然各异，而从时间上看，各个时代的文化的重心也不相同。陈序经指出，“文化问题之所以发生，也可以说是与文化重心有了关系。一般东方人，所谓东方文化，偏于精神，西方文化，偏于物质，而想

① 陈序经：《文化学概观》（第3册），商务印书馆，1947年，第5页。

调和这种畸形的文化，就是从文化区域的重心去解释与改造东西的文化。一些西洋人，以为物质文化变化得太速，精神文化变化得太慢，也可以说从文化变化的重心去解释与改造现代文化”。[①]

陈序经还指出，从世界文化发展的历史看，文化发展的重心大概偏重于四方面，一为伦理方面，二为宗教方面，三为政治方面，四为经济方面。文化的这四个方面涵盖很广，事实上整个文化都差不多可以归纳为这四个方面，因为它们在时空上都是文化的重心。而如果从文化发展的重心来看，可以把文化的层累分为四个时期，一是宗教时期，二是政治时期，三是经济时期，四是伦理时期。西洋文化的重心的发展趋势，固然是从宗教到政治，再从政治到经济，而东方文化的重心的发展趋势，也与西洋的趋势差不多一样。不但印度、日本如此，即使中国也不例外。陈序经说，一般人总以为中国人的宗教信仰很薄弱，因而以为宗教在中国的文化上没有多大的力量，其实这种观察是片面的。在中国的历史上，虽然没有一种宗教成为统治的力量而影响到中国文化的各方面，可中国是一个多教国家，宗教仍然是中国固有文化的重心。在陈序经看来，儒家虽偏于道德方面，但其基础却是宗教。儒家所代表的文化是家族本位文化，而所谓家族本位文化，又以祖宗崇拜为基础。所谓“不孝有三，无后为大”，“齐家、治国、平天下”，都与崇拜祖宗有密切的关系。同时，农业为主农村为本的文化，也与崇拜祖宗有密切关系。自汉以后，儒家本身也成为一种广义的宗教，人们拜祭孔子，孔庙到处都有，近代的康有为甚至要把孔教变为国教。中国文化的外表以孔教为重点，而其实质又以拜祖宗、崇佛道为重心，因而一个人的生、死、婚、葬都不能离开拜祖宗、崇佛道的典礼。而一般平民的迷信生活，更使人觉得中国宗教力量的重大及其在中国人日常生活中的重要，不可忽视。然而，自太平天国以后，中国文化趋于以政治为重心，维新运动、革命运动都以政治为出发点。北伐成功以后，经济问题引起国人的注意，这是文化将趋于以经济为重心的预兆。

陈序经指出，东方各国文化的政治与经济重心的发展，是受西方文化影响的结果。然而两者的发展过程都是从以宗教为重心，走向以政治为重心，同样又从以政治为重心，而走向以经济为重心。同时，陈序经也指出，从一种文化重心转向另一种文化重心，有一个过渡的时期，而且，所谓文化的某一方面成

① 陈序经：《文化学概观》（第3册），商务印书馆，1947年，第23页。

为文化的重心，并不是说文化的其他方面就会消灭，其实文化的各方面都是存在的，只不过多少都受文化重心的影响与支配而已。陈序经列举了宗教改革与政治革命所得到的平等与自由的关系。在宗教与政治的重心发展的历程中，人类已获得不少的平等与自由。而且这种平等与自由的获得，是获得经济上的平等与自由的基础与先声。假使不争取宗教上的平等与自由，政治上的平等与自由便不易争取。假使政治上不争取平等与自由，经济上的平等与自由也是不易争取的。

> 历史的发展，不只是从宗教的重心而趋于政治的重心，再从政治的重心，而趋于经济的重心。而且是从宗教的平等与自由，而趋于政治的平等与自由，再从政治的平等与自由，而趋于经济的平等与自由。所以，人类的进步，是由于平等与自由的范围的放大。等到真正的平等与自由得到了，那么文化就趋于伦理的重心，而人类才能享受真正的幸福。我们这种解释，并不是说以往的人类，没有伦理的生活，或伦理的观念。伦理生活与伦理观念，是时时都有的，而且是处处都有的。不过，伦理既与经济、政治、宗教有了密切的关系，假使经济、政治、宗教的问题无法解决，真正的伦理生活，既无法获得，真正的伦理观念，也无法实现。伦理是文化的一方面，伦理是不可缺的。因为，没有伦理，则人生变为没有目的，而且没有意义。所谓宗教上、政治上与经济上的平等与自由，也都可以说是伦理的。不过，假使这些平等与自由，完全没有获得，或只获得了某一方面，或两方面，都非真正的平等与自由，而人类的文化的重心，也未能达到伦理方面。①

同时，陈序经坚信，文化是进步的，只要人类加紧努力，这个阶段是不难达到的。

陈序经认为，尽管各文化学大家对文化的构成有不同的分类，但文化主要还是由物质与精神两方面组成。从文化的构成来看，宗教、政治、经济、伦理是文化的重心，而从文化的层累方面来看，这四个方面又可以说是代表发展的四个时期。

① 陈序经：《文化学概观》（第3册），商务印书馆，1947年，第36–37页。

五、文化的一致与和谐

陈序经认为，文化较低的人们的自由在范围上不如文化较高的人们的自由大，而且能够表现个性的机会也少。在文化较高的社会里，人们的职业选择、迁移、思想等都比较自由，他们都有自主的权利，个性可以得到表彰。同时，因为分工合作的关系，在文化较高的社会里，人们的社会性也比较发达。陈序经特别指出，社会化的程度之所以高，是由于分工的发展，分工的程度愈高，则个性化的程度也愈高，个性化与社会化是文化进步历程中的两个方面。社会化特别是标准化主要偏于一致，而个性化特别是在合作的原则下，是偏于和谐的。社会化与个性化既相互并立，又相互需要，相互一致而和谐。

陈序经认为，发展程度较低的文化偏重于一致，因为在这样的文化里，凡是一个人所能做的东西或事情，他人也差不多都能够做，所以大家的生活方式都较为简单，而趋于一致。在发展程度较高的文化里，既有很多思想流派，又有千绪万端的社会组织，至于物质上的分工更其细致，所以一致的程度远不如较低级的文化那么明显，而更多地偏于和谐。陈序经认为，较高级的文化是从较低级的文化发展而来的，因而，文化在时间上的发展，是从一致走向和谐。文化上的和谐是现代文化的一个很重要的问题，当然，它的反面是失调。

同时，陈序经又指出，如果和谐而没有变化，势必成为文化进步的障碍，而且和谐若延滞太久，也必定成为一种相对的单调。文化是变化的，没有变化就失去了它的真谛。如果打破已经实现的和谐，就免不了会有失调现象。然而，文化的失调也是文化发展历程中在所难免的现象。假使人类能用理智去缩短失调的时间，减少失调的流弊，那么，失调不但不会阻止文化的发展，反而会促进文化的进步。而这里所说的文化的一致与和谐，主要是指同一文化里的一致与和谐。但如果两种文化或两个文化圈发生接触，其结果也会趋于一致或和谐。在时间上文化是变化不止的，在空间上文化是联结交叉的，时间上的层次变化愈多，则其发展与进步必定愈快，空间上的范围愈放大，则其趋于一致与和谐的范围也愈大。人类的文化在时间上的发展和进步与人类生存的时间的延长成正比，而人类的文化在空间上趋于一致与和谐的范围，也与人类在空间上扩充的范围相当。

在讨论国家与世界的关系时，陈序经指出，自文化的重心走向经济方面以后，世界各国的文化便不只是关系愈益密切，而且其趋势向着和谐或一致的方面发展。由于世界各国文化的交流，尤其是由于经济上的相互需要，人类及各个国家不得不合作。“所以，积极方面的世界主义的实现，固是尚有问题，消极方面的闭关主义，已经不能存在。主观方面固有了不少的国界以至种族的区别与偏见，客观方面世界主义的文化，已正在发展。无论哪个国家，不只不能闭关自守，而且不能不依其他的国家”。[①]

六、个人与社会

陈序经以文化的模仿与创造来说明个人与社会在文化发展中的作用。他认为，模仿固然是发明或创造新的东西的基础，或是必经的途径，整个人类文化的进步，一方面是由于人们能够发明或创造新的文化，另一方面却大大得力于人们的善于模仿。发明或创造是偶然的，只有在非常时刻才会出现，而模仿则是平民的，是继续不断的。由此可见，模仿在人类文化上与人类生活上的重要性。因此，从平时与大众方面来看，模仿在文化上所占的地位比创造更重要，但从文化的进步方面来看，创造就更为重要了。然而，创造又往往发生于模仿的历程中。

有些人错误地认为，模仿是社会的，创造是个人的。陈序经承认，要想在文化上有特殊或惊人的创造或发明，得依赖于天才的个人或少数人，而且文化的模仿，尤其是在模仿某种新文化的时候，首先也要靠个人或少数人，然后再推广到多数或全体人们。陈序经在这里不仅不否认模仿的社会性，还认为创造也是社会的。因为创造往往有其文化基础，所谓有其文化基础，就是说，个人或社会在发展或变革其文化时，首先总是要以已有的文化为条件和前提。其实，所有的文化都是以社会为基础的，所以陈序经说，文化的创造是个人的，也是社会的。而所谓社会的，也就是众人的，因为个人不能不依赖社会而独立生存。

陈序经一方面承认，个人不能脱离社会而独立生存，另一方面他又指出，没有个人也不会有社会，因为社会是由个人组成的。陈序经特别强调，从文化发展与进步来看，或从文化的模仿与创造来看，个人所占的地位比社会更为重要。虽然社会是文化的储存室，是文化传播的机构，又是文化创造的基础，但社会是

① 陈序经：《文化学概观》（第4册），商务印书馆，1947年，第106页。

抽象的，所谓发展某一社会的文化，其实还得依赖这个社会中的个人才有可能。个人是具体的，是发展文化的主体。从文化的影响和传播来看，表面上涉及两个社会的关系，但其实具体地涉及的却是两个社会中的个人，所谓文化的影响与传播，是文化从一个社会的个人走向另一个社会的个人的过程。所以无论是模仿文化，还是创造文化，都不能不以个人为单位。文化是人类的创造品，人类所创造的文化程度如何，往往依人类对于这方面的努力如何而定。因此，对于世间的一切事物，人们都要振作精神，否则不但不会创造出新的文化，就连旧的或固有的文化也保不住。所以，每一代的文化都要依赖每一代人自己努力去保存或更新，自己努力去模仿或创造。无论哪一种文化，都不是一个祖宗造出来的，也不是一代祖宗造出来的。既然文化不是一个人或一代人努力的结果，那么就需要每个人都承担起传播或改造文化的责任，只有这样，每个社会或每一代人的文化，才不至于落伍，而且能有所进步。陈序经明确指出：

> 这种每一个人的责任心的认识与觉悟，就是个性的认识与觉悟。假使每一个人都能努力去负起这个责任，就是尊重个性与发展个性。主张尊重这种个性，与发表这种个性的学说，我们可以叫作个人主义。我们应当指出，这种的个人主义，并非自私主义，并非自利主义。这个个人是社会化的个人，文化化的个人。这个个人，不只是与社会处于相反的地位，而是有了相需相成的关系……社会化的程度愈高，则个性化的程度也必愈高，所以在文化较为进步的社会，个性的发展的机会愈多，则文化也必愈易于进步。所以，我们可以说，个性的发展是文化的进步的度量。自然，社会化的程度愈高，文化也必愈为进步，不过个人是具体的，社会是抽象的，所以个性在文化上，而尤其是在文化的进步方面来看，尤为重要。我们说这种个性的发展或是个人主义，是文化进步的度量。这一点，我们可以文化的发展的历史来说。大致上，我们可以说，凡是这种个性最发展的时代，或是这种个人主义最发达的时期，也就是文化最发达的时期。在西洋的文化发展的历史上，固是这样，在中国的文化发展的历史上，也是这样。①

陈序经强调个人主义在文化发展中的作用，并不是说社会或团体在文化上

① 陈序经：《文化学概观》（第4册），商务印书馆，1947年，第78–79页。

的地位不重要。他认为，社会与个人都是发展文化的必要条件，其所不同的功用是，前者是保留文化的主要因素，而后者是创造文化的因素。

七、东方文化与西方文化

陈序经认为，从文化比较的角度来看，东方文化是延滞的文化，西方文化是演变的文化。这种差异的结果是，东方文化成为落后的文化，西方文化成为进步的文化。为什么会这样呢？陈序经从地理、文化和社会等方面分析了其中的原因。

尽管东西方文化的发展在地理上有相像之处，都是沿着河流的上游而走向河流的下游，诸如中国文化从黄河上游向黄河下游发展。但中国文化不是沿海岸发展，而是沿大陆发展的，从北方的平原走向南方的山地，从黄河流域走向长江流域，再从长江流域走向珠江流域。东方文化本来是以中国文化为主体，中国文化又是在大陆上发展起来的，因为除了大海的阻隔，还有沙漠和高山的阻隔。其结果是中国的文化自成一个圈围，自成一个体系，自成一种格式。然而，西洋文化虽然策源于埃及，但由于沿地中海发展，各地文化有不同的特性。虽然埃及文化自成一个中心，而巴比伦、希伯来、希腊与罗马也各自成为一个中心。即使是中世纪的文化，也是希腊、罗马与希伯来三种文化的混合物。而围着中国尤其是汉族这个文化的圈围附近的各种文化，诸如蒙古、高丽、安南以及南洋各处与日本文化，均不如中国文化程度之高，因此中国文化不只成为东方文化的中心，而且成为东方文化的高峰。结果是使中国人自足自夸，这是文化进步的很大阻力。反之，西洋文化的中心不是永远在一个地方，各处有不同的文化中心，且由于文化重心的不同和种类的复杂而互相仿效，互相竞争，结果是易于变化，有益于进步。在最初的文化发展时期，地理因素起的作用大，但随着文化的发展，地理因素作用愈益减小，而文化上的因素的影响愈益重要。

陈序经认为，中国文化的内容较为单调，自尧、舜、夏、商、周以来，自成一个系统。外来的文化对中国文化少有影响。而介于东西方之间的印度文化尤其是印度的佛教传入中国后，又与中国的老庄思想相同，因此佛教在中国发展起来。而中国内部的文化，到了周朝已大致具备规模，周公成为这种传统文化的代表人物。即使是百家争鸣的春秋战国时代，也都有复古的趋向，老庄以至法家都希望回复到最古的自然世界，孔孟以至墨子则主张回复到尧舜的时代，其余杂家不外是拾了老庄孔墨的余绪而已。陈序经认为，这简直是走上了退化的途径，而且各家的思想，都偏重于精神文化，而忽略了物质生活。

从文化的社会方面来看，陈序经认为也是单调的政制占主导地位。自秦汉以后，孔家的思想成了君主专制的法宝，专制与孔教辅车相依，二千多年来政体始终如一。不变的政体，再加上以数千年来不变的家族制度为其基础，更使政制不易更换。家是国之本，治家和治国在原则和方法上是一样的，此即先齐家后治国再平天下。这样一贯的社会制度，加上恢复皇古的思想，再加上排斥物质的文化，结果不只使中国文化的内容单调，而且在其时间的发展上，也处于停滞和落后的状态。再从中国文化空间发展上来看，除了中国本土和过去的日本、安南的一部分之外，虽也远传他邦，但始终没有成为传入国的文化的主流。因此，中国文化从内容及在时间与空间上的发展来说，都与西洋文化不同。

陈序经认为，西洋古代文化不只在本质上有很多的特性超越于中国古代文化，就是在其发展的局势与可能性上，也优于并且大于中国文化。即使在黑暗的中世纪，西洋文化也是一种混合文化，因为基督教会不只是建在罗马帝国基础之上，而且沾染了不少希腊色彩。而且，在西方，宗教与政治往往处于冲突的地位，因为教会所管的是神圣的事情，政府管世俗的事情，但世俗的皇权，要受制于教皇，这样两者始终对立，不像孔教与专制君主那样互相利用。

元朝西侵与十字军东征，给西洋文化发展以新的刺激。文艺复兴运动引起宗教改革，从而使基督教不只成为欧洲文化的要素，而且成为世界上力量最大的宗教。基督教不只是期望来世，而且改造现世，这是一个有理想而注重实际生活的宗教。同时，政治的革命，科学的发明，使西洋文化日新月异地发展，成为现代的西洋文化。陈序经说，若从西洋文化在时间上的发展来说，不只在文化实质上与成分上，中国比不上西洋，就是在发展的局势上，中国也比不上西洋。因为西洋的文化弹性大，易于演变，易于进步，所以也易于接受外来的文化。在西洋文化发展史上，不只可以找出好多古代各种文化的成分，而且可以找出世界各处的文化要素，既有埃及的文化遗产、巴比伦的文化特性、希腊文化的精神、罗马的文化要素，又有希伯来的文化要义、中国文化的成分等，因此，现代西洋文化可以代表世界文化。从西洋文化在空间上的发展趋势来说，西洋现代的文化，不只是世界上最进步的文化，而且是走向世界的文化。

所以，陈序经指出："在亚洲的各民族，无论是被迫西化，或是自动西化，无论很快西化，或是较迟西化，其趋于西化的途径，却是一样。"[①]同时，他又指出：

> 假使西洋人能把世界各处的文化，接纳起来，而加以改良，使其进步，而成为西洋的文化，那么东方人，若对于西洋的文化，而加以模仿，加以创造，使其日新月异，使其凌驾西洋，那么这个文化，还可以叫作东方的文化。自然的，这个东方的文化，是异于过去以至现在的东方的文化，但是文化本来是人为的变化的……那么今后的东方人，若能改造了现代的西洋文化，而继长增高，虽是为了整个世界造幸福，也是东方的光荣。有了东方，也必有西方。西方文化可以成为世界的文化，将来的东方的文化，无疑的也是世界的文化。[②]

八、批评各种折中的主张

陈序经在充分了解东西文化的基础上，并在比较研究中，力求寻出中国文化的前途。在其《中国文化的出路》一书的绪言中，陈序经指出："研究所谓东西文化，而寻出一种办法以为中国文化前途计的人，大约不出下面三个派别：（一）主张全盘接受西方文化的。（二）主张复返中国固有文化的。（三）主张折衷办法的。"[③]从陈序经的上述比较文化研究中，不难看出，他是主张全盘接受西方文化的。

陈序经在《中国文化的出路》一书中还批驳了历史上的与当时的各种折中派，如中学为体西学为用折中派，东方精神与西方物质文化折中派、静动文化折中派、科学的分析方法折中派、物与人即霸道与王道折中派。

他说，就中学为体西学为用而言，中西文化既是二件不同的东西，今欲采纳西方文化之用，而不要其体，正像舍本而求末，断其源而取其流，这种意见是错误的。他说，中学为体西学为用是30年前的一种最普遍的流行语。这派主张最有力的是张之洞，其代表作《劝学篇》曾得光绪圣旨奖励，影响甚大。

---

① 陈序经：《文化学概观》（第4册），商务印书馆，1947年，第124页。

② 同上书，第125页。

③ 陈序经：《中国文化的出路》，商务印书馆，1934年，第1页。

《劝学篇》分内外两篇，内篇有九，外篇有十五，内篇的旨趣是务本，外篇的旨趣是开风气。内外二篇的差异及需要，正是暗合中学为体、西学为用的差异以及二者的需要。所谓中学，就是旧学；所谓西学，就是新学。四书、五经、史事、政书、地图为旧学，西政、西艺、西史为新学。因为中学为内学，西学为外学，所以中学乃治身心之学，西学乃应世事之学。张之洞为强中国，存中学，不得不讲西学。陈序经批驳道，中学为体西学为用的错误主要有以下四个。

（1）对西学没有充分的了解，只知西艺、西政，而对一切的西洋哲学、人生观、社会观，以及促成西洋文化的原动力，不但不注意，简直不知其存在。对于西学本身既没有充分的了解，而高谈东西学的优劣，以及东西学的异同，以为调和东西文化张本，这正是舍本而求末。

（2）学固有新旧之分，但没有东西、中外之分。学固有时间上的差异，但没有空间的不同。所谓中西学的真义，不外是新旧学。中学为旧学，西学为新学。旧学是旧时代的产儿，新学是新时代的产儿。西学乃救时应世之学，西学既是新时境的需要，则西学之讲求，必更甚于旧学。旧学不能救时应世，就是因为它与新时境不能相容。换言之，就是新旧学根本上不能相容，更不可能谈到旧学为体西学为用。

（3）有其体必有其用，有其用必依其体。中学有中学的体，西学有西学的体；中学有中学之用，西学有西学之用。唯有中学的体，才生出中学的用，唯有西学的体，才生出西学的用。中西学有不同处，则中西学的体用也必有不同之处，今欲存中学之体，而取西学之用，去中学之用，而舍西学之体，甚是愚昧。

（4）由中学为体、西学为用的理论生发出来的是，养成为学不彻底与浮夸的风气。

陈序经对物质文化、精神文化的折中派作了批判。他说，文化包括精神和物质两方面，而折中派把西方文化说成是物质的，把中国文化说成是精神的，这是错误的。这一派的主张与中学为体西学为用有不少相似之处，但又有差异。这派认为中国所缺的是物质文化，所以应当效法西洋的物质文化；在精神文化方面，中国比西洋为胜，所以中国要保存固有的精神文化，并要把这种固有的文化提供给欧洲人；东西文化各有长短，所以将来的世界文化，是东西精神文化和物质文化的调和。这派的力量不亚于中学为体西学为用派，国内有梁启超，国外有印度的泰戈尔、英国的罗素、美国的杜威等。陈序经指出，所谓精神文化，是指道德哲学思想这方面，而物质文化是包含像机械建筑以及一切的实物，其实文化包含物质和精神两方面，精神文化既非东方所专有，物质文化也非欧洲独产。折中派认为，欧洲偏重于物质文化，所以欧洲的物质文化比东方的物质文化优越得多；中国偏重于精神文化，所以中国的精神文化优于欧洲；应以西方之长补东方之短，以东方之优救西方之劣。陈序经批驳说，文化本身没有精神物质之分，所谓某种文化的物质方面，不外是精神方面的表现，而精神方面的表现，又必赖物质以为工具；欧洲的物质文化由欧洲的精神文化而来，东方的物质文化由东方的精神文化而来，若是要西方的物质文化，就不能不要西方的精神文化，若是保存东方的精神文化，就不能不保存东方的物质文化。然而保存固有文化，与文化接触的趋势不能相容。退一步来说，假使物质文化与精神文化可以分开，我们能否用西洋的物质文化来配上中国的精神文化呢？答案是否定的。“所谓中国的精神文化，无非是一种简单物质生活的文化。所谓物质简单的生活的文化，并非没有物质文化，而是对于物质生活的复杂及发达上，加以否认。这种文化，是全由传统思想所垄断，而传统思想的代表最显明的，要算老子与孔子……这样的简单物质生活的精神文化，而欲与物质发达的西洋文化熔于一炉，水火何异？”[①]

陈序经又批判了折中派中的静动文化派，这派认为物质文化所以激进，是由于欧洲人征服自然的力量大。这种征服自然之力，就是动的表示，故叫作动的文化。中国人因为顺乎自然，故自己不必用力去征服自然，而能于精神上得不少的安静，以成其静的文化。所以从根本上说东西文化之差异就是一则以动、一则以静。主张这种观点的有印度的泰戈尔、中国的李大钊等。他们以为过动则会在精神上受无限的刺激和痛苦，过静则又易为自然所征服。最好的办法是以西洋的动的文化调和东方的静的文化；同时也应以东方的静的文化之长济西方动的文化之短。陈序经说，一切文化都是动的，因为文化是人类改造时境以满足其生活的努力的工具和结果。人类要不断努力去改造环境，努力去创造文化，努力总是要动的，所以文化之发生及发展，完全是动的过程。安静不动而随着时代环境推移，决不会创造出文化来。欧洲现代的文化动得厉害，而

① 陈序经：《中国文化的出路》，商务印书馆，1934年，第54页。

中国的文化动得太少，因此，中国在文化发展的阶段上要低于欧洲文化，必须努力前进，而不应以世间所无的静的文化自我安慰。

陈序经指出，当时中国人对于社会学研究的兴趣逐渐浓厚，而尤为注意介绍社会学上的文化学派。他们想从文化的根本观念上进行研究，以解决东西文化问题；但他们对文化的根本观念却没有充分了解，他们所谓以科学的分析去解决东西文化问题，也不能让人满意。持这种主张的人有许仕廉、孙本文等。孙本文在《社会学刊》第1卷第4期上发表的《中国文化研究刍议》一文中说，文化研究的目标有三个，一是分析中国固有的文化，而了解其种种特性；二是了解中国固有文化的特长及缺陷，作为改造文化的出发点；三是根据现代世界趋势，对这种种特性的价值进行严密的评估。陈序经认为，这派折中派的缺点在于，对文化研究的方法和文化本身的分别没有充分的了解。他认为，孙本文所谓用科学的客观方法分析文化特性的做法，其实也是主观的分析。因为文化的各方面都有连带关系，内容的变化或外部势力的冲动，势必影响其他方面；再者，文化是人类适应环境的结果，环境变化文化也随之变化，从而将使得固有文化的性质没有存在的余地，因为它不适合世界的趋势，更没有评估的价值。应该用世界的趋势来评估中国的固有文化的特质，因为所谓的世界趋势，是整个世界的共同趋势，是世界的共同走向，如果像孙本文那样以世界趋势来评估中国的固有文化，那等于说我们已完全西化了，这也正说明全盘接受西化是现在世界的趋势。

还有一种折中派，即物与人文化说。这一派视西洋文化为“物”的文化，东方文化为“人”的文化。他们把所谓物的文化解作霸道，把所谓人的文化理解为王道，主张以西洋的霸道来救中国王道之弱，同时保存中国王道以济西洋霸道之穷。陈序经说，这种两分法一方面不符合中国和西洋的实际，另一方面以王道与霸道来分别东西文化的异同，也是不妥的。他说：“总而言之，折衷的办法即是办不到，复古的途径也走不通。它们的最大缺点是：前者昧于文化的一致与和谐的真义，而后者昧于文化发展变换的道理。”①

九、批评复返中国固有文化的主张

陈序经批驳了梁漱溟的尊孔复古思想。他说复古是中国人的传统思想，也

① 陈序经：《中国文化的出路》，商务印书馆，1934年，第82页。

是中国人思想的一个特点。效法得愈古则愈好，这是孔孟复古的根本理论。他说："劝人去复返皇古，就是劝人不要反古。同时自己既自命是独一无二的闻知皇古的人，就是告诉人们不要反对我自己所说的古道。这样推衍而来，结果是否认一切与己不同的言论和动作，所以排除异己的成见最深，而容纳他人的意见，成为理论上所不许。其原因是因为把过去的法则来做目标，总是绝对的，因为这种法则是决没有可变为较好的法则。"[①]这里所说的排斥异己，就是排外。排外是儒家的一种信条。清王朝被推倒以后，复古运动还是继续不断地发生，而且总是与尊孔相连。

陈序经说，系统地研究东西文化的专著是梁漱溟的《东西文化及其哲学》。在这部书中，梁漱溟把世界文化分为三种，一为中国的文化，二为印度的文化，三为欧洲的文化。他说这三种文化的差异是，西方文化以意欲向前要求为其根本精神，中国文化以意欲自为调和持中为其根本精神，印度文化以意欲反身向后要求为其根本精神。梁漱溟将文化的发展期也相应地分为三个时期，第一个时期走的是西洋文化之路，第二个时期走的是中国文化之路，特别是孔子之道；第三个时期是印度文化的时期，特别是佛教化的文化的时期，而中国第一时期尚未走完就趋入第二期，梁漱溟称之为"早熟"。因此，梁漱溟认为，中国人对文化所应持的态度是：第一排斥印度的态度，丝毫不能容留；第二全盘承受西方文化，但要加以根本改造，就是要改一改它的态度；第三批评地把中国原来的态度重新拿出来。梁漱溟对于西方文化是全盘承受，但要带着两个条件。陈序经特别分析了梁漱溟为全盘接受西方文化所预设的两个前提条件，认为他的第一个条件（改变西洋文化的态度）的目的是为了避免中国遭受西洋文化所受的巨大痛苦，而他的第二个条件（批判地重新拿出中国原来的态度）所指的则是要重新拿出孔子的道。这就是说，中国既要保留孔子思想又要全盘西化。

陈序经批驳说，梁漱溟以为西洋、中国、印度的文化之所以有差异，是由于一者意欲向前，一者持中，一者向后，这完全是错误地理解了意欲的真谛。意欲无论何时何处都是向前的，它既不持中也不向后。同样，一切文化所走的道路都是向前的，绝没有向后的，对于前人所创造的东西，后人除了学习和承受外，总是要给添上许多新的东西，如此累进不已。有时，文化的重心偏于一

① 陈序经：《中国文化的出路》，商务印书馆，1934年，第80页。

方面，而其他方面有所不及，或演进比较缓慢，但总还是会前进的。所以，一切文化的差异，只是程度或量上的差别，只是简单与复杂的差别，而没有质上的差异。梁漱溟以为文化的发展过程，是从西洋化走向中国化，又从中国化走向印度化，而且中国在保留孔子的同时又要全盘西化。他告诉人们，西化是文化发展的第一条路和第一个时期，孔化是第二条路和第二个时期。陈序经则认为，其实“道不同不相为谋”，孔子有排外的态度，他决不容纳外来的东西，而梁漱溟在我们未学完西化以前，又要我们复古，这岂不是自相矛盾吗？梁漱溟愿意放宽孔子的路来容纳西洋文化，这本来是东西文化融合的折中论调与折中办法。可是连梁漱溟自己都不承认折中办法的可能性。梁漱溟郑重声明，世界的未来文化就是中国文化的复兴，这就从根本上打破了他所划定的文化发展时期的次序，没分出西洋人和中国人的不同需要。陈序经接着指出：“梁先生劝中国人去做孔子的生活，是与全盘采纳西洋文化不能同时并行的；而况根本上孔教化，像我们上面所说，是不能和西化相容的。”[①]总之，陈序经认为，孔子之道与西洋文化是两种不相容的文化。

陈序经继续分析道，梁漱溟把文化分成三个方面，一为物质文化，二为社会文化，三为宗教文化，这三个方面正暗合他所谓的世界三种文化，即现代的西洋文化、中国文化及印度文化（包括欧洲中世纪的文化）。他的观点是从物质文化发展到社会文化，再从社会文化发展到宗教文化。陈序经指出，梁漱溟却忘记了，所谓的文化本身是包括了这三个方面，以及一切言语之类的东西的。在每一种文化里都可寻找出这些方面，且文化的各方面都有密切的连带关系，都会相互影响。例如，我们若要保存孔子的文化，就不能不保存他的家庭制度、君主专制以及有关的一切制度。我们若以为民治比君主专制好而予以采纳，则对孔子的尊君就不得不加以反对，因为西洋化是向前直往的，而孔子却要我们向后转去过皇古的生活。中国文化的发展是向前的，这不仅在孔家学说未发达以前是这样，即便在孔家至尊一统以后也是这样。不过，因为孔家的生活是返回皇古的生活，而且因为它与政治势力互相携手，所以，其结果是中国受了孔家化的支配，中国文化的发展不能逃出孔子所画的圈子。“孔教在中国的成功是在其消极方面，而非其积极方面。然而消极方面的阻止新的文化的创造，及外来文化的输入，已使我人今日陷于这么危险的地位，假使吾人而真去

① 陈序经：《中国文化的出路》，商务印书馆，1934年，第80页。

实行其积极方面的皇古生活，那么吾人恐怕老早已处于沦亡的地位”。[①]总而言之，陈序经认为，复古的路是走不通的，复古的主张不明白文化发展变换的道理，而以为环境时代是不变的。

十、提倡全盘西化与个人主义

陈序经批驳了复古派和折衷派后，提出了中国要全盘西化的主张。他说："折衷派和复古派既不能导我们以可通的途径，我们的唯一办法，是全盘接受西化。全盘西化的理由很多。"[②]他首先对全盘西化的态度和趋向作了分析。他说，自鸦片战争战败以后，中国屡受外人压迫，中国人逐渐知道排外势所不能。之后，曾国藩等不但觉悟西洋文化势力大，而且觉到中国非效法西洋不可，李鸿章较多提倡各种洋务。胡礼垣对张之洞的中学为体西学为用进行了批评，提出进一步接受西化的思想。胡氏说："中国之学西法，错在不学其心，而但学其法。"他侧重介绍政治上的民权，不外乎要宣扬君主立宪。到1915年，《新青年》的创办者和主要撰稿人陈独秀等从根本上纠正了只求中国政治上西化的错误，指出民主主义和孔家思想不能并立，并提出要提倡民主主义，还要提倡科学，同时还提出反孔批儒。陈独秀在西洋文化的采用上特别注重于民主和科学，虽在中国思想上开了一个纪元，否认了中国一切的孔教化，但并非主张全盘西化。第一次世界大战以后，最激烈地反对所谓精神救国、西洋文化的崩溃、东方文化的复兴等开倒车行为的人物是胡适及林语堂。陈序经认为，他们提出所谓"百事不如人"的看法，正和全盘西化差不多，但胡适处处表示，近数百年来的中国学问是合乎科学方法的。他说，中国这三百年来的科学方法也受了西洋的影响。陈序经总结说："从曾国藩张之洞一般的西洋文化的观念的逐渐从很小的范围，而趋到较大的范围，从枝末的采用主张，而到根本的采用的主张，则全盘西化的主张是一种必然的趋势。"[③]

陈序经不仅从当时一些中国人在态度上的西化来论证全盘西化的趋势，而且还用中西文化接触史上的事实来论证全盘西化的趋势。中国文化与西洋文化的接触始于景教的传入，然而由于当时欧洲文化并不比中国文化高级，所以接

① 陈序经：《中国文化的出路》，商务印书馆，1934年，第82页。

② 同上书，第83页。

③ 同上书，第94页。

触不久即断绝。到了15世纪时的欧洲则不然，它已逐渐脱离中世纪而走上新文化的道路。西洋人开始从海道与中国交流，开东西文化接触的先河。商业上的往来日益频繁，宗教的输入遂因之而发生，像利玛窦在中国文化上的影响就不少。19世纪初叶，新教逐渐传入，基督教在中国的势力日益蔓延。随着西洋文化的输入中国，一般传教士最初对中国文化的贡献，与其说在宗教方面，不如说在科学方面，诸如天文、算术等。除了天文、算术外，明末政府还采用了西洋的兵器与机器，特别是清朝，设机器制造机构，开矿，设兵工厂，开造船厂，开电报局，派留学生等。在教育方面，清末废除了科举，设立了学校。在政治方面，清政府派大臣出洋考察政治，请洋人做顾问，均是实行西化的表示。在思想哲学方面，中国人也在走向西洋化。事实上，中国一直在走向全盘西化，只不过三百年来的西化还不是诚心诚意地接受西洋文化的全部，而只想要目前的部分的西洋文化。这样，陈序经用他的理论和他所理解的历史事实论证了中国已经走向全盘西化。他认为，中国之所以要走向全盘西化，至少有以下两个理由：一是欧洲近代文化的确比中国文化进步得多；二是西洋的现代文化，无论我们喜欢不喜欢，都是现代世界的趋势。

为了论证近代欧洲文化比中国文化进步，陈序经比较了两种文化的发展历程。他认为，周秦时的古代文化丝毫不比古希腊文化逊色。欧洲中世纪与汉以后中国文化的差异是，前者深染宗教色彩，后者偏重于伦理。但在欧洲，中世纪的宗教与政治始终成为对峙的势力，而中国的政治与道德却互相利用，儒家给专制君主以统治的理论，而专制君主又给儒者以实力的保护和宣传。虽然从文化的各个方面来比，中国并不亚于欧洲，但从文化发展的目的上看，欧洲确已占了优势。因为中世纪的欧洲文化，是希腊、罗马、希伯来三种文化的联合。希腊文化的特性是偏重于伦理方面，希伯来文化偏重于宗教方面，罗马是统治世界的帝国，而且它们总是趋于政教分离的。后来，欧洲文化又因十字军东征和元朝西侵而与东方文化相接触。因为常与外界文化接触，也由于内部的特殊环境，欧洲经常变换面貌，所以其文化里所含各种特性较多，也容易改变。而中国文化自成一种系统，即使佛教侵入，也与老庄没有利害冲突，同时，中国还排斥外来文化，因此它变得单调并趋于停滞。

陈序经进一步论述说，如果文化发展上的比较尚不能使我们彻底明白欧洲文化的确优于中国的文化，还可以通过分析比较文化的成分来说明这一点。衣食住差不多是人生物质生活的要件，欧洲人所谓的穷是没有舒服的生活，而中国人的穷是穷到过着非人的生活。从经济方面来说，从工农商业来看，中国与欧洲更有天渊之别。从教育、政治方面比较，从科学方面比较，拿所谓礼教之邦的中国道德与西洋道德比较，中国人只有愧色。所以，西洋文化优于中国，不但有历史证明，就从文化成分的各方面来看也是如此。

以上所述，是陈序经对他所以主张全盘西化的第一个理由的阐述，关于他的第二个理由，即西洋文化是世界文化的趋势，他说道："西洋文化在今日，就是世界文化，我们不要在这个世界生活则已，要是要了，则除了去适应这种趋势外，只有束手待毙。"[①]陈序经指出，反对全盘西化的人一般以为，每一个民族都有自己的民族文化，所以文化就是民族的生命，其结论是文化亡则民族亡，这种意见是错误的。他说："这种意见的错误，是在于不明了文化乃人类的创造品，民族的精神，固然可于文化中见之，然他的真谛，并不在于保存文化，而在于创造文化。过去的文化是过去人的创造品，时境变了，我们应当随着时境而创造新文化，否则我们的民族，只有衰弱，只有沦亡。"[②]况且，"固有的文化乃文化发展史上一部分，固有的文化固不适用于现在，然在历史上的位置，却不因之而消灭"。[③]在批驳了反对全盘西化的种种观点之后，陈序经最终得出了全盘西化的结论，并强调东方的西化是东方人的责任。

另一方面，陈序经明确指出，近代文化的主体是个人主义。因为文化是人类适应时代环境以满足其生活的努力的工具和结果，所以文化是人类的创造品，而人类创造文化的成绩的程度如何，又要靠着人类的努力如何。如果坐着不动，对世间的一切都没有振作的念头，则不但不会创造新文化，甚至连旧文化也保存不住。文化并不是一个人或一代人的努力，而是要靠每一个人都承担起变换该种文化并创造新的文化的责任，从而使每一代的文化都比前一代的文化进一步高一级。"这种每一人的责任心的认识和觉悟，就是个性的认识和觉悟；而每一人都努力去担负这种责任，则个性必定尊重，必定发展。主张尊重和发展个性的学说，是个人主义"。[④]

① 陈序经：《中国文化的出路》，商务印书馆，1934年，第101-102页。

② 同上书，第103页。

③ 同上注。

④ 同上书，第109页。

陈序经概括了西洋的历史，由此说明个人主义是近代西洋文化的主力。古希腊的哲人主张过这种个人主义，在他们当中流行“个人是万物的尺度”的说法，他们对个人地位的极力推崇，使个人能够在文化上有所贡献。这些哲人是直接引起希腊文化变动的人，他们是希腊启蒙时期的中坚。到了苏格拉底这里，哲人的“个人是万物尺度”的信念被改为“人类全体是万物的尺度”。罗马帝国时期，个人的自由逐渐丧失，教会统治开始窒息个性发展。接着是君主势力膨胀的时候，个人主义在这个时候萌芽。宗教改革不但推翻了教会专制，甚至使信仰上帝也成了问题，结果是导致个人对自己的信仰。这种观念的发生，不但导致教会统治一切的精神的崩溃，导致宗教上的个人信仰自由，同时还导致君主专制的崩溃和政治上的个性自由。十字军的东征和元朝的西侵，则引发了现代的个人主义，因为十字军东征使教会丧失势力，给反抗教会与个性的发展提供了机会；而元朝西侵则把中国的火药和指南针传入欧洲，明（十五世纪）时，印刷术传入欧洲，对欧洲思想的解放、民治的开展和个人个性的发展都产生了影响。陈序经总结说：“从欧洲的历史来看，中世纪与希腊时代的文化，所以停滞而不发展，都是因个性受了压迫，而没有发展的可能。同样，中国文化所以到这么单调，这么停滞，也是由于个性的束缚。个性之所以不能发达的原因，大要有三：一为万物神造说，二为自然生长说，三为伟人天生说。”①这三种学说使个性发展受到阻碍，因而是文化停滞的原因。

陈序经既然认为文化的停滞是传统思想对个性发展的压迫所致，所以，他提倡个人主义，他认为，个人主义在消极方面可以打破传统思想，在积极方面则可以促进文化的进步。西洋文化之所以在近二三百年内发展得这么快，主要原因就是个性的发展和个人主义的提倡。西洋各国提倡个人主义者甚多，诸如密尔顿（John Milton）就开了英国个人主义的先河，洛克、边沁的个人自由主张尤其是弥尔（穆勒）和斯宾塞的个人主义最有权威的学说，以及美国的《独立宣言》，法国的《人权宣言》等，都是推崇个人主义的。德国主张个人主义者也很多。据此，陈序经说：“个人主义是近代西洋文化发展的主因，因为唯有解放个人一切的束缚和压迫，然后各个人始能尽量去发挥个人的才能。文化的创造和发展，是赖于各个人的才能和努力。”②而反观中国二千年来，文化

① 陈序经：《中国文化的出路》，商务印书馆，1934年，第115页。

② 同上书，第114页。

停滞到这个地步，也是因为对个性的束缚太大了。正如李贽所说：“二千年以来无议论，非无议论也，以孔子之议论为议论，此其所以无议论也。”[①]孔子的议论又是伟人天造的议论，是排除异己的议论，因此，没有别的个性可以发展，个人主义在中国的历史上没有诞生的可能。即使有杨朱和陈仲子的所谓个性表现，那也不是什么个人主义。杨朱是极端的为我主义，不愿损一毫而有利于他人，陈仲子是一种消极的任我主张，这些都是与文化的形成要赖多人的努力这一原则相悖的，是创造不出文化来的。但即使如此，他们也不为孔家思想所容许：“在孔家思想统治之下，中国决没有法子去产生个人主义。个人主义没有法子去产生，中国文化的改变，至多只有皮毛的改变，没有彻底的主张。我们试想，西洋文化之输入，已有三百年的历史，然中国仍照旧的不彻底去改革固有的病弊，而采用西洋文化，不外是中国人仍旧的醉死梦死于孔家的复古文化。”[②]

本来，对西方个人主义的介绍开始于清末，但严复译斯宾塞所著《群学肄言》及穆勒的《群己权界说》在中国思想界并没有产生大的影响。直到民国建立四五年以后，才开始有人片段地介绍个人主义。如陈独秀的《东西民族根本思想之差异》（《新青年》1卷4号）一文内，就有一条说明，西洋民族以个人为本位，而东洋民族以家族为本位。胡适所写的《易卜生主义》一文（民国七年）对中国思想界影响显著，而该文之所以能产生最大的兴奋作用和解放作用，正是因为该文提倡了个人主义。陈序经认为，陈独秀既没有积极地提倡个人主义，胡适的介绍，也不外是一方面的和片段的介绍。然而如此轻轻一试，已有这种成绩，要是中国人都能尽力在这条路上做工夫，则将来的效益是没有限量的。

最后，陈序经明确提出：“我们的结论，是救治目前中国的危亡，我们不得不要全盘西洋化，但是彻底的全盘西洋化，是要彻底地打破中国的传统思想的垄断，而给个性以尽量发展其所能的机会。但是要尽量去发展个性的所能，以为改变文化的张本，则我们不得不提倡我们所觉得西洋近代文化的主力的‘个人主义’。”[③]

① 陈序经：《中国文化的出路》，商务印书馆，1934年，第120页。

② 同上书，第122–123页。

③ 同上书，第122页。

20世纪30年代社会学界对文化的讨论，实质上是对中国社会及经济性质的辩论在文化上的反映，讨论的实质是中国应该走什么道路。陈序经的文化观在许多方面对今天仍有启发意义，但他所提出的道路是不能接受的。因为他提出的中国要全盘西化的观点，实质上就是让中国走资本主义道路。在当时中国所面临的国际国内条件下，这是不可能的，甚至连梁漱溟都很清楚此路不通。

第七节
潘光旦的民族优生与民族复兴研究

潘光旦（1899–1967），著名社会学家、优生学家、民族学家、教育家、翻译家。字仲昂，1899年生于江苏宝山县罗店镇。1913–1922年在北京清华留美预备班学习。1922–1926年留学美国，先在纽约汉普夏州哈诺浮镇达茂大学学生物学，获学士学位，后在纽约哥伦比亚大学研究院学动物学、古生物学、遗传学，获硕士学位。在这期间曾在纽约州长岛冷泉港镇优生学纪录馆进行人类学与优生学研究。1926年回国，历任吴淞政治大学教务长、光华大学文学院院长、吴淞中国公学大学部社会科学院院长等职并授课。1926–1934年还先后在光华大学、大夏大学、暨南大学、复旦大学、沪江大学授课，讲授心理学、优生学、家庭问题、进化论、遗传学等课程。从1934年起，先后任清华大学教授、教务长、社会学系主任、图书馆馆长、西南联合大学社会学系教授，系主任、教务长等职，并讲授优生学、家庭问题、西洋社会思想史、中国社会思想史、人才论等。1952–1967年在中央民族学院工作，任研究部第三室主任，从事民族历史研究。历任中国民主同盟第一、二、三届中央委员及一、二届中央常务委员会委员。曾任中国人民政治协商会议第二、三、四届全国委员会委员。

潘光旦的主要著作有：《冯小青》（1927）、《家谱学》《优生概论》（1928）、《中国之家庭问题》（1929）、《日本德意志民族性之比较的研究》（1930）、《中国伶人血缘之研究》（1934）、《近代苏州的人才》（1935）、《人文史观》（1937）、《民族特性与民族卫生》（1937）、《明清两代嘉兴的望族》（1947）、《优生原理》（1949）、《自由之路》（1946）、《政学罪言》（1948）、《中国境内犹太人的若干历史问题》

（1953）、《湘西北的“土家”与古代的巴人》（1955）等。主要译著有：霭理士的《性的教育》（1934）、霭理士的《性的道德》（1934）、霭理士的《性心理学》（1944、1946）、赫胥黎的《自由教育论》（1946）、达尔文的《人类的由来》（1983）、恩格斯的《家庭、私有制和国家的起源》（1951）和《玛尔克》（1953）等。[①]

在教学和科研中，潘光旦十分重视优生学，发扬中国传统文化，提倡学术自由，兼收并蓄。他把提高民族素质作为挽救民族危亡的出路之一。他认为个人品质和能力的形成，取决于先天遗传和后天环境两个方面，但先天遗传更为根本。他指出对人口实行区别生育率，不但要讲求个人和社会的进步，还要讲求民族的进步。因此，潘光旦学术研究涉及优生学、社会思想史、家族制度、人才学、家谱学、性心理学、民族历史、教育思想等广博的领域，其专一的宗旨是力图为人类寻求一条“中和位育、遂生乐业”之道。

一、寻求民族位育之路

潘光旦认为：“民族复兴的中心问题是：在扰攘的二十世纪的国际环境之内，在二三千年来闭关文化的惰性的拖累之下，我们的民族怎样寻求一个‘位育’之道。约言之，民族复兴的中心问题是：民族位育。”[②]潘光旦所谓的“位”是安所，“育”是遂生，民族位育，也就是寻求一个民族的安所遂生之道。安所，是从静的方面求民族秩序的维持，遂生，是从动的方面求民族进步的取得。潘光旦认为，如果我们努力的结果能在这两个方面收到相当的成效，民族问题也就等于解决了。

潘光旦是位优生学家、生物学家。“生物学者讲位育，始终认定两个对象，一是生物的个体或团体，二是环境。所谓位育，就是两者之间的一种调协。就民族的文化而言，讲保存国粹的人，讲恢复固有道德的人，便但见其一而未见其二；讲‘全盘西化’的人，便但见其二而未见其一；结果都得不到圆

① 参见全慰天：“潘光旦”，载《中国大百科全书·社会学卷》，中国大百科全书出版社，1991年，第213页；潘乃穆：“潘光旦”，载《中国社会学年鉴》（1979–1989），中国大百科全书出版社，1989年，第347–348页。

② 潘光旦：“民族的根本问题”（1936），载《寻求中国人位育之道·潘光旦文选》，国际文化出版公司，1997年，第155–156页。

满的调协。”[①]因为强调“本位文化”的人，不识民族自有其特殊性格，也可以说但知有环境而不知有生物；而全盘西化论者虽都怀抱匡时济世的宏愿，具备应付局面的决心，但对于位育的概念及生物意义并未通晓。

对于潘光旦来说，一切生命的目的在求位育，民族的根本中心问题是一个生物的位育问题，对人类来说最终要达到全人类的位育。在探求个人和民族的位育时，潘光旦特别注重人口的质的控制，因此注重生物演化的原则。他认为，民族位育应从人口问题下手解决：“民族的根本问题，具体言之，是一个人口的位育问题。人口问题的解决系乎量的控制与质的控制。量的控制，一面固恃经济环境的改进，一面尤赖生育的适当的节制。……质的控制，其关键端在选择，那就是优生学的任务。量和质两方面都有了办法，民族生活里秩序的维持与进步的取得，即民族的安所与遂生，都是必然的结果。”[②]

人口的位育，民族的安所遂生，是有其生物基础的，是离不开生物演化的原则的：“生物演化的原则包含三个方面，也可以说是三大步骤：一是变异，二是遗传，三是选择。变异是生物所有进展的因子——是一个进取的因子。遗传是进展后所以维持进展的程度和状态，使不致倒退或消失的因子——是一个保守的因子。选择是在进取与保守之中，加以甄别去取的因子；演化的过程所以可以称为演进的过程，是全靠这个选择的因子。”[③]

同时，潘光旦指出，个人和民族或群体都要与环境相协调才能达位育：

> 一个健全的社会，一种革新社会的尝试，在理论上应为承认个群两体的不分轩轾的存在。这就是两纲的说法。个体，或每一个人的性格……它至少有三个方面，一是同于别人的通性，二是异于别人的个性，三是非男即女的性别。群体，或社会生活，也至少有三方面，一是秩序的维持，二是文化的进展，三是族类的绵延。这就是六目了，一纲各三目，任何三目之间，和两纲之间，也似乎很难作轻重高下，后先缓急之分。而个人的三目和社会的三目又自有其联络与互为因果

① 潘光旦：“民族的根本问题”（1936），载《寻求中国人位育之道·潘光旦文选》，国际文化出版公司，1997年，第157页。

② 潘光旦：《寻求中国人位育之道·潘光旦文选》，国际文化出版公司，1997年，第158–159页。

③ 潘光旦：“人文选择与中华民族”（1930年），载《寻求中国人位育之道·潘光旦文选》，国际文化出版公司，1997年，第32页。

的关系，秩序基于通性之同，进步基于个性之异，而绵延则系于两性的分工合作。反之，如果秩序有亏缺，文化缺乏进步的需求，或族类对于绵延的欲望不够强大，则通性、个性与性别的发展也就分别的受到限制以至于抹杀。①

潘光旦立足于民族的生物基础，以中国为本位，利用多学科的知识，融会贯通中西文化的广博知识，致力于探讨中国民族的出路。

（一）立足于民族的生物基础

潘光旦撰写的《民族特性与民族卫生》及其他一系列有关文章，系统地阐明了民族位育之道。他从中国民族的实际出发，发挥中国儒家的基本精神，主张利用现代科学知识改进遗传倾向，并通过教育去培养日臻完善的人的身心素质，从而探寻民族自救之路。

李景汉在给潘光旦的《民族特性与民族卫生》序中说，中国本来是一个闭关自守的国家，自鸦片战争后，节节失败，"于是我们才觉悟到我们的民族是有病的，也都在寻找治病的药方，求得一条自救的出路。近年以来，有主张文化创造的，有主张经济建设的，有主张打倒帝国主义的，有主张铲除封建的残余势力的，有主张全盘西化的，以及种种不同的其他主张。纵观以往的议论，一半是说些我们应当如何作和我们要如何作一类的话，却少有指出我们能够作什么。我们的能力有多大？民族的元气与实力是什么？为什么一向总抓不住良好的机会？民族究竟有些什么不健全的特性？这些特性是如何形成的？民族的出路在哪里？对于这些问题，这本书是要依据客观的事实来答复的，潘光旦先生是用生物的眼光来看民族，认定一个民族先得有比较稳固的生物基础，才有发展的张本，这一点向来是为人所忽略的。"②

在《民族特性与民族卫生》一书的绪论中，潘光旦一方面批评了不踏实的"民族"议论，另一方面阐明了民族发展的立足点。他说："观察民族以往的历史或推测民族未来的发展总不脱几个立足点。一是文化的，二是经济的，三是自由意志的，四是生物的。一个圆满的观察或推测自应面面顾到，更应分别

① 潘光旦："派与汇"（1946），载《寻求中国人位育之道·潘光旦文选》，国际文化出版公司，1997年，第609页。

② 潘光旦："民族特性与民族卫生"，载《寻求中国人位育之道·潘光旦文选》国际文化出版公司，1997年，第194–195页。

各立足点的本末轻重，庶几提出改革方案的时候不至于犯偏激或抹杀的弊病。作者始终认定许多立足点中间，最基本的是生物的。一个民族先得有比较稳固的生物基础或种族基础，而后坚强的意志、丰满的物质生活、繁变与醇厚的文化事业，才有发展的张本。”①

（二）以中国为本位

潘光旦认为，民族的维持与发展应以中国为本位，“以中国为本位，是以中国的治安与发展为先务，本末也有主客的意思，所以本位也就等于主体。也有轻重的意思，所以本位所在就等于重心所寄。也有中心与边缘的意思，所以以中国为本位就无异以中国为中心”。②但潘光旦说，中国的称号养成了一种妄自夸大的心理，今后应去掉这种自大的心理，应培植自恃、自爱、自尊的态度。“本末也有常态的意思。中国是一个常数（Constant），世界文化潮流的动荡终究只是一些变数（Variables）。我们决不能因变数的繁多，而忘却了常数的存在。我们更应该以变的迁就常的；常的对于变的事物，虽宜乎不断的选择、吸收，以自求位育，但也不宜超越相当程度，使外界对于它的个性发生怀疑、错认甚至于根本不认识的危险”。③

潘光旦认为，本位的内容或方面有三个方面或三个因素：一是我们个别的地理与物质环境；二是我们个别的历史文化与社会组织；三是我们的也是比较个别的民族性格。他指出，要讲中国本位，这三者便全都得认识。中国的地理与物质环境自有它的特殊之处，中国地虽大而物不博，就是可耕地也不很多；中国的历史文化更有它的特殊之处，即不能把旧的全盘推翻，把新的从根再造，因为对一个民族的经验是不能完全不认账的。至于民族性，潘光旦认为不能全没有先天的根据，这种根据一部分可以推源到民族所由组合而成的各个种族的原有特质，一部分乃是历史期内自然淘汰与文化选择的结果。

潘光旦感到，当时的人们对于以中国为本位的第一、二两个因素已有部分的认识，承认中国地域的特殊性和现在的时代性，主张不复古、不妄从，但对于第三个更根本的因素，便压根儿没有提过只字。人们常说吸收欧美文化的标

① 潘光旦：“民族特性与民族卫生”，载《寻求中国人位育之道·潘光旦文选》，国际文化出版公司，1997年，第215页。

② 同上书，第220页。

③ 同上注。

准，是现代中国的需要。潘光旦指出需要是一回事，满足此种需要的条件与能力又是一回事，条件应求诸我们的个别的地理环境与文化背景，能力应求诸我们的民族性格。因此不问能力与条件而谈文化建设，即使有些微成就，也决不能算作“中国本位”的文化建设。

（三）民族复兴的先决问题

潘光旦认为，一个民族的形成与发展要靠三个因素，即生物的遗传、地理的环境和文化的遗业，在这三个因素中，遗传最为基本，其次是环境和文化。潘光旦考察了十几年来关于民族复兴的议论，发现几乎全都偏重于文化因素这一个方面，认为成问题的只是一个暂时的文化失调。潘光旦指出，在议论者们的心目中，民族的品质是丝毫不成问题的，民族先天并没有什么不健全的东西。经过三四十年的几次败仗以后，大家感觉到民族复兴的必要，尤其是孙中山先生的民族主义传播以后，大家才感觉到复兴是整个的民族问题。但是，人们虽然看到了民族是基本的，并且包含有生物的含义，却并不予以重视。为什么会这样呢？潘光旦认为，其原因有四。第一，大家根本不了解生物变异、遗传、选择与位育的道理，即不了解生物演化的种种原则。第二，即使认识演化的原则，这种认识不是错误，便是不完全的。例如，人们大都以为变异是后天的现象，可因环境与教育的力量而使其归于一致。在遗传方面以为仅仅限于体格结构上的品质，而与生理以及心理的品性全不相干。在选择方面，以为只有天然淘汰，而没有文化或社会的选择。潘光旦指出，“最大的错误是以为天演的理论只适用于其他的生物，而不适用于文明的人类”。[①]第三，以为民族的生物遗传是一种一成不变的东西。由此产生两个错误推论，一是认为世界各民族同属一类，在生物遗传上没有多大分别，甚至是完全平等的；二是认为民族的生物遗传不因外力而增损。第四，以为民族已经是老大。

潘光旦自己则以生物学为基础来解释民族复兴的先决问题。他认为，第一，民族的遗传绝不是一种一成不变的东西。“一时代以内，要是环境的势力与文化的势力对于善良优异的分子，能在婚姻与生产两种归根是生物的作用上加以保护、培植以至积极的奖励，这时代的民族分子的品质，总算起来，当然要比不能这样做的时代为高，而文化发扬的程度，也就随之而高”。[②]文化

① 潘光旦：《寻求中国人位育之道·潘光旦文选》，国际文化出版公司，1997年，第226–227页。

② 同上书，第227页。

与环境的势力，自然都有它们的推进之功或摧残之力，这种种势力一定影响到一个民族的选择与淘汰作用。同时也不能不承认，民族在创造文化的能力上是不平等的，因为各民族有各自的环境与文化的势力，有选择或淘汰的不同。不过民族虽不平等，但各有可以增强自己地位的能力，提高地位的方法则在于要能对环境与文化的种种势力进行选择与控制。民族的实力、元气或位育力，在旧环境里不足以舒展，但一经加入新的环境，接受新的刺激，便立刻可以奋发有为。

第二，潘光旦不承认中华民族是上了年纪的民族，相反，他同意中华民族所由形成的若干种族是出世得比较迟，而年岁比较轻的种族的说法。他认为，在演化过程里，大凡出世得比较晚的，往往是位育力比较强的。因此，潘光旦把“我们的民族当作一个发育不甚健全的青年”。[①]既然是发育不全，只是元气上受了些折磨，那么，前途便可以大有作为。只要元气保存一天，淘汰的力量一天不向反选择的方面发展，中华民族与民族文化也就一天不会消灭。因此，只要民族实力与元气没有丧尽，“我们要复兴民族，还是一样地有把握。目前所最可以危惧的是：大家不了解民族演化的道理，不承认淘汰作用和民族品质的关系，看不见实力或元气有暂时不及人家与不足以应付当前危局之处，从而于不知不觉之间，继续地加以剥蚀与斫丧。假了文化建设之名，而行斫丧民族元气之实，祸变的推移，那就真不知伊于胡底了”。[②]

（四）优生与民族健康

潘光旦认为，要从民族的生理基础寻求民族出路，必须先阐明优生与民族健康的问题。从优生学的立场解释民族与健康，是与普通解释颇有不同的。潘光旦将民族定义为“一个结合，在种族的成分上，既有相当混同划一的性质，而在语言、信仰，以及政、法、经济等文化生活方面，又有过相当持久的合作的历史——这样一个结合，就是一个民族”。[③]至于健康，他说，如果仅仅提倡体育以锻炼身体，提倡卫生以预防疾病，提倡医学以治疗疾病，则这种对健康的认识是很不完全的，因为首先，这种认识仅仅注意到生理上的健康，却忘掉了心理上的健康；其次，这样的健康只是个人健康，并不等于民族健康。

① 潘光旦：《寻求中国人位育之道·潘光旦文选》，国际文化出版公司，1997年，第229页。
② 同上书，第230页。
③ 同上书，第231页。

“其实呢，谁也知道健全的精神必得寓于健全的身体，要是大多数的分子身体上不很健全，大概精神上也多少不会全无问题。而这里所说的精神，当然是指心理生活的全部，包括智力的贤愚、意志的强弱、情绪的稳妥与否，一概在内”。[①]因此，潘光旦相信：“我们认为目前的健康问题不仅仅限于体格或生理一方面而已；我们生怕民族的智力、意志、情绪，以及全部人格的其他方面，根本上都有几分不健康之处。这样一番对于健康的认识，我们认为是比较完全的。”[②]

潘光旦指出，“健康自有它的生物学的基础，所谓生物学的基础，不但指一时的生理或心理状态，并且指比较永久的遗传根性。一个人身体的强弱，一半固然由于营养、摄生、与锻炼，但至少另一半是由于从前理学家所谓先天的气质，或现代生物学家所称道的遗传。遗传而强，则加上相当的调摄训练，健康的状态便是一种必然的结果。遗传而弱，则纵有多量的调摄训练，结果也是徒然。智力的高下、意志的刚柔、情绪的稳健与否，也是一样”。[③]总而言之，潘光旦认为，促进个人健康的种种设施固然必要，但其成效是没有把握的，而促进民族健康的设施却不然。民族健康设施的目的在于增加遗传在身心两面全都健康的分子，它的方法并不是个人的教养，而是健康分子的选择，也“就是多多使健康分子能和健康分子婚配，因而多产生一些遗传上就有健康的基础的儿女。一样是一种健康的设施，这却是很有些把握的”。[④]

潘光旦确信，优生学就是研究民族健康的一门学问，从事于优生学的人有几个基本的见解：第一，承认人类是不整齐的；第二，认为这种不整齐现象有血缘的基础，亦即是遗传的结果。品质良好的人大多会生出品质良好的子女；否则便大多会生出品质不良好的子女；第三，要真正有效地促进民族健康，应当求诸遗传良好分子的选择，使他们的数量可以相对增加，并求诸遗传不良好分子的淘汰，使他们的数量可以相对减少。潘光旦讲到选择与淘汰时，认为优生学者便不能不仰仗环境的力量了，即要维持或创造适当的物质与文化环境，使优良健全的分子可以受到选择，而不横遭淘汰。不但要使他们个个可以维持

① 潘光旦：《寻求中国人位育之道·潘光旦文选》，国际文化出版公司，1997年，第233页。
② 同上注。
③ 同上书，第233页。
④ 同上书，第234页。

于不败，并且要把他们的血统从根上培植起来，这就能使优良健全的血统“保世滋大”，这是优生学之能事。至于运用环境淘汰的力量，使遗传品性恶劣的分子逐渐减少，这是次要的任务。潘光旦说，优生学者并不抹杀环境的势力，但“优生学者不相信环境可以根本地转移一个个人的品性，那是事实，但同时他相信环境可以借选择与淘汰的手，来改变各色人品的数量上的分配。这种选择与淘汰的力量实在要比转移个人品性的力量重要得多，正因为它所引起的，不是零星的个人健康问题，而是整个的民族健康问题。选择得法，健康的程度就高，不得法，健康的程度就低”。[①]

关于中国民族的健康情形，潘光旦的认识是：第一，中国民族并不衰老，不但不衰老，并且是尚在青年；第二，中国民族虽不衰老，但确实有许多不健全之处，并且这种不健全是有其先天因素的。我们的民族在早年发育期内受过一些不良淘汰影响的折磨，所以元气虽旺，病态也多。所谓不健全的状态，“一是体格的柔韧化，二是科学头脑的缺乏，三是组织能力的薄弱，四是自私自利的畸形发展”。[②]对此，潘光旦提出的应付办法是优生学：

> 我们需要一些优生的学术，来把民族的健康，重新培养起来。说得更具体些，我们第一要了解民族的健康状态，在身心两方面，究竟有多么高的一个水平？第二，要推敲这水平是怎样造成的？有多少是自然物质环境选择与淘汰而成？又有多少是文化与历史势力的产果？第三，明白了解了这两层以后，我们要进一步地设法控制这些自然环境与文化环境中的势力，使它们活动的结果，对于民族健康的前途，都有辅翼之功，而无斫丧之害。第四，我们对于目前所接触的西洋文化的各种势力，也应当同样地加以控制；切不可因为羡慕新奇，与贪图一时功利的缘故，把民族健康的远大前途轻轻断送。[③]

（五）中国人的特性——民族性

李景汉在给潘光旦的《民族特性与民族卫生》一书所作的序中说，潘光旦所说的民族性的大部分是译自明思溥所著的《中国人的特性》。李景汉将潘光

---

① 潘光旦：《寻求中国人位育之道·潘光旦文选》，国际文化出版公司，1997年，第236页。

② 同上书，第238页。

③ 同上书，第238–239页。

旦选择明氏所著《中国人的特性》中的15种特性，分为三个方面：1. 关于生理与心理方面的5种品性：（1）活易死难，（2）没有精神，（3）耐性太好，（4）不求准确，（5）寸阴是竞；2. 关于经济的3种品性：（1）勤劳，（2）撙节，（3）知足常乐；3. 社会的品性：（1）有私无公，（2）无恻隐之心，（3）言而无信，（4）尔诈我虞，（5）爱脸皮，（6）婉转，（7）客气。

李景汉说，明氏所提出的15种品性，“在中国民族的生活中在量的方面表现得特别普通，在质的方面也表现得特别深刻，因此才成为民族的特性。再者每种特性有它的利点，也有它的弊点。一个民族如何能于其种种特性设法存利除弊，使能恰到好处，是应加意研究的问题”。①潘光旦认为，明恩溥虽然刻画出了中国民族的种种特性，却没说明形成这些特性的原因，他则以优生学的观点补足了这一点。他说：“一部分的民族特性，我以为不妨当作民族的病象看待。这些特性，自其来历言之，既有很深的根源，亟切铲除不去；自其效用言之，又是我们应付二十世纪国际环境时一些庞大的障碍，亟切推动不得，所以事实上也确乎可以当病态看，当先天不足看。民族的先天不足，惟有民族卫生的药方可治，所以便殿之以《民族卫生的出路》。”②

（六）民族病象的意义——民族是否健康的标准

潘光旦指出，广义的病在这里可以说就是民族的病，而要知道一个民族有什么病，先得明白什么是一个无病而真正健康的民族。他认为，健全的民族可以从能力与意志两层来说，而能力一层又可以分做积极与消极两方面。

就能力来说，在积极方面，要看一个民族创造文化的力量。所谓创造，不仅指新发明，也指一切旧文化的推陈出新，以适应变迁的环境，同时也指对外来文化的吸收调和。“在推陈出新之后，在吸收调和之中，尤须有择善固执的能力，把已经精炼出来的一些民族中以至于民族间共通的经验，握住不放”。③这里所说的文化，潘光旦分为三部分：“一是人对于宇宙及人生在理智与情绪两方面所产生的种种反应的迹象；这里就包含抽象的宗教、哲学、科学、艺术之类。二是人与人相处与相交的种种方式。包括伦常关系、社会习惯

① 潘光旦：《民族特性与民族卫生》，《寻求中国人位育之道·潘光旦文选》，国际文化出版公司，1997年，第207页。

② 同上书，第213–214页。

③ 同上书，第371页。

与政治组织之类。三是人对于自然环境的种种避免、修正与因势利导，因而促进他自己的物质生活的种种方法，这里就包括经济与技术方面的一切活动。在这三部分中，一个民族自然都盼望有充量发展的能力；但充量发展之中，又得紧紧地拿住一两条原则。一是持平。即三部分须有平衡的与协调的发展，不能举一废二，或举二废一，或仅仅顾到某一部分或一些枝节。以往已经覆灭的文化与民族，其所以覆亡的一大病源，就是偏废。二是持中。我们在这文化的三大部分求发展，所谓发展，原有二义，一是空间上求其多变化，二是时间上求其能持久。"[①]

积极的民族健康大都属于心理与智力的方面，是指一些创造意识的文化的能力。而消极的民族健康大都属于生理与体力方面，指的是适应自然环境的能力。环境是一切物质条件的总和，看一个民族是否健康，就要看其有没有直接应付环境的能力。"所谓直接的应付，一、当然是指能不能抵抗；二、到自问不能抵抗或不能对付的时候，能不能便去而之他，别寻乐土。因为要是不能抵抗，又不知退避，结果也是一个死亡"。[②]在抵抗的能力与别寻乐土的能力里，潘光旦特别看重别寻乐土的能力。因为，一种文化的形成，一方面固然要看原料，就是环境中的种种，另一方面更要看利用这原料的能力；所谓利用的能力，又有两层意义，一指转变这原料使其有用的本领，一指最初选择与取得这种原料的眼光与毅力。别寻乐土的能力便是选择与取得一种新环境的眼光与毅力。

潘光旦进而提出，一个健全的民族应具有健全的意志。"所谓民族的意志，也有两部分，一是民族生存与团结的意识，二是民族维持与发展的企求。生存与团结是一种事实，民族分子应该人人认识。维持与发展是一种理想，也应该人人怀抱。我们现在要明白一个民族有病无病，更得问它有此种认识与抱负没有。二者之中，意识的获得比较容易，而抱负的养成比较困难"。[③]潘光旦总结道："积极的创造力与消极的顺应力合在一起，再加上民族团结与发展的意志，又可以叫做位育的能力。一个健康无病的民族便是位育能力没有欠缺

① 潘光旦：《寻求中国人位育之道·潘光旦文选》，国际文化出版公司，1997年，第371–372页。

② 同上书，第372页。

③ 同上书，第373页。

的民族。”[1]

从以上民族是否健康的标准看，一个民族的病象，可以从五个方面来衡量：（1）狭义的文化生活；（2）社会生活；（3）经济生活，这三方面属于积极的创造方面；（4）体格，这属于消极的顺应方面；（5）民族的意志。

（七）民族的病象

潘光旦根据中国人的特性即民族特殊性来分析民族的病象及其原因。

1．文化生活的病象

潘光旦为讨论方便，把学术上的贡献当作狭义的文化生活，包括哲学、宗教、艺术、科学等方面。他认为，在文化方面，我们的贡献实在不算多，宗教与科学不发达，至于艺术，在绘画一方面贡献较多，其余就谈不上了。对哲学尤其是形而上之学我们很不讲究。中国传统文化太注意人，对于人以上的神道（宗教）与形而上的哲理，以及人以下的物理，都不能兼收并蓄。于是就发生了单调与少变化的偏废的弊病。就20世纪的需要来说，这种弊病导致科学能力的薄弱。尽管国人认为这种愚昧就是教育不普及与文盲的充斥，但潘光旦却认为，“我们真正的愚昧并不在一般智力的不足以应付日常普通的环境，而在特殊才能与科学头脑的缺乏，以致不能应付像目前一般的特殊的科学文化环境”。[2]他还认为，科学能力的缺乏，不单是后天失教，其病根更深于后天失教，中国人大多缺少科学的兴趣，这种兴趣的缺少往往便是先天能力薄弱的表示，所以虽施以相当的科学教育，成绩还是不会好到什么程度。

与这种偏废的病源有相当关系的，不单是在科学发明上不能有所贡献，“就是教我们把中西新旧的文化势力，研究一个融会贯通的办法出来，我们还不免束手无策。主张复古的人，现在还有，而主张维新的人，更是比比皆是。而主张维新的人也并不能主张一种会通的维新”。[3]至于那些比较能够新旧兼顾、想截长补短的人，又大都牵强附会。潘光旦认为，三四十年来，国是的不能奠定，社会改造不能走入正轨，且彼此还不住地争夺倾轧，推本寻源，还是智力偏废的一种必然结果。

① 潘光旦：《寻求中国人位育之道·潘光旦文选》，国际文化出版公司，1997年，第374页。

② 同上书，第374–375页。

③ 同上书，第375页。

2．社会生活的病象

社会生活自身是一个多方面的东西。潘光旦这里讲的社会生活，包括伦理关系与政治组织。他根据不偏废的原则立论，认为健全的社会组织是一种随时可以聚散可以伸缩的东西，太散漫固然不行，太严密也有危险。中国的病在组织过于散漫。组织的缺乏，在中国到处可见。在政治方面，无非是一些文字的周到、条例的严密、机关的叠床架屋、人物的熙来攘往，而成法被破坏，效率减少。在教育方面，学校虽小，而架子却大，程度虽浅，而科系却多。在工商方面，华人的短处，在利己心太强，个人企业往往成功，团体企业则往往失败。潘光旦说，在集团主义与工商化运动绝对占优势的今日，我们又有多少与人家争胜的机会。

当然，在当时的中国，也可以找到很严密的组织，如凭借血缘与情爱而形成的家族或亲族，由于密切的经济利害关系并且借助地域的密集而形成的同业公会和青苗会，由于志同道合并借重宗教暗示力而形成的秘密会社等。但潘光旦指出，目前需要的是比较不受主观的利害或情操支配的组织。但中国缺乏真正的组织能力，中国人只会成群，且成群不过是凭着宽泛的同类意识的暗示挤在一堆罢了。无组织的现象不止散漫，而且人类一多更变为拥挤混乱。他认为，组织这样普遍缺乏，不能不使人疑心到民族的能力方面。

3．经济生活的病象

潘光旦把经济生活分为生产、分配和消耗等三个方面。他说，因为生产落伍，所以分配与消耗同样显得迟滞。

他认为生产落伍的最基本原因之一是地理的。一向自以为地大物博，所以人口膨胀，而实际可耕地只占全国面积的29%，工业凭借的矿产稀少，而且水旱灾荒对民族经济有百害而无一利。所以生产生活不发达，至少有一部分可以推原到物质环境的丰厚与不能供给相当的刺激上去。

第二个不发达的原因是民族传统的经济观念。他指出，在民族各派的思想中，只有法家是注重经济生活中的生产的，但其思想难得有几次张扬的机会；道家根本不谈经济问题；墨家以为消费不枉不滥就等于生产，所以竭力主张节用；儒家的生计学说虽于生产、分配、消耗三方面都能顾到，但最注意的是分配方面，而有置生产于不问的危险。其间儒墨两家唯一的比较积极的贡献是一个“勤”字，但对于生产力的增加没有多大良好的影响，因为它是不讲求劳作的效率的。

第三个原因是生产的能力问题。生产力的强大靠的是：（1）发明，即利用自然减少人工，增加生产与分配的效率；（2）开拓，即开拓原料和商品市场；（3）组织能力，这与生产和分配的效率有密切的关系，中国的发明能力与组织能力均薄弱。

经济生活落伍的第四个原因是一个“私”字。毛病在于私的畸形发展，以至于逐渐失掉了“分润为公”的能力，自私成为中国民族一大通病。潘光旦指出，私的病态所影响的不只是生产，还有经济生活。因为中国人的经济生活，根本是一种私人或私家的经济生活，不以一个人做单位，便以一家人做策万全的对象，“生产的不发达，因为物质条件与人力的限制，固然早就受了相当的命定，初不待私的通病的传播。但私的病态传播以后，确有一些变本加厉的抑止与消极化的倾向”。[①]

潘光旦接着分析了中国人在消费生活方面的种种病象。他指出：“在消费方面，在原则上各家会通的主张是一个节字，这原是一种无可非议的主张；但私的病态传播的结果，我们实际所履行的，并不是中和的节，而是两个极端，一是吝啬，二是浪掷。吝啬之风以北方为多，而浪掷之风，则以南方为盛。”[②]潘光旦看到，在中国，许多人往往对于一己的货财十分吝啬，而到支配或消费公家的货财时便会随意浪掷。他认为，中国人的节省以至于吝啬，并不是因为爱惜物力之故，而是私的通病的一种表现，至于浪掷的表现，大半不出两途，一是衣食的自奉，一是赌博与其他一切投机与侥幸万一的经济行为，这些都是畸形的自私的症候。

潘光旦指出，儒家所主张的平均分配，在事实上也没做到。“均分”和“节用”都有分寸的道理存乎其间。要取得社会的“均”，先得做到个人的“节”，但私的通病使我们不能有“节”。因此，“生产的能力既薄弱，又继之以深中了私病的消费与分配，又安得而不贫”？[③]“总之，民族在经济生活方面所表见的病象不但是很深刻，并且也是很复杂。所谓复杂，就是指病的来路不止一条，发明的能力、开拓的能力，以至于组织的能力的薄弱，都要负相

① 潘光旦：《寻求中国人位育之道·潘光旦文选》，国际文化出版公司，1997年，第382页。

② 同上书，第383页。

③ 同上注。

当的责任，而最大的致命伤则在自私心畸形的发展，而此种的畸形发展怕不止是一种暂时取得的习惯，而是一种牢不可破的根性”。[①]

4．消极的体格与活力

潘光旦一再说明，积极的民族健康属于心理与智力的方面，消极的民族健康大都属于生理与体力方面，是适应自然环境的能力，也就是直接应付的能力。一指抵抗力的大小，二指到自问不能抵抗时，能不能用移徙的方法，另换一种环境。潘光旦认为，中国人抵抗不良环境的能力，不在许多民族之下，对于各式病菌的抵抗能力有时惊人，中国人的神经系统也不易被侵蚀。至于躲避不良环境和寻觅新环境的能力，亦即移徙的能力，以前大些、普遍些，但后来越来越小，越来越局部化。移徙的冲动与能力一天比一天小，安土重迁的性格一天比一天发展，消极的抵抗环境的能力一天比一天增加。一个民族遇到不良而又无法加以转变的环境而不知躲避，便会造成两种人，一是被淘汰的死人，二是被选择而苟延残喘离死不远的人。潘光旦说，这第二种人的唯一长处就是不容易死，他们在体力与心理上都有百折不挠的耐性，也有百推不动的惰性，同时会随遇而安，逆来顺受，得过且过。这种消极的抵抗其实已没有多大的抵抗，只要不死便什么都可以迁就。这一类的民族分子就脾气而论像“温炖汤”，就体格而论像“牛皮糖”。普通的中国人就多少总有几分“温炖汤”与“牛皮糖”的风格与情调。这种风格与情调不能完全说坏，它可以息事宁人，可以安分守己，成事不足，败事也不有余。这也未必不是“适者生存”，但万万谈不上“优胜劣败”。

在实际生活中，这种体格即使比较平淡些，穷苦些，也有守的本领，有“捱”或“挨”的耐性。因此，在实际生活里，进取的冲动薄弱，保守的脾气极强烈，斗争的性格比较缩减，妥洽的精神比较发达。大家都有随遇而安、通权达变的能力。中国的兵目力好，神经也不易受震撼，容易受指挥与纪律的束缚，有长力，耐性与持久的能力比较大。

另外，在体格锻炼方面，中国人一讲究锻炼极不普遍，二少数讲究运动的人往往采取“内功”的方式，以“静坐”“运气”为摄生要道。潘光旦说，我们这种特殊的体格，要在这个竞争激烈、不进则退的20世纪的大局里周旋中

① 潘光旦：《寻求中国人位育之道·潘光旦文选》，国际文化出版公司，1997年，第383-384页。

矩，不虞陨越，多少总不免是个问题。

5．民族竞存的意志

潘光旦认为，“民族意志可以分为两部分，一是生存与团结的意识，又一是维持与发展的企求。如今所谓生存的兴趣，可以说就等于生存与团结的意识，而竞存的意向就等于维持与发展的企求”。[①]

他说，中国人生存的意识一向是极强烈的，但团结的意识即共同生存的意识却异常薄弱。生存的意识虽强，而其表现往往只限于一人一家的“明哲保身”“保全身家性命”，无非是一人一家的生存意识的表现。至于民族的整体，这种意识却并不发达。

至于维持与发展的企求，潘光旦认为，与上述情况相似，即维持的企求极强烈，但发展的企求却很薄弱，我们所要的只不过是生命的继续，至于民族全体生命的发扬光大则无人谈起。而且道佛二教为民族全体的颓废状态找到了一个躲藏之所。近代经受过几次外族的侵略后，民族颓废到没有对全体发展的企求。西化东渐以后，“我们发现不但武力不如人，文化的能不能终操胜算，也就成了问题。于是于实际的虚弱之上，又加添了一种精神上的自馁。目前民族最大的危险，就是这种自馁的心理”。[②]

潘光旦指出，当时，民族竞存的意志实在受好几方面的威胁。一是个体生存的意志大于团体生存的意志，一个人但愿身家性命委曲求全，别的便都可以不管，甚至于把公家当牺牲品，亦在所不惜。二是苟安的心理大于振作的精神，而维持现状的祈求大于开拓发展的愿望。陋规依然，偏安之局都是苟且的心理表现。三是自馁心理的变本加厉，甚至以为非全盘西化不足以图自强。四是种种风俗上的操切的改革所可能引起的一种生活上的不安静与失望。民族全体的竞存意志，在四者合力威胁之下，呈现异常瑟缩之象。

潘光旦总结道：“民族的病象，我们前后所已诊察过的也不止一端了，但要以竞存的意志的薄弱为最关紧要。”[③]

（八）民族卫生的出路

潘光旦相信：“民族卫生就是优生。”[④]他指出，虽然挽救民族危亡的出

① 潘光旦：《寻求中国人位育之道·潘光旦文选》，国际文化出版公司，1997年，第391页。

② 同上书，第393页。

③ 同上书，第395页。

④ 同上注。

路不止一条，政治的出路、教育的出路、实业的出路、党治的出路、宗教道德的出路、打倒帝国主义的出路甚至音乐的出路等，都有人提出过，但民族卫生这一条出路似乎还没有人具体地提出过。于是，潘光旦提出了民族卫生的出路，并阐述了其目的，选择的原则，反选择与民族病象，纠正选择作用的方法与路径。

1．优生的目的

按照潘光旦的设想："民族卫生或优生的目的是极简单的，就是要教民族中的优秀分子相对地加多，不优秀分子相对地减少。"[①]他认为，中国民族平庸的人独多，而中下的分子也有日益增多的趋势。他所说的"优秀""不优秀""中下"等，主要是指民族成员的能力和品质。要讨论一个民族的盛衰兴亡，终究要谈到民族成员的能力和品质。潘光旦着眼于能力和品质的天赋限制上，而主张其他出路的人所注意的则是后天的、人为的种种努力的程度。但无论提出什么出路的人，都承认中国民族有以下四种能力或品质的不足：一是体力，二是科学能力或研究能力，三是团结能力和组织能力，四是社会意识或"人人为公"的能力。

潘光旦强调，中国绝不是不可为的国家，但他认为，中国要可为，"第一先得承认目下民族体力的不足、科学能力的薄弱、领袖人才与组织能力的缺乏、自私自利心的普遍深刻与团结的不易；应知我们目前所应力谋应付的不是一个自由意志的问题，而是一个遗传的能力问题。不承认这一点，便不知病根所在，不知病根所在，便不能开方下药，没有资格讲求民族卫生"。[②]因此，他根据遗传和淘汰的原则分析了四种能力的欠缺。

2．选择与淘汰的原则及民族的病象

潘光旦首先说明了什么叫淘汰或选择。"生物个体因为遗传品性和平生际遇的不同，配偶行为的发生有有无迟早的分别，生产后辈的行为又有有无、迟早与多少的分别，死亡的行为也有迟早的分别。这三种不同的行为，在人类方面，我们有三个名词来代表，叫做：轩轾的婚姻率、轩轾的生产率、轩轾的死亡率。这种轩轾的现象便是淘汰或是选择的结果。早死、迟婚、不婚、不育、

① 潘光旦：《寻求中国人位育之道·潘光旦文选》，国际文化出版公司，1997年，第397页。
② 同上书，第398页。

少生——是属于淘汰一面的；迟死、早婚、多生——是属于选择一面的”。[①]选择或淘汰有两种，一是自然选择或淘汰，一是社会选择或文化选择，潘光旦喜欢把后者叫作人文选择。

潘光旦接着用选择或淘汰来分析中国民族品性的四大缺点。第一，中国人的体格显然是千百年来饥馑荐臻人口过剩所淘汰成的一种特殊体格。说它坏，坏在没有多少火气，以致不能冲锋陷阵，多做些冒险进取开拓的事业。说它好，好在富有一种特别的顺应力或位育力。

第二，科学能力薄弱的原因，也可以在不良善的淘汰中求之。迫于生计，民族成员中有些科学头脑的人也因无用武之地而被埋没，即使科学头脑特别强的人，也因不能兼事家人生产而受排斥鄙薄。这是自然淘汰方面的情况。在人文淘汰方面，二千年来的选举和科学制度也是富有淘汰能力的。选举的目的和标准异常狭窄，所有种种变异品性的极端，即举凡可以促进科学的研究和发明的，都不能维持滋大。

第三，团结能力和组织能力的薄弱，一半因为自然淘汰，一半因为人文淘汰。千百年来的水旱灾荒的选择力已在中国民族中酿成一种最不幸的心理品性，就是自私自利心的畸形发展。对于畸形自私自利的人是难望他们通力合作打成一片的。这是自然淘汰方面的情况。在文化淘汰方面的问题是，中国家庭制度的发达与乡村中“无为而治”精神的普遍。这种制度和精神，最不利于领袖和有组织能力的人才的产生。因为在大家族里或村里，族长或家长、村长或村正的一言即决定一家一村之事，平日用不着组织，用不着政治上的分工合作，几乎完全不用法律，也用不着比较严格的领袖和随从身份的区别，在这种情况下的团体生活，凭借的权威是一个血缘的“亲”字和一个高年的“长”字的合而为一，因此，这是无组织的集合体。潘光旦说：“所以团结的先决条件是领袖人才与其组织能力；有了真正的领袖人物，才有真正的服从人物；家制或村制的服从只是感情的、习惯的、并没有经过理性的盘驳的。如今真正的领袖既不易产生，真正的服从性也就无法培植；缺少团结的原料与条件而轻言团结，无怪其不可能了。”[②]民族团结力的薄弱，正是因为第一流的领袖和可以开拓可以打头阵的分子不多，而最多的却是庸庸碌碌的中等人。在第一流人物

① 潘光旦：《寻求中国人位育之道·潘光旦文选》，国际文化出版公司，1997年，第399页。

② 同上书，第402页。

比较充足的民族里，中等人物极有用，他们受了第一流人物的感动、指挥，便可以心悦诚服地陈力就列，为公众出力。而我们中等人物独多而第一流人物几乎少得没有，于是人与人的关系变得"'既不能令，又不受命'，谁都想坐第一把交椅，又谁都坐不稳，谁都只配做些守成的事，而谁都想开创；近代的教育又很错误地假定谁都可以培植成第一流的人才，从而打动各人的领袖欲，同时却不能把领袖的能力从外面灌输进去。结果，就造成了二十年来政治上、经济上、教育上，种种倾轧、嫉妒、散漫、混乱与相持不下的局面"。[①]

第四，自私自利的畸形发展的后果是产生贪污与公私不分，"贪污是自私自利的一大表示。在饥馑荐臻的自然环境里，惟独贪得的本能（acquisitive instinct）比较特强，而平日之间能下功夫去搜刮，储藏以备不虞的分子才最有机会生存和传种"。[②]家族的畸形发展把阖族的经济生活打成一片，人人把家族的利益看在个人利益之上，但一到"生寡食众"的时候，就非作奸犯科不可。潘光旦说："而惟独作奸犯科的在这种年头才有保全个人和全家的能力。所以家制的畸形发展不但淘汰了领袖人才，并且选择了贪官污吏、土豪劣绅。"[③]

3. 民族卫生的路径——纠正选择作用的方法与路径

潘光旦分析民族的病态，并不是要让人们失望。因为作为民族卫生学者的潘光旦知道，一个民族的遗传品性原本不是固定的，而会因不同的生产、死亡与婚姻率的关系而随时发生变迁，也就是因淘汰与选择的势力而转变。这属于文化与社会的范畴，完全出诸人为，可以随时斟酌损益；即便属于天然环境范畴的因素，在科学昌明的时代，也能因人力而多所修正。因此，潘光旦指出，"优生的目的，就今日中国民族的情殊情况而论，是在增加四种富有遗传基础的人才或有此才力的分子"。[④]他明确地说，优生学者所要增加的，第一是这种人才的原料，第二是希望在得到这种原料之后，不要浪费，即要动员健全优良分子早婚与多育，以后再加强教育。潘光旦提出了几个优生步骤：一是才的认识，二是才的增殖，三是才的培养。

为了实现民族优生的目的，潘光旦认为，有以下几条应走的途径。

① 潘光旦：《寻求中国人位育之道·潘光旦文选》，国际文化出版公司，1997年，第403页。

② 同上书，第402页。

③ 同上书，第402–403页。

④ 同上书，第404页。

第一，在自然环境方面，救荒是最急迫的一条路，其目的在于挽救国计民生，说得小些是要减轻灾民的痛苦。不过，潘光旦的主要目的是挽救民族品性的一部分，教它不变本加厉地恶化。

第二，在经济方面，潘光旦提出两点，一是要致力于增强国家生产能力，二是要使分配利便与公允。要做到第一点，大规模地改良农业是第一步，适度的工商业化是第二步。生产能力增强以后，经济享受的分配应求利便与公允。潘光旦认为，从原有的农村经济与家族经济的优点，也许可以演变出合乎国情民性的经济组织来，而且当时的小企业运动也正朝着这条路上走，合作运动也值得提倡。这样可使个人生计充裕与分配公允。值得注意的是，潘光旦所谓的"公允"并不是"平等"，而是经济的待遇，应视才力与运用此种才力后对于社群与文化的贡献为转移。他所谓的"充裕"也不是以个人为单位，而是以家庭为单位，而且在家庭里一定包括适量的子女，这就是要裕后。潘光旦指出，"裕"的程度要适中，以不妨害产生适量子女的愿望与子女出生后的教养的健全为限。

第三，在社会生活方面，潘光旦指出两点：一是都市化的控制，二是家庭制度的整顿。都市化的控制与农本经济和适度工商业化有密切的关系。农业人口的减少与农村的衰落、工商业的勃兴、都市化的突飞猛进，是工业革命以后三种拆不开的现象，近代都市人口的发展并不靠都市人口自身的生殖，而是靠四乡的移民。因为在城市中作工的人，其生活的大目标在于个人功业的成就、竞争的胜利与物质的享受。况且都市人口的死亡率既高，而出生率又低，因此，个人的活力与生殖力不足而都市依然可以发展，这显而易见是靠四方的帮衬，这帮衬便是源源不断的移民。而且唯有年轻力壮、躯体健全、品貌整齐、思想灵敏的人才有移民的志愿与成功的能力。移民是有选择作用的，即从乡村人口中选择了许多比较优良健全的分子，放到了都市里。但潘光旦认为，这样的移民少享受了安定的婚姻与家庭生活，少生了子女，甚至得不到充分生育的机会，而这便成了问题。因为都市生活是不利于婚姻、居家与子女养育的，所以对都市化要予以限制，不能任其自然。他认为，这是中国优生学者应有的主张。

第四，在社会生活方面，优生学者的另一主张是家庭制度的整顿。家庭应有两大功用，一是培植种族观念与优生观念的一个最自然的机关，二是生育儿女与教养儿女的一个最适宜的场合。潘光旦指出，今后要整顿中国的家庭，需要有一种家制，这种制度既不至于抹杀个人，又不至于忘却社会。以前的家庭因为组织过于发展，对于个人与社会均未讨好。它自成一种小社会后，竟把更大的社会忘了，中国人缺乏社会意识与公众观念的原因正在于此；同时，因为家长权力大，家人众多庞杂，个人的发育也受到了压抑。因此，潘光旦认为，旧制家庭的第一种功用，即对于种族观念与优生观念的培养，功似乎大于过。同时，潘光旦提出："一面要保留这种旧有的精神，一面又要使以后的家庭可以不再为个人教育与社会进步的一种障碍，我在五年前曾经提出过一种整顿的方法，即所谓折中的家制，大旨主张保留大家庭的根干，而去其枝叶的枝蔓与芜杂；家庭的组织应兼收并蓄老、壮、幼三辈，老的贡献阅历与经验，壮的贡献成熟的思想与能力，幼的贡献热情与理想，不可缺一。三辈中以壮的一辈为主体；家大须分，但只限于成立的兄弟与妯娌之间，而不适用上下世代之际；……兄弟房分众多的人家，老辈可以轮流居住。"[①]

第五，在政治生活方面，潘光旦提出了消极与积极的两种主张，其消极主张是思想、言论与学术的自由，积极的主张是国家仍须厉行一种科目举士制度。在潘光旦看来，思想、言论与学术的自由是人才脱颖而出的第一个必要条件。同时，人才唯有在最优容的政治环境里，才各有尽量表现的机会。因为真能保障思想、言论与学术的自由，就等于为有能力思想、有胆力说话、有才识可以从事学术研究的人保了一笔寿险，并且所保的不只是这种人本身的险，也保了他们子孙的险。这样的民族与国家才能保世滋大。

至于选举的制度，在潘光旦看来，一样可使有才识的人自由表现出来，而且其作用比言论与学术自由风气的作用更为具体。选举制度是甄拔人才的制度，旨在通过赋予他们一个优越地位，而让他们在充分发展自己的才力之外，还有余裕把这种才力遗传给后代。潘光旦认为，以前的选举之所以不尽人意，原因在于标准过于狭隘，方法的客观程度不足，至于其选择原则，则依然值得称赞。

潘光旦将智力分成两种，一是普通的智力，一是特殊的才能。在狭隘的选举制或科目考试制下，有各种特殊才能的人或因不受选择而终归淘汰，而普通智力高的人却依然可以被甄别出来。因此，他主张重新规定一种用科目考试的选举制度，其目的与原则依旧，但方法要更加客观化，其标准与考试范围尤其

① 潘光旦：《寻求中国人位育之道・潘光旦文选》，国际文化出版公司，1997年，第414页。

要放大。而且，倘若“真要使考试合于优生的主张，那种考试的目的决不在甄拔官员，而在选择各种人才出来，一壁给人才本身以充分发育与传种之机会，一壁也教社会有所表率，而实现‘义者宜也，尊贤为大’的民族理想”。[①]

第六，在教育设施方面，潘光旦提出的主张，一是教育的人文化与种族意识化，二是教育应适合性的分化。潘光旦认为，人文主义与优生的关系密切。优生的大目的在于驾驭和促进人类自身的演化，教育既为人类活动之一，自应以人为本位。人是有变异的动物，且唯其变异多方，品质不齐，才可供选择。选择是一种过程，这种过程所到达的状态就是优生。潘光旦相信，在中国提倡人文主义的教育应是不难的，因为中国文化里早就有一派很成熟的人文思想，这就是孔门。孔门里的思想包含了以上所说的人文思想，即讲礼、主分、主节。至于种族意识的教育，潘光旦认为，比人文教育更进一步。种族意识教育同样以人为本位，而且是以未来的人为对象的。

潘光旦还主张，今后的教育更应注意到男女两性的分化。性的分化的教育也是人文教育的一部分，因为人文思想的大原则之一就是“差分”。潘光旦指出，男女在身心、品性、发育速度和外表等方面都是有差异的。他批评说，近代从事于所谓妇女解放运动的人，往往不理会这种基本的差异，而一心唯男女平权是求，实则抹杀了女性，而且不止如此，男女分工合作的局面还因此而变成同行嫉妒与竞争的局面、婚姻的关系、家庭的组织、子女的生育与教养都一天比一天散漫、浮薄，失去凭借，最终造成都市化中的那种杌陧不安的状态。潘光旦认为：

> 要纠正这种局面，或预防这种局面的产生，惟有根据男女身心品性的不同与发育率的各异，实施分化的教育；要认清女子的主要作业依然不能越出良妻贤母的范围，而良妻贤母的职业价值绝对不在任何职业之下，……假若男子是产生财富的人，女人便是产生产生财富的人的人。假若男子是创造文化的人，女子便是创造创造文化的人的人。男女都能用这种眼光观察贤母良妻的地位，男子既不会鄙夷女子，女子也更可以不必妄自菲薄了。大家能运用这眼光，婚姻、家庭与民族的前途，才有保障。[②]

① 潘光旦：《寻求中国人位育之道·潘光旦文选》，国际文化出版公司，1997年，第417页。

② 同上书，第420页。

潘光旦指出，民族的出路不止一条，民族卫生或优生不过十百条中之一；而优生的途径也不止一条。潘光旦提出以上几条主张，完全是倾重旧派优生学者所称的积极优生。即认为中国民族中人品的分配，以中材为独多，问题的症结在中上的流品不敷分配，而不在中下的流品太多，以至妨碍改进的工作。潘光旦是关心国事，所以特别注意积极方面的优生。

二、儒家与民族优生

费孝通在《寻求中国人位育之道》的代序中说，潘光旦“先生关切的是人类的前途，提出了优生强种的目标的手段。达尔文只阐明了‘人类的由来’，而潘光旦先生则百尺竿头更进一步，着眼于‘人类的演进’。他发挥了中国儒家的基本精神，利用现代科学知识改进遗传倾向和教育去培养日臻完善的人的身心素质，固之先生所提倡的优生学和社会学是一门包罗众多科学知识，融会贯通而成的综合性、完整性、实用性的通才之学，开辟了新人文史观的端倪”。[①]

（一）人文思想与儒家思想

潘光旦在《中国人文思想的骨干》一文中说：“一个国家或一个时代的文化，必有其重心所寄，必有其随时随地不忘参考的事物，必有其浸淫笼罩一切而大家未必自觉的一派势力。这种重心、事物或势力，归纳起来，大率不出欧美所称神道、人事、自然三大范围，或中国所称天、地、人三才的范围。中西相较，天可以对神道，地可以对自然或一切物质环境，人可以不用说。”[②]

据潘光旦分析，就西洋文化史而论，希伯来文化是重神的，希腊文化是比较重人的。但全部中国文化史终究是一个重人道的文化史。在中国各派思想中，最有线索最有影响的也终究是儒家。儒家思想的对象是人道，所以人文思想和儒家思想两个名词往往可以通用。中国儒家的人道有四个方面：第一方面，对人以外的各种本体；第二方面，对同时存在的别人；第三方面，对自己；第四方面，对以往与未来的人。潘光旦认为，这四方面缺一，人道就不完全，而这四方面合拢来就成为他所称的中国人文思想的骨干。

① 费孝通：“代序”，载《寻求中国人位育之道·潘光旦文选》，国际文化出版公司，1997年，第3–4页。

② 潘光旦，“中国人文思想的骨干”（1934），载《寻求中国人位育之道·潘光旦文选》，国际文化出版公司，1997年，第473页。

第一，潘光旦认为，第一方面当然是最基本的。所谓各种本体可以包含许多东西，概括了西洋的神道与物道或中国三才中的天地两才所指的一切事物。即一切自然的物体都在内。但人道范围以内的事物，或人为的事物，无论抽象的所谓精神文化，还是具体的物质文化，如畸形发展到使人不能驾驭反被其驾驭，与人道对抗，就会使人道无法抵抗而至于衰微寂灭。例如，“国家主义的只认国家不认人……家族主义的只认家族不认人，金钱主义的只认金钱不认人”。[①]这样，人道就会被肢解。

因此，潘光旦指出：“人利用了自然的事物创造了文物的环境；他自己应该是主体，文物的环境终究是一个客体；但结果往往会喧宾夺主，甚而至于反客为主。人也创造了全部的意识的环境，包括宗教、道德观念、社会思想等等在内；他自己应该是一个主体，而意识的环境是一个客体；他自己的福利是一个常，意识环境的形式、内容与组织是一个变，应执变以就常，不应强常以就变；但结果也往往弄得常变倒置，主客易位，这种局面，是讲究人文思想的文化所最犯忌的局面，因为充其极，人类在天地间的地位，可以根本发生动摇，至于立脚不住。”[②]所以，儒家思想以为不宜运用得过火。正如孟子所说，“执中为近之；执中无权，犹执一也；所恶执一者，为其贼道也，举一而废百也。”潘光旦说，“所以儒家的人文思想里，于‘经’的原则之外，又有‘权’的原则。执中无权，犹且不可”。[③]总而言之，“潘先生继承了中西文化的古人文思想，特别是儒家的传统，非常重视人的作用，认为人在精神文化和物质文化的人道范围内的种种关系中，始终应该处在主体的地位”。[④]

第二，潘光旦认为，中国人文思想里的第二方面的对象是与本人同时存在的人，即所要考虑的是人与人之间的关系。关于这种人际关系，在中国人文思想里有一个极简单的原则，叫作“伦”。“伦”有两层意义，一层是静的，一层是动的。潘光旦说：“所谓静的人伦，指的是人的类别，人的流品；动的人伦指父子、君臣、夫妇、兄弟……之间分别应有的关系。”“静的人伦注意到许多客观的品性，如性别、年龄、辈分、血缘、形态、智慧、操行之类，如今

① 潘光旦：《寻求中国人位育之道·潘光旦文选》，国际文化出版公司，1997年，第475页。
② 同上书，第475–476页。
③ 同上书，第476页。
④ 胡寿文：“优生学与潘光旦”，《读书》1996年第12期，第68页。

动的人伦就要用这种品性做依据，来孳求每两个人之间适当的关系，即彼此相待遇的方式来。静的人伦所重在理智的辨别，动的人伦则在感情的运用。”[①]

潘光旦指出，静的伦与动的伦相需相成，缺一不可。仅有静的伦，仅讲流品的辨别，社会生活一定是十分冷酷的，甚至不会有社会生活。仅有动的伦，仅谈人我应如何相亲相爱，完全不理会方式与程度上的差别，则不但会减少社会进步的机缘，而且感伤主义会支配社会生活。因此，人文思想和人道主义是不同的。它们同样重人道，注重道的和同，而人道主义所见的“同”等于“划一”，所见的“和”等于和泥土粉末之和，而不是调五味之和。人文思想则相反，在其同与和之间，特别着重和，认为与其同而不和，毋宁不同而和。潘光旦认为，中国以前是动静二者并举的，现今谈伦理学与人生哲学者十有八九只讲动的伦，而不讲静的伦。

第三，中国人文思想第三方面的对象是一个人的自己。人是一个总称，所指的是一般的人性、人道、做人的标准、完人的理想等。一个人应付自己却也不易，于是就发生了自觉与自动应付的问题。例如对待情欲，潘光旦说：“情欲之来，放纵既然不利，禁绝亦非所宜；于是怎样在两个极端中间，寻出一条适当而依然有变化的途径来，便成为历代道德家，以至于生理与心理学家所努力的一大对象。但努力的人虽多，而真能提供合乎情理的拟议来的似乎只有人文思想一派。”[②]

潘光旦以为，在受人文思想支配下的中国文化里，平日应付自己的情欲时，所持的大体上是一个“节”的原则，既不是“纵”，也不是“禁”。“节”是有分寸的意思，不但情欲的发生要有分寸，凡是行为也要有分寸，即使是平日公认为良善的待人行为也要有分寸。儒家的“克己复礼”谓之仁，这礼有两层意义：（1）教育修养的结果，使人言语有节制，有分寸，便是合礼，这是内发的；（2）凡属可以帮生活的忙、使言动合乎分寸的事物工具，也是礼。克己也要克己得有分寸。

第四，中国人文思想在第四方面的对象是以往与未来的人与物，潘光旦特别强调，一个囫囵的人不但要轶出空间的限制，更要超越时间的限制。“真要

① 潘光旦：“中国人文思想的骨干”，载《寻求中国人位育之道·潘光旦文选》，国际文化出版公司，1997年，第477页。

② 潘光旦：《寻求中国人位育之道·潘光旦文选》，国际文化出版公司，1997年，第478页。

取得一个囫囵的资格，须得把已往的人类在生物方面与文化方面所传递给他的一切，统统算在里面。不但如此，他这承受下来的生物的与文化的遗业，将来都还得有一个清楚的交代。约言之，他得承认一个‘来踪’，更得妥筹一个‘去路’。认识了来踪，觅到了去路，这个人才算是相当的完整”。[①]

潘光旦指出，在中国人文思想里，囫囵人这一点是极发达的。在文化的传统方面和生物的传统方面也轻易不肯放松，甚至要编列出一张道统或学统的世系表来。但潘光旦认为尤其要紧的毕竟是生物的传统。他说：“若有人问什么是儒家思想最基本的观念，我们的答复是：就是本的观念，或渊源的观念。所以说到，万物本乎天，人本乎祖，孝悌是为人之本，君师是政治之本，乡土是一人根本之地，一人无论如何不长进，只要不忘本，总还有救。所以要尊祖敬宗，所以要慎终追远……既眷眷于既往，又不能不惴惴于未来。所以便有‘有后’之论，所以要论究‘宜子孙’的道理；有了有价值的东西，总希望‘子子孙孙永保存’。更进而把已往与未来相提并论……”[②]

胡寿文认为，潘光旦所讲的“一个囫囵的人即是超越时空的东西，他的理智以及他的并不总是依附于理智的非常复杂和强烈的感情，即便有源远流长的文化背景，也难免要受到遗传品性的修饰”。[③]同时，潘光旦认为，只有那些符合于囫囵的人的生存和发展规律的文化势力才能发挥出积极的作用，文化必定是以囫囵人为出发点和归宿的。“我们要谋求自身的改进和社会的进步时，面对囫囵的人，只能是尊重、培育和发挥每一个人的自知和自制的能力，寻求一条适应或中和位育的道路”。[④]而且，“只有这类关于囫囵的人的科学的发展，才有助于了解人自己，进而了解社会和了解世界；并且预言这类关于囫囵的人的科学必将成为继往开来的新人文思想的不可或缺的骨干”。[⑤]

第五，潘光旦说，人文思想的上述四个方面，都要受分寸原则的节制。“在第一方面，我们要防人以外的本体或俨然有本体资格的事物出来喧宾夺主，以至于操纵我们的生活。换一种说法，就是人和它们各个的关系，都得有

① 潘光旦：《寻求中国人位育之道·潘光旦文选》，国际文化出版公司，1997年，第480页。

② 同上注。

③ 胡寿文：“优生学与潘光旦”，《读书》1996年第12期，第68页。

④ 潘光旦：《寻求中国人位育之道·潘光旦文选》，国际文化出版公司，1997年，第69页。

⑤ 同上书，第68页。

一个分寸”。[①]人文思想和人本主义的不同就在于，人文思想把人看作中心，但即使在把人看得比其他本体都重要的时候，也还有分寸，而不是目空一切，唯我独尊；而人本主义有一种超过了分寸的自负心理与自信心理，以为一切都在人自己的手里，这是中国人文思想所不能接受的。

人文思想的第二、三方面，也不免受分寸原则的节制。“静的人伦，一壁以自然的变异做基础，一壁以价值的观念来评量，自然是讲分寸的。动的人伦所承认的最大的原则，不外用情要有分寸，满足一种欲望时要有分寸”。[②]不论是为了自己的福利讲分寸，还是为了别人的福利讲分寸，以至于为了节省物力讲分寸，其结果总是一般福利的增加，一般位育程度的提高。对这种福利的增加与位育程度的提高，以前的人文思想学者就叫作“和”。所以说：“‘发而皆中节，谓之和’，又说，‘礼之用，和为贵。’”[③]潘光旦同时说，除了在情欲上讲分寸外，社会生活就再也没有可以实现“和”的途径。无论是走放纵之路，还是走禁绝之路，都会造成社会不和。这个分寸的原则也适用于第四个方面。

总之，无论哪一方面，“都由三个据点所构成的格局，两点是静的两极，一点是动的中心，就是人自己或人所立的一个标准。第一方面是天、地与人道之人；第二方面是社会、个人、与能兼筹并顾到社会需要与个人需要的人；第三方面是情欲的放纵、禁遏与适当的张弛操守，也就是节制。第四方面呢？两极端指的是既往与未来，而中心之点是现在或当时，三点之中对人最有休戚关系的当然是现在，理应特别加以措意。但若我们过于注意现实，只知讲求所谓现实主义，置已往的经验成效与未来的理想希望于完全不闻不问之列，那我们也就犯了执一的弊病，不鉴戒于前车的得失，则生活的错误必多，无前途地瞻望希冀，则生活的意趣等于嚼蜡，这便是弊病之所在了。……但若我们一面把握住现在，一面对已往与未来，又能随时予以适当的关注，无论前瞻后顾，脚步始终踏实踏稳，这些弊病就不至于发生了。一样的执中，这执中是有权衡的。有权衡也就是有分寸”。[④]经过以上对人文思想的四个方面的分析，潘光

① 潘光旦：《寻求中国人位育之道·潘光旦文选》，国际文化出版公司，1997年，第481页。

② 同上书，第482页。

③ 同上注。

④ 同上书，第482–483页。

旦的结论是人文思想很早就在中国儒家哲学里打成了一片。

潘光旦开创了中国新人文思想、发扬了儒家思想，对民族优生等进行了独到的研究。

（二）儒家对中国民族的影响

潘光旦认为儒家对于生活的肯定，对于宇宙的坦白的承受，是最显明的。儒家不但肯定生命，并且特别肯定人的生命。它承认宇宙万有之中，只有人生的一部分可以认识，可以控制，其他部分不但不能控制，并且往往不可思议。因此，在人事范围以内，尤其是在人与人的关系与此种关系的控制上，儒家用了全副精神来应付。儒家重视人生的教训也是一贯的。“儒家不但肯定人生，并且认识人生有纵横两个方面。在横的方面，他们发见了一个‘彝伦攸叙’的原则。在纵的方面，他们产生了一个‘一脉相绳’的观念。这两层，在民族的文化史里，所占的势力之大，很可以和一般宗教的信条相比，儒教对于民族健康发生的影响，它们也就成为最有力的两个支点”。[①]

如上所述，“伦”的原则原有动静两个不同的意义，静的指的是人的流品类别，动的指的是人的关系。原先二者是并行的，后来一部分儒家特别重视静的类别，当推荀子为代表；一部分则特别注意动的关系，当推孟子为代表。由于孟子被认为是儒家的正统，于是动的占了优势，而静的就少有人过问。宋元以后讲“伦”字，便联想到五常之说，联想到人与人之间的各种道德关系。潘光旦指出，这种片面的发展，从民族健康的立场来说是很不幸的。因为只有承认流品，辨别流品，才能加以挑剔，民族的健康才有真实永久的保障。人类是有变异的，唯其有变异才有选择可言，而选择便是近代优生学所承认的唯一改进种族的方法。

但潘光旦同时也发现，中国人“始终并没有把这流品的伦叙观念完全忘记，所以就全部的历史而论，一壁我们终于形成了一种尊贤有等的伦理学与政治哲学，一壁又演进为一个极有组织的选择制度”。[②]他认为，这对于民族的健康是很有补助的。至于“一脉相绳”的观念，作为民族的信条，似更在“彝伦攸叙”之上。生命是一个绵续的东西，不能绵续的生命就等于没有生命。因

① 潘光旦：《寻求中国人位育之道·潘光旦文选》，国际文化出版公司，1997年，第136页。

② 潘光旦：“宗教与优生”（1935），载《寻求中国人位育之道·潘光旦文选》，国际文化出版公司，1997年，第136页。

此，中国的佛道家对这方面没有贡献，而儒家却是倾其全力来从事的。儒家以孝为百行之先，而孝的最大功能是维持一家的血统。而且儒家也最看重仁，仁是以亲亲为出发点，以泽逮后世为最后的效用。因此，儒家“就是孝以承先，仁以启后，孝以继往，仁以开来，孝以光前，仁以裕后。前后世纪之间诚能永久地呼应照顾，那一脉相绳的信念不就成为事实了吗……”①

这种信念对民族的健康是有影响的，在人口数量方面的影响最为明显。在这种信念之下，婚姻生育不但是一种自然的行为，并成为一种天经地义的举动。一个人的性的能力，既不受禁欲主义的限制，又不受放浪行为的虚耗，其结果自然是人口极度的膨胀。这样不但社会经济上要直接发生大问题，在民族健康上间接也不免因淘汰的关系而引起严重的危机。在人口品质方面，“一脉相绳”的信念所引起的影响利害参半。传宗接代的思想在各阶级及较聪明的与较愚鲁的人中都有，各部分人口对于下一代的贡献没有多大的轩轾。最后，潘光旦说，总括“彝伦攸叙”“一脉相绳”两个信念的影响，不妨说，民族之所以能延长生命，以至于今日，当然是它们的贡献。

（三）儒家思想的偏颇对文化与民族品质的影响

潘光旦既看到儒家思想对民族绵延的贡献，又指出了其偏颇对民族的影响。他说，从坏的一面看，这样的影响表现在人口过剩所引起的种种问题，以及反优生的淘汰作用上。在人口品质方面，中才以上的人虽未减少，但有奇才异禀的人却不多见，以致文化的成果平淡，其原因与伦叙观念的偏颇及选举制度的狭窄有关。儒家对中国民族所发生的影响之所以利弊参半，是与儒家的基本思想分不开的。

儒家很看重人在宇宙中的地位。这原本很好，但若把人看得太高也就有很大危险。儒家甚至把祖先圣贤当作神来崇拜。潘光旦说，宇宙之间可以做思想与信仰对象的不只是人，还有形而上的超自然的东西和形而下的自然的东西。最初儒家一面虽特别注重人的对象，对于形而上形而下的对象也并非完全不理，比如，有天就是形上一界、地就是地下一界之说。而后世没有能维持兼筹并顾的精神，儒家与其领导下的知识界，终于把三才中的人当作思想、信仰与行为的一个唯一的对象。即使谈“天”也是谈“天人合一”，谈格物致知也离

① 潘光旦：“宗教与优生”（1935），载《寻求中国人位育之道·潘光旦文选》，国际文化出版公司，1997年，第137页。

不开“伦常日用”及先圣昔贤的经验范围。

潘光旦指出，思想与信仰的对象一受限制，直接受影响的自然是文化的造诣。在此限制下，伦理学畸形发展，典章礼制累积细密，但宗教、玄学、哲学以及其他形而上的学问很少人过问，对形而下的科学也是如此。潘光旦说，从根本上受此种限制影响的，“却是民族的品性与本质。一个健全的民族之所以健全，一方面固然由于民族成员间的品性之‘同’，一方面也未尝不由于他们的品性之‘异’，‘同’是秩序与治安的张本，‘异’是进步与发展的动力；‘同’的品性与‘异’的品性要调剂得恰如其分，才可以希望分工虽细、而无碍于合作，结合虽坚、而无碍于团体生活的活络。儒家文化末流之弊，既重人而鄙夷形上与形下两界的事物，迟早自然不免引起一种淘汰的影响，就是教凡是对于两界的事物有兴趣来领会、有能力来研究思考的民族分子，越来越得不到相当的位置，越来越失其位育。失其位育，就等于在生存竞争中受了淘汰。此种分子既受淘汰，于是在末流的儒家统制下的中国文化，便日见其平庸黯然；因为负责创造此种文化的人，在品质上，就不出奇，不出色”。[①]潘光旦指出，“只是儒家思想的末流的狭窄，还不碍事，不幸的是此种思想终于形成了政治信仰的一部分，最后且结晶成为一种极有组织的制度，行之且有两千余年之久——就是选举制度”。[②]这种制度筛出的人物划一、平凡而少变化，因此，在文化上，粉饰太平有余而出奇制胜不足。

潘光旦又指出了儒家思想的末流的狭隘，从儒家所讲做人之道，可以看出儒家思想末流的狭隘。儒家做人之道有格物、致知、诚意、正心、修身、齐家、治国、平天下等八个步骤。但儒家发展发生了偏窄化的倾向，偏重了中段，即偏重的是修、齐、诚、正，而忘却了两端，即忘却了格、致。这种偏重对于文化的影响是很明显的，没有格致做基础的诚正功夫即流为虚妄，宋明理学是很好的证据。潘光旦郑重地指出，修齐的畸形发展与对治平的忽略，实乃自私之尤。他认为，中国文化的特性既不是资本主义，又不是社会主义，而是家族主义，即在于要受家族组织的命定与支配。由于家族组织的畸形发展，人们的社会意识薄弱，国家观念幼稚，其最大的目的是“保身家”。这种畸形发展的身家主义自然也影响到民族的品质。潘光旦说：“它也有它的淘汰的力

① 潘光旦：《寻求中国人位育之道·潘光旦文选》，国际文化出版公司，1997年，第140页。

② 同上书，第141页。

量。我认为中国人自私自利心的发达、组织能力的薄弱、人情观念之重与法治观念之轻，多少不能无生物学的基础，而此种基础便由淘汰而来。”①

潘光旦总括以上两层影响说：“儒家的基本思想里有一个中庸之论，这也是很好的，但后来也被人讲窄了，说‘不偏之谓中，不易之谓庸’，‘不偏’是不承认空间上物理的变化，‘不易’是不承认时间上事理的推移。此而不承认，试问一个民族的生物品质和文化风格还会有多大的健全发展。儒教极尊重人，尊重教育，尊重文物，但是结果全都是很平庸……也无非是误解了中庸两个字的结果。”②原本根据中庸的原则行事，也不宜过于固执，应该因人制宜，因时制宜，因地制宜。但对这种见地，后来的儒家不大理会，他们只会执，不会推十合一，终于使文化和民族的品格两受其蔽。在民族中，中等成员以至比较中上的成员虽多，而特别秀异的人才不可多得，文化创造因此种人才的缺少而受到损失。儒家的家族主义还有一点很不健全的是，注意已往的祖宗，而不注意未来的子孙。只要子孙能维持一家的血统便感到满足，而不问子孙的品质如何。

潘光旦总结说，儒家的思想里有三个缺点：“一是过于注重了人，而忽略了宇宙间其他可以措意的事物；二是儒家主张的做人之道，并不完全，基础既没有打稳，到了半途，又没有能推广出去；三是儒家的家族主义也不健全，回顾已往得太多，展望前途得太少。……这三个缺点的基本原因，是误解了中庸二字。它们自己所产生的倾向是民族文化风格的保守化，民族生物品质的平庸化，而这两种倾向又相互地因缘为用，以至于今日。”③

（四）对儒家思想的修正

为了民族的优生，也出于对儒家的信仰，潘光旦提出以下两点。第一点是对执中无权的修正，目的是使变化太少的文化成为变化多些的文化，使反优生的淘汰影响变为合乎优生原理的选择影响。这就要反其道而行之。

儒家的宇宙观原是天地人三才的会通，社会观是格物、致知、诚意、正心、修身、齐家、治国、平天下八个步骤的实践，而其所由会通与实践的原则是“经权兼顾”的道理或“执两用中”的道理。潘光旦说，“这原是很不错

① 潘光旦：《寻求中国人位育之道·潘光旦文选》，国际文化出版公司，1997年，第142页。
② 同上注。
③ 同上书，第143页。

的，但事实上却没有能这样做。两千多年以来，大家把全副精神贯注在‘经’字上，而忘却了‘权’字；大家但知‘用中’的可贵，而不知‘执两’的同样不宜忽略。结果是，三才之中遗了天地，八步骤之中遗了一、二与七、八，……这些遗忘了的东西，归并起来，……就是：一、形下的物质世界；二、形上的精神生活；三、身家以外的社会活动”。[①]

针对儒家思想的以上偏颇，潘光旦进行了修正，并反其道而行之。他指出，对以上三方面要加以努力。首先，要尽量在理智上培养对自然界的兴趣，亦即要提倡科学和哲学；其次要在情绪方面，充分启发人们对自然界的兴趣。对各种社会科学的鼓励以及社会意识的培养也不能丝毫放松。潘光旦提醒道，这种培植、提倡、启发、激励的工作也要做得有分寸，“执两”的工夫非做不可，“用中”的原则也不能忘记。

第二点是对“慎终追远”论的引申。以前，慎终追远的信念对于民族有过贡献，但这种贡献是片面的，有助于人口数量的增长，但对人口品质的提高却没什么帮助。慎终追远的旧信念的对象是已往的祖宗，只要子女延续香火便算尽了责。而在新的信念下，对象是子女自己，而不只是绵延祖宗血统，父母还要预先考虑到他们的品质，在“裕后”方面多做一些工夫。

潘光旦所说的以上两点，涉及优生或种族卫生的三个简单的要求：“一、种族要有人传下去；二、传下去的人遗传品质要良好；三、所谓品质良好不只是一般的良好，而是有变化的多方面的良好。有了‘裕后’或‘敬始怀来’的信念，第一与第二个要求便得着了满足的保降；真能履行执两用中的生活原则，便不论何种人才，出世以后，都能安所遂生，生则以智能贡献给社会，没则以血种贻留与子孙，使对于后世社会。能作同类的贡献，这就满足了优生或种族卫生的第三个要求。”[②]

（五）对民族行其大孝

在发扬传统思想的基础上，潘光旦进一步阐述了民族品质的提高与能力的扩大对人类演化的贡献。

---

① 潘光旦：《寻求中国人位育之道·潘光旦文选》，国际文化出版公司，1997年，第144-145页。

② 潘光旦：“论对民族行其大孝”，载《寻求中国人位育之道·潘光旦文选》，国际文化出版公司，1997年，第145-146页。

潘光旦认为，一个人应对国家尽其至忠，对民族行其大孝。“对民族行其大孝”有两种意义。第一，若是实行我们原有的关于孝道的教训，其结果势必影响到民族的福利与健康。各个家族实行有后主义的结果，是最终把民族的生命维持到了现在。民族总是一个个家族的总和，正是部分家族的“有后”保障了整个民族的“有后”。凡是对家族履行过“有后”主义的人，都是在无意中对民族行过孝道的人；至于这种孝行的实际大小，那就得看他所留的“后”，在质与量上属于哪一等了。

潘光旦还说，原有孝道的教训里又包括继志述事的方面。孝者，善继人之志，善述人之事者也。这种孝并且可叫作达孝。达孝就是大孝，大孝不仅主张单纯的“有后”，而且坚持有意义与有价值的“有后”，这种“有后”所发生的教化效能，对民族的意义更其明显。“在继志述事的‘有后主义’的要求之下，一个家族不能再说，有子万事足，还得注意，这子是怎样的子，他有没有能力接受继志述事的训练，而发为继志述事的功绩，假定每一个家庭能注意到这一点，即每一个家族能有健全优秀、才能丰厚的后辈，试问一个民族，于维持生命而外，能不蒙更大的福利么”？[①]潘光旦认为，血统的有后与道统的有后，是我们民族文化的两个观念。

第二，对“民族行其大孝”，就是由家族主义之孝扩充而为民族主义之孝。家族主义下的孝道有三种程度：小孝用力，中孝用劳，大孝不匮。相应地，民族孝道也有三种程度。第一种程度只限于经济的活动，相当于对父母的侍养，即一个人不但能解决一己的经济生活问题，还有余力养家，甚至在必要时援助朋友或公家。第二种程度进而包括文化的贡献，相当于“事父母几谏”而纳父母于仁义的大道。一个智能中上的人，不但能解决个人与家人的生计，在文化方面还能有所祖述，甚至有所发明，不但惠及当时，并且泽流后世。第三种程度有两部分，第一部分是为民族争取人格与保全命脉而至于杀身的一种孝道，第二部分是为家族孕育良好的成员，也就是为民族增添健全的成员。潘光旦说：“这种民族分子的增加，就等于民族一般品质的提高，也就等于民族经济生产力与文化创造力的扩大。能力扩大、事功加多，直接可以抬高民族的地位，间接可望对全人类的演化，有所贡献。这才是最后的目的。”[②]

① 潘光旦：《寻求中国人位育之道·潘光旦文选》，国际文化出版公司，1997年，第422页。

② 同上书，第425页。

潘光旦认为，要讲求“对民族行其大孝”，就要纠正消极的有后主义。他相信，为各个家族计，为整个民族计，他所追求的不仅是一个命脉的维持，而且是元气的保障。他期望民族生命延长一代，民族品质也迈进一代，只有不断提高民族品质，才能重新讲求继志述事与发扬光大的大业，才能提高民族的地位，才可望对其他民族以及人类的演进有所贡献；也可以说，唯有这种贡献才能维持民族的不可替代的地位。潘光旦强调，“我们若不做到这不匮的境界，我们对民族所行的孝道，还不能算作大孝或达孝”。[①]

潘光旦进一步提出了他对民族孝道在民族教育与民族道德里的应有地位的看法。孝是家族制度下的教育的基础，而他所讲求的民族孝道完全可以沿用这一基础。以前，孝是最高的德操，是一切道德的折中，但这一点仅适用于祖宗父母，现在可以转过来使其适用于民族。“总之，孝在民族教育与民族道德里，依然应当处一个中心与重心的地位”。[②]与家族的孝的教育一样，民族的孝的教育也应当因人而异。在孝的三种程度上，各有各的孝道，只要照三种程度的孝道去做，就算尽了孝道。潘光旦强调，对那些不接受他这种民族孝道的人，对那些假借行孝之名而逞其私欲之实的民族分子，自然是国有常刑，决不宽贷。

不过，潘光旦承认，尽管讲大孝以民族作对象，但行大孝总得以家族作单位。如果撇开家族而实行民族的孝道，最多只能做到第一或第二程度。“要实行第三程度的孝，即行民族的孝道要行到家，还得从家族的单位做起，还得从缔结健全的婚姻与产生健全的子女做起。这些都是每一个健全的民族分子的责任，须脚踏实地的做起，方有效果”。[③]因此，潘光旦出于民族优生的考虑而非常重视对婚姻、家庭、生育的研究。他说：“一个人了解了这一类民族文化中原有的教训与习惯，再参以近代这一方面的比较成熟的学说，从而估量他个人的健全与智能的程度对民族究能作何等的贡献，再从而对于他的婚姻与家庭生活，作一个适当的安排，深知有后主义的责任重大，既不轻易接受，也不任情放弃——对这样一个人，我们才足以语于‘对民族行其大孝’。”[④]

① 潘光旦：《寻求中国人位育之道·潘光旦文选》，国际文化出版公司，1997年，第426页。
② 同上注。
③ 同上书，第428页。
④ 同上注。

三、品格教育

在研究民族优生强种、寻求民族位育之道的同时，潘光旦探讨了民族成员的健全与民族位育的关系。他说："人生的最大目的，还不是人生的博大化、高明化、精深化？何谓人生又不出个人与群的两个方面，群的生活尤为重要。文化的一切努力，最后的效用与价值，也无非是助长此种生活，使一代比一代精深、博大、高明。"[①]他认为，一切生命的目的都是要求得其位育。教育是生命的一部分，因此教育的唯一目的就是教人得到位育："教育的目的不止一个，而最概括没有的一个是促成此种位育的功能，从每一个人的位育做起，而终于达到全人类的位育。"[②]品格教育也是让人得到位育的教育。

（一）品格教育的目的

在潘光旦看来，"教育只有一个目的，就是每一个人的人格的培养。……因为人格原是具体的，是人与人之间互有同异的。人格基于人性，人性不是一种单纯的东西，众人相同的部分是通性，异于众人的是个性，男女的基本不同我们又统称之为性别，人人既有此三部分的人性，人人既不能无一种要求，就是此三部分的并重与协调的发展，发展的过程是教育。发展的结果是每一个人的共同中自各有其别异的人格"。[③]那么各有其不同人格的人又如何能共同生活呢？这要靠真正完全的教育，即陶冶品格的教育。

潘光旦认为："品格的概念从品性的事实产生出来。人与人之间有比较相同的通性，有比较互异之个性，通性虽同，也有程度上的不齐，而个性之异，虽也不外程度上的差别，若就其极端者言之，则判然几乎有类别之分。凡此我们统称之为流品。"[④]他指出，人类有流品，是社会演化的最大的因缘。但人除了有品性有流品外，还有品格，"格就是典型、规范，就是标准，不达此标准的人，就是不及格的人"。[⑤]潘光旦认为，这种标准来自群居生活的需要和

① 潘光旦："宗教与优生"，载《寻求中国人位育之道·潘光旦文选》，国际文化出版公司，1997年，第153页。

② 潘光旦："说乡土教育"（1948），载《寻求中国人位育之道·潘光旦文选》，国际文化出版公司，1997年，第4页。

③ 潘光旦："论品格教育"（1940），载《寻求中国人位育之道·潘光旦文选》，国际文化出版公司，1997年，第506页。

④ 同上书，第506–507页。

⑤ 潘光旦：《寻求中国人位育之道·潘光旦文选》，国际文化出版公司，1997年，第507页。

要求。群居生活的第一个要求是“和”。而要求所有的人有何种品性，或最大多数的人有何种品性，才可以实现共同生活的“和”，便是潘光旦所讨论的问题的核心了。

（二）品格教育的标准

潘光旦仍然是从中国传统文化中寻找品格教育的标准：“要通性之同来维持群居生活之和，我们的民族经验及先贤遗教曾经留下一个行为的标准来，就是讲絜矩之道的一个恕字，要个性之异推进群居生活之和，并且推进到一个更高的境界，我们也早就有一个标准，就是一个明字。要行明行恕，还有一个先决的条件，就是个人能自知裁节。”[①]潘光旦还相信，民族遗教里的“礼”，就是帮助个人进行内心裁节的。不过，潘光旦又认为，后世社会秩序的维持，虽得力于恕字的不断讲求，但这种秩序之所以未能进入一个更高的境界，说不定明字的中途黯晦要负很大一部分责任。

潘光旦明确指出，明与恕就是行为的标准，能实行明与恕的品性才是合乎标准的品性，也才是我们应有的品格。能明能恕的品性可以说是一切道德品性的总汇。那么，能明能恕的品格从何而来？潘光旦说：“这是我们要回答的第二个问题。一切品性的源泉不外两个，一是遗传，一是教育，行明行恕的品性当然不是例外。这种品性的先决条件是一个充分健全的体格，一个相当高的智力，一个比较稳定的情绪，一个比较坚强的意志，一个比较丰富的想象的能力，等等。这些都自有其先天的根底，如果根底太薄弱，后天的教育是不能无中生有，化弱为强的，但若只有根底，而不加以后天的培养，使它们充分地发展，当然也是徒然而极不经济的。”[②]如何对已有的现成根底，加以培养启发，那就是品格的教育了。

（三）品格教育的方法与内容

潘光旦认为，教育的研究对象是刺激与反应的有目的的控制，品格的教育也不例外。在品格教育里，除一般地教明教恕而外，提供实际的能明能恕的榜样也很重要。因为品格教育特别注重身教，而身教不能不先从体验开始，侈谈理论是不生效力的。

① 潘光旦：《寻求中国人位育之道·潘光旦文选》，国际文化出版公司，1997年，第507页。

② 潘光旦：“论品格教育”（1940），载《寻求中国人位育之道·潘光旦文选》，国际文化出版公司，1997年，第508页。

至于反应的控制问题就更复杂了。因为通性程度上的不齐，个性也各异，他的反应也就难以划一。“不过前代从事于品格教育的人至少有一个入手的方法，就是特别注意于意志的培养，让意志来统制理智、情绪、想象等其他方面的心理活动”。[①]而意志的培养，在潘光旦看来，其实全都是养志与自我裁节的功夫。养志与自我裁节的功夫有消极与积极两方面，消极以收敛、省约为主，其结果是律己紧一步；积极则以扩充、博大为主，其结果是待人松一步。潘光旦认为，消极的功夫易做，积极的功夫难成，所以历来儒家与理学家大抵收敛有余，扩充不足。他指出，消极到了极端就会成为一种反社会的功夫，人我的关系减少到最低限度，就无所谓群居生活的和与不和了。同时，他也指出：“不过当其不过于消极的时候，这种收敛的功夫是有很大的社会意义的。谦恭、廉让、一般的礼节、全部的制度，全都建筑在此种功夫之上。礼、节、制、度这一类字眼的本义原全都有收敛的意思。这些都是形于体外而见诸行为的。要形于体外见诸行为而不失诸虚伪造作，必须内心先有一番长久的修养功夫，所谓慎独、不自欺、反求诸己等便是这功夫的所在了。”[②]因此，潘光旦说，这种内外兼备表里相应的功夫，就是道德的德字这种功夫的总称。德就是内得于己，外得于人，而内得于己是入手处，所以德字是从直从心。潘光旦认为，凡用收敛功夫而能内得于己的人，只要不过分，只要克己而能复礼，即克己而能归于适当的分寸，是不怕不能外得于人的。理解这个道理并将其付诸行动的人，就是内得于己、外得于人的人，也是独处则足、入群则和的人。

总之，在潘光旦看来，品格教育一方面要有明与恕两个行为标准，另一方面又要有一个训练意志让个人知所节取的入手方法。知明知恕不易，能明能恕更难，因此，意志与节取能力的训练是绝不可少的：“一个人要了解别人同于我的通性，知人我之间随时随地可以发生名利物欲的冲突，而于智力情绪的运用施展上，预留地步，是需要相当强大的意志力的；至于领会别人的个性，承认别人的见地，尊重别人的立场，所需要的自我制裁的功力，不用说是更为巨大。”[③]要明恕就得先做一些约束的功夫，这种功夫带有自我强制的性质，而

① 潘光旦：“论品格教育”，载《寻求中国人位育之道·潘光旦文选》，国际文化出版公司，1997年，第509页。

② 同上书，第510页。

③ 同上书，第510–511页。

要自我强制就得有坚强的意志："恕要强，明也许更要强，须得强恕与强明并行，才真正可以几及仁字所指的道德的境界。"①

（四）品格教育的三部分

潘光旦的品格教育由三部分组成，"一是通性与个性的辨识。二是明与恕两个标准的重申与确立。三是个人的修养，特别要注意到意志与制裁能力的培植"。②对通性与个性的辨识由来已久，并且随着文明的发展和人类认识的扩大而演变扩大，通性的辨识还获得了科学的论述。至于流品与个性的辨识也与通性的辨识类似。随着科学的发展，对通性与个性的辨识比以前容易得多了。

至于"明"与"恕"两个标准的重新确立，也不难做到。因为"恕"的标准原本是中西道德哲学的出发点。而"明"是客观的，正是科学文化的精神所在。自然科学的发达是建立在人对物的客观明辨之上的，社会科学也势必以人对人的客观的明辨为第一个先决条件。因此，"明"与"恕"都可以说是客观的，不过恕是相对客观的，因为人我相通的品性是可以"以己度"的，人我可以相比量，所以说是相对的；而明则是绝对客观的，且由于近代科学精神的倡导，明的标准不难确立。

个人的修省，特别是意志与裁节能力的培植，是最为困难的。因为社会有讲求集体生活的时代潮流，能够做到无我做到舍己从人，能以众人或代表众人的人的主张为主张，便是他们的修养。团体的意志或团体代表人的意志便是他们的意志。这样，个人意志日益被削弱，修养培植的需要就日益减少，这是困难之一。困难之二是，近代不少人笃信个人主义。个人主义是建筑在权利与义务观念之上的。从权利观念出发的人我关系，凭借的是社会成员间的相互牵掣和克制，而不是每个人的自我克制。群居生活只是暂时相安无事，而不能持久地协调，所以权利观念是不足以维系社会关系的。总之，潘光旦认为，个人主义既从个人权利观念出发，而又尊尚几近放纵的自由，力主自我的表现等，便极易走上流放的一途，而与收敛和裁节的精神相反，这是困难之二。

潘光旦认为，从"明"与"恕"的立场看，集体主义的思想是比较"恕"而不"明"的，个人主义的思想则比较"明"而不"恕"。也就是说，个人主

① 潘光旦："论品格教育"，载《寻求中国人位育之道·潘光旦文选》，国际文化出版公司，1997年，第511页。

② 同上注。

义容易忽略通性，而集体主义容易忽略个性，个人主义的可能成就侧重于各尽所能，集体主义则侧重于各取所需。各尽所能近乎明，各取所需近乎恕，但指的都是人伦关系。

潘光旦就品格教育问题总结说：“明与恕是品格教育的两大标准；明与恕都要我们待人放宽一步，不过在待人能放宽一步之前，先得律己收紧一步。放宽与收紧都是一种分寸与裁节的功夫。必须有善自裁节的个人于先，斯能有和谐与协调的社会于后。这原是中国礼教文化的中心精神，也是我们品格教育应有的鹄的。”①

四、新母教

从民族的保世滋大立场出发，潘光旦十分重视母教。他说，有的人以为儿童的生、养、教完全是国家的事，或是父母应当平均负担的任务。而在他看来，对此事国家和父亲当然脱不了干系，但主要的责任终究是在家庭与做母亲的妇女的肩上。从个人立场看，这种责任不免剥夺了一个女子自由发展与获取功名利禄的一部分机会；但从民族的立场看，女子应能体念到这个民族的立场，以为公推小己以成大我，认识到一己的辛劳与民族的保世滋大有不可须臾离的关系，从而从最大的贡献甚至从牺牲中觅取最富厚的快乐。因此，潘光旦提倡一种新母教。

（一）新母教的五个阶段

潘光旦的新母教分五个阶段进行，他称之为五个段落。第一个阶段是择教之教，第二个阶段是择父之教，第三个阶段是胎养之教，第四个阶段是保育之教，第五个阶段是品格之教。

第一阶段：择教之教。潘光旦号召国民中比较健全的女子人人要负起母教的责任，她们事先应当有充分的准备。因为一般的教育，只教人如何做一番社会事业或找职业或学一套吃饭的本领，并没有教人如何做父母，更没有教女子如何做母亲。因此，潘光旦提倡，国家要实行新母教。而且全国凡属健全女子真想做健全母亲的话，她首先要向国家要求一种“母道”的教育，即要有“学养子而后嫁”的原则，要承担起儿女的生、养、教的任务，女子非于结婚以前

① 潘光旦：“论品格教育”（1940），载《寻求中国人位育之道·潘光旦文选》，国际文化出版公司，1997年，第514页。

即有充分的学习不可。潘光旦希望，女青年特别要坚决要求，要选择她们所认为最有意义最有价值的教育，要认定做父母特别是做母亲的人应有充分的学识与态度上的准备。

第二阶段：择父之教。要有好的母教，先得有好的家庭生活，要有好的家庭生活，先得有好的夫妇。一个女子婚后要做一个好母亲，想实行新母教，则“第一要郑重地选择她的配偶，一定要选择一个家世清白、身体健康、品貌端正、智能优秀、情绪稳定、意志坚定的男子做配偶。惟有两个身心品性都比较健全的人所组织的家庭才会成为一个健全的家庭，也惟有这种家庭环境之中才能实行新母教”。[①]所以新母教的第二阶段的实质，就是在婚前替子女选择一个良好的父亲，替未出生的子女选择一部分良好的血统或遗传，为子女在出生后提供一部分良好的榜样与家庭导师。潘光旦从优生学出发，认为择父之教，旨在以良好的遗传为一切教育的基础。

第三阶段：胎养之教。潘光旦认为，胎养之教有很有力的科学根据。胎儿所需要于母亲的，一是保护，二是营养，保护不周，营养不当，会影响胎儿的健全发育。如果孕妇有不良的习惯、不规则的生活、不和谐的家庭人际关系、无节制的起居饮食、没分寸的情绪等，势必影响胎儿的安全和营养。为了减少先天不足，因此要重视胎养之教。

第四阶段：保育之教。潘光旦把儿童出世后进入小学之前这段时期视为“新母教”的第四阶段。对于保育之教，潘光旦主张自养与自教的原则。自养的原则是：第一，最好吃母奶而不用代乳品；第二，最好不用奶妈。自教的原则是：第一，不用奶妈；第二，最好也不请保姆，因为就儿童的幸福论，母爱的价值大；第三，最好不要把儿童送进托儿所。潘光旦说，人的性格是两方面的，社会化的、个别修养的。儿童的社会化训练有的是机会，从小学一直到学成服务都有机会，而其个性的发现与启迪，则应该是家庭教育的一个责任，也唯有家庭教育，唯有母亲，最能尽这个责任。

第五阶段：品格之教。这个阶段是指儿童入学校以后至成年的时期，潘光旦认为，学校教育的最大贡献是知识的灌输，而最缺乏的是品格的陶冶。而家庭则是唯一陶冶品格的场合，品格教育的最大责任还是在家庭，并且是母教的中心。

① 潘光旦：“新母教”（1942），载《寻求中国人位育之道·潘光旦文选》，国际文化出版公司，1997年，第757页。

潘光旦特别针对第四与第五两个阶段提出三个原则，第一是榜样原则，即家长的言行要遵守道德标准，因为儿童模仿能力强，而模仿也就是一种品格教育；第二是距离原则。人与人的关系，一方面讲究相亲相爱，另一方面也要讲究适当的距离。唯有平时能讲究距离，临事才能真正地相亲相爱。这样，子女在物质与精神上断奶后，才不至于失去自己的人格，而成为父母人格的一部分；第三是性教育。潘光旦认为，性教育的最适当的教师是父母、而最适当的指示环境是家庭。

（二）实行母教的三个先决条件

潘光旦指出，在实行母教前的三个先决条件："第一要做母亲的自己认识，自己主张，就是母亲的职业、母教的责任，是社会上最高的职业、最大的责任。我以前说过，假定男子是创造文化产生财富的人，那女子就是创造创造文化的人的人，和产生产生财富的人的人。能这样看，母教的责任自然是高于一切了。"[①]

第二个先决条件是要政府和负有民族教育责任的人对新母教有充分的认识，并加以主张和规定。政府要规定，男女教育在高中与高中以上应大致分开，而不应当完全混同。这是与第一阶段的择教之教相呼应的。在潘光旦看来，女子教育不分化出来，女子就得不到做母亲的准备，也提不起结婚成家、生儿育女的意志和兴趣，更谈不到新母教了。

第三个先决条件是要全国做父亲的人了解并给予帮助。要让他们知道结婚成家不只是夫妻俩的终身大事，也是他们的子女的终身大事，从民族的关系看更是民族的大事。"因为如果子女的遗传和教育有欠缺，一时受累的不过是一家一代，而长期受累的是整个的社会、整个的国家以至于未来世代的民族"。[②]潘光旦提醒男子要明白，做男子做父亲的，在民族演化的机构里，不过是一个工具，恋爱、婚姻与家庭是运用这工具的一些方法，而生育、养育与教导健全的子女才是真正的目的。因此，他说，男子"如果知情达理的话，他应当从旁做一个良好的工具，而不应当以目的自居，而妄自尊大"。[③]

① 潘光旦："新母教"（1942），载《寻求中国人位育之道·潘光旦文选》，国际文化出版公司，1997年，第762页。

② 同上书，第762–763页。

③ 同上书，第763页。

总之，正如费孝通所说，“潘光旦认为一切社会问题的症结都在于人。人创造了文化，几千年来提高了人类的文明，但亦历尽了在前进中的不断挑战。先生认为只有依靠人的自知之明，自强不息，人类社会才能继续健全地发展。他用了毕生之力，不顾身体上的和社会上的种种常人所难以克服的缺陷和劫难，坚持学习各项先进的学科，去认识人的生理和心理基础，人的社会行为和规范，以及对人处世之法制和伦理道德，力图为人类寻求一条中和位育、遂生乐业之道，使这个世界上人人都能充分发挥其自知和自强，成为各民族共同生活和不断前进的一个个积极的健全的人”。[①]

第八节
陈翰笙等的农村经济调查研究

陈翰笙（1897–2004），江苏无锡市人，著名历史学家、农村经济学家、社会学家。1920年获美国珀玛拿学士学位，1922年获芝加哥大学硕士学位，1924年获德国柏林大学博士学位，同年回国，任北京大学教授。1927年到苏联莫斯科，在第三国际农民研究所工作，1928–1934年在中央研究院社会科学研究所任副所长，1936–1939年在纽约太平洋学会英文季刊任编辑，1939–1942年在香港办《通东通讯》英文周刊，1942–1944年任桂林师范学院西文系主任，1944–1946年在印度新德里大学任评卷员，1946–1950年在美国华盛顿州立大学等处任教。1950年回国任外交部顾问、外交学会副会长，1951年筹办英文版《中国建设》杂志，任编委会副主任，1955年当选为中国科学院哲学社会科学部学部委员，1958年任外交部国际关系研究所副所长，之后创办中国科学院世界历史研究所并任所长。1973–1978年任中国科学院顾问。1978年被聘为北京大学国际政治系特邀教授等多种职务。

主要著作有：《亩的差异》（1929）、《黑龙江流域的农民与地主》（1929）、《当代中国的土地问题》（1933）、《广东农村生产关系与生产力》（1934）、《帝国主义工业资本与中国农民》（英文版，1939）、《西双版纳的土地制度》（1949）、《华工出国史料汇编》（1984）、《陈翰笙文

① 费孝通：“代序”，载《寻求中国人位育之道·潘光旦文选》，国际文化出版公司，1997年，第3页。

选》（1985）。

在20世纪20年代末30年代初，陈翰笙等人利用公开合法的身份对中国农村进行了大规模的调查。当时，作为中央研究院社会科学研究所副所长的陈翰笙明确指出："一切生产关系的总和，造成社会的基础结构，这是真正社会学研究的出发点。而在中国，大部分生产关系是属于农村的。因此，中央研究院社会科学研究所社会学组就拿中国的农村研究作为它的第一步工作。"[①]陈翰笙领导的调查从农村的生产关系入手，以便能更清楚地认识和说明中国社会的性质。在农村调查中，他又选择了能够说明社会结构的本质的地区。他认为："江南、河北和岭南是中国工商业比较发达而农村经济变化得最快的地方。假使我们能够彻底地了解这三个不同的经济区域的生产关系如何在那里演进，认识这些地方的社会结构的本质，对于全国社会经济发展的程度，就不难窥见其梗概；而于挽救中国今日农村的危机，也就不难得到一个有效的设计。研究中国农村经济先从这三个地方着手，才是扼要的办法。"[②]于是，陈翰笙领导了对江南、河北、岭南的大规模调查，即1929年中央研究院社会科学研究所举行的无锡调查，1930年该研究所与北平社会调查所合作举行的保定调查，1933年中山文化教育馆和岭南大学合作进行的广东农村经济调查，这些调查都着重于农村生产关系的调查。

一、陈翰笙对三江地区农村经济的调查

（一）无锡调查

1929年春，陈翰笙制订了无锡农村经济调查计划，设计了一套调查表格，组成了一个有45人的中央研究院无锡农村经济调查团，目的是要用比较科学的挨户调查方法，调查全县各种类型自然村的农村经济实况。当时在无锡四乡选定了有代表性的22个自然村，计有1204户。团员分成四组，由张稼夫、钱俊瑞、刘端生、秦柳方分任组长，每组负责调查5–6个自然村。调查内容包括：户口、住房条件、劳动力、各种农作物的产量及其收入、副业种类及其收入、牲畜、农用动力机械、借贷、典当、商业买卖、生活消费以及文化教育等，都要了解一周年的情况，记入调查表，每户一本。前后3个月，才结束了这项调

① 陈翰笙：《中国的农村研究》，《劳动季刊》第1卷第1号1931年。

② 陈翰笙：《广东农村生产关系与生产力》，编者序Ⅲ，中山文化教育馆，1934年，第3页。

查工作。最后，还调查了55个自然村的概况和8个市镇的工商业。[①]

当时，无锡工商业比较发达。陈翰笙等通过调查了解到，无锡农村地权比较集中，地主阶级只占人口总数的3.7%，却占有比例高达40.36%的土地，贫农和雇农合占人口总数的55%，仅占有总田亩的17.3%的土地。地租剥削苛重，主要缴纳谷租，占农民租入土地净收入量的93.14%。当时在无锡农村流行的高利贷，年利率一般为50%左右，多数为实物借贷。此外还有雇工剥削、捐税以及商业剥削。在这样的生产关系束缚下，农村生产力陷于停顿。副业只有养猪业和蚕桑业，部分劳动力外流。就村户年收入而言，中农每人年均47元，贫农25元，而当时的大米每100市斤8.4元，小麦每100市斤5.07元。农民的消费支出中衣食住三项占全部消费量的73.31%，其中伙食一项占全部消费量的62.17%。在文化教育方面，14岁以上人口中，文盲占73.41%。由于苛重的剥削压迫，农民生活贫苦悲惨。

秦柳方指出，“这项调查，总的来说，是以阶级分析方法，着重了解农村生产关系的各个方面，以及生产力水平，农民的物质生活和文化教育等，从而有助于认识半殖民地半封建的农村社会性质和农村中革命的中心任务”。[②]

（二）保定调查

1930年，在陈翰笙主持下，中央研究院社会科学研究所与北平社会调查所合作，在河北省保定清苑对农村经济进行调查。此次调查了保定清苑的10个自然村，对1578个农户与劳动力、雇佣农业劳动、工资、畜养、住房及农舍、水井及水浇地、耕地占有与使用、交租形式、复种面积和受灾面积、农作物种植面积及收获量、副业收入所占比重、外出人口职业收入等项，进行挨户调查，并作了全县以及几个集镇的概况调查。

调查结果表明，在10个村各阶级占有和使用土地的比例中，仅占户数10.5%地主、富农占有39.6%的土地，占户数62.9%的贫雇农只占有26.5%的土地，土地集中程度略低于无锡。交租形式则有分租、粮租、钱租三种，而以钱租为主。租额占产值的56.65%。保定地区雇佣剥削和高利贷剥削比较普遍，中农每户平均负债39.10元，贫农户均21.22元，雇农户均16.92元。随着资本主义的侵入，农村的自给自足经济逐渐被破坏，广大农民还受到商业买卖的剥

① 秦柳方：《云海滴翠——秦柳方选集之二》，中国财政经济出版社，1995年，第9–10页。
② 同上书，第10页。

削，而且越来越重。[①]

陈翰笙还聘请王寅生、钱俊瑞、薛暮桥、姜君辰等参加两地调查材料的整理。许多原始资料还保存在他们的文章中。

根据实地调查所得材料，陈翰笙本人研究了亩的差异。按国民党政府农商部的标准，1市亩合6.144公亩，而按后来工商部定的标准亩，则1市亩约合6.667公亩，但农村中亩的实际大小并不依法定标准而定，而是差异很大。在《亩的差异》一文中，陈翰笙指出："根据无锡22村1024户调查，知道无锡的所谓亩，大小不同，至少有173种，最小的合2.683公亩，最大的合8.957公亩，就是在同一村里，亩的差异至少也有5种；例如邵巷一村多至20种，小的2.683公亩，大的5.616公亩。工业资本主义没有发展的中国不能有统一的度量衡，并且受了数千年分家、租佃、典押、买卖等习俗的影响，到现在差不多每一农户的所谓亩也都有两三种的大小。亩有这样复杂的差异，使浮征税捐的种种弊端更加厉害，同时使地主更可浮收田租。"[②]

（三）广东调查

1933年11月至1934年5月底，陈翰笙又组织了对广东农村经济的调查。该调查得到了宋庆龄以及唐绍仪的协助，进行得很顺利。调查团由中央研究院社会科学研究所、中山文化教育馆和岭南大学派人组成。该调查团首先对梅县、潮安、惠阳、中山、台山、广宁、英德、曲江、翁源、乐昌、茂名、廉江、合浦、灵山等16个县进行详细调查，历时3个半月：而后用1个半月的时间在番禺的10个代表村1209户进行挨户调查。同时进行的还有50个县335村的通信调查。

陈翰笙根据这次调查所得的资料，就广东的耕地所有与耕地使用、佃租税捐利息的负担与生产力、生产率的低落以及农村劳动力等问题，作了详细的分析，写成《广东的农村生产关系与生产力》一书，由中山文化教育馆于1934年出版。陈翰笙在序中指出：

劳动力在广东这样的低廉，这样的不值钱，可是，全省可耕而未耕的地还要占到陆地面积的15%。兵灾匪灾以后，已耕的田也很多被

① 秦柳方：《云海滴翠——秦柳方选集之二》，中国财政经济出版社，1995年，第11–12页。

② 注：公亩、公尺、公分等单位已停止使用。陈翰笙：《亩的差异》，中央研究院社会科学研究所《集刊》第1号1929年。

荒弃而还不曾种植的：如徐闻，如台浦……都有这样的情形。……有可用的人力而不用；香港、广州、汕头等处的银行银号中堆积着大量的货币资本而不能应用到农业生产上去。这便是农村生产关系与生产力的矛盾。耕地所有与耕地使用的背驰，乃是这个矛盾的根本原因。田租、税捐、利息的负担与生产力的背驰，充分地表现着这个矛盾正在演进。而农村劳动力的没有出路，更体现着这个矛盾的深刻。

我们明白了广东农村经济矛盾的现象和矛盾的深刻程度，并且晓得这个矛盾的根本原因，我们就进而研究怎样可以去解除这个矛盾。解除了它，然后可以使可耕的土地尽量地开发，可用的人力合理地利用，可投放的资本大批地流转于农村。这样，农村的生产关系便能改善，而农村生产力也会必然提高。这样，中国今日的农村便不难从危机中挽救起来。①

在《广东农村生产关系与生产力》这部调查报告中，陈翰笙从农村的生产关系中寻找农业生产力不发展、农民缺乏耕地的原因；他从耕地所有与耕地使用、地主与农民的土地间分配入手，研究农村生产关系和社会关系。广东的农田占全省陆地的30%左右，而农作物面积还不到陆地的15%。广东的生产须仰仗于农业，据38县152村的调查，农户占总户数的85%，靠耕地过活的人家多，而可耕的农地却不能得到充分的利用。这样的农村生产力无从发展的根本原因，应从农村生产关系中找寻。而在农村生产关系中，耕地的占有和使用是最重要的。广东佃农众多，佃农户数占农户总数的57%–90%，农户中还有好些无地的雇农。那么土地是如何分配的呢？

关于土地分配，陈翰笙指出，要根据农户的类别来分析。有些人只依照农户所有田地的多少而分别农户，这就完全忽视了其他生产关系，因此不能切实地揭示农户的实际经济地位；单单依照农户的田权而把农户分为自耕农、半自耕农和佃农，也不妥当，因为这只顾到租佃的关系，而没有注意到别的条件。陈翰笙认为，农户类别的划分最好基于富力而同时参照雇佣关系：当地农家普通一家有多少人口？这样的农家须用多少田或多少租田才能过活？具有能够过活的中等富力而在雇佣关系上不剥削他人、也不被人剥削的农户，可称之

① 陈翰笙：《广东农村生产关系与生产力》，中山文化教育馆，1934年，第68页。

为中农。雇佣长工或雇佣散工而超过当地普通农户所必需的忙工人数，如其耕地亩数超过中农的标准，可称之为富农。有些富农所耕的田亩超过中农的一倍或一倍以上，那么不再问雇佣关系，也就能断定他们是富农了。至于贫农，更易分辨。凡所耕亩数不及中农的标准，而耕作之外往往要借工资或其他收入才能过活的农户，可以统括地称之为贫农。不在家耕种或耕种极微小的一块田地的人，而主要靠出卖劳力替人耕种过活，换言之，几乎纯粹地在雇佣关系上被人剥削的人都是雇农。广东农户中地权分配不均，如番禺占农户总数12%的富农，占有全部耕地的50%，农户中52%完全无地，60%的贫农完全没有自由，而且中农失地的速度比较快，贫富悬殊的现象日益深化。农户中使用亩数的分配也很不均匀。占户数13%的富农，使用38%的耕地；占户数64%以上的贫农，倒只使用38%的耕地。广东农业经营面积小，再加上耕地使用和耕地所有两方面不相称，贫雇农更加没有希望找到出路。小小的佃农要负担一切必要的生产费，他们的生活更难以维持。陈翰笙在调查报告中引用了国民政府立法院委员吴尚鹰的话，以示土地问题的重要和改变农村的土地所有制的必要："土地问题为民生的根本问题。如于此问题有适当解决，国民生计自有正当途径可循人类自相残杀之祸庶几渐为减免，吾党对于解决土地问题之主张，以平均地权四字揭示天下。其精义所在，盖欲使全体人民有使用土地之均等权利与机会，不致为少数人所操纵垄断。如是则土地之利，全体人民得而均之；人民幸福与世界和平之基础其在斯欤。"①

在广东，私人地主的势力远不及集团地主，除县政府和慈善机构的少数公田外，还有学田、庙田、会田和太公田。太公田和其他公田在广东要占全部耕地的35%以上。太公田与农民不仅有田租的关系，并且还有利息的关系。农民因为缺乏耕地，被逼去租佃田地，所交谷租有的定额，有的不定额，全省定租比分租多些，可是分租势力还是很广泛。定额谷租大多占产量的40%–60%。在落后的农村、农业剩余劳动生产物是其财富的基础。那种剩余生产物，一定会通过地租方式而被提供给土地所有者，这种社会财富的积累，就是地租的积累。农民除负担沉重的地租外，还要缴纳各种繁重的捐税，他们处在税捐和田租的双重负担下，不得不受商业资本和高利贷资本的剥削，因为要应付租、税、利息的缘故，农产品的价格愈是跌落，农民就愈是不得不多卖而且快卖他

① 陈翰笙：《广东农村生产关系与生产力》，中山文化教育馆，1934年，第12页。

们的血汗结晶，结果使得他们不但要举债才可以再开始耕作，并且非投奔高利贷的门下就不能暂时过活。广东农户借债的，十分之三是因为疾病、婚丧和其他临时费用之需；十分之七完全是因为食粮不足。在广东农户中，至少有65%的农户屈服于高利贷，高利贷的利率高达10%。当、按、押三种高利贷机关，在广东都要月利二分至三分。广东的商业资本普遍都与高利贷资本混在一起，商业机关兼得商业资本和高利贷资本双重的剥削，一般月利六分。

在耕地缺乏、农业经营面积很小的广东，农民自耕田容不下所有的农作人口，因此百分之十几的人要外出做工，大部分为富农所雇。其工资是实物和货币工资并行，且由于生产力的停滞，农村工资水平低下。工资的低落，田价的高涨，使耕者有其田的理想根本不可能得到实现。由于农业生产力处于退化之中，农户不容易专靠农业来维持生活。有的地方半数以上的农户必须兼当苦工、小贩、小店员，或外出当兵、做侨民，尤其是贫农多担任这些兼职，出外的人占总人口的15%–22%。这样使有的县的荒田占到农田总数的20%。同时，银行银号中堆积着大量的货币资本，不能被用到农业生产上去。陈翰笙明确指出，这个矛盾的根本原因，是农村生产关系与农村生产力的矛盾，耕地所有与耕地使用的背离，田租、税捐、利息的负担与生产力的背离，充分表明这个矛盾正在演进；农村劳动力没有出路，更体现着这个矛盾的深刻。陈翰笙最后指出，只有解决生产关系与生产力的矛盾，才能挽救中国农村。

（四）对烟草地区烟农生活的调查

1933年，太平洋国际学会打算出一套研究各国人民生活水平的书，其用意在于了解国际资本对各国人民生活的影响。陈翰笙受该会委托并与中山文化教育馆合作，研究了与国际资本发生联系的烟草生产地区的烟农生活。这年开始，他与王寅生、张锡昌、王国高等到山东潍县、安徽凤阳、河南襄城三个烟草产区的127个村进行了实地调查，除一般调查外，还对6个典型村的429户进行挨户深入调查。该调查历时两年，得到了丰富的第一手资料。1939年，陈翰笙根据调查资料，又在美国搜集了大量的有关材料，写成了英文版的《帝国主义工业资本与中国农民——中国烟农生活研究》一书。该书“通过这个最典型的商品作物，反映出国际垄断资本与中国的中央政府到地方政权，从军阀官僚到土豪劣绅，直至买办高利贷者，互相勾结，剥削压迫农民的真实画面，很有说服力。过去一般人认为商品作物的推广会有助于资本主义的发展，可是，事实上，在半殖民地半封建的中国，种植美国良种烟的大多数是贫农和下中农，而上中农和富农不依靠借贷，也不热心种烟，这是对中国烟草生产区调查的新发现”。[①]

二、其他调查

（一）黑龙江难民及土地制度调查

20世纪二三十年代，由于天灾人祸频繁，鲁、豫、陕、甘等省难民大批向东北流亡。陈翰笙于1929年夏组织调查团去营口、大连、长春、齐齐哈尔等地调查，并根据中外报刊以及赈灾、慈善、满铁等方面的有关档案材料，写成《难民的东北流亡》。该报告就流亡东北地区的难民，包括人数的估计、难民在故乡、难民在途中、难民到东北以后等情况，进行了详细叙述，反映了难民的遭遇和悲惨情景。他指出：“近年来流亡东北的难民人数虽增加得很快，如中东铁路线的难民1928年达58864人，为1924年的15.65倍，而中东铁路附近各区的耕地，同期只增加了19%。‘现在中国黑龙江流域还有1000万垧以上可耕的荒地，可是成千成万的难民不能使熟地有与人力相当的扩张，东北土地问题的严重也可窥见了’（载中央研究院社会科学研究所《集刊》第2号，1930年）。”[②]同时，与王寅生合写了《黑龙江流域的农民与地主》（1929年，上海版），此书根据数十种中、外文记载中的中国黑龙江流域农民和地主的经济情况，对农民和地主的农田收入进行了对比研究。陈翰笙运用了阶级分析方法，着重对生产关系进行剖析。他提出，要用土地所有制中的地位和土地使用方式的不同来对农户分类，即从生产关系上来揭露地主和农户之间的对立。

（二）上海纱厂包身工调查

陈翰笙任中央研究院社会科学研究所副所长并主持社会学组之后，鉴于资料的缺乏，一面想法充实资料室，一面开始了对中国社会的调查。第一个调查目标是上海日资纱厂的工人生活。当时上海的纱厂实行包身工制度，包身工受帝国主义资本家和中国包工头的双重剥削。通过调查访问，陈翰笙了解到，包身工多是为生活所迫而签订包身契约的，一般以3年为限，其间完全失去了人身自由，全部工资归包工头所有，而包工头仅供他们能活命的衣食。他们每天

① 秦柳方：《云海滴翠——秦柳方选集之二》，中国财政经济出版社，1995年，第14页。
② 同上书，第8页。

要干12–16个小时的繁重体力劳动，因而许多人死于非命。陈翰笙将搜集到的材料写成报告，印发小册子，以激起广大工人的觉悟。陈翰笙的揭露刺痛了国民党政府中的一些人，从而受到怀疑。在这种情况下，他决定将社会调查转向农村，对以上三江（黄河、长江、珠江）地区农村经济进行了调查。

（三）西双版纳的土地制度调查

1943年10月，陈翰笙与陈洪进、刘述舟途经缅甸，到云南西双版纳调查傣族原始公社土地所有制。“1946年在印度以英文写成《西双版纳的土地制度》在纽约出版。1985年被译成中文，由中国社会科学出版社出版。这是一部分析傣族社会形态的著作，既是社会发展史的调查研究，也通过它揭露了国民党政权依靠最落后的社会制度，进行剥削和统治的反动民族政策”。[①]

三、明确中国的社会性质

从1928至1934年的6年中，陈翰笙主持的农村社会调查团，在大半个中国进行了实地调查。他们运用真实可靠的第一手资料和马克思主义的历史分析方法，得出了关于中国社会性质的正确结论。陈翰笙认为：“中国社会是一个非常特别的社会，纯粹的封建已过去。纯粹的资本主义尚未形成。正在转变时期的社会——我们给它一个名字叫前资本主义的社会。在这种社会里，田地所有者和商业资本及高利贷资本三种合并起来，以农民为剥削的共通的目标。”[②]“后来，他更明确地看到中国就是一个半殖民地半封建社会，废除封建的土地制度，进行土地革命，是解决农村问题的惟一正确的道路。”[③]

1933年，陈翰笙在提交给在加拿大召开的太平洋国际会议的论文《中国当前的土地问题》中，从两个方面论述了中国土地问题的真实情况。第一，贫农耕地不足，土地分配不均，耕地分散；第二，地主占有大量土地，地主、富农残酷剥削农民，农业生产力低下。该论文被大会认为是中国土地问题的权威著作。

陈翰笙主持的农村调查及其所写出的调查报告和提出的相关论点，为20世纪30年代进步理论工作者批判托派认为中国已是资本主义社会，从而否定反帝

---

① 秦柳方：《云海滴翠——秦柳方选集之二》，中国财政经济出版社，1995年，第17页。

② 同上书，第14页。

③ 同上注。

反封建的新民主主义革命的谬论，提供了有力的论据，并使中国农村社会性质的论战取得了重大的成果，即“科学地阐明了中国农村社会的半殖民地半封建的社会性质，为中国共产党领导的民主革命路线，作出了理论上的论证，同时通过这项工作，还培养了一批研究农村经济的理论干部”。[①]

1933年在农村社会调查的基础上，陈翰笙同吴觉农，钱俊瑞、薛暮桥、孙冶方等成立了“中国农村经济研究会”。1934年该研究会在上海创办《中国农村》月刊。该会刊对当时形形色色的谬论进行了针锋相对的斗争。

四、陈翰笙对农村调查的贡献

陈翰笙邀请一批进步青年，对农村进行了大规模调查，并写了许多论著，其目的是用调查所得的实际材料，揭露农村的封建生产关系，证明中国是半殖民地半封建的社会，说明农村的根本问题是土地所有制。正如陈翰笙所说，农村诸问题“是集中在土地之占有与利用，以及其他的农业生产的手段上，从这些问题产生了各种不同的农村生产关系，因而产生了各种不同的社会组织和社会意识”。[②]从而证明中国共产党所领导的土地革命的正确性，这也是对形形色色的改良主义者的有力批判。陈翰笙主持的农村调查运用了马克思主义的阶级分析方法，并注重对生产关系的研究。他用马克思主义的农户分类法（地主、富农、中农、贫农、雇农）来代替资产阶级形而上学的分类法（自耕农、半自耕农、佃农、雇农；或小农户、较大农家、大农家、较大的大农家），从而揭露地主与农民的对立及地主对农民的残酷剥削，表明进行土地革命是中国农村的唯一出路，并指出革命的基本力量不但包括佃农，而且包括自耕农。

陈翰笙还用调查事实证明，只有用马克思主义的科学方法来研究中国农村经济，才能真正找到解决中国问题的办法。在马克思主义学说未被介绍到中国以前，无论是洋务派还是以后的维新派，乃至旧三民主义阶段的孙中山先生，都没有意识到，先要把社会经济关系弄清楚，然后才能制定出改革中国的方针，找出建设中国的途径。洋务派企图在旧有的政治制度和社会生产关系原封不动的基础上变法图强，结果失败了。维新派有些前进，他们认识到要采取改革措施，就要从政治上清除顽固派，才能实行开明一点的君主立宪制，但他们

① 秦柳方：《云海滴翠——秦柳方选集之二》，中国财政经济出版社，1995年，第15页。

② 陈翰笙：《中国的农村研究》，《劳动季刊》第1卷第1号1931年。

没有考虑到作为那种政治形态基础的社会生产关系及其相互关系。孙中山先生的三民主义对社会经济问题有了进一步的认识，他企图用“平均地权”来解决民生问题，但他没有意识到这还是资产阶级的改良主义方案，也没有意识到封建社会的土地问题和资本主义社会土地问题有着本质的差别，更没有意识到封建土地关系和帝国主义之间的关系。这是因为孙中山先生对中国社会经济性质问题缺乏深刻的理解。俄国十月革命后，马克思主义传入中国，中国人才开始依据社会经济性质来确定革命方案和步骤。陈翰笙等人的调查研究实践了马克思主义的这一做法。他运用马克思主义的科学方法来研究中国经济，来揭露中国半封建半殖民地社会的本质。明确了革命的对象是帝国主义、买办官僚资产阶级和封建地主阶级。

有的社会学家如李景汉、杨开道等虽然也看到了农村的主要问题是土地分配不均等，但不像陈翰笙等认识得那样深刻。陈翰笙的调查说明了这样的问题：中国的土地之所以成为全面的社会问题，不能单从土地分配不均和利率太高两方面来说明，而隐在其后面的一系列社会经济关系，才是中国土地问题的真正症结所在。就是说，中国土地问题的严重，并不仅仅在于地权本身是一种经济榨取手段，同时还在于土地是一种社会政治压迫手段；中国的土地问题，不单是从土地所有与土地使用的矛盾中直接发生的问题，更是在以土地所有与使用形态为基础而构成的落后的社会关系和落后的政治文化关系下所发生的剥削与迫害的问题；土地问题，不仅关系到地主与佃农的利害，而且关系到地主、豪商、高利贷者及与他们保持着极密切关系的官吏的利害的社会经济问题；在产业不发达的国家，买办官僚政权乃至帝国主义势力直接或间接地依存于农村，依存于农村的封建剥削。虽然陈翰笙做的是农村经济调查，但他深刻地揭示了中国社会的政治经济结构、关系和性质。

陈翰笙的调查和论著，不但为配合土地革命做出了贡献，而且对社会学的研究和调查方法也做出了贡献。他运用历史唯物主义的观点从事社会学的研究，重点研究生产关系，用以揭露阶级矛盾和阶级剥削，从而认识社会的本质。在他组织的有几十人参加的调查中，安排科学，调查对象典型，调查技术多样。他不但为如何运用马克思主义研究社会学做出了贡献，而且还指出资产阶级社会学者在1927–1935年间所做的各种社会调查的错误。他说：“在今日，科学的社会学已陷于危险的境地。它不是偏倾于社会现象的一种无意义的分类，便是自封于种种哲学观念的一个抽象体系。这两种情形都不能使我们了解具体的社会实质。”[①]“造成这种状况的原因，在于这些调查不是为了慈善救济起见，便是为了改良农业，要不然也不过是供给些社会改良的讨论题目，它们都自封于社会现象的一种表现，不曾企图去了解社会结构本身，大多数的调查侧重于生产而忽视了生产关系，它们无非表现调查人的观察之肤浅和方法之误用罢了。”[②]陈翰笙等在实际的研究工作中，还培养出一代用马克思主义研究农村社会和经济的青年人。

五、冯和法的农村社会学研究

当时，在上海商品检验局任国际贸易导报主编的冯和法，1933年参加了中国农村经济研究会的活动。他在陈翰笙的影响下，写出《农村社会学大纲》及《社会学与社会问题》等论著。《农村社会学大纲》于1929年由上海黎明书局出版，1934年修改后由上海黎明书局第四次印刷。该书销数较大，当时有好几所大学用作课本，在社会上有较好的影响。

全书15章，分为三部分。第一部分包括三章，概述一般农村社会学及农村社会的性质、概况，农村与都市的差异，第二部分是该书的重点，包括七章，以中国农村现象为主线，先叙述中国农村人口的构成与现象，对年龄、性别、家庭、生活等各方面均加以论述，对于中国农村人口过剩问题的论述较详；接着叙述土地关系及农业经济，农业的雇佣劳动，农村金融、农产品贸易等，论述得都较详细。第三部分包括五章，前四章论述中国农村的剥削关系，中国的农业恐慌及农村破产的现象，土地政策及农村教育。最后一章是结论，简略叙述了中国农村社会的变迁。就其特点而言，上述第一部分步袭美国乡村社会学派的故辙，第二部分以解剖中国农村生产关系为主，第三部分所采用的材料偏重于中国，在取材方面与同类书籍有所不同。

作者认为，农村社会学是普通社会学的一个分支，农村社会学的成立，并不是要对农村社会进行单独的或隔绝的研究，而是为专门深究起见，而把农村社会作为研究的对象。研究的方法仍是应用普通社会学的基本概念，不但注意各种农村社会现象在动的方面的相互关联与互倚，更注意到农村社会现象

① 陈翰笙：《中国的农村研究》，《劳动季刊》第1卷第1号1931年。

② 同上注。

与都市社会现象间的关联及互倚。总之，它从总的社会现象中去研究农村社会现象的构成、变动及趋势。农村社会学的研究方法，主要在于从社会生产关系中发现和分析各社会因子间的关联与因果，并不凭空地单独地解说各社会现象本身。这一点是农村社会学与其他农业科学所不同的地方，也是该书努力之所在。

冯和法在《农村社会学大纲》和其他研究农村社会的文章中的基本思想，是反对帝国主义和封建主义，以土地问题为中心。

他以土地所有制为中心，将农村人口划分成三大社会阶层，即地主、自耕农和佃农。地主是占有土地但自己并不耕种而专以地租为生活的集团。自耕农是自己有土地、自己耕种的农民，他们较优于佃农的地方，便是他们可以不出地租。不过在所谓自耕农中，贫富两极相差也是很大的。冯和法又把自耕农分为富农、中农、小农三种。富农对于经营农业有充足的资本，不仅是高利贷资本者，而且还是小地主或半地主。中农徘徊于富农与小农之间。小农与佃农同属贫农，都是中国农村社会组织的最下层，他们也都是中国农民问题的中心。

冯和法指出，帝国主义的侵入破坏了中国农村原来的半自足经济，使中国农业生产激烈地走向商品化，农村中原有的一切剥削关系，随之而变更其性质。因此，中国农村中的剥削关系，虽有多种表现形态，但其中最主要而且决定一切剥削关系的中心势力，是帝国主义的侵略。因为，农业国在遇到工业资本主义国家侵略时，其原来的社会组织必定被动摇，原来的生产方法也会迅速地衰落。

当资本主义国家发展到帝国主义阶段时，其侵略的对象大都是经济的，主要是商品经济的侵入。但为进行与维持其经济侵略的行为，帝国主义者也采用政治的军事的以至文化的侵略方式。商品经济一方面取农村以前的自然经济的地位而代之，另一方面破坏了农村家庭手工业，使大部分农民趋于无产化。于是中国原来的社会和经济组织发生了分解，帝国主义的商品统治了中国的农村，从而使中国沦陷为半殖民地或“次殖民地”。

冯和法指出，在中国的农村，表现出特殊的剥削方式的是封建势力的残余。因交通的阻碍与各地极具地方性的生产方法，封建势力仍占统治地位，故形成各省区的封建军国，以及剥削农民、推行这种剥削关系的官僚。官僚是出身于地主的士大夫。他们在外是官僚，在乡是地主。他们一方面承仰军事首领

——军阀意旨，推行封建式的剥削关系，另一方面又维持地主对佃农的剥削关系。军阀与官僚相结合，便形成整个的反动政治。苛捐杂税，预征钱粮，逼种鸦片，勒索拉夫，都是封建式剥削关系中的主要形式。自帝国主义侵入后，封建军阀与官僚在性质上也已多少有些“买办化”。

同时，冯和法指出，剥削中国农民的是地主。农村中的土豪劣绅是地主阶级的构成因素。地主承奉封遣军阀和官僚的意志，经手剥削农民，并在农村中推行帝国主义的商品经济，使农民的生产品卷入商品经济的旋涡；自己则在这种关系下取利，并表现出一种特殊的剥削关系。他们的剥削方式主要的是田租，并辅以高利贷资本。他们的作用是在迅速地促进中国农业生产的崩溃与中国农民贫困化的进程。但在他们上面获得最后利益的还是帝国主义。

冯和法概括地指出，在帝国主义庇护下，军阀、官僚、买办阶级，以至于土豪劣绅，结成一个联盟，而形成中国农村中剥削关系的统一体系。帝国主义者支配这种关系的全部，是中国农村经济的唯一特质。

冯和法多方证明，资本主义的侵入破坏了中国农村的社会生产和经济。第一，资本主义的侵入对中国农村的破坏，表现于土地形态的变化。自资本主义侵入后，贫富的分化更形锐利，军阀、官僚、买办、地主等剥削农民所得，不能投入别的生产部门，这种空闲资本遂多化成高利贷资本，再投入农村；或直接投资土地，成为土地资本。这样，农民的土地遂以典押及出卖的方式日益减少，而被兼并于军阀、官僚、买办、地主等人之手。商品经济的侵入、灾荒的频繁以及土地投资的踊跃，使土地形态发生急剧的变化；而赋税的增加，是促进土地迅速集中的最大动力。这样，土地所有权日益集中，而耕地的面积却日益细分。再从土地的性质方面说，资本主义侵入后，地质的消耗影响极大。工业原料种植地的扩大是农业衰落的一个表征。第二，资本主义的侵入破坏了中国农业生产与农村副业。紧接着农业衰退后的是农村副业破产，中国农民的生活更陷于水深火热之中。第三，资本主义的侵入使中国农村劳力过剩，并制造了大批的兵匪。第四，因资本主义势力的发展，中国灾荒的数量及范围随之而增加和扩大起来。第五，资本主义的侵入促进中国农产物的商品化，使中国农村经济受制于国际市场。资本主义的商品经济支配了中国农民的生活。这种种情形，都是资本主义侵入后，中国农村社会的重要变化。这种变化不但动摇了中国农村社会的根本，而且动摇了中国全部社会组织的基础。

同时，冯和法明确指出，要解决中国农村问题，必须废除土地私有制。他说，农村改进的方法，普通称为农业政策。农业政策包含极广，而终极地说，只是土地政策一种而已。在制定土地政策方面，有两种不同的趋势，一种是承认现状而给予部分的修正，即所谓土地改良；另一种是彻底推翻现行的所有权关系，重新建立土地制度，即土地革命。冯和法从中外的各种理论和俄国十月革命和苏联社会主义建设的实践中看到，土地私有制已成为今日农业发展上的主要障碍，一切农村贫乏及崩溃的现象都由之而起；废除土地私有制不但在理论上已经到了完全成熟的时期，而且在客观的事实上亦成为绝对的必要，实际上，废止土地私有制已成为一般的趋势了。这一事实，对于半殖民地的农业国的中国来说显得更为严重，因为在中国，土地私有制是造成对农民的剥削及一般农村病态的主因，而剥削农民与农村病态却又是维持土地私有制的必要力量。冯和法通过中国农村的大量事实，论证了当时的中国革命是反对帝国主义、反对封建主义的民主革命；在国际上反对帝国主义，在国内以解决土地问题为中心。

中外社会学家对冯和法的《农村社会学大纲》都有较高的评价。农村社会学家黄枯桐在该书的序中说："农村社会问题，内容复杂是属多元性的问题……惟有客观的唯物的研究，才能够明了农村所以衰弊的因果关系，才能够把握到问题的焦点，才能够树立起解决问题和改造农村的方案来。……又一方面……研究中国的农村社会，就有兼容并包研究中国整个的社会的必要了。……冯君的研究态度颇合乎我的要求。……至于有志研究农村社会问题的人，当以此为一种良好的参考书。"日本友人田中忠夫在该书序言中高度评价其意义。他认为中国当时处于革命过程中，一方面是农业革命，一方面是反帝国主义革命，所以在中国，研究农村问题是极重要的现实的社会任务。而冯和法的《农村社会学大纲》凌驾于当时此类的著作，并凌驾于社会上认为有社会地位的人，符合了中国民众革命的要求。

冯和法重点研究中国农村社会，同时也研究了社会问题，1936年上海黎明书局出版了他的《社会学与社会问题》一书。该书阐明了社会学与社会问题的关系。他说，社会学的目的是使我们了解各种社会现象的产生、发展、彼此影响等的法则，以便改进我们的社会生活。社会学的目的即在改进社会生活，具体些说，便是解决社会问题。社会问题在一定的社会关系下受一定的法则支配，社会学要发现这种法则，以解决社会问题。因此，提出实际的社会问题，向社会学原理探求解答，或提出社会学的原理以应用于实际的社会问题，这样的研究，不但能使社会问题得到解答的途径，同时也能使社会学原理获得更深刻的了解。

在研究社会问题时，冯和法首先指出，在阶级社会里，社会问题是由社会生产关系引起的阶级冲突问题。只有把社会问题看作由生产关系引起的涉及整个社会的问题，才能把握住社会问题的实质，由此而得到的对策，才能真正解决社会问题。各个时代的社会生产关系各不相同，所以社会问题也是各个时代各不相同。他明确指出，在当时，中国的主要社会问题是劳工问题和农民问题。要解决这些社会问题，必须从整个生产关系着手。劳工问题的解决，在于社会主义与劳工运动相结合，这样才能形成解决劳工问题的全部方案。中国工人为之而奋斗的，并不仅是劳工问题的解决，而且也包括殖民地反对帝国主义以求民族解放的要素在内。在资本主义侵入后，中国的农民问题，除了它本身所包含的各种问题外，还有反抗国际资本主义的重要内容。冯和法把中国工农问题的解决与中国当时的反对帝国主义、反对封建主义的民主革命紧紧地联系在一起。他的这个见解是正确的。

六、对中国资本主义经济不发达原因的种种探讨

20世纪30年代末40年代初，一些社会学者，如吴景超、乔启明等，以先进国家经济来衡量中国的经济，探讨了中国资本主义经济没有发展起来的原因。他们的看法，归纳起来不外以下几种：（1）从自然观点来说明中国经济对自然资源的利用不够；（2）从技术观点来说明中国经济的发展方向，强调中国技术条件差，中国要搞国民经济建设运动，需要的就是技术革新，而不是什么社会生产关系的改革；（3）从资本观点来说明中国经济没有好好发展的原因，认为主要是资本不够或缺乏，因此有的甚至提出要实行国家资本主义；（4）从人口观点来说明中国社会贫困和动乱是必然的，在社会学家中持此观点的相当多；（5）从土地观点来说明中国经济必须改革的途径，要求合理分配土地，但仍没有看到农村的生产关系是农村土地问题的症结；（6）从文化观点来说明中国对西方文化接受不够，阻碍了中国社会经济的发展。这些观点虽然都有一定的道理和合理的成分，但都脱离了中国原有的社会经济状况和社

会性质，模糊了中国革命的对象。这些学者们的企图，不外乎是要将中国改良到资本主义社会去。

当时真正正确指出中国向何处去的是中国共产党人。1939年毛泽东发表《中国革命和中国共产党》一文，扼要地叙述了中国几千年来的社会性质及现代半殖民地半封建的社会性质；全面分析了中国百年来的革命运动过程，中国革命的对象、任务及其动力；明确指出中国革命的性质就是完成中国资产阶级民主主义革命，并准备在一切必要条件具备的时候，把它转变到社会主义革命阶段上去；明确提出中国革命的性质和双重革命任务。毛泽东于1940年写的《新民主主义论》，更加全面透彻地发展了以上观点。

第九节
唯物史观社会学研究

在1949年以前，用马克思主义研究社会学的，被排斥在社会学界之外。而实际上，从马克思主义传入中国之后，就有一些学者运用马克思主义来研究中国社会。如李大钊、瞿秋白、陈翰笙、李达、许德珩、李剑华、严景耀、雷洁琼、李平心、冯和法等，就是用马克思主义研究社会学的代表。他们的研究成果，为今天我们用历史唯物主义作指导研究社会学奠定了一定的理论基础。现以20世纪20年代李达的《现代社会学》及30年代许德珩的《社会学讲话》（上册）为例作些简介，以便读者了解新中国成立前中国学者用马克思主义研究社会学的情况。

一、李达及其《现代社会学》

（一）李达简历

李达（1890–1966），中国马克思主义理论家、宣传家、教育家和社会学家，中国传播马克思主义的先驱者之一，中国共产党创建人之一。号鹤鸣，湖南零陵人。1913年赴日本留学。1917年受俄国十月革命的影响，放弃理科学习，全力钻研马克思主义。在国内出版译著《唯物史观解说》《社会问题总览》《马克思经济学院》等书，系统地介绍了马克思主义的三个组成部分。1920年回国，与陈独秀等共同发起组织中国共产党，创办并主编《共产党》

月刊。1921年7月出席中国共产党第一次全国代表大会，被选为中央局宣传主任。同年主持党创办的人民出版社，并任平民女校校长。建党前后研究宣传马克思主义，同各种反马克思主义思潮进行了坚决的斗争，积极参加了对黄凌霜、易家钺等无政府主义者的批判。1922年出席党的“二大”，当选为中央委员。同年任湖南自修大学校长，主编自修大学机关刊物《新时代》。1923年在国共合作问题上与陈独秀发生激烈争论，随后离开了党组织，但仍坚持马克思主义理论的研究和宣传，坚持为党工作（1949年重新入党）。1926年参加北伐战争，任国民革命军原总政治部编审委员会主席兼中央军事政治学校代理政治总教官。同年出版了专著《现代社会学》，系统地阐述了唯物史观和科学社会主义的基本原理，论述了世界革命和中国革命问题，明确指出中国是半封建半殖民地国家，革命的对象是帝国主义和封建阶级，革命的领导是共产党。该书在革命者中间广泛流传，却成为反动派通缉他的“罪恶事实”。1927年到上海。1928年与邓初民创办昆仑书店，出版马克思主义理论书籍。1929年发表《中国产业革命概观》《社会之基础知识》《民族问题》三本专著，系统回答了中国向何处去的问题。1930年以后，先后在上海法政学院任教、暨南大学任教并兼任社会学系主任、北平大学法商学院任教并兼任经济系主任，并在中国大学、朝阳大学兼课，后又在广西大学、湖南大学任教。其间撰写翻译了大量理论著作。1937年出版了专著《社会学大纲》，系统地介绍了辩证唯物主义和历史唯物主义。他在该书四版序中指出：“中国社会已经踏进了伟大的飞跃的时代……战士们为要有效地进行斗争的工作，完成民族解放的大业，就必须用科学的宇宙观和历史观把精神武装起来，用科学的方法去认识新生的社会现象，去解决实践中所遭遇的新问题，借以指导我们的实践。这一部《社会学大纲》是确能帮助我们建立科学的宇宙观和历史观，并锻炼知识的和行为的方法的。”该书受到毛泽东的称赞，在革命根据地和国民党统治区都有广泛的影响。

（二）《现代社会学》

李达将他在湘大法科的讲稿整理成《现代社会学》，由现代丛书社于1926年出版，1929年又由上海昆仑书店再版发行。此书是中国最早用马克思主义观点较系统地研究社会学的著作。书的纲目是：社会学之性质，社会之本质，社会之构造，社会之起源，社会之发达，家族，氏族，国家，社会意识，社会之变革，社会之进化，社会阶级，社会问题，社会思想，社会运动，帝国主义，世界革命，社会之将来。

在书中，李达叙述了社会学的产生及其流派，阐明了社会学在社会科学中的地位，批判了维护资本主义的契约社会说、生物社会说与心理社会说等资产阶级社会学学说，批判了社会改良主义和“社会主义”的各种流派及无政府主义。他以历史唯物主义为指导，阐明了社会的本质、社会的结构，社会问题及社会的进化与变革，指出了社会学的使命，并指明了社会运动的方向是社会主义，最终目的是实现共产主义。从以下几点论说可以看出，《现代社会学》突出了社会革命这一特点。

第一，社会学的使命。李达认为：“社会学之使命，惟在于发见社会组织之核心，探求社会进化之方向，明示社会改造之方针而已。”①他又说：“科学有所谓说明学与轨范学之分……社会学实以说明学而兼轨范学者也。社会学之说明学的任务，即在于应用这一根本原理，说明过去及现在社会之组织与变化，发见其因果关系。社会学之轨范学的任务，即在于推知社会进行之方向，指示吾人信仰之所在，以定改造现社会达到理想社会之方针，虽谓社会学为指示理想社会之科学亦无不可也。”②“故吾人苟欲谋人类之幸福，斯不能不谋铲除此种社会之缺陷，欲谋铲除此种社会之缺陷，斯不能不研究社会之根底，发见支配社会之理法，究知社会之目的，明示改造之方针，此社会学之使命也。”③

他认为，社会学应研究以下问题：社会的本质，社会的构造，社会的起源，社会的发展，家族氏族及国家，社会意识，社会的变革，社会的进化，社会阶级，社会问题，社会思想，社会运动，帝国主义，世界革命和未来社会。这些都是该书研究的问题，也可以说是该书的体系。他给社会学下的定义是：“社会学者，研究社会历程及其理法，并推知其进行之方向，明示改造方针之科学也。”④

第二，社会革命的对象。在论帝国主义一章中，李达指出了中国社会问题

① 李达：《现代社会学》，上海昆仑书店，1929年，第12页。
② 同上书，第13页。
③ 同上书，第14页。
④ 同上书，第22页。

的症结。他说：“帝国主义之为祸于中国，至今日而极矣，金钱奴我以物质，宗教奴我以文明，教育奴我以服从，勾结我国贼，制造我内乱，涂炭我人民，迹其用意，直欲永远陷中国于分崩离析万劫不复之境，以继续其掠夺宰割之政策而已。帝国主义不死，大盗不止，中国历来之国民革命运动，其殆为帝国主义侵略之反响也欤！”[①]在世界革命一章中，他不但指出了中国革命的对象，还指出了世界革命的对象：“民族革命云者，弱小民族脱离强大民族支配之谓也，社会革命云者，无产阶级脱离有产阶级支配之谓也。两者之形式不同，而其革命之对象则一，一者何？帝国主义是已。”[②]“夫民族革命之对象虽在颠覆帝国主义，而弱小民族内为虎作伥之封建阶级或帝国主义者之代表，亦在推翻之列。”[③]革命运动的领导，是无产阶级及其政党共产党。

第三，社会运动的方向。在社会运动一章中，李达指出，社会运动的方向是社会主义。虽然社会运动的派别甚多，但就其性质加以分析，可分为进化的与革命的两大派。所谓进化派，就是认定旧制度的发展自然会产生出新制度的人。所谓革命派，就是否定旧制度以建立新制度的人。在革命派中又分经济及政治两大派，经济派行动的主要方法为总同盟罢工。“政治的直接行动派，专恃政治活动以组织无产阶级，推翻资本阶级，实行无产阶级专政，借以实现生产机关共有制度。”[④]“其惟一主要方法，在企图政治革命，以谋劳工专政之实现，至于促成政治革命之方法，则从宣传与组织入手，俟宣传与组织皆次第成熟之时，则利用机会，举行政治的同盟罢工，政治的示威运动，政治暴动，并组织赤卫军，建立革命之旗帜，革命成功，则建立独裁政治，以完成经济革命，建立社会主义社会，今日各国共产党之社会运动，皆属于此派。”[⑤]

第四，社会运动的目的。李达在书末说，推测社会进化之目的，预言其进行的途径，并究知人类运动此途径与达到此目的的方法，是社会学的最大任务。他相信：“一切社会学者之学说实有一致之点，即社会必由强制乱暴不正义之状态进至自由平等博爱之状态是也。惟此种自由平等博爱之未来社会状态，非经济进入最高阶段不能实现，故所谓自由平等博爱之社会实即共产社会

① 李达：《现代社会学》，上海昆仑书店，1929年，第309–310页。

② 同上书，第313页。

③ 同上书，第319页。

④ 同上书，第290–291页。

⑤ 同上书，第291页。

也。社会进化之极致必达于共产社会，此乃一切社会思想家所公认，而与近今社会学者之主张亦无冲突之点。至于此种理想社会究应如何实现，其方法则随时与地而各有不同，要当根据各国社会经济之状态而定之。”[①]

综上所述可见，《现代社会学》是一部比较全面系统的革命社会学。

二、许德珩的《社会学讲话》（上册）

1936年，北平好望书店出版了许德珩的《社会学讲话》（上册），这本书是许德珩几年中在各大学讲授社会学课程的讲义。该书上册共五编，分别讨论了自然科学、社会科学及社会学；社会发展的历史及派别；社会科学研究的方法；社会的形成及其发展，等等，作为社会科学研究的绪论。下册拟有四编，专论社会的具体构造，内容包括氏族与家族、国家与民族、道德及法律、科学、哲学、语言、宗教、艺术等。该书是以辩证唯物主义和历史唯物主义为指导研究社会学的专著。下面介绍其上册的具体内容。

（一）社会学是科学

许德珩在该书首编论述了自然科学、社会科学及社会学。他给科学下的定义是：“科学是一种意识形态，它是依据客观真实存在之变化和发展的规律性，转化为人类思维之有条理有体系的知识与方法，由这种知识与方法，达到认识客体，满足需要，而接近于真理的一种学问。”[②]科学研究的对象是客观真实的存在，所以科学的第一观点就是客观的、实证的。而客观真实存在不是死静的、孤立的、生成的，而是不断变更，不断发展，相互联系、相互作用的，所以科学的第二个观点就是要从运动的、发展的、相互作用和相互联系的方面去把握客体，认识存在。科学的初步任务是搜集和观察许多复杂的散漫的事物和现象，并加以整理、归类，使之条理化、系统化，以进一步认识存在；最高任务是必须从许多的依存关系之中发现一般的规律，找出普遍的法则，以认识客观的存在。科学的目的，一方面是为了应用，另一方面，也就愈使我们从各部分接近于客观的真理。社会事物和现象，与自然事物和现象一样，是有规律的。一切规律都是因果律。科学的因果关系，是内在的、发展的、相互作用和相互联系的因果关系。人是有思想、有意识、有欲望的，他们的行为是有

---

① 李达：《现代社会学》，上海昆仑书店，1929年，第328页。

② 许德珩：《社会学讲话》（上册），北平好望书店，1936年，第2页。

目的的、有计划的。他们的目的不但不妨碍因果必然的定律的存在，而且与因果必然定律的存在还相互关联，相互作用。人的自由与必然，都是历史发展的产物，都是客观存在，而且，随着历史的发展，自由将日益扩大。必然之下有偶然存在，必然之下有意志自由存在。从因果的必然、偶然及其与意志自由的关系来作社会科学的预测，既是可能的，也是现实的。

（二）社会学研究的内容与困难

许德珩认为，社会学应当研究“人类社会之构造，社会构造之存在、发展、变革，及其相互联系；分析构成人类社会生活的诸要素，及诸要素的性质，诸要素间之相互作用和关系，探求社会变革的因果关系和法则，以推知社会前进的方向，预测将来的一种学问。若从这样的一种内容来说，说明社会最确切的理论，就应当是历史的唯物论，如是，历史的唯物论就是正确的社会学，而社会学也就是社会科学了”。[①]他指出，研究社会学的困难在于：（1）科学是一种观念形态，而社会科学所研究的对象是社会事物和现象，这种受到人们的思想、感情、意志、欲望影响的社会事物和现象，随着时代与地域的变换及阶级和等级的分裂而有所不同，因此，人们对于社会事物和现象的解释也不相同。理论因阶级立场不同而不相同，这是社会学研究的困难之一；（2）由于资本主义社会中内在的矛盾的发展和资本主义的排他性的缘故，任何科学在理论上都不像社会学这么复杂，这是研究社会学的困难之二；（3）学术上思想上传统的关系是使社会学的理论复杂化的原因之一；（4）既然社会是人们共同生活的结果，那么人类社会生活的现象就都属于社会学研究的范围，范围如此辽阔，至今未有定论。

（三）研究社会学的重要性

许德珩指出，尽管研究社会学有许多困难，但这种研究仍然是重要的，他特别强调其对于中国的重要性。他说，人是不能够离开社会而生活的，社会是人们生存的必然结果。但这个社会究竟是怎样形成的，它形成以后对人们的影响如何？人们对社会的影响又如何？社会是存在于自然界之中的，那么，社会与自然界的关系究竟如何？自然界对社会的影响如何？社会对自然界的作用如何？社会中有物质的生产力和生产关系、法律的和政治的制度、精神生活的各种意识形态等等现象，究竟这些现象的彼此关系如何？相互作用的程度如何？

① 许德珩：《社会学讲话》（上册），北平好望书店，1936年，第61页。

社会是发展的、进化的，那么，促进这种发展的力量究竟是什么？怎样说明社会的发展？在社会进化的过程中，人们所起的作用如何？怎样解释社会的进化？社会发展是不是有规律的？如果是有规律的，社会的规律是否与自然规律相同？依照社会发展的规律，我们能够不能够预测社会的将来？等等。不但我们处理日常生活时有待这些问题的解决，并且我们研究人类古迹和解释现代社会中所发生的事物时莫不有待于它们的解决。在中国尤其如此。中国有悠久的历史，也有助于这方面的研究。而中国更是亟须社会学的研究。由于外力的不断侵凌，"社会内部之急迫的变动，这些急不可缓之必须改革才足以图存的事实，已经是使有志的人们不得不从事于中国社会之进一步的认识与中国社会问题之客观的探讨，而获得其真实，以作正确的理论成为有力的行动之准绳。然而要能够满足这些要求，社会科学尤其是当务之急的一种科学！这是社会学之于中国社会和中国学者特别重要的地方"。[①]

（四）社会学是理论的科学与应用的科学

许德珩明确指出，社会学是理论的科学与应用的科学——抽象的科学与具体的科学。他批评综合社会学只是一种抽象的不合实际的空论，而在美国出现的应用社会学又与理论社会学相对峙。他认为，科学的目的是为实用，为接近真理，因此，理论与实用是分不开的，没有理论而有应用的科学是不存在的。

同时，也不存在毫不实用而还能成为科学的理论。若与自然科学相比较，社会科学是偏于理论的科学，偏于抽象的科学。但只因社会科学的理论是切合于客观真实的事物，所以这种理论的科学又即是应用的科学。因此社会学是理论的科学，而理论却不应与应用分离；是抽象的科学，而抽象却不应与具体对立。

（五）对社会学各流派的分析与批判

许德珩讨论了社会学的起源，分析了各派社会学者及历史唯物论者的观点，以及他们对人类社会的构成、发展、变革、各种社会现象的性质及其相互关系等诸问题的解释并加以简叙。他分析了社会学产生的社会原因，认为孔德创建的社会学继承圣西门、巴贝夫等想用"人道""正义""公理"来救济社会的思想，并把他们的这些思想当作改进当前社会的理论。在哲学上采取了调和态度，这是当时各科学渐次成为"实证研究"的结果。他指出，三级律是

① 许德珩：《社会学讲话》（上册），北平好望书店，1936年，第69页。

孔德学说建立的基础，实证方法是其研究的法则，社会静学与社会动学是其社会学所以成立的两个基本部门。孔德的三级律，即社会从“实证主义”开始，经过理想主义而进入宗教的过程。这种把人类社会发展的动力归到精神生活的道德层面的因果倒置的说法，使形而上学的进化论的社会学走向了机械论和二元论。斯宾塞继承和发展了孔德的社会学，他把社会这个有机体视同一般的生物有机体。他的社会学，也有静学与动学之分，不过他的社会静学所研究的是人类社会与自然界和生物界的均衡，他的社会动学是要研究达到这种均衡的法则。斯宾塞把宇宙进化的公律说成是从同质走向异质，从简单走向复杂的定律，他认为社会的进化是一个不断“变异”与“均衡”的过程，即用进化定律和均衡论来解释人类社会的发展。斯宾塞是一个个人主义、自由主义的唯心论者，所以他总是拿“个人”来解释社会，或拿个人心理现象来解释社会现象。许德珩还分析批判了综合社会学派、心理社会学派、生物社会学派、文化学派、社会学中地理环境说、新实证主义等学说。

（六）历史唯物主义辩证法是研究社会的指导思想

许德珩在该书中阐述了自己的历史唯物论观点。他说：“历史的唯物论，是把唯物辩证法应用来说明人类社会之发展的理论，它的基础是唯物辩证法。唯物辩证法把一切存在看作是变动的、发展的。其解释发展之基本法则，是对立的统一。就自然、人类、社会的关系来说罢，唯物辩证法一方面把自然与人、人与社会看作是对立的，因为人不是自然，也不是社会；而同时，人与自然和社会又是统一的，因为人一方面不能脱离自然生活，同时也不能脱离社会生活。这与社会学者之机械地把自然、人类、社会或看作是同一的（如他们之把物理的、生物的、地理的，人种的条件用来解释社会现象），或看作是对立的（如心理学派的社会学者之从人类精神现象中找出定律来解释社会现象）完全相反，这是一点。第二，历史的唯物论是应用辩证的唯物论来说明人类社会之发展，这与那应用二元论或观念论的社会学之从人类精神现象来解说社会的发展尚不相同。第三，历史的唯物论是实践的社会学的理论，这与孔德以下那种抽象的形而上学的社会学的理论尚不相同。”[①]历史唯物主义是马克思综合了当时所实现于英、德、法三国社会的文化支流汇集而成。所谓三种文化的支流，就是英国的产业革命与经济学、法国的政治革命与社会主义及历史学、德

① 许德珩：《社会学讲话》（上册），北平好望书店，1936年，第163-164页。

国的哲学，而尤其要紧的就是德国的哲学，如黑格尔的辩证法与费尔巴哈的唯物论。历史唯物论的社会学认为，关于社会的构成及其诸构成部分之相互关系是：社会只有三类现象，一是由生产关系形成的经济构造；二是法律的政治的制度；三是社会的意识形态。这三类现象彼此相互联系，其中生产关系所形成的经济构造，是社会所以构成的真实基础，法律的政治的制度和社会意识形态，都是建立在这个基础上的上层建筑，而法律的、政治的上层建筑，又影响于社会意识形态部分，所以有人又称法律的政治的制度为上层建筑之一，社会意识形态为上层建筑之二。经济的基础对于上层建筑虽然有最后的决定的作用，然而上层建筑对于基础还有反作用。历史唯物论把社会看作变动的、发展的、物质的，生产力是决定社会变动的主要动力，其动因是生产力与生产关系的矛盾，其变革的过程经过三个步骤：一是矛盾，二是量与质之转变，三是突变，此即整个的辩证法的发展过程。人类社会的发展，就是由这个路程，即由原始的、奴隶的、封建的、资本主义的、社会主义的路程而前进的。

早在20世纪30年代，许德珩就精辟地论证了以历史唯物主义为指导、用唯物辩证法的方法研究社会学的科学性。他强调指出，研究社会学对于中国尤其重要，并论证了中国社会向社会主义发展的必然性。他一方面有力地批判了一些以唯心主义和二元论为基础的社会学流派，另一方面运用历史唯物主义和辩证法，完整而系统地阐明了社会学的基本理论。

综上所述可见，新中国成立前，一些社会学家运用马克思主义研究社会学的一个共同点是：他们用历史唯物主义来阐明社会主义是中国社会发展的方向，批判资产阶级社会学各流派的一些唯心主义观点，论证社会革命的必然性，将社会学研究与社会革命紧紧地联系在一起。

第七章 孙本文的社会学原理研究

孙本文（1891–1979），著名社会学家、社会心理学家、教育家，字时哲，江苏省吴江人。1918年毕业于北京大学文科哲学系，同年到南京高等师范附中任教。1921年赴美国留学，主修社会学，兼修经济学与教育学。先后就读于哥伦比亚大学、伊利诺伊大学、纽约大学，并获伊利诺伊大学硕士和纽约大学博士学位。1926年回国，在复旦大学讲授社会学。1929–1949年在南京中央大学任教授，并长期兼任社会学系主任。其间，1928年与吴泽霖、吴景超等发起成立“东南社会学会”。1930年东南社会学会与北平的陶孟和、许仕廉、陈达等联合发起成立了全国性的“中国社会学社”。曾任一、二、七届社会学社正理事，主编该社主要刊物《社会学刊》。1929年主编《社会学丛书》共15种，为大学讲授方便，又将丛书合编成《社会学大纲》。1949年后，任南京大学地理学系、哲学系教授、江苏省人民政治协商会议第一届至第四届委员、南京经济学会副会长、江苏省哲学社会科学联合会理事等职。

主要著作有：《社会学上之文化论》（1927）、《社会变迁》（1929）、《社会学原理》（1935）、《现代中国社会问题》（《现代中国家族问题》《现代中国人口问题》《现代中国农村问题》《现代中国劳资问题》）（1942–1943）、《社会调查方法与表格》（1944）、《社会思想》（1945）、《社会心理学》（1946）、《近代社会学发展史》（1947）、《当代中国社会学》（1948）等。

孙本文因受教于美国社会学家F. H・吉丁斯、R. E・帕克、W. F・奥格本等人，深受文化学派和心理学派的影响。但他一生却致力于贯通中外社会学理论，及中国的古今文献资料，力图吸收国外社会学各流派之所长，结合中国的文献资料，建立系统的社会学理论体系。因此，他系统综合地介绍了西方社会学，并为社会学的中国化作出了努力。他在中国社会学学科建设方面作出了重要贡献。毫不夸张地说，他是中国首屈一指的理论社会学家，本书主要介绍其代表作《社会学原理》《社会心理学》，其他涉及面很广的重要著作不能一一介绍，有些比较重要的观点，融入了对其他人的研究介绍之中。

孙本文的《社会学原理》是1949年以前中国社会学理论研究的代表作。该书是一本有系统的教材。作者1926年担任社会学课程教学工作，先后在大学中讲授普通社会学九次。起初用西籍为教本，但感觉其颇不合中国学生之用，因此陆续搜罗资料自编讲稿，并先后修订七次。为适应学校之需要。1935年，《社会学原理》以教科书形式由商务印书馆出版。该书1940年被国民政府教育部定为大学用书后，作者曾加以修订、增删，将原书第19章分为两章，易名为“社团组织及社区组织”，并新增第21章“阶级组织”。现介绍的是1935年版的《社会学原理》。该书是阐述社会学的基本概念、基本理论、社会学研究的基本问题及研究方法的专著。

该书的特点是：（1）“采各家之长，凡社会学上重要方面，无不论及。循序渐进，欲使社会学全部知识，成为一有机的体系。”①（2）“本书的论断，取欧美社会学上最新思潮，并信其较为正确者，其有争论之点，亦常附以对方意见，或参考书籍，使学生因有所引导，而自为判断。”②（3）作者受美国奥格本、托马斯两位教授影响最大，因此全书注重文化与态度的讨论。但对于其他名家的论断，凡可以说明社会行为现象的亦予引述，以资比较研究。（4）“本书引证事实之处，凡可得本国材料者，即用本国材料。其来源约分二类，一为历史事实，二为统计资料。盖欲使此书成为我国人适用之书。但所憾者，材料收集甚难，尚不能尽量采用耳。”③（5）该书说理务求浅显，引证务求翔实。著述时参考书数百种，凡一章一节均是著者深思熟虑的结果。（6）书末附有中英文重要参考书籍提要三种，以供进研高深者入门之用，并附有学名人名汉译表，供查社会学专名、世界社会学家及主要著作之便。

① 孙本文：《社会学原理》，商务印书馆，1935年，例言第2页。

② 同上注。

③ 同上注。

（7）该书之成，得到了吴景超、许仕廉、陈达、朱亦松、应成一、吴泽霖、潘光旦、李震东、柯象峰、黄建中、潘菽、胡鉴民、黄文山、言心哲、邓深泽、王子政、何联奎、游嘉德等人的协助、审阅、建议、讨论、切磋与鼓励，因此具有相当的权威性。

“全书注重文化与态度的探讨，其理论基础建立在文化社会学的观点之上。认为社会学研究的中心是人类的文化，而文化具体体现为人类的社会行为。据此把社会学界定为研究社会行为的科学。并探讨有关社会行为的5类问题”，①即社会行为的因素、社会过程、社会组织、社会控制、社会变迁问题，根据对社会行为问题的研究，提出的社会学的原则，并加以应用。

全书分5编26章。总论论述了社会学的基本概念、性质、范围及其与社会科学的关系、社会学研究的单位及材料、方法、目标分布与内容；其后各编为社会因素的分析、社会过程、社会组织与社会控制、社会变迁与社会进步，最后总结为社会学原理的应用。

第一节 社会学原理总论

孙本文阐明了社会学的基本概念、性质、范围、研究单位及材料、研究方法、目标、内容。

一、社会学的基本概念

（一）社会生活

孙本文赞同荀子的说法：“人生不能无群。”他认为，人类生活自始就是社会生活，并且，“人类必在社会中，方能生存；又必有赖于社会生活，方能征服自然，使社会日趋发达”。②人类的社会生活，发源于家庭，个人依赖家庭的共同生活，即是人类最先的社会生活。但家庭不过是大社会中的一个小单位，必须依赖于大社会方能生存，所以个人除家庭以外，与一般社会的关系也

① 陈树德：“社会学原理”，载《中国大百科全书–社会学卷》，大百科全书出版社，1991年，第346页。

② 孙本文：《社会学原理》，商务印书馆，1935年，第1页。

极为密切。就日常生活而言，人的衣食住行。无不有赖于一般社会的分工合作。可谓人人各尽其力，人人各得其需。人除物质生活外，还有非物质生活，此即人类在共同生活中产生的语言、信仰、道德、风俗、制度等。这些是社会上人的共同习惯和社会公认的行为正轨。“总之，无论言语，风俗，道德，信仰，等等，都是社会上共同一致的行为。个人生长社会中，势不能不与社会上流行的言语，风俗，道德，信仰等发生关系。故个人的一举一动，处处与社会上他人发生共同关系”。[①]而且，这种人与人之间的交互与共同的关系是错综复杂的。

同时，孙本文认为，个人不仅与他人有密切关系，也与整个社会有密切关系，个人的行动往往牵涉整个社会，“个人依赖社会，社会依赖个人。此种人与人间的交互依赖关系，就是社会生活的真相。因知人应爱群，人应爱国，出于理所当然。……总之，我人一切活动，处处与他人发生关系。人类都是在共同关系之下生活，所以人类生活，彻始彻终是社会生活”。[②]据此，孙本文认为：“社会生活是由种种社会行为复合而成的现象。……社会生活现象，是社会行为的综合，就社会行为的继续不断与互相关联的全体言，谓之社会生活。就社会生活中个别活动的方面言，谓之社会行为。所以要彻底了解社会生活，必先了解社会行为。要从错综复杂的社会生活现象中，抽寻一个条理出来，就不得不从社会行为方面，加以一种详密的分析。”[③]可见，孙本文不但将社会行为作为社会学研究的对象，也当作其社会学体系的出发点。

（二）社会行为

孙本文所说的社会行为，是二人以上的交互与共同行为：“通常，社会行为包括三方面：第一，交互行为，是指人与人间的相互动作言。第二，共同行为，是指人与人结合后共同对外的动作言。第三，交互共同行为，是指交互动作时各人同时参加此项动作言。”[④]孙本文进而界定说，交互行为是团体内部的交互行为，而共同行为是指团体共同对外的行为。孙本文指出，个人行为与社会行为显然是有区别的。个人行为只限于个人，即使其行为的前因和后果都

① 孙本文：《社会学原理》，商务印书馆，1935年，第4页。

② 同上注。

③ 同上书，第4–5页。

④ 同上书，第5页。

与他人有关。但社会行为则不然，它不是指个人单独的行为，也不是指个人与他人发生前因后果的关系行为，而是指二人以上结合的交互与共同的行为。所以没有二人以上的联合就没有社会行为。而且这二人以上联合的交互共同行为，不仅有二人以上的接触，还有他们间的沟通交流。“所以社会行为的发生，由于二人以上联合以后的互相交通。没有交通，便没有社会行为。故交通为社会行为发生的枢纽。要之，凡是二人以上联合而互通声气时所表现的行为，就是社会行为”。[①]

（三）社会及其特征

社会学家对于社会的定义殊不一致。孙本文将其概括为三种：以社会为同心的人的集合；以社会为互动的过程；以社会为一种社会遗产。孙本文指出，社会不仅是多人的集合，不仅是交互动作，更不仅是社会遗产，“社会之所以成为社会，在社会上各分子间表现交互与共同行为。此种交互与共同行为，便是社会成立的根本要素”。[②]所以，“凡是具有交互与共同关系，与表现交互与共同行为的一群人，都可称为社会。或简单地说，凡表现社会行为的一群人，就可称为社会”。[③]

社会有种种不同，孙本文将其分为广义的社会与狭义的社会。广义的社会与人类范围一般大，即全人类是一个社会。从纵向看，社会包括自有人类以来的人类；从横向看，社会包括现在地球上所生存的人类。所以，过去的人与现在的人及将来的人，只要有交互与共同关系，那么在这种交互与共同关系下的活动，都可称为一种社会行为，属于同一社会。即人类就是社会，社会就是人类。

孙本文认为，广义的社会概念过于宽泛，应该把社会看得狭义一些，即将人类社会分成许多社会或团体。分析的标准应以“交互与共同”的程度来分：“大概一个社会的‘交互与共同’的程度，是与它的范围适成反比例。就是，一个社会的人数愈少，范围愈小时，它的交互与共同的程度愈深，反之，一个社会的人数愈多，范围愈大时，它的交互与共同的程度愈浅。”[④]孙本文根据

① 孙本文：《社会学原理》，商务印书馆，1935年，第7页。

② 同上书，第9页。

③ 同上书，第10页。

④ 同上书，第12页。

"交互与共同"程度，对社会进行了不同层次的划分："一方面就区域社会言，有家庭，邻里，乡村，都市，行省，国家，大洲，世界；又一方面就团体社会言，有朋友团体，同乐会，工会，学会，政党，种族，全人类。"[①]

狭义社会的特征有以下几种：社会的互相重复，即一个人同时可以属于几个社会；社会成员交互综错；社会成员不断新陈代谢；社会成员必定与社会的全体发生比较永久的关系；任何社会必具有特殊的结构或组织，以代表此种社会的特性，同时也是"供全社会各分子的表现与维系他们的交互与共同关系的机械"。[②]

（四）社会学

众所周知，社会学一词创始于孔德的《实证哲学大纲》第四册，而中文社会学一词则采自日文。中国最初称之为群学。1903年出版的严复译斯宾塞的"*The Study of Sociology*"取名为《群学肄言》。"同年7月上海作新社出版其编译之《社会学》，始有社会学之名"。[③]

关于社会学的定义，自孔德以来无一致意见。有的认为社会学是研究社会现象的科学，有的认为社会学是研究社会形式的科学，有的认为社会学是研究社会组织的科学，有的认为社会学是研究人类成就的科学，有的认为社会学是研究社会进步的科学，还有的认为社会学是研究社会关系、社会历程、社会现象间的关系等的科学。再有一种观点认为，社会学是研究社会行为的科学，如帕克（Park）、林德曼（Lindeman）、冯维史（von Wiese）等。孙本文认为最后一个定义适当。因此，他定义为："社会学为研究社会行为的科学。"[④]他特别区分了社会学、心理学与社会心理学的研究对象。他认为，社会就是表现社会行为的一群人，故没有社会行为，就没有社会。"心理学所研究的是个人的行为，而社会学所研究的是社会的行为。其范围及出发点，均不相同。至于社会心理学是介乎两者之间，研究个人在社会中的行为，其出发点为个人，其所注重者为个人对于社会，及社会对于个人的关系及影响。社会学之出发点为社会；其所注重者为社会中个人与个人间及团体与团体间的交互与共同的行

① 孙本文：《社会学原理》，商务印书馆，1935年，第12–13页。

② 同上书，第16页。

③ 同上书，第17页。

④ 同上书，第21页。

为及其关系”。[1]因此，凡与社会行为有关系的各种现象，社会行为的共同特点，以及社会行为间的相互关系，社会行为的规则及变迁等，都在社会学研究范围之内。

二、社会学的性质、范围及与社会科学的关系

（一）社会学的性质

如上所述，孙本文的社会学定义是，社会学是研究人类社会行为的科学。科学家一般公认，科学是有系统组织而可验证的正确知识，所以凡是可以观察、分类、比较、分析的现象，都可做科学研究的材料，由此而得到的可以证验的正确知识，就是科学的知识。社会学的任务是研究人类的社会行为。而人类的社会行为，自然可予以分类、比较、分析、综合，以组织成有系统可证验的知识，所以社会学也是一种科学，它的科学性质与物理学、化学、生物学等没有区别。不过，社会学所研究的现象，不像物质科学的研究对象那么单纯而确定，因此，社会学与物质科学又颇有不同：

> 一、社会学不能完全采用物质科学的实验法。物质科学欲观察某种状况，或某种变迁时，可在实验室中，设法使某种状况或某种变迁发生，而使其他一种或数种状况，完全受人力控制。至于人类社会行为的现象，错综复杂，势不能完全受人力支配，故不适用物质科学的实验法。二、社会学不能完全适用统计法。固然，有一部分的社会行为现象，可以适用统计的。但是此种统计，往往不能像物质科学那样精确。况且人类社会行为的现象，有时决不能用数字表明它的意味，因为数字仅能表示一种趋势与变迁的大概，而人类社会现象的真意义，常在数字之外。所以不能适用统计的社会现象，确是甚多。大概，社会上一切现象，就其质的方面言之，均非统计方法所能得其真相的。[2]

孙本文指出的以上两点，至今还是值得社会学者十分注意的。

① 孙本文：《社会学原理》，商务印书馆，1935年，第22页。

② 同上书，第28–29页。

（二）社会学的范围及其与社会科学的关系

孙本文指出，要明了社会学的范围及其与其他社会科学的关系，须先明了一切科学的相互关系。而要明了一切科学的相互关系，须先明了科学的分类。孙本文依各种科学的性质，把一切科学分为三大类，即物质科学、生物科学与社会科学。社会科学的分类虽无一定，但社会科学的范围还是可以明确的，孙本文以为，要确定社会科学的范围，须先明了社会科学的对象。

孙本文认为："社会科学的对象就是人类社会生活的一般现象。凡人类共同结合时所表现的种种活动，都属于社会生活现象的范围。凡社会生活的形式、内容、组织、作用，以及过去现在的种种事实，与人类策划改进社会生活种种理想，计划与方法，都属于社会科学研究范围之内。"[①]但社会生活现象方面很多，问题甚繁，因此需要各种性质不同的社会科学分别去研究。孙本文把社会生活现象大致分为四个方面：（1）社会生活的全局性共通现象；（2）社会生活的部分特殊现象；（3）社会生活的过去状况；（4）社会生活的未来要求。他认为，既有四种不同的社会生活方面，就有四种不同的问题，这就需要有四种不同的社会科学去研究。据此，孙本文将社会科学分为四类：

1．普通的社会科学——研究社会生活的全般共通现象；
2．特殊的社会科学——研究社会生活的各部分特殊现象；
3．叙述的社会科学——叙述社会生活的过去状况；
4．应用的社会科学——应用社会科学的理论去研究实际社会生活的改进。[②]

孙本文明确指出，社会学属于第一类，经济学、政治学、法理学、伦理学、文化人类学（或民族学）、社会心理学属于第二类，历史学属于第三类；行政法、教育、社会工作、商业等属于第四类。统计学是一种工具科学，适用于一切科学，故不将其列为社会科学。

同时，孙本文指出了社会学与其他社会科学的差异，以确定社会学的范围。一切社会科学虽同是研究社会生活现象的，但社会生活现象所发生的问题的性质有种种不同，故需有种种不同的社会科学去研究。而社会学是研究社会

① 孙本文：《社会学原理》，商务印书馆，1935年，第44页。
② 同上书，第45页。

生活现象中的社会行为的问题，亦即“研究社会行为发生的各种相关的要素，社会行为的历程，组织，控制与变迁的问题，是社会学的任务”。[①]

那么，社会学在社会科学中究竟处于什么地位呢？社会学家对此有三派意见。一派以为社会学是各种社会科学的综合；一派以为社会学是各种社会科学中的根本科学，社会学研究的是社会生活的普通现象，而各种社会科学所研究的是社会生活的一部分特殊现象；还有一派以为，社会学虽是研究社会生活的普通现象的，但与其他社会科学处于平等地位，因为同是研究社会生活现象的一个方面的。孙本文认为，第一种意见不符合对社会学研究对象的界定，因此他采纳了第二、三种观点，认为社会学研究的是社会现象的共同原理，此种“共同”原理，当然可以适用于各种社会科学。“我们知道，社会学是研究社会现象中的社会行为，我们又知道任何人不能不有社会行为。所以无论经济行为、政治行为与道德行为都不能脱离社会行为。如此看来，社会学上所研究的原理，就可说是一种普通的根本原理。此种普通的根本原理，——社会行为的原理——就是社会学独占的领域”。[②]这就是说，在孙本文看来，因为社会学所研究的对象比其他社会科学所研究的对象更广泛而普遍，所以它是一种普通的社会科学；经济学、政治学、伦理学、法学等为特殊的社会科学：“总之，社会学是研究社会生活现象的共通原理，此种社会生活现象的共通原理——社会行为的原理——为社会生活现象的一部分，而关系于各部分的社会生活现象，故社会学为一种普通的社会科学。”[③]

三、社会学研究的单位及材料

社会学是研究人类社会行为的科学。但人类社会行为的范围是非常宽泛的，那么社会学研究以什么单位为研究的起点呢？对此，人们意见不一，有的以个人，有的以团体，有的以制度，有的以社会一致为研究的单位。孙本文主张“以具体社会为研究的单位”。[④]这种具体社会，或是团体社会，或是区域社会，或是直接社会，或是间接社会等，只有切实地研究种种具体社会中的社

① 孙本文：《社会学原理》，商务印书馆，1935年，第47页。
② 同上书，第50页。
③ 同上注。
④ 同上书，第58页。

会生活的各方面，才可以得到社会行为的真相。

由于社会学以人类社会行为为研究对象，以具体社会为研究单位，因此，凡是具体社会中的各种社会行为现象，都是社会学研究的材料。人类社会行为的种种现象可分为人、物与历史三类，社会学研究的材料来自这三个方面。

（一）人的方面的材料。社会行为是二人以上的交互与共同行为，所以社会行为不能脱离人的要素。人的要素可分为个人要素与社会要素两类。个人又分生物的与心理的。生物方面的材料不外乎人口的现象，即人口的生长、变迁与遗传等。心理方面的材料，“不外乎人性与态度的现象。凡是人性与态度的性质、起源，及其发生的原因、影响、变迁与交互关系等皆是。社会的要素，即人与人间的交互关系与行为”。①

（二）物的方面的材料。凡社会行为的起因，或是人的要素，或是物的要素，或是人的与物的要素的联合。所以，研究社会行为的时候，必须研究物的方面的材料。物的方面的材料可分为二类，即文化的材料与自然环境的材料。文化是人类的产物，而人类亦是文化的产物。人类之所以不同于普通动物，就在他拥有文化。离开文化，就没有社会生活。因为凡是人类社会行为的表现、进行、变迁等，没有不借文化之力的。作为社会行为的最根本要件的交互影响，就必借文化之力以表现。例如，没有言语，人类便没有交流的工具，也没有交互影响的可能。“所以文化是研究社会行为最重要的材料。文化材料可分为二类：就是物质的与非物质的。物质的文化材料，如关于衣食住行等有形的事物；非物质的文化材料，如知识、信仰、道德、风俗等无形的事物皆是”。②自然环境的现象也与社会行为发生关系，人类生活在土地上，土地是人类生活的物质基础，土地的性质、形态以及气候状况，都影响人类行为，所以这些都是社会学研究的材料。不过自然环境与人类行为的关系不像文化那么密切。

（三）历史方面的材料。凡社会上种种变迁的状况，无论是物的变迁还是人的变迁，都是社会学的重要材料。社会行为的发生及变迁，必有其前因后果，这种前因后果都存在于历史的事实中。所以研究一种现象的历史，可以彻底了解现象的真相。

① 孙本文：《社会学原理》，商务印书馆，1935年，第59页。

② 同上书，第60页。

孙本文将社会学研究的材料列成了一个简表（见表7.1）。[①]

至于材料的来源，孙本文概述如下。

1. 日常生活。人生长在具体社会中，要研究社会行为，只需审慎观察我们所参与的具体社会生活。社会日常生活可供无限制地无代价地取用、分析与证验。所以日常生活的事实是最可贵的研究材料。

表7.1

社会学的材料

- 历史方面——社会变迁的事实等
- 物的方面
  - 自然的——地境的——地性、地形、气候等
  - 文化的
    - 物质的
    - 非物质的——风俗、道德、宗教、法律等
- 人的方面
  - 社会的——交互关系与行为
  - 个人的
    - 生物的——人口数量及品质
    - 心理的——人性人格及态度

具体的社会

2. 社会状况。社会上一般状况可作我们研究材料。我们调查一般社会状况，分析社会上种种活动，一方面了解社会上的优点劣点，作为社会改进的张本；另一方面可以取得相当的结论，作为社会学研究印证之用。因此，社会一般状况是社会学的重要研究材料。

3. 特殊问题。无论何种具体社会，都经常会发生种种特殊问题。我们可以从特殊问题现象中，分析出问题发生的因果，归纳出社会行为的原则原理。所以具体社会的特殊问题，也是社会学研究的重要材料。

① 孙本文：《社会学原理》，商务印书馆，1935年，第61页。

4. 历史事迹。历史上所记载的事实，就是人类社会行为的陈迹。从理论上说，这种历史的事实是社会学上研究的最好材料，因为历史事实是静止的，不变的。不过从实际上说，现在的历史记载，往往有特殊的偏重，而不全面完整，故而不合乎研究的需要，但我们也可把种种历史记载汇集起来，加以综合考察，以得到事实的真相。因此，历史的事迹常是社会学研究的重要材料。

5. 社会意见。社会学是科学，科学是注重事实不重意见的。但对于许多社会现象，平常人都可进行某种正当的观察，他们的意见虽则不足尽信，但至少也可供参考印证之用。不过征求意见的时候，必须体察所研究的现象的性质，看其是否能从意见中得到真相而决定取舍。

6. 专家著述。有许多社会现象及问题，早经专家体验过，所以他们的著述、研究报告或观察意见，虽不能完全信为可靠，但却有比较与印证的价值。这种著述的研究价值，一方面须视著述者的科学经验；另一方面须视其研究方法是否适当。孙本文特别提醒，从专家著述去搜取材料，自须慎重。

四、社会学的研究方法

社会学既是科学，当然适用一般的科学方法。但孙本文同时指出，社会学所研究的对象比其他科学更复杂、更特殊，所以除适用一般的科学方法外，还有几种特殊的研究方法。

（一）科学研究的方法与步骤

孙本文认为，普通科学研究采用的方法，不外有三种，即推论法、归纳法、演绎法。推论法就是根据特殊事实，推论特殊事实的方法，其关键是两件事实相似。不过孙本文提醒说，采用此种方法的时候，必须非常慎重，因为古今时势环境不同，一切事物未必都可以通过推论而得到确切的结果。归纳法是把种种特殊事实综合起来而得到普通原理的方法，它是科学上的主要研究方法，归纳法是一切科学方法的根本。演绎法就是把普通原理应用于特殊事实的方法。孙本文指出，演绎法的流弊极多，学者往往把一种不正确的学说应用于事实，结果产生误谬。因此，应用演绎法时须慎重，尤应注意论据的正确性，方不致有何错误。

孙本文认为，科学研究的最基本步骤有三，即搜罗、分析与综合。科研的第一步就是尽量搜罗有关研究的一切事实。所谓事实，就是客观存在的事物真相，而不加以任何主观的意见。所以这种事实必定是任何人能搜集到而没有差异的。第二步是把搜集到的事实加以详细精密的分析。首先，把搜集的事实按其性质或种类的不同分别归类，使之简明而有条理，然后观察事实间的相互关系或前后顺序。第三步是把已经分析出来的关系与意味加以综合的推理，以取得相当的结论，但这种结论仍不过是一种假设，还须经过种种实验或证明无误，才可算是一种原理或定律。所以归纳法所得的结论，必须经过演绎法的证验，方可决定其价值。归纳法与演绎法不可分离，有互相补充的作用。此点是应当切记的。

（二）社会研究法

孙本文所讲的普通科学方法及步骤，也是社会学所采用的几种基本方法。但他指出，社会学还有自己的研究方法，他称之为“社会研究法”，主要有以下几种。

1．观察法

“观察法就是观察社会事实的方法。观察者立于纯粹旁观的地位，去观察社会现象的形态、发生和变迁；根据观察所得的事实，再加以分析与综合”。[①]孙本文认为，观察法的长处有三：一、自然社会现象错综复杂，非任其自然，不能得其真相。运用观察法观察社会现象的自然发生与变化，而绝不加以人力干涉，所以常常能得真相。二、能永久研究观察同一社会现象，以便反复考察印证。观察法是没有时间限制的，所以能得到较为可信的结果。三、观察法手续简易。同时，孙本文又指出了观察法的短处及应注意的事项：（1）“精密的观察不易。观察法虽甚简易，但绝不是任何人都可使用的。社会现象，非常复杂；非有受过社会科学训练的人，即使轻易尝试，亦不能得可靠结果。所以欲得精密的结果，必须有受过特别训练的人，担任观察。”[②]（2）需时太久。对于许多社会现象，但凭观察不能在短时间内得到结果，所以需要时间甚久。有时即使观察者能耐久观察，而因种种关系也不能得到什么结果，故往往耗费时间。（3）“限于片面的观察。社会现象，非常错综复杂；有时仅据表面观察，不能得圆满结果，且观察者若无客观标准，往往易为

① 孙本文：《社会学原理》，商务印书馆，1935年，第68页。

② 同上书，第69页。

主观偏见所限，更不能得到真相”。[①]所以，在使用观察法时，不能不兼用他种方法。虽然观察法有很多短处，但在社会学上仍视为极重要的方法。

2. 调查法

“调查法就是依照预定计划，实地搜罗与考查社会事实的方法，调查法是由观察而进于实地查问，所以比观察法为进一步的方法”。[②]调查法又分为社会调查与个案研究两类。

（1）社会调查

社会调查是社会学上常用的一种普通方法。就调查范围而言，又分为两类。一类是普遍的社会调查，调查一个社会的全部状况，无论政治、经济、教育、宗教、风俗、人口、职业等种种情形予以详细的调查。一类是特殊的社会调查，即调查一个社会的一部分的状况，或调查一个社会的某种问题。就社会调查的深度而言，也可分两类。一类是初步调查，仅对社会状况做一种概略的调查；一类是详密调查，即对各个方面进行详细调查。还有一种所谓继续调查，亦即所谓跟踪调查。所有这些调查虽有范围和深度的不同，但方法上没有区别。

社会调查除应用观察法外，就所欲调查的事项，还常用下面两种方法搜集材料：①访问法，照预定计划，亲自进行访问。访问法的优点是可以当面问答，从而得到详细的答案。其缺点在于需时太久，且当面询问也往往不能得正确结果，因为普通人有许多事是不愿意告诉外人的。②问卷法，即就所要调查的事项，制成极普通的问卷，分发或邮寄给有关的人，请他们照式填答。这种方法的优点有二：一是调查范围可以极广，同时可以调查许多人；二是调查问题可以极细，凡在访问时所不能直接问或不易得到真确回答的事项，都可在问卷上得到。但其缺点也很多：第一，问卷只能适用于识字人；第二，问卷制作问题极非易事，稍有含糊就不能得到正确回答；第三，作答的人常会捏造事实，故意说谎，以致对所得结果不能信为可靠；第四，问题若太繁多，答者往往生厌，故答案不易搜集；若太简单，又不易得到真相；第五，社会现象错综复杂，常常不是几句纸上问答就可得到其真相的。“要之，问卷法，决不是完善的调查法。用此种方法补助观察法与访问法犹可；假使用为调查社会现象的

① 孙本文：《社会学原理》，商务印书馆，1935年，第69页。

② 同上注。

唯一方法，甚为危险”。[①]孙本文还说，除访问法与问卷法外，还可从史籍、各机关印刷品、报章记述、时人讲稿、歌谣、俚谚、口号、标语等来源搜集材料。

孙本文提醒我们，在举行社会调查时，应注意以下事项：①必须有曾受专门训练的人担任指导；②调查员必须有实施调查的经验；③调查时必须各人分工负责；④调查后必须兼用他种方法，以补调查之不足。

（2）个案研究

“个案研究是单单调查一个团体或一个人的方法，社会学上的人格分析，就是个案研究的一种。人格分析，是就一个人，把他从前个人的历史，所处的环境，所受的教育，所交的朋友，等等，一一加以详细的分析，然后综括起来，研究他的个人的特性及其行为的趋向”。[②]个案研究的材料来源包括：①口头访问；②通信、传记或自传；③信札、笔记、日记、演讲稿等；④出版品，如书籍、论文、笔记等；⑤家谱；⑥访问有关系的亲戚朋友或有关系的团体。

孙本文给个案研究以高度的评价。他认为：“个案研究，是社会学界认为最合于科学原理的一种社会研究法。它的理由是：（一）个人生活不能与社会生活脱离关系，个人是社会的产物。所以研究一个人的生平行为，便可知道他所处社会的状况；及他与社会的关系。（二）在此种范围狭小的个案研究，方可做极细密的分析工作，由此种极细密的分析工作所得的结果，才可以发见人类社会生活的正确事实。从此种个案研究得来的正确事实，积之既多，即可发见社会生活的原理原则。（三）此种分析研究，取纯粹客观的态度与归纳的方法，故可说是最合于科学原理。”[③]

（3）统计法

统计法就是用数量表明社会状况的方法，是调查法中的一种整理与分析方法。调查结果常有质与量的两方面。统计法则仅就量的方面用数字表明社会状况与趋势，并进行种种比较分析。统计法的优点是：①能以极简单的数字表明极复杂的状况，能以极简单的数量，表明范围极广大的事实；②能以极简明的

① 孙本文：《社会学原理》，商务印书馆，1935年，第71页。

② 同上注。

③ 同上书，第72–73页。

图表显示事实的趋势。统计法的缺点则在于：①不适用于定性的研究。诸多社会行为现象，仅素质的问题，决非仅仅量的分析就能得到其真相。例如社会态度、同情、暗示、模仿、情感、潜势力，等等，都非数字所能表明其真相，也非统计比较所能得其实在的。②统计法仅视个人为社会中的一个单位，而实际上个人是社会的产物，全社会的一个有机组成部分，而不是独立的，所以对于研究社会行为来说，统计法不尽适当。

当然，社会上有许多机械的事实，可以用统计法分析其数量，以表明社会生活的一部分状况。孙本文认为，适用统计法的社会事实有：①人口方面的事实：生育数、死亡数、移民出入数、人口密度、人口迁徙、人口发展等；贫穷人数、未受教育者人数、依赖者人数等；年龄别、男女别、职业别、种族别、国籍、家族、结婚者人数等；②社会伦理方面的事实：婚姻数、离婚数、弃家者人数、私生子数；犯罪人数、自杀人数；慈善团体数、经费数、类别等；教育团体、宗教团体、政治团体等；③社会经济方面的事实：工时、工资、男工、女工、童工、失业人数、罢工数、生活水平、住宅、财富分配等；④社会政治方面的事实：选举、党籍等；⑤社会心理方面的事实：群众集会、暴动、时装的变迁等。

（4）历史法

孙本文认为："社会学上历史法有两种意义：（一）就一种社会现象而研究其历史的背景。（二）从人类历史上，搜求社会生活的事实，以归纳而得原理原则。"①第一种方法，我们要了解种种社会行为现象，就必须了解其种种历史环境。在运用这种历史研究法时，须同时采用调查法，以历史的观点调查事实。历史法与分析事实的因果关系极大。历史法就是通过过去的事实来了解现象状况的方法。第二种方法说人类历史，就是过去人类社会生活的纪录，通过研究过去的社会发展状况及其特殊的历史环境，可以推论到现在与将来社会发展的路径。所以一切社会变迁、社会进化等都有赖于以历史法搜集材料，这种材料的来源有：①普通历史；②特殊历史，如文化史、政治史、宗教史、工业史等；③传记；④稗官野史；⑤民族学、民族志；⑥考古学；⑦语言学、文字学；⑧甲骨学等。

---

① 孙本文：《社会学原理》，商务印书馆，1935年，第75页。

（5）实验法

孙本文解释说："实验法，就是用人为方法，控制各种状况，以验一种社会现象的性质与变化的方法。此种社会学上的实验法，与物质科学实验室中所用的实验法，性质虽无不同，方法却是有异。社会学所研究的对象——人类的社会行为——错综复杂，不能完全受人力支配，所以极难在实验室中实验。不过有时，亦可用别种方法实验。假如欲考察某项社会现象，或某种社会问题，可以指定某区域，或某团体为实验区域或实验团体。在指定时期之内，研究者得使用相当方法，去控制某种状况的发生或变化；而细心观察所欲研究问题中的某种现象的性质与变化；及其与环境所发生的关系。"[①]

孙本文认为，从严格的科学眼光看，实验法很难得到极正确的结果，一是很难得到可做实验的适当区域，二是即使得到适当的实验区域或团体，也极难达到完全用人力控制社会现象的目的。与实验法相近似的一种方法是试验法或尝试法。不过，孙本文相信，严格地说，实验法在社会学上虽尚不能切实应用，但在不久的将来是会有成效的。现在，实验法仍须与调查、观察、历史、统计诸法同时并用，方可得到可靠的结果。

最后，孙本文特别强调："上述各种方法，是社会学上习用的社会研究法。我们从事实际研究时，宜诸法酌量采用，俾可互相补助，以期得正确的结果。"[②]

五、社会学的目标

孙本文指出，一切科学的任务都在于用系统的方法叙述人类过去经验的事实，发现事实前后的顺序关系，并由此推测以后发生的事物。所以，科学的任务，也就是给人类提供推测事物发生的知识，使人类能利用这种知识来适应人生的需要，所以"科学的目标，不外乎推测与控制。推测未来现象的发生，以为控制现象的根据。而控制的目标又无非为适应人类生活的需要而已"。[③]

孔德始创社会学时的目标，在于应用实证的科学方法研究社会现象，发现社会的自然原则，以预测现象的发生，而其实用的目标则在于使政治建筑在科学的基础上，依据社会现象的自然原则，来指导政治应当遵循的途径。孔氏认

① 孙本文《社会学原理》，商务印书馆，1935年，第76–77页。

② 同上书，第79页。

③ 同上书，第85页。

为“物质科学逐渐发展给人类以控制自然的能力；社会学为最后发展的科学，给人类以控制社会行为的权力”。[①]因此，社会学的目标在使人能了解社会现象的自然原则，以指导社会政治的活动。孙本文说，孔氏还是注重社会学原理的应用。

孙本文认为，孔德的见解涉及社会学的预测与指导两种作用。他把现代社会学的目标定义为：“社会学是研究人类社会行为的科学。根据研究社会行为所得的结论，去推测与控制人类的社会行为，此就是社会学的目标。”[②]他指出，推测与控制在社会学上有两种任务：一为验证学理假设；二为改进社会状况。为研究学理与假设的正确与否，可以应用推测与控制的原理，去实验社会行为。通过推测与控制的实验，经过多方面的长期的工作，一方面可以证明某种假设的正确与否，或校正某种学说的误谬；另一方面可以建立一种新假设或新学说。这是一种纯粹的科学研究，是社会学建设的根本。而要改进人类社会生活状况，可以应用社会学所发现的原理原则来推测与控制社会行为的发生，即根据社会学所揭示的原理原则改革实际的社会生活。孙本文说，这是社会学的实际应用，也是社会学对人生的贡献。

这样，社会学就有纯理论研究与应用两个不同的目标。社会学的纯理论目标，就是要透过对无论善恶是非的一切社会行为的研究，去发现社会行为的原理原则，也就是发现真理。因此，此种纯理论的社会研究，以纯粹客观的科学态度，用纯粹客观的科学方法，去研究人类的社会行为。至于社会学的实用目标，则是指社会学是为了改进实际社会生活而研究社会行为，即要用社会学的原理原则，去改进实际社会生活，设法兴利除弊。

六、社会学的分类及内容

（一）社会学的分类

孙本文根据美国各大学所开课目，将社会学分为四大类型。

1. 纯理论社会学。纯粹研究社会行为及与社会行为有关的现象。

这一部分又分为两类：（1）普通社会学，主要研究社会行为现象，即研究社会现象中的共同部分；（2）特殊社会学，研究社会行为现象与非社会现

① 孙本文：《社会学原理》，商务印书馆，1935年，第86页。

② 同上书，第86–87页。

象的关系，及社会行为现象与其他社会现象的关系。特殊社会学又分四种，即地理社会学、生物社会学、心理社会学和文化社会学（包括政治社会学、经济社会学、宗教社会学、法理社会学、艺术社会学等）。

2. 应用社会学。这是把纯理论社会学的原理原则应用于社会上任何部分以期改进的社会学，包括农村社会学、都市社会学、教育社会学、犯罪社会学、社会工作等。

3. 历史社会学。主要研究过去社会生活的陈迹。

4. 社会学方法论。主要讨论如何研究社会行为现象的方法。

（二）社会学的内容

关于社会学的内容，向无一致意见。孙本文在综合各家意见后认为，社会学上有两大问题即：静的问题方面有社会要素、社会组织等问题，动的问题方面有社会变迁、社会进化等问题。孙本文特地说明，社会现象只是动的现象，本无动静之分，而这里的动静区分，纯为研究方便而设的假定，断不可误会为社会现象的真相。

孙本文认为，社会学是研究社会行为的科学；而以具体的社会为研究的单位。"我们在具体的社会中，研究社会行为，可以发现五种重要问题，就是：（一）社会行为的要素问题（或社会要素问题）；（二）社会行为的过程问题（或社会过程问题）；（三）社会行为的组织问题（或社会组织问题）；（四）社会行为的控制问题（或社会控制问题）；（五）社会行为的变迁问题（或社会变迁问题）。此五项问题就是社会学上所应研究的重要问题"。[①]对这五类问题的研究，就是孙本文所指出的社会学的内容。

孙本文进而指出了以上五个问题的研究要点。

1．社会行为的要素问题

孙本文说，科学的一部分责任是分析现象的因果关系。凡现象的发生、存在或变迁，必有其原因与结果，而且是由因产果，因为施力者，果为受力者，故创为相关学说。他认为，因果律与相关律是相通的，因此社会学上的第一个问题，就是影响于社会行为的各种要素问题。对此，所应研究的要点有6个：（1）有几种要素可以影响人类的社会行为？（2）各种要素的来源如何？性质如何？（3）究竟各种要素如何影响人类的社会行为？如何使社会行为发生、

① 孙本文：《社会学原理》，商务印书馆，1935年，第108页。

存在或变迁？（4）各种要素对人类社会行为的影响是不是有同样的势力？（5）各种要素的交互关系如何？（6）人类社会对各种要素的影响如何？

2．社会行为的过程问题

孙本文认为，社会行为是二人以上的交互与共同行为，这种行为在发生时常有种种不同的形式。他把这些形式称为社会过程，并且认为，要了解社会行为的真相，便须对社会过程详加分析。因此，社会学上的第二个问题就是社会行为的过程问题。社会行为过程问题研究的要点也有6个："（1）社会过程，如何形成的？（2）社会过程的性质如何？（3）社会过程，有多少区别？（4）社会过程，有无系统可言？（5）社会过程，与个人行为的关系如何？（6）社会过程，与社会生活的关系如何？"①

3．社会行为的组织问题

人类社会行为常常遵守社会上公认的行为规则，这种行为规则是社会行为的准绳。一个社会的各种行为规则常有交互连带关系，并且有一种共同的特征。通常所谓制度，就是有系统而具有永久性质的行为规则；所谓社会组织，就是此种行为规则的总体；所谓社会统一，就是一切行为规则所具有的共同一致的特征。一个社会的统一性，常表现于其行为规则、制度与社会组织上。因此，要了解社会行为的真相，便须研究社会上的行为规则、制度与社会组织。社会行为组织问题研究的要点同样有6个：（1）社会行为表现时有无一定的规则？（2）社会行为的表现如有一定规则，那么这种行为规则又是如何发生的？其性质如何？（3）各行为规则之间有无关系？有无共同特征？（4）行为规则与社会制度或社会组织的关系如何？社会组织与人类团结的关系又如何？（5）社会行为何以具有共同一致的色彩？此种色彩的来源如何？（6）社会规则、社会制度、社会组织与社会统一，对于社会生活的关系如何？

4．社会行为的控制问题

既然人类社会行为常常遵从社会上公认的行为规则，那么人类生活就是受社会上行为规则控制的。此种人类行为的控制或者是出于自然的，或者是出于自愿的，或者是出于强迫的。因此，要了解社会行为的真相，还须研究行为的种种控制。研究社会行为控制问题的要点有5个："（1）社会上的行为规则，究竟如何控制人类行为？（2）社会上究竟有何种控制的工具？（3）社会控制

① 孙本文：《社会学原理》，商务印书馆，1935年，第111–112页。

是有目标的，还是无目标的？（4）人们受社会控制是不自觉的，自愿的，还是强迫的？（5）社会能不能预定一种完善的理想，用控制的方法，支配人们的行为，使共趋于此种理想。”[①]

5．社会行为的变迁问题

人类社会不外乎两种单位，就是人口与文化。人口是就生物有机体的人类说的，文化是就人类心力所造成的事物而言的。人类的社会行为无非是文化中的活动。人类的社会行为无时无刻不在变动，或起于人口的变迁，或起于文化的变迁。而此种行为变动的结果，或影响人口的状况，或影响文化的状况。要了解社会行为的真相，便须研究社会行为变迁的起源、状况及结果。因此，社会行为变迁问题研究的要点应为：“（1）社会行为何以会变迁？他的原因何在？（2）社会行为究竟如何变迁？（3）社会行为变迁的形成如何？状况如何？（4）社会行为变迁的速度如何？是平均的还是有迟速的？（5）社会行为的变迁，是一致的还是参差的？（6）社会行为的变迁，有无一定的规律？（7）社会行为的变迁，有无一定的方向？是停滞的还是进步的？[②]”

综合以上的分析，孙本文把社会学研究的内容列为一个简表（见表7.2）。[③]

表7.2

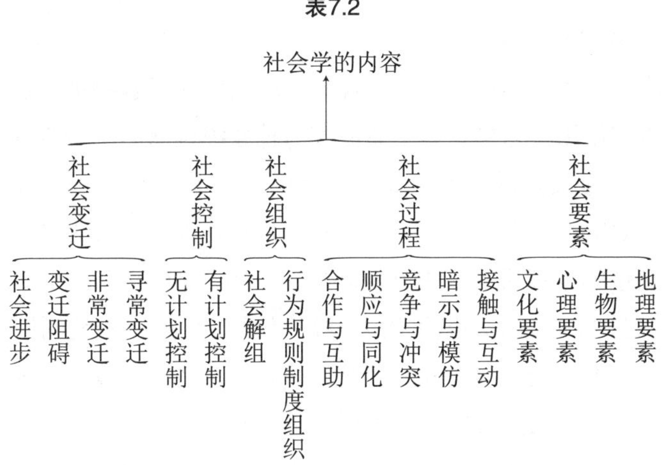

① 孙本文：《社会学原理》，商务印书馆，1935年，第113页。

② 同上书，第113 –114页。

③ 同上书，第114页。

第二节
社会要素与社会生活的关系

一、人类生活与环境的关系

（一）人类的环境

孙本文认为，人类生长于环境之中，其种种活动必须在环境中进行。环境影响人类活动，人类活动也影响环境。所以，要了解人类的生活活动，便不能不了解其所处的环境。人类所处的环境极其复杂，孙本文吸收了美国社会学家伯纳德（Bernard）的意见，把人类所处的环境分为：一是物质的环境与生物的环境，包括一切完全未改变其本来面貌的自然物及自然作用；二是社会的环境，是指人类共同生活的环境而言；生物的社会环境，它是指人类的集合而非指行为而言；心理的社会环境，是指人在当时发表的或内在的行为；三是文化的环境，即指人类活动的结果，历史地说，就是人类累积而得的社会遗产。四是简而言之，物质的环境与生物的环境可被称为自然环境，而社会的环境与文化的环境则可被称为社会环境。

（二）人类对环境的调适

孙本文认为，生物界有一种普遍现象，就是任何动植物都需适应于环境的状况。这种适应作用实为生物界个体保存与种族绵延所必不可少的过程。但是动植物适应环境是被动的，而人类对环境的适应是主动的。“人类的适应环境，并不是被动地去改变形态或构造，亦不是靠几种本能行为的发展；是靠其他具有种种优越的生理机械，去宰制环境”。[①]“此种主动的适应，原来起于人类与环境双方的作用。环境供给人类以材料与刺激；人类利用环境所供给的材料与刺激，不但能适应环境的状况，并且能改造环境以适合人类自己的需要。在此种过程中，人类就能维持生存增进幸福”。[②]

人类要满足生活的需要，最初必须适应物质的与生物的环境。人类针对物质的与生物的环境所进行的种种活动，无非是为了满足自己生活需要而发生的现象。人不是消极地抵御环境的压迫，就是积极地去满足本身的需要，而这一

① 孙本文：《社会学原理》，商务印书馆，1935年，第125页。

② 同上书，第126页。

切都是为了谋生而已。同时，人类还要调适于社会的与文化的环境，因为人生自始就不能离群索居，在自然的压迫下，为满足个人生活的需要，必须与他人发生关系，并须与他人通力合作，以达到生存的目的。所以一个人往往需要设法调适于他所生长的社会。最初，人类为了共同生活而需要传达各人的意思与情感。于是就产生了语言。在共同生活时，又必须维持生活秩序，于是便产生了风俗、道德、法律等，以规定人们的相互关系，从而维持社会秩序。凡此种种，都是人类调适于社会环境的产物。这些产物一经产生便成为社会的遗产，而生长于社会的人，又需调适于这种社会遗产。这个调适过程是人类维持共同生活所必不可少的。

时代不同，人类对各种环境的调适的重点也有所不同。“在先前的人类，大概生活于规模狭小的社会里，所以他们对于物质的与生物的环境的调适，要比对于社会的文化的环境的调适，重要许多。到了近代的社会，范围渐渐扩大，组织渐渐复杂，人类相互间分工合作的关系，愈益交互综错。于是对于社会的与文化环境的调适，便非常重要”。[①]当然，孙本文指出，对物质和生物环境的调适，与对社会和文化环境的调适，并不是可以绝对分离的，实际上它们往往是同时发生的、同时进行而不相抵触的。

（三）环境对人类生活的影响

一方面人类为了谋生存绵延而调适于环境；另一方面环境也影响着人类的生活。

物质和生物环境的影响，在一个人尚未出生之前即已开始，直至他老死为止。这种影响直接涉及人类的身体组织，同时间接地涉及人类的共同生活，甚至可以决定社会组织的形式，决定艺术、科学、宗教、娱乐等发展的可能性，以及其他的社会活动。

社会环境的影响。就生物的社会环境来说，人口的多寡、分布、组合以及其品质的区别，都可以影响人类的社会生活；就心理的社会环境来说，直接的如谈话、宣传、命令及姿势、容貌等所表示的作用，间接的如暗示所给予的印象、语言以及其他行为表示，亦影响人类的社会生活。

孙本文认为：“文化的环境对于人类社会的影响为最大。无论物质的生物的或心理的文化环境，都可直接或间接影响于人们的社会生活。就物质的文化

① 孙本文：《社会学原理》，商务印书馆，1935年，第128页。

言，无论衣、食、住、行、用、玩以及其他物质生活的活动，无不视物质文化为转移。就非物质的文化言，举凡风俗、信仰、制度、道德、法律、科学、哲学等，莫不可以约束人类的行为。”

“准是以观，环境对于人类生活的影响，可谓深切著明。人类社会与其环境是不可分离的。环境既影响于人类社会，人类社会自不得不调适于环境。二者互为因果，互相影响。故环境要素的重要，诚为社会学者所不可忽视。”①

孙本文依据环境的内容及其对人类关系的轻重，将环境要素分为四大类，即地境要素（包括物质的与生物的要素）、生物要素（社会的生物要素）、心理要素（社会的心理要素）和文化要素。这四种环境要素影响着人类的社会行为，故孙本文称它们为社会要素。

二、地境要素与社会生活的关系

孙本文说，集个人而成社会，个人是社会成立的基础，但社会的存在必在地面上占据相当的空间，故地面亦为社会成立的基础。而且人类生理上的需要以及衣食住行等日常需用，无不依赖地面来满足。所以地理环境实为社会成立的一种重要基础，其中的各种要素与社会生活的关系密切。

（一）气候与社会生活

气候对于社会生活的各方面均有相当影响。

气候对于食料的影响。在初民时代，人口的集合与分散以食料的供给为转移。食料丰富的地方，人口易于集合。而食料丰富与否，又视土壤的性质，雨量的供给与气候寒暖的调匀与否而定。尽管人类文化日渐发展，人类控制自然界的力量亦日渐进步，食料的丰富与否逐渐不全以气候雨量为限，但是气温的高下与雨量的多寡对食料的供给仍有很大影响。而且根据一个地方的气候，还可断定居民所需食料的种类与数量。

气候对于人类衣住影响也很大，气候决定衣量的多少及居室的状况。气候还影响职业。一个地方的居民的职业，常受他们所处地理环境的限制，地理环境中的气候尤为重要。例如在温带宜从事种植，在干燥的沙漠里宜从事游牧。近代职业的发展与限制，虽绝非完全受气候的影响，在很大程度上是文化发展的结果，但气候的影响仍然是很重要的。

① 孙本文：《社会学原理》，商务印书馆，1935年，第129-130页。

气候对于风俗制度有时也有影响。孙本文说，风俗制度是社会上人们共同的行为标准。这种行为标准要适应生活状况，风俗制度也不能避免地理环境的影响。如热带的人早成熟、早婚、少剧烈运动等，而冷地则不同。

（二）气候与文明的关系

孙本文说，因为衣、食、住和风俗制度、职业等都与气候有相当的关系，所以，在极寒极热的地方，人类完全要对付地理环境的压迫而没有精力去发展文化，是故世界文明都发源于温带。孙本文说，文明的发源有种种要素，但是气候温暖，物产丰富，人民无谋衣食之苦，是个先决的条件。在这个问题上，孙本文完全同意梁启超的相关看法，同时，孙本文还以杭丁顿（Hantington）的研究成果为依据断定，气候可以决定文化的盛衰、分布及其趋向，适宜的气候是高尚文明的要素，凡具有特别适宜的气候的地方，文明的程度必高。

杭丁顿的研究结果是，气候与健康及工作有关系。凡气候的变化对健康与活动均有显著影响，凡不适宜的气候，可降低工作效率，使死亡率上升；而适宜的气候则相反。如欧洲有最舒适最健康而且最适合劳动者工作的户外温度。杭丁顿认为，温度、湿度、风雨是人生健康与精力的三大要素，尤其对于劳力工作所需要的温度比劳心工作的需要还要高。孙本文据此认为，既然气候对健康与工作影响极大，而健康与工作又是造就文明的最大要素，那也就说明了气候与文明有极密切的关系。

杭丁顿的研究还进一步表明，气候与文明的分布有关系，气候制约文明的分布，气候最适宜之地，文明最高。不过，孙本文补充说，虽然世界文明都发源于温带，这是历史的事实，但不能因此而说世界的文明的起源全由于气候的影响，气候仅是文明发生的种种要素之一而已。

（三）地形与社会生活

孙本文认为，地形对人类生活的影响不减于气候。他将地形分为山岳、平原、沙漠、河流、海洋，并分别讨论了这些因素对人生的具体影响。

山岳对于人生的影响。首先，山岳对人类的生理有影响；其次，对交通有影响，山脉多的地方交通不便，其居民则往往因此而养成一种闭关自守的态度；再次，对人口有影响，在山多的地方，居民常极稀少；最后，对职业有影响，在山区，由于地形的限制，居民往往从事畜牧、伐木、制造、旅游业，而农业不发达。

平原对于人生的影响。平原对人生的最大影响，第一，平原便利交通，平原地区与外界接触的机会多；第二，平原地区交通便利，有利于语言的统一；第三，在平原之地，风俗制度也常趋于一致；第四，平原之地河流交贯，土地肥沃，气候温和，农业易于发达；第五，平原交通方便，商业也易于发达，故人口较为稠密。孙本文指出，世界人口有三分之二居于平原，而文明发展的国家也以在平原地区的居多。

沙漠对人生的影响。沙漠对人类的最大阻碍是不能生产，加之空气干燥，气候炎热，故沙漠地区的居住人口极少。由于沙漠中生活非常困苦，如不勇敢坚忍不能生存，所以阿拉伯人有勇敢民族之称。孙本文还分析了沙漠与宗教的关系。他说："沙漠对于人类，不但不能供给天然食料，而且因环境的势力太大，使人类心理上发生一种消极的影响；就是觉得人类对之无能为力，而趋于消极的玄想。同时又因环境单纯，绝无具体事物可供刺激。所以沙漠之地，宗教观念极易发达。世界三大一神教，如基督教（Christianity）、伊斯兰教（Mohammedenism）与犹太教（Judaism），都起源于叙利亚（Syria）与阿拉伯（Arabia）的沙漠区，就是这个缘故。"①

河流对于人生的影响。河流的最大功用在于便利运输，有利于商业的发展。其次，河流还有利于农业的发展，与农民的关系至深且切。

海洋对于人生的影响。海洋的主要影响，首先，在于便利交通与运输。凡沿海居民与外界文化接触机会较多，社会较易进步。其次，沿海居民常与海外接触，养成活泼、勇敢、冒险的精神。海洋对职业也有影响，居民往往习于捕鱼、制盐、航海及海外经商。

孙本文总结说："要之，无论山岳、平原、沙漠、河流、海洋，等等，各予人类以一种特殊的限制，使人类活动，发生种种不同的约束，而不能充分自由的发展，此是人类社会与地形环境所发生的特殊关系。"②

（四）地位与社会生活

孙本文在这里所说的"地位"一词，是指地面位置而言的。他所要探讨的是人类社会所占据的地位与其社会本身的关系。这种关系有两个方面。一方面，由于地理环境性质的不同，而产生地位的不同；另一方面，由于社会环境

① 孙本文：《社会学原理》，商务印书馆，1935年，第144页。

② 同上书，第145–146页。

性质的不同，而产生地位的不同。这样，造成地位关系的要素有二，即地理的要素与社会的要素。但社会的要素常常凌驾于地理要素之上。孙本文一一分析了地位与地理要素和社会要素的关系。

1. 地位与文化发源的关系。地位对于人类社会的发展，有极大关系。古代文明国家大都建立于地位适当、交通便利的地方。如中国、埃及、印度、巴比伦是历史上文明的发源地。中国有黄河、扬子江；埃及有尼罗河；印度有恒河；巴比伦有幼发拉底河、底格里斯河。现代欧洲为文化发达国家，交通便利，与外界文化接触多，并位处温带，文化易于发展。

2. 地位与都市发达的关系。大都市的发展也受地位与交通的影响。当然，交通有自然与人为的区别，在文化尚未发展的时代，交通仅限于自然的交通。而自从文化进步以来，世界都市的发展，不仅依靠自然交通的便利，更依赖于人为交通的进步。但“无论何地，凡是平原沃野，气候温和，雨量调匀，而又河道海口，铁路辐辏，轮船麇集，则未有不发达者。此是过去历史所昭示，亦是将来社会发展自然的趋势”。[①]

3. 地位对于都市生活的分化与发展的关系。孙本文说，不但都市的发展，须视地位与交通的状况而定，就是在同一都市之内，街市的繁盛不繁盛，商店公司的发达不发达，也须视交通的便利不便利与地位的适当不适当而定。除交通与地位的关系外，其他方面与地位的关系，对都市内部的发展更有极大影响。孙本文指出，任何大都市中部常有两种自然团结：一种是人口的自然团结；一种是事业的自然团结，这两种自然团结的结果，在都市中产生出许多自然区域，各各表现出一种文化或人口的特征。

（1）人口的自然团结。孙本文说：“都市中人口，来自各方，常因语言、风俗、宗教、职业、教育、种族、贫富等的不同，而不能互相结合。结果往往各就其语言、风俗、宗教、职业、教育、种族、贫富等的相同或类似，而各自团结。此种‘物以类聚’的现象，常为都市发展中自然的趋向，不是人力所能控制的。”[②]他将人口的自然团结分为四类：文化的团结，即因方言、风俗、宗教等文化背景的相同或类似，而互相团结；种族的团结，即因种族的关系而常常产生的许多自然团结；职业的团结，职业的相同或类似，也可以使人

① 孙本文：《社会学原理》，商务印书馆，1935年，第148页。

② 同上注。

口自然团结；阶级的团结，社会上因贫富的不同，也产生一种自然团结。

（2）事业的自然团结，即由于事业机关的性质相同，而团结在一起。凡大都市中，分工愈细，此种团结的现象也愈多而愈明显。孙本文认为，“事业的自然团结，原因很复杂，而地位上的竞争关系最为重要。在近代大都市中，几乎个个人抱一种竞争的态度，过一种竞争的生活。而其中最厉害的一种竞争，莫过于地位上的竞争；而地位上的竞争，又莫过于工商事业位置的竞争”。[①]但是竞争的地位是有限制的，大概在等级相当、程度相近的团体间，竞争最剧烈。

孙本文指出，人口与事业的自然团结，完全是都市发展的自然产物，与政治上的划分受市政府支配截然不同。自然区域与居民的集合常互为因果。大概方言、风俗、习惯、职业、国籍或种族的差异，常使同者相聚，异者相离；结果就产生种种不同的自然区域。这些自然区域对于都市居民有极大的地位影响。各区域往往有各自的特殊的文化色彩，产生不同的人格。而且这种自然区域的地位界限非常严格。其原因是，地位有时不能改变；地位有时不愿改变；地位有时不应改变；地位有时不敢改变；地位有时不许改变。但地位有时会因竞争而被改变。这是因为自然区域本身常因都市的发展而发生变迁，有时是区域变迁，有时只是区域内的居民成员变迁，但在变迁中各个人所受地位上的限制与影响，是不因变迁而消灭的。因此，孙本文说，地位的限制很明显与近代都市生活有极大关系，欲改进都市生活，便不能不注意于此。

（五）地位关系与历史人物

孙本文发现，历史人物的产生，常与其所住省份的地理位置有关系。他根据丁文江分析二十四史人物的地理分布的结果，对前汉、后汉、唐、北宋、南宋、明六代的有籍可考的5700多人的分布进行了分析。他发现，在一个时代之内，各省贡献的人物数目不等。如后汉一代，最多的是河南，所占比例在37%以上；其余广东、贵州、云南、奉天都是零；江西、湖南、福建、广西四省都在1%以上；山西、江苏、浙江、湖北都在5%以下。然而同一省份在不同的朝代也有不同的贡献。如河南在后汉是37%，到明代不过7%；江西在前后汉都在0. 5%以下，到明代占到11%以上。孙本文认为，这种人物贡献比例的变迁，足以代表文化中心的转移。

① 孙本文：《社会学原理》，商务印书馆，1935年，第152页。

孙本文说，影响历史人物地理分布的第一个最明显的原因是建都。如后汉、北宋都在河南建都，所以河南的人物最盛。唐朝的都城在陕西，南宋的都城在浙江，所以陕西与浙江分别在唐朝和南宋达到历史人物鼎盛时代。“二十四史”中的人物大部分是官吏，官吏又是从考试产生的，重要的考试都在都城进行，离都城近的省份，人物自然容易产生。但距离都城远近不是人物贡献多少的唯一原因。如前汉的都城在陕西，而陕西所出的人物尚不及江苏；又如无论哪一代，四川比湖北离都城都远，但四川人物在六代所占比例的平均数是4%，而湖北只有2%。孙本文指出：“都城的地位，虽是极有关系，然而决不是人物变迁的惟一原因。大概文化的中心，比都城的地位重要，若都城亦是那时代的文化中心，建都的省份，人物自然比其他省要多，不然，还是文化中心要紧。”①

皇室的籍贯也是很有关系的。如江苏在前汉时代所出人物占11%，安徽在明代亦占11%，孙本文认为，这都是沾了汉高祖、明太祖的光。

经济的发展也是产生人物的一个重要原因。如没有经济的独立，就无教育可言。南宋以后，江苏、浙江两省变成中国的文化中心，就与两省的经济极有关系。南北运河一通，两省就成为全国最富庶的区域，两省所出人物高于各省之上。影响国民经济最大的是战争。元代以后北方退化，明以后四川、江西、福建衰落，都是因为战争使其经济一蹶不振之故。

人物的产生与生存优势的变迁有关，这要全视社会习尚为准。如社会崇尚忠实诚恳的人，则此种人自然是优胜；若社会推重文学美术，有文学美术天才的人就可得势。因此，宋以前北方人占优势，宋以后扬子江下游的人占优势。不过，南北人物变迁的最重要原因还不在此，而是殖民与避乱。秦代以前，中国的文化中心在山东、河南。而东晋与南宋两次渡江，随从南行的都是当时的士大夫，宋以后江苏、浙江的勃兴，与受此种避乱者的影响有关。

总之，前汉时代，中国的文化本在山东、河南，所以此两省出人才最多。陕西在唐代出人才多与建都有关。江苏因皇室籍贯的关系，所以也比较发达。湖北因是楚国旧境，人才较多。后汉河南因为是皇室籍贯与建都两种关系，所以人才特别多。唐代文化的中心在陕西，北方各省的程度比西汉较为平均；南方除江苏外仍不大发展。北宋时虽因建都关系而使河南特别出人才，然而江

① 孙本文：《社会学原理》，商务印书馆，1935年，第157页。

浙、四川、江西、福建或因经济的发展，或因殖民移民，文化进步，渐与北方各省争衡。南宋时文化中心移到长江下游，江西、福建都表现出有史以来未有的盛况。明朝则与宋以前的中国迥然不同。

孙本文指出，在宋以前，不但文化重心是在北方，而且文化的分布很不均衡，宋以后各省的程度渐平均。后汉时最多的省份所出人物占37%，最少的省份是零；在明朝最高的是14%，最低的是0. 15%。可见，从前中国的文化本来全在黄河下游，以后因殖民避乱的关系，文化逐渐被普及全国。

孙本文说，各省文化逐渐均衡虽是事实，但以上的分析结果与事实并不完全相符。因为历史人物大都与政治有关，自实行科举以后，一个人要跻身于政界，首先要列名于科举。而明朝的科举受定额影响，因此各省出人物的机会不是自由竞争的结果。

孙本文总结丁文江的分析结果，作出结论说："历代人物在地理上分布不同的原因，不外建都、皇室籍贯、文化中心、地方经济的发展、殖民与避乱等关系。换言之，历史人物在地理上分布所以不同的原因，是地位关系的限制使然。"①

（六）地位关系与人口分布

孙本文说，世界人口的分布与地位有很密切的关系。全球面积2亿平方英里，其中可以住人的地面只占1/4，即5000万平方英里。这1/4的地面也不是任人自由分布居住，而是受地位的限制。

人口必须住在陆地上，陆地的分布以北半球为最多，因此，人口大多数分布在北半球内。北半球的人口又大多分布在北极圈与北回归线之间。这一地带的陆地面积约2600万平方英里，也就是占全球陆面的1/2，但却居住着当时全世界人口的65%，平均每平方英里约47人。世界人口的分布以北半球内的中纬地带为最多，低纬次之（每平方英里34人），高纬最少（每平方英里不足8人）。这一区别就是地位不同所致。

就各大洲而言，最大的是欧洲和亚洲，全在北半球内，占全球陆面的2/5，即有面积2100万英里，容纳了当时世界人口的80%，即165200万人口。各大洲人口的分布，以欧洲和亚洲为最多，其次为北美洲，再其次为非洲、南美洲，澳洲最少。各大洲人口的分布不是依面积的大小，而是依地位不同而有

① 孙本文：《社会学原理》，商务印书馆，1935年，第162页。

所分别的。

再就同一大洲内而言，人口分布在沿海一带的最多，内地往往人口稀少。如欧洲和亚洲的东南西三面沿海，每平方英里有人口250人至500人，而内地每平方英里还不及2人。

总之，世界人口分布与地位有密切关系。而地位的不同，实为气候、地形、土壤、物产等条件所决定。就同一区域内的人口发展状况而言，则因文化程度的高下而有所不同，文化进步的容纳人口多。不过在同等文化程度之下，则人口分布必定以其所处地位为转移。

（七）地理环境影响的限度、地理环境的变态与社会问题

孙本文认为，气候、地形与地位等地理环境，对人类社会有影响，但这种影响不是无限制的。地理环境不是决定人类社会生活的唯一根本条件；它不过与人类社会生活相当有关而已。

孙本文从几个方面说明了地理环境对人类社会的影响是相当有限度的。

1. 地理环境仅能对人类社会生活加以消极的限制，仅在这种消极限制内，才能规定社会生活的发生及其性质。地理环境一方面给人类活动以一种消极的限制，另一方面又在可能的范围以内，给人类活动以充分发展的自由。可见人类社会活动并不完全受地理环境的支配。

2. 地理环境的影响，在人类文化幼稚的时代力量最大；文化愈进步，人类控制自然的能力愈大，地理环境影响的力量就愈小。也就是说，地理环境的影响随人类社会的进步而逐渐减弱。

3. 地理环境对于人类社会活动的影响，不是普遍的，而是部分的。凡是满足人类基本需要的社会活动，如衣食住行等，都与地理环境发生直接关系。而其他社会活动，或与地理环境发生间接关系，或不发生任何关系。尤其是那些纯粹心理的或文化的现象，与地理环境的关系较少，或没有任何关系。

4. 地理环境问题，不是人类最重要的问题。社会生活的要素，莫过于文化与社会心理的作用。因此，人类社会所遇到的实际重要问题，不是如何去对付地理环境的影响的问题，而是如何去调适文化与社会心理的问题。

孙本文指出，上述对地理环境的影响的讨论，是就寻常状况而言的。有时，地理环境会发生急剧或异常的变化，使人类社会不能进行相应的适应，其结果是使社会秩序不能维持其原有均衡，而成为人类社会的一种社会问题。预

防这类问题的治本方法是，提倡科学，发展农工业，进行基本建设；治标的方法就是补救、救济和恢复生产。

三、生物要素与社会生活的关系

（一）社会成立的生物基础

孙本文开宗明义地说，人类生活的基本需要是社会成立的基础。个人集成社会，于是有共同的社会生活，社会生活所以成立，实在是因为人类具有生存的基本需要。人类生存的基本需要有三：营生、保卫与繁衍，即谋取为肉体生存所必需的营养，保卫身体的安全，并繁衍子孙绵延种族。由于这三种基本需要的催迫，人就要进行种种活动，在活动中与他人发生关系。因为只有与他人共同合作，才有把握更加经济地满足需要，获得共同生活的利益。故个人活动是不能与社会生活分离的。"要之，人类为生存上种种营生、保卫、繁衍等基本的需要，乃结合而成社会，表现种种共同的活动，以营共同的生活。故人类自始就是一种社会的动物。自出生以后，无时无刻，不与他人发生共同关系。所以质实言之，人类的社会生活，与人类相终始。推其原始，由于此三种基本需要催迫的结果。而此三种基本需要，系人类与生俱生，乃是生物的事实"。[①]

孙本文同时指出，人类生理构造的特点也是社会成立的基础。他说，营生、保卫、繁衍等基本需要是人与动物都有的，但动物满足需要是出于本能的活动；而人类则不然，不是出于本能，而是迫于生理的需要而营谋共同的生活；由共同的生活而产生种种文化。文化是人类社会的产物，也是人类社会最重要的力量。但人类之所以能创造文化，确实是因为在生理方面有相当的基础，即人类具有优势的生理构造。这种优越的生理构造，能使人类实现共同生活，创造文化，满足基本需要。

人类生理构造的优点有四。首先，人类具有优越的神经组织，因而有学习与推理等能力，以适应环境，营造共同生活，创造社会文化，满足生活需要，宰制环境。其次，人类具有语言的机官。人类为了共同生活而最需要的是交流各人意思的工具，而语言就是这样的工具。人类的一切社会生活与共同文化的产生，都以语言为媒介。故语言实为共同生活的起点和文化创造的发端。

① 孙本文：《社会学原理》，商务印书馆，1935年，第174页。

第三，人类具有极长的幼年期，这使人有极充足的机会养成种种习惯去适应社会。而社会方面，则有极适当的时机以其固有的社会模型，在个人习惯养成的历程中，范铸个人行为模式。也就是说，在极长的幼年期，一个人可以处处学习生活上所必需的适应能力；而社会方面则可以用教育方法，处处把这种能力赋予个人。凡人类共同生活所必要的种种知识，都得以在此期间渐渐学会，社会的共同文化的传递与保存也在此期间得以实现。第四，人类具有直立的姿势与自由的双手，这两点是人类创造文化和使用器具所不可少的基础。直立姿势为双手自由的始基，双手自由活动方便于一切器具的创造与使用。因此，文化的产生不但须有优越的能力和语言的交通，同时须有自由的双手以实现其能力。

孙本文概括地说："人类具有三种生存的基本需要，与四种生理上的特点；故能结合团体，创造文化。不仅如此，因有繁衍的需要，故人口日见增多；因有营生的需要，故食料日见重要；因有保卫的需要，故人口与食料的保障日亟。可见人口数量问题，实基于人类生存上基本需要的自然的结果，再从人类生理上特点言之，因有优越的神经组织，与长久的幼年期，故人类能在社会中学习种种文化，养成种种习惯，表现种种行为；因有言语的机官，故在社会上能交通意见，与他人共同生活；因有自由的双手，故能创造种种物质文化。可见人类的行为及其产物，在生理上是有特殊的构造为之基础。换言之，人口品质问题的来源，在生理构造上，似亦具有相当的基础。"[①]但同时，孙本文也指出，他这么说并不意味着人类社会现象是生物现象。相反，社会现象与生物现象在性质上绝不相同，决不可混为一谈。

（二）生物的繁殖力与人口增加的趋势

繁殖是生物界必然的事实，但生物繁殖力的大小，随生物的种类及其所处的环境而不同。大概生物愈下等，其繁殖力愈大。至于人类的繁殖力，虽远不如其他动物，但其增长的可能速度也是惊人的。一般生物的实际繁殖量与其可能的繁殖量，常常相差甚远，因为食物与地面的限制以及一般自然环境与文化要素的影响，都可减少其数量，在人类社会，文化要素的影响关系尤其大。

美国学者汤普逊（Thompson）根据人口增长的状况，把世界各国分为三大类，一类国家的出生率下降极速，这是由于人力限制生育的结果；一类国

① 孙本文：《社会学原理》，商务印书馆，1935年，第177页。

家的出生率也受人力控制，但自然增长率上升，或不至于退减；还有一类国家的出生率与死亡率纯任自然而不受人力控制。孙本文引用了汤普逊的这种分类及其有关人口分配及所占百分比的资料表明，世界上人口增加极缓或竟至退减的民族，其人数仅占18.5%；人口增加极速的民族的人数占9%；人口正在增长而未见退减现象的民族的人数竟占72. 5%。可见，世界人口数量将继续增加。但将增加到多少？有无衰退之日？何种民族最先出现人口衰退？这些都是社会学者研究的问题。这些问题的关键，一般认为是土地与食料。但孙本文的意见是："人类文化支配人口的前途，其力量之伟大，有非土地与食料所可比拟者。风俗、礼教、信仰、时尚，足以支配人口出生率的高下；科学、医术，足以减低死亡率，促进食料与土地的改良。食料与土地固可限制人口增加的速率，而文化要素不仅可以限制或促进人口的增加，并且可以支配食料与土地的发展。故世界人口的将来，固须视土地与食料的状况为转移，而尤须视人类文化发展的趋向而定。"①

（三）人口数量与社会生活的关系

孙本文从以下几方面阐明了人口数量与社会生活的关系。

1. 人口的压迫与食料的竞争

人类具有繁衍与营生两种需要，即使需要食料增加时，若食料不能相应地增加，那么人们的生活也势必出现异常。孙本文认为，人口实际上从不依照自然的趋势增加，文化足以支配人口增加的状况。例如，在奖励多子多孙的社会，人口当可充分增殖。而在重男轻女的社会，男子可以充分增加，女子则往往因社会轻视之故而受虐待和夭折，不能增加。至于在流行生育限制的社会，人口增加自当受到限制。至于食料的增加，孙本文认为，也受文化影响。文化低的社会出产少，文化高的社会出产多。

因此，在孙本文看来，人口与食料的增加都受文化的影响。文化的这种影响力是社会生活过程的自然结果。就社会的实际状况而言，文化的影响力的大小，因各国情形而有不同，而人口增加尚有比食料增加更快的趋势。因此，人类社会常感到人口增加的压迫。人口压迫的结果是引发食料竞争，使社会生活受到极大的影响。就社会内部而言，工商业的竞争、社会地位的争夺、劳资双方的抗争等现象，都直接间接地受食料支配的影响，就社会外部而言，国际的

① 孙本文：《社会学原理》，商务印书馆，1935年，第187页。

冲突、文化与经济的侵略等，大都是人口压迫与食料竞争的结果。因此，“社会上风俗制度的变迁，工商业的组织，国际的关系，科学研究的进步，等等，似都直接间接受人口增加的影响。故人口数量的增加，与社会生活发生密切的关系”。[①]

2. 侵略与战争

孙本文认为，世界各国人口增加的速度，因土地、食料以及其他文化影响等情形而有不同。但人口过剩的国家，必须考虑解除此过剩人口的压迫，至于用什么方法来解除人口压迫，则须视其国家的文化程度、国民性、历史背景、社会风气以及环境状况而定。

国际的侵略与战争常有起因于人口过剩的压迫的。人口过剩的压迫虽非国际侵略与战争的唯一原因，但人口过剩的国家，也往往走上侵略之路；或利用本国发达的工商业在世界争夺市场；或利用其强大的武力欺凌弱小国家，以扩张其势力。无论争夺市场还是侵占土地，都势必经常引发战争。而且这种侵略与战争会对社会生活产生普遍而重大的影响。政治及经济组织方面，家庭及团体关系方面，以及风俗、制度、宗教、艺术等方面，莫不因侵略与战争而发生重大变化。故人口增加的现象与社会生活密切相关。

3. 人口与食料调剂及其与社会生活的关系

人口必须有食料维持其生存。人口与食料的搭配处于三种状态，亦即人口的三种状态。一是适度人口。在某种文化程度之下，凡在一定领土以内所出产的食料，恰好足以供给所有人口的需要，而其人民的生活程度，就当时的文化程度而言，是高低适宜的，则此时的人口恰好与食料供应平衡，通常把这种人口称作适度人口。二是人口过稀。在某种文化程度之下，一定领土以内所出产的食料极为丰富，足以供给人口所需而有余，同时生活程度已不能再提高，则此时食料有余，人口不足，常称之为人口过稀。三是人口过剩。当人口继续增加，而文化程度不能取得相应的进步，土地所出产的食料，势必不足以供给人口的需要，即人口超过土地所能供给的食料量，此时的人口便处于过剩状态。从人口的三种状态可以看出，人口与文化程度、土地出产、生活程度都有密切关系。

人口与食料调剂的状况，须视文化状况与人口和食料的关系而定。在文化

① 孙本文：《社会学原理》，商务印书馆，1935年，第189页。

进步的社会里，科学工艺均极发展，利用土地的技术既高，土地的产出量自然增加。反之，在文化程度较低的社会，科学工艺均不发达，利用土地的技术既不高明，土地的出产量自然就小。所以，同样土地，在文化较低的时代不足以供给许多人口：而在文化较高的时代，则不但可供给许多人口，且可提高生活水平程度。

但文化的作用是有其限度的，因为土地的产量固然可因文化进步而增加，但土地的利用是有限度的，故土地的出产也是有限量的。无论文化如何进步，利用土地的技术如何被改良，土地利用的范围也总是一定的，有的土地可以利用，有的土地则不可以利用。就土地的内涵说，一定区域内土地的利用程度有深浅的不同。在某种程度之下，改良种植，增加人工与资本，都可以增加相当的出产；但一经达到利用的饱和限度，即使再改良种植，增加人工与资本，也不能增加相当的出产，甚至出产丝毫不能有所增加。这就是土地报酬递减的原则。所以，看一个社会的人口是否过剩，不但要看人口增加率的高低，还要看土地利用的程度是否已达饱和之点。在土地利用没有饱和时，出产量既可增加，人口自然也可增加。但一到饱和点以后，若人口继续增加，则势必不能维持原有的生活程度，从而必定发生人口过剩现象。

孙本文还指出，人口数量与生活程度有极密切的关系："所谓生活程度，即指一个团体中平均的生活上享受的总量而言。故生活程度与平均生活费有别。生活程度指客观的享受；生活费指此种享受所付的代价。大概生活程度包括三要点，就是：（一）以团体为标准而不以个人为标准；（二）以经济物品的消费为标准而不以其他事物为标准；（三）以平均的消费量为标准而不以个人或少数人的消费量为标准。所以生活程度，是因团体而不同，因地方而不同，因时代而不同的。"[①]孙本文强调，决不可把生活程度与标准生活程度误为一事。标准生活程度是指人类身体上精神上所必需的适当生活消费量而言的。

孙本文认为，一个国家至少有四种生活程度，一是穷困的生活程度，代表一种极贫苦的生活，仅能维持生命，且其维持生命的费用也许且不能自给还要负债；二是最低的生活程度，代表一种最低的物质生活，仅能维持一种动物式的生活，而缺乏人生其他安适的条件；三是健康及安适的生活程度，此种程度

① 孙本文：《社会学原理》，商务印书馆，1935年，第199页。

不但代表人生所需有的安适的衣食住，还能有相当的娱乐与教育；四是奢侈的生活程度，此种程度代表一切人类在物质或精神上的普通、安适及种种奢侈的需要都可得到满足的生活。尽管一个国家有不同的生活程度，但在理论上是可以求得一个国家的平均生活程度的。不过，孙本文感到，实际上这是很困难的。在这一点上，他援引了费尔柴尔德（Fairchild）的观点。费尔柴尔德教授认为，应以劳动阶级的生活程度为一个国家最重要的生活程度。他的理由是：（1）一国中劳动阶级人数最多，劳动阶级的利害程度可以代表一国的国民；（2）劳动阶级的生活程度是各阶级生活程度的基础，在各阶级中为最低；（3）劳动阶级为全民政治国家的根本，一国全民政治的安全与进步与否，须视劳动阶级生活程度的高下而定；劳动阶级的生活程度若低，全民政治便受影响。所以比较各国劳动阶级的生活程度，就可知各国生活程度的概况。当然，一个国家的人民生活程度，则可以代表其生存竞争的成绩。

总之，在孙本文看来，人们的生活程度往往与人口的增减、土地的产出与文化的程度密切相关，通常，一个国家的生活程度的高低，都依这些因素的变化而定。另外，人口增加后，会导致移民现象的发生。

4. 移民的因果

移民是自有人类社会以来就有的普遍现象。移民最初视食物供给而定；农业发达后，人类开始定居；而当都市发达后，农村人口纷纷向都市迁徙，同时，因种种原因，一些都市的人口又纷纷向另一些都市迁徙。这种种移民现象，都是人口增加后发生的结果。移民不但影响原有社会，也影响其所移入的社会。

移民的原因很多，其基本的原因是经济上的。移民与经济的关系有两个方面，一方面是迫使人移出的原因；另一方面是吸引人移入的原因。迫使人移出的经济原因很复杂，且因时因地而不同，但不外乎是为了避免人口过剩时的经济压迫的痛苦，为了求得一个较安全之地以提高其生活程度。而凡是可吸引人移入的社会，其生活状况必较他社会为优，因而移入者可以提高生活程度，解除生活上的种种痛苦。其次，移民也有政治的原因。一些人为谋求政治自由起见，会离开其祖国而加入他国。此外为避免宗教及社会压迫而移入他国者也很多。再次，移民不尽由于经济的、政治的、宗教的原因，也有纯粹出于社会的原因，如有的人的迁移，往往是亲戚故旧等迁移后引导或暗示的结果。

移民的影响表现为三个方面，一是对于个人及其家庭的影响；二是对于原社会的影响；三是对于移入社会的影响。

（1）移民对于个人及其家庭的影响。当移民自一社会移入他社会时，环境的忽然变更，必定影响到其个人及家庭的行为习惯。这种影响的程度则因各社会的状况而有所不同。如果两个社会距离不远，则迁移所产生的影响不大；若两个社会距离很远，性质又不相近，文化、制度、风俗、习惯等都有极大的差别，则迁移所产生的影响必定很大。人要想生活于一社会，自必适应于该社会，而且，社会环境的压力很大，使人有不得不符合于社会标准之势。在这种情形下，移民的个人与家庭受移入社会的心理与社会的影响巨大。尽管如此，移民在迁移后的最大利益仍在经济方面，即可提高生活水平程度，这是对移民的最大引诱。

（2）对于原社会的影响。孙本文引用汤普逊的观点说，移民在某种社会可使有余地可耕，有业可就，但就一般社会而言，利益甚少。不过，在生育限制盛行以后，移民确实可以减轻人口过剩国家的压力。

（3）对于移入社会的影响。移民对于移入社会有各方面的影响。其在文化方面所受影响极大，尤以性质及程度不同的社会为甚。移民的原有社会的风俗、习惯、语言、文物，往往在不知不觉中影响移入社会，其影响虽有大小之别，但多少是有影响的。移民对于移入社会的经济状况影响甚大：他们与本地工人竞争，而使本地工人的工资及生活水平被降低，甚至失业。移民在人口方面对移入社会的影响比较小，因为移入社会比较进步，盛行节育，虽然移民增加，但其人口的自然增加率反倒较小。移民对种族方面的影响是，使种族血统发生混杂现象。因此移民与种族混合有密切关系。

移民是现代国家暂时解决人口过剩的方法。但向外移民是双方的事情，并因种种原因而受到相当的限制，如运送移民的困难，他国不需要都市人口，或他国由于工商业界的反对或出于种族上的考虑而不愿或拒绝外国人的移入，等等。因此，移民政策的实行常常是双方的事情。只有当一方向外移民，另一方愿意容纳此种移民时，移民才能实现。如果一方坚决拒绝接纳移民，则另一方的移民政策也就无法实现。

因此，孙本文认为，要解除人口过剩，而不致牺牲生活程度，除移民外，还有一途，就是发展工业制造，以换取食物与原料。当一个国家的土地利用已达饱和限度时，食料已不能再增加，而本国的人口却增加极速。此时应提倡工商业，制造货物，运销外国，以换取他国有余的粮食与原料。尽管如此，最好还是要对人口的增长加以限制。

5. 人口的限制

在一定领土以内，有限的出产，势难供给无限的人口增长，因此只有从人口方面来解决问题。在这方面有两条路可走，一是降低出生率，以缓和人口的增加；二是提高死亡率，但这对人类是最痛苦而不幸的事，而且在高死亡率的国家，人民的生活程度必定很低。因此，缓和人口增加的最善途径，莫如从出生方面加以限制。

从人类历史及现代世界民族来看，限制出生及生长原是人类社会早已实行的方法。例如，溺婴、堕胎、迟婚及限制夫妻同居等风俗，几乎遍行于世界各民族。不过，这些限制生育的风俗，在实际上不但让人非常痛苦，而且也很少有把握。而若限制夫妇同居，也是严酷而不合人性。因此，孙本文认为，晚近以来在欧美各国盛行的生育限制比较合理。限制生育的办法是节育与避孕，这既合于道德又简便易行。因此，欧美各国的出生率降低，显然与人民自由生育的风俗有密切关系。生育限制的风俗之所以能盛行，其原因主要是经济上的：多生子女既增加经济负担，又减少向上发展的机会。许多属于贫穷阶级的人则以限制生育来减轻经济负担。此外，还有一个原因是，妇女由于知识的增进及地位的变迁，而不愿意多生子女以牺牲其个人自由。

孙本文说："生育限制确是一种限制人口增加的有效方法。但此种限制方法，似是文化进步后，自然发生的结果。是否可以由社会操纵之，还是一个问题。盖在个人方面，通常是就自己利害着想，很少有顾及国家的人口政策的。至于国家方面，常从全国人口的立场，以决定其政策；故国家人口政策与个人志愿如何可使趋于一致，是一重要问题。"[①]有人担心生育限制一会减低人口增加率，二会在上、中等阶级中盛行，而对理应限制的下等阶级却任其自然。孙本文认为，从欧美的经验看，假使能用公家的力量，对特别需要限制生育的阶级，以及不必限制生育的阶级的生育都予以合理指导，就可免去各阶级不平均的现象。

① 孙本文：《社会学原理》，商务印书馆，1935年，第219页。

（四）人口品质与社会生活的关系

孙本文认为，人口品质也与社会生活相关，他从两方面观察人口品质，一是人口分子的组合，一是人口分子的本质，这两方面跟社会生活有密切的关系。

1．人口组合与社会现象

孙本文认为，一个社会的种种现象与其组织成分的性质有很密切的关系，社会组成的分子不同，社会现象也不同。人口组合的类别包括年龄、性别、职业、财富等。社会人口的年龄组合不同，其所表现的社会状况也不同。如法国人口中年龄较大的人居多，生产力较低，人民富有保守性。而美国人中30岁以下者为多，年老的人较少，经济发展快，人民富有冒险进取精神。孙本文引用美国社会学者罗斯（Ross）的观点说："年龄组合，可以看出一社会的共同精神。一社会中大部分人民是年轻的人，可表现此社会的流动、毅力、创造、适应等等的特质。反之，幼年及老年人过多的社会，缺少冒险性，而表现悲观、懦怯与迟疑等特质。"[①]这是因为，人的年龄不同，对人生的经验感受不同，因此，其习惯、品性、态度、思想等也不同。

人口中的两性组合，也颇与社会状况有关。就世界言，男女数目大致相等。但因各国情形不同，其比例也有异。欧洲各国大都女多于男，美国及中国均男多于女。但欧洲女多于男的现象并非在各年龄中都如此。欧洲的有些国家是在20岁以上，才女多于男。其原因是男子抵抗力较弱，所遇危险又较多，使得男子死亡率比女子死亡率高，所以欧洲各国20岁以上的人口中女多于男。中国社会中两性的组合是男多于女。在自然社会如农村，男女数目相差不远，唯在都市社会往往相差甚大。男女数目相差甚大对社会常发生影响，在都市社会中发现的问题如娼妓犯罪等，是农村社会所不常见的。这说明，男女数目分配不均，似可影响社会行为。

通过分析发达国家的资料，孙本文指出，职业的组合对社会的影响甚大："各种不同的职业，表现各种不同的社会行为。而各职业间的交互关系及共同行为，又各因其本职业的性质而表示差异。故从人口中职业的组合，可推知其社会状况及社会活动的趋向。"[②]还可以帮助了解社会问题的内容及其解决的

① 孙本文：《社会学原理》，商务印书馆，1935年，第223页。

② 同上书，第228页。

途径。

在社会人口组合中，还有财富差别。社会中的财富支配对社会的影响非常大。因为社会上举办的一切事业莫不依赖财富。因此，在富裕的社会事业易于发展，而在贫穷的社会事业不易发展。至于个人与社会的行动，以及消费的奢侈或俭朴，也都取决于财富。从财富的分配状况及耗费情形，可以看出财富组合与社会生活的密切关系。除了财富方面的各种组合外，还有宗教别、教育别、婚姻别、种族别等社会组合，它们都有明显的差异。因此，人口组合分子的不同，对社会现象有影响。要了解社会现象，不可不了解人口组合的状况。

正因为人口组合与社会现象有密切的关系，所以，要从人口组合的方面来确定社会的性质，于是有所谓人口“金字塔”研究。孙本文解释说：“常态社会中年龄的分配，以少壮之人为最多，其次为幼年人；而以老年人为最少。至于男女的分配，大致两相仿佛。”[①]人口组合呈方尖金字塔形，凡乡村社会均属此类。而都市社会人口的年龄分布与男女分布往往失其常态，尖塔形状不整齐。从尖塔形状的整齐与否，可知社会的组合状况，从而推知其社会性质。由移民而发展的社会的人口尖塔形状，与通过人口自然增加而发展的社会的人口尖塔形状大不相同。移民的种类越多越复杂，其尖塔越是不同，其社会状况越是复杂。尖塔形状的变化反映着社会的变化。因此，人口“金字塔”的研究，可以帮助人们了解社会的现象与变迁。

2．人口品质与遗传

孙本文指出，关于人口品质现象，有一个很重要的问题首先要研究，即人口的品质究竟是先天的还是后天的？或是一部分先天一部分后天的？孙本文运用生物学、心理学、人类学与社会学的知识对这个问题进行了分析与回答。

何谓遗传？孙本文说：“遗传就是生物有酷肖其祖宗的形态和与形态相伴的生理作用的倾向。”[②]生理的酷肖倾向的基础是生殖细胞。据孙本文的看法，生物有两种细胞，一种是身体构造的成分，称为躯体细胞，一种是生殖细胞，专为生殖用。生殖细胞有继续性，躯体细胞没有继续性。正因为生物发源于生殖细胞，所以生殖细胞与遗传有极大关系。而生殖细胞的继续性，又是种族绵延的生物遗传基础。生殖细胞何以能绵延不绝而成为遗传的基础？关于该

① 孙本文：《社会学原理》，商务印书馆，1935年，第231页。

② 同上书，第233页。

问题，有各种不同观点。孙本文介绍了预造论与新生论两种观点，并阐明了他自己的观点。

预造论认为，凡是生物发育的历程，不外是把生殖细胞里面所预造的遗传性发展为长成的个体。此派相信，生殖细胞所具有的遗传性，预先造成了生物的特性。发育的历程，不过是把它展示出来而已。孙本文认为，预造论的最大缺憾是，它是一种静态的观点。而新生论则认为，在生物发育的过程中，决定其分化与各器官的部位的是环境而不是遗传。生物学上的新生论更重视环境的作用，仅把遗传视为一种可能性。“有机体既是一个反应的系统，那么，有机体的发育的过程，就是反应的过程。部位、分化，整个性、秩序性，一言以蔽之，整个的有机体，都是反应的过程的产物，不是特殊的遗传单位性质所使然。详言之，自生殖细胞起，一直到长成的个体止，其中种种形态上的变迁，都是刺激与反应互相作用的结果，遗传只供给形态完成的可能性”。[①]孙本文的看法则是：“生殖细胞的继续性，似乎并不像预造论者所信，具有断定生物特性的遗传性；而仅仅是具有一种可能性。此种生殖细胞所包含的可能性的实现，须恃环境的刺激。惟有环境的刺激能使此种可能性实现。没有环境的刺激，虽有可能性，亦无从实现。”[②]因此，“遗传与环境，不是两个相对峙的东西，而是两个互相依赖的条件。没有环境，遗传的可能性不能实现；没有可能性，环境的刺激亦不能单独发生效果。一个是可能的，一个是变可能为实在的，二者不能缺一”。[③]也就是说，生殖细胞具有遗传性，但这种遗传性仅是一种可能性，必须有环境的作用方可实现。因此，遗传能否实现，全靠环境；没有环境即没有遗传。在孙本文看来，新生论重视环境的作用，可用以说明社会现象的性质，因此他采用此说。

同时，孙本文进一步阐述了人类特质与遗传的关系。在孙本文这里，人类特质被分成身体特质与心理特质两大类。身体特质又可分为种族特质与祖先特质两种。种族特质一方面使人类区别于其他动物，另一方面又使一个种族区别于其他种族。种族就是具有显著的共同特质的一群人，不同种族则有其不同的特质。在种族的各种特质中，虽间有易受环境影响的，但其余特质不变，故种

① 孙本文：《社会学原理》，商务印书馆，1935年，第236页。

② 同上书，第237页。

③ 同上注。

族特质似系遗传的结果。至于祖先特质，则必定在种族特质范围内繁变，而家族血统的保持，则说明祖先特质也可以遗传。

关于人类的心理特质，孙本文的定义是："心理特质，即表现于种种行为之特质是。具体言之，如关于感觉、知觉、认识、情感，以及其他适应环境的种种能力的特质皆是。"①心理特质与身体特质常有关系，即心理特质以身体构造为基础。同时，人类的心理特质又总是表现在他的各种行为上。人类行为常包括两种要素，一是先天的生理基础，二是后天的环境影响。先天的生理基础仅提出活动的可能性，亦即使人的活动依赖于各种刺激，故人的行为由各种刺激决定，而不是由先天的反应机械地决定。因此，行为的特质不是先天的特质，而是后天获得的。

3．优生学的目标、范围及其错误

孙本文认为，谈到人类特质的遗传问题，就要论及优生学。据他分析，"优生学通常分为积极的与消极的两种。积极的优生学主张奖励优秀分子，使能充分自由繁殖；消极的优生学主张限制劣弱分子，使缺乏自由繁殖的机会"。②

孙本文指出，优生学在学理方面的错误。第一，它把后天的行为特质误认为先天的遗传特性。其实人的行为特质并不是先天的，也不可遗传给子孙，此类特质全是在后天环境中习得的。第二，误把人与动植物等同看待。优生学是遗传学的一部分，遗传学有两种应用，一种应用于动植物，被称作育种学；一种应用于人种，被称作优生学。优生学家企图应用遗传的原则改良人种，因为他们认为人也是动物。孙本文指出："其实不然。人虽亦是动物，但人的行为特质，是在社会上养成的，而不是与生俱生的，故不能应用遗传的原则。优生学家强欲应用育种学家改良动植物的方法，去谋人种的改良，是直以人与动植物同等看待，其误谬殊甚。"③第三，误把经济事业上的成功者视为社会上的优秀分子。孙本文指出，经济事业的成功有许多原因，而其中社会环境的状况与个人在社会上原处的地位尤为重要。因此，以经济事业的成功与否来判别人的先天能力的优劣，是毫无科学根据的。第四，误以为智力测验足以辨别先

① 孙本文：《社会学原理》，商务印书馆，1935年，第244页。

② 同上书，第247页。

③ 同上书，第250页。

天优势。孙本文看到，当时，在教育心理学家中，流行着把智力测验当作推断先天优劣的工具的做法。而在他看来，即使可以认为智力测验是检验人类智力高下的一种准确的方法，但此种测验所得的结果，也绝不是先天的智力。因为人是社会的产物，其所表现的种种行为特质，是在社会环境中渐渐养成的。因此，智力测验所验得的行为特质，不是先天的所谓智力，而是后天习得的能力。智力测验既然仅能测得后天习得的能力，就不能用作判别先天智力优劣的标准。

孙本文还指出，优生学对社会和个人有不良影响："优生学不但在学理方面有上述的错误，而其提倡的结果，在社会方面即发生相当的不良影响。第一，当此社会发展极速的时代，文化势力足以支配社会的前途；兴利除弊以谋社会的改善，厥在文化方面着手进行，方可得有效的结果；乃优生学者不此之图，放弃重要的社会原因于不顾，而欲求之于无切实根据的生物原因，以谋社会的改善；影响所及，将使社会力量用之于无用之途。第二，优生学者认为人类有先天的优劣，以为各人前途，概由遗传决定，无可挽回。于是彼等所认为优秀的分子，将自信为先天优秀之人。或至傲惰侈放，无所不为。反之，彼等所认为低劣的分子，将自信先天低劣，无可挽救，致阻其奋发上进之路。此于社会前途，影响甚大。"①

四、心理要素与社会生活的关系

（一）社会成立的心理基础

孙本文说："社会的成立，不仅恃地理环境与人口结合为之基，而尤赖于个人与个人之间心理上的交互作用。我们知道，社会是表现社会行为的一群人。社会行为的发生，是由个人与个人间行为的交互刺激与反应，故社会成立的重要条件，是个人与个人间的行为。而个人与个人间行为的情状，须视各个人的心理特质，及当时环境的状况而定。因此，个人的心理特质，为决定个人与个人间行为的条件，故亦为社会成立的一种重要基础。"②

他从动静两方面观察人类的心理特质。从静的方面来说，心理特质常表现为人格。人格的特质可分为两部分，即人性与个性。人性指的是一个人与其

① 孙本文：《社会学原理》，商务印书馆，1935年，第252页。

② 同上书，第257页。

他人相同的性质，个性是指每个人所独具的性质。合人性与个性乃有个人的人格。人格是个人心理特质的整体，在未活动的时候，人格只是一种活动的机械，具有活动的可能性。这种活动可能性的范围与性质因人而异，这就是所谓的人格特质。通常所说的社会行为，就是各个人人格的交互活动的表现。人格在未活动时仅有一种可能性，而在活动时就使可能性实现为活动。因此，社会行为以个人人格为基础。

人类心理特质的动的方面就是应付刺激的活动，对刺激的反应就是行为。“行为的发动，在人格方面观察，有一种行为的趋势。此种行为的趋势，是人格特质可能性实现的动机，可以断定个人的行为。个人行为的性质、范围、迟速，等等，都为行为的趋势所决定。行为的趋势，在社会学上称为态度。一切社会行为，其始都发源于态度；态度的交互刺激与反应，产生社会上种种行为。故态度为社会行为的基础”。[①]

（二）人性与人格及其与社会生活的关系

何谓人性？孙本文说：“人性是指人类共同具有的行为特质而言；本性是仅指人类初生时所具有的共同特质言。”[②]本性仅是人类初生时所具有的特质，而非所谓人性。人性是后天在社会上养成的，是在人们共同生活时才获得的。“人性之所以相同，不是人类具有此种先天的相同特质，而是人类初生时所处的团体，在根本条件上很少差异。在相同的或相似的社会环境中，养成相同的或相似的行为特质，是极自然的结果”。[③]

至于人性的界限，中外各有不同的说法。孙本文认为，人性仅指人类行为的共同特点，初无一定范围，因时代的变迁而稍有变迁，因此，人性似有界限而又无界限，它不过是抽象的概念而已。“人性的内容的表现，只是人类社会基本共同生活的现象的反映。有此种人类社会，才有此种人性的表现。人性不能出乎社会现象之外；人性只是社会性；除了社会性，即无所谓人性。人类有无数的社会刺激，即有无数的社会反应，有无数的社会反应，即可养成无数的社会行为模式”。[④]只有“全人类相同或相似的行为模式，具有较永久而不易

---

① 孙本文：《社会学原理》，商务印书馆，1935年，第258页。

② 同上书，第259页。

③ 同上书，第262页。

④ 同上书，第264页。

变动的性质者，通常谓之人性。此种行为模式的内容至为复杂，故其表现之时，殊而一致。欲就其内容详为列举，以明其限界，殊不可能。盖人性，非具体的事实，而是抽象的概念”。[①]

那么，什么是人格呢？学者所见不同。其中，社会学家所注重的是决定个人的社会地位的特质，人格就是个人所具有的可以决定其社会地位的特质总和及组织。人格的真义是各人独有的个性。人格的特质，常由各人特殊的习惯系统表现出来。对于个人来说，人格仅为其习惯系统的表现；而就社会方面来说，此种习惯系统的表现，就是尽社会上的各种职务。个人生活的继续，是各种习惯系统在继续的表现，而社会生活也在继续。因此，孙本文说，社会生活的现象，实际上不过是社会上各种人各自表现其各种职务行为的现象而已。人格就是各人在社会上所任各种职务而可表示于人的特质的总和。因为人格必须在社会上表现自己，如果个人离群索居，他的人格就无从谈起，所以各人人格只有在面对他人时才有意义，这一方面要看其本人所任职务如何，另一方面又要看其他人对他所任职务的了解如何。孙本文将他所理解的人格真义概括为：“人格可从两方面观察；从个人行为方面言，人格仅是各人习惯系统的综合的组织；从社会方面言，人格是决定各人社会地位的各种特质的总和及其配合，前者系就人格的本质言，后者系就人格的效用言。二者互相发明，而人格的真义乃显。”[②]

人格是如何养成的？孙本文说，人格养成的途径与人性养成的途径相同。人唯有在社会环境中，不断与社会环境进行交互刺激与反应的过程，才会养成人格的特质。人格养成后，从社会方面来说，将时时给个人提供文化与社会的刺激，影响个人的行为，使个人不知不觉中受到社会控制；就个人方面而言，时时面对刺激，时时受刺激影响，使个人不知不觉中形成种种习惯系统。一方面是社会约束个人；另一方面是个人获得习惯；人格就在此过程中被养成。

从人格的养成过程及其对社会的影响，可以看出人格与社会之间的密切关系。从个人人格养成看，人在与他人交互刺激和反应的过程中，渐渐习得所在社会的种种特质，从而成为该社会一员；同时个人又因其处境的差异而养成其特殊的个性。个人既养成自己的人格的特质，便随时参加社会上的各种职务，

① 孙本文：《社会学原理》，商务印书馆，1935年，第264页。

② 同上书，第271页。

这种职务的性质及范围，决定个人在社会上的地位。也可以说，个人人格与社会上其他人的关系，全视人格特质的性质及范围而定。人格的巩固与变迁，与社会环境状况有密切关系。从个人人格对社会影响而言，各人的活动常常影响他人的态度、思想与情感，而使他人的活动发生变化。从文化方面来说，各人的创造或传播文化，常常使全社会的文化发生变化。其中，最明显的是领袖人格对社会的影响，例如，知识领袖等对社会和国家的影响就非常大。因此，个人人格对社会的影响，并不比社会对个人人格的影响小。正是个人与社会的交互影响，造成了各种各样的社会现象。

（三）人类态度与社会生活的关系

孙本文说，人性与人格是指人类行为的比较永久的性质，从静的方面说，是人类应付环境刺激时的心理状态，就动的方面说，行为的发生以习惯系统为基础，人格是习惯系统的复合体，凡遇刺激自然会作出反应。可以说，人格有一种作出反应（行为）的趋势，这种趋势可据以判断个人的行为。个人行为的性质、范围与迟速均由这种趋势决定。在孙本文的社会学里，这种趋势被称为态度。孙本文讨论了态度的性质、起源、表现途径、类别及其养成与变化。

1. 态度的性质。态度和行为是分不开的。行为是有机体与环境相互调适的过程，它有简单与复杂之别，并有预备与完成两个阶段。而态度是对心理状态的反映，因此，它是预备的或未完成的行为，对行为有着决定性的影响。

2. 态度的起源。态度产生于环境刺激的时刻。人们在社会中形成了行为或习惯系统，遇到事物刺激时就会自动作出反应。态度就是这种自动反应的习惯系统的表现。环境刺激有种种不同，所激发的习惯系统也有种种不同，故态度也有种种不同，可以说态度是习惯系统活动的发端。而习惯系统又是在社会共同生活时造成的，故个人的态度常可用以代表一个社会的文化状态。但社会上各人所处的环境不同，所以他所养成的态度亦不能没有歧义。在这一点上，态度与人格就有了关系，可以说，一种态度代表着个人人格的一部分，个人的一切态度的总和，就是整个人格的表现，人格是静态的，态度是动态的。

3. 态度的表现。由于态度是预备的行为或习惯系统的发动，所以它可以通过姿势、容貌、语言和动作等途径来表现自己。

4. 态度的类别。孙本文说，态度不是独立自存的现象，而是与其对象一起存在的。每种态度都有其对象，孙本文引用美国学者托马斯（W. I.

Thomas）的话，把这种对象称作社会价值，因为它具有可以作为人们的活动对象的价值。孙本文说："故态度与社会价值是相对的；态度是主观的，是社会价值的主观方面；社会价值是客观的，是态度的客观方面。所以范黎庶（Feris）称态度为文化的主观方面，对象为态度的客观化。总之，态度与社会价值（文化）是相对待的，社会上一切价值（一切文化要素）都可为态度的对象。个人对于一切社会价值，都可表示态度。故态度与社会价值有密切关系。"①态度的分类视其与对象的关系而定。孙本文在列举了当时美国的几种主要的态度分类学说后，将态度分为三类：积极的态度，或赞成的态度，或接近的态度；消极的态度，或不赞成的态度，或远离的态度；中性的态度，又可分为中立的态度，骑墙的态度。

5. 态度的养成与变化。态度是人出生后在社会上养成的，已经养成的态度也常常发生变化。态度的养成与变化有这样几种过程：接触、暗示与提示、模仿、创造。态度的养成与转变必定经过这几种过程，其中接触与暗示是最基本的过程，对人类态度的影响也非常重大。

孙本文之所以重视对态度的分析，是因为他认为人类态度对社会生活有极大的影响。他发现，人类态度与社会行为的密切关系主要表现在以下几个方面：（1）态度与习惯，个人的习惯常受他人对于此种习惯的态度的影响。（2）态度与制度，制度是人们所公认的行事规则。人们的行为常遵从社会上流行的制度，以制度为标准，制度的标准价值不变，制度也不变。而制度是否具有标准价值，则要看社会上人们对于此种制度的态度，社会态度是赞成的，即可维持其标准价值而继续存在，反之，制度就会消失。（3）态度与物质状况，社会上的有形的物质文化所以能保存而继续被人使用，也因为人对其表示赞成的态度。物质文化直接受社会态度的影响。（4）态度与社会变迁，社会变化简单说就是社会状况或制度的变迁。孙本文认为，这种变迁之所以发生，是因为人们对于此种状况与制度的态度发生了变化。（5）态度与社会问题，社会上有许多问题，常常起因于人们对某种社会状况或制度感觉到不满意而要求予以改革之时。所以许多社会问题发生的枢纽在态度。

在说明态度对社会生活的影响的同时，孙本文阐述了他对文化与态度的关系的看法："要之，社会态度对于社会生活，有极大影响。原来社会是由人组

① 孙本文：《社会学原理》，商务印书馆，1935年，第284页。

成的，社会现象，是由人造成的；而整个的人，是可以态度代表的。社会上种种现象，可说都与态度发生密切关系。但是，我们必须注意，态度不能单独产生社会现象的。态度必须在社会环境中表现而活动的。社会环境中不外人与文化。人是可以态度表明的。故质言之，社会环境中不外文化与态度。文化是客观的，属于物的；态度是主观的，属于人的。文化与态度的交互作用，乃产生种种社会现象。文化固然常受态度的影响，而态度亦受文化的影响，二者互为因果，不能分离。”①

五、文化要素与社会生活的关系

（一）社会成立的文化基础

孙本文认为，人类社会成立的基础，除前面讨论过的地理环境、人的生理因素和人与人之间的心理作用与社会生活的关系外，还有文化。他讨论了文化要素与社会生活的关系，他说：“我们知道，文化为人类社会普遍的要素，无文化即无社会。人类之所以异于禽兽者以其有文化，故文化为人类的特产，亦即为人类所不可或离的要素。自衣、食、住、行、用、玩，以及待人接物、婚嫁、丧葬等等的活动，莫不受文化的支配。换言之，此等活动，即文化的活动；除去文化，即无活动。我们在社会上所遇的事物，除个人及人与人间的交互活动外，莫非文化，即以个人的单独活动，以及人与人间的交互活动言，亦无非受文化陶冶以后，在文化范围以内所表现的文化活动而已。”②故文化实为社会成立的基本要素。

（二）文化的性质

什么是文化？对此人类学家意见不一，他们有的从文化的作用，有的从文化的形式，有的从文化的内容，有的从文化的性质，有的从文化的来源、特点等等来界定文化。孙本文说，正因为有这种种不同的定义，所以有人认为文化就是一个社会所表现的一切生活的总名，也就是生活的表现形式。他自己也认为，“文化实在是一种复杂体，包括一切有形的实物，如衣服、用具、机器、宫室等，与无形的事项，如知识、信仰、艺术、道德、法律、风俗，以及其余

① 孙本文：《社会学原理》，商务印书馆，1935年，第293页。

② 同上书，第297页。

以社会上所学得的种种做事的能力与习惯。故文化是一种极繁复的现象”。[①]

孙本文将宇宙间的现象分为两大类：“就是文化现象，与非文化现象。我们以人力造作与利用，为此两类现象区分的标准。凡经人力造作或利用的种种现象，都是文化现象；否则都是非文化或自然现象。”[②]也就是说，凡世间未受人力影响的一切现象，皆是纯粹自然的或非文化的现象。除了此种纯粹非文化的现象以外，其他一切现象都是文化现象。

文化是人类的特产。孙本文强调，人类对环境的适应是主动的，人类因应环境的刺激，而能控制环境，利用环境，使环境与人生调和适应。人类能创造文化，文化是人类所独具的，是动物所没有也不能有的。而且文化不仅是人在社会上习得和传授的行为模式，其最重要的性质是累积。因此，人类“不但能创造文化，传授文化，更能累积文化，而使文化日进无疆”。[③]

（三）文化的内容及其与社会生活的关系

孙本文说，文化的内容非常错综复杂，但也有其系统。尽管对于文化内容的分类人各不同，但学者们均承认文化有动态与静态之别；而静态文化又有物质的与非物质的分别。不过，孙本文认为，文化与行为是否可以混同，这还是一个问题。他承认人类行为是受文化陶冶而成的，但行为只是表现文化或执行文化，而不是文化本身，故所谓文化的行为只是行为，而非文化。因此，他认为纯从静态方面而言，文化分为物质的与非物质的二大类。凡人力所创造的有形具体的物质概称为物质文化，凡人力所创造的抽象事项，概称为非物质文化。非物质文化包括：（1）人类调适于自然环境而产生的科学、宗教、艺术；（2）人类调适于社会环境而产生的如语言、风俗、道德、法律；（3）人类调适于物质文化而产生的如使用器械器具等的方法，此类非物质文化必定附属于物质文化，二者不能分离。孙本文认为，这种以静态为主的文化分类，概括了文化的广泛内容，除人类社会纯粹物质的与生物的现象外，全属文化范围之内，可见人类生活与文化的关系之密切。

从文化内容的分类，可知文化内容的系统，文化内容的系统再分为种种最小的单位，称为文化特质。文化的内容，不过是种种文化特质组合成的总体，

---

① 孙本文：《社会学原理》，商务印书馆，1935年，第300页。

② 同上书，第301页。

③ 同上书，第304页。

因而要明白文化内容，必须先明了文化特质。

文化特质的含义包括：（1）每种特质必可自成一单位，不致与他种特质混淆；（2）每种特质必定有其特殊的历史，与他种特质的历史迥异；（3）每种特质必定有其特殊的形式，与他种特质的形式迥别；（4）每种特质定有其特点，以别于他种特质；（5）每种特质必定包含许多成分，使它成为一种复杂的个体。孙本文指出，文化特质仅是学术研究上的一个假定单位，其界限范围须视研究者的目标而定。

孙本文之所以要认定文化特质，是要通过文化分析做社会的调查。因为学者将一个社会里的种种文化特质，都做一种分析，分析的特质愈多愈精细，对于此种文化的了解愈深切。人类学家研究初民文化常用此法，近时所谓的社会调查，实际就是调查一社会的文化特质。孙本文指出，要分析一个社会的文化特质，由于社会现象的错综复杂，必有预定的计划与纲领为依据，要比社会调查时所用各种表格更详密，才可将文化特质搜罗完备。

文化特质是一种文化单位，而文化是一种复杂的丛体。文化丛有复杂与简单之别。孙本文说，一个文化单位中所包含各部之要素者，称作简文化丛，而许多特质集中于某一特殊文化单位者，称为复文化丛，实际上复丛常常包含许多简丛，许多复丛的结合则成为一个社会的文化全体。简丛之所以常常合为复丛，是由于文化特质有结合的趋势。一种文化之所以错综复杂，是由于各种文化特质互相联结之故。孙本文总结道："社会愈发展，文化愈复杂，那么，文化特质联结的关系，亦愈复杂。一个人生活于一种文化中，便须适应于此类文化丛。所以要了解社会现象与人类行为的关系，必须了解文化丛的性质及其相互关系。"①

（四）文化模式与社会生活的关系

1．文化模式的性质

什么是文化模式？孙本文解释说："每一部分的文化特质，与其他各部分的文化特质，发生一种相当的关系。此种有系统的文化联结，通常称为文化模式。"②

在这里，文化特质是指文化的内容，文化模式是指文化特质丛互相结合的

① 孙本文：《社会学原理》，商务印书馆，1935年，第314页。

② 同上注。

形式。要了解一种文化的真相，就必须了解作为其内容的文化特质，及其各种特质互相结合的模式。而在比较各社会的文化的异同时，一方面要区别其内容的文化特质；另一方面区别其文化模式。

2．文化模式的起源

一个社会中的文化模式常常是由于其地理环境、历史背景与民族特性等种种因素造成的，因而有其特殊性。孙本文认为，文化模式不是偶然产生的，而且“文化模式既经造成，便具有选择去取的力量；外来的文化特质或新发明的文化特质，都须适应于此种文化模式。适合于模式的，便很自然的吸收之，否则辄遭拒绝。人自出生以后，便须适应于此种社会上现成的文化模式，个人成为一个特殊社会里的一分子，就因为此人的行为，处处适应于此社会中的各种文化模式”。[①]

3．个别的文化模式与普遍的文化模式

孙本文说，世界上有一种社会，便有一种社会的特征。这种社会的特征常常表现在文化方面，即表现在文化特质与文化模式上。所以，凡有一种特殊的社会，便有一种特殊的文化模式。社会的种类无穷，文化模式的种类也无穷，凡是特殊社会的特殊文化模式，都应称之为个别的文化模式。个别的文化模式因社会、时代的不同而不同，具有独一无二的特性，这就是各种社会相互区别的地方。而在无数分歧的文化模式中，虽无绝对相同之点，而就其普通结构来说，还是有其类似的普通条件的。

人类学家把一切社会共同具有的这种普通结构条件称为普遍的文化模式。例如，美国人类学家威斯勒（Wissler）曾列举出普遍文化模式的结构所必定共有的9个条件：（1）语言；（2）物质的特质：食、住、运输与旅行、服装、用具、武器、职业与产业；（3）艺术；（4）神话与科学知识；（5）宗教的活动；（6）家庭与社会制度；（7）财产；（8）政府；（9）战争。至于文化的内容，则因社会而不同。孙本文说，平常所谓文化的进化，不过是此种骨架里面的内容的发展与充实而已。因此，要区别社会文化程度的高下，全在了解其内容是否复杂与充实。

4．文化模式与社会行为

文化模式常常具有一种限制人类行为的力量。普通的文化模式，由于是人

① 孙本文：《社会学原理》，商务印书馆，1935年，第316页。

类社会所共同具有的，所以对人类行为产生一种普遍的限制作用。个别的文化模式对人类行为的影响尤其大。个人生长于何种社会便受何种社会模式的陶冶，不知不觉地适应于此种特殊的文化模式。因此，文化模式具有一种选择力。凡社会上各人的行为，必须适合于文化模式，不适合于文化模式的行为，往往不能通行于社会。文化模式的选择作用，不但体现在个人行为方面，就是新文化的发明或传入，也必须受其影响。从外面输入的新文化必须与固有的文化模式互相适应；至少须不与固有的文化模式发生显著的冲突，才可保证其存在与通行。新发明的文化，也必须适合于现存的文化模式，其理同上。但在变化很快的社会中，人们与外界接触的机会较多，久而久之，也易改变其固有文化模式，以适应外界环境。

孙本文指出："总之，一社会的文化特质，决不是各各独立的，必定多少发生相互联带关系，而成一特殊的模式。所以任何新特质的增加，必须多少与其固有的文化模式融合适应。由此看来，可知，何以有时新制度新事物的介绍，往往格格不入而遭抵拒；何以社会改革不易旦夕成功，都因为一社会固有的文化模式，具有迎拒选汰的作用。"①

孙本文在以上说明了文化的内容与形式，即文化的内容是种种文化特质的总和，文化形式是特质互相结合而成的文化模式。而且此种文化特质与文化模式具有选择的功用，对于人类行为加以一种较大的限制。但文化与地理发生何种关系呢?

（五）文化区域与社会生活的关系

1. 文化区域

孙本文说，文化方式常有其地理上的一定分布，因为文化特质的分布往往有集中结合的趋势。换句话说属于同一文化方式的社会，往往处于同一地理区域。凡属于同一文化方式的地理区域，通常称为文化区域。按照孙本文的意见，观察文化区域有两种方法："或从一种文化特质而观察其在地理上分布的状况；或从许多文化特质中，找出一种文化方式，以观察其在地理上分布的状况。前者可以谓之特质区域；后者便是通常所谓文化区域。要之，文化特质，在地理上常有集中的趋势。同一特质，往往集中于同一区域，所以从文化特质

① 孙本文：《社会学原理》，商务印书馆，1935年，第322页。

的地理分布，可以看出各社会文化的历史关系。”①

孙本文把他那个时代的世界文化分成两大类型，即东方式或亚洲式文化与西方式或欧美式文化。这两大区域从人民的物质生活到精神生活各有其文化的特质，差异很大。但凡属于同一区域的民族皆具有共同文化特色。东西文化区域各自又可分为几种文化区域。例如，在东方文化区内，有中国文化区与印度文化区。而中国的文化区又分为黄河流域、长江流域及西江流域三个大区，还可以把中国分为高原、平原与濒海三大区域，在三大区域内的文化特质有显著差异。

2．文化区域与社会行为

孙本文指出，文化区域与政治区域未必相符合，因为政治区域是人类划定的界限，而文化区域是人类生活自然产生的结果；而且文化区域常以地理上的自然界限为界限，而政治区域则未必如此。孙本文还讨论了文化区域与语言区域的关系。他说，同一语言的团体，未必属于同一文化区域。因为语言区域与文化区域并非一个东西。同一个文化区域以内，常常存在几种语言。

文化区域与社会的关系，体现于文化区域的选择力。孙本文认为，文化区域虽与政治、语言无直接关系，但包含了种种相同的主要文化特质。凡同一文化区域内的文化特质，具有一种极大的选择力。生长于此种文化区域以内的人们的行为，似受此种文化特质的支配，与本区域内文化特质相符的行为方可通行，不相符的行为便不能通行无阻。所以，个人行为深受文化特质的控制。各人行为的特点，无非是其所生长的文化区域内的特殊文化的表现。文化区域的效用，就在于可据以判断个人行为的特色。在这里，孙本文看到的主要是文化区域概念对知识的贡献：“我们所以分析文化特质与划分文化区域的目标，就在要了解人民的行为与推测人民的行为。惟其能了解人民的行为，与推测人民的行为，所以能控制人民的行为，以求社会的进步。”②

（六）文化对社会生活的影响

在上述基础上，孙本文进而论述了关于文化对社会生活的影响。

1．文化对个人的影响

孙本文认为个人的物质生活无不受社会文化的影响，人的衣、食、住、行

① 孙本文：《社会学原理》，商务印书馆，1935年，第323-324页。

② 同上书，第333页。

等日常生活，几乎没有不被社会物质文化控制的。社会早为个人规定了许多行为标准。

个人的非物质生活，也与文化分不开。个人的言语、思想、举止、行动、情感、态度以及衣、食、住、行、用、玩等方面的活动，无一不受社会的制约，亦即无时不受文化的影响。一个人从出生到死亡，无时无处不在文化环境中生活。所以，孙本文说："文化虽是人的产物；但一经产生以后，人即受文化的束缚，处处表现文化的色彩。所以质言之，所谓个人无非是文化陶冶而成的个人。文化是人的产物，而人亦即是文化的产物。"①

2．文化对于社会的影响

孙本文观点明确，即无文化就没有社会。他说，社会原是一群人，从动的方面看，社会是表现共同行为的一群人；从静的方面看，社会是拥有共同文化的一群人。凡具有共同文化从而表现出共同行为的一群人，就是社会："除开文化，就没有社会；社会就存于文化。不过仅有文化，亦不成为社会；必定是具有文化的一群人，方是社会。要之，社会固然不能脱离个人，而尤不能脱离文化。所以亦可说，社会是文化的产物。"②

文化对社会的影响表现如下。

（1）社会变迁与文化的关系。社会既然是文化的产物，除开人外，就只有文化。所以社会变迁除开人口的生物变动外，只有文化变迁。而文化的变迁，或源于新发明的产生，或源于新文化的输入。而此类发明与传播，不是文化累积成熟的结果，就是文化交流接触的结果，因而都不能脱离文化的影响。由此可知文化与社会变迁的关系非常密切。

（2）社会问题与文化的关系。社会问题就是社会变迁时发生的问题。从主观方面说，社会问题产生于人们不满于社会的现状而认为必须整顿的时候。也可以说是产生于社会态度变迁之时。从客观方面来说，社会问题产生于社会制度不能适应社会变迁的时候，也可以说是产生于社会上文化失调的时候。因为一个社会的文化常包括许多部分，当社会变迁时，文化各部分的变迁常常是不一致的，各部分的这种不协调与不适应叫作文化失调。当文化失调时便发生社会问题，所以社会问题与文化变迁密切相关。

① 孙本文：《社会学原理》，商务印书馆，1935年，第335页。

② 同上注。

3．社会改造与文化

孙本文认为，既然个人生活完全受文化支配，社会的维持与变迁，完全恃文化为枢纽，那么要改造社会，也就是要改造文化。关于社会改造，有各种不同的学说，其中主要有种族改造说、人心改造说和经济改造说等。相应地，孙本文所持观点可以称作文化改造说："欲根本改造社会者，必须从社会的根本要素文化方面下手。从物质文化方面，改造社会的物质生活。从非物质文化方面，改造社会的精神生活。"[①]改造了社会的物质生活与精神生活，也就改造了文化，改造了人心，同时还改造了经济等方面的状况，而整个社会也由此而达到改造的境域。

第三节 社会过程

孙本文认为，社会现象只是个人与个人间交互活动的现象。一切社会行为，在个人方面都不过是基于人格与态度而表现的活动而已：在社会方面则是人与人间的交互作用。个人的行为只有在与他人发生直接或间接关系时，才成为社会行为。关于个人人格及态度的性质与功能，前面已经讨论过了。本节介绍的是孙本文关于人格与人格间交互活动的过程的看法。孙本文把这个过程称为社会过程。

一、接触与互动

社会行为成立的基本要件，是人与人间的交互作用。这种交互作用通常被称为互动。互动发生于接触，接触常可以影响人们的行为。直接的接触可以产生亲昵、友谊、情爱、互助、合作等密切的关系，间接的接触常产生漠视、隐匿、卸责等各不相干的态度，使社会产生种种纠扰复杂的关系。但接触有时非个人所能控制，常超出个人权利支配之外。

接触必然产生互动。社会互动首先要接触，即人与人之间的接近，互动是由接近而产生的交互作用。人们生活在互动之中，因种种简单与复杂的互动而发生种种关系，又因种种关系而发生种种互动。这种种互动与种种关系，就形

① 孙本文：《社会学原理》，商务印书馆，1935年，第338页。

成社会现象。

互动在心理上有区别。人与人之间的互动完全由行为来表现，在表现之时，其性质略有区别。孙本文将互动分为感官的互动、情绪的互动与智力的互动三种。在感官的互动中，最突出的是视听两官的互动。情绪的互动比感官的互动稍有进步，这种互动在人类日常生活中的影响力很大，举凡爱、恨、惧、乐、羞以及同情等都可以互相激动。两个人间常可发生情绪互动，而在群众中间，此种情绪的互动尤易发生。智力的互动与情绪的互动常互相关联。一切宣传、教育等作用均有赖于智力的互动。孙本文引用卢姆利（Lumley）的话说，智力的互动是人类最大的成绩。

日常生活中的互动，包括感官的、情绪的、智力的种种互动。一切社会现象莫不基于互动，互动是社会现象的共通元素，是一切社会现象的共同点，也即是社会现象之所以成为社会现象的根源。孙本文援引齐美尔（Simmel）的观点，认为"社会有内容与形式之别。形式就是人与人间所表现的互动，如个人与个人往往为达到各自的目的，而互相对抗，故冲突为一种互动的形式。同理，合作、模仿、分工，都是一种互动的形式。内容就是一切在互动的形式之下所表现的事物。详言之，凡一切物质的与非物质的文化以及文化的活动，都属社会的内容"。[①]这里，孙本文指出社会行为就是人与人互动时所表现的行为，认为社会行为以互动为基础，没有互动就没有社会行为。

关于互动的方式。孙本文认为人与人之间的接触有无数种，所以互动也有无数种，社会学家只能从中归纳出各种主要的方式。这种互动的方式，通常谓之社会过程。各社会学家对互动的方式有各自的分法，孙本文所归纳出的主要互动方式，有暗示与模仿、竞争与冲突、顺应与同化以及合作等。

二、暗示与模仿

孙本文认为，最基本的互动方式是暗示与模仿，而且两者有联系，即暗示的效果是模仿行为，模仿行为的对象是暗示行为。

（一）暗示

关于暗示的意义，学者们各有其说，孙本文接受了奥尔波特（Allport）的观点。奥尔波特认为，暗示有三种意义。首先，暗示是在某种状况之下造成行

① 孙本文：《社会学原理》，商务印书馆，1935年，第348页。

为倾向的过程。这种行为倾向或是集中于先天冲动如食、色、惧等，或是集中于后天习惯如宗教、政治、审美等信仰与行为。这是暗示养成态度与偏见的过程。暗示的这种意义偏重于个人的心理。其次，暗示可被视为外界的刺激，这种刺激可以引起已经养成的行为倾向。再次，暗示可被视为加强行为倾向的过程。孙本文说，奥尔波特的见解偏重于暗示作用的过程，而没有包括暗示的意义。孙本文认为，“暗示的最重要的意义，在经受暗示者对于所暗示的意思，很迅速的无批评的接受之而生反应。……凡任何人的行为，或行为的结果，可以引起他人无批评而很迅速的行为时，此种过程谓之暗示”。[①]

那么暗示在什么条件下发生作用呢？孙本文认为，主要是内心的条件与外界条件两种，他对这两种条件分别进行了详细讨论。

1．内心的条件

暗示要发生作用，在受暗示者方面与其心理状态颇有关系。可以发生暗示反应的心理状态约有四种：在刺激与反应间存在一种联络关系时的心理状态；无冲突的行为习惯存在时的心理状态；在习惯未深或尚未养成习惯时的心理状态；心理上发生剧烈变故时的状态，在人精神状态极端疲乏或情绪极端旺盛时极易受暗示。孙本文说：“凡暗示发生的时候：在人的心理状态方面，必具有相当条件，或是与习惯系统有相当联络，或是没有冲突的行为习惯存在，或是像无经验的关系，或是精神上发生变态。但此种内心的条件，必与外界的条件，互相凑合，方可发生暗示作用。而暗示作用的性质程度，又须视内外两方面条件的性质程度而定。”[②]

2．外界的条件

孙本文认为，暗示发生效力的外部条件包括：刺激的单纯与调节、刺激的持久与反复以及刺激的总量。刺激的总量是指促成其效力反复而持久的刺激量。凡反复与持久的刺激的总量极大时，其所引起的暗示力也愈大。因为刺激反复的次数多，方面多，而时间又长，则其引起暗示的可能性也大，这种可能性被称作刺激的潜力，具有潜力的刺激所发生的暗示力必定很大。同样，凡是具有潜力的人或事物，其所产生的暗示力也极大。人们之所以崇拜领袖，未必出于纯粹理性的判断，更多倒是因为领袖具有潜力的缘故。孙本文按照通常的

① 孙本文：《社会学原理》，商务印书馆，1935年，第354页。

② 同上书，第356页。

做法，把暗示分为四种，亦即直接暗示、间接暗示、反暗示及自我暗示。自我暗示产生于先前经验遇适当刺激而重复出现之时。

（二）模仿

模仿是对暗示的反应，有暗示的刺激才有模仿的反应。

模仿有两类。一是自动的模仿，对他人行为的自然而然的模仿，称为自动的模仿；二是有意的模仿，凡对他人行为的有意模仿，称为有意的模仿。有意的模仿又有两种区别。其一，仅仅有意模仿他人的行为，而不了解其所以模仿的意义，如对风俗时尚的模仿。对他人行为的这种模仿是迎合社会行为的心理表现。其二，有意模仿他人的行为是出于详细合理的考虑的结果，如采用科学方法、采用优良社会制度等。这种有意的模仿被称作合理的模仿。孙本文认为，这两种模仿均为社会上重要的过程："大概风俗时尚的模仿，其功效在于维持社会秩序，使社会保持其固有与流行之文物制度，而维持其统一性。合理的模仿，其功效在于传播优良之文物制度，使社会渐趋发展而进步。"①

（三）暗示和模仿与社会生活的关系

孙本文认为，暗示与模仿是一种最普遍最基本的社会过程。其重要性表现在以下几个方面：（1）孙本文相信社会环境在很大程度上决定着个人行为，凡个人习惯系统、人格特质莫不在社会环境中养成，而社会环境如何养成个人习惯系统与人格特质，则全赖暗示与模仿的相互为用。（2）暗示和模仿的作用与教育有密切的关系，从家庭、学校以至一般社会莫不如此。（3）过去的文化的保存与现在的文化的传承，都有赖于暗示与模仿的作用。故文化的传递与社会的继续都有赖于暗示与模仿的作用。（4）暗示与模仿的过程，一方面为保守过去的文物制度，而偏重于社会安定与守旧，但其结果也常产生种种细微的变迁，产生许多的变异。这种变异日积月累，便造成社会的部分变迁。尤其是新发明一经产生，即由暗示与模仿的作用而传播远近。故新发明之所以能引起社会变迁，就因为有暗示与模仿的作用。

三、竞争与冲突

（一）竞争

在孙本文看来，"竞争有广狭二义：狭义言之，凡二人或二团体以上，

① 孙本文：《社会学原理》，商务印书馆，1935年，第366页。

互争一事物或数事物，谓之竞争。……广义的竞争，是指生存竞争而言。此项竞争，不仅指人与人间的竞争，凡生物间竞争，与生物与人类间竞争均属之”。[①]

孙本文把竞争分为三大类。一是地境的竞争。人类对于自然环境的竞争，不仅是为了生存，往往还兼有地面位置的竞争。二是经济的竞争。凡人类对于财物的竞争，通常被称为经济的竞争。财物竞争不外二途，即个人对经济地位的竞争与生产者为占有市场而进行的竞争。三是社会地位的竞争。

关于竞争的方法，孙本文说，常人竞争不出建设与破坏二途。建设的竞争是“自求多福”的方法。要与人竞争，先得具备能够制胜的根本条件，而致力建设这种根本条件，自然会有制胜的可能，这种竞争是建立在一切竞争都是努力自强的竞争的基础上的，而且这种竞争对竞争的双方均有裨益。破坏性的竞争，是不求自己的努力建设，而企图通过摧毁竞争者的机会来增加自己的机会的竞争。这种竞争对双方均无进步可言。

关于新旧制度或团体之间竞争的方法，孙本文援引了龙烈的分析。龙烈发现，旧制度或旧团体对付新制度或新团体的方法有破坏法、隔离法、强制适应法和专业法，而新制度或新团体对付旧制度或旧团体的方法有尽量表扬法、激动感情法和适应需要法。

（二）冲突

在孙本文看来，冲突必系个人间或团体间互相接触，而竞争则不然。但竞争达到情绪激烈、互相接触时便成为冲突，因此冲突与竞争有连带关系。冲突不但有情感，有接触，而且一定以压倒对方为唯一目的。故冲突的结果是必有一方归于消灭或屈服于对方。

关于冲突的方式，孙本文也采用了龙烈的分析。龙烈认为，冲突有6种方式，即拳斗、决斗、仇斗、战争、诉讼与理想的冲突。在孙本文看来，理想的冲突是最高尚的，在这种冲突下，争端的解决不用拳头，不用器械，不用武器，而是用思想。

（三）竞争和冲突与社会生活的关系

孙本文指出：“竞争与冲突的现象，是社会上极普遍的现象。人类所需要的事物，几无限制；而事物的供给，却有限度。以有限的事物，供无限的需

---

① 孙本文：《社会学原理》，商务印书馆，1935年，第377–378页。

求，于是竞争与冲突乃起。就原因言，人类的共同生活，即为竞争与冲突发生之原；而就结果言，人类的发展、停滞、痛苦、快乐亦常为竞争与冲突所生之果；故竞争与冲突，为人类社会自然的过程，似为社会生活不可避免的现象。”①

至于竞争与社会的关系，孙本文说，人类的许多蓬勃进取的事业常常起源于竞争。他认为，如果人人能因竞争而奋力猛进，则社会的一切事业必日见进步。因此建设的竞争是社会进步原动力之一。而破坏的竞争，则足以扰乱社会秩序，阻碍社会进步。因此，社会应奖励建设的竞争，消弭破坏的竞争。尤其战争，对社会、国家及个人的生命财产的危害不言而喻。

当时，中外都有人倡言废战论。孙本文认为，战争的废除，非不可能，其关键就在人类自己的决心。必须全人类有此坚决的态度，尤其是以兵傲世界的所谓列强，能有此觉悟与坚决的态度，则真正和平的目的即可达到。至于贫弱之国，要倡导废除战争，提挈和平之论，是毫无效力的，只有努力建设国防，以备万一，才能达到目的，这就是所谓的以武装求和平。

四、顺应与同化

孙本文说：“顺应与同化，均为个人或团体对于环境调适的过程。个人或团体常改变其习惯，以适应环境。顺应为部分的习惯改变，同化为整体的习惯改变。顺应常起于与环境的失调，同化则由于暗示与模仿的结果，此其不同之点。”②

（一）顺应

孙本文指出，顺应与适应意义相近，而性质不同。适应为生物学的名词，指生物为适合环境的需要，而改变其身体特质并遗传给后代。顺应则为社会学的名词，指人类养成新行为或改变旧习惯，以顺乎环境的需要。

孙本文认为，顺应与竞争有密切关系，广义地说，人类为生存竞争，故须适应于环境。狭义地说，顺应似应限于人与人之间的互相适应，是调适于环境的一种过程。这就表明顺应与生存竞争有密切关系。人类社会所处的自然环境不同，对于环境的调适也不同。在这种不同的调适中，人创造了各种不同的文

① 孙本文：《社会学原理》，商务印书馆，1935年，第385页。

② 同上书，第395页。

化特质与模式。顺应不仅限于自然环境，对于社会环境也有同样的作用。在个人与个人、个人与团体、团体与团体之间，或人与文化之间，经常需要相互适应。这种适应也是生存竞争所必需的。就社会方面而言，人与人之间的这种适应，乃是一种统制与服从的顺应关系。

就人对自然环境的适应而言，只有人迁就环境，环境决不迁就人类。故人虽能改变环境，但最终还是要屈服于环境。而就人对社会环境的适应尤其是人与人之间的相处而言，其结果常常是一方屈服，一方统制；而屈服的一方，似必顺应于统治的一方，以谋生存。虽然屈服者也常对统治者产生相当影响，不过统治者是否接受其影响，则取决于统治者。屈服与统制常常是交互的，而不是单方面的，故统治者常常会给屈服者留下自由活动的余地，以使屈服者尽量贡献其能力，以效劳作。

顺应也与冲突相关，顺应起于冲突。冲突的结果有三，即胜利、失败与和解。但无论是胜败还是和解，随着时间的推移，久而久之，双方冲突之源会渐渐消失，从而冲突双方相安无事。故顺应实可为消弭冲突的方法。

人类顺应社会环境的方式有以下几种：（1）归化；（2）调停，凡两种极端现象相遇，结果往往是互相迁就，而形成第三种现象；（3）突转，即突然转变其习惯行为，以顺应环境；（4）奴役，即使被奴役者无丝毫自由，全听主人命令而行动；（5）容忍，即抑制其习惯行为，以避冲突；（6）权变，这是一种非常行为，往往起因于形势的要求，不得已而为之。

顺应是社会上极普遍的生活过程，其对象有两大类，即自然环境与社会环境。对社会学来说，人对社会环境的顺应尤为重要，其对象又可分为三类，一对于个人，即个人或团体对个人表示顺应；二对于团体，即个人对团体表示顺应；三对于文物制度，即个人或团体对社会上流行的文物制度表示顺应。

（二）同化

孙本文认为，同化与顺应不同，顺应是随时随地改变一部分旧习惯的过程，而同化是渐渐改变其全部习惯的过程。顺应人人有之，同化则限于那些突然改变其环境且须继续其境遇的人。同化通过杂婚和文化传播而进行。杂婚是指异种通婚，杂婚的结果是种族混合，而在混合的同时即产生同化作用。故杂婚与同化有密切关系。

同化与文化传播的关系尤为重要。各个社会的文化的互相传播，多数是由于同化的作用。同化有两个方面，一是个人吸收社会文化；二是社会吸收异地文化。

同化与个人行为的关系是，就整个社会而言是文化传播，就个人来说，在同化的过程中，个人行为将发生剧烈的变迁。个人初入一个新社会时，要逐渐而彻底地改变其已有的全部行为习惯，同时养成一种全新的行为习惯。这个过程是在相当长的时间内不知不觉逐渐发生的。总之，对个人而言，同化也是一个人格改造的过程。

同化与德化也有关系。有时，个人的德行，可以感化他人，这种作用被孙本文称作德化。德化也是同化的一种。

（三）顺应、同化与社会生活的关系

孙本文认为，顺应与同化的过程，对于社会秩序至关重要。顺应的作用可以避免冲突，于无形之中维持社会秩序。一个社会的文物制度之所以能维持永久，就是得力于顺应之功。顺应以个人之事为多，间有团体共同之顺应，而团体的顺应则往往是发生在不得已而为之时。

同化是文化发展的途径，它使各个社会的不同文化渐趋类似。同时，社会因吸收异地文化而日趋发展。同化与交流和文化传播有关。同时，社会运动也是文化传播运动，其目的在于使社会吸收而同化之。故同化与社会发展有密切的关系。

五、合作

孙本文认为，合作具有社会的含义。合作必须两个以上的人参与才有可能。广义地说，人类的一切共同生活中均有合作精神，即使是竞争与冲突也须有双方参与才有可能。因此，社会上的一切共同活动多含有合作意味，社会本身就是建立在合作精神之上的。

关于合作的意义，孙本文采纳了海逸史（Hayes）与龙烈的部分观点，认为“合作虽亦可说是活动之间的关系，但其要点，在二人以上趋向于同一结果，故可说，凡二人以上，有意无意间为达到共同目标，各自表现种种似相配合的活动，谓之合作”。[1]

合作与分工密切相关。凡参加合作者，各担任一项活动，合各人的种种活

① 孙本文：《社会学原理》，商务印书馆，1935年，第408页。

动，达到共同的目标。故分工是合作的必要条件。

孙本文认为建立合作的基础有以下几个方面：（1）同情的反映。人与人间须有同情的反映，即有合作可能的热诚与和蔼，常常是合作的必要条件。同情又有三种：有机的同情、心理或情绪的同情与合理的同情。（2）思想的接近，合作的发生和持久，必有赖于思想的接近。（3）动作的配合，合作发生的另一条件为动作的配合得当。（4）互信，参加合作的各人必须互信，每人必须相信其他各人都与自己一样努力，以趋向同一目标。故互信为合作的重要元素。

人类为什么要合作？据孙本文分析，这有以下几方面的原因。（1）为应付自然力。人类为谋求生存，欲向自然界取得生存资料，个人力量薄弱，常不如多人合作。故合作是生存竞争的结果。（2）为应付超自然力。人类谋生存不但须取得生存资料，尤须避免生存的障碍，以谋生活的安全。（3）为应付人事。为了应付战争，维持社会秩序，图谋社会的进步，人必须合作。合作是社会生活的核心势力。人类从生活的经验知道，生存、秩序、进步等的实现无不有赖于合作的推进，所以无形中养成合作的能力。合作的种类，从日常生活来看，有两种，即互助、互赖。

孙本文认为，说社会的发展全以顺应与合作为中心，亦非尽然。但合作确实是人类生活的重要过程之一，与共同生活密不可分。例如，合作为家庭生活的重要元素，否则家庭就会解组；合作又是国家成立的元素，国家的组织以及一切政治上的设施，莫不寓有合作的精神，政府与人民之间的合作尤为重要；合作还是一般经济组织所不可缺少的元素；其他如宗教、教育、伦理等方面，也莫不以合作为基础。因此合作是人类社会所不可或缺的元素。

第四节
社会组织与社会控制

一、社会组织的形成

孙本文认为，社会生活的组织发源于人与人之间的行为法式，并为社会所承认，乃有一致的行为规则。人类社会有无数的行为规则，其中较复杂而有系统的规则是制度。“合种种规则与制度，而自成一种特殊系统者，谓之社会组织”。[1]

（一）行为规则与社会标准

1. 行为规则的意义及功用。人在社会中共同生活时，自然形成许多共同一致的行为法式，这些法式在无形中得到人们的公认，成为一般人的行为规则。任何人的任何行为，都是依照社会上公认的行为规则进行的。故行为规则无形中成为社会上的行为标准。社会几乎处处为人们预备种种规则，一个人的日常行为，几乎没有一事没有一刻不遵守社会公认的规则。

2. 行为规则的起源。行为规则起源于无意识和有意识的两种过程。所谓无意识的过程，是指一种不知不觉的暗示与模仿的过程。人类共同生活时，会发生互动和交互影响，在这种过程中产生种种共同一致的社会标准——行为规则。

但在社会有特殊需要时，常有人出而创造各种行为规则，并在得到人民的同意后流行于社会，以约束人民的行为。这类行为规则是有意识有计划的，如法律及各种规章，既经流行，其效力与无意识形成的行为规则无显著差异。

（二）社会制度

1. 社会制度的定义。对社会制度，社会学家各有自己的定义。但孙本文发现，他们的共同点是，都认为制度是一种社会工具。孙本文则从行为规则的角度着眼，认为“制度就是社会公认的比较复杂而有系统的行为规则”。[2]行为规则就是社会生活的工具，用以满足共同生活的需要，达到共同生活的目标。这是制度的功用，也是制度的特性。

2. 社会制度的分类。关于制度的分类，各家也有不同，孙本文则从制度的来源将其分为三大类：一是为适应自然环境而产生的制度（如迷信、宗教、农业、工业等）；二是为适应社会环境而产生的制度（如语言、政治、法律、伦理以及婚嫁、丧葬、待人接物的礼节等）；三是为适应物质文化而产生的制度（如商业、交通等）。

（三）礼与行为规则

孙本文指出，中国社会重礼。“礼在社会学上看来，即为社会公认的行为

① 孙本文：《社会学原理》，商务印书馆，1935年，第417页。

② 同上书，第421页。

规则，亦即所谓制度。但其性质及功用，与普通所谓行为规则，又略有差异，其义较为严重”。[①]

孙本文从以下四个方面来说明什么是礼。（1）礼是行为标准。礼初为事神致福的标准，后被引申为一切行为标准。（2）礼为行为正规。礼不仅是行为标准，而且是各种标准中尤其正当的标准。（3）礼是用来节制行为、进行社会控制的工具。礼节制人类的一切行为。（4）礼因时制宜，不拘于成法，非一成不变。总之，礼是人类社会共同遵守的行为标准。这一标准不是通俗流行的社会习惯，而是由先知先觉的人经过详细考虑而制定的行为正规。这种正规可以节制常人行为，维持社会秩序。孙本文总结说："凡国家必有礼，以振作人民之精神，以维系国家之生存。但礼非一成不变，因时代环境之所需，而得为之改定。故时代进化，而礼亦进化。"[②]

中国传统上有五种礼，即吉礼、凶礼、军礼、宾礼和嘉礼（乐）。孙本文指出："我国古时，以天地人为三材，故礼制亦集中于天地人。但五礼中，惟吉礼为事天地之礼，其余四礼均为人事，此又可见古人制礼偏重之所在。"[③]

礼与行为规则有相同之处，也有不同之处。孙本文说，中国的礼就是一种行为规则。不过这种行为规则的性质较为严肃，与通常的社会习惯有别。礼含有伦理的意义，即凡礼所许可的行为，都是合乎伦理的正当行为，故礼实为人类行为的伦理标准。再者，通常的行为规则常形成于自然的演进，由此而成为社会上流行的风习。而礼常为先知先觉者殚精竭虑的创造，似非常人所可创造。从以上两方面看，礼虽为行为规则，但比普通行为规则更严肃，其起源与普通行为规则也有所不同。

（四）社会与社会组织

什么是社会组织？孙本文说："社会上有无数的行为规则及制度，去约束人类的行为。此类行为规则及制度的总体，具有相当交互与一致的关系者，通常谓之社会组织。"[④]社会组织不仅仅是社会行为规则与制度的总体，在行为规则与制度中间还有一种交互连带及互相一致的关系。有了此类共同一致的行

① 孙本文：《社会学原理》，商务印书馆，1935年，第423页。
② 同上书，第425页。
③ 同上书，第427页。
④ 同上注。

为规则与制度，人们就可维持一种共同生活，维持社会的统一。故社会统一依赖于社会组织。

同时，孙本文指出，社会与社会组织有不同之处。他说，社会组织不过是社会上人与人之间所发生的共同的行为关系的全体而已，故社会组织所指的是人与人之间的共同关系。至于社会，是具有一切共同的行为规则及制度的一群人，故社会是指人的本身而言的。但二者不能分离，有社会必有社会组织，它们不过是同一个东西的两个方面而已。

社会组织有很多类别，而且有些类别很难划清。孙本文把社会组织大体上分为两类。首先，从地理的立场分，有区域性社会——如农村、都市、国家等，与非区域社会或团体社会——如政党、学会等；其次，从社会关系的立场分，有直接社会——如家庭、邻里、亲密朋友、团体等，和间接社会——如都市、政党、国家等。

（五）社会组织的形式及性质

孙本文讨论了各种社会结合的性质。他说，人类最简单的结合是二人的临时会合。至于二人接近的难易程度，视相互间的关系而定。其次是较永久的朋友结合，这种结合常起源于人与人之间的同情心与互利关系，并且相互由此产生兴趣，感到愉快。而就多数人的结合而言，共同的兴趣较淡，同情与和谐的力量渐弱，常不足以维持全体的团结。即使团体中每一个人都有极重要的共同利益，但相互间仍不免有一些差异。故二人友谊的结合与二人以上的多数人结合在性质上颇不相同。

孙本文认为，多数人的结合又有两类，一类为3-8人的团体，其特点为全体平等行动一致；一类为8人以上的团体，其特点是不能维持其平等与一致，而分化为领袖与服从者两部分，这种团体欲维持其统一，必须有赖于组织，而要保持其永久，则必须有确定的目标。

因此，各种社会结合的性质不同，各分子间的社会关系亦不同，从而个人在社会中的地位也有不同。个人行为有适合于大团体的行动，有适于多数朋友的团聚，但各人的习惯、环境的迁移和时势的需要，也会使其趋向渐渐发生改变。

孙本文认为，社会结合对个人有如下几方面的影响，首先，组织团体能做个人所不能做的事；其次，组织团体使做事更有秩序，更为可靠，从而更能达到预期的目标；再次，组织团体能保存思想知识，并传之后代，而且能有系统地进行保存与传播；最后，组织团体能促进思想与文化的进步，进而指导社会进步。

（六）近代社会组织的趋势

孙本文指出，近代社会组织有如下几种变化趋势。（1）社会组织有逐渐扩大的趋势。由于人口的增多，领域的推广，社会组织日趋复杂，范围日渐扩大，间接社会组织有日益发达之势。这种趋势对于个人行为与社会生活有深切的影响。（2）社会组织的扩大有经济原因。近代社会组织日渐扩大的原因甚多，而经济方面的两大变迁，即工业革命与交通革命，实为近代社会日渐扩大的重要元素。（3）无正式组织的社会。近代大都市中的群众，大概率属于无正式组织的间接社会。其特点是，社会交际流于表面，缺乏深切的友谊；社会结合偏于形式；社交方式趋于间接；思想流于肤浅。（4）有正式组织的社会。在近代社会中，有正式组织的间接团体，如大政党、大工厂、大公司等，势力也日益扩张。其特点是，在这种社会中，个人处于无足轻重的地位，不能表现其个性；在此种社会中，领袖极其重要，社会是否进步似不在于众人而在于领袖；这种社会组织既大，往往不能适应环境，最不易适应环境的变迁；这种社会组织既大，往往强制统一，以使个人受社会的控制。

孙本文总结说："近代社会最显明的趋向，是直接社会的势力日弱，而间接社会日趋发达。在此种趋向中，团体组织的范围日大，条理日密，故团体对于个人制裁的力量亦日大。同时，在个人方面，常人对于团体的影响渐减，而出类拔萃的领袖人才，则反日渐重要。个人与一般社会的接触渐多而渐广，而人与人间的关系，则反日见疏浅。循此以往，个人与个人间，团体与团体间，竞争日烈。个人而无团体为后盾，则竞争必败；团体而无致密的组织、坚强的团结努力的群众，则竞争必失。故近代社会组织的趋向，使社会生存竞争，日趋显明而激烈。"①

二、社会组织举例

（一）家庭

孙本文引证《说文》《周礼》说明家庭的意义。他说，"家庭是指夫妇子

① 孙本文：《社会学原理》，商务印书馆，1935年，第436–437页。

女等亲属所结合之团体而言。故家庭成立的条件有三：第一，亲属的结合；第二，包括两代或两代以上之亲属：第三，有比较永久的共同生活”。[①]西欧家庭往往只包括两代亲属，而中国家庭大率包括两代以上的亲属，称为大家庭。中国最普通的家庭，为夫妇子女，或父母夫妇子女，或父母夫妇兄弟子女等三种形式。

中国家庭向称家族。孙本文指出，《六书》《尚书》《说文》《白虎通》《明律》及《清律》中说到的家族，包括上自高祖下至玄孙九族，是指直系亲属而言的，并以同宗亲属为其范围。中国家族关系所涵盖的范围的最重要意义，在于表明其血统的关系，并由血统的关系产生出亲亲之义，即由己身以推及亲属，由亲属以推及社会。“中国社会向以家族为中心，一切风俗制度，均由家族推而广之。故家族为中国社会组织之基础”。[②]

孙本文认为，亲族与宗法的关系是社会组织的基础。“家族中嫡庶长幼传递之系统，古有一定之法则，称为宗法”。[③]宗法之内均以嫡长子嗣位。宗法制度与宗族祭祀、服制及封建制度都有密切关系。封建制度以分封同姓为原则，是由家族系统扩充而成的政治系统。封建制度的继续有赖于宗法制度的维系之力，因此封建制度衰落，宗法制度也将不振。

至于家庭与婚姻，孙本文认为，二者关系最为密切，但不可混为一谈。“婚姻为男女间经过正式礼节而成之夫妇关系；此种男女正式结合之夫妇关系，为家庭的基础，但非即家庭。家庭不仅指夫妇，兼及子女等亲属而言。要之，婚姻仅指男女间正式的夫妇关系而言，家庭则指夫妇子女及其他亲属间的共同关系而言。二者固有密切关系，但非同物”。[④]家庭源于婚姻，没有一个民族没有婚姻制度，也没有一个民族没有家庭组织。

家庭作为社会组织有其功能。在孙本文看来，家庭的功能有以下几个方面：（1）生物的功能，一方面是绵延种族，一方面是养育子女。绵延种族是婚姻的功能，而家庭生活实为人类生存种族绵延所必需的一种功能。（2）社会的功能。人之所以能成为一个社会成员，全赖家庭中的共同生活。故家庭具

① 孙本文：《社会学原理》，商务印书馆，1935年，第441页。

② 同上书，第443页。

③ 同上注。

④ 同上书，第445页。

有社会化的功能。（3）传递社会遗产的功能。大部分社会遗产是在家庭中传承的。举凡语言、风俗、传说、信仰，以及社会上固有的道德观念、思想系统、日常技巧、职业秘诀等，无不在家庭中得到传授。（4）经济的功能。凡社会上生产、分配与消费等功能，家庭全都具有。

关于家庭和婚姻制度的关系，孙本文认为，家庭以婚姻为基础，因此家庭的形式常依婚姻的形式而定。人类有四种婚姻制度，即多夫多妻制、一妻多夫制、一夫多妻制和一夫一妻制。孙本文认为，一夫一妻制是人类最适当的婚姻制度，这种婚姻制度有六种特点：（1）能使男女的结合得到平衡；（2）能使夫妇间的爱情专一巩固而不致偏颇；（3）最适合于子女教养，夫妇能同心合力抚育子女。在教育方面，父母均无偏袒，自能尽力培植；（4）家庭感情最为融洽，夫妇间情爱专一，亲子间感情也无偏颇，故全家感情出于自然，而其他形式的家庭，由于夫妇爱好有偏，地位又不平等，所生子女也连带而不能得到平等的对待，故全家情感不易融洽；（5）这种婚姻制度是使夫妇生活得安全而圆满的保障，使夫妇在精神上不受摧残；（6）这种制度最适合于现代小家庭的组织。

作为社会组织的家庭，因家庭组织系统及权力所在的不同，又分为母系家庭、父系家庭与平权家庭。关于现代家庭组织的发展趋势，孙本文认为，从其历史来看，有以下几种：（1）由复杂的组织趋于简单的组织；（2）由阶级的组织趋于平等的组织；（3）由专制的组织趋于自由的组织；（4）由集权的组织趋于分权的组织。

（二）农村社会

孙本文指出，社会原无农村都市的区分，但由于社会中人口数量与分布不同，人们行为的差异与所占区域广狭的不同，而形成了农村与都市之分。农村社会的存在有四个要件，即特定的区域、稀疏的人口、农业为主要职业以及比较安定而永久的共同生活。孙本文说，农村社会就是以农业为主要职业的区域社会。

孙本文根据农村社会与都市社会的不同，将农村社会特点概括为以下六点：（1）农村社会的人口较为安定；（2）农村社会中风俗的势力甚大；（3）农村人民间有一种亲密的关系；（4）农村人民善于合作富有同情心；（5）农村人民富于保守心理；（6）农村生活以家庭为中心。

关于农村社会的历程及发展趋势，孙本文概括为：原始时代的农村社会——欧洲封建时代的农村社会，或中国井田时代的农村社会——佃租的农村社会——现代的农村社会。而要进入现代农村，则须经过农业经营的改良，包括农事专业化；改良农场组织，使资本、土地与人工配合得当；改良农产品销售方法。更具体地说，“现代的农村社会是以科学与机械两种工具，改进农作，经营农业。在农村社会中，经济是自由发展的，教育是普及的，政治是自动的。故现代的农村社会，是富有生产知识与能力的社会。在此种社会中，才使农民得到圆满的社会生活”。①

孙本文指出，世界各国的农村社会发展有以下几种趋势：（1）一般农村渐渐趋向都市；（2）农村人民渐渐向都市移动；（3）一般农村渐渐机械化与科学化。关于中国农村社会改进的方向，孙本文认为，“不外二途：一面促进农业革命；利用科学方法与农业机械，以改良农业，增强生产能力。一面发展农村教育，以增进人民知识，改善农村风习。二者同时推进，成效立见。所困难者经济不充，人才缺乏，一时殊不易实现”。②

（三）都市社会

1. 都市的意义。孙本文从以下几个方面定义都市：（1）从历史方面观察，都市不过是一种政治单位；（2）从人口方面观察，都市人口数量多、密度大；（3）从经济方面观察，都市是一种经济单位；（4）从社会方面观察，都市是一种特殊的社会组织，具有繁复的风俗、制度、语言、信仰与各种不同的团体、阶级、种族等，都市社会中的人仅发生间接关系。

2. 都市社会的特点及其与农村的比较。孙本文认为，都市社会与农村社会有以下不同：（1）在都市，人与人之间的接触是间接的，人际关系疏远，人们的行为所受到的约束也是间接的，生活是流动的变迁的；而在农村，人与人之间的接触是直接的，人际关系亲近，对行为的约束则是直接的，生活是安定的停滞的。（2）在都市，行为标准是相对的、混淆的、分歧的和变化的；而在农村，行为标准是单一的、绝对的、惯常的和固定的。（3）在都市，人们的社会态度是机械的；在农村，人们的社会态度是神秘的或迷信的。（4）在都市，人们的生活是个别的；而在农村，人们的生活是共同的。

① 孙本文：《社会学原理》，商务印书馆，1935年，第466页。

② 同上书，第467页。

3. 都市发展的趋势及其特征。孙本文认为，在近代社会，因为工业的发展，有许多农村渐渐发达而成为市镇或小都市。再由市镇或小都市发展成为都市或都会，这种趋势就是都市化。

都市发展有以下7个特征：（1）都市人口日益增多；（2）都市职业日益分化；（3）都市分工日益细密；（4）都市社会组织日益复杂；（5）交通日益便利；（6）物资设备增多；（7）地价日益增高。

4. 都市发展的步骤及都市发展的趋势。孙本文认为，一个都市的发展，通常经过四个步骤：（1）组织市场；（2）兴办工业；（3）发展交通；（4）流通金融。这四个方面发展到圆满时，便形成一个大都会。

孙本文从世界都市化途径看到都市的发展有以下趋势：（1）在经济方面，资本日益集中，组织日趋细密，都市成为原料与货物的集散中心。（2）在文化方面，任何国家的最高文化要素，莫不出现在都市之中，同时，都市的发达也促进了文化的发展。（3）在社会方面，社会组织因人口迅速增长而变得复杂多样。团体、阶级、党会等名目的数量必定增多。社会愈复杂，都市愈发达，社会变态现象愈多，而社会制度约束的力量也愈薄弱。（4）在政治方面，都市支配政治的力量，渐趋明显，将在政治上占据极重要的地位。

（四）国家

关于国家的定义，孙本文说："国家不过是社会之一种，他是有特定的土地人口与特殊的组织的一种区域社会。国家与别的社会不同的地方，在于国家的组织具有一种特殊的权力。"[①]

国家是由三种要素组成的，即人民、土地与主权。国家的成立以主权为重要的要素。主权不过是统治人民的最高权力，也称为统治权。"主权有二要素：（1）能决定属于本社会的一切分子的权利义务，并能决定他自己的权利义务，而不受任何法定较高权力的支配。（2）能以自己的实力，强制本社会的分子，服从其命令"。[②]孙本文说，在社会学看来，主权是社会上一种最大的控制力，社会用它来控制众人的活动，以维持社会秩序，增进社会幸福。

孙本文指出，国家与民族是不同的。国家是一种政治单位，民族是一种文化单位。民族是由于天然力造成的，国家是用武力造成的。形成民族的力量有

① 孙本文：《社会学原理》，商务印书馆，1935年，第477页。

② 同上注。

五种，即血统、生活、语言、宗教、风俗习惯。这五种力量通过进化而天然形成。

关于国家的起源，有人性说、神权说、契约说、武力说、进化说等不同的理论学说，孙本文则认为，国家是人类共同生活时调适于环境的自然产物。在绝大多数时候，国家是从战争中产生的，但有时虽无战争也产生国家。国家完全是社会进化中产生的一种特殊的社会组织。

关于国家的功用，孙本文认为，主要有以下两方面：（1）在国内维持社会秩序和促成社会进步。维持秩序、保卫安宁是国家的第一个功能，而追求精神物质两方面的改善则是国家的第二大功能。（2）国家的对外功能是保卫其主权、领土与人民。国家依法定的权力，从外交、军事等方面抵抗强权，防止侵犯，联络各国以求国际的自由、平等与安宁。国家必须在国际上获得相当的地位，而后乃能在国内谋求秩序与幸福。孙本文还认为，国家的对外功用，比对内更为重要。

孙本文进而区分了国家与政府。他说，国家包括人民领土与主权，而政府仅是国家的总机关，是行使国家主权的工具。国家含有永久的性质，而政府却不是不能变动的。孙本文讨论了国体与政体的区别、国体与政体的种类等问题。他说，关于国体，有君主、贵族与民主三种说法。主权在君主一人者称为君主国体，主权在国内少数特殊阶级者称为贵族国体，主权在人民全体者称为民主国体。至于政体，通常分为两类，即专制政体与立宪政体。专制政体是由一最高机关任意行使国家权力而不受任何限制的政体，立宪政体是把主权的职能分配给数个机关如立法、行政、司法等机关的政体。立宪政体的特点是：（1）国家主权者不直接行使治权，而将其托付给政府行使，政府的权力范围由宪法加以规定；（2）务使人民直接或间接参与政治。如二者缺一即流而为专制政体。社会学把国家当作社会组织，它所关注的是国家的体制与形式及与其他社会组织的区别。其他问题则属于政治学的范畴。

据孙本文分析，近代国家组织有几种发展趋势：（1）由君主国体渐渐走向共和国体；（2）由专制政体渐渐走向立宪政体；（3）渐渐由君主专制的国家走向君主立宪的国家，再进一步走向民主立宪国家；（4）政权及治权均渐渐由集中走向分散；（5）由有阶级的政治渐渐走向无阶级的政治。

三、社会解组与社会改组

（一）社会组织与社会解组

关于社会解组，孙本文说："社会组织是社会上行为规则与制度的总体。社会解组，即指此类行为规则与制度的瓦解而言。"[①]社会解组就规则或制度方面言，社会解组是约束力的减弱；在个人方面言，社会解组就是服从心的衰微。

社会解组的程度是有差别的。社会解组起因于任何个人或少数人对任何一种行为规则或制度的破坏，若不加制止，便渐渐由几种规则或制度的解组而影响到多数规则或制度，再由此多数规则或制度的解组而影响到全体规则或制度。故社会解组有程度上的差别。

社会之所以解组，有内部和外部两方面的原因。外部的原因是不同社会的接触。一个社会在与别的社会接触时，别的社会的规则或制度会因交流的缘故而源源输入，在不知不觉中影响本社会的规则与制度，而使之发生解体。社会解组的内部原因有两种：（1）人们认为现有的社会规则或制度不适用，因而不愿遵从；（2）人们没有能力遵从现有社会规则或制度而使其遭到破坏。后者是无能力者，是社会上的失败分子；而前者是有能力的社会优秀分子，这些先知先觉者要推翻不适用的旧制度，改革社会。总之，无论是无能力者之破坏社会规则，还是先知先觉者之有意推翻不适用的旧制度，都将使社会上固有的规则或制度解组。

可见，社会解组有两个要素："社会解组，是起于社会规则或制度不能约束个人行为，与人们对于此社会规则或制度不愿遵守的态度的发生。此两种要素交互作用，而后始有社会解组的现象。"[②]

（二）社会解组与社会改组

1. 社会改组与社会改造。孙本文认为，社会改组有两层意思，一是维持或修正衰落或已渐衰落的社会规则或制度，使其不至完全解体，甚至使之复兴；二是全部或部分地放弃原有的旧规则或旧制度，并创造新规则或新制度。后者通常称为社会改造。

---

① 孙本文：《社会学原理》，商务印书馆，1935年，第499–500页。

② 同上书，第502–503页。

2. 社会解组与社会改组的关系。孙本文认为，一般，有社会解组现象发生时，即有社会改组的现象发生以相适应。所以平常社会秩序很好的时候，就是社会解组与社会改组两种现象均衡的时候。这种解组与改组保持均衡的状态，即所谓破坏与建设均衡的状态，不过改组与建设有时不尽相同："大概一个社会中，解组的势力极大时，则社会变迁必速；解组的势力极小时，则社会变迁必缓。但改组势力极大时，其结果，社会变迁或缓或速。在维持旧有社会制度的力量大的时候，则变迁必缓；在创造新制度的势力大的时候，则变迁必速。此必须视当时社会状况而定。"①

至于社会改组是使社会进步还是使社会退步，孙本文说，这要视社会改组的方向而定。

（三）推进社会改组的要素

孙本文认为，社会改组的推进常须具备5种要素。

1. 领袖。在一个社会中，无论何事，都须有领袖倡导。无论是维持旧规则旧制度，还是创造新规则新制度，都必须有领袖人才出来领导。领袖人才须具备以下几种特性。第一，须对社会现象有较锐敏的感觉，亦即要有所谓的先知先觉；第二，须富有组织能力，就是要有所谓的干事才能；第三，须富有发动能力，就是要有所谓的创造才能；第四，须富有坚忍心，认定的事业必须进行，能忍受一切挫折与痛苦，不放弃自己的志愿与责任；第五，须富有同情心，明白众人甘苦，并深表同情，而不独自享受乐利；第六，须了解民众心理，知道如何驾驭民众，并与之合作，从而能使自己的思想行为与民众的思想行为不相冲突；第七，须有忠实的态度。无论社会改进运动遇到何种困难，必须始终坚持，竭诚尽智，把事情做到底。一个社会有了此种领袖人才，才能进行社会改进运动。

2. 组织。任何社会改组运动绝非仅仅少数领袖所能成事，而须有缜密的组织，由这种组织协助领袖推进事业，做领袖的后盾。组织的要素有三，即计划、分工与合作。组织的好处也在于有计划，尤其在能分工合作去实行计划，所以组织与领袖同样重要。

3. 宣传。既有领袖又有组织，还必须使民众明白社会改组的目标、计划及其效果，而后进行方始顺利。因为社会改组是民众全体的事情，只有民众欢

① 孙本文：《社会学原理》，商务印书馆，1935年，第504页。

迎，改组才可实现无阻。所以要改变社会制度，必先改变民众态度。民众态度一经转移，社会制度自可改变而无问题。转移民众态度的最佳方法就是宣传，宣传是社会改组运动的必要工具。

4. 教育。把固有的或预定的思想、知识、主义、政策等传授给民众，并改变他们的思想、习惯与态度，这就是教育的过程。广而言之，宣传也是教育之一种，但不同的是，宣传是社会的教育方法，是暂时的治标的方法；而教育是永久的治本的方法，是学校的训练方法。因为社会改进非短期内所能奏效，社会规则及制度往往根深蒂固，不易变迁，所以要转移社会态度也绝非短期可以成功，必须从社会的根本——儿童——入手，使他们潜移默化，循序渐进，从而达到社会改进的目标。所以教育比宣传更重要。

5. 立法。孙本文指出，有了计划，有了组织，又有了领袖倡导宣传，似乎可达社会改进的目标，但有时未必尽然，还必须依靠法律的力量进行制约。社会常用法律的力量，强制民众遵守制度，并因遵守制度之故而使其态度渐渐转移。有许多旨在改组社会的规则与制度，都必须借法律的力量去推行，才能达到目标。

四、社会控制

（一）社会控制的性质

何谓社会控制？孙本文说，社会控制就是社会对个人行为的任何约束。一般社会，即有一般社会行为的规则与制度，作为一般人行为的标准。“凡此种种可供社会上各人行为标准的规则与制度，对于各人行为，即具有约束的力量。社会控制，就是此种种行为规则与制度对于个人行为约束的作用”。[①]

孙本文认为，社会控制是社会的需要。要避免社会冲突，维持社会秩序，实现社会统一，从而求得社会的安宁幸福，自非有社会的力量来约束个人的行为不可。故社会控制是人类社会生活所必需的。孙本文说，中国社会用礼义来防止社会的纷乱，实在是应了社会之需要。

社会控制之所以发生作用，孙本文认为，有其心理基础。表面上看，社会控制似乎是把外力加在个人头上而使之就范。而实际控制的关键在于个人的内心。假如个人缺乏承受控制的心理，则社会控制势不可能。社会之所以能制约

① 孙本文：《社会学原理》，商务印书馆，1935年，第511页。

个人，使个人就范，就因为人类都有追求声誉的愿望。因为有这种愿望，所以对社会上的种种行为标准，常人都愿意遵守。因为唯有遵守社会标准，方可得到社会的称誉。故符合社会标准，接受社会约束，都是出于人类的愿望。

（二）社会控制的方法

既然社会控制是社会上种种行为规则与制度对个人行为的约束，那么约束个人行为的社会控制方法有哪些呢？孙本文综合海逸史与龙烈的观点，将社会控制的方法分为自然的控制和人为的控制两类。前者是由暗示与模仿形成的自然控制法，后者为社会有意加给个人的一种人为控制。

自然的控制法大都起源于人类的共同生活，在这种共同生活中，因暗示与模仿的交互作用，个人在不知不觉中就受到了社会的控制，甚至社会也可能是不知不觉地实施了这种控制。

人为的控制法范围较大，大概有教训、劝导、命令、奖励、惩罚、立信、明断、讥刺等方法。孙本文分别讨论了这些控制方法。

1. 教训。“凡将制度文物，或思想意见，用直接的方法，使对方明了而接受者，谓之教训。教训有二义，一为启迪，一为训诲”。[①]其效果如何，须视教训者对受教训者的威信如何而定。

2. 劝导。劝导是普通人相互间的劝说与指导。劝导的效果，在于使对方明了是非利害，而自动改变其言行。但是否能达到这一目的，取决于劝导者与受劝导者双方的关系。

3. 命令。用正式的方法使对方直接接受某种文物制度或思想意见的控制行为，叫作命令。命令是必须接受的。命令有两种，一种是要求对方做某事的积极命令；一种禁止对方做某事的消极命令。命令的效果如何，取决于发出命令者的威望与接受命令者对发出命令者的信仰，以及命令内容合理与否。由此可见，发命令者对于命令之效果关系匪浅。

4. 奖励。“奖励者即奖励已成之事功；一则鼓舞有功绩者继续努力；二则激劝他人之努力”。[②]奖励的目的就在于满足人类对荣誉与安全的愿望。

5. 惩罚。奖励与惩罚是有连带关系的。奖励是劝善，惩罚是制恶，皆是控制他人行为的方法。惩罚之义在于惩前毖后，使人对已往表示悔改，对将来

① 孙本文：《社会学原理》，商务印书馆，1935年，第515页。

② 同上书，第518页。

有所警戒，使有过之人知道自新。惩罚原非得已，目的在于制恶。因此，惩罚不应取报复主义立场，而应取警戒主义立场，因为报复仅惩罚过去，警戒则勉励将来。

6. 立信。凡欲推行社会标准，必须使这种标准得到人们的信仰。这种信仰的焦点，就在于该标准是必须推行的。立信于社会是控制社会行为的重要方法。孙本文说："失信之足以乱国。要之，凡能立信于社会者，其控制社会行为，最易为力治国。如此，治一切事，莫不如此。"[①]

7. 明断。凡对于疑难事状而能予以适当的判断者，谓之明断。有许多事件因明断而得适当的解决，能大事化小，小事化无。因此明断能控制社会行为。明断必须明白事理，毫无偏私，这样才能进行公允的处置，并收到适当的效果。

8. 讥刺。对违反社会标准的人，不公然反对或纠正，而是间接示意，这种控制方式叫作讥刺。讥刺的效力有时比直接明告更大。但孙本文提醒说："凡以讥刺为控制者，须注意于对方人之性情态度品格，以及其所处地位。同时并须注意于讥刺之对象，及表示讥刺时之态度。必使对方人能了解讥刺之意味，并能从善如流，而不致恼羞成怒，或刚愎自用，方可得相当的效果。"[②]

（三）社会控制的工具

关于社会控制的工具，不同的学者有不同的看法，孙本文采用了欧鹏克（Eubank）的意见，把社会控制的工具分为无意的社会控制工具与有意的社会控制工具两类。凡是社会无意之间加给人的约束，都属于无意的社会控制工具，如时尚、风俗、舆论、谣言等；凡是社会有意识地加给个人的约束规范，都是有意的社会控制工具，如法律、道德、宗教、教育等。孙本文对这两种社会控制工具分述如下。

1. 无意的社会控制工具

（1）时尚。通常时尚是指流行的新式服装而言。一般来说，个人都有从众的心理。社会上如有大众流行的现象，就会产生一种社会压力，使个人自然遵从社会，故而模仿该流行现象。时尚的传布是很容易的，因而它对社会的影响力也很大，从而成为社会控制的一种重要手段。权威对时尚的影响尤其大。

① 孙本文：《社会学原理》，商务印书馆，1935年，第523页。

② 同上书，第525页。

（2）习尚与风俗。人在行为上莫不互相模仿，社会压力与从众心理使人自然仿效社会上普遍流行的行为，即为习尚。这种习尚流行一久，便会使人在不知不觉中养成习惯，传给后代。习尚于是变为风俗。风俗就是代代相传的社会习惯。这种社会习惯是人自幼养成的，所以在社会上形成一种极大的强制力，使违背社会习惯的人受到社会的轻视和反对。因此古人倡导善良行为以期转移风习，从而由习俗以控制社会行为。

（3）谣言。道听途说往往具有一种暗示的力量，使听者贸然接受而不详察其究竟真确与否，不仅他自己信以为真，而且还把它传给他人。这种贸然接受贸然传递的态度，使谣言能够产生，使不正确的事得以传布，又因社会影响之力而扩大。谣言常起源于无心的传布，但也有故意造谣中伤的人。总之，谣言具有一种力量，可以使人不自觉地受到控制。

（4）舆论。孙本文对舆论的解释是："舆论就是社会上多人共同的意见。舆论之发生，其初不过少数人倡之，其后渐渐传递而及于群众。个人之对于舆论，亦往往出于服从多数的心理。见社会上一般人都如此主张，因而自己亦如此主张，此是一般人对于舆论的态度。舆论往往近于群众现象，暗示的力量极大，而常缺乏理性的判断。故舆论的可靠程度，常视领导舆论者的意见正确与否为断。领导舆论者具有相当威权，常可以左右舆论，故舆论与领袖有密切关系。"①

报纸常被称为舆论工具，普通报纸可以代表社会上一部分的舆论。但报纸领导舆论，舆论服从报纸，报纸与舆论不可分离。报纸是否可以控制舆论和代表舆论，完全取决于一般民众的教育程度。只有当民众的教育程度足以使他们了解报纸的主张时，报纸才能对民众产生相当影响。如果民众的教育程度不能使他们了解报纸的主张，则报纸对民众的影响自必甚微。

舆论又被称为公意，意即社会上多数人的意见。正因为大多数人的意见即舆论力量之大实可支配社会上一切事业的命运，因此，从事于社会事业者，不可不注意舆论的倾向，以制定行动的方针。如违反众意，即使不受民众惩罚，亦难望事业的成功。总之，孙本文说："舆论具有控制个人意见的力量，凡感觉众人意见相同的时候，常很自然地表示服从。此种服从多数的心理，实为舆论力量发生之源泉。舆论既成，即发生影响，虽有大力者，亦往往无能为力；

① 孙本文：《社会学原理》，商务印书馆，1935年，第531–532页。

故舆论可以控制社会行为。”[①]

2. 有意的社会控制工具

（1）政府与法律。法律是人类社会控制个人行为的主要工具之一；政府是执行法律的机关。政府与法律的功用，就消极方面言，只是一种社会约束。政府依法律规定，应用惩罚手段，以限制个人法外的种种行动。法律与政府的积极功用则在于提倡个人合作，维持社会秩序，以促进社会幸福。故法律不仅是限制性的，而且是诱导性的，也可以说，法律限制个人的行为，是为了促进社会的幸福。孙本文认为，政府与法律实为极重要的社会控制工具。因为如果没有社会秩序，则任何社会行为都不能顺利进行。由此看来，政府与法律是人类社会不可缺少的制度；社会愈进化，社会状况愈复杂，则维持社会秩序愈困难，愈需要政府与法律。

同时，孙本文也指出，法律与政府仅仅限制个人的外表行为，凡是法律与政府的限制所不及的，就需要教育、道德与宗教等来行使社会控制功能，以补法律之穷。

（2）道德。道德亦是人类社会控制个人行为的主要工具之一。孙本文说："法律为强迫的，道德是自愿的。法律的标准，往往切近于事实；而道德的标准，则往往接近于理想。故法律的目标，常在维持现实的社会秩序，而道德的目标，则于维持秩序之外，又有促进社会进步的期望。法律仅能控制人类显著的外表行为，而道德则能控制个人一切潜伏与琐屑的行为，故道德可以济法律之穷。”[②]

孙本文还说明了为什么道德具有约束力。每个社会都有其道德标准，这种标准一经社会认可即具有约束个人行为的巨大力量。从客观上说，道德的内容较为严肃复杂，因而具有较大的约束力。从主观上说，人们对于道德标准的服从，不但起因于服从多数的心理，而且还具有义务的观念。人们之所以不背离道德行为的要点，正在于这种义务心的觉悟。

虽然道德有约束个人行为的力量，但社会上一般人的行为常与道德标准相去甚远。一般人的行为常不能尽符道德标准，这不是因道德标准太高，一般人不能企及；就是由于一般人的义务心薄弱，不注意道德行为的践履。同时，孙

① 孙本文：《社会学原理》，商务印书馆，1935年，第533页。

② 同上书，第534页。

本文也指出，缺乏义务心且道德观念薄弱者，仅因多数压迫而表现的道德行为，绝非真道德。

（3）宗教。法律、道德、宗教三者同为人类社会控制个人行为的重要工具。孙本文分析了它们各自的作用，说道："法律之机关为政府，而所以实行法律之制裁者，在政府有刑罚，在个人为惧怕的心理。道德之机关为社会，而所以实行道德之制裁者，在社会有多数势力的压迫，在个人有义务的心理。宗教机关有寺院教堂，而所以实行宗教之制裁者，在寺院教堂是超自然势力的存在与作用，在个人为怕惧与希望的心理。但刑罚实施的范围与社会监视的活动均有限制。独有超自然势力的存在，似乎无处不可监视；其来也无迹，其去也无踪；视听言动，无处可防，即无处可以懈忽。"[①]孙本文说，不信宗教则已，一信宗教，则其约制行为之力比任何力量为大。宗教不流行则已，一流行则全社会受其支配而不易解脱。故宗教之约束个人行为，具有极大的势力。这是因为恐惧与希冀的心理，可以规范人心，而维持社会秩序于无形之中。宗教可补法律道德之所穷。但孙本文也指出，在民众知识低浅时，宗教尚视为重要的行为标准，但当民众知识较高，社会需要宗教渐少，则多数民众似会脱离宗教的束缚。

（4）教育。孙本文认为，教育是人类社会的一种极重要的控制工具。教育的主要功用在使个人社会化。利用个人的学习能力，渐渐使个人吸收社会上种种文化制度、风俗习惯，从而把个人培养成为一个社会成员。人从出生到死亡，无时无地不在受教育，在家庭、学校、一般的社会环境中，都受到广泛的教育，故其控制个人行为的力量极大。即使是法律、道德、宗教以及风习、时尚等，无不假教育以表现其作用。孙本文也指出，被视为有意的社会控制的教育，仅指学校教育、社会教育及一切宣传。因为这些教育都是用一种计划去传授社会上预定的知识、思想、主义或政策等。学校更进而用预定的计划，去陶冶个人的人格，这些都说明教育是人类社会有意控制个人行为的一种工具。

（四）社会控制与社会改进

孙本文总结说，社会控制中一部分是人为的，另一部分是人们在共同生活时自然产生的。虽然自然发生的社会控制不但对社会改进无甚贡献，有时甚至阻碍社会改进，但社会却可利用其自然的趋势，用人力予以指导，故无意的社

① 孙本文：《社会学原理》，商务印书馆，1935年，第535-536页。

会控制也可以被用来改进社会。

至于有意的社会控制，既然全出于人类自力的计划与努力，故与社会改进的关系尤为密切。

道德控制的是人类不道德的足以紊乱社会秩序的行为。为此，社会要确立道德标准，外示人以行为的规范，内以引起人的义务意识，使人人都自愿遵循这种标准。既然道德标准是由人定的，故可因环境的变迁与社会的需要而加以变革，因此，道德标准可以适应并引导社会的改进。

宗教控制是利用超自然的力量与人们的信仰心理，来无形地控制行为。宗教观念使人知所趋避，以指导其行为。故奖善惩恶为宗教重要功用之一。宗教还有一个重要功用，此即使全社会的精神团结建立在共同信仰之上，由此往往可以促成种种共同行动。故在社会统一之时，宗教可使人民接受共同规范；在社会分崩离析之时，宗教可维系将堕之人心。但宗教的内容并非一成不变，它既是一种重要的社会势力，也可随社会的变迁而加以适当改革。因为宗教的改革可促进社会上的一般改革，所以宗教的力量有时胜过政治与道德。因此，孙本文认为，宗教控制与社会改进有密切关系。

政治控制是利用法律的根据与政府的力量控制人民的行为。政治控制以法律为范围，以惩奖为手段，而以政府的力量来行使。故政府控制是最直接的控制，与社会改进的关系甚为密切。如果社会改革的计划能够成为法律规定，用政府的力量予以执行，则其效力必定巨大。

教育控制是依据人类心理的特质，利用养成与改变习惯的方法，来控制人类行为的社会控制手段。而且凡道德、宗教、政治等控制，都需要通过教育来实现。因此，孙本文说："教育控制，为一种基本控制，或中心控制。故社会改进与教育控制，关系最为密切。任何改进计划，如从教育方面着手，则事半功倍。从事于社会改进，而与教育不生关系者，其成功殊难有望。"①

最后，孙本文认为，无论是自然的控制，还是有意的控制，都可以用人力加以指导。因此，在用人力改进社会亦即用人力控制社会时，如能依社会改进的计划而运用社会控制的方法与工具，控制目标是可以实现的。

① 孙本文：《社会学原理》，商务印书馆，1935年，第539页。

第五节
社会变迁与社会进步

一、社会变迁的性质与方式

（一）社会变迁的性质

凡是一种事物，在不同时间上，有不同的状态，即认为该事物发生了变迁。简单地说，社会变迁就是社会现象在不同时间上发生的失去其本相的变动。世间的现象分为三大类：一是物质的或无机的现象；二是生物的或有机的现象；三是文化的或超有机的现象。而人类共同生活的现象则包括一部分生物现象（如人口现象）及文化现象。生物现象的变迁则有人类的新陈代谢，文化现象的变迁则有文物制度的新陈代谢等。因此，社会现象的变迁，就包括人口变迁与文化变迁。

社会变迁与文化变迁极为相关。因为社会变迁应包括人口变迁，而人口变迁受文化影响极大。虽然人口变迁不能完全脱离生物原则的支配，但确已受人类自己力量的控制。故人口变迁也不能出乎文化变迁的范围，所以说，社会变迁似乎不过是文化变迁而已。

（二）社会变迁的方式

孙本文按社会变迁的状况及所产生的不同影响，把社会变迁分为两大方式，即寻常的变迁与非常的变迁。凡是寻常逐渐与和缓的变迁，称为寻常的社会变迁，凡是突然剧烈而迅速地变迁，称为非常的社会变迁。

1. 寻常的社会变迁，又可分为自然的与计划的两种。自然的社会变迁即不是由人工计划而是自然产生的变迁；计划的社会变迁是人工计划产生的变迁。

自然的社会变迁是在日积月累中不知不觉地发生的。导致这种变迁的原因有以下几种：（1）异种文化间的互相接触，不知不觉中受新文化影响，而使旧文化发生变迁；（2）新发明一经产生，社会不知不觉采用新发明，使旧文化发生变迁；（3）社会成员老幼更迭新陈代谢时，多少会发生一些变迁；（4）人口增加后，社会的各种文物制度会在不知不觉中发生变化以与之相适应；（5）人口组合的改变使社会发生变迁。自然的社会变迁有几个特点：

（1）常常产生意外的结果；（2）常非人力所能控制；（3）人类历史即在此种自然的变迁中渐渐生成。

有计划的社会变迁通常被称为社会改革。社会改革是由人力计划进行，所以一定有相应的步骤：（1）讨论期，先由少数人发现社会的缺点，或拟介绍某种新的社会计划，进而引起社会的注意与讨论；（2）计划期，确定改革的计划，并向社会提议；（3）宣传期，用宣传造舆论以改变社会态度；（4）试行期，逐渐试行以期改革计划的实现与成功。在以上步骤中，最重要的是要得到领袖之人的认可。孙本文认为，“社会运动之成功，全恃领袖；计划与方法，均在其次”。①

2. 非常的社会变迁。非常社会变迁也称为革命。孙本文指出，社会制度不能适合时势的要求，而欲强行维持，以致民众愿望受到压迫，其结果必定是革命的发生。

孙本文认为，革命的过程包括破坏与建设两个阶段。破坏是革命的起点。建设是革命的终点。在破坏开始建设未成的过渡时期，社会往往表现出一种混乱现象，民众往往感受到深切的痛苦。这种痛苦就革命的全过程而言是难以避免的，但革命的过渡时期愈短，民众的痛苦就愈少；反之，过渡时期愈长，民众感受的痛苦就愈深切。所以，孙本文指出，革命要缩短破坏的过渡时期，加紧建设的工作。

孙本文认为，革命时代的社会建设要取得成功，有赖于两种要素：（1）要有适合于时代需要的理想原则，作为一切建设的标准。这种理想原则能统一一切建设的趋向而不至形成纷乱。（2）要有伟大人物充当一切建设人才的领袖。伟大人物能统一社会上的各种势力，使他们集中于建设事业，以安定国家，完成革命。

二、社会变迁及其原因

（一）社会变迁的由来

孙本文说：“社会变迁，除人口外，不出二途，就是新文化的增加，与旧文化的改变。新文化的增加，又不出二途，就是本社会中的发明，与他社会中

---

① 孙本文：《社会学原理》，商务印书馆，1935年，第546页。

发明的传入。”[①]

1．新文化的增加积累

孙本文首先提到发明的意义。他说，发明是人类社会的特产，发明就是人类对于环境的一种新适应的创造，被发明出来的东西一定是前所未有的东西。发明是一个社会靠自己的力量所创作的一种调适环境的新事物。这类新事物一经创造，便加入社会固有的产业，成为社会遗产的一部分，从而成为文化的一部分。所以一切文化在最初创造的时候都是一种发明。

孙本文按其所适应的对象把发明分为三类，即物质的发明、社会的发明与方法的发明。他又按发明的来源而将其分为两种，即经验的发明与规划的发明，前者是从人类日常生活的经验中得来的偶然发明，后者是由人力规划而得到的新发明。无论是哪类发明与发现，都在社会上增加了一种新的事物。社会就随着新事物的增加而发生变迁，所以发明与社会变迁有极密切的关系。

一个社会的新文化的增加或新文化的来源，不全靠本社会的发明，有时还得采用其他社会已经发明的新事物，这就是所谓的文化传播。文化传播是一种极普通的现象，文化传播的作用有二：它对原来的社会而言是传布，而对采用此发明的社会而言则是借用。但文化要传播，必先有文化的接触，才有机会。文化传播的关键就在于交流与接触，由此可知，交流对于文化传播与社会变迁而言是至关重要的。

文化传播是有选择性的。文化接触虽是传播的起源，但有时不同的社会有所接触而文化未必发生传播，其所以如此，原因就在于文化传播有一种选择作用；文化本身必定在经过此种选择作用后才能传播。其选择的标准如下：（1）合乎文化模式。任何社会必有其特殊的文化模式。社会中的一切文化特质都与此文化模式相调和，所以，在发生文化接触时，其他社会的文化中凡不与本社会文化模式相抵触或与本社会文化模式接近的因素都容易输入。换句话说，在没有外力干涉时，其他社会的文化特质与本社会的文化模式愈接近，愈容易被选择，其采用愈速；反之，愈不接近，愈不易被选择，其采用愈迟。（2）合于社会利用。人类社会的文化模式虽因社会而不同，但其中仍有人类共同了解的利用价值。孙本文说：“文化的传播，与其利用价值，成一比例。

① 孙本文：《社会学原理》，商务印书馆，1935年，第567页。

凡没有外力干涉时，文化的利用价值愈大，其传播愈易；反之，文化的利用价值愈小，其传播愈不容易。又文化的传播，与其了解性有关。凡利用价值容易了解的文化特质，容易传播，故其采用较速；反之，利用价值不容易了解的文化特质，则不易传播，故其采用较缓。”[①]（3）合于好奇心理。在没有外力干涉时，文化性质愈新奇，愈容易传播，愈不新奇愈难传播。（4）合于民族特性。世界各民族因其历史地理背景不同，其文化发展的途径各异，而各有其特殊的民族性。这种民族性常常影响文化的传播。有的民族自认为是最优秀的，在接触中不但不采纳异族文化，还要去支配异族；而有的民族极易见到其他民族的好处，极易接受其他民族的优点。

孙本文指出，发明与传播是新文化增加的途径。

2. 旧文化的改变

旧文化的改变不外二途：（1）外来文化的影响，旧文化因外界新文化的采用而发生变迁；（2）文化本身发生流弊。文物制度相沿既久，社会环境变迁甚速，许多文物制度已不适应社会的需要，于是积久生弊，人们普遍希望予以改革。

（二）文化累积与社会变迁的关系

社会变迁或是由于新文化的增加，或由于旧文化的改变，无论是哪种情况，都是日积月累的过程。这就是说，各社会的文化无时无刻不在累积之中，或从发明累积，或从传播累积，或从改变固有文化累积。在发明多传播快的社会，其累积多而且快。发明少、传播慢的社会，其累积少而且缓慢。总之，文化累积为社会变迁的一大特点。

文化累积的途径有二，即旧文化的保存与新文化的增加。当然文化既是累积的，也会有所遗失。在与新文化竞争中失去价值的文化必然衰落。至于文化是累积还是遗失衰落，取决于选择作用。

利用价值较大的新文化，常可以代替旧文化，并使旧文化渐渐失效；同时，因为新文化增加，总比旧文化遗失为多，所以文化就在选择中累积起来了。有选择的累积在物质文化方面甚为明显，但对于风俗、宗教、艺术、法律等似未必尽然。有选择的累积与文化多样性有关，世界上的文化之所以多样，

① 孙本文：《社会学原理》，商务印书馆，1935年，第574页。

就是此种选择性累积作用的结果。

文化变迁的速度与文化累积相关。从人类历史来看，文化变迁最初极缓，然后渐渐加速。这是因为文化变迁的速度与文化累积有直接关系。文化累积愈多，基础愈大，变迁也愈快。而文化变迁与人类的生物变迁则没有关系。孙本文说，人类本身自二万五千年以来，没有变迁；而人类的文化则有很大的变迁，这证明文化变迁与人类的生物变迁并无相互关系。

文化变迁与文化累积关系很大，发明在文化累积中又起着很重要的作用。孙本文认为，发明有三个要素：文化基础、人才与社会需要。正是由于这三个要素的联合作用，才有了发明。在这三个要素中，尤以文化基础最为重要，因为没有文化基础，虽有人才与需要也不能产生发明。即使是社会变迁，绝非仅仅少数优秀人才所能造成，还要有社会需要与文化基础的联合作用才能产生。

因此，孙本文说："社会变迁，起于人才、文化状况，与社会需要的三种要素的合作。有了相当的文化基础，迎于相应的社会需要，于是便有应运而生的人才，从而造成社会的变迁。所以社会变迁的原因是多元而非一元的。欲以一元解释社会变迁的原因，决不会圆满的。"①

三、社会惰性与文化失调

（一）文化惰性与社会改革的关系

何谓惰性？孙本文说，人类文化都有一种特性，即一旦存在便不易即刻消灭，物质文化尤其如此。此种特性被称为文化惰性，也被称为文化保守性。

文化的保守性表现在两个方面：一是表现在现在流行的前代文化上；一是表现在现在虽不流行但尚被保存着的文化上。因为有许多前代遗留保存的文化，人类便不能脱离前代的窠臼，这可以说是社会变迁的绝大阻碍。

孙本文探讨了在社会变迁中文化保守的原因：

1. 有相当的利用价值。旧文化之所以被保存下来，是因为它有相当的利用价值，可以满足相当的需要。此种满足需要的利用价值可分为两类，一是经济上的利用，凡经济价值较廉的文化易于保存；二是心理上的利用，凡可以满足人类心理上的需要者都易于保存。

① 孙本文：《社会学原理》，商务印书馆，1935年，第592页。

2. 原有价值的改变。有许多文化特质的原有利用价值已不复存在，但因为改成他种用途而得以保存。

3. 发明与传播之难。发明是很不容易的事，即使旧文化不适用也只能保留使用。而文化的传播又有种种困难，使新文化不易传入，旧文化也就得以保存下去。

4. 特殊利益阶级的拥护。凡对于某种阶级有特殊利益的文化，往往因此种阶级的特别拥护而得以保存。

5. 社会的压迫。有许多旧文化并非因其利用价值之高而保存，只因社会压迫使人们不能不采用而得以保存。所谓社会压迫，就是社会压迫个人服从社会上流行的标准，从而使社会上人人保守旧文化反对新文化，因此，足以阻碍社会变迁。孙本文指出，这种情况特别表现在非物质文化上，如道德、风俗、宗教、法律等。所以此类文化特别富有保守性。

6. 习俗的势力。社会习俗常常养成一种好古或反新的风气。这种习俗的势力，可影响社会变迁的迟速。

7. 习惯的影响。个人习惯也可使文化保守。因为改变文化就须改变习惯，由于人们依照旧习惯做事省力，故往往不愿变迁。

8. 惧怕的心理。人类心理常喜固定，凡旧有文化，皆系前代遗传下来；对其价值已有把握，故人人愿意遵行；而新文化的价值如何尚无把握，接受它有冒险性质，故人们害怕新文化的采用，而愿意保存旧文化的流行。

概括起来，孙本文认为，文化保守的原因中，有两个根本的原因：（1）社会的需要，如利用价值的改变、习俗的势力、社会的压迫等；（2）个人的需要，如心理的满足、习惯的影响、惧怕的心理等。正是这两种原因，使旧文化富有保守的力量，而阻碍社会的变迁。

那么，文化惰性与社会改革的关系又如何呢？孙本文认为，文化惰性对于社会变迁有重大的阻碍影响。所以凡是从事社会改革的人，必须了解文化惰性及其原因，而后对症下药才能事半功倍。文化变迁的惰性也有程度的不同。如在惰性很厉害的社会，各个人都有保守的心理，几乎无变迁可言。即使有少数先知先觉者，但由于环境的压力，也难以发明或传播新文化，并往往受社会压迫，而不能撼动社会的惰性。在这种社会高压力的文化惰性之下，一旦环境变迁，旧文化不足以适应时势的新要求，便势必产生革命。当一个社会的惰性不很厉害时，如能把不适应时势要求的旧文化渐渐地一部分一部分地予以改革，则此类旧文化自然渐渐适合时势的需要，而社会面对此类旧文化，也不会感觉到文化惰性的压迫。在这种状况下，似乎不会产生革命。

因此，孙本文说："无论是革命或改革，都不过是满足时势（环境状况）需要的手段，去达到征服文化惰性，适应环境要求，与改进社会的目标。惰性太甚，压迫太高的时候，有革命；惰性不深，压迫不大的时候，有改革。革命与改革就手段言，原只有程度上的差别。"①同时他认为，革命只是征服高压的惰性，但并不一定就能立刻适应时势的要求，因为革命与建设是不可分的。革命是破坏旧文化中不适应时势要求的部分；建设是从新旧文化中截长补短创造一种新文化以适应时势的需要。建设是凭着固有的社会地盘，拿着新旧文化的菁华材料，依着适合社会环境需要的计划，去建筑新社会所必要的健全新文化。到建设终了的时候，才是革命完成的日子。因此，孙本文指出，无论革命还是改革，都要研究文化惰性的原因及其程度，以谋社会的改进。

（二）文化失调与社会问题

孙本文指出，社会变迁速度是有差异的，这是因为社会的文化分为物质文化与非物质文化两大类，而文化各部分的变迁速度，则因惰性的不同而常不一致，往往是物质文化的变迁较速，非物质文化的变迁较缓。

文化的失调，就发生在社会文化变迁的速度有参差的时候。当物质文化变迁而与之相关的非物质文化未必随着变迁时，物质文化与非物质文化之间，便发生一种失调的现象。这是因为，有许多物质文化性质非常复杂、范围非常广，而与之相关的非物质文化也很复杂繁多。在物质文化变迁时，相关的非物质文化往往不易或不能同时变迁，结果物质文化与非物质文化之间，常发生失调的现象。不仅物质文化与非物质文化之间有失调的现象，即便在各种非物质文化之间，也常发生失调的现象。

文化失调产生社会问题。假使失调的程度很深，社会上杌陧不安的纠纷足以妨碍一般人的安宁幸福，便会引起人们的注意，而产生调整此种现象的表示，此时失调便成为一种社会问题。所以许多社会问题都起因于社会变迁时文

① 孙本文：《社会学原理》，商务印书馆，1935年，第601页。

化各部分的失调。社会变迁愈速，文化失调愈甚，社会问题就愈多。

一般来说，全社会文化各部分变迁的速度颇不一致，物质文化往往比非物质文化先变。孙本文指出："物质文化，在近代社会中，占极重要的地位，换言之，物质文化为近代社会变迁中的重要原素。物质文化变迁后，非物质文化即受其影响而发生种种变迁。其变迁之前后不相应者，往往发生失调现象，产生社会问题。故欲指导社会变迁，图谋社会进步者，似不可不注意物质文化的变迁。但此，仅谓物质文化在近代社会变迁中的重要，非谓我国目前各种社会问题，尽由于物质文化而起。"①

四、社会进步

关于社会学是否应研究社会进步，这是当时有争议的问题之一。孙本文说，就社会学的历史看，它自始就与社会进步有缘。孔德在初创社会学时，就以社会学为研究社会秩序与社会进步的学问。在他看来，社会学的工作是创造一种进步的科学原理。孙本文指出，社会学虽不是专门研究社会进步的科学，但也有研究社会进步的必要。他说："社会进步的问题，在社会学上自亦有相当的地位。应用社会学的惟一目标，即在谋社会的改进；而社会改进的目的，与社会进步的标准，自有不可分离之势。我们必须知道，何谓进步，进步的标准如何，而后可以趋向此进步的标准，谋社会的改造。故社会学应该研究社会进步的学理。"②

何谓社会进步？有人类价值说、人类幸福说、人类需要说，以及社会改良说等，孙本文认为，这些意见虽有分歧，但实际上是相通的。因为凡人类良善之事，既然可以增进人类的幸福，那便是人类价值的基础；凡富有人类价值之事，当为人类所需要。孙本文认为，要用简单的文字说明进步的意义，必定不能概括无遗。因为，社会的进步是多方面的，必须从多方面说明其必要条件与标准，而后才可得其梗概。

关于社会进步的标准，在不同学者那里各不相同。孙本文归纳为五大类，即人身方面、心理方面、经济方面、社会方面及道德方面。孙本文暂定的社会

① 孙本文：《社会学原理》，商务印书馆，1935年，第608页。

② 同上书，第614页。

进步标准是：

（1）身体方面：健康的增进；寿年的延长。

（2）能力方面：征服自然的能力的增强；制伏人类自己的能力的增强。

（3）经济方面：财富的增加；每人富力的增加；物质舒适的增进。

（4）社会方面：享受物质文明者人数的增加；享受精神文明者人数的增加；品质优良者人数的增加；受教育者人数的增加（文盲率的减小）；一切机会的均等化；社会冲突的减少；社会组织的分化与细密。

（5）道德方面：博爱观念的扩充；公正行为的推广。

孙本文认为，社会的进步常是整体而非部分的。因此，必须统观社会的全体，辨别其交互连带的关系，而后可以判断社会是否进步。

第六节 社会学原理的应用

一、社会学上几条基本原则及其对于人类的贡献

孙本文说："社会学既不是社会主义，又不是唯物史观，它是一种研究人类社会行为的科学，是一种研究人类共同结合时所表现种种交互影响的共同行为的科学。观察并分析社会行为，再归纳而得其原则，是纯理社会学的任务；取纯理社会学发见的原则，应用之于社会生活，以谋社会的改造，是应用社会学的任务。社会学对于人类的贡献，即在发见关于人类社会行为的原则，供实际社会的应用，以达社会改造的目标。"[①]社会学是新进的科学，是在继续发展中的学科，其所发现的原则，既未臻于完备，又未能尽如物质科学精确。但关于其中比较基本的正确的原则，在多数社会学家中，似已有一致的结论。孙本文说："本书各章所述种种原理原则，大率以欧美多数社会学家所同意者为主。其论据散见于各章各节中间有参以著者经验所得的论据，要亦以补充主要原则为限。兹就全书所述种种原则中，择其比较重要者，约举数则，并论述其

① 孙本文：《社会学原理》，商务印书馆，1935年，第632页。

对于人类社会的贡献，以作全书之总结。”[①]

（一）人是社会环境的产物

孙本文说，个人人格是个人与他人共同生活时渐渐养成的。所谓人性、人格，所谓一切种种的心理特质，都是在人与人之间的交互刺激与反应的过程中渐渐养成的。在何种特殊社会环境中生存，即可养成何种特殊的人格。每个人参加的社会活动不尽相同，每个人与其他个人所发生的交互刺激与反应亦不尽相同。故每个人所处的社会环境决不尽相同，而每个人所养成的人格也各不相同。

“社会环境对于个人的影响，其作用极普遍而细密；所有环境刺激的性质程度、分量、强弱、缓速，以及其来源等等的不同，即可发生不同的影响。反之，个人对于社会环境刺激的反应，亦因其生理状况，精神状态，以及先前习惯与刺激的关系等的不同，即可发生不同的反应，因以养成不同的习惯，由是以观，即使在似乎相同的社会环境中，可以发生不同的刺激与反应的作用，与不同的影响，故可养成不同的人格”。[②]总之，各个人的人格都是在社会环境中渐渐养成的，故人是社会环境的产物。

孙本文认为，人是社会环境的产物的原则对于人类的贡献有二：“（一）在个人日常生活方面，使知社会环境影响力量之大：在何种环境中，就可养成何种习惯系统，陶冶而成何种人格，尤其是在幼年时期。故消极言之，个人应选择环境，避免环境的恶化。积极言之，个人应改良环境，建设优良的环境，以助长人格的发展。（二）在教育方面，使新知教育是有效的，是可能的。如无他种相反的势力作用，则用何种教育，即可以养成何种人格。故教育家应注意社会环境及教育方法的完善，以期养成完善的人格。”[③]

（二）社会环境是人的产物

孙本文认为，社会环境的内容，不外人与文化，而文化又是人类创造的事物。人是文化的创造者，同时又是文化的传递者、使用者、保守者。文化固不是人，而文化却因人而表现，因人而存在，因人而传布，因人而绵延持续。文化的价值附丽于人的活动；文化的生命寄托于人的使用。人是文化的表演者，

① 孙本文：《社会学原理》，商务印书馆，1935年，第632页。

② 同上书，第633页。

③ 同上书，第634页。

人的一切行为，都是表演文化的活动。人只有使用文化或表现文化的行为。故人与文化是不可分离的，人的行为是文化的行为。社会环境只是文化的环境。文化是人类创造的事物，故社会环境是人类自身活动的产物。人既创造文化，而又屈服于文化，受文化的约束，社会因此而有秩序，文化因此而有发展。人若仅有创造而无保守，社会即无组织无秩序；仅有保守而无创造，社会即无变迁无进步。因此，人一面创造文化，一面保守文化，这样社会才有秩序有进步。孙本文说，人是社会环境的主宰，是社会环境的创造者。

按孙本文的看法，社会环境是人的产物的原则对人类的贡献，“在于使人知道，社会环境是人类自己造作的。人类自己，应对环境负责。环境的好坏，人类自造之、自受之。故在个人方面，应努力改良环境，造成适合于进步的生活的环境，以求人格得适当的发展。在社会及政治方面，应注意文物制度的革新，以适应社会的需要，而求社会的进步”。[①]

（三）个人与社会息息相关不可分离

孙本文说，社会由个人集合而成，个人与社会是一体的两面，同时并存而不可分离。社会上每一个人与其他个人发生连带交互关系，于是社会即表现出一种网状的关系型。社会生命就寄托在这种关系网上。个人不能离开社会，社会也不能离开个人，个人与社会是不能分离的，是息息相关的。每人的活动影响社会，社会的活动影响个人。

孙本文认为这个原则对于人类的贡献，“在于使人知道，个人与社会，关系非常密切。社会非有个人，不能成立，而个人非在社会中，不能生存。个人的行为，可以直接间接影响于社会全体，而社会的活动，亦可影响于个人。故社会的祸福，即是个人的祸福，因此，人人应该爱国爱群，不应该自私自利”。[②]

（四）社会现象是相对的而非绝对的

孙本文说，社会上一切文物制度都是相对的而非绝对的。特殊的文物制度，是一种特殊社会的产物。文物制度是因时因地因社会而不同的。社会上无绝对的标准，被一个社会视为标准的，在其他社会可能不被视为标准。这是社

① 孙本文：《社会学原理》，商务印书馆，1935年，第635页。

② 同上书，第636页。

会相对的定律，是社会现象的特质。

孙本文认为，该原则对于人类的贡献，“在使人知道，人类社会无绝对的标准，仅有相对的标准。……故无论个人或社会均应消除偏见。避免冲突，以求社会的和平。一国以内人与人间固应如此，即世界上国与国间亦应同此态度”。[①]

（五）社会的发展是累积的而非突现的

孙本文说：“社会的发展，不是突然产生，而是逐渐累积而成。文化愈累积，则分量愈多；分量愈多，则发展愈速。大概旧文化的累积与新文化的产生有因果关系。旧文化累积愈富新文化产生愈易。新文化产生愈易文化累积的分量亦愈多。故文化是有时代性的。文化不累积到某时代，则某种新发明，不会产生。”[②]发明是文化累积愈近愈多愈速的结果。

孙本文认为，该原则对于人类的贡献在于使人知道，“社会发展是逐渐的，而非突然的。故欲求社会的进步，必须努力于社会建设的工作。建设愈多发展愈速，建设至何种程度，社会得何种的进步。不努力于建设工作的社会就无进步的希望。无论政治教育经济等各方面都作如是观”。[③]

孙本文强调，上述五个原则，是社会学上比较重要的原则。这五个原则，对于个人生活、社会活动、政治、教育、经济以及国际的各种问题，尤有重要的贡献。

二、人力控制社会的困难及可能范围

关于人类是否能控制社会，各家观点多有分歧。孙本文认为，自然现象范围及变化较固定有序较易征服，而社会现象复杂变化难测，故了解既难，控制尤非易事。人类虽能征服自然，但尚不能完全控制社会。

社会现象之所以难控制，其最重要的原因如下：

（1）社会变迁有赖于文化的发明与传播。而文化的发明须以当时社会的文化程度为基础。一个社会的文化基础，系过去长时期逐渐累积的结果，绝非人力所能偶然造作。

① 孙本文：《社会学原理》，商务印书馆，1935年，第637页。

② 同上注。

③ 同上书，第638页。

（2）文化的传播有赖于交流。交流虽可由人力控制，但一经交流以后，文化的传播即非人力所可支配。许多文化特质，非传入国所愿意接受，却源源输入不可制止，因为文化的传播常为个人之事，而非社会之所觉察。这种人类接触后的潜移默化为纯粹文化作用，超出人类能力控制范围。

（3）凡新发明的文化或新传入的文化，其对社会所产生的影响，非人类所能预料。

（4）社会变迁除文化的发明与传播外，尚有赖于人类的态度。发明与传播就文化本身而言，不能发生任何影响，必其足以影响人类的态度时方能发生效力。而人类态度至为复杂，并处于繁赜的社会环境之中，其行为的结果如何，很难加以正确的推测。

因此，孙本文说："社会现象之所以难以控制，一则由于社会现象有其历史的背景，非人力所能偶然创造；二则由于社会现象有其极复杂的文化与心理的因素，故其所生结果，常非人力所能预料。惟其对于过去事实，不能造作；而对于未来事状，难以预测，故其对于社会现象的变迁，殊难得正确之控制。"①

同时，孙本文也认为，社会科学的发展虽尚不能予人类以正确推测的知识，但在某种人力能及的范围以内，根据过去事实的经验，推测未来事变的发生，也可予以相当的控制。除此以外控制即有所难施。

他指出，就依据确能适应社会需要与满足人类愿望的计划而进行的任何社会活动而言，计划的实现能否控制，取决于能否控制计划中必要的各种元素，如计划中各种元素均可加以控制，则计划实现的可能性甚大。孙本文认为，物质建设比社会建设要易，因为社会建设的条件，在于社会的文化与人类的态度。这二者非短时期内所能完全控制。故物质建设常比社会建设易于成功。但社会建设虽不能完全控制，也未尝不可予以指导。"我们根据社会科学的原理原则，用人力指导社会的变迁，即使不能完全控制其实现，而对于未来的结果，则有极大之期望"。②

① 孙本文：《社会学原理》，商务印书馆，1935年，第642页。

② 同上书，第643页。

三、社会建设与社会指导

孙本文说："依社会环境的需要与人民的愿望而从事的各种社会事业，谓之社会建设。社会建设之范围甚广，举凡关于人类共同生活及其安宁幸福等各种事业，皆属之。"[①]这种事业有时属于改革性质，有时属于创造性质。

孙本文指出："任何社会建设计划的成功，有恃于两种基本要素，一为文化背景，二为社会态度。社会建设计划，必须以文化环境为背景；或旧文化发见流弊，而必须予以补救；或旧文化不能应时势之要求，而须有新文化以补充其缺陷；必皆以旧文化为基础。据此文化的基础，而求适当之建设，此为社会建设上之客观要素。任何计划，而不注意于此要素者，必为成功之障。其次，社会建设，必须与社会态度，不相抵触。文物制度之流行，全恃社会态度之赞可。文化不能自为推行，惟人类为之推行；人类之是否为之推行，须视其态度之赞否为断。旧文化之不适用，非仅文化本身之不适用，而尤要者，为人类感觉其不适用。故社会态度，为社会建设上之主观要素。忽略此要素者，即难有成功之望。"[②]因此，孙本文提醒说，从事于社会建设者必须注意此二种要素，即文化背景与社会态度。必须在尽可能地了解全部文化之后，方可决定其建设的方针与计划。同时，在心理方面必须详察民众对于文化各部分的态度，必须深知民众态度之趋向，而后决定建设计划，以顺应其态度或有以转变之。虽然文化与态度不同，但二者关系实甚密切。从事社会建设者，既须知二者的重要，又须知二者关系之密切。若仅注意一方面，而忽略其他方面，即难生效果。但若就先后次序而言，则文化为先，态度为后。因此，必须有客观的存在，而后始有主观的了解。亦即只有在详知文化背景与社会态度后，才可以决定社会建设的计划。或从改革旧文化着手，或从创建新文化着手，均须以时势的需要及社会的愿望为转移。

社会建设的计划既定，第二步的重要问题是如何实现此计划。推进社会改组的领袖、组织、教育、宣传与立法等五要素也是社会建设的五要素。只有这五要素之合力，才可求得计划的实现。虽然社会现象难以完全受人控制，但仍不妨碍社会建设的进行。虽不能完全控制，但我们能在可能范围以内，给社会

① 孙本文：《社会学原理》，商务印书馆1935年，第642页。

② 同上书，第643 –644页。

建设以适当的指导。孙本文深信，只要有适当的指导与坚忍的努力，实现社会建设的可能性自必甚大。

孙本文强调对社会建设的指导作用。他说："我们虽不能造作过去事实，我们可以根据过去事实，努力造作新事实。我们对于未来事状，虽难预料，但其所以难预料者，由于社会现象中各种文化与心理因素，错综复杂，不易控制。如果我们能就已知的各种文化与心理因素，而加以控制，使依照我们预定之计划进行，则亦未始无实现之可能，而亦不致完全出于预料之外。此可谓指导作用。盖控制必完全受人支配，而指导则依计划引导之使达于实现，但其是否完全实现，则固不能有所支配。此社会指导，所以异于社会控制，而社会建设与社会指导，所以有密切的关系。总之，如有详密的建设计划，加以审慎的社会指导，而能以坚忍与努力出之，其计划之实现，有可预期者。"①

四、文化为人类社会的枢纽

孙本文明确地说，社会学"为研究人类共同生活之原理原则，而求所以改良进步者也"。②他说，芸芸众生莫不以求生为目的，其内有基本需要之驱使，外有环境势力之侵迫；欲满足需要解除侵迫，就必须进行调适。而在人类生活调适的过程中，单独的调适不如众人联合调适经济有效。众人联合调适之难易，则又取决于满足需要与解除侵迫的智能进步与否。智能的进步与否又取决于各种环境要素的状况。"有地境要素，有生物要素，有心理要素，有文化要素。凡此皆可以影响于满足需要与解除侵迫之智能，皆可以影响于调适的作用，皆可以影响于人类生存之道者也；而其中尤重要者，莫过于文化要素。文化者，人类心力所造作以调适于环境之产物也。人类造文化，积文化，传文化，而即用文化，行文化；于是人类不能离文化，于是文化为人类社会之一种势力，一种支配之势力。举人类生活之全体各部，莫不有文化贯彻，莫不为文化支配"。③即使地境要素与生物要素，皆有限制人生的力量，但其影响力也因文化的进步而日益减弱。心理要素也有左右人生之力，但人类心理特质也大都是在文化环境中陶冶而成的。大体上，心理特质不过是文化的反映而已，而

① 孙本文：《社会学原理》，商务印书馆，1935年，第645页。

② 同上书，序第1页。

③ 同上书，第1页。

且文化发展到何种程度，心理即发生何种变化。因此，孙本文说："人类满足需要，解除侵迫，以调适环境而求生存者，其枢纽惟在文化。"[1]要求更优的生存，更优的调适，便不能仅仅求之于地境、生物与心理，更要求之于文化。"是故欲求人生之充实，与社会之进步者，惟在发展文化。要而言之，人类共同生活之中心问题，为生存之调适；而共同生活之中心要素，为文化社会学，即研究此中心要素与其所生之种种关系与影响，及解决此中心问题之种种条件与方法之学问也"。[2]

孙本文特别指出，当时的中国外有环境之侵迫，内有人民之需求，正当民族生存危亡之时。"如何满足人民之需求，解除环境之侵迫以谋妥善之调适，此则有俟乎文化之发展。谋中国文化之发展，以求中国民族更优胜之生存，此则社会学者与有责焉者矣"。[3]

① 孙本文：《社会学原理》，商务印书馆，1935年，序第2页。

② 同上注。

③ 同上注。

历史与社会学文库

近代中国社会学

（增订本）

杨雅彬 著

Modern Chinese Sociology
(revised and enlarged edition)

下

华东师范大学出版社
·上 海·

目录
CONTENTS

（下）

第八章
20世纪30年代社会问题研究

第一节
20世纪三四十年代劳工问题研究

一、劳工问题研究概况

关于劳工问题的研究，较早的有邵元冲的《美国劳工状况》（1924年，民智书局），马超俊的《中国劳工问题》(1927年，民智书局）是中国研究劳工问题的最初之著作，而陈达的《中国劳工问题》（1929年，商务印书馆）则是中国社会学者所编的第一本书。此外，还有李剑华的《劳动问题与劳动法》（1929年，上海法科大学出版社）、陶孟和的《北平生活费之分析》（1930年，商务印书馆）、林颂河的《塘沽工人调查》（1930年，北平社会调查所出版，上海新月书店发行）、骆传华的《今日中国劳工问题》（1933年，上海青年协会书局印行）。骆传华书中的材料大都是个人亲身观察或随时搜集的，其所论及的问题正如李平衡为其作序所云："中国劳工问题之解决，也得站在民族主义的立场上，把国内的劳力和资本，集中于完成'自由平等'之目的上去努力，然后劳工问题，不致流为劳工雇主间枝节问题，而有解决之望。虽然中国劳工问题之解决，还不是这么简单的事。工时、工资、工人福利事业，工会运动经过，以及中国经济情形，国际劳工状况，与夫本党劳工政策，等等。历史的探讨，现状的观察，决不可忽视。然后就民族意识上寻求解决途径，会有着落。”[①]书中的内容包括中国经济的危机、中国劳工运动的起源及发展、中国重要工会的研究、国民党的劳工政策、共产党与中国劳工运动、中国劳动法的过去与现在、工厂法的实施问题、劳资争议与劳工工作条件问题、中国几种特殊的劳工状况、中国劳工教育、中国的失业和无业问题、中国劳工的福利、中国与国际劳工组织的关系、中国经济复兴的条件等，书末附7种劳工法规和20年劳工大事记。可见该书的劳工研究是相当系统而全面的，在当时学术界颇具代表性。

在劳工问题的研究上，当时的社会学者各有侧重。有的从事中外劳工问题的理论研究，有的则侧重于中国劳工的实地调查研究，且往往是从调查研究工人生活费入手。正如陈达所指出的："我们必须提倡生活费的研究，因为国内工界的人数是很多的，他们的生活是很苦的，工界的生活改良与社会幸福有重要关系，但是要想改良工界的生活必先知道工界谋生的实情，那就要从研究生活费入手。如果对工界的生活费有了系统的研究，那么关于许多劳资争议问题如罢工暴动、社会不安等，或有圆满解决的希望，这便是工业和平的基础。"[②]

遗憾的是，20世纪20年代中国生活费研究刚刚萌芽，在家庭预算研究方面只有几个小规模的调查，生活指数方面的研究成绩更少，至于零售物价的调查，合乎科学方法而能继续研究的尚不多见，而研究多的是对手工业者和人力车夫等的调查。到了30年代我国才开始开展对新式产业工人的调查，如"塘沽工人调查"等。其中，社会调查所对劳动问题作了大量较大规模的调查，成果颇多，其研究特点是注重生活费用及工资两方面的研究。抗战时期，社会学者对重庆、昆明、上海、陕甘宁等地的工人进行了研究，而陈达等人对上海工人生活史的调查尤其具有特殊意义。

二、劳工问题研究的范围和内容

一般认为，劳工问题研究的范围应包括新式工业、手工业、家庭工业及杂项业从业人员，即除农民外的都市化工人。至于中国劳工问题研究的内容，则应包括工资问题、工时问题、女工与童工问题、失业问题、劳工组织问题、劳

① 骆传华：《今日中国劳工问题》，上海青年协会书局，1933年，前言第2页。

② 陈达：《中国劳工问题》，商务印书馆，1929年，第465页。

资争议问题、劳工待遇与福利问题、劳资问题的适当解决等。

三、中国劳资问题的特性

与劳工问题关系极为密切的是劳资问题。社会学家们普遍认识到，劳资问题是劳工问题的焦点。孙本文对中国劳资问题的特性做了如下概括：

（一）劳工问题原是工业国家的特殊问题，在工业国家中，劳工人数占全国人口的大部分。劳工阶级的生活状况，对国家的前途和命运影响甚大。而中国以农业立国，全国农民人口据估计占全国人口的75%，至于工业工人估计300多万人，不过占全国人口的6%。因此，中国劳资问题，自不如工业国家的重要。

（二）劳资问题的重要焦点，在于财富的分配不均。而在中国，正如孙本文先生所说，只有大贫和小贫的分别。所以中国劳工阶级并没有把资本家看作特殊富有阶级，因而劳资间的问题，自不如欧美各国的严重。

（三）基于上述两个特性，中国劳工社会的阶级意识并不像欧美各国那样明显。中国劳资间的界限并不十分严格，而劳资间合作的可能性是非常大的。

（四）欧美劳资问题是工业发达以后，劳工阶级对付资本家的问题，一般工人深受资本家的压迫，于是劳工阶级联合起来，共同对付资本家，以期改善他们的生活状况。中国工人恰恰相反，不受本国资本家的压迫，而受外国资本家的压迫，因而他们的问题是如何与本国资本家合作，以便能从国际资本主义尤其是日本帝国主义的压迫下解放出来。

（五）欧美各国由于大规模生产，出现生产过剩、消费停滞、工人失业等危机。为挽救危机、缓解失业，要缩短工时。这不但是有业工人的福利问题，同时也是整个生产过程及劳工阶级中失业工人的调剂问题。而中国“要发达资本，振兴实业”，（孙中山）中国劳工阶级正应与雇主阶级合作，努力生产，以振兴实业，发达资本。凡在不妨碍身心健康的时间以内，应尽量工作，不应效法欧美工业生产过剩国家的工人，过分要求缩短工作时间。所以工作时间问题，在中国远不如欧美重要。

总之，中国劳资问题与欧美国家劳资问题不同。其中最重要的一点是，中国劳资问题不仅是一种经济问题，而且是一种民族问题，不但要从资本主义的压迫下解放出来，更要从帝国主义的压迫下谋解放。从根本上来说中国劳资问题的解决，有待整个民族的解放。

孙本文的概括代表了当时一部分研究劳工问题的学者的观点，其中有符合当时中国国情的一面，同时也有未深入调查工人状况的一面。他们既看到了中国要发展资本主义的一面，又将民族资产阶级与官僚买办资产阶级相混淆；他们看到了劳资共同面临着的民族问题，但对劳资之间的阶级矛盾却认识不清。这些都是他们的阶级和所处特殊环境的局限性所致。

四、劳资关系和谐与社会工业安定和进步的三要素

对于中国劳资问题的特性和劳资问题所包含的内容，一般从事劳工问题理论研究的学者认为，这些问题都反映了中国劳资关系状况。总结以往经验，要使劳资关系和谐和社会工业安定、进步，需要有三个要素来保证：一是政府劳工政策的确定。自1927年以来，政府采取劳资合作政策，以工人运动不妨害工业的发展、工业的发展不妨害劳工利益为原则，一方面促进全国工业的发展，一方面谋求工人利益的保障；二是重要劳工法规的公布，当时公布了一些重要的劳工法规，其中最重要的是工会法、工厂法、劳资争议处理法、工厂检查法、团体协约法、劳动契约法、最低工资法等；三是劳工运动的集中指导。工会组织与劳资纠纷，应均由中央集中指导。

持此观点的人实际上认为，以上三要素皆是政府致力于协调劳资关系的结果。

五、劳资问题解决的途径

主张依靠政府来解决劳资问题的社会学家提出，今后中国的劳资问题要得到适当的解决，有两个途径，一为预防，二为救济，既要预防将来问题的发生，又要救济已经发生的问题。

劳资问题的预防有两个步骤，一是研究，二是统制。就第一个步骤而言，凡关于工业与劳动的各种事实，都应该做系统而详细的调查，对于中国工业与劳动的过去与现时情况，及将来趋势，应了如指掌。主持这种调查研究工作的应有专门的机关。就统制方面而言，应根据研究所得，在明了全国工业与劳动各方面的情况后，根据情况决定全国工业发展的计划，做到依需要而生产，依国家产业的发展需要而定工作的必要时间，依整个工业的发展、劳资和平的需

要而定劳资合作。总之，应统制全国的物力、资力、人力。全国工业要完全受国家统制，且要使外资工业也同样受国家法令的制裁，必须解除以往各种不平等条约的束缚。同时，中国劳资问题的适当解决，尤有赖于整个民族的解放，这是预防劳资问题发生的大前提。

对劳资问题的救济也有三个方面的内容。首先要进行调查研究，要调查与劳资有关的各个方面，如工时、工资、女工、童工、失业、生活费用、罢工、停业以及福利设施等；其次要制定实施办法，要拟定救济劳工的种种办法，依据实际情况，由政府主持制定各种法规和政策，依据法规处理各种问题；再次是要有关于解决劳资问题的社会政策纲领。纲领应包括以下几个方面的内容：（1）以劳资合作为精神，以工人运动不妨害工业发展，工业发展不损害工人利益为原则，工业发展与工人运动以为国家民族服务尽最大努力为原则。在不妨害工业发展的范围内，谋取工人劳动条件的改善、生活状况的增进与地位安全的保障。注重劳资双方的精诚团结、集中力量，以达外抗强敌、内建国家的目的。国家主要工业及劳资关系，概由政府统治。（2）改善工人的劳动条件。（3）改进工人的生活状况。（4）保障工人的安全。

六、促进劳工法规的形成

工业安定发展的需要和工人运动的推进，促使各种劳工法规形成。当时的社会学家对劳工法规进行了研究和概括。

劳工法规的主要目的是保护工人的利益，提高工人的地位。学者们认为，之所以要制定劳工法规，是因为：（1）恐怕雇主为自利之故苛待工人；（2）因近代工业组织与工作的复杂，除用法律强制外，实无法保障工人的身体、精神以及经济等利益；（3）雇佣标准的保障与改善也有待法律予以维护。

民国元年（1912），劳工运动与劳工组织受到限制。《暂行新刑律》第224条载明："凡工人有联合同业举行同盟罢工者，其首领处四等以下之有期徒刑或拘役，或处三百元以下之罚金，附从者处三十日以下之拘役，或三十元以下之罚金。"民国三年（1914）颁布的《治安警察法》第一章载明："最高当局为维持社会秩序与安宁，保护人民之自由幸福起见，决定采用警察力量，制止一切工人之结合与行动。"

民国十二年（1923）爆发京汉铁路大罢工，此次罢工虽然失败，但对于国内劳工运动影响颇大。工界依据《临时约法》继续要求集会结社权。是年3月，国民政府农商部颁布《暂行工厂通则》28条，实为中国政府颁布的第一种劳工法规。不久又拟定一种《工人协会法草案》。民国十三年（1924）国民党受孙中山命令，颁布《工会条例》21条。

民国十四年（1925），北京政府在上海“五卅”惨案的推动下，制定了《工会条例》14章50条，因引起各方面的反对，而减少为34条。

民国十五年(1926），国民党召开第二次全国代表大会，通过了各种增进劳工利益的决议，其中最重要的是实行劳动法。国民政府为巩固后方以便北伐，认为有制止工人自由行动的必要。同年颁布《劳资仲裁会议组织条例》，即由政府1人、劳资各方出2人组成劳资仲裁组织。民国十六年（1927）四月颁布《劳资纠纷调解条例》，民国十七年（1928）六月国民政府颁布《劳资争议处理暂行条例》，民国十九年（1930）三月被批准为正式法律。民国二十年（1931）修改后，改名为《劳资争议处理法》。民国十八年（1929）十月政府公布《工会法》，十二月颁布《工厂法》，民国二十一年（1932）又修正公布。民国十九年（1930）十月国民政府公布《团体协约法》31条。

综上所述，由于工人十多年的努力以及社会各方面的支持，国民政府当时制定、颁布的比较重要而有效的法律有：《工会法》《工会法施行法》《劳资争议处理法》《工厂法》《工厂法施行条例》《工厂检查法》《团体协约法》《最低工资法》等。当时的社会学家们几乎都特别强调，这些劳工法规应对外国人在华办的工厂一律适用。

在对劳工问题进行理论研究与实地调查的社会学家中，首屈一指的当属陈达。他不但对世界劳工问题的理论、法规与实际运动进行了概括，而且对其所到之处的劳工问题进行调查，并长期搜集中国劳工问题的资料，亲自带领学生做调查研究，在此基础上提出了劳工问题的理论及建设性的建议。

第二节
陈达的劳工问题研究

陈达（1892–1976），号通夫，浙江余杭县里河村人。1911年考入清华留美预备班，1916年赴美留学，1923年获哥伦比亚大学博士学位，同年回国，在清华学校任教。1928年清华学校改为清华大学，陈达任该校社会学系主任、教授，同时受聘为中央研究院院士、太平洋学会会员兼东南亚部负责人等。抗日战争期间，任西南联合大学社会学系主任、教授和清华大学国情普查研究所所长。1949年后，先后任中央财经学院、中央劳动部劳动干部学校教授兼校长、劳动保护司副司长、全国政协委员等职。

陈达毕生从事社会学的教学与研究工作，既培养了不少社会学人才，又在人口问题、中国劳工问题、华侨问题等领域取得了卓越的研究成就。从1923–1952年，他主持和参加了国内外的24种调查研究，发表专著十余部。其代表著作有《中国劳工问题》（1929年）、《人口问题》（1934年，英文）、《南洋华侨与闽粤社会》（1938年）等。在人口和劳工问题的研究中，陈达提出了生存竞争和成绩竞争的理论。在人口方面，他提出要控制人口的数量，不断提高人口的质量，以取得生存竞争和成绩竞争的胜利。在劳工问题上，他认为，经济、工资、工时、待遇等方面应与工人生活情形相适应，以保证劳工生存竞争；社会必须使工人享受相当的家庭快乐，必须给他们提供相当的教育和相当的法律保障，以保证他们的成绩竞争，为社会做贡献。他认为生存竞争与成绩竞争是互相影响、互相作用的。只有先取得生存竞争的胜利，才能进一步求得成绩竞争的胜利，同时，如果能够取得成绩竞争的胜利。也更容易取得生存竞争的胜利。而要取得这两种竞争的胜利和改善劳工的生活状况，就必须减少人口数量、提高人口质量，从而改变中国贫穷落后的面貌，实现国强民富。

一、陈达的研究方法及其对劳工问题资料的搜集

陈达的研究态度是客观的，方法是科学的。他抛弃抽象式的悬想，采用实验式的观察，其根本方法就是由自然科学推及于社会科学的科学研究方法。在陈达那里，这种方法通常由5个步骤组成："（1）事实搜集。把要紧事实收集起来，注重观察，不注重意想。（2）测量。将所搜集的事实，精确测量或记载。（3）分类。将所收的事实按照同点或异点分门别类。（4）结论。如果所收的事实有下结论的可能则下结论，否则将研究的结果暂作一种假设，以备将来研究的根据。（5）证实。但是在上列四种步骤里，无论哪一步有了错误，必须将错误改正，然后再进一步研究。"①

① 陈达：《中国劳工问题》，商务印书馆，1929年，第4页。

科学方法照理应该在自然科学和社会科学里都同样适用。但陈达指出实际不然，科学方法在社会科学领域的成绩尚不甚佳，其主要原因在于自然现象和社会现象的性质不同。自然现象是机械的，而社会现象是足球式的，方向不好确定，要反映这种现象，只求一种趋势，则属于统计学的范围。因此，陈达认为，劳工问题既是社会现象之一，应当采用统计学的方法。统计学也是科学方法，但适用于社会现象，其精确的程度不如实验法之高。陈达在研究劳工问题时，采用科学方法和统计学相结合的方法。

从1926年起，陈达就劳工问题自立一课，在授课的同时还随时搜集材料，读书时总有笔记，出外调查时亦做笔记，各种笔记甚多。陈达的授课及研究成果是以重要事实为根据的。1925年及1929年，陈达曾两次游华南（闽粤）搜集中国工人运动的材料；1928年冬及1929年，陈达到夏威夷大学讲学，讨论中国社会变迁及工业劳工问题，归国时在日本及朝鲜短住，研究其劳工问题；1931年，陈达在上海及无锡研究中国工厂法；1934–1935年游南洋，搜集中国海外契约工人的材料；1935–1936年游欧，搜集一般劳工问题材料，特别注意德、意及苏联的情形；抗日战争时期，搜集了国民政府有关劳工法令，国民党统治区的重庆及昆明、沦陷区的上海、解放区的陕甘宁边区的劳动资料。特别是1946年，对上海工人生活状况进行了大规模的调查。后期的调查与研究，特别注意劳工的态度、劳资关系以及工人生活史。

陈达的讲义大纲，随时修改，内容亦时有增减。例如，1929年的《中国劳工问题》全面概括了中国当时的劳工问题，并借鉴国外的劳工问题理论，全书共分9章。而1930年至1931年在社会人类学系所用的大纲则分3编19章，此外还有历年的笔记共544页。抗战时期，陈达又对教学大纲做了修改，分成21章，同时，他还认为，有关劳工运动的部分尚须继续修改。陈达逝世后，由袁方整理，于1993年出版的《我国抗日战争时期市镇工人生活》一书，分8部分45章。从《中国劳工问题》一书的修改过程可以看出，陈达的治学态度何其严谨，对现实问题及其发展演变是多么关注！

二、陈达对中国劳工问题研究的定义、范围及内容

陈达认为，对劳工问题应该进行综合研究。因为劳工问题是社会现象之一，其内容复杂，因此与好几种社会科学有关系。例如，劳工阶级是社会的一

部分，所以工人的组织和活动多与社会有关系，况且应用社会学又是讨论各种社会问题（如贫穷等）的，所以劳工问题研究与社会学密切相关；工业问题如生产、交易、分配等，多与劳工问题有关系，所以劳工研究与经济学相关；史学家对于研究劳工运动的历史或劳工法规的发展情况多有兴趣，他们的研究成果有助于劳动问题研究；一国的政治组织和法律，与该国的劳工运动互有影响，例如工党的组织或政党与工界的提携，或劳工立法等，都是政治学和法学的研究内容，同时也是劳工问题研究的重要主题；工界不安的主因，是经济或社会的，工业雇佣问题是否完全可以用经济定律规定，群众心理在工界如何表现，这些多数是心理学家的问题；劳工是生产者的一部分，工界的酬劳应该如何，现在的工资制度是否可保工业和平，现在劳资争议的结果是否可以促进社会改良，这些问题往往是伦理学关注的对象。因此，要探讨劳工问题，就需要结合这几门社会科学，进行综合研究。

陈达为劳工研究下了一个分析式的定义。陈达认为，作为社会学者，对劳工问题的研究，往往要在定义里提出该问题的重要部分，但因各人的观察点不同，所以各人的定义也不一样。因此，定义不过代表一种观念，定义指示研究的途径，但不能希望用任何定义将该问题的性质和内容包括无遗。为方便起见，陈达下了一个分析式的定义："劳工问题可以分三方面研究：第一关于工人本身的如生活费、工资、工作时间等。第二关于资本和劳工两方面的如劳资争议、劳工移动、罢工失业等。第三关于社会的，如福利设施，工业和平等。其实上列这三方面的问题，互有关系，不能将界限完全划清。不过我们为讨论方便起见，假定了这个分析式的定义。"①

劳工问题研究的范围很广，陈达主要是研究都市化的劳工问题。所谓都市化的劳工问题，大部分包括新式工业、手工业、家庭工业及杂项工业，农业除外。虽然农业很重要，并与经济社会生活关系极大，但农村工人问题对社会不安影响不大，而且农民生活是静态的，农村社会的变迁是演化式的，而不是革命式的，因此农工的新资料比较难得。陈达的劳工问题研究的内容分三部分，第一部分说明劳工问题的起源和发展；第二部分提出劳工问题的重要方面，并加以研究和分析；第三部分介绍几种解决劳工问题的办法。

① 陈达：《中国劳工问题》，商务印书馆，1929年，第1页。

三、中国工界的一般情形

陈达对中国劳工问题的研究，是从了解工界的一般情形入手的。但是，当时工界的一般情形也并非很清晰，例如，全国究竟有多少工人，就缺乏精确的统计。根据中外报刊、官方及非官方的调查资料，陈达估计，当时中国都市化的工人总数为400万人左右。当然其中如上海、广州等大城市的工人数还是比较清楚的。

在20世纪二三十年代，关于工业的分类缺乏固定的标准。陈达按照产品类型将工业分为服用品类、饮食品类、家常日用品类、建筑类、机械和器具制造类、交通运输类、基本实业类、教育事业类、卫生事业类、奢侈品和装饰品类以及杂项类。同时，他还按照经营方式把工业分为手工业、家庭工业、新式工业，按所有权归属分为外人经营的工业、中外合办的工业和完全华人的工业。

陈达既注重工人的工作情形和工人状况，包括工人种类、工人数目、童工、女工、工作时间、工资、工人待遇、工人福利等，又注意到工业的营业情况与劳工问题有一定的关系。为了了解中国劳工生活在何种工业环境和社会环境之中，陈达以棉纱业为例概述了工业的营业状况。根据陈达的研究，中国棉纺业的发展经历了四个时期：惨淡经营期（1885–1905）、平稳进行期（1905–1914）、活跃猛进期（1914–1922）、中日竞争期（1922年以后）。以1924年为例，在棉纱厂的投资额中，华商占44%，日商占40%，英商占14%，其余占2%，由此可见中国工业的半殖民地性质。工人的状况也可想而知，如纱厂男、女、童工全有。工作性质不同工资也不同，工资又分计日和计件两种。工作时间向来是很长的，在有日夜班的工厂，工人每日工作12小时；而在无夜班的工厂，工人往往每日要工作13小时以上，甚至延至15个小时。至于工人的工作条件，则是很差的，童工大多站着工作，其中最小的不足6岁。其他行业的工人的工作情况和生活状况更惨，工资每月几元到一二十元不等，在工作时间上，有的日出而作日落而息，没有什么限制。

通过研究，陈达了解了中国劳工的生活状况，在此基础上，他提出，工人要生存，为社会作贡献，就必须为生存竞争，为生产竞争。这也是他研究劳工问题的目的和切要部分。他认为，要研究劳工问题，就要研究劳工阶级本身，研究劳工与资本、劳工与社会的关系。

四、劳工组织的变迁及罢工

（一）劳工组织的变迁

20世纪上半叶是中国社会剧变之际，原来的工商业已多少有些组织致力于维持工人生活、支配社会分工、保持工商和平。但在社会变迁中，随着西风东渐，中国的社会思想和工商业都在变迁，工商业组织也随之发生更新，新式劳工组织如新式工会应运而生。陈达从中国的实际出发，研究了新旧两种劳工组织。他认为，劳工组织的变迁，是社会变迁过程的反映，而且，新式组织会逐渐代替旧式组织。

旧的工商组织有公所、会馆和公行等形式。公所是以职业为单位组成的手工业团体，注重生产方面。会馆又分两种，一是社会性的同乡会馆，二是工商性质的组织，即客居异地的工商组织。公行则是以商业为主的直接或间接影响劳动力市场的组织。它们都不是纯粹的劳工团体，因为在工厂未发达之前，劳工和资本没有划清界限。不过，虽不完全是工人组织，但这些组织对中国的经济生活、社会情形影响非常大，尤其与城市生活关系密切。

近代大都市里的工厂逐渐增加，工人也日益增多。旧的公所、会馆、公行、工帮等组织也随之发生变化。由于受新社会生活的影响不同，陈达将劳工组织分为三种类型：（1）基本不受新生活影响的工业，工人团体没有重大的变化。这一类守旧的劳工组织，一般随地而异，随工业而异。就地域而言，中国内地工人要比工商业发达地区的工人守旧；就工业而言，不受欧化影响比较守旧，如北京的金业、武昌的筷子街、浙江余杭县南乡的黄烧纸制造业等。（2）工业已受新社会生活的影响，但是因为旧时习惯根深蒂固，不易轻弃，而想新旧融合逐渐适应变迁中的社会。这类劳工组织是过渡性质的。这类组织反映出许多工业已受新生活的影响，觉得非改组自身组织不成，否则不能适应时势。例如，在旧式组织里，工人的权利很小，大师傅操纵得厉害，虽然按规定可以同盟绝交和罢工，但这类斗争工具不常被使用，而且效力很小。再者，在行会制度下，雇主与雇员可同时成为会员，因为业主与劳动者有时候界限不清，因此两方面的利益也可能混合不清。但新社会生活逼迫工业团体改组，因为工业是处于过渡时代，因此，既要保存一部分行会制度，又要择其与当时社会情形不合的部分予以改良。于是，在许多组织的章程中，一部分是原有行会组织的内容，一部分是新式劳工会组织的内容，以迎合工商业里的新趋势。如北京的地毯商会、上海的鬃商公会、杭州的丝业商会等这类组织渐增，说明劳工组织正在变迁。（3）新的工业，即是工厂制度的产物，其出现了新式劳工组织，即工会。

陈达把新式劳工组织作为研究的重点。新式劳工会是当时工人的新组织，这样的组织或者是由行会渐渐改组而成的，或者是受新潮影响仿效西方工业先进国家的工会而组织起来的。这种新式工会是工业化的工人组织，并在中国的重要工商业区推广。当时，中国重要的工会有以下几类：（1）职业工会，这是以同一职业（或相关职业）的工人为基础的组织；（2）产业工会，同一产业里好几种职业的劳工都可以入会；（3）劳动工会，没有职业或产业的限制，凡是以劳力谋生的人们，只要愿意都可参加；（4）产业联合会，由相似的产业工会联合组成；（5）地方联合会，这是由同一区域内的诸多工会组成的联合组织，凡是同一区域的工会，都有入会资格；（6）全国总工会。表示我国工界统一运动的步骤和努力，全国工人用自己的组织力量，解除自身的痛苦，但以全国为目标的全国工界统一运动发展较迟。1925年出现的隶属于全国总工会的有两种组织：一为产业联合会，一为地方联合会。

在以上几种工会中，有的工会有相当的组织力和影响力，在当时的国有产业中，这样的工会组织有邮务工人组织，交通运输业的中华海员工业联合会，基本实业中的矿工组织，如水口山铅矿工人组织，开滦、唐山等矿工组织，纺织业的上海纱厂总工会等。在地区性的工会组织中，比较有影响的有广州、中国香港、唐山、上海、长沙、汉口等地的工会组织。

当时关于工会组织的政策，即关于用什么方法来组织工会和促进劳工运动，有不同的观点。陈达发现，当时劳工运动的指挥者，完全由工人出身的占少数，大多数工会实际上是由对工界同情者组织的，这些组织者对工会组织主要有三种态度。第一种观点认为，工会势力薄弱，在中国社会上还站不住脚，工会要谋求发展，就必须依附于政党，受政党的庇护。政党的党纲中要有规定保护劳工的条文，政党还应成立管理机构，专司工人的种种福利，解决劳资争议，规定工资、工作时间、工人待遇等；第二种观点认为，工会依附于政党未必完全有利于工界，因为政党由复杂分子组成，有守旧的、有激烈的、有缓和的，而政党本身大都取折中态度，因此，不可能彻底地为工界谋福利。再者，工界的自由已被社会或资产阶级剥夺了，要想恢复他们的自由和权利，单靠议会行动办不到，必须采取直接行动，如罢工、怠工和其他革命的方式，这当然是中国共产党的观点。中国香港、广州、上海、长沙有几个工会接受了此观点，并听从中国共产党的指挥。安源矿务局工会、京汉铁路一些分工会的决议或宣言，也都说明阶级斗争不能用和平方法图谋解决，唯有直接行动方可取得工界要求的公平。但国民党清党后，这些工会的势力受到打击；第三种观点认为，工会要完全采取独立的立场。他们认定工界将来的经济和社会方面的改善，不在于工界和政界或军界的提携，而在于工界自身的努力，因而持这一态度的人主张促成工界的独立运动。为了不转入政治旋涡，他们愿意聘请富有社会服务经验的人，或社会上素有声望的完全同情工界的人为领袖。陈达也认为，这样的人必不致以劳工会为凭借，暗图私利以谋进身之阶，或从事政治活动，因而是一种劳工运动脱离政治和军阀的好现象。当时持这一观点的人不多，但社会舆论渐表同情，陈达也希望这种势力能日益增强。

（二）劳资争议的最重要形式——罢工

陈达指出，有了组织必有团体的活动，团体活动中最明显的莫如劳资争议，而劳资争议里最重要的莫如罢工，罢工是工界有组织力和奋斗力的一种表示。陈达认为，社会学者可以通过对罢工的研究，了解罢工的重要原因、罢工之后劳资协调的方法和手续、罢工的结果、劳资双方发生的变化、对劳工运动产生的影响，从而明了劳工阶级的心理、工人们的生活情形和劳资两方的重要关系。陈达的研究结果体现在以下几个方面。

1. 陈达为罢工下了定义，提出两点简单说明："（一）停止工作。工人们结了团体，大家停工。（二）罢工工人提出要求。要求可分两面：（甲）要求增加工资，改良待遇，改良工人生活，或参加社会运动；（乙）要求维持现在的工资待遇，或工人生活情形。甲是工人们自动的罢工，对于雇主们取攻势；乙是抵抗资产阶级侵略的罢工，对于雇主们取守势。上列两类罢工，都在我们的范围之内。"①

2. 陈达对全国性的罢工问题进行了为期9年的长时间研究，发现导致工人罢工的重要原因有三个：经济压迫、待遇问题和群众运动。

从1918年到1926年，因经济压迫发生的罢工有581次，占罢工总次数的47. 24%

① 陈达：《中国劳工问题》，商务印书馆，1929年，第142页。

（若不计“五卅”案则占52. 87%），这说明经济压迫是罢工的主要原因之一。经济压迫的结果主要是劳工生活的艰难，而物价的上涨、币价的变更、生活费的提高、营业的竞争，更使劳工的生活倍加艰辛。正因为生活困难，所以广大劳工要求加薪，反对加租，反对加捐，并为此举行罢工。总之，因经济压迫而发生的罢工与生计有关。罢工还与工作情形、劳资调节有关，涉及的是劳工待遇问题。在9年中，因争待遇而发生的罢工共198次，占总次数的16. 07%。在这类罢工中，劳工所争的待遇主要是反对增加工作时间，要求减少工作时间；反对雇主虐待或苛刻；反对或要求改革工作情形（雇主有时想增加产出或清除积弊，提议改革工作情形，而工人们则表示反对，并举行罢工；也有工人们因感觉工作方法或器具不便、要求改良而举行罢工的）；工人们认为雇主或官厅单独或联合制定的办法或法令有害于工人的待遇，因而举行罢工；有时因与上级员司冲突，为反对上级员司而举行罢工；还有因赏金和酒资争端而引起的罢工。第三个罢工的原因是群众运动。9年中，因群众运动而发生的罢工共198次，占总次数的16. 07%。其他罢工原因，还有工人要求组织工会，要求有组织工人俱乐部或工会的权利，要求俱乐部有推荐工人的权利，要求俱乐部或工会有向雇主交涉的权利，以及与外界冲突或同情其他地方的工人的罢工等。

在诸多罢工原因中，经济压迫为最主要的原因，次之为待遇问题。从劳工运动趋势来看，工人的罢工从要求经济的改善渐进于要求待遇的改善。

3. 陈达研究了罢工过程中劳资调解的步骤与方法。陈达发现，从罢工的经过，可以看出罢工的性质、调解的方法和工人们的行动。一种性质比较简单的罢工，往往经雇主开导或处理，工潮就会平息。从1918年到1925年的8年间，这种罢工只有84次。一种是性质比较复杂的罢工，则要由劳资双方推举代表协商解决。在这种罢工中，工人们会集合起来开会，选出代表，提出要求，并维持罢工期内的秩序等。如果这种罢工牵连几家雇主或几个行业，其雇主们也会开联合会，磋商解决方法。由劳资双方推举代表协商自行排解的罢工，8年内有114次。再就是由第三方调停。在劳资代表不能解决问题时，由雇主或工人或由劳资双方公请第三者调停，或由第三者自愿承担排解之责。能充任第三者角色的有官厅、商会、本行公所或本业公会或新式工会、他行公所或总工会，以及社会上有威望的个人，8年中，由官厅长官调停的罢工有130次，由本行业组织调停的罢工有68次，由个人调停的罢工有54次。

在对9年罢工运动史的研究中，陈达还发现，在罢工期内，工人的行动以有秩序的居多，大凡有组织的工会对于罢工的纪律是很严的，工会不愿意工友们任意扰乱秩序，触犯法律，使他们不能达到罢工的目的。当然也有军警或捕房的弹压，其中弹压案多，拘人案少，伤人或毁物的罢工也比较少，两类合起来只有63次。

4. 罢工的结果。罢工的结果有直接的和间接的分别。直接结果是罢工的胜利，例如增加了工资、改善了待遇。间接的结果是罢工后的远大影响，对这种影响的衡量，难以有客观的标准。例如，中国香港海员罢工之后，不但中国香港海员工会组织更严密，而且对全国的劳工组织和运动都产生了重大影响。又如京汉铁路罢工和长沙华实公司罢工，表面上是失败了，但其间接影响也很大——此类罢工之后，各地劳工团体增多，工人们的团结力也更大了。从1922年起，国内开始有了要求组织工会权利的罢工，以及要求承认工会的罢工，这说明劳工的团体意识和觉悟的提高。

陈达还划分了罢工的4种结果和3种评判。罢工的4种结果是：成功、半成功、失败、不明。在9年的总罢工数中，成功的罢工占36.41%（除“五卅”案占40.78%），半成功的占13.31%（除“五卅”案占14. 75%），失败的占9.34%（除“五卅”案占10.37%），不明的占40.94%（除“五卅”案占37.10%）。如果将结果不明的除外，9年中成功和半成功的罢工更多，占83.45%（除“五卅”案）或84.21%（含“五卅”案），失败的罢工占16.49%（除“五卅”案）或占16.79%（含“五卅”案）。至于评判罢工的结果有3种，即成功、半成功、失败。工人通过罢工而得到的结果占其要求的六成或六成以上的为成功，例如，在因加薪而发生的罢工中，如果最后增加的工资相当于原有工资的25%以上，即为罢工成功。工人通过罢工而得到的结果只及其要求的五成或五成以下的，为半成功，例如所加工资在原有工资的25%以下的，即为半成功。失败则是不达目的的罢工。当然，因为工人在罢工时所要求的条件往往是不均等的，所以很难有精确的分类。

五、劳工的工资与工作时间问题及改良办法

劳工的工资与工作时间问题，是陈达的劳工问题研究的切要部分，因为这个问题不仅关系着劳工的生存和生产的发展，还关系着劳资的关系和社会的和

平。如上所述，陈达在罢工研究中发现，罢工的主要原因是劳工所受的经济压迫和相关的待遇问题，工资与工作时间恰是其中的重要问题。

（一）工资是劳工问题中的重要问题

陈达的劳工阶级定义是："社会里有一部分人们要终身受雇于资本家、靠工资来谋生的，这就是劳工阶级。"①他指出，劳工阶级和资本家实际是做一种交易，劳工者拿劳力，资本者拿财物，彼此交换，形成"工资制度"。在现世工业时代，雇主是用工资来买劳工者的工夫，所以劳力的成绩完全为雇主所有。陈达认为，生产是由资本、土地、管理、劳力四种要素组成的，对于社会财产的产生，这四种要素都有功劳，所以每种要素都须有相当的报酬。劳工的报酬就是工资。报酬的均匀与否是经济范围内的分配问题，而工资的不公平则是社会贫穷的一个主要原因，因为挣取工资是劳工阶级谋生的唯一方法，与工人的经济生活有很大的关系。如果工资不足，劳工的依靠人既有冻馁之忧，而社会则必有不安之象，所以工资是劳工问题里的一个紧要问题。

（二）陈达的工资观

陈达通过调查和研究，发现中国的工资制度比较繁杂。工资的类别有的按工人分，有的按工业分，有的按技能分，有的按习惯或地域分。工资的付法也因工业、地域、习惯而异，大概有两种：计时工资和计件工资。工资率也是一个重要的问题，由于中国工资制度复杂，工人的工资高低不齐，所以每业每市都有自己的工资率。中国的工资率不是由法律规定的，而是由习惯规定的。

西方有各种工资理论，诸如生存费用说、工资准备金说、特别生产说、讨价还价说、交易价值说等。陈达认为，各种工资学说有优点也有缺点，他还对某些观点进行了批判。他明确指出，必须打破"劳力就是物品"的观念。劳力虽然可以拿到市场上交易，却与普通物品有别，但人类社会以往的历史往往把劳力当作物品看待，所以发生许多不公平的事实。现在要想维持工业和平，非把"劳力就是物品"的观念打破不可。

首先要明白，劳力的性质与物品的本质不同：（1）劳力的买卖是劳工者把自己本身一同卖出，而平常卖货时，卖主只是卖物品而已。因为卖力气者连同他自己的身体卖出而失去了自由，所以劳力买卖与普通物品买卖有显著的分别。（2）物品移动性大，迁移时物品不至受损害。劳力则不然，劳工者往

① 陈达：《中国劳工问题》，商务印书馆，1929年，第250页。

往因家庭关系、经济情形或社会的阻力，不愿意时常移动。就是移动之后，劳力也不免有损害，因此劳力的移动性很低。（3）劳力容易受损坏，经不起耽搁。因为劳工者往往有家人要依靠他生活，而这些人平常又没有什么积蓄，因此遇到受雇的机会，他立刻就要做活，所以他不能在受雇的时候向雇主提出严格的条件，因为他不愿失去受雇的机会。而普通物品经得起耽搁（水果、青菜等除外），卖主可以等市价上涨时再卖。（4）物品换货容易，普通物品卖完之后即可以进新货。而劳力则不然，劳力的供给如果在某时不能应付社会需求，则在短时间内供给的来源也不会增加，因为从小孩培养成人到能为社会服务，是一个极迟缓的过程。（5）最重要且不可忘却的一点，就是劳工者是人，这是劳力市场和货物市场根本不同之处。货物的买卖是受经济规律支配的，而劳力的买卖则不能完全受经济规律的支配。陈达特别指出，看清这一要紧点，在制定社会政策时是很重要的。

陈达还指出，工资交涉权实质上是不可能平等的。虽然雇主和工人都有组织，表面上立于平等地位，但他们的交涉权并不平等的，因为：（1）雇主的消息比较灵通，往往又多经验，所以占便宜；（2）劳工者因经济压迫，不能等候时机，以期得到较优的工资；（3）劳工者的交涉权，往往被边际劳动力破坏，因为他们的经济困难最大，所以最易接受低值工资，以免饥饿。

（三）陈达的工资与工时改良观

在劳资关系中，工资工时是关系到工人生存与发展、关系到工业和平和社会进步的重要问题。随着中国现代化工业的发展，政府、学者已经感到这一问题的重要性。北京、天津、上海、武汉等地对一些旧式工业和现代工业的工人的工资与工时进行了调查，发现绝大多数工人的家庭入不敷出。例如，1933年上海市政府社会局对上海工人生活程度的调查表明，大多数工人的工资维持家庭困难，入不敷出。又如1930年工商部对全国大多数省和工商业发达地区的调查表明，工人月平均收入为10-15元，男工月平均工资为15 -20元，女工和童工为5-10元，而且工人中女工和童工竟占60%以上。据工农部的调查，工人家庭按每户3个半人左右算，户均每月收入20-25元的只占1/3，家庭每月支超的约占一半，而收支相抵者甚少。官方统计尚且如此，民间、社会和学者的统计只会更低。

陈达发现，就中国工人的工时而言，旧式工业的工作时间比新式工业工时长，大多数工人工作平均在12 -15小时，12小时以上的极为普遍。至于假期，据当时的工商部调查，每年假期最多的是上海为67天，最少为宜兴、杭州、佛山、汕头、顺德等处，只休3天年假，全国工人年平均休假约33天。

调查表明，中国工人的工资和工时问题缺点甚多。对此，陈达借鉴西方有关工资的理论和实践，提出了改良的办法。关于工资问题，西方有所谓的“谋生工资”的概念，就是要使工人得到能够过活的工资。虽然关于“谋生工资”的定义很广泛，但西方各国研究工人的生活时，一般分作四个方面：（1）贫穷平面，在这个平面的劳工家庭不能自食其力，对于衣食住各项必须省而又省，甚至到了妨害健康和卫生的程度；（2）最低限度生存平面，在这个平面上的劳工家庭，其收入勉强能满足家庭物质需要，但毫无储蓄、养老或社交等的准备；（3）最低限度卫生平面，在这个平面上的劳工家庭，除了衣食住足够之外，尚稍有积蓄，作为简单卫生或娱乐之用；（4）最低限度快乐平面，在这个平面上的劳工家庭，不但衣食住够了，并可以余下钱来，作灾害、保险、社交、娱乐等用，享受一点小舒服。西方社会改良家想实行谋生工资制度，使工人可以过最低卫生平面以上的生活。陈达对谋生工资的学理是赞成的，但他认为实行起来很困难。因为这种制度的实施标准不完善。该标准通常分男女两种，男工的工资能够以5个人的生活费为限，这就是所谓的标准家庭（夫妻及3个小孩）；女工的工资以够一个成年女子的生活为限，但她必须离家独住。这样的标准既不符合实际又难以实行。第一次世界大战以来，又有一种新方法实行，即“养家费”（Family allow fee）制度，这种制度在学理方面很合“谋生工资”标准，在实践中也比较容易实行。陈达认为，这种制度可供中国工资改良参考。养家费制度尽管在各国有所不同，就是在同一职业里，已婚工人的工资和未婚工人的工资也不同，但大致还是有相似原则的。这就是以一个未婚工人为单位，他的工资刚够他的生活费，已婚工人的工资，在工资之外另给养家费，养家费的多少与他的家庭人数成比例，养家费由雇主们支付。第一次世界大战后，谋生工资不能普遍实行，但养家费制度却逐步得到实施，少数雇主从人道主义出发采纳此种制度，而大部分雇主也出于经济动机而采纳这种制度。

陈达认为养家费制度颇合中国社会心理。因为过去常平积谷平粜及其他慈善事业，都有按人定量的意思。对养家费这种“因各人的需要定费多少”的原则，中国人是能够理解的。而要真正实行这种制度，尚须付出巨大努力。因为国内劳工阶级平常是在贫穷平面和最低限度生存平面，这两个层面的工人只能说是生存，而不能说是生活。因此，他们的劳动能率必低，忧患必多，势必减寿，这并不是社会之福，开明的资本家应当能看到此点。所以社会改良派应该提倡最低限度卫生层面的工资制度，即使是一时办不到也要努力进行。有人担心养家费制度会鼓励大家庭提高生育率，但从法国的经验看无此流弊的趋势。

陈达指出，在中国实行养家费制度时应采用以下步骤：首先把几个重要都市里几种劳工的生活费调查清楚，以便知道劳工阶级生活的概况。在查清生活费后，可以定谋生工资的标准。其原则有二：（1）以单身工人为标准，并须查明一家里面每人的生活费用是多少，有家室的工人可以补给养家费；（2）暂以最低限度卫生平面为基准，因为达到这个平面的工资水准后，可以使劳工家庭对于衣食住无不足之忧，并稍有积蓄，可以进而讲求粗简的卫生和不费多少钱的娱乐。

在工作时间方面，陈达提出了缩短工时的改良办法，尽管国外对工时的长短有争论。工人和社会改良派赞成缩短工作时间的理由是：（1）使失业者获得做活的机会；（2）增加工资；（3）普通人增加消费的能力，有利于社会货物的增加；（4）增加工业盈余，因此增加劳工生产率；（5）使工人得以改良家庭生活，增加社会教育和宗教研究的机会。雇主反对缩短工作时间的理由是：（1）使工人减少生产能力；（2）增加生产费，因此增加市价；（3）因减生产而减工资；（4）因生产低，又因外国生产率高（或工资低），不能和国际竞争世界市场；（5）在社会上增加道德放纵及卑劣品行。陈达据先进国家的调查和经验证明，缩短工作时间有利于社会各种阶级的体育、智育及休息，同时实在的经验已证明短时间工作不但有利于工界，也有利于社会和雇主。所以在中国要废除长时间的工作，但要采取渐进的办法，免得社会上发生无谓的阻力。改良的办法应采取下列步骤：（1）新式工业和改良的手工业，这两种工业的雇主比较开通，所以应向他们作宣传，请求缩短工作时间，如果有成绩，再作第二步；（2）手工业和家庭工业，这两类工业照习惯说向来是“日出而作，日入而息”，实际上有几种工业的工作时间还不止如此，要提议缩短工时比较困难。关于工作时间，应讨论的问题有：每日的工作时间、每日的休息时间、休息日、例假日、夜工、额外工作等。

（四）生活费的调查与研究

生活费调查是很有意义的。陈达将生活费定义为“谋生所必需的费用”。如前所述，陈达指出，生活费水平由于社会习惯和经济情形等原因而被分成几个平面，而且还因地、因时、因社会地位而异。关于生活费的研究，与劳工阶级相关的居多，因为工人们属于贫穷阶级，他们总是自动要求改良生活，而且他们的要求比现有水平高，不为之奋斗是达不到目的的，劳资争议、罢工、暴动等因此而产生，社会则因此不安定。热心于改良社会的机构或个人看到此种情形，往往对工人表示同情，并设法帮助工界去达成其理想的目标，增加工资，缩短工时，使生活不至妨害其身体发育，进而讲求卫生、教育等。因为这些事业与工业和平及社会进步关系很大，所以解决生活费问题成为社会政策里要紧的工作。因此，工界生活费调查比别种阶级的生活费调查多，而且成就较大。

陈达通常把生活费的主要项目分成衣、食、住、燃料、灯油及杂项6门。他的生活费调查由两方面组成：第一调查家庭预算；第二调查零售物价。第一方面的调查内容是某阶级在指定时期内的家庭实际支出，也就是调查生活费支出的实数，以研究其收入的分配及职业、家庭人数、社会习惯、治家能力对支出的影响；第二方面的调查内容是指定时期内的零售物价，以调查生活费的变迁，从而研究零售物价的升降及物价升降与生活费增减的关系。在生活费的调查中，这两种研究理应同时并进，但往往是物价的研究成绩较优，因为：（1）西方各工业国往往根据研究物价的结果来制定一个最低限度的生活程度，以便规定工资率，使劳工阶级可以得到能够维持生存的工资，或把生活费当作解决各种劳资问题的标准；（2）最低限度的生活程度也因时、因地而变，所以生活费的研究须时常进行。

当时，关于生活费的调查研究工作有三种：一是私人对于生活费的调查。这种私人研究发展最早，工作的性质较精，工作的范围较狭。他们做这种研究的目标，有为人道主义的，有为研究劳工会情形从而对某种研究做出特别贡献的；二是政府的调查工作。其范围较广，或抱着一定目的，如以某种调查为根据来实行一种社会政策，或仅用科学方法研究社会问题，以明了实际情形，等等；三是社会或团体的调查研究，发展最晚，范围与目标也不一致。中国生活费研究当时正在萌芽之中，陈达、陶孟和、李景汉、孟天培和甘博等的调查，只是几个家庭预算方面的小规模调查和关于指数方面成绩更少的调查。至于零售物价的调查，合乎科学方法而能继续研究的尚不多见。陈达指出："我们必须提倡生活费的研究，因为国内工界的人数是很多的，他们的生活是很苦的。工界的生活改良于社会幸福有重要关系，但是要想改良工界的生活必先知道工界谋生的实情，那就要从研究生活费入手。如果工界的生活费有了系统的研究，那么关于许多劳资争议问题如罢工暴动、社会不安等，或有圆满解决的希望，这便是工业和平的基础。"①

六、工人的社会福利与社会保险

在劳工问题中，与工人待遇最有密切关系的是福利问题。福利问题范围颇广，陈达将其简约分为4类：（1）关于生活，如衣食住等项的卫生问题；（2）关于智育，如工人教育；（3）关于工作场所及工作情形，如安全的设施，工业灾害的防范；（4）关于救济，如储蓄、施舍及各种社会保险等。

陈达指出，当时中国工业化程度渐高，社会上出现了工业不安现象，劳资双方须有相应的调和方法，中国以往的福利设施已不适用，必须研究欧西各国的经验，使其为中国所用，并设法变更，以求与中国社会情形相合，这样工界可得实益。西方工业先进国的工人福利与保险主要有两个方面的内容：一是关于工人及工作场所的安全与卫生设备，二是关于各种社会保险的制度与办法。要在这两个方面进行改良，一般要作以下四个方面的工作：一是报告。凡遇工业灾害、工业疾病等，雇主必须向相应机关报告雇主名、地点、受伤时间、受伤者、受伤原因、伤害的性质及程度；二是禁止。不得已时，政府应采用行政力量禁止。禁止有两方面，一是不准容易受伤的工人们在工业做活，二是不准使用容易受害的物质或工具；三是取缔或限制。为保护劳工，政府应取缔工作场所不合要求的设备，如食堂、便所、安全机、平安门等。取缔违反有关规定的做法，如工作时间过长等；四是赔偿或保险。

社会保险主要有工业灾害保险、健康保险、养老保险、寡妇及孤儿保险、失业保险等。工业灾害的法律基础是，普通社会成员都是消费者，他们购买货物的时候，对于该物品的制造者，要完全承担经济的责任。因为工人是生产者之一，他有了损失，雇主必须赔偿，但雇主不过是暂负赔偿之责，不久他就会提高物价，将经济的负担转嫁到消费者身上，这就是赔偿法的基础。雇员受伤

① 陈达：《中国劳工问题》，商务印书馆，1929年，第465页。

之后，如果要求赔偿、雇主与雇员之间的关系不再是个人与情感的关系，而是法律的关系。西方在平民法里有所谓的雇主责任律，随着工业的发达，此律渐不适用而被废去，现采用工人赔偿律。此律承认灾害是不能避免的，受害是生产费的一部分，因而必须予以赔偿。赔偿的责任由工业担负，或者把一部分的责任推给政府或社会。工人只需证明是在工作时间内（或受雇时候）受了灾害，便可得到赔偿，不必等候责任调查清楚。这就是工业灾害保险制度。其他健康保险、养老保险、寡妇及孤儿保险、失业保险等，都经过从自由参加保险到强迫保险阶段。

针对中国福利的现状，借鉴国外福利设施的经验，陈达提出了今后的改进方针。首先要作宣传的工作，尤其要改变工业界对于福利问题的观念。福利设施对工人雇主及社会都有益，其于工人有利是显而易见的，而对雇主及社会有利则往往被忽略，所以必须进行宣传，特别要向那些为实施福利出钱的雇主们宣传，要使他们明白福利的益处，要改变雇主们“见了机器损坏，总想方设法修理，见了工人有损害，偏不设法修理”的观念，而担负起雇主应负的责任。在中国，雇主们赞成福利设施的尚不多见，老式手工业尤其守旧，所以宣传工作要先从较开通的工业作起，然后渐及于手工业。宣传要注意福利的益处，要使雇主们明白福利设施并非纯粹增加他们的经济责任，而是在帮助增加生产，同时改良劳资关系。工业灾害有赔偿，必定会减轻工人家庭的穷困，减少社会不安定因素，减少劳资争议，实现工业和平。只要雇主明白福利设施于工业本身有益，他们自然能够合作。

陈达认为，有两类福利与工人关系特别密切，必须先办：（1）关于工人生活的，如饮食住房等。食品不必价值太贵，但必须富有营养，然后工人可以养生；住房不必讲究，但必须清洁，空气流通，然后工人可以卫生。（2）工作的工人因公受伤者，必须有相应的赔偿，否则残废工人就失去了经济能力，难以维持本人及家庭的生活。

陈达指出，上述两类福利，可使工人们得到最低限度的保障，也是救急的办法，但不可作为工界永久安乐的标准。最后的目的，是要工界永久安乐，而这要从保险入手。中国亟待办理的是养老、保姆、失业三种保险，最好要由国家制定法律，实行强迫保险制度，既强迫工人出一部分钱来支付保险费，同时强迫雇主们也出一部分保险费；政府如果有经济能力，亦应出一部分的保险费，以示公允。

七、劳工问题的通盘筹算——劳工法规

对以上一系列密切相关的劳工问题，陈达阐明了自己的观点，并提出了解决的方法和建议，但他认为这些还只是局部的，要对劳工问题有一个通盘的筹算，最简便且最适当的是制定劳工法规。制定劳工法规是一个专门而复杂的问题。陈达首先阐明了劳工法规的法律基础和立法原则。

（一）劳工法规的基础与原则

劳动契约，陈达认为，近代工业实际上是一种买卖制度，一般人都靠买卖来维持生计，在这种制度下产生劳动契约。劳动契约也起源于合同，由双方交换而产生权利和义务的关系，但是一个工人签订了契约之后，他本人就受他人束缚，况且他的谋生往往不靠自己的财产，而靠他人的财产。所以工人因为没有财产而卖，雇主因为有财产而买，这种买卖与别种买卖不同，不同的焦点在于交涉权（bargaining power），立法机关已完全承认雇主与工人的交涉权是不平等的，契约未定之先，必须交涉，交涉有结果后方定契约。这种交涉权不但牵连着工资、工作时间，而且牵连着工人们的生命。关于工资的交涉只是局部的问题，而工人们的幸福大半要靠交涉的成功。

工人的这种交涉权，受工业变迁、法律变迁和政治变迁的影响。由于土地划分、劳工移动、大规模工业而产生了一种完全靠工资谋生的劳工阶级。渐得自由的工人虽因与雇主订立契约而失去自由，但他并不是将自己卖作不自由的奴隶，法律为他保留一种可以半途歇工并且可获赔偿的权利。随着政治的解放，工人和资产阶级得以同负政治的责任。工界往往要扩张自己的政治势力，以便增长他们的团体交涉权；资产阶级则要控制或削弱工人们的政治势力，以便巩固他们自己的地位。因此，劳资的政治斗争乃是社会问题之一。

工人与雇主的交涉权是以个人的权利为基础的。人生而平等，人民的自然权利是平等的，不可少也不可剥夺，包括生命自由权、快乐权、财产权、名誉权以及享受自己的劳动报酬权等。但权利并不是绝对的，而是相对的。正因为权利是相对的，所以权利的意义和范围都要随时势而变更。例如，工人为保守他的劳力起见，不会随便允许雇主利用他的劳力来得到财产，除非雇主与他签订了合同，且合同的条件在他看来必须合法。这就是工人让与自由的代价，是

劳资交涉权的法律基础。在这种情形下，财产与自由似乎已经互易地位及意义。工人的财产乃是他去找雇主赚工资的权利，他的财产也可以说是自由的，如果对工作不满意，他可以不去做工。雇主有找工人替自己做工的权利，这是对财产的局部解释，但是他的财产也可以从自由方面来解释，因为如果交涉结果对他不利，他有不雇工友的权利。这样解释财产与以往解释的财产权不同，它实际上成了买卖权。雇主或劳工的财产权，亦不过是他们可以进入劳力市场的权利。这种权利只在劳资互易权利时才发生效力。这种互易权利以及由交涉得财产的权利，表面看似乎是平等的，但实际上劳资双方是不平等的。所以法律要设法保护，使劳资双方渐趋平等。要达此目的，就必须运用法律规定的手续。

陈达认为，有权利就有义务，但这两方面往往有矛盾。因为这种矛盾，所以劳工立法要竭力设法调和，使得政府有增加或缩小权利与义务的权力，并无须有关各方的同意。政府的这种权力在法律上被称为法律规定的手续。要实现法律规定，则须：（1）政府要有权威，有维持治安及执行法律权、租税权、保税权、土地收用权、雇主权、治安警察权、贸易权等，凭借这些权威，政府可以增减有关各方的权利或义务；（2）政府官吏乃是执行权威者，他们在立法、司法和行政三部门有裁判的权力；（3）政府权威和政府官吏都须按照原则和标准行事。这原则就是社会公平，在这一不变原则的含义中，最重要的含义有两条，一是公益。立法机关的立法应给一般的人民增加权利或利益，如果从立法得益的是少数私人，则立法机关可谓滥用职权，如果一法既出，全国人民或大部分人民都蒙其利，此种法律是政府增进公益的办法。公益不是一成不变的，治安警察权正是适用公益定义变迁的一种权威。二是法律的平等保护。法律已承认雇主和工人的交涉权是不平等的，因此，法律要表示“公意”，则保护平等是必不可少的。雇主与雇员法的立法原则，是要实现劳资在法律上的平等地位，这种法律是公益的，其目的不但为保护健康、安全和道德，而且为增加劳工阶级的交涉权。

（二）中国劳工法规的基础、原则、条件及重要劳工法规

从1919年五四运动以来，中国人民逐渐注意劳工问题。工界自身和对工界表示同情的人们，也打算为工人谋福利。他们的努力有一部分是通过劳工法规运动表现出来的。例如，1922年中国香港海员罢工并取得胜利，武汉上团联合会致电国会，1923年京汉铁路大罢工，工人运动蓬勃发展，使得1924年末到

1925年成为劳工立法运动活跃的时代，工商业团体和教育机关纷纷请求政府制定劳工法。“五卅”惨案发生后，各界认为劳工立法已经刻不容缓。劳工法规运动的主要目的，是要用法律的手段保护工界已经获得的权利，及用法律手段取得相应的经济或社会利益。所以这种运动与劳工问题关系甚大。虽然当时没有颁行全国劳工法，但当时的政府与社会渐渐感到有劳工立法的需要。

陈达根据社会的需要及对工界的同情，研究了劳工运动史，并对当时重要的劳工立法草案进行了分析和评估，进而针对以下几个问题提出了自己的看法：（1）中国现今基本劳工法应该有几种？（2）每种应该有什么重要条文？（3）现在所有的各种草案，应该如何改订？陈达认为，这些问题是研究工业和平所必须讨论的。

陈达不否认劳工法的法律基础是当时的国家宪法、省级法、治安警察条例、暂行刑律、雇主雇员的法律关系以及徒艺的法律地位，同时他首先指出，立法必须与社会状况和工业情形相合，不然纵有美意也不能实行，所以劳工法规的制定至少有3个原则：（1）注重保护劳工，这是劳工法应做的事情，但也不能因此而剥夺其社会阶级的权利。对工人中的女工和童工要特别保护。童工年幼，在订合同及受雇时难免被欺，而女工一般无组织，不能享受团体交涉的利益，童工是未来的国民，如果他们过度地工作甚至因工致残，将会阻碍社会的进步。而女子的健康会影响人种的优劣。所以，为了社会的利益，应先保护童工和女工。（2）有使各级人民趋于社会平等的可能。按照法律，中国人民一律平等，然而法律平等与社会平等不同。工人或因生活艰难，往往不愿空费时间，不能不屈就雇主的条件，因而他们的实际地位难以与雇主平等。法律机构（法庭）既然承认雇主雇员的社会不平等，就要制定保护工人的法律，使各级人民有趋于实际平等的可能。（3）要以社会情形、工业状况为立法根据，务必在工业和社会先有保护工人的需要，然后立法。因为法律是随社会习惯、工业制度的变迁而变迁的，并且也只有这样，法律才能与社会实际相吻合。

陈达认为，劳工法规的实行需要两个条件：（1）要有实行的可能；（2）各方面要有合作的可能。法律执行的责任，并非完全在政府，雇主须负一部分责任，社会也须负一部分责任。因此，政府必须酌情与各方面合作，以便于实行。

陈达着重指出，最重要的劳工法规有三种：（1）关于工人地位的法律，属于工会法的范围；（2）关于工作情形的法律，属于工厂法的范围；（3）关于工人福利的法律，属于社会保险的范围。同时陈达也认识到，理论上，三种法规都很重要，而实际上，第三种法规在当时的中国尚不能实现。即使是工会法和工厂法的条文也要与工业和社会状况相符合，并与国家法律不相抵触。

陈达提出，有可能实行的工会条例和工厂条例，可先试行5年再进行修改，其条文一要合乎工业及社会实际，二要能在全国实行。具体到工会条例和工厂条例，他提出如下建议：

工会条例。其原则是，在法律上，政府承认工会为法人团体之一，以保卫劳工阶级，从而使雇主与雇员的法律地位趋于平等。并与宪法精神相符；而在经济和社会方面，政府不可漠视行会制度，该制度对于我国的工商业是重要的，所以工会条例不可与行会的精神相差太远，否则难以实行。虽然新式工业勃兴，但行会势力还很大，如广州180个工会中，由行会改组者有74个，其他地区未受新生活影响的，行会势力就更大；所以立法者的重要任务是制定一种法律，使中国原有的行会可以逐渐向工会方面改组。如果完全仿照外国的办法，不考虑工会与国内工商业和社会习惯的关系，这样的工会条例很少能有在全国实行的希望。工会条例应包括以下重要条文：组织标准、法律地位、职务范围、会员资格、权利（团体交涉、强迫仲裁、罢工）、义务、附则。

工厂条例。陈达阐述了制定工厂条例的原则。他认为，从法律方面讲，工厂条例应取缔对工人的身体及卫生有妨害的工作场所，尤其要注意保护女工和童工；从实际而言，立法机关必须注意，本条例的实行应包括全国的新式工业及改良的手工业。其重要条文应包括工厂定义、最低年龄、年龄证明、工作时间、夜工、休息日、禁止的工作、强迫教育、记录、最低工资、保产金、检查与惩罚、附则。

八、劳工问题是劳工运动要解决的主要问题之一

陈达对中国的劳工运动史作了全面的概括，因为劳工问题是劳工运动要解决的问题之一。陈达把劳工运动看作工业社会的产物。机械工业发达之后，工人为自卫而团结起来，依靠工会组织发动群众运动，在工人领袖领导下，凭借团体的力量以谋工人的生活改善或法律保护，如要求设立劳动法，或要求福利的设施如社会保险等。

陈达认为，劳工若要能促成一种运动，必须有三原素，即觉悟、组织和奋斗。工人们彼此抱一种同情心，这种同情心因利害关系或相互情感而加深。他们在自己范围内有共同的兴趣、宗旨和利害祸福，这些也许是与别种人们发生连带关系或发生冲突的区别。他们必须知道，他们是社会的一部分或一种团体，有了这种觉悟，他们便能领会到合群的必要，因此，他们就会努力组织起来，以达到他们的目标，保护他们的团体利益。既有了组织，他们就可以用奋斗的方法保存他们已有的利益，或争取应得的利益。陈达指出，觉悟是劳工运动的原动力，组织是工人互相联络的工具，奋斗是劳工运动达成目标的主要形式。同时，陈达还看到，工界有了觉悟、组织及奋斗，但是劳工运动不仅为工界自身谋福利，他们或向社会争取应得的权利，或与他种团体一起参与更广泛的社会运动，以表示爱国热忱，这是劳工运动发展的自然趋势。因此，劳工运动不是单独的运动，而是与其他运动有密切联系的运动，与国民革命运动、社会主义运动、学生运动、农民运动、爱国运动相互影响，同时与国际劳工事件也有着联系和影响。凡此种种工界必须团结起来，为将来的奋斗作准备。

九、20世纪二三十年代陈达劳工问题研究的结论

陈达对其上述研究进行了总结，给出了若干重要的结论。陈达同时还指出，他的这些结论是以重要事实为依据作出的，因而也会随事实的变更而变更。

（一）中国工界最重要的两个问题

陈达的中国劳工问题研究的主要贡献之一是指出，中国工界有两个最重要的问题：一是劳工阶级的生存竞争，二是劳工阶级的成绩竞争。第一个问题是经济性质的，也就是关于工资、工作时间、待遇的问题等，这些问题的解决都须与工人的生活情形相适应。第二个问题是社会性质的，就是工人除了谋生之外，必须在社会里有些贡献。因此，他们必须享受相当的家庭快乐，必须有相当的教育和相当的法律保障等。因为劳工阶级是社会阶级之一，要想社会有进步，工人也必须有成绩。因为生存竞争和成绩竞争成反比例，所以工界的最重要问题是要减轻生存竞争，增强成绩竞争。因此我们不可以认为劳工问题完全是一个经济问题，要认识到工人不是专为经济利益而奋斗的。因此陈达对劳工问题的研究从始至终都包括经济和社会两个方面，醒目地提出了劳工阶级的生

存竞争和成绩竞争两个最重要的问题。在此基础上，陈达提出了解决这两个问题的标准、步骤和方法。

（二）解决劳工问题的标准

与劳工问题关系最密切的是资本和劳工阶级。要想解决劳资的问题，劳资两方面都有应达到的最低限度的标准。

1. 关于雇主，也就是资产阶级，至少要做到下面两条：（1）进款的公平分配。按习惯，工业的进款分配包括投资者收入、经理者收入、工资、盈余。其中工资一项可高可低，向无一定之规。盈余一项应归何人，则向来是劳资争议的焦点，且往往是大部分由工业方面拿去，微少部分由工界分润。公平办法是，让雇主愿意提高工资和增加工人享受盈余的权利；（2）合作的机会。每一种工业的生产者都包括雇主和工人，所以雇主要把工人当作合股营业的人看待，而不可拿工人当作货物看，至于合作的办法如何，合作的程度如何，要依社会和工业的情形而定。

2. 关于工人方面的标准，陈达认为难以确定，但他假定了一个标准，就是“工界自己的改善”，意思就是工界只管替自己谋切身的利益，不作无谓的骚扰。工界只需为增加工资、缩短工作时间而努力，凡与资本家捣乱，在社会里发生暴动种种事情，理应充分抑制才是。陈达认为这种态度是对的。美国威斯康星大学康门司（Commons）教授认为工界的主要目的是“雇佣的保障”，工界愿意使雇佣稳固，而不至于为解雇或失业而恐慌。陈达指出，中国工界如能够向自身的改善这条路着实下功夫，可以免除许多纠纷，劳工问题的解决也很有希望。

（三）解决劳工问题的步骤

劳工问题是社会问题之一，劳工问题关系到工界、雇主、社会和政府，为解决这个问题，各方面都应有相应的态度，应做相应的工作。陈达把这样的态度和工作视为解决劳工问题的步骤。

1. 关于工界。中国工界所最应注意的有两个问题，一是组织目标，二是中国化的劳工运动。

1）组织的目标。工界的组织向来有两条路，一是政党派的劳工运动，二是工会派的劳工运动。英美这两国的劳工运动，一是政党化，二是离党而独立的运动。陈达认为，脱离政党提倡劳工独立运动较为稳妥。但劳工独立运动也有三大困难，即缺乏领袖、缺乏教育和社会阻力太大。陈达提出的解决办法是工界领袖的过渡办法，即暂时可请富有办理社会事业经验的人出来帮忙，担任组织工会的一部分责任，同时提倡教育如平民教育运动等，既可以培养工界领袖人才，又可以普及工界的教育。至于打破社会阻力的工作必须迟缓，不能操之过急，虽然比靠政党来得慢，但性质比较稳固。

2）中国化的劳工运动。陈达认为，中国工界领袖有好速成的弊病，所以往往只知仿效西方成例，却与中国现况不符。陈达主张演化式也即渐进式的社会运动，因为他认为演化式的社会运动比革命式的社会运动成效大。他希望中国工界不要专讲模仿外国劳工运动的办法，同时指出，在采用某种办法之先，必须研究该办法是否与中国工业和社会情形相适应，否则难以收到美满的结果。

2. 关于雇主。对于劳工运动表同情的雇主是不多的，他们一般认为工人们总是与他们有阶级的冲突，所以想要雇主们热心研究劳工问题或谋求解决的办法是不容易的事。据美国对18家著名工厂的调查，只有10%–25%的雇主们拿全副精神来研究劳工问题，以谋工业和平。其余的雇主或受工会的压力，或受社会或政府的劝慰，然后替工人们做点有益的事。所以对于中国雇主抱冷淡态度的现象，也不必悲观。陈达相信，努力向雇主们作宣传，总会使他们渐渐对工界表示同情，然后劳资的关系才可以改善。陈达认为雇主们握有工业的财政权，所以工界的许多改良，不经他们的许可和合作是办不成的。等到一部分开明的雇主对于劳工问题有了充分的了解之时，他们对解决劳工问题的帮助一定是很大的。

3. 关于社会。其实劳工问题并非只关系到劳资两方面，这一问题还影响到社会，即影响普遍所说的“社会利益”。譬如工人没有赔偿法或社会保险，他们失业之后的经济责任就要由社会负担。又如工资太低，工人不能谋生，社会就不安定。再如工人卫生不好，社会传染病就会蔓延。这些表明劳工问题与社会有密切关系，所以社会不能漠不关心。知识阶级特别是社会问题研究者，必须搜集事实，细心研究，根据研究的结果发表意见，做好舆论准备，鼓吹改革。陈达主张知识阶级的态度应该是公正不偏，研究应该注意事实，以批评的眼光，作积极的讨论。至于社会服务机关，往往以谋社会幸福为职责，所以也应帮助社会问题研究者竭力宣传和实行改良事宜，并且对于劳工运动的领袖，应该有合于理智的指导。

4. 关于政府。政府的社会政策应该是替大多数人民谋最大幸福，所以政府的举动以稳健为宜。政府的工作要在上述工界、雇主、社会三方面努力的基础上，制定法律，宣传和实行政府的政策，所以立法的过程是徐缓而繁复的。不过，法律既定之后，政府必须实行，并且不能轻易变更。此外，对于劳工问题，有两件事是政府决不能做的。首先，不要搞无把握的维新试验。解决劳工问题的办法很多，但除非已经试有成效，或确能改良社会的，否则不可轻易试用。政府之所以决不可轻易尝试，乃因为法律是不可尝试的。如果已经知道某种法律试行的结果于大多数人民有害而无利，违背立法原则，政府绝不能匆匆予以规定。其次，不能使用高压手段。政府应给人民相当的自由权，以使他们有发展的机会。如果人民的行动脱离了正轨，政府应该设法禁止，但不可过于压迫，以免摧残舆论而剥夺自由。除上述两点之外，政府应以替大多数人民谋最大利益为目的，制定社会政策。以中国当时的情形而论，政府必须颁布两种法令或条例，这就是工厂法和工会法。工厂法规定工人的工作情形，何种工人可以做工，在何种情形之下可以做工以及工资、工作时间、工人待遇等。工会法规定工会的法律地位、工作范围、劳资对等地位以及何种工会组织可以得到政府的正式承认等。至于福利措施，可以选出几种要紧的，在工厂法内予以规定，如灾害赔偿、产妇恤金、失业保险等。中国可以采用最低限度的法律，保障与工人们的身体、团体、工作有密切关系的上述三方面内容。

（四）解决劳工问题的办法

解决劳工问题的办法很多，陈达将其分为消极和积极两种。消极的办法是限制生育，积极的方法又分治标和治本两种。治标法是要给工界谋生的机会。治本的方法可以从生活、工作、经济和社会等四个方面入手，从根本上解决劳工问题。但治本是极难的工作。

1. 关于生活。要想根本解决劳工问题，首先要用科学的方法研究工人的生活，包括对工人的生活费和生活状况的研究。对工人生活费的调查研究，旨在了解他们的衣食住费用，其支用是否适当，是否合乎卫生，他们的进款是否够用，他们的食物是否含有充分营养。而对生活状况的研究，则要了解他们除做活之外，如何使用余暇、他们的习惯与嗜好、他们的交际、贫穷、社会犯罪等问题，及提出如何废除或改良的办法。

2. 关于工作。工人们的工作场所必须稳固平安；工作器具必须没有缺点，稳实可用；工人们的工作时间不可太长，必须缩短以保全卫生；工人们在工作时受了损害，必须要求雇主给予相当赔偿。对于这些问题，须有科学的研究，不能凭空订立章程，强迫劳资两方遵守。因为工业和平必须基于劳资谅解，但要劳资达成谅解，则所有的法规都必须完全合于工业的情况。所以要解决工人的工作问题，也要从详细研究入手。

3. 关于经济。工人们所得工资，因人而异，因工作性质而异，因地域或节气而异。至于什么工资才够谋生，谋生的标准又是什么，各国有不同的规定。欧洲一般采用养家费制度。中国要沿用这种制度，就要研究出办法，要在社会上鼓吹，目的是要使一般工人在经济问题上不太受困苦，从而让他们对社会做出相当的贡献。

4. 关于社会工作。劳工阶级是社会的一部分，工人与工人间有社会生活，工界与其他阶级也有社会生活，所以工界的幸福也牵连社会的幸福。许多问题不仅涉及工界本身的幸福，与社会也有关系。所以，要解决这些问题，还需要全社会共同努力。陈达提出了三种相关的社会性措施。首先，他主张建立合作制度。合作制度分四种，即消费、信用、生产和分配合作。这四种制度对于工资、中间人、利率、市价等问题，或赞成废除，或赞成根本改革，都对社会制度有重大影响。其次，要建立失业保险制度。劳工保险种类很多，不过首先要设立的还是失业保险。其理由有二，一是对于工人来说，最要紧的问题是有人雇佣他们工作，他们失业将使社会有担负经济责任的危险；二是失业保险含有两种鼓励，即鼓励工人们受雇和鼓励雇主们不轻易解雇工人。因为如果失业的人多，劳资双方都受经济的损失，所以，如果大家都致力于防止失业，工业就有稳固气象，社会也会因此而受益。第三，要进行科学管理。陈达认为，这是工业界的一个大问题，并且是劳资合作的入手办法，实行了科学的管理方法后，资产阶级便容易明白工人在工业中的位置，容易承认工人对于生产的重要性。所以科学管理法是改善劳资关系的一种重要方法。陈达建议，我国不妨尝试，以便为劳资合作做准备。

第三节
陈达对抗日战争时期市镇工人生活的研究

在抗日战争时期，陈达搜集政府公布的劳工材料、报纸杂志等资料，亲自领导清华国情普查研究所，在重庆、昆明、上海等地，对工厂与劳工进行调查研究。

1946年，陈达还对上海工人生活状况进行大规模调查，涉及工厂集中的5个区，普查l682家工厂，148926名工人。同时深入调查了40种工业的240家工厂，主要内容有工人的工作时间、实际收入、工率、管理、福利卫生、训练、生活史、工会等12项，并从工厂工会及工人中进行选样个案调查。虽然此项调查的时间是1946年，但调查内容仍是抗战时期的上海工人生活，目的是与在重庆等地的调查进行对比，故本节将连带概述这项重大调查的主要结果。在此基础上，陈达用科学的调查方法，对资料进行了准确严谨的分析。其研究成果既反映了中国战时劳工的特点，又比以往研究有所深入和创新，是今天研究20世纪40年代中国工业和工人阶级状况极宝贵的历史文献。

一、战时重庆新兴工业及其特征

（一）战时劳资法规

由于日寇占领沿江沿海地区、封锁国际通商路线，中国的军需品及民间日用品，必须仰仗新兴的后方工业。“为维持劳资双方的关系，国民党政府颁布法令与办法若干种。这些可归纳为三类：第一类战时公布的法令与办法专以取缔劳资关系为对象者；第二类战时颁布的法令以抗战为对象，内有涉及劳资关系者；第三类抗战以前业已颁布的劳工法规，战时曾经修正，或虽未修正而继续有效者。前述二类法规，可总括为3点：第一类立法的精神含有压迫人民的意义，如工会法、非常时期职业团体会员强制入会与限制退会办法等；第二类法律无实施的可能，仅足以显示国民党政府的无能者，如工厂法，限制工资实施办法，《战时管制工资办法》等；第三类法律犯了严重脱离实际的毛病，仅足以显示其基本上不能发生约束力者，如工厂检查法，工厂安全及卫生检查细则等”。[①]战时限制工资、劳工流动是脱离实际无法实现的，更谈不上工人的

① 陈达：《我国抗日战争时期市镇工人生活》，中国劳动出版社，1993年，第1页。

安全与卫生。

（二）后方工业的特点

由于日本帝国主义对中国的侵略，中国人口大量西移，许多工厂内迁到四川、云南、陕西，形成以四川为首的内地新兴工业，尤其是重庆，集中了大多数工业。这些后方工业有三大特点。首先，工业性质有了变化。过去，中国工业偏重于轻工业，据国民党经济部工厂登记统计，1937年，全国3935家工厂，轻工业占80%以上，纺织食品工业最发达。战时为国防需要，政府在迁建中力求树立重工业基础，因此，在内迁工业中，机械工业占40.4%，其他还有化学、冶炼、动力、材料、交通器材、医药等工业；其次，工业分布有了变化。原有工业集中于沿海，尤其上海集中了30%以上的工厂，内地几无现代化工业。而抗战时期，中国发展了以四川为中心的内地工业，湘、桂、滇、黔、陕等地建设了补助工业；再次，公营事业比以往渐占优势。在3700多家工厂中，公营不过600余家，但其规模及资本均比民营占优势，如公营工厂的资本占投资总额的60%。

（三）战时工人结构及管理

对重庆68个工厂31747人的调查发现，战时工人的结构情况是：在产业分布方面，31010的工人在纺织业，26.6%在兵工业，15.4%在机械业，11.6%在冶炼业等；在技术分类方面，兵工业中的技工最多，占34. 5%，半技工中以纺织工业为最多、粗工中也以纺织业为最多，艺徒在兵工业中最多；在工人籍贯方面，四川籍工人最多，占75. 3%，其次是来自江苏、湖北、湖南等省，这些省籍的工人是通过介绍、考试、招募、随厂迁移或自荐而进入工厂的；在工人管理上，技术方面以工厂的考绩为主，有考绩的标准和方法，在这方面工厂很认真。但工厂对工人的生活如住宿、膳食及工人的风纪却不大重视。

（四）战时工人的收入及特点

抗战时期，在物价狂涨的情况下，工人原有的工资已失去维持生活的意义，于是产生了工厂津贴制度。工厂津贴的名目繁多，大体分四大类：（1）生活津贴最为普遍，包括米贴、伙食、住宿、家属、煤炭、特别费、旅费等项；（2）工作津贴，包括技术津贴、加工津贴、夜工津贴、升工津贴、竞赛津贴以及考勤津贴等；（3）年资津贴，工作年限久及地位高者都享有某种津贴；（4）福利津贴等。津贴较多，因此工人不是靠工资生存，而是靠津贴生存，津贴的多少，成为诱使工人工作的动力，而工资等级差别，则被视为无用之物。此外还有奖金，根据工作的勤怠及效率，参加夜工的情况及工作考勤、能力表现的成绩、服务年资及营业情况而定。再有就是红利的收入，大致以工厂赢利为原则，分配以年资和工资等作为参照。所以工人的实际收入由工资、津贴、奖金及红利组成，其中工资只不过表示工人的等级，而实际收入才是工人的真正所得。战时工资等级在收入中占5%–25%，津贴却在实际收入中占显著的地位。但由于物价的上涨远比实际收入增加得多，所以一般的产业工人只能在十分艰难的状况下过日子。

（五）战时劳资争议及特点

陈达根据国民政府社会部所编《渝市工人动态简报》（1945年7月–1946年3月）的资料研究了当时的劳资争议，虽然也是研究劳资争议的原因、经过和结果，但各部分的内容因抗战而具有时代特点。争议原因有四类，即经济压迫、待遇问题、组织工会及解雇工人的遣散费等。在重庆市的348次劳资争议中，由解雇工人引起的争议有218次之多，占63%；经济压迫引起的有65次，占18.7%；待遇引起的有64次，占18. 4%；组织工会引起的只有1次。这说明解雇工人是引发劳资争议的重要原因。解决劳资争议的方式有三类：厂方开导、劳资代表协商及政府机关调解，其中，该时期由政府机关即社会部或重庆市社会局进行解决的最多，达339次。

在劳资争议期内，为达到罢工的目的，工人行为的纪律还是比较严的。劳资争议的结果有成功、半成功、失败三种，在有结果的284次劳资争议中，达到六成以上目的的有156次，占54%；半成功的122次，占43%；失败的6次，占2.1%。

（六）战时工会

战时国民政府以严厉的法规对待工会组织，明显地剥夺了人民的自由。同时，还采取措施，加强对工会的管制，如派遣不民主的人当工会书记，实施示范工会制度，训练工会干部，其实质是反对和利用工人。与之相对抗的是1935年在上海成立的以“中国劳动协会”为首的民主工会。在该工会的会员中，半数以上的城市工人分散在日占区，一部分在解放区，总计有会员2214997人，他们参加抗日工作，政治上主张和平、民主、团结。1945年“劳协”与解放区工会组织一个代表团出席世界工会联合会成立大会，发表了八点抗战、民主、保护工人利益的主张，并加强了工人的教育与福利。“劳协”参加国际工人运动，参加多次国际工人会议，抗议侵略，致力于争取世界和平。工人运动比以往更有政治性。

（七）工人生活史调查

陈达所说的“工人生活史”，就是“关于工人生活各方面的史实记载”[①]。陈达等在重庆调查了41位工人，包括15个工种的来自6个省的工人。他们中21–35岁的占80%，大多数受过教育，进过初中的占30%，进过高小的占20%，失业的有20人，10人为工人代表。这样的有代表性的工人生活史调查，可以校正由厂方或任何方面提供的材料，以了解工人的心理及其关系。对工人性格的调查表明，一般来说，工人们是有自尊心的，他们思想单纯，行为正直。因此，善于领导工人的厂方，是可以提高工作效率的，但任意压制工人却是压不倒他们的。陈达调查了工人对资本家、领班和工作制度的看法。首先，工人认为，资本家的唯一目的是追求利润，因而总是要剥削工人的。资本家不把工人当人看，而视其为他的工具，并采用多种多样的方式来压榨工人。其次，工人对领班的看法是，工人爬高了，当了领班甚至当了职员，就忘记了其他工人。再次，工人对包工制与点工制的看法是，点工制计时付工资，出品虽慢但较好，在这种制度下，工人比较容易维持身体健康。因此他们认为点工较好；而包工是计件付资，工人虽可多得工资，但那都是用身体换来的血汗钱。该调查还表明由于不同的训练与经验，管理员、工程师与工人间在工作上不好配合，因此在人事关系上，有时发生冲突，以致工作效率受到影响，产量不能提高。工人认为，与资本家阶级妥协是没有很大希望的，最高限度的劳资协调，不过是由工人们举出代表向资方建议而已。重庆工人们面临严重的失业问题——17万产业工人中有55000人以上失业，所以，他们的心情往往由失望转入怅惘与悲哀。他们认为，除非政府贷款，让工人自己办工厂，否则便难以解决失业问题，但这种办法实行起来又是很难的。

二、崛起中的昆明工业

（一）昆明工业各时期的特点

由于抗战工业和大量人口的迁入，且移入的人多是工商业者、技术人才及

---

① 陈达：《我国抗日战争时期市镇工人生活》，中国劳动出版社，1993年，第181页。

技工，输入的则是大量工业器材设备，所以，昆明成为西南交通的中心。1937年，昆明及其附近只有7个厂，而1938年以后发展到35个厂，1945年达42个厂。昆明工业的发展分以下几个阶段，且各有特点。1940年是创立期，该期的特点是：有滇越铁路与海路交通；有官僚资本工业企业迁入并开办；向沿海一带招募技工；物价平稳。1940年下半年至1943年上半年是工业发展期，该期的特点是：滇缅公路代替滇越铁路成为主要交通干线；小厂纷纷成立；大量需要交通运输工人；粮价物价狂涨；厂方挖工人与工人跳厂盛极一时；工人的训练特别受到工界的重视；工厂采行囤积原料的政策；出现工资津贴制度。1943年下半年至1945年下半年是昆明工业的维持期。其间，与交通运输有关的小厂，特别是修理工厂，纷纷停闭；造成交通运输工人一时失业；物价加速上涨；工业大多靠美军需要来维持；工人的生活更趋贫苦；最后，由于日寇投降，物价陡然下降，工厂纷纷停业裁工。

（二）昆明工业发展各时期的劳工问题

从昆明工业崛兴的发展过程可以看出，三个时期内，工人的处境与劳工问题的特点各不相同。初兴时是技工的黄金时代；发展中期，物价飞涨，工人生活受打击，工人跳厂流动性很大，而工厂由于是靠囤积原料来维持的，所以给投机商、交通运输工人带来好运；而1943年后，交通运输工人也过剩，工业依然不靠生产而靠囤积原料维持，工人生活在物价压迫下，亦每况愈下。尽管工人的处境不如工业初兴时期，但他们的实际收入仍高过公务员、教员。从此特点可看出，昆明的工业不是根据地方的需要而发展的，因此其招募工人及工人流动也有特点。初兴时官僚资本工业从沿海招募技工，之后逐渐由上海西移，招收长沙、桂林、贵阳等地的技工。1940年左右，民营事业从官僚资本事业挖取工人，工人流动成为严重问题，招募与招考工人都是在大量需要工人的情况下，通过介绍、自荐、随厂迁徙等方式进行的。工厂越大，工人进厂的方式愈多。云南籍工人最多，外地14省来的工人总计约占二分之一，且大部分是技工。国情普查所调查的42个工厂的11046人，占昆明两万工人的一半多，因此调查结果还是有代表性的。

（三）工人的状况

国民政府制定的工厂法规定，每日工作时间最多不超过10小时，然而工人实际加班达每日12小时。大部分工厂采用一班制，不愿采取两班制，这样可以任意加班。极少有工厂实行8小时工作制，42个工厂中有35个工厂采用加班方法，延长工时，剥削工人。工厂法规定女工、童工不做深夜工，而在42个工厂中，有26个厂有深夜工，女工童工一样做深夜工。至于休假，国营、省营大厂每年休5–8天，其他性质的工厂更少。同时，由于物价愈涨愈高，津贴不断增加，工人的工资反而降低，工人的生活无法得到安定，工资水平脱离了工人的能力和成绩，工作与报酬普遍脱节。虽然有各种津贴和各种各样的奖金，如工作奖金、年终奖金、生产奖金、自由奖金等，有的工厂尤其是民营厂还有红利，但工人的实际收入仍赶不上物价的上涨，即使是占优越地位的外省人的收入，也赶不上支出。至于工人的福利以及为住厂工人提供安全设施（防空设施除外）没被注意。工业卫生也未受到注意。工厂对工人的教育主要是补习教育，其中，几个大厂工人受补习教育的最少，而最多的是两个多数是女工的纺织厂，女工中76.2%的人受过补习教育。为女工办补习教育比为男工办补习教育容易，其原因有二，一是男工之间程度差异大，不易接受一律教育，女工大多数读过初小，因不能升学而进工厂，她们既有兴趣受补习教育. 且其文化程度也比较适合受补习教育；二是男工经济负担重、私事多，而女工多为未嫁女子，没有社会责任和别的顾虑。在工人的储蓄和合作方面，由于生活压力重，工人们无力储蓄，他们的合作事业也只是在工厂扶植下有所建立和发展，由此工人可以买些价格低廉的分配用品。

（四）工会

关于工会的活动，调查表明，昆明的工人阶级觉悟程度不高，组织能力也不强。工会有两类，一类是国民政府组织的黄色工会，一类是非正式的社会团体，注重工人福利的研究。处理劳资纠纷是工会的主要工作，其中要处理的关于工资及收入的争议尤其多。按政府规定，每3个月要调整工资及收入一次，这给工会造成了极大的困难。

（五）工人生活史调查——工人的态度

陈达领导的国情普查所对昆明的工人进行了“生活史个案”调查，旨在了解工人对许多问题的看法和想法，如对资本家，对待遇、婚姻，对处世接物，对人生观，对现实政治及国际关系等。调查结果显示，（1）工人们普遍有失望悲观的心理。然而，虽然自己没光明，他们仍要为儿女奋斗；（2）反对剥削。工人之所以没前途是资本家造成的，资本家以金钱收买低价的劳力，他们的出发点与工人不同，永不会与工人合作，工人永远受资本家的剥削，做资本家的奴隶；（3）要求改善生活福利待遇。工人们普遍认为，自己收入太少，工作时间太长，太不卫生，福利太缺乏，饭食太坏，医药太缺乏，娱乐太少，合作社也不为工人谋福利；（4）反对旧势力。工人们普遍反对用封建专制手段管理，反对特务横行的世道，抗议厂方无故开除工人；（5）拥护男女社会交往的公开，以实现妇女解放；（6）渴望进步思想的灌输，反对资本家对工人惯施的愚民政策；（7）反对独裁，拥护民主。工人们尤其认为，官吏应由人民选举，人民才是国家的主人，官吏不过是人民的公仆，官吏不好，人民可以罢免他。他们希望共产党执政，因为他们是为人民说话的；（8）拥护世界和平，反对国际及国内战争，要求以和平方式实现国际合作，认为战争是不人道的。

三、中国工业的缩影——上海

（一）上海是中国工业发展的代表

陈达把中国近代化工业发展的基本过程概括为如下几个阶段：（1）军火与商品制造阶段（1862–1894）。在这一阶段，规模较大的工业大致由政府举办，资本由政府供给，如李鸿章在上海设立军械局、江南兵工厂，左宗棠开设航政局，曾国藩创建江南造船厂，张之洞、盛宣怀设立纱厂等；（2）外商经营并影响统治阶级的阶段（1895–1913）。甲午战争后，外国人纷纷在中国设立工厂，同时民族资本家也纷纷办厂，统治阶级与工商业者携手合作，促进了一定程度的工业化运动；（3）私人企业发展阶段（1914–1929）。第一次世界大战期间，我国民族资本家充分利用时机发展现代工业，特别是纺织业。1926年，国民政府成立了实业部，颁布一些法规制度，对于振兴工商业与保护工人有所帮助；（4）工商业的萎缩阶段（1930–1936）。当时世界经济不景气，影响了中国的工业；美国收买白银的政策，也打击了根基不深的中国工业；（5）内地工业兴起阶段（1937–1945）。国民政府迁都重庆，西南与西北有了新兴的近代工业，重庆在战时是比较重要的新工业区，其次为昆明，再次为西安与宝鸡。上海工业从1930年以后受世界经济不景气的袭击而有所衰退，但后来完全恢复。中国工业发展的5个时期及特点，与上海工业的发展过程是相似的。上海的工业在全国占有很重要的地位，因为上海的工业投资占全国资本投资总额的40%，其工人数占全国工人总数的43%，其工业产值占全国总产值的50%。可以说，上海工业的发展很大程度上反映了全国工业的发展趋势。

（二）上海工业的特点与发展工业的要素

一方面，上海较早受到帝国主义列强的经济侵略，帝国主义各国向上海倾销生活必需品，鼓励中国向他们借款举办现代工业，他们也在上海办厂，生产生活必需品。与此同时，中国的民族资本家也模仿欧美人的做法，自己创办工厂，制造各类消费品。另一方面，民族工业开始兴起，民族资本家大多具有爱国精神，纷纷创办工厂，抵抗帝国主义的经济侵略。特别是1919年五四运动后，民族工业迅速发展，一方面抵抗帝国主义的经济侵略，另一方面尽可能地向中国消费者供给各种消费品。但上海的工业结构是轻工业占压倒优势，这充分显示其半殖民地经济的性质。其实，上海发展工业有很多优势。首先，工人来源充分。上海人口密集，邻近市、县人力资源充足；陆路交通有铁路与汽车，海路、航空都相当发达：安全也有保证，工厂大多设在市区的租界内，虽仰仗外国人，有寄人篱下的性质，社会秩序却也平稳，治安比较好；更重要的是，资本充分，有帝国主义的资本输出，有各国资本家的投资，还有中国政府与资本家自筹的资本，或向帝国主义者借款；原料由本地及附近供给；技术资源也很充分，有本国的技术人员，还可借助于外国技术人员；市场也是宽广的。尽管如此，却由于受世界经济危机打击和战争的影响，这些优势未能得到充分发挥。

（三）劳资争议的新视角及建议

从1930年起，上海市开始发布工资统计。1930年，上海市社会局对工人生活费进行了较系统的调查。1946年，在陈达指导下，由九个单位组成的上海市劳工状况调查委员会议对上海40个行业、240个工厂进行了抗战时期工人的工资与实际收入、生活费用及与国内外的比较、工作时间与例假、福利安全与卫生、女工与童工、劳资争议、工会运动、工人的态度等的调查，目的是研究抗战后的上海劳工状况。其中，对女工与童工的调查比以往更详细。尤为突出的是对劳资争议及工人态度等的调查，虽然在重庆和昆明也有对工人生活史的调查，但上海的工人生活史个案调查更为全面、科学和深入。以往劳资争议只讲原因、经过及处理，但随着劳资关系的复杂和尖锐化，陈达领导的研究所在上海对工厂工人的生活进行深入的调查，多次与选出的一批工人进行谈话，并将谈话记录编成《工人生活史个案》，共计201份，其中男工140人，女工61人；普通工人122人，技工48人、工会负责人14人、领班（包括工头）10人、艺徒7人。调查不但了解了工人的各种态度及其与各方面的关系，还了解了他们的心理，尤其对劳资关系的了解比以往更加全面和深入。兹将调查结果分述如下。

1．工人对资本家的看法

在一般的传统观念中，劳资关系问题仅被看成是工资和工作时间问题。这两个问题当然是劳动契约的核心，但陈达认为，这样去分析劳资关系，似乎太偏重于有形的方面。虽然资方希望工资少、工时长，而劳方则希望工资多、工时短，彼此由于利益观点的不同而产生劳资冲突，从而工资和工时成为劳资关系的中心，但应该看到人与人的关系是多方面的，其中包含着无形的心理因素。陈达正是从这一角度去透视劳资关系的。在陈达的调查中，几乎全体被调查者都表现了自己的心理，对劳资关系发表了意见。归纳起来，“大多数人对于资本家都无好感，都是采取恨之入骨的态度，只有少数（大约38位）持相反的意见，对资本家有比较好的印象，那些都是与资本家有或多或少的关系的如亲戚之类”。[①]

工人仇恨资本家的心情有好几种。有的是因为资本家高傲、优越的态度使工人在情感上产生无限的痛苦，资本家不把工人当人，而是当“牛马”，不管工人的死活，好像工人是没有血肉的物件，与机器一样应该毫无止境地替资本家工作。有的认为，厂方只顾自己的利益，而忽略了工人的努力。生意不好，老板发脾气，开除工人，大批裁人；生意好，就高价拉人。总之，这种仇恨的心理显然起源于资方唯利是图的本性，而忽略了劳工在生产方面的贡献。在当时的工人看来，资本家的头脑里充满了赚钱谋利的念头，其他都不管不顾了。因此，资本家的一举一动都是与工人的利益针锋相对的。例如，工资与工时的利益冲突便是如此。工人要求增加工资的理由是物价高涨，现有工资收入难以维持生活。而厂方则反对工人的这种要求。工时的长短在工人们看来是生命攸关的问题，而在资方看来却只是与盈余有关的问题，于是劳资在工时方面又起冲突。再就就业与失业问题来说，资方有生意就大批雇人，无生意就大批裁人，他们实际地掌握着工人的生死大权。而在工人看来，厂方虽然说生意不好，但厂方账目并不公开，资方究竟是亏是盈并不清楚。失业与就业的问题对

① 陈达：《我国抗日战争时期市镇工人生活》，中国劳动出版社，1993年，第401页。

于工人何等紧要，而在资本家眼里却似乎与己无关。再有，资方只考虑自己赚钱，不但不关心工人生活，反而站在利益冲突的对立面，正如工人们所说，“左手钞票，右手利剑”的资本家不但对工人没有同情心，反而用“毒辣的手段”压制工人，一天到晚在策划如何对付工人，甚至叫宪兵与警察抓人。同时，资方还用金钱收买工人代表，以破坏工人的团结。有少数工人对厂方印象不好不坏，在201人中有11位持此态度。他们认为雇主要的是他们的劳力，而他们要的是雇主的金钱，无所谓好坏。

2．工人对管理员的态度

在生产过程中，领班工头是工人的直接上司，负有管理、督促和指导的责任。领班工头掌握工人的工作权利，管辖工人工作的优劣评判、赏罚、进退，同时也左右着工人与工头之间的关系。在201份个案访谈资料中，有58人发表了意见，并且有40人与领班、工头相处紧张，占80%。其中很多人认为，管理员没有感情，工作上逼得太紧，他们不是与工人站在一起，而是与老板站在一起，是资方压迫工人的帮凶。在包工制下尤其如此。在这种制度下，工头势力大，厂方信任他们，工人则要向他们报效一些钱，上海人叫他们头股。况且领班工头对工人工作成绩常怀私心，加添工资也不公平，分配工作也好坏不同。总之，恶劣的领班工头对工人的剥削及其种种不公的行为，引起工人对他们的敌视态度。在被调查工人中，对直接管理员采取无所谓态度的有9人，占17.5%，这些都是较老的工人，只知道做工拿钱。还有7人与工头相处得很好，因为他们是老朋友。

劳资关系这样紧张，那么，工人对处理劳资关系的意见又是如何的呢？在被调查的98人中，认为劳资平等的途径应由资方负责的有24人。他们认为，只要资本家体谅工人，对工人的生活稍为注意一点，工人就能心悦诚服，如能成立一个劳资委员会，沟通双方，则劳资平等就有安定的基础。要达到平等的境地，责任要资本家负其大半；要达到劳资平等境界，厂方应公开账目，公开正确的盈亏及一切开支；资方还应改善设备，对工人的福利设施负责。有27人提出应由劳方自己努力去达到劳资平等的目标。他们认为，老板绝不会自动放弃压迫的，工人要自己团结起来，在工会的领导下解决问题，以争取劳资平等，同时工人应该提高自己的教育程度和技术水平，增加知识；工厂设备亦要改善，才能达劳资平等的目标；最好是工人自己起来办厂，劳资属于一体。还有

24人提出劳资双方应互相尊重，或合作办厂，只有这样才能达到劳资平等。另有23人提出，劳资平等应由政府以政治力量来推动。陈达总结以上四种意见，用一位工人的话作为结论说："要想达到劳资平等之境地，须要做到：（一）工人自己团结起来；（二）工人应尽量获得最高之知识；（三）老板要体谅我们，为我们的福利着想。"[①]

陈达通过对上海劳资争议的调查，从心理视角透彻地分析了劳工问题，并提出了改善劳资关系的建议，但当时残酷的社会事实使他的理想难以实现。日寇侵占上海时期，剥削压榨、打骂与凌辱、分化与威吓工人。1945年以后，劳资争议与工人罢工的主要目标，渐由反抗帝国主义的压迫转移到要求复工、改善生活、救济失业、提倡民主、反对高压政策等各个方面。大规模的争议、怠工、罢工与示威游行，如法商电车公司工人的斗争、海关员工的奋斗、电力公司的罢工，是工人阶级反对内战及争取民主自由的运动，是反对国民党的高压劳工政策的斗争，也是旨在提高他们生活费水平的斗争。

（四）对工会运动的深入研究

1946年，清华大学国情普查研究所在上海70个工会进行了调查，其中包括39个产业工会、19个职业工会、9个雇员工会、3个劳动工会。1929年《工会法》公布后，上海成立了一些工会。"七七"事变前夕，由于国民政府的高压政策，大多数工会名存实亡。日寇占领期间，日籍资本家与汉奸合谋，毫不留情地禁止工会活动。1945年以后，上海工会才开始复活。普查所对组织工会的原因、工会的特点及工人对工会的看法进行了前所未有的分类和心理分析。调查结果表明，工人组织工会的原因有四个：（1）受民主潮流的影响，要发展工业，必须依赖工业界领袖与工人共同合作努力，才能完成此项使命，因此工人组织起来，才有社会地位；（2）工人为不受厂方的压迫，为谋福利而组织工会；（3）迎合大家的需要；（4）工人领袖和政府的需要，他们为发展自己的势力而提倡组织工人。一般而言，工会之所以成立，是因为工人们在劳资争议中吃了资本家的亏，感到要组织起来，维护大家的公共利益。至于上海工会运动的特点，则充分反映了上海的政治经济局势：（1）工会运动是劳资斗争的结果；（2）受帝国主义的影响；（3）反动政治势力的渗入；（4）提出改善生活待遇；（5）出现了黄色工会。

① 陈达：《我国抗日战争时期市镇工人生活》，中国劳动出版社，1993年，第408页。

该调查的特色是，它了解了工人对工会的看法。在201份上海工人生活史个案中，有71位说出了自己参加工会的原因，总结起来，主要有四个。第一个原因是，工人认为参加工会对工人有好处。在71人中有61人持该观点。他们所认为的好处主要有：（1）参加工会可以使工人团结，增加力量，争取劳工地位，推动工人运动。看到此一好处的大多数是工会负责人、工人领袖和受教育程度较高的工人，总计约20人。（2）工会可以为工人谋福利，减轻生活上的痛苦，有这种认识的工人共14人。（3）参加工会有申诉痛苦的地方，持这种态度的有12人。（4）参加工会可以保障职业和生活，持这种态度的有12人。（5）参加工会可以增加工资，持这种观点的有7人。（6）参加工会可以用集体力量反抗资本家的压迫。第二个原因是，工人认为，工会是“自己的团体”，不过，在71人中，只有4人有这种强烈的自我意识。第三个原因是，有3个工人认为，别人加入自己就加入。第四个原因是被迫加入，这样的工人有2人。多数人参加工会的目的，是为了保障工作、改善生活以及为了共同的利益。

工人加入工会后所得到的实际好处主要有：（1）精神上的安慰，工人有了诉说自己的痛苦、愤恨和冤屈之处；（2）工人的社会地位提高了；（3）福利方面得到了一些好处；（4）工资有所增加；（5）工时有所缩减；（6）与直接管理人员的关系得到改善。但568份在调查中，工人还对工会提出了若干希望：（1）要主办福利事业或向厂方争取福利设施；（2）要加强团结，提高警惕，组织工人以发挥集体的力量；（3）要保障工作，解除失业痛苦；（4）要争取增加工资；（5）要解除资方对工人的束缚；（6）不要受人指使，而要真正代表工人；（7）要争取缩减工人的工作时间；（8）做事要勇敢，不要受政府限制；（9）不要强迫工人加入工会，也不要收会费。

由于日寇的侵略与国民党的专制统治，处于复杂的社会背景下的工会遇到很多困难。（1）厂方压迫工会、分裂工会，破坏工人的团结，被调查者中有13人持此意见，其中12人是工会的领袖。（2）工人受教育程度低，只顾自我小利，目光短浅，听天由命，不关心工会。（3）工会负责人两面不得好，做事甚感困难。厂方对工人领袖用“共产党”的字眼进行威吓，而工人会员则对工会表示怀疑。（4）工会活动受政府压迫，工会负责人受官方监视。（5）工人领袖的生活与生命无保障，一面受厂方威胁，不敢与厂方力争，另一方面又受政府威胁。（6）工会没钱为工人办福利事业，工会力量小，难以成事。

（7）工会成分复杂，难于团结。尤其因为工人政治信仰不一致，像一盘散沙，不肯团结。个别工会内部甚至有所谓流氓派、小姐派、动摇派。（8）工人领袖无能甚至无耻。工会所面临的最基本的困难恐怕是工会领袖无能，工人则难团结一致。此外，有的工会领袖不能代表工人利益，不能忠实地为工人服务，甚至出卖工人，出现"工贼""工奸"，发生贪污侵吞公款行为，偏袒、不公平处理事务等。

陈达认为，工人领袖要领导好工人运动，就应具备下列条件。（1）应是工人出身。（2）应生活在工人当中。（3）应站在工人的立场上做事，领导与群众应是一致的，因为领袖的权力是建筑在群众里面的，群众的力量也由领袖表现出来，彼此一而为二，二而为一。工人领袖不但要人格高尚坚贞，不能出卖工人，而且要积极努力热心为大众服务，对大众的公益事业要做得多，才能得到大众的信赖。（4）工人领袖要有丰富的知识与斗争经验。因为工人领袖是领导工人为自己阶级利益斗争的，在异常恶劣的政治环境下，更需要有远见、有能力、有丰富知识及斗争经验的人来领导工人。唯有这样的领袖，才知道在什么时候应该提出什么样的口号，才能号召工人，才能确定不同时间的不同斗争目标，才能知道在斗争中如何进取与退出，在不同时间内如何采取小同的有利斗争形式，才知道如何提出适当要求，取得斗争的胜利，以利于提高人的积极性。要能采取灵活的组织形式，运用灵活的斗争策略，则非有具有远见与斗争经验的工人领袖不可。（5）工人领袖必须有远见与深刻的认识。因为工人认识程度不够，目光短浅，所以热心办事的领袖会遭到工人的不满，这就需要领袖能泰然处之，耐心解释，提高工人的认识。上海工人运动的目标几乎全部集中在经济方面，劳资间的纠纷也以工资纠纷为主，至于争取劳资平等地位及进一步提出政治要求的则很少，但一部分杰出的领袖已觉悟到，政治不民主，工人的地位与生活不会有提高和保障。

（五）对工人态度的调查在当时的中国社会学界尚属新视角

1946年，清华大学国情普查研究所对工人的调查，了解了工人对人生和社会的看法和要求，这在当时尚属罕见。在201份《工人生活史个案》中，有165人对这方面发表了或多或少的看法。可以把他们对人生的看法归纳为以下几种。

1. 苦命的人生观。在工人头脑里，这种人生观是非常强烈的，尤其大多数女工都受这种命运观的支配。表现在工人的态度和行为上，他们多半为生活而生活，对现实逆来顺受，归之于命而不想去改革。这种安于现实的态度是与他们受教育少有关系的。

2. 谨慎而小心的人生观。谨慎而小心的行为，似乎是工人处世的一种性格。因为他们认为，社会现实对他们不利，他们受到鄙视，因而不得不为了饭碗而驯服于现实。“谨慎”，“小心”，避免结怨，是工人处世立身的特点。同时，许多工人认为，为人要忠厚，诚实待人，即对己要严，要刻苦耐劳，对朋友要真诚。

3. 积极的人生观。工人中持有自信、反抗、打抱不平的强硬态度的人也有不少，其中一类是自力更生，要求进一步改造社会。他们认为，国家、民族第一，只有争得了全体工人的解放，才有个人的解放，有不合理的事情，就要予以改革。这一类人是工会的负责人，一般受教育程度也较高，至少是小学程度。

在男女社交、婚姻、家庭及子女等方面，不少工人表达了自己的看法。首先，在201份个案资料中，有66人对男女社交问题发表了意见，其中男工38人，女工28人。女工能进工厂与男工一起工作，这是中国社会变迁过程中的很大进步。世界变化太快，使工人对男女社交的看法，渐渐与传统意识不同，那些受过新思想洗礼的人，与老辈持相反意见。比较激进的工人，不但认为男女社交应该公开，甚至结婚择配，自由恋爱也非不可。另一类工人受传统文化的约束，认为男女在一起不大妥当，子女婚姻由家里做主比较稳当，已婚男女不该去交朋友，他们把男女社交与结婚相提并论。除上面两类观点外，还有一类观点比较轻视女子，持这种态度的多半是男工。在68位发表意见的工人中，未婚者占2/3，已婚者只占1/3，说明已婚者对此问题的兴趣小于未婚者，而且未婚者对这个问题多有一种好奇心理。

关于工人对子女前途的打算这个问题，在201份资料中，有93人发表了意见，占46.2%，其中有72人是男工，21人为女工。他们的态度有三种。第一种态度是希望子女读书以便将来不做工。他们知道，没有知识，社会上许多其他事业都无法参与，只能进工厂做苦工，他们吃了没受过教育的亏，所以深切希望下一代读书，将来有个好地位；第二种态度是盼望子女仍为工人，因为工人的经济能力不够，不能使自己的子女受教育。在93人中，有23人持这种态度；

第三种态度主要是不愿下一代再做工人。在93位工人中，有27人表示不能让下一代再做工人了。

在对生活的展望方面，在201份资料中，有152位谈了看法，其中男工102人，女工50人。认为根本没有前途的工人有78人，占总数的51. 3%，其中男工50人，占男工的49%；女工25人，占女工的二分之一。之所以有一半多的人抱着没有前途的心理，是因为他们认为，资本家多方压制工人，不管工人的死活，将工人作为机器的一部分。对现实生活感到痛苦，对前途感到失望，这种心态，在当时的工人阶级中是相当普遍的。在持有这种心态的工人中，有的认为，他们的痛苦生活和黯淡前途是命中注定的，有的则认为是环境所造成的。正是因为生活太苦，有的工人想改行经商，有的则想回家种田。也有一些工人觉得工作是有前途的，持这种态度的有44人，其中一些人认为，只要肯刻苦耐劳地工作，就会有前途的；另一些人则认为，只要加强工人的团结，加强工会的力量，工人就有前途。还有一部分人对其目前的生活表示满意，这样的人共有29位，其中男工22人，女工7人。但总的来说，工人对前途绝望者占多数。虽然这种悲观态度是消极的，但也是仇恨的苗芽，阶级斗争意识就是从这种仇恨心理发展起来的。

（六）对工人生活的全面调查在中国尚属首创

1946年8月，陈达指导进行的上海工人生活调查中的生活史调查，打破了以往劳工调查很少从研究工人本身生活过程出发因而强烈揭示工人生活状况的本质的局面，补救了以往研究生活史的缺陷，并成为研究劳工生活的重要办法之一。工人应占有重要的社会地位，他们的思想、态度、人生观以及内心的活动有必要加以了解，而这些因素是难以用数字来表现的，因此该调查偏向于工人心理。工人生活史属于个案研究范围，谈话与观察是收集工人生活史料的重要方法，可以透露工人的内心实情。

陈达等调查了工人的家世背景、工作训练、工厂生活、劳资关系（工人对资本家管理人的态度、纠纷的解决、平等的途径）、工人流动（跳厂、升迁、失业）、工资与工时、工厂福利、工人运动、工人的人生观，通过这9个项目来了解工人的内心活动、人格、思想、言论、意见等。谈话对象包括工头、领班、技工、粗工、艺徒、老工人，以及不同政治面貌的工人。陈达等人在调查中也遇到了困难，由于访问者的原因而产生的困难主要有言语障碍、调查人员需要训练、学识经验不足、人格方面存在问题（有的为报酬，有的有不道德行为）；由于工人方面的原因而产生的困难主要有：工人对调查有怀疑、受教育水准低、有派别；环境方面的困难有政治原因以及资本家不高兴这种调查等。尽管如此，陈达等人还是克服困难，进行了深入的调查。

201份个案调查表明，从省籍看，上海工人中以江苏省人为最多，有116人，占57.7%；浙江次之，有47人，占23.4%；再次是湖南人、河南人和河北人。从城乡来源看，农村出身的108人，占53.2%，城市出身的75人，占37.3%。从性别和来源看，都市出身的女工33人，占女工总数的54%，农村出身24人，占女工总数的40%；都市出身的男工42人，占男工总数的30%，农村出身的男工84人，占男工总数的60%，可见，男工以农村来的为多，而女工则以都市出身的为多。从年龄结构来看，最多的是26–30岁的工人，有63人，占31.3%，其中男工48人，女工15人；次多的是21–25岁的工人，有51人，占25.4%，其中男工23人，女工28人。总的来看，女工年龄集中在21–25岁之间，年龄在41岁以上者均为男工。他们祖父的职业以农业为最多，有96人，占46.8%，其中又以佃农为最多，有77人；其次为商业，有18人，占9%，其中以杂货商为最多，有8人；最少的是自由职业，有9人。

工业化不但为男工也为女工创造了就业机会，打破了男主外女主内的传统观念，动摇了男女不平等的观念。在上海的l588个工厂中，合乎工厂法的新式工厂有523个，占32.8%；不合乎工厂法的有1059个，占67.2%。在所有这些工厂中，都有女工多于男工的产业，尤其是在纺织业，女工占其工人总数的比例高达80%。女工的优点是工作认真、小心，性情温和，忍耐性比男工强，家庭负担轻，生活安定，胆子不大，所以固定性大，她们积钱买首饰，不与厂方争吵，遵守厂规；女工的缺点是体弱不能担任重工作、生育后家有牵累、心胸狭窄、眼光浅近、妒忌成性、自私自利。

在工作兴趣方面，在201份材料中，只有16人（占7.9%）对工厂生活有好感，认为工资收入较固定，生活有规律，工厂可养成互相合作精神。其余92.1%的人都对工厂生活深感痛苦，其原因有三个。首先，工作不安定。从工厂方面来说，工作无保障，且有季节性，灾害、疾病与住宿都成问题。从工人本身来说，家庭负担太重，工资增加跟不上物价上涨，女工有月经和生育问题；其次，人性与机器相冲突。工人物质生活不幸，精神上没有意志的自由，生活太机械呆板，生活苦、夜班苦，劳动强度过度，不自由；再次，工作无前途，工人知识水平低，又无进修时间，更担心年老无工作。

至于工人之间的感情，一般地说还是极其融洽的。在201份材料中，谈及此一问题的有110人，其中认为同事感情很好的有70人，感情不好的有21人，感情平常的有29人。引起感情不融洽的因素有地域、党派、帮口等种种关系。

在工人的家庭问题方面，调查表明，工人的婚姻大多是门第相当的旧式婚姻，家事的烦恼有家庭负担、家庭纠纷、分居的痛苦、住屋问题、子女教养、夫妻感情不融洽等。

工时和工资是工人心目中两个重要的问题。工人们的工时每天几乎都在10小时或以上，对此，工人几乎都有抵抗情绪。工作时间长，使工人在体力精力上都感到莫大的痛苦。在201个被调查者中，所有的女工几乎全都反对深夜工。另外，工人的工资基本按技术、工作难易、年资、性别等的不同而有差异，例如，男工的工资普遍比女工的高。

福利问题涉及雇主、工人和社会三方面的关系。对此一问题，工人的意见是：要求改善膳宿、厕所、浴室等生活方面的条件；希望增加医药设备，对生育休假者照发工资，工人有医疗费，工人病时工资照发，托儿有津贴，并要求俱乐部有体育设施；希望办工人学校、工人子弟学校和图书室；希望有救助，添办合作社，有养老金或退职金，劳工有保险，但很少有人提出灾害保险、疾病保险、失业保险要求，一般都把注意力放在医药、膳宿、教育三方面，这也是他们一致的迫切需要，因为他们穷苦，唯一希望的是免于饥饿，其次就是不要生病。

工人的流动有三种形式，即上下流动、厂际流动和失业。陈达认为，上下流动的情况反映工人是否有前途，厂际流动表明工业生活是否安定，而失业则对工业、工人及社会都是不幸的。调查表明，工人升迁与是否训练期满、个人努力、旁人帮助、转业等有关。在劳资之间划分明显，不可沟通，工业社会中劳资纠纷较多，而手工老板与工人斗争少。因此工人的厂际流动则多是由工厂境况恶劣引起的，如营业不佳，战争影响，管理太严，厂方加罪于人、虐待工人等，也有的是因待遇引诱、失业改行、同事不和而引起的。关于失业问题，在201个被调查者中，只有16人没谈及失业的情形，其余大多数人都遭受过失业的苦痛。当时，造成失业的原因有日本侵略战争，战后政府接收不顺以及民族工业危机。

民族工业危机的原因是政治不安定，生产工具落后，原料缺乏，外商倾销，官僚资本垄断，交通阻碍，战争不息，通货膨胀，物价波动太厉害，劳资纠纷过多，工厂管理不当，资金缺乏，工人缺乏劳动纪律等。如何挽救民族工业？陈达提出，要安定政治，停止内战，加强农业生产，增加原料出口，恢复交通，紧缩通货，提高关税，限制奢侈品进口，大量采购母机，奖励生产品出口，奖励工业中的特殊发明，实行工业贷款，严禁官僚资本，提倡国货运动，稳定物价，政府迅速确定民族工业发展政策，改进劳工技能，实行政府劳方资方三方面合作，加强管理人才培养，接收工厂早日开工等。陈达还指出，要“促进劳资合作：（1）不任意怠工，不提高要求，但须维持工人合法利益；（2）工资依照生活费指数，半月公布一次；（3）举办劳动福利事业；（4）举行工厂会议；（5）实行工作竞赛，奖励工人；（6）积极办理劳工教育；（7）加强劳资团体组织；（8）提倡合作工厂，救济失业工人；（9）提高工人自尊自重心理，发展自治精神，自动遵守劳动纪律；（10）改变资方歧视工人的态度；（11）厂方营业不振，减成发薪时，所减工资应充作工人资本；（12）慎选了解工业技术和劳动法令，并有适当的经验者充当管理员；（13）劳资双方应当遵守契约”。[①]

陈达指导的上海工人生活调查，还对工厂、工会（如上海市英商自来水公司产业工会、上海市的产业工会、职业工会、雇员工会、劳动工会等）做了许多实地个案调查研究。他的调查研究全面而深入，从工人的一般概况到心理，从工人生活的宏观环境到微观的思想观念，这样的调查在当时的中国尚属首例，可谓创举。

四、新劳工问题研究——陕甘宁解放区的劳工研究

陈达全面研究了全国各不同地区的劳工生活，使我们今天能对当时不同类型的劳工生活有个大致的了解。与沦陷区和国统区不同的解放区工人，在新的经济政策下形成新的劳资关系。当时，陕甘宁的经济政策是：“应该积极发展工业农业和商品的流通。应该吸引原来的外地资本家到我抗日根据地开办实业。应该奖励民营企业，而把政府经营的国有企业只当作整个企业的一部分。

① 陈达：《我国抗日战争时期市镇工人生活》，中国劳动出版社，1993年，第546页。

凡此都是为了达到自给自足的目的。应该避免对任何有益企业的破坏。”[①]陈达把这种新民主主义经济政策归纳为“发展生产，繁荣经济，公私兼顾，劳资两利”。这个政策是从工人阶级的长远利益出发的，也符合对于国计民生有益的资本家的利益，因而在解放区发展生产可以达到劳资两利的目的。中国工人阶级的生活之所以痛苦，是由于帝国主义、封建主义和官僚资本的压迫剥削，也由于私营资本家的压迫剥削，再加上中国工业生产不发达。在解放区，帝国主义、官僚资本及地主被打倒，私营资本家只能剥削剩余价值的一半，因而应该努力的是要解决生产不发展的问题。所以，解放区的工人要吃苦在先，享受在后，努力劳动，发展生产。显然，要大力发展生产，单靠国家资本是不够的，还必须利用一切正当的私人资本的积极性，动员一切可能的私人资本投入生产，使一切愿为发展民族生产努力的企业家，施展才能，与工人合作，从而发展生产，繁荣经济。同时，还要做到劳资两利，以发展生产。要资本家热心经营，就必须使他们有利可图。当然，只顾资本家的利益，不顾工人生活的困难，是完全不对的，但只顾工人暂时的片面的利益，而不兼顾资本家的正当利益，同样对发展生产、繁荣经济有害。如果能适当改善工人生活，使工人感到获得了被尊重的地位，将大大提高工人的生产积极性。

解放区正确的经济政策，带动了政府劳动政策的进步，这正如毛泽东指出的：“在劳资关系上，我们一方面扶助工人，使工人有工做，有饭吃；另一方面又实行发展实业的政策，使资本家也有利可图。”[②]陈达则进一步把解放区的劳动政策引申为：劳动政策必须符合经济政策的总精神，即发展生产，繁荣经济，公私兼顾，劳资两利；工资可以增加，但不应过多；工作时间可以按情况缩短，但不应过左；劳资间要订立合同；工人必须严格遵守劳动纪律；工农要合作。

陈达发现，解放区的职工运动的目的，是使工人阶级及被压迫的人民获得民主自由及解放，其任务是组织工人，参加抗战，以提高他们的地位，同时适当地改良他们的生活。这样，在解放区里，就形成了新的劳资关系。在公营和合作企业中，工人是主人，没有剥削者和被剥削者，没有压迫者和被压迫者，没有资方和劳方的对立。而“在解放区的私营企业中，工人有两种地位：一是

① 毛泽东：《论政策》，载《毛泽东选集》第2卷，人民出版社，1968年，第743页。

② 毛泽东：《毛泽东同志在边区参议会的演说》，载延安《解放日报》，1941年11月22日。

被剥削者的地位即劳方的地位；一是社会主人翁的地位：国家政权领导者的地位”[①]。雇主与工人间的关系，在工资与待遇、食品与服装用品、文化、社会地位方面都有所改善。工人也树立了新的劳动观点，认识到劳动成果将为自己所享有，也将为满足抗战和政府的需要作贡献，因此劳动是光荣的，并表现出充沛的劳动积极性和创造性。由于工资酌量增加，工时酌量缩短，实行全面工资制，按技术及劳动热忱分工资等级，多劳多得，所以工人的劳动热情得到了提高，资本与劳力进一步结合，从而生产效率也得到了提高，产品质量得到改进。此外，在解放区，工人的政治地位也提高了，他们不是工具，而是为自己做工，有充分的民主，没有失业的危险，并且有真正属于自己的工会组织。

解放区的工会是工人阶级的群众性组织，以团结和教育工人为主要任务。教育包括政治和技术教育两方面，政治教育的内容包括工人应尽的公民义务。工会从政治、经济、文化各方面去提高工人阶级的地位，提高工人的劳动热忱，使职工严守劳动纪律，提高职工技术，保证生产，适当改善工人生活，协调党政工会的关系。抗战期间，解放区工会的中心任务是发扬民主精神，加强工会组织，加强阶级与民族教育，加强对工人利益的保护。解放区的工会还与“中国劳动协会”合作，参加了世界职工大会。

陈达对中国劳工问题的研究，及对中国抗日战争期间不同地区劳工问题的研究，无论在理论上还是在方法、态度和视角上，都有科学的新贡献。

中国劳工问题研究，从介绍国外劳工理论、问题与劳工法起步，逐步发展为对中国现实的劳工问题的实证研究，最初是对中国旧式手工业的小型劳工调查，到20世纪三四十年代则结合中国的实际，对新型工业的劳工进行较大规模的深入调查，并在调查研究的基础上，提出了解决劳工问题的理论、方法和步骤。在中国劳工问题的研究中，陈达的调查研究是最有代表性的。

第四节
陈达的华侨问题研究

陈达对中国的人口、劳工、华侨等方面的研究，为中国的社会及社会学的建设，做出了卓越的贡献。他所提出的理论乃至研究方法至今仍启迪着我们对

① 陈达：《我国抗日战争时期市镇工人生活》，中国劳动出版社，1993年，第471页。

现实问题的思考与研究。

在20世纪30年代，中国的海外移民散布于世界50多个国家和地区，人数有1000万（包括迁移民与再生侨民）之多。大量移民与减轻人口的压力、移民的家乡经济、移民国家的经济、社会的现代化等发生着关系与影响，这些问题已引起国内研究者的注意与努力。太平洋国际学会在研究生活程度时，把移民当作影响生活程度的一个重要因素。1933年在加拿大召开的太平洋国际学会上，国际研究委员会拟订了关于生活程度的具体研究计划，希望各会员国努力合作。中国太平洋学会选定移民为研究问题之一，陈达应约负责进行调查与研究，其最后的成果是《南洋华侨与闽粤社会》（1938年，商务印书馆）。该书的研究方法很科学，本节着重介绍该项调查研究的方法。

一、科学的调查研究方法

根据调查研究主题的需要和客观的具体条件，陈达采取了多种调查研究的方法。

（一）比较研究

比较原则贯彻于陈达的《南洋华侨与闽粤社会》一书。

1．社区比较

陈达对华侨社区、非华侨社区、南洋华侨社区，进行三角式的比较研究。他选择了移民量比较大的太平洋区域的广东东部和福建南部的甲、乙、丙三个华侨社区，而且这些侨民仍与祖国维持着关系。同时，他选择了与丙华侨社区相近且在地理与社会环境方面相差不大的非华侨社区，以便与华侨社区作比较研究。虽然调查研究的重点放在华侨社区，但陈达努力在可能的范围内以非华侨社区的有关材料与华侨社区做比较，分析共同点与不同点及其成因与社会影响。

陈达还依照华侨社区迁出的华侨所在的南洋地区的情形，深入观察其生活，及对家乡物质和非物质的影响，据此研究南洋华侨对家乡社会生活变迁产生影响的原因，进而找出闽粤沿海向南洋移民的原因，研究这些村落生活方式的形成与变迁，研究南洋移民对其生活方式的形成与变迁的影响，研究这些影响的量与质又如何在华侨社区表现出来。

2．分类比较研究

陈达在华侨社区（丙）和非华侨社区各选定100个家庭，按家庭的经济状况及社会地位将这100户分成上、中、下、贫四等，进行生活费比较研究。

在华侨社区中，陈达又选择了不同类型的社区作比较研究。在甲华侨社区，一位著名华侨以一人的努力，对家乡社会多方面的变迁产生各种影响；乙华侨社区居住一大姓，同宗的许多人近百年来陆续迁往南洋，并对家乡的族人产生了复杂的影响，同时也显示出中国家庭制度的势力；丙华侨社区则由多姓住户组成，在这里可以观察到不同姓或不同血统的移民对家乡的影响。

（二）问卷访问调查

在选定调查点后，陈达采用问卷访问调查方法对华侨社区和非华侨社区进行了实地调查，针对有侨民的家庭的访问表列出了12个问题共64项，每项又分若干细目，调查员逐户访问填表，其中甲区调查182家，乙区调查224家，丙区调查942家。调查非华侨社区的问卷与在华侨社区使用的问卷大体相同，除对有些不适当的部分做些修改外，凡属同类可比的内容均在调查之列。总共调查了572户非华侨家庭。

（三）专题调查法

有些问题的内容复杂，陈达便根据研究的需要，针对每个问题，如土地的利用、学校、公路的建筑及运用、学生的人数等，制出比较详细的表格进行专题调查。

（四）实地观察法

为了寻找从闽粤各地迁往南洋的华侨的材料，1935年，陈达用了3个月的时间，到荷属东印度、英属马来西亚、法属印度支那及暹罗等地对华侨社会作实地观察，考察华侨在南洋的生活，研究他们对家乡的感情、态度或建议等。调查的重点是南洋华侨对家乡的物质和非物质的影响。在对华侨社区与非华侨社区的实地调查中，同样采用了问卷访问与专题调查相结合的方法。

（五）文献的搜集

陈达在实地调查中非常注意搜集两类文字资料。一类是民间文字资料，要求调查员在访问调查中随时搜集与本题有关的各种复杂的民间资料，如移民信札、批馆、募工的办法与概况、著名移民传、风水、著名副业、天灾等方面的文献，同时还要求用通信的方式订正、补充调查中收集的资料；另一类是已有的正式或官方文献，包括收集有关的报纸、书籍、政府报告等。

（六）综合的分析与研究

无论是对华侨社区的传统生活方式及其变迁，还是对社会变迁的原素即移民的影响，陈达都进行了综合的分析与研究。

例如，陈达对传统的生活方式的分析，就是把地理的影响、人口与社会环境、居民的文化特征，以及居民主要从事的职业和心理环境综合起来进行的。

对社会变迁原素的分析，则涵盖了中国到当时为止在物质、制度和文化等方面发生的社会变迁，也包括对当时的社会变迁的主要趋势的分析。而在分析社会变迁的主要趋势时，又综合了当时国内的物质建设、思想解放与社会改良情况，综合考虑了中国当时的国际移民政策的改变、中国南洋移民的法律地位、移民的方法、离开中国的主要原因、移民的分布以及他们的主要职业。总之，陈达是把华侨问题放在大的有机的社会变迁背景下进行分析研究的。

在研究移民的影响这一导致社会变迁的原素时，陈达对华侨社区及南洋华侨的影响与非华侨社区进行比较研究，这是一种综合的比较，比较范围涵盖了从经济生活、衣食住、婚姻与家庭到社会觉悟（包括治安、都市化、交通）、教育、卫生与娱乐方式等各个方面，旨在根据其共同点与不同点，全面考察华侨对于家乡社会变迁的影响。陈达发现，华侨不但影响了华侨社区的家庭，而且对家乡、对都市等都产生了影响。这种影响涉及社会的经济事业、交通、治安、教育、生活方式、社会文化与观念信仰等诸多方面。一句话，南洋华侨对闽粤社会的变迁产生了全面的影响。

陈达把社会作为一个有机的相关的整体，进行综合性的分析与研究。

二、科学严谨的治学作风

陈达的治学作风是科学而严谨的，这主要体现在以下各方面。

（一）明确的调查目的和重点

陈达此项调查的主要内容是南洋华侨对家乡的影响，这些影响使整个社会生活发生了变迁。陈达全面分析了这些变迁，分析了这些变迁的原因与影响。

陈达闽粤华侨社区研究，旨在通过对这些华侨社区的生活方式的形成与变迁的分析，找出下列问题的答案："闽粤的沿海村落，在历史上何以连续不断地有向南洋的迁民运动？这些村落何以形成它们的生活方式？这种生活方式怎样发生变迁？对于生活方式的形成与变迁，南洋的迁民产生何种影响？这些影响的质与量，在闽粤的华侨社区里如何表现出来？”[①]

（二）明确规定调查的范围

陈达的此项实证研究的范围，限于太平洋区域中移民数量较大的地区，而且这些地区的移民仍与祖国维持关系，有时寄款回国，或本人偶尔回乡。根据上述规定，陈达选择了移民人数多、历史较长、移民对家乡有比较显著影响的社区：广东东部（潮州区）的丙华侨社区与福建南部的甲、乙华侨社区。

（三）专家亲自选点并指导实地调查

该调查是学者与实际工作者相结合进行的。陈达亲自选定比较熟悉调查地的人员作调查员，调查员人数根据任务而定。专家们对调查员的实地调查工作给以具体的指导，规定调查的时间，调查员及其助手按时间访问选定的住户。例如在调查家庭预算时，调查员须每月去每家访问3次，将访问所得材料录入《家庭预算表》。调查时段以一年为期，对华侨社区的住户，时间为从1934年10月至1935年9月；对非华侨社区的住户，时间为从1935年3月至1936年2月。

（四）界定重要的概念

如前所述，陈达此项调查的重点，是研究华侨社区的生活方式，及南洋移民对华侨社区生活方式的形成与变迁所产生的影响，因此，“生活方式”概念的界定至关重要。陈达所给出的明确界定是，生活方式是人群对于环境的适应与顺应，包括三个方面，即地理、社会与心理。

因此，该调查包括自然环境如沿海的便利、天灾的流行、土地的贫瘠等对移民的刺激；也包括社会环境，如社会的治安、职业的选择与改变、教育的设施、卫生与娱乐设施等。对自然环境和社会环境的适应与顺应，说明的是人的谋生努力，及维持人与人之间的各种互动与共同行为。对这两种环境的顺应，表明人群的生活在理智上有了适当的发展，但对于感情的抒发尚有不足，因此，该调查还对心理环境进行了研究，如对信仰与崇拜等深层次的心理现象进行了探讨。总之，生活方式是人类的生活对于环境施行上述三方面的调适，对于三方面的调适与顺应，才是整个生活方式的表现。同时，陈达明确指出，生活程度只是生活方式的一部分而已。

① 陈达：《南洋华侨与闽粤社会》，商务印书馆，1938年，引言第8页。

（五）实事求是的态度

陈达对他的这项调查及相关著作的态度是实事求是的，他指出，首先，此项研究只是对南洋华侨对家乡的各种影响、贡献的事实及应注意的问题，作了初步的考察，而对整个问题，尚未得到任何结论。其次，对于国际的比较亦无适当的贡献，因为并未对生活方式的内容进行分类或测量的尝试。因此，陈达提醒说，凡引用他的材料作国际比较研究者，必须格外审慎。这种认真负责、实事求是的态度令人敬佩。

（六）严谨的科学作风

1．征求对研究计划的批评与建议

陈达在拟订研究计划之后，广泛征求国内外对本问题有兴趣的学者的批评与建议。对此项研究提出了批评与建议的有国外的帕克教授、安达姆司（Romanro Adams）教授、格立克（Clarence Gliek）以及国内的陶孟和教授、陈受颐教授、陈序经教授、刘士木先生、吴文藻教授、吴景超教授等人。而在实地调查时，既得到付尚霖教授、徐声金教授的顾问，又得到所在地的许多机关和热心人士的赞助。

2．审慎的材料整理

陈观胜、倪因心、陶孟和、郝纶、刘椽等专家教授参加了有关部分的材料整理，史镜涵参加了修正工作。陈达请假一年（1934–1935年）管理调查材料，负责研究本问题。1937年5月完成中文报告，7月草拟英文报告，11月完成英文稿。陈达与各方面的专家一起整理研究材料先后达4年之久，该书发稿后，又经吴文藻教授、倪因心先生校对，才正式出书。对于研究成果发表的这种审慎态度，实在是难能可贵。

第五节 柯象峰的中国贫穷问题研究

柯象峰（1900–1983），别名柯森，安徽贵池人，1922年毕业于金陵大学，1927–1930年毕业于法国里昂大学社会经济系，获博士学位，1930–1937年任南京金陵大学社会学、经济学教授，兼教务长，1937–1945年任成都金陵大学教授，兼社会学系主任，1945–1947年任南京金陵大学教授、兼教务长，

1947年赴英、美考察及研究，1948年任南京金陵大学教授，兼社会学系主任。1952年后任南京大学外语系、经济系教授。主要著作有：《现代人口问题》（1934）、《中国贫穷问题》（1935）、《贫穷问题》（1935）、《社会救济》（1944）、《保民婚俗》（1948）。[①]

柯象峰毕业后主要从事社会学、经济学、人口学的教学和研究工作，尤其重视对中国的人口问题与贫困化问题的调查与研究。他认为，应通过改进文化环境、发展科学事业来解决中国的人口问题和贫困问题。柯象峰所著《中国贫穷问题》一书，1935年由正中书局出版，1947年又出沪版。该书是中国第一部系统研究中国贫穷问题的著作，其材料相当丰富，内容则重在问题的提出，而不多作解决的建议。正如他在自序中所说："作者就个人见解所及，认为在中国今日之状态中，国人所最感迫切的，恐怕还是贫穷的解除罢！"[②]现就柯象峰对研究贫穷的意义、他所采用的研究方法以及他对中国贫穷的实况的了解，对贫穷原因的分析、预防与救治贫穷的观点分述如下。

一、研究贫穷的意义与方法

（一）研究贫穷的意义

柯象峰认为，中国民众生活的弱点有很多，但是基本的弱点是"贫"与"愚"以及"弱"与"私"等现象。国人最感迫切的，恐怕还是贫穷的消除。中国人的穷困不但很普遍，而且是很深刻的。如果一个国家有四分之三以上的人口过着平均线以下的生活，那么这个国家又怎能谈得上发展文化？在国际上又怎能迎头赶上人家？所以，柯象峰认为，在当时的状况下，中国的贫穷问题实在是值得深切注意和研究的。柯象峰说，虽然北平和南京的一些学术机关如燕京大学和金陵大学社会学系作了一些研究工作，但是所获得的结果不但稀少而且不完备。柯象峰认识到了贫穷问题的重要，所以愿意提倡对贫穷问题的研究，但他又意识到研究和解决这个问题的繁难，觉得自己只能做一些最低限度的工作，那就是尽量地把有关的各项问题提出来。因此在他的著作中，有五分之三的篇幅是对中国贫穷原因的分析，至于解决贫穷问题的办法，则留待各方

① 参见"柯象峰"简介，载《中国大百科全书 社会学》，中国大百科全书出版社，1991年，第134页。

② 柯象峰：《中国贫穷问题》，正中书局，1935年，第1页。

面的专家来共同答复。

（二）研究贫穷问题的方法

柯象峰说，贫穷是一种社会病态。按一般科学研究方法的程序是，先有问题，次有问题范围的确定，再次为拟出假定，整理材料，作出结论，并加以证实，其中尤以搜集材料和整理材料这两个步骤最为繁难。当时，对社会调查方法颇有研究的樊弘举出的社会调查方法有：历史法、个案研究法、标本调查法、全体调查法、统计法。而据柯象峰的意见，可以把社会调查方法分为两大类。第一类为搜集材料的方法，这又分为两种，一是对于可供研究该对象以往事实（历史背景）参考的已有材料，可以用历史法来搜集处理；二是对于搜集与该问题有关的现实材料而言，可以利用社会调查法。而社会调查法又分为个案研究法、范例调查法和全体调查法。第二类为整理材料的方法。在搜集材料的工作完成以后，需要对所收集的材料进行整理，而统计法则实为整理材料的最好工具。柯象峰把这两类方法简要地表述为：

甲、搜集材料
- （一）历史法——利用已成的研究
- （二）社会调查法——搜集现实的事态
  - （1）个案研究法
  - （2）范例调查法
  - （3）全体调查法

乙、整理材料——（三）统计法

柯象峰还指出，在个别的场合,各种方法都各有其特殊的功用。例如，须作精密的或着重质的研究时，可以用个案研究法；而要作数量的研究时，可以用范例法或全体调查法。不过应当注意的是这些方法是相互为用的。例如，在研究一个团体或一种现象时，第一步要用历史法来搜集关于研究此项问题的各种材料以资参考；第二步要用个案研究法来试行研究一个例子，对该问题内容的各方面作初步的观察，借以确定研究的范围；第三步要研究该对象本身的历史背景，据以探求其历史的因果关系；第四步仍须按环境的许可，用各种社会调查方法来研究该问题的各方面的概况及相互关系；第五步最后可用统计法对材料进行整理比较，量化地表现研究的结果。所以这些方法的应用，并不是相互独立的，而是相互为用的。

柯象峰在研究中国贫穷问题时，也想应用以上各种方法，不过，由于各种条件的限制，他仍然偏重于应用已成的各种研究。柯象峰一方面谈论贫穷，并对中外贫穷实况加以分析；另一方面又探讨贫穷的原因，尤着重于从物质、生物、政治、经济、社会等方面分析中国贫穷原因；最后再申论贫穷的救治方法。

二、中国贫穷的实况

柯象峰在分析中国贫穷的实况时，说明了什么是贫穷、生活程度及中国的贫穷状况。

（一）贫穷与生活程度

柯象峰对贫穷的定义是："个人（或一个家庭）在某社会中，在某一个时期内不能维持该团体所认为最低的生活程度时——包括他本人及其家庭物质上及精神上需要的事物——其生活状态，谓之贫穷。"[①]

与贫穷有关的是生活程度与生活标准。柯象峰认为，生活程度与生活标准是有差异的。生活程度是指人们实际享受的生活，也可以说是现实的生活。而生活标准是指为增进效能起见而应为人们享有的生活，这是一种理想的标准。至于生活享受所用金钱的代价，柯象峰称之为生活费。

柯象峰把生活程度分为四级，而将生活标准分为两级。

生活程度的四个等级分别为：（1）贫穷级，在此级生活的人，大多处于饥馑状态，受人赈济；（2）生存级，在此级生活的人，仅可以获得维持最低生活的必需品，几乎无力应付社会性的需要；（3）健康级或舒适级，属于此级的人，生活较为安适，不但可以获得生活上的必需品，而且有余力谋取舒适高尚的生活、子女教育的完全、适当的娱乐和自身的发展；（4）奢侈级，属于此级的人过着极安适丰富的生活。不过此一分级法因各社会情形的不同，而不全属一致。而柯象峰的两等级生活标准则为：（1）生存的标准生活，与生活程度的第二级相类，也有人将这一标准视为贫穷线；（2）舒适的标准生活，约与生活程度的第三级相当，因为在此一标准之下的生活，不能使人们成为健全的社会成员，而超过此一标准的生活又未免太高，有暴殄天物之处。此种标准当然也是随社会的不同而不同的。

柯象峰接着分析了影响生活程度的因子，他认为，社会的与团体的生活程度，或整个社会的生活程度，是由三个因子结合所造成的，一是人口的数量，

① 柯象峰：《中国贫穷问题》，正中书局，1935年，第14页。

二是可以利用的土地或资源，三是技术的程度。如果某一社会的人口规模适中，资源富饶，技术发达，则该社会所获得的生活资料一定丰富，结果整个社会的生活程度也是很高的；反之，人口太多或太少，或资源不丰，技术落后，一定会导致整个社会的生活的低下。

柯象峰认为，社会中各团体的生活程度是他们彼此竞争的结果。谁的势力强，谁的团体就可以在种种方面占优势，结果该团体的生活程度一定可以得到提高。至于势力的大小，有的看武力（如封建时代的领主），有的看政治权力（如贵族、官吏），有的看财力（如近代的资本家）。他们都是因为有所凭借而占上风的。柯象峰指出，总的来说，整个社会的生活程度是一个生产问题，而社会中各团体的生活程度则是一个分配的问题，但两者间的关系却极为密切。

通常讨论生活程度时，多认为讨论社会中各团体的生活程度有较深切的意义。而在对各团体的生活程度的探讨中，又以对在社会人口中占大多数的团体的生活程度的探讨最有意义。在工业国家里，工人最多，所以研究工人的生活程度最有意义；而在农业国家如中国，农民占大多数，所以研究农民的生活程度最有意义。关于生活程度的具体内容，可以从收入与支出两方面来分析，因为生活的享受状况如何，一方面要看收入的状况如何，另一方面又要看支出的状况如何。如果收入太少，就不会有适合需要的支出或消费；如果不善于支出或消费，则虽收入甚多，也会因为浪费之故而使生活享受不见得舒适，所以收入与支出和生活程度的关系是很密切的。恩格尔的四条定律是：（1）家庭收入增高时，用于食品的百分比会降低；（2）家庭收入增高时，用于衣着的百分比大致没有多少变更；（3）同时用于住处及燃料的百分比，在以上各种收入状况下也没有变动；（4）家庭收入增高时，用于各种文化的需要如教育、健康、娱乐等方面的百分比常常会随之而增高。但柯象峰特别指出，恩格尔定律只是指出一般的趋势，因为不但在特别富庶的国家，而且在特别贫苦的国家，实际的生活趋势也可能与恩格尔定律有差异，若再就各个家庭而论，因特别的兴趣与个性的不同，这种差异会更显著。因此，柯象峰认为，衡量生活程度时应根据本国各家庭的不同而具体地运用标准，而不能生搬硬套。

（二）中国的贫穷状况

至于各国生活程度的比较，柯象峰认为，应从三方面去研究。首先，可以对各国人民的收入进行比较；其次，可以对各国家庭支出进行比较；再次，还可以对各国生活内容或实际享受方面进行比较。因为对中国的全国收入分配状况缺少全面的调查，仅有少数零星调查可供参考，所以无法准确与他国进行比较。但还是可以通过一些科学的调查，来估计中国的贫穷状况。如金陵大学教授卜克氏（J.L.Buck）调查了中国5省8区486个农家的经济状况，结果表明每个家庭平均每年各种收入共计约203. 44元。再有，民国十九年（1930），工商部对9省29城市各业男女童工每月工资的统计表明，大多数童工的每月工资在20元以下，其家庭的生活费不足是很明显的。其他调查及对贫穷的估计见表8.1。①

表8.1 中国贫穷人口之估计举例

估计者	贫穷人口百分数	估计的对象与范围	估计时间	估计所根据的标准（贫穷线）
狄特麦（C.G.Dittmer）	61.5%	北平近郊195个家庭（每个家庭平均人口=5）	1918	$109.00
戴乐仁（J.B.Taylor）	50.0% 80.0%	江苏1359农家 河北3532农家 （五口之家）	1924	$150.00
华洋义赈会	50.0% 80.0%	直鲁苏浙皖五省 240村7097家或37191口人	?	$150.00
北平卫生试验所	*26.0%	北平城（254381家）	1926	$120.00 $240.00
李敬穆	50.0%	全国人口	?	$130.00 $160.00
许仕廉	50.0%	全国人口	1928	$170.00
林东海	70.0%	全国人口	?	?
余天休	95.0%	全国人口	?	$250.00

*加上次贫则为73.3%

根据各种调查研究材料，柯象峰认为，贫民数量至少应占全国人口的75%或3/4。这种估计是可靠的。

① 柯象峰：《中国贫穷问题》，正中书局，1935年，第74页。

三、中国贫穷的原因及影响

（一）中国贫穷的原因

柯象峰从物质因子、生物因子、政治因子、经济因子和社会因子等全面翔实地分析了中国贫穷的原因。

1. 贫穷的物质及生物因子

柯象峰看到，中国的贫困状况是很严重的，人民不但受到贫困的威胁，而且接近饿殍线。这种生活困乏的直接原因，是一般人民的收入过少。柯象峰认为造成“收入甚少”的因子很多，很复杂，但先要从物质因子方面来加以讨论：一是资源缺乏，这又表现为耕地不足、土壤不良、矿藏不富和森林荒废这四个方面。就耕地不足而言，据中国地质调查所翁文灏的估计，中国的土地状况是高原与山脉共占全国面积的64%，而平原与盆地仅占26%；二是气候与灾害，水旱灾频繁。

在柯象峰心目中，导致中国贫穷的生物因子主要有，一是蝗灾和病虫害多，二是中国人口问题大。中国的人口问题主要又表现在以下两个方面：一是中国人口的疾病。柯象峰依据中央卫生署及各地的有关报告认为，首先从中国儿童的体格缺点就可以看出，中国人民的体质很弱且多受微生物侵袭；其次，从各大城市报告死亡的各种疾病可以看出，因微生物的作祟而引起的生命的损失。据1929–1932年的检查，南京、上海、北平、杭州、苏州、青岛、威海卫等地的学童体格缺点统计表明，儿童患沙眼的占半数，其次为牙病等，患肺病的占1. 39%。这些儿童只是全国儿童的一小部分，而且多数属于小康之家；他们在体格方面况且有如此多的缺点，那么可想而知，大多数穷人子弟不仅无钱读书，而且就全国而论，有体格缺点的儿童在儿童总数中所占的百分比只会更高。关于各种疾病导致死亡的状况，据黄子方说，中国人死于胃肠病者占35%，死于天花及肺痨者约占15%。二是中国人的生死与寿命。中国人口的生育率在35%以上，死亡率接近于30%，如与近代国家比较，中国是一个高生育率与高死亡率国家。

2. 贫穷的政治、经济、社会因子

据柯象峰分析，当时中国之所以贫穷的政治因子就是内政不修而外患日亟。内政不修表现为内乱频仍、匪患剧烈、法制不当、吏治不清、财政紊乱等，外患日亟表现于国家丧师失地等方面。柯象峰认为，造成中国人民收入短少与人民生活苦困的原因，除了以上所述外，还有很多的经济原因：（1）生产方面的原因是生产要素不健全，如资本短少，耕地不足，民食缺乏，人工过剩与失业，组织不良，外资侵略等。（2）交易方面的原因有，在国际贸易与国际收支中，中国进口工业品和奢侈品，而出口原料、外贸权掌握在外国人手里；在国内贸易方面贸易不畅，交通运输滞缓，金融制度不健全。（3）分配方面的原因是，分配不足也不公平，存在佃农制度，工资水平低，存在劳资冲突，工人罢工，社会上存在高利贷。（4）消费方面的原因是，中国人缺乏优良的储蓄习惯，不善处理家政，这使贫穷者更加贫穷。

至于导致中国贫穷的社会因子，柯象峰从数种社会因子进行分析，因为它们直接或间接地影响着中国的贫穷。

（1）家族制度。控制中国人民行为的思想与习俗很多，其中心势力就是儒家思想。当然，一种思想的产生是环境需要的结晶，一旦时过境迁，便需要改易。如果旧时代的思想仍深入人心而不易改变，则因这种思想而产生的各种制度便成为积重难返的负担，往日促成该社会发展的思想与制度反过来成了阻碍该社会进展的妨害物。家族制度就是其中之一。中国的产业状况造成中国社会组织，中国的社会组织造成孔子以前的及孔子的伦理观念。孔子思想虽应时代需要而产生，后世历代君主却因其政治哲学有利于君主政体的维持，无不利用之为护符。但随着都市化工业化的进展，整个经济组织已发生动摇和改易，家庭制度已对中国社会尤其是生产事业产生阻碍，例如，家族制度养成的守旧心理、依赖性及散漫性就不利于中国社会的发展。柯象峰认为，中国人的家族制度这种社会组织实在是中国现代生活停滞的大原因。由于家族主义而发生的早婚和多子女的观念等，又使人口剧增。与家族制度相联系的重视先人安葬之习，则是导致耕地浪费的一大原因。据卜克氏（J.L.Buck）教授调查，当时中国有5% –8%的耕地被用作坟地。因此，柯象峰说，当时中国生产事业之所以不发达，家族制度是应该负一部分责任的。

（2）宗教迷信与习俗。各种迷信与习俗影响着人民的生计。中国人的信仰极其复杂而又矛盾可笑，除对列祖列宗的祭祀外，尚有李老君、释迦牟尼佛、观世音、财神，以及数不尽的神人与鬼灵，都是民众崇敬礼拜的对象。为此，每年消耗资产甚巨。据英人韦白斯特（Webster）估计，中国人每年用于宗教供奉的耗费达3亿美元之多。民国二十一年（1932）济南年俗展览会陈列中，据统计，仅观音一项，全国就要消耗3500万元，如用此款改购赈粮，可供195万人半年之需。这些例子都说明，迷信耗资之巨。柯象峰认为，因为儒教重礼的关系，繁文缛节费时耗财，礼中尤其是丧礼与婚礼为最重要，贫人常为习俗所拘而破产负债。

（3）教育。知识为生活之工具，知识缺乏的人，无论是生产或消费都不善应付。中国文盲过多，当时85%以上的人不识字。柯象峰指出，生产事业的领导人才及技术人才有赖于中等以上的教育状况，但在当时的中国，不但受初等教育的人数甚少，受中等教育及高等教育的人数尤少，每万人中受中等教育的只有7.23人。生产教育也很缺乏，全国中等学校中职业学校仅占9%，这种教育结构造成生产事业人才的缺乏。另一方面，中国人还有一种错误的习惯性观念，这就是读书做官，这种官僚主义思想笼罩着中国人。柯象峰指出，"欲求中国生产事业之发达，这种迂腐思想有彻底澄清之必要，而劳工神圣之思想，应令其实际地早日抬头也"。①

（4）卫生。生产需要健全的头脑、健全的体魄，而健全头脑与健全体魄的养成，一方面在于营养，另一方面也在于保健。中国人大多数贫困，营养不足，而富人的饮食又过于油腻，不合卫生要求。同时，中国的卫生设备也严重不足，这些都不利于健全头脑和健全体魄的养成。

（5）嗜好与奢侈的风气。柯象峰指出："不幸的中国人民已经很贫，还要加上许多恶劣的嗜好，下流的嗜好，沉溺其间，既伤身体，复耗资财，常使富者变贫，贫者变为赤贫。在嗜好中大多数都是认吃（烟）、喝（酒）、嫖（妓）、赌为最不良的嗜好。"②尤其鸦片的售吸者数量更是惊人。至于中国社会的一般奢侈习惯，除婚丧礼节外，尤可见于一般应酬费上。如杨西孟在研究上海工人生活水平时发现，他们收入虽然不多，但应酬费约占总支出的2.6%，窘于应酬的贫民更是屡见不鲜。

以上柯象峰从天灾人祸、政治、经济、社会等方面全面地分析了中国贫穷的原因。那么中国的贫穷又有何影响呢？柯象峰进一步探讨这个问题。

① 柯象峰：《中国贫穷问题》，正中书局，1935年，第279页。

② 同上书，第283页。

（二）贫穷的影响

关于贫穷的影响，柯象峰认为有以下几个方面。

1. 贫穷的循环性。一个社会一旦遭受贫穷的袭击，如果保持放任不管的态度或者因循于贫穷的道途中，则该贫穷社会在演进的过程中必定以贫穷始、以贫穷终，周而复始，一层一层地增加其深化的程度。对于个人来说，因贫穷而无力受教育，因缺乏教育而生产技能低下，因此收入少，营养不良，身体不健全，工作差，收入少，甚至因生病而失业。对一个国家来说也是如此。在物质因子方面：因贫穷而无力开拓耕地，地少而国贫，因贫而无力防灾；在生物因子方面：因贫穷而无力防治病虫，无力注意营养与保健，从而使人民体弱多病，因体弱多病而更贫穷，因为贫穷生活程度低，加上无知者生育多死亡也多，结果同样是贫上加贫；在政治因子方面：因为贫穷而当兵为匪的人将会增多，而国家则会因兵多匪众而益贫，因贫而贪污者多，因吏治不清明而民愈贫，因政府穷而有苛捐杂税，因苛捐杂税而财政紊乱，榨取人民，从而国家更贫，因贫而无力建国防，从而丧师失地赔款，致使国贫民苦；在经济因子方面：因贫无资本发展生产事业，劳力过剩失业而更贫，因贫易受外资侵略，民生益困，因贫而生产事业不振，国际贸易不振、入超多而国家贫，因贫而无力发展交通事业，导致百业不畅而民愈贫，因贫而互争，强者榨取弱者，表现为佃农制度、工资低与高利贷等分配不均的现象，因分配不均而弱者益贫；在社会因子方面：因贫而人民多失教育，因文盲多而益贫，因贫而卫生设备不足，人民身体多不健全而且多病，招致贫穷的降临。柯象峰总结说："贫穷固然是由于物质环境，生物环境，以及政治、经济、社会等文化环境中弱点所造成，但同时被造成的贫穷有再使以上各因子中的弱点日益加深、日益加甚的趋势，假使我们不设法击破这恶魔似的环境圈的话，因贫穷是因，同时也是果，其衔接之处应为着手解决之出发点。"①

2. 贫穷与其他社会病态。柯象峰指出，除贫穷造成以上的社会病态，即内乱、疾病、死亡、再造成贫穷外，还有犯罪、娼妓等密切相关的社会问题。贫穷与犯罪是紧密相关的，一个人饥寒交迫，就容易铤而走险，犯罪行为必定因此而增加。严景耀于民国九至十五年（1920–1926）调查北京男犯的各种罪名时发现，犯盗窃罪者占总数的44. 4%。周叔昭于民国十九年（1930）对北平

① 柯象峰：《中国贫穷问题》，正中书局，1935年，第289页。

人监女犯的调查表明，以略诱罪为最多，占全部罪名的22.0%，女犯中犯经济罪的占全体的82%，而且大多数住在北平东部贫穷区。这些男女罪犯多半是因受经济压迫而铤而走险的。贫穷与娼妓关系密切，饥寒交迫的结果除了导致犯罪外，还使许多女子被送到人肉市场做商品。在当时的上海，每137个人中有1个妓女，而日本每392个人中只有1个妓女。上海多妓竟然冠绝全球。麦倩曾调查北平515名妓女，结果表明，她们中的大多数是直接或间接为贫穷所迫，为自己或家中生计所迫。

关于如何解决中国的贫穷问题，柯象峰提出了一些预防与救治措施。

四、中国贫穷的预防与救治

柯象峰指出，对贫穷的预防与救治，就是要标本兼治（社会保健与社会诊治）。治理贫穷病态的方法分为治本与治标两种，治本的方法是着重预防，这是积极的方法；治标的方法是着重救治，这是消极的方法。前者是事先的设法防免，后者是事后的补救。从社会的立场看，预防与救济同样重要。

（一）贫穷的预防

柯象峰提出的预防措施主要有以下几种。

1. 中国的自然环境应予改善。要兴修水利，改善中国的物质环境，还有造林、铲除病虫害等项也可直接间接造福于民生。

2. 中国应采取适当的人口政策。柯象峰认为，在这方面，应提出三种政策。一是少生政策。应极力提倡“节育运动”，鼓励人民自动节育，宣传节育的意义及其需要，宣传节育的方法，提倡性教育。在官方限制方面，应当用法律来制裁婚姻，设立科学避孕绝孕的机关，助成妇女生育的解放；二是优生政策。优生运动分为积极与消极两种，在积极方面是着重改良种族，在消极方面是着重消除不良的遗传；三是卫生政策。人民的健康要靠公共卫生运动来维持，普通公共卫生工作应包括生命统计、疫病防治、卫生事业的倡导（如检查食物、清洁街道沟渠等）、公共场所卫生设备的监督、公共看护的设立、卫生教育的倡导和卫生试验的筹办等。

3. 中国应改善政治、经济、社会环境。中国要消灭贫穷，就应铲除恶劣的政治、经济和社会环境。柯象峰认为，这种社会改善事业应集中于两个中心点：一为生产运动，二为开明运动。关于生产运动，柯象峰主张，中国当时的一切事业，应以生产为中心来统治一切的社会活动。也就是说凡是非生产的事业，如奢侈品的消费及制造，都应该予以停止或延搁。凡是生产事业尤其是直接有利于生产的事业应依缓急及整个的计划限期予以推行。例如孙中山先生的实业计划，以及参考苏联五年计划中的工业、农业、交通计划、都市计划、文化建设及人才训练计划等都属此列。内而民食、外而国防等主要工作，都要有相当的准备及建设。除了推行生产运动外，还要开展开明运动。因为学术为一切事业的渊源，国人如不崇尚学术，使少数优秀分子得以专心学术，对于各种科学有所贡献，则该社会将缺乏一种重要的基础。所以，要消除中国的贫穷，就应当提倡教育（生产教育），推行民智开明运动，其内容可分为三种：一是常识教育，使人民能识普通文字，皆接受普通常识或其他适宜的刺激，并且能作出适宜的反应；二是技术教育（纯生产教育），中国办了不少学校，但是职业学校甚少，而普通奴隶式的学徒制又极普遍，实为生产的极大阻碍。所以国人应多多注意职业教育的普及，使青年皆有一技之长，使生活与教育打成一片；三是学校教育，中国学术幼稚，科学不发达，专业人才缺乏，都是国人教育落后的证明，因此，学校教育在民智开明运动中也应占有重要位置。至于实施普及教育的方式，柯象峰认为，应按中华平民教育促进会所拟定的那样，采取学校式、社会式、家庭式的方式。

（二）贫穷的救治

柯象峰研究了中国以往的救济事业，提出了救济事业的组织与原理。

1．中国的救济事业

柯象峰纵横观察中国的救济事业，他认为中国救济事业发端很早，《周礼》中除荒政十二外，又有保息之政六：慈幼、养老、赈穷、恤贫、宽疾、安富，这是政府注意救济事业的明证。历代圣贤都声称，要使老有所终，壮有所用，幼有所长，鳏寡孤独废疾者皆有所养。历代仁政的表现是倡办各种赈济事业。在防灾方面有仓储制度，如两汉三国时建立常平仓制度，隋代建立社仓及义仓制度，明代有预备仓制。除仓储制度外，尚有唐宋的和粜及王安石的青苗法等济贫的办法。至于赈灾办法，有查赈、放赈、贷赈、煮赈、工赈、劝赈等各种办法。还有宗族乡党间的义举与达官贵人所置的义田，民间修桥补路、施行个人救济的也多。中国的救济事业，无论公家或私人所举办的，其动机或为笼络民心，或为欲得“急公好义”之名，没有现代社会事业的性质。其救济办法属施舍性质，无组织更无保障。中国的救济事业在前清早期才有一部分组织，如江宁的普育室及私人举办的救济事业团体，还有后来的南京慈善事业机构等。据民国十九年（1930）的内政部调查，江苏、湖北、湖南、云南、福建、广东、河南、河北、山西、辽宁、吉林、黑龙江、热河、绥远、察哈尔、新疆等16省566县（占全国所有县的1/4）有救济机关466所。

至于中国救济灾民的办法，柯象峰发现，与其他国家的旧式办法相似，即常将赈款平均地散给灾民，灾民只能获得短期生活费。这种做法不但会减弱灾民原有的勤苦精神，而且会摧残他们独立自尊的心理。所以，美国红十字会在1920年至1921年间赈灾时，就采用了以工代赈的新方法，即利用赈款雇用一般能工作的灾民从事公共建设及防灾的工作，灾民可以借工作的报酬来养活他们的家庭人口。华洋义赈会及国民政府在民国二十年（1931）救治水灾时也采用了这种方法。

2. 救济事业的组织与原理

旧的救济已不适应现代社会的救济事业，那么应该如何办理救济事业呢？对此，柯象峰的观点如下。

柯象峰把救济事业分为两大类，即户外救济与户内救济。赞成户外救济的理由有五：第一，对于被救济的个人及家庭来说，这是一种很自然且极合于慈善意义的救济办法，这种办法不会使贫民家庭破裂，还能保持一些自尊；第二，户外救济是很经济的，只需对家庭稍加补助，受灾者即可生活，可节省费用；第三，户外救济较私人救济更为可靠；第四，可省广厦千间；第五，可以协助贫民自立。但也有反对户外救济的，其理由也有5个：第一，户外救济在小市镇可以采取邻里互助的方式来帮贫民家庭，但在人烟稠密的大城市，以往那种邻里关系已不复存在；第二，因为户外救济的获得较为容易，人数亦随之而倍增；第三，户外救济容易引起政治上的贿赂行为，因为包办选举者辄利用赈款市惠，以冀获选；第四，户外救济容易养成漠视贫民的心理，因为民众以为既已纳税济贫，则自己职责已尽，且济贫有专人负责，故此就不再去过问了；第五，公共户外救济有促成工资低落的趋势。鉴于上述对户内户外救济的不同意见，以及国外的经验和教训，柯象峰借鉴国内学者的看法及国内的实际，提出了自己的户外救济与户内救济原则。他指出，户外救济若能注意以下原则则收效自然很大：（1）在小乡镇，户外救济可让私人办理，公家监督；

（2）在大城市，户外救济应交给受过训练的职员办理；（3）应与本地有技能的社会个案工作者竭诚合作，以期帮助贫民自立；（4）赈济人员应将被救济者及救济的详情报告监督机关，以凭纠正，乡镇尤其须有此种报告；（5）救济事业应有严密组织；（6）应组织义务的视察员，借以帮助贫民自立并教育民众；（7）各项赈济事业应以服务而非以施赈为目的；（8）直接间接有助于贫穷问题解决的机关，应竭诚合作与联络，以收更好的效果；（9）在公私救济事业方面，均应极端重视优良的社会个案工作；（10）在缺少社会个案工作技术员的地方，至少应有上级救济委员会的严密指导与监视；（11）救济委员会应经常召集救济员会议，借以宣传济贫的要旨及理想；（12）各地学术机关应开设社会救济事业课题，训练救济人才。

户内救济的出现晚于户外救济。柯象峰总结说，户内救济的失败，往往是因为：收容的人色过杂；有些染上劣习；范围小无力请专家管理；收容与遣出不甚严格而很随便，被收容者反复流浪；贫民院地点距市民远，而且忽视监督；贫民院与其他有关机关缺乏合作。有鉴于此，柯象峰对贫民院（或养济院）管理提出了10个原则：（1）收容的贫民应单纯化，少年犯应设专院管理；（2）院内贫民应按类别分居；（3）贫民院应家庭化，使其身心获益；（4）贫民院应设在近郊；（5）扩大贫民院范围，以有利于请专家管理，且要使设备合理化；（6）贫民院应受政府各级办理救济机关监督与指导；（7）贫民院应同地方救济事业有关的机关团体合作，以收合作之效；（8）应尽量使贫民有重新自立谋生的可能；（9）应注意使其中能工作的参加院内生产工作；（10）对出入院的贫民都要进行详细调查，以期实现救济的效果。柯象峰理想的救济事业，是预防与救治，是本标兼治。对中国贫穷的预防，在治本方面，一应改善自然环境，二应采取适当的人口政策，三应改善社会环境。在治标方面，“救济的目的是要使不能生产者能得着适当的生活，使无力生产者养成生产能力，已经失去生产能力以及暂时失去生产机会者，均各得适当之救济，能培植及恢复生产能力。亦即先贤所指应‘老有所终，壮有所用，幼有所长，鳏寡孤独废疾者，皆有所养’。再加上一番科学洗礼，使教养兼施，各得其宜，以期社会共进于光明之途。”[①]

具体来说，柯象峰认为，理想的救济事业应有以下七个原则：（1）救济

① 柯象峰：《中国贫穷问题》，正中书局，1935年，第338–339页。

事业应着重“知”，对于被救济的贫民应有详明的调查，再进一步施以适宜的救治，所以个案工作是极端重要的；（2）救济事业应采取合作政策，有关各机关团体应分工合作；（3）救济工作需要有专门人才；（4）救济贫民应当恰到好处，太过则长其依赖性，不足则难以令其自立；（5）救济事业应当着重预防，因为预防式的治贫是事半而功倍的；（6）救济贫民应当改造贫民的心理与人格，所以应当是“教”“养”兼施；（7）救济事业应具有同情心，兼有科学化，应以仁心为出发点，其手段应是科学的、客观的。所有这些，可以说是柯象峰的救治理论。

第六节 潘光旦的中国家庭问题研究

在中国，研究家庭问题的人颇多，五四运动之后更多，无论从传统观念还是从各种新思潮出发研究的都很多。社会学也不例外。因为婚姻家庭无论对社会、对国家、对组织，还是对个人，都是很重要的，因此，成为社会学研究的传统项目。新文化运动以后，对婚姻家庭有各种观点的研究，有比较传统的，有激进的，也有折中的。从研究的切入点来说，有从研究家庭生活费入手的，有研究家庭婚姻问题的，有从社会结构角度入手的，也有从社会制度方面进行研究的。所采用的研究方法也各有不同，有的采用实证研究的方法，即挨户进行调查或对整个社区进行实地调查；有的采用问卷随机调查；也有采用历史社会学的及制度的方法，进行理论分析。从研究的重点来说，有的着重于经济生活，有的从优生学，有的从社会学，有的从民族学，有的从法学，有的从文化价值观的角度来进行探讨。由于篇幅有限，本节只介绍在某些方面有代表性的社会学家的思想。在家庭生活费研究方面，较早采用实地调查进行实证研究的有陶孟和与李景汉等，从优生学角度研究婚姻家庭并在此问题上代表折中观点的是潘光旦，其后对家族制度进行综合理论研究的有孙本文、李树青，从制度角度进行研究的有费孝通等。

潘光旦是中国著名的优生学家，他的研究以优生学贯穿始终。潘光旦对中国家庭问题的研究，无论是方法的科学性还是分析的精致性，都有独到之处。在当时的中国，研究婚姻家庭的颇多，但多侧重于理论和制度方面，而潘光旦则是最早在报纸上对中国家庭问题进行问卷调查研究的学者。潘光旦关于性爱、婚姻家庭的研究著作颇多，这里将根据他的《中国之家庭问题》及他在20世纪30年代写的其他文章，对潘光旦的学术观点加以介绍。

一、潘光旦调查中国家庭问题的缘起

潘光旦认为："家庭向为我国社会组织之中心，社会之治安系焉。近自与西方文化接触，研究社会问题者执我国之制度以与西洋之制度较，觉我国之旧制不无胜人之处，亦不无亟宜改革之处，意见纷纭，莫衷一是。然一种社会问题，尤以关系綦重如家庭者，甚非哲学问题或科学问题可比，岂宜任其久悬不决，为好事者哓哓不休之资料耶？社会行为不能无相当公认之标准，西方社会学者称之日Social norm，否则心致彷徨失所依据，而社会问题益呈纠纷难理之象。际兹中西文物交流之时期，尤不能不形成若干合乎事理人情之新标准，以资调节。家庭既久为社会行为之中心，则其标准问题之亟宜及早解决。"[①]潘光旦因此在《学灯》上刊登了问卷，就中国的家庭问题征求读者的答案。

二、征求答案全文

潘光旦认为，"家庭问题不出三大方面：一为家庭之前因，即祖宗父母之待遇是；二为家庭之本身，即婚姻与夫妇之关系是；三为家庭之后果，即子女之养育是"[②]。因此他在《学灯》上刊登的问卷主要就这三个方面提出了若干问题，要求读者就这些问题提供答案。在回答问题时，读者只需用"+"回答："是""赞成""已然""能""有"，用"-"回答："非""不赞成""反对""未然""不能""无"即可。问卷还要求答卷人提供其姓名（不公布）、性别、年龄（岁）和籍贯（省县）等情况。其问卷正文如下。[③]

（甲）关于祖宗父母者

1．中国大家庭制有种种价值，允宜保存（　）

2．欧美之小家庭制，有种种价值，宜完全采取（　）

3．欧美之小家庭制可以采用，但祖父母与父母宜由子或孙辈轮

① 潘光旦：《中国之家庭问题》，新月书店出版社，1939年，第1页。

② 同上书，第4页。

③ 同上书，第4–12页。

流同居奉养（　）

4. 采取小家庭制：祖父母与父母之生计，由子或孙辈担任，但不同居侍养（　）

5. 祖宗之祭祀，有充分之宗教神秘价值，宜维持而加笃之（　）

6. 祖宗宜纪念，但不宜取祭祀之方式，宜用他方式以代之（　）

7. 祖宗宜祭祀，但须表示"祭如在"与"视死如视生"之真精神（　）

8. 中国社会正力求进步，祖宗之纪念适足以助长守旧崇古之心理，宜绝对废除（　）

9. 答案人之宗族现有宗祠否（　）

10. 答案人之宗族修有谱系否（　）

11. 答案人能不假参考而举其曾祖之名字否（　）

12. 答案人不能假参考而举其高祖之名字否（　）

（乙）关于婚姻者

一、婚姻之目的（注意：本节答案不用加减号，但请斟酌下列各目的之轻重而为之次第）

13. 父母之侍奉（第　）

14. 浪漫生活及伴侣（第　）

15. 性欲之满足（第　）

16. 良善子女之生产与教育（第　）

二、婚姻选择之标准（注意：本节答案亦不用加减号，但请斟酌下列各选择标准之轻重而为之次第）

17. 相貌与体态（第　）

18. 教育造诣（第　）

19. 办事能力或治家能力（第　）

20. 母性或父性（第　）

21. 经济能力（第　）

22. 清白家世（第　）

23. 家产或妆奁（第　）

24. 性情（第　）

25. 健康（第　）

26. 性的道德（第　）

三、婚姻之年龄（请估认男女间宜相差五岁之假定）

27. 女子十五以上，男子二十以上（　）

28. 女子二十以上，男子二十五以上（　）

29. 女子二十五以上，男子三十以上（　）

四、婚姻之血缘远近

30. 中国民种太少变异，宜与白种人多通婚媾（　）

31. “男女同姓，其生不蕃”（　）

32. 中表婚姻（　）

五、婚姻之裁可

33. 宜完全由父母或其他尊长做主（　）

34. 父母做主，但须征求本人同意（　）

35. 本人做主，但须征求父母同意（　）

36. 宜完全由本人自主（　）

六、婚姻之专一（娶妾问题）

37. 男子厉行一夫一妻制，无论如何，不宜置妾（　）

38. 艰于子息时，不妨置妾（　）

39. 当兹过渡时期，婚姻多不美满者，此等人离婚既不便，重婚又不可，宜许其置妾（　）

40. 或谓男性本多妻，且有妾制之社会，卖淫之风不若无妾制者之甚；妾制既有调节生活之效用，宜任其自然（　）

七、婚姻之解散与重续

41. 婚姻一经成约，即不宜解散（　）

42. 婚姻一经成礼，即不宜解散（　）

43. 鳏寡而已有子息者，不宜再娶或再嫁（　）

44. 不论有无子息，鳏宜再娶，寡宜再嫁（　）

45. 双方同意，即可解除婚约（ ）

46. 有一方不愿同居时，即可解除婚约（ ）

（丙）关于子女者

一、生育限制与子女多寡

47. 中国人口过剩，人人宜竭力利用生育限制之方法，使所生子女，愈少愈好（ ）

48. 中国人生男育女之事，久受礼教及家族主义之支配与把持，有志于改革者宜特别少生子女或竟暂时禁绝生育，以示反抗精神（ ）

49. 宜视养护能力——经济能力——之强弱而定子女之多寡（ ）

50. 宜视父母智力之强弱而定子女之多寡（ ）

51. 决定子女多寡之标准中，经济之养护力较父母之智力尤为重要（ ）

52. 不宜用生育限制方法，子女之多寡，宜任其自然（ ）

53. 子女多多益善，不特不宜限制之，且宜研究多生育之法，以附《螽斯》古训（ ）

二、子女之教育

54. 婴儿由母亲自乳，非万不得已，不用代乳食品，不雇用乳媪（ ）

55. 婴儿宜雇用乳媪或保姆，使母亲得营他事（ ）

56. 儿童宜用公育法，使大部分之妇女不因生育关系，而失其个人发展与为社会生利之机会（ ）

57. 子女幼年教育，宜由父母自任之（ ）

58. 子女宜使及早入公家开办之学校，使与他人之子弟受同等社会化之教育（ ）

59. 经济能力所及，宜使子女人人得受大学教育，或高深之专门教育（ ）

60. 女子教育宜完全与男子同，以符男女平等之旨（ ）

61. 男女之智力不同，教育不宜一律（ ）

62. 男女之社会效用不同，教育不宜一律（　）

三、答案人的情况

之所以要了解答案人的情况，是因为这与答案的意义有密切关系。性别与年龄为生理因素，对理解一个人的见解有参考意义，职业、教育程度及婚姻状况皆为构成观念与见解的重大原因。

答案人共317人，其中只有1人未填内容，317人中有女子44人，占13.9%；其余273人皆为男子。答案人的年龄差别甚大，男子最幼为14岁，最老者为57岁，最多的年龄为23岁，有32人，其次为22岁，有28人。女子中最幼者为15岁，最老者为43岁，最多的年龄为20岁，有8人。潘光旦以30岁为青年人与非青年人的界限，在所有答案人中，青年男子233人，青年女子41人，共有青年274人，占总数的86%；非青年男子39人，女子3人，共占总数的14%。

答案者的籍贯以江浙为最多，占总数的77%，江苏省即占44%。潘光旦原先设想答案人中应以上海人为最多，但结果表明上海籍的只有15人，而吴县籍的多至31人，无锡、杭县二籍人数与上海相同。这种分布一方面说明，居于上海的江浙人仍沿用旧籍贯，另一方面也说明吴县向为江南人才渊薮，江苏省在清代出状元49人，而吴县、长洲、元和三县占17人。在这次调查中，答案人数以吴县为最多，说明这个地方的人既有研究的兴趣，又有较强的社会意识。这并非巧合，浙江人迁上海的多，商界多为会稽人，因此，答案人中浙江籍人占1/3。

从职业来看，答案人的职业种类很多。男子中学界共141人，其中学生105人，学问者10人，教育者26人，工商界68人，交通界20人，政界9人，医药界9人，工程界8人，新闻界7人，宗教事业2人，农业2人，军人1人，社会服务1人，无业1人，未填者2人。44位女子中，学生17人，教员或其他教育工作者12人，作家1人，公司职员、书记、打字各1人，党务1人，中西医各1人，画家1人，其余5人，居家5人，读书2人，3人治家。潘光旦指出，女子阅报机会少，因此，这并不完全代表女子职业的状况。

从教育程度看，大学程度116人，占36.6%；中学程度158人，占49.8%；小学程度24人，占13.6%；其他10人，未填9人。其中女子大学程度10人，中学程度27人，小学2人，在家识字4人，未填1人。

答案人的婚姻状况分已婚、未婚、鳏寡、离异4种，其中未婚男子151人，未婚女子25人，已婚男子102人，已婚女子16人，鳏夫4人，寡妇1人，离异男子4人，自由恋爱男子1人，独身主义女子1人，未填12人。潘光旦认为，离异男子有4人，占总数的1.4%，此数不足为凭，虽然家庭问题独深，但离异者也不致有这么多，这是一个偶然的事实。

婚姻与年龄是相关的，男子21岁开始有已婚者，而25岁以后的未婚者有21人，30岁以后的未婚者有5人，未婚最大年龄为34岁。女子20岁即有已婚者，比男子早1岁，而20岁以上未婚者多至19人，占全数女子的43%，未婚最大年龄为30岁，有2人。从中可以看出，男子25岁与女子20岁为适当的婚姻年龄，这也是社会开明迟婚的倾向。

四、潘光旦对答案的统计分析

（一）关于祖宗父母的对待

潘光旦认为，祖宗父母之待遇可分为生存者与亡故者两方面，前者关系到家庭的大小，后者与祭祀制度有关，都非常重要。下面叙述潘光旦对答案的统计与分析。

1．关于家庭的大小

对“中国之大家庭制有种种价值，允宜保存”这一说法表示不赞成的答案人所占比例多至71%，而对“欧美之小家庭制，有种种价值，宜完全采取”这一说法表示不赞成者也占59%以上。赞成“欧美之小家庭制，可以采用，但祖父母与父母宜由子或孙辈轮流同居奉养”和“采取小家庭制，祖父母与父母之生计，由子或孙辈担任，但不同居”这两个说法的人分别占65%和62%。这些统计结果说明，答案人比较赞同折中的办法。因为折中办法比极端办法更妥善。但折中未必是两端持平，从答案中可以看出，答案人对西洋小家庭制有特殊的爱慕，比较偏重于小家庭制。尤其女子，侧重大家庭制的占47%，而侧重小家庭制的占53%。光华大学社会学会也曾对学生做过有关家庭大小的态度调查，接受调查的学生共288人，其中赞成小家庭制者有173人，占60%；赞成大家庭的有115人，占40%。

2．对于祭祀制度的态度

大部分人赞成以祭祀或其他方式来纪念祖宗，但就严格的祭祀制而论，赞成者仅占32.2%，不赞成的占67.7%。而仅就纪念原则而言，不赞成者占22.9%，赞成者占77.1%。这说明，祖宗祭祀制度将很快被淘汰，而他种纪念方式将取而代之。

对于宗法社会的维系力来说，有宗祠、有宗谱与凭记忆力说出曾祖之名者，在男子中皆占65%，这表明，宗法社会的维系力尚不可谓不强。就男子而言，三分之二的人有宗祠、宗谱或能说曾祖父之名，但在女子中，能举出高祖名字的人特少，这说明宗法制社近代中国社会学会的维系力在男子身上比在女子身上强。

（二）关于婚姻

1. 婚姻的目的。调查表列出以下几项目的供答案人选择排序："良善子女之养育""浪漫生活与伴侣""父母之侍奉""性欲之满足"。统计表明，对男性来说，"良善子女之养育"占第一位，"浪漫生活与伴侣"占第二位，"父母之侍奉"居第三位，"性欲满足"居第四位；而对女子来说，这些目的的排序依次为"良善子女之养育""父母之侍奉""浪漫生活与伴侣"和"性欲之满足"。

2. 婚姻选择的标准。男子选择妻子的标准依次为：第一性情，第二健康，第三教育造诣，第四治家能力，第五相貌体态，第六性道德，第七家世清白，第八经济能力，第九母性，第十妆奁。而女子所期望的丈夫标准则依次为：第一性情，第二健康，第三办事能力，第四教育造诣，第五性道德，第六相貌体态，第七经济能力，第八家世清白，第九父性，第十家产。对于男女来说，性情、健康、父性或母性，家产或妆奁四项轻重都相同。其他各项男女颇有出入，如男子视女子教育反较女子视男子教育为重，这也是过渡时代的现象，另外男子视女子之美观较女子视男子为甚，这是有史以来的旧习惯。

3. 婚姻年龄。潘光旦说，早婚与迟婚在家庭问题中是很重要的。往日社会重早婚，现在则迟婚倾向日见显著。大多数答案人以女子20岁以上、男子25岁以上为最适当的婚姻年龄，10人中有8人以上赞成。

4. 婚姻的血缘远近。有人主张多与白种人通婚，因为杂种子女健康聪慧。而据潘光旦调查，对此主张赞成者少而不赞成者多，两者之比为4∶6。而"男女同姓，其生不蕃"的旧说法已有解体倾向。潘光旦认为，不赞成中表婚姻（姑舅表与姨表兄妹之婚姻）的多达60%以上，这一点难以理解。潘光旦综合调查结果发现，答案人一般认为，婚姻上的血缘关系不宜太近，亦不宜太远。

5. 婚姻的裁可。婚姻的成就由何人来裁定，是当时的新旧两派争论的问题之一。主裁人不外乎家长及成婚者自身。而答案人中有312人反对完全由父母或其他尊长做主，占99. 2%，这说明婚姻完全由家长决夺之制行将归于消灭。而赞成本人做主但须征求父母同意的有253人，这说明对于子女社交，父母的意见仍有相当之裁可力，其中，就男性而言，侧重本人做主者与侧重父母做主者之比为2.9：1；而就女子来说，两者之比为2：1。父母之所以对其子女的婚姻的影响还这么大，主要是由于社会公开交往尚不发达之故。光华大学社会学会的调查也得到同样结果。

6. 婚姻的专一性（娶妾问题）。潘光旦发现，当时，一夫一妻与不置妾的原则已深入人心，在答案人中70%以上的人赞成这一原则。自女子解放运动发轫以来，男子对于女子的人格比以前更为尊重，且意见日趋一致。

7. 婚姻的解散与手续。中国的法律是允许离婚的，但社会习惯压力大，因此离婚者少，原有妾制可作调剂，而现在只有离异与再婚一途来调节婚姻矛盾。对于鳏寡再婚，鳏者再婚自来有相当的自由，而对寡妇再嫁，古时习尚是不许可的。潘光旦的调查结果显示，不赞成“婚姻一经成约即不宜解散”的有265人，占83.6%；不赞成“婚姻一经成礼即不宜解散”的227人，占71.5%，不赞成“鳏寡而已有子息者不宜再娶或再嫁”的209人，占66.4%；而赞成“不论有无子息，鳏宜再娶，寡宜再嫁”的195人占62.9%；赞成“双方同意，即可解除婚约”的298人，占94%；不赞成“有一方不愿同居时，即可解除婚约”的183人，占57.9%。以上6项调查结果说明，在许多答案人心中，离异虽然重要，但婚姻的意义也不可忽视。

但男女的意见还是有不同之处，女子比男子更尊重婚礼的意义，对于寡妇再婚的态度比男子更慎重。潘光旦认为，其原因是妇女比男子更爱护子女。

8. 子女。生育限制与子女多寡的问题与社会人口量有关，而选择多少子女的问题则与社会人口的质量有关。一般的舆论显然不以多生子女为然，主张少生子女或限制生育的占76%。在子女数的选择上有两个标准，一为父母的经济能力，二为父母的智力。赞成以经济能力为标准者占87.9%，赞成以智力为标准的占66. 2%，之所以以经济能力为标准的人多，是因为教育是社会与家庭对于子女的唯一重大责任，因此非有经济能力不可。

在子女教养方面，赞成婴儿由母亲自乳并自己抚育者居大多数，占67.6%。但矛盾的是，赞成儿童公育者竟占57.8%。而对子女的幼年教育，认为宜由父母自任的占71.3%。之所以出现这一矛盾答案，潘光旦认为，原因在于近代社会人士对于学校教育的信仰绝深。对于“经济能力所及，宜使子女人人得受大学教育，或高深之专门教育”，赞同者306人，所占比例达96. 5%，只要经济能力所及，甚至不管其子女有受高等教育的智力与否，这也是近代精神的重要组成部分。对于男女教育一律表示赞成的占据74. 3%。对于“男女社会效用不同，教育不宜一律”的说法，不赞成的207人，占65. 5%。男女意见的不一致，主要表现在子女养育的看法上，女子对解放的要求比男子更强烈，如女子赞成托幼教育而不赞成幼教自教，赞成教育社会化、赞成人人受高等教育、赞成男女教育一律的，均比男子所占比例大。

五、潘光旦对答案价值的分析

（一）潘光旦对家庭问题调查的假设与立论

潘光旦认为，家庭问题是复杂的，要得到适当的解决，不能不根据最确实的科学观点与原理。但一般人对于社会问题的意见，除有一些科学知识外，大都依个人的性情、早年的教育、自己的经验及所谓时代潮流而定。因此，答案者的个人性情和经验与答案的保守或进取有重要的因果关系。当然，对答案人的实际性情和经验不可能作出评断，但要作出观点确当的立论，就不能仅仅依靠赞成或不赞成的人数的多少而论是非。

潘光旦此次调查的根本假定为：“家庭有相当之价值，但不无亟宜纠正之处，使为社会生活之助力而不为其阻碍。其思想超凡而根本不以家庭制度为然者，自不屑加入讨论。”①他认为，不能把近代青年中的那种把理想与事实截然分开、完全脱离事实与经验的观点当作社会改革的根据，这也是评论答案时应予注意的问题。

潘光旦认为，理想可以没有，但健全的目的则不可无。他说：“家庭之功用三，曰为个人求发展，为社会谋秩序，为种族图久长保大。如目的偏属第一种功用，则家庭之维系力趋薄弱，而社会秩序趋紊乱，此今日欧美社会之情形也。如目的偏属第二种功用，则个人发育之机日蹙，社会之秩序虽定，而其进

① 潘光旦：《中国之家庭问题》，新月书店出版社，1939年，第108页。

步则转迟缓，此历来我国社会之情形也。第三种功用，即种族之久长保大，虽始终有其地位，但觉察者少，引为重者，历史社会中尤不多见，晚近自优生学说兴，始有讨论之者。”[①]他认为，家庭是人类群体中的一种，其最初的目的是幼儿的养护。在生物演化的阶梯中，有一个原则，物种越低下，亲体养护其幼体的能力越薄弱，而幼体的生育量则越大，其速率也越高，不然不足以求得种族的绵延。反之，物种越高级，则亲体养护其子女的能力越强，故幼儿的坐育量与生育率也随之降低，因为物种的绵延已有保障。虽然由于人类社会生活日趋复杂，家庭除了子女养护外又产生了其他经济的、政治的和宗教的效用，但是，随着社会的发展，家庭制度的弊害滋生，因此产生了根本废除家庭制度的说法。潘光旦认为，对这种说法可以原谅。同时他也批评了那种以一己之利为前提，虽行婚姻生殖之行为，而不把家庭当作择优留良场所的做法。他的观点是：“家庭之效用既在维持种族之长久治安与演进，则其利害所关，不仅及于一时代社群生活，并且及于后世子孙之社群生活，一种社会组织之责任，恐无有大于此者。读者如认可此，则请以人类演进之观点——即优生之观点——绳此次家庭问题之答案。”[②]潘光旦就是用该理论分析答案的价值，并阐述自己的观点的。

（二）关于祖宗父母的观点

1. 大小家庭制评议。潘光旦认为，大家庭制度没有存在的理由。因为人多，大家庭的首要任务是求得各成员之间相安无事，而要维持家庭的秩序与和平，便只有把治家之权集中于一人——家长。于是在大家庭中，个人的发展受到限制。正因为大家庭重秩序，专事权，而忽视进步，所以答案人中不予赞同者多是情理之中的事。

潘光旦所主张采取的是折中制家庭，即子女年幼时由父母教养，父母衰老时由子女侍奉，以尽其天年，对于这两代而言，彼此的待遇都是相互的：甲代⇆乙代⇆丙代⇆丁代……此制与大家庭制的不同在于没有枝叶，没有那么多的关系与纠葛，也不须用高压手段即可维持家庭的和平与持久。而与这种折中制相比较，西方小家庭制下的父母对子女有教养的责任，而子女对父母无侍奉的责任，由于义务与权利不能平衡，家庭的延续性受到打击。潘光旦认为，

① 潘光旦：《中国之家庭问题》，新月书店出版社，1939年，第110页。

② 同上书，第113页。

折中制去掉了旧家庭的形式，又无害于其承上启下的推爱精神，比小家庭制度更为妥善。潘光旦还批驳了极端的个人主义与利他心，他认为，利己而适度，未必不是社会的幸福，利他而不当其度，则个人的地位全失，而社会亦终将衰败。家庭中的利己，不是绝对的利己，而利他，也不是绝对的利他。“社会学家为家庭制度辩护，瞻前则有演化事实为之张本；顾后则抱有循序改进之志愿，故其主张每不为理想或成见所蒙蔽。折中之家庭制即以此种精神为根据”。[①]据潘光旦分析，折中之家庭制有两大利：自社会效用方面观之，则种族精神上与血统上之绵延胥于是赖。自其纵贯时间者观之，上为种族血统之源，下为种族血统之流，而承上启下者为家庭。家庭大小适中，则其调剂与衔接之功用愈著。此种关系可由下图出之[②]：

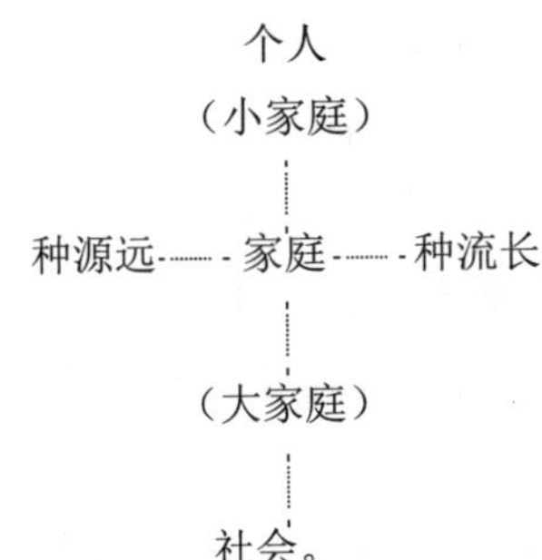

总之，小家庭以个人为重，而大家庭又使国人社会意识不强，折中制家庭最适宜。

2. 祖宗的纪念。祖宗宜予纪念的原则，被调查者中77. 1%的人都表示赞成，因为这是维持种族生存的途径，是家庭最大的职志，如果平日没有这种精神和观念上的素养，这一功能就不可能实现，折中的家庭容纳祖辈与父辈，让年轻力壮能劳动的人侍养他们，并能利用他们的经验教益，以培养子孙辈的素质。祖宗纪念不论采取何种方式，目的都是推广这种素质。对祖宗的情感不能因生死之隔而异其程度，不仅如此，还应培养大于社会伦理的种族伦理。关于纪念祖宗的方式，有32. 3%的人赞成旧的祭祀方式，而有67. 7%的人不赞成。纪念祖宗与宗教的不同在于，前者崇拜的是辛苦生我养我的父母，具有相当的生物学意义。关于祖宗纪念的动机，有人认为是出于灵魂不灭故可得到祖宗的

① 潘光旦：《中国之家庭问题》，新月书店出版社，1939年，第121页。

② 同上书，第122–123页。

威福等考虑。潘光旦认为，这是哲学和心理学所考虑的问题，而他所考虑的是这种制度对种族绵延的意义。

3. 关于宗祠与宗谱。潘光旦认为，随着大家族制度的与时俱进，宗祠制度亦将解体，而宗谱则确实有永久的价值，它是若干血脉相连的个人的综合传记。但对宗谱应进行改革，最重要的是要改变心态，以前是为了纪念祖宗，让子孙引以为自豪，而且越来越张扬，而现在应采取新的态度，将纪念与自豪之意寓于其间，学术界应该承认宗谱学是史学研究的一种，并给以相当的地位。

（三）关于婚姻的观点

1. 婚姻的目的。潘光旦认为，婚姻是家庭的开始，其目的与家庭的目的有相同之处。如前所述，潘光旦在其问卷中提供的婚姻目的选项有：父母之侍奉，浪漫生活与伴侣，性欲之满足，与良善子女养育。其中父母之侍奉与子女的养育也是家庭的目的，其他两个目的没有家庭也可予以实现，不过它们于家庭并无害处，而是与家庭相辅相成的。潘光旦通过调查发现，女子提供的家庭目的次序是：第一为良善子女之养育，第二为父母之侍奉，第三为浪漫生活与伴侣，第四是性欲的满足。而男子则更注重浪漫生活与伴侣，居第二位，父母之侍奉退居第三位。潘光旦认为，浪漫生活是个人的要求，以此为前提的人必定坚信个人主义哲学，这也是近代家庭制度崩溃的一大原因。在以浪漫生活为重的社会，婚姻成就难而解散易。潘光旦还发现，教育程度越高，答案人就越重视"浪漫生活与伴侣"这一婚姻目的。"大学程度之青年以'浪漫之伴侣生活'为极端重要者竟多至百分之四十八：此自我辈观之，实为一绝不幸之事实。何则？教育之造诣越深，则其人对于家庭制度应有之观念与信仰愈薄弱；换言之，今日之教育哲学与制度，实根本不利于家庭之存在"。[①]潘光旦感叹道："家庭最大之重心亦应为子女；今重心既失，则家庭之地位动摇，家庭又为社会之重心，则社会之秩序亦随之而动摇。此所以为不幸者一。"[②]同时他认为，这也不利于种族的绵延。关于婚姻的目的，潘光旦在《谈婚姻的动机》（1937年，发表在《华年》第6卷中）一文中曾概括地指出，一是为增进生活的安乐，二是为养育子女生命的完成，三求身心的充分发展，四是父母的侍奉，宗谱的承继。

① 潘光旦：《中国之家庭问题》，新月书店出版社，1939年，第137页。

② 同上注

2. 婚姻选择的标准。潘光旦发现，婚姻选择的标准是以社会风尚为转移的，宗教伦理发达的社会重视贞操，而工商业发达的社会则重视才干及经济能力。潘光旦在征求案中提出十项标准，供答案选择排序。男女答案人的选择排序与潘光旦的看法如下①：

男期于女者：

	我辈之结论	答案人之结论
家世清白	第一	第七
健康	第二	第二
相貌与体态	第三	第五
母性	第四	第九
治家能力	第五	第四
性情	第六	第一
教育造诣	第七	第三
经济能力	第八	第八
性道德	第九	第六
妆奁	第十	第十

女期于男者：

	我辈之结论	答案人之结论
家世清白	第一	第八
健康	第二	第二
相貌与体态	第三	第六
性情	第四	第一
教育造诣	第五	第四
经济能力	第六	第七
性道德	第七	第五
办事能力	第八	第三
父性	第九	第九
家产	第十	第十

显然，潘光旦在设计征求婚姻标准的男女问卷时，所提供的指标并不完全相同，因为潘光旦考虑的是社会的秩序与效率，为种族的治安与发展，因此以为男女的实际效用不宜混为一谈。尽管，男女在生理与生殖上的效用息息相

① 潘光旦：《中国之家庭问题》，新月书店出版社，1939年，第140–142页。

关，故也不宜划一；如果社会强求一律，必定对家庭生育效用产生重大恶劣影响，从而使家庭重心失去寄托。因此，潘光旦设计了男女社会效用不宜一致的假定。

潘光旦之所以将“家世清白”列于第一位，是因为他认为，“家庭之重心既为子女，则我辈对于若辈最大之贡献，自莫良善之遗传若。先天之本质良善，则假以适宜之环境，自不患不能有所成就；先天之本质不佳，则虽假以特别优异之境遇，亦终不免于失败；是不特历史之经验嘒然，亦即晚近种种优生研究之结果也。此良善之遗传又何自来乎？曰，半由于我与我之先辈，半由于我之夫或妻之先辈。我一方面之遗传，固已无人可以左右之；然我未婚配之遗传，则未尝不可受我方之支配。其法惟何？曰，慎选择之始。故以家世清白一端列第一”。[①]但潘光旦发现，答案中男性将“家世清白”列为第七位，女性列为第八位。潘光旦解释说，答案之所以与他的观点不同，是因为答案人对“家世清白”有误解，他自己所说的“清白”是指上代无恶疾、无癫狂、无低能、无犯罪行为或其他倾向，而答案人则错认为“家世清白”与“门第主义”是一回事，门第主义因其标准不当而受贬斥。再者，由于科学教育不够，答案人不熟悉或几乎全然不知道生物遗传原理，也是造成这种结果的原因之一。

在对健康的态度上，答案人的意见与潘光旦的看法相同。健康不但是遗传的一大表象，而且也是个人幸福的最大条件。但潘光旦自己之所以不把健康列为第一位，而将家世清白列为第一位，是因为他认为，从遗传学看，品性遗传有隐显之理，而且有片面遗传的根据，如将貌似健康者视为根本健全者，将使不熟悉遗传学的人受到蒙蔽，因而是不妥当的。

潘光旦从生理和心理健全出发，把相貌与体态列为第三。而在答案人中，男子将其列为第五，女子将其列为第六，这与潘光旦的观点显然不同。潘光旦觉得，男子不重女子姿色，难以理解，他猜想，这也许是因为女子用功读书的多不美观，美观的又多不用功读书，既美观又用功读书者不可兼得，只能舍美观而取智慧。

潘光旦将“家世清白”“健康”和“相貌与体态”三个标准当作种族健全的基本条件，因此他认为男女对于其未婚夫妇的期望理应一致，其他方面的标准则可根据男女社会效率不同的原则而改变其重要的程度。

① 潘光旦：《中国之家庭问题》，新月书店出版社，1939年，第142–143页。

潘光旦把母性列为第四，父性列为第九，因为他认为，子女从出生到童年，其抚育责任十之七八落在母亲肩上，母性强的女子不但不以生育为烦厌，而且护持幼儿之心也周至，这种母性在生物学上被称作本能之一，即所谓慈性本能或保护本能。而母性浅薄的女子则惧怕生育，且往往把养护之责托给他人，只顾自己娱乐、交际或忙于所谓“前程事业”。母性本能的强弱是与生俱来的，而不能因教育或其他文化环境的影响而有所增损，因此要慎重选择配偶。社会学又称母性为利他心的源泉，因为这种慈母性的爱不但与种族的繁荣有直接关系，而且有重大的社会意义。一切社会事业的兴办不但要有少数人的聪明才智，而且还要有利他性的活动者，利他心是社会群体生活所必需的条件之一，居于重要的地位。人群中利他心的空气浓郁，社会生活必趋敦厚。女子答案中把父性列为第九，这与潘光旦原来的设想相合，而男子的答案将母性列为第八，则与他的设想差得甚远，潘光旦把这种差别归咎于那种以个人为重而不以子女为重的“谬误”观念。

潘光旦设想，性情在女性的择偶标准中应列于第四，在男性的择偶标准中应列为第六。而在答案中，男女均以性情为择偶的第一位标准，这说明其重要超出健康一项。潘光旦分析其原因说，这在一方面是由于性情是身心健康与否的一种表示；生理心理无病态无变态的，其性情一般都很温良，如遇不同之处也可理解对方。另一方面，也是由于沾染个人主义太深，个人主义者重视浪漫的婚姻生活。潘光旦看到，当时出现的婚姻失败现象，往往是夫妇性情不相投合的结果。在潘光旦所收集的答案中，以性情及浪漫生活同为第一者多至57人，占答案总人数的18%，占主张以性情为第一标准者的46%，占主张以浪漫生活为第一位者的56%。对此，潘光旦的观点是：“择偶者重视性情，其本意在求婚姻生活之持久；然设过于重视性情，则不特婚姻难于成就，即使成就，亦每不能持久，而终于离异。求仁失仁，初看似不易索解。实则大凡斤斤于配偶之性情者，其人必惑于个人主义之说；个人主义者责人必重以周，待己必轻以约；不求我之顺应人，而惟求人之迁就我；今夫妇之间，亦既适用此种哲学观念，而欲求婚姻生活之不日即于荆天棘地，诚戛戛乎难能矣！”[①]按照这种个人主义的观点来作婚姻选择，必定欢洽于前而反唇于后，因为交好之初受热情之蒙蔽，看不到对方性情的真面目，也暂时忘记了其个人主义倾向，而相处日

① 潘光旦：《中国之家庭问题》，新月书店出版社，1939年，第151页。

久，则热情蒙蔽即除，看到本来面目，于是，互不相容的程度就会日益加深。

潘光旦说，除妆奁外，其他各项的答案与近世妇女运动或女权主义有密切关系。关于妇女运动，潘光旦的态度是，“妇女运动之大目的在求两性间之公道，或曰正义：是甚未可非者也。然言公道必参考二种事物，一曰个人之能力，二曰社会之需要：二者如相须而不相抵触，则社会与此个人之间，可云已有公道之授受”。[①]他认为，由于男女生理结构的关系，在社会文化的维持与发展方面，实际的工作大半属于男子，而实际工作人才的产生，则大半系诸女子。虽然两性责任的性质不同，但其重要性是相同的，因性别而发生的分工合作不能说是不公道的。他认为，两性间不公道的产生有两个原因，一是社会中的男女分野太严，不承认女子的个别变异，一律强求女子承担生育以及其他与生育相关的任务；二是男子维持文化之功是直接的，而女子之功则是间接的，因此历史上和社会上见识浅薄的人不充分承认女子的地位，甚至贬落女子。这种态度的谬误在于，“认定女子应尽人作生育及与生育有关系之事，不应与男子之业务相混”。但他认为女权运动也有其谬误，即“认定女子尽人可以为男子之事，从而与男子争竞。二者谬误之趋向不同，而其为谬误则一。曰，不察个体变异之现象（Variation）是也”。[②]

潘光旦相信，从事女权运动的女子，是母性薄弱而有才智的少数人，这些人宜于从事种种社会事业或文艺事业，而不宜于家庭生活，而家庭也不宜强迫她们就范。其他女子大多数母性平庸，智力也平庸，她们以家庭为乐。但女权运动者却向她们力陈礼教的罪恶、家庭的压力、男子的淫威，使她们成为运动的附和者。只有母性强而智力也不弱的女子才不因潮流而失去自己的立脚点，但潘光旦感叹说，这样的女子不多。妇女运动的最大目的是实现两性的公道，在家庭中女子自身要独立，经济要独立，要限制生育。而在潘光旦看来，最初的妇女问题是如何安置少数母性特薄而才力特厚的女子，而他从事这项研究时的妇女问题是如何使大多数妇女恢复其家庭生活，特殊者另当别论。

婚姻选择标准中的治家能力，与家庭的理乱和子女养育关系密切。潘光旦的调查表明，在男子择偶标准中，治家能力列于第四位，而女子经济能力则列于第八位。潘光旦对这种排列没有什么异议，他尤其认为，女子不负家庭生计

① 潘光旦：《中国之家庭问题》，新月书店出版社，1939年，第153页。

② 同上书，第155页。

之责。他原来设想，在女子的择偶标准中，男方的经济能力宜排列在第六位，因为他坚持认为，家庭生计应由男方负担，但实际调查结果是，答案人多将其列为第七位，他认为这太靠后了。

潘光旦期望，教育造诣一项在男子的择偶标准中应列于第七位，而在女子的择偶标准中宜列为第五位，因为他认为教育造诣在男方是经济能力的一部分，在女方则不然。但在答案中，男性将此项列为第三，女性列为第四。对此，潘光旦解释说，这是因为教育造诣是智力的一种表示，因此理论上答案人都十分重视，且当时中国的教育未普及，人们无机会深造，同时学制紊乱，学风恶劣，在这种情况下，择偶者就特别注重教育造诣。

对于性道德一项，男性将其列为第九，女子将其列为第七。潘光旦把性道德解释为："一人择偶既定，其用情如能专属而持久，此人即可以当得'有道德'三字。"[①]这种专属性与持久性，因性别而不同，女子因生理关系及社会习惯关系而较易于做到，因此男子择妻时不重视此项。而男子较难做到这一点，故女子择夫时较注重。至于家产和妆奁，则理宜列最后。

3．早婚与迟婚

古时男女成长到青春期就成婚，欧美社会亦曾通行早婚，17世纪尤盛，18世纪起，迟婚渐渐成为社会潮流。潘光旦此次调查的结果显示出与欧美相同的倾向，女子缓嫁倾向尤为显著。潘光旦认为："迟婚之潮流，以我辈观之，实弊多而利少，自生理之个别言之，婚姻之年龄自宜随人而有迟早，但就一般之利害言之，则当以早婚为宜。"[②]他这么说，主要是着眼于生理卫生、社会卫生及种族卫生的考虑，因为迟婚不易受孕,即使受孕，胎儿流产或死胎的可能性也随母亲年龄增长而增加，且婴儿死亡者愈多。另外，迟婚所生子女在长成后的生理与心理发育也会存在问题。一般社会优秀分子和职业比较高的人往往迟婚，而平庸的人却往往早婚，他担心，这样数十年后就会影响社会的人口质量。因此，他提出，20岁或20岁前后两三年是女子最合宜的婚姻年龄。而他的调查结果则表明，80%以上的答案人赞成女子20岁以上、男子25岁以上为最宜成婚年龄，与他自己的看法大致相同。最后，潘光旦从优生学出发强调："为个人健康计，为社会治安计，我辈不能不提倡一般之早婚；为种族健全

① 潘光旦：《中国之家庭问题》，新月书店出版社，1939年，第159页。

② 同上书，第161页。

计，我辈更不能不提倡社会中优秀分子早婚，即今日迟婚倾向最显著之辈之早婚。”①

4．婚姻的血缘远近

潘光旦似乎并不一概反对近亲结婚，他说：“婚姻结果之良善与否，惟当事人胚质之健全与否是视，而与血缘之远近并无关系，即有之，亦非重要：此最近遗传学之结论也。换言之，近婚而双方无不健全之品性，则虽近而无害，远婚亦然；不近婚而双方有不健全之品性，则虽不近而未尝无害，远婚亦然。”②

潘光旦认为，近婚不仅不一定是恶劣品性的机缘，而且还可能导致良善品性的遗传。如果婚姻者胚质中有许多聪明才智的根源，则血缘婚姻不但无损良善的品性，而且还是聪明才智的保障，如达尔文就是姑舅亲，其上下几辈都出名人。潘光旦的这些看法是当时的社会现实和科学发展水平的反映。

关于杂婚，潘光旦认为，远婚在纯生物学上是不成问题的，肯定下一代较父母为优，但人有所不同，远婚不止生物一面，还有男女各有其文化背景、社会习惯和生活程度的差异。这样生活在一起，需要一方改变迁就势必勉强，受许多痛苦，要么一意孤行不求顺应，而社会对其失去维系力，那么还有什么社会、家庭与个人的幸福可言呢？在答案中，赞成与白人通婚的占四成，而不赞成与白人通婚的占六成。潘光旦嫌赞成的人数太多，据他分析，这是过渡时期一切社会行为均无适当标准的结果，但远婚之举使社会生活日趋复杂，不是个人主义特别强烈的人是不会这么做的。

同姓婚本为近婚之一种。古人主张同姓不婚有两个原因：一为宗法社会组织的严密与重要，怕乱宗对社会组织不利，二是不明了生殖与遗传是男女分工各半，而误认为是种出男子，因而担心同一渊源会导致营养不足。但由于宗法社会组织完全互解，当时的社会人士对生殖遗传的认识渐趋正确，因此在答案中赞同同姓不婚者只占46.5%，但这一比例也说明这种旧说对人影响之深，就连从事此种学问研究的学者，如当时著有《中国人口论》一书的陈长蘅也未能摆脱它，美国有三分之一的州不许嫡堂兄妹成婚，其原因是血缘过于近密。潘光旦认为，同姓不婚不合理。

① 潘光旦：《中国之家庭问题》，新月书店出版社，1939年，第183页。

② 同上书，第184页。

5．婚姻缔结的裁可

在这个问题上，潘光旦与答案人的见解相同。在答案人中，赞成家庭与个人协商后裁可者占79.2%。但同样是赞成合作，有的偏重于个人，有的则偏重于家庭。当时，光华大学社会学会就该问题进行的问卷调查的结果表明，偏重家庭的人少，而偏重个人的人多。潘光旦认为，父母选择儿媳或女婿的标准是从大处着眼的，但由于前辈的教育、经验、习惯、生活程度与生计的观念等与小辈不同，因此他们所选择的大多为旧背景相接近的人，而让这样的人与受新背景支配的人配对和共同生活，根本不会相安无事；因此，在这种情况下，婚姻的缔结自宜由个人决定，父母的意见当作参考。不过，潘光旦相信，“今日过渡之局面必不能持久也。他日父母与子女之文化背景渐趋一致，则婚姻之裁可，仍宜重于父母”[①]。而且，“个人既因心理关系，未便为婚姻选择之独裁者或主裁者，则责任之半或大半自宜归之父母。彼以其比较丰富之经验，比较冷静之态度，必有以补子女之所不及而匡正其失。今日我辈不以父母之裁可为然者，非根本以父母为不宜裁可也，特因其背景不同，见解殊异，无相当之预备与资格耳”。[②]潘光旦甚至引用其游学同窗的话说，中国实行优生婚姻已数百年，因为“婚姻选择与裁可之权既操诸父母，则其谨严审慎自较一时为血气与情感所蒙蔽之个人为进一步”。[③]潘光旦认为，优生婚姻虽不止此，但此言实有至理。因为家庭与婚姻有重要的意义，子女的见解也会是父母的见解，社会与种族也认可，因此权限之分无关紧要，而且子女会乐于利用父母的经验与镇静态度。不过，潘光旦强调，以上所述是针对一般人的，而社会成员中的流品低下者的裁可，既不宜归之于家庭，更不宜归之于个人，而宜归之于社会，且自优生学发展以后，还要经婚前体检裁可。

6．婚姻专一

婚姻专一，从广义来说是性道德问题，从狭义言是妾制问题。据潘光旦介绍，当时的学者章锡琛、周建人等人的观点是：“凡属对己可以自由，对人可以不侵及人格，对社会可以不妨害治安，而人我之间，能有真正的恋爱之行为，则无论一夫一妻，一夫多妻，或一妻多夫，皆不发生道德问题。”[④]当时的

① 潘光旦：《中国之家庭问题》，新月书店出版社，1939年，第205页。

② 同上书，第207页。

③ 同上书，第205页。

④ 同上书，第209页。

北京大学教授陈百年则反对此说，他着眼于社会道德，主张严格的一夫一妻制，凡是一夫多妻制的假借者，皆在排斥之列。潘光旦认为，这两种观点都有偏激之处。论性道德，偏重个人者则以一二人的自由与幸福为旨归，而偏重社会者又拘泥于礼教，而不务实际。前者必极言“恋爱”，而后者特极言“贞操”。

潘光旦认为，性道德作为一个问题，实有纵横两个方面：“旧性道德以社会秩序为中心，近年来之趋势则若以个人幸福为中心，今而后则当以种族之繁荣为中心；此应为有志于一民族之长久治安者所许可。”[①]在潘光旦看来，一夫一妻制对于文化与种族有相当的贡献，它的价值在其他婚制之上，故文化予以选择而保留。具体地说，一夫一妻制的价值有三个方面：首先，在一夫一妻制下，夫妇之间如投合则其情好之程度必深，而家庭的幸福也与之俱深，因为家庭组织虽简单，而其团结力则很强；其次，一夫一妻制的婚姻选择标准与一夫多妻制不同，“家庭内部之责任，既须由一人担负，则此人之长处，决不能姿色一端而已足；必也智力、处事力、健康、性情……种种，皆达相当之程度，否则不能胜任愉快。与此种女子成婚，不仅为一己得良妻，亦为子女得贤母，盖子女之品性亦不患不比较圆满也”[②]。再次，在一夫一妻制下，子女虽然不多，然而一旦出生则发育的机会很大，母亲全力以赴，父亲精神专注，子女的充分发展就有了保障。一夫一妻制的这些价值间接或直接与种族的治安攸关，它们不但维持历史上一夫一妻制不败，而且是将来一夫一妻制日趋醇厚、日趋普遍的保障。因此，潘光旦说，一夫一妻是合于新道德的。

但潘光旦觉得，在当时，要遵从严格的一夫一妻制是困难的。他引用韦思特马克所列一夫一妻制不能严格维持的原因来说明这一点：“一、一地人口之女多男少。二、男子之性欲，往往因女子之生理关系，若经期及孕期前后，不能随时满足。三、女子姿色易衰，且性生理之消歇亦较男子为早。四、男子见异思迁之心理。五、求子息之众多，且以子息之众多为荣。六、半开化之民族中，女子之劳力为货殖之要素，故妻妾愈多，则货殖愈富。七、妻妾愈多，则人之社会地位愈高，而权威与声望愈隆。”[③]潘光旦认为，在这些原因中，最后三个原因是社会和心理的，可因风气的转变而被改革，而其余四个原因则有

① 潘光旦：《中国之家庭问题》，新月书店出版社，1939年，第210页。

② 同上书，第213页。

③ 同上书，第214–215页。

其生理根据，不易消除。而且，从社会实际看，多妻倾向既为历代种族遗传的一种品性，在今日更加强烈。“社会有强烈之多妻倾向，而欲推行严格之一夫一妻制，论理未尝不可通，论势则万万不可能。不可能而强为之，则淑种之功效未睹，而社会道德必先蒙重大之打击矣”。[①]因此潘光旦主张：“我辈乃知一夫一妻制虽宜提倡，而于一夫多妻制，亦宜加以容忍。主张严格推行一夫一妻制与禁绝一夫多妻制者，未察人文生物之事实者也。”[②]

在潘光旦所征求到的答案中，赞成一夫一妻制者多至79.9%，不赞成容忍多妻制者占70%–90%不等，视其所容忍的理由而定。以无子为理由，则不赞成者最少；以顺应过渡时代为由的次之；以男子天性多妻为理由，则不赞成者最多。潘光旦曾在《独身的路》一文中劝告身心健全的青年在性生活上要有节制，首先，要满足性要求的最相宜场合是婚姻家庭；其次，婚前要节制欲念，婚后才能享受性的愉快。

7．婚姻的解散与重订

婚姻的解散即离婚问题。潘光旦说，离婚本身不成问题，成问题的是离婚的原因。谈到离婚的原因，就不能不参考婚姻的下述目的：良善子女之养育，父母之侍奉，浪漫生活与伴侣，性欲的满足。婚姻既然是为了这四个目的而缔结的，则婚姻生活期内如有根本违反此四者，原则上既要解散，但也要视所违反的目的的轻重程度而定，不能一成不变。

潘光旦认为，单独以“恋爱”的有无浓淡为婚姻聚散的标准，使得近代婚姻问题日趋紊乱。在他看来，爱情不能成为婚姻聚散的唯一条件，否则会因小而失大。婚姻的目的有四个，“恋爱”也只能包括伴侣生活与性生活而已，而这是婚姻目的中的次要目的，如果舍主要而务次要，个人生活的顺利未必能持久，而家庭精神的完整与种族生理的健康却必受影响。在他所征求到的答案中，没有人将“恋爱”作为婚姻的重要标准。因为适当的婚姻标准可以唤起爱情与维持爱情。如果婚姻的缔结以客观的品性为重，则其结果将是生育良善子女，夫妇情爱浓郁；反之，若以主观情绪为重，则情绪既不能维持久远的，子女品性的格位又要下降。婚姻能否成就，是聚是散，都要据此判断。总之，“婚姻之举，不特为个人之‘终身大事’，亦为种族之‘终天’大事。言其一

① 潘光旦：《中国之家庭问题》，新月书店出版社，1939年，第222–223页。

② 同上书，第223页。

有不当，种族将抱恨终天也。婚姻之关系既若是其严重，则从事之者莫若审慎于始；如其不及，则惟有本改过迁善之义，解除之而后已。至解除之后，应否再行婚嫁与如何婚嫁，则尤不得不审慎又审慎已”。[①]一般，鳏夫再娶为社会所许可，而无子女寡妇再嫁也是可以的。如寡妇已有子女，子女养护也有保障，则以不嫁为宜。潘光旦认为，这不是什么“节”“孝”的问题，而是以慈爱为中心。一般上流社会的女子守节多，而中流以下守节者少。最后，潘光旦认为：“故自一般言之，贞节之习尚，总以减杀为宜；而未嫁守贞与无子不嫁之行为尤应受社会之歧视。”[②]

（四）关于子女的观点

1. 生育限制与子女多寡。生育涉及对中国人口数量的估计，当时，中国官方和外国人都作过估计。潘光旦估计中国人口最多三万万，而陈长蘅的《中国人口论》与黎世衡《历代户口通论》所估计的要比此数大。潘光旦认为，关于中国人口过度之说，不无佐证，补救的方法是实行拓殖，发展实业，并提倡生育限制。潘光旦赞成生育限制的一般理论。然而他认为，人口各部分的品质有所不同，如果同时对各部分作同量的限制，则人口品质可以保持原有的均势，而种族不受影响；否则，如果对人口中属于中上水平的优秀部分多加限制，而对属于中下水平的顽劣懦弱者少加限制，则数世之后劣者将日益滋长，而优者将日归沦丧，此种倾向不可有。从国外生育调查看，高职业高学历者的生育率低，据潘光旦分析，其原因从根本上说是上流社会的个人主义的畸形发展，其发展的途径不外有三，一是独身（其中有真独身、假独身与自恋之分），二是迟婚，三是生育限制，而以后者为最重要。

潘光旦认为：“为今日中国之人口量计，自不宜不限制生育；为前途中国之人口质计，则限制之时又不宜不有限制。无限制之限制，虽不能使中国民族归于寂灭，亦必使栋崩梁折而后已。曰须有限制，即虽一般限制，而非人人限制，或人人限制至同一程度，即限制时须有选择。曰须有选择，则不能不先选择之标准。”[③]他指出生育量的选择，可以用经济身份，也可用社会身份，因为两者都与一个人的优秀程度有相当的关系。潘光旦引用当时国外科学家的测

① 潘光旦：《中国之家庭问题》，新月书店出版社，1939年，第236页。

② 同上书，第238页。

③ 同上书，第252页。

验结果来说明这一点："一种职业需用智力愈多，则人口中能胜任之者愈少；惟其为数少，故其责任大，故其社会价值与社会身份高；惟其社会身份高，故其生育之量，不特不宜限制，且宜开放。反之，一种职业需用智力愈少，则人口中能从事之者愈多；惟其为数多，故其责任小，故其社会价值与社会身份低；惟其社会身份低，故生育量之限制，宜自此等社会分子始。"①也有人把这种社会价值称作公民价值，意即一个公民价值的大小，最后须看此人成年后对于文化与社会的贡献的多寡轻重而定。再一个选择生育的标准是家世，从遗传学来看，一个人的体态、智慧、性情都与遗传有关，因此，可以用家世祖父辈的功业作为确定子孙辈生育量大小的参考。潘光旦认为："家世遗传与智力测验二者既将人口各部分之公民价值大致估定，然后社会可因教育、舆论与俗尚之力，而分别调节人口各部分之生育量；大目的惟在公民价值之提高；其价值极少而不能受教育、舆论与俗尚之支配者，则由法律制裁之。其尤要者，则在公民价值特高之人自知其价值之所在，与此种价值所引起之种族的任务；使不虚耗此价值，不荒废此任务。"②在就生育选择标准而征求到的答案中，出乎潘光旦意料的是，以经济力量为重而以智力为轻者的比例为3：1，对此，他失望地说道："诚以经济能力为重，而智力为轻，则数世之后，大腹贾与暴发户将为我华民种血统之正宗，而茫茫大地，将永无穷书生立锥之地。"③潘光旦认为，教育的基本工具不在父母的财力，而在子女所得遗传的智慧。

2. 子女的教育。子女教育涉及四个问题。一是儿童的自养或他养、私育或公育，二是家庭教育的地位，三是近代学校教育的价值，四是教育与性别。潘光旦认为，儿童的自养、他养不利于儿童的生理、心理成长。而且，儿童的私育或公育也涉及家庭教育的地位，因为儿童生理及心理发育的健全是父母的繁重任务，而不能假手他人。家庭之所以是社会的重心，正因为它是自有文化以后人类情感的维系与归宿，如果情感飘忽失据，其结果轻则陷入伤感主义，重则变为犯罪倾向。据潘光旦观察，在西方社会，家庭生活和宗教缺乏或失当与青年犯罪行为有因果关系。家庭教育的功能有二：一是在儿童自出生至入学的六七年间，保障他们的生理与心理健全；二是在同一时期内指导儿童的情感

① 潘光旦：《中国之家庭问题》，新月书店出版社，1939年，第256页。
② 同上书，第257页。
③ 同上书，第258页。

生活，养成其道德观念。

潘光旦认为，近代学校的最大弊病是不因人制宜。学校的课程千篇一律，而儿童的智力变异无穷，以一律绳无穷，尽管其目的是慈祥的，但其所摧败狼藉的亦不可胜计。潘光旦着眼于社会秩序，认为“教育之任务，于启发个别之变异而外，未尝不宜培植各个人共同之品性而会通之；然今日之教育，则若唯恐儿童之发展殊途而造诣异等，故从而压抑之，抹杀之，不遗余力；诚以此为社会化之正轨，则流弊所至，行见社会之秩序未必定能维持，而社会进步之机缘已不绝如缕矣”。[①]也就是说，社会的进步需要培养出有特殊才智的领袖人才，正如生物的变异性与多形现象的增益与其选择一样。“今学校教育既不为特殊之才智设想，且时或从而摧残之，则领袖之不生，于文物之进步又何有？且社会设教而遗其尤，则其不以殊才异禀为重之一般心理，灼然可见；社会既不以此等人物为重，则人口中之变异与多形现象行见日就灭杀，而民种全部之品质将日趋庸腐矣”。[②]正因为学校教育不尽如人意，所以需要开明父母，一方面要提倡个别化的学校教育，一方面要在家庭生活中注意培养异常人才。

潘光旦在征求到的答案中发现，在子女教养方面赞成婴儿由母亲自乳者占67.6%，不赞成公育的占57.8%；赞成父母自任子女幼教的占71.3%；而另一方面又赞成子女及早加入公立学校即受社会化教育的占87.7%，潘光旦认为，这种矛盾的产生是人们受公育即社会化教育潮流激荡的结果。而且，有意思的是，在答案中，赞成在经济能力范围内宜使子女人人受大学教育或高深专门教育的占96.5%。潘光旦认为，这显而易见没有考虑子女智力的个别情况。

关于教育与性别的关系，潘光旦认为，男女之间有种种生理的与心理的不同，因而教育也不宜一致。即使男女智力是一致的，而性情不一致，对于学问的兴趣、造诣的途径也不一致，这是两性教育不宜一律的根本原因。潘光旦指出，教育也要以种族大任为目的。他说：“我国自来有男子治外女子治内之说，旧日男女之教育即循是说而行。以今日我辈之眼光视之，此种分工之论，在大体上不可谓为大谬；特内外二字之意义过于狭隘，则为今日所不取。虽然，设于严格之家庭任务而外，女子能兼顾适量之社会公益事业或其他富有社会意味之职业，质言之，即推家庭间慈惠之精神而适用之于社会，而同时可以

① 潘光旦：《中国之家庭问题》，新月书店出版社，1939年，第289页。

② 同上书，第290页。

无害于家庭之完整，则去内外分治意义尚不远耳。无论如何，内外之分纵失之牵强，而男女之间不能无协进的分化，一以适合其生物的本性，二使社会种族得利而用之以增进其全部之竞存力，则始终为开明之社会政策所不可不从长计及之一端；而此种协进的分化之中心场所无他，即家庭是也。”①

同时，潘光旦批评了当时的学者易家钺在中国家庭问题上的观点。易家钺从民国九年（1920）至十二年（1923）出版《家庭问题》《西洋氏族制度研究》《西洋家族制度研究》和《中国家庭问题》（与罗敦伟合著）等书。潘光旦承认，易、罗二人把家庭作为一问题这点是相同的，但其讨论的是一般的社会，而不是家庭自身。而且易家钺既诅咒大家族也诅咒小家庭制度，而提倡灵肉一致的恋爱。认为人类永远是“恋爱”与“感情”两种元素的结晶体，永远不发生离婚。潘光旦指出了易家钺抨击中的偏颇，“我辈批评社会制度，宜切记批评之目标为制度自身，而非制度中之人物”②。

六、家庭中的老人问题

潘光旦寻求中国民族位育之道，寻求家庭位育之道，寻求人生和人类位育之道。他在家庭问题研究中说：“家庭问题，归根是一个家人之间的关系的问题，也是一个各个家人的地位的问题；地位适宜，关系也就得当。更约言之，家庭问题是各个家人的‘位育’问题。家庭之中，人人能安所遂生，问题自然解决。”③

（一）社会变迁中老人地位的变化

潘光旦特别指出，在当时整个家庭问题中，老人的地位问题被忽视了。由于社会的变迁，老人的地位发生了变化。在近代以前，老人并不受人漠视，老人的地位也不成问题，到了近代，这是一个求进步而极看重未来的时代，老人多保守，经验虽多却往往无济于问题的解决与事业的推进。工业文明与一般生产生活的机械化，在农村减少了老年农民的工作价值，在都市中，也使老年人无法与少壮的人竞争，只有依靠子女，却往往因都市生活程度高，而得不到终

① 潘光旦：《中国之家庭问题》，新月书店出版社，1939年，第307–308页。

② 同上书，第322页。

③ 潘光旦：《祖先与老人的地位》，载《寻求中国人位育之道·潘光旦文选》，国际文化出版公司，1997年，第705页。

养余年的机会。在中国，老人的地位已变动了不少，家长的权威降低了。究其原因，在理论方面是个人主义与进步主义一类的思想很早在东方找到了新的信徒；而在实际生活方面，则是都市的发达与乡村人口的离心运动、机械工业的勃兴与手工业的解体、交通事业的进展与安土重迁习惯的打破等，使家庭的约束力减弱，家长的权威日益缩小。例如在子女择业与择偶这两大问题上，以前由家长解决，而现今成了问题，证明家长的权威成了问题。

（二）老人的生活问题

潘光旦说，老人生活有两个重要的方面，即经济方面与情绪方面。中国人传统上注重孝道，研究“甘旨之奉”，这就是经济的孝道；又讲究“晨昏定省”“承欢色笑”“儿孙绕膝”之类，这就是情绪方面的孝道。潘光旦发现，这两方面的问题都不易解决，情绪方面的问题尤其如此。西方的老人问题在情绪方面全无办法，经济方面的办法也不适当。

1．关于老人赡养的问题

在西方，这个问题要分两部分考察。在自由职业与有产阶级里，这不成问题。因为他们自己有产业，又加上大都爱好独立与自给的精神，功成身退的老年人不依赖他人。但在劳方与无产阶级里，这个问题就严重了，因为这些人体力衰退而又缺乏储蓄。再者，近代科学文明的进步又增加了压力，一方面医学与卫生事业把人口的平均寿命提高了不少；另一方面工业机械化的突飞猛进使各工厂所规定的雇工年龄限制越来越低。医学把人的寿命延长了20年，可当他到了40岁时，工业便硬把他当作老人，要他退休，这样一来，他有30年是受活罪，并把他一生中赚钱的时期压缩得很短。这两个趋势交相为用的结果很明显。

那么在这种情况下，人们如何度过风烛残年呢？潘光旦认为有三条出路。第一条不大有人走的路是与子女同住，由子女供养。这条路使老人的自尊心受损，又使小辈受排挤，加重子女的负担。中国普遍走这条路，而西方非万不得已没人愿走此路；第二条路是与子女分住而独自设法过活。走这条路的有三种人，一是有积蓄可以自给的老人，二是能设法勉强糊口的老人，三是接受养老金的人。建立养老金的方式很多，主要有三类，一是自动的保险，二是国家强迫而辅助的保险，三是国家完全负责而直接付予的养老金；第三条路是进养济院或悲田院，这是最惨痛的路，要接受流民乞丐待遇的路。由此可见经济方面问题的严重性，且因老人所属阶级与工作的性质不同而有所不同，但在情绪方面就不存在这种分别了。

2. 老人情绪方面的问题

老年人的心理变迁，究竟多少属于生理状态的变化，多少是由于一种以为老年便是死亡与毁灭的前驱的自觉，学者们的意见不一。但老年人恐惧死亡的心理与寻求逃避的出路是普遍的倾向。潘光旦认为，出路有三条，一是灵魂不灭的宗教信仰，二是对于子孙的精神寄托，三是统治权或管理权的把持。西方流行第一种出路，而在家族制度畸形发展的中国，第二、三条路特别有力量。除这三条路之外，还有一条很理想而只有极少数的人可以走的路，就是把不朽的欲望寄托在德、功、言的建立上。第一条路不过是一个虔诚的愿望，为尊重科学精神的人所不取；第三条路往往成为社会进步与青年发育的一大障碍，应予避免；第二条路把不朽的欲望寄寓在子孙身上，这是真正的精神不朽。中国老人的生活比西洋老人自在得多，对于死亡的态度也较泰然。“中国老人，在情绪上是比较能得到适当的措置的，而其措置之方便是子息；其情形和西洋的恰好相反”。[①]

在近代中国，在过渡的家庭制度中，老年人的地位今不如昔，但老人仍旧与已婚子女同住。这种同住的维持不过是一种社会惰性的表示，或壮年一辈的容忍性的表示。潘光旦觉得恐怕有十之八九的人是赞成分居的。还可以从当时的“非孝”的议论中觉察到老人地位的动摇。但祖先对中国人还是有影响的，以前中国人对祖先有两种态度，“一是纪念，一是崇拜，往往视其人的教育程度而定；大率程度高者，纪念的成分多于崇拜，程度低者，崇拜与迷信的程度多于纪念”。[②]在纪念或崇拜祖先的方式中，重要的有三种：一是丧葬与丧服，二是祭祀，三是家谱。虽然老人的地位今不如昔，但由于中国家庭以亲子之责任心为根本，而不以男女恋爱为本位，这有其存在的文化意义，且显然于祖先与老人的地位有利。

① 潘光旦：《祖先与老人的地位》，载《寻求中国人位育之道·潘光旦文选》，国际文化出版公司，1997年，第713页。

② 同上书，第715－716页。

第九章 陶孟和的社会与教育研究

陶孟和（1888–1960），著名社会学家，原名履恭，字以行，祖籍浙江绍兴，出生于天津。1906年毕业于南开学校后，赴日本东京高等师范学校学习。1909年毕业后赴英国伦敦大学，专攻社会学。1914–1926年任北京大学教授及名誉教授，并一度任教务长，协助蔡元培革新北大。1926年由中华教育文化基金董事会资助，创建北京社会调查所，任所长。1934年该所与中央研究院社会科学所合并，迁往南京，陶孟和继任所长。1949年任中国科学院副院长并一直任政协委员。陶孟和一生致力于社会科学的调查研究和组织研究工作，为中国社会科学和文化教育事业以及培养研究人才做出了贡献。

陶孟和的主要著作有：《中国的城市生活与劳动》（1915）、《孟和文存》（1925）、《社会与教育》（1934）、《北平生活费之分析》（1930）、《上海工人家庭生活水平的研究》（1931）、《中国劳工生活程度》（1931）等。[①]

第一节 社会学是教育的基础

陶孟和1922年曾出版过《社会与教育》一书，经不断修正于1934年作为大学丛书之一的《社会与教育》，再次作为国难后的第一版，由商务印书馆出

① 中国社会科学院社会学研究编写："陶孟和"介绍，载《中国社会学年鉴（1979–1989）》，中国大百科全书出版社，1989年，第345页。

版。该书全面阐明了社会与教育许多方面的关系，不单在理论上进行探讨，而且研究了社会与教育许多实际的问题。该书多取材于英美的著作，尤以采用斯密斯及克劳书中的资料为较多。

一、何为社会学

陶孟和说，社会学考究人群关系的原理，解释人群生活的状态，在各学科里是最幼稚、最发达的一种研究人群的科学。社会学的观念有广义与狭义两种。广义地说，凡是关于人群生活的事情，都属于社会学范围。例如历史、政治学、经济学，就应该属在社会学内。因为历史是记载人群活动事迹的学问，政治学是研究人群政治组织的学问，经济学是研究人群经济活动的学问。但由于学术范围的扩大和复杂，学术界分工既各为一系统又有联系，因此，历史、政治、经济等作为专科，都是研究人群一方面的状态。虽统称为社会科学，又称为人群的科学，但不能将与社会有关的学问全揽入社会学的范围。狭义的社会学，只把社会作为研究的对象，考求关于社会的原理，如家族、部落、国家、教育，凡是人群组织的团体都要研究。

陶孟和认为，社会学的研究可分为四部分：社会的起源、社会的演化、社会组织与社会改良。“社会的起源、演化与组织三部分，都是用科学方法研究社会事实，寻绎社会的原理，所以可称为纯粹社会学。社会改良是把社会学理论应用在人群生活上，解决社会上的诸般问题，所以可称为应用社会学”。①陶孟和说：“人类结合的原理是于我们最有用的知识。现在‘社会改良’或‘社会改造’之呼声不绝于耳。但是‘改造’‘改良’绝不是只从我们脑筋里想出一种主义来就可以实行的。我们先要知道什么是社会，社会上有什么事实，什么势力，什么程序，群居生活有什么状态，才可以谈到改良改造。就着实在情形才可以知道哪样须改良，哪一部分须改造，社会固有之制度应该怎样改革，才可以增进人类共同之幸福。这是社会学应用的方面，也就是社会学最有用的方面。社会学与教育之关系，就是应用社会学的知识，改良教育。把社会学发见的道理，实施在教育上。社会学对于教育最大的功用就在这一点。”②

① 陶孟和：《社会与教育》，商务印书馆，1934年，第4页。

② 同上书，第8–9页。

二、社会与教育的关系

陶孟和从社会的发展谈教育的目的。他说，中外向来的教育的目的，教育的理想，虽然常有社会的理想做背景，但在教育观念上，就是以个人为本位，为了个人在身心及道德上成为全人的发展。而现代社会比前代发达，社会生活比以前复杂，现代人的互相接触和依赖的关系比先前更多而密切，因此教育也应当以社会为目的，使它向社会发展。也就是说，教育不仅应使个人获有健全的身心，还应该使他与他所住居的人群的环境相调和，并对那个环境有积极的贡献。换句话说："教育之目的不只是个人，还有社会。不只是单独的个人，还有社会的个人，不只是使个人有效能，并须使个人增长社会的效能。个人的发展，同时也必须能为社会服务。"①

陶孟和明确指出："现在教育之要务不只是传递知识，更须使被教育者要能够明白，并且实行合作、互助、服务、利他、民治，这些道理，受过教育的人，应该觉悟他与社会的关系，他的改良社会的责任。他的理想应该是社会的，不是个人的。他的知识的伦理的观念，多少总要与社会相调和。"②也就是说，教育不只是造就个人成为思想家、科学家、文学家，并须使个人成为家庭、国家、学会等诸种社会的一分子。个人须是社会的个人，须对社会有贡献。所以，陶孟和认为："现在教育之任务，在乎使个人成为社会化（Socialized）的个人。"③

社会学的最重要功用就是改良社会："至于教育上的改革更须用社会学的观察法，因为教育的目的虽然常偏重在个人，但是教育制度和学科、教授法，向来都是与社会有关系。"④社会与教育有着极密切的关系，一方面社会的情形对学校、学科和教授法有巨大影响，另一方面教育也对社会情形有大影响。社会的变化向来是缓慢的，因此从事教育的应该先设法在教育上把那已经无存在理由的制度风俗革除，采纳社会学者所研究社会进化的道理，用以改良教育。人们都知道教育是人类进化的基础，未来一代一代的人都要经过教育的程序。"所以现在的教育家，应该按着社会学者所发见进化之原理实施在教育

① 陶孟和：《社会与教育》，商务印书馆，1934年，第13页。

② 同上书，第13–14页。

③ 同上书，第14页。

④ 同上书，第16页。

上。他所做的事，一方面是改良教育，一方面也就是改良未来的社会”。[①]

社会学是教育学的基础。陶孟和说，近年教育学的进步，不得不归功于心理与社会两种科学的进步。心理学指示个人受教育的能力及教授的方法；社会学指示教育的目的、教科的性质及教授的方法。教育上须注意的条件不外四种：一是个人，二是环境，三是文化、知识、成训等，四是传递文化、知识、成训的方法。而后三种完全为社会学范围内之问题，而且个人心理的形成也都是由于社会的接触。因此，可以说社会学是教育学的基础，教育的目的与方法、教科的范围与材料都要应用社会学的知识，由此形成了教育社会学。

教育社会学就是应用社会学的材料、方法、原理，以解决教育问题的分支学科。教育社会学可以小而解释儿童本能的社会生活，大而确定教育的目的，评定教育的价值，可以就普通教育、特殊教育与职业教育三类提出许多问题。这些都表明社会学的知识对教育是非常切要的。

陶孟和对社会与教育的关系作了如下概括：“教育自身是一种社会程序，教育也是社会的一种制度。所以教育与社会的关系有两层：一是教育自身要成一种社会的组织，它的组织须应用社会学的原则；二是教育要适合于社会并且可以补救社会的偏弊。”[②]同时，因为调查社会、认识社会实在是决定教育政策、规划教育组织、筹划教育设施的基础，所以他又指出：“教育与社会生活的各方面互相牵连，无论从教育方面还是从社会方面观察，教育调查都是社会调查的最重要部分。从教育方面观察，教育是民治社会最伟大的势力，社会进步主要的手段。社会的传递文化，修养气质，播种知识，大部分要靠着各种教育机关。故考察教育的情形如何，即可以观其社会将来的情状。从社会方面观察，社会的情状向来是映照在各方面的。社会的美点显在教育上的，应该设法保存。社会的恶点显在教育上的，应该从教育上设法补救。所以企图改革社会者对于社会调查更应特别注意。”[③]

三、个人与社会

个人与社会何者重要？向来人们对于这个问题的见解不一。这种情形又常

① 陶孟和：《社会与教育》，商务印书馆，1934年，第17页。

② 同上书，第30页。

③ 同上书，第32页。

表现在教育上。一派教育家专注人才教育，以为教育最重要的职务，就是造就特别的人才。有了特别的人才，社会自然就可以进步。另一派教育家则主张民众教育，以为一般的人都应该受到相当的教育。

陶孟和把注重个人一派所持的理论简称为个人主义。个人主义的派别甚杂，极端一派如斯梯尔纳（Max Stirner）以为，只有个人是真的，最重要的，其他都是假的，没有关系的。个人是特殊的，他是所有权力的主人，他毫不受其他事务的拘束。这是无政府主义的个人主义派。他们对于社会的羁绊、专制的压力等种种妨害个人自由发展的东西深恶痛绝，他们竭力推崇个人，发挥个性，所以竟致无视义务、利他等社会道德，而且竟然推论说，所有爱人奉公的行为都是自私的行为。

普通的个人主义派也推崇个人。他们的理想不过是自由发展的个人，而不是绝对自由的个人。他们以为无论社会如何组织，终归是由个人组成的。社会的性质如何，要由个人的性质决定。所以社会的最根本要素是个人的性质。个人发展了，社会上的各种事业就能发达。他们认为，社会的进步都是社会中不满社会的风俗、习惯、制度而不肯安然受其羁绊的人发端的。有创造力的个人，敢出奇立异的个人，敢“特立独行”的个人，知其不可为而为之的个人，都是社会进步的先驱者。个人主义的目的是发展个人，因为社会上的拘束常常妨碍个人的发展，所以个人主义者主张将社会的拘束减至最低限度，以便个人发展。

缓和派的个人主义者承认社会事实，但并不注重社会。按他们的理论，假使个人都能发展得各得其所，人类社会就自然会成为一个好社会。同时，他们认为，人类的苦痛，社会的不良，都是因为个人处处受干涉、受制裁的缘故。现在社会上的风俗、习惯、法律日益加多，个人的发展日益困难，社会的弊病也日益增加。所以，理想的社会就是有许多完全得到自由发展的个人的社会。而实现理想社会的方法，不是社会立法，也不是改良社会的政策，而是解除对个人的各种束缚。陶孟和说，由此看来，个人主义与放任主义是相连的。

陶孟和也分析了注重社会的理论，他简称之为“社会主义”。他认为，“凡是承认社会自身是生长的有机的团体，而不只是个人的机械的集合的都属于此派”。[①]因为他们主张个人是群居不能独立自存，人与人不断地相互往

① 陶孟和：《社会与教育》，商务印书馆，1934年，第40页。

还，一切生活都要彼此依赖，根据这个事实，主张政治上、经济上、教育上的各种制度，都不应该以个人为前提，而应该以社会为前提。从个人角度来看，个人的发展有时妨害旁人，这种情形从社会角度来看，是要不得的。所以社会应该做本位，社会的幸福，社会的利益，应该做我们的理想。人类行为既然应该以社会为前提，社会所设的各种制度，也就只考虑人民全体或大多数，不能计及个人的利害。个人对于社会制度要绝对遵守服从，不能妨害社会公共的利益。假使某个人因自身的发展而不能适应社会，为社会全体秩序起见，那个人就应该被淘汰。在“社会主义”下，所有的制度都是趋于平等的，普遍的，一致而不设例外的。

陶孟和认为，个人主义与社会主义两方面的理论各有是非，不能承认一方面为绝对的是，其他方面为绝对的非。他认为，应分三层讨论个人与社会的关系。

（一）从遗传与环境研究个人与社会的关系

每个个人的发展都脱不了两种势力，一种势力是遗传，一种势力是环境。两种势力缺一不可。先说遗传。在生理方面，一个人的身体都是受诸父母。但遗传自身不是独立的，一个人只受了父母所遗的形体不能成为个人，必须对于所处的环境有相当的顺应，才可以发展成为个人。环境除物质的自然环境以外，还有人群社会的环境，后者对于个人的发展更为重要。

人类永远是互相接触的，他的智能常常要靠相互接触的关系才可以大加发展。个人的生活因为有相互的接触才可以成立，才可以进步。单独的个人没有生活，也实在是不能生活的。个人相互的关系，相接触的机会，一天比一天增多，所以人类慢慢地作出许多种制度来维持他们的接触，规范他们的关系，以维持人类共同的生活。这些制度被称作社会制度。人群社会的环境越复杂，对社会制度的需要就越多。而且人群社会的环境不只是若干人为的社会制度，还有许多物质的和精神的成绩，也都直接或间接地维持或增进我们人类的共同生活。因此，陶孟和说，个人不能专靠着遗传的势力，还要时时顺应他们所处的环境才可以生活，所以要依赖环境的势力以维持增进他们的生活。因此，环境的关系比遗传的势力更重要。陶孟和将人类已往几千年承袭下来的成绩，称作社会的遗传。他认为，社会遗传比生理上的遗传更重要，环境的势力比遗传的势力更伟大。造就好社会比造就好个人更为根本。因此，他说：“世上无论如何伟大的人物，没有完全靠着先天的气质，不受社会的影响的。但是无论社会是如何伟大，还须先有个人。个人与社会的关系不能分离，于此可见。”①

（二）从心理方面观察人与社会的关系

虽然承认行为是心灵的表示，只有借助于行为才可以研究心灵，但是人类除了行为之外，还有一大部分的心理作用，只有自己可以觉察，外人无由推知。不过如果我们考察一下个人心理的构成，就可以知道人的心理绝不是独立的，一定要受社会的影响。感觉的表示，本能的行动，情绪的表现，都不能与社会的成训、习惯或制度相违背。陶孟和说："个人心理确是不能独立的。个人的心理状态常带着社会的色彩或印象。从此看来，个人与社会的关系很密切，不能说哪一种是根本的。”②

（三）从个人发展方面讨论个人与社会的关系

陶孟和说，个人的发展要时时靠着社会，进步的生活当然更依靠社会。人类的生活不只限于物质的生活，衣、食、住、行、用等不过是人的生活的物质基础。人之所以为人，是因为他的精神生活发达，亦即他的心理发达。他的精神生活更是依赖于社会。我们的知识、思想、理想，哪一样不是从社会得来的，或是受社会的启发感动。我们求知的欲望只能在社会中得到满足；我们的理想只能在社会中得到保存，只能在社会中得到实现。不过，“从社会方面观察，社会的发展也是要靠着个人的发展”。③因为个人不发展，社会上就缺少若干的贡献，就是社会的损失。“社会除了个人的总数或大多数得发展以外无所谓发展。反过来说，个人除了在社会中得发展而外，也无所谓发展”。④

因此，陶孟和概括地说：“个人与社会的关系，从遗传、人的心灵与人的发展三方面观察，既然是不能分离，那向来社会的进步也就不能只归功于个人的努力或社会的努力。”⑤由此看来，人群的进步不是单个人的成绩，也不是纯然团体的成绩。个人和社会的功绩不可分开。没有领袖，社会不能进步。但没有社会，个人自身不能存在，更不能推行他的理想。总之，个人的事业是要社会化的。陶孟和把他关于个人与社会的关系的理论应用于教育：“所以教育不能以个人为目的。应该训练个人使他的行为于公家有益。受过教育的人，

① 陶孟和：《社会与教育》，商务印书馆，1934年，第46页。

② 同上书，第48页。

③ 同上书，第49页。

④ 同上注。

⑤ 同上书，第50页。

应该是一个明白的投票者，一个热心公益的市民，一个生产的劳动者，一个享受文化的平民。教育的目的，必须兼顾个人与社会，因为二者并不是独立的。”[①]陶孟和认为，社会的教育训练应使个人知道应该如何指导，同时也知道应该如何服从。服从的要明白他的领袖，知道与领袖共同活动的目的。会指导的人也不是自肆地意气地驾驭一切。他应当使一般民众理会他的意思，与他通力合作。“因此最能做领袖的人，也是最能服从（有意识的服从）的；最能服从的人，也一定是最能做领袖的。这样看来，人人都是领袖，也就是被领袖的。教育的目的不能偏重一端”。[②]

四、社会成立的要素

（一）人口

陶孟和说，社会的成立有一定的要素。第一个要素就是人口的集合。人口自然要有结合。结合的缘由有血统关系，有婚姻关系，有宗教关系，有经济关系，有职业关系，还有政治关系。所以人类有许多性质不同的集合。在以血统宗脉为本的宗法制社会中，人类聚集以血统为最主要缘由。近代社会关系增加，人口的集合有许多种类，血统关系的重要性减轻。现在人口的集合，以经济的及政治的关系为最重要。人口的集合常因产业性质的差别而不同。人口的密度与文化发展成正比例。所以，人口调查要按年龄、性别、国籍、籍贯、职业等进行。一个社会的实力如何，可以由人口的年龄测出。人口按30年为一代，每代的更迭显出社会的变化。社会人口的年龄分布，通常可由生育率及死亡率去考察，一个社会大概总是年龄低的多于年龄高的。按自然的规律来看，各社会性别的分布大概相等。

陶孟和讨论了人口与教育的关系。他认为，人口的状况支配社会的生活。“所以在人口同质的社会里，教育事业常演出一种定型，而不易改弦更张。在人口异质的社会里，因思想习惯之不齐，意见态度之不一致，教育事业不容易成立。但是一旦成立，颇有发展的机会，有试验新理想新制度的机会”。[③]

人口的疏密，也影响教育。人口的密度与社会文化成正比例。人口密度高

① 陶孟和：《社会与教育》，商务印书馆，1934年，第51–52页。

② 同上书，第52页。

③ 同上书，第59页。

的时候，在校儿童多，学校的科目、教员、仪器都可以比较充足。现在大都会的教育机关最多，教育的方便比其他各处都更发达。反过来，教育也可以影响人口的密度。如在人口稀少的地方设立大学，也能渐渐吸收许多的学生。学校人口年龄与一般人口年龄的分布不同，有一定的限制，也比一般人口年龄的分布简单。普通人口以三十年为一代，学校人口的一代较短，小学六年为一代、中学六年为一代、大学四年为一代。教员必须明白各代的变异，如仍守旧法，不采纳新的知识，那么教育就不能与社会相适应了。

调查一国学校的人口（生徒）及从事教育的人口（教员），可以推知其国教育的发达与否。这种人口的统计较教育经费的统计更为重要，更为可靠。民国二十二年（1933）申报年鉴的中国与各国初等教育状况比较表表明，中国学龄儿童的在校率为19.4%，法国是92.4%，德国是105%，印度是24%，美国是179%，日本是153.8%，由此可见中国小学教育按人口比例看是极幼稚的。利用学校的调查统计还可以考察其他情形，例如教员在总人口所占的百分数，可显示教育职业的状况，以及教育事业的发展程度。据民国二十二年（1933）申报年鉴，中国每万人口中有小学教员8.5人，美国1900年为58人，英格兰及威尔士每万人口中有初等学校教员数在1914年为73人。可见中国教育及教育职业之幼稚。再从民国十八年（1929）教育部编制的全国初等教育男女儿童数及男女教员数比较表中可以看出，当时中国初等教育中男学生5倍于女学生，男教员13倍于女教员。美国1900年女子从事教育者占3/4，男子仅占1/4。美国初等及中等教育尽在女子之手。另外美国教员的年龄，男子以25岁至34岁为最多，女子以16岁至24岁为最多，美国教员在30岁以下者男子有1/2，女子有2/3。在25岁以下者男子有1/3，女子有1/2。而且教员的年龄低于医生律师、银行员，说明教员所受教育的年限短。

（二）地理的环境

陶孟和说，每一个社会都有居住的地方，多少一定要受那个地方的形势的影响。所以社会的性质也一定要反映地理环境的性质。无论哪一种社会组织，没有不适应其环境的，结果没有不带地理环境的印记的，没有不受地理环境的限制的。社会不单带着地理环境的印记，并且还要带着人民的印记，人民心理的印记，过去历史的印记。陶孟和指出，物质环境中的第一个势力是气候，第二个势力是地形，第三个势力是物产。这三种势力对教育有很大影响，如气候影响学期与休假的规定。一个地方的物产限制地方人民的职业，所以间接地影响教育。教育制度一定要按地方的产业来制定，学校制度要与地方的产业相联系。同时，“一地方的人对于所生息的地方发生感情。这种爱乡心或地方的感情于地方的发展很重要。人民对于地方有好感情，才可以发展他们的地方。做教员的对于他所服务的地方有好感情，总可以办好教育”[①]。“因为在教育上欲求一个地方的进步，就是告诉他的青年可以并且如何发展那个地方的好处，不是使他的青年厌恶他们的乡土”。[②]校舍、教室、游戏场等是学校的直接的地理环境，要顺应和改良环境，这样才可以增加教授上的效能。

五、人的心灵的要素

陶孟和指出：“人是心理发展的动物。人类社会的特色，就是他们的社会关系是一种发展的心理的关系。”[③]“教育的成立亦是因为人类有学习的能力，有心理发展的倾向。”[④]人的心理活动，在生理方面看来是神经的活动，在心理方面看来，就是心理的资具（mental equipment）的活动。人的心理的资具包括许多的冲动与欲望。其中最根本的就是保存个体、保存种族的本能。保存种族的最根本本能有二，即性的本能与慈爱的本能。婚姻以性欲为基础。恋爱是一种高尚的情操。性欲与慈爱的本能是家庭制度的直接基础，又是文化的间接基础。据弗洛伊德的研究，性欲的升华可以创造出文学美术。慈爱是人类本能中最利他的本能。所以可以说慈爱是社会的最高尚的本能。麦独孤（McDougall）说：“慈爱不特现于家庭中的抚育幼稚，若与其他本能相连，更可成为道德的情操。”[⑤]社会上的公道、法律的维持，一方面虽然靠制度，但另一方面也要靠人的心理的态度。

同时，陶孟和说，人类集聚的基础是群居的本能，但这不能称为社会。作为一个社会，其个体成员之间必然有相互的了解，有共同的目的或理想。至于社会性也必然只有心理进步的人才能发展出来。个性与社会性是人的发展的两方面。个性发展，社会性才可以发展。而群居的本能常妨害个性。

① 陶孟和：《社会与教育》，商务印书馆，1934年，第74页。
② 同上书，第75页。
③ 同上书，第76页。
④ 同上注。
⑤ 同上书，第82页。

人的本能有多少种，各心理学者没有一致的见解，从他们的功能看可分为二类：一类是保存个体，一类是保存种族。保存种族又可分为保存种族与增进团体的幸福两类。本能是人类活动的根源，是人类行为的主要动力。陶孟和所说的欲望、性的本能、群居的本能等不是人类所独有的。人类与动物间的差异也不能用智慧区别，差别在于人有思想与言语，思想与言语都是智慧的倾向，二者的进步是相依的。陶孟和指出："人类的特处，从心理方面看来，不得不说是由于思想与言语两种先天的倾向。人类群居的生活，因为有思想与言语，从本能的水平线进而至于智慧的水平线。从生理的生活进而至于心灵的生活。故社会学者称人类社会的关系纯系心理的关系。"①

除了本能冲动外，情感也是人类心灵的主要成分。人类行为常带着情感的色彩。而且，人的心态对人类的社会关系有深远的影响。"社会的风俗、习惯、制度设立既久，常依赖人类的情绪情操维持。人的道德的行为，从根本看来，也不只是知的问题，还有情的问题。不在乎输灌道德观念或道德理想，乃在乎养成道德的情操。近代国家发达，人民所发展的国民性（nationality）也常是团体的情操，不是纯粹理性的产物。情绪与情操在社会生活上之重要，于此可见。"②

人的发展，从心理方面看，实为心理的发展。人的心理之所以能发展，有两个主要的原因：（1）人类成熟迟缓，他的气质禀性，既可长久保持，更可加以改变发展。所以教育才是可能的事业，变异才能产生进步。（2）人类心理有改变发展的机会。一方面人类有历史、成训，过去的一切宝贵的经验，大都可以遗留到现在，为今人所利用。"所以人类社会不是每代重新起首，是将前人所发展的得到以后，更从前人所停止的地方，重新再向前进。所以教育的事业是一种程序，使新的一代融化过去的经验，或按着过去的经验，发展新的一代的心理。另一方面，人类社会个体间有高等的心理关系，所以人的心灵受社会的影响，促进社会的发展。"③

人类心灵之所以能够发展，陶孟和认为有两个原因。首先，人性是能够变化能够发展的。其次，人类可以吸收过去的经验，可以接受与其他人接触而产

① 陶孟和：《社会与教育》，商务印书馆，1934年，第91–92页。

② 同上书，第92–93页。

③ 同上书，第95页。

生的种种影响。同时，人类心灵虽然可以自动地无意识地发展，但一旦有了教育，教育就成了人类心灵发展的重要程序，这个程序可以指定发展的方向，可以加快发展的速率，因为教育的一个重要功能，就是能给人的心灵发展提供充分的刺激，激发心灵的发展，并指导心灵向精美高尚的方向发展。因此，可以说高等的心理能力，是以后学习得来的。总之，陶孟和相信，教育是社会改良和进步的一个重要途径。不过，陶孟和提醒我们，人性在根本上虽然一样，但是参差不齐，所以教育者对待被教育者不能完全一律。

六、人的交通方法

陶孟和说："人类心理的发展，一方面因为他能利用个体以前的经验，一方面又能利用同时的个体的经验。"①

人类的经验能够一代代地继承，一代代地积累，一代代地增加，这是人类的幸福。更重要的是，人类不仅能够承继以往的经验，还能通过人与人之间的相互关系，来利用同时代的人们相互间的经验。当然，我能采用他人的经验，必须假定他人也能采用我的。各人的心理状态可以互相传达，从而互相了解，这是因为人心理的接触，从而能过共同的生活。共同生活的成立，是个体相互交换相互感应的结果。所以陶孟和认为，从心理学方面来说社会是个体相互关系的总和。各个体间心理上没有接触，共同生活也必定不能成立。人类的接触有多种方法，陶孟和总称为交法。他说："交通方法是社会成立不可缺的条件。无论采用过去的成训，或与现代的人接触，根本上都不可缺少交通方法。"②在方法中最首要的当然是言语。

言语在根本上是人表现自己的冲动，但是以后发展的言语纯粹是人造的，为社会所公认公用的符号。言语不过是许多连贯的符号。人能造出言语，一定是经过心理上的分析与综合的程序，已经能达到造出概念的程度。人的心理自从有了言语，便大见进步，因为言语能辅助记忆，辅助思想，并且开辟与社会接触、与成训接触的途径。人类所生活的世界，可以说是言语的世界。言语的功用至广且遍，言语的影响至深且远。言语包括口说的话与书写的文字两种。在现在的学校教育中，言语占主要部分。读书作文都是最重要的功课。无论哪

① 陶孟和：《社会与教育》，商务印书馆，1934年，第100页。

② 同上书，第101页。

一类的知识，都要用言语传授，用言语解释。一个人能读文字，他的心灵的限域已被大大扩展。一个人能读或能了解他国的言语，他的心灵的限域更加扩充，有更多吸收新经验的机会。所以，现在人类的接触，除了身体的或属于人的接触以外，更发展出了极广远的、极复杂的、不属于人的接触。这种接触是社会成立的最重要条件。

自从科学进步之后，人类更发明了许多方法。言语、运输方法、传声传形的器械、美术品等都是技术进步的成绩，这些交通方法都是属于技术的。除了技术的交通方法以外，还有最重要的就是人的品格，品格在人的接触上与人的发展上最有影响力。因此，推行道德教育都不如"以身作则"有效果。所以教育家最注重"人格的感化"。从品格一方面看来：戏剧是表现品格最有力的一种艺术。

人类的心灵接触有直接的与间接的两种。交通的方法因所做的事不同也各有所宜，事业有宜于单独一人做的，有宜于团体合作的，有应该受人的直接启发的，有应该受间接启发的。陶孟和指出，中国学校的教授法，向来有专用一种交通方法的弊病。即念书，学生依赖讲义为所学知识的唯一的源泉；学生依赖讲义则上课时间过多；读讲义与学生读课本的方法无异。而讨论是心理接触的最有效的方法，可惜现在在教授上常弃而不用，或用的时候很少。陶孟和认为，对于高等以上的教育，须采用演讲、读书及讨论这三种主要的教授法。

七、社会成训

陶孟和说："人类藉着历代祖先所遗下的成训（Tradition）营文明的社会生活。这个成训，包括知识、技术、风俗、习惯、制度种种。人生在社会里就有现成的知识技术为他使用，有现成的风俗、习惯、制度使他遵守。成训是我们最宝贵的产业，假使人类没有这成训，他的生活每代须重新起始，便就与一般动物无异。"[①]陶孟和指出，成训中最宝贵的就是知识与技术。现代人在社会里享有应用这些生活上、文化上所有的或一部分的知识与技术。从社会成训方面看来，教育就是发展人享用那些知识技术的能力的一种程序。应以发展人的享用知识技术的能力为标准选择分配教材。现代人对于祖先所遗留的知识与

① 陶孟和：《社会与教育》，商务印书馆，1934年，第120页。

技术，不但要能享用，并且还要设法增进。

同时，陶孟和还说："风俗、习惯，自从古代祖先所遗传的，累代加增，现在已成了社会上当然的产业。无论哪一种社会，莫不有风俗习惯为人所遵依。无论哪一个团体，也莫不有制度规范人的行为。"[①]但他也指出，用鼓吹、宣传、政治、法律的方法推行和改革社会成训，都是有限的。因为要求改革有效，群众的态度必须不是积极的反抗，而是能够容纳改革。但是要叫群众容纳，便必须设法准备。因此，最根本的有效的改革方法，要推教育。成年人受了现存风俗习惯的熏陶染化，不易改变。要有效地改革，就要在学校里改变幼年人的习惯、思想、理想。学校是制造社会习惯风俗最重要的机构。虽说教育的方法效验最大，但也有灌输风尚之弊，因为无论好坏的风尚都可以灌输。

制度是风俗习惯的结晶，成了定型的产物。"社会学者将社会制度分为广义的狭义的两种。按广义解释制度，人类各种形式的联合如家族、国家、教育、宗教，凡是人类选择的组织，皆可称为制度。按狭义解释，人类联合的各种型式不能称为制度，维持或造成联合的工具或方法，并使那个联合得以尽其职能的工具或方法，乃得称为制度"。[②]制度的功用有两层，一层是满足人的需要，使人类达到他们的目的；一层是设立一定标准，规范人的行为。联合的生活，需要公共承认的制度。在今日生活变化急剧的时代，旧制度要多少加以改革，新制度要随时势产生，乃是当然的事情。制度的好坏与应该存在与否，要看它所满足的社会生活的目的如何。

陶孟和指出："学校是一种教育制度，它对于风尚与制度，有两层的关系。第一层，学校自有它的风尚与制度。第二层，学校对于社会风尚与制度有传递及改造的责任。"[③]他认为，现在社会上所需要的不只是身心发达的个人，并且还是社会的重要分子。各人要发展成社会的重要分子，就必须能遵守社会的风尚制度。而"教育的责任就是将社会的成训、风尚、制度，有意识地传递于新起的一代。在复杂的社会里传递成训、风尚、习惯更须有系统有方法。所以教育的责任更为重大"。[④]同时，他也指出，教育的责任不只是传

① 陶孟和：《社会与教育》，商务印书馆，1934年，第123页。

② 同上书，第130页。

③ 同上书，第133页。

④ 同上书，第134–135页。

递，还应当有意识地有所取舍。由于时代变迁，社会的情形常引起风尚制度变迁的必要。“所以一代一代的人遵守风尚与习惯，不是盲目的，不是奴隶的，应该是意识的、了解的。教育上的传递须是有选择的传递，从此看来，教育的责任是保守风尚与制度，同时还须改进风尚与制度”。[①]假使教育上不能首创改革，那社会的改革更无望了。

第二节
社会与教育的关系

一、家庭与教育

陶孟和说，社会组织有许多种。有人按组织上关系的亲疏将各种团体分为初级的与次级的两种。初级社会团体中最重要的是家庭。家庭是社会的单位，是一种普遍的社会组织。家庭的组织以血统或婚姻为基础。它的职能有生育、经济、政治、宗教、教育等。家庭是传递劳动、游戏、教育、手工、社会理想、传统观念的中心。人的身心的最初发展都是在家庭里实现的。

因为社会不断地发生变化，家庭的重要职能，已经渐渐地为他种联合所夺取。家庭职能的退化，家庭改变的原因有许多，其中最大的原因就是经济的变化，这种变化使大家族变为小家族，小家族变为小家庭，向来与家庭接触最密、受家庭教育最深的儿童，现在都与家庭以外的人相接触，受学校或社会的教育。

因此，陶孟和指出：“现在从事教育的人，应该了解家庭改变的情形，考察现代家庭之缺点，用教育机关补救。”[②]

从教育方面看来，陶孟和认为，现代家庭生活的缺点有四项。

（一）现在普遍的儿童，渐渐缺乏使用器械的能力。他在家里没有机会发展他的技巧。学校应该补救此种缺点，对手工教育予以充分注意。当然，学校对现代家庭缺点的补救，不只是在手工或机械方面，也体现在其他方面如团体的运动游戏等。运动是发展技巧力量所必需的知识，只有学校可以提供运动的

① 陶孟和：《社会与教育》，商务印书馆，1934年，第135页。

② 同上书，第140页。

环境。女子在家庭里和男子一样失去了发展技能的机会，所以当时的学校里都教授家政、割烹、育儿等科目。陶孟和说："男子要发展他身体上高等的技巧，女子要发展她应用的、美术的、治家的能力。总之，学校应该向这两方面补助现代家庭教育不足之点，并且将学校课程与家庭教育相联络。"①

（二）现代家庭的一大部分是在都会里生活。在都会里的人受到的刺激种类最多，这些刺激使人性质趋于急躁、无常、思变，思想努力都不能连贯，所以缺乏稳健的心理和技巧。"现在都市的生活是紧张的、震动的、强刺激性的。它的大弊病就是使儿童堕落、肤浅。都市里学校的责任应该辅助家庭，抵抗这个恶势力，恢复固有的自然的状况"。②学校可以把所有科目联络贯通，一方面使学生有很强的注意力，另一方面使他得到广博的知识。家庭与学校两方面联合起来一齐发生效力，足以矫正儿童的肤浅浮躁等恶习气。

（三）现代家庭渐趋分崩离析，有妨儿童道德的发展。父母每日出外工作，与儿童的接触减少。陶孟和指出，家庭对儿童的道德、习惯与观念的接触和发展的作用减弱，"学校就应该对他特别注意，不只是设道德或伦理的学科，更应该用种种方法发展儿童的和气、真实、忠诚、谦让、公平诸美德。学校不特是教授知识的场所，还是发展道德、修养道德的中心"。③所以学校更应该负担起发展儿童道德的责任。

（四）"现代家庭的儿童最缺乏职业上的训练。家庭没有发展技巧的机会，也没有发展职业的技能的机会。从国家方面观察，各国工业的发达，都要靠着有技能的劳动者。从个人方面观察，人的价值在发展他的天生的能力，成为合群的人，合作的劳动者。有技能的劳动者，必须受职业教育"。④但私人所设职业学校常以营利为目的，不可靠，所以现在学校应该担负职业教育的责任，设置一定的学科，造就学生职业上的技能，以解决职业教育的问题。

家庭的统一本来是经济的，现在已变为精神的，因为社会各方面的发展日趋复杂，家庭固有的职能都渐渐失去，而让其他的机关行使其职能。因此，"现代家庭要尽它的教育上的责任，必须有各种机关，特别是教育机关的指

① 陶孟和：《社会与教育》，商务印书馆，1934年，第143页。

② 同上书，第140页。

③ 同上书，第145页。

④ 同上书，第146页。

导辅助。这是学校发展的新方面，学校对于幼年的教育责任扩大。此后教员不特做儿童的先生，并且做儿童的父母的顾问或指导者。学校与家庭，应该互相了解，通力合作”。[①]因为，现在做父母的，每日都把精神贯注在自己的职业上，没有工夫，也没有知识，去管顾他们的子女。他们不得不托付学校去教育子女。但陶孟和也指出，为父母的不应该盲目依赖学校，应该明白现代学校的性质，辅助学校的事业。同时，教员应当供给为父母者以儿童心理学、教育学、社会学等宽广的见解。教员须从父母得到关于各儿童的特别气质、禀性的知识。两方面既要相辅相依，更要共同协力。

二、职业与教育

陶孟和指出：“各人在社会里都可以有所贡献，都有他的价值，但是事实上有许多人对于社会毫无贡献，毫无价值。这不特是这些人的不幸，也是社会的大损失。”[②]因此，需要职业的训练与教育，否则失业者既对社会没有贡献，自己也不能生活。所以学校对于学生的职业应该及早注意。陶孟和从教科指导、职业指导与职业安置三个方面来讨论这个问题。

（一）教科指导

学校科目中有必修与选修两种。学校在帮助学生选课时，在学科方面应注意的是：（1）基础学科学习的知识或技能要有秩序，因为基础不备，学生就不能进而接受职业训练。（2）教育当局或学校应实地调查各种职业的情形，寻出与各种职业有直接关系的知识与技术。

帮助学生选择学科的标准，不只是学科的价值，还有学生的嗜好与能力。关于学生的嗜好与能力，可用三种方法加以研究：（1）教员的估计最为重要；（2）学生的成绩；（3）心理测验。职业教育不宜太早，学生必须先受了所应受的基础教育后，才可以受专门的职业教育。除指导职业教科的人与学生的努力以外，还须多少知道学生家庭的经济状况与学生父母的见解。

（二）职业指导

要从学生个人的性质与社会的需要两方面观察。观察个人性质的方法有三种：一是用问卷法征求学生答案；二是教员与学生谈话；三是调查父母的

① 陶孟和：《社会与教育》，商务印书馆，1934年，第147页。

② 同上书，第150页。

意见。关于实际指导的方法则有五种：（1）学生有分析自己的机会，使自己知道能力的限制，既非过大，也不可过于自贬；（2）教员与学生有讨论希望与志趣的机会，教员指示各种职业的大概情形；（3）领学生参观，使其知道各种职业的实际情形；（4）学校设立系统的职业教科，使学生依秩序学习；（5）学校设立专人或专门机构从事职业指导、职业安置及就职后的调查。

（三）职业安置。这是学校最难履行的责任。学校应该对社会保证他的毕业生的能力，这也就在同时履行了职业安置的责任。“任何一个好的机会，必须有能力的人都可以尽其所长。在一个好的社会里，各人的职业必须靠着自己的能力，而不靠着能力以外的特殊的势力，学校是养成个人能力的处所”。①

三、游戏与教育

陶孟和说，游戏与劳动两者，都是人类不可缺的。东方的教育家对游戏的态度向来是冷淡的，但也有人以为应该奖励学生游戏，并且应该加以规定和指导，使之能达到有用的目的。他们认为，游戏是根本的，是人类的适当发展所必要的。陶孟和认为，这是对于游戏的正确见解，因为“游戏有身体上，知识上，社会上的价值。适当的游戏，发展身体的机能，强健身体”。②游戏的知识价值是显而易见的。凡是游戏都可以使感官变得敏锐。游戏中应用各种知识，发展人的办事能力，所以游戏具有教育价值。游戏还具有很大的社会价值，儿童首先在家庭里得到社会意识，而后他的社会意识在游戏团体里得到更全面的刺激，获得更快的发展。在游戏中可以锻炼意志与自我约束能力。无论什么人，一加入游戏团体，就不敢任意行动以致妨害公众。游戏的时候，大家有一个共同的目的。各人的个性，都仿佛融化在这公共的目的之内。游戏还能充分发挥人的急公好义、忘却小我的精神。因此，陶孟和说，游戏是最好的社会组织训练。

儿童游戏时代（10岁至16岁之间）有一种结党的精神。儿童结党是一种重要的社会现象。在大都会里这种现象更为发达。陶孟和发现，儿童的结党绝不是偶然的，必然是那些在年龄、志趣和利益上有种种类似之处的儿童才会组成

① 陶孟和：《社会与教育》，商务印书馆，1934年，第154–155页。

② 同上书，第161页。

群体，他们有团结的精神，有公共的目的，所以他们组成为一种小社会。假使成人能够理会儿童结党的精神，因势利导，也可以发展他们的忠实勇敢精神。

游戏教育的功能在儿童游戏中最大，因为在成人后，人的身心已经发展，生活的压力迫使他们注重各人的事业，游戏是本业以外的副业，所以他的游戏的教育功能减少。游戏是儿童最重要的课业。为此，家庭首先要给儿童提供游戏的机会；其次学校里应设大游戏场，应有监督游戏的教员；再次社会上应该设公共的游戏场，使好游戏的人都有舒展游戏冲动的机会。但陶孟和看到，都市里的家庭都困聚于极小的空间，绝不能为儿童预备合乎卫生与教育要求的运动场，其他更谈不到。所以，陶孟和指出："现在学校的特别责任是补助家庭，所以诱导儿童使发展游戏的精神，正是学校的不应该放弃的责任。游戏的功用上边已经说过。训练人的道德的习惯，磨炼人的意志，可以称为教育上最有价值的方法。"①

学校在建设其游戏场所时，应注意以下事项：

（一）要有纯粹的游戏设备。

（二）游戏教员应该擅长于各种游戏，爱好游戏，懂得卫生、心理教育，了解儿童的性格，并且有组织能力。指导学生游戏时，应该有一定的目的。游戏教员还要热心他的本业。

（三）游戏应与其他学科结合，游戏可以鼓舞人的努力精神。努力游戏的儿童如果对所学功课产生了兴趣，大概也会努力去学的。游戏玩得痛快，儿童的心思精神就分外活泼精密，在训练上能够遵守规则与纪律，在解答算术问题、探求历史精义或获得文学兴趣等方面也常能取得更好的成绩。这是游戏对训练与知识的明显影响。如功课的教授带有游戏的趣味，儿童就不至视学校为畏途，相反会对他所学的功课更感兴趣。

（四）学校的游戏当与家庭和街上的游戏相结合。教员不应只考察儿童在校内的功课，更须调查他在校外的活动。学校为保持儿童在校内的效能，也应该注意儿童在家庭或在公共游戏场所的游戏，要了解他们是否与不良儿童结党、交际应酬是否过多等。所以，教员应该与家庭、社会协力整顿儿童游戏消遣的方法。学校所设的游戏娱乐，不可与儿童校外的生活水平差得太远。儿童所受的教育，如与其环境不相协调，则不能使他们领会、记忆或产生兴趣。儿

① 陶孟和：《社会与教育》，商务印书馆，1934年，第166–167页。

童在学校的游戏也须与其家庭及街上的游戏相似。如果学校、家庭、社会未能使儿童有正当轨道可循，儿童就难免会向不正当的、反社会的方面发展。由此看来，对于游戏的功用，教育家是要十分注意的。

四、邻里与教育及乡村教育

陶孟和认为，邻里向来是重要的社会组织。“邻里的重要不专限于政治方面。经济、社会、教育、宗教、美术也都靠着邻里的活动、方法、习惯、理想，向来都是由一个小地方团体创出以后，因为同外边的接触，或是访问，或是观察，或是讨论，才改变或传播出去”。①

邻里在社会方面也是重要的。个人的理想行为最先表现于家庭和邻里。而邻里的风俗、制度、礼仪等又对个人有绝大的权威。邻里一方面能保存固有的文化，使之绵延不绝，另一方面则太偏于保守主义，也常是新思想新改革的障碍。因此，在推行改革之前，先要研究地方情形，斟酌地方的特殊情况，因势利导，改革才会比较容易进行。陶孟和说，一切改革都以团体为枢纽，所以地方团体社会的势力，实在是不可藐视的。

陶孟和认为，学校与地方团体的关系更为密切。“学校是在一定的地方设立为该地方的儿童的教育，由地方办理或由地方供给经费。所以一个地方的学校，应该以地方需要的情形为基础”。②如果学校与地方团体的精神不相融，结果就是效能低下。因此，陶孟和提出了以下几点看法与建议。

（一）学校的制度与地方政治是相连的。地方政府与我们的生活密切相关，因为我们的日常生活过得怎样，在很大程度上取决于地方公益事业举办得怎样。学校应该教育儿童，使他们知道地方政治与他们关系密切，知道他们有举办地方公益的责任。

（二）“地方的经济比地方政治更为紧要。工商业的发达完全是地方团体的发达。一个地方团体的发达是靠着那地方的物产、气候、水利、制造、交通。所以工商业本是地方上的事情，至于个人所执之业，大概是在幼时定的。幼时习见习闻的事，长大的时候便去作为终生的事业”。③所以教育应该与地

---

① 陶孟和：《社会与教育》，商务印书馆，1934年，第174–175页。

② 同上书，第177–178页。

③ 同上书，第179页。

方团体的情况相适应，这样做是最经济最合理的。但如果儿童有特别的嗜好或特别的才能，则不必因袭乡里的故辙，也可选择新的职业。但大部分的人为中材，他们的教育还是应当以地方的情形为转移。近代工业是地方分工的工业。所以各地方有特别著名的出产或制造。地方工业所以著名的缘故，除了自然的要素外，就是工人的能力。“现在的科学技术工业也是一代一代地积蓄才成了现在各地方发展的工业，这些工业都是由特别历史特别环境产生出来的。所以现在社会欲谋发展工业，首先须教育有效能的劳动者。使有技能的劳动者利用地方上自然的产物。职业的教育应该与地方情形相适合”。[①]

（三）教育更当与地方的社会生活相适合。奖励人民的社会生活，最先是发展高尚娱乐。高尚的娱乐也要按地方情形来提供。所以学校的责任是发展儿童的高尚趣味，但是这种趣味又须切合于他们的实际生活。儿童的言语、服饰、仪容、礼节、习惯等，都须适合他们的家庭、身份和地方等方面的情形。所以，一般的教育不能强迫所有儿童去学习上层高等阶级的不合理的生活。

同时，陶孟和认为，学校是社会的中心。学校的各种设备都由公家负担提供。学校常位于一个适中的地方。所以，除了教育儿童，社会也应该把学校当作社会聚集的中心来利用，在教学外将其开放为社会公用。这就是学校的社会服务。社会服务可分为两方面，一方面是学校与社会各机关如家庭、游戏团体、职业团体等相联络，另一方面是使学校成为社会运动的中心，据以改良社会上的各种弊端，提高社会文化的程度。陶孟和指出：“社会改良要从地方上入手。而社会改良的方法，就是由教育机关在教室内教室外用各种方法感化邻里的成年人民。在教室内可以讲授国文、国史、公民及其他职业学科。在教室内也可以开各种问题的讨论，由胜任的教员负责指导。或开放教室做乡里的成年人的社会教育的及游戏的俱乐部之用。”[②]在教室外的工作是服务于社会，从事社会教育事业。这有三个步骤：（1）调查邻里范围的大小；（2）联合办理社会事业的机关通力合作；（3）实行一种有规则有秩序的计划。这样校内外合作，颇可发展社会教育事业。

陶孟和特别提出要研究乡村教育，现在人类住居的地方分为都会与乡村两种。乡村是农业的中心，人口稀少，人际关系简单，社会生活没有都会那样复

① 陶孟和：《社会与教育》，商务印书馆，1934年，第181页。

② 同上书，第183页。

杂，从而成为同质的团结的乡里。中国本来是农业国家，乡村人口依然占大多数。因此，中国教育的最大问题当然是乡村教育。

陶孟和认为，乡村教育问题“看来似容易解决。但是乡村人口少，财力薄，事情不容易举办。人民性质因为职业上生活的关系，接触简单，所以向来是保守的，守旧的，静止的，缺乏创发力，常有一种惰力，抵抗各种的改革设施。这是应该注意的”①。

陶孟和分析了农村教育的社会环境。他说，农村儿童的实际教育不是在学校，而是在家里或田间地头。农村儿童是在实际生活里得到教育的。他们的教育与他们生活的需要有密切的关系，而不是空泛或枯燥的书本知识。同时，陶孟和也指出，农村的社会生活虽然简陋，但是其团结力却很大，因为农村根本上是同质的社会。陶孟和把农村团结的动机分为六种：天灾人患、合群、游戏、劳动的冲动、经济的需要和文化的趣味。因此，“他们因为经济上社会上相为依赖，与外边的接触比较的稀少，所以自己发展一种团结的社会精神。有无相通，患难相救助，遇着事情，共同的相扶持。一切社会的美德，在乡村里都有发展的机会。所以乡间的人，大概都是守法、真实、和气，有传统的道德心。乡间儿童，幼时即在这种道德的空气里居住，也就发展他们社会的性质，养成为有社会的效能的个人”。②

但陶孟和认为改革乡村的希望当以教育为最重要。只是就当时乡村学校教员的状况看，教员大概是都会里的人或是曾在都会受过教育而羡慕都会生活的人，他们不同情乡村生活，领略不了乡村的优美。由于乡村教员绝少抱着改革农村社会的热心，即使极热心奉公，也一定给儿童灌输那种羡慕都会生活的心理，使儿童立志移入都会，而不安于乡间的贫困生活。因此，陶孟和指出：“学校的组织，须与社会的环境相融洽。乡间的学校应该与多间生活相调和，并且应该筹划乡间的需要，考察乡间可发展的机会，增进乡间的生活。更须教导儿童为有效能的个人，不只是合于乡村的小社会，还须合于近代的复杂生活。只有抱着改革农村理想的，可以造出这番大事业。”③陶孟和明确地说，一国的繁荣昌盛要靠乡间的发展，谋求乡间的发展，这本来是一个经济问题，

① 陶孟和：《社会与教育》，商务印书馆，1934年，第184页。

② 同上书，第186页。

③ 同上书，第189页。

但是从教育方面观察也可以算作一个教育问题。农村所需要的是人民须有高等的知识，对解决乡村的问题有兴趣，愿意致力于实现乡村的理想。陶孟和相信对于解决乡村这些问题，学校都将有所贡献，学校也应尽其社会责任，帮助实现乡村的社会理想。“乡间的儿童可以由学校造就他成为社会的主动的个人，成为为乡村社会幸福努力的个人”。[①]

陶孟和一再强调，乡村的问题不只是经济的问题，并且是社会的、智育的问题。要使乡下人安居，不只是让他们有相当的收入和充足的生活，并且要使他们有进行社会交际、社会娱乐的机会，还要使他们有发展知识的机会。“学校里正可担负这个责任，使乡下人对于农村问题发生趣味，尊崇乡村生活高贵的价值，认科学的农业为高贵的职业，并不低于政客、军人、富商、大贾的职业。等到人民不鄙弃农业，而不为都会生活或都会上的职业所炫诱，更能利用高等科学的知识，以发展农业，因农业之发达而得发展社会的文化的生活，乡村生活也就可兴旺起来了”。[②]陶孟和总结了丹麦的农村合作发展和美国乡村改革运动的经验，在此基础上提出，乡村改革一方面要政府首先提倡；另一方面学校教员要热心服务，进行实际的指导，而且学校自身要率先改良，以激发乡村人民对乡村各种问题的兴趣；再一方面乡村人民自己也要努力。这样，社会和学校通力合作，便可改革乡村。

五、国家与教育

陶孟和指出：“现在社会最重要的组织是国家。人类的生活都在国家的疆域之内。社会上各种制度，大概多受国家势力的限制。国家的势力异常伟大，近来膨胀到社会的各方面。”[③]人们无时不与国家相接触，也就无时不受它的影响。但是人们并不直接与国家相接触，而是间接地与它的机关（政府）的职员（政府的官吏）接触。虽然世界经济已成互相依赖的局面，但现代国家仍有无上的主权，国家是人类社会中最大最有力的政治制度。作为国家机关的政府，虽然起源于人类社会生活的需要，但理想的政府应该是人民意志的体现。人民的社会控制和社会指导，都应该包括在政府制度之中。社会的谐和须由政

① 陶孟和：《社会与教育》，商务印书馆，1934年，第190页。

② 同上注。

③ 同上书，第195页。

府主持。总之，陶孟和认为，政府是人民共同生活的最重要机关，是表现人民公意的组织，是促进人民进步、推行社会理想的中心。

陶孟和进而认为，在国家这个有计划有目的人类社会组织里，学校是最主要的有目的的势力。国家与教育的关系表现在三个方面，第一，教育是国家行政范围内的事务，国家应该决定并且推行一定的教育政策；第二，国家的组织、国民的性质与精神，经常反映在教育上；第三，教育是国家的基础，无论在什么形式的国家里，人民与执政者都须受相当的教育。总之，国家与教育的关系是极为密切的。陶孟和认为，上述第一方面属于教育行政、教育政策的问题，第二方面涉及社会制度的影响问题，他所研究的是第三方面的问题。

因为每个政府都有其特别的性质，市民应该按着他的政府的形式受陶铸。在东方，政府就有教民的责任。在专制时代，政府所需要的是服从的子民或战时的兵源。“现在政治的观念改变，教育的观念也随之改变。教育要本着民治的趋向，造就宜于民治的公民，造就能从事政治活动的人民。政治是人民共同的活动。公民应该明白共同活动的重要意味，他一己的责任，与尽责任的方法。他须是一个有意识的投票者。他不只知道服从法律，还须可以积极的帮助制定法律，帮助推行法律”。[①]

陶孟和指出，“政治的教育不是完全从书本上学来的，应该从实际的政治的经验练习得来的。一国政治的发达，不能专靠着几个政治的领袖，必须大部分的人民都有政治的知识与能力。向来一国政治的腐败，由于舞弊欺诈的行为的少，而由于大部分人民对于政治冷淡的多……政治腐败可以说都是这般不热心政治的人酿出来的。又如党见过深，只看见一党一部分的利害关系，忘却人民全体的利益，也是政治上的坏现象……政治的教育就是使生徒发生政治的趣味，不是发生政党的趣味”。[②]

总之，政治教育是一种公民教育，旨在造就合格的公民，但是，公民教育只是教育的一方面，不是教育的全体，而且公民教育也不只限于政治知识的传授，还要传授其他方面的知识。陶孟和说：“国家的责任对于公民经济上的独立，不只是要为公民寻经济的机会，更须计划他的教育，使他不至于把所有的创造力和精神都耗费尽，才可以得到生活。这就是职业教育的重要。人人都可

① 陶孟和：《社会与教育》，商务印书馆，1934年，第203页。

② 同上书，第203-204页。

以用他的职业，得到生活之资，更可以用他的闲暇，修养他自己的精神，热心从事国家的事务。”①

同时，陶孟和还认为，经济独立与闲暇都是公民的必要资格，也是国家在教育上与其他立法上应该最先注意的。其次就是奖励社会的生活。国家的组织是社会生活的一种，不过它是凌驾于一切其他社会组织之上的组织。但是各种社会组织、标准、风俗和习惯也与国家有相互影响。所以国民的社会生活也是国家的基础。在这里，第一要注意的就是家庭生活。家庭已由家长专制的社会组织转变为互助的、爱情的、感情的结合。在文明国家里，家庭不歧视性别，维持两性间天然的交际，养成独立自治的心理，而这也就是极良好的社会教育。

陶孟和指出，公民的资格中，除了经济独立和适应社会外，还须有相当的文化水平、文化趣味和精神修养。发展人民的精神，要以养成优雅的人格为目的。为提高人民的文化程度，须教授实用艺术及美术。普及文化的机关要把文化传播到社会上，学校要专为养育人民的优美性情设立科目。社会科学如历史、政治、法律、经济、社会等科目，也是公民必要的教育。人类生活在社会里，所以应该明白社会的性质与情形。

陶孟和还强调："公民的教育不只限于个人，更须有团体的教育。单独个人虽然都受有完备的公民的教育，等到共同办起事来，仍然恐怕不能成功……因为只有个人的进步，而没有团体的有意识的进步，仍然不是国家的幸福。所谓团体的教育，就是公同活动的试验。"②一国的人民如果没有共同的目的，不能有共同的活动，即使知识水平非常高，也不易生存。现代团体的生存，要靠团体的有组织的努力。人类的所有进步，都是人类共同活动的成绩。

六、民治与教育

在总结民治历史的基础上，陶孟和认为，现代的政治理想，不只是自由民的政治，也不只是政治上的民治，更要有经济上、社会上的民治。民治不只是一种政治的制度，而且是一种"联合的生活"，一种共同经验的交流。民治是人类现在最高的、最普遍的理想。陶孟和简洁地指出："民治的根本要义有

① 陶孟和：《社会与教育》，商务印书馆，1934年，第207页。

② 同上书，第213–214页。

四，即友爱、平等、自由、社会效率四种。”[①]

（一）友爱。友爱是人类生活的根本条件。无论哪种社会都要维持人民间的友爱，否则共同生活一定会被消灭，也就没有社会了。民治社会尤其需要友爱。

（二）平等。在民治上，平等是友爱的前提。所以平等也是民治社会的根本条件。但平等不是绝对的，“要知不平等中才可以产出真平等，若强将不平等的人作为平等的对待，那反倒不平等了”[②]。他说：“从法律方面看来各人在法律上是平等的。犯了法的人，无论贫富贵贱，所受法律的判决应该是平等的……但是事实上，法律上的平等也不是绝对的……因为犯罪的情形不同或犯罪的性质不同，法律不能予以同样的处置……即使各人都是在法律上受同样的待遇，结果也必不同……要承认人的不平等才可以有法律上的平等。”[③]陶孟和发现，当时所谓的平等，常常专指机会平等，即任何人都应享有平等发展的机会。陶孟和认为，机会平等也不是绝对的，而且，在人类本身不平等的情况下，机会原本是不平等的，只有人类平等了，才会有真正的机会平等。因此，陶孟和指出：“平等的真义并不是强人相同，乃是打破隔阂人群的种种界限……民治的社会，承认各人可以有平等的社会的价值，许可各人有平等发展的机会。但是对于各人不平等的发展不能加以制裁，强迫使人人归于平等。民治的社会求平等于不平等之中，阶级制度的社会则力求不平等于平等之中。一个是提高的，自由的：一个是抑压的，拘束的。所以民治社会是承认人的平等的。但是对于不平等的个人也让他在不妨害他人的限度内满足他的需要，容让他的发展”。[④]

（三）自由。陶孟和说，让不平等的个人可以发展，就是承认他的自由。“平等与自由是相辅的。有平等而无自由，则智者不得显其所长，贤者不能尽其所能。平等变为压制强迫。有自由而无平等，则必强欺弱，众暴寡，而自由流为放恣无治”。[⑤]陶孟和认为，自由与拘束在根本上不是相反而是相依的。

① 陶孟和：《社会与教育》，商务印书馆，1934年，第217页。

② 同上书，第220页。

③ 同上书，第220页。

④ 同上书，第221–222页。

⑤ 同上书，第222页。

所以个人的自由是有条件的，要以不妨害公善为限。所以普遍的自由第一条件就是要有普遍的拘束，所以自由与拘束是相辅相成的。由此可见，法律与自由也不是对立的。法律是自由必不可少的条件，它是拘束个人自由的，这种拘束一方面虽然妨害个人的自由，但另一方面也可以说是保护个人自由的。所以法律是普遍自由的主要条件。

陶孟和认为："现在的政府都要承认自由。个人的自由如思想、言论、集会皆于不妨害公善的限度内为政府所许可。就中思想自由是最根本的。因为思想是属于个人的'内府'的，假使思想都不得自由，就完全没有人的价值了。"[①]另外，近代自由不只限于个人的自由，团体、地方、民族、国家，皆有争取自由的趋势。各种团体都要求有发展的自由，不肯受政府的无端干涉。地方政府虽然一方面顺从中央政府的法令，可另一方面则要求有充分的发展自由，此即人们常说的地方自治。陶孟和认为，健全的地方自治也是现代民治的基础。民族自治，则是要承认民族的自由。

陶孟和指出，团体的自由从个人的自由发展而来，自由的好处就是人人得以发展。人在自由社会里比在不自由的社会里，知识要高，责任要重。因为他的生活是自决的和创造的，而不是因袭的或服从的。没有自决或创造的能力的，就要受自由的害。但是教育可以帮人养成自决的能力和创造的精神。爱自由的人觉得人生的价值就在于有自由，没有自由的生活就是奴隶的生活。所以，自由即使引起无数的牺牲，也仍然是可宝贵的。但陶孟和希望自由的牺牲以后可以减少。

（四）社会效率。陶孟和认为，个人自由的发展不能与公善相妨。而维持公善最好的方法，就是使每个人都以对促进公善而言最高的效率来从事与他的地位相应的事业。所谓效率就是为公善的效率，不是为私人利益的效率。在这方面，要承认人的发展的不平等，承认各人可以各尽所长，做他效率最高的事业。但如果自由不以公善为标准，而以私利为标准，则个人的发展只合乎个人的效率，而公善的效率无从产生。因此，如果对于平等与自由有正确的认识，便应该承认效率也是民治的一个重要原则。

在陶孟和看来，民治社会是最有效率的。他认为在各种制度中，民治最费事，最不经济，个人所负责任最大；而独裁制度则最省事，最经济。"在民

① 陶孟和：《社会与教育》，商务印书馆，1934年，第224页。

治制度之下，个人的牺牲很大。因为不能努力的，不长于自决的，不肯负责任的，在民治社会内无自治的能力，不能定他自己的位置，不知道他所应做的事业。在独裁制度之下，人不为自己的牺牲，而常为独裁者的牺牲，个人虽然没有努力、自决和负责任的精神，但是如果可以遵从独裁者的意旨，袭承成训传来的制度，就可以安居乐业。从此看来，人类如愿省事，少负责任，即能生活，最好就是让一个或几个好事之徒出来，采用开明的专制，采用独裁的仁政，管理他们。但是无论从个人或从社会方面看来，还是民治是最高的，最理想的"。[①]因为在民治制度之下，个人皆能尽其所长，发挥他的"真我"。个人能自由发展，是他最宝贵的权利，因为他发展——无妨公善地发展——他的价值，才可以有丰富的生命。"假使人人在社会中皆得发展，个人的价值皆得贡献于社会，那社会必也效率最高，有最丰富的生命"。[②]

总之，友爱、平等、自由、效率都是民治中最主要的要素。四者缺一，就失去民治的精神。一个社会要实现此四者，就必须有相当的组织。民治的精神须在组织中保存。这个组织就是民治的国家。民治的国家有两种，一种是用直接的政府，一种是用间接的政府。直接的政府即每个人都是治者，同时也都是被治者。现代各国所采用的最普通的制度就是代议制。代议制的精神不是人民自己投身于政治，而是人民监督政治。直接的政府已经不能再存在，所以个人在政治上的作为不如人民全体的作为重要。陶孟和认为，现在政治上最重要的问题就是发明最完备最有效率的代议制度，要推行民治，只有用代议制。

推行民治的条件还有两个，就人民须具备自治的能力，就社会须有健全的舆论。自治是一种共同的生活，要使人民有自治的能力。社会要有健全的舆论，就需要教育和时间来培养扶植。舆论是民治的重要条件。人民监督政府，指挥政府，一方面要靠政治制度，另一方面要靠舆论。有时，用舆论来进行政治监督更为有效。实际上，没有舆论的社会一定不能施行自治。但是，只有当人民有相当的知识时，舆论才能成立。同时，陶孟和又指出，自治的能力与健全的舆论都要在自治实行后才能得到积极的发展。所有的民治都在试验中使人民受到最有效的教育，在试验中发展人民的最大的自治能力与最有力的舆论表达。

---

① 陶孟和：《社会与教育》，商务印书馆，1934年，第228页。

② 同上书，第229页。

那么，现代民治与现代学校教育有什么关系呢？陶孟和指出，“学校是一种共同生活，现在学校也采用民主的组织。以上所述民治的原则，有许多的雏形可以在学校内发见或兴办。友爱、平等、自由、效率，也都是学校生活的要素”。①不过，陶孟和发现，当时的学校教育中存在许多问题。其中，学生的自由是最大的问题。因为学校向来都是独裁政治，学生都很被动。而民治的制度重在学生的兴趣、倾向和自动性。陶孟和认为，应当给学生自由，使学生参与学校中的一部分事务。这是发展自治能力的最好方法。让学生在校内练习自治力，那么他们到了社会上也将有参与政治事务的才能。让他们在学校中先知道权利的可贵和义务的必要，将来他们就更可能对社会对国家尽义务。相反，“假使不及早发达儿童对于公家的精神，生徒自身与社会都不得发展。所谓自治不是完全自己制裁自己，又含有互相制裁之意”。②因此，学生自治实际上是学生与教员的相互协助。而且，在这种人类团体中还必须有领袖。领袖不单在身体、心理和道德方面都有特长，并且须有引人注意使人信仰的能力。政治领袖要有能力使他所指挥的人不仅被动地听他指挥，还能够发挥他们有用的能力。领袖要知道民意。他虽然超出一般人民之上，但同时还是人民中的一分子，与一般人民有密切而重要的关系。领袖与团体是一体的。在学校里，教员要表现学校的生命，实现学校的理想，就必须能激发学生的精神，诱掖他们通力合作。

最后，陶孟和提出了自己的民治原则：“民治的原则表面上看来好似矛盾。个人的发展与社会的制裁似乎不相容纳，要知个人的发展是有限制的，社会的制裁是以共同的利益为目标的。个人只可以在团体生活中求发展，他的发展不特是个人的，并且是社会的。社会的制裁限制个人的活动，他的限制不特是消极地制限个人，并且积极地维持他的利益。因为社会的制裁是社会上必不可缺的条件。具这个条件人人才可以都有机会发展。”③

七、社会演化、社会进步与教育

陶孟和指出，社会时时在变化，而且社会现象的变迁比自然现象复杂得多，所以社会学上所发现的规律常常只是表明一种变迁趋势，而不是变迁的原则。他认为，社会演化也可分为遗传与变异两方面。社会的延续，成训、制

① 陶孟和：《社会与教育》，商务印书馆，1934年，第235页。

② 同上书，第237页。

③ 同上书，第242页。

度、知识、技术和理想等的继续存在，都可以被看作是社会的遗传；而社会无时不在发生的变动，则可以被看作是社会的变异。社会演化的原因和影响都是复杂的。社会变异受人口、自然环境、人的心灵、沟通方法、制度等的影响。社会各部分各要素也无时不处在演化之中。

陶孟和看到，教育的社会演化有四个方面的事实值得注意：

（一）教育事业不是纯粹保守的事业。教育是社会的一种程序，当然可以受社会变化的影响，若社会发生了变化而教育事业不能相应地变化，教育就会失去其作用。

（二）社会变化是复杂的。我们承认教育是社会改革的重要因素，但不承认教育是社会改革的唯一要素。如果认为，除了教育，就没有任何其他方法来救治社会政治腐败，也没有任何别的方法来改良社会澄清政治，那不过是一孔之见，是对社会性质的无知。但教育是社会中一个最重要的程序，因为教育传递文化的效率最高，更因为教育是改造个人的最直接最有效的势力。

（三）社会变化是有联系的。所以教育不是独立的。一方面，它可以影响社会现象；另一方面它也受社会现象影响。从事教育的人士不能不注意社会对教育的影响，也不能不考虑教育对社会的影响。

（四）社会时时在演化之中，所以社会的制度没有一成不变的。教育则要时时顺应它的社会情形，教育制度、教育方法、教育科目及其内容都要相应地变化和增减。

关于遗传与教育的关系。陶孟和说，从适应环境的方面看来，遗传是一种种族的适应。人类所生活的环境不断变化并逐渐变复杂，所以人类要有适应变化的能力才能应付。“人的学习就是发展新的适应的能力。所以种族藉着遗传对待一般的固定不变的环境，前者是与生俱有，后者是由个人的经验习得。前者是自然，后者是人为”。[①]陶孟和鉴于“因为两亲获得的气质不遗传于子女，所以每代的教育家可以努力使新起的一代的男女发展成为极好的国民”。[②]

陶孟和把认为宇宙间一切现象都处于演化之中的观点应用于社会现象。他说，演化包括两个重要过程，一个过程是变异，另一个过程是自然淘汰。“但是人类演化的特色与一般动物不同的，就是能够渐渐地干涉自然淘汰的程序，

① 陶孟和：《社会与教育》，商务印书馆，1934年，第255页。

② 同上书，第258页。

改变自然淘汰的趋向。人类的智慧逐渐增加，已能支配自然界的势力，更能支配社会上各种状态。人类不特能用智慧将生活的情状改变，将已有的制度、组织废除，并且还能发明新的制度、新的组织，以应时代的需要。人为的淘汰是有意识的、有目的的淘汰”。[①]人为淘汰与自然淘汰的不同之处有三：一是自然淘汰的代价较大，而人为淘汰比较经济；二是自然淘汰的方向不定，人为淘汰有目的；三是自然淘汰的标准与人为淘汰不同，前者以适于在自然环境中生活为标准，而后者以适于人造环境、能在社会上营造共同生活为标准。人为的淘汰可以说是经济的，有目的的，有标准的，是以人为本，以人的共同生活为本位的。凡可以使人发展或使人的共同生活发展的，都对人有价值。

陶孟和认为：“各种社会制度，都是从自然淘汰渐改为人为淘汰。社会的演化，无论是在哪一方面，都是人的势力渐渐干涉自然的程序。但是人的势力的扩张，还要靠着教育、舆论、思想、风尚的转移，就中以学校的势力为最主要的……按我们的理论推论，社会的改造要完全依赖教育的方法。最初先造就教员，有了教员传授给学生，以后再由教员与学生协力地改造社会，结果社会改造家的理想就可以实现了。”[②]

当然，由于其他因素的影响，实际的社会改造没有如此简易。首先，社会的理想要受人性的限制，理想必须与人的根本性质不相悖才能实现。其次，人类有因袭固常的心理。一个制度、一种风尚既存极久，便有相当的势力，不易被淘汰。但是这也不是绝对的，从历史上看，社会理想的改变有时极为迅速，以致上下两代人的思想便完全不同。陶孟和认为教育是可能造成这种迅速变化的极大势力，因为“教育是人类有意识的淘汰的方法解决社会问题，改进社会制度，了解社会的目的，实现社会的理想，全都要靠着教育。人的进化的三个要素就是智慧、努力与合作训练这三种能力，也都靠着教育。所以教育是人类进化最主要的工具”。[③]

陶孟和指出，人类前途的希望，在乎支配他的生活的状况，人类自然科学进步以来，对于他的自然的物质的环境可以支配。但是对于社会环境的支配能力还是很懦弱。我们应该奖励关于改良社会环境的发明。

---

① 陶孟和：《社会与教育》，商务印书馆，1934年，第270页。

② 同上书，第281页。

③ 同上书，第282页。

第十章 吴文藻倡导社会学中国化

第一节 20世纪40年代的社会学中国化

社会学界一般称20世纪40年代（准确地说是1937–1949年）为社会学的建设时期。社会学传入中国30多年，仍是舶来品。所以，如何使社会学的理论与中国的社会实际相结合，使社会学中国化，成为三四十年代社会学的中心任务。吴文藻、费孝通倡导的社区研究及以孙本文为代表的系统社会学研究，都为社会学中国化作出了努力。该期的特殊情况是处于抗日战争期间，各大院校、研究机构及社会学者云集中国西南边陲，西南成为社会学的基地。社会学者们在西南搞乡村建设实验，办教育培养社会学人才，结合战时情况到实际部门开展社会服务工作，进行人口普查实验，尤其是对不同类型社区和少数民族地区进行深入调查研究，对一些重要的社会问题进行系统研究，这些都为社会学中国化作出了努力，但并未建立起中国的社会学体系。在社会学中国化的过程中，社区研究在40年代形成一种风气。

1937年1月，中国社会学社召开第六届年会，会议主题是"中国社会学之建设"。会上，赵承信宣读《社区研究与社会学之建设》一文，提倡以社区实地研究作为中国社会学建设的路线。同时，与会成员一致通过陈达提出的"国内各大学积极推行社区研究"一案。在艰苦的抗战期间，社会学界逐步实现了决议案，社区研究变成了战时中国社会学的共同风气，社区研究的发展，推动了社会学的中国化建设。

吴文藻明确把社区当作社会研究的对象之一，并认为社区研究有两种优点：（1）社区是具体的，是极易捉摸的；（2）社会学的范围如规定为社区生活的研究，可以与别的社会科学不发生冲突。他指出，社区研究可以从综合的、某一方面的某一个问题或某个观点来进行研究，以社区为社会学的研究对象，可以矫正学术界空谈阔论的流弊，社会学的根基在事实，根据社区的事实来证实或修正社会学的理论，这是社会学的基本工作。通过社区研究还可以根据社区搜集的事实和分析所得到的理论，提出社会改革的方案，这种经过艰苦工作而得到的改革方案是有价值的、建设性的，对人民必有其贡献。

一、社区研究机构

在抗日战争时期，进行实地社区研究的有三个重要研究机构：清华大学国情普查研究所、云南大学和燕京大学合作的社会学研究室、华西大学边疆研究所。

（一）清华大学国情普查研究所

陈达任所长，李景汉任调查主任，戴世光任统计主任。该所的特点是进行较大规模的现代式普查工作。普查的项目是针对中国人口、农业和劳工问题而设计的。普查时动员了当地的行政和学术人员，在昆明市和昆明附近的四县举行了中国初次挨户普查的实验。

1944年，根据由陈达、李景汉主持和西南联大学生参加而对昆明市及呈贡、普宁、昆明、昆阳四县的户籍调查，编写出《云南省户籍示范工作报告》。调查包括户口普查、户籍登记、人事登记三项。1946年陈达又写了《云南呈贡县、昆阳县户籍及人事登记初步报告》。该报告是根据1939—1941年间呈贡27个乡镇的人事登记和昆阳10镇3乡的人事登记与户籍登记写成的。

在此基础上，1946年，陈达在美国发表了英文本《现代中国人口》一书。其内容是分析人口上的各种实际问题，最重要的是介绍抗战后方云南的几个地方从事现代普查实验及人事登记的方法，讨论了中国今后应采取的人口政策。

清华大学国情普查研究所的普查工作，在理论和方法上为社会学中国化作出了贡献。

（二）云南大学和燕京大学合作的社会学研究室

费孝通从英国返国后，加入吴文藻对西南社区的研究，并主持社会学室研究工作。1940年该室迁呈贡古城村的魁星阁。参加该室工作的先后有十多人，其中有张之毅、史国衡、谷苞、田汝康、李有义、胡庆钧、王康等。他们在选定的社区中对某一问题作较长时期的实地观察。最早他们注意的是内地农村的土地制度，重点研究土地权是怎样集中的。因此，挑选了三个不同的乡村即禄村、易村、玉村来观察土地权集中与其他因子如手工业、资本累积、家庭组织等的关系。后来他们扩大了观察的范围和问题，在昆明的工厂里研究劳工从乡村及其他行业转入工厂的过程，在云南边区研究当地非汉民族的团结力，以及他们和汉人相处的问题，并在内地乡村中研究基层行政机构、经济分工和贸易的方式。

虽然他们研究的是一些社区，但他们所研究的问题，却是中国各地区所共有的，即现代化的过程问题。他们把不同社区加以比较，形成了启发继续研究的假设，同时形成了社会学的理论。研究成果有：费孝通的《禄村农田》；张之毅的《易村手工业》《玉村土地与商业》《洱村小农经济》；史国衡的《昆厂劳工》《个旧矿工》；谷苞的《化城镇的基层行政》；田汝康的《芒市边民的摆》《内地女工》，还有许多别的论文等。

（三）华西大学边疆研究所

1941年，李安宅从西北抵成都，整理西北社区研究材料，即整理在甘肃拉卜楞寺调查藏族宗教、政治、文化、民族、民风的材料，还组建了华西大学边疆研究所。该所的实地研究近似于云南大学社会学研究室，也是在一定的小社区里进行长期多方面的实地观察，研究对象是非汉民族地区不同部落的宗教制度和土司制度，旨在用当地的事实来实验人类学原有的各种理论，并且加以新的引申或修正。

进行社区研究的还有在北平的燕京大学社会学系。1939年，在杨堃、黄迪、赵承信指导下，燕京大学社会学系建立了一个农村实验室，对村民生活各方面进行研究，写出20余种论文。

1943年，系主任林耀华指导学生研究川康诸土著部落的生活，根据实地考察写成《凉山夷家》一书，作为吴文藻主编的社会学丛刊之一种。该书以功能的观点，将倮倮社区客观地呈现在人们眼前。林耀华用人类学的理论研究实地社区，在社区中修正理论，为社会学中国化作出了努力。

以上诸多社区研究有不少成绩，其中费孝通、李安宅、林耀华三位的成就引起国际社会科学界的注意。这些研究向着方法的科学化、问题的具体化和实际化的路上迈进。这是中国社会学发展史上的一个重要进展，改变了以往单是注重西洋理论体系的介绍，或者罗列中国社会事实的分离状态。这一时期“企图用西洋所传来的科学方法和已有的社会学理论去观察及分析中国现实的社会生活，更进一步地想对中国社会怎么会有这样的问题提出解释”[①]。这些工作为研究中国社会奠定了基础，但“在实用的价值上还不够显著，他们还不够作为社会设计的张本，这些工作的贫乏，使社会学至今还不能在实际社会变迁里取得它应有的地位”[②]。而费孝通指导的社区研究，在尝试减少中国社会在变迁过程中的不必要代价方面作出了努力。

二、社会学中国化应从事的工作

中国的社会学家在实地社区研究中，力图使社会学中国化，为建设中国社会学作出了贡献。以孙本文为代表的系统社会学研究，也为社会学中国化作出了努力。他们介绍综合国外的社会学理论，并力图结合中国的实际，建立起自己独立的社会学理论体系。孙本文在这方面的成就突出，其代表作有《社会学原理》《社会心理学》《现代中国社会问题》《当代中国社会学》等。

《社会学原理》（1935年出版）一书注重文化与态度的讨论，虽然作者采取欧美社会学各家之长，但该书引证事实之处，凡可用本国材料的都用本国材料。

《社会心理学》系孙本文积20年研究编著而成。该书从指导思想、内容到观点，都力图结合中国实际建立独立的社会心理学体系，并从指导思想到实际应用都结合了中国的实际。

孙本文的《现代中国社会问题》一书涉及家族、人口、农村、劳资等问题。全书探讨的问题在40个以上，概括了国内的主要社会问题。该书以对中国社会问题的探讨为本位。虽然论及中国近代社会问题的发生，直接或间接受世界各国社会运动的影响，并以各国问题的材料及解决社会问题的方案作参考或比较研究，但主要还是依据中国社会实际状况与需要，寻找解决问题的方案。

在《当代中国社会学》（1948年出版）一书中，孙本文总结了社会学传入中国半个世纪的历史，明确提出社会学中国化应从事以下几项工作：

---

① 费孝通：《费孝通全集 第5卷》（1947），内蒙古人民出版社，2009年，第418页。

② 同上注。

第一，建立中国理论社会学。其重要工作有三：一是整理中国固有的社会史料，包括有关社会学说、社会理想、社会制度、社会运动、一般社会行为的资料的整理；二是实地研究中国社会的性质；三是系统编辑社会学基本用书。

第二，建立中国应用社会学。其重要工作有三：一是详细研究中国社会问题；二是加紧探讨中国社会事业与社会行政；三是切实研究中国社会建设方案。

第三，训练社会学人才。作者提出一方面鼓励青年学者出国深造，一方面在国内大学中人才设备比较充实的社会学系及社会学研究所中培养青年学者，使他们能各专一门，展其所长，以适应全国的迫切需要。

作者热切地希望，通过以上各方面的努力，社会学者能根据社会学理论与本国社会事实，创建一种适合于中国社会需要的社会学，借以促进国家民族向上发展。

老社会学家为社会学中国化所作的努力，为今天的社会学中国化提供了宝贵的经验。作为一个学科，社会学的一般理论和概念适用于各个国家，但各个国家还有自己的特殊性，应有其特殊的理论，这种一般与特殊亦即共性与个性的关系，就是提出社会学中国化的理由。所谓中国化就是要使一般社会学理论与中国的实际相结合，提出适于中国的社会学体系。新中国成立前的社会学者虽为社会学中国化作了不懈的努力，但未建立起中国化的社会学体系。今天要真正建立具有中国特色的社会学体系，以下几项工作是基础：

（一）学习研究马克思主义者有关社会学的理论，从而掌握正确分析社会的立场、观点和方法。

（二）系统研究国外社会学，掌握一般社会学理论和现代的科学方法，吸收借鉴适用于中国的理论。

（三）整理中国固有的社会史料，包括关于社会学说、社会思想、社会制度、社会运动、一般社会行为等，批判继承中国固有的社会理论。

（四）调查研究中国现实社会，研究中国社会问题，探讨中国社会建设方案，掌握中国自己的特点。

（五）培养具有将社会学理论与中国社会实际相结合，提出新的综合理论能力的社会学人才。

这样才能完成创建中国化的，也就是具有中国特色的社会学体系的任务。

第二节
吴文藻：社会学中国化的奠基人

从20世纪30年代起，无论是研究理论社会学的学者还是研究应用社会学的学者，都从不同的角度出发，通过各种途径力图使社会学中国化。其中提倡并卓有成效者当属吴文藻及费孝通等人。

一、吴文藻主张社会学中国化

吴文藻（1901–1985）是中国著名社会学家、民族学家和人类学家，出生在江苏省江阴县夏港镇。16岁考入清华学堂。“五四”爱国运动中的反帝、反封建、要民主、要科学的思想对他影响很深，为他研究社会学和民族学理论奠定了思想基础。1923年，他带着学西方和教育救国的思想赴美留学，进入达特默思学院社会学系。1925年获学士学位。同年升入哥伦比亚大学社会学系，必修、选修和旁听了多种科目，打下了既博且专的基础，并初步意识到人类学与社会学之间的密切的关系，以及把这两门学科结合起来研究的必要性。1928年获博士学位，并获哥伦比亚大学最近十年内最优秀的外国留学生奖状。1929年回国，直到1937年，一直在燕京大学任教。他讲授西洋社会思想史、家族社会学、人类学课，又另开当代社会学说课，其目的是使社会学理论和方法增加系统性和科学性。在讲授家族社会学时，开始偏重家族制度的发展史，后来又转向以中国宗法社会为中心，进而就中国与印度的父权家长制进行比较。教授人类学则主要讲文化人类学，他认为人类学与社会学有许多共同之处，因此，根据中国国情，还是把它们结合起来研究和教学比较合宜。他开创了教授社会学和文化人类学相结合的方法，并倡导社会学中国化。

费孝通说：“吴老师所主张的‘社会学中国化’原来是很朴实的针对当时在大学里所讲的社会学，不联系中国社会的实际而提出来的。要使社会学这门学科能为中国人民服务，即对中国国计民生有用处，常识告诉我们，这门科学里所包括的知识必须有中国的内容。提出‘社会学中国化’，正反映了当时中国大学里所讲的社会学走上了错误的路子，成了‘半殖民地上的怪胎’。”[①]1937年，著名社会学家杨开道先生在给瞿同祖所著《中国封建社

① 费孝通：《开风气，育人才》，载于潘乃谷、马戎主编《社区研究与社会发展》，天津人民出版社，1996年，第4页。

会》一书写的序言中，也同样提出了社会学不联系中国社会实际的问题以及要求社会学中国化的主张："美国社会学的毛病，是只用本国的材料，而不用外国的材料；中国社会科学的毛病，是只用外国的材料，而不用本国的材料。尤其是社会学一门，因为目下研究的朋友，大半归自美国，熟习美洲社会情形，美洲实地研究，所以美国色彩甚浓，几乎成为一个只用美国材料，而不用中国材料，不用欧洲材料的趋势。"[①]

20世纪30年代初期，在社会学界，实现"社会学中国化"，把中国社会的事实充实到社会学的内容里去，已逐渐成为普遍的要求。但在做法上出现了两种不同的倾向，正如费孝通指出的："一种是用中国已有书本资料，特别是历史资料填入西方社会和人文科学的理论，另一种是用当时英美社会学通行的'社会调查'方法，编写描述中国社会的论著。吴文藻老师感到这两种研究方法都不能充分反映中国社会的实际。"[②]因为当时的中国学者忽视了用田野工作的方法研究中国的社会和文化。

当时，社会学在中国已有40年的历史，在大学开讲社会学亦近乎30年，从外国人用外文介绍，经过中国人用外文讲述，到中国人用国文讲述本国材料，吴文藻认为社会学仍为一种变相的舶来品，虽然当时的社会调查与社会统计风气颇为流行，搜集事实及尊重事实的重要性逐渐为人们所认识。但要实现社会学的中国化，他认为应"以试用假设始，以实地试验终；理论符合事实，事实启发理论；必须理论和事实糅合在一起，获得一种新综合，而后现实的社会学才能植根于中国土壤之上，又必须有了本此眼光训练出来的独立的科学人才，来进行独立的学科研究，社会学才算彻底的中国化"。[③]

为实现社会学的中国化，吴文藻主要做了三项工作："第一，寻找一种有效的理论构架；第二，用这种理论来指导对中国国情的研究；第三，培养出用这种理论研究中国国情的独立科学人才。"[④]

① 瞿同祖：《中国封建社会》，上海商务印书馆，1937年，杨序第1页。

② 潘乃谷：《但开风气不为师——费孝通学科建设访谈》，载《社区研究与社会发展》，天津人民出版社，1996年，第51–52页。

③ 吴文藻：《吴文藻自传》，载《晋阳学刊》，1982年第6期，第48页。

④ 韩明谟：《中国社会学调查研究方法和方法论发展的三个里程碑》，载《社区研究与社会发展》，天津人民出版社，1996年，第192页。

二、吴文藻倡导现代社区研究——认识中国社会和社会学中国化的途径

（一）奠定社区研究的理论和方法论基础

如何改变中国社会学的现状，实现社会学的中国化呢？吴文藻从美国人文区位学都市研究（社会学的芝加哥学派）及英国社会人类学的初民社会研究中吸取了理论和方法论。

1929年，人文区位学的创始人之一罗伯特·帕克（Robrt Park）来华讲学，传播了人文区位学的理论。1932–1933年，帕克再度来华讲学，并带领燕大学生到北京的贫民窟、天桥、监狱、八大胡同参观，去体验实际的各种各样的社会生活。吴文藻要求学生理论结合实际，这个实际就是人们的社会生活实际，从而推动了实地研究工作的进行。1937年，燕大社会学系请帕克讲学，介绍了研究者深入到群众生活中去观察和体验的实地调查方法，这种“田野工作”方法是从社会人类学中吸收来的。“吴老师很敏捷地发现了这正是改进当时的‘社会调查’，使其科学化的方法。他从Park教授得知这种方法是从社会人类学中吸收来的，而且在美国芝加哥大学已用当时所谓‘田野作业’的方法开创了美国芝加哥学派。吴老师抓住这个机遇，提出了有别于‘社会调查’的‘社会学调查’的方法论，并且决定追踪进入社会人类学这个学科去谋取‘社会学中国化’的进一步发展”。[①]1935年又请了著名英国人类学家布朗（Radcliffe Brown）来华讲学，他是英国人类学功能派的创始人，与帕克一样认为，社会人类学就是比较社会学。帕克从社会学这方面走近社会人类学，布朗则从人类学这方面靠拢社会学，这一推一拉就在中国实现了这两门学科的通家之好，名虽不同，实则无异。

费孝通指出：“吴老师把英国社会人类学的功能学派引进到中国来，实际上也就是想吸收人类学的方法，来改造当时的社会学，这对社会学的中国化，实在是一个很大的促进……事实上从那个时候起，社会人类学在中国的社会学里一直起着很重要的作用……只要想扎扎实实地研究一点中国的社会和文化问题，常常会感到社会人类学的方法在社会学研究中的重要性……因为社会

---

① 费孝通：《开风气，育人才》，载《社区研究与社会发展》，天津人民出版社，1996年版，第5–6页。

学研究的对象是人，人是有文化的，文化是由民族传袭和发展的，所以有它的个性（本土性），所以在研究时不应照搬一般化的概念。早期西方的人类学是以‘非西方社会和文化’作为它的研究对象的，因而注意到文化的个性（本土性），因而强调研究者应采取田野作业的方法，吴老师提出‘社会学中国化’就是着重研究工作必须从中国社会的实际出发。中国人研究中国（本社会、本文化）必须注意中国特色，即中国社会和文化的个性。这就是他所强调中国社会学应引进人类学方法的用意。同时他把这两门学科联系了起来，认为社会学引进人类学的方法可以深化我们对中国社会文化的理解。”[①]因此，只有正确认识中国社会,才能解决建设中国的问题，而这就需要实地调查具体社区里的人们的生活，进行观察和系统分析，得出科学的认识。社区研究是认识社会的入门之道，这种研究需要把社会学与人类学相融合，交叉运用两者的理论与方法,这对我们去认识中国实际的社会是非常有用的。

与此同时，吴文藻提出了有别于“社会调查”的“社会学调查”方法论，并把这种方法归纳为“现代社区实地研究”[②]。吴文藻把社会学和人类学结合起来对社区进行社会学的实地调查研究的做法,为社会学中国化奠定了理论和方法论的基础。

（二）什么是社区研究

吴文藻选择社区作为研究的对象。所谓社区研究，“是指研究一个一定地域，具有一定社会组织，一定文化传统和人为环境的人类群体”[③]。他认为，社区研究就是“大家用同一区位或文化的观点和方法，来分头进行各种地域不同的社区研究”[④]。“民族学家则考察边疆的部落社区，或殖民社区；农村社会学家则考察内地的农村社区，或移民社区；都市社会学家则考察沿海或沿江的都市社区。或专作模型调查，即静态的社区研究，以了解社会结构；或专作变异调查，即动态的社区研究，以了解社会历程；甚或对于静态与动态两种状

① 费孝通：《开风气，育人才》，载《社区研究与社会发展》，天津人民出版社，1996年，第7页。

② 潘乃谷：《但开风气不为师——费孝通学科建设访谈》，载《社区研究与社会发展》，天津人民出版社，1996年，第52页。

③ 同上注，第52页。

④ 吴文藻：《吴文藻自传》，载《晋阳学刊》，1982年第6期，第48页。

况，双方兼顾，同时并进，以了解社会组织与变迁的整体”。[①]

在进行各种社区的“田野作业”中，首先遇到的是用什么理论来从事调查和研究的问题。吴文藻选择了英国功能主义学派的理论。因为功能学派重视其理论的应用，主张实地观察方法，然后再以不同地区，不同社会的材料进行比较研究，并把其研究成果和方法用于帮助解决各种社会和文化问题，他们主张用社会人类的知识来为人类社会服务。吴文藻说：“现代社区的核心为文化，文化的单位为制度，制度的运用为功能。”[②]“功能观点，简单地说，就是先认清社区是一个‘整体’，就在这个整体的立足点上来考察它的全部社会生活。并且认清这社会生活的各方面是密切相关的，是一个统一体系的各部分，要想在社会生活的任何一方面，求得正确的了解，必须就从这一方面与其他一切方面的关系上来探索穷究。”[③]所以，吴文藻积极主张运用物质、社会与精神三因子的功能相关的理论。

（三）社区研究是社会学的调查

吴文藻在提出“现代社区研究”的同时，强调了社会学调查与社会调查的不同，社区研究是社会学调查，社会学调查比社会调查进一步。韩明谟曾经总结了这两种方法的差别，现引述如下，以供参考。[④]

> （1）社会学调查，强调社会学者专业学术活动的目的性。费孝通说：“……‘社会调查只是某一人群社会生活闻见的搜集，而社会学调查或研究是要依某一部分事实的考察来证验一套社会学理论或试用的假设的。’换句话说，社会调查者记录所观察的事实之外，别无其他责任，而社区研究者则还要用理论来解释所见的现象。社会调查的中心是事实，社区研究的中心是理论。”（2）社会学调查着重通过调查研究，发展人类共同生活的原理原则，而社会调查则着重实际社会问题的材料的搜集，其任务是要解决某些社会的实际问题，因此讲求实效、实用性。吴文藻曾经说过：“社会调查，是服务家的观

① 吴文藻：《吴文藻自传》，载《晋阳学刊》，1982年第6期，第48页。

② 吴文藻：《社会学丛刊》总序，载《文化论》，商务印书馆，1944年。

③ 同上注。

④ 韩明谟：《中国社会学调查研究方法和方法论发展的三个里程碑》，载《社区研究与社会发展》，天津人民出版社，1996年，第199-200页。

点，主旨不在认识社会，而在改良社会，注重社会问题的诊断。社区研究是社会学家的观点，主旨不在控制社会，在了解社会，关心社会历程的发现。”（3）社会学调查强调深入社区，围绕着所要研究的问题搜集资料，不必面面俱到，材料不求全，不强调大量数据的统计分析，而强调资料的定性分析，而社会调查则着重于定量分析。费孝通说：“我们决不反对数字，我们也不怀疑调查时应当利用表格。我们和社会调查者不同的是在制定表格及规定表格中各项意义的手续和应用表格的态度。我们不迷信数字。每个数字所代表的意义并不是自明的。而是需要我们加以解释的。我们所用的表格，并不是在调查之前加以制定的。我们给予调查员带下乡的是一个启发他思想、引导他观察的研究方案。我们的主张是：表格是工具不是主人。这一点是和社会调查根本不同的地方。”（4）社会学调查要研究一个社会变动的过程，而社会调查主要了解社会的现状。吴文藻说：“社会调查比之照相，社区研究比之电影。社会调查了解的是横断面、一时的、局部的静态，而生活是纵贯的、连续、全形、动态的。”

社会学调查中的社区研究，不但记述事实，而且说明事实之间的运转关系，并解释事变发生的原因，从而弄清人类生活各方面的关系。社区研究是从实地调查入手，注重实地考察，切身体验，直接去和实际社区生活发生接触。从认清具体事实出发，实地调查具体社区里的人们生活，是认识社会的入门之道，也是正确认识中国社会的必由之路。

人类学的调查方法是吴文藻等认识中国社会实际的重要途径，同时，结合人类学来改造中国的社会学，是社会学中国化的重要基础工作。吴文藻把社会学与人类学结合起来，以社区为对象，用实地调查研究方法来进行学科建设和培养年轻一代。同时他指出社会学和人类学实际上是一门学问，他们在理论上与方法上的相互交叉对我们去认识中国的社会是非常有用的。

“社区研究在当时被认为是这个学派的特色。在社会学学科里可以说是偏于应用人类学方法进行研究社会的一派，在社会人类学学科里可以说是偏于以现代微型社区为研究对象的一派，即马林诺斯基称之为社会学的中国学派"。[①]吴文藻就是社会学的中国学派的奠基人，他不但寻找到适合于认识中国社会的理论和方法论，还毕生为社会学中国化培养了大批人才。

三、育人才

吴文藻致力于培养能够理论联系实际，并将此糅合在一起提出新的综合理论，而扎根于中国的独立科学工作的人才。他以讨论班的形式上课，这种方法能激发每个学生的内在特长，锻炼学生从事专题研究的能力。为了推行社区研究，他派出一些研究生到一些地区的乡村作实地调查。如徐雍舜到北平附近滦县调查乡村领袖的冲突，林耀华到福州附近的义序调查宗族组织，黄华节到定县调查礼俗和社会组织，李有义到山西调查农村社会组织等。他还采取了"请进来，派出去"的办法，请进外国专家讲学和指导研究生，如1935年请功能学派人类学家拉得克利夫——布朗（A. R. Rade-liffe Bromare）讲学，开设比较社会学短期课程，指导林耀华写硕士论文，还请萨皮尔（E. Sapir）、阿伦斯堡（Conrad M. Arensburg）等讲学，个别指导学生。他有目的、有计划、有针对性地选送留学生出国深造，对派出哪一个学生，去哪一个国家的哪一个学校，拜谁为师和吸收哪一派理论和方法等，都根据需要，有针对性地作出具体安排，收到了良好的效果，留学生回国后都能胜任教学和科研工作，并成为社会学、民族学、人类学的专家，如李安宅、林耀华、费孝通、黄迪、瞿同祖等，成绩优异，都有所贡献。

1939年，吴文藻到云南大学社会学系任系主任和文学院院长。同年建立燕京大学和云南大学合作的实地调查工作站，继续培养社会学调查人才。实地调查工作站在昆明附近呈贡的魁星阁，因而得名"魁阁"。"魁阁"是吴文藻实行他多年主张为社会学"开风气、育人才"的实验室。在他的号召下，一批青年人与费孝通一起，在条件十分困难的情况下，对内地农村进行社会学研究工作。"魁阁"坚持到抗战胜利，取得了一批科研成果。吴文藻又支持李安宅和林耀华在成都的燕京大学分校成立社会学系和开展研究工作的据点。30年代末40年代初在大西南有三个社区研究机构，其中两个在吴文藻的指导之下。

吴文藻主编出版了《社会学丛刊》，发表他们的研究成果。《社会学丛

① 潘乃谷：《但开风气不为师——费孝通学科建设访谈》，载《社区研究与社会发展》，天津人民出版社，1996年，第53页。

刊》旨在中国建立一种比较社会学。吴文藻在总序中说："现代社区的核心为文化，文化的单位为制度，制度的运用为功能。我们就是要本着功能的眼光及制度的入手法，来考察现代社区及现代文化，因此，也可以说，社会学便是社区的比较研究，文化的比较研究，或制度的比较研究。"[①]"各种特殊社会学的任务，即在专门考察文化每一部门所呈现的种种关系。而普通社会学研究最终的目的，在于决定社会事实与文化全体间的关系。"[②]为了建立比较社会学，他认为，一方面要介绍健全的理论和方法，另一方面要提供正确的实地调查报告，因此，他主编的《社会学丛刊》分甲乙两集，甲集专门收集普通社会学和特殊社会学，乙集专收各种类型的社区实地调查报告，其中有边疆民族的部落社区报告，有内地工业前期的村镇社区报告，有初期工业化的近代都市社区报告，亦有关于种族、语言、文化各异的杂居社区的报告。下面是《社会学丛刊》所发表的主要研究成果。

甲集：

第一种：马林诺夫斯基著、费孝通等译《文化论》，商务印书馆1944年版。

第二种：张东荪《知识与文化》，商务印书馆1946年版。

第三种：弗思著、费孝通译《人文类型》，商务印书馆1944年版。

第四种：费孝通著《生育制度》，商务印书馆1947年版。

乙集：

第一种：费孝通著《禄村农田》，商务印书馆1943年版。

第二种：张之毅著《易村手工业》，商务印书馆1943年版。

第三种：史国衡著《昆厂劳工》，商务印书馆1946年版。

第四种：田汝康著《芒市边民的摆》，商务印书馆1946年版。

第五种：林耀华著《凉山夷家》，商务印书馆1947年版。

丁集：

瞿同祖著《中国法律与中国社会》，商务印书馆1947年版。

吴文藻为社会学中国化培养出了一批专家，并已取得了初步成果。沿着吴先生开辟的这条社会学中国化之路一直走下去，并又在培养人才的是费孝通等先生。

---

① 孙本文：《当代中国社会学》，胜利出版社，1948年，第248页。

② 同上书，第249页。

第三节 西南少数民族社区研究

一、抗战时期对少数民族地区的调查

抗战之前，广州中山大学杨成志在云南滇中、滇东一带重点调查彝族，从事文化人类学和体质人类学研究。1937–1938年，中山大学研究院的江应樑两度调查云南西部的傣族。中山大学的陶云逵在滇西几个兄弟民族地区进行过体质和社会调查。

抗战时期，社会学家、民族学家云集西南，民族学研究工作在西南盛极一时。正如蔡元培先生1930年在中国社会学社成立大会上发表的《社会学与民族学之关系》中所说，“社会学的对象自然是现代的社会”，但要知道现代社会的真相，必须知其成为这样的经过。一步步地推上去，就要推到“未开化的社会”，如果推到原始社会的状况，就必须以“现代未开化民族的状况作为佐证”，然后可以把远古社会想象起来。因此，身在西南边陲的社会学者，如吴文藻、陈序经、李景汉、陶云逵、吴泽霖、费孝通、李有义、林耀华、田汝康、李安宅等，开展了多种多样的民族调查研究。抗战期间对少数民族地区的调查，不但社会学家、民族学家参加，甚至其他社会科学家和学者，也为西南民族学研究的宝库所吸引。1938年，旧赈济委员会约请几所大学的学者组成滇西考察团，调查滇西的民族、地理、物产，拟建设一个移民区。李景汉等社会学家参加了该考察团，最后写出了一个综合性的考察报告。

此期调查研究少数民族地区的论著甚多，有李景汉的《摆夷人民的生活程度与社会组织》，田汝康的《摆夷的摆》《忆芒市》，江应樑的《云南两个摆夷民族的经济社会》《摆夷民族之家族组织及婚姻制度》，陶云逵的《云南摆夷族在历史上及现代与政府之关系》等。比较著名的有李安宅的《藏族宗教史之实地研究》（1941），吴泽霖的《定番县乡土教材调查报告》（1939），吴泽霖、陈国钧的《炉山黑苗的生活》（1940），林耀华的《凉山夷家》（1947），还有柯象峰的《西康社会之鸟瞰》（1940），徐益棠的《雷波小凉山之倮民》（1944），余湘文的《西北游牧藏区的社会调查》（1947）等。

李安宅（1900–1985），河北省迁安县白塔寨村人。1926年毕业于燕京大

学，留校当助教。1934 –1936年，先后在美国加利福尼亚大学伯克莱分校人类学系和耶鲁大学人类学系学习人类学。1935年曾到新墨西哥州的祖尼印第安母系社会作调查。发表了《祖尼：母系社会问题》一文，在国外产生了影响，并多次被列入大学教科书。1936年转入耶鲁大学，并曾到墨西哥乡村做调查。1936年回国后，在燕京大学当讲师。1938年到甘肃夏河拉卜楞寺，对藏族宗教、政治、文化、民族、民风做了深入的调查研究。1941–1947年任华西大学社会学系主任，创办了华西边疆研究所。1947年到美国讲授人类学，并将拉卜楞寺的调查材料整理成《藏族宗教史之实地研究》一书。1948年到英国。1949年回国。主要著作有《美学》《意义学》《社会学论集》《英汉对照社会学词典》《边疆社会工作》，译著有《两性社会学》《知识社会学》等。

此外，社会学老前辈吴泽霖对少数民族地区进行了调查。抗日战争爆发，吴泽霖撤离上海后到贵州，转而对少数民族进行调查。1939年，吴泽霖主持编写了《定番乡土教材》，合计6本13章75节。1940年大夏大学社会研究部出版了吴泽霖和陈国钧编的《炉山黑苗的生活》，该书特别重视民政和礼俗。由于吴夫人逝世，以及调查经费困难，闻一多、潘光旦欢迎他去清华，当时清华大学和北京大学、南开大学三校组成西南联大。之后吴泽霖继续在云南、昆明、大理丽江一带指导学生搞调查。他还与李振麟合编了《民族学论文集》，并指导了王康对彝村的调查。

二、对夷族地区的调查

（一）徐益棠对雷波小凉山夷民的调查

1940年夏，徐益棠偕助理研究员胡良珍到雷波小凉山，以倮民（夷民）进行调查，于1944年出版了《雷波小凉山之倮民》一书，由金陵大学中国文化研究所印行。徐益棠在书中对小凉山倮民的地理环境、居处、服饰、生计、财产、婚姻、阶级制度与政治、战争、生与死、宗教与巫术等，进行了描述。他说，在倮民社会里，阶级区别的基础有二：一为生物的基础，二为社会的基础。生物的基础，所以严血缘之区别；社会的基础，所以建立政治系统。他认为，对于倮民社会里的阶级制度，可有两种分法依血缘系统来分，有所谓白倮与黑倮；一即依政治经济的分，有所谓贵族（黑倮）、自由人（白倮阶级之二道娃子）、奴隶（白倮阶级的锅庄娃子或三道娃子）。在倮民社会，平时无政治组织，但其沿袭的习惯与道德，则与法律极有关系，颇显示出其政治的功能。倮民的习惯与法律是维护贵族的利益和社会等级的。

（二）林耀华对凉山夷家的调查

林耀华（1910–2000），中国社会学家、人类学家、民族学家，福建古田人。1928–1932年就学于燕京大学社会学系，1935年获硕士学位。1937–1940年留学于美国哈佛大学人类学系，获博士学位。1941年回国。1941–1952年先后任云南大学和燕京大学社会学系教授、系主任。1952年起历任中央民族学院教授、历史系副主任、民族研究所所长兼民族学系主任。1979年当选为中国社会学研究会副会长，1980年当选为中国民族学会副会长等职。一生从事教学与科研，为中国社会学、民族学发展做出了重要贡献。

主要著作有：《金翼》（英文版，1947）、《凉山夷家》（1947）、《原始社会史》（主编，1984）、《民族学研究》（1985）、《民族学通论》（1990）等。其中《金翼》通过汉族两个家庭的兴衰史来反映中国南方家庭生活传统与农村社区的变迁，是对中国家族制度的社会学研究。《凉山夷家》是中国学者对凉山首次进行系统调查研究的重要著作，引起国际学术界的重视。①

1943年，林耀华任燕京大学社会学系主任。当年7–9月率胡良珍等组成边区考察团，深入大小凉山夷族区、康北藏民区及四川嘉戎区进行考察。在吴文藻的热情指导下，于1947年由商务印书馆出版了《凉山夷家》，这是林耀华在1943年暑假期间，前往川边凉山调查夷家的一部实地考察报告。此书是作为吴文藻主编的《社会学丛刊》乙集第五种出版的。该书以家族为中心，也涉及与家族有关的其他方面。第一章说明考察的地理范围，第二章到第五章叙述从大到小的社会团体机构，即夷家的氏族、亲属、家族、婚姻等一连串组织。第六章到第九章描写夷家几方面的主要生活枢纽：经济、阶级、冤家与巫术，都有其特点的表现。

1．氏族是夷族社会的组织形式

凉山是四川、西康、云南三省交界的一个区域。林耀华通过调查认为，凉山的倮倮社会以氏族为最有规模的组织，倮倮氏族有支系的分别，所谓氏族系

① 参见“林耀华”介绍，载《中国大百科全书 社会学》，中国大百科全书出版社，1991年，第168页。

专指黑夷或黑猓猓，因为白夷或白猓猓都追随黑夷主人，自己不成系统。氏族支系分散于各区，主要的社会团体以氏族村落为关系密切的单位。氏族村落是含有两种条件的结合，第一，在血统上氏族系同一父系祖先传繁下来的子孙；第二，在区域上村落占据一定的地理范围，是全村人民生活的根据地。总之，氏族村落是血缘地缘的两重条件的结合。猓猓氏族则系从父姓单系相传结合而成的团体，氏族亲属之间负有义务与责任。在氏族村落里，黑夷是统治阶级，白夷是被统治阶级，生来阶级分明，不可紊乱。

2. 夷族的婚姻家庭

在婚姻方面，黑白夷之间绝无通婚的可能，氏族之内不许通婚，实行择偶于同一阶级的族外婚，可优先择配姑舅表兄弟姊妹，而禁姨表婚，可以娶兄弟妇。普遍实行一夫一妻制，极少一夫多妻。猓猓婚姻与家族氏族有密切的联系，婚姻为本氏族人口昌盛和两族合作的工具。只要婚姻有经济的基础条件，家庭生活即可固定。婚姻又是两族合作的契约，夫妇双方有家族氏族的背景，因而在婚姻关系中，男女享有平等的地位，组成小家庭。

3. 夷族社会的重要生活枢纽

林耀华就猓猓社会的几个重要生活枢纽即经济、阶级、冤家和巫术进行了分析。他说，猓猓社会的经济，是以家族日常经济活动为主要单位，经营农牧业。其经济机构建立在分工的基础之上，除“性别分工之外，在猓猓社会里，就有阶级的分工，阶级分工原非直接与经济有关，那就是说，猓猓并非因经济生活的不同，或职业生产的不同而划分阶级。猓猓黑夷贵族之拥有土地并统治势力，与白夷奴隶之专司劳作，实系阶级划分的结果”。[①]在猓猓村落中，所有耕地都是黑夷的财产，对土地的拥有是以家族为单位的。白夷租种黑夷土地，交一半以上的收获物。黑夷的土地都由锅庄娃子代其耕作，收获物全交黑夷地主，锅庄娃子本身也是黑夷地主财产的一部分。猓猓农业以种苞谷、荞麦为大宗，水稻少，产量也低。

林耀华指出，猓猓社会的特点之一，是有阶级制度。夷人社会分为三级，即黑夷、白夷与汉娃。黑白夷分别甚严，彼此之间无流动的可能性。白夷是从汉娃升格转变来的，而且互相可以流动。黑夷贵族为夷中统治阶级，也是真正的猓猓氏族，大约每户黑夷平均有白夷十户。黑夷拥有土地牲畜，自居地主地

① 林耀华：《凉山夷家》，商务印书馆，1947年，第61页。

位。锅庄娃子（汉娃）为其奴隶，耕牧劳作，服侍主人，即身体也为主人财产的一部分，黑夷对锅庄娃子有生杀之权。白娃娃子（白夷）的地位是，在经济上取得独立，但一切举动仍须听命于黑夷主人。黑白夷是上下阶级的关系，在经济上是主奴的关系，在社会上是贵贱的关系，在政治上是统治者与被统治者的关系。

据林耀华分析，打冤家也是倮倮社会的特点之一，是倮倮文化的一个重要枢纽，同时也是倮倮社会生活的一种重要机制。据他分析，打冤家的战争模式，可以使人声名显著，地位增高，渐渐获得保头名目，而成为政治上的领袖。“打冤家也是初民法律的一种实施方法，人命必须抵偿，用战争的方式解决之。血族的仇杀报复，赔偿血债等，都是执行法律的例证。这些不成文条例即是制裁人民行为的重要力量。打冤家系经济的机构，不但诸多结怨的原因由于经济的冲突，而且若非冤家结仇，就无从劫夺财货，奴使人娃，而增加自己的财产。倮倮社会因有打冤家的传统，维持尚武的精神，提倡勇敢的行为，更因对付冤家的缘故，自己团体增加结合的趋势”。①

巫术在倮倮社会的生活里也占有一个重要的地位。巫术和宗教往往相混不分，二者不但能够支配人民的动作行为和维持社会的安宁秩序，而且统治着人们的心理态度和培养传统的道德观念。从巫术和宗教中可以窥察到，人们适应环境的心理反应，也就是在思想方面的表现。巫术和宗教都是对付超自然界的，而且彼此关系密切。倮倮社会关于自然的观念有两种：一种是针对超自然力的，认为没有生命的物质上附有精灵，由此发展成对精灵主义的信仰；另一种是针对超自然的人，属于生命的有人格的事物，发展成对灵魂主义的信仰。“精灵主义与灵魂主义二者并存于倮倮社会。造成了夷家的宗教思想。但从实行的技术而言，一方面是巫术力量用机械方式施行法术，另一方面是个人由于通神的中人与超自然界发生关系。倮倮的笔母兼为宗教的祭司和巫术的巫师。笔母念经通神主持祭奠的时候，他居于祭司或通神者的地位。笔母诅咒压鬼作法治病的时候，他就成为巫师。实际上倮倮笔母的主要任务，即在于实行巫术”。②

林耀华采用功能派的观点，对少数民族地区进行调查研究。他对凉山夷族

① 林耀华：《凉山夷家》，商务印书馆，1947年，第91页。

② 同上书，第94页。

的社会性质、家庭婚姻、社会的主要枢纽即经济、阶级、打冤家、巫术等进行了全面系统的分析研究，较之《雷波小凉山之儸民》的研究更全面，对问题的阐述也更深入，其目的是研究非汉民族的团结力及与汉人相处的问题。

抗战时期中国社会学者对少数民族地区的调查，取得了大量的第一手材料，这对建立中国的民族学和人类学起了很大的作用。

第十一章
费孝通致力于社会学中国化

在理论、方法论及与中国社会实际相结合方面，费孝通都继承和实施了吴文藻开辟的社会学中国化事业，并形成社会学的中国学派，为中国人民的致富、国家发展战略作出了贡献。

费孝通认为，“社会科学实际上还是在探索阶段。目的是清楚的，我认为，就是人要把自身的社会生活作为客观存在的事物，加以科学的观察和分析，以取得对它正确如实的认识，然后根据这种认识来推动社会的发展”。[①]费孝通坚信，他的责任就是“科学地去认识中国社会。我一向认为要解决具体问题必须从认清具体事实出发。对中国社会的正确认识应是解决怎样建设中国这个问题的必要前提。科学的知识来自实际的观察和系统的分析……因此，实地调查具体社区里的人们生活是认识社会的入门之道，我从自己的实践中坚定了这种看法”。[②]并且他也为此付出了一生的努力。

第一节
费孝通的《江村经济》

一、费孝通与社区研究

费孝通（1910–2005），江苏吴江人，中国著名社会学家、人类学家、民

① 费孝通、张之毅：《云南三村》，天津人民出版社，1990年，序第8页。

② 同上书，序第3–4页。

族学家。1933年毕业于燕京大学，获社会学学士学位。1935年毕业于清华大学研究生院。1938年获英国伦敦大学哲学博士学位。1938–1940年任云南大学与燕京大学合办的社会学研究室主任、社会学副教授。1940–1945年任云南大学社会学教授。1945–1952年任清华大学副教务长、社会学教授。1952–1957年任中央民族学院副院长、人类学教授。1957–1982年任中央民族学院人类学教授。1978–1982年任中国社会科学院民族研究所副所长。1979年起任北京大学社会学教授。1980–1982年任中国社会科学院社会学研究所所长。1982–1985年任中国社科院社会学所名誉所长。1985年任北京大学社会学研究所所长。1979年起任中国社会学会会长。曾先后担任中国民主同盟副主席、主席，全国政协副主席、全国人大常委会副委员长等职。

1980年在美国丹佛获国际应用人类学会马林诺夫斯基名誉奖，并被列为该会会员。1981年在英国伦敦接受英国皇家人类学会颁发的赫胥黎奖章。1982年被英国伦敦大学经济政治学院授予荣誉院士称号。1988年获美国大英百科全书奖。

费孝通论著甚丰，影响颇大的有：英文版*Peasant Life of China*（1939）、*Earthbound China*（1945）、*Chinese Gentry*（1945）、*To-ward a People's Antbropology*（1981）、*Chinese Village Close - up*（1983）、*Small Towns in China*（1986）。中文版：《花篮瑶社会组织》（1936）、《禄村农田》（1943）、《生育制度》（1947）、《乡土中国》（1948）、《乡土重建》（1948）、《小城镇四论》（1985）、《费孝通社会学文集》（1985）、《从事社会学五十年》（1983）、《中华民族多元一体格局》（1989）、《从沿海到边区的考察》（1990）、《行行重行行》（1992）、《从实求知录》（1998）等。

费孝通发展了社区研究，贡献巨大。20世纪40年代，费孝通在云南指导了对农村、工厂、少数民族地区的各种不同类型的社区调查研究工作。他采取了社会人类学的实地调查方法，重视对制度与经济生活的分析，尤其重视社区的比较研究。费孝通1938年从英国回国，得到中英庚款和中国农民银行的资助，在云南开始了他的实地调查研究工作。在昆明期间，领导了由吴文藻创立、云南大学和燕京大学合办的社会学研究室（或称实地调查工作站，即“魁阁”）的研究工作。参加该室工作的前后有张之毅、史国衡、谷苞、田汝康、李有义、胡庆钧、许烺光、张宗颖等十多人。“魁阁的学风是从伦敦政治经济学院人类学系传来的。采取理论和实际密切结合的原则。每个研究人员都有自己的专题，到选定的社区里去进行实地调查，然后在‘席明纳’里进行集体讨论，个人负责编写论文。这种做研究工作的办法确能发挥个人的创造性并得到集体讨论的启发。效果是显然的”。①他们对内地农村作了一系列的典型社区调查，如对农村社会经济生活、基层社区管理、兄弟民族的历史现状和风习、城乡关系变迁、小农经济的社会传统、习惯与现代工厂生产之间的问题、现代工业管理中人的关系的作用，等等，都作过比较深刻而有意义的调查研究。其中尤其是“从江村到禄村，从禄村到易村，再从易村到玉村，都是有的放矢地去找研究对象，进行观察、分析和比较，用来解决一些已提出的问题，又发生一些新的问题。换一句话，这就是理论和实际相结合的研究方法”②。

费孝通指导了一系列社区的研究，这是他认识中国改造中国的开始，费孝通学人类学的志愿是了解中国，最终的目的是改造中国。他们采取在个别小社区里进行的微型观察和调查方法就是为了达此目的。

二、《江村经济》——微型社区研究样本

（一）“江村经济”研究

费孝通教授的《江村经济》（又名《中国农民的生活》）一书的英文版于1939年在英国出版。1986年该书由戴可景译成中文，并加进《重访江村》、《三访江村》及附录W.R.葛迪斯的《共产党领导下的中国农民生活》一文，合编成《江村经济》，由江苏人民出版社出版。

现在我们分析的是费孝通一访江村的研究成果。《江村经济》一书生动地描述了中国农民的消费、生产、分配和交易等体系，是费孝通根据1936年在江苏吴江开弦弓村的实地考察写成的。它“旨在说明这一经济体系与特定地理环境的关系，以及与这个社区的社会结构的关系”。③“《江村经济》是对一个农村社区的社会结构和其运作的素描，勾画出一个由各相关要素有系统地配合起来的整体。在解剖这只‘麻雀’的过程中提出了一系列有概括性的理论

① 费孝通：《从实求知录》，北京大学出版社，1998年，第154页。

② 同上书，第155–156页。

③ 费孝通：《江村经济》，江苏人民出版社，1986年，前言第1页。

问题，看到了当时农村手工业的崩溃、土地权的外流、农民生活的贫困化，等等，因而提出了用传统手工业的崩溃和现代工商业势力的侵入来解释以离地地主为主的土地制度的见解”。①由于中国农村当时正经历着巨大的变迁过程，因此，该书同时也说明了这个正在变化着的乡村经济的动力和问题。

1．江村经济的基本特点

根据钱灵犀的概括，《江村经济》所提出的基本观点是：

> （1）中国传统的经济结构是农工混合的乡土经济，而不是纯粹的农业经济。他说：“乡土工业在劳力利用上和农业互相配合维持农工混合的经济。”乡村工副业如果崩溃，各种矛盾就会出现。（2）“中国农村的基本问题，简单地说，就是农民的收入降低到不足以维持最低生活水平所需的程度”。其原因是西方工业扩张造成乡土工业崩溃。乡土工业垮掉使得传统经济中潜伏的土地问题激化，打击了中国“地租”的基础，导致更严重的阶级冲突，导致农民对土地制不满的反抗斗争。（3）解决中国土地问题，第一步是改变土地制度。但根本办法仍是恢复和发展乡土工业。而在农村发展现代化工业的过程是社会重组和转型的过程。（4）中国工业化的道路不能走西方国家发展方式，要大力发展乡土工业,乡村手工业要向现代工业转变，并建立在农民“合作”的原则基础上。②

费孝通力图从中国传统社会经济结构的自然状态，即农工混合型的乡土经济出发，探讨其向现代工业社会转化的途径。

2. 乡村工业是农村问题的根源——乡村工业的重要性

在《江村经济》中，费孝通注意到中国农村里的农业、家庭副业、乡村工业的关系，对土地的利用和农户家庭中再生产过程的研究贯穿于全书。其中着重介绍了家庭副业如何有计划地变革为合作工厂，以适应现代化形势的需要。

费孝通以传统生活为背景指出，“上半个世纪中，中国人民已经进入了世界的共同体中。西方的货物和思想已经到达了非常边远的村庄。西方列强的政

① 费孝通、张之毅：《云南三村》，天津人民出版社，1990年，序第6页。

② 钱灵犀：《一位中国智者的世纪思考——费孝通学术思想探究》，载《社区研究与社会发展》，天津人民出版社，1996年，第292-293页。

治、经济压力是目前中国文化变迁的重要因素”。[①]世界经济萧条及工业中广泛的技术改革引起了国际市场上原料价格的下跌，进而引起了中国农村家庭收入不足、日粮短缺、婚期推迟以及家庭工业的部分破产，因此产生了中国农村的基本问题，就是农民的收入降低到不足以维持最低生活水平所需的程度。他指出，在开弦弓村，当时经济萧条的直接原因是家庭手工业的衰落，实际上这也是当时中国所面临着的传统工业的衰亡。这些变化完全是由于西方资本扩张的缘故，这也正说明了，在发展工业的问题上，中国与西方列强处于矛盾之中。

由于农村地区工业的迅速衰退打乱了城镇和农村之间的经济平衡，因此，“农村问题的根源是手工业的衰落，具体地表现在经济破产并最后集中到土地占有问题上来”。[②]由于城镇和村庄之间发生着密切的金融关系，乡村工业的破产造成资金的竭蹶，其结果是城镇资本对乡村进行投资，因而产生了不在地地主制度。农民特别是广大的佃农对土地制不满。费孝通认为，虽然实行土地改革是解除农民痛苦的步骤，给农民以喘息的机会，以排除其不满，从而可以团结一切力量寻求工业发展的道路，况且在外国帝国主义侵略的形势下，也只有通过合理有效的土地改革，才能保证战胜外国侵略者，但他认为，最终解决中国土地问题的办法，应该是增加农民的收入，因此，恢复农村企业是根本的措施。

如何发展乡村工业呢？费孝通认识到，中国的传统工业主要是乡村手工业，在发展工业的问题上，中国同西方列强处于矛盾之中。他认为，要让政治家和科学家去解决这一矛盾。但他特别强调，在中国，为防止生产资料所有权的集中，要以合作为原则来发展乡村工业。他指出，既然乡村工业处在“促进变化的外界力量和承受变化的传统力量，这两种力量的互相作用导致情况的变化”的形势下，所以，它要继续生存，就必须与西方国家的工业技术发展相适应，原有的传统手工业是不能满足这一要求的，必须把科学方法引进农村，但如果没有社会组织的相应变革，技术革命也是不可能的。因此必然引起一种从家庭个体劳动到工厂集体劳动的变革，这种新工业组织的原则就是“合作”。

费孝通指出，这种工业改革，是试图寻找一种正当的办法使用机器，即把

---

① 费孝通：《江村经济》，江苏人民出版社，1986年，第6页。

② 同上书，第196页。

机器当作一种生产资料。这样就要坚持合作的原则，以避免人民遭受痛苦，使机器增添人类的幸福。合作发展乡村工业，既不损害城市工人，又不破坏农村的家庭，从而避免了以牺牲农民为代价来发展中国的工业。这样，“通过引进科学的生产技术和组织以合作为原则的新工业，来复兴乡村经济”①。

开弦弓村对缫丝业进行了改革，但结果并不理想，改革中遇到了一系列困难。首先是改革者不能控制价格水平。因此单是改进产品质量并不能获取高的报酬。还有更直接的困难是资金的短缺。在管理上，由于教育跟不上工业改革的步伐，合作社的社员对自己的责任没有认识，不能真正实行人民民主管理。由于现代机械引进农村经济，失业的问题引起了比较广泛的影响，这与改革者的愿望相反。以上种种，导致如下的结果：“（1）为那些由于多种原因不能到城镇去的人保存的或在某种程度上恢复了的传统家庭工业，通过原料的竞争成为改革计划的一种阻力。（2）妇女向城镇移动，这是与改革者原来的意图相矛盾的。（3）农村中产生了一种特殊的挣工资的阶层。”②

尽管在开弦弓村以合作为原则发展小型工厂的实验，旨在防止生产资料所有权的集中，结果遇到很多困难甚至失败了，但对中国乡村工业的未来发展来说，作这样一个实验还是具有重要意义的。

费孝通提出的为提高农民生活而发展乡村工业，使乡土中国发展成现代工业社会的道路，在新中国成立前是无法实现的，而在今天已成为中国农村工业发展的一种模式。

（二）《江村经济》研究的意义

1. 为社会人类学开创了新天地

马林诺夫斯基（B. Malinowski）在《江村经济》序言中一开始就说：“该书将被认为是人类学实地调查和理论工作开展中的一个里程碑。”③因为该书为社会人类学领域开创了新风气，就是使社会人类学从过去被囚禁在研究“野蛮人”的牢笼里冲出来，进入开阔庞大的“文明世界”新天地。20世纪30年代前，无论是英国还是美国的社会或文化人类学，一直都把被欧洲人称作所谓的“野蛮人”作为研究的对象。中国的社会人类学家李安宅看到了英国人类学的

① 费孝通：《江村经济》，江苏人民出版社，1986年，第150页。

② 同上书，第163-164页。

③ 同上书，序第1页。

特质。他说："人类学在历史发展上，一面与考古有关，一面与殖民经验有关。英、法、美各国所以发展了人类学，便是因为各有各的殖民地问题。"[①]英国社会人类学之所以是异域取向的，为的是解决英国殖民地社会所出现的问题，再加上人类学家对异文化的浓厚兴趣。但第二次世界大战后，世界各地被殖民主义压迫下的民族在不同程度上得到了解放，人类学者要在原来的殖民地人民中间进行"田野作业"的调查研究遇到了困难，人类学这门学科要能继续生存下去，就得另拓新的研究领域。而《江村经济》研究的恰恰是东方具有悠久历史的社会文化，该研究开创了用社会人类学方法研究文明社会的风气。马林诺夫斯基等看到了希望，想一举抹掉"文野"之别。但马林诺夫斯基也明白，跨过文野之别并不容易。马林诺夫斯基在该书序言里预言，《江村经济》"对现代实地调查和理论工作提出了重要的基本要求，研究文化变迁、文化接触的现象、现代文化的传播"[②]。因为他在非洲研究现代各民族的关系时，触及了现代文明与土著文明之间的这条文野鸿沟，这是对实地调查方法和理论的挑战。《江村经济》使他在探索从对野蛮人的研究过渡到对文明人的研究的过程中，看到了希望，这正是人类学从研究野蛮人转向研究文明人的起点。

马林诺夫斯基说："我认为'那面向人类社会、人类行为和人类本性的真正有效的科学分析的人类学，它的进程是不可阻挡的'。为达到这一目的，研究人的科学必须首先离开对所谓未开化状态的研究，而应该进入对世界上为数众多的、在经济和政治上占重要地位的民族的较先进文化的研究。本书以及在中国和其他地方开展的广泛的工作，证实了我的预言。"[③]

马林诺夫斯基在《江村经济》序言中评价说，该书的优点首先就是"一个土生土长的人在本乡人民中间进行工作的成果"[④]，而且研究的是"一个世界上最伟大的国家"[⑤]。"作者并不是一个外来人，在异国的土地上猎奇而写作的，本书的内容包含着一个公民对自己的人民进行观察的结果"。[⑥]他反对的

---

① [英]马林诺夫斯基著，李安宅译：《巫术、科学、宗教与神话》，中国民间文艺出版社，1986年，译序第3页。

② 费孝通：《江村经济》，江苏人民出版社，1986年，序第3页。

③ 同上注。

④ 同上书，序第1页。

⑤ 同上注。

⑥ 同上书，序第1页。

是“在异国的土地上猎奇而写作”，提倡的是“一个民族研究自己民族的人类学当然是最艰巨的，同样，这也是一个实地调查工作者的最珍贵的成就”。[①]同时，这种成就还使人类学的研究视野转向文明世界。

为什么人类学对文野都能研究？费孝通在《重读〈江村经济·序言〉》中说，马林诺夫斯基既看到文化的一致也看到文化的差异。人是人类学研究的对象，功能论就是以一切人类文化都是人类依据自己的生物需要和集体生活的需要而产生的这种基本认识，来消除人文世界中本质上文野的差异。从根本上肯定人类的一致性，也要注意到人类本身还是处在自然演化过程之中，这个过程首先表现在人在发挥他生物遗传的底子上创造的人文世界，因处境不同存在着各种不同的选择。所以不同民族在社会文化上可以有差别。这种差别也是客观存在的。我们不应因反对历史上因差异而产生的不平等而把差异否定掉。因此，我们既要承认文化本质的一致，也要重视文化形式上的差别。

2.《江村经济》：微型社会学样本

《江村经济》是费孝通认识中国农村社会的起点，也可以说是微型社会研究的一个样本。费孝通说：“有人评价《江村经济》为功能分析或是系统结构分析做出了一个标本。或说《江村经济》完成在从单纯的社会调查走向社会学调查的转折点，从中国江南的一个村落农民的实际生产和生活过程来探讨中国基层社区的社会结构和社会变迁过程。如果说这种社区研究方法能够表达人类社会结构内部的系统性和它本身的完整性我是同意的，因为这是微型研究的价值所在。”[②]他还说：“我认为有可能用微型社会学的方法去搜集中国各地农村的类型或模式，而达到接近中国农村社会文化的全面认识。”[③]

同时，费孝通指出：“把一个农村看作是全国农村的典型，用它来代表所有中国农村，那是错误的。但是把一个农村看成是一切都与众不同，自成一路的独秀，也是不对的。”[④]“江村只是我认识中国社会的一个起点。但是这个起点又怎样才能去全面了解中国农村，又怎样从中国农村去全面了解

① 费孝通：《江村经济》，江苏人民出版社，1986年，序第1页。

② 潘乃谷：《但开风气不为师——费孝通学科建设访谈》，载《社区研究与社会发展》，天津人民出版社，1996年，第55页。

③ 费孝通：《重读〈江村经济·序言〉》，载《社区研究与社会发展》，天津人民出版社，1996年，第14页。

④ 费孝通：《费孝通学术文化随笔》，中国青年出版社，1996年，第64页。

中国社会呢？这就是怎样从点到面，从个别到一般的问题。”[①]费孝通是从具体、个别、局部开始的。因此，费孝通避免了莫里斯·弗里德曼（Maurice Freedman）所告诫的问题，即进行微型调查人类学者，不要以局部概论全体，或是满足于历史的切片，不求来龙去脉的问题。费孝通指出，开弦弓村（江村）只是中国几十万个农村中的一个。它是中国的农村，所以它具有其他几十万个农村都具有的共同性。但它是几十万个中国农村中的一个，所以它同时具有与中国其他农村不同的特殊性。只要把它在中国农村中所具有的共性和个性实事求是地讲清楚，也就可以避免弗里德曼所指出的那种错误了。

对于江村的微型社会调查，正如马林诺夫斯基在《江村经济》序言中所说的："通过熟悉一个小村落的生活，我们犹如在显微镜下看到了整个中国的缩影。"[②]英国伦敦经济学院的弗思（Firth）教授又说，微型社会学是人类学在战后可能的发展方向。微型社会人类学以小集体或大集体中的小单位作研究对象，去了解其中各种关系怎样亲密地在小范围中活动。他认为社会人类学者可以做出最有价值贡献的，依然是这种微型社会学，从而把研究中国的社会人类学提高到了社会人类学发展的方向上。英国的弗里德曼也用"微型社会学"的概念来说明马林诺夫斯基所说的"社会学的中国学派"的特点。之后，弗里德曼又提出社会人类学的中国时代。从马林诺夫斯基的"社会学的中国学派"，到弗思的"微型社会学"是人类学发展的方向，为后来弗里德曼提出的"社会人类学的中国时期"开辟了道路。

美国芝加哥大学雷德菲尔德（R. Redfield）教授也极力主张中国社会学和人类学研究中国社会文化，并且看到了产生中国学派的苗头。而费孝通则带领一批青年在艰苦的20世纪40年代为之而奋斗。

3.《江村经济》为中国乡村指出富民之路

《江村经济》研究，对中国乡村工业的发展具有实际意义，对中国社会学和人类学的发展作出了贡献。

费孝通之所以选择开弦弓作为调查区域，是因为开弦弓村是中国蚕丝业的中心之一，它在中国工业变迁过程中是有代表性的。其主要变化是工厂代替了家庭手工业的系统，并从而产生了社会问题。况且开弦弓村曾进行过蚕丝业改

① 费孝通、张之毅：《云南三村》，天津人民出版社，1990年，序第7页。

② 费孝通：《江村经济》，江苏人民出版社，1986年，序第4页。

革的实验，这样的社会改革活动与中国的社会变迁也是息息相关的。再者，开弦弓村一带农业发展水平高，为研究中国土地问题提供了一个很好的实地调查场所。最后，该地广泛使用水上交通，因而城乡之间有着特殊的关系，有利于研究依靠水上运输的集镇系统。费孝通在全面了解农村社会组织的同时研究中国工业的发展问题，是有实际意义的。

费孝通紧紧抓住了中国传统文化在西方影响下发生的变迁，从中国变革的实际出发，提出了发展中国乡村工业的模式。正如他在前言中所说："强调传统力量与新的动力具有同等重要性是必要的，因为中国经济生活变迁的真正过程，既不是从西方社会制度直接转变的过程，也不仅是传统的平衡受到了干扰而已。目前形势中所发生的问题是这两种力量相互作用的结果。"[①]因此，他所提出的符合中国实际的发展模式，既不是西方世界的复制品，也不是传统的复旧。

他一访、二访、三访江村，并指出，在人口众多、土地有限的中国，进一步提高农民的生活水平的重点，应当放在发展乡村工业上。"工业下乡"可以在国家经济结构中增加工业的比重，但又不会使人口分布过分集中，甚至可以不产生大量完全脱离农业生产的劳动者。他认为："在这个意义上，为具体实现工农结合，或消除工农差距的社会开辟了道路。"[②]

这正说明费孝通看到了科学的价值在于真正为人类服务。

三、"类型"社区比较研究

要全面认识中国农村社会文化，用微型社会学的方法去调查像中国这样幅员广阔、历史悠久、民族众多的国家的社会文化，不应当不看到它的限度。但微型社会学的方法毕竟是了解中国国情的入门路径。我们不能不说农村研究实在是了解中国国情的基础工作，80%以上的中国人住在农村这一事实就足够作为根据了。同时，费孝通还指出，即使是不住农村的人，"他们的基本社会结构和生活方式大部分还是等同于农民或是从农民的型式中发展起来的。因之至

① 费孝通：《江村经济》，江苏人民出版社，1986年，前言第1页。

② 同上书，第263页。

少可以肯定研究中国社会文化应当从农村研究入手”。[①]《江村经济》就是微型社会学调查的样本，当然《江村经济》只是一个认识中国国情的初步起点，它虽然勾画出了土地利用和农户家庭中的再生产过程，但在社会基层结构和经济活动之外，还应当包括文化、宗教、政治等社会规范和意识形态方面的叙述和分析。这样，作为人类学研究对象的社区，才是一个完整的人文世界，从功能上来说，才能满足每一个社区居民各方面生活的需要。

为了认识像中国这样一个拥有众多结构不同的农村的大国，费孝通提出类型社区比较研究方法，以区别于通过数量上的增加而取得的总体认识。费孝通认为，“可以从发现各种类型的方法逐步接近认识中国全部国情的目的，也就是通过‘微型社会学’累积多种类型综合出马老师所要求我做的那部有关中国文化和社会的巨著”。[②]

费孝通说，他“只想从实际研究工作中探索出一个从个别逐步进入一般的具体方法。我明白中国有千千万万的农村，而且都在变革之中。我没有千手万眼去全面加以观察，要全面调查我是做不到的。同时我也看到这千千万万个农村，固然不是千篇一律，但也不是千变万化，各具一格。于是我产生了是否可以分门别类地抓出若干种‘类型’或‘模式’来的想法。我又看到农村的社会结构并不是个万花筒，随机变化出多种模样的，而是在相同的条件下会发生相同的结构，不同的条件下会发生不同的结构。条件是可以比较的，结构因之也可以比较的”。[③]“把相同和相近的归在一起，把它们和不同的和相远的区别开来，这样就出现了不同的类型或模式了，这也可以称之为类型比较法，应用类型比较法，我们可以逐步地扩大实地观察的范围……逐步识别出中国农村的各种类型。也就由一点到多点，由多点到更大的面，由局部接近全体……逐步增加我们对不同类型的农村的知识，步步综合，接近认识中国农村的基本面貌”。[④]“从《江村经济》到《云南三村》，还可以说一直到20世纪80年代城乡关系和边区开发的研究，其中贯串着一条理论的线索。《云南三村》处在这

① 费孝通：《重读〈江村经济·序言〉》，载《社区研究与社会发展》，天津人民出版社，1996年，第20页。

② 同上书，第21页。

③ 费孝通、张之毅：《云南三村》，天津人民出版社，1990年，序第7页。

④ 同上书，序第8页。

条线索的重要环节上，而且在应用类型比较的方法上也表现得最为清楚”。[①]

抗战时期，费孝通在“魁阁”带领一批青年学者，选定了禄村、易村、玉村等不同的社区，与以前所作的“江村”研究进行不同类型社区的比较研究。他们的研究目的是通过对不同类型社区的研究来认识中国的社会及发展，所研究的问题都是中国各地各种社区所共同遭遇的，那就是现代化的过程。下面就禄村、易村、玉村的调查，来说明应用类型的比较研究。

第二节
费孝通的《禄村农田》

费孝通对云南禄丰县以农田为主的大白厂村（以下称禄村），进行了实地调查，1943年商务印书馆出版了此次调查的研究报告，即《禄村农田》。该书的目的在于说明“禄村人民利用农田而发生的一套社会关系，或称作土地制度”。[②]《禄村农田》一书的特点，是用社区研究法分析尚未受近代工商业影响的农村。费孝通把农村土地制度看作一种动态现象，能适应于环境的状况。他在分析以自营小地主为基础的禄村经济结构时，拿它与以地少人多受近代工商业影响的江村结构对比。通过对比，他看到，江村的经济结构由于受工商业的影响而发生了变化，而禄村则仍保留内地以农业为主的结构。

一、对禄村农田的研究

（一）禄村与江村的对比研究——类型研究

《禄村农田》是《江村经济》的续篇，修正和发挥了《江村经济》的结论，同样采取了以村落为单位的实地观察法。不同的是，《禄村农田》以土地制度为研究中心，范围比较狭窄。该书以理论为经，以叙事为纬，以整个解释禄村人民利用农田而发生的种种现象为目的，与《江村经济》相比，更合乎解释和叙事并重的社区研究方法。

江村已经脱离了自给自足的经济型式，江村居民并不全靠农田里的收入维持生计，他们有发达的手工业。江村的经济受都市工商业的支配，它是附近都

① 费孝通、张之毅：《云南三村》，天津人民出版社，1990年，序第6页。

② 费孝通：《禄村农田》，商务印书馆，1943年，第8页。

市的附庸，代表着受现代工商业影响较深的农村社区类型。江村经济活动依赖着市镇资金的接济，市镇资金流入农村的另一面就是农村土地权流入市镇，全村中已有70%的人家成了没田的佃户。江村的土地问题绝不是独立的问题。而是整个经济处境一方面的表现，因为正是该地手工业的崩溃和现代工商业势力的侵入，影响了土地制度。

费孝通想研究一个受现代工商业影响较浅的农村，看看它的土地制度如何，大部分还是自给自足的农村经济是否也会以土地权来吸收大量的市镇资金，农村土地权会不会集中到市镇而造成离地的大地主。于是，1938年，费孝通选择了离昆明100公里的禄丰县大白厂村，即“禄村”。

费孝通的禄村调查的主题是“现代工商业发达过程由农村社区所发生的变迁。我将暂限于这主题的一方面，就是土地制度中所发生的变迁。禄村和江村正代表着两种型式。江村是靠近都市的农村，深受现代工商业的影响，而禄村则还是在开始受现代工商业影响的初期。在禄村，我们可以看到一个差不多完全以农业为主要生产事业的内地农村结构”。[①]禄村靠农田生产来维持最低的生计，土地分割很细，村中住着大量的小地主。因为农村劳力的供过于求，有便宜的劳工可以雇用，所以雇工自营的农田经营方式特别发达。禄村的地主多在村子里，土地权保留在村子里，不向外流。在这样的工商业不发达的农业社区里，资本的累积靠的是农田生产与农民生计的差额。费孝通用劳力充斥和资本分散来说明自营小地主的土地制度，从而也分析了现代工商业发达前期的一种传统的经济型式，指出了内地农村变迁的走向，并发现劳工的外流已威胁了传统雇工自营方式的基础。

（二）禄村的土地制度与经营方式

在只有农业而连简单的手工业都不发达的禄村，每年只需要三分之一的米产量已够全村人民的消费，其余三分之二用来换取其他消费品，但因土地所有权分配不平均，每家所得农产物也不平均。禄村经济以农田为主，劳力的利用，生产程度的差别，都取决于农田的有无和多少。禄村没有田的农家占31%。有5亩田以下的占35%，大部分农田集中在少数人手中，而大部分人不是没有田，就是只有很少的田，不能单靠自有农田上的收入来维持日常生活。而大地主也只有25亩田地，所以禄村地主的地产也不大，并以雇工自营为主要

① 费孝通：《禄村农田》，商务印书馆，1943年，第5页。

经营方式。最大的团体地主有50亩田，超过私家田的面积，团体所有田分散租给私家经营，这是禄村租营方式的基础。

同时，有田没田也是划分劳动与闲暇的界线，决定农村劳力利用的不仅是农业的性质，而更直接是农村的社会结构。实际上享有闲暇的人，不是因为没有工作的机会，而是因为握有土地所有权，即使不劳作，也能靠着不劳而获的部分来维持生活，闲忙之别，刚好划在有田没田的界线上。费孝通说："有田者可以脱离劳作的现象，是发生在我们遵守着一条法律原则上：依现行的法律，劳作并不是享受土地利益的必要条件；享受土地利益的是土地所有者。不论他自己劳作不劳作，他所有的权利是不受影响的。土地使用根据于土地所有，不是土地所有根据于土地使用——这是个现行原则。这是很重要的，因为只有承认了所有权是使用权的基础，生产工具的所有者才可以自己不劳作而仍有权利来分享别人劳作的结果。"①土地所有者有便宜的劳动力可以利用，他们在劳力的竞争上被外来的劳力挤出农田劳作领域，地域间生活程度的差异则因劳力流动而出现了平衡趋势。费孝通指出，这是内地农村经济中的一个重要原则。他又着重指出，禄村吸收外来劳工的趋势开始逆转，劳力供给发生变化，又开始表现出内地农村经济发展的新动向。

利用雇工的劳力来经营农田，是禄村农田经营方式的主要部分，只有在地地主才能直接经营农田。在江村，一半以上的土地权掌握在离地的大地主手上，他们不可能经营农田，而禄村大部分是在地的小地主，他们在工商业不发达的内地，一旦不管农事，就无事可做。所以内地农村中雇工自营方式发达。地主采取雇工经营和租营方式的利润由工资和租额的高低来决定。禄村的土地制度基础是雇佣关系，而不是租佃关系。私家不愿意把所有农田出租，因租额太低，不如雇工自营。这是费孝通解释禄村土地制度的主要理论之一。

（三）雇工自营是消遣经济

费孝通概括了不同社会的经济中心，他说："资本主义的基本的精神是出发于非人本主义的假定上，它叫人为利润而活动，不是叫人为享受而生产。"②"我们看见了为提高生活程度，以消费为中心的计划经济的兴起。这种趋向可以笼统地说做社会主义的要义。可是，以消费为中心的经济，依

① 费孝通：《禄村农田》，商务印书馆，1943年，第41页。

② 同上书，第111页。

旧足以快乐主义的人生态度为基础。”[①]他又说：“我在这里指出第三种经济，我叫它作消遣经济，……若是欲望本身是可以伸缩的，则人们可以从减少欲望入手，使人们可以减轻很多为免除欲望不满足而发生的种种辛苦劳作了。”[②]“这种在节流方面作经济考虑以避免开源时所得忍受的痛苦，却是我们传统经济中常见的态度。”[③]这就是“消遣经济”。费孝通认为，像禄村这样的内地农村，自给自足的程度很高，村民们不想在消费上充实人生，而似乎想在消遣中了此一生。这个知足的界线，把那些小地主划在劳动圈外，他们愿意生活苦些，而不愿下田劳作。只有那些逃不了生活压迫的人，没奈何才来从事劳作。从整个农村来说，一般的生活都在近乎最低的程度上将就。他们知道如何不以痛苦为代价来获得快感，这就是所谓的消遣。消遣与消费不同，消费是以消耗物资来获取快感的过程，消遣则不必消耗物质，所消耗的不过是一些空闲的时间。虽然厌恶劳作是禄村的普遍态度，但实际只有30%左右的地主才有资格脱离劳作。但是在物价的刺激下，禄村的商业化加速了。劳力供给之所以减少，一方面是劳工不易雇，另一方面是禄村的地主们不肯出较高的工资。农村中的工资赶不上物价，使卖工者脱离农村，小地主们开始亲自劳作。

（四）不同农业社区在工商业发展过程中有不同的变化

由于工商业不发达，交通不便利，土地权的集中比较不易发生。禄村这种以自营的小地主为基本结构的农村，与江村大部分都是佃户的农村结构形成鲜明的对比。禄村是在地地主最普遍且受现代经济影响不深刻的地方，因为工商业影响很小，土地的生产力太低，不足以吸收资本家投资，并且农民也没有余力来租地。而江村是受工商业影响大的农村，在地地主少，离地地主多，这是由于农村自给自足性下降，都市发达，工商业现代化，使农村原有的手工业不能维持，这就减少了农家的收入，除农村农产品之外，没有其他力量来吸收都市资金。在农村自身资金竭蹶的情况下，就造成了土地权外流与都市资本流入农村。这就是江村和禄村形成不同农村结构的原因所在。

禄村经济结构的重心是农田，它并没有手工业。禄村的金融不至于像江村一般，受现代工商业的威胁，所以禄村的土地权不致外流。但费孝通预测，在

① 费孝通：《禄村农田》，商务印书馆，1943年，第111页。

② 同上注。

③ 同上书，第112页。

现代工商业发展过程中，禄村所发生的问题，不在金融而在劳力。都市要来吸收禄村的劳工，劳工问题是禄村经济的关键，若劳力被吸收到都市中去，禄村现状必然改变。到工商业发达时，雇工自营的地主就会劳作了。只有都市的工业与乡村的农业竞争劳工时，农业才有改良的希望。

总之，费孝通认为，对于中国文化模式，应从产生它的农村社会里去理解。传统的生活方式只在稳定的社会有作用；环境变了，老的方式也就不适应了。在从农村社会向现代社会演变的过程中，农村社会生活方式的缺点逐渐被暴露出来，只有农村社会的旧传统被摧毁，中国才能走上现代化的道路。

二、禄村调查研究中的方法和经验

（一）贯彻社区研究方法——社会学调查

费孝通在社区研究方法上是有贡献的。《禄村农田》在研究方法上有独到之处。他写《花篮瑶社会组织》（1936年商务印书馆出版）时，极力避免理论上的发挥，1936年在江村实地调查时，还主张不带任何理论下乡。但当他写《江村经济》时，就感到作实地调查没有理论作指导，所得材料是零星的，没有意义的。经过两次实地调查，他觉悟到这个方法论上的错误。因此他说社会调查只是某一人群社会生活的见闻的汇集。而社会学调查或研究是要依据某一部分事实的考察，来验证一套社会学理论或“试用的假设”的。《花篮瑶社会组织》只是一种社会调查报告，《江村经济》是从社会调查到社会学调查或社区研究的过渡作品，而《禄村农田》是费孝通贯彻社区研究方法的著作。

（二）调查与研究相结合

在调查方法上，费孝通强调调查与研究相结合。他说，以前国内举行的社会调查，总是在调查之前，预先制定调查表格，然后由调查员调查，填好表格，找人统计一下，专家根据这些数字推论被调查社区的形态。他认为这种调查是有缺陷的，因为一个与所要调查的现实没有直接接触的人，是不能发现对该社区来说该用数量来表现的是些什么项目的，他也不能凭空或根据其他社区的情形来制定调查表格。他指出：“过去社会调查的缺点，就发生在‘分工’上。规定概念和解释现象的是一些‘专家’，而实地观察的却多是一些没有受很深科学训练，甚至对于调查工作本身没有多大兴趣的‘雇员’和‘学生’，这些和现实接触的人，没有修改概念的能力和权利，他们的工作是依照表格填写。结果是用了死的表格来说明活的事实。……把社会调查和研究看作做表格——统计——写报告的机械工作。这是我们认为极应纠正的错误。"①费孝通说，当一个社会学者去实地观察一社区的活动时，他的任务在于寻求人类社会生活中的基本原则，说明各种活动对于人类生活所具有的功能。因此不能以记录事实为满足，而要在事实中构成理论。记录事实的人很难决定记录哪些事实可以满足政策或理论的设计者的需要，因为社会事实复杂众多。因此学者自己应当直接在可能的亲自观察中，去采访一切与他的理论有关的事实。他要在实地里检讨他原有的概念，在实地里发现新的问题，以使自己获得最充分的了解。这样，社会科学才能得到较健全的基础。

（三）勤于创新

费孝通在禄村的深入调查研究中，不断修改自己过去的理论和西方已有的理论。例如，关于农村社区土地权外流的理论，在《江村经济》中，他引用了托尼（Tawney）的说法："农村吸收都市资本的能力，是倚于土地的生产力和农民一般的生活程度。生产力越高，农民生计越好，吸收资本的能力越大；在地地主越少，离地地主越多。"②用以解释都市附近农村土地权外流的现象。而禄村调查的结果却与这种说法不相吻合了。禄村生产力较江村高，而土地并没有外流。费孝通认为，"农村土地权的外流，和都市资本的流入农村，是出于农村金融的竭蹶"，③而不像托尼所说的那样，是因为靠近都市的农田生产力高，自然有吸收都市资本的倾向。而是在靠近都市的农村，凡是有传统手工业的，皆不易抵挡现代工业的竞争，容易发生金融竭蹶现象，产生土地外流，如江村。因此，土地权外流不一定是靠近都市的农村必遭的命运，若是一个原来就不靠手工业来维持生计的农村，其所遭遇到的都市威胁，决不会那样严重，如禄村。费孝通的这种理论，"很可以用来解释为什么以丝业为基础的江村在都市工商业发达过程中，沦为佃户的集团，以及为什么内地以经营农田为主要业务的禄村，至今能维持以自营小地主为基础的结构"。④

又如，在禄村日常生活费用的分析中，费孝通根据中国的具体实际生活情

① 费孝通：《禄村农田》，商务印书馆，1943年，第105－106页。

② 同上书，第186页。

③ 同上书，第187–188页。

④ 同上书，第189页。

况，指出恩格尔（Engel）定律在中国使用的错误。恩格尔定律是：（1）收入增加则食物一项支出所占全部支出比例将会降低；（2）衣着的支出所占全部支出的比例，不因收入的增加而变动；（3）住房及燃料的支出所占全部支出的比例，不因收入的增加而变动；（4）其他支出所占全部支出的比例，将因收入的增加而提高。费孝通认为，恩格尔定律是从静态来分析，并不是从动态来分析。这个定律在一个经济变动较小的社区中是正确的，可是在一个财富正在重新分配的社区中，就不能呆板地应用这一定律了。恩格尔所研究的对象是饥饿线上的德意志都市居民，自然会觉得食物项伸缩性是很小的。可是对于在饥饿线之下的中国农民，这种见解是不正确的。

费孝通在一系列的社区研究中，结合中国的实际提出了自己的理论和方法，不但发展了社区研究，同时对社会学中国化也做出了贡献。

第三节
张之毅的《易村手工业》

为了研究内地农村手工业的发达对土地制度的影响，以及如何使农村手工业转变成现代工业等问题，在费孝通的指导下，张之毅翻山越岭到劳力密集、资本密集的易村进行调查，写出《易村手工业》一书，1943年由商务印书馆印行。下面介绍该调查的两个重要方面。

一、乡村工业所占的位置及其对土地制度的影响

张之毅很仔细地解剖了易村的经济结构，说明了乡村工业在整个结构中所占的位置。费孝通在该书序中说：“怎样使我们原有的工业蜕变成现代工业，要我们能对付这个问题，自得先明了我们原有工业的性质。”[①]“人多地少是中国乡村普遍现象……农民因生活的压迫，不能不乞助于工业，而乡村工业却帮助了农业来维持中国这样庞大的乡村人口……我们可以说没有一个地方的人民是可以单靠农业而生活的……在家庭经济上，农业和工业互相倚赖的程度反而更加密切，中国的传统工业，就是这样分散在乡村中。”[②]费孝通指出了发

① 张之毅：《易村手工业》，商务印书馆，1944年版，序第3页。

② 同上书，序第5–7页。

展小型农村工业的重要，同时还把乡村工业分为两种类型，一种是在农闲基础上用来解决生计困难的工业，亦即产生于人多地少的乡村的家庭手工业。这种农村工业主要是利用过剩的劳力，并不能吸收资本。另一种乡村工业，就是张之毅在《易村手工业》中所研究的作坊工业。这种乡村工业产生的原因是土地权分配的不平均，占有土地多的人家能积累资金，但土地不能吸收这样的资金，这样就逼着他们寻求利用这笔资金的门路，于是就产生了作坊工业。易村土纸坊的投资利息高至六分，比农业利息高五倍。可是作坊工业是需要资本的，而没有资本的贫民也就没有沾光的机会。得到高利的是工具的所有者，而不是生产者。这是作坊工业与家庭手工业的一个重要分别，也可以说作坊工业是传统经济中的资本主义萌芽。同时，这种萌芽又受到运输困难和市场狭小的遏制。易村的土纸作坊从一个侧面显示了中国资本主义萌芽所以不能发达的原因。

在易村，作坊工业发达起来，成了累积资金的机构。但这些资金并不被运用于再生产，而是成了一只攫取土地权的魔手，更加恶化了乡村中的贫富对立。

二、乡村工业如何发展成现代工业

费孝通根据中国的具体社会经济条件，对江村的家庭手工业和易村的作坊工业与都市工业进行了对比研究。他看到了从乡村工业如何发展成现代工业的问题，并提出了解决问题的办法。他说："我们现在所要注意的是都市工业兴起后对于乡村经济的影响。这些影响若是有害于民生的，我们得用什么方法来加以补救，这是第一层。乡村工业本身是否必须以手工业为基础的？我们能不能改变乡村工业的性质使它可以和都市工业并存？这是第二层。"[①]

费孝通指出，从乡村工业发展到都市工业是世界经济史上的普遍现象。可是，在中国，情况有所不同，中国的都市工业在西洋先进工业的压力下无法发展。中国的经济是彻底农业化，而工业集中到了国外。新兴都市不可能调剂农村的经济需要，相反，在东南沿海，都市工业的发达促成了乡村工业的崩溃，国外工业利用其政治上的特权，尽量进行经济上的侵略，使中国农村手工业衰落。造成这种状况的症结，是国家工业落后。国家工业要有办法的话，首先要

① 张之毅：《易村手工业》，商务印书馆，1944年版，序第12页。

抵住外国工业的势力。再者，从工业本身着想，都市工业较为合适，但我们是否要以降低广大农民的生活水平来换取我们的新工业？这也未必，因为，由于受到资本和资源的限制，中国现代工业也决不会发展太快。工业建设要从重工业下手，轻工业还要缓一个时期，因此小型机器可以由本国制造，乡村工业可以得到发展。而且，在电力和内燃机被用作工业动力的时代，大规模的集中工厂不占有特殊的便宜，因此工业有由集中到分散的新趋势。这样，新工业不一定全部都要集中在大都市中，如果给乡村留下一切可以留下的工业，设法限制不必要的集中，那么我们的都市工业和乡村工业就不会有尖锐的冲突了。

费孝通还指出，乡村工业必须在技术上和组织上发生质的变化，才能存在。乡村工业在技术上需要改良，使其质变的第一步是引用机器。乡村工业还要在组织上有所改变，这就是家庭手工业要在组织上与作坊工业联系起来，采取合作方式。这样使作坊里的生产工具的所有权，不是集中在少数有资本的人手里，而是分散到所有参加生产的农民手上。用合作方式组织乡村工业，就可以避免作坊工业成为集中土地的魔爪，从而避免因为新式乡村工业的发展而引起的乡村社会贫富悬殊问题。同时，发生了质变的乡村工业还可以与都市工业并存。

可见，费孝通早在20世纪40年代就提出了发展乡村工业与发展都市工业并举、走中国自己的现代工业化道路的思想，但在当时，他的这一思路是实现不了的，直到中国农村经济体制改革后的八九十年代，才终于成为一种现实。不过，费孝通当时虽然看到了中国都市工业在西洋工业的压迫下无法发展的问题，也看到了国外工业利用政治上的特权，尽量进行经济上的侵略，致使中国手工业衰落的事实，但他似乎还要看到，旧中国经济的半封建半殖民地的特点，是从帝国主义势力侵入时起逐渐形成的。帝国主义通过中国的封建买办官僚统治、支配、控制社会政治经济活动的主要方面，很快就把原有的那些不利于它的因素，如有碍制品畅销的旧式手工业、家庭副业等，给排挤掉。这样，原来与农业紧密结合的家庭手工业，就在帝国主义商品的侵袭下，或者完全解体破产，或者游离汇集到都市附近地区。江村家庭手工业的崩溃就是一例。农村自然经济所发生的这种深刻变动，说明封建生产关系无法维持现状。而对帝国主义有利的，如供给原料及半制品的旧型生产作业、旧的采购组织及旧金融机构，经改装变形后保留下来。这样就形成了中国的半封建半殖民地的社会经济形态。帝国主义列强的入侵，绝不是要把中国变成资本主义国家，而是要把中国变成半殖民地乃至殖民地。帝国主义及中国的封建买办官僚阶级，也决不会允许乡村工业发展成现代工业。

第四节 张之毅的玉村农业与商业研究

张之毅对玉村的调查是在1940年到1941年中进行的。费孝通说："实际上，它已为我在20世纪80年代的小城镇研究开辟了道路。玉村是靠近玉溪县镇的一个农村。玉溪县镇是云南中部的一个传统商业中心。它在土地制度上是从禄村到江村的过渡形式，在农业经营上具有靠近城镇的菜园经济的特点，在发展上正处在传统经济开始被现代经济侵入的初期阶段。"[①]张之毅写成的玉村调查稿，经费孝通整理，于1990年收入《云南三村》，在国内正式出版。该书是费孝通、张之毅两人合作的成果，无论理论还是方法都很精致，因此这里把它当作社区研究的样本，加以详细介绍。

一、玉村农业耕作和蔬菜种植

（一）菜地在玉村农业经营中的地位及性质

玉村主要农业是种粮和种菜。全村156户，785人，共有农田556亩，菜地109亩。玉村每人最多只有266斤粮，粮食不能自给，主要原因是农田过少，亩产也不高。

怎样弥补农田的不足？主要依靠经营菜地，玉村是个商品性菜园村。蔬菜种植的种类，主要由销售情况决定。全村出产蔬菜除小部分（约六分之一）自给外，其余大部分（约六分之五）均被卖出去，销售市场很大。随着食品加工业发展，对玉溪蔬菜的需要量扩大，蔬菜种植朝着商品化和专业化方向发展。这得力于玉溪的滇中商业中心地位及其便利的交通。玉村沙地提供五六倍于农田的收入，109亩菜地的收入抵得上556亩粮田的收入，这是商品经济有利于发展农村经济极为明显的例证。

玉村的粮食生产主要是自给性的，而蔬菜生产则主要是商品性的。这是粮田与菜地的区别，也是自给性生产与商品性生产的区别。虽然每亩菜地的收入

① 费孝通、张之毅：《云南三村》，天津人民出版社，1990年，序第5–6页。

比农田多得多，但玉村的富人热心于集中农田，而不热心于集中菜地。所以，玉村的农田和菜地的分别，也多少反映了贫富之间的分野。

玉村农业的半商品性的形成原因，主要就在于玉村处在商业和交通均很发达的地区。所以，研究玉村农村经济时，不能脱离玉溪的商业环境。

（二）农作活动

农业生产的特点是，它受气候、土质和作物种类等自然条件的支配。农作活动只起一定的配合和辅导作用。在作物生长的过程中，农作活动也相应地发生变化，并且还有农忙季节与农闲季节之分。这就导致了劳力供不应求与休闲的不平衡和不连续状况的出现，给农业生产中的劳力调剂造成种种问题。

同时，农业生产的季节性影响多方面，如影响收入、借贷、农产品价格等，还造成资金周转慢和农民生活的季节性等现象。这说明农业生产的季节性起着支配农村生产生活各方面的各种活动的作用。所以要了解农村社会经济状况，就不能不研究农活的季节性。

玉村农业用地，可分成水田、干田和菜地三种。玉村农作活动中有个最重要的特点，就是全村经营了大片商品性菜地。与经营农田不同，经营菜地没有季节性的忙闲之分，只要多种几种蔬菜，在时间上配置得好，就一年到头有活干，也一年到头都有收获。再者，种植商品性蔬菜是一种比较专门的细活，其他农民不会干。因此，玉村蔬菜地所用的劳动力主要依靠自给，而不像农田用工那样可以通过雇用工人来解决。所以玉村菜园的经营方式也不同于农田。玉村菜地上种植三十多种园艺作物，蔬菜种植者不仅在培育技术上见高低，而且在配置蔬菜品种及适时播种以适合节令的需要上都要计划周详，这就在劳力调剂和金融融通上都胜过农田。

（三）劳动力调剂

中国的农村问题主要是劳动力过剩的问题。玉村粮田拖住了大批劳动力，却不能在全年中养活这些劳动力。玉村菜地使用了较小的一批劳力，并且完全能在全年中养活他们。造成这种差别的关键，无非在于农田有利于吸收资本，菜地有利于吸收劳力。富人资金多，穷人单靠卖劳力，这种贫富差别就表现在对农田经营和菜地经营各有偏爱上。

玉村劳力供应是能够自足的，但为什么玉村还要雇用外地工人？这是因为玉村壮劳力离村的较多，也因为去工市雇工时，雇主与雇工没有情面关系。劳力的供应对于经营者不但很便利而且很经济。所以雇工经营的方式在玉村颇为普遍。但是这种雇佣关系不是发生在本村富人与穷人之间，而是发生在本村富人与贫穷的夷人和普通人之间。经营菜地的劳力是由本村自给的。菜地上的全部自给的劳作再加上农田上的小部分自给劳作，玉村在劳力供给上还是自给超过雇用外工。玉村土地上的劳作仍以自给劳作为主，以雇用外工劳作为辅。玉村的菜地主要掌握在穷人手上，农田主要掌握在富人手上。因此，贫富两个阶层通过经济上相互需要而发生的雇佣关系，就不表现在同村的贫富之间，而表现为不同地域上的穷人与富人之间。

一方面玉村穷人卖工的机会不多，而另一方面玉村穷人也不看重农田卖工的路。玉溪地理、地质环境特殊，各地物产差异大，这就增加了地区间货物交换的需要。玉溪商人经营大批洋纱、土布、鸦片、百货、土特产、手工业品。于是出现了另外一种雇佣关系，即大商人出钱，农民奔波出力。由于这种关系，所以玉溪农民大多具有出远门的经验。

（四）农业利润

农业生产中的支出，以劳力、工具及肥料三者为主，按三方面核算，水田和干田的收入都是287元/亩，虽然水田种稻的利益大于干田，但因干田种稻而遭受的损失可由冬季作物补救过来。玉村各种粮田净收入相当多，每亩地租是140元，如租田经营，除地租外尚剩48.86–94.96元。净收入在扣除地租后，尚有一笔余额作为经营所得，这样，雇工经营的净收益大于出租的地租收入，所以玉村地主多愿雇工经营粮田。

从净收益来看，一亩菜地的净收益抵得上一亩水田收益的五六倍。但菜地并没有成为有钱人争夺的对象，其主要原因“是劳力供应问题。经营农田可以到工市上雇工，而经营菜地却不能在工市上雇到会种菜的工人。种菜的技术比农田要求高，主要依靠菜农家内劳力的自给。一家所能自给的劳力的限度也就成了菜园经营规模的限度。菜园所能经营的规模远比农田小，所以尽管菜地单位面积上收入大，从经营规模的角度看就远不如农田大了，尤其是自己不能脱离劳动，这就更不适应富人的需要”①。富人并不争夺菜地，尽管菜地单位面积收入大，但一亩菜地的地价与农田很接近。这也说明玉村菜地经营尚停留在小商品生产阶段，没能进到资本主义阶段，而这也是因为玉溪的市场虽比较发

① 费孝通、张之毅：《云南三村》，天津人民出版社，1990年，第373页。

达，但具有很大的局限性，不足为资本主义性的菜园经营创造条件。

从各种经营方式的利润率来看，“自由经营的利润率高至二分，低至一分七厘，这和旧式商业的利润以及旧式金融业的利息比较起来显然是低得多。所以在旧式的农田经营中，不能得到旧式金融业的支持。要扩大经营规模，主要依靠自家的资金，如果因为资金周转不来而落入高利贷网中，就要靠卖田典田还债或非破产不可”[①]。

除自田自地经营方式外，租田租地经营方式在玉村亦颇发达。租营田利润率达38% –61%，比自地雇工经营利润高得多；菜地利率达120%，比租地雇工经营的利润率也高得多。“各种经营的利润率所以能够维持很大差别，这正说明在各种农业经营之间，资金并不能自由转移，经营规模不能随意扩大。经营规模不能随意扩大，则在利润率虽高而经营规模很小的情况下，收益可能较小，反之，在利润率虽低而经营规模很大的情况下，则收益可能较大。因此，观察经营利益大小的问题，利润率高低仅是一个因素，不是唯一的因素，反之，经营规模能否充分扩大，倒是更为重要的因素”。[②]玉村中小土地所有者大多雇工从事经营，而很少把田出租而靠租田过活的。但在一家一户的经营单位中，雇工经营的规模是相当有限的。反之，农户只要家中资金多，又能购到大批土地，就可把土地大批出租，并通过大批出租粮田来获取大批租金。正是这批商人大批出租的粮田，构成了玉村租田的一个重要来源。当然，商业的利润比粮田大，但经营风险大，而用赚到的钱买田出租，虽然利率低一点，但可以获得商业所不能比拟的稳妥性。

最后，玉村还存在着典田典地的经营方式。对于典进的田地，无论是雇工经营还是将其出租，所得利润率或利息率都比自田雇工经营或自田出租的利润率或利息率高。典田农地经营的净收入与自田自地经营的净收入相等。不过典进的田地在一定时限后将被业主赎回去。因此典田典地的所有权是短期的，如遇货币贬值，出典者要赔一大笔钱。

经营规模和经营收益，由于人们的经济活动，不单取决于利润率，最终还取决于其收益额。收益额是投资额与利润率的乘积。投资额相同，则收益额随利润率的高低而变化。例如自田经营除没有地租外，还多花一笔生产支出，结

① 费孝通、张之毅：《云南三村》，天津人民出版社，1990年，第375页。

② 同上书，第376页。

果净收益最低188元，最高234元。而如果把田地出租，则虽少花了一笔生产支出，但由于脱离了经营，结果仅能收到140元地租。所以，在玉村，田多的人家宁愿从事自田经营，而不愿把田出租。总的说来，在当时的中国，“要发展资本主义农业是非常困难的。首先不易取得连片的大面积土地，其次不能取得为农业生产服务的金融支持，从而也就不能扩大经营规模和增加经营收益。这就没有发展农业资本主义的条件，从而也就不能使利润成为起着指导生产的主要作用，所以在玉村的农业经营中，利润率的高低极为悬殊，这种现象正反映了前资本主义农业经营的特征”。[①]

二、土地所有和土地使用

（一）土地所有和土地使用

张之毅发现，“玉村农田若不靠长租入一些田外，则连食米问题都不能解决。这说明玉村农田严重不足。同时，也突出了菜地在玉村农业生产中的重要地位，正是由于玉村有了100多亩经营得很好的菜地，玉村人生活支出才有了保障，玉村人的农田、菜地收入接近了支出，补救了收支的严重不足”[②]。玉村总的来说是一个人多地少、患有土地饥饿症的村庄，不过与全国当时的情况相比，这一症状还是比较轻微的。最明显的一个特征，是自田自地的农家多，纯粹出于佃户地位的农家少。

玉村由于粮田少，由本村出租土地的人家很少，村内租田的机会也极少。所以雇工经营方式是玉村的普遍经营方式。穷人主要靠经营菜地过活，即使非要卖工的穷人，也宁愿到工市出卖劳力，而地主也宁愿到工市上雇用夷人，所以村内穷富之间无论在租佃关系上还是在雇佣关系上均不发达。易村土地集中在本村的机会少，所以租佃关系和雇佣关系在易村也不发达。而禄村富人专在土地上讨生活，而穷人则因富人地多而仰仗富人讨生活。张之毅说：“由以上可以看出各村土地多少，土地种类如何，土地分配情况如何，均对各村的经济活动和贫富之间的经济关系发生影响。”[③]

张之毅按经济好坏情况把玉村农户划分为四种：出租田地专靠收租维持生

① 费孝通、张之毅：《云南三村》，天津人民出版社，1990年，第380页。

② 同上书，第383页。

③ 同上书，第385页。

活者归入甲种村户，凡是自己经营自己田地能够维持生活者归入乙种村户，凡是自己经营自己田地不够维持生活者归入丙种村户，全无一点田地者归入丁种村户。在这里，张之毅在划分阶层时，不单以地亩数为标准，而是结合考虑以下五个方面的情况：（1）田地的收入；（2）田地收入是否能维持一定的生活标准；（3）是否脱离劳动而有余；（4）自田自地参加劳动不能维持生活的困难户划为一阶层；（5）完全无田地的赤贫列为一阶层。

玉村农田虽远比禄村少，但在农田的分配上却比禄村更集中，这是由于玉溪商业发达之故。一些大地主都通过商业积累资金，以其余资金购买土地。玉村土地集中的表现是，4%的甲种农户，集中田地近39%。甲、乙两种农户不到23%的农户，却集中将近80%的粮田。但全村无一点田地的农户仅占2.8%，比禄村的31%要小得多，这就形成了玉村菜地上不雇工，地主宁愿到工市上雇工，赤贫农民比禄村卖工机会少的状况。

从菜地所占田地总数的百分比来看，甲种农户为9.4%，乙种农户为15.8%，丙种农户为27.8%. 田地总数中菜地所占百分比，由富户到穷户依次增大。

（二）租田租地

田地所有权与田地经营的分离，是通过租田租地和典田典地来实现的，其中租田租地最重要。玉村556亩粮田中租出89.2亩，占所有粮田的16%；109亩菜地中租出17.5亩，也占所有菜地的16%。无论农田还是菜地，被出租部分所占比例均很小。玉村的自有田地主要由自己经营，很少被出租。那些被租给外村的田地，多在外村界内。即使有经济条件出租粮田的甲级村户，也仅出租其粮田的30%，乙、丙级农户没条件把田出租去过地主生活。因此，“甲级村户是能真正把田地出租靠收租过活的地主。乙级和丙级都是劳动农民，前者或是把土地出租或是雇工经营，都是靠剥削他人劳动过生活。乙级、丙级农户则是劳动人民，他们出租田地的社会性质截然与甲级农户不同”。[①]

玉村出租田地的人家很少，出租田地的数量也很少，远不足以满足无地农民的土地要求，于是有人就向本村以外的私人业主租田，这些村外私家业主多住在玉溪县城内。这些商人兼地主的田占玉村租田总数的46%。“所以单纯从农村地主而不把城市地主也包括在内来看，是忽视了玉村所在的整个县的土地

① 费孝通、张之毅：《云南三村》，天津人民出版社，1990年，第391页。

集中情况的主要一方面。如果离开商业，则又不足以理解何以玉溪城内会出现许多大地主。这批商人兼地主，既从商业方面又从土地方面双重的剥削农民，这就是玉溪城乡关系的特点”。[①]

张之毅指出，玉村所租进的田地，多属四种业主：本村的私家业主和城市的私家业主，还有本村的公家业主和城内的公家业主。本村公家业主的公田77.9亩，占全村租进田总数的23%，本村公田是在顾全多数人愿望与救济贫苦农户的原则下，租给各公属下人家的。村外公田是县财政局的学田，以甲、乙、丙级村户租到的数量较多，因甲乙级村户的社会地位高，易与管学田的人接近，再者把田地整批出租给家道殷实村户，收起租来稳妥简便。全村租入粮田337.2亩，其中21%属于公家业主。全村租进内外公田共149.26亩，占全村租田总数的44%，公田在玉村的租田活动中，显然占有重要地位。另外，租自城内私人业主的田地占37%，租自城内公家业主的田地占全村租地的21%，两项合计占58%；而租自本村私人业主的田地占17%，租自本村公家业主的田地占25%，两项合计占42%。由此可见，“玉村的租佃关系主要发生在城市和本村之间。这是玉村租佃关系的一大特征”。[②]而菜地租佃关系主要发生在村内各级农户间，不像粮田租佃那样主要依靠城市业主。

玉村156户中，72户租进田地，3户既租进又租出，总共75户，几乎占全村总户数的一半。在75个租户中，甲乙两级富户占18. 6%，但所租粮田竟然占租田的45. 6%，而占租田户数的71. 4%的丙丁级穷苦户，只租到租田的54. 4%。“少数富户除自田外还增加较多租田进来经营，这种现象值得注意。这是因为玉村地租不算太高，工价又比较便宜，而且散工的供应很充分，土地又较肥沃，普通一亩农田的净收入支付地租后仍可得到一笔利润。这说明在玉村这种条件下，出现了资本主义经营方式是有条件”。[③]玉溪城市大地主是把地租给农村的大租户，即靠租地雇工经营的这批人。他们社会地位相同，共同剥削穷人。一个分配地租，一个分配利润。一般玉村人在形式上雇工租营大批农田形成资本主义经营方式，但在思想的根子上却完全是前资本主义的落后，然而却切合当时实际的思想。

① 费孝通、张之毅：《云南三村》，天津人民出版社，1990年，第391-392页。

② 同上书，第393页。

③ 同上书，第394页。

租田租地的增益，几可抵补全村亏空的一半，承租田地对于玉村经济的帮助甚大。

（三）典田典地

典田典地在农村并不发达，全村556亩农田，仅出典54.8亩，约占所有农田的7%。全村109亩菜地，仅出典8.1亩，还不到8%。把田典出去是一种过渡性的买卖行为。在出典田地的业主中，村外私家业主值得一提，这批村外私家业主一共10户，多是玉村的迁出户。

（四）田地经营

玉村经营的农田中，2/3是本村的农田，1/3是从玉村以外租入的。在玉村全村经营的798亩农田中，租田占了42.3%，显然租田对于补救玉村农田不足起了很大作用。

"全村156户中，除了44户无田无地的农户外，其余有田地的农民一共是112户，这112户中经营的农田数完全等于自有田的56户，刚好占112户的一半。在菜地方面，经营菜地数完全等于自有地的72户，占到112户的64.3%。这说明无论农田或菜地的经营，都主要建筑在自有田、自有地上，但两者之间，菜地经营比之农田更多依靠自有的土地"。[①]玉村兼营农田和菜地者最多，占到全村的一半，单营农田者只有39户，仅占全村户数的四分之一。单营菜地者18户，少到只占全村的10%。兼营田地和专营农田的合计占70%，兼营田地和专营菜地的合计占61%。

在兼营田地者、单营农田者和单营菜地者中，都混合了甲、乙、丙、丁不同级别的农户。但其中甲种农户兼营田地者最多，达67%，其次是单营农田者，占户数的33%，单营菜地的没有；乙、丙两种农户的分布，按兼营田地者、单营农田者和单营菜地者而依次降低，而且乙、丙两种农户中都出现了单营菜地者，其户数分别占4%、14%；丁种农户兼营田地的户数已由第一位退居第二位，单营农田的占41%，单营菜地的占26%。乙、丙、丁农户单营菜地户数所占比例分别为4%、14%和26%。菜地单营百分比的依次升高，有力地说明了穷人爱菜地。从农田和菜地的经营来看，确实是穷人偏重于菜地的经营。

甲乙两种农户合计户数占23. 71%，所拥有的农田却占了79. 4%，菜地占59. 53%；同时经营了62.9%的农田，40%的菜地。甲、乙两种农户经营的农田

① 费孝通、张之毅：《云南三村》，天津人民出版社，1990年，第411页。

所占百分比均大于经营的菜地所占百分比。反之，丙、丁两种农户经营的农田的百分比均小于经营的菜地的百分比。

从农业的净收益的分配看，菜地是一个重要因素，对缩短贫富差距起了一定作用，其次在农业收益分配上还有一个重要因素，就是劳力费用也起了缩短贫富收入差距的作用。但这根本不能改变土地占有的贫富差别，最多使占有和使用土地较少的穷人能够通过劳动收入维持最低的生活水平而已。从农业净收益和劳力收入合计的分配情况看，张之毅发现，从甲到丁级户，每户平均收入中的劳力收入所占百分比依次加速提高。这说明富裕农户农业收入的增加主要靠经营田地多，而对贫穷农户收入的增加来说，劳作收入的重要性就占有重要地位了。

三、织布和养鸭

（一）织布——城乡关系

在农业活动以外，玉村人还有一些经济活动，以求增加收入，织布就是其中的一种。全村除44户外，其余112户都织布，织布户占村户总数的71.8%。具体地说，“甲种农户中织户占33%，乙种农户中织户占71%，丙种农户中织户占80%，丁种农户中从事农业的27户中有22户是织户，占81.5%。所以愈是贫苦的农户，从事织户的百分比愈大”①。而且贫户的妇女织布者较多。

玉村专业织户极少，织布业没有向专业化发展。这主要是由于织布的利益太小。织户卖布买纱，而纱布庄则卖纱收布，由此便产生了纱布互换的办法。布纱的换率由纱布庄参酌织工优劣及市场情况来决定。

张之毅比较了织户处境的今昔差别。清末年间，洋纱洋布还未进口，玉村以及玉村所在全县的织户购用的土花纺成土纱，织成土布，土布的价格较高，织布的收益相当好。但自洋纱、洋布进口后，织户处境日非，洋纱取代了土纱的地位，因此，大都市洋纱市场一有风险，即波及乡村织布工业。事实上是外国机器纺纱业通过中国纱商之手，打倒了中国手工纺织业，挤倒了中国的手工织户。

不过，由于当时“机织布的生产率还不够高到把布价大大降低下来。另一方面则由于农村织户的工价特别低廉。而一般农民的生活程度又很低，他们宁

① 费孝通、张之毅：《云南三村》，天津人民出版社，1990年，第424页。

愿要粗厚结实的土布，而不愿要精细美观然而并不耐穿的机织细布。这样，手织业就仍然残留下来而出现在农村市场上”[①]。

农民的农业收入不足以维持全家生活，不得不搞些副业，织布就是农业以外的副业。他们把织布当作农事以外的余时余工，赚几文添补家用，而不专靠织布讨生活，也便接受不够一饱的工资条件。但这竟给少数纱布商人创造了巨大的收入，而且出现了属于资本主义性质的工场织布手工业，不仅如此，他还以商人身份雇用农村织户为他织订货，形成资本主义性质的商人雇主制，亦即“家内工人制”，打破了土布行销农村的局限性。“所以作为农家副业之一的织布业不仅造成了玉溪的纱和布的贸易，而且也带动了其他巨宗货物的贸易。这些大宗贸易育出了一大批巨商。这批巨商利用其余资的一部分又向农村购去了大批农田，他们成为出租农田给农民的城居地主。这就是由织布业组成的城乡关系和由农田租佃组成的城乡关系的一种内在联系。这样就形成了玉溪商人，既从织布业剥削农民又从农田耕作上剥削农民”。[②]

（二）养鸭

在玉村，除农业外，织布是比较普及的生产活动，再其次就是养鸭。养鸭正如织布是以乙丙两种农户占多数，甲户不养鸭，丁户少养鸭。因为养鸭户须具备收益稍多和人口稍多的条件，乙丙两种农户正好具备这些条件。

在农业、织布和养鸭三种经济活动中，全村织布收益为田地收益的3.5%，养鸭收益约为田地收益的1.5%。在全村的整个收益中，仍以田地收入占绝大部分，织布和养鸭均只占很小部分，而养鸭所占的部分尤比织布小。所以从事农业是玉村农户全体参加的活动。织布亦是普及全村的活动，养鸭户只占全村7%的人家。养鸭之所以不能普遍，不外是因为鸭食供给量非常有限以及村域内田地有限之故。

四、家庭消费和积累

从生产收入的综合比较，从村户的自田自地外的各种增补收入所发挥的作用及比例，可以看出：（1）农业收入占该村全部收入的81.53%。（2）112户所从事的织布业的收入仅占全部收入的3.25%，在全村收入中处于一个微

① 费孝通、张之毅：《云南三村》，天津人民出版社，1990年，第430页。

② 同上书，第433–434页。

不足道的地位，但却为商人创造了致富的条件，而织户得益很少。（3）农业收入和织布收入合计只占全村总的84.78%，仍然不能完全解决村人的生计问题。所以全村竟有90余人离村外出讨生活，从事手艺、商贩、杂工、杂役。这批人的外出谋生中很值得注意的是，第一，人数众多，出外谋生的有90余人，几乎与农田上劳动的男子数（93人）相近；第二，外业收入占全村总收入的15.16%。所以玉村农田上所需劳力的54%要通过从工市雇用村外人（主要是夷人、山边人）来解决，以致农田劳力自给部分只占46%。（4）在农业收入中，田地收入占主要部分。在田地收入中，由于菜地的净收益超过农田收入五六倍，而菜地又可以利用本村农业劳力，不像农田需要向外雇大部分劳工，所以尽管菜地比农田少很多，但菜地收入所占比例达到54%，而农田收入反而只占46%。菜地比农田更重要。（5）玉村收入构成中还有一个显著特点，即商品性生产占绝大比重。单是商品菜地收入一项，就占到全村收入的39.69%，加上养鸭、织布就增至44.35%，再加上手艺、商贩、杂工、杂役的收入，这一比例达到59.51%。所以，玉村的生产与商品市场关系很大。这种特性影响了玉村的金融融通和消费生活。

玉村是个人多地少、田地收入不足以维持全村人民生活的农村，所以玉村人从各方面寻找补充收入。从全村生产收入和生活支出来说，谈不上盈余。玉村四种农户由贫到富，在生活费用上的差别是很大的。但是收入多的农户，人口也多，每人的生活享受也高，因此玉村的富户并没有什么积累。“本来甲乙两种农户是有条件积累一些资金的，但由于他们一方面既未能利用他们的田地发展各项生产，增大收入，另一方面又由于他们生活随收入而上升得很多，这可能与玉溪县商业发达，有钱商人的消费高造成的影响有关，所以也就盈余不了多少资金下来”。[①]至于丙丁两种穷困农户，收入少，维持日常生计尚有困难，所以在婚、丧、住宅上的支出就特别显得寒酸。

玉村人比易村人更爱花钱，而这与玉溪的城市繁华影响有关。一方面，玉村因玉溪的繁华而在园艺上谋求发展，另一方面也增加了一般村人的花费。玉村的织布业、种菜业、养鸭业都是商品性生产，玉村人因此手中活钱多，又处于纱布商业发达的县境，各地特产与纱布的交换使玉溪成为一个商品集散中心。商业上许多致富的例子，使玉村人深深懂得，在资金积累的速度上，在经

① 费孝通、张之毅：《云南三村》，天津人民出版社，1990年，第480页。

营利润的厚薄上，农业远不是商业的敌手。玉村富人就多是通过商业致富的。因此，玉村人就不像纯农业地区的地主们那样重视农业生产的积累作用了，更不愿靠从生活支出的节俭上去寻求资金的积累。这些客观存在的事实，不能不对玉村富人的生活享受态度发生一定影响。“总之，玉村大多数人家无由累积财富。少数富农中又有一部分在消费上放纵无由累积。即使有小部分在累积财富，但在财富累积的过程中，又有一些生死嫁娶建屋分家一类不可避免的事情来消耗和分散累积起来的财富。于是农村里的财富，始终限于随聚随散的一种局面中，很少能超脱这种局面而致富的”。[①]因此，张之毅说在农业里由贫致富之路渺茫无期。

五、农村人口的外流

（一）浮悬未系的赤贫之家

玉村村户的主要生产收入都来自农田菜地。但因地少人多，加之分配不均，很多村户均只占有极小一点田地，更有不少村户竟完全没有田地，像这样的人家有44户。如果自己无田地而又不愿放弃农业经营的企图，则唯一的机会就是租田。但由于玉村的富户多系采取自田雇工经营方式，在玉村村户间，租田租地的机会很少，全村主要靠向县城内的地主租田。但玉村富户却和穷人争着从外面租田，结果是14户富户，租入154亩农田，61户穷苦户仅租入184亩。在全村44户毫无一点田地的赤贫户中，有17户也没能租到一点田地。因穷人缺少农本，田种不好，所以穷人比富人租田难。而且租田经营利薄，不比小商小贩好多少。于是，玉村穷人们靠租田讨生活的，就不像纯农业地区的农村多。

况且，如上所述，玉村的富人们宁愿去工市上雇用夷人，而不屑雇用本村穷人。因此，玉村穷人一则在卖工的机会上竞争不过夷人，二则因为在农田上卖工的时期一年不过四个月，所以在农田上卖工的事亦无多大发展可图。菜地上劳力自给，没有卖工的机会；农田上本村的劳力仅自给46%，其余54%靠外来的劳力，两种农户农田经营在劳力上主要靠自给。只有丁种农户才以54%的劳力自给，46%的劳力出卖。不难看出，玉村穷人靠在农田上卖工谋生的人数是极少的。村中副业只有养鸭、织布两项，工作报酬还不敷饭食费。穷人们不能不走出村外谋求发展，他们多靠小手艺小生意营生。1922年以后，玉村没有

① 费孝通、张之毅：《云南三村》，天津人民出版社，1990年，第485–486页。

穷苦户迁入，却先后有33户迁走，即将近五分之一的住户因贫困难以维生而迁走。这说明两个问题，一是贫苦户不易在玉村继续谋生，二是玉村人向外活动能力强。

（二）富户迁去城市

玉村的贫苦村户为了维生迁出玉村，而一批殷实之家，在玉村有较雄厚的经济基础，为了生活上更安全舒适，经济上更加发展多迁至附近县城。玉村先后迁出殷实之户共20户，17户迁到玉溪县城，2户迁峨山县，1户迁到上海。地主进城不单求安全，还为了做生意。玉村地主迁移的路线是在农村与城市间。而37家贫苦村户中，20家迁往外县。富户迁至县城，采取田产在乡而居住在城的分离办法。田产和居住分离的结果是使他只能放弃田地经营。把田地全部租出去收取地租的有13户，只有5户仍不放弃农田经营。“但是在13户全部放弃经营的离地地主中，专靠收租过活的地主只有8家，其余5家兼营商业的。这种把地租收入和商业收入相结合的现象，正反映了玉溪商业发展的这种特征”。[①]总计穷户和富户迁出共57户，使玉村从213户减为156户，亦即迁走了27%的村户。

（三）个人离村

除了全家迁走的情况外，玉村人口外流的另一种方式就是个人离村。全村156户，785人，离村的有75人，每2户或每10人中有1人离村。其中直接被征兵征走的、显然为避兵役而出走的，以及多少也与逃避兵役有关联的合计起来共有26人左右，约占离村人口的三分之一。这部分人离村的目的不仅是保全个人生命，也是保全一家生存。

费孝通和张之毅发现，“离乡背井在玉村人心目中不算一回难事。这已是他们的传统了。此种传统是在交通便利商业发达的玉溪整个环境中养育成的。它的根基却深植于农村经济结构中，由于田地分配太少，许多人不能待在村里单靠农业维生，逼得出外谋生活。更由于农业里不易累积财富，要想发财必得离开农村，绕出农业以外谋发展。这种产生于玉村经济结构中的内在因素，配合上玉村外在所处的商业环境，遂形成他们轻于离乡背井的传统”。[②]

这批出门的人大多是年事方刚的男子。在离村的75人中，被征兵征走的

① 费孝通、张之毅：《云南三村》，天津人民出版社，1990年，第498页。

② 同上书，第500–501页。

11人当然是年富力强的男子，其余64人中，除了2个妇女2个小孩外，余者都是11-50岁的男子，包括儿童、青年和中年人。

在这外出的64人中，属甲种村户的10人，属乙种村户的9人，属丙种村户的23人，属丁种村户的22人。各种村户中出门人数占其全部人口的比率依次分别为15%、5.1%、6.6%和11.4%。甲种村户是村中最富的，丁种村户是最穷的，他们中出门的人在比率上均较大。

未受过教育的穷人和受过教育的富农子弟在外所择职业，显然有很大的分别。穷人们出门后，所从事的职业门类很庞杂，用得着专门技术的部门很少，他们可以随便就业，也可以随便弃业回村。他们往往游荡于各业之中，徘徊于乡村和城市之间。受过教育的富家子弟的择业态度不如穷人那样随便，他们从事的职业需要相当程度的教育，有特种技术的训练，需取得某种特定的资格，由本业转到另一专业困难多，职业性质固定，适于长期做下去。

（四）人口外流与田地经营

无论贫户富户，一旦外出，由于田地和居住分开而不便经营，往往就把田地租出去。在玉村人所经营的田地中，有11. 6%的农田和6%的菜地，都是从这些迁走的人手中租过来的。迁走的人家因居住和田地分离不得不趋于放弃田地的经营。留村的人家却因子弟出门而发生经营人手缺乏的现象。出门发展和农村经营是不能两全的。富家所走的路向，正针对着出门求发展的一方面，迟早要放弃田地的经营。而个人离村的穷人，家里本来田地少，他们缺的是经营中的田地，却不是经营中的人力。如不将家全迁走，终久仍须回到农村和农业里讨生活。受过中等教育的子弟，则转入城市中的其他职业，而不再回到农村从事农业经营。

人口外流对于农村经济的影响很多，使田地经营规模发生变化只是其影响的一端。而财富猎取乃其另一端。

六、传统社会中财富的猎取

在农村，一家一户拥有土地少，资金积累既小且慢，所以没有一家是专靠农业来致富的。玉村在农业方面，也同样难于积累财富，织布养鸭不能扩张，也发不了财。

“在谋生和发财的双重目的下，以及鼓励村人出门的传统精神中，玉村先后均有大批出门的人。他们在各方面试探和开辟发财的路径。可是成功的路径不外做官、私贩鸦片和经商三条路。做官发财是凭藉政治权力作掩护，以权谋私。贩鸦片是躲过政治权力的干涉，甚至有武装集团走私的形式出现过。两者都是用非法的手段达到猎取财富的目的”。[①]至于经商发家则属于经济活动的性质，与前二者的非法性质不同。

做官的虽未必都能赚钱，但若做官者愿把职权当作一种营利的手段，在吏治腐败的传统官场中，发一笔横财并不是件太难的事。做了官要发财是容易的事，但难的却在做官所需的资格。无论从政从军，要想获得一官半职，均非相当学历不可。

从清末民初以来的40多年中，玉溪县出了一批巨商，大都是靠贩鸦片和经商起家的。其中有一位就是玉村人，他发了大财后迁到了县城。这说明，在玉溪这个商业地区，发财的主要途径是鸦片和经商，至于升官发财已不占显要地位。

玉村贫苦人弃了锄头，从事小商小贩、杂工等，练就了一副胆子和一套出门的经验。他们就用这副胆子和全套经验做本钱，从事风云际会的鸦片偷运，居然在做官之外开辟了另一条猎取财富的路子。玉溪历史上曾种过鸦片烟，因清末民初禁种鸦片，鸦片缺货，价格高涨，于是玉溪以西各县及缅甸境内烟土大量内销。玉溪是商业发达、金融融通之地，有大批人从事偷运鸦片的生涯。鸦片贩运的赢利之速和赢利之大着实惊人。

烟土走私必须躲过政治权力的干涉和土匪趁机而起的掠夺，所以危险亦随大利而俱存。在贩运鸦片的活动中，也有贫富之分。富人出钱穷人出力，因为长途贩运既辛苦又危险，所以贩烟的报酬亦相当可观，远比在农田上卖工收入多。“玉村既有些人家因吸鸦片败家或仍在走向败家的，又有少数人家因贩卖鸦片而兴家的，在玉村的土地转移过程中，鸦片起着正反两方面的作用”。[②]

七、商业资本的活动

商业比之农业，积累财富的能力要大得多。恰好以农业为主的玉村，正位于商业发达的玉溪县境内。农业的贫困和商业的富裕，存在一定的关系。

① 费孝通、张之毅：《云南三村》，天津人民出版社，1990年，第509页。

② 同上书，第517页。

玉溪的商业活动中，洋纱似乎可以称作主角。玉溪开辟了一个推销洋纱的大市场。“这样洋商就通过对洋纱的控制而控制了织户。其后纱布互换办法实行，织户成品的土布，亦被控制在商人手中。这样织户的处境就愈趋下降，成为替纱商把原料织成成品的织工，不复是经营布业的独立经营的小生产者了。但是织户的所失，正是商人的所得。织户由兼顾纺、织转为专事织布，于是织布的数量大为增加”。①玉溪便成了纱布聚散的交易中心地，由于纱布交易总数大，商人收益多，因此亦刺激了其他商业的繁荣。玉溪与外县物资交流所以频繁，除了受到纱布生意的刺激外，还靠了玉溪经济地理基础的支持。

成为玉溪商业骨干的洋纱业有个最大的特点，即风险甚大，富于投机性，也就是随着中国香港、上海等地行情而变。这些都说明，玉溪之所以能出现一批巨商，一则与玉溪县的商业传统有关，二则与中国进入半殖民地半封建社会的一定历史时期的时代背景有关。

而且，商业资金与鸦片贩卖相结合，正是玉溪这一地区的商业的一个特点。“在鸦片的贩运中，穷人出力气，富人出资金。这些资金中包括地主剩余下来的，也包括商人投放的。此外还包括由帮富人搞贩运积得一些小本钱，进而也当作鸦片贩运资金的。但三者中，还是以商人资金雄厚，搞鸦片贩销的投资数额最大”。②在诸种商业中，与鸦片关系最密切的是纱布生意。对于玉溪而言，是以布、纱换取鸦片。自玉溪以西、以南各县而言，则是以鸦片换取布、纱。两者在贸易上由此得到平衡，并起了相互促进的作用。“商业资金在作育成鸦片的兴旺市场，则反过来也可说，鸦片市场的存在亦足以促成商业资金的兴旺”。③对于了解像玉溪这种内地商业所以繁荣的原因来说，鸦片是最为重要而不容忽视的因子。

玉溪商人在金融上的活动，分为财会、存款和放债几种方式。因此农村里的金融大权大部分由富农手里移到村外的商人手里去了。商业资金的转化趋势是，一方面投资矿业，一方面投资交通运输事业。但这两方面的投资与玉溪商业方面的资金比起来是微不足道的，至于在近代工业方面的投资则更是没有。在半殖民地半封建社会的旧中国，是不能期望玉溪的旧式商业资本会出现向产

① 费孝通、张之毅：《云南三村》，天津人民出版社，1990年，第519页。

② 同上书，第525页。

③ 同上书，第526页。

业资本转化的趋势的。在玉溪，商业无论洋纱还是鸦片都是投机性的，经营者具有暴发户的性质，他们不需要坚强的合理的组织，以便在发展正规的合法的业务方面求得生存。因此，玉溪商业的投机性中就包括商家所缺乏的持久性。玉溪的一批巨商，几乎都是在清末民初依靠洋纱和鸦片起家的。

即使是新兴富商，也采用两种经营方式，一种是工场手工业方式，另一种是商人雇主制下的家内工人方式。开办工场手工业，可以定期定量生产出一批宽面细布来，以便经常不断地供市场需要，同时又可以利用家内工人织布，以扩大和调节布匹的供应量。

商业给予农村经济的影响是大的。在玉溪的商业活动中，许多方面都有农村的一部分贡献在内，如在玉溪商业活动中唱主角的纱布生意，就依靠着农村织布工业的支持。又如具有繁荣玉溪市场功用的鸦片烟，也有一部分是靠农村穷人出门运来的。繁荣起来的商业的一部分资金以农村为其出放的尾闾，而农村的一部分资金，又成为商业吸收的对象。贩来的鸦片中有一小部分就地在玉溪农村中销售。所以玉溪农村对于玉溪商业的发展起了重要的作用。再从玉溪商人与外地商人互市的物品来看，如由玉溪运出去的布匹，由镇宁、普洱、车里、佛海运来的茶叶，由楚雄、祥云、大理运来的猪，由迤西、迤南贩来的鸦片、药材与皮革，无一不是本、外地农村生产的农产品。再者，由玉溪运出去的洋纱和土布，也以外地农村作为销售对象。所以这种商业完全是建立在农村经济基础上的。这是一种为推销洋纱服务的买办性商业，而且它还与非法的鸦片贩运紧密结合在一起。这样就形成了商业的某种掠夺性和投机性。

建立在农村经济基础上的商业，反过来给玉溪农村一些什么影响呢？纱商趁实行布纱互换的办法，操纵了织户的成品和原料（纱）。即使商人开设了手工工厂，雇用了一批工人，却另外还实行家内工人制，把织机和洋纱发交织户，再按件给付工资，于是织户在形式上和实质上都完全成为脱离工具和原料的劳工了。

八、资金利用与土地权的集中

（一）资金的利用

玉溪商业是一种旧式商业，如以洋纱生意为例，又和外国机器制品洋纱排挤手纺纱的过程不可分，是极富于冒险性的。这种商业是外国机器工业打倒中国传统手工业过程的产物，是中国沦为半殖民地半封建社会过程的产物。

玉溪在洋纱和鸦片生意上拥有的巨资，也曾往矿业、交通运输业上投放过，但是没一户往近代机器工厂的制造业发展过，当时的政府不仅不鼓励和支持商业资本向产业资本转化，反而对商人事业进行粗暴掠夺，并且官商勾结共同经营鸦片走私生意。

商业资金流向土地。商业里剩余资金的一小部分投向土地，商人们想买进一点土地为自己留点退路，但这并不是他们的主要经营方向和努力实现的最终目的。

（二）城乡地主在土地上的不同剥削方式

居住在玉溪城里的一批大小商人，用商业里剩余的资金购买了农村的大批土地，但由于忙于商业经营以及城居之故，他们多将土地出租给农村的贫农耕种，每年收取一个固定数目的租额。而居住农村的地主则由于有廉价的劳动力多系雇工经营，经营地主远比出租地主普遍。但村内贫富之间很少发生租佃关系。玉村农田是租入多于租出。长期租入的农田主要属城市商人所有。而且，在玉村的富农中，还出现了自地兼租地雇工经营的经营方式。“在玉村，富人爱榜田，穷人爱榜地”。[①]可见玉村在田地上的剥削与被剥削关系，主要不是发生在本村的富人和穷人之间，而是发生在本村富人和山边穷苦夷人之间。

（三）田地的分散与集中

根据张之毅的计算，“若把本村卖出买进的田地数加以比较，住村的共卖出田23.9亩，地3.6亩；买进田3.5亩，地6.7亩，故净卖出田是20.4亩，净买进地3.15亩。田的所有权向村外人（几乎全是住在城里的人）流动的趋势是很显然的（虽然数目并不大）。若把迁出的仍算作本村的，则本村人（包括住村的和迁出的）共卖出田32.1亩，地6.75亩，共买进田19.5亩、地6.75亩；仍净卖出田12.6亩，这12.6亩乃完全落在非本村人的手上”[②]。卖田原因很多，有卖养老田，有因鸦片嗜好经济窘迫，有的非常挥霍，卖田最多的是破落家庭，有的经商失败卖田。在土地的集中与分散的过程中，鸦片扮演了一个极为重要的角色。

张之毅认为，“土地权所以向城市集中意味着当时的农村经济日趋凋敝。所有使得农家出卖田地的原因，如鸦片嗜好，如疾病、死亡，如婚娶，如争

① 费孝通、张之毅：《云南三村》，天津人民出版社，1990年，第552页。

② 同上书，第553-554页。

讼，如兵役出钱请人顶替，以及其他种种，都只是使得田地出卖的近因或外在原因。真正的内在的远因，还是由于当时农业生产力太贫弱，累积财富的力量太小。一般农家经济均很窘迫。这样他们保持土地权的力量本来就够薄弱了"[①]。一遇风波与打击，便非卖田不可。

农业积累资金的速度太慢，"农村的土地就不断向城市集中，因为城市中做官和经商的人多，而农村则是经营农业为主，土地向城市集中，也就是由农业经营者手中转变到做官和经营商业的富有者的手中，但土地所有权可以进城，土地经营却只能留在村中。这样农村在手工业方面日益织工化的同时，在农村经营上就日益佃农化"[②]。

最后，张之毅指出了国民党政府对农村的加紧剥削及其后果。国民党政府发行法币代替银圆，又实行统制实物的办法来掠夺人民。货币贬值对地价急剧下降起了很大作用。田地价格下降对购买者有利，但实物征购又对购地者不利。而且粮价看涨，地价看落，有钱买地不如购买粮食。换言之，与其投入农业收取地租，不如投入商业里从事投机生意，商业排挤农业。

九、四种类型社区的比较研究

费孝通对江村、禄村、易村、玉村这四种不同农村类型的社区进行了比较。在这种比较研究中，他运用了家庭土地拥有量、主要农作物、平均亩产、农田总收入、家庭粮食消费量、租地量及租金、粮食消费和支（收）地租后的剩余等指标，通过比较，他发现，禄村和易村在支付（或收取）租金和日常开销之外，农田收入用于其他消费的剩余很少，而玉村和江村则是亏空状态。大多数村民处于贫困和无地状态，有70%左右的人不能靠自己的土地维持生计。因此，大多数村民必须到农田之外去寻找收入来源。对此，费孝通提出了两种可能的解决办法，"一是改变原有土地使用的方式获得新的收入；另一个是利用农田上生产的原材料发展工业的方式，开拓新的收入来源"[③]。玉村种植蔬菜是第一种方式的运用，江村的蚕丝业和易村的编篾器和造纸是第二种方式的

① 费孝通、张之毅：《云南三村》，天津人民出版社，1990年，第557页。

② 同上书，第557页。

③ 包智明：《论费孝通的比较研究》，载《社区研究与社会发展》，天津人民出版社，1996年，第167页。

运用。

第二种方式的乡村工业在中国相当普遍，费孝通看到了中国传统工业的性质和其存在的必要。中国传统工业是分散性的工业，甚至分散在家庭中。传统工业之所以存在，是因为农民不能完全依靠土地生产维持生计。传统工业的分散是因为农业生产需要季节性劳力，而农民则利用农闲时的劳力从事分散于家庭中的工业。

通过江村、易村、玉村的对比研究，费孝通得出了现代都市工商业的发达促成乡村工业崩溃的推论。易村受现代工商业的影响浅，乡村工业依然不发达；在玉村，由于受现代工商业发展的影响，农民不得不放弃纺纱，而织布去换纱，由于失去了原料生产者、纺纱和销售者的地位而收入减少，由于贫困而出卖土地。受现代工商业影响深的江村、玉村工业衰落，大量土地外流，一半土地不在地主的手中。现代工商业尤其是外国工商业给中国乡村工业的冲击造成了一系列土地问题。同时，费孝通提出了一系列挽救乡村工业和解决中国土地问题的设想。费孝通的这些不同类型农村社区的研究，虽然着重于土地制度的分析，但他提出来考察的主题是现代工商业发达过程中农村社区所发生的变迁，并说明乡村工业之重要。

第五节
史国衡的《昆厂劳工》

为了进一步研究农民转变成工人的过程，研究在内地如何发展工业，在费孝通的指导下，史国衡对昆明一国营工厂的工人进行了调查，写出《昆厂劳工》一书（商务印书馆1946年印行）。

一、劳工研究在工业化中的重要地位

《昆厂劳工》是魁阁研究室的农村社区研究的一个引申。劳力外流在农村所引起的反响，已在农村社区研究中涉及。那么农民离别家园，进入内地的新式工厂，最初抱着什么打算？进厂以后又怎样调适他们的生活？他们个人的思想观点发生了什么变化？他们过去的一套积习在做工的效率和工厂管理上又引出如何的结局？最后，他们在工业建设当中将起什么作用？对这类问题，必须

通过对工厂的研究才能找出答案。为了解答这些问题，史国衡到昆明一国营工厂进行调查，田汝康则到一家女工厂进行调查。

关于劳工问题研究的重要性，史国衡认为，这不但是学术上的需要，而且是关系到经济建设的急务。他认为工业化是立国的唯一途径。他在《昆厂劳工》中说："我们很可以同意中国经济基础的确立必有待于现代工业的发展。但是我们在接受这个原则时，却想到很多具体的问题：我们怎能达到这目的？在现代工业建设过程上有什么困难和阻力？我们应当怎样去克服这些困难和阻力？要回答这些问题，我们最好先能对目前战时新工业的实际情形作一番分析。"[①]《昆厂劳工》就是为此而作。

作者在该书中所研究的问题是：中国所遭遇的基本问题就是要从农业经济转变成工业经济，究竟现代工业需要怎样的劳工？我们有没有这种人才？怎样去培养这种人才？正如费孝通所指出的，"从农业到工业——中国工业化的要义是在把一辈本来农业的人变成工业的人。工业化的过程具体地说来是几百万、几千万的农民脱离农村走到工业都市去谋生，是一个个人生活习惯的改造，是一个个人生活理想的蜕化"。[②]这种研究是理论和实际上的需要。

史国衡用社会学的观点研究了工人的生活、工人的家庭与工业背景、个人的嗜好、习惯、勤惰、生活费用、集体心理及对工人的管理。他从工人的来源入手，逐渐由工人本身的状况推论到集体生活，最后谈到对工人的管理及扩充继替。

二、劳工问题的症结是新旧社会结构的矛盾

费孝通曾说过，在中国接受西洋生产技术的过程中，还有一种困难，那就是缺少利用现代技术的社会组织。虽然中国乡土工业的崩溃使更多的农民背井离乡到都市工厂找工做，但工厂招的工人却并不都能在新秩序里得到生活满足，有效地工作，成为新秩序的安定力量。因此，至少要先使人对他所做的活与自己生活的关系有所认识，使活动、生活和社会三者能结合起来，使个人的活动符合社会要求于他的任务。这意味着现代技术的发达给社会组织本身引入了一个"超人"的标准，即以最小成本取得最大收获的经济规律。一个农民若

① 史国衡：《昆厂劳工》，商务印书馆，1946年，第2页。

② 同上书，第205页。

是过快地从农业走到工业，他在农业里所养成的一套习惯一时不易脱掉。这一套习惯带入工厂，将使初兴的工业发生种种特殊的困难。该书的主要论点就是要说明，“在内地，新式工业和旧有的农业是两套不同的生产系统，它们有不同的经济基础，有不同的组织和机构，不同的社会文化背景，因之在这两套系统里面所养成或所需要的工作人员，其出身、训练、生活态度、工作的动机以及对于社会人生的了解亦大不相同。但在旧的环境里骤创新业，总得从旧的机构里去发掘入手，于是新的需要和旧的传统碰了头，少不得要在种种活动和观察上发生种种矛盾抵触的现象，我们就是要从社会文化的背景对于这种种表现作一个分析和展望”①。

该书指出，在内地创建工业，首先碰到的一个难题是技术工人缺乏，从下江（长江下游，上海、江浙）招来的人力，对于国营工业没有了解，他们学的是新技术，但仍旧未摆脱旧式手工业的传统，不习惯于大规模的生产调度。内地工人出身于农村，受不了团体行动和刻板操作的拘束。总之，工人对于新工业的环境不能适应，对新工业的意义欠认识，所以新工业中的劳动因素，一方面是量的不够，一方面是质的欠缺。因此在量的方面要对在厂的工人加以安定，对厂外的劳力加以物色发掘，对于未来的工人加以补充训练。在质的方面，要发挥管教的功能，改进工人的素质。工人与新工业不合拍，这正显示了我们的文化障碍，新的机器和新的组织虽可以从外国移植过来，而人们的生活和观念还不能与之适应。

在该书中，费孝通指出，从农业到工业的过程不单是个人习惯的改造，而且是一个社会结构变迁的过程。农业所养成的社会结构并不合于工业的需要。在传统社会，劳心和劳力隔离以至于划分社会身份的高下，这种分化在现代工业中阻碍了合作的契合，以致发生工人与职员的对立，这种心理上的歧视实是现在中国劳工问题的症结。昆厂所发生的种种人事上的问题，“是出于从有组织的传统社会变化到能应用新技术的新组织中过渡时期的现象。在这过渡时期，因为社会的解组，生产关系并没有建立在人和人的契洽之上，因之传统的结构，因其曾一度给人以所需的契洽，遗留在新时代成为非正式的潜在结构。这些潜在结构，一方面固然满足着人们的社会需要，另一方面却阻碍了新技术

① 史国衡：《昆厂劳工》，商务印书馆，1946年，第6页。

的有效利用"[①]。这种种矛盾的抵触，这种趋势的主要源流，就在于厂中工人与管理方面有一种对立的形势，这种形势是传统社会组织里一向就有的社会分化的表现，昆厂里所表现出的对立，正是从这种分化里发生出来的。最基本的原因是我们的社会里早已有劳心与劳力的分野，劳心者治人，劳力者治于人，职员代表劳心，工人没受过教育，靠体力谋生，代表劳力。我们的社会阶梯是由仕途入宦途，升官和发财是一套连环，所以从身份等级和出路来看，职员总比工人高出一等，职员觉得工人知识水平低，行为粗暴，他们与工人的关系只是生产中的经济关系。工人又觉得职员高傲，目无工人，对职员由羡生忌。

再者，新工业没有承继传统的社会结构，反而是一种要求解脱于传统机构的力量。当新兴中产阶级兴起并逐渐占领较高的社会地位时，他们提出了一种新的社会观。他们认为人与人的合作是出于各个人的私利。只有每个人都用理智来计算怎样得到最大的利益，社会上才能有最有效的分工体系。这是个自然的规律。在根据各个人的自私心安排的社会秩序中，就个人来说，不必去担心这个秩序，只要一心一意地在竞争中去追求最大的利益就行了。这种社会观在当时的确有它的用处，因为新技术开拓了无限获取财富的可能性。这种可能性需要有胆量、有创造力的人去实现。而传统的那种安分的态度不但不合时宜，而且是阻碍利用新技术来开拓财富的力量。这种"成功即是道德"的信念打破了社会身份的拘束，使当时的人集中力量来推动新的生产力。可是也就是这个经济个人主义，使一般企业家忽视了组织生产力时的人事要素。因此，他们认为与工人不应该有私人关系，这样可以避免徇私的嫌疑。而工人都是出身于旧社会，只习惯于在一套私人关系上讨生活，这样不论是从农村，从私人工厂，还是从小型制造厂出来的工人，都还不习惯于新工业里的这种人事管理。这种职员与工人的对立态度带进了工厂，成为从农业过渡到工业的一大障碍。

三、劳工管理中要重视人事因素

鉴于从农业过渡到工业的过程中所产生的矛盾和障碍，费孝通指出，不能因碰到障碍而回头，要找出解决的方案。他说，《昆厂劳工》这本书可以使那些讨论中国工业建设的人注意到，工业制度本身的问题是一个新社会组织的建立。在这种新社会组织中，我们得利用科学知识所产生的新技术来谋取人类共

① 史国衡：《昆厂劳工》，商务印书馆，1946年，第234页。

同的幸福。在这种组织中，一切参加的人都必须有高度的契洽。我们决不能因目前工业组织中的种种病象而回头。过去传统社会中确实发生过契洽，可是这种传统组织并不能应用新的技术。新技术中所得到的力量，已使我们若不用之以求得与人类的契洽，便将毁灭这没有契洽而生活已打通了的世界。他说，我们面前只有一条路，就是确认现有社会组织有没有完成一个新的蜕变，我们得在过渡时期的病征中去探求一个新秩序的方案。在建设新工业的过程中，要人工将脱节拾拢。在手工业时代，师傅对徒弟不仅督导工作，且要负担一切保养和教育的责任。我们说手工业的生产组织、技术和设备与工业化不适应，并不是说师徒之间所维持的亲密关系也要不得。虽然新式工厂的生产不得不把人事部门与生产部门划分开，但从功能上着眼，仍得分中见合。随着新工业的萌芽，从农村、都市的大小企业出来的人，脑筋里还有这一套人事关系，更有一种强烈的要求，即应该把这种好的社会遗产渗入新的机构里。

总之，面临着工业化的西方，中国的旧经济生活方式在新形势下已不适应了。中国在从农村社会向现代化社会变迁的过程中，不仅要移植西方文化，而且应使其适应中国传统的和谐的一体化精神，即中国应该学习西方的科学技术，但在人与人的关系方面，亲密无间的中国农村生活是社会和谐、社区意识、亲密感情、工作中紧密合作等的根源，对于这些，中国应继续予以保持。也就是说，应该从中国几千年来积累的经验中去找寻解决的办法。

尽管《昆厂劳工》的作者没有看到工厂中资产阶级与工人阶级的根本矛盾，但其对农民如何转变成工人的研究，对今天如何培养现代化的工人以适应工业现代化的需要，仍有启迪意义。

在对不同类型的农村和工厂进行调查的基础上，费孝通完成了第一期的实地社区研究工作。1944年以后，开始了他第二期的工作，就是对社会结构的分析，在理论上总结并指导实地研究。此后发表的《生育制度》是这方面的第一本著作，《乡土中国》是这方面的第二部著作。

费孝通与吴晗、袁方、全慰天、胡庆钧、史靖（王康）合著的《皇权与绅权》，于1948年由上海观察社出版。在社会不安定的情况下，在停顿了一向想做的实地研究工作之后，费孝通曾想借此转变研究方向，读几年中国历史，希望能与实地研究的材料联串配合起来，纠正那种认为功能学派轻视历史的说法。

费孝通等人著该书的目的，不是审判皇权和绅权，而是要“了解中国传统结构中这两种权力怎样合作和冲突？它们的性质如何？它们的演变如何？对它们多一分了解”[①]。他说：“我们的工作是分析，不是批判。”[②]该书是对权力结构的分析，并从传统中国找到四种重要的成分：皇权、绅权、帮权和民权。该书中的观点无论是相反还是补充，都是为了研究问题，启发读者。

第六节
乡土中国——中国农村社会结构

费孝通等人采取社区研究方法研究了中国不同类型的社区。他在《乡土中国》一书中说：“以全盘社会结构的格式作为研究对象，这对象并不能是概然性的，必须是具体的社区，因为联系着各个社会制度的是人们的生活，人们的生活有时空的坐落，这就是社区。每一个社区有它的一套社会结构，各制度配合的方式。因之，现代社会学的一个趋势就是社区研究，也称作社区分析。社区分析的初步工作是在一定时空坐标中去描画出一地方人民赖以生活的社会结构……社区分析的第二步是比较研究，在比较不同社区的社会结构时，常发现了每个社会结构有它配合的原则，原则不同，表现出来结构的形式也不一样。于是产生了‘格式’的概念。”[③]

《乡土中国》就是一个概念，但它是在费孝通对各种不同类型农村社区进行调查研究的基础上提出来的，同时它涵盖了中国社会的结构和特质的丰富而抽象的内涵。

在中国广大农民生活的实践和几千年小农经济造就的文化传统的基础上，费孝通勾画了中国农村社会。他说：“《乡土中国》就是我企图从农村社会基础上来解剖中国传统社会结构和基本观念，而构成一种乡土社会的类型。这就不限于一个具体的农村，而是指向农村的基本性质，它不是一个具体社会的素描，而是从具体的社会里提炼出一些概念……搞清楚我所谓乡土社会这个概

① 吴晗、费孝通等著：《皇权与绅权》，上海观察社，1948年，第176页。

② 同上注。

③ 费孝通：《乡土中国》，上海观察社，1948年，第102-103页。

念，就可以帮助去研究去理解具体的中国社会。”[①]

钱灵犀对费孝通“乡土社会”概念的特点做了相当全面准确的概括：“（1）中国最大多数人是拖泥带水下田讨生活，我们民族确是和泥土分不开；（2）靠农业为生的人是‘粘’在土地上，世代定居在狭小空间；（3）平素接触的是与生俱来的熟人社会和熟悉的事物；（4）在亲人与熟人中形成乡土文化。”[②]

中国社会结构中的人际关系是“差序格局”。费孝通说，以“自己”为中心，个人与他人的社会关系不在一个平面上，而是如同水波一圈圈推出去，与“己”愈远也愈薄。“差序格局”产生的不是“个人主义”，而是“自我主义”，即一切价值都以“己”为中心的主义。

费孝通从具体现象中提炼出概念，从而建立起“观念中的类型”的方法，是以费孝通为代表的“社会人类学”派使用和建立社会科学理论的重要方法。它既不套用西方的理论，又在实地调查中生发和创造了一些通论。20世纪80年代后，费孝通在对中国社会变迁的调查研究中，又提出“模式”“区域发展”“中华民族多元一体格局”“人文生态”“人类心态秩序”等概念，它们都与这种方法一脉相承，也可看作此类研究的继续、延伸、扩大和发展。他的这些概念都是从社会学的调查与研究中提出来的，因此是应用性很强的理论概念。费孝通采用社区研究方法，从微观到宏观提出一系列概念，构造了认识中国社会的理论和方法，并形成了社会学的中国学派。

正如李亦园教授在与费孝通的对话中所说，费孝通的贡献在于，他“有一个‘志在富民’的愿望，把学术研究作为实现这个愿望的工具，开辟了很多具体的研究题目，使田野调查既产生了理论的学术成果，也收到了具体的富民效果”[③]。费孝通“从对乡村的研究到小城镇，到对整个大的区域的格局和战略性的研究，不仅具有促进国家生产力发展的实际意义，而且在人类学、社会学领域具有重要的方法论上的开拓意义。过去人类学家研究多是一个很小的村

① 钱灵犀：《一位中国智者的世纪思考——费孝通学术思想探究》，载《社区研究与社会发展》，天津人民出版社，1996年，第269页。

② 同上注。

③ 《中国文化与新世纪的社会学人类学——费孝通、李亦园对话录》，载《北京大学学报》（哲学社会科学版），1998年第6期，第35卷，第81页。

落，不大容易跳得出来。而您实现了从村落到小城镇又到大区域的跨越，这是人类学本土化的一个非常重要的成果”[①]。

20世纪末，费孝通又“对整个人类的发展前途作出分析，提出设想，主张不但‘各美其美’，而且要‘美人之美’，在人类为进入21世纪而做的各项准备当中，这一点也许是最为重要的。世界已经形成一个地球村，容忍多样性应该是大家在互相交往当中的一条基本的共识……人类学家的主张似乎要更积极一些，不仅是避免冲突，也不仅是容忍别人，而且进一步到欣赏别人。”[②]费孝通提出的主张，是人类学家面对世界问题而作的积极性、建设性姿态的一个证明。

① 《中国文化与新世纪的社会学人类学——费孝通、李亦园对话录》，载《北京大学学报》（哲学社会科学版），1998年第6期，第35卷，第81页。

② 同上注。

第十二章
陈达的中国人口研究

第一节
人口普查的开端

一、陈达人口调查研究的意义与影响

陈达之所以重视中国人口的研究，是因为社会学者大都需要人口学的资料，这些资料对于研究社会理论、社会问题及社会制度都有帮助。但在中国，可靠的人口资料却极端缺乏，因而阻碍了政府工作效率的提高，并阻碍了社会科学的正常发展。要改变这种局面，就需要有人口资料的搜集和分析，以资协助政府施政并借以激励研究。陈达在北平清华大学任教时就开始搜集中国人口材料，以为其研究及参考之用，历经20多年。抗日战争期间，陈达在云南呈贡县主持清华大学国情普查研究所，负责进行关于中国人口的实地调查与研究，这些实际材料连同陈达在清华大学任教期内所搜集的人口资料，经过整理，于1946年7月以专题报告形式发表在美国芝加哥社会学杂志上，随即由芝加哥大学印成专书在美国与欧洲流通，并在一定程度上受到欧美学界的重视。

著名社会学家W.F.奥格朋在该书的导言中说："在中国人口学上有一本好的著作，是一件值得夸耀的事，因为中国在全球中占有一大部分的人口——约占全球人口的五分之一。偌大的一个国家，事实上是极其重要的，特别是进入20世纪，世界是急进于以大国权力为重的时代为然. 中国还未臻于强国之列，将来她一定会变为强国的，她已在强国的路上迈进。虽然她的潜伏着的力量还

未发挥，但她的文化是最伟大系统中的一个，正是这理由，我们对于中国人民是特别感觉兴趣的。”[①]他知道，中国人口虽然几乎是南北美洲人口总数的二倍，约非洲人口的三倍，却从不知道其准确的数字。而且他认为，仅知道全国人口数，还不足以说明人口上的整个事实，一个真正近代的普查应该产生许许多多有关的人口项目，譬如家庭与户口的大小、出生率、一国人口增长的速度、农民的多寡、市镇人口、生命期望率、能服兵役的壮丁人数、未能就业而依赖他人生活的人数、性别比例、人民的婚姻状况、公民受教育的人数及有职业人口的总数等。陈达进行的就是近代的普查。奥格朋说：“关于这一类的近代普查，最近陈达博士在云南环湖户籍示范区曾经举办了。在这区域里，包括一个大城市及四个县的农村人口。其所得的资料，都是由经过特殊训练的调查员收集来的，这些调查员也是逐家逐户地实地访问后得到资料的。后来还选样抽查以核对其准确性。这种普查，还是中国破题儿第一次的尝试。对于中国以外的读者阅了本书之后，不但对中国人口有了一个梗概，而且还给予研究人口问题的学者一些基本表格内有价位的参考资料。”[②]奥格朋高度评价《现代中国人口》一书和陈达。他说，陈达“确是中国人口研究最著名的权威。这本书是介绍中国近代普查的创作”[③]。

二、中国历史上人口资料的缺乏

陈达说，中国算是在世界历史悠久的国家中，唯一拥有长期无间的人口估计资料记录的国家。这些估计大抵是由间接方法得来的。但从现代人口学来看，中国过去是没有人口普查的。过去所有的人口资料的性质因朝代而不同，它的内容、意义以及对于政府的用途，也因时而异。

陈达把历史上人口资料的来源归纳为三个。

（一）在历代著述中，见于《通典》（200卷）、《文献通考》（348卷）、《通志》（200卷）以及这三种巨著的续编资料。这些典籍记载历朝纪纲、典章及职掌，并概述至各该书出版时止的各门知识。这些类似百科辞典的著作中的人口记载，既范围有限，其真实性也有疑问。所记载的不外乎耕者的

① 陈达：《现代中国人口》，天津人民出版社，1981年，前言第4页。

② 同上书，前言第5页。

③ 同上书，第5页。

人数、壮丁的人数、能纳税负的人数。虽则各朝代遗留的人口资料各有差别，而其主要的相同之处，是注重纳税及强迫劳役。虽然清康熙五十一年（1712）康熙查出人口报告失实甚多，下谕旨令今后所呈报人口数不再为摊派人头税及地税的根据。但此令一下，给地方官吏虚报人口的自由更大，为取悦皇帝而夸张浮报人口的事件丛生。

（二）半官方的刊物。如19世纪后半期，清末邮政局和海关为了扩展业务，派遣调查员到各地，用地方上通讯陈报的办法，搜集与业务有关的资料，同时也涉及人口的其他方面的资料。这些资料虽值得怀疑，但也不失为人口资料的重要来源之一。

（三）学者个人的著述，如杜佑（735–812）编纂的《通典》、马端临（约1254–1323）编撰的《文献通考》、郑樵（1104–1162）编纂的《通志》等。还有洪亮吉（1746–1809）等都曾论及人口生长率及人口增加对于个人、社会财富与国家的影响。洪亮吉不仅详细分析了当时的社会情况，且大胆地提出了人口的数量与质量问题。近代经学家和革命家章炳麟（1869–1936）亦曾精辟地指出中国历史人口数字的不可靠性。

关于中国历史上的人口资料的特性与范围，陈达做了如下概括的说明。

（一）中国人口的记载直至18世纪初期，大都仅涉及全国一部分人口的资料，而未曾包括每一个时期的全部人口的数字在内。

（二）因缺乏直接调查，仅由间接方法来估计国家人口数字，其主要方法是：先确定某些地区的家数、户数及每家或户的人数，然后以此估计全国的人口总数；由可耕地的面积来推算人口；或利用食盐的消费量来估计人口。用这些方法估计的人口数的可靠程度必定很低。

（三）在明清两代，社会中某几个阶级的人，或是因犯罪被剥夺公民权，或是被认为无文化的低微的人，都不准列入人口报表，如世仆、乐户、理发匠、少数民族、胥民等，还有各省的满洲戍卫旗人，以及特殊区域里受政府庇护的居民等均未列入户口册。由于以上种种原因，要将全国人口总数列入户口册是不可能的。

（四）一份稿本复印过程中，因种种原因有疏误，因此以讹传讹留下差漏也在所难免。

关于历史上人口资料的主要用途，陈达说，虽然中国历史上的人口资料不全，但国内外学者仍多采用，借以估计中国的总人数。一般认为，1850年以来中国人口实无过大增长。据伦敦经济学院院长卡桑德司（A.M.Carr-Saunders）修正威尔考克斯（W.F.Willcox）的研究后得到的结果，1650–1933年间，中国人口估计由1.5亿人增至4.5亿人。这个估计比较近乎情理，因为中国的工业革命、农业现代化都比不上欧洲，因此，当时的中国人口在过去的280年中，未必像欧洲人口那样增加得那么迅速。由于中国历史人口资料是有限的，所以其研究价值也是有限的。陈达强调，历史上的人口研究和现代人口研究应该分开，然后分别进行系统的分析。

陈达对历史上的中国人口资料的看法如下：

第一，历史上的资料，似乎显示中国人口在过去的变动，与其说是直线的，毋宁说是循环的为宜。其循环的趋势，可以大略说明如次：在历史上每当新朝代开基立业，其社会秩序得到和平之后，人口由于出生数高于死亡数而形成正常的增加。同时文化的发展也在社会分工下迅速得到提高，时间长久地继续下去后，人口渐渐地增加，人口密度也渐次地提高。又因缺乏农业技术的发明与改良，所以对大多数人来说，生存竞争是越来越严重的。但人口仍继续不断地增加，直到饱和点，那便是循环曲线的顶点。这么一来，瘟疫和饥荒，人口过剩这一类的症状便接踵而至了。直至人民的生活困难无可容忍的地步，那么革命或是战乱就会发生。这是暂时解除人口压力的办法，而新的朝代亦趁势而起。至此人口继续减少，一直可以到达一个最低的水平线，那便成为循环曲线的基底，然后又到了第二个循环曲线的开始。循环的趋势就是这样反复进行。每一个循环曲线包括顶点与基底，可以长至几百年。大抵其时间的久暂，须看每个朝代的统治年数、崩溃过程中经过的年数，及人口压力的严重性而定了。

这种循环变动的概念，显然是由于两种基本的情势而造成的，即（甲）中国从有史以来，农业既没有很大的发展，而生产方式又没有革命性的改变；及（乙）耕作工具在长期的历史时期内很少有按时改进的，这可在目前长江流域若干区域及云南环湖示范区见得到。所以从上面两点来看，都会妨碍人口增加往直线进行可能，因之产生上下波动或曲曲折折的运动，正如一条螺旋曲线一样无疑。

第二，自公元初年至现在，中国人口有五个循环曲线，每个循环曲线都有达到其顶点的事实，如表12.1所示。[①]

陈达认为，当时中国人口已达第五个循环曲线的最高点，而且因为战争和自然灾害，人口将从王士达1933年估计的最高点4.3亿人减至4亿人。

因此，陈达提出两点意见：

一、如表12.1所示，就我国历史材料看，人口的增减起伏运动有如循环曲线的趋势，关于开始的四个循环期，我们必须作为一个系统看待。这几个循环的详尽事实与鉴定的研究，有赖于比从前更完善的探讨。同样，在第五个循环曲线从发生到现在为止，仍应视为包括中国总人口的一个假定，对这方面亦必须加以单独的和精细的研究。

二、历史人口的研究，其主要的价值是能供给我们对于现代人口研究的配景，特别是在我们研究现代人口之前可以指示出一个研究的方向。今后中国人口研究的途径必有赖于采用现代人口学的方法，和有赖于融会贯通有价值的历史经验才可以避免缺陷，要求进步。[②]

表12.1中国人口的五大循环期

循环次序	时期	人口估计	材料来源
1	汉平帝元始二年（2）	59500000	杜佑：《通典》食货七
2	唐玄宗天宝（742–756）	52900000	杜佑：《通典》食货七
3	宋哲宗元符（1098–1100）	43000000	马端临：《文献通考》户口（卷十一）
4	明神宗万历（1573–1620）	60600000	嵇璜：《钦定续通典》食货十
5	民国二十二年（1933）	430000000	王士达：《我国人口最新估计》，《社会科学评论六卷第二期》（北平社会科学研究所）

① 陈达：《现代中国人口》，天津人民出版社，1981年，第6–7页。

② 同上书，第9页。

三、人口普查的开端——清华国情普查研究所

陈达郑重指出，人口普查在中国有两点重要意义："1. 采取直接调查后，无需再以间接方法来估计人口；2. 提高分析人口资料的技术，由此可以增广人口资料的范围，及将其用途由纯粹行政方面扩展至科学领域。"[①]

陈达认为，现代人口普查最早是在1909 -1911年间举办的。当时，清廷为表示励精图治，试图向现代化的国家迈进，首先为实现人民选举代表及实施强迫适龄儿童受教育，开始在全国举行户籍和人口调查。这两种调查的外勤工作被委托给各级地方官遵办。该调查虽不是完全的全国普查，因为其结果仅包括全国的一部分，但据此估计的中国人口的总数，已为国内外所普遍应用，其方法也算标志中国举办现代普查的开端。1911年，辛亥革命推翻帝制建立民国后，政府曾试图举办人口普查，但只局限于几个省。从1932年至1937年先后有7个普查实验，即江苏省江阴县峭岐镇（1932年3月）、江苏省句容县（1933年2月）、江苏省江宁县（1933年10月）、河北省定县（1934年9月）、山东省邹平县（1935年1月）、福建省长乐县（1935年4月）和浙江省兰溪县（1936年4月）的人口普查。还有1942年3月在四川省成都平原3个县进行的人口普查。以上人口普查实验的进行说明政府与一般社会科学家都对现代普查感兴趣，但目的有所不同，政府的目的是要求得开明而有效率的行政，社会科学家的目的是在探求学术研究得以更臻完善。

在中国现代人口普查实验中，清华大学国情普查研究所占有极其重要的地位。该所由陈达任所长，李景汉教授主持调查部工作，戴世光教授主持统计部工作，还得到陈长衡、陈岱孙、潘光旦、廖宝昀、李舜英等的支持和帮助。该所的人口普查与研究是中国现代人口普查的重要开端。

国情普查研究所的主要观点有以下三个：

（一）普查必须在一个指定时间和空间里直接调查全部人口数。至于具体的普查工作，应该循序渐进，从一县或一市起，然后推广至一省，最后到全国。而且这种普查不要与其他搜集人口资料的机构的调查混淆。例如，保甲制度的保甲户口着重于个人财政负担能力，所以一般穷人和依赖他人生活的人，常不被包括在内。警察局的户籍警察主要是调查一个地方暂时进出的人口，以

① 陈达：《现代中国人口》，天津人民出版社，1981年，第10页。

维持地方上的治安，这两个机构的目的并不是要查明一个特定时期内的总人口数。因此人口普查不要与这些机构的工作相混。鉴于中国是农业国，国情普查所基于一般居民的居住习惯，采用住所制的人口调查，这是适宜中国的全国普查的标准。至于几个工业和商业大城市，则可以采用实际制（de facto）。

（二）“普查所认为举办人口普查和实施人事登记应由同一机构主持，因为前者是对付固定人口而设；后者是对付流动人口而设，两者彼此互有密切关系。就现在我国法律规定，将普查委托于一个机构；而将人事登记又委托另一机关，这种做法是把工作分成两部分，这就普查所的意见而言，简直就是使工作彼此冲突，重复，降低效率和浪费人力财力而已”。①

（三）“普查所觉得科学的人口学资料，对于政府施政与发挥明智及有效率的措施极有助益。它也使社会科学有健全的发展，尤以社会学方面，均有很大需要。我国现代普查正在开端时期，普查所将协助政府设计，并采用各种科学方法来分析人口资料”。②

为了实现上述的目的，普查所逐渐发展了一种系统的科学方法，并使之可以应用于区域人口研究。1939年春，该所开始对云南呈贡县的人口进行普查。为方便起见，该次普查将呈贡县分为三个监察区和82个调查区。监察员由普查所研究员充任。调查员由本县经过慎重挑选及施以技术训练后的小学教师充任。从1939年3月6日开始，15天内完成了呈贡县的调查，涉及呈贡县的559.68平方公里，总人口71233人（每平方公里127.25人）。1941年，中国第一次全国主计会议在重庆召开，会议决议1941年开始县级单位的户口普查；1943年开始省级单位普查；1947年则计划举办全国普查。为推动此决议实施，内政部组织了一个训练班，指令地方政府调训户口工作人员，尤其注意现代人口普查的技术。派人到部受训者有16个省10县2市，包括民政厅办理保甲的人员、警察、县市政府办理户口统计的人员。由于内政部对普查工作感兴趣，陈达建议该部与云南省政府、云南经济委员会及国情普查研究所合作，举办“云南环湖户籍示范区普查”的工作。

环湖示范区，除了1939年已普查了人口的呈贡县外，还包括整个昆明湖（滇池）周边地区。该地区包括昆明市、昆明县、昆阳县及晋宁县，面积2880

① 陈达：《现代中国人口》，天津人民出版社，1981年，第16页。

② 同上注。

平方公里，总人口依照1942年普查统计有507216人。昆明湖区的居民定居多个世纪，过着传统朴素的生活。1937年抗日战争爆发，不断迁来的移民打破了其宁静的生活，人口剧增，1937–1941年人口增加约35%。虽然平均每年人口增加8%，但增加率并不高。最重要的是该区的社会变迁。昆明市抗战前是一个农村贸易集市镇，抗战爆发后，迅速踏上了现代化都市之路。该市逐渐建起工厂，商业趋于现代化，市民数量增加，职业种类也增加了。为了了解其社会经济情况，普查所特地于1942年举办环湖示范普查。

这次普查采取了如下因地制宜的方法。

（一）划分调查区与监察区，环湖户籍示范区有33个监察区，管辖1249个调查区。

（二）训练外勤人员。监察员、调查员都要经过训练，监察员大部分是参加过1939年呈贡普查工作的人员，调查员是从当地小学教师中挑选出来的，联络员大部分是保长。这些人员经过短期实用课程训练后，将其中成绩优良者委任为各种外勤工作人员。教师担任调查工作，受地方上尊敬，工作效率高而且正确，保长熟悉当地风土人情，最宜做调查员与本地之间的联络员。

（三）采用人口调查表，调查内容分为11项，包括现代人口普查所必需的各种问题。调查员和监察员都经过填表的训练，因此保证了答案的正确性。

（四）用“条纸法进行”统计分析。在中国，大部分行政统计都采用“划记法”，1939年呈贡县普查时对划记法与条纸法进行了比较，发现条纸法比划记法省时8%，所需费用多3%，但准确程度比划记法高86.3%。

（五）人口普查与人事登记的配合。中国当时的法律规定这两种人口工作由两个机关（主计处、内政部）分担，其实这两种人口工作是互相有密切关系的，应当由同一机构来直接处理。而且人事登记也应当在人口普查完后立即举办，有如呈贡县及环湖户籍示范区所举办的一样。1942年10月17日修订通过的人口普查法规定，在全国举办人口普查时，行政院长为普查长，主计部长及内政部长担任副普查长，这项修正案是两个机构需要合作的一个接近步骤。

（六）农村人口与市镇人口两分法。过去中国普查范围小，只包括农村人口，而环湖示范区的普查则包括了城市。当时，昆明市总人口为174024人，在整个区域里农村人口仍占66.4%。该次普查可以说是中国首次依社会经济情形把中国人分成农村人口与市镇人口，而分别加以考察研究的尝试。

（七）普查包括了少数民族。虽然该区域少数民族汉化程度已经很高，但他们仍保持其原来的生活方式，操其本民族语言。在昆明县与昆阳县主要是彝族和民家（今白族），少数民族在这两县中各占总人口的13.68%与18.66%。假若全国的人口普查都包括少数民族，那么就可以与环湖示范区的少数民族社会的组织和文化作比较研究。

（八）研究战时省际移民。1937年，由于战争，中国出现了一次历史上空前的省际移民，鉴于这次省际移民具有十分复杂的经济和社会影响，普查所对迁入昆明环湖示范区的居民进行了选样研究。

（九）对人口素质做了初步研究。在环湖户籍示范普查时，收集了有关体质上残废的人口的资料。

（十）调查和分析宗教信仰问题。中国的宗教信仰一向是很复杂的，由于这个问题具有学术上和实际上的意义，在普查中对此进行了调查和分析，以了解普通人民的情感生活、道德生活以及精神生活等。

（十一）使费用最低化。人口普查与人事登记的费用估计，以每张表格所花的费用为标准，远低于物价高涨的水平。

国情普查所在昆明环湖示范区进行的普查，实现了专家、政府人员与实际工作者的结合，在组织上是合理的，即组织专家、政府人员和实际工作者共同参与；在方法上是科学的，采用了现代人口普查方法，这在当时尚属首创；普查内容是详尽的，其详尽程度前所未有。可以说，该次普查为以后的全国现代人口的普查奠定了科学的基础。

第二节 人口概况与政策

一、中国人口概况

中国人口概况可以通过人口普查、人事登记、人口职业、移民运动的调查研究结果予以反映。

（一）性别、年龄、家庭人数与人口密度

通过研究上述现代人口普查资料，陈达得到了当时中国人口的性别、年龄、家庭、人数及人口密度等数据。在地理上，十个普查区分布于中国各地，如河北定县和山东邹平县可以代表华北地区；江苏省的江阴县、句容县、江宁县及浙江省的兰溪县位于长江流域与钱塘江流域肥沃之区，福建长乐县代表华南丘陵区。四川省成都平原三县（双流、彭县、崇宁）位于中国西南，云南环湖示范区各县及呈贡县都是西南高原的典型区。但这十个区域的普查结果是不能代表全国人口的，因为假若以1933年全国人口为4亿的话，这些示范普查尚不到人口的1%（只有0.8%）。但是，这些普查是采取直接调查方法进行的，其结果是比较可靠的。所以，这一小量的示范，对中国人口学的意义非常重大。基于这一重要的理由，陈达根据调查资料对现代中国人口进行了分析。

关于性比例，陈达认为，社会学学者特别有兴趣的是出生性比例，在中国，这方面的资料仍然很少，而1939年呈贡县人口普查及1940年2月起进行的人事登记都可以提供这方面的资料。从1940年2月到1944年6月，该县的平均出生性比例为103.02∶100。1942年云南环湖户籍示范区普查的结果是，性比例为102.7∶100。呈贡县的出生性比例与美国的数字相近。在中国，女婴出生数是较多的，但在成长过程中男孩逐渐超过女孩，说明女婴死亡率较高，这与中国一般父母出于宗族继嗣和尽孝道的考虑而重男轻女的观念有关。

关于年龄分布，陈达利用桑德伯格（Sundberg）的简单年龄三分法（0–14岁，15–49岁，50岁及以上）分析，1932–1939年8县普查资料表明在总人口中，平均其少年组占35.32%；中年组占50.17%；老年组占14.5%。在环湖户籍示范区的年龄分组中，少年组占33.7%；中年组占52.8%；老年组占13.5%；这表明，调查区人口的年龄结构处于稳定状态。但人口出生率较高。在美国，婴儿（未满一岁）只占人口的1.8%，而在环湖示范区则占总人口的4.94%。不过，中国人口的寿命较短，5岁至54岁的人口数百分比与美国同一百分比类似，但在美国人口中，54岁以上人口所占百分比较高。这些情况说明，当时中国婴儿的死亡率高，老年人寿命短。

至于家庭人数，为普查工作准确起见，陈达特别强调分清家与户的概念。“家”是指有血缘关系且共同生活的一群人，他们的血缘关系是由于婚姻或由于继嗣而形成的。“户”则指一个集团的人群，在普通经济情形下共同生活，包括家庭在内，但不一定有亲属关系。照中国的传统习惯，家庭成员不只限于父母子女，而且连带父系及母系的亲戚在内。但大家庭有逐步减少的趋势，这是由于高死亡率以及亲戚未必同居之故。关于中国家庭的大小，可从十个普查区的材料中发现其平均数，这个平均数为4.84人，在环湖示范区平均为4.92人，中数为4.51人，众数为4.01人。这十个区域普查涵盖的总人口数有3170555人，假如1933年估计全国总人口为4亿，那么这个数就占全国人口的0.8%。因此，有理由相信这些普查是比较可靠的，根据这些普查是可以得出一个有关中国大部分家庭的大小的数字来的。

关于人口密度，陈达根据人口普查中8个县的有面积的报告计算出，人口密度为每平方公里280.4人。其中以呈贡县为最低，每平方公里仅127.4人；峭岐（江阴县）最高，每平方公里有615.0人。所有这些调查，主要是关于中国农村人口的。世界上人口密度较高的比利时（每平方公里有272.1人）、英吉利与威尔士（每平方公里有270.2人）、荷兰（每平方公里有260.3人）、日本（每平方公里有181.1人），都是高度工业化的国家，居民不单靠土地生产维持生活。而中国人口密度达每平方公里280.4人，对于农业社区来说，是一个非常高的密度，即使人民可以满足于简陋的生活和很低的生活程度，普通居民的生活仍非常艰苦，则是不言而喻的。

（二）出生、死亡与婚姻

陈达指出："出生统计、死亡统计和婚姻统计通常是经过人事登记来收集资料的，那是属于人口动态的。这是与由普查而获得各种人口静态的资料是有所不同的。"①

1．人事登记

陈达认为，中国最早的死亡定期报告，也许是上海公共租界的公共卫生组做的，该组从1920年起便开始发表死亡统计。但因租界里的中国人大都是谋生的中年男子，死亡率非常低，而且他们有病便回乡就医，因此这些死亡报告不能反映中国其他地方的正常人口情形。现代化的人事登记制度，最初是1926年由京兆尹公署与协和医学院创办的；前者予以行政的推动（由公安局与社会局主持），而后者则负责技术性的辅导。另一个更有成绩的人事登记，是司氏基金人口问题研究所（美国俄亥俄省牛津）与金陵大学合办的，其实验机关设在江苏省江阴县的峭岐镇。以上这些就是抗战前中国城市的人事登记实验。

抗战后国情普查研究所进行的云南呈贡县人事登记，都要涉及农村地区。

① 陈达：《现代中国人口》，天津人民出版社，1981年，第36页。

国情普查所的主要任务是进行人口研究方法上的实验，1939年在云南呈贡县搞完人口普查后，又选择呈贡县城附近27个村庄，开始进行出生及死亡登记，1940年扩展至全县，并增加婚姻及迁徙登记。这种登记于1942年在环湖户籍示范区实施，但后来该项登记工作未能继续进行。1943年呈贡县人事登记又扩展至昆明湖南端的昆阳县。

2．出生登记

根据呈贡1940–1944年的各月普通生育率，陈达等计算出，整个登记期的平均生育率为24.9‰。陈达指出，中国是一个农业国家，所以首先要注意农村的出生率与死亡率。他引用了其他人的调查，其中有乔启明对河北、山西、河南、安徽、湖北、江苏、浙江、福建及广东等22个县12456名农户的调查。该调查结果显示，被调查地区的人口出生率为35.7‰，死亡率为25.0‰；有卜凯（Prof. J. L Buck）对山西、河南、安徽及江苏省4216户农家的研究，其研究结果是，出生率为42. 2‰，死亡率为27.9‰。后来卜凯又扩大研究，于1932年发表调查22省38256户农家的结果，该结果显示，22省被调查农户的人口死亡率为27.1‰，出生率为38.3‰。

在城市方面，当时重庆卫生署医师许世瑾报告了南京、上海、广州、汉口及杭州战前的人口情况，其中广州出生率最低为13.9‰（1932）、北平出生率最高为34.0‰（1933）。许世瑾还报告了某些特殊阶级的人口出生率，如武汉工人阶级的人口出生率为32.0‰，死亡率为21.0‰（1929）；而京兆尹公署基督教徒出生率为26.5‰，死亡率为13.0‰（1921）。

当然，当时的官方也有些数字，但由于政治不安定及人事变动，许多社会科学者离开政府机关，结果使官方的许多人口资料的质量降低。经过筛选，陈达认为，比较可靠的有17个区域的资料，这些资料所揭示的出生率和死亡率资料涵盖了农村、城市及特殊阶级，并且这些资料大部分来自实地调查。在这17个报告中，最低出生率为1932年上海的12.2‰，而最高为1923年河北盐山的58.4‰。根据这些材料，陈达于1934年估计，当时全国的人口出生率为38.0‰。

陈达还考察了已婚妇女的生育率。根据呈贡普查和人事登记，在1940年2月至1946年6月期间，呈贡有15–44岁的妇女16749人。其中已婚妇女13755人，占妇女总数的82.1%。该县20–24岁、25–29岁、30–34岁的已婚妇女各占同年龄组妇女总人数的92.3%、96.2%和94.8%，而初婚年龄平均只有17.6岁。

如果从产妇年龄来分析其生育率则20–24岁、25–29岁和30–34岁三个年龄组妇女的生育率最高，各年龄组已婚妇女的生育率分别为147.0%、157.0%及150.2%。在江阴县峭岐镇，15–44岁年龄段的已婚妇女占该年龄段妇女总人数的82.4%，而其生育率则高达265.0%。

生育率是有差别的。陈达从环湖户籍示范区选出57129对已婚夫妇来分析其生育率。他按新生儿父亲的职业及母亲的年龄来进行研究，发现各个不同职业阶层有不同的出生率，同时，农村人口出生率比城市人口出生率高。在该地区，农家通常有地主、自耕农、半自耕农、佃农、雇工等几个阶级。在这几个阶级中，半自耕农的生育率比其他阶级高，100对已婚夫妇的生存子女数为216.40人。半自耕农自己有一部分土地又租种一部分土地，因农场较大、管理较佳，而生产有效率，属于较为进步的公民。市镇居民中以党政人员的生育率为最高，平均每百对已婚夫妇有212.6个子女。在城市，工人生育率比较低，其他社会地位较低的阶级，也有较低的生育率，如店员及小贩每百对夫妇有子女177.7人、普通劳工每百对夫妇有子女149.8人，工厂技工每百对夫妇有子女148.5人，仆役每百对夫妇有子女142.5人，手工业工人每百对夫妇有子女118.40人。而社会地位较高一些的阶级的生育率也高一些，如零售商与店主每百对夫妇有子女195.1人，大商人与企业家每百对夫妇有子女184.2人，教育界中人每百对夫妇有子女163.2人。虽然社会阶级与生育率的关系的趋势不甚明显，但受过教育的妇女结婚必较迟，因而她们的生育率都较低。在57129名已婚妇女中，有15人曾在外国受过高等教育，她们没有一个是在15–19岁之间结婚的，而这个年龄段正是没有受过教育的妇女结婚最多的时期。同样，30个已婚妇女，其在清朝时代得过功名的丈夫，也没有一个是在30岁以前结婚的。民国前受过高等教育的往往晚婚。到国外留学的人虽不多，但都知道实行节制生育，所以生育率低，100对已婚夫妇只有120个子女。但在那些没有市镇化的地区又不然，以昆明、昆阳及普宁三县的乡村为例，这三个地区的生育率都比较高，100对已婚夫妇的生存子女数，县城为220.4人，乡镇为208.3人，农村为203.3人。相反的是昆明市，其市镇化程度较高，城市生活影响生育率更显而易见，因而在这里，100对已婚夫妇仅有生存子女165.1人，比起上面三个地区，这里的生育率低多了。生育率和生存率的这种差别含有优生意味，上流社会人家生存子女数比下层人家多，原因是前者受过较好的教育，经济收入较多，对子女的健康与医药卫生也更加注意。

3．死亡登记

呈贡的普遍死亡率登记从1940年2月进行到1944年6月，其间的平均死亡率为24.6%或21.94%（扣除1942年霍乱死亡数）。陈达对当时的31处死亡率报告进行筛选，得到比较合理的报告17份，其中只有1份来自死亡登记的资料。这些资料表明，人口死亡率以1926–1928年山西清源县的13.0%为最低，以1923年河北盐山县的37.1%为最高。陈达利用这些资料估计，当时全国死亡率为33.0%。至于死亡者的性别与年龄分布，从呈贡的整个登记期间看，除了在35–39岁、40–44岁、60–64岁、65–69岁、70–74岁及更老的年龄组显示出女子死亡率较男子高外，在其余年龄组上均为男子死亡率比女子高。据陈达分析，也许农家以瞒报年龄较轻的妇女死亡为分内事，故形成农村育龄妇女死亡率较低的情形。如不包括疫症死亡，则男女合计死亡率为22.10%，其中男子为23.3%，女子为21.0%。就各年龄组特别死亡率来说，江阴峭岐镇比较高，男子死亡率达38.3%，女子为39.2%；一岁以下的男婴特别死亡率为283.6‰；女婴特别死亡率为392.0‰，相比之下，西方各国的特别死亡率极低。

至于死亡原因，当时的中国政府曾颁布一份27种死亡原因清单，以呈贡为例，男子的15种最重要死亡原因中，有6种明显属于传染病，即霍乱、痢疾、麻疹、天花、斑疹伤寒及肺结核病（痨病）。这些疾病都是由于社会环境及公共卫生不良的影响。由于衰老及中风病死亡的占第10位，说明该地长寿人还占相当多的数目。女子死亡原因大致与男子相同，但导致女子死亡的比较显著的原因是衰老及中风症，居第二位，这说明女子比男子寿长。产褥热病及败血症也是女子死亡的重要原因之一，居第15位。至于婴儿死亡率，由于父母讳莫如深，登记极难。但陈达根据已有的资料估计，1934年全国婴儿死亡率为275.0‰，据此陈达指出："我国从事公共卫生人员及社会改革家今后竭力谋求减低全国婴儿死亡率之举，似是急不容缓的事。一旦教育普及于下层社会阶层，使大众生活程度普遍提高，个人与社会卫生普遍扩大，及生育节制成为广泛采用，那么他们的努力是会产生很大成效的。"①

关于生命的期望，陈达指出，当时中国人民的寿命机会显然是不太好的。中国首次尝试编造生命表的，要推袁贻瑾医师以广州附近中山县李氏家谱为根

① 陈达：《现代中国人口》，天津人民出版社，1981年，第53页。

据的研究。此外，还有金陵大学利用1929年至1931年间的农业调查所收集的农村人口资料而编成的中国农民生命表，该生命表涵盖了17个省101个地区。而根据人事登记资料来作成生命表的首次尝试，则是国情普查研究所进行的。从1940年2月至1944年6月，呈贡死亡人口数为男子4254人，女子4136人。不论男女，在零岁时生命期望为36.0年，分性别来看，则零岁时男子的生命期望为33.8年，女子为38.0年。经与多国的人口生命期望比较，陈达认为，人口生命期望与教育的普及、生活程度、公共卫生设备及社会环境相关。

1942年在云南环湖户籍示范区举办人口普查时，陈达曾收集身心残废者的资料，尝试对人口质量进行初步研究。在这个地区的381524名本籍人口中，身体或心理智力上有缺陷者至少占总人口的2%。陈达认为，对于如此重要而又富有社会性的反优生的社会问题，政府及社会学家们应该予以密切关注。陈达指出，中国的人口品质迫切需要改良，但政府方面除当时的国民党中央常务委员覃振对此曾一度注意外，尚未深切地注意到改良人口品质的切实办法。

关于人口的自然增长率，陈达指出，只有拥有出生与死亡的资料，并加以综合，才能进一步讨论人口自然增长的问题。在像中国这样的国家里，出国与外国迁入的人数都很少，全国人口的增长主要来源于出生人数超过死亡人数。而当时的中国正处于社会经济不景气的情况之下，高出生率随伴着高死亡率，自然增长率势必降低。确实，当时中国人口的自然增长率是低的，年自然增长率只有5‰。陈达感慨地说，即使中国打算维持这个低水准的自然增长率，也实在无须有像当时那么高的出生率及死亡率。中国虽也属于自然增长率低的一类国家，但其成因与工业发达国家大不相同，因为当时的中国是贫穷与文盲充斥的国家，医药落后，公共卫生设施极度贫乏，人民生活水平低下，而人们对生育又普遍不大节制，等等。

4．婚姻状况

关于婚姻状况调查的方法，陈达说："假如我们只要描述特定时间内婚姻静态状况的话，可以用普查来获得婚姻资料。至于若想观察人民婚姻的变动情形时，即动态方面的资料，那么必经人事登记来获取。由登记报告而得的资料，比较来得详尽而可靠，但在这里两种形式得来的资料也一并提及。"[①]陈达根据普查和人事登记资料，对中国当时的婚姻状况做了如下分析。

① 陈达：《现代中国人口》，天津人民出版社，1981年，第58页。

（1）婚姻方式。依当地习惯，呈贡初婚登记方式可分为三种，即正常结婚、童养媳结婚和招赘。当时的呈贡与中国其他农村地方一样，对婚约仍极重视，形成一种牢不可破的民风，而离婚则无论是婚姻当事人双方协议离异还是法院判决离异，通常都会受到民风谴责，因此乡间离婚是鲜见的。但抗战期间则不同，夫妇三年分离并无音讯者，男女均可重新婚配，即使寡妇再醮及离婚再嫁也很普遍，这种再婚也可登记。但根据1929年公布的民法，妾侍不可登记，只能列入“同居家属”。在1940年2月至1944年6月的结婚登记中，按职业来看，登记结婚人数由多到少依次为农民、公务员、无职业者及学生。呈贡是个农村社会，结婚者中的大部分自然是属于务农的。其中的无职业者，包括男女双方都属富有人家的，大概只是暂时没有就业，还有的是由于地区移动而未择定职业。

（2）结婚的普遍情形。根据调查资料，陈达发现，“正在到达发育之前，不管对个人适当与否和社会地位如何，就为个人安排结婚。这种情形是很普遍的。所以在各个阶层的男女之间不结婚是罕有的事”[①]。陈达还发现，各普查区的结婚率也有差异，就各地区15岁以上未结婚者占各地区全部人口的比例来看，呈贡为8.18%，在五个地区中为最低；定县为16.62%，在五个地区中为最高。反之，已婚人口由江阴的占全县人口的69%，至呈贡的77. 85%。陈达根据昆明环湖户籍示范区的婚姻资料，从两方面来研究婚姻状况，一方面研究全人口的婚姻状况；另一方面研究全人口中15岁以上人口的婚姻状况。陈达又把昆明环湖户籍示范区细分为昆明市、昆明县、昆阳县及晋宁县。这些地方的婚姻状况与中国其他地区的普遍婚姻状况相同。若单就全人口中的15岁以上人口看，则当时晋宁县未婚人口占9.37%，是最低的数字，而昆明市则为最高比率者占20.95%。就已婚人口所占比率来看，当推昆明市为68.09%，属最低；晋宁县为72%，是最高。这些比率均比欧美国家当时总人口中的已婚人口所占比率高。在中国的9个普查区中，未婚人口占总人口的比率以邹平县为最低，仅有33.85%，而以长乐县的比率为最高，达50.9%。已婚者占总人口的比率，以长乐县为最低，仅有36.99%；邹平县最高达57.35%。

就性别而论，邹平县未婚男子占该县当时总人口的百分比最低，为38.52%；长乐县的比率最高，为62%。邹平县未嫁女子占该县总人口的百分

① 陈达：《现代中国人口》，天津人民出版社，1981年，第60页。

比同样最低，为29.7%；长乐县的比率最高，为43%。已婚男子占各地区总人口的百分比，以江阴的38.72%为最低，邹平县的55.11%为最高。就已婚女子而论，长乐县已婚女子占总人口的比率为42.3%，最低；而在邹平县该比率为59.32%，为最高。

（3）结婚率与初婚的年龄。陈达指出，从呈贡县当时的人事登记所看到，一般婚礼的举行，通常集中在农历十一月、十二月、正月及二月，也就是秋收以后春耕以前的季节。因此，每年冬季几个月的出生率最高。

至于初婚的平均年龄，依照呈贡当地的传统习俗，理想的婚姻是同龄的男女互相订婚，但由于许多原因，这一理想很难实现。在呈贡试行人事登记期间，有1299对初婚夫妇，其中大部分丈夫的年龄比妻子的年龄大1–10岁，甚至还有年龄比妻子更大的丈夫，属于丈夫年龄比妻子大的情形的夫妇占初婚夫妇总数的65.5%。同龄夫妇只占23.48%。妻子年龄大于丈夫年龄1–5岁的初婚夫妇占总数的11.18%，还有极少数妻子年龄比丈夫更大的情形，夫妇间的年龄差异产生了家庭的不和谐。在呈贡县的2598对初婚夫妇中，男子初婚年龄为19.5岁，女子为17.6岁，这种早婚现象是高生育率的主因。江阴峭岐镇的情形相似，男子初婚平均年龄为20.5岁，女子为18.6岁。除初婚外，由于农村社会公众舆论放宽，再婚数量也逐渐增加。当然再婚者的年龄就比较大，在224对鳏夫寡妇结合的婚姻中，至少有96人年龄在35岁以上。陈达指出，当时中国初婚平均年龄比印度、埃及高，但与欧美的晚婚年龄相比还是较低的。

（三）职业

陈达认为，职业是人口研究的一个中心问题，也就是劳动资源问题。“所谓劳动资源者是指能工作的人口，普通称为‘就业’或‘劳动资源’，也就是指从事于各种不同职业的人，其所做的工作是享有其应得的报酬的”。[①]凡就业者，其身体健康心智适合，并有能力以劳力换取生活所需报酬。当然，这种划分不包括老年人、幼儿、残废者、失业者及无能力就业者。每个人在选择职业时，一是要考虑所能获得的收入，以维持自己和家庭的生活；二是要考虑职业的社会地位，因为社会在有意或无意地支持着一个等级标准，这些等级又与整个社会的民风和传统习惯相配合，同时也正表现出社会职业阶层的构成。陈达指出，分析职业时不但要顾及个人与社会生活，而且还涉及国家政策的性质。

① 陈达：《现代中国人口》，天津人民出版社，1981年，第65页。

陈达研究了当时中国人口的职业。他首先阐明了劳动的价值。中国人的传统观念对劳动颇为重视，一般人认为，凡是达到工作年龄的人，都应为生活而工作。所以，在中国社会里，勤俭是全民族的美德，如果一个人品性温良、手巧灵活、勤奋、好学，就会受到众人赞扬。这些观念足以说明中国人对劳动价值的重视。但是关于职业的分类，在农业与手工业中并没有一定界限，常常任意独断，不免与事实有所出入。对现代工业来说，职业分类却比较精密。陈达结合当时中国的实际情形，采用了国际职业分类标准。

陈达按照当时的中国国情，分析了中国的社会阶层。在中国，官吏与士大夫阶级历来占据着社会最高位置。这些阶层集聚着才智与技能，不但富有，而且据有权势。自古迄今，中国一直保持着尊师重道的观念，因此学问为社会所崇尚，学而优则仕，或与仕有同样的社会地位。医师与工程师因为服务于社会而为一般人所尊敬。律师则因作不当袒护或勾结官方而为人所不齿。在此之下为手工业者及在工厂与家庭手工业中服务的工人。社会地位低微而人数众多的是农民。与农民相对的是在城市谋生的普通工人，这些以劳力谋生的工人人数很多，但在中国传统社会里的地位却是最下层的。

陈达将中国人对职业的态度按传统观念排序为："大体上其系统由上而下是官员、教育家、自由职业者（医生、工程师、律师）、企业家、商人、工厂工人、手工艺工人、农民及普通劳工。当一个人要选择一种职业时，大概会在各种职业彼此之间来计较其收入和社会地位的高下。报酬往往不那么重视，仅当为社会地位的一个附属性质而已。换言之。社会地位比收入还格外被人重视些。"[①]从中国当时的6个人口普查区的职业比较来看，陈达发现，除环湖户籍示范区包括一个城市外，其余地区都属于农村人口所从事的职业。若把12岁以上的人都视为就业人口，则环湖示范区的劳动人口是人数最多的区域。在这6个地区，农业人口占就业人口的百分比为：呈贡县93.39%，江宁县60.64%，环湖示范区59.32%；四川（三县）58.15%，江阴44.71%，兰溪40.70%。可见在4个普查区中，农业人口占了有业人口的半数以上。在现代工业中，机器制造业占重要位置。在环湖示范区里，昆明市与昆阳县逐渐建立起机器工业，从事机器工业的人口已占有业人口的13.7%。

既然农业人口占重要的地位，陈达首先着重考察了农村中的阶级，他根据

① 陈达：《现代中国人口》，天津人民出版社，1981年，第67页。

土地所有权的原则，将环湖户籍示范区的农民分为以下五等。

1. 地主。他们是田地产权的所有者，但其田地不是他们自己耕种的，这些地主占农业人口总数的2.4%，他们大多数不居住于乡间，而是居住于城市当官或经商，握有政治与经济权力。

2. 自耕农，他们自己有田地，且自己耕种，这些人占农业人口总数的36.2%，他们是农村里有钱并富于保守性的人家，也是农村传统主义的捍卫者。

3. 半自耕农。这些人既耕种自己所有的田地，也租别人的田地来耕种，其人数占农业人口总数的39.4%。他们经验丰富，勤劳工作，善于管理，富有进取的热望，其中少数人可能会演变成占有田地的业主阶级。

4. 佃农。佃农本身没有自置的田地，靠租赁别人的田地来耕种。此等人的人数约占农业人口总数的16.6%。他们可作为一般劳苦庄稼人的代表，平时生活艰苦。

5. 农工。这些人既没有自己的田地，也租赁不到别人的田来耕种，而只是给农家帮工。此等人占农业人口总数的10%，他们是农村社会中地位最低下的一群人。

此外还有4.4%的农民没有被陈达划等级。由于农民社会流动的速度极缓，要实现耕者有其田，还要经过相当长的时间，因此农民的社会经济状况差。如抗战前昆明县及呈贡县的农民，收支相抵有余的人家占50.80%，收支相抵而负债的人家占45.99%，收支刚好平衡的人家占3.2%。抗战期间，他们的情形变坏了，有余的农民只占36.1%，负债的农民增加到60.20%，收支平衡的农民也不过占3.64%。农民之所以经济拮据，社会地位低下，是因为：（1）在抗战期间，农民购买的物品价格高于农产品价格；（2）政府征购农产品的价格也低于市价，农民经济损失大；（3）由于壮年男子当兵，农家需雇用农业工人，从而加大了农产品的成本；（4）最根本的原因是农业生产效率的低下。

至于手工业工人，他们散居于各行各业里，大部分在农村，因为在农闲季节时，大多数农民多从事一种或多种手工艺以增加收入。在市镇中也有这种情况。但现代工业潮流所趋，许多手工业者在社会动荡中难以自存。许多大城市中的手工业行会分崩离析。在商业及职业还未受现代化生活影响的地方，手工业依然存在，但在许多地方，在与机器工业的竞争中手工业前途黯淡，行业在瓦解、消失、改组，原有的行会为现代工会替代。手艺随着生活时尚的变迁而变化。但即使面对行会的衰落，手艺人也不愿意回到农村，因为农村工作无须技巧，而且生活单调。

关于现代工商业，陈达认为，中国正在向工业化慢慢迈进。抗战前，中国的工业主要集中于东北地区、长江流域下游及沿海各城市，抗战爆发，西南大后方工业化显然在急切进展之中，尤以昆明市及昆阳县为然，这些地区的职业渐次由农业和手工业转变至工商业。陈达以昆明环湖户籍示范区本籍人口及移民职业状况来说明这种变化。据1942年的人口普查，环湖示范区面积为2880平方公里，人口有507216人。昆明市全市人口有174026人，其中本籍人口仅有74174人，其余的人口都是由本省各县或外省迁入的徙民。在徙民中，有40912人是战时才迁入并寄居在市内的，这些人主要从事工商业。昆明市本籍有业人口中，农业人口占24.4%，工矿、商业、交通及运输各业人口占53.7%。而昆明市徙民有业人口中，业农者只占0.4%，而工、矿、商、交通及运输各业的从业人员占69.26%以上。

陈达认为，职业的变动是社会经济影响的结果。如在环湖示范区，工业化的进展使许多居民改变了职业。而职业的变动又会使大多数人在生活环境中受到影响，特别是会造成与工商业者及与工商业有关的各种问题。陈达详尽探讨了这样的问题。

1. 摆在本地社会面前并引起争论的是关于工业是集中还是分散的问题。一般爱国分子及有远见的工业家认为，中国今后的工业应当分散于各地，借收原料、技术、技工及国防与当地经济之利，这种意见为昆明大部分工业家所接受。持该观点的人还建议，战后当地迫切需要的工业应继续留在本地发展与经营。可是有少数人反对，认为战后昆明作为工业基地没多大希望，因为该地缺乏工业的经验，缺乏技术工人，运输不便，也没有广大的市场等，这样将使从事工业的人与一部分工业家不去为工业的长远发展去作大计。

2. 技术工人及其问题。工业要发展自然要雇用大批的技术工人。以昆明来说，抗战期间，首先招募的大批技术工人都来自上海、无锡或汉口。随着工业经营的扩展，技术工人显得非常缺乏，所以就训练本地工人来逐渐补充。促进当地工人的工业教育的举措曾引起一些严重的社会问题。首先，有些青年男子和妇女因被雇而群集于工厂及商店里，结果造成农村劳动力的奇缺，且附带成为招致家庭间许多不和谐的原因。最严重的问题是青年人的流动，给了适龄壮丁（18 –45岁的男子）一个逃避兵役的方便机会。

3. 物价、工资与生活费问题。物价上涨迅速，而工资的上涨难以亦步亦趋地赶上物价。通常，物价上涨较工资上涨更快，所以工人们实在不能单靠工资以维持生活。许多工厂或商店为情势所逼，部分采取津贴办法，或是米贴，或是房租补贴等，故工人的收入大为改观，其津贴费所得有时反比工资所得高几倍。因此津贴与工资成为工人实际所得的收入，这种收入也逐年随物价波动。尽管如此，收入仍赶不上物价高涨的速度，一般工人都感到生活非常困难，难以应付，无技术男工人的经济状况更坏。

4. 工人流动问题。生活费的不正常高涨，造成普遍的社会不安现象，造成昆明区许多工业中的工人高流动率。陈达所调查的7个厂的每月流动率在6.3%–24.5%之间，平均每月流动率为10.0%，比美国工人中最高流动率还要大3倍。另一方面，工人们在不景气的社会经济环境中挣扎，而当时的政府却以战时的需要为借口颁布了压迫工人的法令，以束缚工人们的自由。其结果影响了中国的劳工运动。但陈达还是希望，滋长于战时的工业合作运动，能在有利的环境下使劳工运动逐渐趋于成熟。

（四）移民运动

陈达认为，移民是与人口变迁相关的重要问题。中国的移民运动有两个形式：向外与向内。由于向外的移民运动，中国的海外移民分布于世界五十多处，包括亚洲东南海岸各国，及印度洋、太平洋等地。虽然这种移民并未解决中国的人口压力困难，但现代华侨的经济与社会的影响，使中国与其他国家发生了复杂的关系，因此，中国对他们的政治与社会地位需密切加以关注。

国内的迁徙运动，是最普遍的一种移民运动。陈达说，近几十年来，一直在进行着乡村与都市的人口移动，这种移动的结果，不断地使许多年轻人从乡村迁入都市，包括长江流域和沿海的各城市，如上海、无锡、汉口、广州及天津等地。国内向边疆的大量移民运动，发生在19世纪末期与20世纪初期。东北三省吸引河南、河北及山东的移民。西北尚未开发的富饶之区，也吸引了许多有冒险精神而勇于进取的移民。从黄河流域河套一带起，包括宁夏、绥远、陕西及山西边区，一直伸展至甘肃走廊，远及青海和新疆。在社会升平的日子里，移民通常是属于中下社会阶层的人，他们为了谋生及改善其社会地位而迁出家乡。

1937年中日战争全面爆发，促成了中国空前的国内迁徙运动，除了西南及西北各地外，大部分地区被卷入移民运动的浪潮。陈达指出，与平时的迁徙不同的是，有多数富有人家也被裹在迁徙浪潮之中。陈达将这些移民分为三大类：（1）富裕及曾受过高等教育的人；（2）政治方面活动的人士，或同情重庆中央政府的人，或是为日伪政府所仇视的人；（3）爱国者及不甘受敌伪压迫的人士。当然在移民中占大多数的还是做生意的商人、工厂经理、医生、工程师和教育界人士以及其他自由职业者与技术工人。在这些人中，大多数都是青壮年。移民中青年男女学生为多，非学生移民中也是青壮年居多。迁徙运动的方向随日军所至之处而定。从抗战开始至南京沦陷（1937年12月13日）止，城市徙民朝着两个方向迁移，陆路主要取道平汉铁路，而以武昌、汉口及汉阳三处为驻地；从海路先是天津至上海，随后是青岛至上海。从南京沦陷至汉口沦陷（1938年10月25日），在华中，武昌、汉阳及汉口三镇，直至其沦陷时，虽则华北许多难民都由海路逃至上海，但华北的大多数移民都以此三镇为一大集中地。有些人又从上海起程向华南移动，或是到中国香港或是到广州。由武汉失陷至长沙失陷（1944年6月19日），一部分人留在上海、中国香港。许多从华东、华中及华南沦陷区内迁出的人，都集中在广西桂林，以这里为出发点，一路迁移到云南省的昆明，另一路迁移到四川重庆及成都。还有更远去西康、陕西、甘肃、青海、新疆的。

关于战时的整个迁徙运动，陈达没有可靠的统计数字，但他根据手上所有的资料估计，几个大城市迁出的人数也许有350万人，约占这些城市人口（约1400万人）的25%。

在这个徙民运动中，昆明环湖示范区里的徙民是具有代表性的典范。本地人与大批徙民一起工作、生活，他们在接触中相互模仿。徙民给当地居民带来了新习惯、新思潮和新的生活习惯，对本地居民产生很大影响。同时，居民的一般习惯也会影响新来的徙民。由于徙民与当地居民间的相互作用，自然发生了几种类型的社会变迁。

1. 市镇化。一个显著的社会变迁是徙民加速了工业化，促进了工商业的迅速发展，例如昆明1942年的普查显示，市内人口很快由农村人口变为市镇化人口，市内12岁以上有业人口中，至少占就业人口总数的67.09%是从事工商业的，例如就所有市镇化的职业来说，全市有77%是市镇人口，仅有23%仍是滞留于农村的人口。市内的徙民在推进工商业的发展方面产生了最大的影响。

2. 市容的改进。这种改进促进了昆明市的现代化。

3. 个人习惯的改变。这种改变反映出日常生活向都市生活变迁的趋势。

4. 社交宴会也有改变。

5. 婚姻有了新局面。分居3年无音信者可以重新结婚，重新结婚多发生在公教人员及工商界人士中。许多重新结婚或初婚者多以本地妇女为对象。

6. 教育突飞猛进。在这空前的迁徙运动中，有许多从事教育事业的人，从沦陷区来到安全区。许多大学、学院、研究机关及科学实验所，在中日战争爆发后，逐渐把其全部或部分的教学及研究部门的办事处搬迁到西南或西北地区，从而使这些地区的教育突飞猛进，新的学校迅速增多，由小学至大学，各校学生与日俱增，学校品质也跟着大有提高。徙民在教育迅速发展中的作用是不容忽视的，经过许多徙民的教学或研究努力，当地的教育制度也建立起来了。一般说来，徙民的文化水平较当地人高，如昆明市本籍人口中有59.2%的人是文盲，而在寄籍人口中，只有39.6%是文盲；昆明县本籍人中65.1%是文盲，而寄籍人口中只有31.2%的人是文盲。而且，在徙民中，许多是大学毕业的，从事教学和研究工作，或在工商界服务。徙民的优越品质，还体现于许多徙民是国内大学研究院毕业及国外留学的人。

7. 地方观念的变化。大批徙民的迁入。造成了一个富有意义的社会关系，很明显地使云南人的地方观念渐渐削弱。抗日战争使中国人的民族意识空前强化，从而打破了乡土观念的壁垒，使迁入地的人民放弃了顽固的地方观念。本地人不再像抗战以前那样闭关自守。他们吸取徙民的长处以改变动荡中的社会生活，放弃农村社会传统。由于交通的往还和接触的结果，使徙民与本地人之间彼此协调谅解，产生新的社会经济环境。

陈达分析了环湖示范区的普查资料，指出中国迁徙运动的一般社会经济特性。同时，为获得一个较为真实而深刻的了解，陈达进一步研究了呈贡县的人事登记的统计资料。抗战前，呈贡是个纯粹的农村县，自抗战起，社会情势急速转变。该县的土地利用与中国别处农业区颇有不同。在一般农民中，地主占农民总数的1.54%，自耕农占46.55%，半自耕农占36.96%，佃农占10.50%，农业雇工占2.46%。此外，大多数人以种植销售水果为最重要收入来源，蔬菜种类繁多，尚有手工业及捕鱼等。1939年，呈贡普查了27个乡村，约为呈贡全县的三分之一，举办了出生与死亡登记，并增加了婚姻与迁徙登记两项。陈达分析了登记资料，得出了如下结果。

1. 全县离境服兵役的壮丁共2237人（1940年2月至1944年6月），占迁出人口总数的（3343人）66.91%。一方面农场因缺乏壮丁，减少了农产品；另一方面物价高涨，同时许多到了结婚年龄的青年男子离县。移民与徙民的动机是为谋生，当然也有为安全而迁徙的。由于迁徙使父母对儿辈的控制权渐趋削弱，家庭的维系力渐趋松懈。

2. 移民的性别、年龄与职业分布有其特点。1940年2月至1944年6月，无论是迁出还是徙入的人数，从15岁至25岁的年龄组中，都是妇女略多过男子。移民众数集中在15–29岁，徙民都集中在15–24岁，大多数移民和徙民都是年富力强者，因为迁徙可以增加收入，对改进他们的社会地位有帮助。移民与徙民的职业，以农业为最多，其次为无业人口。移民多数为公务员，徙民多数从事工商业，这说明，在农村的呈贡及邻近地区，工业的发展引来许多求职者。

二、人口政策

陈达搜集整理的人口普查和人事登记资料及其他普查和历史的资料，对于当时制订人口政策是有助益的。人口政策首先应由国家立法机关制成法律，然后由政府的主管行政部门强制执行。陈达特别强调，人口政策要行之有效而持久，就必须与根深蒂固的民风相结合，亦即必须合乎人民的“公意”才能施行，同时，陈达也指出：“从人口资料而看，我国历史上的社会势力与政治权力的兴衰互相作用实是昭然若揭的事。”[①]从而陈达论述了人口政策与社会环境的关系，讨论了学界与政府人士对人口政策基础的意见。

（一）人口政策与社会环境

陈达认为，“从我国整个长期间的历史来看，虽然婚姻与家庭的关系，往往被认为是个人与个人之间的私事，但这些事情又往往反映社会经济的情势。在这些情势中，个人的生活及思想都受到强烈的影响”。[②]先秦儒墨两大思想体系尽管对许多社会问题的见解各异，但对婚姻与家庭的主张是一致的。墨子

① 陈达：《现代中国人口》，天津人民出版社，1981年，第108页。

② 同上书，第109页。

提倡早婚以增加家庭子女数目，同时主张非战以免增加死亡人数。孔子与墨子两人在人口问题上的看法之所以如此一致，是与他们所处的社会环境分不开的。因为两人生长于人口稀少的鲁国（一说墨子为宗国人，长期住在鲁国），都看到鲁国有必要增加人口以适应社会分工及国防的需要，这是军事及社会的需要。陈达还指出，孔子与墨子的见解之所以有相同的地方，最关键的原因还在于他们都是以农业为出发点来考虑人口问题的。农场人口众多，即可增加财富；一般耕地靠近住家，农场工人可以与家庭中各成员一起工作，同时家庭也可以发挥社会制度中的一个基本功能。乡村里的人死了，往往被葬于田地旁边，这样神灵容易得到供奉，同时更能庇佑后代福泽无量。因此，要维持农业，就必须保住家庭，而家庭又必须崇拜祖宗，崇拜祖宗就必然鼓励添丁，维持源远流长的家系及田地的耕种，这一连串的事实便形成了一定的社会制度。

陈达指出："历无数的年代，这些继续流传的事实，无形中成为中国的一种民风，大致认为人口增加，应该是一个普遍的社会现象。一般农民，无意识地始终愿意维持一个大家庭，做父母的往往为了儿女作出不顾一切的牺牲，甚至降低他们自己的生活程度，也是很平常的事。"[①]在这种社会环境里，人口要是像往常一样增加，其速度会超过生活资料的生产与供应增长的速度，这是18世纪末期马尔萨斯根据耶稣会牧师杜哈尔德（J. B. Duhalde）及学者士当顿（G. T. Staunton）的观察而得出的结论，马尔萨斯认为人口如此增长的社会必定日益陷于不景气的状态。中国的人口在康熙初年估计超过3.33亿人，若拿中国的土地与人口相比，则约有60%的人口的食物资源供给不足。陈达说："根据中国人的传统，为保持家系连绵不迭的思想，掩盖其他一切足以维持适当生活程度的考虑，实在是愚不可及的事。"[②]同时，陈达又指出，在中国，家庭的力量很大，有时会压制个人，为维持家庭的荣誉，个人有时只好牺牲为自己前途着想的活动。这是社会停滞不进的主要结果。

（二）学界与政府人士对人口政策的意见

孙中山倡导政治与社会改革。陈达指出，虽然孙中山在"民族主义"的演讲中看到人口众多与民族力量大有关系，但在他的"民生主义"里，他也清楚地感到人口众多实在又难以维持适当生活程度。人口学家陈长衡和崔书琴也发

① 陈达：《现代中国人口》，天津人民出版社，1981年，第110页。

② 同上书，第111页。

现，在好些地方，孙中山还概言中国人口过多，结果造成普遍的贫穷，使大部分人不能维持其“生活水平”。“至于挽救之道，孙先生欲求尽量开发资源，以科学方法改良农业，振兴现代工业与调剂地理上人口分布不均衡的现象，如鼓励移民实边；为巩固扩大革命基础，以群众福利为依据，改进他们的生活，废除历史上一切为少数人享有的特权，并计划防止产生资产阶级垄断资本的危险，一方面极力节制资本；另一方面颁布保护劳工的法律。为达到提高农民社会地位起见，容许耕地所有权的重新分配（平均地权）。明显地，在这个理想社会里，他毕竟是为了增加农民与工人们的幸福使他们保有大家庭而努力的”。[①]孙中山认为，为挽救中国，应赶紧加强政治及经济的力量与社会的改进，并着重指出，要降低死亡率，改进个人健康及公众卫生；特别应该废除有害的社会恶习如风水、鸦片烟的吸食及缠足等。但由于国民党与政府当局没有正确理解孙中山的意见，从而导致在官方刊物里未刊登有关生育节制的文章。

孙中山对社会问题的广泛见解，激发人们研究人口问题的兴趣，尤其是社会科学学者的兴趣。最初，国民政府规定，决定人口政策的权限由社会部掌握。1941年秋，社会部组织一个研究人口政策的委员会，邀请各大学教授及专家以及政府部门中对人口问题有兴趣的人士参加，并确定，他们研究讨论的意见与建议，应成为人口政策的基础，因为这些意见是与社会经济的情势相配合的，并为中国与世界各国持久和平相处铺平道路。根据陈达的概述，该委员会的主要建议有以下几点。

1．关于人口的数量

陈达概括道：“大多数人民面对着普遍贫穷、愚昧及生活程度低落的状况下，国家不应该也不能够鼓励无条件及普遍地增加人口。个人对于生育儿女，务必着重考虑下述的条件。与这些条件相符的夫妇，政府才鼓励他们生育儿女：做父母的都是身心健全，家庭能给予儿童适当教养。凡做父母的人，应当考虑到家庭与社会的利益，然后决定他们自己应该生养儿女的适当数目。再则，儿女数目的决定，可以因父母的技能与收入而有所不同，并且也要考虑到民风及社会财富的一般情况。”[②]陈达等人认为，有上述条件的可以有儿女，无条件的则否。再者，人口的增加，必须因个人、阶级及社区间各种不同的利益而有差别。这种意见是根据适度人口论而得出的，为当时世界所普遍采纳。

① 陈达：《现代中国人口》，天津人民出版社，1981年，第112-113页。

② 同上书，第115页。

2．关于人口的品质

人口政策委员会虽然缺乏有关人口品质的资料，但主张迅速从事人口品质研究，同时着重于消极优生学与积极优生学两方面的探讨。“在消极优生学方面，应该采取隔离步骤，身心有遗传缺陷的人与正常的人口隔离。并且加以检查其身体，必要时令其绝育，关于积极优生学方面，鼓励体格健全的及有才智的人结婚，尽可能在结婚之前具有卫生机关给予的证明书。为适于各个人的体格及心智的栽培，应有广泛的机会给大家自由选择”。[①]这样可使生物的适应容易地转变到社会的适应，以求得文化进步与种族长春不老。

3．关于婚姻与家庭

关于男女的社交，委员会主张应当积极鼓励妇女自由参加各行职业，从而增进男女两性间的社交。性教育应扩大到各个家庭及学校中。并应改变社会的习俗，使婚姻基于男女双方互相恋爱与自愿结合的原则。

4．关于移民运动

为了使人口在地理上及职业上得到适当的配置，要开展移民运动。人口政策委员会应拟订理想计划。

首先，在农村与市镇间的人口迁徙方面，由于担心这种迁徙会引起男女两性的分配不均，因此委员会认为，应鼓励移民与其家庭一起迁徙。在许多地区，由于某些行业的工人供过于求而出现失业手工艺人，而救济的办法是提倡组织完善的劳力市场，并完善运输机构以便利移民运动。

对于迁往外国的移民，政府要急切地制定保护侨民利益的规定，并与侨民所在地的各国政府签订协定，以保障侨民的合法权益。外国的徙民徙入中国，中国得根据国际公法，并顾及本国的自主权，与各国订立平等的互惠条约。

至于向边疆的移民运动，政府应采取措施保障其个人的安全，并致力于促进交通运输的便利，以便利各地实行扩展移民运动。同时，“对于边疆里的少数民族人口，要特别注意教导。政府最主要的措施应为首先计划其地方的经济发展，随即施以适当的卫生及教育设施。在开发边疆期间，更应鼓励汉民族与少数民族的通婚，以便使边疆地区的人口有合理的增加”。[②]

① 陈达：《现代中国人口》，天津人民出版社，1981年，第116页。

② 同上书，第117页。

第十三章
关于制度的研究

在20世纪40年代，社区研究形成一种风气，但同时，采用制度的方法研究中国社会的也颇多，主要代表人物有费孝通、孙本文、李树青等。本章主要介绍他们的研究成果和代表作。

第一节
费孝通的生育制度研究

费孝通从生育制度的角度研究婚姻、家庭与社会的相互关系，亦即研究个人与社会的辩证关系。费孝通青年时立志写“三部曲”，一部写人们怎样在社会体系里共同生活，一部写人们怎样通过新陈代谢而使社会体系得以维持和延续，一部写社会体系本身又怎样通过人们的创新而不断变化。他的《生育制度》一书则是他的第二部曲的试笔，也是费孝通在进行类型社区比较研究之后进入理论研究阶段的成果。该书由上海观察社于1947年出版。

一、贯穿于《生育制度》的观点

贯穿于《生育制度》的一个观点，正如费孝通所说，“就是人类社会必须有一套办法来解决个人有生死、社会须持续的矛盾，也就是生物的个人和社会的集体之间的矛盾。这个矛盾是通过个体的新陈代谢来取得集体的常存而统一起来的。社会体系中个体的新陈代谢包含着社会成员再生产的过程，这个过程不能单纯依靠生物机能来完成，而且还必须有社会性的抚育工作。任何集体必须有一套由历史积累下来的由社会来完成这过程的办法，就是我所说的生育制度。我是在分析这个过程中看到家庭这个社会细胞的，只有通过分析这个基本矛盾，才能理解家庭这一类社会细胞的作用”[①]。费孝通将其概括为：“男女们互相结合成夫妇，生出孩子来，共同把孩子抚育成人。这一套活动我将称之为生育制度。”[②]

二、生育制度——一种文化体系

费孝通说：“生育制度——包含求偶、结婚、抚育——和性的关系可以有两种说法：一是说生育制度是用来满足人类性的需要，一是说人类性的需要是在生育制度中得到满足的。”[③]他认为，其实生育制度是限制人类的性生活的，家庭不是生物团体的单位，婚姻不是单纯的两性结合，亲子关系也不是单纯的生物关系，而是如马林诺斯基所说：“生殖作用在人类社会中已成为一种文化体系。种族的需要绵续并不是靠单纯的生理行动及生理作用而满足的，而是一套传统的规则和一套相关的物质文化的设备活动的结果。这种生殖作用的文化体系是由各种制度组织成的，如标准化的求偶活动、婚姻、亲子关系及氏族组织。”[④]

三、生育制度的基础——种族需要延续

生育这个过程，是从生物到社会飞跃的自然发展过程，从现象发生的前后看也是从性爱——结婚——成家——生育的过程。但费孝通在分析生育制度时将此程序颠倒过来。

费孝通所理解的生育制度是从种族绵延的需要上而发生的活动体系，是人类种族绵延的人为保障。因为在他看来，生育制度“把人们结成社会，使每个人不但是个生物的个体，而且是一个社会的分子；每个个人的生存不能单独解决，他得依靠社会的完整。社会完整是个人健全生活的条件，而社会的完整必须人口的稳定，稳定人口有赖于社会分子的新陈代谢，因之引起了种族绵续的

① 费孝通：《费孝通学术文化随笔》，中国青年出版社，1996年，第75-76页。

② 费孝通：《生育制度》，商务印书馆，1947年，第1页。

③ 同上书，第2页。

④ 同上书，第3页。

结果”。[1]个人的基本需要是生存，他们要维持自己的生活，必须保持社会的完整性，而生育制度就是为了避免死亡给社会完整造成的威胁而发生的。生育制度就是对与个人生活密切相关的社会结构的完整性的人为保障。

四、生育制度的双系抚育

“供给新的社会分子是生育制度的任务。社会分子这一词是指一个能在社会分工合作结构里担负一定职务的人。这能力并不是天生的。一个孩子要长成一个社会分子须有长期的教育。生活制度中就包括生和育的两部分”。[2]人类要用社会的制裁力使婴儿不断出生，并使出生的婴儿有机会长大成人，以备继替衰老和死亡的人。婴儿要有机会长大成人，则不但要得到适当营养，还要得到适当教育，这件重要工作一定要有人负责。最主要的人是孩子的父母，父母是抚育孩子的中心人物，而由父母来抚育孩子是生育制度的一种形式，亦即双系抚育。在以性别分工构成的社会里，生活单位必须由男女合作组成，只有这种单位才能负起抚育的全部责任，因而在这种社会里，抚育成为双系。“把抚育的任务交给一男一女的基本单位去担负，可以说是采取了个人负责的原则。我已经说过社会的新陈代谢作用是为了社会的完整，使全社会的各分子的生活能健全进行，所以是一种社会工作。这工作交给一定的个人去经营，所以发生了父母的双系抚育形式”。[3]

五、婚姻——确立双系抚育的文化手段

“确立双系抚育的文化手段，这就是我们普通所谓婚姻。婚姻是人为的仪式，用以结合男女为夫妇，在社会公认之下，约定以永久共处的方式来共同担负抚育子女的责任”。[4]也就是说，在孩子出生之前，抚育团体必须先已组成，男女相约共同担负抚育他们所生孩子的责任，就是婚姻。

婚姻是社会为孩子确定父母的手段。通过婚姻结成的夫妇关系主要着眼于亲子关系，在中国文化里，也可以把婚姻看作确定两性关系和个人开始性生活

① 费孝通：《生育制度》，商务印书馆，1947年，第15页。
② 同上书，第19页。
③ 同上书，第28页。
④ 同上书，第29页。

的仪式。婚外两性关系要受到限制，这是因为，要维持和保证对儿女的长期抚育，就有必要防止发生破坏婚姻关系稳定性的因素。人类社会有一个比较普遍的原则，就是有丈夫的女子才有生孩子的权利，这一原则又总是以婚姻为基础的，这也说明婚姻与生育的关系重于婚姻与两性的关系。所以费孝通从概念上区分了生物性的亲子关系与社会性的亲子关系，并由此而看出婚姻的目的是确定社会性的父亲，对生物性的父亲的确立，倒是次要的。事实上，确定父与子的生物关系的要求本身是一种社会的规定。在母子关系上，生物性和社会性不易发生差异。费孝通总结说："我们承认两性关系和婚姻关系是两个不相混的概念，决定亲子的社会关系的是婚姻关系，不是生物关系……我们更可以明了人类中的双系抚育并不是直接从两性生殖上演化出来的结果了。"①

六、结婚不是件私事而是双系抚育的必要条件

如上所述，在费孝通看来，婚姻的意义是确立双系抚育。要使双系抚育有保障，就必须用社会的力量保证生出来的孩子不但有母而且有父，于是有婚姻。"我说婚姻是用社会力量造成的，因为依我所知世界上从来没有一个地方把婚姻视作当事人间个人的私事，别的人不加过问的。婚姻对象的选择非但受着社会的干涉，而且从缔结婚约起一直到婚后夫妇关系的维持，多多少少，在当事人之外，有别人来干预。这样，把男女个人间的婚姻关系弄成了一桩有关公众的事件了"。②在任何地方，一个男子或女子要得到一个配偶，没有不经过一番社会规定的手续的。"在达到婚姻的一番手续中常包括缔约的双方，当事人和他们的亲属，相互的权利和义务。在没有完全履行他们的义务之前，婚姻关系是不能成立的。在结婚前，男女双方及其亲属所履行的各种责任，在我们看来，其重要性是在把个人的婚姻关系，扩大成由很多人负责的事，同时使婚姻关系从个人间的感情的爱好扩大为各种复杂的社会联系"。③

婚姻之所以成为社会上很多人关心的公事，其目的无非是维持结婚双方的长期的夫妇关系，因为长期的夫妇关系是双系抚育子女所必需的条件。而且，抚育作用之所以能使男女长期结成夫妇，是由于人类抚育作用具有两个特征，

① 费孝通：《生育制度》，商务印书馆，1947年，第34页。
② 同上注。
③ 同上书，第36页。

一是孩子需要全盘的生活教育，二是这个教育过程相当长。虽然婚姻在人类生活中是很重要的，但又不常与个人的生理和心理倾向相符合，于是社会立下法律为防止越出规范的行为。单靠法律的制裁还不够，于是把其他经济关系等渗入婚姻关系中，并扩大对婚姻关系负责的团体，这样使夫妇间的联系加强，他们往往会因牵涉太多而不离异。与婚姻有关的法律、社会以及宗教的制裁功能，都是在维持人类社会生活中所必需的抚育作用。

七、夫妇关系

费孝通说："社会分子的新陈代谢是维持社会结构完整和绵续的机构，抚育孩子不是一件个人可以随意取舍的私事，而是有关社会生存和安全的工作……为了要保障孩子们能得到必需的抚育，社会用婚姻来把男女结合成夫妇，要他们共同负责担任这些工作中主要的事务。社会虽则用了各种手段来使男女就范，可是不论法律的或宗教的制裁，至多不过能维持夫妇关系的形式，并不能保证夫妇之间一定能融洽合作……夫妇们能否胜任愉快地履行社会所指派给他们的事务，还得看夫妇关系的内容。"①

夫妇之间之所以需要高度的契洽，就是为了经营全面合作的生活。因为夫妇一方面共同享受生活的乐趣，另一方面又是在共同经营一件极重要而又基本的社会事业。依费孝通所说，婚姻的主要意义是确立对孩子的责任。抚育本身是一件相当繁重的事务，因此，如果一个社会的生产技术很简单，人们的生活程度很低，男女在经济上所费的劳力和时间也需要很多，那么，这种社会时常会走上偏重夫妇间在事务上的合作，而压低夫妇间在感情上的满足。只有在生活程度较高的社会，其各种设施才可以减轻夫妇的抚育责任以及经济上的劳作，夫妇之间才可能偏重于感情生活的发挥。在中国的传统社会里，上述两个方面难以两全其美，就只好牺牲夫妇共同享受生活的乐趣。而西方社会则随着工业革命而发生了很大的变迁，由于生活的提高，夫妇关系变成了一种理想的关系，一方面能胜任社会交给夫妇抚育孩子的责任，另一方面两人又能享受友爱的感情生活，从而更显出中国传统文化的流弊。

① 费孝通：《生育制度》，商务印书馆，1947年，第39页。

八、择偶——社会合理的安排和夫妇恋爱是相成的

为了夫妇合作事业的成功和感情的融洽，人们需要择偶。费孝通对择偶的认识似乎偏重于社会的安排，渴望婚姻自由的人不免会表示反感。这种反感是有其时代背景的。因为西方社会在工业革命后发生了很大变迁，人民的生活程度逐渐得到提高。社会事业的兴起使家庭摆脱了很多本来由家庭担负的经济活动，从而减轻了父母对孩子的抚育工作和责任，夫妇关系随之发生变化。夫妇关系原本有双重职能，一方面是能胜任社会所交给的抚育孩子的责任，另一方面是两人能享受友谊爱好的感情生活。既然西方社会把抚育的事务部分地社会化，夫妇间的生活重心便向感情生活方面发展。这个风气传到中国，更清楚地反衬出传统文化的流弊，青年自然感到配偶的社会安排是可憎的。

其实，中国的青年要求在配偶身上获得感情上的满足，希望志同道合，这也可以说是社会安排配偶的一个标准。人的生活在理想与现实的接触中，生活是多方面的，其中有缓急轻重之处，传统文化忽略了夫妇间的感情是有由来的。以前父母为儿女择配时以门当户对为标准，其目的是要保证相配的人文化程度相近，以使他们容易调适。父母凭自己的经验，客观而较周到地顾全到夫妇生活的各方面。因此，费孝通说："我虽不敢武断，以往传统社会里快乐的家庭比了现代都市里的快乐家庭为多，但是我也不能想象以往的夫妇都是冤家。"[①]但两代人由于文化的差异而缺少共同的择偶标准，新生一代对于婚姻的要求受到西方的影响，偏重于配偶性格的适合，而不注重行为和事业上的配合。这时青年要求自主（不是自由）的择配是合理的，从时代的客观环境来看，自主的择偶是可能得到美满结果的。

但择配要注意到个性的适合，这是没有保障的，一个没有结过婚的人也不能从经验里体会到结婚的意义和责任，何况现有的教育特别忽略了对于终身大事的讨论和阐发。因此，青年人所注意的可能只是婚姻的某一方面，而忽略了其他方面，诸如身体的健康、调适于两人原有的许多社会关系等，况且两个人的性格本身又是十分复杂的整体，青年人在婚前能否相互充分了解，还是一个问题。这一切使青年男女很难通过恋爱组成美满的家庭。一种旧的观念认为，婚姻必有其不可避免的痛苦，因为人的性格的融合是要经过培养的，是一个

① 费孝通：《生育制度》，商务印书馆，1947年，第63页。

长期而不断的过程。旧式婚姻正因为承认夫妇的关系是痛苦的，所以要设法克服这种痛苦，而现代婚姻开始是一见倾心，结了婚后碰到真正现实的考验时，对婚姻的痛苦却没有心理准备，而认为感情受了欺骗，而不在力求和洽上用功夫。

因此，费孝通说："夫妇之间能否相处，在我看来，是决定于两方面：他们以往的历史里是否具有相互能了解的底子，和他们既已共同生活是否有相互融合的意愿。前者是要靠社会的安排，后者是要靠两人的爱好。所以社会合理的安排和夫妇的恋爱是相成的。若是把恋爱训作两性无条件的吸引，把一切社会安排置之不顾的一往情深，这是一种艺术，而不是社会事业，婚姻也必然是这种恋爱的坟墓了。坟墓里倒还存安静，恋爱的坟墓里要求一个安静的生活也不可得的。"①

九、家庭——社会结构中的基本三角

费孝通认为，"婚姻的意义就在建立这社会结构中的基本三角。夫妇不只是男女间的两性关系，而且是共同向儿女负责的合作关系。在这个婚姻的契约中同时缔结了两种相连的社会关系——夫妇和亲子。这两种关系不能分别独立，夫妇关系以亲子关系为前提，亲子关系也以夫妇关系为必要条件。这是三角形的三边，不能短缺的"。②为了夫妇关系的美满，有必要在男女之间进行调适，而孩子便有助于夫妇间的调适。孩子不但是夫妇生物上结合，同时也给了夫妇在性格上的结合的媒介。费孝通说，孩子在夫妇关系上的这种创造性使他加深了对"三角形的完成是孩子的出生"的理解。稳定夫妇关系的是亲子关系："孩子的出世才完成了正常的夫妇关系，稳定和充实了他们全面合作的生活。这个完成了的三角在人类学和社会学的术语里称作家庭。"③父母子女所形成的团体就是家庭，而所谓的大家庭，亦即较大的亲属团体，也无不以父母子女构成的基本团体为核心。

① 费孝通：《生育制度》，商务印书馆，1947年，第64页。

② 同上书，第67页。

③ 同上书，第72页。

十、社会成员抚育中的亲情、冲突与社会性的断乳

人类的抚育作用是父母合作的事业，但是各地方的合作方式却不一样。从孩子对于父母的亲密程度上说，也不相等。社会结构的基本三角是社会联系的一种形式。社会联系的实质是行为和感情，行为上相互依赖的程度和感情上的相关的深浅，决定了社会联系的亲疏。社会学者和人类学者常以人与人的空间距离来推测他们的社会距离，居处的聚散是了解人与人的各种联系的门径。社会结构中有基本的和次要的层次，因此从居处入手来研究人与人的关系，不但是个方便的门径，也是从根本上观察社会结构的方法。费孝通观察社会结构中的基本三角可以分成三个段落：第一步是看这基本三角中父母之间的区位关系，第二步是看与这基本三角共同居处的人，第三步是看和它相近居处的人和它的关系。

第一看基本三角中的父母之间的区位关系。中国一般是从夫居住，人类创造家庭的这种基本结构的目的，是解决孩子的抚育问题，使每个孩子能靠这个社会结构长大，成为可以在社会中生活的成员。“正因为人生下来并不是一个完全适合于集体生活的动物，所以我们的集体生活不能全由本能来完成，而得求之于习惯。社会习惯的养成是抚育作用的主要事务。我们要把一个生物的人转变成一个社会的分子，这个转变的初步工作就在家庭里”。[①]在抚育中同时也存在着冲突。在抚育时父母的责任在社会中，父母就代表社会来征服孩子的不合于社会的本性，因此，生物与社会的冲突转化为施教者与被教者之间的冲突，再转化为亲子间的冲突。父母对子女的抚育有两部分作用：一部分满足孩子的生理需要，一部分满足孩子的社会需要。父母之间的分工是，由母亲担负生理抚育的责任，父亲是以社会性抚育为主，对于孩子来说是慈母严父，孩子对于父母的感情因此发生了差别，社会为了维持这个结构，不能不把孩子恋母仇父的心理压制下去。

父母与孩子之间的冲突还表现在世代的隔膜上。人的心目中有两个自我，一个是理想的自我，一个是现实的自我。子女既然被父母视为自我的一部分，所以每个父母多少都会想在子女身上矫正他们过去的缺点，不愿自己的不幸遭遇在其第二生命中重现。父母把理想的自我寄托在他们的孩子身上，也就等于

① 费孝通：《生育制度》，商务印书馆，1947年，第100页。

用社会标准来责成于子女。从客观方面说，父母正是代表社会来控制个人的。而父母把自己的理想交卸给子女，这是从主观方面来说的。两种说法其实是同一件事的两个方面。父母把子女看成自我重生的机会，这也是他们履行抚育责任的一个保障，一方面它不失为解决个人内心矛盾的出路，另一方面正好满足了抚育作用的需要，却也种下了亲子间冲突的种子。在一个社会变迁极慢的社会中，倘若社会的标准历久未变，那么子女长成后所具有的理想及与父母期望他们具有的理想没有重大的差别，世代之间的隔膜就不过是理想与现实的差别而已。但在变迁的社会中，做父亲的代表着旧有的社会标准，而且掌握着社会交给他的权力，要把他的儿子造就成合乎旧标准的人物。为儿子的若接受了一套新的理想，新的理想又与旧有标准格格不入，那么他就处于两难境地了。如何解决这种两难呢？费孝通认为："文化的绵续靠了世代之间的传递，社会为此曾把亲子关系密密地加上种种牵连。但是文化不只是绵续，并须不断地变化，于是加上的牵连又得用血泪来丝丝切断。亲子间的爱和憎，平行地存在，交替地显隐，正因为社会结构的本质中有着这条漏缝。"①

因此，家庭的暂时性，使子女要经过社会性的断乳。家庭的抚育作用本身决定了三角形中要有着密切的联系，感情上要亲热，生活上要形成大家参与的分工体系。但这种联系又不能过于持久，持久会阻碍抚育作用基本目的的实现。抚育作用的基本目的是养成和造就独立的社会成员，让他们去继替社会结构中的缺额。亲子的联系必须在相当时间内逐渐切断，这一过程被称作社会的断乳。否则一个在家庭环境里生活得太久的孩子，会在家外的竞争场合失去适应的能力。

十一、社会的继替——偏重于单系继替

生育制度的功能是完成社会新陈代谢的继替过程。社会结构有一定的人口容量，这是一切有结构体系的通性。所谓结构体系，是指各分子的存在依赖着其他分子的存在。它们各自据有一定的地位，互相关联，互相维持。社会有结构，因为各个人的生活互相依赖，他们的所有行为都须与别人的行为相配合。社会结构中有缺位时，不能临时找一个人去填补，因为能在社会上担任工作的，能参与分工合作体系的，必须是先有一番训练，在社会中得到正式成员资

① 费孝通：《生育制度》，商务印书馆，1947年，第122页。

格的人。所以人类社会的整个结构中总有两个部分，一是分工合作以维持社会生存的中心结构，二是培养社会成员的预备机构。

费孝通指出，在一定的社会分工结构中，职位是有一定的。因之新分子加入社会，得等旧分子把他的职位让出来，这就是继替过程。而继替过程若没有一定的规则，势必引起社会混乱。因此，“任何社会都有它的继替机构，按照一定的原则，使社会职位，包括对物和对人的各种义务和权利，和所担任的工作，在规定和公认的方式中，一代一代地传递下去，使社会的新陈代谢，有条不紊地进行，不影响社会的完整和个人的生活”。①可以用来规定继替方式的原则很多，概括起来不外两种：一是以机会来决定，一是以选择来决定。从趋势来看，继替方式的决定是从机会和命运向选择和自主方向发展。在现代社会日趋复杂的过程中，社会继替至少亦不能不部分地脱离亲属原则了。

但一般的社会倾向于单系继替，马林诺夫斯基曾说：“单系嗣续密切相关于世代间地位、权力、职位及财产传递的性质。在社会继替作用中，秩序和简明是维持社会团结的重要条件。”②因为社会结构给各种地位规定的权利和义务，亦即通常所谓的社会身份，多少是具有完整性的，于是采用亲属体系进行社会继替时也就不能双系并重，而需要单系。虽然在双系抚育中所养成的感情联系是不分父母儿女的性别的，但在继替中则要偏重于单系。“生育制度的两部分，抚育和继替，既包含着这种矛盾，双方都会因之蒙受不利。因为继替是单系偏重的，所以孩子在抚育上多少会因性别而受到差别的待遇”。③

为了社会秩序和社会团结，社会继替不能不从单系，但由于双系抚育中所养成的感情联系之故，单系继替也永不能彻底。但永远也不会双系并重的。在财产私有制的社会里，单系继替是社会结构的普遍特征。因此在孩子生得太多时，继替过程会发生困难，而在没有亲生孩子，或因为性别关系而不适合做继承者时，就要采用收养子、过继、入赘等方法来解决继替问题。

十二、氏族——单系继替的充分体现

费孝通说：“生活本身建立不同的社会关系，社会关系包括感情和行为的

① 费孝通：《生育制度》，商务印书馆，1947年，第143页。

② 同上书，第155页。

③ 同上书，第157页。

内容。家庭是最早也是最基本的生活集团，它因之是社会关系的养成所。家庭生活中所养成的基本关系，在生活向外推广时，被利用到较广的社会场合上去。个人在家庭之外去建立社会关系最方便的路线是父母原有的家庭关系。这是亲属路线。根据生育和婚姻，每个人都生在一个谱系秩序中。在这秩序中，他因生活的需要分出亲疏，形成一个亲属范围。"[①]

当然，第一层的家属关系是以从家庭生活中余留的感情以及日常生活上的互相帮助为基础的，所以并没有法律性的联系和无形的组织。一旦走出实际生活上的互助范围而进入要用法律来维持的亲属关系，亦即扩展到第二层，单系继替的原则便充分表现出来。氏族是在第二层扩展中组成的单系亲属团体，它是一个经济和政治性的组织，有共同的利益要保护，有共同的目的要追求，所以有统治的机构，有规定的权利和义务。在继替过程中，单系偏重的情形更为显著。为了避免社会的混乱，财产和地位最好是能完整地传下去，因此需要严格地走单系路线。

费孝通说，家庭是双系的，氏族是单系的；家庭的目的是抚育，氏族的目的是处理经济和政治上的事务。若用亲属原则来规划继替作用，必然要有一个层次分明的单系亲属谱系。"对于继替问题特别关心的就是这些可能继承的人，这些人要保护自己的权利，得监督着继替作用使它按着公认的原则进行，于是这些人有了共同的目的和共同的利益，产生了组织，发生了社会的裁制力来管理这事务。这是氏族"。[②]

十三、中国文化的社会观——费孝通生育制度的理论基础

从费孝通的上述论述可以看出，费孝通在《生育制度》里的思路和程序与一般人的不同，亦即是颠倒的："为了集体需要的新陈代谢，社会必须再生产新的成员，社会新成员的再生产必须经过生物性的生殖和社会性的抚育；新成员能否出生必须得到社会的批准，社会成员的培养更需要社会的抚育，于是出现'家'，要使男女成家，必须经过社会规定的结婚手续，并服从社会规定的两性关系。我在这本书里提出的观点，正是传统认识的倒叙。"[③]这也是东方

① 费孝通：《生育制度》，商务印书馆，1947年，第193页。

② 同上书，第198页。

③ 费孝通：《费孝通学术文化随笔》，中国青年出版社，1996年，第76页。

人从来没把婚姻看作男女之间的契约关系的观点。费孝通没有离开中国文化的社会观，他把个人看作不过是世代之间的一个链环。“传宗接代”不是把个人摆在社会之前，不是把个人和社会对立起来，而是把人与社会之间的关系看作辩证的关系，即可以用“‘前有祖宗、后有子孙’的社会观来指出中国家庭结构的特点。也就是中国文化和西洋文化的区别所在”①。费孝通正是因为成长在中国文化土壤上，才产生如此的理论。

第二节
中国家族制度研究

在20世纪40年代，社会学界对中国家族制度的研究颇多，他们企图通过对家族制度的研究来认识中国社会的本质。孙本文在《社会学原理》（1935年，商务印书馆）与《现代中国家族问题》（1942年，商务印书馆）等著作中，李树青在《蜕变中的中国社会》（1945年，商务印书馆）一书中，都讨论了家族主义，论及了中国的家族制度。本节将概述孙本文、李树青等社会学家有关中国家族制度研究的主要成果。

一、中国家族制度的形成

一切社会制度，都是根据人类求生的需要而演化成的人类思想与自然条件的结合。中国的家族制度的形成，同样是自然的环境条件与人的思想观念相结合的产物。

（一）宗族制度

长期以来，中国社会一直是一个静态的农业社会。铜器、木器在生产上的应用，推动了生产力的发展，产生了私有制，氏族制度随之解体，并从氏族中衍化出宗族。宗族是由同一父系祖先所出、世世代代相传而又自成单位的血亲集团。夏（约前21世纪–前16世纪）、商（约前16世纪–前11世纪）、周（约前11世纪—前771年）时期，中国进入宗族社会，宗族制度成为基本的社会制度。

在宗族之内，有一定的主从等级关系和相应的行为准则，这特别明显地表现在祭祀、身份、财产的继承上，宗族中嫡庶长幼传递的系统，古有一定的法

① 费孝通：《费孝通学术文化随笔》，中国青年出版社，1996年，第77–78页。

则，称为宗法。战国至汉初时期的《礼记·大传》说：“别子为祖，继别为宗，继祢者为小宗。”[①]东汉《白虎通》说：“宗其为始祖，后者为大宗，此百世之所宗也。宗其为高祖后者，五世而迁者也。高祖迁于上，宗则易于下。宗其为曾祖后者，为曾祖宗。宗其为祖后者，为祖宗。宗其为父后者，为父宗。以上至高祖宗，皆为小宗。以其转迁，别于大宗也。别子者，自为其子孙为祖，继别也，各自为宗。小宗有四，大宗有一，凡有五宗，人之亲所以备矣。”[②]这些都说明了宗族的结构和宗法关系。现以周代封诸侯为例，说明宗法的内容。周代号称分封八百诸侯，各诸侯世世相传，但均以嫡长子嗣位。嫡子之外有庶子，庶子之中亦有为大夫的，如图13.1所示。[③]

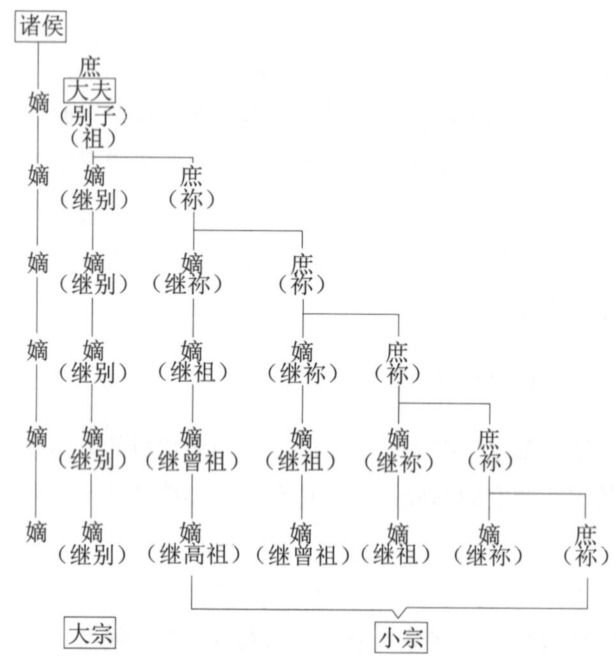

图13.1 周代分封图（采自《礼大传》郑玄注）

诸侯所封为大夫，大夫衍成为大宗小宗系统，由此推论，诸侯对大夫而言为大宗，大夫为小宗；天子对诸侯，则天子为大宗，诸侯为小宗。分封制度不但封官爵，而且随之分封领地和土地上的劳力，因而分封不但说明受封者的社

① [西汉]戴圣著，崔高维校点：《礼记》，辽宁教育出版社，2000年，第116页。

② 孙本文：《社会学原理》，商务印书馆，1935年，第443页。

③ 同上书，第444页。

会地位，而且说明受封者的财力。正是这种分封制度进一步加强了宗法制度。

宗法制度与宗族祭祀、服制、封建制度均有密切关系。宗族中嫡庶长幼之序出自宗法系统，按宗法规定各有祭祀之礼。《礼记·王制》说："天子七庙，诸侯五庙，大夫三庙，士一庙。"①《礼记·郊特牲》说："诸侯不敢祖天子，大夫不敢祖诸侯。"②服制也按宗法顺序而定轻重及有无。封建制度以分封同姓为原则。天子分封诸侯，诸侯封大夫，依宗法系统而定。因此，封建制度是由宗族系统扩充而成的政治系统。宗法制度维系着封建制度。

经济、政治和生活综合的宗族，成为社会的基本组织形式，宗族制度是封建社会的基本制度。虽然这时个体家庭是宗族的基本构成，是生产经营单位，但仍然属于宗族，并未独立出来，因为土地、生产资料等共同财产均属于宗族所有，在生产上需要族内劳动协作。宗族有共同的宗庙、墓地等。社会活动也以宗族为单位，如共同商议族内的事情，举行族内的祭典、礼仪等。此时，个人的群体认同，主要是对宗族的认同，宗族的利益高于一切。因此，从经济生活、政治生活到观念上，都表现出个体家庭对宗族的依赖。宗族制度又与分封制度相互依存。

（二）家族制度的形成

1．家庭制度代替宗族制度

春秋（前770–前476）、战国（前475–前221）时期的社会大动荡、大变革，摒弃了世卿世禄制度，也就是废除了分封制，宗族制度也开始瓦解。同时，生产工具特别是铁器的使用和技术的进步，为个体小家庭从宗族中独立出来创造了条件，小家族成为独立的经济单位。为了促进生产的发展，秦国商鞅实行变法，国家正式承认土地私有，并能自由买卖，还规定"民有二男以上不分异者，倍其赋"，更加促进了小家族的形成。小家族成为基本的经济和生活单位，成为基本的社会组织形式，从而家族制度代替了宗族制度，但宗族观念、宗法文化传统和封建礼教仍然留在家族制度中，并与君主专制的政治环境、封闭而且分散的自然经济等社会经济环境紧密结合。家族制度存在两千多年。无论宗族制还是家族制，都是家长制。到了西汉，一整套的家长制的家庭伦理和行为准则形成《孝经》《礼记》。

① [西汉]戴圣著，崔高维校点：《礼记》，辽宁教育出版社，2000年，第43页。

② 同上书，第87页。

2．早期大家族

从东汉（25–220）后期至魏（220–265）、西晋（265–317），直到唐（618–907）和五代十国（907–960），土地的兼并形成了门阀世家，门阀世家享有各种特权，官宦大臣都出自门阀世家，此时门第观念也极强，因此，累世同居的大家族成为人们推崇的理想家庭模式。

3．大家族的后期

唐末、五代的士族门阀制度随着商品经济的发展和科举制度的实行而衰落。科举制度的实行形成了官僚地主，在官僚地主的基础上形成了大家族。宋（960–1279）、明（1368–1644）、清（1616–1911）时期，中国进入大家族的后期。

此一时期的家族主义价值观和封建家族制度被日益强化。如朱熹的《资治通鉴纲目》具有扶纲（君为臣纲、父为子纲、夫为妻纲）常（仁、义、礼、智、信）植名教的鲜明特点，凡是事关君臣、父子、夫妇等伦理关系的，总是尊君抑臣、严父孝子、义夫节妇，为张三纲服务。

朱熹的《家礼》为封建士大夫所奉行，在社会上具有规范风俗习惯的力量。这也可能是因为商品经济发达对家庭有所冲击，反而使这种制度在观念上有所加强。

（三）家族结构

中国人的家庭，通称家族。据宋元之间的《六书故》（此书包括天文、地理等九部，其中一部讲造字的），家作京，人所合也。从砠，三人聚宀下，砠之义也。币，古族字。在东汉时的词典《说文》中，家从豭省声，伪币为豖。据此，则家与族，似本为同字。周代《尚书》（包括尧、舜、夏、商、周至秦穆公的历史文献）称：“克明俊德，以亲九族。”东汉郑玄注谓：“九族上自高祖，下至玄孙。”仅指直系亲属而言。而东汉的《白虎通》说：“九族谓父族四，母族三，妻族二。”这就把母族、妻族包括在内。南宋王应麟为初学者编的类书《小学绀珠》说：“九族者，外祖父、外祖母、从母子、妻父、妻母、姑之子、姊妹之子、女之子，已之同族也。”是兼内外姻戚而言。但《尚书》、汉孔安国传唐朝孔颖达编定的《尚书正义》、宋朝蔡沈的《书经集传》以及近代学者，大多采用郑玄之说。《明律》《清律》所规定的服制图，也以同宗亲属为家族的范围，现就五服中的正服家族为例，列出九族系统图（见图13.2）。图表明，中国家族制度的形式，是以父子关系为中心的父权家族制。

				高祖父母				
			曾祖姑	曾祖 父母	曾伯叔祖父母			
		族祖姑	祖姑	祖父母	伯叔祖父母	族伯叔祖父母		
	族 姑	堂 姑	姑	父母	伯叔父母	堂伯叔父母	族伯叔父母	
族姊妹	再从姊妹	堂姊妹	姊妹	己身及妻	兄弟及妻	堂兄弟及妻	再从兄弟及妻	族兄弟及妻
	再从侄女	堂侄女	侄女	子女及妇	侄及妇	堂侄及妇	再从侄及妇	
		堂侄孙女	侄孙女	孙子孙女孙妇	侄孙及妇	堂侄孙及妇		
			曾侄孙女	曾孙曾孙女曾孙妇	曾侄孙及妇			
				玄孙玄孙女玄孙妇				

图13.2 九族系统

家族关系如上图所包括的范围，其关键是表明血统的关系，并以血统的关系而生亲亲之义。由己身推及亲属，由亲属而推及社会。《易》（包括《易经》与《易传》，《易经》为西周之著，《易传》为战国时对经的解释）中的《序卦》说："有男女，然后有夫妇；有夫妇，然后有父子；有父子，然后有君臣；有君臣，然后有上下；有上下，然后礼义有所错。"[①]中国社会以家族为中心，一切风俗制度，都从家族出发，推而广之，家族是中国社会的基础组织。族田、族谱、族规是维系家族制度的支柱。

从其形成历史可以看出，中国家族制度与经济基础尤其是与土地制度、政治制度及宗法制度等紧密相关，同时也说明，要认识中国两千年的封建社会，就必须研究中国的家族制度。

二、中国家族制度的维系

（一）中国的家族制度为什么能维系两千余年

中国家族制度的生存和维系是自然物质环境与人类求生需要而演化成的人为思想相结合的产物。

① 于春海译评,《易经 彩图全解》，吉林文史出版社，2010年，第219页。

1．自给自足的农业：血缘家族存在的自然条件和经济基础

中国人两千年来的主要谋生方法是农业，其特点之一是，经营农业完全是一种体力劳动，男子比女子更适宜这种生产方式，因此，在家庭中男子成为经济生活的主要支撑者，这就使家庭组织在形式上成为父权制家庭，从而在社会上形成重男轻女的风俗；其特点之二是，在农业社会中，最基本的财富是土地，利用土地的能力愈大，致富的机会就越大，因此，在中国流行多子主义，并提倡累世同居的大家族制；其特点之三是，生产技术就是经验，老人的经验多，自然成为家族的和宗族的权威。再者，农业是靠天生活的静态职业，农民在心理上自然生成安土重迁的观念以及尊敬祠堂、崇拜祖先等观念与习俗。自给自足的农业是血缘家族存在的自然条件和经济基础。

2．家风与家法：维持中国家族制度最重要的元素

在注重父子关系的血缘家族中，逐渐发展出一种特殊的生活方式，即家风，同时也积累起一种特殊的自治规范，即家法。这些家风、家法又由儒家大师们从制度上加以规定。当然这些规定是与自然环境条件相结合的产物。家风是团体的精神，家法是保障这种精神的成文和不成文的规定。家族中各成员的相互关系和态度、财产与职位的继承等，均受这种家法支配。家风与家法是靠人为的道德标准维持的。这种道德又与生活的环境相符。

3．家产是家族的物质基础

支持家风与家法的物质基础是家产。家产当然既包括实物财产又包括技术，在农业社会中，一切技术全靠家传。儿孙要生存就要从父辈手中获得财产（尤其重要的是土地）和技艺，这就要以儿孙服从家风家法为条件，同时，儿孙所得的经济利益和社会地位，也要由全家族共享。

家产既然成为维持家风与家法的基础，累世同堂自然便成了保持家产和维持家风的最理想形式，因此，累世同居成为受奖励的美德。唐代张公艺的九世同堂，曾惊动了唐高宗的圣驾。实际上不可能所有家族都做到这一点，大多数家庭，尤其是一般的庶民家庭，还是要分家的。但为了维护家族的利益，家产由诸子均分，技艺传男不传女。虽然小家庭成为独立的生产单位，但仍然是家族制度下的独立单位，家族正是由这些有血缘关系的小家庭组成的。

4．家系：血缘家族的延续

以父子为中心的家族，很重视家系，家系代表家风与家法。在中国，悠久

的家谱与名人的后裔，都是值得夸耀之事。这种风气，加强了社会上崇拜祖先的观念，同时也加强了家族的意识。

农业社会的自然经济条件与家风、家法、家产、家系的结合，长期维系着家族制度。

5．家族中的父系家庭

在家族制度下的家庭内，在生活方式上又如何维持其秩序呢？儒家的人文思想与农业生产所造成的以父子为中心的家族制度，对家族中的各个成员的地位及任务都有所规定，这些规定维持着家庭的秩序。在家庭中首要的是夫，夫是一家之长，处理一切家产，对外代表家庭，并担负维持家风与家法的责任，对子女负有教育的责任。而妻子作为丈夫的妻和家族的成员，必须服从本家族的家风家法，要遵守三从四德的规范，其主要任务是生养子女。子既是家系的延续者，家产的继承人，又是家风家法的维护者；而女则只能孝顺父母，服从家风，待嫁而出。

在以父子为中心的家族中，父子关系格外重要，但要绵延家系，婚嫁对全家族也是重要大事，是家族制度规定的重要大典之一。娶妻有三个标准：能生育子嗣，遵守家风，有劳动能力。要找门当户对的，因为家风家法相同对子女人格的养成与品性的陶冶是很重要的，在家风家法相同的家族长大的两个不相识的人结合，才可以达成共识。

综上所述，维系家族制度的因素有三个。首先，在农业社会，家族是重要的社会单位，家族具有经济、教育、娱乐、宗教等多种功能，自然具有维系各分子的力量。其次，家族中的地产，在以农业为主的社会里，是维系家族团结的经济基础，因为农民离开家族就失去土地和农具，也就无法生活。再次，家风和家法提倡家族的团体精神与集体的生活方式，限制每个成员的个性，家族的声誉高于一切。家风和家法是维系家族生活的重要条件。

（二）家族组织内部如何进行维系

各个家庭凝聚在血缘家族里，这是其自然经济的基础与一系列习俗、制度相结合的结果，并且是通过祠堂、族长与族规、族谱、族田的有机结合来维系的。

宗祠是家族的标志，是祭祖的圣地，宗祠把活着的后代与去世的祖先连接了起来，正是祖先把家族成员团结在一起。宗祠既是用家风家法教育后代的场所，又是宗族聚会执法的场所，同时也是家族事务的管理机构。宗祠是家族的总指挥部。

在总指挥部里，族长主宰家族的一切，他主持重要的祭祀活动，代表祖先号召全族。他又是族内的仲裁者，主持分家、立嗣、财产继承及纠纷调解。同时，族长还是家法族规的维护者和执行者，并且是一族的对外代表。

族长依靠族规即成文和不成文的家训、族训、戒条、族范、族约、宗规等来治理家族。族规宣扬封建的礼教、宗族观念，规定家族中各成员的地位与任务，尤其是规定了族长的权力与宗祠、族田的管理条例。

为了家族的延续和财产的继承有可信的根据，家族要立族谱。族谱是家族联系的纽带。同时，家谱又是家族史，是进行光宗耀祖、家族观念和家规教育的教科书。

家族要生存和发展，要组织修宗祠、续家谱等活动，都要有经济基础，因此，族田就是家族的经济命脉。族田为家族活动提供了物质基础，同时也为家族的聚居提供了条件。

正是宗祠、宗谱、族田、族长、族规的有机结合，维系着家族制度。

（三）为什么家族制度作为一种社会制度能长期存在

这还要从中国的社会结构及其功能来分析。中国是以农业为主的乡土社会，家并没有严格的界限，这个社群里的分子，可以根据需要而不仅仅限于亲子关系，可以沿亲属差序向外扩大，但在结构上扩大的路线是有限制的。中国的家扩大的路线是单系的，在父亲方面可以扩大得很远，可以包括五代之内所有父系方面的亲属，形成所谓的家族。

家族不但包括生育的功能，还有其他许多功能。因此，在中国的乡土社会里，实行差序格局的人际关系制度，利用亲属的伦常去组合家族经营各种事业，无论是政治、经济和宗教等功能，都可利用家族来负担。为了经营这许多事业，家的结构不能限于亲子的小组合，而必须扩大，而且政治、经济、宗教等事务都是长期的绵续性的，于是家的性质变成了族。

费孝通在《乡土中国》一书中说，中国的家是一个事业组织，家的大小依事业的大小而定，如果事业大，超过了夫妇两人所能担负的限度，那么兄弟伯叔全可以集合在一个大家里，但所有大小结构原则都由单系的父亲的差序格局组成。

在乡土社会里，主轴是父子关系，婆媳关系也是纵向的而不是横向的，夫妇关系成了配轴。这两轴都因事业的需要而排斥了普遍的感情，一切事业都从效率考虑，求效率必讲纪律，纪律排斥私情的宽容。因此，在中国的家庭里有家法，在家族里有族规，夫妇之间相敬如宾，女子要遵守“三从四德”的标准，亲子间讲究责任和服从。家庭与家族中的家风和族规，与家族所从事的事业遥相呼应，长期维系着家族制度。

三、中国家族制度的变迁

（一）家族制度变迁的因素

一个社会制度的存在或变迁，是由人们赖以谋生的物质条件与支配人们社会行为的思想观念决定的。

影响家族制度的首先是经济发展。工商业的发达与城市的兴起，创造出许多职业，促成了人口流动，同时也为女子离开家族就业创造了条件，这对以父子为中心的家族制度是重大的打击。

由于经济的发展，社会财富的积累，人们谋生的手段便不单是土地和农田，而且还通过其他职业和生产资料创造社会财富，个人经营同样可以获利，这样使得个人从土地财产的束缚下解放出来，从而瓦解家族制。

随着经济的发展和社会的进步，家庭的许多功能为社会所代替，尤其是经济功能被转移到社会，从而使青年走出家庭进入社会，家族观念也随之削弱。

农业社会里养儿防老，而经济发达的社会抑制生育。家庭制度的发展，自然是从血缘家族走向夫妇家庭，并且轻视父系的家系与家风。

一切社会制度都是源于人类求生的基本方式，同时基本生活方式的变化也影响着人们的思想观念和制度，包括家族制度在内。

综上所述，大规模的产业与贸易的发展，对于父权的大家庭起着反作用。全盛时期的家族，大都是以自给自足的自然经济为基础的，但随着大规模机器工业和商业的发展，任何人都不能为自己个人消费而生产了，只能消费那由专门厂家生产出来以备交换的产品，虽然家庭曾经是一种组织生产的形式，但重要的经济职能已走出家族。于是家族在物质生产上的功能衰落了，在伦理上的价值也跌落了。随之妇女、儿童的状况会有巨大的改进，他们的幸福和尊严也会为人们所重视。

以前属于家庭的权力，现在移归国家所有。在早期，家族是一个完备的小天地。但随着国家活动的扩张和精密化，以及工商业的发展，家庭所曾具有的社会经济机能，自然而然落入公众讨论和立法的范围，当国家逐渐剥夺了家长的一切司法机能时，它就把旧的家长制宗族中隶属的非人关系打破了。家族制度遂由此而变得脆弱，家族制度的经济基础、观念与权力随之而消失。近代大规模工商业的发展，是与家族制度的衰落同时并行的。

（二）中国近现代家族制度的变迁与家族制度的弱化

明末以来，特别是在清末及民国时代，由于商品经济的发展，又由于资本主义列强的入侵，中国的自给自足的自然经济基础遭到破坏，近代资本主义工商业逐渐出现，又经戊戌变法到辛亥革命，推翻了封建君主专制政治制度，从而动摇了家族制度的经济和政治基础。尤其是五四运动，对封建家族制度及其伦理进行抨击，家族制度逐渐弱化。

但由于中国的工商业没有得到充分发展，中国的家族制度的变化是有限而缓慢的。20世纪上半叶，由于西方文化的影响和小部分物质条件的改变，家族制度的演变首先从都市开始，尤其是知识分子，迅速地从以父子为中心的血缘家族走向以夫妇为中心的小家庭。当然，在当时的广大农村，家族制度的变化是微小的，因为在农村，家族制度存在的物质基础和观念并未受到大的震撼。

人类的生活条件自然是由物质环境决定的，但怎样利用这些物质条件却是由人来决定的，人类的选择对社会制度是有影响的。

第三节
李树青论“蜕变中的中国社会”

李树青（1906-），美籍华人社会学家。辽宁省凤城县人。1930年考入清华大学社会学系。1935年毕业并通过留美考试。1936年入美国威斯康星大学学习，翌年获硕士学位。1938年回国。1939年赴重庆参加对敌经济作战计划工作。1940年任教昆明西南联合大学社会学系。1943年在云南大学社会学系兼课。主讲社会变迁、乡村经济、社会制度等课。在抗战期间，他结合社会变动的问题发表了一系列学术论文，其中大部分编入《蜕变中的中国社会》一书，曾产生广泛的影响。1945年再度赴美，研究人口及土地利用问题。1947年入芝加哥大学社会学系深造，1950年获博士学位。1951-1978年先后在美国俄勒冈州立大学社会学系、圣路易华盛顿私立大学社会学系、芝加哥大学东方学院、密苏里州立大学东南专科学院、南达科州立大学、戴顿私立大学及俄亥俄州立大学任教和研究。1978年退休，被俄亥俄州立大学授予荣誉教授职衔。

主要著作有：《蜕变中的中国社会》（1945）、《土地经济学》（1944-1947）、《天竺游踪琐记》（1947）、《人性与社会》（1985）等。《蜕变中的中国社会》是李树青运用制度学派的观点和方法来分析和探讨中国社会的结构及其变迁的著作，他在该书中提出了社会制度是社会学研究的主题的观点。而后他从社会学的传统、研究主题、研究方法等角度出发，又认为社会学应该注重人与人的行为的研究，他认为将来的社会学要走到行为科学的路上。[①]

作为制度学派在中国的代表，李树青用制度分析的方法来研究蜕变中的中国社会。他从自我主义、家族主义、乡土主义、民主主义、“社会人”、社会身份等，来讨论社会思想及理论；从知识分子、儒家思想的社会背景、士大夫的生活与妓女、中国的家族组织及其重建，来分析中国的社会；从乡村文明与都市文明、中西文化问题、文化的“体”与“用”、文化发展的条件、中国文化问题、创建第三期的中国文化，来说明文明与文化；从社会的阶梯、社会的筛箕、为什么中国社会未能资本主义化、工业化商业化与资本主义、蜕变中的中国社会等方面，来论述中国的社会移动及社会变迁等。这样运用制度的方法分析中国社会的各方面，在当时是为数不多的。下面通过介绍他对民主制度的论述及为什么中国社会未能资本主义化及演变的论述，来说明他用制度分析社会理论及社会变迁之精辟。他明确提出要在中国发展国家资本主义的观点，也是独树一帜的。

一、论民主主义

（一）民主政治的科学基础与条件

李树青指出，论民主政治者，一般都侧重于以人民参政为民主政治的特色，其实这只是民主政治的形式。他认为，民主政治固须具备此种形式，但民主主义的重要性，并不在于由其组成的政体，而在于人民在此政体下所表现的精神。倘有此精神，则两人之间即存在着民主。反之，即使有议会，不过徒具

① 参见“李树青”介绍，载《中国大百科全书 社会学》，中国大百科全书出版社，1991年，第157页。

空壳而已。此种精神殆系中国人民在日常生活中所最缺乏的，因此，民主精神的学习与养成，实有予以倡导及确认的必要。

李树青说，自19世纪末叶以来，欧美对于学术的最大发明与贡献，在乎治学时的理智与客观的态度和科学方法。这是现代学术思想的基本精神，这近百年来的科学思想，也是民主政治的基础。他说："一个政体之所以经久存在，并且普遍地影响到整个的世界，可见绝对不是没有其时代上与学术上的背景所能办得到的。现代的学术思想的结晶，最简单而扼要地说，便是承认异己的存在，然后逐步用科学方法求得一个合理的解决。民主政治必存在着不同的政党。政党所代表的，是一种共同的政治信仰。此种信仰，不是政党首领的凭空杜撰或是东抄西袭，而是用冷静的头脑，科学的方法，分析当前社会问题时所得到的结论。不同的政党必有政争。……近百年来，民主国家的政争能以有效地避免内战者，其至关重要的一点，即在其摒除感情与承认异己的理智和客观的态度上。"①

李树青发现，民主主义下的政争过程是："最先是各政党从实际社会中收集材料，加以缜密的观察与分析，在各党据以订定政策后，除去随时到议会里去公开讨论外，复按期到全国民众面前去征取民意。由此种种方法得到了执政的政党与付诸实行的政策。"②他由此看出，这种步骤，与现代学术的科学方法几乎完全吻合，这种方法就是通过收集事实、观察、分析以及综合而得出结论。因此，他指出："民主政治必须具备理智、客观与科学方法三个条件，缺一不可。"③

李树青认为，民主政治并不在于政治的形式，而在于人民所表现的精神，最主要的是在于国内大多数民众在生活方面所表现的精神。也就是说，大多数民众必须能够理智，客观，并能够应用科学方法分析事理，解决纷争。"倘如民众中间广泛地存在着民主主义的精神，则这个国家的民主政体便是真正的德谟克拉西。其民主政治的基础才是健全的稳固的。反之，若是在人民的生活中间，根本没有民主精神这回事，则选举议员召集国会，不过给各地土劣以上下其手贿买贿卖的机会"。④

① 李树青：《蜕变中的中国社会》，商务印书馆，1945年，第56页。

② 同上书，第57–58页。

③ 同上书，第58页。

④ 同上注。

欧美学者担心中国民众当中文盲的比例特多，无法施行民主政治。而李树青等觉得一般受过现代教育的知识分子，口头上讲民主主义最响的，而在实际生活方面却表现不出一点民主主义的精神，这尤其是一种值得充分担忧的事。

李树青还认为，德谟克拉西虽非尽善尽美完整无缺，但不失为当代最优良的政体，在未寻到其他更好的政体代替它以前，仍不妨加以拥护。

（二）民主是一种政体、一种哲学、一种精神与一种主义

李树青说："民主是一种政体，一种哲学、一种精神，还是一种主义。"[①]他认为，政治固然是民主的一面，但并不是一切。而民主政治所必须具备的"理智""客观"与"科学方法"这三个条件便构成了民主哲学、民主精神和民主主义。

1．民主哲学

民主哲学以科学建立宇宙论，以理智与客观建立人生论与知识论，其他宇宙论的最大缺点在于抹杀了人，根本不懂得"天地之性人为贵"的道理。民主哲学一定是人本主义的哲学。宇宙的生成与归宿现在还无法加以证明，但宇宙的继续存在却是因为有"人"，没有人便没有一切。哲学是一切科学的科学，民主也是一切科学的科学，或者说是一切科学的发源地。因为不能想象出任何一种现代科学，能够离开理智与客观态度和科学方法而被建立起来。假如说没有民主哲学即没有现代文化，亦非言过其实。

2．民主精神

李树青说："民主是一种精神，是一种渗透人生观而发挥出来的待人接物的精神。有了民主的训练与涵养的人，自然而然都会'诚于中而形于外'的。这种精神的具体表现，不仅在待人有礼，持己有方；还在不感情用事，尊重自己和尊重他人。这都是我们社会人士之所最缺乏的。不信么？试看农村里鱼肉乡民的土劣，火车上横躺竖卧的乘客，机关里擅作威福的官僚，市场上垄断居奇的市侩，以及文化界'敝帚自珍'固执己见的文人学士等，都是在患着剧烈的民主营养缺乏症。我们民族要不能及早用民主的药石，来医治这类致命的缺点，社会便永远不会有良好的秩序出现，国家就无法走上现代化的道路。民主精神的另一要点，在于应用科学方法来分析事理解决争端。因为当事人不感情用事和尊重他人，所以能心平气和地讨论，愿意讨论，直到双方寻出了更可靠

① 李树青：《蜕变中的中国社会》，商务印书馆，1945年，第59页。

的事实与更充足的论据，争端会自然地平息下去。”[①]否则，以力服人，也只是片刻间的现象。

3．民主主义

李树青认为：“民主既系一种哲学，又是一种精神，因而构成了民主主义。民主的意义，不仅在执行了‘民为贵，社稷次之，君为轻’的信条，还在更进一步承认《孝经》所谓‘天地之性，人为贵’的哲学。物本主义者与神本主义者都不会是良好的民主主义者。因为他们即有所蔽，必有所备，免不掉入主出奴的成见，唯独人本主义者可以不致陷入类似的泥淖中。”[②]因为信仰民主主义的人，则应用理智的与客观的态度和方法来建立理论系统。民主主义包括一切的科学与人生观，它在形式上和理论上都是一种较高级的思想。因为在形式上不靠着排斥其他主义而存在，在理论上民主主义用理智的与客观的态度和科学方法，逐步地从事实得出结论。因而民主主义的理论，常常有充分的事实作为根据。

李树青还认为：“民主主义既系较高级的，表现在政治上，也是高级的政体。民主政治所需要的人民，不仅须有较普遍与高深的教育，还在其能有民主的训练与修养。尤须大多数民众能以在生活上表现出民主的精神。换言之，即生活能以理智化客观化，并能以应用科学方法去分析事理，解决纷争。因为如此，所以民主国家尊重每一国民的意见。舆论就自然而然地变成施政的指针。”[③]

最后，李树青指出，我们应一面发扬光大固有的文化，同时更须学习欧美最开明最进步的思想，用以调剂固有文化的不足。民主主义便是当前亟当学习的主要课题。因为其标准之高，会使人开始时感到学步匪易。然而这却对我们的民族健康有益。同时，他又指出，我们的民族是优秀的，我们的历史果实是丰富的，儒家的硕学大师自上古以来，便为我们创立下人本主义的教条，两千年来人民并用之为做人与治事的准则。目前，在遭遇空前的危难期间，我们更应该虚心学习——体察环境的事实，确认国际的趋势，早日打下民主主义的基础，奠定民族复兴的大业。

① 李树青：《蜕变中的中国社会》，商务印书馆，1945年，第61–62页。

② 同上书，第62页。

③ 同上书，第63–64页。

（三）民主主义与其他主义的本质不同

李树青说，民主主义是一种主义。因为这种理论，也能构成一个信仰，一种力量，并且能引起成千成万的人为之而奋斗、为之而牺牲。同时，他又指出，民主主义虽然也是一种主义，不过这种主义在本质上却与其他一切主义不同。他认为，其他任何一种主义，全有一个中心信念，全有一套固定看法，在探讨事理与解决问题时，不免以偏概全，强人从己。由于成见既深，畛域即起，结果常会做到曲解事实与戕贼人性的地步。至于民主主义，却恰恰与此相反。民主主义所代表的思想是自由主义。自由主义的特点，就是任何一个个人，任何一种个性，与任何一种思想与理论，全允许其有自由发展的机会。民主主义者不相信有任何一个完人，亦不信有任何一种至善至美的思想。因此，他们的态度总是客观的。他们的方法总是科学的。因为态度是客观的，所以他们绝不固执己见，更谈不到排斥异己。一个相信民主主义的人，应该愿意去发现异己的理论与思想，借以淬励乃至证实自己的见解。因为方法是科学的，所以他们的结论不是凭空杜撰，而要根据事实。应用到政治上来，便是要按照人心向背的测验，也即是拥护人数的多寡，借以决定政权的归属。“民主主义的本质，既然如此，可见与任何一种其他的主义，完全不同”。[①]

李树青批驳了民主主义是一种散漫的政治，而一切独裁主义都是有组织、有效率、有纪律的政治的观点。他说，在承平时期，在民主主义政体下的人民，每个人都是其自己的主人，每人保持自己的信仰、意见，看起来好像松散，但一旦有了重大事变，民主主义者所表现出来的组织与效率，不但不在各独裁国家之下，甚至反在它们以上。据他分析，其原因是：“在信仰其他任何一种主义的国家里面，因为只允许有一种理论，一个政党。不让人民于此外再有思想，再有意志，非己者死，异己者逐。这时留在国内的人民，只有随着政府的举措，亦步亦趋，如影随形。久而久之，就养成了一种只能以盲从不能以创造的习惯。换言之，也即是失去了自动的能力。在民主国家呢，在平时也许会显得思想太多，太复杂；可是一经到了战时，把这些无穷无尽地能以自动创造的头脑的能力，全集中到一件事情上来，其组织之严，效率之大，当然还要超过那些独裁的国家。”[②]

① 李树青：《蜕变中的中国社会》，商务印书馆，1945年，第66页。

② 同上书，第67页。

同时李树青也批驳了“民主主义是一种平庸的政治，独裁才是一种人才的政治”的观点。李树青客观地承认，独裁领袖多少都有相当的才智，但他认为这个说法应从两方面来看。

第一，在领袖方面，独裁的领袖因为是经过一番奋斗，也可以说经过一番测验而得到的，多数是属比较有才干的分子。但这些领袖也不是出类拔萃的文武圣哲，他们的才干很可能只偏到用于夺取政权的军事一方面。而天下虽可以自“马上得之”，但绝不能以“马上治之”，其施政的结果，诚然只有偾事。而民主政治的领袖，必须经过党内的与党外的竞选，如果是一个平庸的人物，绝不能号召起国内绝对多数的民众。同时，国民绝不肯把自己的命运交到一个如同他自己一样平庸的分子手里。所以经过民选的政治领袖，委实不能即谓为均系平庸分子。即使经由民选的政治领袖确是平庸分子，不能胜任，最多不过是一任了事。但是一个独裁领袖要是在上台后倒行逆施起来，一般人民除去准备杀人流血再度革命以外，别无他法。

第二，就人民方面来说，支持民主与拥护独裁的民众各不相同。李树青指出，一般地说，按照智力曲线来解释，大概在曲线的众数以下的人民，全是独裁领袖的主要支柱。他们既无思想，又无主见，特别容易受暗示的影响与引诱。“民主与独裁的分野，这里也系最大的一个。在民主主义的国家里面，众数曲线以下群众，一定也能安于现状并维持现状。换言之，也能以和在独裁国家内一样地拥护政府与歌颂政府。可是在独裁国家呢？独裁领袖却非把众数以上的人民，多数加以收买、放逐，甚至杀戮不可。也许还有一部分变成地下的工作者。所以人尽其才的政治，恐怕还是民主”。[①]根据以上两方面的分析，李树青指出，就人才政治的多寡来说，无疑地独裁政治可能是但不一定是人才政治。反之，倒是民主主义必然是人才政治，不是平庸政治。

最后，李树青着重强调，民主主义之所以为民主，“主要地在乎施政的精神。在民主政治之下，应该没有迫人信仰的武断教条，没有不许他人加以自由解释的经典，没有钳制异己思想与言论的机构，没有教人盲从的训练，没有超出法律以外的特殊势力，没有不经法律的正当手续而可以褫夺人民任何自由的行为……我们要判断一个国家是否民主，只能从以上这些表示民主精神的项目上多加注意，至于在文字上的如何标榜，在口头上的如何号召，那完全是另一

① 李树青：《蜕变中的中国社会》，商务印书馆，1945年，第69页。

回事”。[①]他的概括是，有历史以来，“为政不在多言，顾力行何如耳”。[②]

二、为什么中国社会未能资本主义化

李树青从社会制度方面解释了中国社会未能资本主义化的缘故。他注意到人地比率、土地制度及传统思想等几个重要条件，最后对中国社会的未来进行预测。

（一）中国社会未能资本主义化

李树青引用孙中山先生在三民主义第二讲中的话说：“大概社会变化和资本发达的程序，最初是由地主，然后由地主到商人，再由商人才到资本家。地主的发生，是由于封建制度。欧洲现在还没有脱离封建制度。中国自秦以后，封建制度便已经打破了。当封建制度的时候，有地的贵族便是富人，没有地的人便是贫民。中国到今日脱离封建制度虽然有了二千多年，但是因为工商业没有发达，今日的社会情形，还是和二千多年以前的社会情形一样。”[③]

据李树青分析，孙中山先生的意思似乎是说，中国社会的变化，没按照普通的程序，循序渐进。直到今日有的还是“大贫和小贫”，并没有大资本家。致使中国社会停顿了二千多年的力量根源是什么？李树青认为：“我们今日还没有大资本家，无疑的，因为中国社会还没有资本主义化。所以没有资本主义化的原因，由于工商业没有发达。而工商业的所以没有发达，必然由于中国社会制度的特殊性，桎梏了工商业的发达。不过，我们晓得，封建社会的根基是土地制度。地主之所以经过商人而变成资本家，也全然靠着土地制度，为其柱石。中国的封建制度破坏了，但地主还只做了小地主，二千多年还没有变动，则我们的土地制度中，必有其特殊的地方。”[④]桑巴特（W. Sombart）曾说过：“在资本主义以前的社会里，人们由社会身份获取财富；在资本主义社会，是由财富取得身份。”[⑤]地主获得财富完全靠收租取息，他们凭借所有权的关系来榨取利益。所以社会构造的本质是静态的。企业家同资本家获取财

① 李树青：《蜕变中的中国社会》，商务印书馆，1945年，第70页。

② 同上注。

③ 同上书，第228页。

④ 同上书，第229页。

⑤ 同上注。

富，要经过自己的努力，抓住每一个可能赚钱的机会，他们要去适应社会环境，而社会也变成流动的。李树青认为，我们从根本上发掘出中国社会未能资本主义化的真相，也可间接地了解二千多年社会停顿的原因。

（二）中国未能资本主义化的原因

李树青首先说明，资本主义化的意义便是农业生产的劳动者与所使用的工具脱离所有关系。土地变成工作场所，农产物变成商品，地主可以凭借所有权的关系，支配和收取一切生产的成果。

其次，李树青指出，资本主义的产生，是由于社会上大量资本的出现。"在工商业未经发达的社会，资本的储蓄只可由于农业。因而农业人口比例的多寡，农具与其利用技术的良窳，以及土地制度三者，便决定了一切。其实资本与工具及其使用技术的关系，还是以资本为主因，后二者为附果"。[①]

李树青逐一分析了使中国社会未能出现大量资本的有关因素。首先，两千年来，中国农具很少进步，这是事实。其次，人口和土地制度是两个重要因素。李树青说，资本的发生，是储蓄的结果。如果农业技术和土质肥沃程度算作两个固定的因子，则资本的累积与农场面积的大小成正比例。而中国土地制度史上的传统习惯——多子继承的结果，形成了中国的小地主，即使一时是大地主，不过几百年又会变成小地主的，这种小地主既不能变做商人，也不配变成大资本家。所以虽然中国自秦以后打破了封建制，工商业却始终未能发达。由于农场狭小、收入不丰，此类小地主多数尚不能脱离生产过程，二千年来中国的土地只是随着家族兴衰而波浪式地起伏聚散着。

李树青认为，地主之有机会变成商人，不仅在于他能积累大量的资本，还在于社会上已生产有大量货物。而中国的农业生产，却一直逗留在自足经济的阶段，即使农产品因农民对其他商品的需要而被投入交换过程，也并非农产品自始即是商品。再加上中国历史上的交通阻塞、地域限制、租税繁杂、内乱频繁等，"中国的商人是先天命定没有出路的。地主既不能也不愿变成商人，于是社会变化和资本发达的程序，便一直蛰伏了二千多年，并没有演进"。[②]

李树青指出，多子继承制是中国的田制史中造成农场狭和地主小的原因。同时，他又指出，农民人口与土地比率之多寡，也具有相同的力量。已耕土

① 李树青：《蜕变中的中国社会》，商务印书馆，1945年，第231页。

② 同上书，第234页。

地面积与全国总土地面积之比，叫作垦殖指数。“垦殖指数之高低，不决定于农民人口的多寡，而决定于（一）可耕面积之多寡，及（二）农业工具之良窳，同时‘人地比率’却又具有决定的力量。农具为生产力之根源，农具的使用程度，直接限制了可能利用的土地面积，也同时限制了人口数量。从这里看来，农业工具和其使用技术，似乎又变成了农业社会生产问题的中心；但实际情形，却有更深于此的：便是人口数量的多寡，常常先在地决定了使用何种农具”。①

虽然一国的土地利用程度，不在于人口数量的多寡，而在于工具的好坏，但中国不能购买欧美的农具来增垦土地，这是因为：（1）缺乏购买的资本，（2）有过于廉价的劳工，两者又都由农民人口过剩这个原因造成。因此农具的改进，显然变成不可能的事。

总之，“在历史上比较固定的生产技术的条件下，中国的人口实在早已超过土地或自然资源所能供给的程度。其所造成的结果，便是：（一）无从积累下大量的资本，和（二）有过于贱价的劳工，这两个条件，在过去固然已经桎梏了工商业的发展，在将来恐怕仍属不免”。②

最后，李树青还分析了比较次要但仍有阻碍社会资本主义化作用的条件。第一，中国历代的传统政策是重农抑商；第二，历代土地思想及政策，几乎全受孟子的井田学说影响，认为土地不但应归耕者，且应较平均地分配，从而抑制了社会的变化；第三，社会上虽并列农士工商，而士大夫阶级总是处在优越的地位，再加佛老思想中的“知足不辱，知止不殆”，儒家传统人生观中的甘贫厌富，不知改进物质环境以满足人类的经济欲望，这种种教条都多少遏制了工商业的发达，致使社会停顿在农业阶段。

无论有多少使中国未能资本主义化的原因，李树青的观点是，中国社会终究还是要工商业化、资本主义化的。他说：“所谓一个社会的资本主义化，也就是说明该社会的商业化与工业化。其附带的意义：在经济方面，因职业机会加多，常在指示该社会的由贫而致富；在社会方面，则因新兴经济的力量，冲毁了封建社会中品级及身份的樊篱，社会变成由静止而流动。当然，资本主义也曾造出许多新的罪恶，为以前的社会所没有；然而以上两点，却是每一个研

① 李树青：《蜕变中的中国社会》，商务印书馆，1945年，第235页。

② 同上书，第250页。

究现代社会制度的人，所不容否认的事实。所以无论我们对资本主义本身的爱憎如何，但对于中国社会的商业化与工业化，却是愈早愈佳的。”[①]

（三）蜕变中的中国社会

1．靠中国社会本身走资本主义化道路的可能性不大

李树青看到，自年鸦片战争以来，中国社会各方面都因受外来影响与压力，已经发生了剧烈的变化。不过，他指出，资本主义的发生，必需社会上已积有大量的盈余资金，这是发展工商业的先决条件。资本的积累主要有两个条件。第一是人地比率适中，这样为社会上全人口所创造的财富的总额，除去消费以外还有盈余；第二是人地比率未动而生产技术进步，同样从事于生产的人能创造出更多的财富。这两者互相影响、互为因果。但事实上人口过剩的农业国无法改良生产技术。这又有许多理由：农场小，批量用自行贬值的劳工，以家庭为单位压低生活程度，无法受教育，这些都使改良技术无从谈起。还有社会制度或文化方面的理由，都使生产技术改良难以进行。

李树青认为，农业中的人口过多，足以阻碍工商业的发展。他对通过发展工商业来吸收农业人口以减少农业人口也不乐观，“主要的有两个理由：第一，因为人口众多，无法积累下大量资本。资本贫乏，便限制住了工商业所能发展的程度。第二，即使工商业得有某种程度的进展，人民的经济生活稍感富裕，结果人口的数量必然随着增加，来填满了这个刚刚剩出的空隙”。[②]李树青认为，想要抑制生殖力，必须普遍地提高人民的知识程度与生活水准，但在当时的中国这简直不可能。而且他认为，“要是无法改变农业中的人地比率，则由中国社会本身的力量，想要走资本主义化的道路，我以为可能性是不大的”。[③]

2．对中国社会内外的资本分析——工商业资本与华侨资本是发展工商业的主力

李树青说中国社会不会积累下大量的资本，并不是说不能积累资本。他认为，构成资本主义化基础的资本分作两类：“一类是中国社会自身所积累起来的，另一类是来自中国以外的社会。前者为土著资本、官僚资本，工商业积累

---

① 李树青：《蜕变中的中国社会》，商务印书馆，1945年，第230页。

② 同上书，第252页。

③ 同上书，第253页。

的资本与国家资本；后者为买办资本，华侨资本与外国资本。这种分析，当然只为叙述上的便利，其间难免有重复的地方。”①

李树青分析了来自中国社会内外的各类资本。

第一，所谓土著资本是指在农村内经营土地或商业所积累下来的地主与商人的资本；这类资本额是极少的，农村人口过剩，无法积累下大量资本，农村高利贷的猖獗是资金缺乏的有力证据。

第二，官僚资本的数量也是微小的，首先，官僚资本都是用合法甚至非法的手段取之于中国社会的。因为中国社会本就无法积累出大量资本，则为官僚所能获取的资本有限。其次，这类官僚都出身中国社会的士大夫阶层，他们虽受现代思潮影响，但经营企业毕竟需要一套新知识与新方法。他们创办的生产事业，十之八九由于资金短缺与经营不善而失败。

第三，国人自营工商业所积累起来的资本。由国人自资经营的工商业，除少数工厂出品可行销欧美及南洋外，多数均以国内市场为对象。这类民族资本应为中国社会工商业化的主力。不幸的是，因其先天不足，所能积累的资本数量很小；“再因国内一般人民的购买力甚低，销场不大；又以连年兵燹的摧残，交通的不便，租税的苛杂，与地方主义的障碍，等等，使其无从发展。同时再加各种不平等条约的束缚，外商携其大量生产与物美价廉的舶来品，与之作生死的竞争。其中最贪婪卑鄙的竞争者，更于经济的竞争以外，继以武力的摧残与掠夺”。②李树青认为，如无外来的武力与经济的压迫，这类资本可经长期积累构成工商业化的主力，但因其先天脆弱，目前似乎已经全无希望。

第四，国家资本又可分为中央政府及地方政府资本。其创办的企业，除利用外资外，其来源仍以各种方式取自国内民众。若社会并未储蓄下大量资本，则国家资本的数量也是受限制的。

第五，为买办资本。这种资本在通商口岸中曾具有其相当的力量。这类资本即系外商在吸收中国人民储蓄的过程中的一种剩余或附产物。洋商发财对于中国工商业化只有相反的影响，不能视为中国资本主义化的动力。

第六，为华侨资本，即华侨在国外经营工商业所积累起来的资本。其数量尤其在南洋一带相当庞大。华侨回国投资，为中国工商业化最有利的条件之

① 李树青：《蜕变中的中国社会》，商务印书馆，1945年，第253页。

② 同上书，第254–255页。

一。华侨资本与买办资本虽都与中国社会的积累无关，性质有些相似；但后者在洋商侵蚀中国人民的储蓄时方能发生与积累，前者则是赚取其他民族的积蓄，用以增益母国的资本。两者对社会的利害关系，恰恰相反。李树青遗憾地说，最可惜的是海外华侨对资本的积累也有两个致命的弱点：（1）出国的华侨，并非受过教育与有组织的商人；（2）华侨的商业地位，多数是在帝国主义者与其殖民地之间，而非其母国与土著之间的中间人，因此，他们的经济基础并不稳固。虽然如此，李树青认为，将来华侨资本如不受政治影响的话，仍将成为中国社会工商业化的一支主力军。

第七，“最后一种资本即系外资。这种资本，数量当然是无限的。尚如利用得当，固可使中国社会趋向于资本主义化；但若利用失当，也能使其殖民地化。所谓平等互惠，终究是一个好听的名词。一国的工商业，若不能自立加以发展，而专靠外资来开发，则其社会之不沦入殖民地，大概是不甚容易的”。[①]

根据以上对各种资本的分析，李树青指出，只有工商业积累的资本与华侨资本，才可被视为发展工商业的主力。但他又明确地说，“但是，中国的面积是广大的，人口是众多的，单靠过去和目前国内工商累积与海外华侨的资本，似乎不能也无力使中国社会资本主义化”。[②]

3．蜕变中的中国社会将走上国家资本主义之路

李树青认为，近百年来，只有一个阻碍工商业发展的条件已改变，这便是历史上的传统思想。“中国的一向由儒家尤其是道家与佛家所支配的思想——主张‘重农抑末’与‘抑制欲望以满足任何经济环境’的”[③]，思想虽不能说是消灭了，但早已失去其支配社会的力量，这也是中国社会演变的初步状态。

李树青相信，工商业一经发展，就要改变目前的社会性质，而创造将来的社会形式。这种社会形式不一定就会造成英美式的资本主义，也不一定造成德苏式的统制经济或全能主义。其中关键，不在于我们自己愿意或不愿意走哪条途径，而是社会的现存条件决定了我们社会的发展。在这方面，李树青的主张是明确的，他说：“我以为中国社会仍得走一种资本主义。即一面在奖励私人

① 李树青：《蜕变中的中国社会》，商务印书馆，1945年，第257页。

② 同上书，第257页。

③ 同上注。

资本，使其投资于与国家经济政策相符的企业；一面由国家出资或大量利用外资，从事建设与国防有关或私人无力或不肯经营的重工业或无利可图的企业。国家控制重要的经济生产，私人则经营有利的工矿企业。国家经济与私人经济携手并进，共同发展，达到创造财富与积累资本的结果。这种社会，我们通常称为国家资本主义。即本质上仍系一种资本主义，不过由国家或政府机关代替了一部或大部的私人资本家而已。”[①]

同时，他又指出，“一个国家的经济发展，常常受政治的影响极大。经济上最适于发展的道路，也许因为政治而变为不可能；经济上不易发展的道路，也许因为政治而促其实施”。[②]也就是说，李树青认为，这只是他从经济方面所推测出来的结论，如政治变故，结论也会有所变化。

① 李树青：《蜕变中的中国社会》，商务印书馆，1945年，第259页。

② 同上注。

第十四章 雷洁琼的妇女和家庭研究

雷洁琼（1905–2011），曾用笔名结群，1905年生于广东省广州市。1931年获美国南加利福尼亚州立大学社会学系硕士学位，并获中国留学生最优秀学习成绩奖，美国社会学学会荣誉会员。1931–1937年任北平燕京大学社会学系讲师、副教授。1941年任江西中正大学教授。1941–1946年任上海东吴大学教授及震旦女子文理学院、沪江大学、圣约翰大学兼任教授。1946–1952年任燕京大学教授。之后，任北京政法学院教授兼教务长，北京大学国际政治系教授，北京大学社会学系教授。历任北京市副市长、全国人大常委会副委员长、中国民主促进会中央委员会主席等职。

雷洁琼对婚姻与家庭研究颇深，在20世纪三四十年代，发表了大量有关妇女、婚姻与家庭问题的文章。我们通过她的研究成果，可以了解到各个时代社会的妇女生活、妇女问题及妇女运动与思想，尤其可以了解到中国的妇女运动以及中国的家庭问题。雷洁琼是较早运用历史唯物主义研究妇女、婚姻、家庭的社会学家。

第一节 雷洁琼论各时代社会的妇女生活

一、史前时代的妇女

雷洁琼将史前时代的社会分为两个时期。第一个时期是前氏族时期。该期生产力水平非常低，生活极不安定，在分配上是共同享受的。在男女关系上，是性的杂交。男女的职分没有差别，因此，像男女不平等一类的事情尚未发生。"因为火、弓箭与骨器的发现和生产力的发展，才有分工的产生，这种分工，是按着性别和年龄进行的，如在两性间：狩兽集中于男性手中，拾取植物食料，集中于女性手中。在年龄上，则分做三个集团，一为幼年集团，二为成年男女集团，三为老年集团，这些年龄的区分，也是生产上的区分，在各种的集团间禁止性的关系，但在每个集团内部仍有自由，这样，性的关系，便渐渐从杂交转到'群婚'"。①

第二个时期是氏族时期，生产力向前发展，使前氏族社会进展到氏族社会。氏族是有血统关系的人群，氏族的产生是因为性的关系的限制，使每个人群按照血统关系，定出确定的宗派。人们共同劳动，共同消费劳动果实。虽然氏族各选有头目，但头目没有强制的权力，而且全族会议随时可以将其换掉。分配方式也是共享。地理环境和气候的不同形成了农耕氏族与畜牧氏族。在农耕氏族中，女子是主要生产者，因此她们握有主权和地位，形成母系社会。

在畜牧氏族中，男子出去狩猎和捕获畜类，妇女的任务是照管家畜，其职分是辅助性的。从经济的观点来看，妇女的劳动是较少生产性的。因此在增加群体的繁荣中，女子和男子没有同等价值。由于妇女财产给养的方法和增加蓄积的手段都没有探求和考察的必要，结果，畜牧氏族中的女子就知识而论不如男子，在筋肉、力量、敏捷等方面也都不及男子，因而认为女子价值低于男子的见解得以确立。加之，畜牧氏族较农耕氏族更易成为战斗的掠夺群团，农耕氏族繁荣是以和平的劳动为基础，畜牧氏族的繁荣则须依靠掠夺始能生存，从而也造成掠夺婚姻的现象，促使妇女处于不平等的地位。

雷洁琼认为："妇女在婚姻上、政治上及社会上的一切权利，都是由于她们在经济上职任的变更而决定的。在经济上，妇女所担负的如果是主要的生产任务，她们就被尊敬，握有权利，如果她们的任务是属于辅助性的，则她们渐次地陷落于无独立性无权利的状态中，而成为男子的附属品，甚至成为男子的奴隶。"②

① 雷洁琼：《妇女问题讲座》，载《雷洁琼文集》（上），开明出版社，1994年，第84–85页。

② 同上书，第86页。

二、古代社会的妇女

在氏族社会的末期，生产力的发展产生了在奴隶劳动上的私有制，其经济组织则由自然经济制逐渐向交换形态转化。社会的基本阶级是奴隶主与奴隶，除此之外，还有独立生产的农民和手工业者。这种奴隶主国家是在氏族制度破坏的废墟上成长起来的，在奴隶经济的社会里，私有财产制需要独立的家庭经济。而在家庭中，妇女自然就成为家事的管理者，一切户外的工作，都归给男子，妇女的劳动，从国民经济的立场来看是没有什么价值的，妇女因之便成了男子的附属物。随着新的经济关系的形成，父权制度便代替了母权制度。在父权制度之下，妇女的地位降低了，她们和家畜、土地、房子一样成为家长的一种财产，常常被掠夺、被买卖。在父权制度下，为了财产的父子相传、保证血统的真实性，需要女子保持绝对的贞操，父系时代就变为一夫多妻了。因为男子要求女子严守贞操，禁止男女间的自由交际，结果反使男子在堕落中去满足性的要求，卖淫制度因而发展起来。

自由市民的妻或女，与女奴隶们比较起来，当然具有某种权利或特权，但在丈夫的眼里，妻子的职务也只是繁衍子孙。例如，“在希腊的法律上规定了妻子的责任为生育和管家。女奴隶的责任，为供主人满足欲情，娼妇的责任，则是满足男子精神的愉快，由此可以知道这时妇女完全被视为男子的附属物了”[①]。

三、封建社会的妇女

封建社会是在奴隶制度废墟上产生出来的。自然经济占支配地位，且是一种自给自足的自然经济。土地多为封建地主占有，直接生产的农民是半解放的奴隶，他们不仅要向地主缴租，而且自己的人身也属于地主，农民终身被束缚于地主的土地之上。手工业是隶属于封建庄园的副业。由于城市与乡村分离的增加，封建社会内部的商业也随之发展起来。封建主一方面是土地所有者，另一方面又是政治上的统治者。领主与农奴之间有君臣主从的绝对服从关系。

而家庭的经济是封建国家的社会有机体的一个细胞，它是生产的单位。在家族中，家长的权威被特别加强，全家族无条件地服从家长的命令。而这种绝

① 雷洁琼：《妇女问题讲座》，载《雷洁琼文集》（上），开明出版社，1994年，第88页。

对从属关系是以法律、宗教、道德、教育等制度来使之合理化、正当化的。各社会阶层的经济生活，决定了各社会阶层的家族性质，同时，妇女在各社会阶层经济中的任务，又规定了她们在结婚和家庭中以及全社会生活中的地位，在封建时代，上层阶级的婚姻是满足经济目的的契约，完全受家庭支配。虽然上层阶级妇女完全从属于男子，但她们对于农奴的权力与她们的丈夫是一样的。为了保证家族财产的统一，封建社会的国家法律采用长子继承制，于是婚姻的目的也完全是生命财产继承人。离婚是不存在的，对破坏贞操的行为毫不留情地给予惩罚。但欧洲中世纪还是产生了与封建婚姻对立的骑士恋爱的风气，这是一种动摇封建制度的风气。

在封建时代，农民的婚姻及其家族关系，在法律上都是从属于领主的。领主把自己农奴的婚姻看作增长他劳动力的手段，所以农奴的婚姻完全受领主支配。妇女在农民家庭中的地位是很可怜的，妻子完全受丈夫支配，并且还要担负更困难的经济职务，要生育小孩，农妇虽与农民共同担负生产劳动的责任，但社会却不承认她们的权利。不过，在土地公有经济的村落，妇女在劳动方面，占很重要的地位，有时能列席村会议。恋爱结婚在农民阶层比在地主阶级普遍得多。在性关系方面，农民的女儿比之领主的女儿享受较多的自由权利。

商人阶级的婚姻根本就是经济利益的交易，常常是以使资本结合以增大商业上的流通为目的的，商人阶级的妇女只不过是家庭的主妇。她们所做的家事劳动，没有创造商品的价值，只供直接消费，所以其劳动不能得到高评价，她也只是一个管家婆。

职工阶层的妇女是生长在比较自由的条件下的。她们在结婚时有表达自己爱好和意志的权利。她们为家庭经济出了很大的力，不但在工作上是丈夫的助手，而且有继承事业的权利。在工业生产占优势的时期，因为妇女在劳动过程中占有很重要的地位，所以她们在两性关系中的地位也比较高。在欧洲她们能参与都市生产、政治问题的讨论，握有支配劳动工资的权利，并能参加各种社交活动，她们过着比较自由独立的生活。

“封建时代的卖淫，是很深地侵入这种家族和结婚组织中的一个重要制度”。[①]都市里有很大一部分不能独立经营的工匠和徒弟结婚非常困难，同时，在领主压迫下逃出来的妇女因受行会所限找不到职业，又因战争都市中的

① 雷洁琼：《妇女问题讲座》，载《雷洁琼文集》（上），开明出版社，1994年，第92页。

妇女人数超过男子，而且封建贵族和商人常常在都市中寻求享乐的机会，因此，卖淫在封建社会都市中发展起来。起初妓院仅是私人的企业，可是到后来则变成国家设施了，成了增进国库收入的重要财源。

在封建社会的末期，因为手工业与商业资本的发展，都市经济逐渐扩大，“从来在家庭中做无价值劳动的妇女们也能参加国民经济上有价值的生产劳动，妇女因之获得经济上独立生存的机会，这对于妇女的社会地位给予新的基础，从来定式化的家族生活关系开始动摇，封建的旧道德和旧习惯，也因为文艺复兴运动的人文主义与宗教革命思想的影响而起了变化，社会对于宗族及结婚观念也改变了，新兴资产阶级把平等自由的原则，应用于婚姻方面，承认自由恋爱与自由结婚为人们应有的权利。妇女虽然获得了劳动与婚姻的自由，但是在家庭中，妇女的地位还没有怎样的提高或改善，妇女仍然是隶属于男子的”。①

四、资本主义社会的妇女

在资本主义社会，机器生产代替了手工业生产，商品经济摧毁了自然经济，生产方式起了很大变化，社会组织与意识形态也起了变化，这种变化必然反映到妇女生活、婚姻与家族制度上。

由于生产的机器化，分工越来越细，虽然全部的技术使用使生产越来越复杂，但各部分的生产过程则趋于简单化。因为没有受过训练的女工工资比男工低廉，所以大量女子渐有参加社会生产的机会，从而也获得了独立生活的机会。同时，随着资本家扩大各部分的生产事业，技术进步了，商品增加了，无形中使女子在家内应做的事情渐渐为社会所承担，家庭的很多传统职能都减少了。女子不但从经济的职务中解放出来，并且从家庭的教育职务中解放出来，可以有更多时间出来参加社会生产，这给妇女提高社会地位提供了新的基础。在资本主义社会里，妇女获得了劳动及就业的自由。随着资本主义而来的政治运动，又使一部分妇女获得了参政、受教育的权利。但是资本主义社会要妇女参加社会工作的基本目的是剥削，并不是提高妇女地位。大部分妇女离开家庭参加社会劳动，是因为她们丈夫的进款不能维持家庭生活。妇女做完工回家还有许多家务等待处理。因此，她们不仅得不到真正的解放，反而受到两重的压迫。

① 雷洁琼：《妇女问题讲座》，载《雷洁琼文集》（上），开明出版社，1994年，第93页。

在富有阶层的家庭中，妇女的家务减少了。她们的唯一任务是生孩子和消费丈夫所赚的钱。金钱是这种家庭的灵魂，因此家庭中各个分子间很少有真正亲爱的感情存在。雷洁琼认为，资本主义国家结婚率的降低，离婚率的增加，“友爱结婚”的普遍流行，与避孕和堕胎的要求增加，都证明家庭的崩溃已到了很深的程度。

在资本主义社会里，一方面劳动妇女负有双重的任务而不能完成做母亲的义务，另一方面过分的空闲破坏了富有阶级妇女做母亲的道德。同时，资本主义社会是以商业交易的结婚契约来替代买卖婚姻制度的。社会承认婚姻当事者有自行选择其配偶的权利，更赞扬以两性间的真正同意和相互性爱为基础的结合，但实际上，所谓的自由恋爱却受金钱关系的限制。唯有劳动与职业妇女，因为经济的独立，才真正创造了新的家庭和婚姻的形态，获得了更大的自由。但是，社会上的婚姻已然被商业化了，很多男子因薪资低而不能结婚或晚婚，女子也因婚姻与职业不能兼顾而抱独身主义或晚婚，不愿生育儿女，这样产生了很多严重的社会问题。

虽然资本主义社会承认妇女权利与男女平等的原则，但大多数妇女的地位都没有什么提高或改善，妇女们仍然隶属于男子。不过，为适应资本主义的生产方式，一方面，广大的妇女群众参加到国民经济的有价值生产中，获得独立生存的机会；另一方面，社会培养出了很多知识妇女，在社会各机关中担任各种职务。她们觉悟到自己应有的力量与权利，于是开始发动向社会要求男女平等权利的妇女运动。

在1914年爆发的欧洲战争期间，参加战争的国家都以女子代替出征的劳动者，中立国因生产力急剧发展，对妇女劳动的需要不断增加，各国劳动妇女增加率在40%-70%之间。“大量妇女参加社会生产，使妇女的社会地位趋于坚固，因为社会已公认妇女参加社会生产为必要的，同时也认识了女子的能力，社会对于女子，只可作妻子作母亲的传统观念渐渐改变了”。[①]但大战停止后，妇女失业者急剧增加，妇女劳动问题又日趋严重化，诸如同工同酬、减少工作时间，限定最低工资，保护母性等问题。劳动妇女要求实质上的经济平等，但她们知道，在资本主义社会内这一要求是不能实现的。妇女势必要团结起来共同推翻资本主义社会。劳动妇女运动配合着社会运动的发展，从而求得

① 雷洁琼：《妇女问题讲座》，载《雷洁琼文集》（上），开明出版社，1994年，第98页。

妇女的彻底解放。

而在法西斯德国和意大利，妇女解放运动不但不能开展反而被摧毁，妇女被逼着回家做贤妻良母，并把结婚当作一种繁殖子女的方法。日本的妇女更惨，可以被买卖，也没有财产权等。

五、社会主义社会的妇女

社会主义的经济由社会来管理，生产发展以有计划地提高劳动者的物质和文化生活为原则，生产品则以“各尽所能，各取所值”的原则来分配，生产关系是劳动者的合作与互助。这种新的经济组织为妇女的彻底解放打下了基础。雷洁琼对苏联的社会主义妇女生活很是赞扬。她说：“苏联政府成立之后，为要实现生产社会化，实行‘不劳动不得食’的原则，创立了义务劳动制，确立了女子与男子同为社会劳动本位的概念，首先完全扫除了妇女在法律上的不平等的地位。”[①]“苏联妇女在经济的、国家的、文化的和社会政治的一切生活领域内，均与男子享有平等权利。”[②]国家还制定了各种规定，保障妇女的权利。在家庭中，夫妇在经济上和政治上享有平等权利，他们是工作和精神上的朋友和同志，每人都有各自选择职业的自由，妇女也有财产权利。社会主义的苏联创造了一切条件，使妇女能够把从事社会工作与做母亲的义务结合起来。

在苏联，婚姻是平等的，男女两方自由结合，结合的基础是爱情、互敬、友谊，他们共同教育儿童，共同关怀双亲的幸福。一夫一妻制只有在社会主义社会才能圆满地实现。社会虽然主张离婚自由，但并不鼓吹实行两性关系的混乱，对于利用离婚自由以达到淫欲自由的人们，苏维埃国家的舆论予以严厉谴责。

> 对于妇女问题，苏联政府最惊人的成功，恐怕就是消灭了一个人类长期的罪恶——娼妓制度，苏联采用经济的、启蒙的、卫生的以及法律的许多方法，来防止卖淫，这些方法里面最重要的是提高妇女大众劳动的技术熟练程度，把她们吸收到社会生产里面去，创立像合作社那样的妇女劳动团体的救济所，在这些合作社的事业中，组织勤劳防疫所，其任务不仅是医治花柳病，而且有教育的任务，很多娼妓在

① 雷洁琼：《妇女问题讲座》，载《雷洁琼文集》（上），开明出版社，1994年，第101页。

② 同上注。

受训练以后，已变成有用的国民，同时严格地弹压寄生于卖淫业中的各种分子，如卖淫的媒介人，卖淫窟的主人，等等，对于卖淫的顾客则用舆论裁制之。苏联政府并不是和卖淫妇斗争，而是与卖淫的制度斗争，因此不以淫荡的理由惩罚卖淫妇女，唯以逃避劳动的理由来制裁她们，故特别注意于失业妇女和无依无靠妇女的救济，年老的妇女，同着年老的男子一样，不必为她们生活发愁，国家为她们预备着养老金，这是她们应得的权利。[①]

总之，无论在政治生活上、社会生活上还是在家庭生活上，苏联男女是完全平等的。同时，雷洁琼也指出，苏联由于正处在过渡时期，还有许多矛盾存在，"一方面是妇女在法律上的平等，而另一方面一部分妇女在社会生产上，技术熟练程度还未能提高到社会的水准；一方面是国家赋予妇女参加政治的机会，而另一方面，一部分妇女的文化水准仍落在社会政治的时代后面；一方面是新道德之提倡正在萌芽滋长，而另一方面宗教迷信的残余，也遗留在一部分家庭中；一方面是将两性平等的观念视为神圣，而另一方面是家长制的旧观念仍未完全消灭。这种矛盾互相交错，两相缠绕，同时，苏联政府虽然努力把家庭所有一切功能接受过去，然而目前还不能完全实现，因为生产力的发展，似不能适应新的生产关系，使各种教育和生活社会化的大规模方案，仍未能完全实行，但是将来社会主义建设的成功，这些障碍，是可以渐渐克服的"。[②]

综上所述，雷洁琼从社会发展史的角度，运用历史唯物主义与辩证唯物主义的观点，科学客观地概括了各时期社会的妇女生活。

第二节 妇女问题及妇女运动

雷洁琼在概括各时期社会的妇女生活的基础上，指出了什么是妇女问题，并论述了现代妇女问题与妇女运动及现代妇女解放思想的主潮。

① 雷洁琼：《妇女问题讲座》，载《雷洁琼文集》（上），开明出版社，1994年，第104-105页。

② 同上书，第105-106页。

一、什么是妇女问题

（一）妇女问题的成因

雷洁琼认为，妇女问题是由于资本主义社会的矛盾而产生的。她指出，产业革命后，大规模的机械工业破坏了小规模的家庭手工业，廉价的女工女劳力被拉入生产领域的数目日益增大，其经济上的独立程度提高。但她们深感自己在社会上不平等，在政治上无权利，在家族中没有独立地位。她们的劳动力虽被以为有社会价值，但资本主义国家的法律却不承认妇女与男子一样有公民权利。资本主义的生产形态把她们引入社会生产劳动的圈内，但是社会却没有把她们所负的家庭责任接过去，妇女对社会负有两种义务，而国家对于她们却没有予以特别照顾。妇女虽在生产方面负重大职责，但在政治上、社会上的地位甚低。在家庭中男子早已不是妇女的供养者，却仍是她们的支配者。这些矛盾促使了妇女的觉悟，促进了她们争取自由平等的意识，开始了妇女运动。于是，在欧美资本主义国家里，妇女问题遂成为一个严重的社会问题。

（二）妇女问题的内容

雷洁琼认为："妇女问题就是如何使妇女获得在政治上、经济上、社会上和男子完全平等地位的问题，它包含了妇女的参政问题、法律问题、教育问题、职业问题、劳动问题及母性保护问题，等等。"[①]妇女获得平等权的斗争是妇女参加生产劳动的结果。但在资本主义生产方式的支配下，资产阶级不肯承认创造商品价值与造出社会财富的根源是劳动者的劳动，而只把劳动者看作机械的附属。因此，虽然妇女劳动在国民经济中占很重要的地位，但国家却不给予她们以权利的保障。

所以，雷洁琼说："妇女问题并不是少数上层妇女如何获得高等教育机会，或就高等职业，或参加高级政治机关的平等权问题，而是妇女在生产上的职分和在社会国家的权利的矛盾问题，换句话说，妇女问题包含了妇女对男子的从属关系的解放问题，与妇女对社会制度的解放问题。"[②]

（三）妇女问题的发展过程

雷洁琼认为，妇女问题既是社会问题的一环，自然有其历史原因。自原始

① 雷洁琼：《妇女问题讲座》，载《雷洁琼文集》（上），开明出版社，1994年，第81页。

② 同上书，第82页。

氏族社会崩溃后，占人类半数的妇女，因为独立的家庭经济的发展，随着新经济基础的形成而失去了“人”的地位，成了男子的附属，这一情形在封建社会里表现得更为显著。到了资本主义社会，男女的隶属关系在自由平等的口号下有所改变，至少平等权得到了形式上的承认，但妇女的地位并没有什么实质性的变化。到了资本主义勃兴时期，妇女的劳动渐从狭隘的家事领域向国民经济的贡献方面推进，从事生产的妇女，日益增多，从而促进了她们争取自由平等的意识，妇女问题才被提出来。她们在劳动运动上表现出伟大的力量，她们不仅要求从男子的控制下解放出来，而且要求从资产阶级的控制下解放出来。妇女问题由女性对男性的解放问题，扩大到妇女对社会制度的解放问题。

雷洁琼运用历史唯物主义的观点分析妇女问题，指出：“妇女问题既是妇女对社会制度的解放问题，故与其他社会问题如经济、政治、法律、宗教、教育等问题，有着密切的关联。社会问题要是没有得到根本的解决，妇女问题不能够彻底地解决的，换句话说，妇女若要获得和男子同等的社会地位，则须先具备妇女能够参加生产劳动的社会条件，妇女的不平等和隶属性，只有在生产移向新的组织的时候，在平等自由共有共享的新社会中才能根本地解决。”[①]

（四）为什么要研究妇女问题

雷洁琼认为，妇女问题的发生有其历史原因与社会的背景。首先，要从历史方面了解妇女在各时代社会的生活情形，分析妇女在各时代社会的地位的成因与结果，研究妇女运动的各种理论形态，才能正确认识妇女问题的本质及其发展的过程，从而才能把握妇女运动的方向，妇女问题才能得到彻底解决。当时，中国正处于争取民族解放自由的抗战中，雷洁琼指出，我们的研究要明了妇女解放与民族解放的关系。她指出，妇女的解放必须在民族解放的过程中去争取，因为整个民族不解放，部分的妇女问题，是不能解决的，同时，妇女问题不解决，民族也决不能达到解放的境地。

二、现代妇女问题与妇女运动

雷洁琼历史地分析了妇女在各时代各社会的地位，正确地认识到妇女问题是产业革命后，妇女被吸入到国民经济圈内，唤起了男女平等权的要求而发生的。同时，妇女问题是社会问题的一环，与其他社会问题密切关联，因此妇女

① 雷洁琼：《妇女问题讲座》，载《雷洁琼文集》（上），开明出版社，1994年，第83页。

问题的内容随着社会的发展而渐次变化，在18世纪中叶至19世纪末期，妇女问题是争取妇女参政、教育、职业、婚姻、平等权的问题，而妇女所要求的就以男子所得到的权利自由为准则。女权运动者要求达到“人”的完全承认，成为妇女问题的唯一的内容。20世纪初期，欧美由资本主义进入到帝国主义阶段，妇女问题有了本质的变化，在政治、社会和职业领域，很多妇女差不多完全实现了与男子地位平等的要求，然而妇女在这时却发现自己还是没有享受到一个“人”充分的权利和自由。

妇女运动是以解放妇女为指针的一种实践运动。每一种运动都与一个社会问题密切相关，有了妇女问题，才有妇女运动。当妇女问题的内容从女性对男性的解放扩大到妇女对社会制度的解放时，妇女运动也由女权运动进展到劳动妇女运动。女权运动是以人权论为出发点的，参与运动的妇女要求废除男女间的不平等，而达到对她们作为“人”的完全承认。而“劳动妇女运动者则认识了妇女问题与其他社会问题是有着密切的关联的，妇女运动是离不开其他的社会运动的，因此，妇女运动决不是单纯的妇女争取参政权、教育权、职业权等改良主义运动，而是社会改革运动的一部分”①。在这里，雷洁琼阐明了妇女问题与妇女运动的关系以及妇女运动的发展规律。

雷洁琼简述了妇女运动的具体情况。妇女运动萌芽于18世纪后半期，激发这场运动的是卢梭所鼓吹的自由平等学说，最先表现于行动的是1774年美洲独立运动时的美国妇女，她们反对政府取消妇女选举权。同样，在1789年爆发的法国大革命时代，在靠杰（O.de Gouger）、罗兰夫人（Roland）和斯塔尔夫人（Madame de Staël）领导下，法国妇女也向革命政府要求承认男女平等的权利，发表妇女权利宣言。最早具体提出妇女问题并成为后来女权运动的基石的，当推英国的华尔斯东克拉夫特（Mary Walstoncraft）于1791年所发表的《女权拥护论》（*Vindication of the Rights of Women*）。她受到了法国的自由平等学说的影响，但她具有透彻的观察力，看到妇女问题的全面。她反对卢梭和其他男性在承认人权自由之后还保留男尊女卑的思想。她主张男女应当受同样的教育，经过同样的职业训练，应该以职业的方式自谋生存，不依赖于男子，妇女也可以成为议员，有进入国会的权利。由此可以看出，现代妇女运动

① 雷洁琼：《妇女问题讲座》，载《雷洁琼文集》（上），开明出版社，1994年，第107页。

者所要求的法律、婚姻、教育、经济以至政治方面的平等权，统统被她提出来了。《女权拥护论》发表后，妇女问题受到执政者和社会评论家的深切关注。

有关妇女问题的第二部巨著是1829年英国人密尔（John Stuart Mill）发表的《妇女服从论》。雷洁琼说，这本书向来被称为妇女参政运动的“圣经”，但其内容并不仅仅是讲妇女参政的理论。密尔认为一切人都应该得到自由平等，妇女既然是人，也就应该得到自由平等。密尔举出种种理由证明，妇女服从论者所举出的妇女在感情上、能力上的弱点，都是因袭所造成的结果。“最后，又从历史的立场上指出：凡是被压迫的阶级没有不逐渐解放的：因为过去的经验证明了，一切束缚人的社会制度都是有害于社会进步的”。[①]密尔于1865年获得英国国会下院议席，1867年第二次讨论选举法修正案时，他主张把选举中所用的“男”字改为“人”字，使妇女也包括在里边，遗憾的是这一提案在投票时被取消了。

后来，妇女运动因各派主张不同而分野很广。一派妇女以争得参政权为妇女运动中心，主张此说的主要有美国的海尔女士（Beatrice Hale）；一派妇女认为，妇女运动的开展，首先要求得妇女本身束缚的解脱，这就是性的解放，提倡新的婚姻制度和新性道德的建设，反对把管理家事和养育儿女当作妇女的唯一职业，主张该说最力的人，当属瑞典爱伦·凯女士（Ellen Key）；一派重在妇女职业的权利，认为妇女问题的解决，在于妇女就业或经济独立，主张职业中心说最有力的人，要算居尔曼夫人（Charlotte P. Gilman）。她认为，妇女的活动，一方面必须集中于家庭以内，而另一方面则须推到社会，而且有些职业只能适于妇女，例如妇女做事细心，服务忠实，实非男子所及。此外，还有主张妇女运动的最重要内容是男女两性教育机会均等的，等等。

雷洁琼概括地指出：“总之，妇女运动最初是由少数知识妇女的女权运动开始的，而女权运动是以参政运动为中心而开始的，虽然随着运动本身的发展而有性的解放运动、职业运动、教育运动等，但其主要的目标，似乎就是要获得法律上的平等。”[②]第一次欧战之后，欧美资本主义各国对以上要求都给予了满足。“但是这些权利只是属于少数上层阶层的妇女，大多数劳动妇女生活

① 雷洁琼：《妇女问题讲座》，载《雷洁琼文集》（上），开明出版社，1994年，第109页。

② 同上书，第110页。

却没有因之改善，对于这些权利，毫不相干的，女权运动既不能彻底地解决妇女问题，只为着少数妇女的利益而斗争，离开了大多数劳动妇女，因此跟着资本主义的没落而没落了。在实行法西斯独裁政治的国家，所谓妇女运动完全是执着反动的任务，第一，要求妇女从社会的生产机关总退却，回到家里做贤妻良母。第二，要动员妇女，在法西斯的统治下，组织侵略战争的后备军，参政权与教育权等都受限制了，数世纪以来妇女艰苦斗争，所建立起来的社会地位与一切权利被其破坏消灭无余了”。[①]

同时，雷洁琼指出，劳动妇女运动是在法国大革命时开始的，英国的欧文，法国的傅立叶、圣西门、路易·布朗等空想社会主义者，给劳动妇女影响甚大。不过他们对妇女问题没有正确的理解，只是根据空泛的博爱观念，而主张解放妇女，因此他们不能使女工运动的经济斗争提高到政治斗争的水准上。在第一次欧战后，“劳动妇女开始进入有目的、有意识的政治斗争时期，放弃了过去局限于女工方面的运动，而进一步展开了广泛的妇女运动，她们以妇女运动为社会革命运动的一环，而在革命运动中争取妇女的解放。劳动运动的主力军是女工，但是觉悟的中小资产阶级的知识妇女，也成为这运动主要成分，英国的‘妇女政治及社会联盟’，与美国的‘各国劳动妇女联合会’等都是推行这运动的重要妇女团体，这时妇女运动乃成为社会运动的一部分”。[②]

三、现代妇女解放思想的主流

雷洁琼说，妇女解放思想是随着社会思潮的变化而变化的。在18世纪，自由主义盛行，女权主义思想开始发生。在19世纪，社会主义勃兴，继而有社会主义的妇女解放思想。到了20世纪，资本主义趋于没落，遂有法西斯主义的兴起，遂有法西斯主义的妇女解放思想。各时期妇女解放思想的代表人物及其著作有：18世纪末，法国大革命爆发，妇女解放思想表现于行动——参加革命。1790年靠杰（O.de Gouger）及罗兰夫人（Roland）发表《女权宣言》，主张男女平权，这是女权思想的具体表现；19世纪末叶，社会主义勃兴，妇女解放思想有了新的趋向；1879年德国倍倍尔（August Bebel）的《妇女与社会主义》

① 雷洁琼：《妇女问题讲座》，载《雷洁琼文集》（上），开明出版社，1994年，第110页。

② 同上书，第111页。

及苏联柯仑泰女士的《新妇女论》，站在科学社会主义的立场上论究妇女的生活及社会地位，均为社会主义的妇女解放思想的代表。法西斯主义的妇女解放思想是反妇女解放，德国希特勒与意大利墨索里尼的政策可代表这一种反动的思想。雷洁琼分别论述了各时期的妇女解放思想。

（一）自由主义的妇女解放思想

雷洁琼指出："什么是自由主义？自由主义的妇女解放思想，就是女权主义或男女同权主义，现在代表自由主义的国家就是英美法等国，女权主义虽然没有绝对统一的意见和独立的体系，但是她们共同主张在资本主义社会制度之下，要获得和男子平等的权利，她们不反对财产私有制及阶级支配的存在，而只反对男子对女子的支配权，不要改变现社会制度，而只要求和男子同权，只认定男女两性的对立，而否认社会阶级的对立。"①

女权主义的思想是受卢梭的《社会契约论》的影响而发展起来的，法国大革命时代靠杰与罗兰夫人发表的女权宣言就是女权主义思想的最初具体表现。英国的玛丽斯顿克拉夫特女士的《女权拥护论》，具体地要求妇女在社会上有与男子同等的权利，建立起女权主义思想的理论。随着欧美资产阶级民主政权的确立与发展，女权主义思想支配着欧美各国的妇女运动。女权主义思想不曾统一，虽然有理论分歧，但都一致主张在资本主义制度下，单从两性的关系去解决妇女问题。女权主义的思想曾指引过一部分妇女向封建势力进攻，推倒男尊女卑的思想，但封建制度崩溃以后，自由主义也因资本主义的内在矛盾日深而失去其社会根据，女权主义思想的理论也发生动摇。

（二）法西斯主义的妇女解放思想

什么是法西斯主义？雷洁琼说："法西斯主义是一种暴力的独裁统治，法西斯主义的妇女解放思想是反对妇女解放的。法西斯主义极力夸大男女生理上的差别，承认男子各方面优于女子，男子的世界是国家，为社会而奋斗，献身于社会。女子的世界是她的丈夫、她的孩子和她的家庭。现代代表法西斯主义的国家就是德意日等。"②希特勒说，"妇女的天职是生育子女"，"挣扎

① 雷洁琼：《妇女问题讲座》，载《雷洁琼文集》（上），开明出版社，1994年，第112–113页。

② 同上书，第114页。

与征服便是男子的任务，而服务与牺牲便成为女子的天职”①。墨索里尼说：“妇女必须服从，我认为我们国家里的妇女的任务是反对女权论的，如果我给妇女们以选举权，人民一定要讥笑我，在我们这样的国家里，我们不应该来计较这个的。”②《德国财政时报》刊文说：“妇女的独立自由，不独使她们成为男子的竞争者，而且伤害了男子在家庭之经济供给的光荣地位，都是不利于男子的。”③因此，雷洁琼说，在法西斯主义的统治下，妇女处于隶属地位，在法西斯国家，不但劳动妇女的权利被剥夺净尽，而且资产阶级妇女的参政权、教育权、职业权都被夺走了。

同时，雷洁琼指出：“法西斯主义国家的妇女团体，如意大利的妇女服务团，德国的妇女挺进队，日本的‘国防妇人会’等，都是暴力独裁的政治工具，做爱国的招牌，帮助法西斯主义者向外侵略，作帝国主义的牺牲品，这实在是妇女解放思想的反动。”④

（三）社会主义的妇女解放思想

雷洁琼特别强调，社会主义的妇女解放思想是以彻底实现人类的自由和平等为目的的，社会主义坚信人类平等，这种平等是没有国别、没有种别、没有性别的。社会主义的苏联就是这种思想的代表。社会主义指明，在历史上的财产私有制度及阶级的支配关系中，妇女之所以被压迫的根本原因，不全是男性而是整个社会制度。因此，妇女问题不是单纯的两性问题，而是整个社会问题的一环，妇女解放运动也是整个社会革命运动。因而妇女运动不能用两性斗争手段去求妇女问题的解决，而是要用解决整个社会问题的方法去解决妇女问题，并指明真正的社会主义社会，必须彻底实现男女平等的原则。

雷洁琼说，社会主义的妇女解放思想源于摩尔根的《古代社会》及恩格斯的《家庭、私有制和国家的起源》两大名著。到1879年，德国倍倍尔的《妇女与社会主义》出版，社会主义的妇女解放思想才有了系统的表述，德国蔡特金与苏联柯仑泰的著作，均为社会主义妇女解放思想的代表作。

社会主义的妇女解放思想，是根据科学的论据，究明男女的特异性和共通性，从而主张男女各尽其所能、各取其应得的权利，女性不应处于劣等的地

① 雷洁琼：《妇女问题讲座》，载《雷洁琼文集》（上），开明出版社，1994年，第114页。
② 同上注。
③ 同上注。
④ 同上书，第115页。

位，但又不要求男女权利义务的完全对等，这是社会主义妇女解放思想的出发点。正因为女性负有男子所无的特殊任务，“故一方面要妇女能充分运用权利，尽量发挥力量，在日常生活中实际活动，使她们能和男子站在真实平等的地位，脱离向来在文化上和社会上的劣等地位，脱离物质上对丈夫的依赖，同时保护妇女的健康，母性的机能和她们的子女，这才能达到两性间的完全平等，妇女才真正的解放”。[①]

第三节 中国30年来的妇女运动

雷洁琼运用历史唯物主义的观点，分析了中国20世纪40年代以前30年的妇女运动情况。她指出：“我们要正确地理解我国妇女运动的过程，一定要先明了它的经济的政治的及社会的背景，因为妇女问题是社会问题之一环，社会的变迁及发展，直接影响妇女运动。”[②]中国的妇女运动，是随着民主主义思想的发展而发生的，同时也是随着革命运动潮流的涨落而涨落的。

1840–1842年的鸦片战争，一方面使社会的封建经济基础被急剧改变；另一方面中国民族资本在强制资本主义化的过程中，得到了生长和发展的机会。迨至19世纪末20世纪初，中国民族资本企业与现代产业的建设随着资本主义生产的扩展而更有基础，民主主义与自由主义的世界观也渐渐地传入了中国，无能的封建清政府成为民族资本企业发展的障碍，于是开始了戊戌改革运动。妇女解放思想在戊戌变法以后，随其他文化思想一起渐渐传入中国，少数知识妇女在初期民族革命意识激励下，参加了排满的民族革命运动，这是中国妇女运动的萌芽时期。

雷洁琼对各革命时期的妇女运动进行了评说，从而可以看出中国妇女运动的发展过程。

① 雷洁琼：《妇女问题讲座》，载《雷洁琼文集》（上），开明出版社，1994年，第117页。

② 雷洁琼：《三十年来中国妇女运动的总检讨》，载《雷洁琼文集》（上），开明出版社，1994年，第148页。

一、辛亥革命前后的妇女运动

戊戌变法失败后，清朝政府已不能再给人以维新的希望。由于革命思想日益高涨，一方面先觉的知识妇女渐渐增多，另一方面又因革命工作需要妇女协助，故各种鼓吹民权的刊物都附带地鼓吹女权。专门为妇女而写的专著，当属光绪二十九年（1903）金天翮所著的《女界钟》。该书详尽地阐述了男女平权的理论，影响也颇大。光绪三十三年（1907），秋瑾女士创办《中国女报》，宣传妇女革命思想。不过，那时女子中读书识字的人太少，因此，女权思想虽已输入，而专为解决妇女本身问题的妇女运动却尚未出现。

雷洁琼说，辛亥革命以前只有个别先觉妇女的活动，而没有妇女运动。虽然这时的妇女没有组织，没有群众基础，没有找出鲜明的妇女解放的目标，但是她们的努力与成绩改变了社会对妇女的观念，开辟了中国妇女将来求自由解放的道路。

当时康有为、梁启超提倡放足与兴女学，也给妇女运动很大影响，解除了妇女肉体上的痛苦，恢复了一部分女子健全的体格。梁启超按“强国保种”“相夫教子”的道理，主张兴办女学，于是光绪三十三年（1907）学部命令各省设直属女子师范学校，打破“女子无才便是德”的传统观念，妇女获得了受教育的机会。这样，妇女得到了体力和智力上的解放，奠定了妇女运动的主观力量基础。

辛亥革命时期，中国妇女运动在热烈的民族革命运动的氛围中发芽和滋长起来。妇女支援前线，参加革命，还组织了女军等。辛亥革命成功，南京成立临时政府，下令解散女军，改组成立女子同盟会等妇女组织。当时提议实行男女权利平等，实行普及女子教育，改良家庭习惯，实行一夫一妻主义，废除妾婢制等具体方案，并要求在《临时约法》上的“中华民国人民一律平等”句内加入“男女”两字，明文规定妇女的参政权利。但这个要求遭到参议院的拒绝，女权运动先觉者采取了暴力手段。后来临时大总统孙中山先生向参议院提议增修，这是妇女运动的开始。民国二年（1913）袁世凯就职大总统后，北洋军阀拥有政治权与军权，革命势力卒为北洋军阀武力所镇压，初期的女权运动随着民主主义运动的消沉而消沉了。

在这个阶段中，妇女运动成为民主主义运动的一翼，带有民权革命的性质，其主要任务是反封建。但第二次革命的失败一方面表明当时的民族资产阶级尚未发展到能统治全国的程度，同时女权运动的主观力量也甚薄弱。“第一，女学尚未发达，女子得受现代教育的甚少，因此女权运动给予妇女的影响极有限度。第二，女工与职业妇女的数目尚在少数，因此缺少妇女运动的群众基础。第三，妇女运动的领袖只有热情，而缺少理解妇女问题的基本知识，没有明了妇女问题的本质与发展过程，她们的中心思想总以为表面上能做到和上层的男子相像”。[①]尽管如此，她们能以最大勇气冲破浓厚的封建阴霾，树立了新风，探索了妇女解放运动的途径，还是有较大贡献的。

二、“五四”时期的妇女运动

1914年帝国主义世界大战爆发，中国民族资本得到了发展的机会，同时日本帝国主义乘机扩大其对华侵略，中国内部因帝制运动而分裂，引发了被称为文艺复兴的五四运动，妇女运动也随之活跃起来。五四运动是中国民族资产阶级的民主主义运动，也是新文化运动的启蒙，所有文学革命的开展，科学思想的进展，反礼教运动的发端，都带有资产阶级的启蒙性质。妇女解放运动也不例外。“这时期妇女运动的主要纲领，要打倒封建礼教，主张女子的人权，要求恋爱及结婚自由，以教育、法律、职业参政等男女平权，在各地组织妇女团体，发行刊物，唤醒妇女群众，主要的有《妇女杂志》月刊。在‘五四’时代的妇女运动是女权运动的高涨时期”。[②]

当时的主要刊物《新青年》，自二卷六号（民国六年二月）起特辟“女子问题”专栏。这一时期妇女在思想上有很大的变化，由于受《新青年》倡导的“自居征服地位，勿自居被征服地位”及“尊重个人独立自主之人格，勿为他人之附属品”[③]的思想影响，她们要求个人独立人格的解放，主张妇女参政、寡妇再嫁、社交公开、经济独立、小家庭制度等。她们不再事事模仿男子，挤入男子队伍中以求平权，而是以妇女的姿态，以妇女同具“人格”“人权”的理由向男子要求平权。她们提出：“（一）财产均分权，（二）选举与被选举

① 雷洁琼：《三十年来中国妇女运动的总检讨》，载《雷洁琼文集》（上），开明出版社，1994年，第151页。

② 同上书，第152页。

③ 同上注。

权，（三）教育同等权，（四）职业平等权，（五）婚姻自决权。”[①]在这五种要求中，教育同等权与婚姻自决权的要求似乎较有成绩。宣统三年（1911）学部订有初等小学可男女同学的规定，实际上“五四”以后方被付诸实施。女子正式得到进大学受高等教育的机会也是从“五四”开始的。“五四”以前中国并没有自己办的女子高等教育机关，由教会办的学校，北京有协和女大，南京有金陵女大，福州有华南学校。“民国八年女生要求北京大学开放女禁，那时因为考期已过，只能准许旁听，审查合格允许旁听的共九人，这是女子受高等教育的开始，不久南京高等师范也招收女生，北京女子高等师范学校也告成立。那时除交通税务外，全国的大学都实现男女同学了。据中华教育改进社的调查，民国十一年度，全国受高等教育的女子，除教会学校的不计外，已有六百六十五人了”。[②]婚姻自由的观念，在知识妇女中似乎已经被普遍接受了，没有爱情的婚姻是不道德的观念代替了“父母之命，媒妁之言”的信条。但是社会的封建势力仍很强大，这种新思想常被父母视为大逆不道，遭到家庭的反对。

在妇女职业机会方面，由于民族资本主义生产的发展、工商业的发展，很多妇女参加劳动生产，商店与机关也开始录用妇女，但是范围非常狭小，且待遇又往往不与男子平等。妇女参政运动也不算很有成绩。在省宪中全国仅有湖南省妇女有选举权与被选举权，四川、浙江规定妇女有选举权，其他省市皆无此类规定。上海及各地组织女界国民会议促成会，同时又于北京成立一个全国各界妇女联合会，民国十四年（1925）在促成国民会议的高潮中，各地妇女代表云集北京，对所拟国民代表会议条例草案中关于选举权规定“凡中华民国男子年满二十五岁具有相当知识者有选举权与被选举权”的条文，一致表示抗议，并举行游行。由于军警干涉禁止集会，妇女们更激昂地提出“打倒帝国主义，打倒军阀政治，同工同酬，确定一夫一妻制，女子有结婚离婚的绝对自由，反对片面虚伪的贞操，女子有择业自由，废除娼妓，禁止贩卖妇女”等口号[③]。在反动的北京政府的统治下，国民会议促成会没有取得具体的成果。

这一时期的妇女运动仍为资产阶级民主主义运动的支流。由于苏联社会主

① 雷洁琼：《三十年来中国妇女运动的总检讨》，载《雷洁琼文集》（上），开明出版社，1994年，第152页。

② 同上书，第153页。

③ 同上书，第154页。

义的启蒙，知识妇女开始感染了社会主义思想，因此，从要求女子参政权到要求经济权，甚至提出要改革社会制度。同时，因为民族资本的发展，女工及职业妇女的人数大增，妇女运动有了群众基础，知识妇女人数也大见增多。因此，该期妇女运动空前发展，但其目标只是希望从男子的支配之中解放出来。因此，除少数知识妇女这方面取得了一些成绩外，大众妇女的生活并未有改善，妇女问题依旧未能解决，妇女解放还是无法实现。

三、国民革命时期的妇女运动

1925–1927年的国民革命，乃是半殖民地的中国反帝国主义反封建势力的民族革命。"五卅"运动可算是国民革命的序幕。1924年以后，"因为帝国主义国家间的矛盾，国际资产阶级在中国的冲突日益尖锐化起来，以至造成循环不息的军阀争霸战。这样加剧了中国农村破产的危机，整个国民经济窒息于外国资本的侵略中，中国民族资本经不起外国资本的竞争，逐渐衰落下去，一般民众开始认识了国际帝国主义是中华民族解放的主要敌人，不推翻帝国主义在华的统治，中国的枷锁是永远不能解除的。'五卅'运动就是当时广大民众反帝国主义及反对封建势力的具体表现，开辟了中国革命的一个新阶段"①。由于国内反帝国主义反军阀浪潮的高涨，工人农民得以参加民族革命运动，国民革命军进行了北伐。但因社会环境的限制，革命未能完全成功。

当时的妇女解放运动随着革命的浪潮而改变了动向。妇女认识到了压迫她们的并不全是男子，还有帝国主义、军阀和残余的封建势力。于是放弃了男女对立的斗争，转而参加了反帝国主义反封建的革命运动。妇女到处活跃地组织团体，国民党中央党部以至各地党部都设有妇女部，上海成立各界妇女联合会，许多知识妇女和女学生直接参加革命队伍的活动，劳动妇女也开始以英勇的姿态出现。参与"五卅"运动的50万上海工人职工中，女工人竟达20多万，这在妇女运动中是空前的现象。革命的妇女运动不限于都市，更深入到了农村，农村妇女民众在南方许多乡村里也踊跃参加了一切政治活动。同时，国民党第一次代表大会宣言明确规定："于法律上、经济上、教育上、社会上，确

① 雷洁琼：《三十年来中国妇女运动的总检讨》，载《雷洁琼文集》（上），开明出版社，1994年，第155–156页。

认男女平等之原则，助进女权之发达。”[1]1926年，国民党第二次全国代表大会又达成以下决议案：

甲、法律方面：

一、制定男女平等的法律；

二、规定女子有财产承继权；

三、从严禁止买卖人口；

四、保护被压迫而逃婚的妇女；

五、根据结婚离婚绝对自由的原则规定《婚姻法》；

六、根据同工同酬保护女性及童工的原则，制定《妇女劳动法》。

乙、行政方面：

一、切实提高女子教育；

二、注重农工妇女教育；

三、开放各行政机关容纳女子职员；

四、各职业机关开放；

五、普设儿童托寄所。

雷洁琼指出，这一时期，“因为革命运动需要男女共同参加，男女在各方面都几乎已完全平等，共同致力于反帝国主义反封建的革命工作，那时妇女运动确有了新的转向。可惜受着政治环境变动的影响，随着革命的潮流又消沉下去了”[2]。与此同时，在社会上还有一部分人受德意法西斯主义的影响，在提倡新生活运动的高潮中，东南及华北各省甚至有人提出“妇女回厨房去”的主张，提倡“节妇宴”“良母节”，以及组织“礼教维持会”等运动。1926年公布的宪法草案，关于国民大会代表的选举，并无妇女名额的规定，各地也无妇女代表当选。

雷洁琼总结前三阶段的妇女运动说：“辛亥革命时期的妇女运动，只限于极少数的先觉知识妇女；‘五四’时期发展到了中产的智识妇女；而这时期已

① 雷洁琼：《三十年来中国妇女运动的总检讨》，载《雷洁琼文集》（上），开明出版社，1994年，第156页。

② 同上书，第156–157页。

到达了工农妇女民众。因此，所提出的口号如切实提高女子教育，注意工农妇女教育，开放各机关容纳女子，筹设托儿所，保护女性，打破奴隶女性的礼教，赞助劳工妇女的组织等，确足以表现这阶段妇女运动的特征，比前两阶段更为进步了。可惜终以社会的变动，未能进一步开展，为黑暗所笼罩着，而反有向后退的趋势。”①

四、抗战时期的妇女运动

自从1931年东北沦陷之后，日本威胁着华北，中国政府组织开展了英勇的“八一三”淞沪会战，中国历史又转入了新的阶段。妇女运动冲破了长时期的沉寂而复苏活跃起来。妇女们认识到，男女平等必须在民族解放胜利后才能实现，所以前后方都有无数女子参加工作。在宋美龄女士领导下，成立了中国妇女慰劳自卫抗战将士总会，各省妇女运动有了统一的方向。次年宋美龄在庐山召集13省妇女领袖50多人举行谈话会，会议产生了《动员妇女参加抗战建国工作大纲》。大纲认定，动员妇女的先决条件是：“提高妇女文化水准，改善妇女生活，确立妇女经济独立基础，组训妇女发动启蒙运动，并决定以新生活运动总会妇女指导委员会为全国妇女工作最高指导机关，各省成立妇女工作委员会，建立妇女工作机构的体系。”②政府对于妇女运动也积极地提倡。第一届国民参政会特设女参议员10席，第二届后增加6席，各省参议会也有妇女参加。国民党七中全会决议，国民党中央党部增设妇女部，作为领导全国妇女运动的总枢纽。

在抗战中，妇女的工作成绩显著，显示了妇女的伟大力量：（1）全国各地有40多处组成了妇女慰劳会团体，由后方走上前方火线工作，协助军民合作；（2）由参加后方的一般战时动员工作，走向配合军队作战；（3）抗战的需要使妇女运动开展了新的事业，即保卫民族的后代——抢救战区的儿童加以保育，另一方面是组织广大的农村妇女和家庭妇女参加工业和农业，努力发展生产。广泛设立识字班，发展启蒙运动，提高妇女文化水准；（4）在妇女的组织方面，不仅各省有慰劳会、妇女工作委员会与儿童保育分会的组织，而且

① 雷洁琼：《三十年来中国妇女运动的总检讨》，载《雷洁琼文集》（上），开明出版社，1994年，第158页。

② 同上书，第159页。

还有各种名称和形式的抗敌救国与自我教育组织。妇女定期刊物增至20多种，所刊发的文章涉及妇女工作经验、妇女运动动态等内容，起到了发动妇女抗战的力量以及给天才的女青年作者和艺术家展露才能的机会的作用。第四次国民参政会之后，全国妇女热烈推行宪政运动，争取宪法上有保证妇女地位与男子平等的规定，并促成其实现。

雷洁琼高度评价了抗战时期的妇女运动。她说："抗战以来，妇女运动是进步了，无论是在全国动员抗战的工作上，或是在妇女团体普遍的建立与全国妇女的团结统一上，都有着显著的进步。因为抗战以来，妇女运动的出发点以及所走的路线是正确的，她们抛弃了只限于上层妇女的权利争取运动，而转向动员全国各阶层妇女以争取民族解放的运动。以抗战建国为工作对象，实际地努力于经济、政治、文化、各种事业的建设。妇女运动的机构已有统一的趋向，而且政府方面已给予妇女运动有力的提携。妇女运动者本身也起了质的变化。她们发现了自己的力量，锻炼了坚强的体格与大无畏的精神，放弃了个人的利害，艰苦地守住自己的岗位努力奋斗，以往的人生观、道德观完全重新经历了一次估价。"①

同时，雷洁琼也指出了该期妇女运动的弱点，就是最大多数妇女还没有组织，工作太表面，不彻底。尤其农村妇女还未被动员起来，而工作成绩也实在太少，没有积极推进改善妇女生活的工作。有些地方工作太偏重于形式，妇女干部太少。还有些人阻挠妇女工作。因此，当时的妇女运动未能紧密地与一切动员工作配合，更没有把中国妇女运动与国际妇女运动密切地、有计划地联系起来，共同为人类幸福而努力。

对20世纪40年代以前30年的中国妇女运动，雷洁琼的总检讨是：

> 三十年来我国妇女运动，由争求个人的自由平等权利，进而趋向于争取国家民族解放，这个动向是合理的，正确的。但是它所表现的成绩，还离我们的理想很远。少数的妇女似乎已经从封建势力中解放出来，然而还有大多数的妇女仍然受着重重的束缚与压迫。如无数的童养媳、妾、婢、妓女、农村妇女与劳动妇女，差不多没有过着人的生活，辗转呻吟于封建桎梏之下，无从发挥其能力以服务国家社会。

① 雷洁琼：《三十年来中国妇女运动的总检讨》，载《雷洁琼文集》（上），开明出版社，1994年，第160页。

以后我们应当认定，妇女运动在现阶段中是要发动广大妇女民众参加抗战建国工作的，但动员妇女必须注意改善妇女大众的生活，妇女解放虽要在民族解放中去争取，但是妇女本身的利益断不容漠视，因为妇女生活不改善谈不到解放，妇女得不到解放，整个民族也绝不能达到解放的境地。故从改善妇女生活的基础上去进行妇女运动是必要的。同时要有组织、有系统、有计划地进行。而妇女解放运动是与整个民族解放及社会运动不可分离的一个有机组成部分，故又必须严密地与整个政治社会运动联系起来，配合着社会的各方面进行。妇女运动不光是妇女的事业，是男女应该共同努力的事业，男女能共同地努力，配合着民族解放运动进行，我们相信我国今后的妇女运动是有着辽阔光明的前途的。①

第四节 中国家庭问题研究

雷洁琼不但研究了国内外的妇女及妇女运动，而且还运用历史唯物主义研究中国社会变迁中的家庭问题。

一、中国社会变迁与家庭制度的变迁

雷洁琼认识到，中国的社会组织是建立在农业生产与手工业相结合的基础上的，是以家庭为单位的自给自足的经济。家庭制度为一切社会制度的中心，社会上的一切活动都集中于家庭，社会上的一切行为都以家庭福利为标准，社会上的一切事业都是家庭意义上的扩充，家庭是社会的缩影，它具有政治、经济、宗教等功能。个人的社会地位决定于他的家庭地位，个人对家庭的义务责任比对社会任何集团的义务责任更为重要。个人的行为以能否维持家庭的和谐、声望与稳定而定其善恶，所以孝为中国最高的道德标准“万善以孝为先”的观念成为一般人的行为规范。因此，雷洁琼说，在中国社会，个人实为家庭的附庸，家庭始为社会的单位。

① 雷洁琼：《三十年来中国妇女运动的总检讨》，载《雷洁琼文集》（上），开明出版社，1994年，第161–162页。

自中国与西洋国家发生关系之后，沿海都市渐趋于工商业化。手工业不能维持其固有地位，农村经济日渐严重崩溃，中国固有的经济基础在动摇。同时，西洋的社会思想与家庭观念传入并影响中国，中国固有的家庭制度已不合时宜。“五四”时代，国人对于固有家庭制度进行了批评，提倡新文化的《新青年》与《新潮》对中国固有家庭制度的攻击尤甚，认为固有家庭制度束缚了个性思想发展，违背了自由平等原则，阻碍了社会改造。青年受此思想影响，普遍对家庭不满。青年代表社会的一种新势力，家庭制度代表社会的一种旧势力。这两种势力的冲突，造成中国很多家庭问题产生。再者，俄国革命成功，苏俄家庭观念与西洋家庭观念不能调和，又加上西洋家庭问题严重，中国人对西洋国家小家庭制度产生了怀疑，对于中国是否采纳新的家庭制度，意见分歧，有的主张采纳西洋式的小家庭制度，有的主张采纳苏俄式社会化的家庭制度，有的主张废除家庭制度，有的主张折中的家庭制度。既然对于家庭制度主张不同，社会没有公认的标准，因此也就各行其道。在这旧的行为规范失效而新的行为标准未得社会认可的情况下，社会成员各以其个人的伦理观念为标准各行其是。因此，家庭成员的家庭观念也因个人的经验、教育的不同而各异，从而产生夫妇或父母子女之间的关系失调，造成家庭的解组。

雷洁琼阐述了她对社会变迁与家庭制度变迁关系的看法。她说：“家庭制度实为社会制度之一种，其他经济政治教育宗教制度与家庭制度均有密切关系，家庭制度改变足以影响于其他社会制度，经济政治教育宗教之改变，亦足以影响家庭制度。”[①]中国与西洋文化接触后，政治、经济、教育、宗教制度发生急剧变化，家庭制度不能调适于其他社会制度，固有家庭制度因之发生问题。

二、中国家庭问题的发生及研究状况

雷洁琼认为，中国家庭问题的发生，“一由于固有的大家庭制度不调适于变迁中的社会，具体一点说，农业社会的家庭制度，不调适于趋于工业商业化的社会；二由于家庭分子间人格不适调而至家庭解组家庭破裂。前者为失调家庭问题，后者为破裂家庭问题”[②]。家庭是中国社会组织的中心，因此，家庭

① 雷洁琼：《中国家庭问题研究讨论》，载《雷洁琼文集》（上），开明出版社，1994年，第23页。

② 同上书，第24页。

不调适，社会便不能安宁，人的情感便无所寄托。据当时的统计，在自杀的各种原因中，家庭纠纷约占25%，由此可知，家庭的不安对社会影响甚大。家庭又为人格的养成机构，儿童的健全人格是否养成，全赖于成长的家庭是否良好。良好的家庭就是父母能和谐，认识社会时代的需求，明了儿童的天性，懂得家庭生活良好能使儿童长大时适合于社会，并为社会做贡献的家庭。家庭若不调适于社会，家庭分子间若有纠纷，以至家庭解组或破裂，子女在品格方面必受影响，子女教养必然发生问题。可见家庭问题不解决，足以影响国民的道德与人格。因此，雷洁琼指出："我国家庭的不调适社会，家庭内部种种的纠纷，实为社会紊乱及社会秩序动摇的一个原因。欲谋社会问题之解决，国人当谋家庭问题之解决，采纳新家庭制度使之调适社会，并减少家庭冲突。故先对于家庭问题当作有系统的客观研究。"①

而要研究中国家庭问题，必先明了固有家庭组织的基本观念与家庭的功能和结构，并须探究家庭的实况。但当时这方面的研究并不理想。据雷洁琼所知，从民国九年（1920）即开始有专论家庭问题的专著，至民国二十四年（1935），这样的专著尚不及30部（包括专论中国家庭的著作和讨论家庭问题的译著在内）。除易家钺、罗敦伟合著的《中国家庭问题》、潘光旦的《中国之家庭问题》、李景汉的《北平郊外之乡村家庭》、麦惠庭的《中国家庭改造问题》、陶希圣的《婚姻与家族》、吕诚之的《中国宗族制度小史》、言心哲的《农村家庭调查》以及讨论中国家庭制度及家庭问题的10部英文著作外，其余都是讨论普通的家庭制度的著作。关于中国家庭实况的调查，有李景汉的《北平郊外之乡村家庭》、言心哲的《农村家庭调查》及S.O.Gumble的*How Chinese Families Live in Peiping*，间接的有调查农工阶级生活程度的各种报告。而对家庭实况的调查又偏重于家庭经济调查。虽然报纸杂志上讨论家庭问题的文章甚多，但多数不注重家庭实况，只凭理想或主观偏见空发议论，或是谈论家庭改造方案或家庭改良方法。雷洁琼不能不遗憾地说："总之关于研究我国家庭制度与讨论家庭问题的有价值的文字，殊觉缺乏。国人对于家庭制

① 雷洁琼：《中国家庭问题研究讨论》，载《雷洁琼文集》（上），开明出版社，1994年，第25页。

度没有研究，家庭问题没有认识，无怪我国家庭问题近年之愈见严重。”[①]

雷洁琼的研究把中国家庭分为两大类：“一为沿海都市的家庭，直接或间接已受西洋或苏俄社会思想所影响，多数已采纳或趋于采纳西洋小家庭制度。一为中国内地的农村家庭，未直接受西洋或苏俄思想所影响，仍保持固有家庭制度观念。家庭环境不同，组织与生活不同，其问题当然不同。故研究我国家庭问题，必先了解都市家庭与农村家庭的同异及这两种家庭现实情况。”[②]雷洁琼特别指出，中国固有家庭制度是父治、父权、父系与家长制的家庭制度，家庭分子间的关系的维持依赖于孝顺、贞节与容忍的观念，普通家庭观念全国大致相同。同时，雷洁琼又指出，由于各地风俗习惯不同，家庭组织与生活也各异，因此，要在各地选择研究范围，否则不能悉知中国家庭实况，更无从发现其问题。例如，沿海都市家庭因受外来文化影响及环境的不同而变化，但其家庭功能与结构究竟如何变化？家庭分子能否调适于变迁过程中的家庭？农村固有家庭制度与生活是否能调适于现代中国社会等都是需要研究的现实问题。因为家庭问题发生于家庭功能与结构的变迁，所以在研究家庭问题时，必须客观地实地研究家庭组织的实况与变迁。

三、中国的家庭问题

雷洁琼从以下四个方面研究中国的家庭问题。

（一）家庭人口问题

家庭人口为家庭组织要素之一。雷洁琼认为，“家庭人口的多少关系于家庭福利、社会经济、民族品质甚大。家庭人口适度问题视乎社会经济组织与文化程度而定”[③]。虽然中国素以大家庭制度闻名于世，但根据人口学者对农工阶级生活程度的报告，中国家庭人口数目在4–6口的占最大多数，而家庭三代同堂的甚少。根据人口学者的研究，当时中国的生育率与婴儿死亡率都比世界任何国家高，所以家庭存活子女数目不见得高。家庭人口数不像我们想的那么多，这样家庭对于亲属的责任问题，尤其是子女赡养老年父母的问题，以及孤

① 雷洁琼：《中国家庭问题研究讨论》，载《雷洁琼文集》（上），开明出版社，1994年，第26页。

② 同上注。

③ 同上书，第27页。

儿寡妇经济能力不足的救济问题尤其严重。但这种情况是否在各种家庭中都普遍存在呢？雷洁琼还提出，要对其他与家庭人口有关的方面进行研究，诸如受教育阶级的家庭与未曾受教育阶级的家庭有否差别？从事不同职业的家庭有否差别？职业妇女的家庭与非职业妇女的家庭有否差别？子女数目在各种家庭中的增减趋势如何？各种家庭的生育观念如何？还有婴儿死亡情况及原因等都与家庭大小有关。雷洁琼特别提醒，在中国大小家庭制度并存的情况下，要研究家庭的大小，就要注意家庭的定义："如以自然家庭为家庭，当注意家庭子女数目，就是每对夫妇所生子女数目，与现存子女数目。如以经济家庭为家庭，则当注意家庭人口组合，就是家庭内同居共食人数。明了家庭人口实况，始知我国人口是否过多或过少，解决问题始有所根据。"①

（二）家庭经济问题

雷洁琼说，家庭经济状况是家庭组织的基础，而家庭的经济状况又与社会经济状况有密切关系。中国普遍贫穷，生活程度低，多数家庭入不敷出。据对劳农阶级的收入支出的各种调查，有四分之三的人民入不敷出，生活在贫穷线下。家庭入不敷出的原因，是社会经济情况使工资太低，个人生产力的效率低，以及家庭人口太多。雷洁琼特别注意妇女在家庭经济中的作用。她认为，应研究妇女对家庭的经济贡献，妇女就业是否由于家庭收入不足？从业妇女对于育儿治家如何调适？从业妇女对家庭的态度如何？还应该研究，子女是否都对家庭经济负有责任？未成年的子女是否要被迫做工以辅助家庭？何种亲属对于家庭有经济贡献？家庭经济入不敷出时有几种补助办法？等等。

至于家庭收入的分配，雷洁琼说，则因社会阶级而不同，贫穷家庭与中上家庭的收入不同，分配自然不同。从家庭收入分配的不同，可以比较出不同社会阶级的家庭生活的差别。贫穷家庭尽其所能维持最低生活还不够，更谈不到过剩资财的分配。据调查，当时，中国劳农家庭收入的80%–85%被用于生活必需品如衣食住水火等的消费支出，所余15%–20%消费于杂用，而杂用内很多也是生活上必需的东西。中上阶层家庭消费于迷信、婚丧、礼仪与所谓应酬及不正当娱乐的数目不少。杂用占收入分配的百分数高，说明生活程度高，但是一家的生活程度高，不一定其文化程度也高。

① 雷洁琼：《中国家庭问题研究讨论》，载《雷洁琼文集》（上），开明出版社，1994年，第28页。

再一个问题是，家庭收入分配之权属于家中何人及家庭财政管理权分配如何转移，这方面的研究可以说明家庭结构的变迁趋向及其发生的问题。“社会经济制度变迁，家庭不能不顺变而调适。家庭经济基础因社会经济制度变迁而摇动，家庭功用与结构改变，问题因之而生。总之家庭人口与家庭经济是相关的。家庭人口数目超过家庭生产能力，家庭贫乏，不足以维持最低生活。家庭经济入不敷出，往往可以限制家庭人口，造成溺婴卖子女种种不道德行为。这两种情形都普遍存在于我国社会”。[①]

（三）家庭关系调适问题

雷洁琼指出：“家庭除了要求人口与经济基础调适外，还要求家庭分子间的调适。家庭分子间的调适实为家庭对于社会文化的调适。家庭分子间的关系为当时当地文化所限定，在渐变的社会中，家庭中各人有各人的地位，各人有各人的职务，其应享权利与应尽义务都是很明显的。那么，家庭分子间冲突甚少。我国社会素重伦常，父子夫妇兄弟及其他亲属的关系都有详细规定，为国人历代行为的规范，家庭组织全赖传统思想社会风俗以维持。传统思想与社会风俗在我国有一致性。人民的家庭概念大同小异，家庭分子的行为有共同标准。故家庭分子间失睦事如夫妇失睦、父母子女间的冲突不甚多见。”[②]况且家庭为个人唯一赖以生存的社会机构，个人对家庭不满也不敢反抗，亦不轻易离家使之破裂。但在社会急剧变化时，情况就非如此，家庭中各人的关系则根据个人的家庭观念而定其地位。家庭分子往往因社会背景、教育、经济的不同而异，失去行为的共同标准，家庭分子间失和之事必多。家庭分子间的种种冲突，多数都是个人人格间的冲突或文化与人格的冲突。

因此，雷洁琼指出，在研究家庭冲突问题时，还须对家庭所在地的文化背景如风俗习惯等相当明了。对于人的基本欲望与人性的形成和发展，必须有相当知识，才能分析出冲突的社会原因与个人原因。前者如家庭不能调适于社会的种种变迁而引起家庭分子间的冲突，后者如家庭分子的品性、习惯、嗜好、思想不能相互调适而产生冲突，这两种原因又互相影响。家庭分子间的关系越复杂，发生冲突纷争的可能性就越大。

① 雷洁琼：《中国家庭问题研究讨论》，载《雷洁琼文集》（上），开明出版社，1994年，第30页。

② 同上注。

雷洁琼具体分析了社会变迁中家庭分子间的各种冲突。她说，父母子女间的冲突在都市家庭比在农村家庭多。这是因为子女为国家的公民，享有公民的种种权利，而中国的很多父母没有这种新观念。父母子女间因属于不同时代而有不同的思想观念，而思想的不同成为父母子女间冲突的主要原因。这种冲突发生在什么家庭？冲突的对象多属于什么？冲突采取何种方式？其个性态度如何？这些都是值得研究的。在家庭分子中，婆媳冲突、妯娌冲突、叔侄冲突等在农村家庭比在都市家庭多。这是因为农村大家庭难以维持，都市家庭新观念又逐渐传入农村，从前以容忍为美德，现在为个人求生存而不能顾及了。雷洁琼同时指出，研究大家庭分子间的种种冲突时，因家庭成员间关系复杂，要知其真相，必须在社会变迁过程中去研究。

雷洁琼就是在社会变迁中研究夫妇冲突问题的。她说，都市家庭与农村家庭夫妇冲突都是普遍存在的，不过现代夫妇冲突问题比以前更为严重。从前夫妻不调适完全是丈夫厌弃妻子的问题，现代夫妇关系有赖于两方面的态度与兴趣能否融洽调和。夫妇冲突问题与妇女的社会地位变迁有密切关系，但也不能否认，夫妇冲突原因颇为复杂。夫妇的种族不同或文化背景不同，则生活习惯不同，调适自不容易，尤其是中国人与外国人结婚，往往发生甚多问题，皆由于夫妇的文化背景不同所致。夫妇为家庭经济的收入与分配而起冲突者亦不少，有的因贫穷失望，有的为分配，有的因消费习惯各异。还有一个被忽略的夫妇冲突原因，是性生活的不调适。雷洁琼指出，研究夫妇冲突问题，一方面要研究夫妇个别的生活发展历史及其家庭背景，另一方面要研究夫妇结合经过历程及其现实生活情况。因为夫妇生长于不同的家庭，其文化背景不一样，因之人生态度、习惯、行为标准也各异。而夫妇结合的经过正是两方面人格调适成功的表现，如夫妇冲突则是两方面人格调适失败的表现。雷洁琼认为，研究夫妇冲突的原因要追溯两方面结合的经过与冲突的发展过程，同时要研究夫妇冲突在何种家庭发生，冲突对象多属何类事情，夫妇冲突如何影响两方面人格及其子女等。

离婚、遗弃、分居与死亡都是家庭破裂的方式。离婚、遗弃与分居都是夫妇冲突的结果。离婚系夫妇双方经法律手续解除婚约，脱离夫妇关系。雷洁琼说离婚已为社会所公认。随着社会的变迁，离婚观念也已渐渐变化，妇女就职机会多，经济日益独立，因此，不但在都市，在农村离婚数目也在增加。离婚并不是家庭破裂的原因，而是夫妇冲突的结果。关于遗弃问题，雷洁琼说，中国遗弃问题与美国遗弃问题有点区别。美国遗弃问题多发生于贫穷家庭，这也就是“贫人的离婚办法”。中国的遗弃问题多发生于保守家庭，尤以曾受教育的男子较多。在过渡时代，遗弃实为严重的社会问题。分居本为双方同意离异，影响较小，况且中国很少采纳此种方式，因之不成为问题。

家庭因家主或主妇死亡而致破裂，便产生鳏夫寡妇问题。鳏夫再娶重组家庭时，如果继母与子女不能调适，便会产生家庭问题。寡妇再嫁素为风俗所轻视，故中国中上阶层寡妇再嫁者甚少，下层阶级寡妇因生活关系而再嫁者较多。但由于大家庭制度的崩溃，亲属不像从前那样负责维持寡妇生活，而社会又无抚恤救济机关，所以寡妇不能适应社会成为当时中国的家庭问题之一。

（四）子女教养问题

雷洁琼说，子女教育问题，亦为家庭问题之一 。中国学龄前儿童教育的责任主要由家庭负责，而大多数家庭生活不适于教养儿童，一般父母非常缺乏训育儿童的知识。虽然社会对于子女地位的观念在变，而一般父母教养子女的目标，仍重家庭而轻国家。“一般为父母的，缺少公民教育，国家观念非常薄弱，视子女们为家庭私有品，故大多数家庭养成的子女人格，不适合于现代社会生活。还有劳农阶级的家庭，父母为生活终日奔忙，连子女生活都不能维持，更谈不到教育。儿童为民族的继承者，国家的主人翁，家庭之不适于儿童教养，实为社会严重问题”。[①]

雷洁琼指出，家庭人口问题、家庭经济问题、家庭关系调适问题与子女教养问题，都是当时中国社会急变过程中产生的，要解决家庭问题，必先分析家庭问题发生的原因与真相。既然家庭问题发生于社会变迁，那么认识了家庭问题的真相，则可明了社会变迁的趋向，因此研究家庭问题时，先应注意社会经济文化背景。在研究方法上，雷洁琼认为：“选择范围以个案方法作个别家庭研究。实地详细调查与研究个别家庭过去历史与现实情况，始能对于家庭问题真相有所认识。”[②]

雷洁琼运用历史唯物主义的观点，分析了社会变迁中的中国家庭问题，并

① 雷洁琼：《中国家庭问题研究讨论》，载《雷洁琼文集》（上），开明出版社，1994年，第36页。

② 同上书，第37页。

指出在各种家庭问题中应研究的方面，同时也概括了分析家庭问题及研究家庭问题的方法。雷洁琼是新中国成立前运用历史唯物主义研究妇女和婚姻家庭的代表。

第十五章 言心哲的现代社会事业研究

中国向来不注重对社会事业与社会行政的研究，抗战前各大学中仅仅教会设立的燕京大学、沪江大学设有社会事业或社会行政课程，这是由于受美国社会工作教育的影响之故。在燕京大学有美籍教授步济时、甘博主持，在沪江大学有葛学溥、白克令主持。沪江大学在1917年创立社会服务机关沪东公社，作为社会学系学生社会工作实习地。燕京大学与协和医院社会部合作，社会部主任任燕京大学社会行政教授，燕京大学学生到协和做实习工作，尤其许仕廉任系主任期间的努力颇有成绩。研究社会事业与社会行政的有钱振亚、龚贤明、祝世康等，研究者甚少，文章也寥寥可数。

直至民国二十九年（1940）国民政府社会部的成立，对人才的需要才引起社会学界的注意，各校增加社会事业与社会行政科目，这方面的著作也日渐增加，如言心哲、马宗荣、王克、吴榆珍、张鸿钧、祝世康、林良桐、柯象峰、陈凌云、蒋旨昂、邹五阶、宋思明等的著作陆续出版。其中蒋旨昂的《社会工作导论》具有学术上的价值。吴榆珍编的《社会个案工作方法概要》是中国第一部个案工作之书。内容比较充实的是张鸿钧主编的《社会行政概论》，但署名为孙本文等著。而内容最翔实的，是言心哲教授精心撰写的《现代社会事业》一书。

言心哲（1898–1984），别名荣彰，湖南湘潭人，1921年赴美留学。1923年入南加州大学攻读社会学和经济学，获文科硕士学位。1928–1937年先后任燕京大学、中央大学、中山大学社会学讲师、教授。1937–1949年任复旦大学社会学系教授，兼任系主任。1949年后任复旦大学社会学系教授。1952–1973年任华东师范大学研究部和教育系翻译。1979年被上海社会科学院社会学所聘为特约研究员。主要著作有：《农村社会学概论》（1934）、《社会调查大纲》（1934）、《现代社会事业》（1944）等。

言心哲从事社会事业和农村社会学等研究。他认为，社会事业是社会学中的一个重要部门。他广泛介绍了欧美各国社会事业的概况，着重阐释了社会个案工作、社会团体工作、社区服务工作，并特别强调社会事业人才训练的重要性及培养方式。其代表作《现代社会事业》可以了解中国当时社会事业研究的概况及主要思想。正如朱庆澜在该书的序中所说："言君之书，系博采近代东西研究社会事业学者的论著，与个人积年汇讨的心得所成之结晶。书中溯社会名义与事业之起源，而推论其演进之程序以迄于现代，由狭义的而推到广义的，由枝节的而推到本源的，由理论的而归结到事实的……其所主张之义理与事业，则认为确切而精当，足为留心现代社会事业而发心担当其任务者所取资。"[①]言心哲一方面发抒学理，另一方面传授心法，由于他尽责的宣传与实践，复旦社会学系人才辈出，如俞湘文、吴荣、梁业鸿等。关于社会事业研究的意义、方面及原则，言心哲在其自序中阐述得很清楚。他说："现代社会事业，在我国这次抗战以前，是被忽视的一种事业，我国以往谈民族复兴与国家建设的，很少有人把社会事业看作一个重要的部门，殊不知社会事业的兴办与研究，为增进社会福利，提高人民生活的一种重要工作，是以欧美先进诸邦，莫不努力倡办各种社会事业，以期减少人民困苦，培养国家元气。社会事业在我国的需要，已由于多年抗战的经验而深深地感觉到了，此点从近年来中央及地方社会行政机构的设立，各项社会事业的兴办，以及社会事业教育之渐加注意，可以窥见一斑。不过社会事业，千头万绪，加以我国人口众多，幅员广大，社会经济等情形，又多与他国不同，要使今后的社会事业对于民族复兴与国家建设发生更大的效果，有待改进与研讨之处，当然很多，举凡社会事业理论的阐扬，社会事业人才的培养，社会行政人事制度的树立，工作方法的改善，研究工作的推动，以及理论与实际如何使之沟通，学校与机关怎样取得联系，等等，均当根据我国当前环境，参考欧美各国已有成规，作进一步之探讨与改善，著者希能于此籍中，略为阐述此中要义。"[②]现将言心哲的观点分述如下。

① 言心哲：《现代社会事业》，商务印书馆，1944年，朱序第1页。

② 言心哲：《现代社会事业》，商务印书馆，1944年，自序第1页。

第一节
社会事业的基本理论与方法

一、社会事业的意义、定义及范围

社会事业是什么？社会事业与社会行政、与慈善事业有什么区别和不同？社会事业的范围及其种类？社会事业与社会学相互有什么贡献？社会事业的功用是什么？社会事业的目的及其方法是什么？等等。言心哲认为，这些都是研究社会事业的人首先应当注意的问题。

言心哲首先说明了社会事业名称的由来。据美国社会事业专家迪维恩（E.T. Devine）的考察，社会事业这个名称，直到1904年或1905年才为一般人所通用。社会事业系渊源于慈善事业，后由慈善事业渐进而成为社会救济事业，再从社会救济事业发展到积极的福利事业，终于形成现代社会事业。尽管因时代的演进、思潮的改变，其意义与内容有许多不同，而社会事业这个名称则早已确立。

在中国，有把社会事业译为社会工作的，有称之为社会福利、公共福利、社会行政、社会事业行政、社会服务行政等的，皆有为人民谋福利的意思。李剑华、李世勋、祁森焕的著作也都称社会事业。在国内各大医院中设立的服务部，沿用社会事业这一名称者亦较多。言心哲以为，为便于国际交流与合作，宜于采用社会事业一词。按照中国的习惯用法，社会事业能包括一切慈善事业或社会救济事业、社会福利事业、贫民救济事业、儿童保护事业、劳工福利事业、社会保健事业、民众娱乐事业、妇女救济事业、犯人救济及感化事业、精神病人服务事业、残疾人及老年人救济事业、社会保险、合作事业等，凡消极的社会救济事业与积极的社会福利事业，皆可概括于社会事业之内。

言心哲指出，有人以为社会事业就是慈善事业或救济事业，其实不尽然。因为社会事业一方面固然是慈善、救济、感化以及运用其他各种科学知识与方法来补救贫穷、疾病、犯罪、失业等社会病态的事业；另一方面还要改良普通社会生活及团体组织，以预防各种病态的产生。又有人以为社会事业是一般公益或公共事业，这是一种误解。仅为一人、一家或一族利益的事业不能被称为社会事业，即使是政府承办的公益行政事业如警务、消防等，也不是社会事业。社会事业是在现行社会经济制度之下，对于一般不幸者加以扶助，以增加大众福利，但同时也常常注意到社会生活如何改善，社会病态如何遏止，目的在于使社会大众都达到幸福安乐的境地。言心哲将社会事业定义为："社会事业是运用现代科学的知识与方法，办理各种社会救济事业，以免除个人当前的痛苦及解决社会当前的问题，消极地减少各种社会病态。同时，并注意于社会生活的改进，积极地预防各种社会病态的产生。其主要目标在调整个人及社会生活的共同关系，增进大众的福利。凡消极的社会救济事业与积极的社会福利事业，通可包括在内。"①

二、社会事业与社会行政、慈善事业、社会学的关系及区别

（一）社会事业与社会行政、慈善事业的关系与区别

言心哲说，顾名思义，社会行政是偏重于实际的执行方面，而社会事业一方面要注重实际工作的推动，另一方面也要有理论基础，现代社会事业，理应双方并重。行政一词在行政学上的解释，为"人"与"物"的管理。社会行政在性质与内容上虽与其他行政有些不同，而在执行上或推动某种社会事业时，也是离不开人与物的，所以人与物的管理在社会行政方面也是很重要的。但在现代社会事业发达的国家，社会行政已日益专业化。现代社会事业之所以重视行政，是因为社会事业日渐推广，组织日渐扩大，管理日渐复杂，从事此类工作的人不能不研究其是非。再者，社会学与社会事业的知识，日渐渗入于社会行政之内，使社会行政理论的基础日益丰富。社会行政问题的科学研究及行政技术研究，已随社会事业的发达及社会行政家经验的增加而日有进展。

言心哲指出，从历史方面来看，社会事业源于慈善事业，但现代社会事业与往日的慈善事业有许多不同。

1. 基本观念不同。狭义的慈善是以金钱或物品赠给穷人，救济残废或扶助病人。广义的慈善，包括对人表示同情或给人一些实际的援助。往日的慈善无论是广义的还是狭义的，其出发点大都基于宗教、迷信与同情的观念，救济社会上一部分的不幸者。以往人们把慈善事业视为一种私人"恩惠"，脱离不了"怜悯"与"姑息"的概念。而且"恩惠"的有无，全出于施助等的自愿，受助者并无要求之权。而现代社会事业的兴办，则纯粹基于社会与国家的责

① 言心哲：《现代社会事业》，商务印书馆，1944年，第7–8页。

任，从事社会事业的人莫不站在科学的立场上，摒除“报应”的观念，而把对全社会不幸者的救助及社会生活环境的改善看作应尽的责任或义务，同时，受助者也有要求救济的权利。

2. 方法不同。现代社会事业的举办，莫不利用各种科学方法，对任何一种社会病态，莫不穷本溯源，细察因果，作为诊治的依据，因为个人状况及其家庭历史与生活环境是不同的，要想对个人问题有所补救，不可不注意个别诊断，以便对症治疗。所以社会诊断、社会个案工作、团体工作、社会调查及社会统计等，都是社会事业方面的重要方法或工作，这些方式或工作，不仅可以给临时救济提供参考，且可以用作预防的根据。往日的慈善事业的动机是做好事，由于见解不深、范围狭隘，在社会病态的补救上，只顾及临时的救济，而看不到个别诊断与社会调查等工作的重要。虽不能说这类工作对于个人全无益处，但因没有适当的方法，这类工作的结果未必是所希望的，有时还适得其反，这与现代社会事业的科学精神与方法相去甚远。

3. 组织不同。现代社会事业行政机关非常重视内部组织的健全与科学的管理，因为有了健全的组织与科学的管理，才能提高一个机关的行政效率。而以往的慈善事业机关，组织既不严密，管理亦欠周到，与外界更少联络，许多机关时过境迁就没人负责，或者每每出现各自为政的局面。一种事业的创办，要有组织、有系统、有联络，才可以避免滥施与重复，才可以节省经费与人力。因此，现代社会事业人员与社会事业机关莫不提倡各项联络工作，以期以较少的经费和人力取得较大的效果。

4. 对象与范围广狭不同。现代社会事业以社会大众的福利为对象，其目的在于全体社会生活的改善和社会关系的调适，而慈善事业则往往仅限个人或极少数人为对象。也就是说，慈善事业的对象较为狭窄，而社会事业的范围则较为广泛。现代社会事业不只是进行消极的救济而已，其重要工作在于，在各种社会病态尚未形成之前，能事先加以预防，从而遏制病态于未然。用消极的方法来救济社会的不幸成员，实际上是不得已之举，而真正的社会事业则贵在能正本清源，使社会病态得到根本的解决。因此，现代社会事业除救济贫民扶助弱者以外，还致力于娱乐的提倡、环境的改善、公共卫生的策划、儿童福利的鼓吹、社会立法的推行以及社会调查的举办等。

5. 工作人员的训练与知识不同。在现代社会事业发达的国家，社会事业早已被视为一种专门职业，从事社会事业的人必须专心致志才能有所成就。因为对各种社会病态的救济与预防，对社会生活环境的改善，对社会关系的调适，都必须有种种新的科学知识与方法，方可应付得法。故非研究有素，深通各科，便不能对社会问题与社会病态有透彻的认识与切实的补救。况且各种事业有其特殊之处，社会事业的范围广泛，内容也很复杂，专家只有不懈地努力，不断运用其所习得的知识与方法，才能对社会事业进行研究和实践，才能明悉社会事业的底蕴。而以往的慈善事业则不然，以为只要有好心好意并且有钱，谁都能做。他们从事慈善事业，纯粹出于义务，而没有受过专门训练，更不具备科学的方法与知识，因此，他们的慈善行为的结果常常不能令人满意。而从事现代社会事业的人，非有专门的训练与专门的知识，便不易于了解社会的实际情形，不易应付复杂的社会环境，补救社会病态。

（二）社会事业与社会学的关系与区别

对于社会学与社会事业的区别与关系，言心哲做了翔实的研究。社会学家们均以为社会学与社会事业的主要区别就是，社会学是科学或社会科学，而社会事业则为社会艺术。麦其维（Maciver）在《社会学对于社会事业的贡献》一书中，便首先说明社会学是科学，社会事业是社会艺术。言心哲引用麦其维的话说：“艺术是要支配对象，科学是要了解对象；艺术注重个体，科学注重原则；艺术活动由于内心之感召，不自理论之推断；科学的功用在说明达到目的之手段，不在实际之行动，科学的自身是抽象的，艺术的自身是冲动的，必须两者相互为用，分途并进，才能相辅相成，殊途而同归。”[①]关于社会学与社会事业的区别与关系，麦其维说，社会学是研究社会关系的，社会事业是帮助个人在特定的社会环境中解除失调问题的。社会事业人员一方面要有经验，另一方面要有自己的哲学，而这就有赖于社会学了。在这方面，社会学可以作出两种贡献：一是指示正确的方向，使社会事业人员超出当时当地的个案范围，而得到较为广大的认识，亦即认识各种社会潜能与条件；二是把特殊的研究交给社会事业人员采纳，以便使其完全客观科学地站在世界以外，无所动于衷，而不要像艺术那样站在世界以内，企图改造世界。

言心哲还介绍了蒲巴德关于社会学对社会事业的贡献的观点。蒲氏认为，

---

① 言心哲：《现代社会事业》，商务印书馆，1944年，第17页。

社会事业的目的不外两种，一为协助个人、团体或阶级调适于环境，二为谋求环境的适当改变，而要达成这两个目的，均须有赖于社会学原理的帮助。蒲氏认为，社会学对社会事业的贡献有以下几点：（1）社会学的各种概念，可供研究人类实际问题参考；（2）社会学原理对个人及社会行为问题有新的发现，可应用于社会事业；（3）社会学的社会整体有机关系说，对社会事业人员来说，是一种有用的观点；（4）社会学可以说明推进社会事业的可能性，告诉人们什么可以用人力去改造，什么不能；（5）社会学规定的许多标准，可供社会诊断及社会救治之用；（6）社会学可以给社会事业人员提供一种有用的社会哲学。言心哲概括地指出，现代社会事业，几乎都要以社会学为知识基础。

另一方面，言心哲引述了麦其维关于社会事业对社会学的贡献的看法：（1）社会事业因为实际上常遇到种种社会环境，可以帮助社会学划分社会环境的种类；（2）社会事业因为追究每件个案的社会环境，不但知道社会的团结与分离这两种势力的趋向，同时，也能知道彼此运行的状况，这可以帮助社会学研究人类团体生活的过程；（3）任何社会事业都根据工作假定来解决个人问题，所以任何社会事业都是一种试验，又因为社会事业是试验，所以能够帮助社会学了解社会的因果规律。因为，社会事业人员在任何境地之下都要研究四个方面的问题：一是一般的社会背景，即基本的社会因素与经济因素等；二是个别的社会背景，即个案的生活状况或个案所代表的团体类型的所有背景；三是个案在特定的团体生活以内所受的人格影响；四是个别失调现象的所有当前问题。

言心哲总结说，社会学理论的进步，固然可以给社会事业很多的帮助，而由社会事业得到的各种人类经验，亦曾给社会学不少贡献。“总而言之，社会学是着重于原理的指示，而社会事业则注意于实用方面。因此有人将社会事业称为应用社会学，不仅理论与实际应双方并顾，而且要有密切的联系。仅重理论而不顾实用，容易成为‘空话’，偏重实用而无理论的根据，容易使人‘盲动’，所以二者不可偏废”。[①]

① 言心哲：《现代社会事业》，商务印书馆，1944年，第22页。

三、社会事业的功用、目的和方法

（一）社会事业的功用

言心哲对诸多有关现代社会事业功用的观点作了如下概括。

1. 社会事业可以促进社会进步。社会事业的主要目标在于改善大众的生活，增进大众的幸福，调和群众的利益，减少团体的冲突，使社会能有现时的安宁与前进的能力。同时，在社会变迁过程中，许多人因不能适应复杂的社会环境而出现失调问题，社会事业人员理解社会不幸者的问题的严重性及危险程度，并进行解救或处理工作。社会事业机构则发起种种社会运动，以补救社会病态，促进社会进步。

2. 社会事业可以谋求社会公道，社会公道是社会革命的最后目的，各种主义莫不以此为号召。社会事业则在原有社会制度下，以和缓的方法来促成社会公道。在一个富者愈富、贫者益贫的社会，社会问题及社会病态必定更多。为避免社会的畸形发展，消除社会病态，应当举办各种社会事业，促进机会均等，以谋求实现社会公道。社会公道与人生应有的权利是随时代与环境而改变的，但只要有社会的不公道、机会的不均等，社会事业就要提倡人所应有的种种权利，如教育、卫生、娱乐、住所、犯人获得合理待遇、贫民获得救济等权利，以伸张社会公道。

3. 社会事业能让人树立推己及人与仁民爱物的社会哲学。凡属人类都应相亲相爱，济困扶危，以达到共存共荣的目的。社会事业家要把社会事业办理得好，一方面要有经验与技术，另一方面也要有他的哲学。从事社会事业者对于人生、别人的生活以及各阶级的生活，应常发生浓厚的兴趣。他们要能时常运用丰富的社会知识与活泼的想象能力，并能设身处地地去体会别人的生活环境和心理反应。也就是说，他们须有推己及人与仁民爱物的社会哲学，才能做到为社会服务献身，为人类谋幸福。

4. 社会事业可以提高人民生活程度。生活程度是指我们在生活方面的实际享受情形。人民不仅需要在物质生活如衣食住行等方面获得相当的满足，而且需要在精神如教育、信仰、文化等方面也有相当的享受。人民的生活必须这样才有意义，这也就是我们所追求的理想生活程度。为谋求人民生活程度提高的事业和方法有许多，诸如开发富源、发展农工商业、改进生产技术等，但同时要兴办各种社会事业，如社会保险、劳工福利、职业介绍、社会服务、社会救济、贫民贷款、民众娱乐等，这样大众的生活程度便能得到提高。因此，要想为大众谋幸福，则须兴办各种社会事业。

5. 社会事业可以消弭社会乱源，培养国家元气，增加人民对于政府的信赖。政府要以人民为后盾，非赖人民信赖政府不可。而政府要取得人民的信赖，首要的是要造福民众，其主要的方式是提倡及兴办各种社会事业，以减少人民的痛苦，提高人民的生活程度。

6. 社会事业的举办，可使我们对社会问题及社会病态有更深切的认识。这种认识是解决社会问题与补救社会病态最好的指南与依据。

7. 社会事业的举办，可以解除个人的痛苦，并维持社会的治安，保护大众的利益。

（二）社会事业的目的

言心哲认为，社会事业的主要目的，不外谋求个人和社会生活的改善、社会病态的消弭与社会关系的调整。具体地说，社会事业的目的如下：（1）救济贫民，使其能适应环境，获得经济上的自立，为防止贫穷而研究贫穷的原因。（2）救助犯人，使他们能与社会互相适应，不致重入歧途，凡发现足以促成犯罪的原因，要设法予以消除。（3）兴办医药卫生事业，研究个人及社会得病的原因，作为卫生教育实施的基础。（4）研究各种心理或精神缺陷的缘由及其状况，并设法消弭其产生的原因，在可能的范围内，应用新的科学方法达到治疗的目的。（5）对孤苦儿童的扶助与残疾病人的救护，社会事业机构要给以科学的处理。（6）对于个人的困难问题，凡遇有复杂情况发生时，应采取科学的态度与方法来处理，使个人易于适应环境，获得正常生活。（7）运用团体工作的原理与方法发展民众的娱乐及集体生活。

言心哲指出，社会事业的狭义目的有二，即个人的救护与环境的改良，前者多为消极的救济工作，后者则多属积极的福利事业。而中国当时的社会事业设施多偏重于前者，对后者则不甚注意，这种情况之所以非常普遍，言心哲认为有以下几个原因：（1）因为当前的痛苦，最易令人触目惊心，从而引起人们的注意。救济工作多为止痛与救命的工作，而预防的工作则多属延年益寿的工作。而且就中国当时的社会经济状况来说，也只能做到止痛救命，虽然大家都知道积极的预防工作比消极的救济工作更重要，但经济情形不许可这样做。因此人们对救济工作每感需要迫切，而对预防工作则易于忽视。（2）因受旧日社会思想的影响及社会习惯的束缚，一般人士只知捐款用于救济工作。（3）因现代社会事业人才的缺乏，及现有从事社会事业者的精力与时间的限制，大都只能顾到救济工作。虽然感到消极救济非治本之道，但因终日忙于救济工作，而没有精力与时间去从事各种积极的社会福利事业。

（三）社会事业的方法

关于社会事业的方法，言心哲认为重要的有以下几种。

1. 社会运动。社会运动的起因，每由于先知先觉对于社会上某种现状不满，故特别努力加以鼓吹、宣传，使少数人的见解成为大众的知识，目的在于增进人民的幸福，预防个人痛苦及社会病态于未然。社会运动不仅可以改良社会风习、消灭社会问题，而且可以发扬民气、增加社会力量。社会事业的举办必须与社会运动相配合，才能发生更大的效力。

2. 社会政策。社会政策是推行社会事业所应采取的一种方针。社会政策的作用在于不必从根本上推翻现行制度，仅用渐进的和平手段，致力于劳动阶级的保护与资本主义弊端的消灭。社会政策之所以特别注意劳动阶级的保护，是因为一国的劳动分子占全国人口的大多数，他们是重要的生产者，但在资本主义的社会制度下，他们的生活往往比较艰苦。为保护劳动阶级的利益，必须有政策、方针和法律的力量才行。所以社会政策的执行，常限于国家机关，社会政策的实施与社会改革的推行，都须借助于国家的立法。条理化的社会政策，是从事社会行政及社会事业的人所应遵循的。

3. 社会立法。社会立法是用法律的力量来解决社会问题。社会立法应成为社会计划的一个重要因素，因为对社会事业机关的监督与指导，人民的福利与安全的保障，都不是一人或一个机关所能做的，有许多地方都要借助于社会立法。要制定保护社会弱者的各种法规，诸如有关劳工保护的《劳工法》《工厂法》《女工法》《童工法》《失业保险法》等，以实现社会公道。社会立法与社会事业常互相为用不可分离，所以社会行政及社会事业专家，必须了解社会立法的重要及内容，才能有效地推进社会事业。

4. 社会行政。“社会行政，就是国家用政治方法与行政效能去解决社会问题，而以确立最大多数的最大幸福以适应社会的生存与进步为原则。这种概念的发生，第一是由于现代社会问题，一天似一天的复杂，一天似一天的严重，政府职责所在，为求获得解决，只有从社会行政方面入手，把旧制度中不适应的和不满意的部分在一种新的修正与调整之下更新起来，改造社会经济，增进社会福利，以图实现一个健全的社会。第二是由于政治的本身与社会生活状态，有其密切的关系，而且可以说政治制度在某一点完全是决定于社会生活之一般趋势的，所以国家行政必当置其重心于社会观点之上，必须能够适应'生存与进步'的社会法则，适应社会生活的需求，这是政治的真正任务，同时也就是社会行政的基本理论"。[①]也就是说，社会行政要依据最适当的科学方法来管理社会事业的一切行政工作，以补救社会病态，解决社会问题，增加大众福利。

5. 社会个案工作。社会个案工作是现代社会事业的重要方法之一，其主要目的在于对个人或家庭失调的情形加以详细诊断和适当处理，以发展个人的人格，使之重新适应于社会关系。

6. 社会团体工作。团体工作是富有社会及教育意义的，通常是利用闲暇时间，在团体领袖的指导下，协助个人获得知识与技能，发展个人人格与社会化态度的经验。对此种活动的参加多是出于自愿，其目的在于增进个人的社会适应能力，促进个人的社会发展。

7. 社区组织。从事社会事业的人员，大都承认社会事业的主要方法，除个案工作与团体工作以外，还有社区组织。社区组织不是有关个人问题的处理，也不仅指一个团体或机关内部关系的调整，而是一种旨在协调一个地方或社区内的许多团体之间的相互关系的组织。大概来说，社区组织的内容可包括福利计划、组织及调整三个方面。

8. 社会事业宣传。社会事业的推进，一方面须有领袖人物提倡与实地工作人员担负其职，另一方面也须有社会人士赞助与一般民众合作，才能得到顺利推进。而宣传是一种为引起社会人士的注意、获得群众同情所不可少的方法，并且是要收到圆满效果的必用方法。

9. 社会事业人才的训练。人才训练是推动任何事业的基础，社会事业也不例外。现代社会事业人员不仅要有服务技能的准备，尤其要有服务精神的培养；不仅要有理论的基础，尤其要有实地工作的经验；不仅要注意身体的锻炼，尤其要重视人格的熏陶。

① 言心哲：《现代社会事业》，商务印书馆，1944年，第31页。

10. 社会调查。一切社会事业的兴办都应以人民为对象，一切设施及计划都不能离开事实，所以，对人民生活及社会实际情形的明了，对各项资料及事实的搜集，对于社会事业的进行，都非常重要。社会调查是用科学的方法、客观的态度实地考察人民生活的活动，这样研究社会问题的结果，不仅可供学理上参考，同时也可应用于社会事业的实践。

11. 社会研究。社会事业一方面要有健全的理论和观点，另一方面要有完备的方法或技术，这都有赖于研究的结果。

第二节 中国的社会事业与社会工作

一、社会事业的起源与发展

言心哲说："我国之社会救济事业，在昔虽无行政系统可言，而慈善设施，则由来已久，历代关于慈善、赈济及救荒政策之实施，载之于史册者颇多，良法美制，代有可考。"[①]言心哲认为，中国的慈善行政，在黄帝以前，已开其端。到周代，中国的救贫制度渐趋完备。《周礼》所载大司徒"以保息六养万民，一曰慈幼，二曰养老，三曰振穷，四曰恤贫，五曰宽疾，六曰安富"。春秋战国时代，墨子提倡灭政救灾之论，管仲治齐，使人民少时即习于农工商业，不致见异思迁，并设仓储制度。汉高祖继秦而立，约法三章，万民欣悦，汉朝各帝采取救贫制度最具体与显著。自此以后，仓储制度便被确立起来，其后各种仓制相继而起。唐代的救济事业多沿隋制，除设有常平仓及义仓外，尚有社仓。宋代的救贫事业可分为国家举办及地方举办两种。国家举办的救贫组织有常平仓、惠仓、广惠仓与福田院。由地方举办的社仓是多数人民的任意结合，大多纯属民间自营，其仓本多由地方豪富或一般民家自动输供；义庄由范文正创办，其制有养老室、恤嫠室、育婴室，凡族中鳏寡孤独均居其内，又有读书室、养疴室、严教室等。明代备荒之政多仿唐宋之制。清代的社会事业，有国家举办的，有地方设置的。国家举办者可分为恤贫与救荒两项。地方设置的社会事业又有两类：（1）城乡公办，包括社仓、迁善公所、育婴

① 言心哲：《现代社会事业》，商务印书馆，1944年，第142页。

堂、义学、清节堂、施医局、埋葬局、平粜局、施粥厂，其他如施衣、施茶、施灯、施米等，大都属于个人慈善事业性质；（2）由宗族举办，有义庄、族学。

民国成立以后，对社会救济事业的设施，也很重视。如国民政府内政部颁发的各地救济院规则载明，各省区、各特别市、各县政府，为教养无力自救的幼残疾人，保护贫民健康，救济贫民生计，应依规定于各省区、省会、特别市政府及县、市政府所在地，设立救济院，救济院应分设养老所、孤儿所、残废所、育婴所、施医所、贷款所等。1938年5月成立了中央社会部，主管民众组训及社会运动事宜，分设民众组织、社会运动、编审、总务四处。1939年11月社会部又改隶行政院，同年11月国民政府公布社会部组织法，并特任谷正纲为社会部部长，洪兰友为政务次长，黄伯度为常务次长，11月16日正式改隶，开始办公。

在该社会部，分设参事厅、秘书厅、总务司、组织训练司、社会福利司、合作事业管理局、劳动局、视导室、统计处和会计室。社会部的职能可分为组织训练、社会福利及合作事业三个部门。组织训练包括：（1）关于人民团体的组织训练事项；（2）关于各种人民团体的调整联系事项；（3）关于劳资争议的处理事项；（4）关于社会运动及人民团体事业外的一般活动的指导监督事项；（5）其他有关社会组织训练事项。社会福利方面的业务有：（1）关于社会保险的指导实施事项；（2）关于劳动者生活改良的事项；（3）关于社会服务事业的指导管理事项；（4）关于日常生活费用指数的统计调查事项；（5）关于职业介绍的指导协助事项；（6）关于贫苦老弱残废等的收容教养事项；（7）其他有关社会福利事项。合作事业方面的业务则为掌理全国各种合作事业的指导、监督及推进事项。至于地方社会行政机构，在省政府之下，设置社会处，或民政厅设社会科，主管人民组训、社会运动、社会福利等事宜。

二、社会事业人才的训练

（一）社会事业人才训练的重要性

言心哲首先阐明了社会事业人才训练的重要性。他说，人才训练为一切事业的基础。正因为社会事业在行政上的问题甚多，社会事业的范围颇广，专门技术与方法亦不少，所以唯有专心致志、朝夕不懈的专家努力从事研究与实行，才能彻底了解其内容。看一个地方的社会事业能否发展，一个社会的事业机关是否健全，管理是否完善，内容是否充实，研究实验的成绩如何，除经费一项外，大都要看有无各种专家负责办理。以往一般人以为，只要具有闲心闲力或好心好意来做“好事”的人，谁都能办“好事”，只要有钱，谁都能搞社会救济，这种观念在社会事业发达的国家早已过时。现代从事社会事业的人，在学校期间不仅要受到各项专门课程的训练，且须获得一些实习经验，出校后对于各种社会事业的举办或推动，才能愉快胜任，对于各项社会病态的处理，亦能应付有方。

言心哲指出，中国以往的教育未注意此类人才的训练，国内各大学中的社会学系虽偶尔开设关于社会事业的课程，但科目甚少，期限甚短，又因师资与教材缺乏，成绩不显著。大学中专心从事社会事业研习者也不多见，所以自国民政府行政院社会部成立以来，社会事业人才的供给殊感缺乏。言心哲特别指出：“以我国当前社会病态的繁多，社会情形的复杂，社会问题的普遍与严重，从事社会事业者，欲卓然有所建树，非学能兼备，经验丰富，殊难望其有所成就，欧美各国之所以设立专校或专系以训练此类人才，实非无因。美国全国人口现约有一万万三千万人，而以社会事业为专业者有四万余人。我国现有人口约四万万五千万人，若以美国的情形相比拟，则我国应有社会事业人员十余万人，而现今之受有此类训练与实际从事此类工作者，殊属有限，由此可见，人才的训练为我国当前社会事业方面一个很迫切的问题。”[①]在各大学的社会学系中，比较注意社会事业人才培养的只有燕京大学和沪江大学。由于社会部成立后深感人才缺乏，所以国立社会教育学院于1941年创立社会事业行政系，金陵大学也设立社会福利行政组及社会福利行政特别研究部。同时，社会部还委托各大学培养社会事业人才，并给以经费补助，涉及此事的大学有中央大学、复旦大学社会学系、国立社会教育学院社会行政系、私立金陵大学社会福利行政组及私立燕京大学社会学系。另外，社会部还招收社会工作人员，并抽调行政人员，予以短期训练，以解燃眉之急。

（二）社会事业人才训练的目标

关于社会事业人才训练的目标，言心哲指出有以下几个。

1. 顾及社会的需要。社会上需要哪种人才，就训练哪种人才，这样才能

① 言心哲：《现代社会事业》，商务印书馆，1944年，第198页。

使人事调剂。因此教育机关应与社会事业行政机关构成连锁的关系。人才的训练工作必须认清目标，顾及社会的需要。若能先认清当前的环境和条件，确定主要的目标，其他方面也就易于寻找途径了。

2. 注意社会事业的高级人才及低级人才的训练。社会事业的推动多赖高级人才，而这类高级人才在当时的中国甚感缺乏。况且，在当时的中国，能受大学教育的又是万里挑一，所以受教育者应认识到机会的难得与将来所负责任的重大。同时，言心哲呼吁："主持大学教育者应特别重视此类高级人才的培养，使其将来能够领导社会团体，诊治社会病态。他们不仅要明了社会的心理，并要知道社会组织的演进，以及社会变迁的历程，且须能设身处地将自己当成一个被诊治的分子，从变态的社会生活中，达到用科学知识改进社会生活的目的。社会事业行政机关的执行与管理，多赖这类高级人才来负责。现在我国有许多新兴的社会事业，尚在开创时期，尤须有赖此类人才为之设计、实施与推进。"①除高级人才外，低级人才的训练也很重要，将来各地方的社会事业开展以后，低级人才的需求量必定极为显著增长。

3. 灌输现代社会事业的基本理论。社会事业人员要有基本学理方面的充分准备，要有社会科学的基本知识，如社会学、政治学、经济学、法律学、历史学、社会事业概论、社会问题、社会病理学、心理学、生物学、社会心理学等。因为现代各种社会问题发生的原因错综复杂，要想了解并找出有效的解决方法，必须对各种理论有相当的研究。

4. 注意社会事业专门技能的培养。无论在消极的救济事业方面，还是在积极的福利事业方面，其设计与推动均有赖于专门技术人才来担任。因此，要特别注重各种实际技术的传授与实地工作，使其研习所得学理与事实沟通。言心哲指出，中国社会向来有一种错误的观念，即认为社会事业无须高深理论与专门技术，好像只要有钱，谁都能做"好事"。只有先矫正这种观念，将来社会事业的举办才可收事半功倍之效。

5. 使被训练者能独立担任社会研究工作。社会事业的高深研究工作甚为繁重，因此在培养行政人才及专门技术人才的同时，还应在研究实验的基础上，多培养能独立担任研究工作的人才。

6. 使学生认识各种社会问题的本领及随时自动解决问题的能力。言心哲

① 言心哲：《现代社会事业》，商务印书馆，1944年，第219页。

认为，当时中国社会问题极为严重复杂，社会病态种类繁多，而且在解决各种亟待解决的问题时又无成例可循，所以主办社会事业的人应随时自动求得解决的途径与方法。再者，现代社会事业在中国发端之时，问题日渐繁复，方法时有改变，目标常常转移，内容渐趋充实，各种情形因客观的要求而有待改进，因此，这也要求担负社会事业责任的人，必须有认识各种社会问题或病态的本领及自动求得解决的能力。

7. 使学生有深入民间、服务社会及办事的精神，有推己及人、仁民爱物的人生哲学。从事社会事业者要有能吃苦耐劳的身体与精神。中国农村人口占全国人口的大多数，因此，训练社会事业人才时应特别注重使其有深入民间、服务于农村的精神。在种种人格修养中，尤以为仁不倦、见义勇为、肯牺牲、不怕苦为要。中国过去社会公益事业不易发达的原因之一，就是从事社会事业者把个人利益摆在民众利益之前。物质上的充裕固然重要，而精神上的贯注尤为重要，因为有时物质上的欠缺，常赖百折不回的精神来予以克服。所以，在训练社会事业人才时，一方面要注重专门技能及实地经验，另一方面要培养其人生哲学——推己及人与仁民爱物的人生哲学，尤其要使学生有为贫苦人着想的精神。

（三）社会事业人才的种类及素质

在明确了社会事业人才训练的重要性和目标后，言心哲进而讨论社会事业人才的种类及素质。言心哲首先谈到了社会事业的领袖："社会事业的门类，如社会个案工作、社会事业行政、社会团体工作、社区组织工作、社会研究工作，皆须有领袖人才为之担任，一国的社会事业，方能有和谐的发展。"[①]根据鲍格度的观点，言心哲认为，理想中的社会事业领袖，应具备下列资格或条件：（1）受过大学的普通教育，至少须得有学士学位；（2）受过社会事业的专门训练，至少须得有社会事业一科的硕士学位；（3）有2至3年的社会事业的继续研究；（4）随时参加各种社会事业年会；（5）到各重要国家去游历，专门考察社会事业；（6）对社会事业一职的标准有坚强的信仰；（7）在社会事业中，对于某1门类有特殊的经验；（8）随时留意关于社会事业新文献的增加、方法原理及哲学的改变；（9）善于顺应或富有幽默的意味；（10）能保持个人的人生哲学、职业的标准及仁民爱物的精神。

① 言心哲：《现代社会事业》，商务印书馆，1944年，第225页。

对于具体社会事业人员，当时的美国学者F · 马库斯（G.F.Marcus）按社会事业的不同职位而将其分为三类，即社会个案工作人员、社会团体工作人员与社会福利计划或社区组织工作人员。而言心哲则从我国社会事业需要出发，将社会事业人才分为四类：（1）社会事业行政领导人才；（2）社会事业的高级专门人才；（3）社会事业的中等技术人才；（4）社会事业的低级普通人才。

社会事业行政领袖人才对于社会事业须略悉其梗概，须有勇于服务的精神，创造的能力，高瞻远瞩的见识，热心公益的美德，头脑清楚，行动敏捷，要能排除阻碍，消释群疑，见义勇为，百折不挠，且须长于辞令与交游，富有指挥与组织的能力，知人善用，能做到"人之有技，若已有之"。其人格态度、学识经验，皆能适合环境的需要。言心哲指出，这种行政领袖非学校所能造成，大半由于个人资质的特异及时势的影响，而成为一个时代的领袖，中国现代社会事业的创办与发展，亟须这种行政领袖人才提倡与领导。

社会事业的高级专门人才必须有丰富的科学知识与社会事业的专门技术。且须有研究实验的本领和监督管理的能力，然后才能负起计划实施与改进社会事业的职责。此类人才则须赖高等教育机关培养。

社会事业的中等技术人才须具有普通科学的知识及社会事业所需要的各种普通技能，如调查统计、个案访问等，管理工人及记录各种事业的常识亦甚需要。

社会事业的低级普通人才，对于社会事业上的常识须略知其大要，并须善于劝导民众，通晓民情风俗。

言心哲特别指出，无论从事社会事业的何种工作，在训练期皆须注意培养的是以下几种素质。

1. 同情。同情是社会事业人员应具有的一个重要条件。一般从事社会事业者多为知识分子或优异阶级，必须设身处地体会被救济者的心理反应以及他们的各种生活态度，常能表现出一种同情心和温和态度，这样可以给他们以精神上的安慰。同情对于社会事业人员工作的进行关系颇大，应该时加培养与发展。

2. 热心。热心是兴趣浓厚的表现。人只要有了热心，才能有服务与牺牲的精神，只有热忱的领袖才能不顾待遇、不怕困难，为拯救水深火热中的人民而勇往直前。而这种热心又只有在对事业有坚强的信仰时才能持久，所以个人的社会哲学与热心的美德有很大关系。

3. 忍耐。社会事业的兴办并非易事，由于经济教育等条件差，社会事业的兴办困难更多，以致事业推进迟缓，甚至多年努力看不出成绩，这时最需要的就是忍耐。

4. 廉洁。廉洁不仅关系一个人的名誉与信用，也影响整个事业的前途。从事社会事业者有一分廉洁，人民就可多得一分实惠，若不廉洁，日后更不易获得社会的赞助，也会减少人民对社会事业的信任。所以，在训练社会事业人员时，要多致力于廉洁的培养。

5. 勤勉。勤勉对任何职业的成功都是很重要的，只有勤勉才可有效率、负责任。

6. 创新。现代社会事业是新事业，需要新人才、新机关、新研究、新实验、新技术，从而需要社会事业人员发明新方法，开辟新路线，以补救以往的缺点。这种创新的能力或精神是要培养的。当然，在强调人格培养的同时，也应重视身体的锻炼，因为只有强健的身体才能吃苦耐劳、勇于负责。

三、社会工作的主要方面

言心哲认为社会工作主要有以下三方面。

（一）社会个案工作

言心哲说，社会个案工作是现代社会事业中的一种专门工作或方法，其主要目的是详细地诊断和适当地处理个人或家庭的失调，以发展个人的人格，使其重新适应社会关系。一般来说，人类在基本物质生活及社会生活各方面的需要大体相同，但个人内心的需要与外界对个人的需要是有差异的。当个人的内心与外界发生冲突时，有的能适应环境，以满足其需要而不致发生问题，但有的就不能适应环境以满足需要，社会失调现象就会产生。

当失调现象发生时，就需要个案工作人员分析其原因，并提出解决的办法。例如一般认为，“穷人”纯系一个经济问题，但这只是其失调的一种象征，经济因素也许是其中重要的一种，但“穷人”问题绝不仅限于经济因素，如以经济援助为唯一补救方法，那就难以解决问题。因为除经济因素以外，个人的资质、环境、教育、职业、心理、生理等，有时更加重要。因此，社会个案工作就是要对个人作一个详尽的社会诊断，在明了其失调的原因及个人的需要后，对症下药，病根自然容易被铲除。

但社会个案工作与心理分析又有不同，虽然个案工作有时也要注意心理方面的研究，因为它的注意焦点不仅是孤立的个人，也不仅仅是对社会环境的分析，而是从多方面来了解一个人失调的原因，无论是社会的、经济的、心理的还是生理的原因，都要尽量加以探究，对于社会关系复杂的人，要个别地加以诊断与处理。如果是某种需要得不到满足，就设法予以满足，如果是信心不足，就设法增强其信心，如果是缺乏机会，则设法提供相当的机会。

尤其是在社会变迁时，更需要社会个案工作。虽然社会适应原是人生的一种继续不断的社会历程，但社会一有变迁，就必定有许多人不能适应复杂的社会情形以致失调。之所以如此，实在是因为人的环境各异，资质不一，而机会又各有不同，一遇社会变迁剧烈时，有的幸而成功前进了，有的不幸失败而落伍，这是一种自然的结果。言心哲说，社会个案工作就是要在此种社会历程中，不断地考察、诊断、分析不幸者的问题，并找出补救的方法。虽然这些方法不一定就能代为解决一切问题，但运用这些方法，总可以对一个人或一个家庭的各方面获得多一些的了解，并给予一定的改善。所以，言心哲说："社会个案工作的主旨在对于上述之'不能适应'或'不适应'之个人及家庭的'失调'方面加以仔细诊断及适当的处理，其主要目的，在发展个人人格，使之'重新适应'于社会关系。社会个案工作的意义在此，社会个案工作的特质亦在此。"[①]

（二）社会团体工作

言心哲认为，团体工作是富有社会及教育意义的，通常是利用闲暇时间，在团体领袖的指导下，协助个人获得知识与技能，发展个人人格与社会化态度的经验。个人参加这类团体，多是出于自愿，其主要目标在增强个人的社会适应能力与提高个人的社会发展。

关于社会团体工作的目的，一般人有误解。虽然知道现代社会事业的实施多集中于个人，但却认为社会团体工作所注意的好像是团体，其实还是关注个人，团体工作的主要对象仍是个人。因为团体中的个人各有其不同的人格，个人的特殊人格或行为习惯对团体的影响很大，同时，团体方面的活动也影响个

① 言心哲：《现代社会事业》，商务印书馆，1944年，第269页。

人的思想、态度与行动，团体工作人员乃成为个人与团体间的主要推动者。因此有人常说，团体工作的目标仍在个人。

从社会价值的观点来看，团体工作的目的，也有各种不同的解释，如品格教育的熏陶，个人适应能力的培养，情绪的平衡，犯罪的预防，职业的选择与协助，用同样的社会心境和态度对待所有的同人或下层，以社会共同承认的价值标准为个人立身处世的法则，这些都是团体工作的较明显且可能达到的目标。但言心哲认为，对于团体工作的目的，似乎还有更进一步探讨的必要。

言心哲认为，团体工作的目标，不仅在于帮助一个人扩展其经济团体或任何特殊的兴趣范围，同时，还可以发现若干其他重要价值，如使人从整个社会的观点来看自己的问题。因为社会建设运动的要点，就是要看我们能否免除把我们分离开来的情绪上的偏见与障碍。社会进步的最严重的障碍，在于我们各有固定的兴趣，而难以从整体来看一切情形，并且不能使个人自己与整体相配合。对于这种偏见的消除，团体工作能给予一些帮助。

团体工作的目的，无疑还可以包括发现机会，在积极的基础上建立较广泛的忠心，致力于社会的共同目标，而不是各自分离，各行其是。同时，领袖资格的养成，也是社团工作的目标之一。社会团体工作的不容忽视的目标之一，是适当地安排、有计划地利用和增加闲暇时间，以增进人类幸福。

那么，社会团体工作的原则与方法是什么呢？言心哲从实际出发认为，社会团体工作人员为了达到各种目的，常利用各种不同的活动与方法，这些活动与方法随着团体领袖及团体中个人的知识、能力与兴趣而有不同。但无论有什么不同，团体工作都是有其基本原则的，言心哲参照墨克林汉（Meclenaban. B.A）的看法，认为有六个基本的原则：第一个基本原则是，团体工作人员对于当前社会变迁的情形须有丰富的知识兴趣，还须同时顾及伦理问题；第二个原则是，应发现充分而令人满意的机会，以发展领袖资格；第三个原则，就是要注意会员对参加团体活动的态度；第四个原则涉及行政方面，团体工作人员不仅须在行政技术方面有专门的训练，而且在社会哲学上也应有相当的素养；第五个原则就是，团体及会员的利益不应为他人或机关所侵犯，社会化的人格是团体工作人员所最需要的；第六个原则是，必须重视与考虑个人，不可使个人在群众之中受到忽略。

（三）社区服务工作

言心哲首先阐明了社区服务工作的意义及特质。社区指的是在一定区域内的人与人间、制度与制度间形成的各种结合。社区总是在一定地域之内，这种地域观念在中国势力不小。人与人的结合，不仅要受空间的影响，而且与时间也有不可分离的关系。因此，地域、时间、制度、事业都是社区服务工作所不可忽略的因素。社区服务工作或社会组织是社会事业所采用的一种方法或工作，与社会个案工作及社会团体工作同样重要，是现代社会事业中三个主要的方法或工作。社区服务工作不是个人问题的处理，亦非仅指一个团体内的关系，而是包括一个社区内的社会福利设计、社会事业行政机关的组织、调整与联络以及各项工作的配合，等等。言心哲将社区服务工作界定为："社区服务工作是运用组织的力量，联络地方的有关机关，配合各种事业、制度、技术与时机，直接或间接地为社区之内的人民，从事于各项服务工作，特别是注重于社会福利的设计、组织的健全与机关的联络与调整，以及社会生活的改进。"①

1．社区服务工作的内容

随时间的不同，社区服务工作的内容有所不同。言心哲把社区服务工作的内容主要归纳如下：

1）社区福利的设计。社区福利的设计是社区服务工作的初步，尚是一种理想，经过实施的过程后才能成为事实。社区福利的设计，一方面要顾到事实，一方面也要有理想。当然，理想太高难以达到，理想太低则不能适应现实的需要。与社区服务工作有关的社区福利设计有两种。一种出自专家的自动的研究，他们从客观的立场出发，发现各项问题的要点及其症结所在，这类研究给社区服务工作提供了很重要的参考资料。此种设计研究的主要目的，重在说明事实，所得结论对社区服务工作有启发作用，对社区福利事业有重要影响。要使此种专家的研究与社区福利计划互相配合，不致离开现实太远，就必须有组织有计划，这样才会有效率。

从事社区福利设计时要重视如下几点：①担任研究与设计的人，最好能参加一些福利事业机关的工作，从切实的体验来认识社区福利问题，这样比专凭参考资料可靠；②要多深入民间了解现实的社会生活。社区服务工作的主要对

① 言心哲：《现代社会事业》，商务印书馆，1944年，第333页。

象是人民、是社会，对一般人民及社会生活的了解是社区福利设计中应有的内容，只有深入民间才能获得亲切的认识；③要有丰富的参考资料作借鉴。

另一种社区福利的设计，就是社区福利事业的联合设计。在一个社区内，各个机关的福利设计或计划，单个地看也许是合理的，但从整个社区的观点来看不见得都能互相配合，成为一个良好而完整的综合计划。因此，社区福利事业联合设计是很重要的，可以避免无意义的重复与竞争或冲突。社区福利设计应当注意的事项很多，而其中最值得重视的莫过于设计与经费预算的配合。

2）社区服务工作的组织。社区服务工作的推动，一方面要有良好与合理的设计，另一方面要有健全与严密的组织。社区服务的组织离不开因时因地、因人制宜的原则。一般来说，社区服务事业的范围愈广，则组织愈大。社会事业的现代化需要严密的组织，而且社区服务组织的性质常随领导者的观念而不同。所以社区服务组织有两个重要原则：①间接的领导者比直接负责的领导者较为经久而有效。间接的领导者虽不负实际行政之责，但他们的人格一经社会默认，其在社区组织中的努力便经久而有效；②组织不过是一种工具，组织能否发生效力，在于各部分的执行人员是否能各尽其责。

3）社区服务机关的调整或协调。社区服务机关的协调有两种不同的意义，一种是关于机关本身内部及其附属机关的协调；另一种是关于社区之内各种社会机关的协调。社区服务组织除须使机关本身及其附属机关互相协调外，尚须协调与同级及同类机关的关系。这种社区服务工作的协调，不能仅靠公文往返，会议协商以至联席会议均甚重要。这样，可以避免重复施政的弊端，也不致发生冲突攻击事件，同时可以提高地方人士的认识与合作的程度。

4）各项参考资料及社会事实的收集与运用。社区服务工作的对象是人民，一切设施不能离开社会事实，尤其是所拟的各项计划，要能发生实际效果，更不能凭空杜撰，就必须多搜集各项资料及社会事实。所以社会调查、社会统计与社会研究所得的结果，都是从事社区服务工作所不可缺少的资料。李景汉曾说："不少的人，尤其是有权威的人中间，对于调查研究有一种似是而非的观念。他们总以为调查研究不过是属于学术方面的工作，其对于社会国家的实际用处，是不很重要的，至少是不急需要的。这就是与人类幸福最有关的政权是落在政客的手里，甚至于'疯人'的手里，而不是在社会科学家的手里，不是在'社会工程师'的手里的主要原因，也就是造成今日社会及国家如此纷乱，人类生活如此悲惨的根本由来。……时至今日，热烈的情绪，坚强的意志，固属重要，而清明的理智，正确的判断，尤为重要，可是清明的理想，是从事实的了解产生出来的。”[①]

5）社区服务工作标准的提高与实质的改进。对社区服务工作的推动，不仅要注重数量的增加，尤其要注意实质的改进。社区服务工作人员固然要注重数量上的增加，但同时不要忘记了实质，即民众所得到的“实惠”有多少。不仅要注意社区服务机构的多少，尤为重要的是这些机构的内容如何，实质如何。我们希望社区服务工作日渐发展，但更希望社区服务工作对人民有更切实的贡献。

6）社会教育的举办。社会教育是改造社会生活、增进人民知识的一种重要工作。社会教育已独树一帜，尤其成人的教育已成为社会事业的一种。为使教育的范围扩张，使教育社会化，国家公共团体或私人在家庭和学校以外，另设多种多样的永久教育机关与临时的教育设施，应用种种方法，使一切男女、老幼、贫富等全体民众，能不离开其实际生活而学修体验，从而获得文化财富的享受，以提高社会全体民众的教育程度及生活状况，使社会改革产生良好的影响，这就是社会教育。

社会教育有以下几个特征：①社会教育是全民的教育；②社会教育是毕生学习的教育；③社会教育是充实人生的教育；④社会教育是多式多样制的教育；⑤社会教育是利用闲暇的教育；⑥社会教育是改善社会全体的教育。在社区服务工作的过程中，人人皆可受教，人人亦可施教。社会教育追求的是社会的进步，社区服务工作追求的也是社会的进步，所以改进人类全体的生活是社会教育的目的，也是社会事业的使命。通过社会教育可使民众有较好的生活，并达到社会事业宣传的目标，使社会教育与社区服务工作互相配合，以达到预期效果。

7）社会立法的修订。社区服务工作的推行须有种种配合条件，而社区服务工作在推行之始，与社会立法关系尤为密切，没有完善的社会立法，社会行政与社会事业的实施就没有依据，无所适从。因为对于人类社会相互间的权利与义务，必须有法律上的规定，个人或团体的行为方有所遵循。

社会立法大约有四类：①与政府服务有关的立法；②保护立法；③规定立

① 言心哲：《现代社会事业》，商务印书馆，1944年，第350页。

法；④限制立法。社会机关或领导社区服务工作的人，一与立法工作的活动发生关系，便须注意以下几点：①注意与机关行政有关的各种立法知识；②各种立法方面的建议内容与决定，应以研究为基础；③起草立法的建议及修正未决的议案；④留意立法进行时的各项消息；⑤留意立法程序上的知识；⑥令两个熟悉立法的人员出席会议；⑦与其他机关联络赞助或反对某项立法；⑧用有效的方法公布立法；⑨对于与政策有关的未决案件，迅速作出决定；⑩对于每一议案，以最有效的方法，获取所希望的结果。另外，与立法领袖随时密切联系也很重要。这样，社会立法才能对社区服务工作产生较大的效果。

2．社区服务工作的种类及方式

社区服务工作的种类及方式颇多，但主要有以下几种。

1）社区中心。所谓社区中心，是居住在一个区域以内的人民共同参加有关社会、娱乐及文化等活动的集会场所。此类社区中心通常建立在一种民主式组织的基础上，旨在满足社区对各种活动的需要，增加社区内人民的团结，发展社区的健全生活。

2）社会服务交换所。社会服务交换所是一个社区社会服务的联合机关，其主要目的在于提供全社区的社会个案记录总索引。社会服务工作的交换是每一种社会事业机关都很需要的。

3）社会机关会议。社会机关会议是社会机关服务联合运动之一，其目的除了避免无谓的重复与浪费外，还致力于社区的研究、集团思想及计划的提倡、普通服务行政标准的改进以及公私社会事业的相互了解与维护。

4）社会机关联合会。社会机关为加强各有关机关的联系与合作，可组织一个社会机关联合会，以保持并发展各有关机关的友好接触。

3．社区服务工作的原则及方法

在社区服务工作的各种原则及其方法中，言心哲认为比较重要的有以下几种。

1）多方联络当地的机关与领袖，共同策划，以促进工作的开展。欲使工作顺利进展，必须联络当地有关机关与士绅领袖，共策进行方案收效。社会事业千头万绪，人民对社区服务工作的协助的需要是多方面的，专靠少数人的精力与时间来推动社区服务工作，很容易感到力不从心。因此必须多方联络，共同合作，才易成功。

2）极力启发人民的自发情绪和自动精神。要使社区服务事业持久，自然有赖于人民的自力和自动，因此要极力设法形成社区民主团体的组织，让民众有力地参与团体生活，切不可长期由发动者一手包办，以致养成民众的依赖习性。社区服务工作应对社会运动团体多做教育上的工作，来启发其自动的精神，培养其根本观念。人民有了自发的情绪和自动的精神后，一定会替自己出力，来改革他们的生活，促进他们的福利。

3）注意到社区人民的需要并顾及社区的人力与物力。社区服务工作的推行，应注意到社区人民的需要，然后根据需要再定实施的方针与步骤。因人力与物力所限，应择其重而急者先行举办，根据社区的人力与物力，脚踏实地、逐步前进。要从大处着眼，小处下手，分期分区举办，才能成功，倘若好高骛远则一事无成。

4）注意社区服务工作的研究与实验及其效率的考核。社区服务工作一方面要有健全的哲学和观点，一方面还要有创新的方法与技术，这些都要靠研究与实验得来，才能适合国情。欧美各国的社区服务工作有许多地方可供参考，但是中国的社区服务工作必须多多留意中国的民族心理、社会状况、经济环境和文化背景，等等。我们若要更多地了解这些情形，则自己的研究与实验是绝对不可少的。从自己的研究与实验的结果，才能获得妥善解决的办法。同时，考核也是很重要的，考核可以促进工作进步，并且可以知道研究与实验的结果对某种工作或问题究竟能有多少贡献。

5）注意社区服务工作的推广。

6）利用时机推行各项工作。

7）了解民众的心理。若要使社区服务工作社会化、普遍化，必须多多接近民众，了解民众的心理，要随时研究他们的意志、思想、情绪以及行为态度，等等。对于民众的心理有所了解，才能选择适合于民众心理的工作先行举办。我们要改造社会，就必须先明了社会心理，而要改造民众心理，就必须先迎合民众心理。这样，民众才能信任领导社区服务工作的人，工作方易顺利推动。

8）要有具体的组织。社区服务工作空谈不能奏效，必须有新的机构与之配合方能收效。

9）社区服务工作人员的修养是社区服务工作成败的一个关键。所以良好行为习惯的养成和人格态度的培育，不仅是领导社区服务工作的人员要加以注意的，凡是执行社区服务工作的人都应留心。

10）中国的社区服务工作应多从乡村市镇方面着手，因为乡村市镇是中国乡村社会经济活动的中心，又为沟通乡村与都市关系的钥匙。中国农村社会经济虽被逐渐卷入国际经济，但是大部分社会经济依然停留在市镇社会经济阶段，市镇早已成为乡村社会及经济组织的中心。社区服务工作若是忽视此种中心组织，就是忽视中国社会改造的重心。因此，“今后我国的社区服务工作，要把握住此种中心，加紧乡村市镇的社区服务工作”。[①]

① 言心哲：《现代社会事业》，商务印书馆，1944年，第363页。

第十六章 孙本文的社会心理学研究

孙本文集当时国内外社会心理学研究之大成，于1946年出版《社会心理学》，以此作为抗战胜利一周年的纪念。“本书将社会心理学的各种流派和学说融为一体，并广泛取材于中国和西方的有关资料，在社会心理学中国化方面作了有益的尝试”。[①]

第一节 社会心理学研究的原则、对象与范围

一、社会心理学研究的基本原则

孙本文认为，自1894年美国司马尔、文信德把社会的研究分为社会解剖、社会生理与病理及社会心理三部分以后，社会心理学已成为社会学的一个重要分支，并陆续出版了达尔德、汤麦史、爱尔华、劳史、柯莱、冯特、许密德根士、勒朋等人的社会心理学著作，尤其是1908年分别出版美国劳史及英国麦独孤的比较有系统的著作《社会心理学》。从此，社会心理学在社会科学中占有重要的地位。

孙本文说，当时，社会心理学研究的对象渐趋确定，内容也渐趋一致。“多数学者承认：社会心理学是研究个人在社会中的行为，其研究的中心是社

① 陈树德：《社会心理学》，载《中国大百科全书 社会学》，中国大百科全书出版社，1991年，第334页。

会中的个人，一面研究社会对于个人的影响，一面研究个人对于社会的影响。社会与个人双方相互的影响，成为社会心理学研究的领域”。①

“本书内容，即依据这共同趋向，而自定一比较完整的体系。就现代各种派别说，本书是采综合的观点，与白乃德、杨京伯为近，而兼取柯莱的人格论、劳史的群众论之长。就心理学的立场看，本书重视缓和派行为主义的见解，与亚尔保为近，而同时撷取吴伟士的动态心理论、顾勒的完形论、勒温的形势心理论之长。本书认为：社会心理学虽可谓为心理学的一分支，或将来独立成科，然毕竟只是社会学的一部分，因其所研究者只是社会行为现象的一面——社会中个人的行为”。②

孙本文认为，既然社会心理学是研究个人在社会中的行为，则其基本原则就有五个。第一，个人为满足需要而调适环境始表现于种种活动。人在活动之时，必定竭尽其智慧、才能、毅力、德性，以期圆满达成目的。因此，人不得不与他人发生交涉，与文物制度发生接触，人也不得不接受社会的规范，应付社会的要求或刺激，控制或影响社会的活动。

第二，个人的需要、愿望与一般行为趋向，都是在特殊的社会中养成的，而且是在特殊社会中表现出来。人的行为除极小部分属于非学习者外，几乎全是在社会中经历制约而形成的。这类制约反应又必定是在某种特殊社会中，在具有特殊的文物制度、思想态度的社会中逐渐形成的，所以各人的行为特质不能完全相同，从而各人所表现的行为也不能完全相同。

第三，个人在社会中的行为表现，受个人需要、愿望的推动与人格特质的限制，并为当时社会情境所制约。也就是说，个人行为的实际状况，取决于各人的人格状态与当时的社会情境两者的变化。

第四，社会情境从心理与文化两方面影响人的行为，无论个人人格的形成还是行为特质的临时表现，都不免要受社会情境中的心理或文化的影响。心理方面有人的主观态度、意见之类，文化方面有物的客观的文物制度之类，二者常常同时刺激或制约人的行为，而使人接受社会的影响。

第五，个人行为，尤其是伟人的行为，可以大大地影响当时的社会情境，并领导社会较永久的变迁与进步。出类拔萃的人常能转移社会风气，增进人类

① 孙本文：《社会心理学》，商务印书馆，1946年，序第1页。

② 同上注。

智识，革新社会制度，改进人生态度，改良生活技术，安定社会秩序，对人类社会有重要而持久的贡献。

以上五个基本原则，是孙本文《社会心理学》一书的理论基础，也是他研究社会中个人行为的立场与范围。该书分为6编共30章。第1编探讨社会心理学的目的、对象、范围以及源流派别，第2编综述人类行为的基础与型式，第3、4编讨论社会情境对个人行为的影响及社会制约个人行为的法则，第5编讨论个人行为对社会的影响及个人调适于社会情境的法则，第6编专论社会心理学的应用。

该书理论与实用并重，在应用原理时，以不背离中国固有优良思想与现代世界潮流为主。本书引证资料以取材本国历史为主，兼及西方历史与报章时事，并尽量采择重要的实验例证，但都以不悖科学原理与社会德性为准。

二、社会心理学的目的、范围

（一）社会心理学的目的

研究社会心理学的主要目的有二：一是了解社会心理的真相；二是了解指导或控制社会心理的途径。前者是理论的目的，后者是实用的目的，即社会心理学在理论方面的任务，是研究如何发现社会心理的原理法则，在实用方面的任务是研究如何指导或控制社会心理，以备实际需要时的应用。

1．社会心理学的理论目的

我们要了解社会心理，首先要知道什么是社会心理。孙本文说，社会心理是社会中一般人的心理，确切地说，其含义是社会中各个人互相类似与互相感应的心理。也可以说，“社会心理就是社会中各个人间所表现互相类似的行为型式及互相刺激与反应的现象”。[①]

孙本文认为，社会心理应包含四个方面的内容。

1）社会中各个人互相类似的心理特质。社会心理学要了解社会心理的特质。从静的方面观察，所谓社会心理是指社会中各个人互相类似的静态心理。这种心理特质只有在环境中遇到适当刺激时才会表现出来。而且，社会中各个人的静态心理因与其他人共同或互相类似的程度与范围的大小不同，而有各种不同的类型，有与全人类共同的“人性”，有与全民族共同的“民族性”，有

① 孙本文：《社会心理学》，商务印书馆，1946年，第1页。

与全家族共同的“家族性”，有与其他各种团体共有的“团体性”，有个人所具有的与任何他人不同的个别特质即“个性”。

就一般人所共同或互相类似的静态心理来说，“人有乐情心、同情心、名誉心、好胜心、好奇心、好安全心、是非之心、好善恶恶之心、为正义或真理奋斗之心等等‘正常’的心理特质；同时也有成见或偏见、误会或误解、暗计或暗算、妒忌或猜疑、强凌弱、众暴寡等‘非正常’的心理特质。同理，人在民族家庭宗教职业等等方面，亦有各种静态心理特质，依各种团体的性质历史与文化关系而有不同”。[①]

社会心理学不仅要了解这种静态心理特质，还要了解这些心理特质的来源或形成的过程。“普通心理学告诉我们，人的心理特质有的是与生俱生的——非学习的，有的是生后在社会上渐渐学习的。非学习的心理或行为特质，在人类极端有限，仅限于少数极简单的反射动作或情绪反应。此外尽是学习的行为特质。学习的行为特质，是经过制约作用形成的反应，称为‘制约反应’。社会中各个人的心理或行为特质，几乎全是这类制约反应。社会心理学不仅要了解制约反应，并且更进一步要了解制约反应的种种社会背景。要了解在何种社会情境中才形成何种制约反应？在何种社会情境中才表现何种制约反应？”[②]也就是说，人只有在某种社会情境中才表现某种制约反应。孙本文指出，这正是社会心理学所研究的问题，也是其与普通心理学的不同之处。

2）社会中各个人互相感应的心理机械[③]。社会心理学要了解社会心理的机械。从动的方面观察，所谓社会心理是指社会中各个人互相感应的动态心理。因为人在与他人共同生活时，在某种条件下受某种刺激，即产生某种反应，凡性质不同背景不同的刺激，都将引起各种性质不同的反应。因此，社会心理学要了解种种社会心理的动态，就不仅要了解这种心理动态的机械，还要了解这种心理动态的背景。在社会心理学看来，同一刺激的意义及背景不同，则反应的性质与意义也不同。总之，人在社会中的行为如何，须视个人人格状态与当时社会情境的如何变化而定。

3）社会对于个人心理的影响。孙本文说，个人行为特质与人格型式的形

① 孙本文：《社会心理学》，商务印书馆，1946年，第2页。

② 同上书，第2–3页。

③ 机械，今已用“机理”或“机制”。

成与变迁，都受社会心理与文化的影响，所以要更进一步研究如何指导或控制社会心理与文化对个人的影响。

首先，要研究如何使社会环境对个人产生好的、适当的、健全的、有益的而且是个人幸福与社会进步所需要的影响。例如，“亲爱精诚”“团结合作”会使整个社会呈现一种“融合团结”的精神面貌，使生活于这种社会中的个人过一种“和平康乐”的生活。

其次，要研究用什么方法使社会上的一般人接受好的、适当的、健全的、有益的而且是个人幸福与社会进步所需要的行为标准。要使社会上的一般人能接受社会的行为标准，这需要长期持续的教育，使政治与社会的力量在不知不觉中使人无形接受而躬行若素。只有同时采用教育、政治与社会运动等方法，才可达到这种目的。而且，要推行社会标准，必须有适当人物或社团出面提倡号召，而且要不断地提倡号召，才会不断地有人接受。这样由少数而到大多数人接受，其余少数人久而久之也必定自然地接受该社会行为标准。孙本文认为，社会上多数人的这种潜在影响，乃是社会心理学上一个极应重视的因素。

4）个人对于社会心理的影响。孙本文说，个人对于社会环境是有影响的，而且伟大人物、团体领袖以及一般众人都对社会心理与文化产生种种不同的影响。同样，要进一步研究如何指导或控制个人对社会的这种影响。

首先，要研究如何使个人对社会心理与文化产生好的、适当的、健全的、有益的并为个人幸福与社会进步所需要的影响。这要看个人行为的价值如何而定。如果个人的行为合乎所谓好的、适当的、健全的、有益的，以及为个人幸福与社会进步所需要的标准，那便应该予以提倡，使它们得到充分表现的机会；反之，则应该设法予以制止。“至于用什么方法，去提倡合乎标准的行为，限制不合乎标准的行为？这是社会心理学上要详加研究的问题。通常所采用的方法，不外乎教育、法律、社会运动与社会的惩奖等。教育是应用感化的力量，法律是运用政府的权力，社会运动是采用宣传的方法，社会的惩奖是利用人类的名誉心”。[①]这几种方法各有其长短。

其次，还要研究用什么方法使一般社会接受个人所表现的行为特质或行为标准。这也不外乎采用教育、法律或社会运动等方法。但有一点应该特别说明的是，个人对于社会环境的影响如何，须视社会上一般人对于个人的信仰如何

① 孙本文：《社会心理学》，商务印书馆，1946年，第10页。

而定。大体上讲，愈有信仰或信仰愈坚定，个人影响愈容易发生效力，所以，个人在社会上的潜在影响力，与其所能发生的影响是成正比的。至于教育、法律与社会运动等何以常须借个人的潜在影响力，其原因便在这里，因为个人的潜在影响力常常可以使这些力量发生事半功倍的效果。因此，古今中外伟大人物的嘉言懿行会使人自然景仰而膜拜。孙本文甚至说："故伟大人物对于社会所发生的影响，无须依赖教育政治法律与社会运动等力量。这都是经过社会上人与人间潜移默化与交互感应的自然过程的结果。这也是我们在社会心理学上所应详加研讨的问题。"①

研究社会心理学的第二个目的，就在于研究如何指导或控制社会心理，也就是指导或控制社会中各个人互相类似与互相感应的心理，也可以说是指导或控制社会心理的特质、机械、社会环境对于个人心理的影响以及个人对于社会心理的影响。其最后目的乃在求取个人生活的安全幸福与社会生活的圆满进步。

2．社会心理学的对象与范围

1）社会心理学的对象

社会心理学以什么为研究对象，尚无完全一致的意见。孙本文把各家意见归纳为四种类型：第一种意见注重社会现象的心理方面，如劳史（E.A.Ross）、爱尔华（C.A.Ellwood）、汤麦史（W.I.Thomas）等；第二种意见注重心理现象的社会方面，如亚尔保（F.H.Allport）、付里门（E.Freeman）、桂尔尼（H.Gurnee）等；第三种意见注重个人与个人间的心理现象的相互关系，如墨飞（G.Murphy & L. B.Murphy）、达尔德（G.Tarde）、付尔森（J.K.Folsom）、鲍格达（E.S.Bogardus）等；第四种意见注重个人与社会间的心理现象的相互关系，如劳史、汤麦史、麦独孤（W.McDougall）、杨京伯（Kimball Young）、白乃德（L.L.Bernard）、赖比尔（R.T.Lapiere）、范思韦（P.R.Farnsworth）等。虽然各家意见尚未一致，但从发展趋势看，孙本文认为，最后一种意见受到重视。但此种倾向的内容，在各家亦因其本身所受的训练而异。大抵社会学者研究社会心理学则注重社会环境的影响；而心理学者则又注重个人的心理过程。社会学作为一门独立的科学，必须有自己独立的领域。虽然社会心理学介乎社会学与心理学之间而难以划清

① 孙本文：《社会心理学》，商务印书馆，1946年，第10页。

其界限，但它必须有其独立的领域与对象。孙本文的观点是：

> 社会心理学应以个人行为与社会的相互影响为研究对象。从个人的立场说，社会心理学研究个人在社会中的行为。一方面研究个人行为所受社会的影响，一方面研究个人行为对于社会的影响。详细说，社会心理学研究个人行为如何形成？其所受社会的影响如何？又个人如何应付社会的刺激？其对于社会的影响又如何？若再从社会的立场说，社会心理学研究社会中个人的行为。一方面研究社会对于个人行为的影响，一方面研究社会所受个人行为的影响。详细说，社会心理学研究社会如何陶冶个人行为？社会对于个人行为发生何种影响？又社会环境引起个人何种反应？社会所受个人何种影响？[①]

总之，孙本文认为："无论从个人的立场或心理学的立场言，社会的立场或社会学的立场言，社会心理学的研究单位应该是个人及其与社会的相互关系，它的研究对象应该是个人行为与社会的相互影响。"[②]

2）社会心理学的范围

社会心理学虽是介于心理学与社会学之间的一种科学，而且与这两种科学有极密切的关系，但是应把它的研究对象和范围与这两种科学划分清楚，因为各社会心理学家定义不同，尚无完全一致的意见。

亚尔保认为，心理学是研究个人行为与意识的科学，社会心理学是研究个人的社会行为与社会意识的科学，而社会学是研究整个团体的科学，社会心理学只研究在团体中的个人。墨飞对于心理学与社会心理学的关系的意见大致与亚尔保相近，唯对二者的区别的看法略有不同：心理学研究个人对于各种刺激（人与非人的）的反应，而社会心理学研究个人对于其他个人的行为的反应。白乃德认为，心理学研究个人与各种环境间的心理或行为过程，社会心理学研究个人与他人间或个人与心理的社会环境间的心理或行为过程。至于社会学，则研究各种团体的起源、组织、维持、改变、功用与衰颓。杨京伯认为，社会学研究团体生活的文化过程、模式与制度，社会心理学研究团体中的个人。他注重人格研究，认为这是社会心理学的特殊研究对象。他认为，要研究人格

① 孙本文：《社会心理学》，商务印书馆，1946年，第21–22页。

② 同上书，第22页。

在发展时与社会环境的关系，就必须知道个人对社会环境的反应机械与社会环境中的人心与文化的内容，故心理学、社会学及人类学都是社会心理学的必要基础。

以上各家的意见都讨论了社会心理学与心理学及社会学的区别与关系。亚尔保、墨飞偏重于心理学的观点，而白乃德、杨京伯则重视社会学的观点。亚尔保、墨飞二人以为社会心理学只是心理学的一个支系，而白乃德与杨京伯二人则认为，心理学与社会学均为社会心理学的基础科学。但其共同点是，都说明了心理学研究的是个人在各种环境中的行为，社会学研究的是全部社会行为，而社会心理学研究的则是个人在社会环境中的行为。

孙本文关于社会心理学的范围与地位的观点是：

> 著者以为心理学是研究个人行为的科学；它是研究个人在各种环境中所表现的行为；它研究的范围是个人行为的过程及其机械。社会学是研究社会行为的科学；它是研究人与人间互相关联或共同相关的行为——交互与集体的行为；它以整个社会为其研究的单位。它的研究范围是社会行为的过程及其组织与变迁。而社会心理学，介乎二者之间，是研究个人在社会中的行为的科学，或说研究社会中个人行为的科学；它是研究社会对于个人行为的影响及个人行为对于社会的影响；它研究的范围是社会中的个人及其与社会间的相互关系与影响。社会心理学与心理学虽同是研究个人行为，但心理学研究的范围只止于个人，而社会心理学研究社会中的个人，注意于个人与整个社会及其与其他个人间的关系与行为；心理学研究个人对于各种环境的反应，社会心理学只研究个人对于社会环境的反应。再说社会心理学与社会学虽同是研究社会现象，但社会心理学只研究个人行为与社会的关系，而社会学研究全部社会行为，或人与人间交互与集体的行为，其着眼点在整个社会。①

① 孙本文：《社会心理学》，商务印书馆，1946年，第30页。

表16.1 孙本文关于三种科学的区别与关系表[1]

类别	对 象	立场	范 围
心理学	研究个人行为	个人	个人行为的过程与机械
社会学	研究社会行为	社会	社会行为的过程与机械
社会心理学	研究个人在社会中的行为	社会中的个人	社会与个人间的相互关系与影响

孙本文说，从个人方面说，社会心理学研究个人在社会中的行为，可称是心理学的一个支系；从社会方面来说，社会心理学研究社会中个人的行为，是社会学的一个支系。但事实上它是介乎心理学与社会学之间而以二者为基础的一种科学。所以从心理学立场看，称之为社会心理学；而从社会学立场看，则称之为个人社会学或心理社会学。从此看出社会心理学在对象与范围方面与心理学及社会学的关系与区别。

孙本文认为，就社会心理学的发展历史及心理学与社会学的发展趋势来说，应该把社会心理学视为社会学的一个重要部门。

三、社会心理学研究的问题

孙本文认为，社会心理学应该研究的问题，是个人在社会中的行为。为此，首先要明白什么叫“行为”。行为就是满足需要的活动。而且从需要的发生至需要的满足，是一个行为过程。个人的这种行为过程，在任何环境中都是一样的。因此，孙本文认为，对于个人在社会环境中的行为，可从三个方面去研究，一是需要，二是活动，三是活动所经的过程。

（一）需要

孙本文按其性质把人类的需要大致分为四种：（1）物质的需要，如衣食住行等完全是维持生存所必需的；（2）社会的需要，如交友与社会的结合等完全是共同生活所必需的；（3）知能的需要，如寻求知识技能等，通常称为求知欲；（4）精神的需要，如宗教上的慰藉与艺术的陶冶等完全超脱现实而得到的精神上的领悟。这些需要为人生所必具，并且是一切行为发动的源泉。

这类使行为发动的需要，就来源说可分为内生的与外来的二种，内生的需要就是个人自动发生的需要，完全是自己发生的，而非起于外界环境的引诱。

① 孙本文：《社会心理学》，商务印书馆，1946年，第30页。

外来的需要，就是个人因外界刺激引诱而发生的需要，完全是自外发生的，与个人自己的意志无关。

内生的需要又有两种，一为生理的需要，如饥渴之类，起于生理的原因；二为心理的需要，也称愿望或欲望，如好名好利好友等，起于社会的原因。

从时间上看，需要也可分为二种，一是暂时的需要，是临时发生的，一经满足即告结束，与后起的需要不一定有继续连接的关系，是偶然而非必然的；二是继续的需要，是先后连续发生的需要，一种需要满足后又继起另一种需要，如此可以连续至极长的时期。

孙本文概括地说："总之，行为发生于需要，需要有物质的、社会的、知能的与精神的四种，而这种种需要或从个人自动发生，或由外界环境引动，或系临时偶发，或系长期继续，其对于个人行为催迫的力量则一。"[①]

（二）活动

当需要在发生以后继续存在时，生理上便发生一种失调的状态，除非这种需要得到满足，否则会使人表现不断的不安心境，迫使人不得不活动以求满足。需要一经满足，神经冲动便消失，生理上处于一种舒适的状况，而心理也恢复常态。孙本文说："需要是一种驱使力，迫使人不得不活动以满足之。需要就是心理与环境的失调，活动就是对于环境的调适。这种引起心理失调的力量通常称为'刺激'，这种调适环境的活动通常称为'反应'。由需要生活动，即是由刺激生反应，亦即是失调而调适，这样就完成一种行为的过程。"[②]

孙本文对行为过程做了如下分析比较：

> 行为的发端→活动→行为的终了，这是表明行为的全部过程，可分下列三方面观察：
>
> （一）由需要到满足……说明个人内在心理状态的调整；
>
> （二）由失调到调适……说明个人与环境间关系的调整；
>
> （三）由刺激到反应……说明行为的机械；
>
> 我们从前二项明了行为的意义，从后一项明了行为的机械。由此我们可以了解人类种种活动的基本性质。[③]

① 孙本文：《社会心理学》，商务印书馆，1946年，第36页。

② 同上书，第37页。

③ 同上注。

（三）活动的过程

由需要而生活动的行为过程，在任何环境中都是一样的。不过人在社会环境中的行为便不仅仅如由刺激生反应那样简单。人在社会中生活，为满足需要而调适于环境，从而不得不与他人发生交涉，与文物制度发生接触；有时必须接受社会的规范，与他人表示共同的连带行动；有时必须应付社会的要求与刺激；有时必须控制社会的活动。同时，他人为满足需要，一样要应付社会的刺激，控制社会的活动。

> 各人有各人的需要；各欲在社会上满足各自的需要，调适各自的环境。于是各人与各人间发生种种互动、合作、冲突、竞争、顺应、同化、统制、服从、压迫、抵抗、联络、化分等等行为。人的需要无穷尽，要求满足需要的愿望，亦无穷尽，故社会现象的变化，亦无穷尽。人类生活，原只是互相满足需要，互相调适环境的一种过程。于此可见，人自需要发生以至需要满足，中间经过种种活动，而这种种活动实为人类社会生活一重要部分，这是社会心理学所应详加研究的。[①]

孙本文指出，个人在社会中生活时，为满足需要调适环境而进行的活动，必定经过五种过程：（1）与他人发生交涉；（2）与文物制度发生接触；（3）接受社会的规范；（4）应付社会的要求或刺激；（5）控制成影响社会的活动。人在从事这五种活动时，常运用其全部的智慧、才能、毅力与德性，以期圆满达到满足需要调适环境的目的。

由此孙本文指出了社会心理学的中心问题："我们既知社会心理学是研究个人在社会中的行为，所以社会心理学的任务，即在研究一个人如何为满足需要调适环境之故，而与他人发生交涉？与社会上文物制度发生接触？如何接受社会的规范与影响？如何应付社会的要求与刺激？如何控制或影响社会各方面的活动？这就是社会心理学上的中心问题。"[②]

依据中心问题的内容，孙本文归纳出两个基本问题：（1）社会对个人发生何种影响？又如何影响？也就是说，社会心理学要分析社会环境的内容以及

① 孙本文：《社会心理学》，商务印书馆，1946年，第37–38页。

② 同上书，第40页。

社会环境如何控制或影响个人的行为；（2）个人对社会产生何种影响？又如何影响？即是必须研究个人行为的特质以及个人如何调适或影响社会环境。而个人行为的基础与形式，则是了解这两个问题的基本知识。因此，孙本文在第2至第5编中专门讨论了行为的元素与这两个基本问题，并阐明了社会环境制约个人行为的法则即暗示、宣传、教育，阐明了个人为维持人格的完整、满足人生的需要、平衡人际关系而调适于社会环境的法则即顺应、同化、合作、克制、统御、转变、利导、奋斗、自慰、弥补、谦退。最后，孙本文还把社会心理学方面的知识应用于社会的各方面。

第二节 社会对个人行为的影响

社会心理学研究个人在社会中的行为，一方面研究社会对个人的影响，另一方面研究个人对社会的影响。孙本文首先分析了个人行为的基础与型式。他说："一切行为都有生理的与环境的两种基础；行为的型式有学习的也有非学习的；行为表现时，有的是自己觉知的也有是自己不觉知的。"[①]这些均同社会与个人行为的相互影响有关。

孙本文分析社会环境对于个人行为的影响。他把社会环境分为心理的与文化的两类。"凡个人或集体临时所表现的行为或行为的趋向称为心理的社会环境，凡人所造作或利用的事物而为社会所公认者称为文化的社会环境。前者为人的活动的环境，后者为人活动所产生的环境。前者为人的主观的环境，后者为物的客观的环境。这是二者不同之点……心理的社会环境包括人们一切临时表现的主观的流动的行为，无论是个人的或集体的，内在的或外表的。这种由人所表现的行为或行为的趋向，都有影响于在这环境中生活的人的可能"。[②]另一方面，"个人在社会中生活，必须满足生活的需要；为满足生活的需要，不能不表现种种活动；为表现活动满足需要，又不能不与他人发生交涉；与他人发生交涉，便有受到他人所表现的主观的临时流动的行为影响的可能"。[③]

---

① 孙本文：《社会心理学》，商务印书馆，1946年，第187页。

② 同上注。

③ 同上注。

心理的社会环境有三个方面：（1）从个人方面表现出来的社会环境，如态度、意见、成见等；（2）从集体行为方面表现出来的社会环境，如舆论、谣言、群众行为等；（3）从其他社会刺激方面表现出来的社会环境，如团体活动及竞争等。文化的社会环境有四个方面：（1）物质的文化；（2）社会的文化；（3）知能的文化；（4）精神的文化。孙本文认为，文化环境范围极广，内容至为复杂，个人身处其中，无时无处不受文化的影响。文化对个人行为与生活方面的影响之深切，比心理的社会环境有过之而无不及。

社会对于个人行为的影响如下：

一、态度

态度是没有表现出来的内在行为，是外在行为的发端与预备，有进行完成的倾向，故态度有指示行为方向的性质。

按其形式，可把态度分为积极的态度与消极的态度两类，前者是接近的态度，赞成的态度；后者是远离的态度，反对的态度。而按其实质，又可把态度分为个人的态度与集体的态度两类。

态度与愿望是相关的。人有求新奇、求安全、求感应、求称誉的愿望。愿望富有推动的力量，态度的表现就受愿望的驱使。因此，孙本文说，就本质而言，愿望是靠态度的发动而表现出来的，而就作用而言，态度是受愿望的驱使而表现出来的。

那么社会态度对个人行为又产生什么影响呢？孙本文指出，有6种影响：（1）可以养成人的新态度；（2）可以改变人的态度；（3）可以加强、减弱或抑制旧态度；（4）可以使个人的愿望得到适当的表达；（5）可以使人类预测社会行为的趋向；（6）可以使个人行为渐渐被社会化，即个人行为因受社会上他人态度的影响，渐趋与社会一致而被社会化。

至于社会态度对个人影响的效力如何，那要看社会上他人的态度是否有力量，要看个人性格是否容易接受影响。

二、意见与成见

孙本文说："意见只是我人用言词发表对于任何事件的判断。它有时是表明人的态度，有时表明人的思想，不过都要使用言语或文字来发表的，否则仍属于内在的态度与思想而已。”[①]

意见对个人行为的可能影响是：（1）可以指导个人行为；（2）可以纠正个人行为；（3）可以激发个人行为；（4）可以加强个人行为的倾向；（5）可以阻止个人行为。至于其影响程度如何，孙本文认为：“一则须看发表意见的人的社会地位及其品格是否受人尊敬与信仰，二则须看这种所发表的意见是否合理，三则须看听意见的人认识是否正确，意志是否坚强。把这三种因素联合观察，始可知道他人的意见是否会影响于个人的行为。”[②]

至于成见，孙本文说，就是先入为主的见解。成见有两类，即个人成见与社会成见。个人成见是个人在生活经验中养成的，未必与他人相同；而社会成见则是一个团体在社会共同生活经验中养成的相同倾向。个人成见又有思想方面的成见、习惯方面的成见和感情方面的成见。社会成见有种族方面的成见、民族方面的成见、宗教方面的成见、阶级方面的成见和习惯方面的成见。

成见对个人行为的可能影响是：（1）使人误认事实；（2）影响他人的言行；（3）使人易对他人产生恶感或与他人冲突；（4）使人有所主张而不致无定见。在以上的影响中，前三种是缺点。为使成见合理化，必须做到以下两点：（1）要有客观与正确的观察与认识；（2）要有反省与比较。

三、舆论

态度、意见与成见是个人心理现象，舆论则是集体心理现象。舆论的形成及其功能均与个人行为密切相关。

舆论也称公众意见，“是社会上众人对于一种有争论的重要事故所表示的有力量的共同意见”。[③]

舆论有以下特征：（1）舆论是社会上一般人赞成的意见；（2）舆论多少有其合理性的成分，其形成必须经过相当时期的互相辩难与反复讨论；（3）舆论一般不是当局的意见，而多是一般人的意见；（4）舆论是有效力的意见；（5）舆论的对象必定有关社会的安宁与幸福。

舆论的形成要经过问题的发生、议论的引起、众见的归纳等过程。如果发

---

① 孙本文：《社会心理学》，商务印书馆，1946年，第209页。

② 同上书，第210页。

③ 同上书，第232页。

生下列三种情况之一，舆论就会发生转变：（1）事态发生演变；（2）领导者意向发生转变；（3）重大政治作用。

舆论是需要领导的，因为：（1）领导有要说明事实真相的责任；（2）需要领导者出面剖析是非利害或指示应取的态度，或归纳一般人的意见而使其具体化。至于舆论的最重要机关则莫过于报纸。报纸的功用有三：一是传布消息；二是代表舆论；三是领导舆论。

舆论既然是社会上众人的共同意见，就必定会对个人或团体行为产生影响，其影响有积极和消极两个方面。积极方面的影响是：（1）指示行为的方向；（2）加强正当行为的力量；（3）加强社会团结的力量。消极方面的影响是：（1）纠正不正当的意见；（2）阻止不正当的行为。

舆论是社会上众人的正当意见，众人的力量实在不可轻视，因为事业的成败利钝与舆论的向背有密切的关系。但由于人的认识能力是有限的，舆论有时会因为多数专制的弊害而减少价值，而且舆论常为社会中的少数上层分子所领导，而失去理智的指导是很危险的。因此，要教育民众养成一种审慎的习惯，不要盲从；还要鼓励社会上有声望并受民众爱戴崇敬的人出来倡导舆论，以理智的判断作舆论的指针，以免民众的多数意见误入歧途。

四、谣言

孙本文说，谣言通常包括两种含义："一为纯然流传失真之言，一为散布毁谤之言。"[①]谣言多发生在社会剧变或发生特殊事故的时候。谣言也就是社会上流传失真或传闻未实之言。其内容不外是不合物理之事、不合事理之事、迹近嫌疑之事、激动人心之事、不易实现而有可能之事、预言未来之事以及其他讹传之事。

谣言往往发生在下列情况下：（1）社会突然发生事变；（2）一个社会突然面临危险境遇；（3）社会的固有秩序逐渐紊乱；（4）个人突处显要或猜忌的地位。

谣言发生的原因有两大类，一为无意讹传，二为有意捏造。无意讹传而成谣言的原因，是心理上有缺陷，如观察不周，记忆不清，了解有限，或不能自圆其说。谣言的发生有心理和社会的因素。导致无意讹传发生的因素有：

① 孙本文：《社会心理学》，商务印书馆，1946年，第246页。

（1）过甚其词以耸人听闻；（2）据已往传说加以附会；（3）据民间愿望加以附会；（4）据事实因果加以附会；（5）据民间恐惧或怨愤而加以附会；（6）据个人猜测加以附会。而造成有意捏造谣言的因素则有：（1）托言申诉；（2）造谣中伤；（3）扰乱人心；（4）欺蒙世人；（5）满足愿望。

谣言传布的特征是，普通人对任何传说谣言，不求甚解贸然接受，又贸然传布，并有意无意加以增补改造或联想附会，从而愈传愈失真，而且有愈传愈快的趋向。

谣言的传布对个人和团体都有影响。谣言之所以能影响个人，就因为它是一种社会心理环境，在这种环境中，人往往会不由自主地受其影响，几乎失去理性的判断而加以接受，即使平时具有的自信力与判断力都会失效。可见，谣言对个人的影响是深切的。但谣言对团体的影响比对个人影响更大，它可以在团体中引起强烈的情绪感染。

孙本文指出对谣言应取的态度。对有关个人的谣言，有关他人的谣言，知情者应代为解说，维护公道，伸张正气，至少有关个人的谣言不要转述，有关自己的要自我反省、自我修养，或不校、无辩。对于有关事件的谣言，不应轻信；对于有关物的谣言，不予传述。

对社会来说，对谣言应加以处理。处理的方法是：（1）辟谣；（2）惩处，即对于足以动摇人心或危害政府地位的谣言制造者、传布者应采用严厉的方法予以惩处；（3）补救，即对引起谣言的事实加以纠正或补救，谣言会自然平息。

五、群众行为

在人类所接触的心理社会环境中，群众现象对个人行为的影响甚大。孙本文说，群众一词包含广狭两义，“广义的群众，是泛指一般民众而言，与社会心理学上所谓群众，意义上颇不相同。狭义的群众，即社会心理学上所谓群众，是仅指人类各种集团中的一种，在性质上与其他集团大不相同”。[①]“群众就是一致注意或应付一种共同对象并表示相当兴趣或热烈情绪作用，而在同地暂时集合的一群人”。[②]

① 孙本文：《社会心理学》，商务印书馆，1946年，第284页。

② 同上书，第286页。

群众在活动时表现出的行为特征是：（1）易于情绪激动；（2）易于接受暗示；（3）缺乏理智推考；（4）极易发生暴动。

群众行为发生的原因不外以下五种：（1）迫于人类生存的基本需要；（2）感到生活安全受到威胁；（3）受到过度的压迫；（4）对人类不平感到激愤；（5）人类好奇心的驱使。

孙本文认为，群众行为对社会的影响有三个长处：（1）如指导得宜，可借助群众行为振作社会精神，增强团结意识，表现出一种社会性的英雄气概；（2）群众行为如目的正大，可因此成就社会有益之事；（3）群众行为如使用得当，可加强宣传工作。群众行为对社会的影响还有三个短处：（1）造成不合理的事实；（2）破坏社会秩序；（3）引起社会纠纷。

孙本文认为，在群众行为对社会的影响中，坏的成分比好的成分多。对此，他提出了补救和改造的办法，包括治标和治本两个方面。治标的方法又有两个方面，一为预防群众行为的纷扰，二为转移群众行为的趋向。为预防群众行为的纷扰，第一，要了解群众的性质。要引导群众运动，就必须了解组成群众的分子，以便采取不同的应付方法；第二，要了解群众的愿望，这样才能找到解决的办法；第三，要慎选领导人物，领导如果能力高强，目的纯正，得到群众信任，便可大事化小，小事化了；第四，要实施议会规则，并且平时就要这样去做。转移群众行为的趋向的方式有二：一是安定群众秩序；二是分散群众力量。治本的方法则有五种：（1）提高群众的教育程度；（2）注意群众品性的训练；（3）让群众熟习议会规则；（4）发展人民生计；（5）安定社会秩序。

心理的社会环境对个人行为的影响，除了上述诸多方面外，孙本文还指出了另外两种社会情境影响：

> 我们平时与他人共同生活时，常可见两种社会情境可以影响我人的行为：一为二人以上同时活动的情境。他们的活动并非一致的，而活动的性质与种类，亦不一定相同，更不必有连带的关系。只是因为我人与他们相处时，便感觉他人的存在，而使我人心理上发生相当的影响。这称为普通的社会情境。
>
> 另一种为二人以上具有竞争性质的活动的情境。他们的活动大致

是有规律的或共同一致的。因此，他们的工作，都有相当标准，可资比较。我人如参加此项活动，知道他人与我人表现同样的活动，不期然而然发生好胜的心理。这所谓竞争的社会情境。[①]

六、风俗与时尚

孙本文发现，风俗在中国含义甚广，“似指社会上众人某种行为型式的一致趋向，而含有伦理的意味。故形容风俗，必曰厚薄；淳厚的风俗，是众人一致向上的行为趋向；浇薄的风俗，是众人一致向下的行为趋向。向上的行为是进步的行为，是社会所需要的；向下的行为是衰退的行为，是社会所不需要的”。[②]总之，风俗是社会上众人行为一致的趋向，先由在上者倡导，示众人以模范，然后众人加以效法，当作自己的行为标准，如此相习而成风俗。在中国，风俗有厚薄美恶之别；而在欧美，人们认为风俗不过是世代相传的做事或行动的社会习惯而已。

风俗对个人行为的可能影响有如下几种：（1）凡风俗所规定的，便成为一种社会标准，对个人具有约束的力量，此即所谓风俗的强制力。而人对风俗则有顺从的倾向，此即所谓顺从多数的心理。风俗之所以发生影响，原因就在这里。（2）凡流行的风俗，都具有社会标准的价值，从而具有极强的强制力。个人违背风俗时，社会将表示不赞成的态度，这种不赞成的态度就叫社会的制裁，对违背风俗的人影响很大。因此，社会上的大多数人都愿意奉行风俗。（3）风俗强制力的大小，因风俗本身的性质而有不同，有的风俗具有极强的强制力，有的则强制力甚弱。（4）风俗的力量在乡村比在都市大。

时尚对个人行为也有影响。孙本文指出，时尚只是社会上一时的崇尚，任何有样式可讲的事物，无论是有形具体的东西还是无形抽象的东西，都可被称为时尚。

时尚的特点是：（1）标新；（2）入时；（3）从众；（4）奢侈；（5）立异。时尚是经常变迁的，这种变迁又是有规则的。其规则如下：（1）时尚的发达与社会的本质有密切关系，愈自由的社会时尚愈发达，愈不自由的社会时

① 孙本文：《社会心理学》，商务印书馆，1946年，第320页。

② 同上书，第331页。

尚愈不发达；（2）时尚的变迁是循环往复的变迁；（3）社会上时尚的流行合乎正态的曲线，也就是说，一个社会中，对时尚极端注意或极端不注意的人常是极少数，最大多数的人则常以少数时尚分子为转移。社会上有地位的人常处于领导地位，而时尚是由上流社会阶级所倡导的，因此，时尚也随着社会上少数上流阶级而变化；（4）时尚在传布过程中常常渐渐失去其原形；（5）时尚的变迁，有时为文化的基本因素所决定。

孙本文认为，时尚对个人行为的影响在于，它是一种自然的制约力量。具体地说，时尚对个人行为有如下影响：（1）凡社会盛行的时尚，都具有极大的自然强制力，一般人会很自然地接受和遵行，这种顺从多数的心理与自愿遵照社会标准的心理，是时尚流行的重要条件。（2）时尚对于个人心理还有一种影响，即让人觉得合于时尚的就是优良或美观的，这也是多数人的潜在影响的结果。（3）时尚的流行常常反映出两种相反的心理，即一方面要与旧的不同，追求新奇、差别和表现个性；另一方面则要与新的相合，即力求合乎社会流行的标准。这是时尚的又一种特殊心理。（4）时尚时常变迁，人对于时尚的心理也随之变迁。（5）仅就服装说，社会中受时尚影响最大者以青年及壮年为多，幼年与老年人中注意时尚者较少。（6）就思想行动来说，社会上的活跃分子最易受时尚的影响，性情较为安定的人所受影响必定较小。（7）就地域上看，在都市社会中，时尚变迁较多，对人的影响也较大。在乡村社会中，生活较为安定，风俗传统的力量较大，时尚变迁较少，对人的影响也较小。（8）时尚的流行似乎是一种纯粹心理现象。人们违反时尚，社会并不责备，只不过是违反时尚的人自己在心理上产生不自然的感觉而已。因此，时尚的流行，个人顺从社会的心理力量大，而时尚本身强制的力量小。（9）提倡时尚者的社会地位与时尚的推行有重要关系。

七、道德

孙本文认为，简单地说，道德就是人类社会认为人人应该遵从的正当的行为标准。而所谓正当的人人应该遵从的行为标准，因时代因社会而有不同，全凭当时当地人们自己的判断而定。再者，道德既然是正当的行为标准，那么，凡合乎这种标准的就是“是”的“善”的，不合乎这种标准的就是“非”的“恶”的。即凡是有善恶是非可辨别的行为就含有道德的意义。

于是，可以看出，道德具有如下特点：（1）道德的行为含有一种义务观念。不像风俗只是顺从社会习惯，而道德只是认为应该如此做，尽了自己的忠心。（2）道德含有善的行为的意义，故道德具有自愿接受的力量。自我强制与自愿接受是道德行为的两大特点。（3）道德行为的标准是由社会决定的。它一方面含有义务心，使人不得不实践；另一方面含有可爱性，使人自愿实践，这引起义务心与可爱性的对象，则是由社会决定的。（4）社会所决定的道德的行为标准，就是日常的正当行为。

孙本文相信，道德对个人行为有极重要的影响。第一，道德从两个方面控制个人的行为，一方面是激发人的自觉的义务心，另一方面是引发人的向上心。自觉心的作用是使人自知道德的行为是应尽的义务，向上心的作用是使人对道德的行为产生兴趣并乐于实践。总之，道德的力量就在于它能使人自愿奉行，而这也就是道德强制力的精意所在。第二，道德的教训使人认识真理。第三，道德的教训增强人的意志力，道德的行为可以鼓舞人的勇气。第四，道德的教训可使人了解"人性"，了解社会心理。

八、法律

孙本文认为，法律不过是人类社会的行为规则，它是社会上最正式的行为规则，是由国家制定或承认的。这种正式的行为规则，可以统一人的行为，加强人的团结，从而可以增进社会秩序，故为社会统治的重要利器。

孙本文说，法律具有自己的特点，法律与道德的区别在于：第一，法律对个人行为的控制是一种外力强制；而道德的控制是出于人的自愿接受。第二，法律的制裁是正式的明确的，而道德的制裁是非正式的不明确的。第三，法律仅能控制个人显著的外表行为，而道德则能控制个人的一切内在与琐屑的行为。第四，法律的目的在于维持现实社会的秩序，故法律的规定往往贴近于事实；道德的目的除维持社会秩序外，还在改善人类行为，以促使社会进步，故道德的标准部分地近于理想。

孙本文认为，法律对个人行为的可能影响有消极与积极两方面。（一）法律的功用在消极方面是限制个人行为，不令人有法律所不许的行动，以适合国家社会的需要，从而使社会上各个人的行为受国家的统治。法律愈多，个人的自由愈受限制，并可使各个人的行为愈益趋于一致。社会统制个人行为的方式很多，如风俗、制度、时尚、道德、法律、宗教、教育，等等，各有各的范围，但法律的范围渐渐扩大，能包括风俗、道德、时尚、信仰等的一部分内容。因此法律的功用愈大，个人自由的范围愈小，而社会上一般人的行为则愈趋于一致。（二）法律的积极方面在于让个人在法律所容许的范围内活动，以保障社会利益，增进社会幸福。因此，法律在社会中的作用，一方面是制裁，另一方面是保障。制裁的目的在于限制违反法律及不利于社会的行为，保障的目的在于保护社会的合法行动与利益。

孙本文特别阐释了法治与礼治。他说，中国一向重礼治，而近世各国多重法治。中国古代的礼虽涉及法的范围，但中国古代的所谓法仅限于刑法。孙本文称：

> 礼与法并不冲突，二者同为约制个人行为的规则。不过礼是约制人与人间的关系与行为，而法则统治整个社会中集体的关系与行为。礼是规定人与人间应有的行为标准，法则规定整个社会集体生活中各人应有的行为标准。在小社会中，人口稀少，相互间的关系简单，故仅有礼制，即可以控制人与人间的行为，以维持社会秩序；在大社会中，人口众多，相互间的关系复杂，故非有法律，不能统制全社会各人间的行为，以维持社会安宁。换言之，礼所以控制人与人间直接的关系与行为，法所以控制整个社会中各人间接的关系与行为。所以在富有间接关系的大社会中，礼不足以统制人们全部的行为。现代国家无不走向法治之路者，即由于此。但我人不可误会，以为法治国家，不复需要礼制。须知礼治与法治并不冲突。在法治国家中，仍旧需要礼制。法所以统治整个社会中众人的行为，礼所以约制人与人相互间的行为。法所以济礼之穷，而礼所以补法不足。二者互相为用，始可适应国家社会的需要。①

九、宗数

孙本文认为，从本质上说，宗教只是人对于超自然势力的信仰。据他分析，宗教具有以下特点。

① 孙本文：《社会心理学》，商务印书馆，1946年，第351页。

（一）宗教的本质全在于人的信仰，没有信仰即没有宗教。他引用梁启超的话说："信仰有两种特征：第一，信仰是情感的产物，不是理性的产物；第二，信仰是目的，不是手段。只有为信仰牺牲别的，断不肯为别的牺牲信仰。"[①]

（二）"宗教的内容，包括许多假设与许多信条，及由此而起的许多行为规则，即宗教的假设必包含超自然势力的存在，故毫无科学根据。但却具有极强的引动性，易使人发生信仰。至于信条则全附属于假设，其内容含有许多道德的行为标准。故宗教的价值，不在其假定超自然势力的存在，而在其含有道德标准的信条。至于宗教上的规则，全由信仰与假设而起，如各项仪式与动作等属之"。[②]

（三）宗教的信仰是建立在惊惧与希望这两种心理之上的。人类对宇宙的神秘与自然的威力发生惊惧，对于主宰宇宙万物的超自然势力更为惊惧。因惊惧而产生崇拜之心，因崇拜之心而产生希望之心，以便获得安慰。因此，宗教的本质完全是一种心理现象。至于宗教所具有的信条、仪式以及教堂建筑等，都是在这一心理基础上产生的文化现象。因此宗教的构成，必定包含心理与文化两方面的要素。

（四）宗教是人类普遍的信仰。宗教既然是出于对超自然势力的假定，不合科学原理，为什么人类普遍还信仰它呢？其原因有三，首先，就宗教的起源来说，凡创立宗教的教主，必定具有伟大的人格，其言行成为社会的模范，从而他本人成为社会崇拜的偶像。因此，凡教主所创立的各种假设与各种信条，很自然为社会所接受，并被人深切信仰；其次，就宗教的传布来说，凡是社会大众或一部分人所接受而信仰的宗教，便是该社会中大众或一部分人的共同信仰。这种社会共同信仰的力量是传布信仰的重要条件。因为，凡是社会的共同信仰便都是社会的规则，而人的社会性又使他们不愿违反社会的规则。所以凡是社会上信仰的，普通人也就随社会而信仰；第三，就其功用来说，宗教的价值在于其有道德意义的信条，这些信条对人类行为有很大的贡献。况且，共同的信仰也大大有助于社会的团结。所以统治阶级没有不重视社会所共同信仰的宗教而力加提倡的。

① 孙本文：《社会心理学》，商务印书馆，1946年，第354页。
② 同上注。

对于宗教的见解社会学家各有不同，其中最著者有孔德的人类教，涂尔干的社会即上帝说，爱尔华的社会化宗教说等。

宗教对个人及社会有何影响？孙本文同样从消极与积极两方面来阐明。从消极方面来说，宗教无时无处不在控制个人行为，其控制行为的力量比任何力量都大。因此，在宗教盛行的社会，一般人行动的力量较为坚强。从积极方面来说，首先，宗教可以鼓励人向上的行为。人在遭遇患难时，常可因宗教上的鼓励与希望而得到安慰，借以增强乐观向上的精神；其次，宗教可以使人超脱现实而进入尘世以外的世界。寻常人往往为名利、荣辱、好恶、是非等观念所束缚，而富有宗教信仰的真精神的人，则能超脱现实，不为这些尘俗观念所拘束；再次，宗教可以统一信仰，加强团结。如果一个社会中的人有了一种衷心信仰的宗教，那就会在思想上行为上表现出共同的趋向，这种向心力自可于无形中增加社会的团结。

因此，孙本文认为，“宗教对于个人行为有重要影响，因而在社会上占重要地位。大概对于社会大众，宗教尤有统一与控制的力量。凡未受教育的民众，其行为的约束大抵得宗教的助力为多……至于大仁大智，能超脱世俗一切小我利害观念，以宇宙的生命为生命，以人类的福利为福利，而生活于纯洁的精神世界，则又为宗教中之最上乘者；此乃宗教真精神所寄托而非尘俗人之所了解者矣”。[①]

十、社会环境影响的具体化——人格的形成

孙本文把他对心理的社会环境与文化的社会环境对个人行为的影响的讨论具体化，阐述了在社会环境影响下个人人格的形成、活动及变迁。

不同学者对人格有不同定义。孙本文认为，人格只是个人的性格，是个人行为特质表现出相当统一性与固定性的配合型式。也就是说，人格只是个人行为特质的配合型式，而这种行为特质与其配合型式，具有相当的固定性与统一性，是从幼年时期起渐渐发展渐渐形成的。孙本文特别指出，这种个人行为特质的配合型式及其固定性与统一性，是在社会环境中渐渐发展、渐渐形成的，而且只在社会环境中表现。

人格型式中的各种行为特质表现在许多方面，并且表现出各种不同的性

① 孙本文：《社会心理学》，商务印书馆，1946年，第358-359页。

质。这类行为特质在整个人格体系中占据一个地位，表现一种功能，而每种特质与其他特质之间，还具有相当的联系，形成一种型式。这类特质通称为人格特质。

整个人格型式由以下几个重要方面的特质组成：（1）知能的特质，即智慧与才能，包括解决问题的能力大小、记忆能力的强弱、学习能力的强弱、认识能力的正确程度、想象能力是否丰富、特殊才能——个别的独一无二的特点、判断能力的敏捷或迟钝及适当与否、一般适应能力的大小等；（2）意志的特质，即推动力及其恒久性，包括好动或好静、冲动或自制、行动的毅力强弱、行动的技艺生疏或熟练、动作的格式——动作的特殊个性等；（3）感情的特质即气质（情绪表现的特殊状态），包括情绪的常态与变动（喜怒无常或喜怒不形于色，或快乐变为愤怒，或愤怒变为悲哀）、情绪的范围（可以引起情绪的事物的多少）、情绪的力量（喜怒的强弱）、情绪的态度（愉快的或忧郁的、多疑的或直爽的、锐敏的或迟钝的）等；（4）应付社会环境的特质——自我表现，包括内驱力的强或弱、补偿力的强或弱、外倾或内倾、内省的深或浅、统制或服从、扩张或收缩等；（5）感受社会影响的特质，即社会性，接受社会影响的程度，这是被动的。这种特质包括感受社会刺激的锐敏或迟钝、社会化的程度（是接近还是远离社会）等；（6）品格的特质，即德性，对人、对己、对事的正当与不正当的态度，包括处事的态度公平与否、持己的态度正直诚实与否、待人的态度忠实信义与否等。

关于人格形成的途径，孙本文说，人格在活动中形成，在活动中发展，人格特质又在活动中表现。内在愿望、需要的推动与外界社会环境的压力交互作用，使人渐渐养成各种人格特质，形成整个的人格型式。人格的形成受家庭生活、游戏伴侣、邻里亲戚、学校教育等的影响。

（一）家庭生活的影响。人生初期所受的家庭影响有两个明显特点：一是儿童与父母兄长间的关系是不平等的，无论在年岁方面还是生活经验方面均如此；二是儿童对各人的影响大都抱服从与接受态度，所以所受影响格外深切。家庭给儿童如下几方面的影响：首先，家庭把社会上各种固有的关于衣食住及直接社会中传统的知识传授给儿童；其次，家庭把社会上各种关于物质生活及社会生活的传统习惯传递给儿童；第三，家庭把社会上各种传统的信仰、理想与迷信等传递给儿童；第四，家庭把父母或其他尊长本人的各种生活习惯、态度思想与情绪的倾向等传给儿童。

（二）游戏伴侣的影响。游戏伴侣的影响也有两个特点，一为平等关系，二为交互关系。极为平等的互相影响给人的印象往往极深且新颖或特异。伴侣影响的内容大致有：（1）社会生活中的领导与服从态度的涵养；（2）社会上的公道观念的诞生；（3）社会上的分工合作习惯的养成；（4）人与人间互相竞争的练习；（5）其他同情互助的社会观念的培养。

（三）其他直接接触如邻里亲戚等的影响。这方面的影响主要有：（1）各种不同的习惯、态度与情绪的倾向；（2）各种不同的信仰、理想与迷信等；（3）各种不同的社会知识与技巧；（4）各种不同的风俗礼节等。

（四）学校教育的影响。学校环境中包含极复杂的因素。学校给予的影响是儿童离开家庭后所受的最重要的影响。在这种环境中，人与人的关系有的是平等的，有的是不平等的。在小学，老师的言语教训效力最大，影响最深。因为小学生对老师的意见没有不尊重和真心服从的。到了初中时代，学生还是很诚恳地服从师长的，不过他们年岁渐长，知识渐开，自由的成分自然增多，而服从的成分渐少。在生活方面可说已能完全独立，而行为与知识方面也可自立。自此个人人格型式已大体形成，行为特质基本定型，仅有增减而不再有多大变动。到了大学时代，人格的基本定型很难改变，所能改变的只是知识的增长、思想的变动、兴趣的转移、团体精神的培养以及某种共同习惯的陶冶。这许多方面对于个人人格以后的发展，尤其是个人事业的前途，有极重要的关系，但对于其人格定型并无剧烈的改变。毕业以后到社会任事，所遇环境有所变化，个人为适应环境的需要，在思想、兴趣与行为习惯方面会有所变迁，而其人格定型则并不因此改变。因此，初期的学校生活对个人人格的形成有极大的影响，自此以后，个人经验渐渐丰富，年龄渐长，人格渐渐固定化与统一化，而所受影响的效力也渐渐减小。大致成人以后所受的社会影响，偏重于社会共同生活及思想兴趣方面，至于个性方面则效力较微。

具体地说，学校给予个人的影响包括：（1）人类生活应备的各种普通与专门知识技能的授予；（2）各种正当的行为标准的指导与训练；（3）各种正当的生活习惯的指导与训练；（4）师生同学间多方面的接触，包括各种个人习惯、社会风俗以及思想、信仰、态度等方面的互动。

孙本文概括说："从上面简单地叙述，可知个人的人格特质及整个的人格，全在社会上与他人共同生活时渐渐地形成。他是从人与人的接触中，受到他人心理的影响，更从人与人的接触中，受到社会文化的影响。这两类影响的具体化，始形成人格的型式。至于个人内在因素如基本需要与基本愿望，仅仅供给人格形成的一种基础，以及人格表现的一种动力。这内在因素与外来因素交互作用，始表现人格特质与型式，始表现人格的功能。”[①]

第三节 社会环境约制个人行为的法则

在分析了心理的与文化的社会环境对个人行为的影响后，孙本文进一步阐明了社会环境约制个人行为的重要法则，包括暗示、宣传、教育等。

一、暗示

孙本文说：“凡任何人的行为或行为的结果，引起他人无批评很迅速的行为，这种过程称为暗示。”[②]暗示与模仿只是一种现象的两方面，暗示是刺激，模仿是反应。

人们受暗示的程度，因各种情形而有不同。首先，因年龄而有不同，人在幼年时最易接受暗示；其次，因性别而有不同。一般，可暗示性与个人意志有关，女子因社会上的种种影响而意志往往不如男子坚强，故易于接受暗示。况且，女子富于感情，凡情绪极盛时最易受外界影响，所以女子比较易受暗示；第三，因内心状态而有不同。人的内心状态有种种不同，故暗示对人的影响也不同。如人在疲倦时易受暗示，而在精神振作时则不然。人对于具有充分知识的事物，不易受暗示，而对于毫无经验的事物，则易于受暗示。故专家学者在其所专攻的专业领域，决不受他人愚弄，而在社会世故人情方面，却易受欺骗；第四，因社会状况而有不同。凡人数多时易受暗示，又凡环境中的事物潜力大者易使人受暗示。如数量众者、老者、神圣者、地位高的、金钱多的、思想哲人、专家与身体强者均具有某种潜在的力量，从而能产生暗示的作用。总之，凡具有较大潜力的人，对社会的影响也较大。

① 孙本文：《社会心理学》，商务印书馆，1946年，第371页。

② 同上书，第384页。

孙本文按暗示的性质而将其分为四类。（1）直接暗示，凡将一事的意义直接提供于人，使人很迅速地不加批评地加以接受者，称为直接暗示，亦称提示或示意。（2）间接暗示，凡将一事的意义间接地借助于各种事物或行为提供于人，使人迅速地无批评地加以接受者，称为间接暗示。间接暗示控制人们行为的效力有时大于直接暗示。（3）自动暗示，凡暗示的刺激非来自外界，而起于内心者谓之自动暗示。自动暗示非凭空产生，而是起因于先前经验在遇到适当的刺激时的重现。（4）反暗示，凡外界的刺激引起性质相反的反应，谓之反暗示。反暗示有起因于常态行为的，也有起于变态行为的。常态的反暗示往往由于暗示的刺激的特殊性质可引发人的好奇性，而得到相反的反应。而变态的反暗示常起因于本人先前的经验，与暗示的刺激有相当的关系。

那么暗示如何发生效力呢？也就是说，暗示的法则是什么呢？孙本文提出了如下暗示法则：（1）刺激的单纯与调节；（2）刺激的持久与反复；（3）刺激的多方面表现；（4）刺激的潜力作用，凡刺激的潜力愈大，其发生暗示的力量也愈大；（5）刺激的特殊性，凡刺激具有特殊的性质或新奇的意义，均易产生暗示作用；（6）刺激的积极性，在对言语的刺激有所表示时，务取积极的态度而勿取消极的态度；（7）刺激的引诱性，凡刺激富有引诱性的，极易产生暗示作用；（8）刺激的迎合性，迎合满足急切的需要。孙本文说，暗示的这八条法则在日常生活中随时都可得到印证，不过要注意的是，在刺激发生时，是否有相反的力量来抵消它，这是暗示八法则是否有效或效力大小的一个条件。

依照暗示的法则，社会可以控制个人的行为。孙本文说，暗示的可能效果有四种。首先，暗示可以引起或养成人的新态度。暗示可以说是态度的控制，也就是说可以利用适当的刺激，来引起或养成适当的行为趋向，即引起新的反应或造成新的制约反应。因为人类原本具有种种根深蒂固的反应趋向——固有的兴趣、情绪、需要与内驱力等，暗示的刺激常在适应这类固有的反应趋向时，引起或形成新的行为趋向或态度；其次，暗示可以引起人的旧态度。暗示既然是态度的控制，便不仅可以控制新态度的养成，而且可以控制旧态度的表现。我们可以利用适当的刺激，引起适当的旧的行为趋向，引起旧的制约反应；第三，暗示可以加强人的旧态度。第四，暗示可以改造人的旧态度。总之，暗示是社会所具备的利器，可以用来约制个人的行为。

二、宣传

孙本文指出，宣传是一种有意控制社会心理的活动。宣传仅仅是一种控制社会环境以养成个人的某种特殊行为倾向的方法。普通所谓宣传，往往仅被视为控制舆论的方法。孙本文说："宣传就是有意地把某种意见、态度、情绪，以及风俗、信仰传布于社会的一种努力，其传布的目的，不一定为外人所明了。"①

宣传的特征是：（1）宣传必有特殊目的；（2）宣传必定是有意的活动；（3）宣传的目的必定是要改变人们的态度意见，即改变人们的心理特质，所以宣传也可说是改造社会心理的一种方法；（4）宣传的用意在于使被宣传者毫不迟疑地接受其建议，故宣传者的动机常不为人所注意。由此可知，宣传仅仅是一种方法。至于其所宣传的内容，也许是正确的，也许是不正确的，也许是有益的，也许是有害的。近代在政治上、商业上以至教育上均采用宣传的方法。

宣传的需要及其应用的范围。广义地说，宣传只是社会化的过程，只是有组织地推进社会化的努力。如果是有益的宣传，必须予以便利；如果是有害的宣传，必须加以禁阻。社会上需要宣传的部门甚多，其重要者有：（1）教育方面。社会迫切需要教育时，教育政策及教育改进计划等都需宣传。（2）科学与艺术方面。科学知识与艺术都需要传布于社会，传布愈广社会得益愈多，进步也愈快。（3）工商业方面。新式工商业宣传是想在民众中创造一种新态度新兴趣来欢迎他们的新商品。（4）政治方面。政治上需要宣传甚为明显。国家的主张政策与中心思想，处处需要传布到社会上去，使一般民众了解接受，这是任何施政的根本。为此，一方面要研究民众的需要与希望，以期迎合民众心理；另一方面要研究如何在民众中创造新需要与新欲望，以期使他们顺利接受其政治主张与计划。（5）社会运动方面。一切社会改革运动的推进，无不依赖宣传的力量。（6）宗教方面。传教运动是宣传的原始形式，一切宗教上的教义都需要向人间传布，以推广信仰，宗教家大都富有热心和毅力，故宣传效力常比其他方面大。

既然宣传被应用于社会的各个方面，那么宣传的原理与规则又是什么呢？

① 孙本文：《社会心理学》，商务印书馆，1946年，第399页。

孙本文认为，宣传的原理有五种。（1）利用合理论据。要使人接受一种思想、意见或信仰，首先要有合理的论据，使人能依此论据作合理的推论从而接受之。虽然论据在宣传上并不是直接重要的条件，但却可用以引起社会注意。尤其是，宣传要带一些争论的性质，始可引人注意。（2）利用人类愿望。人类愿望可以控制人的行为，故利用愿望的力量使人接受一种思想，其效力远在合理推论之上。商业广告及政治宗教等宣传，无不利用愿望，这样可收事半功倍之效。（3）利用直接说明。要使人接受一种思想或信仰，必须先使他能够了解，否则他不会接受，即使接受也是不彻底的。如何使人能了解？简单的法子就是直接说明。（4）利用间接说明。间接说明的优点在于，可在不言之中产生效果。（5）利用反复提示。无论是直接或间接说明，还是利用合理论据或人类愿望，都需要不断地反复提示，这是宣传成功的最后秘诀。因为人类心理的最大弱点，是抵不住继续不断与反复的影响。既然宣传的目的在于改变社会的心理，造成其所欲造成的态度与行为，它自然要利用人类心理的这种弱点，来满足宣传者的需要。用言语、文字或图画等方式，可以继续不断地刺激人的思想，制约人的行为，而使人无从摆脱其力量。

孙本文在这些原理基础上提出宣传的六条规则：（1）假使有一种思想或信仰要使人接受，务须继续、系统、耐久地用言语或文字发表；（2）一般务须避免带有辩论性质的词句，不要承认有相反的思想存在。除对宣传有利者外，一切说明务须避免引起反思或联想；（3）在可能的范围内，务使所欲宣传的思想与民众的愿望相联系。因为愿望是接受宣传的基础，其力量远胜于合理的论据；（4）一切说明要简单明了，务使民众在思想上能够反复而不必改变其形式；（5）在民众确有接受的基础时，用直接说明法，否则用间接说明或隐语暗词；（6）为得到久远的效果起见，务须将宣传的内容灌输给儿童，并混宣传于教育之内。

孙本文遗憾地说：“为要达到宣传的目的，确不免用了手段。这是无可避免的，也可说是宣传方法本身带来不得已的缺点。这就是宣传与教育大不相同的地方。好在宣传并不是人类社会控制他人思想行为的唯一方法。在不必采用宣传时，固宜采用教育方法。”[①]

既然宣传的原理规则，是从个人心理的特质出发以求社会控制的方法。因

① 孙本文：《社会心理学》，商务印书馆，1946年，第406页。

此就要了解宣传技术与社会心理的关系。在作宣传时，必须了解以下几点：（1）个人与社会的密切关系。宣传者不仅要注意个人或民众心理，而且要进一步剖析社会的内容，发现互相关联的团体机构与心理上的交互联系。要利用对于团体心理的了解，增强宣传的效力。（2）与民众心理上联系的必要性。欲求宣传有效，必须使宣传者与社会公众发生心理上的联系。要使被宣传者之间平时就对宣传者产生一种心理上的好感，一旦宣传进行时，自可收到良好的效果。（3）社会上潜在力量的重要性。社会上常有一种人深明民众心理的变化与其反应，而能操纵民众在团体中的种种活动，并控制他们的思想态度。这种人在社会上具有真正统制民众的潜在力量，宣传机关应当或设法笼络使其参加宣传工作，或与之联络以便利宣传的推进，或即由他们发动宣传工作，以求宣传有效。（4）群众领导人物的地位。群众的领导人物在群众中占重要的地位，如这类领袖接受宣传，则其指挥的群众也自能顺利接受。可见宣传必须注意于群众的领导者。（5）风俗习惯的影响。宣传者对于社会上固有的风俗习惯和思想经验，必须加以注意，或利用它来引导群众的行动。以上五点，从社会心理方面来看，是宣传技术所必须注意的，这几点可与宣传的原理和规则互相补充。

宣传是很重要的，同时宣传的内容也有正确与不正确之分，或有益与有害的不同。因此就产生宣传的统制与抵制的问题。

孙本文认为，首先，宣传统制是必要的。各种事业如需宣传便可自定组织，宣传的组织至为复杂，其中最主要的组织莫过于国家的政治宣传组织，这是阐扬国家中心思想与政策的主要机构，所以现代国家无不竭尽全力以健全这一机构，并以这种机构统制一切宣传利器。在极权国家中，报纸、无线电、电影等宣传利器纯由政府统制。民主国家虽不全相同，但也有集中统制的倾向。宣传利器由政府设置公司经营，人们称这种宣传利器国营倾向为“思想国营化”，“思想国营化”在极权国家最严格最彻底。即使在民主国家，大都也以间接方法予以统治，故较为松懈。其次，我们也要对宣传有所防范。虽然宣传为现代国家所重视，但宣传的目的有纯正不纯正之别，而宣传的内容也有正当不正当之分。纯正与正当的宣传是社会所需要的，应该加以提倡与奖励；而对于不纯正与不正当的宣传，则应该设法予以防范与抵制，方不为宣传所误。

防范与抵制的方法有二种。一是溯源法，追溯宣传的来源以明了其性质，推断其意义、目的与价值，方不被不正当宣传所误。二是辨别法，即辨别作品的性质，以明了其是否出于不正当宣传的目的。三是抵制法，即采用压力以抵制宣传。这是政府常用的方法。对于个人来说，抵制恶意宣传之法，不外乎不合作与不理会二者。

三、教育

孙本文说："社会环境约制个人行为最彻底最普遍而又最理智的法则，莫过于教育。暗示是不知不觉中发生效力，宣传是对一般社会所用的法则，而惟有教育是一种有意识的有理智的对社会上一般未成熟的分子——儿童与青年——所施的努力。教育时常依赖暗示的法则，亦时常运用宣传的原理，其效力自然远胜于暗示，更远胜于宣传。教育可说是社会统制个人行为的根本法则。"①

（一）教育的本质

孙本文说："人与人相聚，即发生相互的影响。在各种相互的影响中，有一种以有意识的努力，启发他人的智慧，指导他人的行为，涵养他人的德性，逐渐引导人陶冶而成社会的一分子——具有社会共同的思想、感情与行为。这种努力，这种过程，称为教育。"②换言之，教育就是对做人做事已经相当成熟的人辅导与训育尚未成熟的人的过程。教育也可以说是知识、技能、思想、行为已相当成熟的人对于尚未成熟的人的一种作用。其次，教育是以社会的标准去规范年轻人的一种作用，所以，可以说教育是社会约制个人行为的根本法则。

（二）教育的功能

1. 扶植个人自立。人生起初仅仅需要物质生活的供应，继而需要社会生活的指导。这种教育的功能贯穿于人生未成年时期，为个人自立之本。而实现这种功能有赖于家庭与学校，家庭培植其基础，学校续施其训练。

2. 传递思想文化。教育传递社会上流行的思想文化。一个社会的各种遗业——风俗制度、思想文物以及感情信仰等，无不赖教育来传递。其中一部分靠人生初期在家庭生活中渐渐获得；另一部分在学校中通过正式训练而获得，

① 孙本文：《社会心理学》，商务印书馆，1946年，第414页。

② 同上注。

其他部分则在一般社会生活中经过正式或非正式手续而得。

3. 造就社会成员。“每一社会必有它自己的特殊的文化特质与文化模式。这类特殊的文化特质与文化模式，或表现于思想感情与行为，或表现于风俗制度与文物，都成为社会的标准，流行于社会，为社会上人人所遵从。如何使社会的标准，为社会上人人接受而遵行呢？这全靠教育的过程。一面社会教个人以社会的标准，一面个人经学习的过程而接受之。如是，使每一个人的思想感情与行为，能符合社会的标准，而成为社会的一员。这所谓社会化，这就是教育的过程”。①孙本文引用爱尔华（Alua）的话说：“在人类史上，社会是利用教育的方法使得个人遵从团体的习惯。所有宗教道德政治法律都是经过教育的体制，才成为社会控制的工具。”②

4. 敦促社会进步。社会上任何事业都有它的专门知识与技能，而任何事业的进步又没有不仰仗于教育的。

（三）教育的方法

孙本文说，教育的方法必须与其含义相适应。教育虽与政治、法律、宗教等同为社会约制个人行为的法则，但其特质与其他方法是不同的。教育包含有和蔼、亲善、爱护、启发、扶植等特点，因此其方法有：（1）诱导法。教育应采用辅导引进之法，以涵养受教育者的自觉自动的能力。（2）启迪法。教育者要使被教育者由不知而能知，由不行而能行。就实际学习说，人之追求知行，常需要不断地启迪。启迪法的要点是使被教育者能获得举一反三或一通而皆通的能力。（3）训诲法。教育者要使被教育者知过能改，从善如流。启迪法是一种积极的方法，训诲法是一种消极的方法，在防患未然或补救将来时用。该教育方法不重在惩罚既往，而重在奖励未来。（4）感化法。教育者对于被教育者不施以直接的指导启迪或训诲，而施以“以身作则”的感化。教育的感化是以德服人，而非以力服人。

孙本文说：“教育的四种方法，各有其特点：诱导法在涵养其自觉自动的习惯，启迪法在养成其举一反三的能力，训诲法在扶植其从善自新的特性，感化法在陶成其潜移默化的影响。概括言之，教育者要在和善亲爱的情境中，站

① 孙本文：《社会心理学》，商务印书馆，1946年，第415页。

② 同上注。

在辅导者或示范者的地位，以启发并扶植其被教育者的人格的正当发展。”[①]

（四）教育的法则

教育是社会约制个人行为的基本法则，这一点可以从以下几方面看出。

1. 发展心性固有的优点。人都具有感觉、知觉、概觉、记忆、判断、推理、学习等能力，人又具有感情与情绪。这是人类基本的心理因素，也可说是心性固有的优点。教育要把这些心性优点发展出来，要尽量予以运用与锻炼。各级学校施教的教材，应尽量适合被教育者的身心发展，以收事半功倍之效。

2. 制约行为正当的特质。一方面要发展心性固有的优点，另一方面要用社会环境的力量来制约行为正当的特质。任何社会必有当时流行的社会标准——包括风俗、制度、思想、文物，“这类社会标准，随时随地可影响于人生，而教育的任务，在精选其中公认为正当的标准，以陶冶被教育者正当的行为特质。就上一点言，心性固有的优点是非学习的。而就这一点说，制约行为的特质是根据非学习的基本能力，予以环境的训练，以制约而成认为正当的特质。二者实为表里，而为教育上的两大作用”。[②]

3. 灌输人生应有的知识。教育除在心性的优点与行为的特质上表现其作用外，在思想与知识方面，尤负有重要的责任。它的主要责任是在灌输人生应有的知能。

4. 造就健全向上的人格。教育的基本任务在于造就健全向上的理想的人格，健全理想的人格包括德育、智育、体育、群育、美育等各方面的向上发展。在社会环境陶冶各种人格特质，形成整个人格的型式过程中，及实现健全理想人格的过程中，只有教育起着重大的作用。

如前所述，孙本文认为，教育的主要功能在于扶植个人自立，传递思想文化，造就社会成员与敦促社会进步。而教育之所以能达此目的，则在于教育能发展心性固有的优点，制约行为正当的特质，灌输人生应有的知能，造就健全向上的人格。

孙本文总结说，社会环境约制个人行为的主要法则就是暗示、宣传与教育等。这都是讨论社会环境如何约制个人行为的方法。前面论及心理的社会环境如态度、意见、成见、舆论、谣言、群众行为，文化的社会环境如风俗、时

① 孙本文：《社会心理学》，商务印书馆，1946年，第419页。

② 同上注。

尚、道德、法律、宗教等，对于个人行为的影响，及其如何影响，或运用何种法则，始对个人发生影响。具体说态度、意见、舆论、谣言等是经过暗示、模仿、宣传或教育的法则，又影响于他人。

第四节 个人行为对社会的影响

孙本文说，社会心理学研究个人在社会中的行为，一方面研究他这种行为如何形成，形成中如何受社会环境的影响，以及社会环境如何改变转移或制约个人行为；另一方面研究个人行为如何影响社会环境，如何使社会环境发生变迁。个人行为对社会的影响，可以从两方面观察：一方面是普通人对社会的影响，另一方面是领导人物对社会的影响。

一、伟人及其社会影响

（一）伟人

孙本文说，自来对社会发生最深切的影响者莫过于历史学家所称的伟人。他们占据社会的最上层，他们的思想事功惊动举世之人，而影响天下后世。没有他们，人生为之黯淡，历史为之减色。从世界史来看，许多轰轰烈烈的伟业，不过是几个中心人物思想行动的成绩。同时，孙本文也指出，伟大事业固然是他们的作品，但同时不可忽略的是伟人决不能凭空造成伟业，他们必须获得机会有所凭借，即时势造英雄，伟人与时势互相为用始成伟业。

何谓伟人？孙本文说："伟人或伟大人物，就是具有非常才智、成就非常事业，对于人类社会有非常贡献之人。"①

伟人必须具备三个条件。（1）伟人具有出类拔萃、超越常人的才智。这种人具有高人一等的判断、推理、记忆、学习、想象能力以及学问知识，能见到人所未见的地方，能想到人所未想的地方，能判断人所不能判断的事项。（2）伟人成就非常事业。伟人的过人才智必定表现于非常事业，这类非常事业或见之于事功，或见之于思想。如大政治家、大军事家、大实业家、大发明家、大教育家、大思想家等。（3）伟人对人类社会有非常的贡献。因此，孙

① 孙本文：《社会心理学》，商务印书馆，1946年，第424页。

本文说，伟人之所以为伟人，即因其具有非常才力，成就非常事业，而对于人类社会有非常的贡献。

至于伟人的成因，历史上有不同的说法。孙本文大致将各种理论分成两派，一派为天才派，以为伟人是天生之才，非后天人力所能造就的，优生学者在这派中居首位；另一派为环境派，他们以为伟人非天生之才，而是后天陶冶而成，社会学者大多主张此说。孙本文偏于环境派的见解，但也不完全否认个人的相当生理基础。他认为，伟人形成要有两种主要因素，一为内在因素，即个人健全的或非同寻常的生理基础，这是一切事业成就的基本，如身体极端健康，精神非常活泼，因而耐思虑，耐劳苦，耐一切艰巨挫折。二为外来因素，包括社会的教养与时势的需要二者。伟人幼时大多遭遇特殊的环境，很少出身于极顺利的环境，同时受到优良的教育，获得充分的知识与适当的训练，以便能应付世事。与此同时，孙本文说："人若有健全的或非常的生理基础以为之本，再加以早年环境的磨炼，与优良的教育，以扶植而发扬之，已可成为非常人才。但若无适当的社会、情境或机会以发挥其才能，则亦无由展其所长，所谓'英雄无用武之地'。所以非常人才，在适当的时机，宜出而担任适当的事业，以应社会的需要。"[①]总之，伟人的造就，必须有内外两种因素的凑合。他把伟人的成因列成下表：

表16.2　伟人的成因[②]

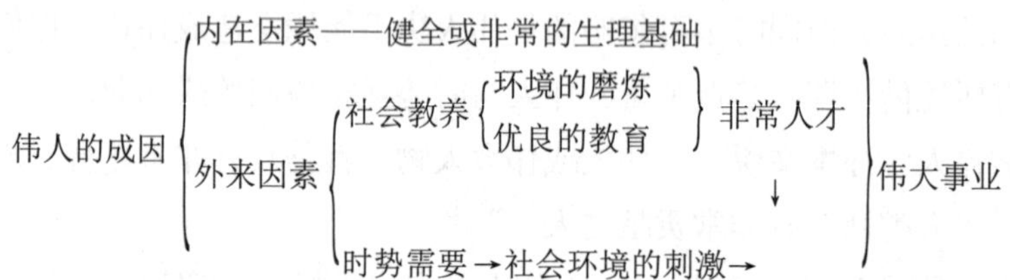

（二）领导人物及其类型

孙本文说，在社会上占据任何领导地位的人物，对于社会亦有重要的影响。何谓领导人物？他说，在人类行为或团体生活的某方面实际领导一群人的就是领导人物。

① 孙本文：《社会心理学》，商务印书馆，1946年，第427页。

② 同上注。

领导人物具有四种特点：（1）相对于一班随从之人而言，领导人物必定在团体中表现出领导作用。（2）领导人物的领导，常在人类行为或团体生活的某一方面，或数方面，而非其全部。（3）领导人物对于社会上一般众人必定有相当影响，使他们能勉强或自然地服从其领导。（4）领导人物的领导与时代及社会背景有密切关系，在某一时代能产生某一类领导人物。孙本文说，总之，领导人物必定在某种特殊时代与社会背景之下，在社会的某一方面能实际影响或领导一群人。

孙本文认为，领导人物既因时代与社会背景的不同以及行为方面的不同，而表现出不同的领导作用，所以领导人物的性质，也可因时代与社会背景及行为的方面而有不同。

孙本文按领导人物的性质而将其分成以下几种类型。（1）知能的领导，就是在知能或思想的某一方面影响一群人，使这一群人的知能或思想在不知不觉中受其领导。（2）专业的领导，就是在某一种事业方面能指挥或指导一群人，使这一群人的工作很自然地接受其领导。这一类领导人物必定能在各种事业上有所成就，一方面在本事业中的各种工作人员必能服从其指挥以推进其事业；另一方面，社会上的一般人在心目中也很自然地承认这一类事业是在这种人物的领导下推进的。因此，这一类领导人物，是在他的事业上表现他的成绩，使社会上很自然地承认他领导的地位。（3）行动的领导，就是在某种集团生活中能指挥或指导一群人，使这一群人的活动很自然地听其领导。这种领导只是人们活动时的领导而非事业的领导。

孙本文按领导作用的起源而把领导人物分成自然的领导与人为的领导。自然的领导就是自然产生的领导作用，非人力所能造就；人为的领导，就是人所规定的领导作用。其领导的权限，也由法规规定其运用。这要视团体的大小及领导人物所处的地位而定其领导的作用，但对一般社会常能发生甚大的影响。

孙本文还按领导作用的程度把领导分为专断的领导、护卫的领导与平民的领导三类。专断的领导就是取专断的态度去领导或指挥他人工作或活动的领导。这类领导人物富有自信力，如其确有特殊的才能与伟大的人格，便可使人发生深切的信任与真诚的崇拜；假使这种人的才学不足以称其位，而用专制手段，则会引起人的反感。护卫的领导就是采取护卫的态度领导或指挥他人工作或活动的领导。这一类领导人物富有仁慈心理，感到应处处护卫被领导者，对他们加以指导。平民的领导就是采取从旁辅导的态度来领导他人工作或活动的领导。这一类领导人物富有学识，并了解社会心理，熟知一般人的愿望，故能因势利导，以推动一切事业。平民的领导常设法满足社会的愿望与需要，不固执自己的意见与主张，常能以社会的主张为主张。他所注意的只是社会上众人的态度与倾向，他只是领导众人向既定的方向迈进。他只是社会的代表者，代表众人的意志，执行一切。

孙本文总结说："专断的领导，坚持自己的意志，忽视他人的意志；护卫的领导，以自己的意志护卫他人的意志；平民的领导，以社会的意志为自己的意志。这是三者不同之点。"①

孙本文只是就领导作用的性质、起源与程度而加以区别，其实一个领导人物往往兼有多种特质，而且其责任愈重职位愈高，则其所具有的才能与品性的方面也愈多。总之，领导人物的类型，随领导者本人的性格及被领导团体的种类与性质而异。大体上领导人物不外两种基本型式：一为长于统制人群并应付实际局势之人；二为长于运用思想与想象之人。

（三）领导人物的特质

孙本文说，一般社会心理学家都承认领导人物在行为上与普通人有不同之处。这其中也有两派意见。一派认为各种不同的社会情境，需要各种不同的领导特质，因此，领导人物似乎无一般的共同特质；另一派以为领导人物毕竟与普通人不同，有他们的共同特质，也就是领导人物的基本条件。孙本文认为，尽管领导人所处的社会情境不同，他们所表现的性质不相同，但为应付各种社会环境，成就非常事业，确有其共同的不可缺少的特质。孙本文综合各种意见，分析实际领导人物的特质为四类：智慧、才能、毅力、品格，现分述如下。

1. 智慧方面的特质。智慧是指体察社会情境的识力而言。对此孙本文分五个方面来观察：（1）先见。对于环境中一切事物的变动必有先见之明。（2）精审。先见是对事态见得早，精审是把事情看得细，小心谨慎就是精审的表现。（3）反省。领导人物常富有反省能力，常检点自己的思想行为。（4）求知。伟大的领导者不仅有先见之明，能精审，能反省，而且富有求知之欲，一方面是不耻下问，取人为善；另一方面是好学不倦，增长见识。无论

① 孙本文：《社会心理学》，商务印书馆，1946年，第431页。

古今中外，大学者没有一个不是从勤苦好学中锻炼出来的，能为一般社会领导的人，必定都是十分好学的。（5）自信。伟大人物不仅能对社会情境审察得很精细，预料得很正确，能对宇宙万象知道得很清楚，而且对于自己的知识能力信心十足。

2. 才能方面的特质。才能就是处理社会情境的能力，孙本文分为四个方面来观察：（1）创造才。这是指创造与发动的能力而言。大凡伟大人物多富有想象与推理等能力，有新见解可立即见之创作。（2）决断才。凡任大事者大都富有决断力，遇事既能审慎体察其局势，复能立予判断以资决定。（3）组织才。组织能力尤为成大功立大业者所不可缺的特质。所谓组织能力是指思想上的分析综合与系统化的能力，与实践上很有条理地分配、调度与整合事务能力。（4）统御才。这是指统率与指挥各种人才的才能。统御才包括选择、录用、训练、任使各方面，任使尤为重要。用人要广收、慎用、勤教、严绳。统御者要对待人忠恕，责己厚责人薄。

3. 毅力方面的特质。毅力是指支持社会情境的力量。孙本文认为毅力包括四个方面：（1）坚忍，即对任何事业都有坚持到底、不成不休的毅力。有恒心、有决心继续不断地努力，是事业成功的一重要因素。（2）耐劳，即不畏劳苦地工作。自来成功立世之人，没有不刻苦耐劳的。（3）勇敢，所谓勇敢是指勇于任事，勇于克服困难，其甚者往往置生死于度外。古今成就大业的人，都一定富有勇敢特质。（4）专一，即专心致志地做事，既不纷骛，也不为外物所诱。

4. 品格方面的特质。品格是指应付社会情境的德性。孙本文认为领导人物具有以下几方面的品质：（1）忠实，忠实就是忠心做事、忠心对人。（2）信义，忠实与信义有密切关系，大凡忠实之人必有信义。（3）仁爱，仁就是爱人。仁爱是中国固有的道德，西洋谓之博爱。（4）公正，对于社会上一切人一视同仁，毫无偏私，就是公正。凡成大功立大业者大致都富有此种特质。（5）坦白，心地坦白率真，能以至诚感人。（6）度量，度量宽宏就是能恕人过失容人侮辱，这是成大事、立大业者极普遍的特质，主要表现是，有权责罚而不予责罚，有势力报复而不加报复。（7）气节，气节即自身立于不败之地，不因环境中任何无理压迫而屈服。气节是成大功、立大业者不可缺少的特质。（8）操守，即不为利诱不为害动而能坚持其事业的志节。通常是指见财不苟得的操行，故常与廉洁相连。但操守不仅限于对财利的态度，凡在任何事情上都能不为势利所动，就是有操守。

孙本文指出，领导人物要具有这些特质，一方面在于负有教育的责任者注意培养，另一方面在于个人自身的加意修养，这样才可望人才辈出。

（四）社会领导的法则及其对社会的影响

孙本文说，领导人物之所以能领导社会，就因为他们具有行为上的种种特质，而领导人物在领导社会时要遵守什么样的法则呢？中国古代有所谓三不朽，即立德立功立言。孙本文认为除这三者以外还有他种法则，他将其归纳为七种：

1. 从德性方面领导。道德高尚才能令人敬佩。领导必须道德高尚足为人群楷模，或躬行实践以身作则，建立道德的标准，造就贤明的人才。

2. 从功业方面领导。功业彪炳者能受人崇拜。

3. 从思想方面领导。思想周密使人钦仰。

思想领导也是一种伟大领导作用。古今大思想家思虑精辟透彻、高人一等，能想到人所想不到的事，能说出人所说不出的话。这样的思想能够较为持久地领导社会。

4. 从设计方面领导，规划周详令人心服。任何事业的推进，必须依据详细周密的计划方有成功之望。

5. 从学问方面领导，为此要造诣精博超越众人。任何部门的权威学者都必定具有超越众人的学问，使人自然而然地心悦诚服。

6. 从行动方面领导，热心号召，先人发动。只有对任何事业都在行动上热心号召首先发动者，才能领导众人。

7. 从精神方面领导，要不畏艰苦努力奋斗。任何事业的成功，都有赖于继续不断的艰苦奋斗，其事业的成就愈大，则需要艰苦奋斗愈力。

孙本文总结说："领导人物之所以能领导社会，或则道德高尚，令人敬佩；或则功业彪炳，受人崇拜；或则思想高超，使人钦仰；或则规划周详，令人心服；或则学问精博，超越众人；或则热心号召，先人发动；或则不畏艰苦，努力奋斗。人若富有任何一种特长，遵守任何一种法则，都能领导社会，向前迈进，而成为社会的领导人物，而况兼有几种特长遵守几种法则呢？"①

① 孙本文：《社会心理学》，商务印书馆，1946年，第482页。

至于领导人物对社会的影响，孙本文认为是极普遍而深刻的。因为一切社会变迁与进步，从某方面来看，都可以说全由领导人物倡导或创造而成。领导在以下几方面对社会产生影响。

1. 转移社会风气。社会上风俗习尚的流行与转移，常视少数领导人物的趋向而定。

2. 革新社会制度。社会制度是适应当时的社会需要而成立的，所以总与时代背景相配合。时代环境变迁，旧的社会制度往往便不适合社会的需要，于是使有先知先觉之士出而号召改革，以期臻于完善。社会制度的革新，有赖于领导人物的提倡。

3. 增进人类知识。一切科学伟人，对人类知识都有绝大贡献。无论是自然科学家还是社会科学家在学术界占领导地位，他们的成就都能增进人类的知识。

4. 改进人生态度。古今多少思想家以其敏锐的眼光与犀利的言论，抉发社会的缺陷，指示人生的正轨，这类先知先觉在思想上常能予人类以深切而永久的影响，改变人生态度，转移社会趋向。

5. 改良生活技术。古今不乏聪明睿智之士，出其心思才力，发明机械，制作器物，以便利人类生活。

6. 安定社会秩序。自来大政治家、大军事家往往能在国家社会纷乱扰攘之秋运用其过人的才力安定社会秩序，使国家社会转危为安，转乱为治。

二、一般人对于社会的影响

在孙本文看来，领导人物，尤其是伟人，对社会影响大，是有贡献的，而最大多数的个人，对社会自也有极重要的影响。因为对社会上的一切事业来说，领导人物与随从人众同样重要。人们一般容易重视极少数领导人物，而忽视一般众人。其实一般众人的重要性是不容忽视的。因为社会生活是互相关联的，社会活动是互相依赖的。

要了解一般人对社会的影响，先要了解他们的活动。孙本文依其性质将一般人的活动分为三类。

（一）模仿性的活动。这类活动大都是制约的活动，反复继续的活动，也即是习惯的活动。这类活动与领导人物的活动很少差别，有的领导也喜欢模仿其他领导人物。模仿活动是人生中极重要的部分。

（二）自发性的活动，即是自由意志引发的活动。在日常生活中，自发性活动的成分很多，凡是人们自愿表现的活动，大都属于此类。如在法律范围之内，个人活动如不违反法律便可充分自由。此类活动在日常生活中尤其多。

（三）创造性的活动。创造性活动是指全系新创的活动。多数个人常有不少创造性的活动，但其性质不甚重要，过程也不繁难，自不能与大发明家等量齐观。

孙本文指出，领导人物与寻常人不同的地方，不在于活动的种类不同，而在于活动的程度有异。一般的看法是，重视社会上领导人物尤其是伟人，而把普通个人看得无足轻重，其实这是错误的。我们只能说，领导人物及伟人的影响较大，寻常人的影响较小。孙本文对一般人的活动亦即个人对社会的影响进行了分析。

（一）供应需要。一般人在社会上的职业活动大体上是供应相互间生活的需要。虽然有的职业不能供应社会的需要，但社会上每一个人或少数人必定直接或间接受到影响。

（二）传布文化。一个人在社会中的活动，从传播文化的功能来看，实占重要的地位。在家庭中，有关各种日常生活的知识以及风俗、信仰、传统、思想等的传授，是传布文化的初步而重要的基础。学校教育中的德育、智育、体育等的训练，更是有系统地正式地传布文化的工作。在普通的社会职业团体中，与职业有关的实际专门知识技能，也在学习过程中得到传布。总之，一个人在社会中的种种活动，一方面学习了文化，另一方面又传布了文化。

（三）累积遗产。一般人在社会上不仅传布文化，也累积文化，而且还创新文化。任何有职业的人，在他们的活动上必定多少有自己的贡献。

（四）维持秩序。社会是人与人的共同结合，社会上的每一个人在自己的本位上尽自己的责任，做自己的工作，同时又与社会上其他个人互相合作，互相依赖，由此而表现出来的和谐的社会关系就是社会秩序。因此，社会秩序的维持，需要社会上每一个人都能尽其本职，并能与他人和谐合作，否则影响整个社会的生活。

三、个人对于社会环境调适的法则

孙本文一方面阐明了伟人或领导人物与一般人对于社会的影响，另一方面又综合了个人调适于社会环境的法则。

首先，孙本文提出，个人调适于社会环境的基本目的有三个。

（一）维持人格的完整。人性的重要方面有自我感、名誉心及好胜心等，都表现出一种欲维持人格的完整性。人性的倾向就是要维持人格的完整，迫使人不得不活动以谋调适于环境。如果环境的力量足以妨碍或破坏人格的完整，人必定奋起保护自己人格的完整。这种护卫行为被称作调适。

（二）满足人生的需要。人有物质的需要、知能的需要、社会的需要、精神的需要，又有好新的愿望、安全的愿望、感应的愿望与称誉的愿望。人为了满足种种需要与愿望而进行种种活动以调适于环境。除非外界有极强的限制力量，否则，人必定追求直至获得适当的满足为止，这就是所谓的“调适”。

（三）平衡人我的关系。人们在社会中共同生活，势不能不发生相互接触，而由相互的接触可能产生冲突、竞争、侵害、抵抗、压制、反动、欺诈、委屈等现象发生，于是，人为平衡这种种人我间的相互关系而进行种种活动，人我间的关系不平衡，人的活动便不停止，直至获得适当的平衡为止。这就是行为的调适。

孙本文说：“总之，个人的行为——无论是单独的或与他人联合的行为——都无非为维持人格的完整，满足人生的需要，或平衡人我的关系。人的人格观念、人生需要与人我关系，尽有不同，而同具这种种倾向无疑。人为达到这各种目的，乃表现种种的活动，以求与社会环境获得相当的调适。”①

人调适于社会环境方法的标准化，就叫做法则。孙本文把个人调适于社会环境的普通的法则归纳为11种。

（一）顺应。最普通的顺应是顺从，就是顺从环境的状况与需要。除此以外，还有权宜、容忍、任天、智术和假托等方法去顺应环境。权宜或权宜之计是顺应法则的一个重要方面，在不得不暂时顺从以解决当前的困难时，权宜是非常有效的一时应变的行为。人在处于特殊环境而遇到特殊刺激时，往往需要特殊容忍，以顺应环境，避免冲突或纠纷。所谓任天就是以任其自然的方式去

① 孙本文：《社会心理学》，商务印书馆，1946年，第496-497页。

应付环境，任天只适用于人事，不适用于事业。人在处身于极困难或极危险的境况时，能以极轻松的方法解脱，称之为智术或机智。假托也是应付危险的手段，当人处于危险的境地且通常的行为不能应付时，能够避祸于万一的方法就只有假托了。

（二）同化。顺应只改变一部分习惯行为，同化则改变全部的习惯行为，而且长期加以改变。同化的法则有二：一为和同，二为合污。和同即与社会混合同化而不自立其异，仅指个人加入一种特殊社会后，与社会渐渐同化的过程；合污指不为道德所感化而为恶势力所屈服，以至与人一起为非作恶。

（三）合作。合作是指活动的配合。凡是多人有意无意地为着共同目的，而各自进行似相配合的活动为合作。人在社会上与他人共同生活时，随处须与他人合作以适应环境的需要。合作的法则有二：一为分工，各人分做一件事的一部分，以完成这件事；二为互助，分工是分别合做一事，互助是共同合成一事。

（四）克制。克制环境中的各种困难，为人生一大问题，其基本方法有制服、说服、讽服和挺服等几种。制服就是一遇困难便直截了当地将其制服。说服是不用武力，不用智术，而用言语善为说辞，以理说服人，这是一个重要法则。讽服是用理智剖析利害，用讽刺的口吻，使听者自动接受。挺服是在别无他法时，只好挺身而出直接行动来解决问题的方法。以上制服、说服、讽服、挺服等，都是克制困难的主要法则。

（五）统御。为达到某种目的，设法控制环境中的各种条件，为我所用，谓之统御。统御有二法则，一是术御，以智术统御环境，使外人不知而达到目的；二是智取，人有需要时不能以普通方法满足，而又不能做不正当或不道德的事，于是乃用智术取之，而仍不丧其操守，便是所谓的智取。术御、智取都是用智术统御环境，而仍不失为正途。

（六）转变。人在适应环境时往往因困难而难于进行，以致不能不转变其方法或方向，以求顺利适应。有时，个人尽管意见非常坚定，因他人剖析利害后，立时改变态度与意见也甚多。

（七）利导。社会环境中的种种现象与种种条件，未必全合我们同有的计划、固有的程序与固有的意向。但也可设法因势利导，使其原有状态渐渐合乎我们的期望。

（八）奋斗。人对于环境的调适并不是被动的而是主动的。人是主动地进行调适于环境的活动的，并且在调适没有实现之前，还是继续奋斗。奋斗就是对环境不断求调适的表示。

（九）自慰。自慰显然是奋斗失败未能获得圆满调适的结果。这大概是由于环境状况的约束，别无他法，而只有自我安慰。

（十）弥补。弥补缺陷的倾向，有成功与不成功之别。不成功的弥补有二：一为幻想，一为自解。幻想是逃避现实的一种法则，自解是自圆其说的一种法则。成功的弥补也有两种类型：一为自胜，即尽自己的心力以克服自己的缺陷；二为替代，即在一方面不能消除其困难或缺陷时，另在别的方面设法弥补。

（十一）谦退。人在遇到困难环境，如果既不能积极予以克服又无法弥补，便只有消极地谦退了。谦退有两个方面：一为谦逊，就是尊重他人的自尊心，而同时又维持个人的自尊心；二为退让，完全是一种消极的应付，人在不愿或感到无法对付环境中的种种困难时，往往退让。谦逊偏重于态度，谦让则注重行为。退让似有一定的规则，人在紧要关头决不能退让，要当仁不让。但在无可再进时，稍退一步以调适环境，也是事势所需要的。

孙本文概括个人对于社会环境的调适法则说：“十一大类二十六小类的调适法则，是比较重要的常用的法则。个人对于社会环境的调适，大抵不出此范围以外。我们知道，个人为维持人格的完整，满足人生的需要，平衡人我的关系，自动或被动地采用各种法则——顺应、同化、合作、克制、统御、转变、利导、奋斗、自慰、弥补、谦退，等等。而究采何种法则，各因个人人格特质的性质及社会环境的需要而定。”①

第五节 社会心理学的流派及发展趋势

一、社会心理学的起源与发展

孙本文指出，关于社会心理的思想起源甚古。古希腊哲学家柏拉图的著作

① 孙本文：《社会心理学》，商务印书馆，1946年，第517–518页。

已注意到风俗、模仿以及社会控制等问题。亚里士多德已见及人类社会性的重要。16世纪初，托马斯·莫尔（More）在其《乌托邦》一书中论及了时尚、模仿、同情、舆论等问题，并分析了人类行为的种种因素。18世纪苏格兰哲学家休谟（Hume）的《人性论》出版，而后开始有对社会心理学上的重要问题的讨论，尤其是关于同情的分析。虽然有人称休谟为社会心理学的始祖，但他并未对社会心理作系统的讨论。而将社会心理现象作为主题讨论的，当推德国的民族心理学派。代表人物是莫里·茨拉扎罗斯（Moritz Lazarus）、施坦泰尔（Heymann Steinthal）、冯特（W. M. Wundt）。冯特的《民族心理学》（1900年出版）研究原始民族的语言、道德、宗教、艺术、法律等的心理因素，基本问题是分析因众人心理上交互活动而产生的现象。民族心理学虽偏重于民族文化的研究，其范围和内容与近代社会心理学有所不同，但对近代社会心理学确有相当贡献。

第一，民族心理学始从社会的立场，研究人类心理现象，使当时传统的纯粹个人心理学，受一重大打击。

第二，民族心理学始从社会心理学的立场，研究民族文化，使知个人的心理发展与客观的文化要素，有密切连带关系。

第三，民族心理学，不但是近代社会心理学运动发生的一重要原素，并且其研究重心确集中于社会心理现象的分析。其与仅仅讨论心理要素者有别。

总之，民族心理学实为近代社会心理学的前驱，而对于其以后的发展极有关系。[①]

继德国民族心理学而起的近代社会心理学开山鼻祖，是英法派的群众心理学，代表人物有英国的亚当·斯密（Adam Smith）、白芝浩（Walter Bagehot）、法国的勒庞（Gustave Le Bon）、意大利的西盖勒（S. P. Sighele）、德国的施密根士（H.Schmidkunz）及美国的薛特斯（Boris Sidis）、罗斯（E.A.Ross）等。达尔德把主观的心理过程视为客观的社会现象去研究，确大有功于社会学与社会心理学的发展，可称为是近代社会心理学的建设者。而首推群众心理之名著当属勒庞的《群众心理学》（1895）等。其后有罗斯的

① 孙本文：《社会心理学》，商务印书馆，1946年，第44页。

《社会控制》（1901）和《社会心理学》（1908），尤其《社会心理学》已成为近代社会心理学成立时期的重要著作，论及暗示、模仿、时尚、风习以及一般群众心理现象。

糅合德国民族心理学与英法群众心理学的潮流而自成一派者，为法国的社会学家涂尔干（Emile Durkheim）与列维·布留尔（Levy Bruhl）。他们都注意心理的社会环境的重要性，及其与集体行为的关系，他们的学说虽非纯粹的社会心理学，但对社会心理学也有相当的贡献。

之后，注意人格分析的社会心理学发源于美国。博尔德温（James M.Boldwin）、库利（Charles H.Cooley）都注重社会环境对个人人格与行为的影响，他们的学说成为20世纪初社会心理学中的重要潮流。

同以人性为研究对象而又注重对本能的讨论者有麦独孤等的本能论。麦氏的《社会心理学概论》（1908）认为，本能是人类社会种种现象发生的源泉，个人人格在初时只是许多先天的本能，恃社会加以扶植而发展。因此要了解人格发展与社会的变迁，必须了解本能。这与罗斯的《社会心理学》只研究社会上一致的心理现象的做法是不同的。注重本能论的还有英国的特罗特（W.Trotter）、德雷弗（Jarnes Drever）、华莱士（Graham Wallas）和美国的凡勃伦（T.B.Veblen）。

综上所述，19世纪末叶至20世纪初，群众心理学研究是社会心理学研究的重心。20世纪初至1920年以前，开始主要是人格发展与社会影响的研究，其后有本能论的阐发，1910–1920年本能论占重要的地位。1920年后，本能学说受到各方面的批评，杜威（John Dewey）、亚尔保、杨京伯、克鲁杰（Krueger）、雷克勒（Rockless）、付尔森（J.K.Folsom）、拉皮尔（Lapiere）等对社会心理学有贡献的人都持反对意见。

自精神分析学与精神病学发展起来后，人格分析的研究也得以发展。美国社会心理学家汤麦史、亚尔保、白乃德、杨京伯、付尔森、马尔廷（E.D.Martin）等也引用精神分析的理论，解释个人人格发展与社会心理现象。

孙本文认为："自心理学中行为主义发展后，社会心理学始得一有力而正确的根据。约翰·华生（John B.Watson）的行为理论，注重环境影响，实予社会心理学以正确发展的途径。凡近时社会心理学中著名的学者如亚尔保、白乃德、付尔森、拉皮尔、杨京伯、兰哈德（J.M.Reinhardt）、格尼（N.Gurnee）

等莫不从行为主义出发。亚尔保采用制约反应的概念，白乃德采用调适行为的见地，尤属纯粹行为心理学的系统。至于近时多数学者采用实验观察统计等方法以研究社会心理现象，使社会心理学进入一新时期，更是直接受行为主义发展之赐，可无疑义。”①

1908年，罗斯、麦独孤分别在英美出版社会心理学著作，使社会心理学成为专门的研究。回顾社会心理学形成的历史，从英国休谟为发端，其后英国的白芝浩，法国的达尔德、勒朋，意大利的薛格勒、鲍尔文，美国的库利，德国的劳萨鲁、施丹泰、冯特，分别进行了研究，建立起社会心理学的基础。自民族心理学衰落，群众心理学取而代之，群众心理学渐微而本能心理学露出头角，之后人格分析与行为主义相结合，使本能心理学退出舞台。“及近时环境、行为、群众等概念，联结而成整个的体系，观察、实验、统计等方法同时并用，以研究实际社会心理现象，而后社会心理学始渐达于成熟之境”。②

二、社会心理学的派别

孙本文将社会心理学分为系统社会心理学与实验社会心理学二大派。系统社会心理学又分为群众心理派、人格分析派与综合派三派。人格派再分为本能派、环境派、精神分析派。孙本文逐一讨论了这些流派。

（一）系统社会心理学

孙本文说，所谓系统社会心理学，即据一种或数种概念以说明社会心理现象的系统者，其研究方法偏重于理论探讨，但也渐渐注意实验统计的运用，这种系统与实验的划分是暂时的。现其又分三派。

1. 群众心理派。“此派是从客观的立场，以研究社会上一致的心理现象，凡群众、公众以及时尚、风俗、民型、舆论、传说等所表现的共同一致的行为，都在研究范围以内。因其注重心理的社会环境中的动态与静态现象，故亦称社会心理的‘面与流’学派。又因此种一致的心理现象是起于暗示与模仿的结果，故又称为‘暗示模仿’学派”。③此派源于白芝浩、达尔德、勒朋等人，而集大成的是罗斯，尤其罗斯的《社会心理学》一书，以群众现象为社会

---

① 孙本文：《社会心理学》，商务印书馆，1946年，第47页。

② 同上书，第48页。

③ 同上书，第49页。

心理学研究的对象。此外，还有马尔廷、华勒史、鲍格达、凡勃伦、布隆德（C.Blondel）、伯尼斯（E.L.Bernays）、杜波（L.W.Doob）等。

尤其第一次欧洲大战以后，由于都市的发达、工业商业的发展和民主政治的发达，人们需要了解群众的行为、公众的心理、公众的态度与意见等，故群众心理学成为现代社会学中的一个重要部分。

2. 人格分析派。此派以人格的养成与其发展为研究对象，致力于观察人格与本能或环境的关系。

1）本能派，该派视本能为人格发展的基础。用本能来解释社会现象，自麦独孤始，此派也以麦独孤为中心。

2）环境派，认为人格的养成与发展受社会环境支配。此派以鲍尔文、库利为始，还有杜威、米德（G.H Mead）、坎特（J.R.Kantor）、汤麦史、鲍格达、亚尔保等。

3）精神分析派，“此派社会心理学者采用精神分析学上的观点与方法，以解释个人行为与社会失调的现象。精神分析学承认：（一）个人愿望一受抑制，即储存于无意识中，并不消灭。（二）储存于无意识中的抑制的愿望，得到机会，便须发表。（三）个人与社会常在冲突中，个人愿望不能得适当的发表，便易产生变态的社会心理。此种见解在近时社会心理学家中极为流行”。[①]汤麦史、马尔廷、付尔森、布朗（L.G.Brown）等尤为重视。白乃德、杨京伯、奥格朋、蒲其斯均重视精神分析学理，此派在社会心理学中逐渐占有重要地位。孙本文认为，社会精神病学或社会失调学将独自成科。

3. 综合派。“此派亦可称为行为派，从环境派出发，以行为主义为中心，而又重视群众心理的研究。此为比较近出的一派，以白乃德为领袖”。[②]白氏著《社会心理学概论》《本能论》等。还有杨京伯、马尔恺（Markey）、鲍格达、拉皮尔（Lapiere）、法恩斯沃思（Farnsworth）、兰哈德等。尤其杨京伯的《社会心理学读本》《社会心理学》，均注重人格、环境、文化、态度、群众等研究，确可代表综合的见解。

（二）实验社会心理学

实验社会心理学即用实验方法研究社会心理现象。社会心理现象的研究起于19世纪末，因渐为人们所用而兴盛起来。在实验室以外的控制的观察，常采

① 孙本文：《社会心理学》，商务印书馆，1946年，第51页。

② 同上书，第52页。

用日记法、访问法、问卷法，以研究实际人生情境中的社会交互行为，或采用各种测验量表以研究人格特质或态度。采用实验法研究的有法国的变态心理学派，美国的亚尔保、穆尔（Moore）、吴勒（Wooley）、鲍尔文、汤麦史等。此外，新发展的“场地学说”派的社会心理学，也采用实验方法以研究团体中个人的行为或集体行为。此派以勒温（Kurt lewin）及其弟子李壁德（Ronald Lippitt）等为代表。李壁德根据这种场地学说，用实验方法研究专制团体与民主团体情境中的个人行为的异同。“这种场地学说的要点，是在重视个人行为发生时当地整个社会关系的背景。第一，必须把个人看作整个团体中的一分子。第二，必须把行为发生时全部社会关系合并观察”。[①]

实验社会学有三方面的研究：（1）儿童社会行为的研究；（2）团体对于个人影响的研究；（3）场地学说的研究。

三、社会心理学的趋向

孙本文认为，当时的社会心理学有以下发展趋向。第一，现代社会心理学注重个人与社会情境间的调适行为，即注重个人与社会间的相互关系，并注重调适行为。所谓调适行为是指个人对其与社会的关系随时随处加以调整的行为，并重视群众行为的研究；第二，现代社会心理学重视整个社会情境的关系与影响，注重行为发生时并存事实的整体，并注重当时情境中各部分的相互关系，使人们了解整个社会情境对当时个人行为的关系与影响。这是重视社会学观点的一种重要趋向；第三，现代社会心理学不重视个人人格发展的步骤，而重视人格发展中行为改变与调整的过程；第四，社会心理学注重实际观察与实验研究，进入实验时期；第五，现代社会心理学注重在社会各方面的应用。“总之，现代社会心理学在内容方面注重个人在社会中的调适行为，并重视整个社会情境的背景；在方法方面注重实际观察与实验的研究；在应用方面注重社会各部门实际问题的探讨。这是一个大概的趋向”。[②]

① 孙本文：《社会心理学》，商务印书馆，1946年，第54页。

② 同上书，第56页。

第六节
社会心理学的应用

孙本文的《社会心理学》以理论为经，以应用为纬，交织而成一个完整的社会心理学体系。在讨论原理时，他又随时论及各项原理在实际社会生活方面的应用。

一、社会心理学应用的目的

孙本文说："研究社会心理学的目的有二：一为如何了解社会心理，二为如何指导或控制社会心理。我们了解社会心理以后，知道社会心理的特质与机械，知道社会环境对于个人的影响，以及个人对社会环境的影响。依据这样研究而得的原理定律，再研究其如何应用到实际社会生活上去，以指导或控制社会心理的养成，以及个人与社会环境间的相互影响。社会心理学应用的目的，可说就在这第二点。"①

也可以说，社会心理学应用的目的，是将各种原理应用于社会各方面，以指导或控制社会心理。为此目的，需要从以下几个方面进行研究。

第一，需要研究如何指导或控制社会中各个人的心理或行为特质的养成。人格特质或行为特质及其配合的人格型式，都是从幼时起在社会上与其他各人共同生活时渐渐养成的。一个人的人格特质与型式是否适宜，应进行多学科的研究，但社会心理学的研究实占重要的地位，因为它是研究人格如何形成、发展与变迁的。如果我们认为某种心理特质及某种人格型式是合乎社会标准的——是好的、适当的、健全的、有益的，是个人幸福与社会进步所需要的，我们就应该研究如何使这种心理特质与人格型式遵照社会标准而渐渐养成。反之，如果某种心理特质与人格型式不合乎社会标准，就应该研究如何指导或控制这种特质与型式，使它不会养成或发生。社会心理学因为特别注重人格特质与型式如何养成的问题，所以尤负重要的使命。

第二，需要研究如何指导或控制社会中人与人间的交互刺激与反应的过程。不仅要研究社会中人与人之间的分散与结合，而且要研究他们结合后如何行动。如果认为某种群众或社团的结合与行动是合乎社会标准的——是好的、

① 孙本文：《社会心理学》，商务印书馆，1946年，第523页。

适当的、健全的、有益的，并且是为个人幸福与社会进步所需要的，那么就应该研究如何使这类群众或社团多发展；反之，如果不合于社会标准，则应研究如何设法制止这类群众或社团的产生或发展。当然这样的工作是多学科的研究，而不是社会心理学所独负责的，但社会心理学向来是注重群众心理研究的，对此尤应有重大的贡献。

第三，需要研究如何指导或控制社会环境对个人行为的影响。社会心理学不仅要了解社会环境的势力，还需要研究如何指导或控制社会环境的影响。如果认为社会环境的某种影响使个人人格的养成及其思想行为的表现均适合于社会标准——是好的、适当的、健全的、有益的，是个人幸福与社会进步所需要的，那么就应该研究如何指导或控制这种环境影响，使能尽量得到发展的机会，或尽量创造这种环境与机会；反之，如果不合乎社会标准，则应研究如何制止这种环境影响，或消弭这种环境或机会的发生。这是社会心理学研究的独特任务。

第四，需要研究如何指导或控制个人对于社会环境上的伟大人物、团体领袖及一般众人，对社会环境都有相当影响。当然，伟人的影响最大，其次为各团体领袖，最小者为一般众人。如果认为这类伟人、团体领袖及一般众人的行为合乎社会标准，那么，就应研究如何鼓励这班人物的行为，或更进一步研究如何造就这班人物；反之，如果认为这类人物的行为不合乎社会标准，则应研究如何设法制止或消弭这种行为的发生。

孙本文简括地说："社会心理学应用的目的，是在研究如何指导或控制：（一）个人人格养成的过程；（二）群众或社团结合与行动的过程；（三）社会环境制约个人行为的法则；（四）个人调适社会环境的法则。"[①]

二、社会心理学应用的标准

既然社会心理学是研究如何指导或控制社会心理的，那么，按什么标准来指导或控制社会心理呢？这种标准应该是以社会上公认的、适当的、健全的、有益的，以及为个人幸福与社会进步所需要的为依据。那么，究竟什么是社会上公认的标准——好的、适当的、健全的、有益的，以及为个人幸福与社会进步所需要的？

① 孙本文：《社会心理学》，商务印书馆，1946年，第525页。

孙本文说："这当然要看一个社会当时的文化状况与一般社会态度而定。就大体说，今日中国社会标准应该适合于目前中国社会所公认的应该保存的固有的社会特点，同时应该适合于目前世界公认的应该提倡的时代潮流。前者应该包括我国数千年来的传统思想，后者应该包括晚近数世纪来的世界新潮。前者是国族化，后者是现代化。国族化与现代化是今日中国社会标准的标准。合乎这个标准，才是所谓好的、适当的、健全的、有益的，以及个人幸福与社会进步所需要的情境。"①

孙本文进一步阐明了国族化与现代化的内容。

（一）国族化。孙本文说，国族化就是要发展中国固有而应该保存的传统思想。他认为，中国传统思想中比较重要的有四点。

首先是尊理性，孙本文认为，中国人最尊重理性，凡事必求其合乎理性。所谓理性就是是非之心、曲直之心、义利之心、善恶之心，以及邪正之心。能够作出这些区别，就是理性的表现。凡人对于理性原有极强的要求，凡做事合乎理性则坦然泰然，心安理得；若违乎理性则往往不安，如有所失。这就是良知，是理性的自觉。孙本文说，中国人自古以来最富有理性，最富有正义感。而别的社会因注重"利害"关系而牺牲是非观念——牺牲理性。因此，中国之所以在国际常常吃亏，孙本文认为，即是由于过分尊重理性之故。

其次是主中庸，中国人极重中庸之道。所谓中庸就是不偏不倚、无过与不及。自古以来，中国的一般社会思想与行事，都以执中、调和、折中为重，而排斥偏倚、执一、过度，排斥一切极端的事情。中庸还有因地制宜的意思。"中"是道德的根本。孙本文说："中庸实包含'执中'与'适中'二义，而为我国社会自古及今崇高的思想行为的准绳。我国人所以爱好和平，实由于中庸之德的表现。但因过于偏重折衷调和，如与富有侵略态度者相处，必致大受损害。"②

第三是重自治。中国人一向重自治。所谓自治就是自己管束自己的意思。自治之首是克己复礼，必须一方面涵养其节操，另一方面不为环境所屈服。人有了浩然之气，始具节操，能强立而不反，形成光明磊落的人格。这样由个人克己修身，养成谨慎小心、俯仰无愧、光明磊落的人格，古代及后世社会称之

① 孙本文：《社会心理学》，商务印书馆，1946年，第526页。

② 同上书，第527-528页。

为“君子”。中国社会自古迄今，以“君子”为一种公认的标准人格，并鼓励一般人由修身自治以养成这样的人格。因此，注重修身自治为中国的传统思想，中国人向来也重视私德。

第四是崇德化，德化是对人而言的，就是以道德感化的意思。中国人对己重自治，对人无论是个人还是社会组织都重道德的感化。一般社会似有一种信念，以为只要自己道德修好，便可感化他人。而且一个人的社会地位愈高，感化他人的力量也愈大。孙本文指出，这种注重修身自治以道德感化他人的德性，未免过于宽大放任，对于富有理性的个人或民族才能发生效力，而对于顽固不受教或心存侵略的个人或民族，必致无法控制，不仅不能感化反会受其侵凌。

孙本文一方面说明了中国传统思想中的重要四点及中国民族的特长已深入人心，另一方面也指出了传统思想的缺点。同时，他强调，传统思想即使有缺点也不应放弃，而应该将其优点发扬光大，这就是国族化。

（二）现代化。孙本文认为，现代世界潮流中比较重要的有以下四点。

一为重科学。孙本文说，科学是现代西洋文化的根本。科学的内容包括知识、方法、精神三者。由于用科学的方法与精神来研究物质生活、社会生活及精神生活，以改进人们的生活，所以西洋社会日渐发达。在科学发达的过程中，机器的发明日增，机器是科技的具体化。同时，科学和机器二者互相为用，所以有人称现代化为科学时代，也称为机器时代。科学与机器为近代社会发达的因素。科学的应用大有助于人生，第一是人力经济，第二是增进效能，第三是工作敏捷。机器的利用也大有助于人类事业，首先是节省人力，其次是增加生产，第三是标准化。

二为尊民主。民主主义也是现代西洋社会的一大特征。民主就是民有、民治、民享。社会上一切都是为了“民”，都是以“民”为主，就是民主。“凡在本团体及其职权范围以内，每一个人都有参加或决定其与本人及本团体有关事项的权利，就是民主。无论在政治方面，经济方面，及一般社会方面，都是如此”。[①]孙本文认为，这样做最公道不过，所以民主的理想确是全世界人类所想望的。

三为崇法治。“现代民主国家，没有不崇尚法治的。良以法治为民主国家

① 孙本文：《社会心理学》，商务印书馆，1946年，第530页。

的基本精神。缺乏法治精神，根本无民主可言。所谓法治，就是以法律统制人民的行动之意。国家为维持社会秩序，增进人民福利起见，制定各种法律以指导并限制人民的活动。社会组织愈复杂，人民活动的范围愈广，需要法律统制的地方也愈多。所以法治与社会进步有密切关系。法治的效力愈大，社会亦愈进步”。[①]人人在法律面前一律平等，全国人民不论贵贱贫富，一律受制于同样的法律。而人民也富有守法精神，对于一切法律的规定无不奉行维谨。所谓的自由只是在法律范围内的自由，而法律的限制为的是保障人民的自由。孙本文说，现代世界各国虽未完全走上法治的道路，但法治确已成为世界各国一致倾向的时代潮流。

四为主团结。孙本文指出，近代社会尚有一种共同的倾向，就是团结的意识日益增强。自工业革命以来，都市发达，交通便利，人口集中，诸事业的分工日细，而互相依赖的方面日多，联络的需要也日益迫切。于是社会结合的范围日大，可结合的范围愈大，相互间的竞争也日益激烈。经验证明，任何组织结合若不团结，便必定失败；其结合的范围愈大，团结的需要亦愈迫切，对于国家民族尤甚。故精诚团结，自力图强，已成为现代社会的共同倾向。

综上所述，孙本文指出：

> 以上我们又把现代世界潮流的重要四点，略予说明。这四点大体上确可表明现代社会一般的倾向。这是世界的潮流，中国莫能自外。凡欲成为一个现代的国家，决不能违背这种趋向的。这所谓现代化。
>
> 从中国固有而应该保存的传统思想方面，我们知道，中国应该国族化；从世界公认而应该提倡的时代潮流方面，我们知道，中国应该现代化。使中国国族化与现代化，这是中国今日社会的标准。[②]

同时，孙本文认为，保存固有的传统思想与采纳现代化的世界潮流是没有冲突的。他说：“我们相信，中国传统思想的四点：尊理性、主中庸、重自治、崇德化，与现代世界潮流的四点：重科学、尊民主、崇法治、主团结，是并行不悖，互相补充，而相得益彰的。以尊重理性重视自治为实行民主的基础，以克己自治道德感化养成守法精神，为推行法治的基础，以主张正义、和

① 孙本文：《社会心理学》，商务印书馆，1946年，第531页。

② 同上书，第532页。

平、不偏不倚为精诚团结的基础，凡此皆为极端合理的配合，而可以互相补助者，至于科学的精神与方法，原为中国所无，而与中国的传统思想，绝无冲突，尤为人人之所了解者。总之，国族化与现代化相配合，乃为今日中国社会所欲努力求其实现的标准。合乎这个标准，才是好的、适当的、健全的、有益的，而为个人幸福与社会进步所需要的现象。这就是社会心理学应用时指导或控制社会心理的标准。"①

三、社会心理学在社会各方面的应用

孙本文以中国传统思想的优点及现代世界潮流的主要特长为社会标准，阐述了社会心理学在社会各方面的应用。

（一）家庭方面的应用

在家庭应用方面，可以用社会心理学来研究三个问题，即儿童教养、儿童变态及家庭解组问题。

1. 儿童教养问题。教养问题的实质是如何养成儿童良好的习惯以陶冶健全的人格。这就要将社会心理学上有关人格形成的原理应用于家庭教育。其意义是个人人格特质与型式在五六岁以前便已打下重要基础，以后随着年龄的增长，人格特质与型式也渐渐定型化与统一化。在幼年时期，社会环境的影响最为深切，年长者的一切思想、感情、行为均可影响儿童，使其渐渐养成习惯；这种环境影响经过刺激的制约作用，使儿童渐渐形成种种制约反应，并以习惯的方式表现于日常行为之中，人格特质与型式即在这种制约过程中逐渐形成。

因此，在家庭教育中，（1）要注意环境的一切设施，使儿童在环境中能获得良好的印象；（2）要注意父母兄长及其他年长者的言行举止，以身作则使儿童得到良好的模范；（3）要注意提示良好的行为标准，使儿童对于人生意义有良好的观念；（4）要注意使儿童接触良好的社会环境，以期养成良好的嗜好，避免不良的社会环境。这样，使儿童生长于优良的环境中，在优良的刺激中养成优良的习惯，陶冶出优良的人格。再者还要根据国族化与现代化的标准指导儿童的行为方向及其进行的途术，使儿童不致误入歧路枉费精力，而能顺利地养成健全的人格。

2. 儿童变态问题。对儿童变态问题的研究，旨在找出如何纠正已经发生

① 孙本文：《社会心理学》，商务印书馆，1946年，第532页。

行为问题的儿童的缺点，使其由变态而回归常态。这也是对人格改组的指导与控制。具体地说，基本的方法有以下几种：（1）发现儿童有不良习惯，应即时纠正，可利用制约反应原理设法改变其旧的制约反应，以造成新的制约反应。（2）这种改变的实现，一是要以身作则示以模范，二是要训诲其认识过失，使其自知改过迁善，此法重在利用儿童的羞恶心及名誉观念。前者是暗示性的，后者是直接教训。这二者同时并用，并反复予以适当的刺激，其效力尤佳。（3）但若儿童习惯甚深，则要改变其原有的环境。

对于儿童变态行为的纠正。孙本文指出："以利用制约反应改组原理，及儿童羞恶心理名誉观念，与暗示教训迁避等方法为主。"[①]

3. 家庭解组问题。家庭中夫妇子女不和导致冲突激烈、遗弃、离婚等现象，即形成家庭解组。这个问题的重心有两个方面，一方面研究如何避免解组现象发生，另一方面研究如何补救这种解组现象，其目的是维持家庭的秩序，增进家庭的幸福。维持家庭秩序的基本原理是：（1）"家庭结合的基本原素有二：一曰情，二曰礼，情为比较易变的心理因素，礼为比较永久的行为规则。情为内心的动力，礼为外力的约制。仅有情的结合，而无礼以范围之，则缺乏持久力量；仅有礼的约束，而无情以维系之，则缺乏团结精神。故必二者有均衡的发展，而后家庭始有圆满的生活。"[②]（2）凡家庭中情的因素能有适当的满足与发展，而同时礼的因素也有适当的遵守与维系，则家庭中的每一分子就能获得圆满的生活，而家庭的秩序也得以维持。

根据此原理指导家庭的团结时要注意的是：（1）家庭各分子的个性是不同的，所以要避免有互不满意之时发生感情裂痕。若一方不满意而感情爆发时，另一方宜取避让的原则，以"容忍"的态度为最适宜，以避免发生冲突。（2）家庭中各分子发生意见冲突时，如有一方确有过失或失敬之处，也应心平气和加以间接或直接的纠正。若因成见太深而致误会，则宜设身处地，以期转移自己态度，以免发生无谓的冲突。遇家人不和时，应采取审慎与忠恕之道加以谅解。以礼来弥补情的缺陷以维持家庭团结。如感情破裂则宜分居，改变环境，以免双方痛苦。

孙本文说："为避免家庭的解组起见，宜采审慎态度以减少误会，宜推己

① 孙本文：《社会心理学》，商务印书馆，1946年，第536页。

② 同上注。

及人以弃除成见，宜减免互相刺激的机会以避感情的紧张，而消弭冲突于无形。”①

（二）教育方面的应用

孙本文说：“社会心理学在教育方面的应用，旨在指导或控制儿童及青年人格特质的养成，尤在陶冶其社会性，涵养其德性，培养其团体意识。”②主要应用于学校教育与社会教育。

1. 学校教育。依社会心理学原理，学校教育应注意以下几点。（1）使学校环境无论在精神或物质方面均能适合儿童身心状况及社会标准。再者，对于流行的社会标准，如国家的中心思想、传统道德、时代潮流、教育方针，以及对内对外的政策也宜予以适当的注意，在适当的机会加以提示，使其潜移默化，形成适当的制约反应；（2）使学生相互间的各种行为，在不违背教育原则与教师指导的前提下，获得适当的展现。如表达其善恶心、是非心、同情心、好胜心等，并设法提倡竞赛、合作、互助、服务等活动，以增进其社会性；（3）随时培养学生的自尊心，尊重学生的荣誉心，以扶植其高尚纯洁的品格，并给予机会使其得到适当的表现，使其尽量发展。尤其要避免侮辱学生的行为，以免伤害其自尊心；（4）切忌使用各种不正当的违背教育原则的手段对付学生，以便使学校成为健全纯正的共同生活的环境；（5）注意学生的变态行为，随时加以矫正使其恢复常态；（6）使学生的愿望在教师指导下获得平均适当的表现。学校对于学生的要求，不宜过分放纵或压制，而宜因势利导，予以合理的满足。

孙本文认为：“学校教育，在学生方面，宜引发其同情心、好胜心、善恶心、是非心、自尊心、荣誉心，等等，使获得适当的满足；同时在环境方面，宜运用暗示、提示、教导等原则，以养成其适当的制约反应。由此以陶冶其社会德性、团体意识，以及健全圆满的人格。”③

2. 社会教育。社会教育以一般民众为对象。因此，首先要了解一般民众的特点。（1）民众的知识程度不同，理解能力各异；（2）民众的观念、思想、嗜好、兴趣不尽相同，一般民众因生活背景不同，故日常生活习惯不同，

① 孙本文：《社会心理学》，商务印书馆，1946年，第537页。
② 同上注。
③ 同上书，第538页。

对于环境中各种事物的观察、思想、嗜好、兴趣也不同；（3）民众有共同的风俗制度与一般的文化背景，尽管一般人的知识程度、思想、嗜好不同，个人方面性情态度也各不相同，但在同一社会中生活，有共同的风俗习惯典章文物，有共同的文化背景；（4）民众有相同的人性、感情与情绪，虽然人性感情与情绪的表现多少受社会环境制约的影响，但在基本方面很少有差别。

根据民众的以上特点，社会教育所要做的就是要培养一般民众的共同精神态度或共同思想，如进取思想、爱国思想、团结精神、服务精神、牺牲精神以及民族或其他社会意识等，还要传授各种普通知识技能等。孙本文提醒道，在社会教育方面应用社会心理学时应注意以下各点：

> （一）在内容方面，宜注重培养社会心理及文化的特质，如国家中心思想、民族基本道德、人民服务精神、进取态度、远大理想，等等，俾可冶成适合于国家思想与世界潮流的国民。
>
> （二）在原则方面，宜注重以直接或间接的方法感化社会上一般人民的心理特质或行为趋向为其主要的任务。
>
> （三）在方法方面，宜注重采用暗示、提示、教训、劝导等作有效的宣传或教育工作，亦宜反复运用，务使民众能自动接受教育的内容。
>
> （四）在方式方面，宜注重各种材料、各种形式及各种活动，作多方面的反复继续的表演，如标语、口号、格言、传单、日报、期刊、戏剧、电影、讲演、民众集会等，务使从各方面影响民众的思想、态度、感情、理想等。
>
> 总之，社会教育，在运用各种有效的社会心理方法，使民众固有个别的知识、观念、思想、态度、兴趣、嗜好等，培养而成社会所需要的适当的共同的行为趋向，同时并使民众固有的相同风俗、制度、感情、情绪等陶冶而成社会有益的、健全的心理特质或行为规则，以促社会的进步。①

（三）商业方面的应用

社会心理学在商业方面的应用，旨在协助商业的发展。而商业发展的关键

① 孙本文：《社会心理学》，商务印书馆，1946年，第539–540页。

在于社会有需要，商品能畅销。商业广告的目的即在推销商品，商品愈畅销，商业愈发达。广告是社会心理学在商业应用中的一个方面。为使商品适应社会需要而获畅销，必须了解社会心理的特质与行为表现的机制。

孙本文说，从商业立场来说，社会心理学应注意下述四个特点：（1）人类有四种生活需要，即物质的、社会的、知能的、精神的四种需要；（2）人类有各种通性，如同情、乐群、好胜、羞恶、赞美、从众等；又有四种基本愿望，即求新奇、求安全、求感应、求称誉；还有各种社会习惯如风俗时尚等；（3）凡可满足人类通性生活需要、基本愿望与社会习惯的事物，都有使人接受的可能；（4）反复进行的暗示或提示具有很大力量，并极易使人在不知不觉中接受其建议。

因此，孙本文说，社会心理学理论在商业广告方面的应用，须合乎下列原则：

1. 要使各种商品都能适合社会上一般人的基本需要与基本愿望或风俗习惯，在广告上要明显地表示出来。

2. 要使各种商品，都能适合于经济原则，使人看见广告以后，相信能以最廉之价购得优良的物品。

3. 一切广告都须以最明显、最愉快、最活泼的文字或图画发表。

4. 一切广告，欲期其切实有效，必须反复提示于民众之前，使民众获得深切的印象，自动接受广告的内容。

商业广告的目的，全在运用社会心理学原理，以适当的刺激，引发社会上一般人士的适当反应。所以有效力的广告，全在使人自愿接受广告内的建议，而购买其商品，并无丝毫强迫的意思。商业广告学就是专究如何用最经济最有效的方法，假广告技术，以推广其营业。

社会心理学理论不仅可应用于商业广告，就是在寻常销售商品和店铺的管理方面应用其理论也会增效。

一方面，售货商人要了解顾客的一般心理，例如顾客的各种生活需要及各种基本愿望。商人的目的是谋利，但必须了解，顾客需要的是物美价廉。因此，商人必须注意不仅要使顾客来店购物，并且要使其购买后觉得满意。另一方面，售货商人应给予顾客良好的形象，使顾客购物后，不但感觉物品优良而且环境也极愉快。这样就能使顾客继续莅临购物，并介绍他人购物，从而营业就会发达。

总之，要把社会心理学应用于商业方面，应用于无论广告、销售还是商店的管理方面，都须了解一般社会心理特质，了解人性、生活需要和基本愿望。尤其要注重适当的刺激，引发人们的适当反应，使其能自愿受刺激而感觉满意。

（四）工业方面的应用

孙本文说，社会心理学在工业方面的应用，主要是应用于工人的管理，为此，要研究如何使工人的活动受厂方的控制，如何能提高工人的工作效率，如何能消弭工人的纠纷以增进社会秩序。要指挥工人与消弭工人间的纠纷，首先要了解工人的心理：（1）应注意考察工人生活上的各种需要与愿望。如果工人的需要与愿望不能得到适当的满足，不但管理者的命令不能顺利推行，而且各种纠纷会随之发生；（2）应在可能的范围内满足工人的正当需要与愿望，并设法因势利导；（3）应注意使工人不致有产生共同要求的机会，应随时随处予工人以适当的满足，而使其没有发生共同要求的机会；（4）应真诚爱护工人，使工人对工厂产生深切的感情。要尽全力实施工人福利事业，使工人获得生活的安全与幸福。

孙本文提出，要提高工人工作效率，就要注意以下几点：（1）应注意奖励努力工作的工人，使一般工人有所激励，无形中发生竞争以增进效率。（2）应注意使工人对工作发生浓厚兴趣，养成一种集体行动的愉快心理，并运用竞赛方法以增进其兴趣，同时宜按时更换性质相近而种类不同的工作，以免工人发生厌倦的态度。这是工厂管理方面的一个重要条件。（3）应注意使工人以全副精神专心工作，则效率必增。精神散漫者不仅本人工作效率低，而且会影响他人，从而必然影响整个工厂的工作纪律。如工人除正式工作外再兼做其他厂外工作，必定分心，效率低。因此，使工人专心工作实在是提高效率的一个重要条件。（4）应注意使工人勤于工作、忠于职务，以矫正敷衍搪塞的态度。除各种奖励兴趣等方法外，厂方可以提倡各种示范法，互相感化，形成风气，这样，工作效率必能提高。（5）应注意使工人久于其职以养成其爱护工厂的感情。（6）应设法避免工人间或劳资间的无谓纠纷。

孙本文说：“总之，社会心理学在工业方面的应用，其目的在指挥工人行动，消弭劳资或工人间的纠纷，并提高工作效率。其方法在鼓励其兴趣，集中其注意，勖勉其负责，涵养其爱护工厂的热诚，并运用心理原则，以期达到全厂一心，精诚团结，效率提高，生活圆满的境界。”①

（五）政治方面的应用

孙本文认为，把社会心理学应用于政治方面的目的，是指导或控制民众的行为，使他们遵循政府及人民共同的意志，以维持社会秩序，增进人生幸福，使国家臻于富强康乐之境。在政治领域应用社会心理学的重要原则有以下三个。

1. 人民行动可受社会环境与领导人物的影响或控制。无论个人、少数人还是多数人的行为，常可受社会上其他人或其他团体的态度、意见、思想、成见、感情、舆论，以及群众的集体行动的影响；同时，社会上的一般风俗、时尚、道德、法律、宗教等文化因素亦可影响人的行为。心理的与文化的因素对人的影响是同样重要的。至于领导人物，既处于领导的地位，他们的言行，便更是可以指导或控制一般人的行为。领导者的地位愈高，其影响愈大。至于其影响的程度，则自然又因人而异。

2. 人民的需要与愿望及其切身利害均可影响政治的设施。人的基本需要如自存、自卫、自续等，以及基本愿望如求安全、求感应、求名誉、求新奇，等等，以及人性的其他特质，都是人类行为的动力。人为追求并满足这类需要与愿望，常进行种种继续不断的活动。这类活动对于政治的设施关系很大。至于与人民平时的切身利害有关的事项，如需要与愿望被阻，个人合理行动遭受压迫等，对政治设施的前途，尤有重大影响。

3. 政治现象与舆论及群众行为的关系尤为密切。近代政治，或可被称为舆论统治的政治。可见舆论在近代政治中的地位的重要。舆论是有效的民众意志的表达，一方面可以指导政治的途径，另一方面可以纠正政治的缺失。在民主政体中，舆论尤为操纵政治的权衡。

民主政治处处与群众有关。开大会，搞选举，宣传政见，推进运动，无一非群众现象。那么如何利用群众的优点？如何纠正群众的短处？这些都是政治上应该研究的重要问题。

因此，孙本文指出，在把社会心理学应用于政治方面时，应注意以下几点。

1. 改善环境，厉行法治，以引导人民进步。环境既然可以影响人的行

① 孙本文：《社会心理学》，商务印书馆，1946年，第544页。

为，那么政治的功能就在于努力改善环境，使人民能在优良安乐的环境中生活，以共谋社会的进步。同时，政府为指导及控制人民的集体行动起见，应运用其权力，厉行法治以维持社会秩序，增进人生幸福。

优良的环境包括优良的风俗、制度、道德、信仰，以及健全的人生态度、思想、感情、舆论，等等。这类环境内容的改善是政府分内的事，为此，政府要进行心理建设、伦理建设、社会建设、政治建设与经济建设。政府的指导与控制，与环境的潜移默化，都可影响人民的行为。同时，厉行法治，以养成人民的守法精神，而守法精神的养成，又以法治的厉行为条件，二者是相辅相成的。

2. 慎选人才以提高行政效率。孙本文说，政治上有两个重要因素，即“法治”与“人才”。一方面，要注重以法治为行为的规范，同时应该慎选人才以为施政的主力。近代行政机构高度复杂化，而行政职务也随之而高度技术化。许多方面的职位非有专门知能的人难以胜任，因此，以适当的人担任适当的职务，其效率必高，反之必定效率低下。这就是要“任使得法”，而后能人尽其才。

3. 善于观察舆论以改进政治设施。舆论是民众的喉舌，也是社会公共意志的表现。而政治是管理众人之事，不能违反众人的意志，故舆论应为国家设施的指针。在教育尚未普及，人民一般知识水准极低的国家，舆论的形成难免有不健全之憾。所以政府应善察舆论的性质、内容及其来源，以作改进政治设施的参考。同时，在适当的时机，政府应对舆论进行监督与指导，以纠正不健全舆论的缺失。

4. 组织民众以领导民主政治。孙本文说，近代政治上的一个重要趋向，即组织民众使其成为有组织的力量，以备国家使用。因为在民主政治中，有组织的民众力量是全国人民共同意志的寄托，是推进一切事业的中心势力。

5. 在可能的范围内，应设法满足人民的需要与愿望，并注意其切身的利害关系。一切政治设施，处处要得到民众的合作与努力。因此政治设施必须在可能范围内设法满足人民的愿望，而对于与人民切身利害有关的事项，尤须设法为之兴利除弊，增进其幸福。孙本文特别强调，务使人民深切明了，政府是以人民的痛苦为痛苦，以人民的福利为福利的。而后政府爱护人民，人民亦爱护政府。这是全民政治的一个重要条件。

（六）日常生活方面的应用

孙本文说："社会心理学的理论，应用到日常生活方面，首先使人了解社会环境对于个人行为影响的深切，要人人随时准备应付社会环境的影响。同时，要使人了解个人——尤其是占据社会上领导地位的人——对于社会环境亦发生深切的影响，要人人锻炼才能，养修品性，随时准备领导社会，推动社会的活动，以谋社会的进步。"①在把社会学的原理应用于日常生活时，对于环境应注意两方面：

1. 了解环境。首先必须了解社会环境的内容并加以分析，而后知道如何去应付或控制。社会环境的内容当然包括心理与文化两方面，并有两种表现：（1）社会环境的外表。社会环境除静态的文物制度外，只是人的行为。文物制度客观具体，其外表比较容易认识。对于物质文化与知能文化，凡具有相当程度之人都能认识；社会文化如风俗、语言、时尚、道德、法律等，凡在本社会中生活的人也都能认识，精神文化如信仰艺术等就其外表的规条或作品而言也易认识，只不过领略或欣赏的程度不同而已。至于他人的行为，无论是个人的还是集体的，就其外表来说也易认识，例如言语、举止、动作等都可立判。所以，整个社会环境的外部表现大体上是容易认识的。（2）社会环境的内涵。要认识了解社会环境的真相，仅认识其外表是不够的，还要认识其内涵。文物制度的内涵有时与外表一致，极易了解。而风俗、道德、法律、宗教等的外表与内涵不一样，要了解其真相必须考察其内容。至于他人的行为，其动机与背景更错综复杂，须从多方面观察，且须凭以往经验加以判断，才可领略其含义。

2. 应付或控制环境，以资调适。了解了社会环境以后，就要应付与控制环境。应付或控制环境的方法有三类。一是消极的应付，即以消极的态度应付环境的刺激，如"不理理之"或退让避之，使其自然变化；二是积极的应付，即以积极的态度应付环境的刺激。孙本文说，凡持这种态度的人，对于环境中任何的刺激，都会采取统制或压制的办法。这与中国古时法家的主张相近，法家主张一切行为皆用法来统一，以维持社会秩序；三是合理的应付，即以合理的态度应付环境的刺激。凡持这种态度的人，对于环境中的任何刺激，均依是非曲直的标准来应付。孙本文说，这与中国古时儒家的主张相近。他说：

① 孙本文：《社会心理学》，商务印书馆，1946年，第547页。

此外儒家所倡导的忠恕之道，亦可表明这种应付的态度。朱子谓“尽己之心为忠，推己及人为恕”。尽自己的心去应付环境，对待他人；更推己及人，己所不欲，勿施于人，可谓合理之至。

以上所述三种应付或控制环境的方法，正可表明“过犹不及”与“中庸”之道的三个方面。消极的道家态度，可谓“不及”；积极的法家态度，可谓“过之”；惟合理的儒家态度，乃为“中庸”之道，亦最合于社会心理学的原理，以其比较的最能圆满实现人与人相互间的愿望。①

该书正如陈树德所概括的：“作者认为，社会心理学介乎心理学与社会学之间的以个人行为与社会的相互影响为研究对象的一门科学。从心理学的立场看，它是心理学的一个分支，可称为‘社会心理学’，以社会学立场看，则可称为‘个人社会学’或‘心理社会学’；再从社会心理学发展的历史及心理学与社会学的趋向看，社会心理学确是社会学的一个重要部门。他提出，现代社会心理学的发展趋势是，在内容方面注重个人在社会中的调适行为及整个社会情境的背景；在方法方面注重实际观察与实验的研究；在应用方面注重社会各部门实际问题的探讨。全书贯彻理论与应用并重的原则，特别在原理的应用上，以不背离中国固有的优良思想和当时世界潮流为主。本书将社会心理学的各种流派和学说融为一体，并广泛取材于中国和西方的有关资料，在社会心理学中国化方面作了有益的尝试。”②

① 孙本文：《社会心理学》，商务印书馆，1946年，第551页。

② 陈树德：《社会心理学》，载《中国大百科全书 社会学》，中国大百科全书出版社，1991年，第334页。

第十七章 瞿同祖的中国法律与中国社会的研究

瞿同祖字天况，1910年7月12日生于湖南长沙。1934年获燕京大学文学学士学位，1936年获硕士学位。主修社会学，专攻中国社会史，想以社会学的观点来解释传统社会。同时，对法律产生兴趣，受了梅因（Henry Maine）的《早期的法律和习俗》《古代法》及维纳格勒多夫（Paul Vinogradoff）的《历史法学大纲》的影响，对法律史的兴趣更为浓厚。瞿先生在对社会人类学有了初步了解后，知道法律为人类学家所重视，于是又研究了各人类学家有关法律的名著，如马林诺夫斯基（B.Malinowski）的《蛮族社会之犯罪与风俗》、罗布森（W.A.Robson）的《文化及法律之成长》、哈特兰（E.S.Hartland）的《原始法律》、拉德克利夫—布朗（A.R.Radcliffe-Brown）的《原始法律》等，产生了撰述中国法律史之意。

1939-1944年任云南大学讲师、副教授、教授。1944年兼任西南联合大学讲师。在此期间除任教中国社会史外，还开中国法制史一课。瞿先生阅读了现存的古代法典及古文献中有关法律的记载，并着手撰写《中国法律与中国社会》。“该书不同于其他中国法制史的是将法律与社会结合起来予以研究的一个创新尝试，故命为《中国法律与中国社会》，它既是一部法律史，也是一部社会史”。[①]

“1945-1953年任美国哥伦比亚大学研究员，1955-1962年任美国哈佛大学研究员兼讲师，1962-1965年为加拿大不列颠哥伦比亚大学副教授。1978年起任中国社会科学院近代史研究所研究员。1980年出席在布加勒斯特举行的第

① 瞿同祖：《瞿同祖法学论著集》，中国政法大学出版社，1998年，自序第2页。

15届国际历史科学会议，同年又出席在苏黎世举行的第27届欧洲汉学会议。

主要著作有：《中国封建社会》（1937）、《中国法律与中国社会》（1947）、《清代地方政府》（英文，1962）、《汉代社会》（英文，1972）”[①]等。

在中国社会学界研究犯罪社会学及作为社会问题研究犯罪问题的人颇多，首屈一指的当属严景耀先生。但从社会史与法学史相结合的研究当属瞿同祖先生为首创，至今在中国的社会学界也罕有人达其高度。

瞿先生的《中国法律与中国社会》多次出版。该研究从理论上讲，研究视角新。他通过研究和分析中国古代法律的基本精神及主要特征，来了解中国的社会制度、社会结构、社会秩序及社会指导的意识形态和价值观。他说："法律是社会产物，是社会制度之一，是社会规范之一。它与风俗习惯有密切的关系，它维护现存的制度和道德、伦理等价值观念，它反映了某一时期，某一社会的社会结构，法律与社会的关系极为密切。"[②]因此，我们必须研究法律和社会的关系。任何社会的法律都是为了维护并巩固其社会制度和社会秩序而制定的，只有充分了解产生某一种法律的社会背景，才能了解这些法律的意义和作用。

"中国古代法律的主要特征表现在家族主义和阶级观念上，二者是儒家意识形态的核心，和中国社会的基础，也是中国法律所着重维护的制度和社会秩序"。[③]他认为，研究法律不但要研究其与社会的关系，还要研究意识形态，因为研究任何制度和任何法律，都不可忽视其社会结构背后的概念，这样才能明白为什么有这样的法律，明白法律的精神。中国的法律形成和发展的历史，除法家外儒家的影响最深。因此，瞿先生还着重研究儒法二家的思想，及法律为儒家思想所支配的过程。《中国法律与中国社会》一书所注意的是重大的变化，从中国古代法律自汉至清的变化，来解释法律的基本精神和主要特征。同时了解法律在社会实施的情况及对人民的生活有什么影响。

该研究在方法上的贡献是跨学科的研究。瞿先生将法律学、社会学、历史

---

① 中国社会科学院社会学所编：《中国社会学年鉴（1979-1989）》，中国大百科全书出版社，1989年，第333页。

② 瞿同祖：《瞿同祖法学论著集》，中国政法大学出版社，1998年，导论第4页。

③ 同上注。

学、人类学相结合研究法律史。具体方法是将典籍、文献资料、个案、制度分析的方法（例如社会、法律、家族、礼制、服制等）等相结合。因此，该书理论透彻，方法科学，文字简明。瞿先生对中国的法律与社会研究如下。

第一节
法律与家族

一、家族

家族包括从高祖至玄孙的九个世代即九族。家指同居经营共同生活的亲属团体。家与家族范围相合的是例外。只有着重孝悌伦理及拥有大量田地的极少数仕宦人家才办得到，因为这需要教育的原动力及经济支持力，缺一不可，一般人家不易做到。因此，我们说家为家，族为族。家，为一经济单位，为一共同生活团体。而族，为家的结合体，为一血缘单位。

二、父权与家族

中国的家族是父权家长制，父祖是统治的首脑，一切权力：经济权、法律权、宗教权等都集中在他手中，家族的所有人口，家内的，同居的，旁系的亲属都在他的权力之下。父权对家中男系后裔的权力是最高的、绝对的和永久的。而子孙即使成年也不能获得自主。

父权是得到法律承认和支持的，其权力不可撼摇。如梁朝的大司马王僧辩，其母家教极严，僧辩已四十有余，是领兵三千的将，母少不如意，犹捶挞之，挞流血，僧辩仍颜色婉愉，“起敬起孝”，（《礼记·内则》）对其母如此，对父更为有加。从以下几方面看父权之大。

（一）生杀权

在宗法时代，父亲是有生杀权的，到后来生杀权只适用于君臣，而不适用于父子间了。法律制度发展到生杀权完全操纵在国家机构及国君手里，如杀要受国法制裁了。（《春秋传》，唐、宋律）元、明、清法律较唐律宽容得多，父母并非绝对不得不杀子孙，除了故杀并无违犯之子孙外，子孙有殴骂不孝的行为，被父母杀死是可以免罪的（《元史·刑法志》；《明律例·刑律》；

《清律例・刑律》）。

父亲对子女的生杀权在法律制度发展到某种程度时，虽被法律机构撤销，但很明显地，仍保留有生杀的意志，国家只是收回生杀的权力。宋朝时父母对子不孝虽不处死但受刑或发配，清朝规定如老人需要照顾，就可减刑或释放，回家侍奉。从呈送发遣的事例上可以清楚看出祖父母、父母对子孙身体自由的决定权力。一旦子孙被排斥家族团体之外，同时也被排斥于广大的社会之外。这说明子孙永远是属于父祖的，永远与家庭不能分离的。父母具有剥夺自由与否的绝对决定权。法律只为他们定一范围及具体办法，并代表为执行而已。

呈控子孙忤逆不孝，司法机构不会拒不受理，父母控子，不必审讯，因这不是“是非”问题，而是“伦常”问题。

（二）财产权

《礼记》屡次提到父母能禁止子孙有私有财产。历代法律对于同居卑幼不得家长的许可而私自擅用家财，皆有刑事处分，按所动用的价值而决定身体刑罚的轻重，唐、宋律笞一二十，多则杖一百。

父母在而别立户籍，分异财产，不仅有亏侍养之道，且大伤慈亲之心，较私擅用财为重。唐、宋时处徒刑一年，明、清杖刑一百。

法律对于父权在这方面的支持，以及对家族团体经济基础的维持，其力量是不可忽视的。不但家财是属于父或家长的，就是子孙也被认为是他们的财产。

（三）父权对子女婚姻状况的决定权

社会法律皆承认父母的意志对子女婚姻的成立或撤销的决定权，法律承认的主婚权，子女反抗无效。母权是得之于父，并从夫（如意见一致），如冲突时，父权越于母权，服从父权是绝对的。

父权实指家长权，只有男人才能获得此权，祖母、母亲不包括在内，谁是家长谁就是父权的行使者。

（四）族长

族是家的综合体，族长权力在族内的行使是父权的延伸。家族之间必有一共同的法律，一最高主权，来调整家族之间的社会关系，以及维持家族之间的社会秩序。

在宗法社会族长一般是大宗宗子，宗子权中最主要的是祭祀权，负有财产权，族中大事咨告宗子，如婚姻、生子必告之。宗子也有生杀权，封建制度破坏以后，宗法组织也瓦解。代之而起的是家长或族长。族长过问的是家族之间的公务、族田、族祠、族学受理、族田收益的分配等。族长还负有宗教的功能，为族祭的主祭人。

族长对违反族规及不服制裁的族人有惩罚权，往往触犯刑律之人同时也触犯族禁者，国法与家法有时是相合的。族长实无异于奉行宗族法律（家法）的法官，依其意志判断曲直，其话在族中即命令、法律，对重罪加入身体刑或开除族籍。

社会和法律都承认家长或族长这种权力的时代，家族实被认为是政治、法律的基本单位，以家长或族长为每一单位的主权，而对国家负责。我们说家族是最初级的司法机构，家族团体以内的纠纷及冲突应先由族长仲裁，不能调解处理，才由国家司法机构处理。可省司法官吏麻烦，结果也较调和，家长、族长除有生杀权以外，实具有最高的裁决权和惩罚权，此等责任是对国家的一种严格的义务，也是中国法律对家长所要求的责任。

（五）家族是国家政治、法律的单位

“从家法与国法，家族秩序与社会秩序的联系中，我们可以说家族实为政治、法律的单位，政治、法律组织只是这些单位的组合而已。这是家族本位政治法律的理论的基础，也是齐家治国一套理论的基础。每一家族能维持其单位内之秩序而对国家负责，整个社会的秩序自可维持”。[①]

三、刑法与家族主义

（一）亲属间的侵犯

1. 杀伤罪

直系亲属对子孙本有教养扑责的权利，原不成立伤害罪，因子孙不孝或违犯教令，而将子孙杀死，法律上的处罚也极轻，甚至无罪。

子孙因无过失而为父母所擅杀，须负刑法上的责任。北魏《斗律》怒杀子孙五年刑（常人偿命）、殴杀四年刑。唐、宋律故杀子孙，殴杀徒二年，刃杀二年半徒刑。《元律》无故刃杀其子杖七十。明、清律故杀子孙杖六十，徒一年。

这些处罚较常人轻多了，常人斗殴轻伤笞杖，重徒流，殴人致死或杀人偿命，谋杀人致伤而未死亦处绞刑。

① 瞿同祖：《瞿同祖法学论著集》，中国政法大学出版社，1998年，第28页。

“子孙本以恭谨孝顺为主，所以对父母有不逊侵犯行为皆为社会和法律所不容，不孝在法律上是极重大的罪，处罚极重”。[1]从《孝经》《周礼》《汉律》等古代法律中看出对不孝罪的重视，齐、隋以后不孝更成了十恶不赦的重罪，标明于卷首的名例中。唐、宋、元、明、清律《名例》“十恶”条。历代法律对于不孝罪的处治采同一原则即加重主义。

例如，骂祖父母、父母便是绞罪（《唐律疏义》《宋刑统》《明律例》《清律例》，而对常人不算回事）。且列入不孝重罪，在十恶之内。《大清现行刑律》因废除凌迟重订死刑，才由绞决改为绞监候。

至于骂以上的行为更是超过不孝的程度，法律处分更严厉，《汉律》《宋律》皆罪至枭首。唐、宋处分为斩决，清改为徒刑，除元代殴伤祖父母、父母处死刑，其他历代法律不问伤否、轻重，只要有殴的行为便成立此罪。如致父母死，则罪加一等，或凌迟，清废凌迟改为斩决，如误杀父母也当凌迟。如情况特别，得皇帝矜怜，才有减轻的机会。

法律上对子孙过失杀伤父母的规定科罪极重，不得赎。一般人唐、宋、明、清律过失伤者徒三年，过失杀者流三千里。乾隆定子孙过失杀祖父母、父母绞立决，较前重。过失杀伤父母罪所以如此重大仍是因为孝道伦纪的关系。

即便是父母为了子孙而气愤自尽，子孙也逃不了逼死父母的责任，清规定斩决。如父母因自己背礼违法自尽，子孙也不能卸却刑事上的责任。平时孝的子孙，犯罪可减轻处，平时不孝犯罪加重。子孙自卫行为也不适用于对尊长。

这使我们明了父母身体的绝对不可侵犯，法律上重视客观事实远过于主观原因。

直系亲属而外的亲属间的伤害罪，其处分也是不同于常人的。亲九族之内相犯，自隋以来皆有不睦罪，为十恶之一。

亲属团体因异于非亲属团体，同属亲属团体其间的关系也有亲疏的差别，伦理上就是着重于差异性。

法律在维持家族伦常上既和伦理打成一片，以伦理为立法的根据，所以关于亲属间相犯的规定是完全以服制上亲疏尊卑之序为依据的，刑法上卑幼的责任也根据这种小同的亲疏关系而有差异。如卑幼犯上越亲罪越大，而尊长对下越亲就越轻。而且父系社会重本宗轻外姻。

① 瞿同祖：《瞿同祖法学论著集》，中国政法大学出版社，1998年，第29页。

2. 奸非罪

“性的禁忌在父系家族团体以内是非常严格的，不但包括有血统关系的亲属，也包括血亲配偶在内。历代法律对于这种乱伦的行为处分极重”。[①]《汉律》对乱伦之称之为禽兽行为。唐以后的法律对乱伦罪比凡奸罪加重治罪。常人相奸，唐、宋律不过徒刑，元、明、清律中，和奸不过杖罪、强奸才处死刑。而奸同宗无服亲治罪重，奸同宗小功以上亲则罪入十恶之内乱罪，明、清律规定大小功亲属相奸者男女各绞、强奸则斩。至于期亲灭绝伦纪的事更为社会、法律制裁所不容许，有死无赦。与外姻通奸较常人重比本宗轻。

在亲属间杀伤罪尊卑长幼的处分不同，“在奸非罪则不分尊卑长幼，犯奸的双方处分完全相同，这是因为亲属间的性禁忌每一分子皆有遵守的义务，有犯同为淫乱，除强奸外，男女双方皆同坐”。[②]

3. 窃盗罪

“亲属间的窃盗罪不同于凡人相盗，罪名是与亲等成反例的，关系愈亲则罪刑愈轻，关系愈疏则罪刑愈重”。[③]唐、宋律盗缌麻、小功财物减凡人一等，大功减二等，期亲减三等。明、清法律将无服亲也并入计算，依次又递减。

其目的在维护家族的和睦和亲爱，从经济观点看，凡属同宗亲属不论亲疏远近，道义上都有患难相助的义务，理当周济。“法律上虽然绝对的义务，也就对于因贫穷而偷窃财物的穷本家加以宽恕，认为与盗窃本无相恤义务的凡人不同，越是亲属关系亲近，则不容坐视，愈有周济的义务，古大功同财，所以大功以上盗罪更轻”。[④]若在迫于饥寒原因以外，有窃盗的事，不能得减免的机会。

我们可以看出，法律与家族主义关系密切，制罪既全以亲疏尊卑长幼为准，所以服制对于罪刑的裁定是极重要的，明、清所以将表服图列入法典中便是为此。

（二）容隐

人民有违法行为，从国家及法律的立场来讲，应鼓励人民告发，但就伦理的立场来讲则不然，对于儒家来讲则提倡父为子隐，子为父隐。“中国的立法

① 瞿同祖：《瞿同祖法学论著集》，中国政法大学出版社，1998年，第56页。
② 同上书，第59页。
③ 同上注。
④ 同上书，第60页。

既大受儒家的影响，政治上又标榜以孝治天下，宁可为孝而屈法，所以历代的法律都承认亲属相容隐的原则”。[①]《汉律》亲亲得首匿，这乃是父子之亲，夫妇之道。

唐以后的法律容隐的范围更为扩大，不但直系亲属和配偶包括在内，只要是同居的亲属，不论有服无服，都可援用此律，明、清律的范围且扩大及于妻亲，连岳父母和女婿也一并列入。不但谋匿犯罪的亲属，便是漏泄其事或通报消息与罪人，使之逃匿也是无罪的。至于不同居的小功以下亲属虽不在容隐范围以内，但容隐及透露消息得减凡人三等论罪，明、清律又加入无服亲一项，亦得减一等。

法律上既容许亲属容隐，禁止亲属相告讦，同时也就不要求亲属在法庭上作证人。违者官吏是有罪的，唐、宋杖八十。明时并规定原告不得指被告的子孙、弟、妻及奴婢为证，违者治罪。

子孙不为亲属匿罪自动告发，是非人子之道，与容隐的立法精神相违背，所以历代的法律都严格制裁子孙告祖父母、父母的行为。子孙告父母处死刑的规定北魏时即有。唐以后的法律并列为不孝之一，罪在不赦。唐、宋时处分是绞罪。元入主中原也采用了中国立法的精神。明、清对子孙干犯名义的处分较轻，除诬告仍处死刑（绞）外，得实者只是杖一百徒三年。若诬告便须加重治罪，诬告期亲尊长重者罪加三等。

若尊长告卑幼，在亲属相容隐的原则下，也是不合理的，所以除了祖父母、父母即诬告子孙、外孙及子孙之妇妾亦无罪外，其他尊长告卑幼也是不能无罪的。唐、宋律告卑幼虽得实亦有罪，明、清律则仅诬告有罪。尊长告卑幼的处分，无论实告诬告，较卑幼告尊长处分为轻，与卑幼的亲等愈近则罪亦递减。唐、宋律将奴婢也包括在容隐范围以内。家长诬告奴婢不论，奴婢对主人甚至主人的亲属也不许告讦。

“很有趣的一点是亲属相为容隐及干名犯义的法律，对于谋反，谋大逆，谋叛的大罪是不适用的（《唐律》《宋刑统》《明律》《大清律》）。于此可见家族与国、忠与孝，在并行不悖或相成时，两皆维持，但在两者互相冲突而不能两全时，则国为重，君为重，而忠重于孝，所以普通的罪许子孙容隐，不许告讦，而危及社稷背叛君国的重罪，则为例外”。[②]

① 瞿同祖：《瞿同祖法学论著集》，中国政法大学出版社，1998年，第64页。

② 同上书，第67-68页。

（三）代刑

人民犯了重罪本无可道，但往往因犯人的子孙兄弟请求代刑而加以赦免或减轻。虽然法律上无根据，也不列此条，不过因历来的政教是注重伦常孝悌之道的，帝王为了表扬这种精神，遇到这一类的事常由有司奏明，经皇帝的裁决而加以特赦或减刑。明宪宗时制定，凡民80以上及笃疾有犯，应永戍者，以子孙发遣，应充军以下者免之。在这种情形之下，代刑不仅是子孙的权利，且成为规定的义务了。

（四）缓刑免刑

最早见法律当推北魏，祖父母、父母年70以上更无其他成年子孙，又旁无期亲者，可具状上请。唐、宋、元、明、清律犯死罪而非不赦重罪，直系尊亲属老或笃疾应侍，家无成丁，皆可上请，准或不准皆由皇帝裁决。

关于寡妇的规定略有不同。《大清律》亲老以70为限，寡妇独子误杀人犯罪则以守节20年为断。独子斗殴杀人亦以寡妇守节20年现年50余者为断，不以70为限，也不以是否有疾。这是因为守节，抚子不易，特加体恤。

若兄弟不止一人俱死罪，则只许存留一人养亲，通常留下罪轻的一个，若二人，一拟斩，一拟绞，便准将绞犯留养。至于徒流罪，唐、宋律祖父母、父母老疾无人侍养者，流罪亦可存留养亲，送终后，仍须流配。明、清律，合乎留养条件的杖一百余罪收赎，存留养亲。养亲后送终不再流配，较唐、宋律宽。

关于孝及留养的问题是可注意的，犯死罪或徒流而存留养亲之意，原本在体贴老疾无侍之犯亲，本是以孝为出发点的，并不是姑息犯人本身。因此，如犯人平日不孝，不准申请；如所冒犯的是旁系尊长，关系服制的案件也不能援用留养的办法。

还有值得注意的问题是，命案中被害人是独子、杀人犯不准留养，即使死者不是独子，其弟未成丁，犯人也不准留养，除非被杀人为父母所摈逐者，才准申请留养。

（五）亲属复仇

复仇的观念习惯，古代社会极为普遍。被伤害人可以去寻找他的仇人予以同样的伤害。社会上承认他报复的权利。在家族社会里，个人的仇人即等于全族的仇人，所以成为一种联合的责任，以联合的力量去寻求报复，报仇可说是一种神圣的义务。因此，常因此而演成家与家间、族与族间大规模的械斗。

复仇最初犯罪的宗族部落中每一个人都可以为复仇对象，但文化的进化以后这种复仇的权利被限制，女人小孩除外，只有宗族的犯罪本人和最亲近的亲属有责任，同时也只有其最近亲属才有复仇的责任。中国人对社会关系的看法是讲究亲疏之等的，所以报仇的责任有轻重的不同。五伦之中君父最亲最尊，所以责任最重。根据关系的亲疏，报仇的轻重缓急也就不同，是有层次的。

政府和社会如何看待复仇呢？《周礼》对复仇作了种种规定，只要事先到朝士处登记仇人的姓名，将仇人杀死便无罪，但复仇只限一次，不许反复寻仇。

战国时报仇风盛，游侠风气之下有抱不平专为人报仇的刺客，先秦是复仇自由时代是可信的。

法律机构发达以后，生杀予夺之权被国家收回，私人便不再有擅自杀人的权利，杀人便成为犯罪的行为，须受国法的制裁。在这种情况下，复仇自与国法不相容，而逐渐地被禁止了。西汉末年已经有禁止复仇的法令。（《后汉书·桓谭传》）

不过复仇的习惯久已深入人心，所以一时不易禁止，不时三令五申，仍不能根绝此习。唐、宋、元等朝禁止复仇，但法律尽管严加制裁（受刑），私自复仇的风气仍是很盛。

复仇主义深入人心，同时社会对复仇者的同情和赞扬，不但一般的舆论，包括读书人的见解都是如此，便是司法官也如此，伦理的概念和法律的责任常处于矛盾的地位。最后，往往能得标榜以孝治天下的皇帝的赦宥。中国的学者，除法家外，都偏向于《礼经》，不肯否认复仇的道义。

瞿先生提出私和罪与复仇的关系是个大可回味的问题。法律对复仇的看法和处置，一方面觉得国法所在，不能任子孙随意私自报复，另一方面却又受了礼教中父仇不共戴天的影响，认为父母被人杀死，子孙不告官请求申冤而私自和解，实非人子之道。违法报仇，尚不失为孝子之心。从伦理上讲，并不为非，私自和解，便是忘仇不孝。所以前者情有可原，常为社会所叹许和法外宥减；后者则大悖孝道，将为社会所不齿，法律所不容，实受社会和法律两种制裁。“而单从法律立场来讲，私和罪至满徒，明、清律擅杀杀父母之仇人不过杖刑，登时杀死，且可无罪，亦可见孰轻孰重了”。[①]

亲等愈近，则私和罪愈重。唐、宋律祖父母、父母被人杀死，子孙私自和解的流两千里，期亲尊长被杀而卑幼私和的徒二年半。明、清律也有相似的规定。若受财私和，贪利忘仇，无骨肉情，处分更重。唐、宋、明、清律受财私和是计赃按盗贼从重论罪的。

“从复仇罪和私和罪的关系中，我们可以看出法律对复仇事件的态度是要求子孙依据法律程序告官请求申雪，私和不究或私行擅杀都是法律所不容许的”。[②]

四、行政法与家族主义

中国的政教俱以伦常为本，所以政治与家族的关系密切无比，为政者以政治的力量来提倡伦常，奖励孝节。可以从行政法来看官吏的任免与家族的关系。

犯讳是任官事项中当考虑的一条件，古代府号官称犯父祖名讳便不得就任。如父名常，子不得为太常，赴任的地名亦不得与父祖名讳相冲突，如唐冯宿，父名子华，便以此辞华州刺史。

古代服官，父母例不随至任所，在一般情况下不发生侍养的问题，但祖父母、父母年老或笃疾，家中无侍丁，则理应居家侍亲，不得赴官，所以历代皆在委亲之官的禁令。如有违者，唐、宋律不仅免所居官，而且处一年徒刑。（《宋史》）即便任后家有老疾，须辞官违令问罪。礼法不许弃亲之任。

祖父母、父母犯罪被囚禁而子孙不悲痛而作乐娶妻，弃亲不孝，唐、宋律免官，徒一年半，明、清律与委亲之任同罪。

官员闻父母之丧要奔丧，居三年丧，否则免官受刑。居丧生子、娶妾及兄弟别籍异财本在不孝之内，常人皆有罚，若为官吏则免官。官吏公罪因丁忧得免问。（《元史·刑法志》）

五、家族婚姻与法律

（一）婚姻的意义

婚姻的目的只是在于宗族的延续及祖先的祭祀。完全是以家族为中心的，

① 瞿同祖：《瞿同祖法学论著集》，中国政法大学出版社，1998年，第93–94页。
② 同上书，第94页。

不是个人的，也不是社会的。为了使祖先能永享血食，故必使家族永久延续不辍，祖先崇拜可说是第一目的，或最终的目的。在这种情况下，我们不难想象结婚成为子孙对祖先的神圣义务。所以孟子说：“不孝有三，无后为大。”

（二）婚姻的禁忌

1. 禁族内婚。同姓不婚是一个很久的传统禁忌。同姓不婚除了伦常的关系外，还有生物上的理由，即不繁或灾疾的危险。禁族内婚在《礼记》《说文》《白虎通德论》都有记载。对违规者唐、宋律处分是徒刑二年，同姓同宗有血统关系处分加重，缌麻以上亲属结合以奸论罪。

自从姓氏失去原来的意义，同姓并不一定是同血统，同姓不婚禁忌失去其意义。法律仍保留此规定，实与社会脱节，官吏对此也不加追问，也不强其离异。

2. 外宗中有些亲属之间不许结婚。外亲中有服属而又尊卑辈分不同者不婚。

3. 亲属的妻妾与其夫家亲属之间的性关系是绝不容许的，这是中国极注重伦常社会所禁止的。夫死妻只能改嫁外姓，否则要按其夫与后娶者的亲疏关系治罪，并强制离异。

娶亲属妻妾的禁忌原只限于同宗亲属，但外姻之中如舅甥，虽不同姓，而亲近同叔侄，所以也列入本律。

从明、清法律条文中也不许与兄弟之妻为婚，但在民间，尤其是较为穷苦人家，因经济原因，却有此习惯，如不犯其他案没人追究。

（三）婚姻的缔结

婚姻对于家庭关系重，而对于个人关系则极轻微，从婚姻的缔结到婚姻的解除都说明此种征象。

婚姻目的中始终不曾涉及男女本人，只要二姓家长同意其子女结合，经过一定的仪式，婚事便成立了。直系尊亲属，尤其是男性的直系尊亲属，有绝对的主婚权。社会和法律都承认他在这方面的权威，予以强有力的支持，不容子女违抗。父母的意志在法律上成为婚姻成立的要件，子女即使在成年以后，即使仕宦买卖在外，也没有婚姻自主权。如在外订婚约不但无效，还要受一百或80的杖刑。

主婚权的顺序是，直系尊亲属为第一顺序人，其次是期亲尊长。主婚人为首，嫁娶人为从。一切结婚仪式在宗庙或家祠中进行。以祖先崇拜为中心的家族社会中，婚姻与家族宗教有关，一方面说明婚姻的神圣性，另一方面想要获祖先的同意。婚姻是家族宗教中的大事。

（四）妻的地位

夫妻名义上是平等的，妻负有上事宗庙、下继后世的神圣责任，但这不是夫妻之平等的根据，更重要的是理论造成夫妻的不平等的事实。“男女之别，男尊女卑，故以男为贵”，（《礼记》）女人始终是在男人意志和权力之下的。在三从主义——“妇人从人者也，幼从父兄，嫁从夫，夫死从子”之下，从生到死皆处于从属的地位，无独立意志。夫为妻纲，与君臣、父子、夫妇并列。（《白虎通德论》）

男子主外，女主内，但又在家无二主（《礼记》）的最高原则下，女子便被排斥于家长之外。即使是母权方面的子女教养权和主婚权、家事管理权和财产权，也要受夫的限制和节制。妻只有在一定范围内支配资财，并无自由处分权及所有权。妻根本无继承夫财的权利，而是其儿或嗣子。

除管理财产权外，夫在妻的人格方面，妻也从处于其之下，在法律上夫的地位如尊长，而妻的地位如卑幼。明、清的法律，妇人犯罪除犯奸罪及死罪应收禁在监，其余杂犯无论轻重都不收监，而责斥夫收管。（《明律》《法律》《刑律》）夫殴妻则采减刑主义，减二等。明、清时非伤不论，妻如被殴杀或故杀均绞刑。如父母告媳不孝，擅杀妻罪更轻杖一百。而妻殴夫不问有无伤论罪，而且夫愿意离婚就成为离婚的条件。明、清律殴妻至死者绞，较妻殴死夫之处斩者轻一等。夫过失伤妻可不问，而妻殴杀夫则斩决。

妇人犯奸是不可容忍的罪行，奸夫奸妇登时一并杀死不论，事后杀有罪。妻犯奸自罪大恶极，夫逼令妻卖奸，妻不允，因而发生争殴，妻仍然逃不了殴死丈夫的罪名。留养系男子独有的权利[①]，但承祀则只限杀妻之案，因为妻命为轻，祖宗嗣续为重。女子出嫁便离父宗加入夫宗的行为。

（五）婚姻的解除

1. 七出

婚姻的目的既以祖宗嗣续为重，以家族为中心，不能达到这种目的的婚姻，自须解除。所以七出（妇人七出）：“不顺父母，为其逆德也；无子，为其绝世也；淫，为其乱族也；妒，为其乱家也；有恶疾，为其不可与共粢盛

① 原1998年版《瞿同祖法学论著集》第127页中“留养系男女独有的权利”有误，经与作者核对应改为：“留养系男子独有的权利”。

也；口多言，为其离亲也；窃盗，为其反义也”的条件除窃盗一项仅关系个人的失德外[1]，其他条件无一不与家族有关。

无子被逐出不多见，也有些限制，如不到五十岁，不另娶妾生子，有三不去的一项（淫乱除外）都不出[2]，以维护家族事宗庙的神圣性。

2. 义绝

义绝是另一离婚的条件。义绝包括夫对妻族、妻对夫族的殴杀罪、奸非罪及妻对夫的谋害罪。

七出以夫方要求离婚的条件，离不离权在夫，而义绝则为当然离婚条件。

3. 协离

婚姻的解除以家族为前提，夫妻皆受家族主义或父母意志的支配。但法律上也是承认双方同意离婚的。

中国是一妻多妾制，妾在家中的地位比妻更低，法律地位也更低，这里不多谈。

第二节
阶级与法律

封建社会中贵贱之对立极为显著。“儒家关于君子小人及贵贱上下的理论仍为社会的中心思想，习俗和法律一直承认他们之间优越与卑劣关系之对立，承认他们不同的社会地位，承认他们不同的生活方式，赋予士大夫以法律上、政治上、经济上种种特权。如果我们称之为特权阶级，而以非特权阶级为庶人的代名词或无不当。从主观的社会评价和阶级意识以及客观的权利和生活方式各方面看来，实已具备构成阶级的条件”。[3]

在中国，特权阶级与非特权阶级在生活上的差异是风俗和法律制度规定的，与其他阶级社会不同。在中国社会秩序与生活方式的差异关系密切，因此

① 瞿同祖：《瞿同祖法学论著集》，中国政法大学出版社，1998年，第139-140页。

② “〔三不去〕封建礼教在规定‘七出’的同时，又提出了‘三不去’。去、休弃，即：无家可归的不能休弃；曾为公婆守过三年丧的不能休弃；娶时丈夫贫贱后变富贵的不能休弃。见《大戴礼·本命》《公羊传·庄公二七年》说。”《辞源》，商务印书馆，1984年，第43页。

③ 瞿同祖：《瞿同祖法学论著集》，中国政法大学出版社，1998年，第152页。

必须严格维持，绝不容破坏。否则贵贱无别，上下失序，危及社会秩序。这些差异规定于礼中，并以教育、伦理、道德、风俗及社会制裁的力量维持之。这些规定编入法典中，成为法律。对于违犯者加以刑事制裁，因之这些规范的强制性愈加强大。

一、阶级生活方式与法律

（一）各阶级在日常生活方式上的差异

各阶级在日常生活方式上的差异，明显地在于帝后妃以及他的亲属的行、住、服饰以及所用仪式与常人不同，而且礼有专书，官有专责。瞿先生以百官、士、庶、贱民为范围加以说明。这些规定在《汉书》《通典》《礼》《杂律》《礼制》《明会典》《清会典》等都有之。其各方面的规定主要表现如下：

1. 饮食

在饮食方面封建时代是有规定的。天子食太牢，诸侯食牛，卿食羊，大夫食豚，士食鱼炙，庶人食菜。按当时常以肉食者指卿大夫，庶人除老耄之外不食肉。

2. 衣饰

“衣饰上的限制自古迄清都是用以区别贵贱的一种重要标识。官吏的朝服公服虽为服官之用，其形式、花样及颜色自不同于常服，官吏因官阶不同而服色不同，其制亦不足异，我们可以略而不论，但亦不可忽略其社会意义。不但婚礼，祭祀得穿用公服，敛时穿用公服，便是居家常礼亦得穿用，致仕官，辞闲官且许用公服，公服实不仅用于朝廷及衙署中”。[①]

瞿先生指出的是要注意的是官吏平居的私服与士庶贱民之服的不同。其颜色的分别是很重要的，公服、私服关于颜色的限制虽因各代所尚的色不同，规定也不一，但以颜色来指示衣着者的身份，有些上色是品官专用的，所以这几种颜色对于庶人便是禁忌，不许服用，他们只能穿用这些上色以外的颜色。商人有时特加贱视，不与庶人同列，因之服色别有限制。至于奴仆、娼优、皂隶原为贱民，为区别良贱，服色自更不同于常人。

衣料的质地有很大的讲究。锦绣绮罗一类质地精细的丝织品一向被视为上

① 瞿同祖：《瞿同祖法学论著集》，中国政法大学出版社，1998年，第155-156页。

服，有许多人是不许服用的。清制，五品官以下不得用蟒缎、妆缎，八品以下不得用大花缎纱。庶民男女衣服许用纻、丝、绫、罗、绸、绢、素纱，不得用金绣，妇人亦不得裁制花样金线装饰，金绣衣服仍悬为厉禁。奴仆、长随、皂隶只许用绵绸、茧绸、毛褐、葛布、梭布。僧道在明清二代都不许服用纻、丝、绫、罗，只许用绸、绢、布匹。穿着皮毛也同样要有一定的分寸。

衣服而外，冠履佩饰无一不有等第，不许随意穿着。佩饰方面金、玉、银、犀各朝皆禁止人民使用。

妇女的地位及服饰是决于夫或子的，其夫或子为官，便为命服，别有礼衣，恰如其夫或子之有朝服公服，且其日常服饰亦不同于士庶的妻母。即以命妇礼服而论，其社会意义亦不可忽略，这样的服饰使得命妇在家族中也是威仪赫赫，地位优越于其余亲属妇女。

首饰的使用和衣服一样，须决定于夫或子的官阶，金、珠、翠、玉一直是命妇的专用品，非寻常妇女所能奢望，法律限制了她们的择用，使得富有而非仕宦人家的妇女咨叹徘徊于珠光宝气之外。

3. 房舍

“居住方面，屋舍的大小，间数式样和装饰，各有定制，不能随意乱用。皇宫王府一望而知，公侯品官宅第排场也不同于凡人。曰宫殿，曰府邸，曰公馆，曰第，曰宅，曰家，自来的习惯语在名称上也给予不同的称谓。宋时执政宗王所居曰府，余官曰宅，庶民曰家，至今北平犹曰某宅，南方则曰某公馆，宅第公馆一类的字是含有相当浓厚的士大夫气息的”。[①]

厅堂间数自来有一定的格式。房屋的形式和装饰也大有分寸，违者受刑事处分。梁栋、斗拱、檐桷，也只有品官才能加以彩饰。门饰及门口装饰也有规定。“古代房屋之制如此繁异，所以但从某人宅第经过，就晓得这房主人的身世，只须略一注视门饰、屋瓦、厅堂的大小，便可一目了然，房屋等第之制的原意即在于此”。[②]

室内的陈设亦有种种限制。朱红器为御用物。金玉也是内廷专用的。历代对金玉器皿都限制甚严，虽品官之家亦不得随意使用，违者治罪。

① 瞿同祖：《瞿同祖法学论著集》，中国政法大学出版社，1998年，第164页。

② 同上书，第166页。

4. 舆马

“关于行的方面，各阶级亦不相同，因行的工具及其装饰上的差异而显示不同的身份。一般说来士大夫可以说是乘车骑马的阶级，庶人及贱民通常皆步行，或只能乘用指定的一定形式的交通工具”。[①]

不但乘舆骑马有规定，即使是所乘车舆的构造颜色及附带装饰也有差异，从而显示出乘坐者的不同身份。除了车与马饰外，仪卫也是区别贵贱的另一重要标志。

每一朝代的法律都承认官有家属的特殊社会地位及权利。以上官吏士庶衣饰器用的等第，其中有一共同的原则，即上可兼下，而下不得僭上。“这些琐细的规定不仅规定于礼书中，且编入法典中。我们所以重视这些规定，便是因其不仅有社会制裁的支持，更重要的是还有法律制裁，决不仅是一些散漫的零乱的习惯风俗，而是制度化了的成文规范——礼与法”。[②]

唐以来的法律对不依规式僭用衣服器物者都有严厉处罚。违者分别有官无官治罪，因有官应知礼法，“知法犯法罪重，故处罪倍重于士庶，甚至失官。中国古代法律对于有官者犯罪皆从轻发落，轻于士庶，独服舍违式一项从重处分，重于士庶，于此亦可见古代对服舍违式之看重了”。[③]即便是承造的工匠也有责任，除自首免罪外，须笞五十，这使工匠不敢冒昧承造，以杜绝来源。

从以上规定说明“官吏与士、农、工、商的生活方式完全不同，工商又与士农不同，此外，奴仆、娼优、皂隶等下贱人又另成一阶层，而且种种差异成为一种不可动摇的制度时，则是政治、社会、法律上都承认他们的不同社会地位、身份、不同的权利”。[④]形成了三种不同的阶级。

（二）婚姻

1. 阶级内婚

“在有阶级差别的社会里，各阶级间的通婚常为社会所不赞许，若阶级的分野极固定严格，阶级的升降完全不可能或几乎不可能时，则阶级间的通婚更难容许而形成阶级的内婚制”。[⑤]

① 瞿同祖：《瞿同祖法学论著集》，中国政法大学出版社，1998年，第168页。

② 同上书，第176页。

③ 同上书，第177页。

④ 同上书，第178页。

⑤ 同上书，第184页。

封建时代身份是完全生物的决定，阶级的划分最为严格，严格的阶级内婚制，只容许上下相差一级间的通婚，至于特权阶级之贵族与非特权阶级之庶族之间之通婚，自更是不可能的。一方面是社交的范围与婚配的范围都是限于同阶级之内，一方面士庶之分纯以门阀郡望为基础，身份为家世的承袭，与个人在政治、经济上的成就无关，为保持家世血统的崇高，避免低门血统混入，阶级内婚自属必须，否则家世无法永久维持了。

士族择偶对于男家女家的门第极为看重，而社会人士也以此来衡量某一氏族的门第。若士族不自爱不自重，与庶族通婚，则必为士族所不齿，为清议所不容，不但婚配的本人，及其家属全体亦将丧失其固有的声誉与地位，甚至被排斥于士族之外。六朝时最重乡议，凡被纠弹，付清议者，即废弃终身，不但被贬者为士所排抑，又将沈滞于宦途之外，社会地位、政治地位同时丧失。有时政府更为此制定法律，不许士庶通婚，在这种社会中，阶级内婚不仅为礼俗所支持，且为法律所支持，违者不仅遭受社会制裁，且受法律制裁。其制裁在《魏书》《晋书》《新唐书》《旧唐书》《唐书》中均有规定。

瞿先生指出，以科举取士对门第观念的消灭是有贡献的，士庶之间的不通婚随门第之风废黜而打破。但良民与贱民的区分及不通婚的禁忌则始终存在。良贱之分很明显的社会地位、法律地位是不平等的。社会对良贱之间的歧视，远甚于士庶之间的歧视。唐、宋时官私贱民种类很多，通婚的限制也不同。如杂户违律与良人为婚者杖一百；如奴娶良人为妻杖80，冒良人而与良人为婚者罪加一等。（《唐律》）以贱娶良，贱人有罪，但良人甘心从贱，亦咎由自取，所以法律也有处分，唐、宋、元、明、清律嫁女与奴之女家但减奴娶良人罪一等且须离异。法律上不承认自由人在这方面有自由意志，对阶级内婚制极注意坚持的。

法律的制裁都指的是贱男娶良女而言，不包括良家子弟娶贱民女子，法律对良人加以保障，严禁贱人以良人为妻。更重要的是否认这种婚姻的法律效力，而予以撤销的处分。有刑事制裁又有撤销的处分，阶级内婚制能得以彻底维持。

2. 婚姻仪式的阶级性

婚姻结合的仪式也有阶级性，士以上婚礼有六礼：纳采、问名、纳吉、纳币、请期、亲迎。新郎的礼服，品官得用本品官服，其官的子孙也可用规定低于父祖品服。新娘礼服以夫品为准。迎亲车舆、仪仗都有等级规定，品官子孙也可用父仪仗，这是门第的显示。而庶人婚礼力求简便，不要求守这些礼。

（三）丧葬

“同是一死而有崩、毙、卒、死、捐馆等不同的名称，丧葬的用器和仪式，自始丧以至埋葬无一不指示阶级的差异”。[①]隋制规定死者如生前是官吏，以公服朝服入殓，庶人只能穿常服。尸口的含，或珠玉，或钱贝，不得乱用。棺木、明器、丧仪、抬柩人数、填茔、碑碣等都有等级规定。上得兼下，下不得僭上的原则适用此。丧葬是说明财力和身份、经济能力与社会政治地位的关系，因此有严格规定。如器物有违者，明清律规之有官者杖一百，罢职不叙，无官者五十，违式之物并责令改正。并追究承办人、工匠的责任，问罪、服徒或笞。

（四）祭祀

“从孝道的立场来讲，人人皆为慎终追远，生则敬养，死则敬享，原为奖励，不加禁制，但从另外一面来讲，在一个任何生活方式都有阶级限制的社会里，祭祀也不能例外，于是‘德厚者流光，德薄者流卑’。德厚者不但所祀者远，同时祀仪也特加隆盛。在上古时代关于庙数便有限制，天子七庙，诸侯五庙，大夫三庙，士二庙（一庙），庶人但祭其父，历代仍然保持这种习惯，对于所祀世代数有一定的规定”。[②]祭祀制度在世代上也有一种转变，最初庶人只能祭一代，逐渐推远及二代、三代、四代，渐渐地消除贵贱在这方面的差等，但庶人不许立庙。关于祭器、祭品、祭服都有严格限制。

二、贵族的法律

各阶级在社会生活上有差异，在法律上也有不同的地位与权利。先说贵贱之间的不平等。“贵族为了适合其彻底统治的要求，不但把握住统治的工具，并且设法垄断法律，使法律成为不公开的。他明白秘密的价值，他决不肯将他的法律公开，致使被统治者明晓其内容。如果始终不揭露其秘密则他的意志有更大的权威，他的命令就是法律，不容人怀疑，更不容人质问，人民完全在他

① 瞿同祖：《瞿同祖法学论著集》，中国政法大学出版社，1998年，第198页。

② 同上书，第212页。

的操纵之中”。[①]法律知识及判断争讼的原理为少数特权阶级所独占，中国也曾有此一时期，一直到春秋之世，法律才由秘密到公开。

法律的公开在中国法律史上是重大的转变，是极重要的事。“这种改变对于治人者及治于人者，双方皆有重大的影响。从贵族方面来说实处于不利的地位，所以每一次法典公开的运动都引起他们极端的骚扰不安与严重的抗议”。[②]而法家心目中法律必须成文公布。“公布的价值便在于刑罚必于民心，确定不移，何为合法的，何为非法的，知所趋避，不致为统治者所欺蔽，任意轻重”。[③]

虽然法律公开了，但中国社会认为，同时也是社会的事实，那就是“‘礼不下庶人，刑不上大夫。’‘由士以上则必以礼乐节之，众庶百姓则必以法数制之’，便是在这种法律制度之下所产生的典型思想”[④]。“礼不下庶人”并不是说庶人无礼，而是任何人都有礼，只不过庶人的礼较为简陋。礼刑为两种不同的社会约束，《白虎通德论》说，“礼为有知制，刑为无知设”。失礼才入刑，则上流社会中有身份的人，曾受特殊教育，以知耻为务，事事遵循礼的规范，自无须刑的制裁。反之，一般庶人则难以此种方式达到同样的目的。瞿先生指出，违礼受到舆论的制裁，我们不可轻视礼这种消极的社会制裁的力量。我们知道政权全部把握在士大夫阶级手中，全体或多数人对于一二人的非难和恶感，可能暂时或永久剥夺其政治生命。因此，礼不下庶人，刑不上大夫往往易被人误解。法家之所以为儒家所排斥，便是因为他们主张法律的平等主义。

刑不上大夫，有种特殊情况例外，即为贵族有篡位、弑君、弑父及贵族自相争夺、残杀等危及国家秩序、损害贵族全体安全的行为，超出舆论谴责程度时常被放逐或杀戮。自尽也是保全贵族体面及尊严的办法；还有一种结束生命的办法是杀死他，但不刑于市；后代有时保留对大臣赐死的遗习，自杀不受刑。

① 瞿同祖：《瞿同祖法学论著集》，中国政法大学出版社，1998年，第217页。

② 同上书，第218页。

③ 同上书，第218–219页。

④ 同上书，第219页。

三、法律特权

封建政治解体后，代之大一统的中央集权政治而起的是同一法典，法典是国家皇帝的而不是贵族的。法律在秦汉以后贵族不能置身法外，但也不能说是平等。汉以后儒家抬头，政治上不断受其支配，法家要求在法律上的平等不能实行，并始终承认某一些人在法律上的特权，诸如八议者。即为了确定等级身份和调整内部关系所定减刑的八个条件：议亲、议故、议贤、议能、议功、议贵、议勤、议宾。其他官吏及上述二种人的亲属，被称之为法律上的特权阶级。

（一）贵族及官吏

贵族及官吏这些特权阶级不受司法机构及普通法律程序拘束。许多时代的法律规定不能擅自逮捕审问，非得皇帝许可，汉有先请制。明清二代，八议者犯罪，官吏不能擅自逮捕，奉旨才能推问、拘问，八议以外官吏也享有此优待。这些人不受刑讯，三人以上众证定罪，须得皇帝批准才能判徒。八议犯罪除十恶外[①]，不问死罪、徒、流皆须经过议奏手续。（《大清律例》）

这些特权阶级，不受司法机构及普通法律程序拘束。司法不能依法逮捕、审问、判决。这种人只能有最高主权的皇帝的命令，才能审、判、执行，这都取决于皇帝的个人意志。

除议请外，还有一办法则是缺乏弹性而简捷的，就是依例减赎，不必议请。隋制，八议以内及官品第七以上犯罪，例减一等，八、九品亦许赎罪。（《隋书》）唐、宋律，八议以内者除犯死罪须议请外，流罪以下，罪非十恶，便可由所司依例减一等断讫。八议以外官秩较小的也有减赎办法，七品以上官犯流罪以下，非十恶、反逆、缘坐、杀人、监守内奸盗、略人、受财枉法者，减一等，八、九品官流罪以下则听赎。（《唐律疏义》）

瞿先生指出，值得注意的是判决以后的发落情况，通常无论公罪、私罪，判刑后都有优免的机会，以罚俸、收赎、降级、革职等方式抵刑。这种立法原意多少受刑不上大夫的深远影响。明、清对官吏的优待不如唐、宋，官吏免刑只限笞、杖轻罪，徒、流以上便须实配。

---

① 十恶即刑律指十种严重的罪行名目，汉《九章律》有不道、不敬名目，到北齐，北周有十条，但无十恶名称。隋开皇定律，始有十恶，唐律沿袭隋律以谋反、谋大逆、谋叛、恶逆、不道、大不敬、不孝、不睦、不义、内乱为十恶，后来各个封建王朝刑律都相承沿用。参见《辞源》，商务印书馆，1984年，第0399页。

再看官民法律上的不平等，官吏的特权。官吏与平民既有贵贱之分，平日相遇，尚须意存尊敬，不同凡礼，若以贱凌贵而加殴辱，自更不可轻恕，所以法律上亦别立专条，不以凡论，而采取加重主义。加重的程度是与官品的高下成正比例的，唐、宋、明、清律流外官以下及庶人殴三品以上官者，无伤徒二年，有伤加徒一年，折伤流两千里，若殴伤四、五品官则减三品以上罪二等。

若部民殴本属地方长官，以子民而侵犯父母官，自更罪大难容，无伤徒三年，有伤流两千里。谋杀更严厉，属不义，唐、宋、明、清律，已行流两千里，已伤者绞，已杀者斩。《元律》部民殴死长官，谋及下手者皆处死。便是殴本属长官的家属，因尊重父母官的关系，其处分亦较常人为重。

官吏在诉讼上的优待，法律根本否认士庶在诉讼上的平等地位，无论原告或被告，均不使与平民对质，平民不能当面控诉他，他也没有亲自在法官前答辩的必要。只家人代理，传票中不得开士大夫姓名。

即使是去职的官吏仍能享受这种特权，以此我们可以看出官职是一种身份、权利，是属于永不丧失的，除非有重大的过失而革职。

（二）贵族及官吏的家属

贵族及官吏的家属亦包括在特殊阶级之中，借他们的庇荫而获得异于平民的法律地位。唐、宋八议者期以上亲及子孙犯死罪可以上请，流罪以下亦减一等，五品以上官之祖父母、父母、兄弟、姐妹、妻、子孙犯流罪以下减一等。七品以上官祖父母、父母、妻、子孙犯流罪以下则听赎，五品官以上妾犯流罪以下也可听赎。明、清法律对官吏家属优待和对于吏本身的优待一样。凡应八议者之祖父母、父母、妻及子孙犯罪和八议者本身待遇相同，须实封奏闻取旨，不许擅自勾问。要请议、议定奏闻，由皇帝决之。国法对特殊阶级推恩，官吏可以荫及亲属，应从阶级及家族主义二种关系上来看。

但如果子弟藉尊长荫而犯所荫尊长，则荫与立法原意相反，全失孝慈本意，所以唐、宋律规定这种情况下不许用荫。说明“立法对于家族主义及伦常的反复注意。一方面既体念骨肉慈孝之恩，使家属得到一人之庇荫；一方面又顾到利用荫而有违反原意的行为，二者皆为伦常之维护”。[①]

---

① 瞿同祖：《瞿同祖法学论著集》，中国政法大学出版社，1998年，第241页。

四、良贱间的不平等

（一）良贱

阶级社会，贵贱是一种范畴，良贱也是一种范畴。贵贱指官吏与平民的不同社会地位，良贱则指良民与贱民的不同社会地位。四民称良民、齐民，贱民包括官私奴婢、娼优、皂隶。贱民社会地位不同于良民，生活方式也不同，他们不能应考出仕，他们不能与良民通婚，是在法律上不同的两个阶级。

1. 杀伤罪

奴婢杀良人，处分极重。明、清律奴婢殴良人者加凡人一等治罪，如伤，唐、宋、明各律皆处绞刑，至死者斩。

良人殴伤他人奴婢皆减凡人论罪，唐、宋律减一、二等。

2. 奸非罪

奸非罪与杀伤罪在立法原则上是一致的，奴奸良人较常人相奸为重，良奸贱者较常人为轻。二阶级间通婚以外的性关系在严禁惩罚之列，是为社会习惯所不许，为法律所制裁。女子的地位决定于她的男人，而男人有自己的地位，不为接触的女人所影响。古代是重视道德风化的社会，奸非罪特被重视，犯奸的男女同属有罪，唯独良奸贱的处分特轻。

（二）奴主间

如良贱还有主奴的关系，则不平等的关系更为增巨。家奴是买来的商品，完全丧失自由及人格，具有劳动及经济价值，完全由主处分，子孙也沦为奴籍，父兄无权过问。家奴不经主人放出，永无自由，背主潜逃，处分极严，杖、面刺字等。

1. 杀伤罪

主人只要事出无心，并非故意殴死，便可不负责任。法律所禁止的只是非刑和擅杀。除过失杀奴外，擅杀都要负刑事上的责任。唐、宋、元、明、清律对擅杀处杖一百。唐、宋律规定杀死无罪奴，处徒刑一年。

奴事主敬，奴及子孙不得告家长，除非谋叛以上罪。《唐律》《宋刑》，奴杀主人虽由过失亦处绞刑。《元律》杀伤主人处死，故杀者凌迟。明、清奴杀死家长皆凌迟处死。有殴骂行为便处死。奴侵主较普通贱民犯良人处分加重，主侵奴较良侵贱处分减轻。主奴除良贱关系外，又加主奴关系，因此，对奴处分加重。

主人非平民为官，其间的差异就更深。官员家妇女致死奴婢亦依夫或家长品级罚俸。

如典当家人，身份与奴不同待遇也不同，保留自由人格，契约终解除奴仆关系。契约期，立法原则既不按奴婢论，也不按凡人论，而有专条，比凡人重，比奴轻。

2. 奸非罪

奴婢及其子女是属于主人所有的，婢与主人的性关系本为社会和法律所默认。只有奴女许嫁良人之后奸非罪才成立，否则便无罪。家长奸家下人之妇，不过杖四十，是官则更轻。而仆妇不能享拒奸的权利，拒奸处流刑，最好不服从的办法是自尽。主仆名分之重视，虽因奸而酿成人命，也不例外不能告发。

性特权只限于男主人，女主人及官长的眷属妇女则不在内。奴奸家长妻女犯死罪，清律规定强奸未成亦斩立决。

主人对奴仆因奸而成立的伤害罪，不按常人强奸杀死及逼死的律文办理从轻发落，而奴仆对主家妇女因奸而成立的伤害罪，较常人强奸、杀死及逼死的律文处理而严重发落。

3. 种族间的不平等

阶级差异上又加种族的差异，统治者、征服者在社会、政治、经济各方面处于优势，与被统治者、被征服者之间的不平等待遇有明确法律规定，尤其元、清。特权以蒙古人最高，色目人次之，汉人、南人最下。诸如，规定汉人不许带武器，不许猎习武，旗人滋事、地方官难约束等。蒙古人杀汉人不死，而汉人杀蒙人必死。清不像元时对汉人苛刻，但限制多，不许参与机要等。

第三节
儒家思想与中国法律

一、礼与法

瞿先生指出，其实“儒家法家都以维持社会秩序为目的，其分别只在他们对于社会秩序的看法和达到这种理想的方法”[①]。

儒家的哲学并不是纯哲理的，更不是出世的，一切理论是实践的，以维持社会、政治秩序为最后目的。所谓仁义道德并不是独善其身的个人主义，而是社会化的，修身只是个人修养的基础，以达到齐家治国平天下的目的。所谓仁、恕，都是对人的，发生在交互行为中。“仁”字即从二人，“仁”即人与人相处之道，原则是“己所不欲，勿施于人”。

同时，“儒家根本否认社会是整齐平一的。认为人有智愚贤不肖之分，社会应该有分工，应该有贵贱上下的分野。劳力的农、工、商贾是以技艺生产事业上的，劳心的士大夫是以治世之术治理人民食于人的，各有其责任及工作，形成优越及从属关系的对立”。[②]士、农、工商的分工中划分为劳力劳心、小人君子两大类，进而规定双方的权利义务。

“贵贱上下的分野，是基于社会上每一个人的才能情性的，可以说是以社会优异或社会成功为条件的社会选择。此外，还有一种分异则存在于亲属关系之中，以辈分、年龄、亲等、性别等条件为基础所形成的亲疏、尊卑、长幼的分野。贵贱上下决定每一个人在社会上的地位和行为。尊卑、长幼、亲疏则决定每一个人在家族以内的地位和行为”。[③]

儒家认为，在家族中亲疏、尊卑、长幼的分异和存在于社会中的贵贱上下的分异同样重要，两种差异同为维护社会秩序所不可或缺。儒家心目中的社会秩序，即上述两种社会差异的总和。

礼便是维护这种社会差异的工具，礼的内容有多寡、丰陋繁简以及仪式上的差异。礼既是富于差异性，因人而异的，所以贵有贵之礼，贱有贱之礼。

瞿先生特别指出，值得注意的是伦常与社会差异及礼的关系。

1. 所谓伦常纲纪，实即贵贱、尊卑、长幼、亲疏的纲要。

所谓君臣、父子、夫妇、兄弟、朋友这五种社会关系，是社会关系中最重要的，无论家族的、政治的、社会的关系皆在其中。在这五伦之中除朋友一伦处于平等地位外，其余四种都是对立的优越与从属关系，而其中君臣、父子、夫妇为最重要的三纲。

---

① 瞿同祖：《瞿同祖法学论著集》，中国政法大学出版社，1998年，第296页。

② 同上注。

③ 同上书，第298–299页。

2. 伦常须礼来维持完成。

君臣、父子、夫妇、兄弟各有其礼，这样才能“父子有亲，君臣有义，夫妇有别，长幼有序，朋友有信”。（《孟子·滕文公上》）以达“父慈、子孝、兄良、弟悌、夫义、妇听、长惠、幼顺、君仁、臣忠”。要有这样仁、忠、慈、孝的君臣的美德，要达这些属性，自然非礼不可。礼既足以节制人欲，杜绝争乱，使贵贱、尊卑、长幼、亲疏有别，完成伦常的理想，自足以建立儒家理想的社会秩序而治平。“《礼记》云：‘圣人之所以治人七情[喜、怒、哀、恨、爱、恶、欲]，修十义[父慈、子孝、兄良、弟悌、夫义、妇听、长惠、幼顺、君仁、臣忠]，讲信修睦，尚辞让，去争夺，舍礼何以治之？’更可以看出礼与治平的关系”[①]《左传》云礼可以“经国家，定社稷”，（《左传·隐公十一年》）所以《礼记》云“为政先礼，礼为政本”，（《礼记·哀公问》）国之治乱，全系于礼之兴废。

礼在上述实践的社会功能，足以维持儒家所期望的社会秩序，而达儒家心目中的理想社会，所以儒家重礼，以礼为治世的工具。

而法家并不否认也不反对贵贱、尊卑、长幼、亲疏之分别的存在。“他所注意的是法律、政治秩序的维持，认为国之所以治，端在赏罚，一以劝善，一以止奸”。[②]有功必赏，有过必罚，何种行为应赏，何种行为应罚，完全是一种客观的绝对标准，不因人而异。必须有同一的法律，一赏一刑，才能使人人守法，而维持公平。若考虑贵贱、尊卑、长幼、亲疏的因素，则违背此原则，不能达到一赏一刑的目的。法家不否认社会差异的存在，但坚决反对这些因素影响法律。法家认为一切人在法律面前均须平等，不能有差别和个别待遇。如果国以亲亲为善，民为亲者隐，韩非子认为，这种私善为不可容忍的罪恶，与国家的利益相违背，治国者必去之。

总之，儒家着重于贵贱、尊卑、长幼、亲疏之“异”，为维持社会秩序的工具，而反对归于一的法。法家欲以同一的、单纯的法律，约束全国人民着重于“同”，故主张法治，反对因差异其施的礼。

① 瞿同祖：《瞿同祖法学论著集》，中国政法大学出版社，1998年，第307页。

② 同上书，第309页。

二、德与刑

儒家以礼为行为规范，为维持社会制度的工具。“儒家认为无论人性善恶，都可以道德教化的力量，收潜移默化之功，这种以教化变化人心的方式，是心理上的改造，使人心良善，知耻而无奸邪之心，自是最彻底、最根本、最积极的办法，断非法律判裁所能办到”。[①]

而且礼者禁于前，法禁于后，一是事先预防，一为事后补救，二者的价值不可同日而语。荀子认为，教化既行，便无法律刑罚的需要。

儒家坚信人心的善恶决定于教化，又坚信这种教化，只是在位者一二人潜移默化之功，其人格有绝对大的感召力，所以从德治主义又衍而为人治主义。德治是指德化的程序而言，所谓的人治则偏重于德化者本身而言。臣子的行为只是君上行为的反映，因此君上的行为，须先正身，从修身入手。即君贤者其国治，君不能者乱其国。荀子云“有乱君，无乱国，有治人，无治法”[②]，法不能独立，类不能自行，得其人则存，失其人则亡。“法者，治之端也，君子者，法之原也”。“无君子，则法虽具，失先后之施，不能应事之变，足以乱矣”。[③]所以儒家修身、教人、治国的道理是一贯的、一套的。

法家则完全与儒家立于相反立场，否认社会可以借德化的力量来维持。法家认为，通常都是些上不及尧、舜，下亦不为桀、纣的中人，这些中间人本身的力量并不足为善为恶，有法律的帮助便可治理国家，“抱法处势则治，背法去势则乱，原不必坐候尧、舜”。[④]

再者教化太缓，而且即使有尧、舜之德，能否以德化人，亦是疑问，民或不受化，所以法家不信人治。

从治国立场讲，法家根本否认仁义道德的价值，认为不足以止乱，无益于治。“法家以维持法律秩序为目的，他必须以最准确的程序，最快的方法，最短的时间来达到这种目的。法之功原为禁奸，非为劝善”。[⑤]法家认为法律必须使全国人不为恶，所注意的不是少数善人，而是那些恶人及可以为恶的人，

① 瞿同祖：《瞿同祖法学论著集》，中国政法大学出版社，1998年，第313-314页。

② 同上书，第324页。

③ 同上注。

④ 同上书，第325页。

⑤ 同上书，第327页。

所以法家的结论皆主重刑。

三、以礼入法

“儒家以礼为维持社会秩序之行为规范，法家以法律为维持社会秩序之行为规范，儒家以德教为维持礼之力量，法家以法律制裁为推行法律之力量，儒法之对抗，礼治、德治、法治之不两立”。[①]此二派完全立于极端相反的立场，但事实上并非如此。

儒法二家对抗的时代是在战国及秦的时代，西汉以后，这种思潮的争辩渐趋于沉寂，儒法之争，也就无形消失。从以下三方面可以说明：

第一，学术界的派别，已由繁而简，由异而同，经过战国时代学术竞争的过程，有的衰落和消沉，朝廷尊重儒术，以为正统，帝王以此取士。自汉以后历朝皆然，于是学归一统，儒家独尊。

第二，从制度方面来讲，儒法之争已失去意义，孔子时代各国多未制法。秦汉以后，每朝代都有法律，国家需要法律已成客观的事实，但法典的拟订并不出自法律家之笔，除汉律外，都成于这些儒臣之手。

第三，还有一事实消弭儒法之争的是，读书人应试做官后，就要懂法律，应用法律，否则无法考核成绩，无法听讼，反对法治，高喝德治、人治事实上不容许。汉太子以宣帝所用多文法吏，持刑太深，劝用儒生。

汉以后儒者除以儒家著述为正宗，已杂有若干法家思想在内。“儒者虽仍以德治为口号，但已不再排斥法治，和以前的儒家不同，儒法两家思想上的冲突已非绝对的，在礼治德治为主，法治为辅的原则下，礼治、德治与法治的思想且趋于折衷调和”。[②]儒家不曾绝对排斥法律，只是不主张以法治代替礼治、德治而已。

例如，“董仲舒不但在理论上表现其对于德刑不偏废的态度，而且事实上他以《春秋》决狱，是以儒家的经义应用于法律的第一人。以儒为体，以法为用，实是真正沟通德治、法治，融会儒法两家思想于一的实行家”[③]。以刑辅教的见解在汉儒中很是流行，如刘向、王符主张德化的儒者，但也认为赏罚必

① 瞿同祖：《瞿同祖法学论著集》，中国政法大学出版社，1998年，第334页。

② 同上书，第338页。

③ 同上书，第344页。

须兼施。王符也批评有功不赏，无德不肖。大儒朱熹也主张刑不可废。

“更重要的是魏以后儒者参与了制定法律的工作，因而儒家思想在法律上起了决定性的作用，产生深远影响”。[①]除秦、汉律外，历代的法典都出于儒者的手笔，并不出于法家之手。儒家思想支配一切古代法典，这是中国法系的一大特色。

从中可以看出，礼是借教化及社会制裁的力量来维持的，可说是一种消极的制裁。法律则借法律制裁来执行，是一种积极或有组织的制裁。但礼亦可以由法律制裁来维持，来推行，并无损其礼。“于是以礼的原则和精神，附以法律的制裁，编入法典中，儒家的目的也就以变通的方式达到，而踌躇满志了”。[②]

“所以礼所容许的，认为对的，也就是法所容许的，认为合法的。礼所不容许的，禁为的，也就是法所禁为的，所制裁的”。[③]律既与礼相应，互为表里，礼为断讼的根据。如断亲属间的诉讼以服制为断，于是立法。

除了法典的内容为儒家的伦理思想所支配，审判决狱也受儒家思想的影响，儒者为官有司法的责任，于是在法律条文之外，更取决于儒家思想。实际儒家思想在法律上一跃而为最高的原则，与法理无异。

四、中国法律之儒化

秦、汉法律为法家所拟定，李悝的《法经》、商鞅之秦法、萧何所制法律全袭秦法，为法家系统。儒家以礼入法是从汉代开始，虽无法改变条文但在解释法律及应用经义决狱方面努力，儒化成风。曹魏制律，儒家化的法律便应运而生。自魏而后历晋及北魏、北齐此一运动连续。魏以“八议”入律，晋代保留之，晋代创依服制定罪的新例，又加留养及官当的条例。这些为齐所承并加十恶条例，隋唐承之。中国法律之儒家化可以说是魏、晋，成于北魏北齐，隋、唐采用后便成为中国的正统，其后各代沿用。

家族和阶级是中国古代法律的基本精神和主要特征，在法律上占极突出的地位。

---

① 瞿同祖：《瞿同祖法学论著集》，中国政法大学出版社，1998年，第352页。

② 同上书，第354页。

③ 同上注。

父权、夫权占优越地位，家族中以自身份裁决，亲属容隐、留养等都说明家族伦理在法律上据重要地位。

法律承认贵族、官吏、平民和贱民的不同身份。法律明文规定其生活方式因社会和法律身份不同而有差异，更重要的是不同身份的人在法律上的待遇不同。

法律对身份的极端重视，结果产生了大量关于亲属及社会身份的特殊规定，与一般的规定并存于法典之中。“法律之所以特别着重上述两种身份，是由于儒家思想的影响。在儒家心目中家族和社会身份是礼的核心，也是儒家所鼓吹的社会秩序的支柱。古代法律可以说全为儒家的伦理思想和礼教所支配”。[①]

因此，瞿先生概括为，中国古代法律的基本精神和主要特征是家族和阶级。同时，古人所谓的纲常名教，也是法律和道德、伦理所共同维护的社会制度和价值观念。

① 瞿同祖：《瞿同祖法学论著集》，中国政法大学出版社，1998年，第359页。

结束语——幸福的会见、光明的前途

新中国成立前，在中国的社会学界，无论是研究者人数之多，还是在学术上影响之大，西方主流社会学都是占主导地位的。据孙本文1947年12月的调查，在各大学的社会学教授（包括副教授和讲师在内）共144人，其中10位美国人，其余134位教师中有107位曾是留学生，也就是说在中国籍的教师中有79. 85%都曾经留过学。在留过学的教师中，只有10人是留日的，而留学欧美的占90. 65%。虽然他们受资产阶级社会学思想的影响，有一定的阶级局限性，但他们中绝大多数是爱国的，并具有深厚的中国文化根基，而且其中有一部分学者早已接受了马克思的社会学思想。20世纪三四十年代，他们积极参加抗日和民主爱国运动。

1948年冬天，继辽沈、淮海战役之后，开始了平津战役，并准备解放北平城。1949年1月中旬，毛泽东、刘少奇、周恩来、朱德、任弼时、邓颖超等，会见了民主同盟成员、哲学家张东荪，社会学家、民主同盟成员费孝通，社会学家、民主促进会成员严景耀、雷洁琼。毛泽东真诚而坦率地与他们交谈。他精辟地分析了当时的国际形势，指出摆在中国人民和民主党派、人民团体面前的问题是将革命进行到底，并指出走“中间路线”的错误。他希望民主党派站在人民大众的立场上，与中国共产党采取一致步调，真诚合作，不要半途拆伙，更不要建立“反对派”和“走中间路线”。毛泽东非常关心知识分子，详细询问了知识分子的思想、工作和生活情况，尤其关心老一辈的知识分子，并让被接见的老专家推荐人才。毛泽东又讲了中华人民共和国成立后的经济建设和科学、教育、文化事业的发展问题，展望了新社会的前景。他同时指出，要把美国政府的当权者与广大美国人民区别开来。美帝国主义出钱出枪，帮助国民党打内战，帝国主义的本性是不会变的，要警惕美帝挑拨知识分子与党的关系，要丢掉幻想。但是美国的广大人民是友好的，与中国人民有传统的友谊。毛泽东的这些谈话向全国知识分子指出了明确的道路，增强了社会学家和知识分子对革命必将在全国获得最后胜利的信心，也更坚定了他们继续参加爱国民主运动的决心。社会学家们经过近半个世纪的考验，仍旧怀着挚诚的爱国之心，报效祖国。

附录一

费老对社会学和中国社会发展的贡献

杨雅彬

费老说：“我这一生，基本上经历了20世纪中国社会发生深刻变化的各个时期。这段历史里，先后出现了三种社会形态。一是农业社会；二是工业社会；三是信息社会……这三种社会形态同时重叠并存……这三位一体社会形态的形成过程，包含着两个大的跳跃。先是从农业社会跳跃到工业社会，又从工业社会跳跃到信息社会……叫作三级两跳。”

费老在其一生中，从为救国开始研究社会学，到新中国成立后，转向对社会发展战略的研究，他对中国的社会学和社会发展都做出了卓越的贡献。

我没有跟费老做过调查，但我是做社会学史方面研究的。1981年，中国社会科学院社会学研究所和中国社会学研究会在北京联合举办社会学第二期讲习班的时候，我就在那个班负责整理教材。我对费老一直很敬佩，他的书和他发表的文章我一直在读。记得有一所大学请我讲课，听课的是三四年级的社会学系学生。我把费老作为研究专题来讲，课后有学生说：“老师，听了你的课之后，我就知道什么是社会学了。”这句话让我特别感慨。我觉得，费老走过的路正是我国社会学走过的路，研究费老实际上就是研究中国社会学怎么走。

20世纪90年代初，我从上海回北京的时候给费老带了点儿药。在跟费老聊天时，我发现他有了很大的变化。他过去侧重研究人和物，现在则研究人与人，而且他对钱穆、梁漱溟这些人也进行了研究。我觉得他好像在补课，在重新学习中国文化。虽然我们分别了很多年，人离得远了，但是我在不断地向费老学习，所以感觉我们的思想越来越近了。

在纪念费老百年诞辰的时候，我想通过费老的一生来说明人生的价值。费老讲，人生的态度和人生的选择决定了人生的价值。费老的人生价值是强国富民，就是后来他常讲的，他的一生“志在富民”。为了实现这个目标，费老选择了对中国社会和文化进行研究，以此作为他对一生所受社会培育的回报。他为中国的社会学、人类学乃至社会科学的建设做出了巨大的贡献，与此同时，他也为中国社会发展战略研究做出了前所未有的贡献。

研究农村社会中的不同社区

1936年，带着在江苏吴江开弦弓村（江村）一个多月的调查材料，费老踏上了去英国求学的路程，他的导师是当时国际人类学界的核心人物马林诺夫斯基。这时正是西方人类学酝酿变革的前夕。长期以来，传统西方人类学研究一直是从对所谓“野蛮人”社会生活的研究开始的，而马林诺夫斯基想打破这个禁锢。正巧费老对江村的调查，是一个中国人对有着悠久历史文化的家乡生活的调查，也是对农民社会生活的调查。人类学的转变遇上了费老，费老也抓住了这个机会。1938年，费老完成了他的论文《江村经济》。马林诺夫斯基说，《江村经济》是人类学研究对象转变的里程碑，这也确定了费老一生的学术方向。所以，费老的贡献之一，就在于他在人类学转变的时期发挥了一个里程碑式的作用，这个作用是有世界影响的。

费老一直强调学术研究和理论探讨要联系中国的实际，提倡社会科学的本土化、中国化。当时中国是农业社会，他就从农村社会调查研究开始。他指出，这里面的根本问题就在于既要科学化，又要植根于中国社会和文化的土壤之中。这个时期，费老研究的中国农村社会主要是不同的社区。费老研究这些不同的社区，研究中国在现代化过程中遇到的问题，并提出要发展乡村工业，这是他在新中国成立前的重要贡献。

明确重建社会学的方针

费老在社会学重建方面的贡献，主要是明确了重建中国社会学的方针，就是以马克思主义为指导，要结合中国的实际，不能抄外国的，要系统科学地认识中国社会，形成一个社会学的中国学派，为社会主义建设服务，用知识为社会实际生活服务。费老指出，社会学是从社会整体出发的社会科学，要为社会发展做出贡献。我觉得，他自己遵循这个方针奋斗了一生，而且带领我们朝着这个方向努力。我希望，我们的后人也记住这个方针。

费老多年来的一条基本思路框架，就是“江村经济——行行重行行——文化自觉——天下大同”，也就是发展乡村——小城镇——中小城市——以大中城市为中心的区域经济，比如长江三角洲、珠江三角洲这样的地区，这是费老对于中国社会发展战略制定做出的贡献。我国至今还在应用区域经济发展战略。费老当时提出了几个经济区域，现在更多了，这些提法也有助于今后社会的发展。费老是社会发展战略研究的先行者，他一再强调，做一切事情都要从实际出发，从历史的经验中总结出一个框架，也就是“从实求知”。费老告诉了我们模式，也告诉了我们方法。

关于社会发展战略及其研究，费老还提出了“和而不同”的观点。费老吸取了中国“天人合一”“和为贵”的思想，也吸收了马林诺夫斯基的思想，他留给我们的是对不同民族、不同文化的尊重，以及对这些民族文化历史走向的思考，这是人类共有的遗产和珍贵的财富。“和而不同”是费老对百年来人类学在认识世界方面的诸多努力的一个总结，也蕴藏着他对人文世界未来走向的基本期盼。“和而不同”，既是针对人类学者在跨文化的对话中应该扮演什么样的角色而言，也包含着文化自觉这一层面的意义，就是人类学者要自觉认识自身的文化，认识世界其他民族的文化，探索不同文化的相处之道，肩负起提供知识和见解的使命。这些使命，我们要继续完成。

肩负起文化自觉的使命

费老在晚年强调提出了“文化自觉”。什么是“文化自觉”？费老说，第一步，要认识和理解历史，了解传统，包括中国的、西方的，找出差别和差距；第二步，对本土文化要批判继承，留下好的东西作为发展的基础，对外来文化要选优去劣，还要有追赶和竞争的意识；第三步，才是创新，开拓前进，建立中国的社会科学。

面对世界经济一体化、文化多元化的挑战，费老指出，文化自觉是一个艰巨的过程。首先要认识自己的文化，根据其对新环境的适应力决定取舍；其次是理解所接触的文化，取其精华，吸收融合。各种文化都真正得到尊重之后，这个多元化的世界才有条件在相互接触中、在自主的相互融合中，出现一个具有共同认可前提的基本秩序，形成一套各种文化和平共处、各抒己长、联手发展的共同守则。因此，费老提出的文化自觉，就是应对世界经济一体化挑战的文化自觉。

那么，费老为什么要提出文化自觉呢？首先，是中国社会发展的需要。中国社会发展很快，费老说我国要实现“三级两跳”，我们就要把教训带上，把对新思想、新人文精神的追求带上，这样的话我们就能够获得更高的起跳位置，也能跳得更高，这是国内实际的社会发展需要。

其次，是学科建设的需要。中国化社会学的建立，是费老所提到的中国社会学的目标。要建立中国化的社会学，在理论上要以中国的社会文化为基础，吸收外国的理论。搬来外国的社会学，拼凑出自己的社会学，是不可能的。

再次，是人才培养的需要。费老曾经指出，1997年是一个重大的转折，就表现在中国的地位不同了，世界不能忽视中国的声音。要培养一代有文化自觉素养的学者来表达这个声音，要培养能理解和研究人文世界的人才作为发出这种声音的代表。我们光有自然科学来对付物质世界是不够的，还要了解中国文化中存在着的重视协调人与物、人与人的认识和实践，并将其进一步发扬。要培养胸怀更为开阔的，不但为中国人民服务，还能够为世界人类服务的人才。这就是说要培养能够进行国际对话所需要的人才。

对国内来说，社会学也面临着二次创业的需要，我们需要有创业创新精神的人才，所以培养文化自觉人才是必须的。只有切实发挥人的积极性，才会有二次创业的精神。知识分子要自觉发扬正气，要讲真话，这是解放思想和实事求是的体现。

（作者系中国社会科学院社会学研究所原副所长）

附录二

发掘中国历史文化，推进社会学的发展
——解读《费孝通在2003》

杨雅彬

梁漱溟先生、费孝通先生是我崇敬的两位大师，尽管他们的性格、风度甚至语言风格不同，但他们的心灵是相通的，尤其费先生的晚年所思与梁先生研究实践一辈子的问题是那样的相似，让我越来越想接近他们。惭愧的是，尽管我努力想读懂他们的思想，但认识仍很肤浅，当然，对他们的社会实践更是望尘莫及，我只能站在地上拜望他们的在天之灵。

20多年前，我在搜集写《社会学史》的中国乡村建设的部分资料时，费尽周折找到梁先生，并多次向他请教，同时读了他的著作，在此期间，梁先生给了我他自己掏腰包出版的《人心与人生》一书。费先生在80年代末提起梁先生，并也在探讨梁先生所关注的问题，我感觉费先生提出社会学今后的发展应研究的内容及应补课的内容都与梁先生所研究的问题有相同之处。为了理解费先生的思想，我反复读了《费孝通在2003》，又使劲读了梁先生的有关著作，尤其读了梁培恕先生写的《梁漱溟传》，这对理解梁先生的思想起了非常大的作用。我解读两位先生的著作是想知道费先生认为社会学今后还要做些什么，以追思费先生的仙逝。

费先生说，“这次再读梁先生的书，发现有两条我同梁先生连接上了，一条是对社区的研究，另一条是对中国文化的态度——反对全盘西化，主张不能脱离中国文化来谈文化的变迁；提倡从传统的基础出发，改造一些不合时宜的传统做法来适应新的时代潮流”[①]。鉴于我对两位先生的了解，他们的共同之处是：①对中国社会发展战略做研究并付诸实践的执着，对中国社会和人民充满热爱与责任；②对中国传统文化热忱深入地发掘，为社会的发展、人类的进步不停地探索。其目的是“注意中国传统文化，顺应世界潮流”。[②]费先生主

① 费孝通：《费孝通在2003》，中国社会科学出版社，2005年，第62页。

② 梁培恕：《梁漱溟传——我生有涯愿无尽》，（香港）明窗出版社有限公司，2001年，第505页。

张“不能脱离中国文化来读文化变迁；提倡从传统的基础出发，改造一些不合时宜的传统做法来适应新的时代潮流”[①]。他们一生追求的是使中国顺应世界的潮流，要文化自觉，求中国社会的发展，寻人民的幸福，共创世界新文化。费先生晚年特别重视对中国历史文化的研究，年迈时还在研究钱穆、陈寅恪和梁漱溟等大师的思想。

费先生从社会学的学科性阐明今后社会学要研究什么。他说：“社会学是一种具有‘科学’和‘人文’双重性格的科学，社会学的科学性，使得它可以成为一种重要的工具，可以‘用’来解决具体问题……然而，社会学的价值，还不仅仅在于这种‘工具性’。今天的社会学，包括它的科学理性的精神，本身就是一种重要的‘人文思想’；社会学科研和教学，就是一个社会人文精神养成的一部分。社会学的知识、价值和理念，通过教育的渠道，成为全社会的精神财富，可以帮助社会的成员更好地认识、理解自我和社会之间的关系，以提高修养、陶冶情操、完善人格，培养人道、理性、公允的生活态度和行为，这也就是所谓‘位育’教育的过程，是建设一个优质的现代社会所必不可少的。社会学的研究方向，也自然要考虑到这种人文方面的需要。社会学的人文性，决定了社会学应该投放一定的精力，研究一些关于‘人’‘群体’‘社会’‘文化’‘历史’等基本问题，为社会学的学科建设奠定一个更为坚实的认识基础。中国丰厚的文化传统和大量社会历史实践，包含着深厚的社会思想和人文精神理念，蕴藏着推动社会学发展的巨大潜力，是一个尚未认真发掘的文化宝藏。从过去二十多年的研究和教学的实践来看，深入发掘中国社会自身的历史文化传统，在实践中探索社会学的基本概念和基本理论，是中国学术的一个非常有潜力的发展方向，也是中国学者对国际社会学可能做出贡献的重要领域之一。”[②]

费先生在20世纪80年代末90年代初就提出文化自觉，十分关注对历史文化传统的研究，尤其对“人与自然”“人与人”“人与社会”“人的自身认识”“人心”及“文化的自觉”等，费先生的观点和梁先生的理论是何等相似。据此，我所理解的费先生对社会学今后要研究的内容列示如下：

---

① 费孝通：《费孝通在2003》，中国社会科学出版社，2005年，第62页。

② 同上书，第80–81页。

一、研究人和自然的关系

费先生研究天人之际。他说，社会学的一个基本问题，就是人的“生物性”和“社会性”的关系。社会学中人的“生物性”，应当属于人的“自然属性”的一部分，而社会学把“社会”本身又视为广义的“自然”的一部分，因此社会和自然是同一事物的不同方面、不同层次。“这种理念，最好的表达方式，就是中国古代‘天’的概念”。[①]“天”和“人”是统一的，“人”和“自然”是合一的，作为人类存在方式的“社会”，也是“自然”的一种表现形式。“自然的原则（如古人说的‘天道’），也是人类社会的原则……这种观念，作为社会学研究的基础，可以使我们从一个基本的层面上，摆正人和人之外的世界关系”。[②]他认为，既然人是自然界泛化的一个过程和结果，而“社会”“人文”是人根据自身的需要造出的第二环境，也是自然的一部分。但“人文”的活动，只是在很多方面利用、顺着自然内在的规律为人所用，而不是和“自然”法则对抗，不可能超越自然的基本规律。

因此，费老指出，“这种‘天人合一’的思想，实际上不仅是中国的，它是世界上很多文明所具有的基本理念，但中国从传统上对这方面有特别丰富的认识和深刻的探讨。今天中国社会学应该继承这种传统，从自然存在和泛化的角度，对‘人’和‘社会’进行最基本的定义”[③]。同时，他也指出，中国在近现代借鉴接受西方现代科学的同时，基本上直接接受了西方文化中的“人”和“自然”二分的、对立的理念，而在很大程度上轻易放弃了中国传统的天人合一的价值观。因此，“在社会学领域，则不太习惯于把人、社会、自然放到一个统一的系统中来看待”。[④]

费先生指出，“人”和“自然”关系问题的核心是一种“态度”，“实际上是我们‘人’作为主体，对所有客体的态度，是‘我们’对‘它们’的总体态度”。[⑤]这与梁先生的“人”对“物”“人”对“人”“人对自身”是“态度”何等相似。费先生对天人之际的回答是：“社会学对这一问题的回答，如

① 费孝通：《费孝通在2003》，中国社会科学出版社，2005年，第83页。

② 同上书，第84页。

③ 同上书，第85–87页。

④ 同上书，第88页。

⑤ 同上注。

果是基于东亚文明的历史和文化传统，那么理所当然地是一种强调协调、共处、‘和为贵’的哲学基础，这种文化传统，使得我们自然地倾向于‘人’和‘自然’相统一的立场。”[①]

二、加强研究历史文化

费先生“从人的生物性和社会性的关系，自然地引出人的群体性、文化性和历史性的问题”[②]。从个体的人变成“群体”的人，加入“人类社会”的生活，也就变成了“社会”的人，具备了社会性。社会为什么能长久？是因为有文化。这所以起作用，是基于人的群体性即社会性。群体可以超越个体的局限，将文化传递给继替的人。文化传承是可以跨越时间和空间的继承。“所以文化具有历史性，它是跨越时间、空间和生命的东西，也是先于个体而存在的，不随个体的消失而消失的东西。所以我们看文化，必须历史地看，只有在历史中，文化才显示出其真实的意义”。[③]

费先生指出：“文化的历史性是广义的，不仅具体的知识和技能是在长河中积累传承的，更深层、更抽象的很多东西，比如认识问题的方法、思维方式、人生态度等，也同样是随文化传承的。进一步说，文化的传承，也同样包含了‘社会’的传承。比如说，社会的运行机制是随文化传承的，社会结构，同样是伴随文化传承下来的。”[④]同时，他指出，“只有在继承中才可能有创新，这就是为什么我们研究社会也好，改革社会也好，绝不能抛开历史，没有一个社会结构是完全凭空构建的，它总是要基于前一个社会结构、继承其中某些要素，在此基础上建立新的东西”[⑤]。像我们今天的社会，它是过去几千年社会结构泛化的继续，是和过去的社会密切相关的。十几亿人口的思想、文化、价值、理念都是从此前的历史中延续下来的。社会方方面面的历史文化积累过程是不间断的、永恒的、全方位的。

① 费孝通：《费孝通在2003》，中国社会科学出版社，2005年，第89页。
② 同上书，第94–95页。
③ 同上书，第102页。
④ 同上注。
⑤ 同上书，第103页。

三、开展对人的精神世界的研究

关于“人”的研究，费先生指出：“人的特殊性，是我们社会学研究的重点领域，但社会学并不仅仅研究人的特殊的一面，还要研究人与自然一般相同的方面。在社会学工作者眼中，认识‘人’的特殊性，不是要局限于这种‘特殊’，而是要更全面地认识人的属性。”①“关于‘人’的最基本的问题，涉及人类对世界和自身的最基本的假设，往往会成为人类的一种精神信仰和世界观的基石，构成一种文明的基础。”②人是有生命的，属于“生物”的，而人在“生物”中最重要的特殊性就是有一种“精神世界”。“精神世界作为一种人类特有的东西，在纷繁复杂的社会现象中具有某种决定性作用，忽视了精神世界这个重要的因素，我们就无法真正理解人、人的生活、人的思想、人的感受，也就无法理解社会的存在和运行。我们鼓励社会学工作者和学习社会学的学生，把一定的精力投放到这方面的探索和研究中，这是我们社会学相对薄弱的方面，同时也是人文价值的一个重要体现。社会学对于人的精神世界的研究，当然与哲学、神学、精神病学这些学科的研究视角是不相同的，它应该是一种‘社会学’的视角。目前，社会学界如何面对这一问题，运用什么方法论和采取什么方法研究这些问题，它没有基本的规范，但这方面的研究，是十分有意义的”。③

他特别指出，从社会学角度研究人的精神世界，要避免一种简单“还原论”的倾向，那就是把精神层次的现象和问题，简单地用非精神的经济、政治、文化、心理等各种机制来解释，而忽视了精神世界自身的特点。“社会学对于精神世界的理解，应该是把它和社会运动机制联系起来……不是简单地用一般社会层次的因素去解释精神层次的活动。当然，最理想的，是在社会学研究中真正开辟一个研究精神世界的领域，从方法论层次上进行深入的探索，探索如何基于社会学的学术传统和视角，开展对人的精神世界的研究”。④

① 费孝通：《费孝通在2003》，中国社会科学出版社，2005年，第90页。
② 同上书，第91页。
③ 同上书，第93页。
④ 同上注。

四、深入研究社会关系

费先生指出，“在社会学最基本的‘社会关系’的研究中，实际上还存在着很多空白的领域，有待我们去进行探索。特别是在‘人际关系’中各种‘交流’的部分，始终是社会学没有说清楚的领域”[①]。如人与人交往过程中的“不言而喻”“意在言外”“言外之间”“意会”等各种境界，是人际关系中很重要的部分，这种人和人交往的状态自然成为社会学的一个基本的关注点，因为“在群体中，在各种社会组织中，在社会各种圈子中，人们不仅在运用这些‘意在言外’的规则进行交流、调控的协商，而且还在不断地制造着这种‘不言而喻’的默契的规则”[②]。而“一个社会，一种社会，一种文明，实际上更多的是建立在这种‘意会’的社会关系基础上”[③]，社会学、人类学界实际上一直涉及这方面的研究，但没有集中力量探索，也难有突破性的成就，很多东西还是一种描述性的解释。“在这种‘意会’的人际交往领域里，中国文化本来具有某种偏好和优势，中国社会学工作者的努力，也许可以在这方面做出某种划时代的成就”。[④]

费先生从社会调查研究的实践中发现，很多欠发达地区，在中国的基本制度之下，在制度、法律、规章等方面，与发达地区没有什么差别。但在这些地区的“人们日常的、细微的人际关系、交往方式、交往心态以及与这有关的风俗习惯和价值观念，和发达地区有相当大的差异，而这些‘差异’，大多是这种‘只能意会、不能言传’的部分。这部分东西，实际上常常是构成社会经济发展差异的真正原因”[⑤]。因此，费先生认为：“在表面的体制、法律、规章上做文章，是解决不了实质性的问题的，而恰是日常生活中的‘意会’部分，这种文化中最平常、最平淡无奇的部分，往往是这个地方文化中最基本、最一致、最深刻、最核心的部分。这种真正弥散在日常生活中的文化因素，实际上却是一种活生生的、强大的文化力量，它对社会的作用深入而有效；它对一个

① 费孝通：《费孝通在2003》，中国社会科学出版社，2005年，第106页。

② 同上书，第107页。

③ 同上书，第108页。

④ 同上书，第109页。

⑤ 同上书，第110–111页。

社会的作用，经常是决定性的。”[①]费先生指出，社会学工作者对社会学中最基础、最一般的概念——“社会关系”要加强研究，深入一层推进，是我们新的学术思想最好的切入点和生长点。“即使是这样一个人们熟知的基础概念，仍然有无限拓展和深化的空间”。[②]

五、突破性地研究“我”

费先生指出，“如果要不断深化对‘社会关系’的研究，可以从不同的角度切入，除了‘意会’之外，还有一个角度，那就是从社会关系的‘两端’——‘人’的角度来探讨”[③]。对“人”概念的探讨，是从“主体”的、第一人称的角度理解“人”，也就是研究“我”这个概念。[④]“从‘我’的角度看，一个很值得关注的问题，就是每个人的这个‘我’，实际上都分为好几个‘我’：生物的‘我’、社会的‘我’、文化的‘我’、表面的‘我’、隐藏的‘我’、说不清楚的‘我’……”[⑤]决定人的行为的就是这些各种各样的“我”。“对‘讲不出来的我’的研究，也就是从主体的角度对人际关系互动过程中‘意会’部分的研究，是社会学面临的又一个挑战”。[⑥]“社会学在这方面应该实现某种突破性的进展，这将是社会学整体发展的一个重要的里程碑，使得社会学作为一门科学，在人类知识探索上跨上一个新台阶”。[⑦]同时，费先生关注在各种“我”中，还有一个很值得注意的“被忽略掉的我”和“被否定掉的我”，也就是古人常说的“忘我”“去私”。在古代价值体系中，“忘我”和“去私”是一种很高的境界，而且曾经在一个时期被中国主流社会推到一种令人难以置信的极端程度，“反映出中国文化中这种‘否定了的我’的巨大力量。这种‘被人为否定的我’和‘讲不清的我’‘讲不出来的我’一样，同样是我们社会学可以深入研究的课题”[⑧]。

---

① 费孝通：《费孝通在2003》，中国社会科学出版社，2005年，第111页。
② 同上书，第113页。
③ 同上书，第114页。
④ 同上注。
⑤ 同上书，第114–115页。
⑥ 同上书，第120页。
⑦ 同上注。
⑧ 同上书，第122页。

梁先生也提出过“为公”“为私”的问题。他认为在公与私之间，应“求得其均衡之道”①。

六、加强对“心”这个核心基础概念的研究

费先生晚年对中国历史文化进行了深入研究，他指出，“中国的世界观，更像是一种基于‘内’‘外’这个维度而构建的世界图景：一切事物，都在‘由内到外’或‘由表及里’的一层层递增或递减的‘差序格局’中体现出来的。因此在中国传统思想探索中，对于‘我’的关注，自然地就继续向‘内’的方向深入，也就引出比‘我’更接近‘内’的概念——‘心’这个范畴”②。

费先生指出，尽管古人把“心脏”错当成人们思想的器官，并把“心”和人的思想、意愿等联系起来，以“心”字为核心，构建了庞大复杂的思想体系，但这并不妨碍这个思想体系的重大文化价值。“在古典人文思想中，‘心’是个人处我体验和修养的一个核心概念……它的内涵十分广泛，包括思想、意识、态度、情感、意愿、信念，等等，但我们特别要关注的一个重要内涵，就是他常常倾向和暗示的一种‘主体性’（Subjectivity），就是说当人们谈到‘心’的时候，总是自然产生一种‘心心相通’的感觉……类似于主体角度……而不是所谓‘客观’的旁观者的角度”。③“心”这个概念，“反映了中国古代思想在方法论方面的一种特点，这是我们今天在一般的科学实证方法论之外，可以着重研究的一些新的领域”④。

同时，费先生指出“‘心’的概念，以其独特的思考维度，也成为阐释人际关系的一个十分重要的范畴，比如‘心心相印’‘心有灵犀’‘知人知面不知心’和用‘心’来陈述人际关系”⑤，其着眼点不在这些“关系”本身的性质和特征上，而在于当事者的“态度”。“这种以‘态度’为重点的人际关系理念，不是抽象思辨推导的结果，而是千百年社会实践的总结，是自有其内在

① 梁培恕：《梁漱溟传——我生有涯愿无尽》，（香港）明窗出版社有限公司，2001年，第446页。

② 费孝通：《费孝通在2003》，中国社会科学出版社，2005年，第122页。

③ 同上书，第123-124页。

④ 同上书，第124页。

⑤ 同上书，第124-125页。

的宝贵价值的，很值得我们今天的社会学家加以关注和研究”。[①]“同时，这种理念还有深刻的认识论方面的意义。‘心领神会’就是古人所理解的一种真正深刻、正确地认识事物的境界，它不是我们今天实证主义传统下的那些‘可测量化’‘概念化’‘逻辑关系’‘因果关系’‘假设检验’等标准，而是用‘心’和‘神’去‘领会’，这种认识的范畴……它就是切切实实生活中的工作方法，也确实表明中国文化和文明历经几千年长盛不衰，其中必定蕴含着的某种优越性和必然性”。[②]

“‘心’的概念的另一特点，是它含有很强的伦理的含义”。[③]“心”代表“做人”“为人”。其实就是“‘我’与世界的关系已经是一种‘由里及外’‘由己及人’的具有‘伦理’意义的‘差序格局’，而从‘心’出发的这种‘内’‘外’之间一层层外推的关系，应该是诚、正、仁、爱、恕等”[④]。“这种关系是符合‘天人合一’‘推己及人’‘己所不欲，勿施于人’等人际关系的基本伦理道德的”[⑤]。“心”的主观性和它的道德性，不仅包括对认知主体“人”本身的鞭策和制约，而且坦诚地承认对事物的“价值判断”的一种价值偏好和道德责任，而“直接把‘我’和世界的关系公开地‘伦理化’（Moralization），理直气壮地把探索世界的过程本身解释为一种‘修身’以达到‘经世济民的过程’（而不是以旁观者的姿态‘纯客观’‘中立’地‘观察’），从‘心’开始，通过‘修、齐、治、平’这一层层‘伦’的次序，由内向外推广开去，构建每一个人心中的世界图景”[⑥]。梁先生说得更明确：“……人类社会不受机体和本能的限定，人类生命重在社会生命一面，借社会交往以发展起来，亦即建立在人心之上。”[⑦]

费先生特别指出，“中国社会学现在还没有特别讲这个‘心’，但是要在中国文化背景下研究社会，不讲这个‘心’是肯定不行的。‘心’作为古人

---

① 费孝通：《费孝通在2003》，中国社会科学出版社，2005年，第125页。

② 同上书，第126页。

③ 同上注。

④ 同上书，第126–127页。

⑤ 同上书，第127页。

⑥ 同上注。

⑦ 梁培恕：《梁漱溟传——我生有涯愿无尽》，（香港）明窗出版社有限公司，2001年，第481页。

认识自我和人际关系的一个核心基础概念，已经渗透到我们社会文化的方方面面……这个概念，作为文化传统的一个重要部分，代代相传，构成亿万人民的思想观念基础，在不断构建和塑造着人们的态度和行为”[①]。而且把这种以“心”为“中心”发展出来的一种抽象的“心”的概念体系，放在“人”和“社会”的一个很核心的位置，不是中国文化所独有的，在世界其他文明中也有。

七、拓宽社会学方法论和方法方面的研究

费老不但指出在社会学理念概念方面加强对中国历史文化的研究，而且在方法论和方法方面也要加强对中国历史文化传统的研究。

费先生说：“在中国本土传统中，古代诸子百家、儒家、道家的东西是我们认识中国社会的基础知识之一，不能忽视，特别是宋明理学的很多东西，非常值得重视。理学堪称中国文化的精华和集大成者，实际上是探索中国人精神、心理和行为的一把不可多得的钥匙。中国传统思想的泛化的一个重要特点，就是它的实践性；理学的东西，并不是一般的学者思辨的结果，不是纯粹的理论探讨，它的所有概念，所有内在的逻辑，实际上都是紧扣社会现实中人与人关系的要义——地位、名分、权力，等等，它是中国古代现实政治、社会文化运动的经验总结和指导方略，具有很强的实践性。理学的东西，说穿了就是直接谈怎样和人交往、如何对待人、如何治理人、如何塑造人的道理，这些东西，其实就是今天社会学所谓的‘机制’和‘结构’，它直接决定着社会运行机制和社会结构。如果我们能够在一个新的高度上重新审视这些前人的成就，会给我们今天的探索提供很多新的启示，十分有助于开拓中国社会学的探索领域。”[②]

同时费先生指出，理学的表达方式和内在的思路，和今天社会学的思想方法、思路、范畴很不相同，所以，要“通过些传统文化的概念，我们有可能融汇古今，结合今天社会学的思路，提出一些源于传统，又不拘泥于传统的，具有普遍性意义的新的范畴和概念。中国社会学一直没有特别刻意地去探讨中国延续了几千年的‘心’‘神’‘性’等问题，在一定程度上是受到现代社会学

① 费孝通：《费孝通在2003》，中国社会科学出版社，2005年，第129页。

② 同上书，第122页。

研究方法的制约……目前的实证主义思路，不太容易真正进入这些领域，进去了，也可能深入不下去，有很多根本性的障碍”[①]。今天社会学的一些方法，无法和古人“理学”进行交流。

因此，费先生指出，“新领域的开拓，往往要求在方法论和方法方面进行探索，也不排除吸收借鉴一些其他的方法和思路。就合乎理学中所隐含的方法论来说，就可能对社会学的研究方法有某些充实和帮助。理学讲的‘修身’‘推己及人’‘格物致知’等，就含有一种完全不同于西方实证主义、科学主义的特殊方法论的意义，它是通过人的深层心灵的感知和觉悟，直接获得某些认识，这种认知方式，我们的祖先实践了几千年”[②]。“这一套认识方法，已经变成一套理念，变成一群人的意识形态和信仰，并且确实解决了一些我们今天的很多思想方法无法解决的问题”。[③]这套东西维持了中国这样一个庞大的国家和人口长期的统一和稳定。当时的知识阶层和官僚体系，都是用这一套认识论和思维方式武装头脑，而实现了对复杂社会的治理。“传统中的这些方法论因素，也许可以作为今天社会学的诸多‘前沿’之一，进行一些探索”。[④]

同时，费先生特别强调调整研究中的“悟”和“心态”比具体研究方法等技术性因素还要紧。“因为人类社会是复杂的、多样性的；又是多变的、富有创造性的，它绝不是只有单一文化背景、有限知识和经验的研究者能够想象和包容得了的。所以研究者必须深入你所要了解的‘他人’的生活中去观察、研究。从某种意义上说，这种实地调查的方法，也反映出研究者的一种心态，就是你是不是真正要去理解、接受‘他人’的文化、文明，这种心态正是今天不同文明之间交流的一个关键问题”。[⑤]尊重和对“异文化”开放的心态，是交流和沟通的最基本的平等态度。他特别提到跨文化研究中特别重要的是一个字——“悟”。“这个字在跨文化的研究中显得特别重要，它不仅要求研究者全身心地投入到被研究者的生活当中，乃至他们的思想当中，能设身处地像他们一样思考；同时，又要求研究者能冷静地、超然地去观察周围发生的一切。在

① 费孝通：《费孝通在2003》，中国社会科学出版社，2005年，第134页。

② 同上书，第136页。

③ 同上书，第136–137页。

④ 同上书，第138页。

⑤ 同上书，第173–174页。

一种‘进得去、出得来’的心态下，才能真正体验到我们要了解的‘跨文化’的感受。我认为，在讨论全球化和不同文明之间的关系的时候，具体的研究方法等技术因素，并不是最重要的，最要紧的还是研究者的心态”。[①]

最后，费先生指出我们知识界的责任重大。他说，中国文化的本质“大体上说它确实是从中国人历来讲究的‘正心、诚意、修身、齐家、治国、平天下’的儒家所指出的方向发展出来的。这里边一层一层都是几千年积聚下来的经验性的东西，如果能用到现实事情当中去，看来还是会发生积极作用的”[②]。但他同时也指出，“长期以来在西方文化浪潮的冲击下特别是在‘文化大革命’时期，‘传统’被冲刷得太厉害了。由此所造成的危害及其严重性还没有被人们所真正认识，同时能够把有深厚中国文化根底的老一代学者的学术遗产继承下来的队伍还没有形成，因此我深深感到知识界的责任重大”[③]。

因此，他强调更深入地认识文化的社会性和历史性，注意文化价值方面存在着东西文化的差异。他指出，“我们真要懂得中国文化的特点，并能与西方文化做比较，必须回到历史研究里边去，下大功夫，把上一代学者已有的成就继承下来，切实做到把中国文化里面好的东西提炼出来，应用到现实中去。在和西方世界保持接触、进行交流的过程中，把我们文化中好的东西讲清楚使其变成世界性的东西，首先是本土化，然后是全球化”[④]。面临经济的全球化与文化多元化的世界，费先生提出“文化自觉”以应对新形势下的挑战。他谆谆教导我们“一方面要承认我们中国文化里边也有好东西，进一步用现代科学的方法研究我们的历史，以完成我们‘文化自觉’的使命，努力创造现代的中华文化；另一方面要了解和认识世界上其他人的文化，学会解决处理文化接触的问题，为全人类的明天做出贡献”[⑤]。也就是费先生所提出的“各美其美”“美人之美”“和而不同”的文化融合，创造美好的未来。

摘自：《费孝通与中国社会学人类学》，社会科学出版社，2009年版。

① 费孝通：《费孝通在2003》，中国社会科学出版社，2005年，第177–178页。
② 同上书，第156页。
③ 同上书，第157页。
④ 同上书，第164页。
⑤ 同上注。

主要参考书目

于光远：《怎样做调查研究和统计》，北京：人民出版社，1951年。
马超俊：《中国劳工问题》，上海：民智书局，1925年。
马超俊：《比较劳动政策》，上海：商务印书馆，1946年。
［英］马林诺夫斯基著，费孝通等译：《文化论》，上海：商务印书馆，1944年。
王亚南：《中国半封建半殖民地经济形态研究》，北京：人民出版社，1957年。
史国衡：《昆厂劳工》，上海：商务印书馆，1946年。
毛泽东：《毛泽东选集》（合订本），北京：人民出版社，1968年。
毛泽东：《毛泽东农村调查文集》，北京：人民出版社，1982年。
冯友兰：《中国哲学史新编》，北京：人民出版社，1989年。
冯和法：《农村社会学大纲》，上海：黎明书局，1934年。
冯和法：《社会学与社会问题》，上海：黎明书局，1936年。
乔启明：《中国农村社会经济学》，上海：商务印书馆，1945年。
孙本文：《社会学上之文化论》，北京朴社，1927年。
孙本文：《社会学的领域》，上海：世界书局，1929年。
孙本文：《社会的文化基础》，上海：世界书局，1932年。
孙本文：《社会学原理》，上海：商务印书馆，1935年。
孙本文：《现代中国家庭问题》，上海：商务印书馆，1942年。
孙本文：《现代中国人口问题》，上海：商务印书馆，1943年。
孙本文：《现代中国农村问题》，上海：商务印书馆，1943年。
孙本文：《现代中国劳资问题》，上海：商务印书馆，1943年。
孙本文：《社会心理学》，上海：商务印书馆，1946年。
孙本文：《近代社会学发展史》，上海：商务印书馆，1947年。
孙本文：《当代中国社会学》，上海：胜利出版公司，1948年。
孙本文主编：《社会学刊》1929–1948年各期。
孙本文：《社会行政概论》，重庆：中国文化服务社，1949年。
刘建国：《中国哲学史史料学概要》（下），长春：吉林人民出版社，1983年。
许仕廉主编：《社会学界》第1–10卷，北京：燕京大学社会学系，1927–1938年。
许仕廉：《中国人口问题》，上海：商务印书馆，1930年。

[法]涂尔干著，许德珩译：《社会学方法论》，上海：商务印书馆，1929年。
许德珩：《社会学讲话》，北平：好望书店，1936年。
严复（译）：《群学肄言》《社会通诠》《天演论》《群己权界论》《穆勒名学》《名学浅说》，北京：商务印书馆，1981年。
严景耀：《中国的犯罪问题与社会变迁的关系》，北京：北京大学出版社，1986年。
严景耀：《严景耀论文集》，北京：开明出版社，1995年。
李大钊：《李大钊选集》，北京：人民出版社，1978年。
李达：《现代社会学》，上海：昆仑书店，1926年。
李达：《社会学大纲》，上海：笔耕堂书店，1937年。
李达：《胡适反动思想批判》，武汉：湖北人民出版社，1955年。
李达：《梁漱溟政治思想批判》，武汉：湖北人民出版社，1956年。
李季：《中国社会史论战批判》，上海：神州国光社，1934年。
李泽厚：《中国近代思想史论》，北京：人民出版社，1979年。
李剑华：《劳动问题与劳动法》，上海：上海法科大学出版部，1928年。
李景汉：《北平郊外之乡村家庭》，上海：商务印书馆，1929年。
李景汉：《定县社会概况调查》，北平：中华平民教育促进会，1933年。
李景汉：《实地社会调查方法》，北平：星云堂书店，1933年。
李树青：《蜕变中的中国社会》，上海：商务印书馆，1945年。
杨开道：《农村社会学》，上海：世界书局，1929年。
杨雅彬：《中国社会学史》，济南：山东人民出版社，1987年。
吴泽霖：《社会约制》，上海：世界书局，1930年。
吴泽霖：《定番县乡土教材调查报告》，稿本，1939年。
吴景超：《都市社会学》，上海：世界书局，1929年。
吴景超：《第四种国家的出路》，上海：商务印书馆，1937年。
何干之：《中国社会性质问题论战》，上海：生活书店，1937年。
余天休主编：《社会学杂志》，上海：商务印书馆，1922–1932年。
张镜予主编：《社会调查 沈家行实况》，上海：商务印书馆，1924年。
张之毅：《易村手工业》，上海：商务印书馆，1944年。
张世文：《定县农村工业调查》，成都：四川民族出版社，1991年。
中国社会科学院社会学所编：《中国社会学年鉴》（1979–1989）、（1989–1993）、（1992.7–1995.6），北京：中国大百科全书出版社，1989年、1994年、1996年。

陈长蘅：《中国人口论》，上海：商务印书馆，1918年。
陈达：《中国劳工问题》，上海：商务印书馆，1929年。
陈达：《近八年来国内罢工的分析》，北京：清华学校，1926年。
陈达：《人口问题》，上海：商务印书馆，1934年。
陈达：《南洋华侨与闽粤社会》，上海：商务印书馆，1938年。
陈达：《浪迹十年》，上海：商务印书馆，1946年。
陈达：《现代中国人口》，天津：天津人民出版社，1981年。
陈达：《我国抗日战争时期市镇工人生活》，北京：中国劳动出版社，1993年。
陈序经：《中国文化的出路》，上海：商务印书馆，1934年。
陈序经：《文化学概观》，上海：商务印书馆，1947年。
陈定闳：《世界著名社会学家之生平及其学说》，上海：商务印书馆，1946年。
陈翰笙：《广东农村生产关系与生产力》，上海：中山文化教育馆，1934年。
陈翰笙：《帝国主义工业资本与中国农民》，上海：复旦大学出版社，1981年。
言心哲：《现代社会事业》，上海：商务印书馆，1944年。
林颂河：《塘沽工人调查》，天津：北平社会调查所，1930年。
范文澜：《中国近代史》（上册），北京：人民出版社，1961年。
林耀华：《凉山夷家》，上海：商务印书馆，1947年。
胡适：《胡适文存二集3》，南京：亚东图书馆，1924年。
胡绳：《枣下论丛》，北京：人民出版社，1978年。
胡绳：《从鸦片战争到五四运动》，北京：人民出版社，1981年。
骆传华：《今日中国劳工问题》，上海：上海青年协会书局，1933年。
费正清：《美国与中国》，北京：商务印书馆，1971年。
费孝通：《禄村农田》，上海：商务印书馆，1943年。
费孝通：《生育制度》，上海：商务印书馆，1947年。
费孝通：《重访英伦》，上海：大公报馆，1947年。
费孝通：《乡土中国》，上海：上海观察社，1948年。
费孝通：《乡土重建》，上海：上海观察社，1948年。
吴晗、费孝通等著：《皇权与绅权》，上海：上海观察社，1948年。
费孝通：《江村经济》，南京：江苏人民出版社，1986年。
费孝通、张之毅：《云南三村》，天津：天津人民出版社，1990年。
陶孟和：《社会与教育》，上海：商务印书馆，1922年。
陶孟和：《孟和文存》，上海：商务印书馆，1925年。

陶孟和：《北京生活费之分析》，上海：商务印书馆，1930年。
秦柳方：《云海滴翠——秦柳方选集之二》，北京：中国财政经济出版社，1995年。
袁方、全慰天：“社会学家陈达”，《社会科学战线》，社会科学战线杂志社，1980年。
顾复：《农村社会学》，上海：商务印书馆，1924年。
徐益棠：《雷波小凉山之儸民》，成都：金陵大学中国文化研究所，1944年。
高军（编）：《中国社会性质问题论战》，北京：人民出版社，1984年。
黄凌霜：《社会进化》，上海：世界书局，1929年。
郭沫若：《中国古代社会研究》，北京：人民出版社，1954年。
梁漱溟：《中国民族自救运动之最后觉悟》，上海：中华书局，1933年。
梁漱溟：《东西文化及其哲学》，上海：商务印书馆，1934年。
梁漱溟：《乡村建设论文集》，邹平：邹平乡邨书店，1936年。
梁漱溟：《乡村建设理论》，重庆：重庆乡邮书店，1939年。
梁漱溟：《山东乡村建设研究院讲习会讲演录》，1935年。
梁漱溟：《答乡村建设批判》，重庆：中国文化服务社，1941年。
葛懋春、李兴芝（编）：《胡适哲学思想资料选》（上、下），上海：华东师范大学出版社，1981年。
韩明汉：《中国社会学史》，天津：天津人民出版社，1987年。
樊弘：《社会调查方法》，上海：商务印书馆，1927年。
雷洁琼：《雷洁琼文集》，北京：开明出版社，1994年。
潘乃谷、马戎主编：《社区研究与社会发展》，天津：天津人民出版社，1996年。
潘光旦：《中国之家庭问题》，上海：新月书店出版社，1939年。
潘光旦：《寻求中国人位育之道·潘光旦文集》，北京：国际文化出版公司，1997年。
薛暮桥、冯和法（编）：《中国农村》（论文选），北京：人民出版社，1983年。
瞿秋白：《社会科学讲义》，上海：上海书店，1924年。
瞿秋白：《社会科学概论》，北京：联合出版社，1949年。
瞿秋白：《瞿秋白选集》，北京：人民出版社，1985年。
上海市社会局编印：《上海市工人生活程度》，上海：中华书局，1930年。
天津《益世报》：《社会研究》，1947–1948年第1–82期。

中央研究院编：《中央研究院概况》，1948年版；《中央研究院总报告》，1948年版。
中国民族学研究会：《民族学研究》（第一辑），北京：民族出版社，1981年。
中国社会科学院哲学研究所中国哲学研究室编：《中国哲学史资料选辑 清代之部》，北京：中华书局，1980年。
中国政协文史资料研究委员会编：《文史资料选辑》第31、34、39、43、80、84辑，北京：中华书局，1980–1982年。
中国科学院哲学研究所中国哲学史组编：《中国哲学史资料选辑 近代之部》，北京：中华书局，1959年。
北京大学哲学系中国哲学史教研室编写：《中国哲学史》，北京：中华书局，1980年。
北京图书馆《文献》丛刊编辑部、吉林省图书馆学会会刊编辑部编：《中国当代社会科学家》第1、2、3、6辑，北京：书目文献出版社，1981–1984年。
北京社会实进会主编：《新社会》（旬刊），1919–1920年。
社会调查所编：《社会调查所概况》，北京：社会调查所出版社，1933年。
延安农村工作调查团：《米脂县杨家沟调查》，北京：人民出版社，1980年。
复旦大学分校社会学系编：《社会学文选》，杭州：浙江人民出版社，1984年。
晋阳学刊编辑部编：《中国现代社会科学家传略》第1、2辑，太原：山西人民出版社，1982年。
清华大学编：《社会科学》，清华1936年印行。
中国大百科全书出版社编辑部编：《中国大百科全书 哲学》，北京：中国大百科全书出版社，1987年。
中国大百科全书总编辑委员会编：《中国大百科全书 社会学》，北京：中国大百科全书出版社，1991年。
钟叔河，朱纯编：《过去的学校》，长沙：湖南教育出版社，1982年。
《贵州日报》，1940–1943年版。
瞿同祖：《中国法律与中国社会》，北京：商务印书馆，1947年。
瞿同祖：《中国法律之儒家化》，载于《中国法律与中国社会》附录，北京：中华书局，1981年。
瞿同祖：《瞿同祖法学论著集》，北京：中国政法大学出版社，1998年。